Thomas Bräutigam
Stars und ihre deutschen Stimmen

Hinweis zur Benutzung der Filmografie als PDF-Datei
Die **Filmografie** liegt in kompletter Form im PDF-Format unter
http://www.schueren-verlag.de/synchronsprecher.html vor.
Das Passwort lautet: Fremde Zungen.
Durch Benutzen der Suchfunktion (Strg+F) kann leicht jeder in der Filmografie enthaltene Name oder Titel aufgefunden werden.

Thomas Bräutigam
Stars und ihre deutschen Stimmen
Lexikon der Synchronsprecher

SCHÜREN

Bibliografische Information der Deutschen Bibliothek
Die Deutsche Bibliothek verzeichnet diese Publikation in der Deutschen Nationalbibliografie; detaillierte bibliografische Daten sind im Internet über http://dnb.ddb.de abrufbar.

Bildnachweis

Agentur Stimmgerecht: 92, 95 unten, 101 unten, 110, 130, 149 oben, 165, 189, 197 unten; Norbert Aping: 193, 259; Archiv Uwe Huber: 90 oben, 112, 157, 181; Archiv Gerhard Rühr: 52, 57 oben, 82 unten, 121, 133, 149 unten, 166 oben, 170, 171, 173, 180 oben, 195, 205 oben, 237, 249, 260; Tanja Geke: 106 unten; Joachim Giesler: 114; Gordon Goll: 212; Caroline Hirthe: 73, 105; Uwe Huber: 66, 74 unten, 78 unten, 197 oben, 217 oben, 225, 231, 246, 285; Oliver Juring: 59, 101 oben; Gerlind Klemens: 82 oben, 142 unten; Barbara Köppe: 244 unten; Matthias Krüger: 223; Günter Linke: 72; Axel Lutter: 151; Torsten Michaelis: 188 oben; Peter Naumann: 64; Winfried E. Rabanus: 46; Ingrid Theis: 53 oben, WortArt: 191; www.sprecherdatei.de: 236 links, 255; Videostills: 55, 98, 184, 272

Alle anderen Abbildungen stammen aus dem Privatbesitz der Abgebildeten oder dem Archiv des Autors.

Schüren-Verlag GmbH
Universitätsstraße 55 · D-35037 Marburg
www.schueren-verlag.de
3. verbesserte, ergänzte Auflage
© Schüren 2013
Alle Rechte vorbehalten
Gestaltung: Erik Schüßler
Umschlaggestaltung: Wolfgang Diemer, Köln
Druck: druckhaus köthen, Köthen
Printed in Germany
Wir verwenden Papiere aus nachhaltiger Waldwirtschaft.
ISBN: 978-3-89472-812-0

Inhalt

Vorwort zur Neuausgabe	6
Geschichte und Probleme der Filmsynchronisation	9
Der Tonfilm und seine Dolmetscher	9
Synchron-Boom nach dem Krieg	14
Synchronisation und Filmzensur	17
Synchronisation – Glanz oder Elend?	23
Stimmen aus der Dunkelkammer	28
Technik der Synchronisation	34
Aktuelle Situation	40
Synchronschauspieler A–Z	43
Wer ist die Stimme von...? Weltstars und ihre deutschen Sprecher	289
Filme und Serien A–Z	301
Abkürzungsverzeichnis	429
Verzeichnis der wichtigsten Synchronfirmen (seit 1945)	429
Literatur- und Quellenverzeichnis	
Literatur zur Synchronisation	430
Weitere Quellen	431
Zeitschriften, Filmprogramme und Jahrbücher	432
Internet	432

Vorwort zur Neuausgabe

Alle tun es: Humphrey Bogart in Casablanca, Woody Allen in Manhattan, John Wayne in der Prärie, Dr. Schiwago in Moskau, Captain Kirk im Weltraum, J.R. in Dallas, Leonardo DiCaprio auf der Titanic, Johnny Depp in der Karibik, James Bond in aller Welt – sie sprechen deutsch! Niemand im Fernseh- oder Kinosessel wundert sich, denn der Zuschauer ist auf störungsfreie Unterhaltung eingestellt und möchte neben Popcorn und Bierdose nicht auch noch ein Wörterbuch griffbereit halten müssen oder mühsam Untertitel entziffern. Diesem Publikumswunsch entsprechend steht die Vorführung fremdsprachiger Filme in Deutschland unter Synchronzwang.

Im Widerspruch zu dieser breiten Akzeptanz bei den Zuschauern steht das seltsame Tabu, das über der Synchronbranche verhängt zu sein scheint: Während sich die Leinwandstars in ihrem Ruhm sonnen, führen die deutschen Schauspieler, die mit ihren Stimmen zu diesem Ruhm nicht unwesentlich beitragen, ein Schattendasein in der Anonymität. Der Grund liegt wohl darin, dass die Dialog-Eindeutschung die Illusion erzeugen soll, die Darsteller sprächen deutsch. Eine Illusion funktioniert indes nur, wenn man sich ihrer nicht bewusst wird. Ebenso wie *Special Effects* nur dann ihre ganze Wirkung entfalten, wenn der Zuschauer nicht ständig reflektiert, wie die Tricks denn nun gemacht sind, ist es nicht gerade illusionsfördernd, gedanklich vor Augen zu haben, dass zu den Mundbewegungen des Filmstars auf der Leinwand ein «akustischer Stuntman» den passenden (manchmal auch unpassenden) Text in einem deutschen Studio in ein Mikrofon gesprochen hat. Außerdem sind Produzenten und Verleiher nicht daran interessiert, dass sich neben den Filmschauspielern noch weitere «Stars» etablieren, die um die Gunst des Publikums konkurrieren. Stars können schließlich höhere Gagen verlangen.

Abgesehen davon, dass das Publikum den Illusionen des Films, der ja immer mehr von Technik, Tricks und Computeranimationen geprägt ist, längst nicht mehr so naiv gegenübersteht, entziehen sich mit dieser Anonymität die an der Synchronisation Beteiligten auch einer öffentlichen Würdigung oder Kritik. Trotz des massiven technischen und künstlerischen Eingriffs, auf dem die Rezeption ausländischer Filme in Deutschland basiert, verweigert die Filmpublizistik jegliche Reflexion über die manipulierenden Aspekte der Synchronisation, über das Verhältnis von Synchronstimme und sichtbarem Schauspieler, die Interpretation dieser Figur abweichend vom Original oder die Rolle der Filmsynchronisation im Kulturtransfer. Jedenfalls hält dieses Thema eine Fülle von interessanten Aspekten bereit – umso befremdlicher die Ignoranz gegenüber diesen Fragen.

Der intellektuelle Cineast, der wohl Dostojewskij oder García Márquez in der Übersetzung liest, ohne damit Probleme zu haben, ignoriert die «Übersetzung» von Filmen, weil er diese als Verfälschung und Verrat am Original missachtet. Bei der Lektüre von Filmkritiken ist selten deutlich, von welcher Fassung die Rede ist. Bemerkungen über die Synchronisation fallen meist nur bei Verrissen (etwa: «die deutsche Synchronisation gibt dem Film den Rest»). Allenfalls Linguisten, die sich mit Übersetzungstheorie beschäftigen, streifen hin und wieder das Thema. Somit trägt auch der kritische Rezipient zur Festigung des Tabus bei, anstatt es zu hinterfragen. Die vielen schlechten Synchronisationen, die diese Abneigung hervorrufen, werden durch das kollektive Beschweigen jedoch nicht besser.

Seit 2001, als dieses Lexikon zum erstenmal erschien, ist an diesem Tabu erfreulicherweise eifrig gerüttelt worden – nicht von der Filmwirtschaft, nicht von den professionellen Filmexperten, nicht von «oben», sondern von «unten»: vom Publikum. Im Internet finden sich mittlerweile von rührigen Fans liebevoll gepflegte, auf das Synchronwesen spezialisierte Datenbanken und Diskussions-Foren, die den Stimmkünstlern endlich die verdiente Anerkennung zuteil werden lassen. Auch innerhalb der Synchron-Community ist das Selbstbewusstsein und der Stolz auf die eigene Arbeit gestiegen: Auf einer alljährlichen Gala werden Preise für die besten Synchronisationen verliehen, was auch sein Echo in den Medien findet.

Diese zunehmende Aufmerksamkeit beweist, dass die Synchronisation nicht nur kommerzielles Erfordernis und notwendiges Übel ist, sondern ihr eine künstlerische Kraft innewohnen *kann*, die fähig ist, ein Publikum zu begeistern und deshalb einen Anspruch darauf hat, von der Kritik wahrgenommen zu werden. Damit könnte die Einsicht verbunden sein, dass Synchronsprechen trotz – oder wohl eher wegen – seiner dienenden Funktion zu den schwierigsten schauspielerischen Tätigkeiten überhaupt gehört.

Zu solch tieferer Erkenntnis bedarf es freilich mehr, als in einem Nachschlagewerk Namen und Daten zu nennen. Darum kommen in einer ausführlichen Einleitung allgemeine Aspekte der Synchronarbeit zur Sprache – vor allem deren Geschichte in Deutschland, die letztlich genauso alt ist wie die des Tonfilms –, die kontroversen Diskussionen zu diesem Thema und die haarsträubenden Manipulationen von Filmen mittels Synchrondialog in den fünfziger und sechziger Jahren.

Da zuverlässige Quellen fehlen, sind immer noch viele Fragen unbeantwortet und viele Rätsel ungelöst. Von «Vollständigkeit» ist deshalb auch dieses Buch noch weit entfernt. Doch während 2001 die Dokumentation von Synchronbesetzungen aus fünf Jahrzehnten noch ein «archäologisches Projekt» war, so ist diese Pionierphase nun vorüber. Deshalb schien es angebracht, der Neuauflage eine veränderte Konzeption zugrunde zu legen und die eigentlichen Protagonisten der Synchronarbeit in den Mittelpunkt zu stellen: die Synchronschauspieler, die mit ihren Stimmen die Film- und Fernsehsynchronisation seit 1945 geprägt haben. Die nunmehr weit über 300 Biografien versammeln jetzt auch in einer zumindest repräsentativ gedachten Auswahl die zeitgenössischen Synchron-Künstler.

Da sich die Liste der Synchronbesetzungen von Filmen und Serien gegenüber der Erstauflage mehr als verdoppelt hat, wurde sie als PDF-Datei ins Internet gestellt und zusätzlich mit einigen Zitaten aus der Filmkritik angereichert. Sie ist abrufbar unter www.schueren-verlag.de/synchronsprecher.html.

Die Synchrondaten der wichtigsten Klassiker – von ABBITTE bis ZWÖLF UHR MITTAGS – stehen des raschen Überblicks wegen im Anhang des Buches.

Die positive Resonanz auf das erste Erscheinen seitens des Publikums und nicht zuletzt der Synchronschauspieler selbst ergab eine Fülle von Korrektur- und Ergänzungsvorschlägen, die in die Neuausgabe eingeflossen sind. Besonders bedanken möchte ich mich bei Arne Kaul, Uwe Huber, Karsten Prüßmann, Walter Pfeifle, Axel Böwing, Daniel Wamsler, Hendrik Meyerhof, Gerhard Rühr, Jutta Kirsch, Michael App, Hans-Jürgen Albrecht und Rainer Engelhard. Ohne sie wäre das Lexikon um viele Eintragungen ärmer.

Die nun vorliegende 3. Auflage ist um 16 Biografien, ca. 200 Filme und Serien ergänzt sowie durchgesehen und aktualisiert worden.

Berlin, im Dezember 2012 *Thomas Bräutigam*

Geschichte und Probleme der Filmsynchronisation

Eine Einführung

Der Tonfilm und seine Dolmetscher

Als die Bilder laufen lernten, war der Film international und kosmopolitisch. Amerikanische, deutsche, französische, russische oder schwedische Stummfilme wurden überall auf der Welt verstanden, denn Zwischentitel – sofern sie überhaupt nötig waren – konnten leicht durch andersprachige Inserts ersetzt werden. Aber als sich um 1930 der Tonfilm durchsetzte, gab es ein Sprachproblem, da ein kompletter Austausch der Dialoge so ohne weiteres nicht möglich war. Die Sprachbarriere schränkte die Möglichkeiten des Filmexports erheblich ein, auf die Auslandsmärkte konnte man aus wirtschaftlichen Gründen aber nicht verzichten.

Eine erste Lösung des Problems sah man in der Herstellung von verschiedensprachigen «Versionen» eines Films, d.h. mehreren eigenständigen Filmen mit dem gleichen Drehbuch, dem gleichen technischen Team, in den gleichen Dekorationen, aber mit je verschiedenen (deutschen, englischen, bzw. französischen) Schauspielern, denn nur ganz wenige Darsteller – wie z.B. die polyglotte Lilian Harvey – konnten in allen Sprachversionen spielen.

Als Alternative zu diesem ungeheuer kostenintensiven Verfahren bot sich jedoch schon seit der frühesten Tonfilmzeit die Nachsynchronisation an, also eine Neuproduktion nur des Dialogs in einer anderen Sprache. Obwohl diese Technik noch nicht ausgereift war, liefen schon 1930 die ersten komplett deutsch synchronisierten amerikanischen Filme in den Kinos. Zu ihnen gehörten DER GROSSE GABBO von James Cruze mit Erich v. Stroheim, VORHANG AUF von Roy del Ruth und der berühmte Antikriegsfilm IM WESTEN NICHTS NEUES, gegen den rechtskonservative und nationalsozialistische Kreise mobil machten, obwohl die Synchronfassung die pazifistische Tendenz schon merklich gedämpft hatte: «Als z.B. der heimgekehrte Paul in der Klasse von seinen Erlebnissen an der Front berichten soll, sagt er in der deutschen Fassung einfach: ‹Ich kann nicht›; in der englischen spricht er sich in großer Rede aus, wobei er unter anderem die Worte gebraucht: ‹It's dirty and painful to die for your country.›»[1]

Die Kritik pendelte zwischen Lob und Tadel für dieses neuartige Verfahren. Während beim GROSSEN GABBO von einer «restlos gelungenen Eindeutschung» und von einem «wichtigen Prüfstein für die Möglichkeiten dieser Methode»[2] gesprochen wurde, hieß es zu VORHANG AUF: «Man hat den Eindruck, dass diese Art, Tonfilme international zugänglich zu machen, doch im-

---

1 Wolfgang Petzet: *Verbotene Filme. Eine Streitschrift*, Frankfurt 1931, S. 96.
2 *Deutsche Filmzeitung*, 5.9.1930, S. 1.

mer Notbehelf bleiben wird. Die Deckung zwischen Temperament und Stimme, zwischen optischer Bewegung und Stimmführung liegt recht im argen. Die merkwürdigen Mundbewegungen, die das Angelsächsische erfordert, werden durch die Großaufnahmen [...] so sehr unterstrichen, dass man in einem ständigen Unbehagen sitzt».[3]

Es konkurrierten in dieser Frühphase des Tonfilms also drei Übersetzungstechniken:
1. einkopierte Untertitel – die billigste und primitivste Variante, weil damit nur ein Bruchteil des Dialogs übersetzbar ist;
2. die teure und anspruchsvolle «Version», die aber eigentlich schon wieder ein anderer Film ist;
3. die technisch wie künstlerisch noch unbefriedigende Möglichkeit der Synchronisation.

Die Version hatte ihre Blütezeit von 1929–1932. In der Spielzeit 1930/31 wurden von 137 deutschen Tonfilmen mehr als ein Drittel in mehrsprachigen Fassungen hergestellt.[4] Paramount verlagerte 1930 sogar die Produktion für den europäischen Markt nach Joinville bei Paris, wo die deutschen und französischen Versionen der Hollywood-Filme gedreht wurden. Aber von 1932 an war die Synchronisationstechnik ihren Kinderschuhen entwachsen und avancierte nun zur dominierenden Methode der Filmübersetzung. Hollywood verlagerte seine Produktion wieder vollständig nach Amerika, und aus dem Studio in Joinville wurde ein riesiges Synchron-Zentrum, «der größte Bauchredner der Welt».[5] Doch siedelte sich die Synchron-Produktion bald in den betreffenden Zielländern selbst an und wurde zu einem Zweig der einheimischen Filmindustrie. In Berlin entstand das größte und bedeutendste Atelier «Lüdtke, Dr. Rohnstein & Co», als weiteres Zentrum kam München-Geiselgasteig hinzu.

Die Wahl zwischen Synchronisation und Untertitelung war zwar primär eine Kostenfrage – das teurere Synchronisieren lohnt sich nur in großen Sprachgebieten –, doch gaben – v. a. in Deutschland – auch nationalistische Emotionen den Ausschlag, da man vom ungefilterten Eindringen des Englischen und Französischen in die Filmtheater eine kulturelle Überfremdung befürchtete. Obwohl die Synchronfassungen noch an der schlechten Tonqualität krankten und den oft hanebüchenen und pathetischen Übersetzungen, die nicht selten für unfreiwillige Komik sorgten, fanden es die Zuschauer mit zunehmender Professionalisierung in dieser Branche bequemer, selbst ihren Lieblingsstar Greta Garbo mit «fremder Zunge» reden zu hören, als mühsam einen komprimierten Dialogtext zu entziffern, der obendrein ständig vom Bild ablenkte. Die Vorführung von Originalfassungen rentierte sich nur noch in Großstädten oder beschränkte sich gar auf die Berliner Premierentheater.

---

3   Ebda., S. 7.
4   Klaus Kreimeier: *Die Ufa-Story*, München/Wien 1992, S. 231.
5   Karel Dibbets: Die Einführung des Tons, in: Geoffrey Nowell Smith (Hrsg.): *Geschichte des internationalen Films*, Stuttgart/Weimar 1998, S. 197–203; 200.

In den höheren Zuschauerrängen indessen, den Logenplätzen von Kritik, Feuilleton und Intelligenz, sah man dieser neuen Technik mit gemischten Gefühlen entgegen. Die Reaktion auf den Austausch der Originalstimme durch ein deutsches Ersatzorgan reichte von kindlichem Erstaunen – «Es ist wie im Märchen, da ein Zauberer Schlafenden die Gehirne vertauscht»[6] – bis zum handfesten Ärger derjenigen, die sich unter ästhetischen Gesichtspunkten mit dieser Art von Filmübersetzung nicht abfinden mochten. Sie sahen sich um den Genuss einer authentischen Schöpfung gebracht, sprachen von Fälschung, Betrug und Afterkunst oder gestanden allenfalls einen «Notbehelf» zu, «so etwa wie das Umsetzen einer komplizierten Wagner-Partitur für kleines Pariser Salonorchester».[7]

Allein auf die Einführung des Tonfilms an sich reagierten etliche Hohepriester der Filmkunst mit Kichern und Feixen, wie z. B. Rudolf Arnheim: «Sicher aber ist, dass auf den durchschnittlichen Spielfilm der Tonzusatz ungefähr ebenso veredelnd wirken würde, wie es einen auf einer Ansichtskarte naturgetreu gemalten Dackel verschönt, wenn man ihm noch einen Spiralschwanz anmontiert: Er wird kokett mit seiner dritten Dimension wedeln und dadurch das Vergnügen des großen Publikums und den Schrecken der Wenigen, auf die es ankommt, kräftig vermehren».[8] Von dieser hohen Warte aus musste ein Phänomen wie Synchronisation vollends als Teufelswerk erscheinen. Die sarkastischste Attacke auf den «Synchronisierungs-Unfug» war 1933 in der *Vossischen Zeitung* zu lesen. In Einklang mit den zeitüblichen Theorien von «organischer Ganzheit» zog der Autor gegen die «größte Barbarei, die je systematisch und bewusst auf irgendeinem Kunstgebiet begangen wurde» zu Felde: «Es wird jener Sinn verfälscht, mit dem man lebende Ganzheiten sieht und erfasst und unterscheidet von Missgeburten, Zwittergebilden, mechanischen Krüppel-Produkten». Der Verfasser sah den «Sinn für Echtheit von Gebilden, Gestalten, Organismen in Gefahr», warnte vor dem «Gift gefälschter Bilder», der «einfache Mensch» sei «wehrlos einer Korrumpierung seiner ästhetischen, ja biologischen Moral ausgesetzt» und schlussfolgerte kurzerhand: «Wer unbedingt deutsch gesprochen haben will, soll in deutsche Filme gehen.»[9]

Das Kardinalproblem, das hier aufscheint und in der ernstzunehmenden Kritik an der Synchronisation immer wiederkehrt, ist der Verlust von künstlerischer Einheit und Authentizität. Wenn man Amerikaner und Franzosen in ihren Filmen deutsch sprechen lässt, behaupteten manche, wird dadurch «keine Brücke gebaut, sondern eine Kluft aufgerissen. Den stummen Film haben wir im Bewusstsein genossen, dass wir hier eben einer anderen Welt gegenüberstehen, die kennenzulernen vielleicht gewinnreich war. Sobald aber die Sprache dieses Films nicht mehr die Sprache seines Kulturkreises ist, brechen die Dissonanzen zwischen Form und Inhalt, zwischen innerem Gehalt und äußerem Ausdruck auf.

---

6 K. London, in: *Der Film*, 28.5.1932.
7 C. R.: Unfug des Nachsynchronisierens, in: *12-Uhr-Blatt*, 9.6.1933.
8 *Die Weltbühne* 24/II, 1928, S. 603f.
9 Harald Landry: Der Synchronisierungs-Unfug. Eine akute Filmfrage, in: *Vossische Zeitung*, 30.11.1933, S. 3.

Diese Barriere wird niemals überschritten werden können. Woraus sich ergibt, dass der synchronisierte Film nie eine künstlerische Einheit darstellen wird.»[10]

Übersetzbar sei das Wort, so heißt es im gleichen Artikel, aber «nicht zu transportieren ist die fremde Mentalität». Das aber versuchten die Synchronisateure der 1930er Jahre gar nicht erst, vielmehr ging es ihnen um eine – mehr oder weniger krampfhafte – Angleichung an die deutsche Mentalität. Synchron-Regisseur Helmuth Brandis schilderte ein Beispiel, wie ein Originaldialog ans «deutsche Volksempfinden» angepasst wurde. Im Garbo-Film QUEEN CHRISTINA sagt John Gilbert den schönen Satz: «Love – as we understand it – is a technique that must be developed in hot countries.» In der deutschen Fassung lautete der gleiche Satz: «Liebe ist für uns keine Schicksalsfrage, sondern vielmehr Inbegriff der Daseinsfreude.»[11] Das war zwar lippensynchron, aber inhaltlich eher das Gegenteil.

Rudolf Arnheim meinte gar, die Originaldarsteller sollten Schadensersatzklagen einreichen, wenn eine «fremde Stimme eingeschmuggelt» worden ist, denn eine «schlimmere Schädigung eines Schauspielers» ließe sich kaum erdenken.[12] Aber alle Angriffe auf die Synchronisation konnten gegen einen schnell prosperierenden Zweig der deutschen Filmindustrie, der eine stattliche Zahl von Regisseuren, Technikern und Sprechern beschäftigte, nichts ausrichten. Es wäre nur wenig übertrieben, zu behaupten, das Synchrongewerbe sei eine Arbeitsbeschaffungsmaßnahme für arbeitslose Schauspieler und Regisseure gewesen (das ist es z. T. nämlich heute noch).

Alles in allem war das Synchronwesen zwar transparenter als heute – nicht selten wurden die Synchronsprecher im Vorspann genannt –, Ruhm ließ sich damit aber ebenso wenig wie heute erwerben. Die Synchron-Regisseure wie Konrad Rohnstein, Kurt Bleines, Eduard Wiemuth, Reinhard Noack, Helmuth Brandis oder Hermann Gressieker standen, wiewohl Pioniere auf diesem Gebiet und z. T. bis weit nach 1945 im Geschäft, nie im Rampenlicht der Öffentlichkeit. Zum Stimmenverleih tummelten sich Prominente und Nobodies gleichermaßen vor dem Mikrofon. René Deltgen sprach für Spencer Tracy, Erich Ponto für Lionel Barrymore, Arthur Schröder für Robert Taylor, Till Klokow synchronisierte Claudette Colbert, Viktoria v. Ballasko Annabella und Madeleine Renaud, Lu Säuberlich Joan Crawford, Ruth Hellberg Vivien Leigh. Niemand kennt heute die ersten deutschen Sprecherinnen für Greta Garbo: Cläre Rüegg, Sonik Rainer und Aida Stukering (das Sakrileg, der «Göttlichen» eine fremde Stimme zu geben, sorgte damals in der Fachpresse für Aufruhr!). Die Synchronarbeit war auch eine Ausweichmöglichkeit für politisch «Unerwünschte», denen der Zugang zu Bühne und Film verwehrt war. Beispielsweise verdingte sich in den 1930er Jahren auch Wolfgang Staudte als Synchronsprecher.

Denn entgegen einer weitverbreiteten Ansicht erfreute sich Hollywood auch im «Dritten Reich» großer Beliebtheit. Amerikanische Filmstars wie Clark Gable,

---

10 *Berliner Tageblatt*, 10.6.1934.
11 *Film-Kurier*, 30.4.1935.
12 Rudolf Arnheim: *Film als Kunst*, Berlin 1932, S. 293.

Gary Cooper, Jean Harlow, Joan Crawford, Katharine Hepburn oder Robert Taylor standen ihren deutschen Kollegen an Popularität in nichts nach. Auch Marlene Dietrichs Vamp-Erotik triumphierte in THE SCARLET EMPRESS, THE DEVIL IS A WOMAN und DESIRE auf den Leinwänden des nationalsozialistischen Deutschland.[13] Gerade genuin amerikanische Genres wie das Musical mit zwar offiziell verpönter, aber stillschweigend tolerierter Jazz- und Swingmusik waren Kassenmagneten. Die Professionalität und perfekte Machart dieser Filme verliehen ihnen sogar Vorbildcharakter für die deutsche Produktion: «Amerika ist das Land, das die größten Mittel, die natürlichsten Darsteller, die bedeutendsten Stars, die besten Operateure in die Produktion werfen kann; unsere Autoren, Regisseure, Darsteller, alles braucht die Anregung aus dem amerikanischen Spitzenfilm, um die deutsche Produktion nicht in Monotonie versinken zu lassen.»[14]

Henry Hathaways THE LIVES OF A BENGAL LANCER mit Gary Cooper wurde 1935 als «Heldenfilm der realistisch-amerikanischen Art» und als «Muster des heroischen Films» gewürdigt: «Es ist so gekonnt, so überlegen, so groß im Kleinen und im Ganzen, es erfüllt so das, was gerade wir in Deutschland wollen und was wir nicht allzuhäufig erreichen!»[15] An Victor Flemings TEST PILOT schätzte man nicht nur den «hohen Gedanken der Pflicht» und die «schönen Gefühle echter Kameradentreue», sondern lobte auch die Synchronarbeit von Gustav Knuth (Clark Gable) und René Deltgen (Spencer Tracy): «Knuth und Deltgen haben sich so in die Figuren eingelebt, dass sie ihre idealen Sprecher sind, wobei wir immer spüren, dass sie nicht als sklavische Nachspieler auftreten, sondern ihr künstlerisches Eigenleben betont unter Beweis stellen.»[16]

Zuweilen kamen Hollywood-Filme sogar in den Genuss des Prädikats «staatspolitisch wertvoll» wie 1934 Gregory de la Cavas GABRIEL OVER THE WHITE HOUSE. Desgleichen gab es den gezielten Einsatz des ausländischen Films für NS-Propaganda. Der explizit antisemitische schwedische Film PETERSSON UND BENDEL lief 1935 in Originalfassung mit Untertiteln und wurde 1938 nach dem «Kristallnacht»-Pogrom für einen Neueinsatz eigens synchronisiert. Auch jenseits solcher direkten Instrumentalisierungen wäre das Verhältnis von Synchron- und Originalfassung vor allem ab 1933 eine eigene Untersuchung wert. Das «Bild» in den US-Filmen war amerikanisch, der Dialog aber vermutlich sehr «teutsch».

Die wohlwollende Stimmung gegenüber dem amerikanischen Film änderte sich im Zweiten Weltkrieg schlagartig. Ab 1940 gab es massive Beschränkungen und Verbote – vor allem mit dem Vorwurf «deutschfeindlicher Hetze» – sowie inszenierte «Ausbrüche des Volkszorns» in den Kinos. Seit 1941 wurde kein einziger amerikanischer Spielfilm eingeführt, das galt zumeist auch für die von

---

13 Hans Dieter Schäfer: *Das gespaltene Bewusstsein. Deutsche Kultur und Lebenswirklichkeit 1933–1945*, München/Wien 1981, S. 131.
14 *Deutsche Filmzeitung*, 28.6.1936, S. 2.
15 *Deutsche Filmzeitung*, 3.3.1935, S. 4.
16 Frank Henseleit, in: *Lichtbild-Bühne*, 28.9.1938.

Deutschland okkupierten Länder.[17] Der Film-Import reduzierte sich auf italienische, einige wenige spanische Filme und die Produktionen der «Continental-Film» im besetzten Frankreich. Die Synchron-Branche stellte stattdessen fremdsprachige Fassungen deutscher Propagandafilme für die besetzten Länder her.

Synchron-Boom nach dem Krieg

Die eigentliche Blütezeit der Synchronisation kam nach Kriegsende. Die gesamte Filmwirtschaft in Deutschland fiel 1945 unter die Kontrolle der Alliierten. Bereits im Juli 1945 erhielten in der amerikanischen Zone die ersten Filmtheater die Lizenz zur Filmvorführung. Der Originalton, in dem die US-Filme zunächst gezeigt wurden, verpuffte jedoch bei einem Publikum, das allenfalls die Hälfte verstand. Daher ließ man als nächstes Betriebe zu, die die Filme erst nur untertitelten, dann aber vorwiegend synchronisierte Fassungen herstellten.

Die Synchronfirmen gehörten somit zu den ersten Sparten der Filmbranche, die lizenziert wurden, noch vor den einheimischen Filmproduzenten (1946/47) und -verleihern (1948). Diese Priorität ist leicht verständlich, denn der Film spielte in der Kulturpolitik der Sieger eine bedeutende Rolle. Zum einen wurden Filme gezielt in den Dienst der Reeducation gestellt, zum anderen bestand im nicht nur materiell, sondern auch kulturell ausgepowerten Nachkriegsdeutschland ein großer Nachholbedarf an ausländischen Filmen bei gleichzeitigem Brachliegen der einheimischen Filmproduktion. Riesengroß war das Bedürfnis nach Unterhaltung, um von der Alltagsmisere abzulenken.

Diese Situation machte sich die amerikanische Filmindustrie, die zwischen 1939 und 1945 den lukrativen deutschen Exportmarkt verloren hatte, zunutze. Sie sah die Chance, den innerdeutschen Markt zu dominieren und gleichzeitig die Konkurrenz der deutschen Filmindustrie auf dem Weltmarkt zu verhindern.[18]

Zur Realisierung dieses Ziels war die Synchronisation ein unverzichtbares Instrument, da das breite Publikum nur deutsche Fassungen akzeptierte. So kam das Synchronisieren den kommerziellen US-Interessen entgegen, enthielt aber gleichzeitig auch einen abschwächenden, vermittelnden Faktor durch die sprachliche Assimilierung an die einheimische Kultur – bis hin zum anderen Extrem: «Synchronisation ist die Rache der Deutschen an den Alliierten» lautet ein brancheninterner Spruch. Somit legitimierte sich das Synchrongewerbe auch als eine Waffe gegen den amerikanischen Kulturimperialismus: «Wir wären nach dem Krieg bei unserem immensen Nachholbedarf an unzensierten Filmen zu einer sprachlichen Bananenrepublik degeneriert, quasi europäische Philippinen geworden, wenn wir nicht begonnen hätten, Filme einzudeutschen, so wie wir Bücher übersetzen.»[19]

---

17 Boguslaw Drewniak: *Der deutsche Film 1938–1945*, Düsseldorf 1987, S. 826.
18 Adrian Kutter, zit. n. Johannes Hauser: *Neuaufbau der westdeutschen Filmwirtschaft 1945–1955 und der Einfluß der US-amerikanischen Filmpolitik*, Pfaffenweiler 1989, S. 583.
19 Ekkehardt Belle, zit. n. *Rheinischer Merkur*, 11.9.1987, S. 27.

Bevor die privaten Synchron-Ateliers, die ja erst die technische Infrastruktur aufbauen mussten, ihre Arbeit aufnehmen konnten, wurden die deutschen Fassungen von der Synchron-Abteilung der «Motion Picture Export Association» (MPEA) in München-Geiselgasteig, die für die Distribution der amerikanischen Filme zuständig war, hergestellt. 1946 lief mit Frank Capras YOU CAN'T TAKE IT WITH YOU (LEBENSKÜNSTLER) der erste nach dem Krieg synchronisierte amerikanische Film in den Kinos. Maßgeblichen Anteil am Aufbau dieser MPEA-Abteilung hatte einer der wichtigsten deutschen Synchron-Pioniere: Josef Wolf. Er war bereits 1930 in den USA mit Synchronarbeiten beschäftigt und 1931 von der Paramount für die deutsche Synchronproduktion in Joinville verpflichtet worden. 1949 gründete er zusammen mit E.G. Techow und Alfred Vohrer die «Ultra Film GmbH» (München, später Berlin), die noch vor Wenzel Lüdeckes «Berliner Synchron» zum wichtigsten deutschen Synchron-Betrieb avancierte.[20]

Die «Internationale Film-Allianz», die besatzungseigene Filmgesellschaft der französischen Zone, begann 1946 mit dem Bau eines Synchronstudios im badischen Teningen. Die Wahl fiel auf diesen Ort, weil sich in der benachbarten Kreisstadt Emmendingen die ausgelagerten Geräte der «Klangfilm» befanden, mit denen das Teninger Studio arbeitete. Der erste dort synchronisierte französische Film war Robert Bressons LES ANGES DU PÉCHÉ (DAS HOHELIED DER LIEBE). Obwohl es noch keine «Freiwillige Selbstkontrolle» gab, nahmen die Verantwortlichen schon die späteren Usancen vorweg: «Der gesamte Textentwurf für die deutsche Nachsynchronisation wurde vom erzbischöflichen Ordinariat Freiburg/B. überprüft und gutgeheißen.»[21] Zu den Teninger Renommierproduktionen gehörte die deutsche Fassung von KINDER DES OLYMP. Teningen war nur Vorläufer des 1948 in Schloss Calmuth bei Remagen errichteten Synchronbetriebs der aus der Film-Allianz hervorgegangenen «Internationalen Film-Union» (IFU). In Remagen konzentrierte sich bis in die 1960er Jahre hinein die Synchronisation französischer Filme (z.B. FAHRSTUHL ZUM SCHAFOTT).

Im britischen Sektor befanden sich die Synchronstätten in Hamburg, wo im Mai 1946 bei der Alster-Film in Ohlstedt die ersten Produktionen anliefen. In Rahlstedt kamen später Studios der Eagle-Lion und Rank-Film hinzu. Fast alle englischen Filme, die in den fünfziger Jahren in die Kinos kamen, sind in Hamburg synchronisiert worden. Hier arbeitete ein relativ kleiner Kreis von Personen. Die Sprecher waren Schauspieler der Hamburger Bühnen, Synchron-Regie führte meist Edgar Flatau und die deutschen Dialoge stammten aus der Feder von Erwin Bootz, dem ehemaligen Pianisten der «Comedian Harmonists».

Im Ostteil Berlins synchronisierte die 1946 gegründete DEFA sowie die private Phoenix-Film unter Helmuth Brandis (die bis 1948 eine englische *und* sowjetische Lizenz hatte und 1951 mit der DEFA vereinigt wurde) russische Filme in den ehemaligen TOBIS-Ateliers in Johannisthal. Der erste synchronisierte Film der Nachkriegszeit aber hatte bereits am 10.8.1945 Premiere: IWAN, DER

---

20 *Film-Echo* 44, 1970, S. 7.
21 *Die neue Filmwoche* 2, 1947, S. 53.

SCHRECKLICHE mit Wolfgang Staudte als Regisseur der deutschen Bearbeitung. 1952 wurde das «DEFA-Studio für Synchronisation» zu einem selbstständigen DEFA-Betrieb mit Sitz in Berlin-Johannisthal, 1958 kamen eine Außenstelle in Weimar und 1960 eine in Leipzig hinzu.

In den Berliner Westsektoren entstanden die ersten Synchronstudios auf erhaltenem Vorkriegsgelände in Tempelhof (UFA) und Ruhleben (Mars-Film). Als eigentliches Synchron-Zentrum entwickelte sich jedoch Berlin-Lankwitz: Im Juli 1945 gründete der Unternehmer Ernst Wolff (1903–1963) – einer von ca. 1.500 Berliner Juden, die den Nazi-Terror in einem Versteck überlebt hatten – in der Mühlenstraße auf dem Gelände der ehemaligen Luftwaffen-Filmstelle die «Mosaik-Film GmbH», ein Filmkopierwerk, das ab 1948 Ateliers an die nun rasch entstehenden Synchron-Firmen vermietete. In kürzester Zeit entstand hier Europas größte Synchronstätte, in der durchschnittlich 200–250 Filme pro Jahr eingedeutscht wurden. Dieser Aufschwung kam vor allem dadurch zustande, dass die MPEA ihre Synchronisationsaufträge von München abzog, um dem von der Blockade bedrohten Berlin lohnintensive Aufträge zu verschaffen.[22] Auch die von Wolf und Vohrer gegründete Ultra-Film verlagerte ihren Sitz von München nach Berlin. Und 1949 siedelte sich an der Mühlenstraße mit der «Berliner Synchron» jene Firma an, deren Gründer zum Synonym für Filmsynchronisation wurde: Wenzel Lüdecke. Lüdecke (1917–1989), der vor dem Krieg bei der UFA als Regieassistent, Drehbuchautor und Dramaturg gearbeitet hatte, baute seine Firma langsam zum absoluten Marktführer aus. In den 1950er Jahren war er auch als Filmproduzent erfolgreich (z.B. DIE HALBSTARKEN; Horst Buchholz wurde von Lüdecke «entdeckt» – und zwar im Synchronstudio!).[23]

Außer Ultra und Berliner Synchron etablierten sich bei der Mosaik-Film weitere wichtige Synchronfirmen, wie die «Elite-Film Franz Schröder» und die Synchronabteilung der amerikanischen Produktionsfirma RKO. MGM synchronisierte ebenfalls unter eigenem Namen, allerdings nicht in Lankwitz, sondern in den ehemaligen UFA-Studios in Tempelhof. Die Entwicklung Berlins zur Synchron-«Boomtown» zog auch wieder viele Schauspieler an die Spree, denn die Synchronarbeit war für Freischaffende oft die wichtigste Verdienstmöglichkeit. Bis zum Mauerbau pendelten die Schauspieler auch noch rege zwischen Ost und West.

Auf der anderen Seite entzog die Dominanz der amerikanischen Filmgesellschaften über die Briten und Franzosen den Synchronstätten in Hamburg und Remagen die Basis für eine weitere Expansion. Zulasten Münchens ging die demonstrative Verlagerung der amerikanischen Synchronaufträge nach Berlin als Reaktion auf die Berlin-Blockade. Auf diese Weise entwickelte sich ein Vertrauensverhältnis zwischen den US-Filmfirmen und den Berliner Synchronbetrieben, eine Weichenstellung, die die deutsche Synchronlandschaft bis zum Ende des Jahrhunderts bestimmte.[24]

---

22 Alfred Jurisch, in: *Filmblätter* 25, 1959, S. 36.
23 *Film-Echo* 37, 1980, S. 11.
24 Rolf Steinkopp: *Synchronisieren in Hamburg*, Baden-Baden/Hamburg 1987, S. 28 u. 114.

Die Hochkonjunktur des Synchrongewerbes war eine Folge der Überschwemmung des deutschen Filmmarktes mit ausländischen Filmen. Seit der Verleihsaison 1951/52 gab es mehr US- als deutsche Filme im Verleihangebot.[25] Gleichzeitig hatte das kapitalistische Konkurrenzverhältnis in der Synchronbranche einen Preisverfall zur Folge, weil die Firmen sich gegenseitig unterboten. Die Durchschnittskosten für einen Film sanken von ca. 50–80.000 Mark auf die Hälfte bei gleichzeitiger Steigerung des Arbeitspensums und sinkenden Gagen. So kamen viele Auslandsfilme auf den Markt (z.B. amerikanische B-Filme), die bei normalen Kosten nie den Weg in die Kinos gefunden hätten[26] (Eine ähnliche Situation mit Dumpingpreisen und dramatischem Qualitätsverfall entstand Ende der 1980er Jahre mit der Flut amerikanischer Fernsehserien in den Privatsendern).

Die Synchronsprecher hatten (und haben) als freie Mitarbeiter keine festen Tarife. Oft standen die Gagen in keinem angemessenen Verhältnis zum wirtschaftlichen Erfolg eines Films, so dass es immer wieder zu internen Protestaktionen kam, 1966 gar zu einem großangelegten Synchronsprecher-Streik, der indes im Sande verlief, weil die Studios genügend unterbeschäftigte Schauspieler als Ersatz zur Verfügung hatten. Noch vierzig Jahre vergingen, bis sich 2006 endlich ein «Interessenverband der Synchronschauspieler» gründete.

Synchronisation und Filmzensur

Es besteht jedoch kein Anlass, die Synchronisationsleistung der Nachkriegsära pauschal abzuwerten, eher im Gegenteil, gerade in dieser Zeit wurden Qualitätsstandards gesetzt: «Noch bis in die frühen 60er Jahre wurde […] mit einer Akkuratesse gearbeitet, die heute, wenn überhaupt, nur noch sporadisch anzutreffen sein dürfte.»[27] Das ist zwar auch verallgemeinernd, doch stand damals wesentlich mehr Zeit zur Verfügung als heute, und die Synchronschauspieler konnten sich intensiv auf ihre Rollen vorbereiten.

Wenn auf die Synchronisationen der 1950er und 1960er Jahre dennoch ein gewaltiger Schatten fällt, dann ist es nicht der einer mangelnden technischen oder künstlerischen Qualität, sondern der ideologischen Bearbeitung, die man manchen Filmen angedeihen ließ und die vereinzelt bis zur inhaltlichen Verfälschung des Originals ging. Diese Vorfälle haben die Reputation des Synchrongewerbes dauerhaft beschädigt, obwohl die eigentlich Verantwortlichen außerhalb der Synchronstudios zu suchen sind: Der Synchronbetrieb ist lediglich Auftragnehmer der Verleihfirma, für die er den Film bearbeitet.

Diejenige Instanz jedoch, die faktisch eine Zensur ausübte, war die «Freiwillige Selbstkontrolle der Filmwirtschaft» (FSK), eine nicht-staatliche Institution, die 1949 von der Filmindustrie ins Leben gerufen wurde, um eine staatliche Zen-

---

25 Hauser (Anm. 18), S. 584.
26 *Der neue Film* 24, 24.3.1952, S. 6.
27 J.-Dietmar Müller: *Die Übertragung fremdsprachlichen Filmmaterials ins Deutsche*, Diss., Regensburg 1982, S. 24.

sur zu umgehen. Diese privatrechtliche Organisation der Filmwirtschaft hatte das Monopol für eine lückenlose Überwachung aller in der Bundesrepublik öffentlich vorgeführten Filme. Bis 1972 konnte in der BRD kein Film gezeigt werden, der nicht vorher von der FSK geprüft wurde. Trotz der Nicht-Staatlichkeit dieser Institution fielen die Änderungsauflagen der FSK oft wesentlich schärfer aus als die von staatlichen Zensurbehörden in Nachbarländern.[28]

Gemäß ihrer Statuten richtete sich die FSK vornehmlich gegen Filme, die geeignet waren

- «das sittliche oder religiöse Empfinden zu verletzen, entsittlichend oder verrohend zu wirken;
- antidemokratische (nationalsozialistische, bolschewistische u. ä.), militaristische, imperialistische, nationalistische oder rassenhetzerische Tendenzen zu fördern;
- die Beziehungen Deutschlands zu anderen Staaten zu gefährden oder das Ansehen Deutschlands herabzuwürdigen;
- die verfassungsmäßigen und rechtsstaatlichen Grundlagen des deutschen Volkes [...] zu gefährden oder herabzuwürdigen;
- durch ausgesprochen propagandistische oder tendenziöse Beleuchtung geschichtliche Tatsachen zu verfälschen [...].»[29]

In Kenntnis der Spruchpraxis der FSK nahmen der Verleih und in dessen Auftrag die Synchronfirma von vornherein Veränderungen an Originalfilmen vor – und zwar nicht nur Dialogänderungen, sondern auch Bildschnitte –, um die FSK-Hürde zu nehmen. Dabei kam es zu teilweise maßlosen Verfälschungen (bzw. Eliminierungen) einzelner oder mehrerer Sequenzen oder Figuren oder gar zur kompletten Veränderung der Originalhandlung mittels eines neuen deutschen Dialogs. Ein ungenannter Synchron-Profi äußerte: «Obszönität, Brutalität und Deutschfeindlichkeit wird fast immer geschnitten. Aus einem grausamen Mörder in einem Kriegsfilm kann der über Pazifismus diskutierende Außenseiter werden, aus einem amerikanischen Gangsterboss ein russischer Spion, aus der Gangsterbraut eine Polizeiagentin und aus einem deutschen Gauner im beliebigen Ausland ein krimineller Emigrant mit polnischem Akzent.»[30] Noch 1971 stellte Wenzel Lüdecke lakonisch fest: «Wenn wir einen Film bekommen, der das Nationalgefühl verletzt, dann wird das geändert.»[31]

Zwei ihrer massivsten Schläge führte die FSK-Zensur 1951 gegen Hitchcocks NOTORIOUS und 1952 gegen CASABLANCA (der damals freilich noch nicht als Kultfilm gehandelt wurde). In NOTORIOUS ersetzte man die mit Uranerz handelnden Nazis im Synchrondialog durch internationale Rauschgifthändler (der Film erhielt den Titel WEISSES GIFT), in CASABLANCA wurde der gesam-

---

28 Otto Hesse-Quack: *Der Übertragungsprozess bei der Synchronisation von Filmen*, Köln 1969, S. 61.
29 Zit. n. Dieter Geißler: *Filmzensur im Nachkriegsdeutschland*, Diss., Göttingen 1986, S. 109.
30 Zit. n. Hesse-Quack (Anm. 28), S. 206f..
31 Hans-Peter Kochenrath: *Synchronisation*, TV-Film, Westdeutscher Rundfunk, 28.4.1971.

te Nazi-Komplex eliminiert und durch eine platte Agentengeschichte ersetzt. Der Prager Widerstandskämpfer mutierte zum skandinavischen Naturwissenschaftler, dem Agenten eine Formel abjagen wollen. Alle Hinweise auf NS- und Vichy-Regime waren ebenso getilgt wie die Konfrontation der «Marseillaise» mit «Die Wacht am Rhein» (eine der zentralen Stellen des Films). Damit war der Film seiner eigentlichen Botschaft vollständig beraubt. Neu und inhaltlich korrekt synchronisiert liefen NOTORIOUS (nun unter dem Titel BERÜCHTIGT) 1969 im ZDF (aber auch hier fehlt immer noch ein Dialog, der die IG Farben erwähnt) und CASABLANCA 1975 in der ARD. Der Vergleich einer kurzen Dialogpassage aus den beiden CASABLANCA-Fassungen lässt das Ausmaß des Terroranschlags ahnen, der 1952 auf diesen Film verübt wurde:

> 1952: «Wir waren kaum verheiratet, als Victor die Delta-Strahlen entdeckte. Und du weißt was dann passierte, ich war schon nach Paris vorausgefahren. Ich ahnte, dass sie ihn verhaften würden, aber eins habe ich nicht erwartet – er bekam 20 Jahre wegen Sabotage.»
>
> 1975: «Kurz nachdem wir geheiratet hatten, ging Victor zurück in die Tschechoslowakei. Sie brauchten ihn in Prag, aber dort wartete die Gestapo auf ihn. Nur zwei Zeilen in der Zeitung: Victor Laszlo verhaftet, in ein Konzentrationslager gebracht...»[32]

In der spanischen Synchronfassung ließ man die antifaschistischen Aspekte unbehelligt, allerdings kämpfte Rick hier nicht im Spanischen Bürgerkrieg auf Seiten der Republikaner gegen Franco, sondern gegen die nationalsozialistische Annexion Österreichs 1938. Den katholischen Zensoren gingen jedoch die amourösen Aspekte zu weit: Sie machten aus Bogart und Bergman ein Geschwisterpaar! Das gleiche widerfuhr in Spanien Grace Kelly und Donald Sinden in MOGAMBO (die als Bruder und Schwester nun freilich massiv unter Inzestverdacht standen!).
Zurück nach Deutschland: In FOREIGN CORRESPONDENT (MORD) – wiederum Hitchcock – wurde 1961 eine flammende Rundfunkrede geschnitten, die die Amerikaner auffordert, in den Krieg gegen die Nazis einzutreten (vollständige Synchronfassung als DER AUSLANSKORRESPONDENT, ZDF 1986). Bei Rossellinis Episodenfilm PAISÀ schnitt der deutsche Verleih die komplette sechste Episode, die von Kriegsgräueln deutscher Truppen handelt, ROM – OFFENE STADT wurde nur für «geschlossene Film-Clubs» zugelassen. Die deutsche Fassung von Chaplins MONSIEUR VERDOUX hat 1952 «den Film um mehrere Szenen gekürzt und ihm vor allem auch in der Schlussansprache die pazifistische Schärfe des Originaltextes genommen».[33] In DIE EINGESCHLOSSENEN VON ALTONA (Vittorio de Sica, 1963) mussten die Namen von deutschen Großindustriellen wie Flick und Krupp, die in Verbindung mit NS-Verbrechen gebracht wurden, gestrichen werden, da die Genannten «durch eindrucksvolle Leistungen auch in den unterentwickelten Ländern hochangesehen»[34] seien.

---

32 Zit. n. Andreas Schreitmüller: *Filmtitel*, Münster 1994, S. 301.
33 *Der neue Film* 51, 7.7.1952, S. 5.
34 FSK-Bescheid, zit. n. *Film*, 12, 1969, S. 28.

In Léon Morin, prêtre (Jean-Pierre Melville, 1961) wurden alle Hintergrundereignisse mit deutschen Soldaten, Gestapo und Judenverfolgung eliminiert und der Film von 130 auf 91 Minuten heruntergeschnitten: «Diese Praktik zeugt sowohl von der ästhetischen Instinktlosigkeit der deutschen Verleihfirma wie auch von der traurigen – und verfassungswidrigen – Existenz einer Zensur.»[35]

In dem politischen Musical Cabaret (1972) war offenbar gerade das «Politische» anstößig: die deutsche Fassung kürzte jene Stellen, die auf das Heraufdämmern des Nationalsozialismus anspielten. In Das Quiller-Memorandum (1966) ging es nicht wie im Original um eine Untergrundorganisation von Neonazis, sondern um eine schlichte Spionagehandlung.

Otto Premingers Stalag 17 (1953), der in einem deutschen Kriegsgefangenenlager spielt, sperrte die FSK sieben Jahre. Erst 1960 hatten die Deutschen ihre politischen Pubertätsschwierigkeiten offenbar überwunden, um ohne seelische Schäden mit einem sadistischen deutschen Lagerkommandanten konfrontiert werden zu können (ein distanzierender Vorspann war dennoch nötig: «Damals war alles anders. Es war eine andere Zeit, und es war eine andere Welt, in der das geschah.»).

Man kann davon ausgehen, dass in jedem Film, der Nationalsozialismus und Deutsche im Zweiten Weltkrieg thematisierte, geschnitten, gefälscht oder zumindest in den Synchrondialogen bagatellisiert wurde. Dass US-Filme oder Serien mit deutschem Hintergrund auf dem Synchron-Operationstisch mit dem Skalpell bearbeitet wurden, ist jedoch keineswegs ferne Vergangenheit: In Stirb langsam blieb dem deutschen Publikum 1988 verborgen, dass es sich bei den Terroristen um Deutsche handelt.[36] Solche nationalen Neurasthenien sind freilich kein deutsches Spezifikum: Stanley Kubricks pazifistisches Meisterwerk Paths of Glory (1957) war in Frankreich 20 Jahre lang (!) verboten.

Französische Filme wiederum konnten oft aufgrund ihrer Libertinage dem deutschen Michel nicht zugemutet werden: In Louis Malles Les amants (Die Liebenden) fielen 1959 alle explizit erotischen Szenen mit Jeanne Moreau der FSK-Schere zum Opfer. Ebenso erfuhr der deutsche Zuschauer nicht, dass sie ein Kind hat, weil eine Mutter nach dem standardisierten Moralkodex ihr Kind nicht verlässt. Erfundene Dialogpassagen charakterisieren ihren Ehemann wesentlich negativer als in der Originalfassung. Die Beziehung zu ihrem Lover ist psychologisch durch «Liebe» zusätzlich motiviert: «Durch diese Veränderungen wird der Ehebruch der Frau im Hinblick auf eine Moral, die den Ehebruch kategorisch untersagt, weniger verwerflich gemacht.»[37] In der Originalfassung ist eine andere Familie zu sehen als in der deutschen und der Ehebruch ist moralisch nicht diskreditiert.

In William Castles Homocidal (Mörderisch) von 1961 ist der Täter in der Originalfassung ein Homo- bzw. Transsexueller, in der deutschen Fassung «eine

---

35 Rudolf Thome, in: *Film* 3, 1963, S. 38.
36 Wolfgang Maier: *Spielfilmsynchronisation*, Frankfurt/M. u. a. 1997, S. 130ff.
37 Joseph Garncarz: *Filmfassungen*, Frankfurt/M. u. a. 1992, S. 94f.

Frau, die von klein auf gezwungen wurde, sich wie ein Junge zu kleiden und darüber den Verstand verloren hat.»[38]

Selbstverständlich nahm auch die katholische Kirche über die FSK massiven Einfluss. Als 1962 Luis Buñuels vermeintlich antiklerikales und mit sexueller Symbolik durchzogenes Meisterwerk Viridiana in die Kinos kommen sollte, schrillten beim Klerus die Alarmglocken, und der Constantin-Verleih eliminierte vier Einstellungen: Viridianas ungeschickter Versuch, die Zitzen eines Kuheuters zu melken, das Hochheben des Rocks während der Abendmahlsszene, die Entkleidung Viridianas während des Schlafs durch ihren Onkel und die Verbrennung der Dornenkrone, eine für den Schluss des Films bedeutungskonstituierende Montage (integrale Fassung: ZDF 1970).

Die sexuell-moralische Verklemmtheit, die in den drei zuletzt genannten Beispielen zum Ausdruck kommt, ist insofern kurios, als es gerade die Sexfilm-Welle der späten sechziger Jahre war, die die Macht der FSK immer mehr zurückdrängte. Das nackte Fleisch, das nun die Leinwände eroberte, lag im vitalen Interesse der deutschen Filmindustrie, und die «Selbstkontrolle» hatte entsprechend zu parieren.

Für Filme aus dem damaligen «Ostblock» existierte seit 1954 eine eigene *staatliche* Zensurstelle, der «Innerministerielle Ausschuss für Ost/West-Filmfragen», der jeden aus den Ostblockländern importierten Film auf seine potenzielle Zersetzungskraft überprüfte, Schnittauflagen erließ und Verbote erteilte. Sergej Eisensteins Alexander Njewski (1938) wurde 1963 als «deutschfeindlich» eingestuft, weil er das Wüten der deutschen Ordensritter zeigte. Die deutschen Mordbrenner wurden herausgeschnitten, so dass der Film mit der – nunmehr motivationslosen – russischen Gegenoffensive einsetzte. Der russische Fürst in der deutschen Fassung ist somit der Angreifer, der Innerministerielle Ausschuss machte aus einem angeblich antideutschen Film einen antikommunistischen.[39]

Selbstredend war es auch in der DDR üblich, die politische Tendenz eines Films mittels Synchronisation «zurechtzubiegen». Der französische Spionagefilm Le fauve est lâché von 1958 wurde in der DEFA-Fassung von 1967 (Dschungel in Paris; BRD-Titel: Das Raubtier rechnet ab)) mit antiimperialistischer Propaganda aufgeladen. Aus dem Kleingangster wurde ein Widerstandskämpfer, der – im krassen Unterschied zum Original – freiwillig mit dem Geheimdienst zusammenarbeitet.[40]

Dritte Zensurinstanz in der BRD war die von den Ländern getragene «Filmbewertungsstelle» (FBW), die Prädikate vergab. Dieses Verfahren war insofern von Bedeutung, als die Vorführung von mit «wertvoll» oder «besonders wertvoll» ausgezeichneten Filmen mit erheblichen Ermäßigungen bei der damals noch erhobenen Vergnügungssteuer verbunden war. Ein nicht prädikatisierter Film war für den Verleiher kommerziell kaum noch interessant. FSK und FBW

---

38 Ronald M. Hahn/Volker Jansen: *Lexikon des Horrorfilms*, Bergisch Gladbach 1989, S. 306.
39 Uwe Nettelbeck, in: *Filmkritik* 7, 1963, S. 306.
40 F.B. Habel: *Zerschnittene Filme*, Leipzig 2003, S. 29-31.

zogen ideologisch an einem Strang. Während z. B. John Waynes Western THE ALAMO als «besonders wertvoll» eingestuft wurde, ging Viscontis ROCCO UND SEINE BRÜDER leer aus.

Die geschilderten Eingriffe lassen Rückschlüsse auf das dahinterstehende allgemeine Wertesystem zu, für dessen Verteidigung sich die genannten Zensurinstanzen legitimiert sahen. Auf der Leinwand sollte es nach den FSK-Vorstellungen so zugehen, wie der deutsche Spießer sich idealerweise die gesellschaftliche Wirklichkeit vorstellt: harmonische Konfliktlösungen, keine Extreme, Betonung des Guten, kein Aufrühren der Vergangenheit: «So wie man im Alltagsleben nicht über Sexuelles sprach, bei Peinlichem wegschaute und politisch nicht auffallen wollte, beurteilte auch die FSK alle Filme aus der Perspektive des fiktiven ‹Normalmenschen›.»[41] Der Verarbeitung von ausländischen Filmwerken zu deutschen Volksausgaben lag die Vorstellung vom unmündigen Staatsbürger obrigkeitsstaatlicher Provenienz zugrunde, dem die kritische Reflexion über – zum Beispiel– die eigene Vergangenheit oder auch nur die Kenntnis anderer Meinungen darüber vorenthalten werden sollte: «Mit so naiven, hilflosen, beeinflussbaren Menschen wie die Zensoren sie als Maßstab verwenden, ließe sich Demokratie bestenfalls als Farce proben.»[42] Zu den vordemokratischen Aspekten gehört auch die klandestine Aura, in der die Zensoren agierten. Das Arkanum von Schloss Biebrich (bei Wiesbaden), dem Sitz der FSK, passte zu der «patriarchalischen Bevormundung», die die Schnittauflagen der Schlossherren intendierten; denn die Schiedssprüche öffentlich zu machen und so der Kritik auszusetzen, wäre schlechthin «systemfremd» gewesen: «Höfische Zeiten kennen per definitionem keine bürgerlich-publizistische Öffentlichkeit.»[43]

Freilich sollte man diese Zensur-Institutionen auch nicht überschätzen. Die meisten Veränderungen hätten die Verleiher wohl auch ohne FSK vorgenommen, um sich aus kommerziellen Gründen dem deutschen Publikumsgeschmack anzupassen. Die Ware Film hatte nicht den Status einer künstlerischen Schöpfung, die entsprechenden Schutz genießt, sondern war ein reines Unterhaltungsvehikel, von dem man glaubte, alle störenden oder verstörenden Elemente, die den Unterhaltungs- oder Entspannungseffekt konterkarieren konnten, entfernen zu dürfen. Diese Geringschätzung des Films als Kunst teilten die Zensoren mit der breiten Öffentlichkeit und peinlicherweise auch mit den Intellektuellen (mit Ausnahme der Zeitschrift *Filmkritik*). Wie hätte man reagiert, wenn sich die Kürzungen, Verfälschungen und Verhunzungen statt gegen Filme gegen Bücher gerichtet hätten (etwa in Form einer FSK der Verleger)? Aber das Medium Film erregte wegen der größeren Suggestivkraft des Visuellen seit je größeren Argwohn als das Gedruckte.

Die Frage, ob die massiven Eingriffe tatsächlich der Vergangenheit angehören, wäre nur durch minutiöse Vergleiche von Original- und Synchron-

---

41 Michael Kienzle, in: ders./Dirk Mende (Hrsg.): *Zensur in der BRD*, München 1980, S. 21.
42 Lothar Hack: Filmzensur in der Bundesrepublik, in: *Frankfurter Hefte* 19, 1964, S. 705–716, 785–792, 849–858; 713.
43 Ebda., S. 790.

fassungen zu beantworten. Die Frage ist einerseits zu bejahen, weil sich das Wertesystem geändert hat, andererseits hält gerade die penetrante Scheu des Synchrongewerbes vor der Öffentlichkeit ein entsprechendes Misstrauen aufrecht. Hitler-Witze und komische Dialoge mit Nazi-Anspielungen sind in England und den USA lustig, in Deutschland jedoch unmöglich. In einer Folge der Serie GILMORE GIRLS soll eine Person, die sich in einem Zimmer verschanzt hat, herausgelockt werden mit dem Satz «Even Hitler came out sometimes to walk his dog». In der deutschen Fassung heißt es: «Sogar ein Hund würde einmal rauskommen, um Gassi zu gehen.»[44] Auch Veränderungen von eher sublimer Natur sind jedenfalls weiter die Regel, z. B. die Abmilderung oder Neutralisierung von Slang und Argot. In PULP FICTION (1994) bezeichnet sich Samuel L. Jackson als «bad motherfucker», in der deutschen Fassung aber nur als «bösen schwarzen Mann».[45] Bei Synchronisationen des öffentlich-rechtlichen Fernsehens wird aus «Fuck you» meist «Blödmann». Desgleichen werden krasse Brutalitäten oft ebenso brutal geschnitten. Bei zeitgenössischen TV-Ausstrahlungen von Henry Hathaways TODESKUSS fehlt regelmäßig die berühmte Einstellung, in der Richard Widmark sardonisch feixend eine Rollstuhlfahrerin die Treppe hinunterstößt.

Mittlerweile findet auch eine größere Differenzierung zwischen Film*kunst* und «Popcorn»-Filmen statt. Die Synchronfassung eines Woody-Allen-, Scorsese- oder Altman-Films passt sich in der Regel weniger an den deutschen Publikumsgeschmack an als die eines Streifens wie POLICE ACADEMY. Indiz hierfür ist nicht selten schon der deutsche Titel. Denn auch der Filmtitel – eigentlich integraler Bestandteil des Originalwerks – gehört für den Verleih zur Verfügungsmasse bei der kommerziellen Auswertung. Wenn BREAKING AWAY (Peter Yates, 1979) zu VIER IRRE TYPEN – WIR SCHAFFEN ALLE, UNS SCHAFFT KEINER mutiert, steht auch die Synchronisation unter Fälschungsverdacht: durch Anpassung an das Klamottengenre, und was die Verantwortlichen von Clint Eastwoods Regiedebüt PLAY MISTY FOR ME hielten, macht unmissverständlich der deutsche Titel klar: SADISTICO – WUNSCHKONZERT FÜR EINEN TOTEN.

Synchronisation – Glanz oder Elend?

Angesichts der Schandtaten, die an fremden Filmwerken verübt wurden, fällt es leicht, einen generellen Bannfluch gegen die Synchronisation zu verhängen. Dennoch sind diese Manipulationen kein Einwand gegen das Prinzip der Filmsynchronisation an sich. Sie geben eher Anlass, sich ernste Gedanken über eine Gesellschaft zu machen, die solche Vorgänge zulässt.

Die meisten Gegner der Synchronisation argumentierten auch nicht mit dem Vorwurf, diese sei eine Handlangerin der Filmzensur. Das «Verfälschende» sahen sie eher auf einer internen Ebene, z. B. dem Verlust der Einheit von Sprache und Geste: «Jede Synchronisation in einer fremden Sprache ist auch schon

---

44 Sabine Pahlke: *Handbuch Synchronisation*, Leipzig 2009, S. 94.
45 Guido Marc Pruys: *Die Rhetorik der Filmsynchronisation*, Tübingen 1997, S. 112.

gespalten, aber im Ton vereint. Die männliche Hauptrolle spielt der spanische Schauspieler Fernando Rey, der aber einen Franzosen darstellt und von dem französischen Schauspieler Michel Piccoli synchronisiert wird. In Italien ist es üblich, grundsätzlich jeden einheimischen Film nachzusynchronisieren, aber nur die italienischen Weltstars sprechen sich dabei selbst, die weniger bekannten Schauspieler werden von Spezialisten gedubbt und viele waren noch nie mit ihren Originalstimmen zu hören.

Dennoch sind mit diesem Exkurs die Argumente gegen die Synchronisation nicht vom Tisch. Die Kritik ist ja deshalb so berechtigt, weil mit dem Dialog- (oder sogar kompletten Ton-)Austausch ein derart gravierender Eingriff verbunden ist, dass es nicht übertrieben ist, das Ergebnis als einen «anderen Film» zu bezeichnen. Denn es handelt sich eben nicht nur um eine Transponierung in eine andere Sprachwelt mit anderen Stimmen, sondern es entsteht ein ganz anderer Gesamtklang, eine andere Melodie, ein anderes akustisches Klima: «Über den Bilder-Code der Traumfabriken oder die exotischen Bilder aus fernen Ländern wird ein nationaler Sprach-Code gelegt. Bei der Synchronisation geht es nicht nur um Übersetzung wie bei den Untertiteln, sondern um die vollständige Ersetzung einer akustischen Simulation von Wirklichkeit durch eine andere. Während es bei einer Übersetzung vielleicht Fehler gibt, ist die Synchronisation immer eine Neuschöpfung.»[54]

Rechtfertigt der Zweck einen solchen Eingriff in ein Kunstwerk? Manche haben diese Frage geradezu poetisch und mit vollem Nachkriegspathos bejaht: «Dass die Völker verschiedene Zungen sprechen, ist eine Naturtatsache, über die zu klagen sinn- und zwecklos ist; dass man in zwei verschiedenen Sprachen nicht mit den gleichen Mundbewegungen den gleichen Sinn aussprechen kann, ist unwichtig. Aber wichtig und schön ist, dass man mit der Sprache des einen Volkes die gleiche seelische Resonanz erwecken kann wie mit der Sprache des anderen. Wenn die Gefühlslinie, durch die Ausdrucksmittel des fremden Schauspielers auf der Bildwand manifestiert, verschmelzen kann mit der, welche die Worte des heimischen Sprechers beseelen, so ist dies ein schöner Beweis unserer menschlichen Bruderschaft. Das zeigt der gut synchronisierte Film; und das ist sein besonderer Reiz, der ihn, den als Notlösung geborenen, von diesem Odium befreit und ihm als besonderer Kunstform Recht und Pflicht zu seinem Dasein gibt.»[55]

Jenseits des Pathos formuliert dieses Zitat den Anspruch, dass die Synchronisation als eine schöpferische Leistung zu gelten habe, die obendrein beim Publikum die gleiche Wirkung erzielen soll wie bei den Zuschauern der Originalfassung. Dies aber ist eine Idealvorstellung, die wohl kaum je von einer Synchronfassung eingelöst wurde. Weder ist eine Synchronisation erst dann gut, wenn man an sie die Messlatte einer Schlegel-Tieck'schen Shakespeare-Übersetzung anlegen kann, noch ist sie schlecht, wenn sie andere Wirkungen

---

54 Markus Metz/Georg Seesslen, *FAZ*, 14.2.2004, S. 40.
55 Erich Leistner: Prokrustesbett Synchronisation, in: *Foto-Kino-Technik* 1, 1947, Nr. 5, S. 20–23; 23.

fassungen zu beantworten. Die Frage ist einerseits zu bejahen, weil sich das Wertesystem geändert hat, andererseits hält gerade die penetrante Scheu des Synchrongewerbes vor der Öffentlichkeit ein entsprechendes Misstrauen aufrecht. Hitler-Witze und komische Dialoge mit Nazi-Anspielungen sind in England und den USA lustig, in Deutschland jedoch unmöglich. In einer Folge der Serie Gilmore Girls soll eine Person, die sich in einem Zimmer verschanzt hat, herausgelockt werden mit dem Satz «Even Hitler came out sometimes to walk his dog». In der deutschen Fassung heißt es: «Sogar ein Hund würde einmal rauskommen, um Gassi zu gehen.»[44] Auch Veränderungen von eher sublimer Natur sind jedenfalls weiter die Regel, z.B. die Abmilderung oder Neutralisierung von Slang und Argot. In Pulp Fiction (1994) bezeichnet sich Samuel L. Jackson als «bad motherfucker», in der deutschen Fassung aber nur als «bösen schwarzen Mann».[45] Bei Synchronisationen des öffentlich-rechtlichen Fernsehens wird aus «Fuck you» meist «Blödmann». Desgleichen werden krasse Brutalitäten oft ebenso brutal geschnitten. Bei zeitgenössischen TV-Ausstrahlungen von Henry Hathaways Todeskuss fehlt regelmäßig die berühmte Einstellung, in der Richard Widmark sardonisch feixend eine Rollstuhlfahrerin die Treppe hinunterstößt.

Mittlerweile findet auch eine größere Differenzierung zwischen Film*kunst* und «Popcorn»-Filmen statt. Die Synchronfassung eines Woody-Allen-, Scorsese- oder Altman-Films passt sich in der Regel weniger an den deutschen Publikumsgeschmack an als die eines Streifens wie Police Academy. Indiz hierfür ist nicht selten schon der deutsche Titel. Denn auch der Filmtitel – eigentlich integraler Bestandteil des Originalwerks – gehört für den Verleih zur Verfügungsmasse bei der kommerziellen Auswertung. Wenn Breaking Away (Peter Yates, 1979) zu Vier irre Typen – Wir schaffen alle, uns schafft keiner mutiert, steht auch die Synchronisation unter Fälschungsverdacht: durch Anpassung an das Klamottengenre, und was die Verantwortlichen von Clint Eastwoods Regiedebüt Play Misty For Me hielten, macht unmissverständlich der deutsche Titel klar: Sadistico – Wunschkonzert für einen Toten.

Synchronisation – Glanz oder Elend?

Angesichts der Schandtaten, die an fremden Filmwerken verübt wurden, fällt es leicht, einen generellen Bannfluch gegen die Synchronisation zu verhängen. Dennoch sind diese Manipulationen kein Einwand gegen das Prinzip der Filmsynchronisation an sich. Sie geben eher Anlass, sich ernste Gedanken über eine Gesellschaft zu machen, die solche Vorgänge zulässt.

Die meisten Gegner der Synchronisation argumentierten auch nicht mit dem Vorwurf, diese sei eine Handlangerin der Filmzensur. Das «Verfälschende» sahen sie eher auf einer internen Ebene, z.B. dem Verlust der Einheit von Sprache und Geste: «Jede Synchronisation in einer fremden Sprache ist auch schon

---

44 Sabine Pahlke: *Handbuch Synchronisation*, Leipzig 2009, S. 94.
45 Guido Marc Pruys: *Die Rhetorik der Filmsynchronisation*, Tübingen 1997, S. 112.

darum unvermeidlich falsch und unkünstlerisch, weil zu jeder Sprache organisch auch jene ausdrucksvollen Gesten gehören, die eben für Menschen der betreffenden Sprache charakteristisch sind. Man kann nicht englisch sprechen und dies mit italienischen Handbewegungen begleiten.»[46] Balázs überschätzte allerdings den Anspruch des Filmzuschauers: «Das heutige Publikum versteht nicht nur den Sinn des gesprochenen Wortes, sondern auch jenen der mitschwingenden Tongeste [...]; es hört, dass darin die Parallelität der Mikromimik des Gesichts und der Geste der Hände laut wird. Ein so kultiviertes Publikum wird sofort den Widerspruch zwischen französischer Mimik und einer später aufgeklebten englischen Stimme empfinden.»[47]

Von den Höhenkämmen der Hochkultur aus war es allerdings schon immer wohlfeil, das Näslein zu rümpfen: «Wie kämen wir umhin, unsere Verwunderung ob dieses jämmerlichen Wunders, ob dieser ausgetüftelten phonovisuellen Anomalien publik zu machen. [...] Hauptfehler: das willkürliche Aufpfropfen einer anderen Stimme und einer anderen Sprache. Die Stimme der Hepburn oder der Garbo ist nichts Beliebiges; sie ist für die Welt eine der Eigenschaften, die sie definieren.»[48]

Einen irgendwie organisierten Widerstand gegen das Synchronisieren gab es nach 1945 in Deutschland nicht, weil das breite Publikum diese Art der Filmrezeption am bequemsten fand, ohne sich groß um ästhetische Fragen nach Einheit von Stimme und Geste zu scheren. Auch war die Technik inzwischen so perfekt, dass es keine Einwände wegen der akustischen Qualität gab wie noch 1930. Gleichwohl fanden sich in den einschlägigen Zeitschriften immer wieder Diskussionsbeiträge, die der Synchronisation skeptisch gegenüberstanden, sie allenfalls als mehr oder weniger schlechten Kompromiss tolerierten oder einer Originalfassung mit Untertiteln den Vorzug gaben.

1947 wurde die Herstellung von deutschen Fassungen mit einem «Biss in den sauren Apfel» und einer «Operation» verglichen, «bei der man einen organischen Teil gegen den anderen auszuwechseln gezwungen ist» und jedesmal «erneut den Kampf um die Einheit von Bild, Ton und Dialog aufnehmen» muss.[49] Ein anderer kritisierte, «dass nicht jeder Schauspieler, dem eine fremde Stimme eingegeben wurde, die notwendige Einheit von Bild und Ton verkörpert, so dass dadurch mancher Schauspieler im Film plötzlich zur Marionette mit eingebautem Lautsprecher wurde».[50] Gut gemeint war auch diese Forderung: «Besonders italienische, französische, spanische und natürlich japanische Filme dürften nicht synchronisiert werden, weil der eigentliche Reiz, die Atmosphäre des Landes usw. verlorengeht.»[51] Verständlich ist auch, dass der anspruchsvolle Filmfreund, dem am authentischen Ausdruck eines ande-

---

46 Béla Balázs: *Der Film*, Wien 1949, S. 70.
47 Ebda., S. 259.
48 Jorge Luis Borges: Über die Synchronisation, in: *Filmkritik* 24, 1980, S. 417–418; 417.
49 *Film-Echo* 1, 1947, S. 77.
50 Herbert Hans Grassmann, in: *Filmwoche* 49, 1956, S. 13.
51 *Film-Journal* 19, 1956, S. 14.

ren Volkes gelegen war, in der aus kommerziellen Gründen vorgenommenen Eindeutschung eine Barbarei sah, eine «brutale und heimtückische Vergewaltigung, eine Erfindung, auf die moderne Geschäftsleute, nie aber Künstler kommen konnten» und «nur schiefe und unwahre Bilder von den Meisterwerken unserer Nachbarvölker (zu) erhalten»[52] befürchtete.

In der Gegenwart, der Epoche der Globalisierung und kulturellen Nivellierung, in der andererseits «Sarrazin»-Debatten geführt werden, in denen über «Überfremdung» lamentiert wird, ist ein anderer gesellschaftskritischer Einwand gegen das Synchronisieren zu bedenken. Ist das flächendeckende Eindeutschen von Filmen nicht nur für die unterentwickelten Fremdsprachenkenntnisse in Deutschland verantwortlich, sondern auch für eine fehlende Weltoffenheit, eine mangelnde Akzeptanz des Fremden – im Unterschied zu den Niederlanden oder Skandinavien? «Wenn man in Deutschland lebt», meint ein Niederländer, «scheint eben die ganze Welt deutsch(sprachig) zu sein. Ich befürchte, dieser Eindruck hat sich dank der Nachsynchronisationsroutine in all den Jahren als Erfahrungshorizont bestätigt, verfestigt und tiefer in die Grundhaltung der Deutschen eingeschrieben. Es gibt in Deutschland wenig Ausland.»[53]

So berechtigt, ja sympathisch all diese Einwände sind, das Argument, die Synchronisation sei die einzig mögliche Kompromisslösung, weil der Film sich verkaufen muss, bleibt letztlich unangetastet. Der Vorwurf, Synchronisation sei Täuschung, Bluff, Betrug und Surrogat läuft schon deshalb ins Leere, weil der Spielfilm an sich aus nichts anderem als *fake* besteht, das «So-tun-als-ob» ist das Grundprinzip aller Darstellungskunst. Wenn dann schließlich auch noch im «Original» selbst synchronisiert wird wie z.B. bei internationalen Produktionen mit vielsprachiger Besetzung, stellt sich die Frage, was denn die vor Vergewaltigung durch Synchronisation zu schützende «Originalfassung» überhaupt ist.

Im übrigen kann auch im «Original» die Synchronisation nicht nur aus praktischen, sondern auch aus künstlerischen Gründen Anwendung finden. Rainer Werner Fassbinder ließ seine Schauspieler synchronisieren, wenn er deren eigene Stimmen für den dargestellten Typ unpassend hielt. In HÄNDLER DER VIER JAHRESZEITEN sehen wir zwar Kurt Raab, hören aber Peter Gauhe. In EFFIE BRIEST hören wir zwar Kurt Raab, sehen jedoch Hark Bohm. In diesem Film sprechen überhaupt nur die Hauptdarsteller mit ihren eigenen Stimmen, alle anderen Rollen sind synchronisiert, teils von professionellen Synchronsprechern (z.B. Herbert Steinmetz von Arnold Marquis), teils von anderen Schauspielern aus dem Fassbinder-Clan (z.B. Irm Hermann von Margit Carstensen). Auch Klaus Kinski spricht bei Werner Herzog nicht immer mit eigener Stimme (in AGUIRRE, DER ZORN GOTTES ist es Gerd Martienzen, in COBRA VERDE Fred Maire). In Luis Buñuels letztem Film DIESES OBSKURE OBJEKT DER BEGIERDE wird die weibliche Hauptrolle von *zwei* Schauspielerinnen verkörpert, die wiederum von einer dritten synchronisiert werden. Der Charakter ist somit im Bild

---

52 Wolf Schramm: Synchronisation als Gefahr, in: *Die Volksbühne* (Hamburg) 8, 1958, S. 177–178; 178.
53 Peter Claessens, SZ, 9.5.2011.

gespalten, aber im Ton vereint. Die männliche Hauptrolle spielt der spanische Schauspieler Fernando Rey, der aber einen Franzosen darstellt und von dem französischen Schauspieler Michel Piccoli synchronisiert wird. In Italien ist es üblich, grundsätzlich jeden einheimischen Film nachzusynchronisieren, aber nur die italienischen Weltstars sprechen sich dabei selbst, die weniger bekannten Schauspieler werden von Spezialisten gedubbt und viele waren noch nie mit ihren Originalstimmen zu hören.

Dennoch sind mit diesem Exkurs die Argumente gegen die Synchronisation nicht vom Tisch. Die Kritik ist ja deshalb so berechtigt, weil mit dem Dialog- (oder sogar kompletten Ton-)Austausch ein derart gravierender Eingriff verbunden ist, dass es nicht übertrieben ist, das Ergebnis als einen «anderen Film» zu bezeichnen. Denn es handelt sich eben nicht nur um eine Transponierung in eine andere Sprachwelt mit anderen Stimmen, sondern es entsteht ein ganz anderer Gesamtklang, eine andere Melodie, ein anderes akustisches Klima: «Über den Bilder-Code der Traumfabriken oder die exotischen Bilder aus fernen Ländern wird ein nationaler Sprach-Code gelegt. Bei der Synchronisation geht es nicht nur um Übersetzung wie bei den Untertiteln, sondern um die vollständige Ersetzung einer akustischen Simulation von Wirklichkeit durch eine andere. Während es bei einer Übersetzung vielleicht Fehler gibt, ist die Synchronisation immer eine Neuschöpfung.»[54]

Rechtfertigt der Zweck einen solchen Eingriff in ein Kunstwerk? Manche haben diese Frage geradezu poetisch und mit vollem Nachkriegspathos bejaht: «Dass die Völker verschiedene Zungen sprechen, ist eine Naturtatsache, über die zu klagen sinn- und zwecklos ist; dass man in zwei verschiedenen Sprachen nicht mit den gleichen Mundbewegungen den gleichen Sinn aussprechen kann, ist unwichtig. Aber wichtig und schön ist, dass man mit der Sprache des einen Volkes die gleiche seelische Resonanz erwecken kann wie mit der Sprache des anderen. Wenn die Gefühlslinie, durch die Ausdrucksmittel des fremden Schauspielers auf der Bildwand manifestiert, verschmelzen kann mit der, welche die Worte des heimischen Sprechers beseelen, so ist dies ein schöner Beweis unserer menschlichen Bruderschaft. Das zeigt der gut synchronisierte Film; und das ist sein besonderer Reiz, der ihn, den als Notlösung geborenen, von diesem Odium befreit und ihm als besonderer Kunstform Recht und Pflicht zu seinem Dasein gibt.»[55]

Jenseits des Pathos formuliert dieses Zitat den Anspruch, dass die Synchronisation als eine schöpferische Leistung zu gelten habe, die obendrein beim Publikum die gleiche Wirkung erzielen soll wie bei den Zuschauern der Originalfassung. Dies aber ist eine Idealvorstellung, die wohl kaum je von einer Synchronfassung eingelöst wurde. Weder ist eine Synchronisation erst dann gut, wenn man an sie die Messlatte einer Schlegel-Tieck'schen Shakespeare-Übersetzung anlegen kann, noch ist sie schlecht, wenn sie andere Wirkungen

---

54 Markus Metz/Georg Seesslen, *FAZ*, 14.2.2004, S. 40.
55 Erich Leistner: Prokrustesbett Synchronisation, in: *Foto-Kino-Technik* 1, 1947, Nr. 5, S. 20–23; 23.

erzielt als das Original. Ihr Sinn kann nicht darin bestehen, die Originaldialoge sklavisch zu reproduzieren (zumal es sich in der Regel um Umgangssprache handelt), insofern muss sie tatsächlich selbst kreativ sein, also – im allerweitesten Sinn – «Kunst» hervorbringen. Wenn man nüchtern feststellt, «dass sich beide Fassungen wie zwei Aussagen zum gleichen Thema verhalten»,[56] dann wäre es Aufgabe der Kritik, festzustellen, ob und wie die deutschsprachige «Aussage» gelungen ist.

Das Hören der Sprache, mit der man selbst spricht und denkt, setzt andere Emotionen frei als das Hören einer Fremdsprache, deren Verstehen Konzentration erfordert. Wer nun Synchronfassungen generell ablehnt und der Originalsprache nicht mächtig ist, ist auf Untertitel angewiesen. Doch Untertitel, also die Transponierung vom Phonetischen ins Grafische, sind keine ernsthafte Alternative, denn sie lenken von der visuellen Ebene ab und damit von der elementarsten Komponente des Mediums Film: dem Bild. Sie lösen erst recht die Einheit von Bild und Dialog auf, indem sie eine Konzentration auf das Gesprochene (bzw. Geschriebene) zu Lasten des Filmischen erfordern und die Bildkomposition durch ein zusätzliches Medium, den schriftlichen Text, verändern oder gar zerstören. Man stelle sich eine absichtlich düster gestaltete Sequenz vor, in der ständig helle Untertitel aufblitzen! Auch ein Display außerhalb der Leinwand ändert nichts am erzwungenen Blickwechsel des Zuschauers. Davon abgesehen, können Untertitel bei einem dialoglastigen Film nie mehr leisten als eine unzulängliche Komprimierung des Textes, verlassen aber gerade durch das zwangsläufige Zuspitzen und Auslassen – und damit Interpretieren des Dialogs – ihre dienende Funktion. Umgekehrt sorgen wortwörtliche Übersetzungen oft für unfreiwillige Komik. Kurz, Untertitel manipulieren einen Film oft mehr als eine Synchronfassung. Das sah auch Alfred Hitchcock ähnlich: «Ein Film geht durch die ganze Welt. Er verliert fünfzehn Prozent seiner Kraft, wenn er untertitelt und nur zehn Prozent, wenn er gut synchronisiert wird, aber das Bild bleibt intakt, selbst wenn der Film schlecht projiziert wird. Ihre Arbeit wird gezeigt, nichts kann ihr geschehen, und Sie machen sich in der ganzen Welt auf dieselbe Weise verständlich.»[57]

Eine Originalfassung mit Untertitel erlaubt aber zumindest dem Zuschauer, der die Ausgangssprache halbwegs beherrscht, ein Minimum an Kontrolle. Diese Kontrolle entfällt bei der synchronisierten Fassung, die das Publikum mit einem deutschen Dialog konfrontiert, von dem es guten Glaubens annehmen muss, dass er in irgendeiner Weise mit dem Originaldialog korrespondiert.

Als Bilanz der Pro- und Contra-Diskussion bleibt festzuhalten: Da der Film eine Ware ist, deren Herstellung so extrem teuer ist, dass sie von vielen Leuten gesehen werden muss, um sich zu rentieren, führt an der Synchronisation kein Weg vorbei. Gleichwohl sollte jeder Zuschauer die Wahl zwischen Synchron- und Originalfassung haben (was im Fernsehen durch Zweikanalton bereits möglich ist und bei den meisten DVDs ebenfalls). Nicht hinnehmbar ist

---

56 Pruys (Anm. 44), S. 195.
57 zit. n. François Truffaut: *Mr. Hitchcock, wie haben Sie das gemacht?*, München 1973, S. 312.

außerdem das vordemokratische Geheimwesen der Synchronbranche, dem zu verdanken ist, dass – von Ausnahmen abgesehen – weder Vor- und Abspann noch die einschlägigen Handbücher die Verantwortlichen und Protagonisten der deutschen Fassung nennen. Ein Kunsthandwerk, das im Verborgenen gedeiht, nährt den Verdacht, es müsse viel zu verbergen haben. Skandalfassungen, wie sie oben referiert wurden, ließen sich am ehesten verhindern, wenn der Synchronisationsvorgang transparent gemacht und in die öffentliche Rezeption und Kritik des Films einbezogen würde. Dann wäre auch Gelegenheit, endlich jene Randfiguren der Filmindustrie etwas näher ans Scheinwerferlicht heranzurücken, dessen Glanz ihnen bislang zu Unrecht vorenthalten wurde: die «Stimmen im Hintergrund», die «Sprecher im Dunkeln», die Hauptdarsteller des «schwarzen Gewerbes» – die Synchronschauspieler.

Stimmen aus der Dunkelkammer

Die Synchronarbeit in der Nachkriegszeit war zunächst nicht nur eine Tätigkeit von wenigen Spezialisten. Im Gegenteil, fast die gesamte Elite der deutschen Film- und Theaterschauspieler traf sich nach dem Krieg im Synchronstudio wieder, darunter Carl Raddatz, Ilse Werner, Paul Klinger, O.E. Hasse, Martin Held, Agnes Windeck, Otto Wernicke, Werner Hinz, Erik Ode, Carola Höhn, Ernst Schröder, René Deltgen, Peter Pasetti, Hans Nielsen. Wohl die meisten Schauspieler standen schon einmal vor dem Synchron-Mikrofon, denn dieser Beruf besteht aus mehreren Tätigkeitsfeldern: Theater, Film, Fernsehen, Hörspiel, Lesung und eben Synchron.

Nicht jeder konnte nach 1945 bruchlos seine Vorkriegskarriere fortsetzen, denn in der brachliegenden Kulturlandschaft sofort wieder Engagements zu finden, war schwierig. Im Gegensatz zu Theater und Film, die erst langsam wieder aufgebaut werden mussten, expandierte das Synchrongewerbe geradezu sprunghaft, und viele arbeitslose Schauspieler konnten sich mit Synchronsprechen über Wasser halten. Und nicht wenige blieben in dieser Sparte hängen.

Profis bildeten sich heraus, die nicht nur wegen ihrer markanten Stimme für Hauptrollen verpflichtet wurden, sondern auch wegen ihres Geschicks, sich aus dem Stand heraus in eine bereits fest fixierte Rolle hineinzuspielen, die ihnen, anders als auf der Bühne, keine Eigeninitiative und keine Entwicklungsmöglichkeiten erlaubt. Die Einheit von Sprache und Bewegung, die die Essenz des Schauspielens ausmacht, ist bei der Arbeit im Synchronstudio nicht mehr gegeben. Nicht jeder gute Schauspieler ist daher auch ein guter Synchronsprecher (und umgekehrt). Die Anforderungen im Synchronstudio unterscheiden sich vom Film- und Theaterspielen derart, dass man das Synchronisieren als Schauspielen + x bezeichnen kann, wobei das «x» darin besteht, außer dem sprachlich-dialogischen Element auch den vorgegebenen Rhythmus und die Dynamik des Bildes adäquat herüberzubringen – an einem nüchternen Mikrofon-Pult stehend, auf Sekunden-Takes fixiert, von technischen Anweisungen kommandiert.

Manche Schauspieler neigen dazu, die Synchronarbeit wegen dieser fehlenden individuellen Entfaltungsmöglichkeiten gering zu schätzen. Hinzu kommt das schlechte Image, das dieser Zweig der Filmindustrie in der Öffentlichkeit genießt, was dazu verleitet die eigene Tätigkeit als etwas Drittrangiges, zwar Notwendiges, aber Unkünstlerisches zu betrachten, die einen «echten» Schauspieler nicht befriedigen kann. Die Anonymität, die in dieser Branche vorherrscht, kommt so gesehen gar nicht ungelegen. Allenfalls als eine Art Hilfsfunktion für die eigenen Rollen kommt dieser Sparte zu, wenn z.B. Carl Raddatz äußert: «Besser [als bei der Synchronarbeit] kann man Mimik, Sprache und Disziplin nicht studieren», oder Rosemarie Fendel: «Synchronsprechen ist für mich eine hervorragende Übung und dazu der einzige bezahlte Sprechunterricht, den es gibt.»[58]

Umgekehrt trauern Profis, die fast ausschließlich die «Schauspielkunst in der Dunkelkammer» betreiben, dem Theaterspielen nicht unbedingt nach, wie z.B. Klaus Kindler: «Ich brauche einfach kein Publikum, das weint, lacht oder klatscht. Ich habe immer lieber mit dem Rücken zum Publikum gespielt», oder Randolf Kronberg: «Irgend ein Urtrieb des Schauspielers fehlt sicherlich.»[59]

Aus dem Heer der Synchronsprecher kristallisierten sich etwa 30 absolute Spitzenstars heraus, die durch ihren permanenten, oft jahrzehntelangen Einsatz in Haupt- und Nebenrollen den ausländischen Film in Deutschland akustisch dominierten. Die Diskrepanz zwischen der außergewöhnlichen Präsenz dieser Stimmen beim Publikum und der Anonymität derjenigen, denen sie gehören, ist geradezu abenteuerlich! Nur diejenigen, die durch andere Auftritte zu einer gewissen Prominenz gelangt sind, können damit rechnen, dass ihre Synchronrollen auch mit ihrem Namen identifiziert werden: Heinz Engelmann, Paul Klinger, Wolfgang Lukschy und Friedrich Schoenfelder waren selbst vielbeschäftigte Film- und Fernsehdarsteller, Siegfried Schürenberg kennen zumindest die Fans der Edgar-Wallace-Filme, wo er den «Sir John» spielte. Heinz Petruo ist für die Hörer von RIAS Berlin unvergesslich (u.a. weil er als Nachrichtensprecher «DDR» immer so betonte, dass die Anführungszeichen zu hören waren), Martin Hirthe und G.G. Hoffmann sind als Fernsehkommissare bekannt. Aber wie steht es mit Curt Ackermann, Michael Chevalier, Eleonore Noelle, Marion Degler, Klaus Miedel, Margot Leonard, Elisabeth Ried, Manfred Schott, Wolfgang Hess, Klaus W. Krause, Helga Trümper, Renate Küster, Helmo Kindermann, Ursula Herwig oder Gerd Martienzen? Obwohl deren Stimmen einen außerordentlichen Wiedererkennungseffekt haben – und wohl von den meisten Zuschauern mit einem (wenngleich vielleicht nur unbewussten) «Aha!» registriert werden –, verschwindet der Künstler hinter der Stimme im wahrsten Sinne des Wortes im Dunkeln!

Ein wenig Licht ins Dunkel gelangt, wenn man diese Namen mit den Schauspielern identifiziert, als deren stimmliches Double sie regelmäßig aufgetreten sind. Der einzige Schauspieler, der es wesentlich mit seiner Synchronarbeit zu einer gewissen Berühmtheit brachte, ist Arnold Marquis, die «deutsche Stimme von John Wayne» (obwohl er sich diese Rolle mit Heinz Engelmann und ande-

58 Zit. n. Candace Whitman-Linsen: *Through the Dubbing Glass*, Frankfurt/M. u.a. 1992, S. 100.
59 Zit. n. SZ, 14.3.1988, S. 17.

ren teilen. Seine Ausnahmestellung unterstreicht auch die Tatsache, dass er zu den Leinwand-Raubeinen, für die er sprach, wie Richard Widmark, John Wayne und Kirk Douglas, persönliche Beziehungen unterhielt.

Bis sich zu einem amerikanischen oder französischen Filmstar eine feste deutsche Stimme gesellt, dauert es oft längere Zeit. Die gezielte Suche nach einem geeigneten Synchronschauspieler durch die Produzenten selbst ist zwar die Ausnahme, zeigt aber wie wichtig dieser Faktor für die effektive Vermarktung der Filme ist. Schon in den fünfziger Jahren startete MGM großangelegte Aktionen, um mit Walter Bluhm und Siegfried Schürenberg die deutschen Sprecher für Stan Laurel und Clark Gable auszuwählen. Produzent Sam Spiegel persönlich wählte 1954 anlässlich der deutschen Fassung von ON THE WATERFRONT (DIE FAUST IM NACKEN) die Synchronstimme für Marlon Brando aus. Alfred Vohrers Vorschlag, Sebastian Fischer, war ihm zu fein und zu edel. Spiegel suchte den «proletarischen Touch in der Stimme» und fand schließlich eine «die etwas flapsig wirkte. Rauh und trotzig. Roh und dicklich»:[60] die von Harald Juhnke.

Meistens aber ergaben sich die Paarbildungen eher zufällig. Man griff auf die Stimme zurück, mit der der betreffende Schauspieler schon einmal zu hören war und daraus entwickelte sich dann eine Dauerbeziehung. Das Publikum gewöhnte sich daran, zudem hätte ein ständiges Wechseln der Stimme einen illusionsstörenden, entfremdenden Effekt. Und so entstanden feste Kombinationen wie Margot Leonard / Marilyn Monroe, Edith Schneider / Doris Day, Georg Thomalla / Jack Lemmon, Dietmar Schönherr / James Dean, Siegmar Schneider / James Stewart, Horst Gentzen / Jerry Lewis, Renate Danz / Shirley MacLaine, Manfred Schott / Dustin Hoffman, Wolfgang Draeger / Woody Allen, G. G. Hoffmann / Sean Connery, Klaus Kindler / Clint Eastwood, Christian Brückner / Robert De Niro, Marion Degler / Sophia Loren, Hansi Jochmann / Jodie Foster, Volker Brandt / Michael Douglas, Arne Elsholtz / Tom Hanks.

Aus der Perspektive des Synchronschauspielers entsteht zuweilen eine eigentümliche Beziehung zu dem ihm «zugeordneten» Kollegen, auch wenn sie sich vielleicht nie begegnen: «Man wächst damit auf, man lebt damit zusammen und man schlüpft in die Person hinein»,[61] kennt die kleinsten Bewegungen und Gebärden, jedes Mundzucken, mimische Nuancen. Wolfgang Draeger: «Diese Schusseligkeit, die habe ich mit Woody Allen gemeinsam, dieses Zerfahrene. [...] Kann ja sein, dass man ein bisschen was annimmt im Laufe der Jahre. [...] Ich weiß inzwischen genau, wie Woody Allen reagiert, weil ich genauso reagieren würde.»[62]

Dass sich zu jedem ausländischen Schauspieler auch ein deutscher «Stammsprecher» gesellt, ist gleichwohl nicht die Conditio sine qua non für einen Erfolg

---

60 Harald Juhnke: *Na wenn schon*, Frankfurt/Berlin 1988, S. 194f.
61 Helga Trümper üb. Catherine Deneuve, zit. n. Carmen Winklmüller: *Die andere Stimme – Ein Streifzug durch deutsche Synchronstudios*, Hörbild-Manuskript, Bayerischer Rundfunk 1985, S. 13.
62 Zit. n. Cordt Schnibben: Wie lebt man als Stimme?, in: *DIE ZEIT*, 24.10.1986, S. 75.

beim Publikum. Viele Weltstars wie Humphrey Bogart, Ingrid Bergman, Burt Lancaster, Marcello Mastroianni oder Jack Nicholson wurden mit wechselnden deutschen Stimmen versehen, ohne dass dies ihrem Ruhm in Deutschland abträglich gewesen wäre. Zuweilen hängt die Besetzung auch davon ab, ob der Film in Berlin oder in München synchronisiert wird. Jeanne Moreau z. B. erhielt in Berlin die Stimme von Eva Katharina Schultz, in München die von Rosemarie Fendel, desgleichen Elizabeth Taylor (Berlin: Marion Degler, München: Fendel, aber auch diese Regel kannte Ausnahmen). Irritierend ist es jedoch, wenn eine Partner-Kombination willkürlich aufgebrochen wird. In Hitchcocks NORTH BY NORTHWEST (DER UNSICHTBARE DRITTE) plärrt uns – in einer peinlichen Fehlbesetzung – aus Cary Grants Mund Erik Ode entgegen, während der eigentliche Grant-Sprecher Curt Ackermann in einer Nebenrolle zu hören ist.

Aus der Tatsache, dass sich der «harte Kern» der Synchronsprecher aus etwa zwei bis drei Dutzend Leuten rekrutiert, ergibt sich noch ein anderer entfremdender Effekt: Denn die meisten derjenigen, die regelmäßig einen ausländischen Schauspieler synchronisieren, sprechen zusätzlich noch zig andere Hauptrollen oder sind gar feste Stimme von mehreren Stars. Dieses routinierte Stammpersonal wird eingesetzt oft auch ohne Rücksicht auf die speziellen Anforderungen des Films oder des jeweiligen Charakters, mit der Folge, dass aus den Mündern der verschiedensten Schauspieler die gleiche Stimme ertönt, was letztlich einen inflationären Verschleiß bewirkt, und der Zuschauer auf diese eindimensionale, nivellierende Stimmenverteilung aufmerksam wird, wenn er zwar Bill Murray sieht, aber Tom Hanks hört. Diesen Umstand spießte ein Kritiker in einer Zeitungsglosse auf, die er mit der ironischen Frage betitelte: «Warum ist John Wayne Lino Ventura?»[63] – oder, so könnte man diese Frage fortsetzen, warum ist Marylin Monroe Brigitte Bardot? Warum ist Gary Cooper Gregory Peck? Warum ist Paul Newman Michel Piccoli? «Allabendlich vor dem Bildschirm», so klagt der Autor in diesem Artikel, «schrumpft die bunte weite Bilderwelt in Kinofilmen und Serien akustisch zur Provinz zusammen. [...] Viele Gesichter verschwimmen akustisch zu einem, so als wäre der eigentliche Akteur diese eine deutsche Stimme, die uns in vielerlei Masken narrt. [...] Wenn also über etwa zwei Jahrzehnte die gleichen zwanzig Stimmen aus Hunderten verschiedener Gesichter uns Abend für Abend entgegenschallen, wenn im Laufe eines Fernsehtages fünf oder zehn verschiedene Leinwandhelden ein und denselben Ton, ein und dieselben Sprechmanieren produzieren, dann kann man dies schon eine Verkümmerung nennen.» Besonders aberwitzig wird es, wenn ein Spitzensprecher auch noch in die Niederungen der Werbespots hinabsteigt, und das Publikum seine Stimme nun mit einem bestimmten Produkt assoziiert.

Diese berechtigte Kritik gibt Anlass zu einigen grundsätzlichen Bemerkungen über Probleme der Synchronstimmen-Besetzung. Solche Fragen sind schon deshalb von Bedeutung, weil die deutsche Stimme nicht nur das Image des sichtbaren Schauspielers beim deutschen Zielpublikum beeinflusst, sondern

---

63 Willy Hochkeppel: Warum ist John Wayne Lino Ventura?, in: *SZ*, 7.4.1990.

die Rezeption des ganzen Films suggestiv mitsteuert. Die passende Stimme ist für den Gesamteindruck wichtiger als ein korrekter Dialog, denn es gibt kaum etwas Persönlicheres als die Stimme. Färbung, Rhythmus, Fülle und Stärke lassen Rückschlüsse auf Charakter und Psyche des Sprechers zu. Mit der Klangfarbe nach ihrer Wärme oder Kälte, Weichheit oder Härte assoziiert man analoge seelische Eigenschaften. Eine Stimme und ihre Modulation vermitteln also immer Informationen, die über den semantischen Gehalt der Äußerung hinausgehen.

Der Synchronschauspieler hat somit die wichtigste und verantwortungsvollste Aufgabe, weil er den Verlust der Originalstimme – das gravierende Manko der Synchronisation – möglichst kongenial kompensieren muss. Die Ähnlichkeit der Synchron- mit der Originalstimme ist dabei von untergeordneter Bedeutung, entscheidend ist vielmehr, ob sie zum dargestellten Charakter passt. Sie muss nicht mit dem zu sehenden Schauspieler übereinstimmen, sondern mit der Kunstfigur, die dieser verkörpert. Die Diskrepanz zwischen Original- und Synchronstimme, die der Zuschauer bei einem Vergleich beider Fassungen oftmals schockartig erfährt, ist deshalb noch lange kein Indiz für eine Fehlbesetzung in der deutschen Fassung. Arnold Marquis spricht Humphrey Bogart nicht weil sein Organ zu dem Bogarts, sondern weil es zu «Philip Marlowe» oder «Sam Spade» passt. Genau darüber lässt sich allerdings streiten, denn die Entscheidung für eine bestimmte Synchronstimme ist bereits eine Interpretation der zu besetzenden Rolle, eine Interpretation, die dem Zuschauer vorgesetzt wird. Heute, im DVD-Zeitalter, achtet man bei der Besetzung allerdings auch mehr auf die Ähnlichkeit mit der Original-Stimme. Beim nunmehr problemlosen Wechseln zwischen Original- und Synchronfassung empfindet der Zuschauer eine zu große Diskrepanz als störend.

Die akustische Dominanz, die ein Hauptrollensprecher über «seine» Figur ausübt, hat für den Zuschauer einen außerordentlichen assoziationssteuernden und unter Umständen stereotypisierenden Effekt, der den Charakteren in der deutschen Fassung eine spezielle, vom Original abweichende Dimension verleihen kann. Die dröhnende Wucht von Arnold Marquis z.B. kann eine Figur regelrecht erschlagen. Wenn aus Bogarts Mund in Die Caine war ihr Schicksal nicht O.E. Hasse herausschnarrte, sondern z.B. Paul Klinger zu hören wäre, würde dies auf die dargestellte Kunstfigur «Kapitän Queeg» ein verändertes Licht werfen: wohlwollender, sympathischer vermutlich. Wenn die Stimme eines Schauspielers nicht zur Rolle «passt» (z.B. hohe Stimme zu einem Raubein oder Draufgänger wie bei John Wayne), verleiht sie dieser Figur Ambivalenz. Eine «eindeutige» Synchronstimme hebt diese Ambivalenz wieder auf, indem sie etwa die bösen, dämonischen Untertöne neutralisiert. Umgekehrt kann eine deutsche Stimme, die per se Ambivalenz ausstrahlt (z.B. hart + weich wie bei Christian Brückner oder Klaus Kindler) den Charakter «interessanter» machen als er im Original ist. Diese Praxis der Synchronstimmen-Besetzung kann man auch als «akustisches Übermalen» kritisieren: «Der brave Hansjörg Felmy als Stimme des bösen Jack Nicholson, Dietmar Schönherr als Stimme des Rebellen ohne Grund James Dean. In der Wahl der Synchronsprecher hat die deutsche Filmkultur stets verstanden, das Beunruhigende aus den Bilderzählungen zu vertreiben.»⁶⁴

Bei der Synchron-Besetzung wird immer wieder – und auch in Nebenrollen – auf die routinierten Kräfte zurückgegriffen, weil diese eine schnelle und damit kostengünstige Arbeit garantieren. Aber das zeigt auch, wie schwierig diese von Außenstehenden meist unterschätzte Tätigkeit ist. Die totale Anpassung an ein optisch fixiertes Vorbild, das in Sekunden-Takes zerhackt vor ihm auf der Leinwand oder dem Videoschirm auftaucht, erfordert Fähigkeiten, die mit den Anforderungen einer Bühnenrolle nur schwer zu vergleichen sind. Die häufig zu lesende Formulierung, der deutsche Sprecher «leihe» seine Stimme einem anderen, geht am Problem vorbei, weil sie das künstlerische Potenzial unterschätzt, das der Synchron*schauspieler* bei seiner Arbeit einbringen muss. Es geht dabei auch nicht um Imitation des Originals, sondern um die stimmliche «Gestaltung» der jeweiligen Rolle. Eleonore Noelle (u. a. Ingrid Bergman, Grace Kelly, Lana Turner) drückte des Wesen ihrer Arbeit so aus: «Die Gestaltung ist gebunden an den inneren und äußeren Rhythmus der Schauspielerin, die ich synchronisiere, an Atem, Temperament, an die Ausstrahlung ihrer ganzen Person. Es darf nichts in meinem Ton sein, das nicht vom Erlebnis der originalen Person auf der Leinwand geprägt ist. So erklärt sich wohl am ehesten das Gelingen einer guten Arbeit auf diesem Gebiet.» (Mitt. a. d. Verf.)

Auf Kommando und ohne Handlungszusammenhang die unterschiedlichsten Emotionen zu markieren, zu kreischen und zu seufzen, in Lachsalven oder Weinkrämpfe auszubrechen, erfordert totale Konzentration und oft auch totalen Körpereinsatz. Nicht jeder Schauspieler, der gewohnt ist, sich eine Rolle, einen Charakter anzueignen, kann alle paar Sekunden auf Abruf in unterschiedliche Stimmlagen fallen. Die eigene schauspielerische Erfahrung des Synchronsprechers ist nicht unbedingt der geeignete Parameter für die Qualität seiner Arbeit. Auch wenn der berühmte Staatsschauspieler mit von großen Bühnenrollen geprägter Sprechkultur vor dem Mikrofon steht, ist noch lange keine gute Synchronisation garantiert, denn dieser neigt vielleicht zu *Over-Acting*, zu einem unangemessen übertriebenen Ausdruck, der für die geforderte Szene zu unnatürlich ist. Der Edelmime, der Shakespeare-Monologe brillant deklamiert, ist bei einfachen Alltagssätzen wie «Ist noch Kaffee da?» oder «Mach mal die Tür zu» nicht selten überfordert. Der Synchron-Spezialist aber kann, da er sich auf einen Aspekt, den schauspielerischen Ausdruck mittels Stimme konzentriert, manchmal auch besser sein als der Schauspieler in der Originalszene.

Es gibt Sternstunden der Filmsynchronisation, die diese Leistungen deutlich machen, die aber wegen der Anonymität in dieser Branche und wegen des cineastischen Hochmuts gegenüber den deutschen Fassungen nie gewürdigt wurden. Nur wer weiß, dass hinter der «wilden» Sophia Loren und der «zarten» Audrey Hepburn die gleiche Synchronschauspielerin steckt, nämlich Marion Degler, kann sich auch Gedanken über die stimmliche Virtuosität machen, die für solche gegensätzliche Rollen erforderlich ist. Allerdings stand in der «Glanz-

---

64 Metz/Seesslen (Anm. 54)

zeit» der Synchronisation, den 1950er, 1960er und auch noch 1970er Jahren ein Stimmenarsenal zur Verfügung, von dem die heutigen Verantwortlichen nur träumen können. Stimmen wie die von Walter Bluhm, Alfred Balthoff, Ingeborg Grunewald, Siegfried Schürenberg, Erich Fiedler oder Holger Hagen – und deren Ausdrucksmöglichkeiten – sind nicht reproduzierbar, ein Spektrum an individuellen Stimmenpersönlichkeiten, das sich im relativ austauschbaren Stimmenallerlei der zeitgenössischen Synchronisationen so nicht mehr wiederfindet (freilich fehlte es im vom Jugendkult dominierten aktuellen Kino auch an Rollen für diese Stimmen).

Technik der Synchronisation

Die Würdigung der Synchronschauspieler soll die Arbeit der anderen am Synchronisationsvorgang Beteiligten nicht in den Schatten stellen. Deren Tätigkeit zu schildern, bietet Gelegenheit, einige grundsätzliche Probleme der Synchronisation zu erörtern.

Die Qualität einer Synchronisation steht und fällt mit dem zur Verfügung stehenden Budget. Mit der Bedeutung des Auslandsmarktes für die Produzenten, stieg auch das Interesse an der fremdsprachlichen Fassung. Bei wichtigen Filmen ist es mittlerweile üblich, einen «Supervisor» aus Hollywood nach Europa zu schicken, der die Synchronisation überwacht und sowohl bei den Dialogtexten als auch bei der Stimmenauswahl mitentscheidet. Dass sich auch Filmregisseure selbst um die Synchronfassungen kümmern, war lange Zeit eine Seltenheit. Die große Ausnahme war Stanley Kubrick, dessen berüchtigter Perfektionismus sich auch auf die Synchronisationen erstreckte. Für die deutschen Fassungen bestand er auf Wolfgang Staudte als Regisseur, dessen von einer legendenhaften Aura umrankte Bearbeitung von SHINING mehr als eine Million Mark gekostet haben soll! William Friedkin überwachte die Synchronisierung von DER EXORZIST peinlich genau und betraute Bernhard Wicki mit der Regie. Robert Altman verfasste für PRÊT-À-PORTER eine 52 Seiten umfassende «Dubbing Instruction» für die europäischen Lizenznehmer.[65] Spielberg lässt sich Sprechproben zuschicken und entscheidet persönlich über die Synchronstimmen-Besetzung. Freilich sind das Ausnahmen, die eine generelle Aussage über das Qualitätsbemühen nicht zulassen. Wenn es billig und schnell gehen soll, kann nicht auf Qualität geachtet werden. Dieses Prinzip gilt besonders für Neusynchronisationen älterer Filme auf dem DVD-Markt.

Am Beginn einer deutschen Bearbeitung steht eine Rohübersetzung der Originaldialoge. Sie muss eine zuverlässige, professionelle Übersetzung sein, die vor allem auch großen Wert auf die adäquate Wiedergabe von Slang und Fachausdrücken legen muss. Fehler in der Rohübersetzung fließen meist in den endgültigen Dialog mit ein. Mit dieser endgültigen Fassung ist der Synchronautor betraut, dessen Aufgabe darin besteht, «synchron zu den im Bilde festgehaltenen Mundbewegungen und dem vorgegebenen Textinhalt einen neuen, sinn-

---

[65] *Film-Echo*, 31.3.1995, S. 15.

vollen szenenechten Text zu finden [...]. Alle asynchron erscheinenden Stellen müssen ausgemerzt, deutsche Slangausdrücke und Wortspiele gefunden oder geschickt durch Textbearbeitung umgangen und sprachliche Unebenheiten beseitigt werden.»[66]

Diese Aufgabenstellung klingt zwar recht nüchtern, doch steht der Autor damit vor einer Wand von Problemen! Der zu sprechende Text, den er sich ausdenken muss, darf keine Sekunde länger oder kürzer sein als die Mundbewegungen zu sehen sind. Vom Zwang, die deutschen Silben immer exakt den Lippenbewegungen anzupassen, ist man mittlerweile abgekommen. In den 1950er Jahren war Lippensynchronität noch Dogma, zu dessen Erfüllung man notfalls auch weit vom Originaldialog abwich. Heute nimmt man lieber leichte Inkongruenzen in Kauf, um möglichst nahe am Original zu sein. Doch zumindest bei Großaufnahmen müssen den Labiallauten im Original auch Labiallaute im Deutschen (m, b) entsprechen, weil andernfalls ein deutlicher Illusionsbruch die Folge wäre. Das englische «th» ist als Störfaktor allerdings kaum zu beseitigen. Bei Halbtotalen oder Halbnaheinstellungen kann darauf vertraut werden, dass der Zuschauer nicht ständig auf die Münder starrt, sondern sich auf das Gesamtereignis konzentriert. Diese Balance zwischen Anpassung und Abweichung brachte der Synchronautor und -regisseur Axel Malzacher auf den Punkt: «Je synchroner ich im Ganzen bin, um so mehr kann ich mir im Kleinen leisten, asynchron zu sein.»[67]

Welche Details zu beachten sind, von denen sich das Kinopublikum keine Vorstellung macht, illustriert folgendes Beispiel. In dem englischen Aufruf «I've had enough» fällt die Betonung auf das letzte Wort und kann gestisch z.B. mit Fußaufstampfen unterstrichen werden. Übersetzt mit «Jetzt reicht's mir aber» würde die Betonung in die Mitte wandern und nicht mehr mit dem visuellen Aspekt, dem Aufstampfen des Fußes korrelieren.[68] Es muss also ein Text gefunden werden, der auf den Satzschluss zusteigt und mit dem gestisch-mimischen Höhepunkt zusammenfällt. Schon die Entscheidung, ob das englische «you» mit «Du» oder «Sie» zu übersetzen ist, kann von weitreichender Bedeutung sein.

Ähnliche Schwierigkeiten bereiten sprachliche Varietäten des Dialogs wie z.B. Dialekte. Deutsche Entsprechungen wirken meist ziemlich gesucht und unfreiwillig komisch, so dass es besser ist, auf entsprechende Transponierungen zu verzichten, als im amerikanischen Film jemanden sächseln zu lassen. Wenn der Originalschauspieler Englisch mit italienischem Akzent spricht, ist es nicht immer ratsam, den Synchronsprecher Deutsch mit italienischem Akzent sprechen zu lassen, weil dies im Deutschen die Figur lächerlicher machen könnte als in einem anderen sprachlichen Kontext. Zwingend erforderlich ist es allerdings in Filmen, in denen der Dialekt handlungsmotivierend ist, wie

---

66 W. Grau: Die Nachsynchronisation von Filmen – eine künstlerisch-technische Gemeinschaftsarbeit, in: *Kino-Technik* 20, 1966, S. 270–276, 293–296, 317–324; 294.
67 Zit. n. *SZ*, 13.4.2007.
68 Whitman-Linsen (Anm. 58), S. 36.

z. B. in MY FAIR LADY. Hier ließ man in der Synchronisation (übrigens eine der teuersten und aufwändigsten der 1960er Jahre) die Londoner Proletarier – wie auch in der Bühnenfassung – berlinern, und aufgrund dieser berliner-deutschen Sätze werden in diesem Film englische Dialekte bestimmt! Ein eher abschreckendes Exempel, das die Grenzen der Kompromisslösung Synchronisation aufzeigt.

Grundsätzlich kann es nicht darum gehen, den Originaldialog sklavisch zu adaptieren, entscheidend ist vielmehr, eine «innere Synchronität» herzustellen. Hierfür sind auch Änderungen erlaubt oder sogar zwingend erforderlich, wenn sie im Dienste des Originals stehen. Spritzige Dialoge müssen so bearbeitet werden, dass sie einen ähnlichen Effekt erzielen. Hier einen Kompromiss zu finden, der das Original nicht verrät oder gar verfälscht, zeichnet die Kunst des Synchronautors aus.

Aber alle diese Probleme erklären letztlich, warum rundum zufriedenstellende Synchronisationen so selten sind. Während man früher der Natürlichkeit und damit dem freien Übersetzen bis hin zum völligen Abweichen vom Original den Vorzug gab, neigt man heute eher dem anderen Extrem, der Anbiederung an den Originaldialog zu. Eine wortwörtliche Übersetzung wirkt jedoch meist entstellender und damit illusionszerstörender als eine freie Bearbeitung. Es entsteht jenes typische unnatürliche «Synchrondeutsch», das so kein Mensch spricht. So kommen selbst emotionale Dialoge oft in einer seltsamen Kanzleisprache daher («Ich werde eine schöne Erinnerung an dich haben!»), «Have a nice day» heißt allen Ernstes «Habe einen schönen Tag!» «Are you o.k.?» «Bist du o.k.?», «Give me a chance» grundsätzlich «Gib mir eine Chance!», denn «Chance» ist gewissermaßen vollsynchron: «‹Bitte gib mir eine Chance›, sagt der Ehemann, der seiner Frau eine Hausarbeit abnehmen und Pfannkuchen backen will, er sagt nicht: ‹Lass mich's mal versuchen›, er sagt: ‹Gib mir eine Chance›, als hinge von diesen Pfannkuchen das Gelingen des Tages, das Glück des Lebens, ja das Seelenheil ab.»[69] Unangenehm auffallend sind auch oberlehrerhaft korrekte Konjunktive und Imperfekte im Synchrondialog («Sagtest du nicht, du liebtest mich, als du um meine Hand batest?»).

Auf der anderen Seite trieb die bewusste Abweichung vom Original noch in den 1970er Jahren absonderliche Blüten, als es Mode wurde, den Dialog gezielt «aufzugagen», um den Film publikumswirksamer zu machen. Vorbild waren die Fernsehserien TENNISSCHLÄGER UND KANONEN und DIE ZWEI, deren deutsche Fassungen sich mit blöden Sprüchen inhaltlich z. T. vollständig vom eher spröden Original entfernten. Diese Synchron-Sprüche gingen («locker vom Hocker») vom Bildschirm in die Umgangssprache über. Im Kinofilm setzte sich diese Methode des *Creative Dubbing* bei den Bud-Spencer-Streifen und HALLELUJAH-Western fort. Solchen Serien und Filmen mag dieses Verfahren gut getan haben, dem Image der Synchron-Branche eher nicht.

---

69 Ludwig Harig: Gelingt immer und klebt nicht! Vom Segen und Fluch der Synchronisation, in: H. Hoven (Hrsg.): *Guten Abend: Hier ist das deutsche Fernsehen*, Darmstadt 1986, S. 101–109; 105.

Der eigentlich Verantwortliche für die Synchronisation ist der Synchron-Regisseur. Im Idealfall besteht eine Personalunion von Dialogautor und Regisseur, und auch in diesen Sparten gab und gibt es eine Reihe von «stillen Stars», wie z. B. Conrad von Molo[70] (FAHRRADDIEBE, LIEBE 1962, PLÖTZLICH IM LETZTEN SOMMER, DIE VERDAMMTEN), Georg Rothkegel[71] (DER DRITTE MANN, LOHN DER ANGST, VERBOTENE SPIELE, LA STRADA, DIE TEUFLISCHEN), Dietmar Behnke (MACH'S NOCH EINMAL SAM, DER MARATHON-MANN, LOVE STORY, DER DISKRETE CHARME DER BOURGEOISIE), Heinz Freitag (DER ELEFANTENMENSCH, DIE HEXEN VON EASTWICK, DER PIANIST), Jürgen Neu (ARIZONA DREAM, WAG THE DOG, MATCH POINT, DIE SOPRANOS), Beate Klöckner (DIE ABELHAFTE WELT DER AMELIE, WILLKOMMEN BEI DEN SCH'TIS), Clemens Frohmann (WILD AT HEART, MATRIX, LOST HIGHWAY) oder die Spezialisten für «hohe» Filmkunst Manfred R. Köhler (WILDE ERDBEEREN, DAS SCHWEIGEN, LETZTES JAHR IN MARIENBAD, VIRIDIANA, KINDER DES OLYMP) und Lothar R. Schmitt (DAS IRRLICHT, MEDEA, SZENEN EINER EHE). Ein besonders produktives Gespann bildeten bei der «Berliner Synchron» Fritz A. Koeniger als Dialogautor und Klaus v. Wahl als Regisseur: DIE WENDELTREPPE, EIN KÖDER FÜR DIE BESTIE, CHARADE, ARSEN UND SPITZENHÄUBCHEN, DR. SELTSAM, DIE VÖGEL, SEIN ODER NICHTSEIN und Hunderte von anderen Spitzenfilmen. Der angeblich berühmteste Satz der Filmgeschichte – «Ich seh' dir in die Augen, Kleines!» – stammt nicht von Berühmtheiten wie Humphrey Bogart oder Michael Curtiz, ausgedacht hat ihn sich 1975 ein gewisser Wolfgang Schick, Autor und Regisseur der deutschen Fassung von CASABLANCA. Im Original sagt Humphrey Bogart: «Here's looking at you, kid.»

Hauptaufgabe des Regisseurs ist es, die Synchronsprecher zu instruieren, ihnen den Handlungszusammenhang sowie den Charakter der ihnen zugeordneten Figuren zu erläutern und Anweisungen für Ausdruck und Modulation zu geben, da die Sprecher meist weder den Originalfilm als Ganzes noch das komplette Dialogbuch kennen und nur mit aus der Chronologie herausgerissenen Takes konfrontiert sind.

«Take» ist das Schlüsselwort im Synchronisationsprozess. Es bezeichnet die winzigen, nur mehrere Sekunden langen Sequenzen, in die der Film zerlegt wird. Jeder einzelne Take wurde zu einer Endlosschleife zusammengeklebt und auf die Leinwand projiziert, vor der die Synchronschauspieler stehen und ihren Text in ein Mikrofon sprechen, so oft, bis der Dialog «sitzt» – dies war jahrzehn-

---

70 Conrad v. Molo (1906–1997), Sohn des Schriftstellers Walter v. Molo (1880–1958), war zunächst Journalist und übte dann verschiedene Berufe in der Filmbranche aus (Cutter, Herstellungsleiter, Produzent). 1947 gründete er ein eigenes Synchronstudio («Ala», später «Aura-Film»). Seine Frau, die Bühnenregisseurin Beate v. Molo (1911–1998), Tochter des berühmten Reinhardt-Schauspielers Alexander Moissi, schrieb Synchrondialoge (z. B. PLÖTZLICH IM LETZTEN SOMMER, DER PROZESS, ROCCO UND SEINE BRÜDER, DIE LETZTE VORSTELLUNG), ihre Tochter Elisabeth von Molo (*1944) ist ebenfalls Synchronautorin und -regisseurin (8 FRAUEN, CAPOTE, SINN UND SINNLICHKEIT).

71 Georg Rothkegel (1905–1956), zunächst Schauspieler in Halle und Breslau, arbeitete als Synchronregisseur vorwiegend in Remagen und in Berlin bei Mars-Film.

telang die klassische Situation in jedem Synchronstudio. Die Schleifentechnik gehört aber mittlerweile der Vergangenheit an und ist durch elektronisch gesteuerte Videotechnik ersetzt. Dadurch können doppelt so viele Takes pro Tag bearbeitet werden (früher: 120–170, heute: 200–250) – eine ungeheuere Beschleunigung der Arbeit, doch unter dieser Schnelligkeit und dem dadurch vergrößerten Zeitdruck der Beteiligten leidet nicht selten die Qualität.

Die Synchronschauspieler sind selbstverständlich nur zu den sie betreffenden Takes im Studio anwesend, aber selbst dies ist nicht immer zwingend erforderlich. Es kommt vor, dass der Sprecher «ge-ixt» wird, d.h. er ist aus Termingründen z.B. nicht in Berlin, wo der Film gerade synchronisiert wird, sondern in München. Dann werden seine Dialogpassagen isoliert in einem Studio in München aufgenommen und der Berliner Fassung später hinzugemischt. Wenn also im Kino der herzinnigste Liebesdialog zu hören ist, waren in solch einem Fall die betreffenden Synchronsprecher oft Hunderte von Kilometern voneinander entfernt. Heute ist das «ixen» – das zeitversetzte Aufnehmen der Hauptrollen – auch unabhängig von der geografischen Distanz, aus praktischen Gründen meist die Regel.

Seit einigen Jahren sind Texter und Regisseur noch mit einer anderen Erschwernis ihrer Arbeit konfrontiert. Aus Furcht vor Raubkopien gelangen Blockbuster oft als Schwarzfilm in die Synchronstudios. Zu sehen sind nur Bildausschnitte, wenn die Figuren direkt in die Kamera sprechen, jeder Szenenkontext fehlt: «Bei der Bearbeitung solchen Materials taucht deshalb häufig die Schwierigkeit auf, dass manche Aussagen ohne visuellen Eindruck nicht klar einzuordnen sind.»[72]

Für spezielle akustische Effekte ist der Tonmeister zuständig, um Außen- oder Innenaufnahmen, Hall, Echo, Telefonstimmen, Lautsprecher-Durchsagen zu imitieren. Hierfür ist der Tonaufnahmeraum entsprechend ausgestattet, z.B. mit flexiblen Schallwänden. Außenaufnahmen werden im Studio in einem abgegrenzten Areal («Zelt») simuliert. Takes mit einer großen Anzahl von Tönen und Stimmen, z.B. Unterhaltung + Hintergrundgemurmel werden meist separat aufgenommen und hinterher gemischt. Aufgabe der Cutterin ist es, während der Aufnahme auf Synchronität zu achten, d.h. sie ist dafür verantwortlich, dass der gesprochene deutsche Text mit den sichtbaren Mundbewegungen der Darsteller übereinstimmt. Nach der Aufnahme muss sie die Synchrondialoge auf dem fertigen deutschen Sprachband im Schneideraum dem Filmbild anpassen. Auch dieser Vorgang ist heute durch digitale Technik ersetzt.

Letzte Etappe der Synchronisation ist die Tonmischung aus dem deutschen Sprachband und dem Soundtrack des Originals. Grundlage dieses Vorgangs ist das so genannte «IT-Band» (International Tape), das alle Geräusche des Originalfilms mit Ausnahme der Dialoge enthält. Ist ein solches IT-Band von schlechter Qualität oder überhaupt nicht vorhanden – das ist bei Neu- und Erstsynchronisationen älterer Filme für das Fernsehen die Regel – muss ein

---

72 Pahlke (Anm. 44), S. 71.

Geräuschemacher sämtliche Töne künstlich nachproduzieren (Schritte, Pferdegetrappel, Türeschlagen, Regen, Straßen-Atmosphäre etc.). Standardgeräusche wie Kneipengemurmel oder Bahnhofslärm sind im Tonarchiv auf Band gespeichert und können bei Bedarf hinzugemischt werden. Mittlerweile gibt es vollcomputerisierte Mischpulte, die alle Geräusche mit entsprechenden Klangeffekten abrufbereit gespeichert haben, so dass die nachträgliche Tonmischung entfällt. Bei aller technischen Perfektion – und wohl gerade deswegen – sind Synchronisationen mit künstlichem Ton aber meist an ihrer relativ sterilen Atmosphäre zu erkennen.

Noch problematischer ist jedoch, dass bei fehlendem IT-Band auch keine Originalmusik vorhanden ist. Diese mit Orchester nachzuspielen wäre viel zu zeit- und kostenintensiv. Also wird unter Verwendung von Archivmaterial und billigen Neukompositionen eine neue Musik hergestellt, die mit dem Original-Soundtrack – auch wenn dieser von Max Steiner, Victor Young oder Dimitri Tiomkin stammt – oft nur, wenn überhaupt, rudimentäre Ähnlichkeiten aufweist. Hier kommt es oft zu dramatischen Missklängen, die unter Umständen den ganzen Film ruinieren können. Davon sind auch große Meisterwerke betroffen: THE BIG SLEEP (TOTE SCHLAFEN FEST, Komponist: Max Steiner) und CITIZEN KANE (Komponist: Bernard Herrmann) laufen in der deutschen Fassung ohne die Originalmusik (und mit anderen musikdramaturgischen Akzenten), John Fords STAGECOACH (RINGO, auch: HÖLLENFAHRT NACH SANTA FÉ) lief 1963 (und seitdem nur noch in dieser Fassung) ohne Richard Hagemans Originalmusik, sondern mit einem lächerlichen Kaffeehaus-Geklimper. Zudem sind Archivmusiken in den unterschiedlichsten Filmen, die dieserart zubereitet werden, immer wieder zu hören.[73] So verschiedene Filme wie ANGELS WITH DIRTY FACES (CHICAGO, Komponist: Max Steiner) und THE MALTESE FALCON (DIE SPUR DES FALKEN, Komponist: Adolph Deutsch) z. B. laufen mit der gleichen Musik. Keine Ansage und kein Vorspann weisen auf solche elementaren Veränderungen hin!

Damit sind wir wieder beim «ceterum censeo» unserer Einführung angelangt, die befremdliche Anonymität der an der Synchronisation Beteiligten doch endlich durch Transparenz zu ersetzen. Die öffentliche Ignoranz gegenüber dieser Branche verdeckt nicht nur die zensierenden und verfälschenden Eingriffe bei der deutschen Bearbeitung, sondern auch die kreative Leistung, die bei der gelungenen Dialog-Neuschöpfung erforderlich ist. Es mag übertrieben sein, zu fordern, der Synchronisateur müsste «einen ähnlichen künstlerischen Stellenwert erhalten wie ein Dirigent klassischer Musik»,[74] aber mit dem im Feuilleton kritikwürdigen Literatur-Übersetzer sollte er sich schon vergleichen dürfen, denn: «Durch die bisherige Geringschätzung der Synchronisation sind Höchstleistungen wahrscheinlich verhindert worden.»[75]

---

73 *epd-Film* 2, 1988, S. 12; 8, 1988, S. 12.
74 Pruys (Anm. 45), S. 191.
75 Ebda.

Aktuelle Situation

An dem in der Nachkriegszeit etablierten Synchronzwang für Filme hat sich in Deutschland bis heute nichts geändert. Wohl aber ist dank DVD die Möglichkeit, die Originalfassung zu sehen, gestiegen, und in den Großstädten gibt es immer mehr Kinos, die Kopien in «original version» einsetzen.

Die wirtschaftliche Lage auf dem Synchronmarkt ist den üblichen konjunkturellen Schwankungen unterworfen. Auf den Boom, den die Privatsender mit ihrem enormen Synchronisierungsbedarf hervorriefen, folgte ein Einbruch des Markts, der mit mehreren Pleiten in der Filmwirtschaft (Kirch, Kinowelt) einherging. Die Sender ersetzten amerikanische Serien durch einheimische Produktionen oder verstopften ihre Programme mit Talkshows. Die Synchron-Aufträge gingen massiv zurück, der wirtschaftliche Druck verstärkte sich, viele Firmen reagierten mit Billigproduktionen, die nicht kostendeckend waren.

Diese Talsohle ist zwar wieder durchschritten, doch der Kosten- und Zeitdruck, unter dem die Synchronarbeit vonstatten geht, hat sich in den letzten 20 Jahren drastisch verschärft. Während sich die Anzahl der Takes verdoppelt hat (nicht selten 35 pro Stunde und 280 pro Tag), sind die Gagen im Keller geblieben. Sie schwanken für Synchronschauspieler zwischen 25 und 55 Euro als Grundbetrag (pro Termin) und 2,50 bis 3,50 Euro pro Take. Die Differenzen betreffen nicht nur die Unterschiede zwischen München (mehr) und Berlin (weniger), sondern auch den Bekanntheits-Status der Sprecher (die «Stars» der Branche handeln meist Pauschalen aus). Weder Sprecher noch Autoren und Regisseure sind an der weiteren Verwertung der Filme beteiligt, und die Unsummen, die die Filmfirmen in die Vermarktung ihrer Produkte investieren, stehen in keinem Verhältnis zu den Ausgaben für die Synchronisation: durchschnittlich stehen etwa 40–50.000 Euro pro Film zur Verfügung.

Gleichgeblieben ist auch die mangelnde künstlerische Wertschätzung der Synchronschauspieler. Sie gehören nach wie vor nicht selbstverständlich zum «Making of» eines Films, haben keinen Anspruch darauf, im Abspann genannt zu werden und sind der Filmkritik gänzlich unbekannt. Ihre Arbeit gilt nicht als eigenständige schauspielerische Leistung, obwohl sie aus den genannten Gründen immer komplizierter und spezialisierter geworden ist. Es gibt so gut wie keine eigenen Ausbildungsstätten für diese Tätigkeit, die klassischen Schauspielschulen sind traditionell auf die Bühne ausgerichtet. Indessen hat sich der Markt für Schauspieler rasch verändert. Nur eine Minderheit kann vom Theaterspielen leben, während der spielerische Einsatz der Stimme immer mehr an Bedeutung gewinnt: Es gibt einen expandierenden Hörbuchmarkt, erfolgreiche kommerzielle Hörspiel-Serien und Computerspiele mit einer Vielzahl von Sprechrollen, von der Werbung zu schweigen.

Auch die etablierten Synchron-Profis haben trotz ihrer Erfahrung und Routine keinen sicheren Job. Wer einem Hollywoodstar vermeintlich fest als «deutsche Stimme» zugeordnet ist, kann nicht darauf vertrauen, dass sich dieses «Abonnement» stets verlängert, da sich die Unsitte eingeschlichen hat, solche Zuordnungen je nach Rollencharakter aufzubrechen und auszutauschen, in der

Annahme, diese oder jene Stimme passe nicht zu diesem oder jenem Charakter, obgleich der Schauspieler im Original ja auch all diese unterschiedlichen Rollen mit dieser seiner Stimme spielt und spricht (das war früher anders: Georg Thomalla war Jack Lemmon – von komisch bis todernst). Dieses Schicksal hat nun sogar die Ikone Wolfgang Draeger ereilt: Er wurde nicht mehr für Woody Allen in To Rome With Love besetzt.

Welch niedriger Status dem Synchronschauspieler innerhalb der Filmwirtschaft zugeschrieben wird, belegt schlaglichtartig die Unverschämtheit, Sprechrollen in Zeichentrickfilmen mit eingekaufter Film- und TV-Prominenz zu besetzen, um so diese Produkte besser bewerben und verkaufen zu können. Obwohl Laien auf diesem Gebiet, erhalten die Promis das 20- bis 30-fache der für professionelle, aber eben anonyme Synchronschauspieler üblichen Gage – eine Relation, die in keinem Verhältnis zum Können steht.

Das vorliegende Buch kann diese Missstände nur benennen, aber nicht beheben. Die nachstehenden Biografien werden jedoch anschaulich machen, dass beim Synchronisieren nicht Sprechmaschinen am Werk sind, sondern Künstler, Artisten, Schau- und Stimmspieler, denen eine Hommage nicht länger vorenthalten werden sollte.

Synchronschauspieler A–Z

Curt Ackermann (1905–1988)

Nach seinem Debüt am Thalia Theater Hamburg war Curt Ackermann in den 1930er und 1940er Jahren an verschiedenen Berliner Theatern tätig. Am Renaissance-Theater hatte er 1941/42 einen großen Erfolg mit dem musikalischen Lustspiel *Marguerite:3* (mit ➲ Friedel Schuster, ➲ Erich Fiedler und Walter Gross). Daneben spielte er in zahlreichen Filmen mit. Seine größte Rolle hatte er neben Sybille Schmitz in Signale der Nacht (1937). Außerdem war er zu sehen in Regine (1934), Drei tolle Tage (1936), Yvette (1938), Drunter und drüber (1939), Der grosse Schatten (1942), Grossstadtmelodie (1943), als Kollege von Hans Söhnker in Ein Mann mit Grundsätzen? (1944), Philharmoniker (1944), Der verzauberte Tag (1944), Zugvögel (1947), Der Kaplan von San Lorenzo (1952). Eine Hauptrolle im Fernsehspiel hatte er in dem Zwei-Personen-Stück Reisebekanntschaft (ARD 1964, mit Klaus Kammer). Sein Haupttätigkeitsfeld nach dem Krieg aber wurde die Filmsynchronisation. Mit seiner dunklen, kraftvollen, betont männlichen Stimme gehörte Ackermann zu den markantesten Synchron-Profis. Seine Stimme zu bekommen, war für viele Weltstars eine zusätzliche Aufwertung, kleinere Lichter wurden durch sein Organ überhaupt erst wahrgenommen. Die Stimmen-Ähnlichkeit war auch für Ackermann bei seiner Arbeit uninteressant, entscheidend war die Anverwandlung des jeweiligen Temperaments: «Ich spreche wie der und der – das ist Unsinn. Man kann nicht die Inkarnation finden. Man muss nur versuchen, sich in der Mitte zu treffen: dass man nicht neben dem anderen, sondern in ihm steht» (*Film-Revue* 10, 1960).

Er war der wichtigste Sprecher für Cary Grant (Über den Dächern von Nizza, Ein Hauch von Nerz, Charade), Jeff Chandler (Der gebrochene Pfeil), Victor Mature (Der Todeskuss, Das Gewand), Charles Boyer (Barfuss im Park), Burt Lancaster (Vera Cruz, Der Mann aus Kentucky), Vittorio de Sica (Das Gold von Neapel), Stewart Granger (Salome), Van Heflin (Das Tal der Leidenschaften). Zu seinen schönsten Synchronrollen gehört Sterling Hayden als Johnny Guitar, sein Meisterwerk aber war Robert Mitchum in Die Nacht des Jägers, wo er den psychopathischen Charakter des Predigers stimmlich umsetzen musste (einschließlich Gesang!). Außerdem: Tyrone Power (König der Toreros), David Niven (Meisterschaft im Seitensprung), George Sanders (Rebecca), Rod Steiger (Die Faust im Nacken, Schmutziger Lorbeer), Glenn Ford (Heisses Eisen), Jack Hawkins (Lawrence von Arabien), Vincent Price (Das Pendel des Todes), Stephen McNally (Duell mit dem Teufel), Cesar Romeo (Die Hafenkneipe von Tahiti) u.v.a. Curt Ackermann war auch als Synchronregisseur tätig, u.a. bei Die sieben Samurai, Frühstück bei Tiffany, Der dritte Mann (2. Fassung), Wie klaut man eine Million?, Ein seltsames Paar.

Maud Ackermann (*1965)

Die gebürtige Berlinerin hatte schon als Kind Auftritte in Werbespots und im Fernsehen, mit sieben auch schon ihre erste Synchronrolle in Die Waltons. Es folgten weitere Kinderrollen in Die kleinen Strolche und der Sesamstrasse. Mit zehn Jahren war sie Hauptdarstellerin in dem ZDF-Fernsehfilm Das Kind (Regie: Heinz Schirk), einer sozialkritisch angelegten Kriminalgeschichte über das isolierte Dasein in einem Hochhaus. Später kam der Film Dannys Traum (1982) hinzu, außerdem wirkte sie in der Hörspiel-Serie *5 Freunde* mit. Maud Ackermann nahm auch Schauspielunterricht, ohne jedoch großes Interesse an Theaterauftritten zu haben, da ihr die Arbeit im Synchronstudio am besten gefiel. Hier avancierte sie seit den achtziger Jahren zu einer der meistgefragten Synchron-Interpretinnen, ohne sich an einen bestimmte Schauspielerin zu binden.

Sie sprach z. B. für Jennifer Beals (Flashdance), Mary Stuart Masterson (Auf kurze Distanz), Mariel Hemingway (Star 80), Lori Singer (Footloose, Der Falke und der Schneemann), Monica Potter (Con Air, Boston Legal), Diane Lane (Rumble Fish), Tia Carrere (Wayne's World, Relic Hunter), Demi Moore (Ghost), Sandrine Bonnaire (Die Farbe der Lüge), Daryl Hannah (Splash), Sandra Bullock (Spurlos), Juliette Binoche in Chocolat (Maud Ackermann las auch den Roman von Joanne Harris als Hörbuch), Ashley Judd (Die Jury), Julia Roberts (Mystic Pizza) und Robin Wright (Im Vorhof der Hölle) und Winona Ryder im Kino-Remake von Star Trek (2009).

Wolf Ackva (1911–2000)

Ackva, der in Montigny/Lothringen geboren wurde, brach ein Medizinstudium in Leipzig ab und nahm Schauspielunterricht bei Otto Falckenberg in München. Er gastierte in Düsseldorf, Königsberg und Berlin, wurde zum Kriegsdienst eingezogen und war bis 1948 in Gefangenschaft. Nach dem Krieg spielte er in München Theater. Sein erster großer Erfolg war Fred in Sartres *Die ehrbare Dirne* (1950 in ➲ Herbert Weickers Atelier-Theater). An den Kammerspielen trat er u. a. in *Der Besuch der alten Dame* mit Therese Giese auf (1956), an der Kleinen Komödie v. a. in Komödien und Kriminalstücken. Als Sir Wilfrid in Agatha Christies *Zeugin der Anklage* ging er auf Tournee, aber auch als Konsul Werle in Ibsens *Wildente*, als Sultan Saladin in *Nathan der Weise*, als John Gabriel Borkman und Cornelius Melody in *Fast ein Poet*. Dem breiten Publikum wurde er weniger durch seine Filmauftritte (z. B. Nachts auf den Strassen, 1951) als durch zahlreiche Fernsehspiele und Vorabendserien bekannt, am populärsten war er in Die seltsamen Methoden des Franz Josef Wanninger (1964–80) als tumber Kollege von Beppo Brem.

Seine Synchronstimme eignete sich besonders für harte, entschlossene Charaktere wie Robert Ryan (The Wild Bunch), Gregory Peck (Begrabt die Wölfe in der Schlucht), William

Holden in Network (diese Rolle gefiel ihm selbst am besten), Richard Widmark (Alvarez Kelly), Vittorio de Sica (Liebe, Brot und Fantasie), Anthony Quinn (Fluchtpunkt Marseille), Vincent Price (Theater des Grauens), Joseph Cotten (Das Ultimatum), Clark Gable (U 23), Henry Fonda (Keine Zeit für Heldentum), Dirk Bogarde (Die Brücke von Arnheim), Ernest Borgnine (Convoy), James Mason (Duffy), Sterling Hayden (Sturm über Texas), Cameron Mitchell (Minnesota Clay), Bernard Lee («M») in den James-Bond-Filmen und nicht zuletzt Sam, der Adler in der Muppets-Show. Wolf Ackva sprach auch die Texte in den Tierdokumentationen von Eugen Schumacher.

Dagmar Altrichter (1924–2010)

In ihrer Heimatstadt Berlin nahm Dagmar Altrichter zunächst Ballettunterricht, da sie Tänzerin werden wollte. Anschließend absolvierte sie eine private Schauspielausbildung und hatte Engagements am Thalia-Theater Hamburg, am Ku'damm in Berlin, an den Münchner Kammerspielen, in Frankfurt und Stuttgart. Zu ihren Hauptrollen gehörten Gretchen, Minna von Barnhelm und Penthesilea. An der Freien Volksbühne Berlin verkörperte sie 1977 die Sittah in Nathan der Weise. Neben ihrer Bühnentätigkeit gehörte Dagmar Altrichter zu den meistgefragten Hörspiel-Interpretinnen der Nachkriegszeit, als dieses Genre seine Blütezeit hatte. Hier wirkte sie in zahlreichen, auch preisgekrönten Klassikern mit, z.B. *Die heilige Johanna* (1947, Titelrolle), *Träume* (Günter Eich, 1951), *Die Mädchen aus Viterbo* (Günter Eich, 1953), *Prinzessin Turandot* (Wolfgang Hildesheimer, 1954), *Ein Gartenfest* (Marie Luise Kaschnitz, 1961), *Am ungenauen Ort* (Dieter Wellershoff, 1964), *Sizilianischer Frühling* (Fred v. Hoerschelmann, 1967). Filmrollen hatte sie in Die Andere (1949), Meines Vaters Pferde (1953), Heintje – ein Herz geht auf Reisen (1969) und Pappa ante portas (1991); im Fernsehen trat sie auf in Die Gerechten (1964), Amouren (1964), Bel ami (1968), Die preussische Heirat (1974, Landluft (1983), Zwei alte Damen geben Gas (1988).

Ihre populärste Synchronrolle war sicherlich Angela Lansbury in der Serie Mord ist ihr Hobby. Doch stellte sie ihre Stimme auch zahlreichen Weltstars in Spitzenfilmen zur Verfügung: Alida Valli in der zweiten Synchronisation von Der dritte Mann, Ingrid Bergman in Herbstsonate und Mord im Orientexpress, Claudia Cardinale in Der Leopard, Lana Turner in Verraten, Michèle Morgan in Die Katze jagt die Maus, Stéphane Audran in Mord bleibt Mord, Jeanne Moreau in Die Liebenden und Nikita sowie in Fernsehfilmen Katharine Hepburn (Liebe in der Dämmerung), Deborah Kerr (Des Lebens bittere Süsse), Rachel Guerney (Das Haus am Eaton Place).

Joachim Ansorge (1939–1980)

Ansorge wurde in Berlin geboren. Hier und in Meldorf/Dithmarschen ist er aufgewachsen. In Berlin besuchte er die Max-Reinhardt-Schule und wurde von Boleslaw Barlog «entdeckt», der ihn an seine Bühnen engagierte. Seinen Durchbruch hatte Ansorge 1962 in Peter Ustinovs *Endspurt* am Schlossparktheater. Am Schiller-Theater spielte er in *Don Carlos* (Sellner, 1964) und *Leben des Galilei* (Utzerath, 1965), am Münchner Staatsschauspiel trat er 1972 als Max Piccolomini in *Wallenstein* auf (mit ⊃Ernst Schröder in der Titelrolle). Neben der Synchronisation war Ansorges Hauptbetätigungsfeld das Fernsehspiel: DIE TRENNUNG (1966), MORD IN FRANKFURT (1967), JOHN GABRIEL BORKMAN (1967), DIE STIMME HINTER DEM VORHANG (1970), PROFESSOR BLAISE (1970), DIE AFFÄRRE LEROUGE (1976), DIE LADY VON CHICAGO (1976), EIN KLOTZ AM BEIN (1976). 1980 setzte er mit einer Überdosis Schlaftabletten seinem Leben ein Ende.

Seine Stimme wirkte sachlich, entschlossen, unpathetisch. Mit ihr war er neben ⊃ Klaus Kindler, ⊃ Norbert Langer und ⊃ Christian Brückner der wichtigste Sprecher für Alain Delon (DER CLAN DER SIZILIANER, BORSALINO, MONSIEUR KLEIN, DER STRÄFLING UND DIE WITWE). Er sprach für Robert Redford (SCHUSSFAHRT, EIN MANN WIRD GEJAGT), Jean-Claude Brialy (MORD BLEIBT MORD), Warren Beatty (DAS EINZIGE SPIEL IN DER STADT), Jan-Michael Vincent (KALTER HAUCH), Rip Torn (WENDEKREIS DES KREBSES), Michael Caine (DIE SCHWARZE WINDMÜHLE), Anthony Perkins (DU WIRST NOCH AN MICH DENKEN), John Philip Law (BARBARELLA), Alan Alda (MEPHISTO-WALZER) und sogar Elvis Presley (VERSCHOLLEN IM HAREM).

Donald Arthur (*1937)

Donald Arthur kam in Dover/New Jersey zur Welt. Er besuchte das Mannes College of Music in New York und trat in den USA als Schauspieler und Opernsänger auf. Seit 1960 lebt er in Europa, wo er nicht nur als Darsteller und Opernbassist aktiv ist, sondern als polyglottes Multitalent noch viele andere Aufgaben wahrnimmt: Drehbuchautor, Übersetzer, Chansontexter, Ghostwriter, Moderator, Synchron- und Kommentarsprecher. Er besorgte die englischen Fassungen deutscher Filme wie LILLI MARLEEN (Fassbinder), ZWEI FRAUEN (Carl Schenkel), DIE UNENDLICHE GESCHICHTE (hier sprach er in der englischen Fassung auch den Drachen Fuchur) oder FLEISCH von Rainer Erler. Bei Erler spielte er auch selbst mit in DER SPOT und EIN GURU KOMMT. Weitere Auftritte hatte er in 21 HOURS AT MUNICH (1976), STUNDE NULL (1977), in dem schwedischen Film EINE HERZENSDAME FÜR DEN KÖNIG (1983, in schwedisch, deutsch und französisch), in THE SAINT (1997), VIRUS X (1997) und MARGARETE STEIFF (2006).

Synchronisiert hat Donald Arthur bereits in über 10 Sprachen. Auf deutsch ließ er Peter Ustinov ertönen (REN-

Dezvous mit einer Leiche, Charlie Chan und der Fluch der Drachenkönigin), Vincent Gardenia (Lucky Luciano), Orson Welles (Muppet Movie), John Hancock (Zwei ausgekochte Gauner), Vernon Dobtcheff (Michael Strogoff) und José Lewgoy in Werner Herzogs Fitzcarraldo (auch in der englischen Fassung). Eine besondere Spezialität Donald Arthurs sind Trickfiguren, z. B. Butler Igor in Graf Duckula, der Chefkoch in South Park, Gusteau in Ratatouille, Nachrichtensprecher Kent Brockman in Die Simpsons, Beauregard in der Muppet-Show und der Kanaligator in Die Story von Monty Spinneratz.

Peer Augustinski (*1940)

In Berlin-Prenzlauer Berg geboren und in Mecklenburg aufgewachsen, nahm Peer Augustinski zunächst Musikunterricht in Neustrelitz, bevor er sich in Berlin an der Max-Reinhardt-Schule zum Schauspieler ausbilden ließ. Er spielte Theater in Hof, Flensburg, Kiel, Köln (u. a. als Bruno in *Die Ratten*, *Karl Moor*, *Merkur*, *Figaro*), an den Hamburger Kammerspielen (1990 im Musical *Himmel auf Erden*) und in Berlin (2002 *In anderen Umständen* an der Komödie und auf Tournee). Populär wurde der Komödiant vor allem durch seine Fernseharbeit in Sendungen wie Klimbim (1973–77, 2004 gab es ein Bühnen-Revival: *Die Klimbim-Familie lebt*), Die Gimmicks (1979), Exil (1981), Mensch Berni (1983), Comedy Club (1991), Hotel Mama (1995), Fiktiv (1998). Sein «Entdecker» Michael Pfleghar urteilte über ihn: «Er ist ein Allround-Talent, wie man es in dieser Form nur am Broadway findet.» (*Die Welt*, 14.12.1984) Im Kinofilm war er in Is was Kanzler? (1984) und Drei gegen drei (1984) zu sehen, und er hatte auch eine herausragende Hörspielrolle: den Computer «Sam» in der Serie *Der letzte Detektiv* von Michael Koser (1984ff.)

In der Synchronisation ist Peer Augustinski seit Jahren feste Stimme von Robin Williams (z. B. in Mrs. Doubtfire, Good Will Hunting, A.I., Insomnia). Hinzu kamen weitere Komödien-Rollen wie Jerry Lewis in King of Comedy, Dudley Moore in Bitte nicht heute nacht, Jeff Daniels in Dumm und Dümmer, Steve Pemberton in The League of Gentlemen, Jean Reno in Zwei Irre und ein Schwein, Gene Wilder in Das andere Ich, Dschinni in Aladdin und der Cowboy Woody in Toy Story.

Rüdiger Bahr (*1939)

Geboren in Frankfurt/Oder, studierte Bahr an der Staatlichen Hochschule für Musik in Stuttgart, spielte Theater in Regensburg, Hannover, an den Münchner Kammerspielen (1969 Tempelherr in *Nathan der Weise*) und Berlin (*Der Kirschgarten*, 1987, *Alles im Garten* von Edward Albee, 1990 Renaissance-Theater). Mit seiner Paraderolle «Prof. Higgins» in *My Fair Lady* ging er jahrelang auf Tournee. Außerdem war er 1989–91

Intendant der Burgfestspiele in Jagsthausen. Im Fernsehen spielte er Hauptrollen in dem ZDF-Mehrteiler Lockruf des Goldes (1975) und in den Serien Drei Partner (1973) und Mordkommission (1973). Auch im Hörspiel war er zu hören, z.B. in Zwei oder drei Portraits von Helmut Heißenbüttel (BR 1970, Hörspielpreis der Kriegsblinden). Für den ZDF-Mehrteiler Der schwarze Bumerang (1982) schrieb er das Drehbuch.

Rüdiger Bahrs berühmteste Synchronrolle war Ed O'Neill, «Al Bundy» in der legendären RTL-Proll-Comedy-Serie Eine schrecklich nette Familie (1992), die mit ihren rüden Dialogen den sonst üblichen harmonischen Familien-Kitsch ad absurdum führte. Er sprach mehrmals für Glenn Ford in Neusynchronisationen (Gilda, Der Richter von Colorado), Nick Nolte in Wild Drivers, Richard Chamberlain in Flammendes Inferno, Tony Roberts in Der Stadtneurotiker, David Warner in Nora, Fabio Testi in Verdammt zu leben – verdammt zu sterben und Nachtblende, William Shatner in Meine drei Schwestern und ich sowie Ted Danson in den Serien Becker und Cheers.

Alfred Balthoff (1905–1989)

Geboren in Preiskretscham/Oberschlesien, debütierte Balthoff in Breslau und spielte Theater in Reichenberg. Doch der Machtantritt der Nationalsozialisten stoppte seine Bühnenlaufbahn. Er fand eine Nische im «Jüdischen Kulturbund». Auch in der letzten Inszenierung am 9.8.1941 unter der Regie von Fritz Wisten spielte Balthoff (als Alfred Berliner) mit: Molnárs Spiel im Schloss. Am 11.9. wurde der Kulturbund verboten, die meisten seiner Mitglieder deportiert. Balthoff jedoch konnte mit Hilfe der Familie Fritz Wistens untertauchen (Wisten selbst wurde auf Intervention von Admiral Canaris wieder freigelassen) und entging so der Deportation. Nach dem Krieg spielte er vorwiegend in Berlin, Düsseldorf und am Wiener Burgtheater. In Fritz Wistens erstem Nachkriegs-*Nathan* (Deutsches Theater 1945, mit Paul Wegener in der Titelrolle) spielte er den Derwisch: «Sprache und Körperspiel ein einziger elastischer Wirbel, ein einziger schlendernder Takt, aber jeder Ton und jede Geste genau und diszipliniert.» (Paul Rilla) Unter Fritz Wistens Intendanz spielte er außerdem im Theater am Schiffbauerdamm in *Viel Lärm um nichts*, *Don Gil von den grünen Hosen*, den Dorfrichter Adam in *Der zerbrochene Krug* und in *Lumpazivagabundus*. Balthoffs Domäne waren Außenseiter, Sonderlinge, verschrobene Typen. Seine Filmauftritte waren eher selten, das Debüt war zugleich seine wichtigste Filmrolle: Kurt Bernstein in Ehe im Schatten (1947). Es folgten weitere DEFA-Filme wie Wozzeck (1947) und Unser täglich Brot (1949). Im westdeutschen Nachkriegsfilm hatte er ebenfalls einige Nebenrollen, z.B. in Die Trapp-Familie (1956), Siebenmal in der Woche (1957), Dorothea Angermann (1958), Das Totenschiff (1959), Unter Ausschluss der Öffentlichkeit (1961). Markantere Auftritte hatte er in Fernsehspielen, z. B. in Unsere deutschen Kleinstädter (ZDF 1964), in ⇨ Ottokar Runzes Das ozeanische Fest, ZDF 1964, in der Serie Hauptbahnhof München (1970) u. in Meister Timpe, ZDF 1980). Außerdem spielte er die Hauptrolle in zwei Kommissar-Folgen: «Der Mord an Frau Klett» (1970) und «Das Ende eines Humoristen» (1972).

Balthoffs Markenzeichen war seine Stimme: Sie suggeriert – «teils quengelnd, teils brüchig sentimental – die Gratwanderung zwischen Resignation und bewusster Flucht ins Absonderliche» (Rainer Dick). Damit war er prädestiniert für die Filmsynchronisation, wo er mit seinem sanften, weichen Nasalieren den Figuren nicht selten einen veredelnden Zug verlieh: Edward G. Robinson (von Double Indemnity und Gefährliche Begegnung über Sieben Diebe bis zu Cincinnati Kid), Fernandel als Don Camillo, Charles Chaplin in Rampenlicht, Peter Lorre (Seidenstrümpfe, «Ruhe Sanft» GmbH), Walter Brennan (Stadt in Angst), Akim Tamiroff (Im Zeichen des Bösen), Peter Ustinov (als Nero in Quo vadis), Basil Rathbone (Anna Karenina), Lionel Barrymore (Menschen im Hotel), Charles Vanel (Pesthauch des Dschungels), Jack McGowran (Tanz der Vampire), Groucho Marx (Skandal in der Oper).

Leo Bardischewski (1914–1995) In Danzig geboren, verbrachte Leo Bardischewski die meiste Zeit seiner künstlerischen Tätigkeit in München. Hier spielte er Theater, trat in Nebenrollen in Fernsehserien auf (z. B. Der Kommissar) und bereicherte viele herausragende Hörspiele des Bayerischen Rundfunks wie *Die japanischen Fischer* (Wolfgang Weyrauch, 1955), *Die Panne* (Dürrenmatt, 1956), *Wer fürchtet sich vorm schwarzen Mann?*, (Marie Luise Kaschnitz, 1961), *Das große Identifikationsspiel* (Alfred Behrens, 1973, Hörspielpreis der Kriegsblinden), *Maßnahmen des Verschwindens: fast nächte* (Hartmut Geerken, BR 1992). Von seinen Fernsehspielen sind hervorzuheben: Ein ganz und gar verwahrlostes Mädchen (Jutta Brückner, ZDF 1977), Reise nach Deutschland (Heidi Genée, ZDF 1987), Heimatmuseum (Egon Günther nach Siegfried Lenz, ARD 1988) sowie der Film Ludwig 1881 (1993).

In der Synchronisation gehörte er zu den «klassischen» Münchner Nebenrollen-Sprechern (wie auch ⇨ Erik Jelde, ⇨ Norbert Gastell und ⇨ K. E. Ludwig), hatte aber auch größere Aufgaben: Alec Guinness (Dame, König, As, Spion), Peter Cushing (Der sechste Kontinent), Fred Astaire (Flammendes Inferno), Charles Boyer (Der verlorene Horizont), Eli Wallach (Nuts), John Barrymore (Midnight), Ralph Richardson (Rollerball), Hume Cronyn (ROLLOVER-KOMPLOTT). In ASTERIX-Filmen sprach er mehrmals Miraculix und in den Neusynchronisationen für die ZDF-Reihe LACHEN SIE MIT STAN UND OLLIE war er für James Finlayson zuständig.

Seine Tochter **Marie Bardischewski** (*1943) ist Schauspielerin und Regisseurin (v. a. von Dokumentarfilmen).

Petra Barthel (*1951)

Petra Barthel spielte nach ihrer Schauspielausbildung Theater in Magdeburg und ihrer Heimatstadt Erfurt, an der Volksbühne Berlin unter Fritz Marquardt und Heiner Müller (1980 in *Die Frauen von Troja*, 1984 in *Hedda Gabler*), im Theater am Turm Frankfurt (1992/93 *Antonius und Cleopatra, Comedia*) und am Thalia Theater Halle (*Vom Schnee*, Durs Grünbein, 2005). Im Fernsehen spielte sie u. a. in DRAUSSEN IM HEIDEDORF (DFF 1980) und ABSCHIED VOM FALSCHEN PARADIES (ZDF 1989). Neben ihrer Schauspielarbeit betätigt sie sich auch als Romanautorin: *Das zwölfte Kleid über dem dreizehnten* (1992).

Beim Synchronisieren etablierte sich Petra Barthel als feste Stimme von nicht weniger als vier herausragenden Schauspielerinnen: Uma Thurman (z. B. PULP FICTION, GATTACA, KILL BILL), Bridget Fonda (LITTLE BUDDHA, JACKIE BROWN, WILLKOMMEN IN WELVILLE), Julianne Moore (NINE MONTHS, HANNIBAL, SCHIFFSMELDUNGEN, A SINGLE MAN) und Nicole Kidman (THE OTHERS, UNTERWEGS NACH COLD MOUNTAIN, DER MENSCHLICHE MAKEL, DER GOLDENE KOMPASS). Das bedeutet schon eine ganz gute Auslastung, erwähnenswert sind aber zusätzlich noch Angelina Jolie (TRUE WOMAN) und Amy Irving in der Serie ALIAS – DIE AGENTIN.

Heidrun Bartholomäus (*1957)

Die gebürtige Schwerinerin besuchte die Schauspielschule Ernst Busch in Berlin und war anschließend engagiert am National-Theater Weimar (u. a. als Anne Frank und Leonore in *Torquato Tasso*), 1983–88 spielte sie am Theater Cottbus (z. B. 1986 die Titelrolle in *Iphigenie auf Tauris*), dann war sie freiberuflich tätig. Außer auf der Theaterbühne (z. B. Puck in *Ein Sommernachtstraum* im Berliner «carrousel»-Theater) trat sie auch als Sängerin auf und übernahm Film- und Fernsehrollen u. a. in DAS FAHRRAD (DEFA 1980), VATERLAND (ZDF 1971), DER TUNNEL (Roland Suso Richter, 2000), NICHTS BEREUEN (Benjamin Quabeck, 2001). Für KOMM NÄHER (Vanessa Jopp, 2006) wurde sie in Kopenhagen mit dem Darstellerpreis ausgezeichnet. Seit 2011 gehört Heidrun Bartholomäus wieder zum Ensemble des Theater Cottbus, wo sie die Maude in *Harold und Maude* und die Titelrolle (!) in *König Lear* spielte.

Ihr erster bedeutender Synchronpart war Jodie Foster in NELL, als für das aus der Zivilisation herausgefallene Mädchen mit seiner Stummelsprache eine andere Stimme als die von ⮕ Hansi Jochmann gebraucht wurde. Dann folgten u. a. Emily Watson (BREAKING THE WAVES, PUNCH-DRUNK-LOVE), Frances McDormand (Die Wonder-Boys, Was das Herz begehrt), Amanda Plummer (The Million Dollar Hotel), Tilda Swinton in Julia, Charlotte Gainsbourg in Les Misérables, Sarah Wynter in 24 und Sharon Smell in Inspektor Lynley.

Friedrich W. Bauschulte (1923–2003)
Bauschulte besuchte die Schauspielschule des Deutschen Theaters Berlin (seine Lehrerin war ⊃ Agnes Windeck) und spielte Theater in seiner Heimatstadt Münster, in Bremen (1948–58) und Wuppertal (1958–63). Seit 1963 gehörte er zum Ensemble der Staatlichen Bühnen Berlin und spielte in klassischen und modernen Stücken (*Der Hauptmann von Köpenick, Leben des Galilei, Die Plebejer proben den Aufstand, Victor oder Die Kinder an die Macht, Der Sturm, Die gelehrten Frauen, Hölderlin, Fast ein Poet*). Er war auch in Fernsehspielen und -serien zu sehen, u.a. in Das Verhör (ZDF 1964), Es bleibt unter uns (Itzenplitz, ARD 1967), Das schönste Fest der Welt (ZDF 1969), Kümmert euch nicht um Sokrates (ZDF 1979), Die Schattengrenze (Wolf Gremm, ZDF 1979), Unabhängig und nur dem Gesetz unterworfen (Itzenplitz, ARD 1979), Die Klassefrau (ZDF 1987), Die Mitläufer (ZDF 1988), als Günter Mittag in Wer zu spät kommt – das Politbüro erlebt die deutsche Revolution (ARD 1990), als Opa in Hotel Paradies (ZDF 1990), mit Maria Schell in Der Clan der Anna Voss (1995). Größte Popularität erzielte er jedoch im Hörfunk als «Professor van Dusen» in zahllosen Folgen der RIAS-Kriminalhörspielserie (ab 1978).

Auch unter seinen Synchronrollen war ein echter Dauerbrenner: Karl Malden in der Serie Die Strassen von San Francisco. Hervorzuheben sind außerdem Donald Pleasence (Die schwarze Windmühle), Erland Josephson (Fanny und Alexander, Die unerträgliche Leichtigkeit des Seins, Hanussen), Cyril Cusack (1984, Sacco und Vanzetti), Richard Attenborough (Jurassic Park), Richard Crenna (Rambo), Bertrand Blier (Der grosse Blonde mit dem schwarzen Schuh), Peter O'Toole (Caligula), Alec Guinness (Eine Leiche zum Dessert), Richard Widmark (Das Ultimatum), Denholm Elliott (Zimmer mit Aussicht), Pierre Dux (Killer stellen sich nicht vor) sowie Charles Chaplin in einer Neusynchronisation von Rampenlicht.

Hartmut Becker (*1938)
Der gebürtige Berliner studierte Theaterwissenschaft, nahm Schauspielunterricht bei Else Bongers, spielte Theater in Bremen (1962 Debüt in *Die heilige Johanna*), Bielefeld, München (u.a. als Mercutio, Ferdinand, Fiesco, Tellheim – 1974 wurde er von «Theater heute» zum besten Jungschauspieler des Jahres gewählt) und Berlin: *Die Katze auf dem heißen Blechdach* (Schiller-Thea-

ter 1981), *Gaslicht* (Renaissance-Theater 1986), 2010 an der Komödie Düsseldorf. Er spielte in etlichen Filmen mit, z.B. in O.K. (1970), einem Vietnam-Film von Michael Verhoeven, der damals auf den Berliner Filmfestspielen für einen Skandal sorgte, MITGIFT (1975, ebenfalls Verhoeven), DIE BRÜCKE VON ARNHEIM (1977), TRIUMPH OF SPIRIT (1989), HIMMEL UNTER STEINEN (1990) und ST. PETRI SCHNEE (1991). Im Fernsehen trat er in Filmen und Serien auf wie DER KOMMISSAR, DERRICK, SOKO 5113, JAUCHE UND LEVKOJEN, DER GLÜCKSRITTER, DER FAHNDER, ESCAPE FROM SOBIBOR (1987, für diese Rolle als KZ-Kommandant wurde er für den Emmy-Award nominiert), GEZEITEN DER LIEBE (1995), TAUSCHE FIRMA GEGEN HAUSHALT (2003), DER FERIENARZT IN DER PROVENCE (2005) und EINE LIEBE AM GARDASEE (2005/06).

Seine Stammrolle in der Synchronisation ist Kris Kristofferson (CONVOY, ZWEI AUSGEBUFFTE PROFIS, BLADE). Weitere Rollen waren bislang Tommy Lee Jones (DIE AUGEN DER LAURA MARS, DER CLAN), Nick Nolte (DRECKIGE HUNDE), Rudolf Nurejew (VALENTINO), Harry Dean Stanton (STUN-

DE DER BEWÄHRUNG), Terence Hill (DER TEUFEL KENNT KEIN HALLELUJAH), Bruce Greenwood (EXOTICA), Elliott Gould (NASHVILLE), David Carradine (CANNONBALL) und James Stewart in EIN IDEALES PAAR (1978).

Friedrich Georg Beckhaus (*1927)

In Berlin geboren, nahm Beckhaus Schauspielunterricht bei Gründgens in Düsseldorf. Er spielte Theater in Hof, Regensburg, Hamburg, Berlin (z.B. 1990 in *Pygmalion* im Renaissance-Theater) und auf Tourneen. Seinen Schwerpunkt hatte er jedoch beim Fernsehen, wo er in Filmen – darunter etlichen zeitgeschichtlichen Fernsehspielen und Serien viele profilierte Rollen gestaltete. Dazu gehören DER FALL JAKUBOWSKI (1964), RAUMPATROUILLE (1966), BÜRGERKRIEG IN RUSSLAND (als Trotzki, 1967), FINKE & CO (1969), INTERVIEW MIT HERBERT K. (1970), PEENEMÜNDE (1970), AUF BEFEHL ERSCHOSSEN (1972), DER EDISON VON SCHÖNEBERG (1973), KARSCHUNKE UND SOHN (1978), DIE KOBLANKS (1979), DIE WANNSEEKONFERENZ (1983), LENIN IN ZÜRICH (Titelrolle, 1984), DIE FRIEDENSMAcher (als Daladier, 1984), Die aufrichtige Lügnerin (1988). Zu seinen Kinofilmen zählen Und Jimmy ging zum Regenbogen (1971), Jeder stirbt für sich allein (1975), Wer spinnt denn da, Herr Doktor? (1981), Ediths Tagebuch (1983) und Eine Liebe in Deutschland (1983).

Zu seinen festen Synchronrollen gehört Hector Elizondo (z. B. in Pretty Woman, Plötzlich Prinzessin). Mehrmals zu hören war Beckhaus ferner für Harry Dean Stanton (Alien, Die Klapperschlange, Wild at Heart), Robert Duvall (Der Ruf des Adlers, Deep Impact, Nur noch 60 Sekunden, Open Range), Ian Holm (Nacht über Manhattan, The Day After Tomorrow). Er synchronisierte außerdem Donald Pleasence (Die Fürsten der Dunkelheit), Danny Aiello (Leon – Der Profi), Serge Reggiani (Vincent, François und die anderen), Martin Landau (Verbrechen und andere Kleinigkeiten), Seymour Cassel (Unzertrennlich) und sogar Klaus Kinski (Nobody ist der Grösste, Buddy Buddy).

Eckehardt Belle (*1954)

Der in Glehn bei Neuss geborene Eckehardt Belle stand seit seinem 12. Lebensjahr vor der Kamera, auf der Bühne und im Synchronatelier. Filmrollen hatte er z. B. in Slaughterhouse Five (1970), Triumphmarsch (1977), Sunnyboy und Sugarbaby (1979), im Fernsehen spielte er mit in Eine Frau bleibt eine Frau (1972), Die Halde (1975), Die Grashüpfer (1976) und Merlin (1980), Höhepunkt aber war die Titelrolle in dem ZDF-Mehrteiler Die Abenteuer des David Balfour (1978), einer deutsch-französischen Co-Produktion. Von der Schauspielerei hat er sich mittlerweile zurückgezogen, ist aber weiterhin als Synchronautor und -regisseur tätig. Von seinen Sprechrollen sind hervorzuheben: Tom Hanks in Eine Klasse für sich und Jeff Daniels in Gefährliche Freundin und The Purple Rose of Cairo. Außerdem: Brad Pitt (The Favour), Brad Dourif (Mississippi Burning), Forest Whitaker (Smoke), Mark Boone jr. (Der letzte Outlaw), Lorenzo Lamas (Renegade, Inmortal), Clancy Brown (Ein mörderischer Vorsprung), Richard Gere (Der letzte Outlaw), Steve Guttenberg (High Spirits), Alan Rosenberg (The Guardian), Kevin Sorbo (Hercules), Michael Moriarty (Law and Order), Steven Seagal (Fire Down Below). Ein besonderes Fan-Publikum sicherte ihm die akustische Präsentation des Saber Rider in der gleichnamigen Anime-Serie.

Angelika Bender (*1948)

Angelika Bender kam in Freiburg zur Welt und stand schon mit acht in München auf der Bühne. Nach der Ausbildung an der Neuen Schauspielschule München spielte sie in dem Film Der Griller (1968) von George Moorse mit sowie in Ein Wintermärchen (Ulf v. Mechow, 1971). Danach war sie vor allem auf dem Bildschirm zu sehen: Gewalt (1971), Nullpunkt (1973), Die Halde (1975), Auf ewig Dein (1976), Das Lamm der Armen (1977), Zwei auf der Kippe (1978), Single liebt Single (1982), Grand mit Drei Damen (1985), Der Weg nach Lourdes (1988), Das Traumschiff (1990), Siebenbirken (1991), Die Notärztin (1994), Die Rosenheim Cops (2001), Begegnung am Meer (2003), Um Himmels Willen (2004), In aller Freundschaft (2006), Die Lebenslüge (2009). Sie war verheiratet mit dem Drehbuchautor Karl-Heinz Willschrei (1939–2003).

In der Synchronarbeit hatte sie zwar keine feste Partnerin, jedoch einige herausragende Hauptrollen: Jacqueline Bisset (Die amerikanische Nacht), Geneviève Bujold (Der Krieg ist vorbei), Cathy Moriarty (Wie ein wilder Stier), Carole Bouquet (James Bond – In tödlicher Mission), Angela Molina (Live Flesh), Jane Fonda (Eine Farm in Montana), Sondra Locke (Der Mann, der niemals aufgibt), Joan Allen (Der Eissturm), Julie Walters (Calender Girls), Bo Derek (Jahreszeiten einer Ehe, 10 – Die Traumfrau), Greta Scacchi (Emma), Janet Leigh in Düsenjäger (ARD 1983), Claudette Colbert (Morgen ist die Ewigkeit, ARD 1996), Rhea Perlman in Cheers und Amanda Bearse in Eine schrecklich nette Familie.

Hubertus Bengsch (*1952)

In seiner Geburtsstadt Berlin machte er das Abitur am jesuitischen Canisius-Kolleg (er ist nämlich Neffe des Kardinals Alfred Bengsch), besuchte anschließend die Max-Reinhardt-Schule und spielte Theater am Schauspielhaus Bochum sowie in Berlin am Ku'damm (*Eine phantastische Nacht*, 1976) und an der Freien Volksbühne (1977 als Käferstein in *Die Ratten* unter Rudolf Noelte). Seine berühmteste Rolle im Film hatte Bengsch als Erster Wachoffizier in Das Boot (1980). Weitere Filmangebote ergaben sich daraus jedoch nicht. Im Fernsehen war er in der Serie Der Landarzt zu sehen. Kontinuierlich präsent ist Bengsch jedoch bei der Synchronarbeit, wo er neben ➲ Frank Glaubrecht und ➲ Lutz Riedel die wichtigste Stimme für Richard Gere ist (Sommersby, Pretty Woman, Die Braut, die sich nicht traut, Dr. T and the Women). Zu seinen Favoriten gehört auch Gary Cole (Der Nachtfalke, American Gothic, Ein einfacher Plan). Ferner: Jeff Daniels (Sodbrennen), David Bowie (Begierde), Daniel Day-Lewis (Zimmer mit Aussicht), Judge Reinhold (Gremlins), Jeff Goldblum (Therapie zwecklos), Jean-Claude van Damme (Mit stählerner Faust), Harold Ramis (Ghostbusters), Joe Mantegna (Bugsy), Stephen Fry (Die Entdeckung des Himmels), Peter Firth (Schlacht in den Wolken), William Petersen (CSI) sowie David Couillier (Full House).

Irina von Bentheim (*1962)

Die gebürtige Berlinerin – sie ist die Tochter des SFB-Journalisten Alexander von Bentheim – stand schon sehr früh vor der Kamera. Sie wurde von Wolfgang Liebeneiner «entdeckt» und spielte in Wenn süss das Mondlicht auf den Hügeln schläft (1969), als Tochter von Heinz Erhardt in Das kann doch unseren Willi nicht erschüttern (1970, zusammen mit ihrem Bruder Nicolai), in Heintje – Mein bester Freund (1970) und in Der Kapitän (1971) neben Heinz Rühmann. Später arbeitete sie auch hinter der Kamera, als Kameraassistentin, Tonfrau und Reporterin beim Fernsehen, Moderatorin und Redakteurin beim Radio. In der bewegten Wende-Zeit war sie RIAS-Reporterin und berichtete vom Mauerfall. 2010 brachte sie darüber auch ein Hörbuch heraus: *Ich bin eine Berlinerin. Erlebnisse aus einer geteilten Stadt*. Das zentrale Ereignis in ihrer Karriere aber war eine Synchronrolle: Sarah Jessica Parker als «Carrie Bradshaw» in der Kultserie Sex and the City. Sie entdeckte nicht nur Gemeinsamkeiten mit Carrie, sondern hatte fortan auch das Image einer «Sexpertin» weg: 2005/2006 moderierte sie mit großem Erfolg das Erotikmagazin *Sex nach Neun* auf Radio Eins (RBB).

Auf Hörbüchern las sie die Kolumnen der New Yorker Journalistin Candace Bushnell, die als Grundlage von Sex and the City dienten. 2004 ging sie mit ihren Synchron-Kolleginnen auf Tournee mit einer Sex and the City-Show. 2006 startete ihre «multisexuelle» Bühnenshow *Sex nach 8*. Sie tourt auch sonst mit musikalischen Lesungen oder auch einem Heinrich-Heine-Programm und schreibt eigene Texte. Mit ihrem Kollegen Klaus-Peter Grap gastiert sie bei den Berliner Stachelschweinen.

Da Irina von Bentheim auch die Vorzüge der Synchronarbeit zu schätzen weiß – «Wo sonst in Deutschland hat man die Möglichkeit, in Hollywoodfilmen mitzumachen?» –, spricht sie nicht nur für Sarah Jessica Parker, sondern auch Naomi Watts (Mulholland Drive, The Ring, 21 Gramm), Robin Wright (Forrest Gump), Julia Ormond (Legenden der Leidenschaft), Lisa Bonet (High Fidelity), Minnie Driver (Ein Mann – ein Mord, Zurück zu Dir), Claire Forlani (Rendezvous mit Joe Black), Lara Flynn-Boyle in der Serie Practice – die Anwälte und Mai Valentine in der Comic-Serie Yu-Gi-Oh.

Claus Biederstaedt (*1928)

Nach einem abgebrochenen Medizinstudium besuchte Claus Biederstaedt die Musikakademie und Schauspielschule in Hamburg (bei Joseph Offenbach). In Hamburg gab er auch sein Theaterdebüt und spielte fortan u. a. in Berlin, München, Frankfurt, Düsseldorf und auf zahlreichen Tourneen. Gleich für seine erste Filmrolle in Rolf Hansens Die grosse Versuchung (1952) erhielt er den Bundesfilmpreis als bester Nachwuchsdarsteller. In den Filmlustspielen und -melodramen der Fünfziger gab er meist den flotten, lebensfrohen Liebhaber: Feuerwerk (1954), Drei Männer im Schnee (1955), Charleys

Tante (1956) und Nachtschwester Ingeborg (1958). Da er einst selbst Arzt werden wollte, hatte er mit der Titelfigur in dem TV-Mehrteiler Ein Chirurg erinnert sich (ARD 1972) eine Traumrolle. Er konzentrierte sich dann aber aufs Theater, auch als Regisseur (*Des Teufels General, Der Hauptmann von Köpenick, Vor Sonnenuntergang*). Zuletzt ging er zusammen mit Karin Dor als *Der Neurosenkavalier* auf Tournee.

Mit seiner tief-sonoren Stimme gestaltete er in der Synchronisation zahlreiche profilierte Hauptrollen. Am liebsten waren ihm James Garner (Detektiv Rockford, Victor/Victoria) und Peter Falk (Columbo; diesen Part übernahm er nach ⊃ Klaus Schwarzkopfs Tod). Außerdem u.a.: Marlon Brando (Der letzte Tango in Paris, Queimada), Paul Newman (Der zerrissene Vorhang), Vittorio Gassman (Auf eine ganz krumme Tour), Yves Montand (Cesar und Rosalie, Vincent, Paul, François und die anderen), Rod Taylor (Chuka), Fernando Rey (Der diskrete Charme der Bourgeoisie), Peter O'Toole (Wie klaut man eine Million?), Jason Robards (Abgerechnet wird zum Schluss), Marcello Mastroianni (Leo, der Letzte), Albert Finney (Unter dem Vulkan) und Claude Rains in Casablanca (»Verhaften Sie die üblichen Verdächtigen!«).

Monica Bielenstein (*1948)

Monica Bielenstein wurde in Rio de Janeiro geboren, da ihre Eltern 1935 von Nazi-Deutschland nach Brasilien emigriert waren. Sie machte ihr Abitur in der Schweiz und besuchte die Schauspielschule «Ernst Busch» in Ostberlin (ihr Vater war nun im diplomatischen Dienst in der DDR akkreditiert). Durch zahlreiche Theaterrollen (Theater der Freundschaft, Maxim-Gorki-Theater) und DEFA-Produktionen (Zeit zu leben, Alle meine Mädchen, Die grosse Reise der Agathe Schweigert) machte sie sich in der DDR einen Namen. 1980 jedoch zog sie in den Westen, wo sie wieder von vorn beginnen musste. Das Theaterspielen trat zugunsten von Auftritten in TV-Serien (Praxis Bülowbogen, Wolffs Revier) und v.a. der Synchronarbeit zurück. Stephen Spielberg wählte ihre Stimme für Dee Wallace in «E.T.» aus, aber Hauptbeschäftigung war zumeist die Eindeutschung der amerikanischen Fernsehserien (das tägliche Graubrot der meisten Synchronschauspieler): REMINGTON STEELE, CALIFORNIA CLAN, FACKELN IM STURM, DAS MODEL UND DER SCHNÜFFLER (Cybill Shepherd). Im Kinofilm synchronisierte sie Anjelica Huston (DIE EHRE DER PRIZZIS), Susan Sarandon (DIE HEXEN VON EASTWICK), Ellen Barkin (THE BIG EASY), Diane Keaton (VATER DER BRAUT), Greta Scacchi (SALZ AUF UNSERER HAUT), Nathalie Baye (SMALL WORLD), Judy Davis (DIE REISE NACH INDIEN) und Grace Kelly in der Neufassung von DAS FENSTER ZUM HOF. In den 1990er Jahren kam als feste Synchronrolle Emma Thompson hinzu (WAS VOM TAGE ÜBRIGBLIEB, SINN UND SINNLICHKEIT), außerdem begann Monica Bielenstein – nicht zuletzt aufgrund ihrer Fremdsprachenkenntnisse – auch Synchron-Regie zu führen (BELLE EPOQUE, DON JUAN DE MARCO, THE WINGS OF THE DOVE, ROSWELL).

Dagmar Biener (*1946)

Schon mit drei hatte die Berlinerin ihre erste Filmrolle: in STIPS als Tochter von Gustav Fröhlich. Sie trat im Kinderballett des Friedrichstadtpalasts auf, nahm Schauspielunterricht bei Else Bongers und spielte fortan kontinuierlich an den Berliner Bühnen, vor allem in Komödien. Sie wirkte mit in *Unsere kleine Stadt* (1964, Tribüne), *Die Mausefalle* (1975, ebenda) als Nonne in dem Musical *Non(n)sens* (2003 in der Tribüne und 2006 am Schlossparktheater), *Der eingebildete Kranke* (Komödie 2007). Besonders häufig trat sie am Hansa-Theater auf, z.B. in *Der Biberpelz, Krach im Hinterhaus, Ein Gauner kommt selten allein* und *Fisch zu viert*; 1995 war sie Star der One-Woman-Show *Fragen Sie Frau Irene*. 2011 spielte sie im Schlossparktheater die Martha in *Arsen und Spitzenhäubchen* (Regie: ⊃ Ottokar Runze). Dagmar Biener ist außerdem vielbeschäftigte Fernsehdarstellerin: SELBSTBEDIENUNG (1967), KINDEREHEN (1970), BAMBULE (1970), STEIG EIN UND STIRB (1973), TOD IN ASTAPOWO (1974), DIREKTMANDAT (1979), DIE KOBLANKS (1979), DANNYS TRAUM (1981), UNTERNEHMEN ARCHE NOAH (1983), IM CLUB DER MILLIONÄRE (2000). Sie filmte unter der Regie von Marianne Lüdcke (FAMILIENGLÜCK, FLÜCHTIGE BEKANNTSCHAFTEN) und Loriot (ÖDIPUSSI, PAPPA ANTE PORTAS).

Beim Synchronisieren waren kesse junge Frauen, die nicht auf den Kopf und schon gar nicht auf den Mund gefallen sind, ihre Domäne. Öfters eingesetzt wurde sie für Jane Birkin (DER SWIMMING-POOL, DAS WILDE SCHAF) und Miou-Miou (DIE AUSGEBUFFTEN, DER SÜSSE WAHN, ABENDANZUG). Des Weiteren Kim Darby (DER MARSHAL), Anjelica Houston (VERBRECHEN UND ANDERE KLEINIGKEITEN), Holly Hunter (EIN CHARMANTES EKEL, ARIZONA DREAM, NACHRICHTENFIEBER), Julie Walters (RITA WILL ES ENDLICH WISSEN), Bulle Ogier (DER DISKRETE CHARME DER BOURGEOISIE), Nancy Allen (DRESSED TO KILL), Oprah Winfrey (DIE FARBE LILA), Rosie O'Donnell als

«Betty» in FLINTSTONES, Valerie Perrine (DER LETZTE HELD AMERIKAS), 1969 für Teresa Wright in dem Hitchcock-Film IM SCHATTEN DES ZWEIFELS sowie Babs in CHICKEN RUN.

Detlef Bierstedt (*1952)

In (Ost-)Berlin geboren und aufgewachsen, studierte Detlef Bierstedt an der Ernst-Busch-Schauspielschule und spielte anschließend am Hans-Otto-Theater Potsdam (in *Maria Stuart*). Im DDR-Hörspiel hatte er eine Hauptrolle in *Der kleine König* (1980). Die Hörspiel-Arbeit setzte er im Westen fort, wo er 1989 die Titelrolle in der Serie *Max Headroom* übernahm. Theater spielte er an der Vaganten-Bühne (*Master Harold und die Boys*, 1985, *Die Mitschuldigen*, 1987, *Mensch Meier*, 1988) und der Tribüne (*Berlin Alexanderplatz*, 1987 als Reinhold, *Schöne Bescherungen*, 1989). TV-Rollen hatte er u. a. in DREI DAMEN VOM GRILL, PETER STROM, WOLFFS REVIER und EDEL & STARCK. Auf Hörbüchern ist er vertreten mit Texten von Dick Francis und Wolf Serno (*Der Balsamträger*) sowie Rebecca Gablé, Dan Simmons und Glenn Meade (*Operation Schneewolf*).

Im Synchronstudio etablierte er sich als feste Stimme von Bill Pullman (SOMMERSBY, INDEPENDENCE DAY, LOST HIGHWAY, IGBY) und – neben ➲ Martin Umbach – George Clooney (DER SCHMALE GRAT, EMERGENCY ROOM, DER STURM). Weiter Rollen waren bisher John C. Reilly (MAGNOLIA, GANGS OF NEW YORK, AVIATOR), Everett McGill (HEARTBREAK RIDGE), Stellan Skarsgard (BREAKING THE WAVES, THOR), Michael Madsen (FREE WILLY), Jonathan Frakes (STAR TREK – DAS NÄCHSTE JAHRHUNDERT), Robert Englund (NIGHTMARE ON ELMSTREET), Chi McBride (BOSTON PUBLIC), Philip Abbott (FBI), Stephen Collins (EINE HIMMLISCHE FAMILIE) und Lane Davies (DER CALIFORNIA CLAN).

Seine Tochter **Marie Bierstedt** (*1974) synchronisiert u. a. Kirsten Dunst (ELIZABETHTOWN), Kate Beckinsale (WEIL ES DICH GIBT, PEARL HARBOUR), Anne Hathaway (THE DARK KNIGHT RISES) und Kristin Kreuk in SMALLVILLE.

Walter Bluhm (1904–1976)

Der gebürtige Berliner erhielt seine Schauspielausbildung bei Max Reinhardt, spielte anschließend in Darmstadt und Gera und ab 1930 wieder in Berlin (Staatstheater, 1935 Volksbühne). Sein Fach war die (tragi-)komische Charge, nicht selten sentimental-melancholisch eingefärbt. 1934 gab er sein Filmdebüt in Stemmles GLÜCKSPILZE. Er spielte in DER BIBERPELZ (1937), DER MAULKORB (1938) und unter Barlog in SEINERZEIT ZU MEINER ZEIT und DER GRÜNE SALON (1944). Barlog war es auch, der Bluhm nach dem Krieg an seine Berliner Bühnen holte. 1947 spielte Bluhm am Schlossparktheater den Diener Tranio in *Der Widerspenstigen Zähmung*: «Ein Schauspieler von seltenem Formgefühl, ein ebenso menschlicher wie artistisch beschwingter Darsteller, der als Tranio jede kostümierte Wendung mit geradezu melodischer Zärtlichkeit ausspielt.» (Paul Rilla) Zu seinen wichtigsten Theaterauftritten gehörten ferner: Bleichenwang in *Was ihr wollt* (Barlog, Schlossparkth. 1949), Zettel in *Ein Sommernachtstraum* (Barlog, Schillertheater 1952), «der sich buchstäblich vor Schauspielerehrgeiz, Heldenpose und täppischer Süßholzverliebtheit in drei Teile zerreißt, von denen jeder trefflich ist» (Walther Karsch), Barnabas in *Das Schloss* (Rudolf Noelte, Schlossparkth. 1953), Titelrolle in *Die Geschichte von Vasco* von Georges Schéhadé (Schillerth., 1957), Klosterbruder in *Nathan der Weise* (Dieterle, Hersfelder Festsp. 1965) sowie Licht in *Der zerbrochene Krug* (Noelte, Ruhrfestsp. 1966). Im Nachkriegsfilm hatte er Nebenrollen (IRGENDWO IN BERLIN, BERLINER BALLADE, DIE BUNTKARIERTEN). Auch in Fernsehspielen war Bluhm häufig zu sehen (z. B. DIE VERSPÄTUNG von Wolfgang Hildesheimer, ARD 1969, DIE STADT IM TAL, ARD 1975) und in den Serien THEATERGARDEROBE (1970, mit Grethe Weiser) und UNTER EINEM DACH (1974).

Wesentliches Element seiner Charakterisierungskunst war die unnachahmliche Stimme: ein helles, kreidiges, leicht brüchiges Organ, geeignet für Stille, Naive, Demütige, Beladene, Resignierte, Hilflose, Gescheiterte – wie geschaffen für die Synchronisation von Stan Laurel, für den Bluhm 1936 von MGM ausgewählt wurde und dem er 40 Jahre lang die Treue hielt. Bluhms Stimme lässt auch in Nebenrollen sofort aufhorchen, weil sie die Figur automatisch von anderen abhebt (was sich mit den Intentionen der Originalfassung nicht unbedingt decken muss): Jack Haley, der «Blecherne» in DAS ZAUBERHAFTE LAND, Renato Rascel (ARRIVEDERCI ROMA, DER MANTEL), Hank Worden (DER SCHWARZE FALKE), Jack Elam (KANSAS CITY CONFIDENTIAL), Elisha Cook jr. (DIE RECHNUNG GING NICHT AUF), Stringer Davis in den MISS-MARPLE-Filmen, Burgess Meredith (DER KARDINAL), Leslie French, der fliegende Mönch in SCHÖNE ISABELLA.

Lothar Blumhagen (*1927)

Blumhagen nahm Musik- und Schauspielunterricht in seiner Heimatstadt Leipzig, spielte aber nicht nur Theater, sondern war auch als Rundfunksprecher tätig. Nach Stationen am Leipziger Kabarett «Die Rampe», am Landestheater Halle und dem Deutschen Theater unter Wolfgang Langhoff (er spielte dort 1955 den Ferdinand in *Kabale und Liebe*) sowie Hauptrollen in zwei DEFA-Filmen (HEXEN, SOMMERLIEBE) wechselte er in den Westen und war fortan 36 Jahre Mitglied der Staatlichen Bühnen Berlins. Er spielte unter Barlog, Ernst Schröder, Hilpert, Kortner und Lietzau u. v. a. den Horatio in *Hamlet*, die Titelrolle in *Amphitryon*, den Tellheim in *Minna von Barnhelm* sowie unter Neuenfels 1982 den Josef in Musils *Schwärmer*. Von seinen Fernsehrollen sind UNWIEDERBRINGLICH (Falk Harnack, ZDF

1968), Ein Sonntag am See (Rainer Wolffhardt, ZDF 1971) und Vor dem Sturm (ARD 1984, als Hardenberg) hervorzuheben. Außerdem spielte er in dem Film Caspar David Friedrich – Grenzen der Zeit, einer BRD/DDR-Co-Produktion von 1986 mit.

Mit dem Synchronisieren begann Blumhagen bereits bei der DEFA (Gérard Philipe in Rot und Schwarz). Seine Stimme war besonders dann gefragt, wenn es um beißende Ironie oder trockenes Understatement ging. Für Dennis Price in Adel verpflichtet war er ebenso Idealbesetzung wie für Roger Moore in der ZDF-Serie Die Zwei, die ja erst durch die deutschen Synchronsprüche populär wurde. Seine schauspielerische Vielseitigkeit ließ ihn aber auch ernste Rollen gestalten, wie z.B. Erland Josephson in den Bergman-Filmen Szenen einer Ehe, Von Angesicht zu Angesicht und in Tarkowskijs Opfer. Ferner: Henri Serre in Jules und Jim, Jean-Claude Brialy (Das Gespenst der Freiheit), Jean-Luis Trintingant (Drei Farben: Rot), Mel Ferrer (... und ledige Mädchen), Michel Piccoli (Lady L), Christopher Plummer (Syriana, Das Kabinett des Dr. Parnassus), David Warner (Titanic), Patrick Bauchau (Boy Culture), Herbert Marshall in Ärger im Paradies (ARD 1969), Van Johnson (The Purple Rose of Cairo), Robert Culp (Die Akte), Jean-Pierre Cassel (Die purpurnen Flüsse) und Philippe Morier-Genoud in Auf Wiedersehen, Kinder.

Leon Boden (*1958)

Den gebürtigen Kieler zog es zur Ausbildung in entgegengesetzte Regionen: Er studierte Schauspiel, Regie und Gesang am Mozarteum Salzburg, spielte Theater ebenfalls dort sowie in Graz und Berlin, am Renaissance-Theater als Cléante in Tartuffe, an den Kammerspielen als Eichmann in Joel Brand, am Grips-Theater unter eigener Regie in *Nachts sind alle Taxen grau*. Er spielte in Fernsehfilmen und -serien (nicht selten den charmanten Bösewicht): Gnadenlos (1996), Das Miststück (1998), Club der starken Frauen (2000), Die Westentaschenvenus (2002), Hinter Gittern, Die Wache und Die rote Meile. Im Kinofilm in Erkan & Stefan gegen die Mächte der Finsternis (2002), selbst Regie führte er bei Weibs-

BILDER (1996) und ROSENKAVALIER (1997); auch Synchron-Regie ist ihm nicht fremd (TIME COP, AMERICAN HISTORY X). Bei den Sprechparts ist seine Stammrolle Denzel Washington (z. B. DIE AKTE, AUSNAHMEZUSTAND, INSIDE MAN, AMERICAN GANGSTER). Hinzu kommen Daniel Day-Lewis (DER LETZTE MOHIKANER), Will Smith (INDEPENDENCE DAY), Russell Crowe (ROMPER STOMPER), Michael Ontkean (DAS GEHEIMNIS VON TWIN PEAKS), Alec Baldwin (DAS ATTENTAT), Philip Seymour Hoffman (ALMOST FAMOUS), Wesley Snipes (JUNGLE FEAVER), Richard Boxburgh (VAN HELSING), Ted Danson (MADE IN AMERICA), Jason Statham (CRANK, TRANSPORTER).

Nicolas Böll (*1965)

1984 begann Nicolas Böll, der Sohn von ⊃ Claus Wilcke, eine Schauspielausbildung bei Else Bongers. Nach drei Monaten wurde er zum Vorsprechen bei Boy Gobert ans Schiller-Theater geschickt und bekam eine Rolle in *Innere Stimmen* von Eduardo de Filippo. Es folgte ein Engagement am Theater «Die Komödianten», was einen vorzeitigen Abbruch seiner Schauspielausbildung zur Folge hatte, denn Else Bongers war der Meinung, Nicolas sei bereits fertig. So wurde er zum «Abschuss» freigegeben. Es folgten Auftritte am Hansa-Theater (*Ich denke oft an Piroschka*, 1986), der Tribüne (*Schuldig geboren, Mutter Gräbert macht Theater*, 1988) und am Jungen Theater. 1995 machte er sich mit einer eigenen TV-Produktionsfirma selbständig, der «Vmax Media Filmproduktion GmbH», die sich auf Fernsehmagazine, Werbung, Imagefilme und Dokumentationen spezialisiert hat.

Mit der Synchronarbeit begann Nicolas Böll schon als Jugendlicher, als er ein Praktikum in der Aufnahmeleitung von Studio Hamburg absolvierte. Dort ebnete ihm Regisseur Heinz Freitag den Weg in diese Branche. Zu seinen ersten Hauptrollen zählen Zach Galligan in GREMLINS und Charlie Sheen in DIE ROTE FLUT. Bedeutende Schauspieler, die er synchronisierte, waren außerdem Tom Cruise (LEGENDE), Kevin Bacon (FLATLINERS), Hugh Grant (MAURICE), Warwick Davis (WILLOW), Prince (PURPLE RAIN), Ben Affleck (GOOD WILL HUNTING, AUF DIE STÜRMISCHE ART), Joaquin Phoenix (GLADIATOR, HOTEL RUANDA), William Baldwin (SLIVER), River Phoenix (LITTLE NIKITA, THE VILLAGE), Emilio Estevez (YOUNG GUNS, MIGHTY DUCKS), Patrick Bruel (DER JAGUAR), Paul Bettany (A BEAUTIFUL MIND), Karl Urban in DOOM, Matthew Goode in MATCH POINT, Martin Sheen als Tony Blair in THE QUEEN sowie Gil Bellows in der Kultserie ALLY MCBEAL, Nicky Katt in BOSTON PUBLIC und Jim Caviezel in PERSON OF INTEREST. Einen Favoriten unter seinen Synchronrollen hat Nicolas Böll nicht. Ihm ist nicht der «Star» wichtig, sondern der Film, sein Thema und die Crew, die ihn synchronisiert: «Ich mag es, wenn im Studio um Nuancen gekämpft wird.»

Susanna Bonaséwicz (*1955)

In Berlin geboren, nahm Susanna Bonaséwicz Schauspiel-, Gesangs- und Tanzunterricht und spielte an verschiedenen Berliner Theatern, mit Vorliebe in Musicals (Hebbel-Theater, Berliner Kammerspiele). Von 1980–87 arbeitete sie als Schauspielerin, Regisseurin und Choreographin mit einer eigenen Musical-Theatergruppe («Technicolor Dreams»). Neben verschiedenen kleinen Auftritten in Kinofilmen und Fernsehserien sowie der Titelrolle in der Hörspiel-Serie *Bibi Blocksberg* beschäftigt sie sich auch mit Fotografie und hatte bereits zwei Einzelausstellungen in Berlin. Seit 30 Jahren widmet sie den größten Teil ihrer Schauspielarbeit dem Synchronisieren. Ihre erste bedeutende Rolle war Carrie Fisher in KRIEG DER STERNE. Dann etablierte sie sich als feste Stimme von Isabelle Huppert (DIE SPITZENKLÖPPLERIN, VIOLETTE NOZIÈRE, LOULOU, DER SAUSTALL), Sissy Spacek (DREI FRAUEN, MISSING), Isabella Rossellini (BLUE VELVET, WILD AT HEART), Daryl Hannah (DER PATE VON GREENWICH VILLAGE, MAGNOLIEN AUS STAHL), Bridget Fonda (ZWEI MIO. $ TRINKGELD, CITY HALL). Hinzu kamen u.a. Kim Cattrall (POLICE ACADEMY), Sally Field (JAGD AUF DIE POSEIDON), Jessica Harper, Judy Davis (MEINE BRILLANTE KARRIERE), Madeleine Stowe (BLUT UND ORCHIDEEN, SHORT CUTS), Kristin Scott-Thomas (VIER HOCHZEITEN UND EIN TODESFALL), Natasha Richardson (GOTHIC, NELL), Mathilda May und Kelly McGillis. In einer Neusynchronisation von Hitchcocks IMMER ÄRGER MIT HARRY war sie Shirley MacLaine zu Diensten, in Godards MADE IN USA Anna Karina, in Roberto Benignis DAS LEBEN IST SCHÖN Nicoletta Braschi; außerdem: Fran Drescher in der Serie DIE NANNY. Susanna Bonaséwicz arbeitet auch als Dialogautorin und Synchronregisseurin (z.B. MONSTER'S BALL, DOGMA, SCHIFFSMELDUNGEN, SHERLOCK).

Arianne Borbach (*1962)

Geboren in Bernau, machte Arianne Borbach zunächst eine Elektromechanikerlehre. Nach dem Besuch der Schauspielschule Ernst Busch war sie in Frankfurt/Oder und in (Ost-)Berlin engagiert (Theater der Freundschaft, Deutsches Theater). Sie spielte Hauptrollen in mehreren DEFA-Filmen: FARIAHO (1983), DAS HAUS AM FLUSS (1986), LIANE (1987, für die Titelrolle wurde sie als beste Darstellerin auf dem Spielfilmfestival der DDR ausgezeichnet), MOTIVSUCHE (1990) und VERSTECKTE FALLEN. Sie trat auch in einigen DFF-Filmen auf (DIE GALGENBRÜCKE). Nach der Wende spielte sie die Hauptrolle der Kommissarin in DIE BRUT DER SCHÖNEN SEELE (1991) und wirkte in etlichen Serien mit (WOLFFS REVIER, SOKO LEIPZIG, POLIZEIRUF 110).

In der Synchronisation wird sie häufig für Catherine Zeta-Jones engagiert

(Traffic, Verlockende Falle, Chicago, Terminal). Zu ihren weiteren Sprechrollen gehören Gwyneth Paltrow (Sieben), Catherine Keener (Simpatico, Capote), Helen Hunt (Castaway), Kyra Sedgwick (The Power of Love, Loverboy), Elizabeth Shue (Leaving Las Vegas), Monica Belucci (Asterix und Obelix: Mission Cleopatra), Diane Lane (Der Sturm, Hardball), Juliette Binoche (Paris je t'aime), Cate Blanchett (Elizabeth, Robin Hood, Der seltsame Fall des Benjamin Button), Robin Wright Penn (Unbreakable), Lisa Ryder (Andromeda), Roxann Dawson (Star Trek – Raumschiff Voyager), Portia de Rossi (Ally McBeal), Sela Ward (Nochmal mit Gefühl).

Wilhelm Borchert (1907–1990)

Eine Bibliothekarsausbildung brach Borchert zugunsten der Schauspielkunst ab und tingelte mit Wanderbühnen durch Ostpreußen. Herbert Maisch holte ihn 1928 nach Erfurt, Eugen Klöpfer 1938 an die Berliner Volksbühne. Schon damals spielte er seine Rollen als «jugendlicher Liebhaber» nicht schwunghaft und unbekümmert, sondern ernst und zerquält, wie es künftig sein Markenzeichen wurde. Passend dazu: eine harte, kantige Physiognomie und eine Ernst und Strenge ausstrahlende Stimme. Als Borchert 1945 aus Russland zurückkehrte, wurde er von zwei gewaltigen Schicksalsschlägen heimgesucht. Kurz vor dem Einmarsch der Russen in Berlin hatte ein Onkel in einem Wahnsinnsanfall Borcherts Frau, Sohn, Pflegetochter und sich selbst erschossen. Da auch seine Eltern bei einem Luftangriff ums Leben gekommen waren, stand Borchert buchstäblich mutterseelenallein da. Das nächste Debakel hatte er selbst zu verantworten. Da er beim Ausfüllen des berüchtigten «Fragebogens» seine NSDAP- und SA-Mitgliedschaft verschwiegen hatte – er fürchtete ein Auftrittsverbot –, wurde er unmittelbar nach den Dreharbeiten von Die Mörder sind unter uns von den Amerikanern verhaftet und zu einem Jahr Gefängnis verurteilt. Nach Fürsprache von Kollegen, die bezeugten, Borchert habe auch NS-Verfolgten geholfen, wurde er nach drei Monaten begnadigt. Zu diesen Erlebnissen passte Borcherts nun folgende Paraderolle an den Staatlichen Bühnen Berlins der «getriebene, verwundete, sich auflehnende Mensch» (Deutsches Bühnen-Jahrbuch 1983): Faust, Woyzeck, Kreon, K. in Kafkas Schloss, Florian Geyer, Fuhrmann Henschel, Der arme Vetter, Strindberg-Rollen. Über seinen Major Tellheim 1957 am Schiller-Theater schrieb Walther Karsch: «Borchert ist störrisch, stur, hilflos eckig, und es ist eine Lust, zuzusehen und zuzuhören, wie ein Mensch so begriffsstutzig sein kann. Dabei vermeidet Borchert jede karikaturistische Überzeichnung – er wirkt echt, auch wenn er wie ein Berserker über die Szene rast.» Unter Dieter Dorn spielte er 1972 den Vater in Thomas Bernhards Der Ignorant und der Wahnsinnige. Seinem grüblerisch-reflexiven Wesen war auch seine größte Filmrolle verpflichtet, die ihn schlagartig berühmt machte: der Heimkehrer und zweifelnde Arzt in Die Mörder sind unter uns (1946). Es folgten weitere Filmhauptrollen wie der zum Mörder werdende Kleinbürger in Schicksal aus zweiter Hand (1949) und General Paulus in Hunde wollt ihr ewig leben? (1958).

In der Filmsynchronisation (womit er schon 1937 begonnen hatte) war Borchert erste Wahl für die internationale Elite. Er war Hauptsprecher für Henry Fonda (Die zwölf Geschworenen, Der Kandidat, Spiel mir das Lied vom Tod), Alec Guinness (Die Brücke am Kwai, Lawrence von Arabien, Dr. Schiwago), Laurence Olivier (Bunny Lake ist verschwunden, Marathon-Man), Charlton Heston (Ben Hur, Die zehn Gebote), Alan Ladd (Mein grosser Freund Shane). Mit seiner Stimme waren ferner zu hören: Richard Widmark (Polizei greift ein, Die gebrochene Lanze), Trevor Howard (Der Verdammte der Inseln), Burt Lancaster (Urteil von Nürnberg), Richard Burton (Cleopatra), James Mason (Mandingo), Fernando Rey (Tristana), John Wayne (Der Teufelshauptmann), Gary Cooper (Lockende Versuchung), Tim Holt (Der Schatz der Sierra Madre), Joel McCrea (Sacramento), Max von Sydow (Die Stunde des Wolfs) und Johnny Weissmüller als Tarzan.

Simone Brahmann (*1961)

Da ihre Eltern in der Filmbranche arbeiteten, hatte die gebürtige Münchnerin schon von ihrem 4. Lebensjahr an Film-, Fernseh- und Synchronrollen. Nach privatem Schauspielunterricht spielte sie in München Theater, z. B. an der Lore-Bronner-Bühne und der Kleinen Freiheit. Im Film war sie zu sehen in Hurra, die Schule brennt (1969), Herbstromanze (1980), Der Fan (1981), Die Todesgöttin des Liebescamps (1981), Zwei Nasen tanken Super (1984), Geld oder Leber! (1986) und Ein Schweizer namens Nötzli (1988), im Fernsehen in Jean-Christophe (1977), Preussische Nacht (1980), Sierra Madre (1980), Rigoletto (ORF 1982), Der Weg ins Freie (1984, m. K.M. Brandauer) sowie Schöne Ferien (1985). Ihre Stimme ist auch auf Hörbüchern zu hören (*Die Geschichte der O.* und Texte von Alina Reyes). Was ihre Synchronisationen betrifft, hatte Simone Brahmann bislang zwei herausragende Rollen: einmal Linda Blair in DER EXORZIST (in der ersten Fassung von 1973, die Stimme des Dämons war allerdings Hanne Wieder) und Sharon Stone in dem Erotik-Klassiker BASIC INSTINCT (Sharon Stone auch in SCHNELLER ALS DER TOD). Hinzu kamen Daryl Hannah (ROXANNE, STAATSANWÄLTE KÜSST MAN NICHT), Michelle Pfeiffer (MIDLIFE CRISIS), Kim Cattrall (BIG TROUBLE IN LITTLE CHINA), Robin Wright (DIE BRAUT DES PRINZEN), Beatrice Dalle (BETTY BLUE), Madeline Stowe (STAKEOUT).

Viktoria Brams (*1944)

In Essen als Tochter einer Schauspielerin geboren und aufgewachsen, studierte sie an der Otto-Falckenberg-Schule in München. Ihr erstes Engagement hatte sie in Heidelberg, anschließend gastierte sie in Frankfurt, Hamburg und München (Kleine Komödie). Bekannt wurde sie vor allem durchs Fernsehen. Bei den Dreharbeiten zur Serie HAUPTSACHE GLÜCK (1967) lernte sie ihren Mann Michael Hinz kennen. Sie spielte in EIN SOMMER MIT NICOLE (1967), SALTO MORTALE (1968), EIN STÜCK HIMMEL (1982), WIE WÜRDEN SIE ENTSCHEIDEN? (1984), MARIENHOF (1992–2012, Dauerrolle der Inge Busch), MORLOCK (1992), DIE ROSE VON KERRYMORE (2000). Auch im Film spielte sie mit, z. B. in GRÜN IST DIE HEIDE (1972). 2012 ging sie mit ⇒ Volker Brandt auf Tournee: *Das Haus am See* (Viktoria Brams in der Rolle, die in der Verfilmung Katharine Hepburn spielte).

In ihrer Synchrontätigkeit ist sie vor allem Julie Andrews verbunden (ZEHN – DIE TRAUMFRAU, PLÖTZLICH PRINZESSIN, FRAUEN WAREN SEIN HOBBY), bemerkenswert ist auch die Neufassung von GILDA (Rita Hayworth), ferner Jane Fonda (COMING HOME), Ali McGraw (CONVOY), Fanny Ardant (NATHALIE, DIE FAMILIE), Maud Adams (JAMES BOND – OCTOPUSSY), Rachel Ward (DIE DORNENVÖGEL), Helen Mirren (KALENDER GIRLS, LIEBE AUF UMWEGEN), Marthe Keller (DIE KARTAUSE VON PARMA, ERKLÄRT PERREIRA), Brigitte Fossey (LA BOUM), Catherine Deneuve (ALLEIN ZU ZWEIT), Dominique Sanda (REISE IN DIE ZÄRTLICHKEIT), Angie Dickinson in der Serie MAKE-UP UND PISTOLEN und Tyne Daly in FÜR ALLE FÄLLE AMY.

Heinz Theo Branding (*1928)

Heinz Theo Branding hatte seinen schauspielerischen Schwerpunkt von Anfang an beim Theater, wo er bedeutende Bühnenrollen gestalten konnte. In seiner Heimatstadt Bielefeld spielte er 1954 Bluntschli in Shaws *Helden*, in Hannover 1959 unter Peter Zadek Stepan in *Die Gerechten* von Camus, in Bochum 1966 unter Hans Schalla Rülp in *Was ihr wollt*. Ab 1966 gehörte er zum Ensemble von Schiller- und Schlossparktheater Berlin. Hier wirkte er u. a. mit in *Maria Stuart*, *Der Hauptmann von Köpenick*, *Nachtasyl*, *Ein Traumspiel*, *Hexenjagd* und *Faust* (1993 unter Alfred Kirchner). Daneben war er auch in Film und Fernsehen zu sehen: ZUCHTHAUS (1967), BEL AMI (1968), DIE PREUSSISCHE HEIRAT (1974), ES GEHT SEINEN GANG (1981), EIN SCHWEIZER NAMENS NÖTZLI (1988). Als Nachfolger ⊃ Eduard Wandreys wurde er deutsche Stimme von Fred Feuerstein, darüber hinaus war er einer der bedeutenden Chargen-Sprecher der Berliner Synchronisationen. Von seinen zahlreichen Rollen sind hervorzuheben: Anthony Hopkins in DER FÜHRERBUNKER, Charles Durning (DER CLOU, TEUFELSKREIS ALPHA), Omero Antonutti in DIE NACHT VON SAN LORENZO, Paul Scofield in EMPFINDLICHES GLEICHGEWICHT, Paul Sorvino in CRUISING, Richard Attenborough in UNTERNEHMEN ROSEBUD, Cliff Robertson in DER GROSSE MINNESOTA-ÜBERFALL, Broderick Crawford in DIE ASSISTENZÄRZTE, Al Lettieri in DAS GESETZ BIN ICH sowie David Wayne bzw. Keenan Wynn in DALLAS.

Rainer Brandt (*1936)

Rainer Brandt hat nicht nur wegen seiner markanten Stimme Synchron-Geschichte geschrieben, sondern vor allem, weil er als Dialogautor und Regisseur Ende der 1960er Jahre eine «neue Welle» initiierte: das gezielte «Aufpeppen» von drögen Dialogen durch freche Sprüche mit Knodderschnauze – unabhängig vom Original. Man mag diese Methode beurteilen wie man will, sie brachte auf jeden Fall frischen Wind in die Synchronlandschaft. In Karlheinz Brunnemann von der «Deutschen Synchron» fand Brandt einen Partner, der diese kreative Art des Synchronisierens, die beim Publikum Riesenerfolg hatte, zu einem Markenzeichen seiner Firma machte: TENNISSCHLÄGER UND KANONEN, IHR AUFTRITT AL MUNDY, DIE ZWEI mit Tony Curtis und Roger Moore bedeutete den Durchbruch. Der Kultstatus von DIE ZWEI beruht ausschließlich auf den sprachschöpferischen deutschen Dialogen, die sich z. T. auch selbstironisch auf die Schippe nahmen («Hoffentlich halten wir mit den Sprüchen die ganze Folge durch.»). Gelernt hat Brandt den ironisch-satirischen Umgang mit Texten nicht zuletzt von Wolfgang Neuss, mit dem zusammen er Kabarett machte. Die Methode griff auf Italo-Western ebenso über wie auf Terence Hill/Bud Spencer-Streifen, Louis de Funès- u. Belmondo-Filme. 1973 machte sich Rainer Brandt mit einer eigenen Firma selbständig, die freilich auch «seriöse» Filme synchronisierte, z. B. WILLKOMMEN MR. CHANCE oder DIE REISE NACH INDIEN (David Lean bedankte sich persönlich bei Brandt für diese Arbeit). Begonnen hatte der gebürtige Berliner seine Karriere nach der Max-Reinhardt-Schule an den Berliner Theatern, dann als Filmschauspieler: DIE FASTNACHTSBEICHTE (Dieterle, 1960), DAS RIESENRAD (Radvany, 1961), STRASSENBEKANNTSCHAFT AUF

Sᴛ. Pᴀᴜʟɪ (Klingler, 1968). Er verkörperte v. a. das Rebellische, Antiautoritäre, eine Art «deutscher Marlon Brando» (Dᴇʀ Jᴜɢᴇɴᴅʀɪᴄʜᴛᴇʀ, 1960 mit Heinz Rühmann) - «Mephisto in Aspik» spottete Brandt später selbst darüber. 2011 war er auch wieder auf der Bühne zu sehen: im Udo-Lindenberg-Musical *Hinterm Horizont* im Theater am Potsdamer Platz.

Zu diesem Image passte auch seine erste feste Synchronrolle Elvis Presley. Es folgten u. a. Oliver Reed und später - in der Nachfolge von ⊃ Peer Schmidt - Jean-Paul Belmondo. Außerdem Martin Balsam in Dɪᴇ ᴢᴡöʟғ Gᴇsᴄʜᴡᴏʀᴇɴᴇɴ, Zbigniew Cybulski in Asᴄʜᴇ ᴜɴᴅ Dɪᴀᴍᴀɴᴛ, Giuliano Gemma (Fʀɪss ᴏᴅᴇʀ sᴛɪʀʙ), Cliff Robertson (Vᴇɴᴇᴅɪɢ sᴇʜᴇɴ ᴜɴᴅ ᴇʀʙᴇɴ), Rik Battaglia (Dᴇʀ Sᴄʜᴜᴛ), Peter Graves (Sᴛᴀʟᴀɢ 17, Zᴡᴇɪ ᴛᴏʟʟᴇ Kᴇʀʟᴇ ɪɴ Tᴇxᴀs), John Lennon in den Beatles-Filmen, Marcello Mastroianni in Dᴀs ɢʀᴏssᴇ Fʀᴇssᴇɴ, Marlon Brando in Dɪᴇ Gʀäғɪɴ ᴠᴏɴ Hᴏɴɢᴋᴏɴɢ, Rock Hudson in Eʟ Pᴇʀᴅɪᴅᴏ, George Peppard in Jᴇᴅᴇs Kᴀʀᴛᴇɴʜᴀᴜs ᴢᴇʀʙʀɪᴄʜᴛ, Albert Finney in Sᴀᴍsᴛᴀɢɴᴀᴄʜᴛ ᴜɴᴅ Sᴏɴɴᴛᴀɢᴍᴏʀɢᴇɴ, Breno Mello in Oʀғᴇᴏ Nᴇɢʀᴏ, Gian Maria Volonté in Füʀ ᴇɪɴᴇ Hᴀɴᴅᴠᴏʟʟ Dᴏʟʟᴀʀ und Vince Edwards in dem brillanten Gangsterfilm Dᴇʀ Tᴏᴅ ᴋᴏᴍᴍᴛ ᴀᴜғ ʟᴇɪsᴇɴ Sᴏʜʟᴇɴ. Als Nachfolger von ⊃ Hellmut Lange moderierte Rainer Brandt 1984 das Fernsehquiz Kᴇɴɴᴇɴ Sɪᴇ Kɪɴᴏ? Er ist mit der Schauspielerin ⊃ Ursula Heyer verheiratet.

Ihre Tochter **Judith Brandt** spricht für Sophie Marceau (Bʀᴀᴠᴇʜᴇᴀʀᴛ), Bridgette Wilson (Wᴇᴅᴅɪɴɢ Pʟᴀɴɴᴇʀ), Julianne Moore (Dᴀs Eɴᴅᴇ ᴇɪɴᴇʀ Aғғäʀᴇ) und Kate Beckinsale (Vᴀɴ Hᴇʟsɪɴɢ).

Volker Brandt (*1936)

Volker Brandt wurde in Leipzig geboren und studierte an der Otto-Falckenberg-Schule in München. Er spielte Theater in Hamburg (1957 unter Gründgens), Frankfurt (Laertes in *Hamlet*, 1964), Wien (u. a. *Was ihr wollt* mit ⊃ Marion Degler), Karlsruhe (als Don Carlos), in Stuttgart und in Berlin an Schiller- u. Schlossparktheater, Theater des Westens (*Anatevka*, 1982), Ku'damm (*Doppelfehler* mit Anita Kupsch, 1995, Titelrolle in *Columbo: Mord auf Rezept*, 2002, *Rendezvous nach Ladenschluss*, 2004), weitere bedeutende Rollen waren u. a. Stockmann in Ibsens *Volksfeind*, Higgins und Dorfrichter Adam. Auf dem Bildschirm reüssierte er als Tᴀᴛᴏʀᴛ-Kommissar 1980–85, spielte den Dr. Schübel in der Sᴄʜᴡᴀʀᴢᴡᴀʟᴅᴋʟɪɴɪᴋ und trat ferner auf in Dᴀs Tʀᴀᴜᴍsᴄʜɪғғ, Gʟüᴄᴋʟɪᴄʜᴇ Rᴇɪsᴇ, Eɪɴ Fᴀʟʟ ғüʀ ᴢᴡᴇɪ und Kʟɪᴘᴘᴇ ᴅᴇʀ Lɪᴇʙᴇ.

Nach einem Synchron-Casting für die ZDF-Krimiserie Dɪᴇ Sᴛʀᴀssᴇɴ ᴠᴏɴ Sᴀɴ Fʀᴀɴᴄɪsᴄᴏ (1974) bekam er die Rolle von Michael Douglas, für den er bis heute spricht – damit eine der dauerhaftesten Synchron-Partnerschaften überhaupt. Von Volker Brandts anderen Synchronparts sind zu nennen: Vittorio Mezzogiorno (Dʀᴇɪ Bʀüᴅᴇʀ), Jean-Louis Trintignant (Bᴏᴜʟᴇᴠᴀʀᴅ ᴅᴇʀ Möʀᴅᴇʀ), Alan Ladd in TV-Neusynchronisationen (z.B. NARBENHAND), Christopher Walken (MILAGRO), Anthony Hopkins (SOLANGE DIE LIEBE LEBT), André Dussolier (DIE TAXIFAHRERIN).

Thomas Braut (1930–1979)

Der Sohn der Schauspielerin Frigga Braut nahm in Düsseldorf bei Gustaf Gründgens Schauspielunterricht und absolvierte zusätzlich eine Gesangs- und Klavierausbildung. Seine Theaterstationen führten ihn vom Düsseldorfer Schauspielhaus über die Städt. Bühnen Köln zum Residenz-Theater München. 1955 reiste er für ein Jahr in die USA, wo er an verschiedenen Universitäten spielte und inszenierte. In den 1960er Jahren gastierte er hauptsächlich an der Kleinen Komödie in München und profilierte sich auch als Regisseur, zuletzt mit *Der Hausmeister* (Pinter) in Ingolstadt und *Die Katze auf dem heißen Blechdach* in München. Neben seiner Schauspielarbeit war Thomas Braut übrigens 12 Jahre aktiver Boxer! Auf der Leinwand war er zu sehen in HAIE UND KLEINE FISCHE (1957), in VATER, MUTTER UND NEUN KINDER (1958), in der Hauptrolle von Bernhard Wickis Regiedebüt WARUM SIND SIE GEGEN UNS? (1958), in NACHT FIEL ÜBER GOTENHAFEN (1959) und in EIN GROSSER GRAUBLAUER VOGEL (Ulrich Schamoni, 1969). Seine größte und populärste Fernsehrolle hatte er in der sozialkritischen ZDF-Serie UNSER WALTER (1974–77) als Vater eines mongoloiden Kindes. Thomas Braut, der einige Jahre mit ⮕ Ursula Herwig verheiratet war, wurde kurz vor Weihnachten 1979 nach der Rückkehr von einem Afrika-Urlaub tot in seiner Münchner Wohnung aufgefunden.

Mit seiner warmen, sympathischen Stimme war er zwar nie auf einen bestimmten Schauspieler abonniert, aber mit James Drury als «Virginian» in DIE LEUTE VON DER SHILO-RANCH gastierte er jeden Sonntag in allen deutschen Wohnstuben. In der Filmsynchronisation zählen zu seinen herausragenden Parts Renato Salvatori in ROCCO UND SEINE BRÜDER, Jaime Sanchez in DER PFANDLEIHER, Dennis Hopper in EASY RIDER, James Coburn in STEINER – DAS EISERNE KREUZ (und Richard Burton in Teil II), James Broderick in ALICES RESTAURANT und Alan Bates in DER TODESSCHREI. Zu erwähnen sind ferner Victor Lanoux (COUSIN, COUSINE), Ben Gazzara (DIE BRÜCKE VON REMAGEN), Lang Jeffries als PERRY RHODAN sowie Cameron Mitchell (VERFLUCHT SIND SIE ALLE).

Michael Brennicke (*1949)

Michael Brennickes Vater war der Münchner Schauspieler und Regisseur Helmut Brennicke, der beim Bayerischen Rundfunk zahlreiche Hörspiele inszenierte (z. B. Adaptionen von *Moby Dick*, *Julius Caesar* und *Hamlet*). Michael Brennicke nahm Schauspielunterricht bei Adolf Ziegler und studierte Germanistik, Musik und Psychologie. Er wirkte bei mehreren Fernsehproduktionen mit: ES BRAUST EIN RUF WIE DONNERHALL (Umgelter, ZDF 1970), DIE UN-

FREIWILLIGEN REISEN DES MORITZ AUGUST BENJOWSKI (Umgelter, ZDF 1975), ZWEI HIMMLISCHE TÖCHTER (1978), EIN STÜCK HIMMEL (Wirth, ARD 1982).

⊃ John Pauls-Harding holte ihn ins Synchronstudio, entgegen der sonst üblichen Reihenfolge zunächst hauptsächlich als Dialogautor (OCTOPUSSY, IM ANGESICHT DES TODES) und Regisseur (MAVERICK, PRESIDIO, THE UNTOUCHABLES). Nach dem Tod von ⊃ Manfred Schott übernahm Brennicke für vier Filme Dustin Hoffman (TOOTSIE, ISHTAR, FAMILY BUSINESS, BILLY BATHGATE) – diese Rolle wanderte dann weiter zu ⊃ Joachim Kerzel. Sein warmes Timbre setzte Brennicke außerdem ein für Chevy Chase (DIE SCHNELLEN VIER AUF ACHSE, DREI AMIGOS), Elliot Gould (OVER THE BROOKLYN BRIDGE), Adriano Celentano (GIB DEM AFFEN ZUCKER), Kurt Russell (TEQUILA SUNRISE), Tomas Milian (DER EINZELGÄNGER), Keith Carradine (LONG RIDERS), Nick Nolte (CANNERY ROW), Michael Madsen (DIE CHRONIKEN VON NARNIA), Orson Welles in DIE SPUR DES FREMDEN (ZDF 1989) und Tony Roberto in STARDUST MEMORIES. Brennicke ist außerdem Off-Stimme von AKTENZEICHEN XY UNGELÖST.

Seine Tochter **Nadeshda Brennicke** (*1973) ist Film- und Fernsehdarstellerin (PHANTOM, HOTTE IM PARADIES).

Pascal Breuer (*1966)

Pascal Breuer wurde in München geboren. Er ist Sohn von Siegfried Breuer jr. (1930–2004), damit Enkel des Filmschauspielers Siegfried Breuer (1906–1954, DER POSTMEISTER, ROMANZE IN MOLL), Neffe von ⊃ Wolfgang Condrus und Bruder von **Jacques Breuer** (*1956, deutsche Stimme von Viggo Mortensen). Nach der Ausbildung an der Otto-Falckenberg-Schule spielte Pascal Breuer an verschiedenen Münchner Bühnen (Residenztheater, Gärtnerplatztheater) sowie in Frankfurt und Berlin und auf Tourneen. Er trat auf u. a. in Die Räuber, Die Kaktusblüte, Eines langen Tages Reise in die Nacht und Ein Glas Wasser. «Pfeiffer» in der Feuerzangenbowle wurde zu seiner Paraderolle, mit der er seit 2004 in der Kleinen Komödie am Bayerischen Hof zu sehen ist. Schon 1979 spielte er in dem Film THE BIG RED ONE mit Lee Marvin einen Hitlerjungen, später kamen Fernsehserien wie DERRICK, DER ALTE, KÜSTENWACHE, SISKA und SOKO 5113 hinzu.

Mit der Synchronarbeit begann Pascal Breuer noch während der Schauspielausbildung. Er sprach für John Cusack in ONE CRAZY SUMMER, Vincent D'Onofrio in FULL METAL JACKET und Keanu Reeves in MY PRIVATE IDAHO. In jüngster Zeit wurde er populär als Feststimme für Bollywood-Star Shah Rukh Khan. Weitere wichtige Rollen waren Benoit Maginel (DER KÖNIG TANZT, DIE BLUMEN DES BÖSEN), Robert Downey jr. in EIN MANN FÜR ZWEI, Sacha Baron Cohen in HUGO CABRET, Rob Lowe in LIVING IN PERIL und Christian Slater in INTERVIEW MIT EINEM VAMPIR.

Christian Brückner (*1943)

Brückner, im schlesischen Waldenburg geboren, studierte Germanistik, Theaterwissenschaft und Soziologie. In seiner Studentenzeit machte er erste Erfahrungen mit Theater und Kabarett und bekam kleinere Sprechrollen bei Rundfunk und Synchronisation. Seinen Synchron-Durchbruch hatte er mit Warren Beatty in BONNIE UND CLYDE (1967). Von nun an war er die Idealbesetzung für nach außen harte, aber innerlich verletzbare Männer. Brutalität und Zärtlichkeit, Herrschsucht und Schwermut – vermittelt mit einer Stimme und einer außergewöhnlich reichhaltigen Modulation. Brückner wurde *die* Stimme von Robert De Niro (von Regisseur Scorsese für TAXI DRIVER persönlich ausgesucht) und synchronisierte u.a. Alain Delon (VIER IM ROTEN KREIS), Burt Reynolds (EIN AUSGEKOCHTES SCHLITZOHR), Martin Sheen (APOCALYPSE NOW), David Hemmings (BARBARELLA), Gérard Depardieu (DIE AUSGEBUFFTEN), Elliott Gould (CALIFORNIA SPLIT), Jon Voight (CATCH 22), Robert Redford (JEREMIAH JOHNSON), Bruce Dern (LAUTLOS IM WELTRAUM), Mick Jagger in PERFORMANCE, Joe Dallessandro (FLESH), Harvey Keitel (THELMA & LOUISE, PULP FICTION), Dennis Hopper (WATERWORLD) und Mickey Rourke (BARFLY).

Obwohl Brückner auch in Fernsehserien und -filmen zu sehen ist (z.B. SONNTAG UND PARTNER, RTL 1994, SPIEL DES LEBENS, ZDF 1996, DAS MISTSTÜCK, 1997, ENDE DER SAISON, 2001), ist Sprechen, Lesen, Rezitieren seine Haupttätigkeit. Hier sind zunächst seine Hauptrollen in z.T. preisgekrönten Hörspielen zu nennen, darunter *Das große Identifikationsspiel* (Alfred Behrens, BR 1974), *Vor dem Ersticken ein Schrei* (Christoph Buggert, WDR 1977), *Countdown* (Günter Kunert, BR 1983), Titelrolle in *Leben und Tod des Kornet-**tisten Bix Beiderbecke* (Ror Wolf, SWF 1987), *Stadt aus Glas* (Paul Auster, WDR 1997). Außerdem ist er der Detektiv Nestor Burma in den Leo-Malet-Krimis. Für Aufnahmen von Literatur-CDs gründete Brückner eine eigene Hörbuch-Edition («Parlando»). Hier liest er u.a. Raymond Carver, Franz Kafka, Sandor Marai. Einsamer Höhepunkt: die 30-stündige Lesung von Melvilles *Moby Dick* in der Neuübersetzung von Friedhelm Rathjen: «Dieses Hörbuch ist ein Gipfeltreffen der Besessenen: ein Autor, ein Kapitän, ein Übersetzer, ein Vorleser. (…) Christian Brückner ist der Spezialist für die leisen Töne, hinter denen es ungut brodelt. Er verfügt über schrundige Töne, in denen nörgeliges Selbstmitleid und lauernde Gewaltbereitschaft zum Ausdruck kommen – das Seelenleben von Figuren, die mit ihrem Dämon per du sind. Hundertfach hat man ihn gehört, als Synchronstimme, Sprecher von Dokumentationen und natürlich als routinierten Rezitator mit eigenem Hörbuchverlag. Das alles wirkt nun, als hätte er sich ein Leben lang auf das Gebrüll Ahabs vorbereitet» (Wolfgang Schneider, *FAZ*, 4.10.2006). 2012 erhielt Brückner den Hörbuchpreis für sein Lebenswerk als Sprecher und Produzent.

Paul Bürks (1916–1995)

Der gebürtige Mönchengladbacher spielte zunächst an den Städt. Bühnen Köln und ab 1959 in München, am Residenztheater (z.B. in *Die kluge Närrin*, *Warten auf Godot*) und am Bayerischen Staatsschauspiel (1961 Rosenkranz in *Hamlet*, 1965 in *Der Sturm*). Aufgrund seiner Kabarett-Abende mit Lola Müthel engagierte ihn Ingmar Bergman für eine Kabarettistenrolle in seinem Film *DAS SCHLANGENEI* (1977). Er spielte auch unter Bergmans Regie in Strindbergs *Traumspiel* am Staatsschauspiel. Seit der Inszenierung der Richard-

Strauß-Oper *Ariadne auf Naxos* durch Günther Rennert stand Paul Bürks mit der Sprechrolle des Haushofmeisters auf internationalen Opernbühnen. Er gastierte in Stockholm, Mailand, Monte Carlo und Paris. Außer seiner Rolle in DAS SCHLANGENEI hatte Bürks auch Auftritte in unbedeutenderen Filmen wie WIR BITTEN ZUM TANZ (1941), RIVALEN DER MANEGE (1958) oder O JONATHAN, O JONATHAN (1973).

Seine Synchronpräsenz ist durch einen einsamen Höhepunkt markiert: eine Rolle, für die er wegen seiner Kabaretterfahrung prädestiniert war: Michel Serrault als Tunte in EIN KÄFIG VOLLER NARREN. Von ähnlichem Rang ist seine Interpretation des «Major Applegate» (Charlie Ruggles) in LEOPARDEN KÜSST MAN NICHT, der kleinmütige Großwildjäger, der den Leopardenschrei nachahmt. Für Michel Serrault sprach Bürks auch in DIE SPÜRNASE, außerdem war er tätig für Jean-Pierre Cassel (DIE DREI MUSKETIERE), William Redfield in EINER FLOG ÜBER DAS KUCKUCKSNEST, Cecil Parker (EINE DAME VERSCHWINDET), Romolo Valli (TOD IN VENEDIG), Arthur Hill (DIE KILLER-ELITE), Lionel Stander (DIE JUNGFRAU MIT DER SCHARFEN KLINGE), Dennis Price (THEATER DES GRAUENS), Don Ameche (RIVALEN UM DIE MACHT) sowie in vielen weiteren Nebenrollen der Münchner Synchronisationen.

Uwe Büschken (*1953)

Uwe Büschken wurde in Oberhausen geboren. Er schloss sein Studium der Pädagogik und Psychologie als Dipl.-Pädagoge ab und zog 1980 nach Berlin. Hier begann er die Schauspielausbildung und spielte an mehreren Berliner Theatern u. a. in *Nekrassov* von Sartre (Theatermanufaktur am Halleschen Ufer, 1986), in *Gott* von Woody Allen (Freies Schauspiel, 1988) und in *Frohe Feste* von Ayckbourn am Ku'damm (1991). Er war auch in mehreren Kinofilmen zu sehen: DORADO – ONE WAY (Reinhard Münster, 1983), DREI GEGEN DREI (Dominik Graf, 1985), DIE DAME VOM PALACE-HOTEL (Edouard Molinaro, 1985), DAS SPINNENNETZ (Bernhard Wicki, 1989). Von seinen Rollen in Fernsehserien ist die des Marcus Bodmer in ALARM FÜR COBRA 11 hervorzuheben. Außerdem hatte er Auftritte in DIE WICHERTS VON NEBENAN, PRAXIS BÜLOWBOGEN, LUKAS UND SOHN sowie DIE STRASSEN VON BERLIN.

In der Synchronisation ist seine Stimme vor allem mit zwei Stars verbunden: Hugh Grant (DER ENGLÄNDER, DER AUF EINEN HÜGEL STIEG, NINE MONTHS, EINE SACHLICHE ROMANZE, SINN UND SINNLICHKEIT) und Matthew Broderick (GODZILLA, WILLKOMMEN IN NELVILLE, INSPEKTOR GADGET), außerdem: Woody Harrelson (DER SCHMALE GRAT), Matthew Perry (TANGO ZU DRITT, KEINE HALBEN SACHEN), Steve Buscemi (THE SOUP), Steve Carell (HORTON HÖRT EIN HU, CRAZY STUPID LOVE), Sergi López (JET LAG), Scott Baio in DIAGNOSE MORD, Bob Saget in FULL HOUSE, Jack Coleman in HEROES, James MacArthur in der Pro7-Synchro von Hawaii fünf-null, Frank McHugh in ARD-Neusynchros (Ein ausgefuchster Gauner), Dylan Walsh (Nip/Tuck), Bill Campbell (Nochmal mit Gefühl) und «Ned» in Horton hört ein Hu!

Hans-Werner Bussinger (1941–2009)

Nach dem Studium an der Hamburger Hochschule für Musik und darstellende Kunst debütierte Hans-Werner Bussinger am Thalia-Theater der Hansestadt. Seine weiteren Bühnenstationen führten ihn nach Kiel, Berlin, in seine Heimatstadt Frankfurt/Main und nach Köln. 1967/68 spielte er am Berliner Forum-Theater 480-mal in Peter Handkes *Publikumsbeschimpfung* (zusammen mit ⊃ Manfred Lehmann). Zu seinen großen Erfolgen zählt außerdem *Der Raub der Sabinerinnen* mit Rudolf Platte am Hebbel-Theater unter der Regie von Helmut Käutner (1972). Mit Käutner arbeitete er auch in dem Fernsehspiel Tagebuch eines Frauenmörders (mit Siegfried Lowitz und ⊃Martin Hirthe, ARD 1969) und in der Neuverfilmung der Feuerzangenbowle (1970). Zu seinen bevorzugten Fernsehregisseuren gehören außerdem Heinz Schirk (Ein Vogel auf dem Leim, Die Wannseekonferenz, 1984 die Hauptrolle in Tatort als Kommissar Rullmann) und Eberhard Itzenplitz (Die neuen Leiden des jungen W., Der Weilburger Kadettenmord, Wanderungen durch die Mark Brandenburg). Bussinger trat auch in zahlreichen Serien auf, z. B. als «Vater Baumann» in Heiter bis wolkig (ZDF 1978) und «Kommissar Paschke» in Unser Charly (ZDF 1996–2000). 1993 spielte er am Hansa-Theater mit ⊃ Klaus Sonnenschein in *Don Camillo und Peppone.*

Seine wichtigste Synchronrolle war John Forsythe als «Blake Carrington» in Denver Clan. Er war und ist außerdem zu hören für Alain Delon (Die Löwin und ihr Jäger), Steve Martin (Der Mann mit zwei Gehirnen), Graham Chapman (Ritter der Kokosnuss), Robert Duvall (Colors – Farben der Gewalt), Michael Caine (Nicht jetzt Liebling), John Lithgow (Memphis Belle), Terence Stamp (Wall Street), Nick Nolte (Der schmale Grat), Paul Gleason (Stirb langsam), Jon Voight (Der Manchurian Kandidat, Transformers). In der RTL-Synchronisation von Quincy synchronisierte er Jack Klugman und führte hier ebenso Dialogregie wie in der Serie Emergency Room. Eine seiner letzten Rollen war Martin Shaw als George Gently in der gleichnamigen Serie.

Joachim Cadenbach (1923–1992)

Der gebürtige Berliner betätigte sich in seiner Heimatstadt als Schauspieler und Regisseur u. a. am Rose-, Lessing-, Hebbel-Theater und an der Tribüne. Ab 1961 verlagerte er seinen Schwerpunkt auf Radio- und Fernsehmoderationen. Seine TV-Sendungen hießen z. B. Ma-

GAZIN DER WOCHE, SCHAUKELSTUHL und HESSEN-JOURNAL. Im Radio moderierte er Oldie-Sendungen wie *Gestatten, alte Platten* und *Als die Fans noch Twens waren*. Über sein Idol Hans Albers veröffentlichte er 1975 eine Biografie. Der Weltenbummler Cadenbach starb 1992 bei einem Verkehrsunfall in der Türkei.

Seine durch Medienpräsenz ohnehin schon populäre Stimme kam vor allem drei Helden in Serien-Klassikern zugute: Peter Graves als Jim Phelps in KOBRA, ÜBERNEHMEN SIE (in der ersten Staffel 1967), dem DALLAS-Patriarchen Jock Ewing (Jim Davis) und Michael Conrad in DELVECCHIO. Mit seiner Stimme zu hören waren ferner George Kennedy (TOD AUF DEM NIL, VERSTECKTES ZIEL), Ernest Borgnine (DAS SCHWARZE LOCH), Ralph Bellamy (PRETTY WOMAN), Patrick McGoohan (DIE FLUCHT VON ALCATRAZ), Ian Holm (DIE STUNDE DES SIEGERS), Joss Ackland (JAGD AUF ROTER OKTOBER), Eli Wallach (DAS DOMINO-KOMPLOTT), Harry Morgan (DER SHOOTIST), Walter Huston in ZEIT DER LIEBE, ZEIT DES ABSCHIEDS (ARD 1982). Besonders erwähnenswert sind noch zwei Zeichentrickfiguren: der Tiger Baghira im DSCHUNGELBUCH und Cosmo in DIE JETSONS.

Michael Chevalier (*1933)

Chevalier, ein Enkelsohn des impressionistischen Malers Friedrich Klein-Chevalier, erlernte das Schauspieler-Handwerk am Hebbel-Theater in seiner Heimatstadt Berlin und hatte schon früh Kleinrollen im deutschen Film: DIE KUCKUCKS (1949), FERIEN VOM ICH (1952), POLE POPPENSPÄLER (1954), IHRE GROSSE PRÜFUNG (1954), TAUSEND MELODIEN (1956), später in DER ZINKER (1963) und NEUES VOM HEXER (1965), eine Filmkarriere entwickelte sich daraus jedoch nicht. Er spielte Theater in der Provinz (Hannover, Coburg, Gießen), ab 1961 wieder in Berlin, an der Schaubühne (unter Hagen Müller-Stahl 1964 in *Nächstes Jahr in Jerusalem*), an der Tribüne *Herr Mockinpott* von Peter Weiss (1972) und *Macbett* von Ionesco (1973), am Theater im Reichskabarett und dem Kleinen Theater. Vereinzelt war er im Fernsehen (DER ALTE, Regie: Rainer Wolffhardt, 1975, Kinderserie MANDARA, ZDF 1986, DIE KLASSEFRAU

v. Jochen Ziem, ZDF 1987) und in Kinofilmen zu sehen (Der doppelte Nötzli, 1990), vereinzelt im Hörspiel zu hören.

Doch seinen Schwerpunkt verlegte Chevalier auf die Synchronisation, wo er mit seiner harten, satten Stimme, die jedoch nie aufdringlich wirkt, herber Männlichkeit Ausdruck verleiht. Das trifft noch nicht auf seine erste, jungenhafte Hauptrolle zu – Robert Wagner als Prinz Eisenherz –, aber auf seine später bevorzugten Helden: Charles Bronson (Spiel mir das Lied vom Tod), Omar Sharif (Doktor Schiwago), Warren Oates (The Wild Bunch), Richard Harris (Caprice) und Burt Reynolds (Fuzz), Für den dicken Hoss in Bonanza musste er mit seiner Stimme «tief in den Keller». Zu hören ist er ferner für Steve McQueen (Cincinnati Kid), John Cassavetes (Rosemaries Baby), Oliver Reed, James Caan, Robert Shaw (Der weisse Hai) – und Oskar Werner in Jules und Jim. Außerdem sprach er die Titelrolle in Andrej Rubljow (Anatoli Solonizyn). 2004 wurde Chevalier mit dem Deutschen Preis für Synchron für sein Gesamtwerk geehrt.

Jürgen Clausen (1943–1987)

Der gebürtige Hamburger kam mit seinen Eltern nach München, wo er mit 15 eine erste Rolle am Volkstheater hatte: als *Zwerg Nase*. Im Fernsehen spielte er in Humboldtschule (1963), «Der Koffer» (1966 aus der Reihe Kriminalmuseum) und in der Kommissar-Folge «Die Waggonspringer» (1969) sowie im Film in Grieche sucht Griechin (1966). Mit seinen Synchronparts schwamm er auf der Woge des «jungen Films» der Beat-, Hippie- und Flower-Power-Ära, in der die jugendlichen Rollen die Leinwand dominierten und in der statt des geschliffenen «Bühnen-Hochdeutsch» natürlicher, jugendhafter Jargon gefragt war. In der witzigen Serie The Monkees synchronisierte Clausen Peter Tork, im Film Alice's Restaurant Arlo Guthrie. In diesem Trend lagen auch Timothy Bottoms (Die letzte Vorstellung), Jean-Pierre Léaud (Weekend, Die amerikanische Nacht), Treat Williams (Hair) und Jeff Bridges (Die Letzten beissen die Hunde). Zugute kam Clausen, dass er mit seiner Stimme ein breites Alters-Spektrum abdecken konnte, etwa von 14 bis 40. Gleichwohl hatte er nur eine Stammrolle: den Österreicher Helmut Berger, der sich wegen seines Akzents nicht selbst synchronisieren konnte. Clausen war außerdem zu hören für Peter Firth (Equus), Dezir Arnaz jr. (Begrabt die Wölfe in der Schlucht), Harvey Keitel (Alice lebt hier nicht mehr), Jacques Dutronc (Nachtblende) und in Serien für David Carradine (Kung Fu), Ken James (Barrier Reef) und James Stacey (Lancer). Dialogautor und Synchronregisseur war er ebenfalls, z. B. bei Ein Offizier und Gentleman.

Niels Clausnitzer (*1927)

Der gebürtige Mannheimer besuchte Schauspielschulen in Wiesbaden und München, spielte zwei Jahre an der Landesbühne Schleswig-Holstein in Rendsburg und anschließend vorwiegend in München große Rollen an kleinen Theatern und kleine Rollen an großen Theatern. Vereinzelt hatte er auch Filmauftritte, z. B. in Der Arzt von Stalingrad, 1957. Den Hörern des Bayerischen Rundfunks ist Niels Clausnitzer als kultivierter Morgenbegleiter in Erinnerung: Zusammen mit Gustl Weishappel und Rolf Castell moderierte er 25 Jahre lang *Das Musikjournal*. Außerdem war er jahrelang einer der Texter und Sprecher von Fox tönender Wochenschau. 1975 begann er ein Medizinstudium, ließ sich zum Psychiater und Psychotherapeuten ausbilden und eröffnete eine eigene Praxis. Allein der geschmeidige Wohlklang seiner Stimme ist Therapie!

Mit diesem Organ bereichert er die Synchronisation seit den fünfziger Jahren. Zu seinen frühen Synchronrollen gehörten Peter Graves in Fury und Efrem Zimbalist jr. – einer seiner Favoriten – in 77 Sunset Strip. Gern sprach er auch für Robert Vaughn in Solo für O.N.K.E.L., während er mit Roger Moore zunächst wenig anzufangen wusste: «Als Simon Templar war er mir zu weichlich, zu feminin, zu eitel. Aber je länger man einen Schauspieler bearbeitet, desto mehr verliert man die Kritik.» (BZ, 13.6.1970). Die Noblesse, die Roger Moore als James Bond ausstrahlt, verdankt sich vorrangig Clausnitzers Synchronstimme. Zu seinen weiteren wichtigen Synchronparts gehören Montgomery Clift in Plötzlich im letzten Sommer, Cary Grant in Berüchtigt, Francisco Rabal in Luis Buñuels Meisterwerk Viridiana, Maurice Ronet in Nur die Sonne war Zeuge, Anthony Hopkins in 18 Stunden bis zur Ewigkeit, Richard Crenna in Verschollen im Weltraum, Christopher Plummer in Sumpf unter den Füssen, James Garner in Infam, der Vater (Max Wright) in der Serie Alf und Jerry Orbach in der Serie Law and Order. Clausnitzer schrieb auch die Dialogbücher für Die durch die Hölle gehen, China-Syndrom und Herr der Ringe.

Ivar Combrinck (1943–2006)

In Anrath/NRW geboren, besuchte Combrinck die Schauspielschule in Düsseldorf, spielte Theater in Dortmund, Oberhausen, Koblenz, Frankfurt, Berlin und München. Er hatte mehrere Auftritte in Fernsehspielen und -serien wie Des Teufels General, Aktenzeichen XY ungelöst, Der Prozess beginnt, Die Soldaten und Tatort. Er schrieb außerdem Drehbücher, z. B. für die Serie Der Ochsenkrieg (1987). Er zeichnete für Buch und Synchronregie mehrerer Filme (z. B. Hair, Wie ein wilder Stier) und Fernsehserien verantwortlich, neben Die Profis v. a. für die Zeichentrick-Klassiker Die Simpsons, Futurama und Family Guy, in denen er auch mitsprach. Seine sonstigen Sprechrollen waren u. a. John Savage (Hair, Die durch die Hölle gehen), John Travolta (Carrie), Gary Busey (A Star is Born, Stunde der Bewährung), Michael Sarrazin (Bei mir liegst du richtig), Nicholas Hammond (Spiderman), Bill Pullman (Schlaflos in Seattle), Van Johnson (Eine Falle für die Braut), Stephen Tobolowsky (Memento), Tom Amandes (Die Unbestechlichen), Leonard Whiting (Frankenstein wie er wirklich war). Kuriosum am Rande: Er gab auch Chris Roberts bei dessen Filmauftritten die Stimme.

Verheiratet war Ivar Combrinck mit der Schauspielerin Inge Solbrig. Ihr

Sohn **Butz Combrinck** synchronisierte bislang u.a. Elijah Wood (FOREVER YOUNG, DER EISSTURM), Ross Malinger in SCHLAFLOS IN SEATTLE, Michael Fishman in ROSEANNE und Chris in FAMILY GUY.

Wolfgang Condrus (*1941)

Condrus wurde in Berlin geboren. Sein Vater war der große Charakterdarsteller Siegfried Breuer (DER POSTMEISTER, ROMANZE IN MOLL), seine Mutter die Schauspielerin Lia Condrus. Durch dieses «Erbe» war er früh beim Film, spielte 1953 mit Heinz Rühmann in BRIEFTRÄGER MÜLLER, 1954 in EMIL UND DIE DETEKTIVE, 1955 in CHARLEYS TANTE und 1956 die Titelrolle in KALLE WIRD BÜRGERMEISTER. Auch die Theaterbühne eroberte er sich schon mit elf Jahren: 1952 in der Berliner Komödie, 1955 spielte er mit Bernhard Minetti am Schlossparktheater, 1960–66 hatte er sein erstes festes Engagement an den Berliner Staatlichen Bühnen (u.a. in *Frühlings Erwachen, Wie es euch gefällt, Faust II*), spielte anschließend am Hansa-Theater (*Minna von Barnhelm*, 1980) und der Freien Volksbühne. Im Film war er zu sehen in DIE FEUERZANGENBOWLE (1970), GRUPPENBILD MIT DAME (1977), EDITHS TAGEBUCH (1983), im Fernsehen in SELBSTBEDIENUNG (1967), DIE WESENACKS (1970), DIE NEUEN LEIDEN DES JUNGEN W. (1976), PS (1979).

In der Synchronisation hatte Condrus eine populäre Serienrolle mit Jan-Michael Vincent in AIRWOLF. Außerdem ist er feste Stimme von drei bedeutenden Chargendarstellern: Sam Neill (JURASSIC PARK), Ed Harris (DER STOFF, AUS DEM DIE HELDEN SIND) und Jeff Daniels (SPEED). Herausragende Interpretionen waren ferner Willem Dafoe (AMERICAN PSYCHO), Keith Carradine (DIE DUELLISTEN), Cliff Potts (LAUTLOS IM WELTRAUM), Daniel Auteuil (DIE BARTHOLOMÄUSNACHT, SADE), Malcolm McDowell (DAS FLIEGENDE AUGE), Harvey Keitel (COPKILLER), Rutger Hauer (NACHTFALKEN), Colin Firth (VALMONT), Hugo Weaving (HERR DER RINGE-Trilogie), Tommy Lee Jones (DER RUF DES ADLERS), in Serien Tom Atkins (SERPICO) und Mark Hamons (NAVY CIS).

Michael Cramer (1930–2000)

Der Arztsohn aus Wickrath ließ sich als Dolmetscher (Englisch/Spanisch) ausbilden, studierte Theaterwissenschaft und Publizistik in Berlin und Marburg und zwei Semester in Madrid. Er spielte Studentenkabarett in Marburg, war als Reporter für die *Nachtdepesche* tätig und nahm Schauspielunterricht bei Else Bongers. Nach seinem Filmdebüt in Kurt Hoffmanns FEUERWERK (1954) avancierte er zu einem der führenden «jungen Liebhaber» des deutschen Films. Er spielte mit Marianne Koch in KÖNIGSWALZER (1955), mit Ingrid Andrée in VERLOBUNG AM WOLFGANGSEE (1956), mit Wera Frydtberg in DER

ETAPPENHASE (1956) und DIE GROSSE CHANCE (1957), mit Gerlinde Locker in SEBASTIAN KNEIPP (1958). Dann versuchte er eine internationale Karriere, kam aber über Nebenrollen nicht hinaus. Immerhin filmte er mit Brigitte Bardot in BABETTE ZIEHT IN DEN KRIEG (Christian-Jacque, 1958) und später mit Richard Burton in der jugoslawischen Produktion DIE FÜNFTE OFFENSIVE (1972). In den 1960er und 1970er Jahren widmete er sich verstärkt dem Theater und trat in München, Berlin und Köln auf. 1975 hatte er wieder eine Hauptrolle im Film, in ICH GLAUB' MICH TRITT EIN PFERD neben Uschi Glas.

In der Synchronisation gehörte Michael Cramer zwar nicht zu den Vielsprechern, doch hatte er eine ganze Reihe von prägnanten Rollen. Er begann mit Dean Stockwell in SÖHNE UND LIEBHABER und hatte 1961 die erste große Klassiker-Rolle mit George Peppard in FRÜHSTÜCK BEI TIFFANY. Peppard blieb er auch weiterhin treu (DIE UNERSÄTTLICHEN, TOBRUK). Bei Clint Eastwood war Cramer mehrmals die Alternativbesetzung zu ⊃ Klaus Kindler (COOGANS GROSSER BLUFF, SINOLA, EIN FREMDER OHNE NAMEN). Zu seinen weiteren Synchronrollen gehörten auch Marcello Mastroianni (BEL ANTONIO), Paul Newman (INDIANAPOLIS), Sean Connery (DIE UHR LÄUFT AB), Tony Curtis (DAS GROSSE RENNEN UM DIE WELT), Michael Craig (EIN PLATZ GANZ OBEN, MODESTY BLAISE), Farley Granger (DIE RECHTE UND DIE LINKE HAND DES TEUFELS) und Stephen Boyd (DER MANN AUS EL PASO).

Thomas Danneberg (*1942)

In seiner Heimatstadt Berlin schnupperte Thomas Danneberg schon in der Schulzeit Theaterluft als Kulissenschieber und Kleindarsteller. Nach der Schule ging er zunächst für eineinhalb Jahre nach Island, wo er sich zum Hochseefischer ausbilden ließ, dann besuchte er Schauspielschulen in Zürich und Berlin (Marlise Ludwig), spielte in der Schweiz, in Hamburg und in seiner Heimatstadt Theater und trat in Film und Fernsehen auf. In dem Fernsehspiel DER FALL MICHAEL REIBER (ZDF 1965) spielte er ebenso wie in Rolf Thieles Olympia-Satire Gelobt sei, was hart macht (1972) die Hauptrolle. Hinzu kamen der Edgar-Wallace-Film Die blaue Hand (1967) und in den 1980ern die Söldnerfilm-Reihe Geheimcode Wildgänse, Kommando Leopard und Der Commander.

Das Theaterspielen hängte er an den berühmten Nagel, um sich zwei anderen Tätigkeiten zu widmen: Zum einen spielt er seit über 30 Jahren Schlagzeug in der Hamburger Band »Abby Hübners Low Don Wizzards«, die klassischen New-Orleans-Stil pflegt, zum anderen stieg er in der Synchron-Branche zum absoluten Top-Star auf: Terence Hill, Sylvester Stallone, Arnold Schwarzenegger, John Travolta, Michael York, Dan Aykroyd, Nick Nolte und natürlich John Cleese sind regelmäßig, z. T. ausschließlich mit seiner Stimme zu hören. Zu seinen »Partnern« zählen außerdem u. v. a. Adriano Celentano (Der Grösste bin ich), Giuliano Gemma (Auch die Engel essen Bohnen), Alain Delon (Scorpio, der Killer), Dennis Quaid (Dem Himmel so fern), Daniel Hugh-Kelly in der Serie Hardcastle & McCormick, Rutger Hauer (Blade Runner), Michael Madsen (Thelma & Louise), Alfred Molina (Nicht ohne meine Tochter). Thomas Danneberg arbeitet auch als Synchronautor und -regisseur (Starsky & Hutch, Armageddon, die letzten James-Bond-Filme) und ist als Lyrik-Rezitator auf CD zu hören (Von Liebe und Frieden). Zusammen mit ➲ Simon Jäger las er das Hörbuch Die Anstalt von John Katzenbach.

Renate Danz (1934–2006)

Geboren in Berlin als Tochter des Verlagsredakteurs und Übersetzers Karl Danz, besuchte sie zunächst eine Ballettschule und wechselte dann ins Schauspielfach. Schon als junge Schauspielerin hatte sie bedeutende Rollen an den Berliner Bühnen, z. B. Mary Waren in Hexenjagd (Stroux, 1954), Cécile in Die Schule der Väter (Lindtberg, 1955). 1958 inszenierte Ludwig Berger für das Fernsehen einen Zyklus von sechs Shakespeare-Komödien, «eine der ersten großen, auch dramaturgischen Leistungen des Fernsehspiels» (Egon Netenjakob) – damals noch live! Renate Danz spielte die Bianca in Der Widerspenstigen Zähmung und Puck im Sommernachtstraum. Unter Piscator spielte sie 1963 an der Freien Volksbühne mit Hilde Krahl und Ernst Deutsch in Der Kaufmann von Venedig. Außerdem trat sie bei Theater-Gastspielen in Frankfurt, Hamburg, Hannover und Lübeck auf. Sie war auch in zahlreichen Hörspielen zu hören, z. B. in Die Kinder der Elisa Rocca von Marie-Luise Kaschnitz (1955) und Nachtprogramm von Richard Hey (1964). Der deutsche Film jedoch konnte ihr keine Entwicklungsmöglichkeiten bieten (Schlagerparade, 1953).

In der Synchronisation hatte sie mit der gleichaltrigen Shirley MacLaine ihr Alter ego gefunden. Nach einem Probesprechen für deren erste Rolle in Immer

Ärger mit Harry engagiert, blieb sie ihr auch weiterhin treu. Stimmlich eher dem Quirlig-Burschikosen zugehörig, sprach Renate Danz aber auch ernsthafttiefe Rollen, wie Harriet Andersson in Wie in einem Spiegel. Außerdem u.a. Kim Hunter (Planet der Affen), Brigitte Bardot (Das grosse Manöver), Bibi Andersson (Brief an den Kreml, Die Berührung), Gunnel Lindblom (Licht im Winter), Pier Angeli (Mamsell Nitouche), Geraldine Chaplin (Balduin, der Sonntagsfahrer) und Shirley Jones, die Mutter in der Vorabendserie Die Partridge Familie.

Marion Degler (*1929)

Geboren in Berlin als Tochter eines Lehrers, wuchs Marion Degler in Oberschlesien auf. Sie lernte zunächst Laborassistentin, besuchte die Schauspielschule des Hebbel-Theaters und spielte an verschiedenen Berliner Bühnen, sowie in Hamburg bei Ida Ehre; u.a. trat sie als Alison Porter in *Blick zurück im Zorn auf* (sie synchronisierte später in der Verfilmung Mary Ure in dieser Rolle). Eine Leinwandkarriere war Marion Degler nicht beschieden und auch von den Fernsehspielen der 1950er Jahre ist nur Romeo und Julia in Berlin erwähnenswert.

Was Marion Degler außerhalb der Bühne zum Star machte, war ihre Stimme – zunächst im Hörspiel (z.B. *Bluthochzeit* nach García Lorca, RIAS 1951, Titelrolle in *Alkestis* von Erwin Wickert, RIAS 1956, *Der Doktor und die Teufel* von Dylan Thomas, NDR 1959) – dem Rundfunk gehört auch heute noch ihre Leidenschaft (z.B. Lyriksendungen) –, dann in den Synchronstudios. Die Virtuosität, mit der sie ihre Stimme einsetzte, gehört zu den Sternstunden der Synchrongeschichte. Sie war Feststimme für Sophia Loren und Audrey Hepburn, zwei Stars, die vom Typ kaum gegensätzlicher sein können. Während die Loren Deglers eigener Stimmlage entsprach, musste sie für die zarte, zerbrechliche Hepburn ihr sattes, kraftvolles Organ einige Töne höher schrauben: «Ich versuchte es mit der Stimme, die ich hatte, wenn ich übermütig und glücklich war, sie wurde dann automatisch höher.» (Mitt. a. d. Verf.) Von Marion Degler synchronisiert zu werden, bedeutete für viele Schauspielerinnen eine zusätzliche Aufwertung in der deutschen Fassung. Billy Wilder war so begeistert von ihr, dass er sie als «Syn-Krone» bezeichnete. Sie sprach u.a. regelmäßig für Jean Simmons (Engelsgesicht, Desiree), Julia Adams (Der letzte Rebell), Elizabeth Taylor (Die Katze auf dem heissen Blechdach), Kim Novak (Fremde, wenn wir uns begegnen), Joanne Woodward (Der lange heisse Sommer), Joan Collins (Bravados), ferner für Jeanne Moreau (Gefährliche Liebschaften), Eva Marie Saint (Die Faust im Nacken), Anouk Aimée (Ein Mann und eine Frau), Monica Vitti (L'avventura, L'eclisse, Il deserto rosso), Claire Bloom (Rampenlicht), Gina Lollobrigida (Gefährliche

Schönheit) und Jennifer Jones (Zärtlich ist die Nacht).

Nach ihrer Heirat mit dem Schauspieler Leopold Rudolf ging Marion Degler 1962 nach Wien und gehörte 30 Jahre lang zum Ensemble des Theaters in der Josefstadt. Neben zahllosen Klassiker-Rollen spielte sie 1991 die Mutter in *Leas Hochzeit* von Judith Herzberg.

Hans-Jürgen Dittberner (*1945)

Dittberner wurde in Berlin geboren und besuchte dort die Max-Reinhardt-Schauspielschule. Anschließend spielte er am «Theater für junge Zuschauer», an der Vagantenbühne (1969 in *Die große Landstraße* von Strindberg), machte Kabarett bei den «Wühlmäusen» und war 1972–1990 am Hansa-Theater engagiert. Dort spielte er u.a. in *Der Regenmacher* (1974), *Charleys Tante* (1974) und *Arzt wider Willen* (1981). Er trat 1971 in dem Film Leben heisst Lieben auf und wurde ansonsten durch Fernsehrollen bekannt. Er spielte in Abel mit der Mundharmonika, Der Architekt der Sonnenstadt, Die Paulskirche und in den Serien Die Koblanks (als Theo), Ich heirate eine Familie und Teufels Grossmutter (1986 mit Brigitte Horney).

Es waren vor allem zwei Seriensynchronisationen, durch die seine Stimme populär wurde: einmal Patrick Duffy als «Bobby» in Dallas und zum anderen Captain Future in der gleichnamigen Zeichentrick-Serie. «Superman» Christopher Reeve war mit Dittberners Stimme zu hören (Superman, Glitzernder Asphalt) ebenso wie Alec Baldwin (Body Switch, Jagd auf Roter Oktober). Hinzu kamen Harrison Ford (American Graffiti), Farley Granger (Cocktail für eine Leiche), Eric Idle (In 80 Tagen um die Welt), Steve Guttenberg (The Day After), Peter Capaldi (Local Hero), Ian Charleson (Die Stunde des Siegers), Don Adams in Mini-Max, Robert Ito in Quincy und Harry Hamlin in L.A. Law.

Manja Doering (*1977)

Manja ist die Tochter des Schauspielers Rainer Doering. Schon mit neun hatte sie erste Sprechrollen (z.B. *Schneewittchen*). Sie besuchte die Hochschule für Schauspielkunst «Ernst Busch» und ist seit 2002 am Berliner Grips-Theater engagiert, wo sie u.a. in *Klasse der Besten*, *Julius und die Geister* und dem berühmten Kinder-Musical *Linie 1* mitspielte. Auf der Leinwand war sie in dem Film Fremde Haut (2005) zu sehen, im Fernsehen in Grossstadtrevier. Sie ist außerdem in den Hörspiel-Serien *Das indische Tuch* und *Carmilla, der Vampir* zu hören.

In der Synchronisation hat sie mit Natalie Portman (Alle sagen I Love You, Star Wars, Zoolander, Goyas Geister, Thor) und Reese Witherspoon (Natürlich blond, Pleasantville) zwei Stammrollen. Bislang kamen u.a. hinzu Dominique Swain (Lolita, Alpha Dog) Erika Christensen (TRAFFIC, AN DEINER SCHULTER), Alyson Hannigan (AMERICAN PIE), Thora Birch (AMERICAN BEAUTY), Bryce Dallas Howard (THE VILLAGE), Ana Claudia Talancón (DIE VERSUCHUNG DES PATERS AMARO) und Shiri Appleby in der Serie ROSWELL.

Manjas Bruder **Alexander Doering** ist ebenfalls Schauspieler. Er war 2002–2007 unter Claus Peymann Mitglied des Berliner Ensembles (wo er u.a die Titelrolle in Clavigo spielte). Er synchronisierte Thomas Ian Nicholas in AMERICAN PIE und «Merry» (Dominic Monaghan) in der HERR DER RINGE-Trilogie sowie Sam Worthington (AVATAR, KAMPF DER TITANEN).

Heinz Drache (1923-2002)
Drache, ein gebürtiger Essener, spielte 1947 am Deutschen Theater Berlin unter Langhoff (*Der Schatten* von Jewgenij Schwarz), 1948–54 in Düsseldorf bei Gründgens, danach gastierte er am Berliner Schillertheater, Theater in der Josefstadt Wien, Kleine Komödie München u.a. Neben zahlreichen Hauptrollen im Film – BEI DIR WAR ES IMMER SO SCHÖN (1953), DIE STRASSE (1958), DER REST IST SCHWEIGEN (1959) – und Hörspiel – *Die Krähenkolonie* von Wolfdietrich Schnurre (SFB 1959), *Die Höhle der Philosophen* von Zbigniew Herbert (RIAS 1960 mit Drache als Platon), *Alarm* von Kay Hoff (HR 1963), Titelrolle in *Der Untertan* (WDR 1971) – kam der große Erfolg in den 1960ern mit ca. 20 Edgar-Wallace-Verfilmungen und Drache als Inspektor (DER ZINKER, DER HEXER u.a.) und im Fernsehen mit dem Durbridge-«Straßenfeger» DAS HALSTUCH (1962). Zu Wallace und Durbridge passte Drache schon wegen seines britischen Understatements. Nach Edgar Wallace spielte Drache wieder vorwiegend Theater – mit *Hokuspokus* von Curt Goetz stand er 700-mal auf Tourneebühnen –, kehrte aber 1986–89 als SFB-Tatort-Kommissar auf den Bildschirm zurück: die gepflegte Kontrastfigur zum Turnschuh-Kommissar Schimanski (allerdings litt diese Rolle unter den schlechten Drehbüchern).

Drache gehörte keineswegs zu den Synchron-Platzhirschen, vielmehr lassen seine Parts eine sorgfältige Auswahl erkennen. Mit messerscharfer Stimme und geschliffener Diktion – «eine Stimme, die cool war, bevor der Terminus in Mode kam» (Fritz Göttler) – verlieh er zahlreichen Stars, die sonst eher andere Sprecher hatten, in der deutschen Fassung ein spezielles Profil: Glenn Ford (Die Saat der Gewalt), Frank Sinatra (Verdammt sind sie alle), Gene Kelly (Wer den Wind sät), Sean Connery (Marnie), Kirk Douglas (Stadt ohne Mitleid), Fred MacMurray (Der grosse Regen), Richard Widmark (Die Verlorenen), Robert Duvall (Apocalypse Now), Laurence Harvey (Telefon Butterfield 8), Cornel Wilde (Der scharlachrote Rock) und Trevor Howard in der Neusynchronisation von Der dritte Mann.

Wolfgang Draeger (*1928)

Wolfgang Draeger ist das Paradebeispiel dafür, wie ein Synchron-Profi als Künstler so vollständig hinter seiner Stimme verschwindet, dass er für das Publikum nur so definiert werden kann: Wolfgang Draeger = die deutsche Stimme von Woody Allen! Aufgewachsen in Berlin-Wedding, spielte er nach der Schauspielschule zunächst in der Provinz (Gardelegen, Potsdam, Naumburg), dann in Berlin im Theaterclub im British Centre (Ltg.: ⊃ Ottokar Runze) – damals für viele Schauspieler (z. B. Horst Buchholz, Wolfgang Spier, Martin Benrath) eine wichtige Station – und in ihrer Eröffnungssaison 1962 an der Schaubühne (O'Casey: *Der Rebell, der keiner war*). In den 1970ern spielte er am Renaissance-Theater, der Komödie und im Theater des Westens (*Sweet Charity*).

In die Synchronisation rutschte er – wie so viele andere auch – eher zufällig, um sich ein Zubrot zu verdienen. Mit Kleinrollen diente er sich nach oben, seinen ersten bedeutenden Part hatte er erst 1961 mit Alain Delon in Rocco und seine Brüder. «Feste» Stimme wurde er zunächst für Bobby Darin, sein erster Woody-Allen-Film war Was gibt's Neues, Pussy? (1965), der Durchbruch für Allen/Draeger kam jedoch erst in den 1970ern. Nun war die Identifikation mit dieser Rolle allerdings so stark, dass es schwierig war, Draegers Stimme mit anderen Schauspielern zu kombinieren, weil der Zuschauer sofort Woody Allen assoziierte. Dennoch entstand eine zweite feste Beziehung mit James Cagney in Erstsynchronisationen von Filmen der 1930er und 1940er Jahre. Außerdem synchronisierte er u.a. Jean-Pierre Léaud (Liebe auf der Flucht), John Cazale in Der Dialog, Gene Wilder in Trans-Amerika-Express, Dudley Moore in Arthur – kein Kind von Traurigkeit, John Astin in Ein Hauch von Nerz, Clu Gulager in Tod eines Killers, Harvey Lembeck (Stalag 17), Richard Jaeckel in Die Nackten und die Toten und Miguel Mateo Miguelín, die Hauptrolle in dem Francesco-Rosi-Film Augenblick der Wahrheit. Draeger führt außerdem Synchronregie u.a. bei der Sesamstrasse (wo er auch jahrzehntelang den «Bibo» sprach), bei Woody, der Un-

GLÜCKSRABE und ROYAL FLASH.

Sein Sohn **Sascha Draeger** (*1967) synchronisiert ebenfalls, z. B. Dean Cain in SUPERMAN – DIE ABENTEUER VON LOIS UND CLARK.

Seine Tochter **Kerstin Draeger** (*1966) sprach für Michelle Pfeiffer in ihren ersten Filmen und Pamela Anderson in HÖR MAL, WER DA HÄMMERT.

Gernot Duda (1927–2004)

Gernot Duda stammte aus Rutenau in Oberschlesien. Er studierte in Berlin außer Schauspiel auch Germanistik und Theaterwissenschaft, spielte Theater in Ingolstadt, Augsburg und Berlin (1966 in *Der Hund des Generals* an der Freien Volksbühne), in München an der Komödie und in Frankfurt am Theater im Zoo, 1972 bei den Ruhrfestspielen in *Ein Volksfeind*. Beim Film debütierte er in ES GESCHAH AM 20. JULI (1955) und war fortan in zahlreichen Streifen zu sehen, z. B. MENSCHEN IM NETZ (1959), DAS SCHWARZE SCHAF (1960), STADT OHNE MITLEID (1961), DIE KURVE (1961, von Peter Zadek mit Klaus Kinski), KENNWORT: REIHER (1964), MULLIGANS RÜCKKEHR (1977), BIG MÄC (1975).

«Wie alle bedeutenden Nebendarsteller besaß auch Duda die Gabe, selbst kürzesten Auftritten eine unübersehbare Präsenz zu verleihen, gerade weil er sich vollkommen zurück nahm» (Rainer Heinz, *Film-Dienst* 6, 2005). Das gilt auch für seine vielen Fernseh-Rollen etwa in FERNFAHRER (1963), DAS LEBEN IST SCHÖN (1966), DER MÜLLER VON SANSSOUCI (1968), ROTMORD (1969, wieder Zadek), DIE SCHATZGRÄBERGESCHICHTE (1970), DIE PAWLAKS (1981), DER STADTBRAND (1985), MIT LEIB UND SEELE (1990), BRENNENDES SCHWEIGEN (2000) sowie in den Serien DERRICK, DER ALTE, SISKA und FORSTHAUS FALKENAU.

Mit seiner Stimme stattete Duda u. a. Charles Bronson aus (GESPRENGTE KETTEN, YUKON) sowie Oliver Reed (DIE DREI MUSKETIERE), Allen Garfield (BILL MCKAY – DER KANDIDAT), Yul Brynner (DER SCHATTEN DES GIGANTEN), Paul Sorvino (DICK TRACY), Aldo Ray (DIE GRÜNEN TEUFEL), Gene Hackman (LILITH), Telly Savalas (MACKENNAS GOLD), Peter Boyle (DAS GROSSE DINGS BEI BRINKS), Pat Hingle (DER MANN, DER NIEMALS AUFGIBT) und die Figur Faxe in der Zeichentrickserie WICKIE UND DIE STARKEN MÄNNER. Er führte auch Synchronregie bei HANNAH MONTANA.

Seine Tochter **Solveig Duda** (*1972) spielt in der TV-Serie VERBOTENE LIEBE und synchronisiert Angelina Jolie (LEBEN UND LIEBEN IN L.A., NUR NOCH 60 SEKUNDEN).

Sein Sohn **Alexander Duda** (*1955) ist ebenfalls Schauspieler und Regisseur (u. a. am Münchner Volkstheater). Er spielte in den TV-Serien LÖWENGRUBE, SOKO 5113 und ROSENHEIM-COPS.

Gerd Duwner (1925–1996)

Der Spezialist für Krächzen, Kieksen, Kichern und Fisteln gehört zu den prägenden und unverwechselbaren Synchron-Stimmen. Hellrauh und extrem modulationsfähig war sein Sprechorgan für die unterschiedlichsten Typen einsetzbar. Entsprechend ausgiebig bedienten sich seiner die Synchronstudios. Oft war Duwner das «Gewürz» im Stimmen-Eintopf. Populär wurde er als Festus in RAUCHENDE COLTS, Barnie Geröllheimer in FAMILIE FEUERSTEIN und – 25 Jahre lang! – Ernie in der SESAMSTRASSE. Er war ferner die deutsche Stimme von Danny De Vito (AUF DER JAGD NACH DEM GRÜNEN DIAMANTEN, TIN MEN, TWINS), Ned Beatty (THE BIG EASY, SUPERMAN), Vincent Gardenia (DER KLEINE HORRORLADEN, MONDSÜCHTIG) und Mickey Rooney (unvergesslich sein «Miss Golightly!»-Gekreische in FRÜHSTÜCK BEI TIFFANY). Er sprach außerdem mehrmals für Oliver Hardy sowie für Tony Randall (DER MYSTERIÖSE DR. LAO), Chico Marx (DIE MARX-BROTHERS IM KRIEG, DIE MARX-BROTHERS IM KAUFHAUS), Bob Hope (STAATSAFFÄREN), Telly Savalas in DAS DRECKIGE DUTZEND und David Doyle in der Serie DREI ENGEL FÜR CHARLIE.

Geboren in Berlin, spielte Duwner kurz nach dem Krieg als Komiker am Stralsunder Theater, kehrte dann wieder in die Heimat zurück. Er trat mit Johannes Heesters und Marika Rökk in Operetten auf, spielte Boulevard und Musical (*Kiss Me Kate* im Theater des Westens, 1980). Seine Lieblingsrolle war der «Mammon» im *Jedermann* in der Berliner Gedächtniskirche. Im Kino war er in EIN KÄFER GEHT AUFS GANZE (1971) zu sehen. Einem breiteren Publikum bekannt wurde er aber erst durch TV-Serien wie PETER IST DER BOSS (ZDF 1973), DIREKTION CITY (ARD 1976), DIE SPUR DER ANDEREN (ZDF 1985).

Eckart Dux (*1926)

Der Berliner Eckart Dux nahm Schauspielunterricht bei Else Bongers, spielte häufig am Renaissancetheater (z. B. 1953 Marchbanks in *Candida*, 1964 Tesman in *Hedda Gabler*) und an anderen Berliner Bühnen, später u. a. an der Kleinen Komödie München und der Komödie im Marquardt Stuttgart. Er ging auch häufig auf Tournee, z. T. mit eigenen Inszenierungen. 1996 spielte er in Winterthur den Lehrer in *Andorra*. Im Film war er oft in Komödien zu sehen: DAS HAUS IN MONTEVIDEO (1951), VERGISS DIE LIEBE NICHT (1953), BRIEFTRÄGER MÜLLER (1953), MEINE TOCHTER UND ICH (1963). Dux trat auch in TV-Serien auf, z. B. FINKE & CO (ZDF 1969) BUTLER PARKER (ARD 1972) und IM WESTEN NOTIERT (ARD 1976).

Für die Synchronisation war seine Stimme eine enorme Bereicherung, weil sie zu denen gehört, die eine ganze Skala von Zwischentönen mitschwingen lässt. Sie ist wenig geeignet für Draufgänger und Raubeine, wohl aber für unsichere, schwankende und gebrochene Charaktere. Seine erste feste «Beziehung» hatte er mit Audie Murphy und dessen B-Western der 1950er Jahre. Dann kam mit Anthony Perkins der Schauspieler, von dem Duxens Stimme nicht mehr wegzudenken ist, weil sie das Labile oder gar Psychopathische (PSYCHO) seiner Figuren voll trifft: Dux gibt dem inneren Chaos eine Stimme. Hier zeigt sich wie so oft, dass die deutschen Schauspieler in ihrer Synchrontätigkeit mit Charakteren konfrontiert waren, die zu spielen sie im deutschen Film nie Gelegenheit hatten. Außerdem synchronisierte Eckart Dux Dean Stockwell (DER ZWANG ZUM BÖSEN), Van Johnson (23 SCHRITTE ZUM ABGRUND), Dirk Bogarde (DIE VERDAMMTEN), Jean-Claude Brialy (CLAIRES KNIE), Marcello Mastroianni (DIE STADT DER FRAUEN), Michael Caine (FINALE IN BERLIN), Steve McQueen (VERLIEBT IN EINEN FREMDEN). Auch das komödiantische Genre besetzte Dux vortrefflich: Gig Young (EIN HAUCH VON NERZ), Jack Lemmon (MEINE BRAUT IST ÜBERSINNLICH), Gene Kelly (VORWIEGEND HEITER), Steve Martin (EINE SINGLE KOMMT SELTEN ALLEIN). In Neusynchronisationen sprach er mehrmals für James Stewart (KENNWORT 777) und Fred Astaire (BROADWAY MELODIE 1940). Zuletzt war er u. a. für Jerry Stiller in der Serie KING OF QUEENS zu hören. 2008 wurde ihm der Synchronpreis für sein Gesamtwerk als dienstältester deutscher Sprecher verliehen.

Hermann Ebeling (1928–2000)

Hermann Ebeling besuchte die Schauspielschule in Düsseldorf und gab sein Debüt am Theater in Leer. 1953–57 spielte er am Landestheater Detmold und von 1958 an fand er seine Bühnenheimat am Schiller-und Schlossparktheater Berlin, zu dessen großen Chargen-Ensemble er gehörte. Er trat u. a. auf in *1913* (1961), *Judith* (1963), *Die Wanze* (1964), *Die Heimkehr* (Pinter, 1965), *Troilus und Cressida* (1967), *Die Kannibalen* (1969), *Julius Caesar* (1972), *Onkel Wanja* (1976), *Leben und Tod der Marilyn Monroe* (1978), *Orpheus in der Unterwelt* (1982), *Die Jungfrau von Orleans* (1984). Neben seiner Theaterarbeit schrieb Ebeling auch zahlreiche Science-Fiction-Hörspiele für den Süddeutschen Rundfunk, z. B. *Daisy Day* (1968) und das preisgekrönte *Traumgeschäft* (1993). Von seiner Hörspielarbeit als Sprecher ist «Prof. Knox» in *Fix und Foxi* zu erwähnen, den er auch in der gleichnamigen TV-Serie zum besten gab.

Zum gleichen Genre gehört auch sein «Onkel Dagobert» in der Serie DUCK TALES. Eine weiter Serien-Hauptrolle war George Peppard in DAS A-TEAM. Ebeling synchronisierte außerdem Martin Landau (MISTRESS, AKTE X – DER FILM), Christopher Lloyd (FALSCHES SPIEL MIT ROGER RABBIT, ALICE IM WUNDERLAND), Christopher Lee (IM BANN DES KALIFEN), Harry Dean Stanton (PRETTY IN PINK), Charles Denner (MADO), Yul Brynner (ANNA UND DER KÖNIG VON SIAM), Malcolm McDowell (SUNSET), Paul Freeman (JÄGER DES VERLORENEN SCHATZES) und Mitchell Ryan (WIE EIN BLATT IM WIND).

Erich Ebert (1922–2000)

Erich Ebert wurde in Köln geboren. Er nahm Schauspielunterricht bei Albert Florath, spielte Kabarett in Hamburg, Theater in München sowie am Zimmer-

Theater Garmisch-Partenkirchen. Auf der Leinwand war er zu sehen in Decision Before Dawn (1950), Eine Frau mit Herz (1951) und Der Arzt von Stalingrad (1958). Seit den sechziger Jahren legte er den Schwerpunkt seiner Arbeit auf Synchronbuch und -regie. Er war verantwortlich für die deutsche Fassung von etlichen Folgen der Serien Bonanza, Die Leute von der Shilo-Ranch und SOS Charterboot, aber auch für einige cineastische Leckerbissen, z. B. die im ZDF erstaufgeführten Filme Die Einsamkeit des Langstreckenläufers (1965), Das Wort von Carl Theodor Dreyer (1969) und Mr. Smith geht nach Washington (1978) sowie Der Mann aus Marmor (1981). Ebert selbst übernahm zahlreiche Sprechparts, meistens Nebenrollen: Jean Bouise (Drei auf der Flucht, Die kleinen Bosse), Ray Walston in der Serie Mein Onkel vom Mars, Humphrey Bogart (Geheimbund Schwarze Legion), Philippe Lemaire (Man darf nicht lieben?), Mario Socrate (Das 1. Evangelium Matthäus), Troy Donahue (Der Schrecken schleicht durch die Nacht), Gerald S. O'Laughlin (Die Organisation), Jeffrey Stone (Einer stand allein), Murray Hamilton (Der Champion) und Chisu Ryu in dem Ozu-Film Guten Morgen (ZDF 1971).

Titelrolle in *Wilhelm Tell* (1954), unter G. R. Sellner spielte er dort in *Der Sturm* (1960, m. Gustaf Gründgens als Prospero und ➲ Volker Brandt als Ariel). In den 1970er Jahren ging er nach München ans Bayerische Staatsschauspiel. Hier war er u.a. zu sehen als Lucky in *Warten auf Godot* (1975, mit dem auch durch zahlreiche Synchronrollen bekannten Klaus Guth als Wladimir und ➲ Paul Bürks als Pozzo), in *Der Revisor* (1978), *Der zerbrochene Krug* (1979) und 1981 als Fritz Beermann in Ludwig Thomas *Moral* (seine Partnerin war ➲ Edith Schneider). Gegenüber Eckards Bühnenlaufbahn verblassen seine Film- und Fernsehauftritte, erwähnenswert ist zumindest die Titelrolle in dem Durbridge-Mehrteiler Tim Frazer (ARD 1963/64).

Eckards Synchron-Oeuvre ist eher bescheiden. Seine kräftige, virile Stimme, mit der er auch im Hörspiel viele Klassiker-Rollen gestaltete, hätte man gern öfter gehört. Gregory Peck sprach er in Des Königs Admiral, Karl Malden in Endstation Sehnsucht, Gerard Philipe in Der Idiot, Randolph Scott in Unter schwarzer Flagge, Raf Vallone in der Erstfassung von Bitterer Reis, Yves Montand in Grand Prix, Robert Ryan in Kapitän Nemo und Das dreckige Dutzend, Rod Taylor in Das Hotel und Sean Connery in Das rote Zelt.

Max Eckard (1914–1998)

Max Eckards Leben zu schildern, kommt einem Streifzug durch die deutsche Theatergeschichte gleich. Der gebürtige Kieler debütierte 1934 in Berlin, spielte als «jugendlicher Held» in München und Leipzig. 1945 gab er am Schiffbauerdamm in Fritz Wistens historischer Inszenierung von *Nathan der Weise* den Tempelherrn, am Deutschen Theater 1946 Ferdinand in *Kabale und Liebe*. Am Schiller-Theater spielte er in *Die Weber* (1952), *Macbeth* (1968) und *Die Möwe* (1968). Am Hamburger Schauspielhaus hatte er die

Almut Eggert (*1937)

Almut Eggert, die in Rostock geboren wurde, spielte nach der Schauspielschule überwiegend in Berlin Theater, meist Boulevard, aber auch in modernen und klassischen Stücken, z.B. Pinters *Geburtstagsfeier*, Ionescos *Nashörner* (Freie Volksbühne 1962), Shakespeares *Sturm* (in Fritz Kortners Inszenierung am Schiller-Theater 1968), Frischs *Andorra* und Molières *Tartuffe*. Am Renaissance-Theater spielte sie 1987 in *Harold und Maude*. Zeitweise war sie auch Mitglied der «Stachelschweine» und spielte im «Reichskabarett». Im Fernsehen bekam sie – neben zahlreichen Fernsehspielrollen (z. B. Spätsommer, 1964, Ein Mann, der nichts gewinnt, 1967, Knast, 1972) – zusammen mit Wilfried Herbst eine eigene Sendung in SFB III (Zeichen eines Jahres, später Zeitgeister, 1974ff.), in der sie über 300 verschiedene historische Personen darstellte. Außerdem trat sie in zahlreichen Fernsehserien auf – Café Wernicke, Berlin Alexanderplatz (Fassbinder), Diese Dornbuschs, Ich heirate eine Familie, Jakob und Adele, Alarm für Cobra 11 – und spielte die Sekretärin von ⊃ Heinz Drache als SFB-Tatort-Kommissar (1985–88). Mittlerweile arbeitet sie auch als Regisseurin (*Erich-Kästner-Revue*, 1999).

Mit dem Synchronisieren begann Almut Eggert 1966 (gleich mit einer Hauptrolle: Suzy Kendall in Knotenpunkt London). Ihr bekanntester Part war Farrah Fawcett als Jill Munroe in der ZDF-Serie Drei Engel für Charlie. Sie sprach ferner mehrmals für Jill Ireland (Kalter Hauch), Candice Bergen (Das Domino-Komplott), Lee Remick (Das Omen), Raquel Welch (Ein irrer Typ), Marie-Christine Barrault (Cousin, Cousine), Gena Rowlands (Eine andere Frau), Lea Massari (Rollenspiele), Madeline Kahn (Sherlock Holmes' cleverer Bruder) und Ursula Andress (Africa Express).

Ihre Tochter ⊃ Nana Spier synchronisiert ebenfalls.

Wolfgang Eichberger (1911–1963)

Wolfgang Eichberger (nicht zu verwechseln mit dem Schauspieler Willy Eichberger) spielte Theater an den Münchner Kammerspielen und wirkte auch in einigen Filmen mit: Das unsterbliche Herz (1939), Die Tat des Anderen (1950), Die Dame in Schwarz (1951), Zwerg Nase (1954), Der 20. Juli (1955), Du mein stilles Tal (1959). Erwähnenswert sind auch die Hörspiele *Per Saldo* von Christian Bock (RIAS 1956), *Der Fleck an der Wand* von Wolfdietrich Schnurre (SFB 1959) und die *Paul Temple*-Serie. Verheiratet war Eichberger mit der Schauspielerin Franziska Stömmer (1922–2004, bekannt als Oma aus der Serie Löwengrube).

Er synchronisierte bis zu seinem frühen Tod kontinuierlich Haupt- und Nebenrollen, war mit seiner ruhigen, unaufgeregten Stimme aber eher unauffällig – und eben deshalb gut. Er sprach für Gregory Peck in Flammen über Fernost, Randolph Scott (Die Freibeuterin, Die Todesbucht von Luosiana), Lino Ventura (Tatort Paris), Orson Welles (Der Prozess), Robert Mitchum (Spiel zu zweit), Philippe Noiret in Zazie, Arthur Kennedy (Santiago, der Verdammte), Christopher Lee (Dracula), Ted de Corsia (Die Lady von Shanghai), Ernie Kovacs (Meine Braut ist übersinnlich), Peter Finch (Marsch durch die Hölle, Panzerschiff Graf Spee), Stanley Baker (Eva), Dennis Morgan (Piratenblut), Philip Dorn (Geständnis einer Mutter) und Gilbert Roland (Der Tod war schneller).

Tina Eilers (1910–1983)

Tina Eilers wurde im mährischen Brünn als Augustina von Cleve geboren. Ab 1934 spielte sie Theater in Berlin, z. B. im Renaissancetheater 1936 in Sudermanns *Schmetterlingsschlacht* und 1937 in *Fedora*. Sie war in zahlreichen Filmen zu sehen: Eine Nacht in Venedig (1933), Boccaccio (1936), Weisser Flieder (1940), Ich glaub' an dich (1945), Mathilde Möhring (1950). Danach zog sie sich jedoch vom Film zurück, synchronisierte hauptsächlich – wie bereits vor dem Krieg – und war in dieser Branche auch als Dialogautorin tätig.

Ihre erste bedeutende Rolle war Arletty in dem Klassiker Kinder des Olymp (Diese Synchronisation von 1947 ist jedoch 1964 durch eine neue Fassung ersetzt worden). Dann folgte die junge Doris Day (Zaubernächte in Rio, Mein Traum bist du), außerdem: Bette Davis (Teuflisches Spiel), Ava Gardner (Venus macht Seitensprünge), Greer Garson (Julia benimmt sich schlecht), Ann Sheridan (Ich war eine männliche Kriegsbraut), Angela Lansbury (Samson und Delilah), Virginia Mayo (Vogelfrei), Barbara Bel Geddes (Unter Geheimbefehl), Maureen Stapleton (Hotelgeflüster), Maria Casarès (Die Kartause von Parma), Kate Reid (Atlantic City), Sylvia Sidney (Sommerwünsche – Winterträume), Hermione Gingold (Versprich ihr alles) und Helen Hayes (Unternehmen Entebbe).

Mathias Einert (1954–2004)

Mathias Einert wurde in Hannover geboren und studierte zunächst Meteorologie. Mit der Schauspielerei hatte er aber schon weit vorher begonnen, er spielte nämlich in zahlreichen, z. T. renommierten Fernsehspielen Kinder- und Jugendliche-Rollen: Jedermannstrasse 11 (1962), Ein Wochenende des Alfred Berger (1972), Jugend einer Studienrätin (1972), Unter Denkmalschutz (1975), Partner gesucht (1977), Jauche und Levkojen (1978), Nirgendwo ist Poenichen (1980) und Martin Luther (1983).

Auch in der Synchronisation war er seit den 1970er Jahren auf Jugendliche und junge Männer abonniert. Hier hatte er auch seine bekannteste Rolle: Bud Cort in dem Klassiker Harold und Maude. Hinzu kamen Hugh Grant in Maurice, Antonio Banderas in Das Gesetz der Begierde, Tim Roth in Alle sagen I Love You, Mark Harmon (Flamingo Road, Presidio), John Turturro (Fearless), Sean Bean (Stormy Monday), Mitch Vogel (Der Gauner), Aidan Quinn (Legenden der Leidenschaft) und in Serien Dirk Benedict (Das A-Team) und Andrew McFarlane (Die fliegenden Ärzte).

Arne Elsholtz (*1944)

Arne ist der Sohn des Schauspielers, Regisseurs, Synchronregisseurs und Dialogautors **Peter Elsholtz** (1907–1977; dieser spielte 1936 die Titelrolle in dem Film Truxa und erstellte u. a. die deutschen Fassungen von Der Schatz der Sierra Madre und Die 12 Geschworenen) und der Schauspielerin und Dialogautorin **Karin Vielmetter** (sie schrieb die Bücher zu Wiegenlied für eine Leiche und Die vier Söhne der Katie Elder). Da der Apfel nicht weit vom Stamm fiel, stand Arne schon in jungen Jahren im Synchronatelier und führte bereits mit 19 seine erste Synchronregie! Er nahm Schauspielunterricht bei Marlise Ludwig und spielte in den 1960er Jahren kleinere Rollen an den Berliner

Hans Emons (1907–1970)

Hans Emons wurde in Bonn geboren und debütierte 1927 in seiner Heimatstadt. Dann spielte er Theater in Basel, Königsberg, Koblenz, 1943–44 am Deutschen Theater in Lille, 1945–48 am Staatstheater Dresden, dann am Schiller- und Schlossparktheater Berlin, an der Volksbühne 1957 in *Die Weber*, 1960–63 in Lübeck, 1963–70 am Badischen Staatstheater Karlsruhe. Zu seinem Repertoire gehörten der Richter von Zalamea, Shylock, Miller, Odoardo, Kreon und Fuhrmann Henschel. Auch im Film war er zu sehen: GRUBE MORGENROT (1948), DAS MÄDCHEN CHRISTINE (1948), DIE BLAUEN SCHWERTER (1950), DIE BRÜCKE (1950), LIEBE OHNE ILLUSION (1955) und REPORTAGE 57 (1958). Sein Sohn Hans-Heinz Emons war Chemieprofessor in der DDR und 1989/90 Bildungsminister.

In der Synchronisation war Emons hauptsächlich für die Bösewichter zuständig, auch in Klein- und Kleinstrollen (kaum ein Western kam ohne ihn aus). Zu seinen wichtigeren Aufgaben gehörten Humphrey Bogart (DER TIGER), Barton MacLane (GEHETZT, DAS Theatern. Neben einigen Fernsehauftritten (DER FALL MICHAEL REIBER, ZDF 1965, mit ↪ Thomas Danneberg in der Titelrolle, IN DER MITTE DES LEBENS, 2002) und Hörspielrollen (*Träumen Androiden?*, BR 1999 – die Hörspielversion von BLADE RUNNER), konzentrierte er sich völlig auf die Synchronarbeit und spätestens seit den 1980er Jahren gehört er zu den bedeutendsten Synchron-Profis (Sprechen, Dialoge, Regie).

Zu seinen Stamm-Schauspielern gehören Tom Hanks (APOLLO 13, FORREST GUMP, SCHLAFLOS IN SEATTLE), Kevin Kline (EIN FISCH NAMENS WANDA, IN & OUT), Jeff Goldblum (JURASSIC PARK, INDEPENDENCE DAY), Bill Murray (GHOSTBUSTERS) und Eric Idle (DAS LEBEN DES BRIAN). Außerdem ist er zu hören für Jonathan Pryce (JUMPIN JACK FLASH), Bruce Lee, Patrick Dewaere (DIE AUSGEBUFFTEN), Al Pacino in CRUISING und Steve Guttenberg (POLICE ACADEMY). Zu seinen wichtigsten Dialog- und Regiearbeiten gehören SATURDAY NIGHT FEVER, DER ELEKTRISCHE REITER, INDIANA JONES, E.T., AM GOLDENEN SEE und KAGEMUSHA. 2003 erhielt Elsholtz den Synchronsprecherpreis des Lippstädter Wortfestivals.

Geheimnis der fünf Gräber), James Cagney (Spionage in Fernost), Paul Douglas (Vor dem neuen Tag), Preston Foster (Der Verräter), Pedro Armendáriz (Befehl des Gewissens), Georges Coulouris (Johanna von Orléans), Stanley Field (Meuterei auf der Bounty) und Paul Birch (Kampf der Welten).

Heinz Engelmann (1911–1996)

Bevor der Berliner Engelmann Schauspielunterricht nahm, absolvierte er die Hochschule für Leibesübungen und eine kaufmännisch-technische Ausbildung. Schließlich landete er als Autoverkäufer bei BMW in Berlin. Der Drehbuchautor Charles Klein kaufte bei ihm einen Wagen und brachte ihn zum Film. Nach seinem Debüt als Kürassier in Karl Ritters Pour le Mérite (1938) war der Leutnant Strahl in Werner Hochbaums Drei Unteroffiziere (1939) seine beste Rolle und sein bester Film. Den größten Publikumserfolg hatte er aber an der Seite von Magda Schneider in Gerhard Lamprechts Mädchen im Vorzimmer (1940). Seine Auftritte in Propagandafilmen wie Heimkehr, D-III-88 und U-Boote westwärts (Hauptrolle des Leutnant Wiegand) korrespondieren mit seiner eigenen Tätigkeit als Luftwaffenoffizier. Nach einer dramatischen Flucht aus der Kriegsgefangenschaft musste Engelmann zunächst «improvisieren»: Er arbeitete als Holzfäller, Malergehilfe und Lastwagenfahrer in Northeim, aber über die «Schmiere» in Bad Lauterberg und ein Engagement in Hildesheim kam er auch wieder zum Film, wo er an seine Vorkriegskarriere anknüpfen konnte: Derby (1949), Die Martinsklause (1951), Die Spur führt nach Berlin (1952), Herr Puntila und sein Knecht Matti (1956), Made in Germany (1957), Haie und kleine Fische (1957). Populär wurde er durch zahlreiche Fernsehserien: als Kommissar in Stahlnetz (1958–69), Kriminalmuseum (1963–67), Vater unser bestes Stück, Drei Frauen im Haus, Junger Herr auf altem Hof, Förster Horn.

Ein tiefes, wohlklingendes Organ, das vor allem Vertrauen und Sicherheit ausstrahlt, prädestinierte Engelmanns Synchronkarriere, die ihre Höhepunkte mit John Wayne (Engelmann war die Alternativbesetzung zu ↻ Arnold Marquis) und William Holden (Sabrina, Stalag 17, Der letzte Befehl) hatte. Häufig zu hören ist er ferner für Gary Cooper (Der Mann aus dem Westen), Randolph Scott (Auf eigene Faust), Gregory Peck (Bravados), Sterling Hayden (Dr. Seltsam), Joseph Cotten (Duell in der Sonne), Jack Hawkins (Mandy), José Ferrer (Moulin Rouge), Eddie Constantine (Lemmy Caution gegen Alpha 60), Humphrey Bogart (Arzt im Zwielicht), Henry Fonda (Der falsche Mann), Jean Marais (Der Graf von Monte Christo), Rock Hudson (Giganten),

Johnny Weissmüller als DSCHUNGEL JIM und George Nader als JERRY COTTON.

Rita Engelmann (*1942)

Nach dem Besuch der Max-Reinhardt-Schule spielte Rita Engelmann Theater in Berlin. Sie trat häufig am Schiller-Theater auf (u.a. in *Lumpazivagabundus*, *Der Bürger als Edelmann*, *Macbeth*) und an der Komödie, spielte aber auch in München und Köln. In dem sozialkritischen Spielfilm VERA ROMEYKE IST NICHT TRAGBAR (Max Willutzki, 1976) verkörperte sie die Titelrolle, eine Lehrerin. Auch in Fernsehspielen wirkte sie mit, z.B. AUF BEFEHL ERSCHOSSEN (1972), ZERFALL EINER GROSSFAMILIE (1974) und EIN VOGEL AUF DEM LEIM (1981). Verheiratet ist Rita Engemann mit dem Schauspieler **Uli Kinalzik**. Er synchronisierte u.a. Treat Williams in PRINCE OF THE CITY.

Rita Engelmanns prominenteste Synchronrolle ist wahrscheinlich Linda Grey als «Sue Ellen» in DALLAS (weitere Serien-Hauptrollen waren Meredith Baxter in BRIDGET & BERNIE, Susan Howard in PETROCELLI, Susan Dey in L.A. LAW und Gates McFadden in STAR TREK). Bedeutender aber waren Catherine Deneuve in MARSCHIER ODER STIRB und MARIE BONAPARTE sowie Kim Novak in der zweiten Fassung von VERTIGO (1984). Ferner: Dominique Sanda (DIE PURPURNEN FLÜSSE), Faye Dunaway (DON JUAN DE MARCO), Helen Mirren (EXCALIBUR), Candice Bergen (MISS UNDERCOVER), Miranda Richardson (SLEEPY HOLLOW), Carmen Maura (VOLVER), Veronica Forqué (KIKA), Jennifer Coolidge (AMERICAN PIE), Jacqueline Bisset (DOMINO), Jamie Lee Curtis (THE FOG), Caroline Goodall (SCHINDLERS LISTE) und Stefania Sandrelli (DIE FAMILIE).

Eva Eras

Eva Eras gehört zu den großen Stimmpersönlichkeiten der Nachkriegszeit, die sich mit wenigen prononcierten Synchronrollen ins «akustische Gedächtnis» der Filmgeschichte eingeschrieben haben, über die selbst aber wenig bekannt ist. Sie spielte Theater in Berlin, Dresden, Bremen, Leipzig, Prag und nach dem Krieg wieder in Berlin (1953 am Hebbel-Theater in *Defraudanten* von Alfred Polgar). Einen Filmauftritt hatte sie in ES GIBT NUR EINE LIEBE (1933 mit Heinz Rühmann). Sie war mit einem italienischen Diplomaten verheiratet, mit dem sie sich in den 1960er Jahren nach Italien zurückzog. Damit verabschiedete sie sich auch vom Schauspielen und Synchronisieren – ein großer Verlust, denn diese begnadete Stimme war einmalig.

Ihre Paraderollen waren dominante Frauen, bei denen die Männer nicht viel zu lachen hatten, weil sie schon von diesem Stimmvolumen hinweggefegt wurden. In den fünfziger Jahren war Eva Eras feste deutsche Stimme von Anna Magnani, deren Lachsalven und Wortkaskaden sie kongenial nachempfand. Erste Wahl war sie außerdem für Bette

Davis (ALLES ÜBER EVA, DIE JUNGFRÄULICHE KÖNIGIN, WIEGENLIED FÜR EINE LEICHE) und Joan Crawford (ERPRESSUNG, HUMORESKE, HEMMUNGSLOSE LIEBE, DIE LÜGNERIN), für Marlene Dietrich sprach sie in ENGEL DER GEJAGTEN. Zum Typus «Männerschreck» gehörte Martha Raye mit ihrer vulgären Lache in MONSIEUR VERDOUX (die der Titelheld vergeblich versucht umzubringen), anders angelegt waren Esther Minciotti in MARTY, Katina Paxinou in WEM DIE STUNDE SCHLÄGT und ROCCO UND SEINE BRÜDER, Mona Washburne in FRANZÖSISCHE BETTEN und Mary Nash in DIE NACHT VOR DER HOCHZEIT.

Hansjörg Felmy (1931–2007)

Felmy wurde als Sohn eines Fliegergenerals in Berlin geboren und wuchs in Braunschweig auf, wo er auch sein Theaterdebüt hatte. Er spielte in Aachen und an den Städtischen Bühnen Köln, vor allem in Stücken der «gemäßigten Moderne» (O'Neill, T.S. Eliot, Christopher Fry, Zuckmayer). 1956 wurde er für DER STERN VON AFRIKA erstmals für einen Film besetzt, wo er fortan oft bestimmte Tugenden verkörperte: Offenheit, Mut, Vertrauenswürdigkeit, versetzt mit einem Schuss Skepsis und Melancholie. Seine Filmografie verzeichnet fast durchweg Streifen höheren Niveaus: HAIE UND KLEINE FISCHE (1957), WIR WUNDERKINDER (1958), BUDDENBROOKS (1959), SCHACHNOVELLE (1960), DIE GLÜCKLICHEN JAHRE DER THORWALDS (1966). Hitchcock, der ihn in der SCHACHNOVELLE als Gestapo-Mann gesehen hatte, besetzte ihn zusammen mit ↪ Wolfgang Kieling und Günter Strack in TORN CURTAIN (1966). Nach Hollywood ging Felmy deshalb freilich nicht, sondern zum Fernsehen, wo er 1973–80 mit dem TATORT-Kommissar Haferkamp seinen größten Erfolg hatte. Danach spielte er wieder Theater, ging sowohl mit Boulevardstücken als auch mit Ibsen auf Torneen und trat mit Rezitationen auf (Ringelnatz). Auf den Bildschirm kehrte er wieder zurück mit Serien wie ABENTEUER AIRPORT (1990), und HAGEDORNS TOCHTER (1994).

Felmys Synchronrollen waren nicht sehr zahlreich, aber sorgsam ausgewählt. Prägnant waren seine Interpretationen von Jack Nicholson – CHINATOWN: ein cineastischer Höhepunkt, BERUF: REPORTER: ein filmkünstlerisches Meisterwerk; hinzu kamen DAS LETZTE KOMMANDO und DER KÖNIG VON MARVIN GARDENS. Felmy sprach außerdem für Kirk Douglas in ZWEI DRECKIGE HALUNKEN, Steve McQueen in GETAWAY, Roy Scheider in DER WEISSE HAI, Michael Caine in MORD MIT KLEINEN FEHLERN, Franco Nero in DIE GEFÜRCHTETEN ZWEI, Richard Chamberlain in TSCHAIKOWSKY und Jean Gabin in einer neuen Synchronfassung von BESTIE MENSCH.

Rosemarie Fendel (*1927)

Geboren in Metternich bei Koblenz, aufgewachsen in Böhmen, nahm Rosemarie Fendel Schauspielunterricht bei Maria Koppenhöfer und debütierte an den

Münchner Kammerspielen. Sie spielte in Tübingen und in Düsseldorf unter Gründgens, 1973–77 wieder an den Münchner Kammerspielen (z. B. als Mari Gaila in *Worte Gottes* von Ramón del Valle-Inclán), 1980–84 war sie Ensemblemitglied des Schauspiels Frankfurt und profilierte sich als «Spezialistin für Neurotikerinnen, die bedrängten, verklemmten Charakteren ein breites Spektrum an Ausdrucksvaleurs abgewinnen kann» (Günther Schloz), z. B. als Mutter in Strindbergs *Pelikan* (1982). Danach arbeitete sie u. a. am Theater in der Josefstadt (auch als Regisseurin). Sowohl auf der Bühne als auch im Film spielte sie häufig unter der Regie ihres langjährigen Lebensgefährten Johannes Schaaf: TÄTOWIERUNG (1967), TROTTA (1971), TRAUMSTADT (1973), MOMO (1986, auch Drehbuch). Sie hatte Hauptrollen in zahlreichen Fernsehspielen und -serien, z. B. THEODOR CHINDLER (ARD 1979), BEATE S. (ZDF 1979), GOLDJUNGE (Sven Severin, ZDF 1989), REISE NACH WEIMAR (Dominik Graf, ARD 1996), LEINEN LOS FÜR MS KÖNIGSTEIN (ARD 1997), LIEBE, LÜGE, LEIDENSCHAFTEN (2001), IN DER HÖHLE DER LÖWIN (2003), MENSCH MUTTER (2004, zusammen mit ihrer Tochter Suzanne von Borsody), FAMILIE SONNENFELD (seit 2005), WENN DU MICH BRAUCHST (2006), DAS ZWEITE LEBEN (2007), DIE SCHWESTER (2010, Hauptrolle mit Cornelia Froboess), AM ENDE DIE HOFFNUNG (2011).

«Rosemarie Fendel erkennt man an ihrem samtenen Ton» (C. Bernd Sucher) – das gilt auch für ihre Hörspielrollen und Hörbuch-Lesungen, erst recht aber für ihre Synchronarbeit: Jeanne Moreau (VIVA MARIA, DIE BRAUT TRUG SCHWARZ), Elizabeth Taylor (SPIEGELBILD IM GOLDNEN AUGE, DAS EINZIGE SPIEL IN DER STADT), Annie Girardot (AUS LIEBE STERBEN, DIE OHRFEIGE, DIE KLAVIERSPIELERIN, CACHÉ), Anouk Aimée in 8 1/2, Myrna Loy im DÜNNEN MANN, Valentina Cortese (DIE FREUNDINNEN), Lea Massari (HERZFLIMMERN), Lauren Bacall (EIN FALL FÜR HARPER), Claire Bloom in BLICK ZURÜCK IM ZORN, Stéphane Audran (DIE UNBEFRIEDIGTEN) Françoise Fabian (EIN GLÜCKLICHES JAHR) und Joan Crawford in der Neusynchronisation von SOLANGE EIN HERZ SCHLÄGT.

Erich Fiedler (1901–1981)

Fiedler war nicht nur eine der originellsten Stimmen aus der Glanzzeit der deutschen Filmsynchronisation, sondern auch als Theater- und Filmschauspieler ein Allround-Talent, «sowohl der Mann der unfreiwilligen Komik, über dessen Missgeschick der schadenfrohe Zuschauer sich amüsieren konnte, als auch der Bösewicht, der zu den gemeinsten Schurkereien fähig war» (Wolfgang Marquardt). Der gebürtige Berliner studierte zunächst Kunstgeschichte, dann an der Max-Reinhardt-Schule des Deutschen Theaters. Bei Max Reinhardt spielte er herausragende Rollen, z. B. Moritz Stiefel in *Frühlings Erwachen* und Edscha Auer (DER GROSSE BLUFF), Basil Rathbone (DER HOFNARR, WIR SIND KEINE ENGEL), Ralph Richardson (UNSER MANN IN HAVANNA), Wilfrid Hyde-White (L – DER LAUTLOSE), Peter Cushing (DER HUND VON BASKERVILLE), David Niven (DIE SCHWARZE DREIZEHN), Marcel Dalio (BETTGEFLÜSTER, WIE KLAUT MAN EINE MILLION?), Ferdy Mayne (TANZ DER VAMPIRE) und John Carradine (DER MANN AUS KENTUCKY).

Sebastian Fischer (*1928)

In Berlin geboren, besuchte Fischer die Max-Reinhardt-Schule. 1948 spielte er die Titelrolle in *Gyges und sein Ring* am Hebbeltheater: «Der junge Sebastian Fischer als Gyges hat diese Festigkeit schon in dem herzhaften Jünglingston, im Wurf der Rede und Gebärde, deren Überschwang sich verwirren, doch nicht verirren kann. Unter allen heroischen Jünglingsspielern, die in Berlin neu ankamen, scheint dieser die sicherste Hoffnung.» (Paul Rilla) Von 1948–55 gehörte er zum Ensemble des Schiller- und Schlossparktheaters. Hier spielte er u. a. Prinz Friedrich von Homburg, Max Piccolomini, Ferdinand (*Kabale und Liebe*), den Tempelherrn in *Nathan der Weise* – Walther Karsch begar in *König Lear*. Trotz Ausflügen in die Provinz blieb Berlin seine Hauptwirkungsstätte, wo er auch als Kabarettist, Sänger und Conferencier auftrat. Er spielte in ca. 100 Filmen mit, u.a. DER STUDENT VON PRAG (1935), INKOGNITO (1936), SIEBEN OHRFEIGEN (1937), DER ETAPPENHASE (1937), KORA TERRY (1940), ICH HAB VON DIR GETRÄUMT (1943), MEIN VATER, DER SCHAUSPIELER (1956), DER TOLLE BOMBERG (1957) und SCALA TOTAL VERRÜCKT (1958). Sein Spezialgebiet war der verschmähte Liebhaber: «Die Ohrfeigen und Kinnhaken, die ich in diesem Fach erhielt, sind nicht zu zählen.» (Fiedler) In den 1960ern spielte er auch modernes Theater (Kipphardt, Sartre, Dürrenmatt) in Piscators Freier Volksbühne.

Seine Synchronisationen, mit denen er schon in den 1930er Jahren begann, waren fast immer akustische Kabinettstückchen – Figuren der zweiten oder dritten Reihe, die durch sein nasales Flöten, das meist eine hintergründige Charakterkomik ins Stimmliche transponierte, aufgewertet wurden. Seine Paraderolle war Robert Morley (TOPKAPI, DER WACHSBLUMENSTRAUSS), stellvertretend zu nennen sind ferner: Mi-

merkte «den Trotz, die edle Sturheit des unbedingten Jünglings, den schönen Schwung, den Schmerz und die erste Enttäuschung der Jugend». 1955 wechselte Fischer ans Schauspielhaus Hamburg und gehörte dem Gründgens-Esemble bis 1962 an. Hier spielte er Tellheim, Don Carlos, den Standhaften Prinzen, Fortinbras, Oberon und nochmals Gyges. 1963 ging er ans Wiener Burgtheater, wo er zu sehen war als Antonio in *Viel Lärm um nichts*, Marc Anton in *Julius Caesar*, Molières *Bürger als Edelmann* (1973 in der Inszenierung von Jean-Louis Barrault), als Herzog in *Torquato Tasso*, Hektor in *Troilus und Cressida* und als Graf in Sternheims *Snob*. Filmhauptrolle hatte er nur eine: 1955 in HOTEL ADLON.

Mit seinem Timbre, das vor allem jugendliche Entschlossenheit und Unerschütterlichkeit ausstrahlte, war er zunächst die deutsche Stimme von Tony Curtis (DER SOHN VON ALI BABA, SEINE LETZTE CHANCE), bevor diese Rolle an ⇨ Herbert Stass überging. In den 1960er Jahren war Fischer Peter O'Toole (z. B. in LAWRENCE VON ARABIEN und LORD JIM), sprach außerdem für Gérard Depardieu (CYRANO DE BERGERAC, CAMILLE CLAUDEL), Lawrence Harvey (STURM ÜBER DEM NIL), Richard Burton (DAS GEWAND), Rock Hudson (MEUTEREI AM SCHLANGENFLUSS), Roddy McDowell (CLEOPATRA), Trevor Howard in BEGEGNUNG (ZDF 1964), David Janssen als «Dr. Kimble» in AUF DER FLUCHT, Roger Moore (DIANE – KURTISANE VON FRANKREICH) und John Derek (VOR VERSCHLOSSENEN TÜREN).

Peter Flechtner (*1963)

Peter Flechtner stand schon mit 14 Jahren für den TV-Mehrteiler EIN MANN WILL NACH OBEN vor der Kamera und mit 16 am Ku'damm und am Schlossparktheater auf der Bühne (unter Boy Gobert in *Sozialaristokraten*). In seiner Heimatstadt Berlin nahm er auch Schauspielunterricht bei Erika Dannhoff und ⇨ Maria Körber. Von ⇨ Klaus Sonnenschein wurde er 1985 an die «Tribüne» engagiert. Hier spielte er mit ⇨ Detlef Bierstedt und ⇨ Oliver Rohrbeck in *Willkommen, ihr Helden* von Toni Marchant, in *Der zerbrochene Krug* (1986 als Ruprecht) und *Der Trauschein* von Kishon (1987). Außerdem trat er am Hansa-Theater, an der Vagantenbühne (in *Der Klassenfeind* als Fetzer) und wiederholt am Ku'damm auf (zuletzt 2002 in *Das Fenster zum Flur* mit Edith Hancke). Parallel zum «etablierten» Theater spielte er auch in «Off»-Produktionen mit, z. B. mit ⇨ Uwe Büschken am «Freien Schauspiel» in *Nepal* von Urs Widmer und *Gott* von Woody Allen. Im Film wirkte er in den 1990er Jahren in zwei internationalen Produktionen mit: SHINING THROUGH (1992 mit Michael Douglas und Melanie Griffith) und Spielbergs SCHINDLERS LISTE (1994). Auf dem Bildschirm ist er in Serien wie TATORT, DREI DAMEN VOM GRILL, PRAXIS BÜLOWBOGEN, ROSA ROTH und

WOLFFS REVIER zu sehen, im Hörspiel spricht er die Hauptrolle in der SF-Reihe *Takimo – Abenteuer eines Sternreisenden*.

Ende der 1980er Jahre begann Flechtner mit dem Synchronisieren. An dieser Tätigkeit schätzt er vor allem die Vielfalt an Rollen, die er als Schauspieler immer gesucht hat: heute Jesus, morgen ein Terrorist. Er ist feste Stimme für Ben Affleck (z. B. in ARMAGEDDON, PEARL HARBOUR, SMOKING ACES, DIE HOLLYWOOD-VERSCHWÖRUNG) und synchronisierte in mittlerweile über 600 Filmen, darunter Timothy Olyphant (STIRB LANGSAM 4.0, HITMAN), Billy Crudup (DER GUTE HIRTE, MISSION IMPOSSIBLE 3, LIEBE IST NERVENSACHE), Jason Lee (ALVIN AND THE CHIPMUNKS), Piotr Adamczyk (KAROL – KAROL WOJTILA), Jeremy Sisto (DIE BIBEL – JESUS), Neil McDonough (MINORITY REPORT, TIMELINE, THE HITCHER), Hugh Jackman (SCOOP), Adrien Brody (DUMMY), Val Kilmer (MINDHUNTERS, PLAYED), Matt Damon (MUT ZUR WAHRHEIT), Don Cheadle (VOLCANO), Casper van Dien (STARSHIP TROOPERS), Andy Garcia (SWING VOTE, DIE JAZZ CONNECTION), Russell Crowe (DIE SUMME DER GEFÜHLE), Viggo Mortensen (HÖLLENJAGD NACH SAN FRANCISCO), Rob Lowe (ESCAPE UNDER PRESSURE, FLIGHT GIRLS), Ralph Fiennes (MIT SCHIRM, CHARME UND MELONE) sowie die Anime-Figur Lupin der 3. (auf DVD). Von seinen zahlreichen Serien-Rollen sind hervorzuheben: David James Elliot (J.A.G. – IM AUFTRAG DER EHRE, CLOSE TO HOME), Matthew Fox in LOST, William Fichtner in PRISON BREAK, Jack Davenport in COUPLING, Alexander Armstrong in DR. FLYNN, Timothy Omundson in PSYCH, John Barrowman in TORCHWOOD, Dean MacDermott in MISSING, und Doug Savant in DESPERATE HOUSEWIVES (hier sprechen übrigens auch Flechtners Zwillingssöhne Marlon und Lennart mit).

Dietrich Frauboes (1918–1979)

Der gebürtige Leipziger ließ sich in Berlin zunächst zum Werbegraphiker ausbilden, absolvierte dann ein Schauspiel- und Gesangsstudium. 1946 debütierte er am Volkstheater Stuttgart und spielte dann in Berlin: am Rheingau-Theater (1948 als Marquis Posa), Hebbel-Theater (1953 Orsini in *Was ihr wollt*), Tribüne, Ku'damm, Freie Volksbühne (1974 in *Equus*). Im RIAS wirkte er in zahlreichen Kabarettsendungen mit. Zu seinen Filmarbeiten zählen THE BATTLE OF BRITAIN (1969), JEDER STIRBT FÜR SICH ALLEIN (1975), LIEB VATERLAND MAGST RUHIG SEIN (1976), DIE BLECHTROMMEL (1976). Sein bedeutendstes Fernsehspiel war das Dokumentarstück DER REICHSTAGSBRANDPROZESS (Tom Toelle, ARD 1967), außerdem trat er in Serien wie TATORT und DERRICK auf.

Frauboes synchronisierte häufig den britischen Komödianten Terry-Thomas (DIE TOLLKÜHNEN MÄNNER IN IHREN FLIEGENDEN KISTEN, FREMDE BETTGESELLEN, DIE MONTE CARLO RALLYE) sowie Bob Cummings (DIE UNERSÄTTLICHEN, IMMER MIT EINEM ANDEREN,

Versprich ihr alles) und Lionel Jeffries (Arrivederci, Baby!, Der Spion mit der kalten Nase), außerdem Jimmy Thompson (Du sollst mein Glücksstern sein), Georges Guétary (Ein Amerikaner in Paris), Arthur Kennedy (Der blonde Tiger), Martin Landau (Der unsichtbare Dritte), Steve McQueen (Wenn das Blut kocht), Carl Reiner (Bei Madame Coco) und Dennis Price (Draculas Hexenjagd).

Stefan Fredrich (*1954)

Stefan Fredrich wurde in Berlin geboren, studierte dort an der Hochschule für Musik und besuchte die Schauspielschule Fritz Kirchhoff. Anschließend war er zehn Jahre Ensemblemitglied des Grips-Theaters und hatte Engagements am Ku'damm und am Winterhuder Fährhaus Hamburg.

In der Synchronisation, wo er gelegentlich auch Regie führt, etablierte er sich als Feststimme von Jim Carrey (Simon Bird, Ace Ventura, Die Maske, Dumm und dümmer, Truman Show, Ich, beide und sie). Genauso häufig ist er für John Turturro zu hören (The Big Lebowski, Collateral Damage, Quiz Show, O Brother Where Art Thou?, Transformers). Außerdem gehören zu seinen vielen Rollen Oliver Platt (Die Jury, Dr. Doolittle), Tom Sizemore (Strange Days, Pearl Harbour), Andy Garcia (Nacht über Manhattan), Johnny Depp (Arizona Dream), Bill Paxton (Twister), John C. Reilly (Der Sturm), Chris Penn (Short Cuts), Meat Loaf (Fight Club, The Mighty), Tim Robbins (Mystic River), Colin Firth (Shakespeare in Love), Michael Rapaport (Deep Blue Sea) und Philip Seymour Hoffman (Der Duft der Frauen).

Uwe Friedrichsen (*1934)

Schon mit 19 Jahren gründete Uwe Friedrichsen sein eigenes «Theater 53» in seiner Geburtsstadt Hamburg. Von 1956–68 gehörte er zum Ensemble des Schauspielhauses Hamburg, wo er unter Gründgens, Oscar Fritz Schuh, G. R. Sellner u. a. spielte. Bei den Ruhrfestspielen trat er 1967 als Bürger Schippel auf, an der Freien Volksbühne Berlin 1970 als Jean in *Fräulein Julie* und 1979 unter Peter Zadek als Oronte in Molière/Enzensbergers *Menschenfeind*. Herbert von Karajan engagierte ihn als Rezitator von Liederzyklen (Schönberg), womit er an der Mailänder Scala und der Londoner Royal Albert Hall gastierte (1977 nahm Uwe Friedrichsen übrigens eine eigene LP auf: «Es geht immer ein bisschen Lack ab»). Am Hamburger Thalia-Theater arbeitete er in den 1980er Jahren auch als Regisseur (u. a. Harold Pinter und Clifford Odets). Am Ernst-Deutsch-Theater spielte er 2003 in *Das Urteil von Nürnberg* und 2009 die Titelrolle in Ibsens *John Gabriel Borkman*. Auf dem Bildschirm ist sein Name sowohl mit den frühen Sternstunden des Fernsehspiels (z. B. Besuch aus der Zone von Dieter Meichsner, 1958) als auch mit Unterhaltungsserien verbunden: John

KLINGS ABENTEUER (ZDF 1969), STADT OHNE SHERIFF (ZDF 1972), SCHWARZ ROT GOLD (ARD 1982 als Zollfahnder Zalukowski), ZWEI SCHWARZE SCHAFE (ZDF 1984) und OPPEN UND EHRLICH (ARD 1992). Auf Hörbüchern ist er u.a. als Kurt-Tucholsky-Leser zu hören. Er übernahm auch die Titelrolle in der Perry-Rhodan-Hörspielserie (1983).

In der Synchronisation war Uwe Friedrichsen die Idealbesetzung für coole, abgeklärte Typen wie Donald Sutherland in M.A.S.H. oder Jon Voight in ASPHALT COWBOY. Alternativ zu ◯ Klaus Schwarzkopf sprach er mehrfach für Peter Falk (COLUMBO, EINE FRAU UNTER EINFLUSS), ferner: James Fox in PERFORMANCE, Tom Berenger (PLATOON), Michael York (DIE VIER MUSKETIERE), Sidney Poitier (MÖRDERISCHER VORSPRUNG), Bruce Dern (AUCH EIN SHERIFF BRAUCHT MAL HILFE), Danny Glover (LETHAL WEAPON, DIE FARBE LILA).

Gisela Fritsch (*1936)

Gisela Fritsch wurde in Berlin geboren und besuchte die Fritz-Kirchhoff-Schauspielschule. Theater spielte sie in Berlin vor allem am Renaissancetheater (1969 in *Das Haus von Montevideo*), an der Tribüne, am Staatstheater Kassel und bei den Ruhrfestspielen. Sie hatte in jungen Jahren auch mehrere Filmrollen: 1954 als Prinzessin in KÖNIG DROSSELBART (◯ Ottokar Runze spielte die Titelrolle), ACHT MÄDELS IM BOOT (1958), HEUTE KÜNDIGT MIR MEIN MANN (1962). Im Fernsehspiel war sie zu sehen in KUBINKE, DIE REISE NACH MALLORCA, EINE ZERSTÖRTE ILLUSION, IM RESERVAT, EIN TYPISCHER FALL, DIE KOMMODE und DIE MITLÄUFER. Auch in Hörspielen wirkte sie mit, z.B. in *Die letzte Visite* (SFB 1969), ihre populärste Rolle jedoch war «Karla Kolumna» in der *Benjamin-Blümchen*-Serie. Verheiratet ist Gisela Fritsch mit ◯ Joachim Pukaß.

In der Synchronisation ist sie vor allem mit zwei Damen fest verbunden: Judi Dench («M» in den neuen JAMES BOND-Filmen) und Fanny Ardant (z.B. in DIE FRAU NEBENAN, AUF LIEBE UND TOD). Außerdem sprach sie mehrmals für Susan Sarandon (ATLANTIC CITY, LIGHT SLEEPER, BETTY UND IHRE SCHWESTERN), zu ihren weiteren Partnerinnen gehören Karen Black (FAMILIengrab, Nashville), Cybill Shepherd (Daisy Miller, Taxi Driver), Catherine Deneuve (Ekel), Tuesday Weld (Auf der Suche nach Mr. Goodbar), Shelley Duvall (Drei Frauen), Sinéad Cusack (Waterland), Caroline Kava (Geboren am 4. Juli) und Cloris Leachman (Spanglish). Ihre prominenteste Serien-Rolle war Linda Evans als Krystle Carrington in Denver Clan.

Thomas Fritsch (*1944)

Der Sohn des UFA-Filmstars Willy Fritsch und der Tänzerin Dinah Grace wurde in Dresden geboren und wuchs in Hamburg auf. Dort nahm er Schauspielunterricht bei Eduard Marks und debütierte 1964 in Heidelberg in Candida. Seine Filmkarriere startete 1962 mit Julia du bist zauberhaft und setzte sich mit weiteren harmlosen Lustspielen fort: Das schwarz-weiss-rote Himmelbett (1962), Das grosse Liebesspiel (1963), Der letzte Ritt nach Santa Cruz (1964) und Das hab ich von Papa gelernt (1964, zusammen mit seinem Vater). Doch der frühe Ruhm verblasste schnell, das Image vom «hübschen Bengel» erwies sich für andere Rollen als hinderlich. Fritsch kämpfte sich durch Tourneen mit Boulevard-Stücken wieder nach oben, ohne seinen jungenhaften Charme zu verlieren. Einen legendären Auftritt als «Teekanne» (ohne Dialog) legte er in der Kommissar-Folge «Der Papierblumenmörder» (1969) hin. Weitere Serien mit Fritsch waren Derrick, Der Alte, Ein Fall für zwei, Siska, Der Bergdoktor, Glückliche Reise und Rivalen der Rennbahn und Meine wunderbare Familie. 2004 spielte er am Ernst-Deutsch-Theater Hamburg in Hochzeitsreise mit ➲ Judy Winter und hatte ein Film-Comeback mit Der Wixxer.

Seit den 1990er Jahren ist Fritsch auch umfangreich in der Synchronisation tätig, vor allem für Jeremy Irons (Stirb langsam – jetzt erst recht, Dungeons and Dragons, Königreich der Himmel), Russell Crowe (Gladiator, Master & Commander) und William Hurt (Smoke, Die Macht der Lüge). Hinzu kamen Bill Paxton in Titanic, Jeff Bridges in K-Pax, Sydney Pollack in Eyes Wide Shut, Edward James Olmos in Battlestar Galactica und mehrere Zeichentrickfiguren wie Diego in Ice Age und Scar in König der Löwen.

Andreas Fröhlich (*1965)

Andreas Fröhlich wurde in Berlin geboren und hatte als Schauspieler nicht viel mit Theater im Sinn. Stattdessen legte er von Anfang an den Schwerpunkt auf die Arbeit mit der Stimme. Als 13-Jähriger wurde er (zusammen mit ➲ Oliver Rohrbeck und Jens Wawrczeck) für die Kinder-Krimi-Hörspiel-Serie Die drei ??? ausgewählt, und der Rolle des Bob Andrews blieb er – da sich die Serie zu einem Dauerbrenner mit Kult-Status auswuchs – jahrzehntelang treu. Die Kassetten und CDs verkauften sich 25 Millionen Mal, und die Protagonisten

amcatcher), Gael García Bernal (La mala educación), Jean-Hugues Anglade (Der verführte Mann).

Katrin Fröhlich (*1968)

Wie ihr älterer Bruder ⮑ Andreas Fröhlich wurde Katrin Fröhlich in Berlin geboren. Nach ihrer Gesangs- und Schauspielausbildung spielte sie in Hamburg und München Theater (z. B. in *Ein seltsames Paar* an der Komödie im Bayer. Hof). Außerdem trat sie in den Filmen Wer hat Angst vor rot, gelb, blau (1991) und Das Superweib (1996) auf und wirkte auch in *Die drei ???* mit (Allie Jamison). Sie ist die deutsche Stimme von Cameron Diaz (Verrückt nach Mary, Drei Engel für Charlie, In den Schuhen meiner Schwester, Bad Teacher), Charlize Theron (Prometheus), Gwyneth Paltrow (Shakespeare in Love, Der talentierte Mr. Ripley, Flight Girls), Heather Graham (Die Wutprobe), Jennifer Jason Leigh (Letzte Ausfahrt Brooklyn, Fieberhaft), Preity Zinta (Lebe und denke nicht an morgen, Veer und Zaara) sowie im Fernsehen von Peta Wilson als Nikita und Katee Sackhoff in Battlestar Galactica.

traten öffentlich mit Lesungen auf und gingen auf Tournee. Andreas Fröhlich hatte auch Rollen im öffentlich-rechtlichen Hörspiel, z. B. in *Neunundreißigneunzig* (2002), *Die Rückkehr des Tanzlehrers* (2003), *Apeiron* (2003), *Tod einer roten Heldin* (2007), trat aber auch im Fernsehen auf (Bitte keine Polizei, 1975; Eine Klasse für sich, 1984). Selbstverständlich bereichert er auch das Medium Hörbuch mit Lesungen (John O'Farrell, Dave Eggers, Christopher Paolini: *Eragon*). Für *Doppler* von Erlend Loe erhielt Fröhlich 2010 den Deutschen Hörbuchpreis.

In der Synchronisation ist er nicht nur als Sprecher beschäftigt, sondern auch als Autor von Dialogbüchern und Regisseur (z. B. bei Der Herr der Ringe, Der Strand, American History X). Er ist feste deutsche Stimme von John Cusack (z. B. Weil es dich gibt, Identität), spricht häufig für Ethan Hawke (Der Club der toten Dichter, Gattaca) und Edward Norton (Fight Club, Roter Drache), des Weiteren: Ice Cube in Boyz'n the Hood, Patrick Dempsey (Outbreak), Rick Moranis (L. A. Story), Matthew Broderick (Freshman), Jason Lee (Dre-

Ernst Fritz Fürbringer (1900–1988)
Eine Schauspielkarriere strebte Fürbringer, der in Braunschweig geboren wurde, zunächst nicht an. Er fuhr zur See, war Freikorpskämpfer im Baltikum, Landwirt und Gutsinspektor in Ostpreußen und Holstein. Nach einer kaufmännischen Lehre arbeitete er als Stahlkaufmann in Hamburg. Dort erst nahm er Schauspielunterricht und debütierte 1925 an Erich Ziegels Kammerspielen. Zehn Jahre spielte er in Hamburg, 1935 wechselte er zum Münchner Staatsschauspiel. 1936 startete er seine Filmkarriere. Er spielte u. a. in TRUXA (1936), ES LEUCHTEN DIE STERNE (1938), FASCHING (1939), DAS FRÄULEIN VON BARNHELM (1940), ANDREAS SCHLÜTER (1942). Besonders hervorzuheben ist sein Schiffsbesitzer Sir Ismay in Herbert Selpins TITANIC (1943). Zu seinen besseren Nachkriegsfilmen gehören EIN HERZ SPIELT FALSCH (1953), ROBINSON SOLL NICHT STERBEN (1956), NACHTS, WENN DER TEUFEL KAM (1957), DER PAUKER (1958) – und nicht zu vergessen: sein «Sir Archibald» in den Edgar-Wallace-Filmen, denn das Angelsächsisch-Herrenhafte war Fürbringer auf den Leib geschrieben. Theater spielte er nach dem Krieg vorwiegend in München. Seine großen Bühnenrollen waren u. a. der König in *Don Carlos*, Piccolomini in *Wallenstein*, Burleigh in *Maria Stuart*, Jago in *Othello*, Bleichenwang in *Was ihr wollt* und Bolingbroke in *König Richard II*. Einen weiteren Schwerpunkt in Fürbringers Schaffen bildete das deutsche Fernsehspiel, z. B. DER SCHLAF DER GERECHTEN (1962), als Scheidemann in NOVEMBERVERBRECHER (1968), als Rockefeller in SIR HENRY DETERDING (1970), als Tilly in Franz Peter Wirths WALLENSTEIN-Verfilmung (1978).

Fürbringers Ausstrahlung verdankte sich wesentlich seiner asketischen Physiognomie, seiner unterkühlten Noblesse und seiner streng-prägnanten Stimme. Damit synchronisierte er u. a. James Stewart (RENDEZVOUS NACH LADENSCHLUSS, DER GEBROCHENE PFEIL), Gregory Peck (SCHLÜSSEL ZUM HIMMELREICH), Randolph Scott (RITTER DER PRÄRIE), Rex Harrison (ANNA UND DER KÖNIG VON SIAM), Humphrey Bogart (TOKIO-JOE), Tyrone Power (DER SEERÄUBER), Robert Douglas (DIE LIEBESABENTEUER DES DON JUAN). Fürbringers schönste Synchron-Altersrolle war Henry Fonda in AM GOLDENEN SEE.

Mogens von Gadow (*1930)
In Stettin geboren, nahm Mogens v. Gadow privaten Schauspielunterricht in Wuppertal, wo er auch debütierte. Er spielte anschließend am Nationaltheater Mannheim, am Stadttheater Bremerhaven, den Städtischen Bühnen Basel und in Berlin am Ku'damm. In den 1990er Jahren war er häufig bei den Luisenburg-Festspielen in Wunsiedel zu Gast. Dort spielte er u. a. Sosias in *Amphytrion*, die Titelrolle in *Don Camillo*, Azdak im *Kaukasischen Kreidekreis*,

Pozzo in *Warten auf Godot* und Zettel im *Sommernachtstraum*. Seit 2008 ist von Gadow auch am Ohnsorg-Theater Hamburg engagiert. Im Kinofilm war er international vertreten: in Herzbube (1971, mit David Niven) und Was? von Roman Polanski (1972). Hinzu kamen mehrere Fernsehserien wie Praxis Bülowbogen, Tatort, Ein Fall für zwei, Die Wache und die Kinderserie Meister Eder und sein Pumuckl (1982–89).

In der Synchronisation ist er häufig für Joe Pesci eingesetzt (JFK, Kevin allein zu Haus, Casino, Goodfellas), für Ian Holm (Alien, Herr der Ringe, Das süsse Jenseits) und Bob Hoskins (als Papst in The Good Pope, Meerjungfrauen küssen besser). Herausragende Rollen waren außerdem Danny DeVito in Einer flog über das Kuckucksnest, Richard Attenborough in Der menschliche Faktor, Roy Kinnear in Wie ich den Krieg gewann, Warwick Davis in den Harry-Potter-Filmen, Denholm Elliott in Jäger des verlorenen Schatzes und George Dzundza in der Serie Law and Order.

Joseline Gassen (*1951)

Joseline Gassen wurde in Bergisch Gladbach geboren und verbrachte einen Teil ihrer Kindheit in England. Eine Dolmetscherausbildung brach sie wieder ab und nahm Schauspiel-, Tanz- und Gesangsunterricht in Berlin. Charakterkomik wurde ihre Domäne. Sie spielte an den Berliner Kammerspielen und der Tribüne in Kindermusicals und u. a. in *Die Mausefalle* (1975), Walter Mehrings *Lumpenbrevier* (1977) und bei Wolfgang Spier am Ku'damm in Ayckborns *Drei Schlafzimmer* (1978). Im Fernsehen war sie u. a. zu sehen in der Tatort-Folge «Der Mann auf dem Hochsitz» (SWF 1978 mit Nicole Heesters), in Zwei auf der Kippe (ZDF 1978), Hatschi!! (ZDF 1979), Single liebt Single (ZDF 1982), Gesucht: Urlaubsbekanntschaft männlich (Wolfgang Mühlbauer, ZDF 1985) und den ZDF-Serien Wartesaal zum kleinen Glück (1987), Der Landarzt (1987) und Spreepiraten (1989). Auf Hörbüchern ist sie mit Texten von Tamara McKinley *(Anemonen im Wind)* sowie Di Morrissey *(Die Perlenzüchterin)* zu hören.

Schon mit 20 stieg sie ins Synchrongeschäft ein – übrigens auf Empfehlung von ⮕ Arnold Marquis, mit dem sie an der Tribüne Theater spielte. Ein erster Höhepunkt war Bette Midler in THE ROSE, es folgten Stefanie Powers in der Serie HART ABER HERZLICH, Cher (DIE HEXEN VON EASTWICK), Debra Winger (STAATSANWÄLTE KÜSST MAN NICHT, VERRATEN, HIMMEL ÜBER DER WÜSTE), Kirstie Alley (KUCK MAL WER DA SPRICHT), Geena Davis (THELMA & LOUISE), außerdem u. a. Jessica Lange (KING KONG), Sally Field (EIN AUSGEKOCHTES SCHLITZOHR), Isabella Rossellini (DIE WIESE), Theresa Russell (KAFKA), Kate Jackson (TV-Serie DREI ENGEL FÜR CHARLIE), Ellen Barkin (THIS BOY'S LIFE), Linda Hamilton (TERMINATOR) und Annette Bening (BUGSY). In der ZDF-Synchronisation des Howard-Hawks-Klassikers HABEN UND NICHTHABEN sprach sie für Lauren Bacall.

Norbert Gastell (*1929)

Norbert Gastell (eigentlich: Gastel) wurde in Buenos Aires geboren (seine Eltern, beide Journalisten, waren vier Jahre zuvor dorthin ausgewandert) und kam mit neun Jahren nach Deutschland. In München nahm er Schauspielunterricht, ein erstes Engagement führte ihn 1950–53 nach Tübingen, dann folgten zwei Jahre in Heilbronn, bevor er nach München zurückkehrte. Dort spielte er dann vier Jahrzehnte lang freiberuflich an fast allen Münchner Theatern (u. a. Higgins in *Pygmalion*, *Tartüff*). Desgleichen hatte er die unterschiedlichsten Rollen in nahezu allen Fernsehserien des Bayerischen Rundfunks, spielte aber auch den Forstdirektor Leonhard in der ZDF-Serie FORSTHAUS FALKENAU (1989).

In den Münchner Synchronisationen der 1960er, 1970er und 1980er Jahre war Norbert Gastell ebenfalls omnipräsent, in großen, kleinen und auch Kleinstrollen (zuweilen sprach er zwei oder drei Sätze für verschiedene Darsteller in einem Film). Richtig populär, ja berühmt wurde er als Homer, der Vater in der Zeichentrickserie DIE SIMPSONS. Für Homer war übrigens zunächst der Kabarettist Hans-Jürgen Diedrich (1923–2012) besetzt, der aber schnell das Handtuch warf. Zu seinen Lieblingsaufgaben gehören außerdem John La Motta als Trevor Ochmonek in ALF und Christopher Plummer in der Serie AUF EIGENE FAUST. Er sprach für Peter Lupus in KOBRA ÜBERNEHMEN SIE, Clu Gulager in DER BULLDOZER, Michel Constantin in DIE KLEINEN BOSSE, Royal Dano in RUN, SIMON, RUN, Hector Elizondo in STOPPT DIE TODESFAHRT DER U-BAHN 123, William Lucking als Col. Lynch in der Serie DAS A-TEAM, David Warner (DIE GELIEBTE DES FRANZÖSISCHEN LEUTNANTS), Donald Sutherland (UNTERWEGS NACH COLD MOUNTAIN), Richard Jaeckel (GRIZZLY), Telly Savalas (HEISSE GRENZE U.S.A.), Michael Conrad in NUR PFERDEN GIBT MAN DEN GNADENSCHUSS, Frank Adonis (DIE AUGEN DER LAURA MARS) und Pierre Massimi als Chingachcook in LEDERSTRUMPF.

Helmut Gauß (*1944)

Gauß wurde in Weimar geboren und besuchte nach einer Ausbildung zum Kfz-Mechaniker die Theaterhochschule Hans Otto in Leipzig. Er spielte an den Bühnen in Görlitz, Senftenberg und Stralsund. Im DFF hatte er 1971 eine bedeutende Rolle in der Anna-Seghers-Verfilmung DIE GROSSE REISE DER AGATHA SCHWEIGERT (mit Helga Göring und ➲ Monica Bielenstein). 1977 ging er in den Westen, spielte an Schiller- und Schlossparktheater und trat im Theater des Westens auf (*Guys and Dolls*, *Irma la Douce*, 1984/85), am Hansa-Theater (1995 in *Krach im Hinterhaus*, 1996 in *Herz mit Schnauze*, 1999 in *Tante Marthas letzter Wille* von Fitzgerald Kusz) und der Tribüne. 2002 spielte er auch wieder in Stralsund (*Untergang der Titanic*) und 2004 in ➲ Reinhard Kuhnerts Theater Comedia *(Vom märkischen Narren Hans Clauert)*. Im TV war er zu sehen in EIN MANN WILL NACH OBEN (1977), FREIWILD (1984), AM LIEBSTEN MARLENE (1998), UNSER CHARLY (2000) sowie LIEBLING KREUZBERG, DER LETZTE ZEUGE und TATORT. Im Medium Hörbuch ist er mit Krimis von Herbert Reinecker vertreten.

Die herausragende Synchronrolle von Helmut Gauß war zweifellos Liam Neeson in SCHINDLERS LISTE. Für Neeson sprach er auch in ROB ROY und DARKMAN. Hervorzuheben sind ferner Tom Sizemore (NATURAL BORN KILLERS), Christopher Walken (PULP FICTION), Charles Grodin (EIN HUND NAMENS BEETHOVEN), Tom Berenger (DER GROSSE FRUST), Victor Garber (TITANIC), George Takei (STAR TREK), John Dall (COCKTAIL FÜR EINE LEICHE), William Atherton (THE LAST SAMURAI), David Morse (THE GREEN MILE), David Janssen als Dr. Kimble in der Serie AUF DER FLUCHT (Sat.1 1988) und Hugh Reilly in LASSIE (RTL 1990) und Ted Levine als Captain Leland Stottlemeyer in MONK (RTL). In ARD-Neusynchronisationen sprach er 1991–97 für William Powell.

Gerhard Geisler (1907–1977)

Gerhard Geisler wurde in Cottbus geboren und besuchte die Staatliche Schauspielschule Berlin. Engagiert war er 1930–34 in Bochum, 1934–35 in Frankfurt, 1935–36 in Krefeld, 1936–41 am Staatstheater Stuttgart, 1941–44 am Deutschen Theater Berlin unter Heinz Hilpert (u. a. als Karl Moor und Amphytrion). Nach der Kriegsgefangenschaft spielte er 1948–55 am Schauspielhaus Düsseldorf, 1955–58 am Deutschen Theater Göttingen wieder unter Hilpert (u. a. als König Lear), danach in Wien (1966 am Burgtheater in *Die Plebejer proben den Aufstand*) und Gelsenkirchen. Zu seinem Repertoire gehörten u. a. Timon von Athen, Götz von Berlichingen und 1961 bei den Ruhrfestspielen Illo in *Wallenstein* (mit Bernhard Minetti in der Titelrolle). Im Vergleich zu seiner Bühnenkunst waren seine Filmrollen unbedeutend: JAKKO (1941), DER HERR VOM ANDERN STERN (1948), MORDPROZESS DR. JORDAN (1949); Fernsehen: ONKEL HARRY (1962), WER

EINMAL AUS DEM BLECHNAPF FRISST (1962).

Nach ⮕ Wolf Martinis Tod 1959 war Gerhard Geisler sein Nachfolger als deutsche Stimme von Anthony Quinn (z. B. in BARRABAS, LAWRENCE VON ARABIEN, DER BESUCH und STURM ÜBER JAMAIKA). Im Unterschied zum erbarmungslos klingenden Martini bekam Quinn nun einen reflexiv-grüblerischer Zug und damit interessante Zwischentöne. Geisler sprach außerdem für Martin Balsam in PSYCHO, Sidney Greenstreet in CASABLANCA, Robert Mitchum in DER LÄNGSTE TAG, Louis Segnier in LUKREZIA BORGIA, James Robertson Justice in FLUCHT AUS DEM DUNKEL, George Kennedy in DIE GNADENLOSEN, Jack Palance in DER STEPPENREITER und Will Geer in FÜR GESETZ UND ORDNUNG.

Natascha Geisler siehe Frank Schaff

Tanja Geke (*1971)

Tanja Geke wurde in Berlin geboren und studierte dort an der Freien Universität zunächst Biologie. Dann nahm sie Schauspielunterricht bei ⮕ Maria Körber und spielte Theater an den Berliner Kammerspielen (u. a. als Tante Polly in *Tom Sawyer*) und bei ⮕ Brigitte Grothums *Jedermann* im Berliner Dom. Sie ist außerdem Mitglied der Off-Theatergruppe «Die 8-Losen» und tritt dort auch als Chansonnière auf. Außerdem spielt sie in Fernsehserien mit, z. B. in DR. SOMMERFELD – NEUES VOM BÜLOWBOGEN) und ist auf Hörbüchern zu hören (z. B. David Baldacci: *Im Takt des Todes*, Barbara Wood: *Dieses goldene Land*).

Tanja Geke ist deutsche Stimme von Maggie Gyllenhaal (z. B. in MONAS LISAS LÄCHELN, WORLD TRADE CENTER) sowie Bollywood-Star Rani Mukheryi und spricht außerdem für Judy Greer (THE VILLAGE, ELIZABETHTOWN), Joy Bryant (HONEY GET RICH OR TRY DYIN'), Eva Green (KÖNIGREICH DER HIMMEL, DER GOLDENE KOMPASS), Kate Hudson (TÖDLICHE GERÜCHTE), Zoë Soldana (AVATAR) Naomie Harris (28 DAYS LATER), Nathalie Imbruglia (JOHNNY ENGLISH), Aaliya (ROMEO MUST DIE), Sanaa Lathan (BROWN SUGAR), Lola Duena (VOLVER), Ayelet Zorer (MÜNCHEN), Clea Duvall (IDENTITY), Tarasi P. Henson (HUSTLE & FLOW), Vanessa Ferlito (CSI: N.Y.), Rhona Mitra (BOSTON LEGAL), Navi Rawat (NUM-

B3RS) und Judy Reyes in SCRUBS. Populär wurde Geke auch mit der RTL-Anime SIN CHAN (auch mit Gesang).

Gudrun Genest (*1914)

Gudrun Genest wurde in Braunschweig geboren (sie ist eine Nichte Hubert von Meyerincks), nahm Schauspielunterricht in Berlin und spielte 1931–32 am dortigen Staatstheater, 1933–42 an den Städtischen Bühnen Köln und war nach dem Krieg am Schiller- und Schlossparktheater Berlin engagiert. Sie spielte in *Was ihr wollt* (Viola, 1949), *Der Prozess* (Frl. Bürstner, 1950), *Bluthochzeit* (1950), *Bernarda Albas Haus* (1952), *Don Juan oder die Liebe zur Geometrie* (1953), *Vor Sonnenuntergang* (1954), *Hexenjagd* (1954), *Cyrano de Bergerac* (1959),*Wände* (1961), *Victor oder die Kinder an der Macht* (1966, Friedrich Luft: «Gudrun Genest, wunderbar in dümmlicher Lüsternheit, hat, wenn es an die Schlacht im Ehebett kommt, fast heroische Züge konkreter Albernheit.»), *Endspiel* (1967, in der Mülltonne steckend), *Operette* von Gombrowicz (1972), *Der Ignorant und der Wahnsinnige* (1972), *Moral* (1973), *Maria Magdalena* (Kroetz, 1974), *Hedda Gabler* (1977, mit Gisela Stein in der Titelrolle) und *Orpheus in der Unterwelt* (1982). Hinzu kamen viele Rollen in Fernsehspielen und -serien: TOT IM KANAPU (1969), GESELLSCHAFT FÜR MISS WRIGHT (1970), DAS KLAVIER (1972), DER ALTE (1978), MEISTER TIMPE (1980), SINGLE LIEBT SINGLE (1982), DER SNOB (1984), DIE SPUR DER ANDEREN (1985), DIE NERVENSÄGE (1985), DIE WICHERTS VON NEBENAN (1986), ANGESCHLAGEN (1997), DR. SOMMERFELD – NEUES VOM BÜLOWBOGEN (2002); Hörspiel: *Nachtstreife* (1953), *Mord am Lietzensee* (1978). Sie war verheiratet mit dem Schauspieler Aribert Wäscher (1895–1961).

Zu ihren Synchronrollen gehören Maureen O'Hara (SINDBAD, DER SEEFAHRER, DIE SEETEUFEL VON CARTAGENA), Kathleen Ryan (AUSGESTOSSEN), Merle Oberon (BESUCH ZUR NACHT), Jane Wyman (DAS VERLORENEN WOCHENENDE), Cloris Leachman (DAISY MILLER), Wendy Hiller (DER ELEFANTENMENSCH), Angela Lansbury (DER HOFNARR, MORD IM SPIEGEL, DIE ZEIT DER WÖLFE), Mercedes McCambridge (WENN FRAUEN HASSEN), Deborah Kerr (GETRENNT VON TISCH UND BETT), Maggie Smith (TOD AUF DEM NIL), Katherine Helmond (BRAZIL), Geraldine Fitzgerald (DER LETZTE HELD AMERIKAS).

Horst Gentzen (1930–1985)

Horst Gentzen begann seine Karriere als Kinderstar in *Pünktchen und Anton* am Metropol-Theater seiner Heimatstadt Berlin. Boleslaw Barlog holte ihn 1946 für *Zum goldenen Anker* von Pagnol ans Schlossparktheater, wo er auch in *Drei Mann auf einem Pferd* (1946) und *Der Widerspenstigen Zähmung* (1947) auftrat. 1947 war er auf der Leinwand in UND FINDEN DEREINST WIR UNS WIEDER zu sehen, 1948 in dem DEFA-Film 1-2-3

Corona. In Man spielt nicht mit der Liebe (1949) filmte er mit Lil Dagover, mit der er auch auf Theatertournee ging. Zu seinen weiteren Filmen zählen Fünf unter Verdacht (1950), Es geht nicht ohne Gisela (1951, mit ⊃ Edith Schneider), Die tolle Lola (1954), Einmal ist keinmal (DEFA 1954), 1000 Melodien (1956) und Spielbankaffäre (DEFA 1957). Meist gab Gentzen den lebenslustigen Spaßvogel. Vom Film zog er sich wieder zugunsten der Bühne zurück. Er spielte am Renaissance-Theater, an der Freien Volksbühne und am Hansa-Theater, aber auch am Thalia-Theater Hamburg. Seine letzte Rolle war 1984 der irre Killer in *Arsen und Spitzenhäubchen* am Hansa-Theater. Zusammen mit seinem Freund betrieb Horst Gentzen auch ein Antiquitätengeschäft am Berliner Bundesplatz.

Gentzens Film- und Theaterauftritte sind zumeist vergessen, aber bleiben wird von ihm, womit er eigentlich berühmt wurde: eine hohe, quäkende Stimme, eine der originellsten der Synchronisation überhaupt, die hauptsächlich für schrille, überdrehte Komik eingesetzt wurde. Er war die deutsche Stimme von Jerry Lewis, für den er von 1952–1966 exklusiv sprach. Seine zweite berühmte Rolle war ein Frosch: Kermit aus der Muppet-Show. Herausragende Synchronparts waren außerdem Roman Polanski in Tanz der Vampire und Peter Lorre in der Neufassung von Casablanca. Für Peter Lorre sprach er auch in Der Geheimagent und den Mr. Moto-Filmen, die allerdings erst drei Jahre nach Gentzens Tod im ZDF erstaufgeführt wurden. Erwähnt werden müssen auch Kenneth Williams in der Carry on...-Serie, Ringo Starr in den Beatles-Filmen (wenngleich deren Synchronisationen der Branche nicht zur Ehre gereichen), Stan Laurel in Wir sind vom schottischen Infanterie-Regiment (1966, ⊃ Walter Bluhm war gerade nicht abkömmlich), Michael Crawford (Der gewisse Kniff) und – weil vom Rollen-Schema abweichend – Gérard Depardieu in Die Affäre Dominici.

Norbert Gescher (*1938)

Der Berliner Norbert Gescher studierte einige Semester Literatur- und Theaterwissenschaft und nahm dann Schauspielunterricht bei Marlise Ludwig. Er trat am Renaissance- u. Forum-Theater sowie am Theater für junge Zuschauer auf und hatte kleinere Fernseh- und Filmrollen. Zusätzlich zu seiner Schauspielarbeit verwaltet Norbert Gescher Nachlass und Archiv von Joachim Ringelnatz mit zahlreichen Erstausgaben und Malereien (Geschers Mutter war in erster Ehe mit dem Dichter verheiratet). Unter dem Titel *Es wippt eine Lampe durch die Nacht* veröffentlichte er eine Auswahl von Ringelnatz-Gedichten und -Zeichnungen. Selbstverständlich veranstaltet Gescher auch Ringelnatz-Lesungen. 1975 war das entscheidende Jahr in seiner Synchron-Karriere. In einem speziellen Voice-Casting wurde er für Richard Dreyfuss in Der weisse Hai ausgewählt und war fortan (mit ein paar Ausnahmen) dessen «deutsche Stimme», z.B. in EIN CHARMANTES EKEL. Gleichzeitig kam noch Beau Bridges hinzu (NORMA RAE, DIE FABELHAFTEN BAKER BOYS), später Steve Martin (DER KLEINE HORRORLADEN). Außerdem u.v.a. Randy Quaid (12 UHR NACHTS – MIDNIGHT-EXPRESS, DAS LETZTE KOMMANDO), Peter Postlethwaite (DRAGONHEART), Jean-Claude Bouillon in der Serie MIT ROSE UND REVOLVER, Harvey Keitel, Chevy Chase (SPIONE WIE WIR), Charles Dance (den er aus Vorliebe für »britische« Charaktere besonders mag), Jeff Goldblum, Richard Chamberlain (DIE LETZTE FLUT), Tom Wilkinson (GANZ ODER GAR NICHT), Jim Beaver (DAS LEBEN DES DAVID GALE), Mitch Pileggi in AKTE X, Stuart Damon in der Serie GENERAL HOSPITAL und die Hauptrolle in dem Zeichentrick-Klassiker WATERSHIP DOWN.

Heinz Giese (1919–2010)

Heinz Giese wurde in Stettin geboren und besuchte die Schauspielschule des Deutschen Theaters Berlin, anschließend hatte er Engagements in Fürth und Nürnberg, nach Rückkehr aus der Kriegsgefangenschaft 1947–50 in Erfurt, dann wieder in Berlin. In einer *Urfaust*-Inszenierung der Tribüne spielte er 1952 den Faust (➲ Ernst Schröder gab den Mephisto), an der Freien Volksbühne trat er 1965 in Peter Weiss' *Ermittlung* auf, am Ku'damm 1975 mit Inge Meysel in *Die Hebamme*. Filmrollen hatte er in DIE SPUR FÜHRT NACH BERLIN (1952), HERR ÜBER LEBEN UND TOD (1955), ALIBI (1955), DER 20. JULI (1955) und DER AUFRECHTE GANG (1975). Giese, der sich politisch für die Sozialdemokratie engagierte, zeigte auch in seiner Fernseharbeit eine Vorliebe für gesellschaftskritische Stücke. So spielte er die Hauptrolle in Egon Monks KZ-Dokumentarspiel EIN TAG (1965) – eine Sternstunde der deutschen Fernsehgeschichte – und in FLUCHTVERSUCH (Theo Mezger, 1965). In WATERLOO (1969) gab er den Marschall Ney (➲ Ernst Schröder als Napoleon), in BEDENKZEIT (1971) von Johannes Hendrich ging es um die gesellschaftliche Isolation einer berufstätigen Frau (Krista Keller). Seine populärsten Hörspielrollen waren der Bürgermeister in *Benjamin Blümchen* und *Bibi Blocksberg* sowie General Forbett in *Jan Tenner*.

Heinz Giese, der mit ➲ Ingeborg Wellmann verheiratet ist, war auch als Synchron-Regisseur tätig (IWAN, DER SCHRECKLICHE, SIEBEN DIEBE, MOLIÈRE), er schrieb auch die Dialoge für den Klassiker JULES UND JIM. Feststimme war er in den 1950er Jahren für George Nader (DIE ROSE VON TOKIO), später synchronisierte er u.a. Yul Brynner (DIE GLORREICHEN SIEBEN, TARAS BULBA, SPION ZWISCHEN ZWEI FRONTEN), George Kennedy (DAS DRECKIGE DUTZEND, DIE RACHE DER GLORREICHEN SIEBEN), Arthur Kennedy (LAWRENCE VON ARABIEN, CHEYENNE), Robert Mitchum (DER GNADENLOSE RÄCHER),

Jim Davis (RIO LOBO), Dana Andrews (DER LETZTE TYCOON), Raymond Burr in der PERRY-MASON-Serie und Dan Frazer in EINSATZ IN MANHATTAN.

Frank Glaubrecht (*1943)
Glaubrecht – Sohn der Schauspielerin **Ruth Nimbach** (1916–2011; sie war die deutsche Stimme von Giulietta Masina) – wurde schon als 16-Jähriger zum Filmstar: in Bernhard Wickis legendärem Antikriegsdrama DIE BRÜCKE. Eine kontinuierliche Filmkarriere entwickelte sich daraus jedoch nicht, erst 1972 hatte er wieder eine Hauptrolle in Ottokar Runzes Shakespeare-Adaption VIOLA UND SEBASTIAN. Neben Fernsehauftritten – PENSION SPREEWITZ (ZDF 1964), DIE BRÄUTE MEINER SÖHNE (ZDF-Serie mit Ilse Werner, 1966), EIN MANN, DER NICHT GEWINNT (ZDF 1967), BERLINER ANTIGONE (ZDF 1968), DER ARCHITEKT DER SONNENSTADT (ZDF 1979) – spielte er in seiner Heimatstadt Berlin auch Theater (z. B. 1976 in Kurt Hübners Erfolgs-Inszenierung von *Das Käthchen von Heilbronn* in der Freien Volksbühne).

Dann verabschiedete sich Glaubrecht, der auch als Tonmeister und Kameraassistent arbeitete, mehr und mehr von der Bühne und stellte seine tiefe, ruhige Stimme mit erotischen Untertönen in den Dienst der internationalen Weltstars: Kevin Costner (DER MIT DEM WOLF TANZT), Richard Gere (EIN MANN FÜR GEWISSE STUNDEN), Alain Delon (DER PANTHER), Mel Gibson (EIN JAHR IN DER HÖLLE), Al Pacino (HEAT, SCARFACE, CITY HALL), Jeremy Irons (DIE UNZERTRENNLICHEN, KAFKA), David Bowie (KOPFÜBER IN DIE NACHT), Daniel Day Lewis (GANGS OF NEW YORK). Er sprach für Starsky in STARSKY UND HUTCH, Ron Leibman in KAZ & CO. Pierce Brosnan in der Serie REMINGTON STEELE folgten auch dessen JAMES-BOND-Filme; außerdem: Bruce Greenwood (I, ROBOT), David Carradine (KILL BILL).

Frank Glaubrecht arbeitet auch als Synchronautor und -regisseur (z. B. bei DESPERATE HOUSEWIVES), im Hörspiel (*Geisterjäger John Sinclair*-Serie) und als Hörbuch-Leser (Ken Follett).

Reinhard Glemnitz (*1930)
Glemnitz wurde in Breslau geboren und besuchte die Otto-Falckenberg-Schule in München. Seine erste größere Filmrolle hatte er als Unteroffizier Lindenberg in *08/15* (1954). 1956–58 spielte er Theater in Wuppertal (und synchronisierte nebenbei in Remagen), 1958–61 am Bayer. Staatsschauspiel in München. Dann legte er seinen Schwerpunkt auf das Fernsehen. Er war in zahlreichen anspruchsvollen Fernsehspielen zu sehen, z. B. in NACH LADENSCHLUSS von Dieter Meichsner (ARD 1964), DIE WANNSEEKONFERENZ (ARD 1984) STRENG VERTRAULICH (John Goldschmidt, ZDF 1985), aber seine populärste Rolle war die des Kriminalassistenten Heines an ⊃ Erik Odes Seite in DER KOMMISSAR (ZDF 1969–75). Sich selbst persiflierend spielte er in der Filmkomödie HEISSE KARTOFFELN (1980) einen Fernsehkommissar. Zu seinen größten Theaterer-

folgen gehört das Musical *Evita*, wo er 1981–83 als Oberst Perón in Wien, Berlin und München auftrat.

In der Synchronisation hatte Glemnitz vielseitige Rollen. Er sprach für Richard Harris (Die rote Wüste, Sierra Charriba), Anthony Perkins (Lieben Sie Brahms?, Der Prozess), Maurice Ronet (Fahrstuhl zum Schafott), Alain Delon (Liebe 1962), Ettore Manni (Die Freundinnen), Alan Arkin (Simon, der Ausserirdische), Laurence Harvey (Der Weg nach oben), Judd Hirsch (einer seiner Lieblingsschauspieler) in der ZDF-Serie Lieber John, Roland Giraud in Drei Männer und ein Baby.

Marius Götze-Clarén (*1978)

Während es früher Standard war, zunächst die üblichen Stationen des Schauspieler-Berufs zu durchlaufen, bevor man im Synchronatelier tätig wurde, gibt es unter der jüngeren Generation auch Talente, die ihr Handwerk von Anfang an im Synchronstudio lernen. Der Berliner Marius Götze-Clarén ist Sohn des Schauspielers und Rundfunksprechers (RIAS) **Götz Clarén** (1928–1997), der u. a. die Stimme des Sandmännchens und nach seiner RIAS-Zeit Kulturredakteur der Deutschen Welle war – doch hatte der Vater auf die Berufswahl des Sohnes keinen Einfluss. Marius spielte mit **Timm Neu**, dem Sohn des Synchron-Regisseurs Jürgen Neu Hockey und wurde von ihm, der Kinderrollen synchronisierte (z. B. Elijah Wood in Avalon), ins Studio mitgenommen. Zu Marius' frühen Sprechrollen gehörte Charlie Korsmo, der Sohn von Robin Williams in Hook. Später lernte er bei ⊃ Sven Hasper auch das Texten, und seit 2000 arbeitet er als Dialogautor und Regisseur. Er schrieb u. a. die Bücher für Bridget Jones, Brokeback Mountain, V wie Vendetta, The Girl Next Door, Solange du da bist, Dr. Flynn und führte bei den beiden letztgenannten auch Regie. Die Kunst des Synchronisierens liegt seiner Meinung nach darin, die eigenen Mittel zu nutzen, ohne dabei das Original oder den eigenen Anspruch und die eigenen Vorstellungen zu sehr zu verlassen. Dies stellte er vor allem beim Stimmen-Spiel für Jake Gyllenhaal (Brokeback Mountain, The Day After Tomorrow, Machtlos, Zodiac) und Tobey

Maguire (FEAR AND LOATHING IN LAS VEGAS, SPIDER MAN, WONDER BOYS) unter Beweis. Er synchronisierte außerdem Chris Klein (AMERICAN PIE), Jason Briggs (ZICKENTERROR), Edward Furlong (AMERICAN HISTORY X), Garrett Hedlund (VIER BRÜDER), Shawn Wayams (SCARY MOVIE), Jeremy D'Arcy (MASTER & COMMANDER), Freddy Rodriguez in der Serie SIX FEET UNDER und Eric Johnson in SMALLVILLE.

Ulrich Gressieker (1945–1990)
Ulrich Gressieker wurde in Oberwiesenthal im Erzgebirge geboren. Sein Vater war der Dramaturg und Schriftsteller **Hermann Gressieker** (1903–1983), Verfasser der Theaterstücke *Der Regenbogen* (1947) und *Heinrich VIII. und seine Frauen* (1957), der seit den 1930er Jahren als Synchronautor und -regisseur tätig war (z. B. bei DIE BIBEL, TAGEBUCH EINER KAMMERZOFE, DIE NACHT). Ulrich spielte Theater in Frankfurt und in Berlin am Forum- und Grips-Theater, für das er auch selbst Stücke verfasste (z. B. *Doof bleibt Doof*, 1973). Er spielte mit in den Filmen CHRONIK DER LAUFENDEN EREIGNISSE (1971) und REDUPERS (1977), im Fernsehen in TOD AUF DER THEMSE (1972), DIE ZWANGSJACKE (1976) und DER UNTERMIETER (1986). Außerdem war er Radio- und Fernsehmoderator beim SFB (*45 Fieber*) und obendrein Buchautor: *Vaterschaft oder wie ich schwanger wurde* (1989). Eine Zeitlang war er mit ⊃ Hansi Jochmann verheiratet.

Sein Freitod war ein großer Verlust für die Synchronisation, denn er war eine der herausragenden Jungmänner-Stimmen. Er sprach für Patrick Swayze (GHOST, STEEL DAWN, ROAD HOUSE), Christopher Lambert (HIGHLANDER, SUBWAY), Nicholas Cage (BIRDY, MONDSÜCHTIG), Dennis Quaid (DER STOFF AUS DEM DIE HELDEN SIND), Keith Carradine (MCCABE & MRS. MILLER), James Belushi (DER KLEINE HORRORLADEN, HOMER & EDDIE), Terry Jones (DAS LEBEN DES BRIAN, DER SINN DES LEBENS), John Malkovich (THE KILLING FIELDS), Michael Keaton (BEETLEJUICE), Timothy Hutton (DANIEL), William L. Petersen (LEBEN UND STERBEN IN L.A.), Treat Williams (ES WAR EINMAL IN AMERIKA), Christopher Walken (AUF LANGE DISTANZ), Kevin Costner (SILVERADO), Lambert Wilson (DER BAUCH DES ARCHITEKTEN) sowie Joe Penny in den TV-Serien TRIO MIT VIER FÄUSTEN und bis zu seinem Tod JAKE UND MCCABE (hier übernahm dann ⊃ Ivar Combrinck).

Evelyn Gressmann (*1943)
Nach beruflichen Anfängen im Grafikerhandwerk, einer kaufmännischen Lehre und der Arbeit als Fotomodell nahm Evelyn Gressmann in ihrer Heimatstadt Berlin Schauspielunterricht bei Marlise Ludwig. Dann spielte sie an den Berliner Theatern, vor allem im komischen Fach. Ihre größten Erfolge hatte sie am Renaissancetheater, u. a. in *Leocadia von Anouilh* (1973), *Marguerite durch drei*

Marianne Groß (*1942)

Geboren in Aschersleben, nahm Marianne Groß Schauspielunterricht bei Ellen Mahlke. Sie spielte Theater in München (Komödie, Kammerspiele, Rationaltheater), in Hannover und auf Tourneen. Dann rückte die Synchronarbeit mehr und mehr in den Mittelpunkt. Zusammen mit ihrem Mann ⊃ Lutz Riedel zählt sie mittlerweile zu den herausragenden Synchron-Autoren und -Regisseuren. Sie zeichnete beispielsweise verantwortlich für die deutschen Fassungen von Wedding Planner, Mord nach Plan, Shakespeare in Love, The Hours, Mystic River, Elizabethtown und Der menschliche Makel.

Als Sprecherin war sie bislang im Einsatz für Anjelica Huston (Auf immer und ewig, The Royal Tenenbaums, Die Tiefseetaucher), Meryl Streep (Der Tod steht ihr gut, Familiensache), Cher (Die Maske, Mondsüchtig), Jobeth Williams (Poltergeist), Diana Scarwid (Silkwood), Judy Dench (Zimmer mit Aussicht), Whoopie Goldberg (Ghost), Susannah York (Dein Partner ist der Tod), Marsha Mason (Heartbreak Ridge) und Phylicia Rashad (Bill Cosbys Familienbande).

(1975, Titelrolle, Regie: ⊃ Wolfgang Lukschy) und 1977 in *Herrenbesuch* von Christopher Hampton mit Götz George, wo sie «das Doppelspiel zwischen Komik und Traurigkeit hübsch im Gleichgewicht» hielt (Friedrich Luft). Später wechselte sie zur Komödie am Ku'damm (1983 in *Sextett* mit Wolfgang Spier), gastierte aber auch in Hamburg und München. Sie wirkte außerdem in etlichen Fernsehserien mit: Cliff Dexter, Junger Herr auf altem Hof, Das Ferienschiff, Stewardessen, Drei Damen vom Grill, Café Wernicke, Die Nervensäge (Comedy-Serie mit Dieter Hallervorden), Sylter Geschichten.

Zu den Höhepunkten ihrer Synchronarbeit zählen zwei Filme mit Catherine Deneuve: Belle de Jour und Wahl der Waffen. Sie sprach zudem für Jane Fonda (Morgen ist ein neuer Tag), Susan Strasberg (Auftrag Mord), Madeleine Robinson (Ein hübscher kleiner Strand, ARD 1977), Bette Davis (Die Braut kam per Nachnahme, ZDF 1977), Shirley Knight (Angel Eyes), Mary Tyler Moore (Modern Millie) und Deborah Norton in der Serie Yes, Prime Minister.

Brigitte Grothum (*1933)

Die gebürtige Dessauerin kam nach der Schauspielausbildung bei Marlise Ludwig an die Berliner Tribüne, wo sie mit der Titelrolle in *Hurra für Gina* (1956, Regie: Frank Lothar) ihren ersten großen Erfolg hatte. Sie spielte am Schlossparktheater mit Martin Held in *Ornifle* (1955) und am Renaissance-Theater mit ⊃ Harald Juhnke in *Bunbury* (1958). Ulrich Erfurth holte sie für Reifende Jugend (1955) zum Film, wo sie in Preis der Nationen (= Das Mädchen Marion, 1956) die Hauptrolle spielte. Später kamen hinzu: Das Wunder des

MALACHIAS (1961), DIE GLÜCKLICHEN JAHRE DER THORWALDS (1962), ASTRAGAL (1968), GRETE MINDE (1977), DER LETZTE ZUG (2006). Zum sogenannten «Publikumsliebling» wurde Brigitte Grothum mit der Fernsehserie DREI DAMEN VOM GRILL (1977–1991), zu sehen war sie auch in den TV-Filmen LEIHHAUSLEGENDE (1959), ROMEO UND JULIA (1964, als Julia), KLASSENFEIER (1976), DAVID UND GOLIATH (1977), DIE PIEFKE-SAGA (1990), TAUSCHE FIRMA GEGEN HAUSHALT (2003). Sie spielte auch weiter Theater, z. B. die Hermia im *Sommernachtstraum* bei den Salzburger Festspielen, zuletzt als Abby in *Arsen und Spitzenhäubchen* am Berliner Schlossparktheater (2011). Ihr Lieblingsprojekt aber ist seit 1987 die alljährliche *Jedermann*-Inszenierung in der Berliner Gedächtniskirche bzw. im Dom (darüber schrieb sie 2006 das Buch *Mein Jedermann*). 1995 brachte sie das Brecht-Fragment *David* auf die Bühne des Hebbel-Theaters, wurde von der Kritik jedoch gnadenlos verrissen.

Ihre Synchronarbeit fand gar nicht erst die Aufmerksamkeit von Kritikern, da sie in der üblichen Anonymität gedieh: Gena Rowlands (EINSAM SIND DIE TAPFEREN), Lee Remick (SIE MÖCHTEN GIGANTEN SEIN), Paula Prentiss (EIN GOLDFISCH AN DER LEINE, ZEUGE DER VERSCHWÖRUNG), Diane Keaton (DER SCHLÄFER), Joanna Shimkus (DIE ABENTEURER), Bernadette Lafont (MONETEN FÜRS KÄTZCHEN), Pat Quinn (SHOOT OUT) und Virginia Mayo in der ZDF-Fassung von MASCHINENPISTOLEN.

Ingeborg Grunewald (1919–2000)

Geboren in Dresden als Tochter eines Architekten, studierte Ingeborg Grunewald Theaterwissenschaft und Germanistik in München und Heidelberg, besuchte ein Dolmetscher-Institut in England und nahm Schauspielunterricht (u. a. in den USA). Sie spielte Theater in München, Reichenberg und Hamburg. 1948 bewarb sie sich in den Bavaria-Studios als Synchronschauspielerin und wurde mit ihrer ruhigen, dunklen Stimme für Greta Garbo in NINOTSCHKA engagiert, eine kongeniale Besetzung: «Sie war für mich immer die ideale Verschmelzung von Gesicht und Stimme. Darin lag ihre einmalige Faszination. Und dass ich ihre deutsche Stimme sein durfte, war für mich eine Ehre.» (*HörZu*, 47, 1980) Ingeborg Grunewald synchronisierte nicht nur «die Göttliche», sondern auch Marlene Dietrich (DIE ROTE LOLA), Katharine Hepburn (DER REGENMACHER), Edwige Feuillière (DER DOPPELADLER), Ingrid Bergman (SKLAVIN DES HERZENS), Maureen O'Hara (RIO GRANDE), Bette Davis (WAS GESCHAH WIRKLICH MIT BABY JANE?), Madeleine Robinson (DER PROZESS), Dorothy McGuire, Patricia Neal, Merle Oberon, Isa Miranda, Rosalind Russell u. v. a.

Aufgrund ihrer Fremdsprachenkenntnisse war Ingeborg Grunewald auch für Dialog und Regie prädestiniert. Nicht selten stammten die Texte, die sie sprach, von ihr selbst. Sie übernahm

Buch und Regie bei zahlreichen Filmklassikern (Fahrraddiebe, Accatone, Leoparden küsst man nicht, Odd Man Out, Lost Weekend) und schrieb Texte für englische Fassungen deutscher Filme (z. B. Föhn mit Hans Albers). Von 1965–87 war sie auch als Produzentin tätig («Magnetfilm» München).

Michael Günther siehe Ilse Kiewiet

Traudel Haas (*1945)
Nach der Ausbildung an der Max-Reinhardt-Schule in Berlin trat Traudel Haas an verschiedenen Berliner Bühnen auf, am Schiller- und Schlossparktheater (z. B. *Lumpacivagabundus*, *Wassa Schelesnowa* von Gorki, 1965), am Hebbeltheater in Curt Flathows Erfolgskomödie *Das Geld liegt auf der Bank* (1968, mit Rudolf Platte und G. G. Hoffmann), an der Freien Volksbühne in *Viel Lärm um nichts* (Utzerath, 1969) sowie am Forum-Theater. Gelegentlich ist Traudel Haas auch vor der Kamera zu sehen (z. B. Doppelter Einsatz, 1994, Aus heiterem Himmel, 1995, Stan Baker – Ein Mann ein Wort, 2000, Serie Das Duo, 2003) oder im Hörspiel zu hören (z. B. *Roter Stern*, BR 1992, *Schundroman*, SWR 2003), doch verlagerte sie seit den 1970er Jahren ihren schauspielerischen Schwerpunkt auf die Synchronisation.

Ihre warme Stimme sendet v. a. erotische Signale aus, lässt sich aber keineswegs auf ein entsprechendes Klischee reduzieren, sondern ist außergewöhnlich vielseitig einsetzbar. Zu ihren festen Partnerinnen zählen u. a. die frühe Mia Farrow (Rosemaries Baby) – in den Woody-Allen-Filmen sprach meist ➲ Dagmar Heller –, Diane Keaton (Mach's noch einmal Sam, Reds, Der Pate)– diese Rolle wechselte zeitweise zu Heidi Fischer und ➲ Regina Lemnitz, kehrte jedoch in Von Frau zu Frau zu ihr zurück –, Kathleen Quinlan (Unheimliche Schattenlichter, Apollo 13), Kathleen Turner (Auf der Jagd nach dem grünen Diamanten, Auf der Jagd nach dem Juwel vom Nil), Ellen Barkin (Buckaroo Banzai), Annette Bening (Hallo, Mr. President, Mars Attacks, American Beauty, Open Range), Rene Russo (Die Thomas Crown Affäre), Frances McDormand (Fargo, Almost Famous), Kristin Scott Thomas (Der englische Patient, Gosford Park), Katharine Ross, Brooke Adams (Dead Zone). Sie ist ferner zu hören für Sigourney Weaver in Ghostbusters, Sissy Spacek in JFK, Kim Basinger in James Bond – Sag niemals nie, Jacqueline Bisset in Airport und Janet Margolin in Woody, der Unglücksrabe.

Michael Habeck (1944–2011)
In Grönenbach im Allgäu geboren, absolvierte Habeck eine Schauspiel- und Gesangsausbildung in München, 1966–70 spielte er an den Städt. Bühnen Frankfurt und 1970–82 an den Münchner Kammerspielen (u. a. als Puck im *Som-

mernachtstraum), 1982 am Bayerischen Staatsschauspiel Parzival in *Merlin* (wofür er zum «Schauspieler des Jahres» gewählt wurde). Seine Filmografie umfasst die Werke MITGIFT (1976), EISENHANS (1983), DER NAME DER ROSE (1986) und DIE STURZFLIEGER (1995). Im Fernsehen moderierte er DIE RAPPELKISTE (1973–76) und trat auf in DON QUIXOTE UND SANCHO PANSA (1980), MARTIN LUTHER (1980, als Tetzel) und der Serie LOKALTERMIN. Hinzu kommen Hörspiele des Bayerischen Rundfunks wie *Weltmeister* (Ria Endres, 1991), *Boy Wonder* (J. R. Baker, 1999), *Dr. Faustus* (2007).

Was die Synchronisation angeht, war Habeck nicht nur als Sprecher und Regisseur aktiv, er hat sogar einmal ein Computerprogramm entworfen, um die Planung von Synchron-Aufnahmen zu verbessern. Mit seiner Stimme kann er gewissermaßen als die Münchner Variante von ↄ Gerd Duwner bezeichnet werden: Ein Kieksen, Krächzen, Kichern, das so schnell kein anderer hinbekommt, prädestinierten Habeck für Komik, Slapstick und Zeichentrickfiguren. Sein berühmtester Part war Oliver Hardy, als 1975 für die Theo-Lingen-Reihe LACHEN SIE MIT STAN UND OLLIE Laurel-und-Hardy-Filme neu synchronisiert wurden. Zu seinen bekanntesten Trickfiguren gehören Barnie Geröllheimer in FAMILIE FEUERSTEIN und Sam in HERR DER RINGE. Er sprach ferner für Roy Kinnear (CASANOVA), Michael Ansara (BUCK ROGERS), Danny De Vito (AFFEN, GANGSTER UND MILLIONEN), Deep Roy (DIE UNENDLICHE GESCHICHTE), Alain Flick (DIE BEKENNTNISSE DES HOCHSTAPLERS FELIX KRULL) und Urbain Canciller (DIE FABELHAFTE WELT DER AMÉLIE).

Holger Hagen (1915–1996)
Holger Hagen wurde als Sohn eines Operndirigenten und Kunsthistorikers und der Opernsängerin Thyra Leisner in Halle an der Saale geboren. Mit zehn Jahren kam er mit seinen Eltern nach Madison (Wisconsin/USA). An der Wisconsin University absolvierte er auch ein Schauspielstudium. Er debütierte 1938 am Broadway. Gleichzei-

tig betrieb er ein Kapellmeisterstudium bei Bruno Walther und trat als Dirigent in New York auf. Als US-Offizier kam er wieder nach Deutschland, von 1946–48 war er Theater- und Musikbeauftragter der US-Militärregierung. Es folgten Auftritte als Gastdirigent in der Schweiz und eine Tätigkeit als Musik- u. Theaterkritiker bei der *Frankfurter Neuen Zeitung*. Er spielte wieder Theater in Frankfurt, Hamburg, Berlin und München und hatte kleinere Rollen im deutschen Film: Zwischenlandung in Paris (1955), Made in Germany (1957), Dorothea Angermann (1958), Liebe ist nur ein Wort (1971). Seine perfekten Englischkenntnisse verschafften ihm auch Rollen im internationalen Film: Verrat auf Befehl mit William Holden (1960) und in Geheimakte M (1959) liefert er sich einen Kampf auf Leben und Tod mit Ernest Borgnine. In dem Fernsehspiel Gesellschaftsspiel (ARD 1969) war er zusammen mit seiner Frau Bruni Löbel zu sehen. Zu erwähnen ist ferner die australische Abenteuerserie Flugboot 121 SP (ZDF 1978).

Doch was von Holger Hagen vor allem bleibt, ist seine Stimme: unter allen männlichen Synchronstimmen eine der schönsten und faszinierendsten, ein unaufdringlicher Wohlklang, reif und edel. Er sprach Hauptrollen in Hunderten von Filmen, u.a. für Richard Burton (Der Spion, der aus der Kälte kam, Wer hat Angst vor Virginia Woolf?), Burt Lancaster (Gewalt und Leidenschaft), Dean Martin (Rio Bravo, Zärtlich schnappt die Falle zu), Dirk Bogarde (Tod in Venedig), Marcello Mastroianni (8 1/2, Der Fremde), William Holden (The Wild Bunch), Gian Maria Volonté (Christus kam nur bis Eboli), Yves Montand (Wahl der Waffen), Gregory Peck (Old Gringo), James Garner (Gesprengte Ketten, Auch ein Sheriff braucht mal Hilfe), David Niven (55 Tage in Peking), Jack Benny (Sein oder Nichtsein), Jean Marais (Orphee) und Richard Long (Big Valley). Außerdem sprach er den Text in dem legendären Dokumentarfilm Serengeti darf nicht sterben.

Uta Hallant (*1939)

Uta Hallant besuchte in ihrer Heimatstadt München die Schauspielschule und gehörte von 1960 bis 1993 dem Ensemble von Schiller- und Schlossparktheater in Berlin an. Sie spielte u.v.a. die Eve in *Der zerbrochene Krug* (1961), Dunjascha im *Kirschgarten* (1961), die Esther in *Victor oder die Kinder an die Macht* (1967), die Armande in *Die gelehrten Frauen* (1971) und unter Niels-Peter Rudolph die Mariana in *Maß für Maß* (1989). Nach der Schließung des Schiller-Theaters führte sie erfolgreich einen riskanten Prozess durch mehrere Instanzen gegen den Rechtsträger wegen Nichteinhaltung des Vertrags. 1996 spielte sie an der Tribüne in *Mütter und Töchter*. Neben zahlreichen Hörspielen (*Kein runter kein fern*, Ulrich Plenzdorf, SDR 1987, *Schöpfung für Anfänger*, SWR 2001, Erzählerin in den Magdalen-Nabb-Hörspielen) hatte sie auch im Fernsehen Hauptrollen u. a. in Kimper & Co (Rainer Wolffhardt, 1968), Die Entwaffnung (1969, zusammen mit ihrem Mann Stefan Wigger), Die Schatzgräbergeschichte (1970) und Der Herr der Schöpfung (1976), im Film trat sie schon früh in Blitzmädels an die Front (1958) auf, später u. a. 1979 in Der Mörder von ⊃ Ottokar Runze.

In der Synchronisation war Audrey Hepburn ihre wichtigste Aufgabe (u. a. in Charade, My Fair Lady). Diese Rolle übernahm sie von ⊃ Marion Degler (nach deren Weggang nach Wien), v. a. wegen der großen Ähnlichkeit ihrer Stimme mit der Degler'schen Hepburn-Stimmlage. Weitere wichtige Hauptrollen waren Catherine Deneuve in Tristana, Jamie Lee Curtis in Ein Fisch namens Wanda, Miou-Miou in Die Vorleserin und Nathalie Baye in Eine pornografische Beziehung. Ferner: Virna Lisi (Die schwarze Tulpe), Samantha Eggar (Doctor Doolittle), Ursula Andress (James Bond jagt Dr. No), Jill St. John (Zärtlich ist die Nacht), Yvette Mimieux (Puppen unterm Dach), Jessica Lange (Hinter dem Rampenlicht), Glenda Jackson, Susan Sarandon, Glenn Close (Mars Attacks), Kate Capshaw (Indiana Jones) sowie Kirstie Alley in Fackeln im Sturm.

Hans W. Hamacher (1920–2000)

Geboren in Köln, lernte Hamacher zunächst Sattler, bevor er sich zum Schauspieler ausbilden ließ. Er debütierte in der rheinischen Provinz und spielte nach dem Krieg an den Berliner Bühnen: Hebbel-Theater (*Frühlings Erwachen*), Berliner Ensemble (*Arturo Ui* unter Wekwerth/Palitzsch), Tribüne. Er verkörperte Herzog Alba und Tiger Brown ebenso wie den Kardinal im *Stellvertreter*. Zu seinen bedeutendsten Bühnenrollen gehörte auch Mauler in *Die heilige Johanna der Schlachthöfe* (1970 in Wuppertal): «Hans W. Hamacher setzt die Figur zusammen aus Gesten der Verschlagenheit und Ausbrüchen roher Kraft, aus biedermännischer Sentimentalität und gefühliger Heuchelei, er arbeitet mit psychologischer Eindringlichkeit, pantomimischer Komik, großen theatralischen Gebärden und kleinen artistischen Tricks.» (Volker Canaris) In den 1980er und 1990er Jahren spielte er vorwiegend am Hansa- und Renaissance-Theater (*Ein idealer Gatte*, 1979, *Die Panne*, 1980, *Der Besuch der alten Dame*, 1988, *Die heilige Johanna*, 1992). Mit der Filmarbeit begann Hamacher bei der DEFA: Der Hauptmann von Köln (1956), Thomas Müntzer (1956), Der Prozess wird vertagt (1958) und Reportage 57 (1959). In der BRD wurde Hamacher in den 1960er Jahren durch Fernsehrollen bekannt (Polizeirevier 21, Das Beste, Der Fall Jakubowski, Man soll den Onkel nicht vergiften, Die Flucht nach Holland), es folgten Der Astronaut (1973), Peenemünde (1976), Der Haupttreffer (1977), Frau Jenny Treibel (1982).

Es waren oft hemdsärmlige, wuchtige Polizisten, genauso wie im O.-W.-Fischer-Film Es muss nicht immer Kaviar sein (1961). Im Kino war er 1980 auch wieder in der Komödie Kenn ich, weiss ich, war ich schon zu sehen.

Obwohl Hamacher kontinuierlich synchronisierte und zumeist den kräftigen, bedrohlichen Typen zugeordnet wurde, gehört er eher zu den Unauffälligen und war auch nie mit einem bestimmten Schauspieler dauerhaft verbunden. Er sprach immerhin zweimal für John Wayne (Die Hafenkneipe von Tahiti, Die Gewaltigen) sowie für Rupert Davies als Maigret in der ZDF-Serie (1965) und Jacques Debary in der ZDF-Serie Die Fälle des Monsieur Cabrol (1981). Ferner: Slim Pickens (Der Besessene), Ernest Borgnine (Der Verfolger), Broderick Crawford (Ich liebe dich – I love you – je t'aime), Patrick Wymark (Agenten sterben einsam), Brian Donleavy (Es begann in Rom), Michel Robin in Kleine Fluchten und – wiederum ein Inspektor – Donald Crisp in der ARD-Synchro von Das Doppelleben des Dr. Clitterhouse. In Fernsehsynchronisationen alter Filme sprach er wiederholt für Lionel Barrymore (Saratoga, Dr. Kildare-Reihe, Testpilot).

Beate Hasenau (1936–2003)

Beate Hasenau absolvierte in ihrer Heimatstadt Frankfurt/Main eine kaufmännische Lehre und finanzierte mit ihrem Gehalt als Büroangestellte Schauspiel- und Gesangsunterricht. Ihr Schwerpunkt war das komödiantische und kabarettistische Genre. Sie war viele Jahre Mitglied der Berliner «Stachelschweine», gab Gastspiele an Berliner und Münchner Bühnen und ging auf Tournee. 1961 trat sie als Sartres Ehrbare Dirne in der Vagantenbühne auf, im Hebbel-Theater spielte sie 1974 in einem Revival von Günter Neumanns Nachkriegsrevue Schwarzer Jahrmarkt, 1985 spielte sie am Berliner Theater des Westens in La cage aux folles, zog dann aber nach Hamburg um. Sie trat im Film auf – Feind im Blut (1957; ein kurioser früher «Aufklärungs»-Film), Flucht nach Berlin (1960), Heisses Pflaster Köln (1967), Der Gorilla von Soho (1968) – und im Fernsehen: Das Ding an sich und wie man es dreht (ZDF 1971), Die Kordel war zu kurz (ZDF 1978), Ein Heim für Tiere (1985), Umzug nach Venedig (ZDF 1989), Kommando Störtebeker (2001).

Eine rauchige, sexy Stimme verschaffte ihr Synchron-Hauptrollen für Claudia Cardinale (Spiel mir das Lied vom Tod), Kim Novak (Küss mich, Dummkopf), Anita Ekberg (Boccaccio 70), Angie Dickinson (Der gnadenlose Rächer, Sam Whiskey), Monica Vitti (Modesty Blaise), Barbara Harris (Hotelgeflüster), Gina Lollobrigida (Die Puppen, Kaiserliche Venus), Raquel Welch (Auf leisen Sohlen kommt der Tod), Carroll Baker (Die Unersättlichen), Brenda Vaccaro (Asphalt Cowboy, Unternehmen Capricorn) und Bea Arthur, die Dorothy in der Serie Golden Girls.

Sven Hasper (*1965)
Sven Hasper, der in Wiesbaden zur Welt kam, studierte nach dem Abitur Luft- und Raumfahrttechnik, jobbte aber schon mit Synchronarbeiten während des Studiums, das er schließlich zugunsten von privatem Schauspiel- und Gesangsunterricht abbrach. Nach Fernsehauftritten (z. B. in der Schwarzwaldklinik) verlagerte sich in den letzten Jahren der Arbeitsschwerpunkt auf Synchron-Buch und -Regie. Unter Haspers Verantwortung entstanden u. a. die deutschen Fassungen von Ganz oder gar nicht, Titanic, Der schmale Grat, American Psycho, Duell – Enemy at the Gates, The Day After Tomorrow, Sleepy Hollow, Hitch – der Date Doktor, Inside Man, Liebe braucht keine Ferien und die Serie Six Feet Under. Mit Michael J. Fox war er am meisten verbunden (z. B. in Zurück in die Zukunft, Das Geheimnis meines Erfolgs, Hallo Mr. President und der TV-Serie Chaos City), desgleichen mit Christian Slater (True Romance, Mindhunters), ferner Alfonso Ribeiro (Der Prinz von Bel Air), Matthew Broderick (Family Business), Mark Wahlberg (Mr. Bill), Noah Taylor (Vanilla Sky), Lee Evans (Verrückt nach Mary) und Kevin Bacon (Der Frauenmörder) und Bret Harrison in der Serie Reaper.

Sein jüngerer Bruder **Kim Hasper** (*1975) synchronisierte z. B. Jason Briggs in American Pie, Leonardo DiCaprio in Jim Carrol und Jason Schwartzman in Marie Antoinette. Er ist auch Synchron-Regisseur, z. B. bei Torchwood.

Clemens Hasse (1908–1959)
Hasse (nicht verwandt mit ⊃ O. E. Hasse) besuchte die Schauspielschule des Staatstheaters Berlin, dort war er von 1930–45 engagiert und spielte u. a. von Herrnstadt in *Das Käthchen von Heilbronn* und den Junker Schaum in *Maß für Maß*. Von 1947 an gehörte er zum Ensemble des Schiller- und Schlossparktheaters. Er wirkte mit in *Androklus und der Löwe* (als Löwe, Androklus war ⊃ Walter Bluhm), *Wallenstein* (als Isolani), *Der Revisor*, *Der seidene Schuh* und *Die kluge Närrin*. Hinzu kamen zahlreiche Filmrollen in der oberen Niveauklasse: Der Mann, der Sherlock Holmes war (1937), Capriolen (1937), Die Reise nach Tilsit (1939), U-Boote westwärts (1941), Rembrandt (1942), Die Feuerzangenbowle (1944, als «Knebel»), Berliner Ballade (1948), Canaris (1954), Der Mann, der nicht nein sagen konnte (1958). Er starb in New York, wo er sich zur Hochzeit seiner Tochter aufhielt. Verheiratet war er mit der Schauspielerin **Ursula Diestel** (*1920), die u. a Elsa Lanchester in Meine Braut ist übersinnlich synchronisierte.

Clemens Hasse synchronisierte Lou Costello in den Abbot- und-Costello-Filmen sowie zweimal Oliver Hardy

(DER SCHRECKEN DER KOMPANIE, DIE TANZMEISTER), außerdem Eddie Albert (DIE WURZELN DES HIMMELS), John Wray (IM WESTEN NICHTS NEUES), Paul Fix (ALARM IM PAZIFIK, DIE UHR IST ABGELAUFEN), Laurence Naismith (MOGAMBO), Herbert Mundin (MEUTEREI AUF DER BOUNTY), Walter Chiari (O. K. NERO), Broderick Crawford (DIE FALSCHE SKLAVIN), Claude Akins (DIE CAINE WAR IHR SCHICKSAL), Gilbert Roland (MALAYA), Arthur Hunnicut (UM KOPF UND KRAGEN).

O. E. Hasse (1903–1978)

Otto Eduard Hasse wurde in Obersitzko, einem kleinen Nest an der Warthe geboren. Er absolvierte das Gymnasium in Posen, studierte einige Semester Jura in Berlin und besuchte schließlich die Max-Reinhardt-Schauspielschule. Er trat am Deutschen Theater auf, in Breslau und von 1930–39 an den Münchner Kammerspielen. Seine großen Bühnenerfolge hatte er erst nach dem Krieg, überwiegend in Berlin. In Jürgen Fehlings eigenem kurzlebigen Theater spielte er 1945 den Mephisto in *Urfaust* (mit ➲ Konrad Wagner als Faust und Joana Maria Gorvin als Gretchen), wiederum unter Fehling den Jupiter in Sartres *Fliegen* (1948, Hebbel-Theater) und am Schlossparktheater den Harras in *Des Teufels General*. Als Shaw in *Geliebter Lügner* (1959) ging er zusammen mit Elisabeth Bergner auf USA-Tournee. Im Film hatte er zwar in den 1930er und 1940er Jahren (als er auch mit der Synchronarbeit begann) kontinuierlich Nebenrollen (bevor er Soldat bei der Luftwaffe wurde) – z. B. in PETER VOSS, DER MILLIONENDIEB (1932), STUKAS (1941), DR. CRIPPEN AN BORD (1942), DER EWIGE KLANG (1943) –, doch wie auf der Bühne kam auch hier seine große Zeit erst in gesetzterem Alter, als er große Charakterrollen im deutschen und internationalen Nachkriegsfilm verkörperte. Er spielte den Oberst in DECISION BEFORE DAWN (1950), den Mörder in Hitchcocks I CONFESS (1953) und den Gegenspieler von Clark Gable in Gottfried Reinhardts BETRAYED (1957). In Deutschland war seine größte Aufgabe die Titelrolle in CANARIS (1954). Zu seinen bedeutendsten Filmen gehören ferner ALIBI (1955), DER GLÄSERNE TURM (1957), DER MAULKORB (1958), SOLANGE DAS HERZ SCHLÄGT (1958) und LULU (1962). Er filmte mit Marcel Carné (TROIS CHAMBRES À MANHATTAN, 1965) und Costa-Gavras (DER UNSICHTBARE AUFSTAND, 1972).

«Der hervorragende Rhetoriker, dessen modulationsfähige Stimme schneidend scharf oder einschmeichelnd weich, lauernd gefährlich oder heiter komödiantisch sein konnte, war ein Virtuose der verbalen Differenzierung.» (Peter Spiegel) Diese Gabe kam in markanten, streng ausgewählten Hauptrollen der Nachkriegssynchronisation zugute, die zu den Juwelen der Synchrongeschichte gehören. Gleichwohl lässt sich streiten, ob Hasses sonores Organ immer zum vorgegebenen Charakter «passte». Hervorragend war er für Charles Laughton (MEUTEREI AUF DER BOUNTY), Spencer Tracy (VATER DER BRAUT, EHEKRIEG) und Vincent Price (WEISSER OLEANDER), fehlbesetzt für Humphrey Bogart in DIE CAINE WAR IHR SCHICKSAL und James Stewart in DER GROSSE BLUFF. Bedeutende Rollen waren außerdem George Sanders (DAS BILDNIS DES DORIAN GRAY, ALLES ÜBER EVA), Lee J. Cobb (DIE FAUST IM NACKEN), Clark Gable (EIN TOLLER BURSCHE), Gene Kelly (DIE DREI MUSKETIERE), Henry Fonda (DIE FALSCHSPIELERIN), Fredric March (DIE BESTEN JAHRE UNSRES LEBENS) und Broderick Crawford (DER MANN, DER HERRSCHEN WOLLTE).

Posthum erschienen seine Erinnerungen: *O. E. – Unvollendete Memoiren*, München 1979.

[Literaturhinweis: *Fetzen am neuen Leben. O. E. Hasse zum 100. Geburtstag.* Ausstellungskatalog Akademie der Künste Berlin 2003]

Dietrich Haugk (*1925)

Haugk stammt aus Ellrich im Harz, wuchs in Bielefeld und Berlin auf und wirkte in beiden Städten als Schauspieler, war Sprecher beim Berliner Rundfunk, Radio Bremen und NWDR Hamburg. Dann arbeitete er vorrangig als Theaterregisseur. Er inszenierte 1953/54 *Minna von Barnhelm* und *Hexenjagd* in Basel, 1955 *Ein Mond für die Beladenen* in Bochum, 1957–61 war er Direktor am Württembergischen Staatstheater Stuttgart und inszenierte *Ein Sommernachtstraum*, *Götz von Berlichingen* und *Der Richter von Zalamea*, anschließend arbeitete er als freier Regisseur und war seit 1971 Professor am Mozarteum Salzburg. Er inszenierte u. a. am Wiener Burgtheater, am Theater in der Josefstadt (1963 *Wie es euch gefällt*, 1966 *Der Menschenfeind*), *Ein Volksfeind* bei den Ruhrfestspielen (1972) und am Bayerischen Staatsschauspiel (1977 *Macbeth*, 1979 *Der zerbrochene Krug*, 1980 *Die schmutzigen Hände*) und übernahm auch die Opernregie (*Don Giovanni* 1991 am Gärtnerplatztheater). Seit den 1960er Jahren drehte Haugk zudem für das Fernsehen. Zu seinen wichtigsten TV-Regiearbeiten gehören ICH WAR SCHLEMIHL (1966 mit ⊃ Klaus Schwarzkopf, Adolf-Grimme-Preis), ASCHE DES SIEGES (1969), DAS KONZERT (1975), ROTHENBAUMCHAUSSEE (1991) sowie zahlreiche Folgen der Serien DER KOMMISSAR, DER ALTE und DIE MÄNNER VOM K3.

In den Synchronisationen der 1950er Jahre trat er vor allem als deutsche Stimme von Gérard Philipe in Erscheinung (FANFAN, DER HUSAR, DIE SCHÖNEN DER NACHT, LIEBLING DER FRAUEN). Herausragende Parts waren auch Montgomery Clift in VERDAMMT IN ALLE EWIGKEIT und Jean-Louis Trintignant in UND IMMER LOCKT DAS WEIB sowie DAS GESETZ DER STRASSE. Hinzu kamen Dirk Bogarde (SEKUNDEN DER VERZWEIFLUNG), Anthony Steel (SCHWARZES ELFENBEIN, WESTLICH SANSIBAR), Kenneth Moore (ABER HERR DOKTOR, BRENNENDES INDIEN) und Denholm Elliott (DAS HERZ ALLER DINGE).

Klaus Havenstein (1922–1998)

Havenstein wurde in Wittenberge geboren und wuchs in Hamburg auf. Dort nahm er Schauspielunterricht, doch der Krieg unterbrach seine Ausbildung. In der Kriegsgefangenschaft begann er Theater und Kabarett zu spielen, was er in München am Volkstheater, den Kammerspielen und der Kleinen Freiheit fortsetzte. 1956 war er Gründungsmitglied der renommierten «Lach- und Schießgesellschaft», der er bis 1972 angehörte. Er gab Theater-Gastspiele (z. B.

Zeit für Heldentum), Dom DeLuise (Hochzeitsnacht im Geisterschloss), Franco Fabrizzi (Die Freundinnen), Buddy Hackett (Ein toller Käfer), Red Buttons (Sayonara), Roger Carrel als Sancho Pansa in Don Quijote de la Mancha (ZDF 1965) oder Bill Kearns in Nur die Sonne war Zeuge. Havenstein schrieb auch die deutschen Dialoge von Frankenstein junior und Sherlock Holmes' cleverer Bruder (auch Regie).

Ruth Hellberg (1906–2001)

Ruth Hellberg wurde in Berlin als Tochter des Intendanten Fritz Holl geboren. In ihren Theaterrollen entwickelte sie sich von der «Jugendlich-Naiv-Sentimentalen» zur «Charakterspielerin» und «Salondame» (so bezeichnete man damals die Rollenfächer). Ab 1924 war sie Nachfolgerin von Elisabeth Bergner an den Münchner Kammerspielen. Sie spielte Gretchen in Leipzig (1930), die Jungfrau von Orléans am Berliner Schillertheater (1938), die Giraudoux-Figuren Helena und Undine in Stuttgart (1947/48) und Candida in Hamburg (1953). In den 1930er und 1940er Jahren wirkte sie in zahlreichen Filmen mit: Yvette (1938), Heimat (1938), Drei Unteroffiziere (1939), Der Postmeister (1940), Bismarck (1940), Heimkehr (1941). Nach dem Krieg jedoch hatte das Kino für Frauen im mittleren Alter kaum Rollen bereit. Ruth Hellberg spielte stattdessen im Fernsehen: Souper (1955), Wie ein Hirschberger Dänisch lernte (1968), Finito l'amour (1972), Die Soldaten (1977), Im Kreis der Lieben (1991). Verheiratet war sie zunächst mit dem Exil-Verleger Fritz Landshoff und dann mit dem Regisseur Wolfgang Liebeneiner.

Mit ihrer Synchronarbeit begann Ruth Hellberg schon in den 1930er Jahren. Sie sprach für Vivien Leigh aber

1974 bei den Hersfelder Festspielen in *Herr Puntila und sein Knecht Matti*, 1983 in Bonn unter Rudolf Noelte in *Schluck und Jau*), von 1990–92 war er Intendant der Burgfestspiele Bad Vilbel. Populär wurde er nicht nur als Kabarettist, sondern auch als Radio- und Fernsehmoderator, vor allem in Kindersendungen wie Sport – Spiel – Spannung, Zwei aus einer Klasse, Das Schmunzelkabinett, Jeremias Schrumpelhut und Tiere, Clowns und Akrobaten. Filmschauspieler war Havenstein ebenfalls, z. B. in Die goldene Gans (1953), Königswalzer (1955), Sturm im Wasserglas (1960), Im Dschungel ist der Teufel los (1982). Als echter «Allrounder» konnte er selbstverständlich auch singen. Mit seiner vollen und modulationsreichen Stimme, die an sich schon irgendwie «jazzig» klang, nahm er nicht nur an die 50 Schallplatten auf, sondern bereicherte auch die Synchronisation mit etlichen akustischen Schmankerln. Unvergesslich bleibt vor allem sein singender Affenhäuptling im Dschungelbuch («Schubiduh, ich möcht so sein wie duhuhu») sowie Swingy in Aristocats. Er sprach für Vincent Gardenia (Extrablatt), Alberto Sordi (Vitteloni), Jack Lemmon (Keine

auch für Maureen O'Sullivan in DAVID COPPERFIELD (1935) und Myrna Loy in WERKPILOTEN (TEST PILOT, 1939), in den 1940er Jahren mehrmals für Alida Valli, nach dem Krieg wiederum Vivien Leigh (in CÄSAR UND CLEOPATRA, LORD NELSONS LETZTE LIEBE und ANNA KARENINA), Elisabeth Bergner in KATHARINA DIE GROSSE und TRÄUMENDE AUGEN, Anita Björk in FRAU IM ZWIELICHT, Jeanne Moreau in MÜSSEN FRAUEN SO SEIN?, Merle Oberon in EIN FRAUENHERZ VERGISST NIE, Martha Scott in BEN HUR, wiederum Myrna Loy in MITTERNACHTSSPITZEN und Helen Hayes in AIRPORT.

Dagmar Heller (*1947)

In Berlin geboren, nahm Dagmar Heller Schauspielunterricht bei Else Bongers. Sie spielte anschließend Theater in Berlin, Frankfurt, Hamburg (Thalia-Theater) und in München. Fernsehauftritte hatte sie in PETER SCHLEMIHLS WUNDERSAME GESCHICHTE (1967), TATORT (1971/72), WENN STEINE SPRECHEN (1972), DERRICK (1977) und EIN FALL FÜR ZWEI (1981). Ihre Stimme ist auch in Hörspielen zu hören (z. B. *Das magische Labyrinth*, 2001, *Lullaby*, 2005). Außerdem nahm sie mehrere Hörbücher auf (Celia Fremlin: *Sieben magere Jahre*, Alexander Heimann: *Muttertag*). Nachdem Sabine Eggerth in die USA ausgewandert war, übernahm Dagmar Heller in den achtziger Jahren Barbra Streisand als Feststimme (YENTL, HERR DER GEZEITEN, NUTS, LIEBE HAT ZWEI GESICHTER). Hinzu kam Mia Farrow, die bis dahin von ⊃ Traudel Haas gesprochen wurde (HANNAH UND IHRE SCHWESTERN, VERBRECHEN UND ANDERE KLEINIGKEITEN, BROADWAY DANNY ROSE). Bedeutende Aufgaben waren außerdem Katharine Ross in DIE REIFEPRÜFUNG, Jamie Lee Curtis (DER SCHNEIDER VON PANAMA), Marie-Christine Barrault (STARDUST MEMORIES), Tuesday Weld (DRECKIGE HUNDE, DER EINZELGÄNGER), Meryl Streep (DIE DURCH DIE HÖLLE GEHEN), Rene Russo (IN THE LINE OF FIRE), Cecilia Roth (ALLES ÜBER MEINE MUTTER), Jessica Lange (BIG FISH), Kim Basinger (FRAUEN WAREN SEIN HOBBY), Joan van Ark in der Serie UNTER DER SONNE KALIFORNIENS und Joan Crawford in ARD-Neusynchronisationen (z. B. HEIRATE NIE BEIM ERSTEN MAL, 1989).

Luise Helm (*1983)

Noch bevor sie überhaupt lesen konnte, wurde Luise Helm schon mit fünf Jahren von ihrem Vater, dem Schauspieler Gunnar Helm (*1956, er synchronisierte Johnny Depp in GILBERT GRAPE) ins Synchronstudio mitgenommen. Da ihr diese Arbeit Spaß machte, blieb die gebürtige Berlinerin auch dabei. Hinzu kamen Fernsehrollen u. a. in POLIZEIRUF 110 (seit 1995), TATORT, SOKO LEIPZIG, 5 STUNDEN ANGST (RTL 1995), KÖNIGSKINDER (ZDF 2003, Hauptrolle und Förderpreis) und 12 HEISST: ICH LIEBE DICH (2007) sowie Filmauftritte in HARte Jungs (2000, als «Lisa»), Wie Feuer und Flamme (2001), Am Tag als Bobby Ewing starb (2005). Luise Helms Stimme ist auch auf Hörbüchern zu hören (Dumas: *Die drei Musketiere*, Cecilia Ahern: *Ein Moment fürs Leben*), aber doch mehr vertraut aus den deutschen Fassungen von Filmen und Serien.

Erste populäre Serien-Hauptrolle war die «Claire» (Lauren Ambrose) in Six Feet Under. Im Kinofilm interpretierte sie schon 2001 die 15-jährige Scarlett Johannson in Ein amerikanischer Traum und blieb ihr auch weiterhin treu (Match Point, Vicky Christina Barcelona). Zu Luise Helms Stammrollen gehört auch Megan Fox (New York für Anfänger) und Abbie Cornish (Ohne Limit), außerdem: Sally Hawkins (Happy Go-Lucky), Anne Hathaway in Geliebte Jane und Billie Piper als Sally Lockhart.

Luises jüngere Schwester **Anne Helm** (*1986 in Rostock) synchronisierte 1995 die Titelrolle in Ein Schweinchen namens Babe und danach Ludivine Sagnier (Swimming Pool, Die zweigeteilte Familie), Evan Rachel Wood (z. B. in The Wrestler), Yohanna Cobo in Volver, Anna Kendrick in Up in the Air, Anna Torv in der Serie Fringe und Michelle Dockery in der britischen Serie Downton Abbey.

Roland Hemmo (*1946)

Roland Hemmo kam in Weißwasser zur Welt, studierte zunächst an der TH Magdeburg, dann an der Schauspielschule Ernst Busch in Berlin. Theater spielte er in Senftenberg (u.a. als Puntila und Amphytrion), Halle (als Danton und Ernst Tollers Hinkemann) und in Berlin (Theater im Palast, Deutsches Theater). Er wirkte mit in den Kinofilmen Stalingrad (1992) Rosenkavalier (1997) und Heidi M. (2001) sowie in mehreren TV-Filmen und -Serien wie Rottenknechte (einer der bekanntesten DDR-Fernsehfilme, Regie: Frank Beyer, 1971), Inspektor Rolle und Wolffs Revier. Bei der Synchronarbeit ist er mit zwei Schauspielern fest verbunden: James Gandolfini (Die letzte Festung, The Mighty, Nicht schuldig) und Brendan Gleeson (28 Days Later, Gangs of New York, The Village, Harry Potter). Ferner ist er zu hören für Forest Withaker (Nicht auflegen!), Jim Broadbent (Another Year), Elliott Gould (Ocean's Eleven), Alfred Molina (Texas Ranger, Luther), Ian McNeice (Der Engländer, der auf einen Hügel stieg ..., Der vierte Engel), Judd Hirsch (Taxi, Verraten und missbraucht), Pete Postlethwaite (Vergessene Welt), Steve McQueen (Ein Feind des Volkes), Colm Meany (Star Trek – Deep Space Nine) und Brian Cox (Matchpoint) und Charles S. Dutton in Nemesis.

Toni Herbert (1911–1990)

Im Mittelpunkt von Toni (= Anton) Herberts Schauspielerleben standen die Berliner Theater. Er spielte 1945 in Viktor de Kowas Revue *So oder so* zur Wiedereröffnung der Tribüne, danach v.a. am Renaissancetheater, z.B. in *Die schmutzigen Hände* (1949), *Die Nacht des Leguans* (1963), *Spitzenhäubchen und Arsenik* (1971), *Der Schützling* von Kishon (1979), sowie am Ku'damm und an der Freien Volksbühne (1977 in *Schwejk*). Herbert war auch Mitglied der «Stachelschweine» und trat in einigen Filmen auf: Anonyme Briefe (1949), Cardillac (1957), Liebe verboten – heiraten erlaubt (1959). Er wirkte mit in den Fernsehspielen Freispruch für Old Shatterhand (1965), Der Fall Hetzel (1970), Meister Timpe (1980).

In der Synchronisation gehörte Toni Herbert zu den einmaligen, unnachahmlichen Berliner Ensemble-Sprechern. Mit seinem kehligen Gurren konnte er selbst Kleinstrollen (ein Satz, ein Ausruf, manchmal nur ein Wort!) mit einem individuellen Farbtupfer versehen. Wir erwähnen hier nur seine größeren «Auftritte»: Milburn Stone, der «Doc» in dem Serien-Klassiker Rauchende Colts, John Carradine in der Erstsynchronisation von Stagecoach, George Couloris (König der Könige), Lee van Cleef (Mein Wille ist Gesetz), Brian Keith (Um Kopf und Kragen), Ted de Corsia (Blutiger Staub), Ivan Petrovich (Fahrstuhl zum Schafott), Cab Calloway (Blues Brothers), Harry Carey jr. (Die rauhen Reiter von Texas), José Luis López Vázquez (Der Henker), Malcolm Atterbury (Die Vögel), Edgar Barrier (Kampf der Welten), Brad Dexter (Taras Bulba). Am besten «im Ohr» ist vielleicht sein Kater Sylvester in der Trickserie Die schnellste Maus von Mexiko (1979).

Ursula Herwig (1935–1977)

Ursula Herwig, die aus dem Hessischen stammte, nahm in München Schauspielunterricht und hatte dort auch ihr Bühnendebüt. Sie spielte u.a. in *Der Misanthrop* im Cuvilliéstheater (auch TV, 1959). Dann verlagerte sie ihren Schwerpunkt nach Berlin, wo sie hauptsächlich Kabarett bei den «Stachelschweinen» spielte. Beim Film übernahm sie Nebenrollen, z.B. in Dorothea Angermann (1958), Nacht fiel über Gotenhafen (1959), Himmel, Amor und Zwirn (1960). Einem breiteren Publikum wurde sie eher durch Fernsehspiele bekannt, darunter Gerechtigkeit in Worowogorsk (ZDF 1964), Zeitaufnahme (ZDF 1972), Nicht Lob noch Furcht (ZDF 1972). Eine Hauptrolle hatte sie auch in der ZDF-Vorabendserie Der Vereinsmeier (1971). Am 4.12.1977 wurde Ursula Herwig – die mehrere Jahre mit ⊃ Thomas Braut verheiratet war – tot aus dem Berliner Landwehrkanal geborgen. Die näheren Umstände ihres Todes blieben ungeklärt.

In der Synchronisation war sie nicht nur mit ihrer Stimme aktiv, sondern sie gehörte auch zu den – damals noch – wenigen Frauen (wie z.B. ⊃ Ingeborg Grunewald), die für Buch *und* Regie verantwortlich zeichneten. Von ihr stammt z.B. die deutsche Fassung von American Graffiti. Von ihren Sprechrollen war die bekannteste Cheryl Miller als Tochter von Urwalddoktor Daktari

(ZDF 1969ff.). Weitere Parts in Kultserien waren Rosemary Nichols (Annabelle Hurst) in DEPARTMENT S und Amanda Blake (Kitty) in RAUCHENDE COLTS. Schauspielerisch mehr gefordert war Ursula Herwig für Bulle Ogier (FLUCHT IM KREIS, PRIVAT-VORSTELLUNG), Susan Clark (COOGANS GROSSER BLUFF, COLOSSUS, DER MITTERNACHTSMANN), Julie Christie (O DARLING – WAS FÜR EIN VERKEHR), Jane Fonda (BARBARELLA), Jean Seberg (DAS ATTENTAT), Jill Clayburgh (TRANS-AMERIKA-EXPRESS), Ellen Burstyn (DER KÖNIG VON MARVIN GARDENS), Joanne Woodward (INDIANOPOLIS), Lea Massari (DIE DINGE DES LEBENS), Anna Karina (TEUFLISCHE SPIELE, DIE GESCHICHTE DER NANA S.), Constance Bennett (TOPPER), Madeline Kahn (FRANKENSTEIN JUNIOR). Sie war auch mehrmals Synchronstimme von Elke Sommer sowie Kleopatra im Zeichentrickfilm ASTERIX UND KLEOPATRA.

Wolfgang Hess (*1937)

Wolfgang Hess wuchs in der Schweiz auf, machte ein Bankpraktikum, studierte in München mehrere Semester Theater- und Zeitungswissenschaft und spielte Theater in Zürich (wo er übrigens schon als Kind auf der Bühne stand), in seiner Heimatstadt Stuttgart und in München (u.a. Volkstheater, Theater 44, Residenztheater, u.a. 2000 in *My friend Hitler*). In München wurde August Everding auf seine Stimme aufmerksam und brachte ihn beim Rundfunk unter (zu seinen Hörspielen zählen u.a. *Die Schatzinsel*, BR 1975, *Per Anhalter ins All*, BR 1981). Nun kamen auch die Angebote aus den Synchronstudios. Bei Rainer Werner Fassbinder trat er nicht nur in ICH WILL DOCH NUR, DASS IHR MICH LIEBT (1976) auf, sondern synchronisierte auch El Hedi ben Salim in ANGST ESSEN SEELE AUF und Uli Lommel in EFFIE BRIEST.

Damit sind wir bei der Hauptbeschäftigung von Wolfgang Hess, dem Schauspielen im Synchronatelier. Hier dröhnt seine gewaltige Stimme, die durch Mark und Bein geht, zur Freude der einschlägigen Fans aus dem Mund von Bud Spencer, doch für «richtige» Schauspieler arbeitet er lieber, wie z.B. Marcello Mastroianni (EIFERSUCHT AUF ITALIENISCH, MACCARONI, GINGER UND FRED, ERKLÄRT PERREIRA), Charles Bronson (TWINKY), Raymond Pellegrin (DEINE ZEIT IST UM), Jeremy Irons (DAS GEISTERHAUS), Stacy Keach (LONG RIDERS), James Coburn (DER FLUCH DES HAUSES DAIN), Gene Hackman (DIE VERWEGENEN SIEBEN), Oliver Reed (ZWEI AUSGEKOCHTE GAUNER), Ugo Tognazzi, Philippe Noiret (CINEMA PARADISO), David Hemmings (LETZTE RUNDE), Michel Lonsdale (STAVISKY), Victor French in der Serie EIN ENGEL AUF ERDEN und Robbie Coltrane in der Serie AUF ALLE FÄLLE FITZ. Zu seinen populärsten Synchronparts gehört Obelix in mehreren ASTERIX-Filmen. Wolfgang Hess arbeitet seit mehreren Jahren auch in Österreich (ORF, Synchron und Werbung).

Hans Hessling (1903–1995)

Als echter Hamburger machte Hessling zunächst das Naheliegende: Er fuhr als Matrose zur See, bevor er 1927 bei Erich Ziegel am Hamburger Schauspielhaus an Land ging. Über Leipzig und Zürich kam er nach Berlin zu Boleslaw Barlog. Klein und vital wie er war, changierte er in seinen Rollen von urwüchsiger Komik über Shakespeare'sches Narrentum zu chaplinesker Traurigkeit. Er hatte mehrere Paraderollen: den Puck im *Sommernachtstraum*, den Spötter Thersites in *Troilus und Cressida*, den Dr. Begriffenfeld in *Peer Gynt* und den alten Miller in *Kabale und Liebe*. Im Schlossparktheater spielte er 1953 unter Stroux den Estragon in der deutschen Uraufführung von *Warten auf Godot*. Er spielte die Titelrolle in dem Märchenfilm DAS TAPFERE SCHNEIDERLEIN (1942) und trat außerdem auf in CORINNA SCHMIDT (DEFA 1951), VOR GOTT UND DEN MENSCHEN (1955), DER LETZTE FUSSGÄNGER (1960), BIS DAS GELD EUCH SCHEIDET (1960), AN HEILIGEN WASSERN (1960) und in MAX DER TASCHENDIEB (1961) als «Kollege» von Heinz Rühmann.

In der TV-Serie ALLE HUNDE LIEBEN THEOBALD (ZDF 1971) spielte er an der Seite von Carl Heinz Schroth. Weitere Fernsehproduktionen waren die Serie KLEINSTADTBAHNHOF (1972), DIE PREUSSISCHE HEIRAT (1974), DER ZUG NACH MANHATTAN (1980) und DER MILLIONENERBE (1990). 1968 ging Hessling ans Burgtheater, 1969 wieder nach Hamburg (Thalia-Theater).

Seine quengelige Stimme wusste er im Synchronstudio virtuos einzusetzen: von Charles Chaplin in DER GROSSE DIKTATOR, Walter Brennan in RIO BRAVO über James Cagney (EIN HÄNDEDRUCK DES TEUFELS, RAGTIME), Alec Guinness (DES PUDELS KERN) bis zu Ray Walston in DAS APPARTEMENT, ferner Burgess Meredith in ROCKY, Karl Malden (DER GEFANGENE VON ALCATRAZ), Everett Sloane (DER TIGER, VINCENT VAN GOGH) und Henry Travers (MRS. MINIVER). Außerdem gab er mehrmals Asterix seine Stimme sowie der Serienfigur CATWEAZLE (Geoffrey Bayldon).

Ursula Heyer (*1940)

Nach dem Schauspielunterricht bei der Berliner «Institution» Else Bongers spielte Ursula Heyer an fast allen Berliner Bühnen, u. v. a. in *Die Festung* (1958, Freie Volksbühne), *Die Wände* (1961, Schlossparktheater), *Geschlossene Gesellschaft* (1968, Tribüne), *Charleys Tante* (1974, Hansa-Theater), *Der Glöckner von Notre-Dame* (1974 am Kleinen Theater als Esmeralda mit ➲ Joachim Kemmer als Quasimodo), *Der Favorit* (1979, Komödie), *Das Haus am See* (1980, Ku'damm mit Grete Mosheim), *Romulus der Große* (1993, Renaissance-Theater zusammen mit ihrer Tochter Judith Brandt). Sie spielte auch in einigen Filmen mit wie DER MANN, DER NICHT NEIN SAGEN KONNTE (1958), ACHT MÄDELS IM BOOT (1958), DIE FASTNACHTSBEICHTE (1960, zusammen mit ihrem

Hans Hinrich (1903–1974)

In Berlin als Hans Hinrich Prager geboren, betätigte er sich als Schauspieler und Regisseur zunächst in Bochum bei Saladin Schmitt, 1927/28 an den Hamburger Kammerspielen, dann in seiner Heimatstadt an der Volksbühne, dem Theater am Schiffbauerdamm und am Lessing-Theater, wo er 1929 die Uraufführung von Friedrich Wolfs *Cyankali* inszenierte. 1934–35 war er als Regisseur beim Jüdischen Kulturbund. Er war bereits als Filmregisseur hervorgetreten (sowie als Drehbuch-Co-Autor bei Arnold Fancks Film S.O.S. EISBERG, 1933), und da ihn die Nazis «nur» als «Halbjuden» einstuften, erreichte er auf Intervention seiner Frau, der Schauspielerin Maria Krahn, eine Sondergenehmigung, Filme zu drehen, die aber 1939 widerrufen wurde. Er inszenierte mehrere Melodramen wie DER SIEGER (1932 mit Hans Albers), DAS MEER RUFT (1933), LIEBLING DER MATROSEN (1937), DREIKLANG (1938), ZWISCHEN DEN ELTERN (1938). 1940 emigrierte Hinrich nach Italien, wo er sich gleichfalls als Schauspieler und Filmregisseur über Wasser halten konnte. Er blieb auch nach Kriegsende zunächst in Italien, und besorgte 1948 in Rom die italienische Uraufführung von Fritz Hochwälders Drama *Das heilige Experiment*. 1949 kehrte er nach Deutschland zurück und konnte zunächst an seine Arbeit als Filmregisseur anknüpfen: JAHRE DES SCHWEIGENS (1951), DAS SPÄTE MÄDCHEN (1951), CONCHITA UND DER INGENIEUR (1954). Dann wechselte er wieder ans Theater. 1955–58 war er Oberspielleiter in Wuppertal und 1958–66 Generalintendant in Gelsenkirchen. Hier inszenierte er 1961 *Maria Stuart* und spielte 1962 die Titelrolle in *Julius Caesar*. Kurz vor seinem Tod trat er zusammen mit seiner Frau in Peter Zadeks Inszenierung von Tankred Dorsts *Eiszeit*

Mann ⮞ Rainer Brandt), SCHÖNER GIGOLO, ARMER GIGOLO (1979) sowie in Fernsehspielen (DER KNICK, ZDF 1988) und -serien (DER ALTE, TATORT, WOLFFS REVIER, LUKAS).

Favorit unter ihren Synchronrollen war eindeutig Joan Collins, das «Biest» aus der Serie DENVER-CLAN. «Alle Frauen können von Joan Collins noch viel lernen. Neben ihrer Direktheit fasziniert mich vor allem ihre erotische Ausstrahlung», bekannte Ursula Heyer (*BZ* 12.9.1983) und trat auf der Funkausstellung 1983 sogar irritierend perfekt verkleidet als Joan Collins auf. Auch Charlotte Rampling schenkte sie ihre Stimme (ORCA, DER KILLERWAL, THE WINGS OF THE DOVE) sowie Margot Kidder (AMITYVILLE HORROR), Anna Karina (DE L'AMOUR), Barbara Carrera (SAG NIEMALS NIE), Lee Remick (EMPFINDLICHES GLEICHGEWICHT), Adrienne Cori (UHRWERK ORANGE), Susan Kohner (SOLANGE ES MENSCHEN GIBT), Pam Grier (COFFY – DIE RAUBKATZE), Karen Black (UNTERNEHMEN CAPRICORN) und Samantha Eggar (LIEBE DIEBE KILLT MAN NICHT).

an der Freien Volksbühne Berlin auf (mit ⊃ O. E. Hasse).

Hinrichs Synchronrollen – zumeist Herren in den besseren Jahren – hatten nicht selten einen Zug ins Diabolische: Charles Vanel (DIE WAHRHEIT, DIE TEUFLISCHEN, 2. Fassung 1964), Spencer Tracy (DER ALTE MANN UND DAS MEER), Sidney Greenstreet (DIE SPUR DES FALKEN), Edward G. Robinson (STRASSE DER VERSUCHUNG), Jean Gabin (GAS-OIL), Claude Rains (PHANTOM DER OPER, BLUTIGE DIAMANTEN), Leo G. Carrol (ICH KÄMPFE UM DICH), Orson Welles (MORGEN IST DIE EWIGKEIT), Eric Portman (FLÜSTERNDE WÄNDE), George Coulouris (CALIFORNIA). Hinrich führte auch Synchronregie, z. B. bei DER TODESKUSS.

Matthias Hinze (1969–2007)
Er wurde in Berlin geboren als Sohn des Schauspielers, SFB-Moderators (Leiter des Hörfunk-Sports) und Synchronsprechers **Lothar Hinze** (*1937, er sprach z. B. für Martin Landau in KOBRA, ÜBERNEHMEN SIE). Nach dem Schauspielunterricht bei ⊃ Maria Körber absolvierte er auch eine Gesangsausbildung bei Richard Gsell. Neben seiner Synchronarbeit trat er auch in einigen Fernsehserien auf, wie z. B. EINE KLASSE FÜR SICH, TEUFELS GROSSMUTTER, NORDLICHTER und GUTE ZEITEN, SCHLECHTE ZEITEN. Verheiratet war er mit **Melanie Hinze**, deutsche Stimme von Holly Marie Combs in der Serie CHARMED und Jennifer Love Hewitt in GHOST WHISPERER.

Matthias war vor allem mit Matt Damon verbunden (GOOD WILL HUNTING, DIE BOURNE-IDENTITÄT, DER TALENTIERTE MR. RIPLEY) und synchronisierte außerdem Ethan Hawke (WATERLAND), Peter Firth (DIE ABENTEUER DES JOSEPH ANDREWS), Wes Bentley (AMERICAN BEAUTY), James Marsden (X-MEN), Matt Dillon (BEAUTIFUL GIRLS), Tobias Mentzies (CASINO ROYALE), Timothy Olyphant (DER CLUB DER GEBROCHENEN HERZEN), Vincent Gallo (ARIZONA DREAM), Mark Ruffalo (FLIGHT GIRLS)

Martin Hirthe (1921–1981)
Geboren in Berlin-Pankow, aufgewachsen in der Schweiz – wo sein Vater als Ingenieur arbeitete –, machte Hirthe nach dem Abitur in Davos erste berufliche Versuche bei Siemens in Berlin, besuchte dann aber lieber die Schauspielschule. Nach einer Reihe von Engagements in Graz, Wien, Kassel und Göttingen (bei Heinz Hilpert in *Dantons Tod* und *Hamlet*), holte ihn Boleslaw Barlog nach Berlin zurück. 20 Jahre lang gehörte er den Staatlichen Schauspielbühnen an, wo er unter Kortner, Sellner, Lietzau u. a. spielte. Bei Noelte trat er auch an den Münchner Kammerspielen auf (1976 als Walpole in *Der Arzt am Scheideweg*) und am Berliner Renaissancetheater in *Elektra* von Giraudoux (1978). Filmaufgaben hatte er u. a. bei Staudte (GANOVENEHRE), Vohrer (JEDER STIRBT FÜR SICH ALLEIN) und neben Heinz Erhardt in UNSER WILLI IST DER BESTE, im Fernsehspiel bei Falk Harnack (DIE

Wölfe, Ein Fall für Herrn Schmidt) und Hans Quest (Narrenspiegel). Erwähnenswert ist auch der mehrteilige Kriminalhörspiel-Klassiker *Fünf tote alte Damen* (WDR 1965) mit Hirthe als Dr. Klein (und ➲ Arnold Marquis als Kommissar). Einem großen Publikum bekannt wurde Hirthe aber v. a. als SFB-Tatort-Kommissar (1975).

Seine schneidende Stentorstimme mit Präzisionsschärfe prädestinierte ihn für die Synchronisation von «harten», durchsetzungsfähigen Charakteren: Lee Marvin (Das dreckige Dutzend, Point Blank), Rod Steiger (Doktor Schiwago, In der Hitze der Nacht), Gregory Peck (Wer die Nachtigall stört, Arabeske), Orson Welles (Kampf um Rom, Brief an den Kreml), George C. Scott (Die Totenliste, Die Bibel), Karl Malden (Cheyenne, Das Milliarden-Dollar-Gehirn), Telly Savalas (Dschingis Khan, Mit eisernen Fäusten, Buona sera, Mrs. Campbell), Ernest Borgnine (Grosse Lüge Lylah Clare, Eisstation Zebra), Bud Spencer (Vier für ein Ave Maria) und Raymond Burr in der Serie Der Chef. Seine «Stamm»-Schauspieler aber – und darin zeigt sich seine Vielseitigkeit – waren der melancholische Komiker Walter Matthau (Charade, Hello Dolly) und Martin Balsam (Catch 22). Zu seinen Komödien-Rollen gehört auch Vittorio Gassman in Der Duft der Frauen.

Gudo Hoegel (*1948)

Gudo Hoegel wurde in Düren geboren und absolvierte eine private Schauspielausbildung. Er spielte Theater in München, Hof (Titelrolle in Plenzdorfs *Die neuen Leiden des jungen W.*), Nürnberg, Ingolstadt und Augsburg (u. a. als Don Carlos). 1978 wirkte er in den Filmen Lawinenexpress und Der Sturz mit, 1987 in dem Fernsehfilm Die Bombe (mit Michael Degen). Hinzu kommen Auftritte in den Serien Direktmandat, Peter Strohm, Löwengrube, Schwarzwaldklinik, Wolffs Revier und Derrick.

Im Synchronstudio ist er Daniel Auteuil zu Diensten (Ein Herz im Winter, Eine französische Frau, Erklärt Pereira, Diebe der Nacht) und sprach ferner für Joe Mantegna (Body of Evidence), Willem Dafoe

(DER ENGLISCHE PATIENT), Mike Myers (AUSTIN POWERS), Liam Neeson (HIGH SPIRITS), Russell Crowe (SCHNELLER ALS DER TOD), James Russo (MY PRIVATE IDAHO), Robert Carlyle (TRAINSPOTTING), Samuel L. Jackson (WHITE SANDS), Billy Bob Thornton (EIN EINFACHER PLAN), Skinner in RATATOUILLE und in Fernsehserien James Darren (T. J. HOOKER) und Richard Kahn (HÖR MAL, WER DA HÄMMERT). In einer Neusynchronisation des ZDF von DIE MARX BROTHERS IM ZIRKUS (1990) synchronisierte er Chico Marx. Der großartigste Film, in dem Gudo Hoegel die Hauptrolle sprach, war allerdings HANNA-BI. Takeshi Kitano hatte in diesem Film des Jahrzehnts jedoch nur wenig Dialog.

Daniela Hoffmann (*1963)

Schon mit sechs Jahren spielte Daniela Hoffmann im Kinderensemble der Komischen Oper Berlin, wo sie singen, tanzen und fechten lernte. Nach dem Schauspielunterricht in Leipzig und Berlin spielte sie die Hauptrolle in zwei DEFA-Filmen: ZILLE UND ICK (1983) und ETE UND ALI (1985). Kurz vor dem Mauerfall blieb sie nach einem Besuch im Westen, wo sie wieder neu anfangen musste. Sie drehte vorwiegend für das Fernsehen mit Hauptrollen in den Serien ELBFLORENZ (ZDF 1994), ABER EHRLICH (ZDF 1997) und HAPPY BIRTHDAY (ARD 1997). Außerdem stand sie in zahlreichen Folgen der Krimiserie POLIZEIRUF 110 (DFF/ARD) vor der Kamera, in dem ARD-Mehrteiler KLEMPERER (1999) und in PRAXIS BÜLOWBOGEN sowie in der Serie DA KOMMT KALLE (2006). Eine Nebenrolle hatte sie in dem herausragenden Film WEGE IN DIE NACHT (Andreas Kleinert, 1999 mit Hilmar Thate). Theater spielte sie u. a. am Berliner Ensemble (in *Die Mutter* von Brecht, 1988), am Metropol-Theater 1990 als Eliza in *My Fair Lady* und bei den Hersfelder Festspielen 1992 als Eve im *Zerbrochenen Krug*. Auf Hörbüchern liest sie Diana Gabaldon.

In der Synchronisation ist ihre prominenteste Rolle die deutsche Stimme von Julia Roberts, wofür sie nach einem Casting ausgewählt wurde (PRETTY WOMAN, DIE HOCHZEIT MEINES BESTEN FREUNDES, NOTTING HILL, HAUTNAH etc.). Daniela Hoffmann ist außerdem zu hören für Laura Dern (WILD AT HEART), Mary Stuart Masterson (GRÜNE TOMATEN), Jamie Lee Curtis (TRUE LIES), Sharon Stone (FEUERSTURM UND ASCHE), Nicole Kidman in BILLY BATHGATE sowie Pernilla August in STAR WARS – EPISODE I. In der Seriensynchronisation ist ihre Favoritin Calista Flockhart in der Comedyserie ALLY MCBEAL (Vox 1998) und auch in GEFÜHLE, DIE MAN SIEHT; außerdem: Janine Turner in AUSGERECHNET ALASKA.

Gert Günther Hoffmann (1929–97)

Geboren wurde «G. G.» in Berlin-Lankwitz, der späteren Synchron-Hochburg. Zwar machte er zunächst eine kaufmännische Lehre, doch schon in der Schule hatte er seine Liebe zur Schauspielerei entdeckt. Er wurde Sprecher beim Berliner Rundfunk und spielte in Berlin und Hamburg Theater. Seinen größten Erfolg hatte er zusammen mit Rudolf Platte in *Das Geld liegt auf der Bank* im Hebbel-Theater. Beim Film debütierte er 1951 in der deutsch-französischen Koproduktion DAS BANKETT DER SCHMUGGLER, es folgten u.a. DAS IDEALE BRAUTPAAR (1952), LIEBE OHNE ILLUSION (1955), AM TAG ALS DER REGEN KAM (1959), die deutsch-israelische Koproduktion BRENNENDER SAND (1959) als Partner von Daliah Lavi und IHR SCHÖNSTER TAG (1962) mit Inge Meysel. Als der große Durchbruch ausblieb, konzentrierte er sich auf die Synchronarbeit – und hier wurde er zum Star! Doch hatte er, nachdem er 1970 nach München gezogen war, vor der Kamera noch einmal einen großen Erfolg: als Kommissar Matofski in der ARD-Serie SONDERDEZERNAT K 1 (1970–81). Er spielte Hauptrollen im Fernsehspiel (TOD IM STUDIO, ARD 1972), trat in den ZDF-Serien DER FUCHS VON ÖVELGÖNNE (1981) und DER ALTE («Flüstermord», 1985) auf und kehrte auch auf die Leinwand zurück: in Alexander Kluges DER STARKE FERDINAND (1976).

Als «König der Synchronsprecher» ist er bezeichnet worden (was er selber aber nicht gerne hörte). Seine eher sanfte, aber enorm geschmeidige Stimme wurde in die Münder zahlloser Spitzenstars gelegt. Er war die deutsche Stimme von Paul Newman, Sean Connery (sämtliche James-Bond-Filme ab Nr. 2 und auch DER NAME DER ROSE), Rock Hudson, Michel Piccoli und Lex Barker. Richtig populär wurde seine Stimme in den Kult-Fernsehserien MIT SCHIRM, CHARME UND MELONE (Patrick Macnee), TENNISSCHLÄGER UND KANONEN (Robert Culp) und RAUMSCHIFF ENTERPRISE («Cpt. Kirk» William Shatner). Ferner: Cliff Robertson (PICKNICK, DER KANDIDAT), Stuart Whitman (FLUCH DES SÜDENS), Richard Burton (DIE NACHT DES LEGUAN, ...DIE ALLES BEGEHREN), Tony Curtis (FLUCHT IN KETTEN), Rod Taylor (DIE VÖGEL), Kirk Douglas (MIT STAHLHARTER FAUST), Laurence Harvey (DER MENSCHEN HÖRIGKEIT), Christopher Lee (DER HUND VON BASKERVILLE), Richard Basehart (MOBY DICK) und Burt Reynolds (DER SPÜRHUND). G.G. Hoffmann schrieb auch Dialoge und führte Synchronregie, z.B. bei SPIEL MIR DAS LIED VOM TOD. In einem Nachruf hieß es über ihn: «Erinnern werden wir uns dieser männlichlässigen, leicht ironischen Stimme, die nie den Gedanken aufkommen ließ, es könne noch eine andere, die originale geben.» (*Die Welt*, 21.11.1997).

Carola Höhn (1910–2005)

Noch während sie bei Julia Serda und Hans Junkermann Schauspielunterricht nahm, debütierte Carola Höhn, die in Geestemünde (heute: Bremerhaven) geboren wurde, beim Film: 1934 in FERIEN VOM ICH. Bis 1945 spielte sie in über 30 Filmen mit, ihr Typ war der der klugen, energischen, selbstbewussten jungen Frau, eine Art «working girl» des deutschen Films: «Wenn man sie sah, dann hatte man Respekt vor ihr», meinte Johannes Heesters, mit dem sie in DER BETTELSTUDENT (1936) einen ihrer großen Erfolge hatte. Sie spielte in APRIL, APRIL (1935), in KÖNIGSWALZER (1935) die erste Sissy, trat neben Zarah Leander und Willy Birgel in ZU NEUEN UFERN (1937) und neben Heinz Rühmann in HURRAH, ICH BIN PAPA! (1939) auf. Als im Krieg deutsch-italienische Co-Produktionen gedreht wurden, filmte sie mit Benjamino Gigli (TRAGÖDIE EINER LIEBE) und erhielt daraufhin interessante Angebote aus Rom für dramatische Rollen, wie z.B. die Titelrolle in dem Historiendrama BEATRICE CENCI (1941). Im deutschen Nachkriegsfilm allerdings fand Carola Höhn keine Aufgaben, die ihrem Niveau angemessen waren (DU BIST NICHT ALLEIN, 1949). Sie synchronisierte stattdessen und spielte Theater, betätigte sich als Filmjournalistin und gründete gar ein Modehaus. In PRAXIS BÜLOWBOGEN spielte sie zehn Jahre lang Pfitzmanns Schwiegermutter. Ein mit dem Deutschen Filmpreis ausgezeichnetes Leinwand-Comeback feierte sie 1988 in Peter Schamonis SCHLOSS KÖNIGSWALD zusammen mit Camilla Horn, Marianne Hoppe und Marika Rökk. 1997 stand sie 87-jährig im Berliner Theater des Westens als Miss Higgins in *My Fair Lady* auf der Bühne.

In den Nachkriegssynchronisationen sprach sie für die Schauspielerinnen, die ihrem eigenen Typ am nächsten kamen. Von Conrad von Molo wurde sie für Danielle Darrieux engagiert (ZUM KLEINEN GLÜCK). Hinzu kamen Irene Dunne (ANNA UND DER KÖNIG VON SIAM), Katharine Hepburn (DIE FRAU, VON DER MAN SPRICHT), Maureen O'Hara (DER GLÖCKNER VON NOTRE-DAME), Hedy Lamarr (SAMSON UND DELILAH), Barbara Stanwyck (DER UNTERGANG DER TITANIC), Susan Hayward (DAVID UND BATHSEBA), Kim Hunter (ENDSTATION SEHNSUCHT), Virginia Mayo (DES KÖNIGS ADMIRAL), Ava Gardner (GEHEIMAKTION CARLOTTA), später noch Edwige Feuillère in dem TV-Mehrteiler DIE DAMEN VON DER KÜSTE (ARD 1981).

Walter Holten (1897–1972)

Walter Holten wurde in Ingolstadt geboren und spielte von 1922 an Theater in München. Im Film hatte er zahlreiche Nebenrollen, z.B. in FRAU SIXTA (1938), QUAX, DER BRUCHPILOT (1941), DAS LETZTE REZEPT (1951), SOLANGE DU DA BIST (1953), SAUERBRUCH (1954), MEINES VATERS PFERDE (1954), GELIEBTE FEINDIN (1955), ES GESCHAH AM 20. JULI (1955). Außerdem verkörperte er Episodenrollen in Fernsehserien. Als Synchronsprecher war Holten schon seit den dreißiger Jahren aktiv, so synchronisierte er z.B. 1935 Douglas Fairbanks in DAS PRIVATLEBEN DES DON JUAN (Alexander Korda) und Leslie Howard in DIE SCHARLACHROTE BLUME (Harold

Young). Nach dem Krieg stellte er seine Stimme Erich von Stroheim zur Verfügung (Alibi, Gibraltar, Rote Signale, Boulevard der Dämmerung). Hinzu kamen Bing Crosby (Die Glocken von St. Marien), Donald Crisp (Arzt und Dämon, Schlagende Wetter), Michel Simon (Nicht schuldig), Harry Baur (Die Verdammten), Bruce Cabot (Die Abenteurerin), Basil Ruysdael (Der gebrochene Pfeil), Sam Jaffe (Blutige Diamanten), Charles Bickford (Das Lied von Bernadette), Robert Watson (Sein Engel mit den zwei Pistolen) und Raymond Greenleaf (Der Mann, der herrschen wollte).

Achim Höppner (1946–2006)

Achim Höppner absolvierte an den Städtischen Bühnen seiner Heimatstadt Lübeck ein Volontariat. Er studierte Theaterwissenschaft, Kunstgeschichte und Germanistik, arbeitete als Schauspieler in freien Gruppen und gründete schließlich in München eine eigene Bühne: das «Theater in der Kreide». Er spielte nicht nur dort, sondern auch am Residenztheater, den Kammerspielen, am Volkstheater und an der Bayerischen Staatsoper. Zu seinen Hauptrollen zählen Tiger Brown (*Dreigroschenoper*), Arthur Loman (*Tod eines Handlungsreisenden*), Hendrik Höfgen in *Mephisto* und der Präsident in *Kabale und Liebe*. Am Theater war er nicht nur als Darsteller tätig, sondern auch als Bühnenbildner. Zu seinem besonderen künstlerischen Kapital gehörte eine wunderschöne Stimme, der man stundenlang zuhören könnte und die er auf den unterschiedlichsten Gebieten einsetzte: Synchronisation, Hörspiel, Feature, Lesungen, Hörbuch, Dokumentationen – er sah sich, wie er selbst ironisch formulierte, als «Reisender in mehr oder weniger feinen Tonwaren». Er war gefragter Off-Sprecher in TV-Dokumentationen, darunter z. B. der herausragende Mehrteiler Millenium (2000). Auf Hörbüchern las er Macchiavelli, LaFontaine, Egon Friedell, Tolkien, John Le Carré, Oskar Maria Graf u. a.

Im Synchronstudio war er tätig für Ian MacKellen als «Gandalf» in Herr der Ringe, Burt Reynolds in Striptease, F. Murray Abraham in Amadeus – Director's Cut, Jon Voight (Staatsfeind Nr. 1, Pearl Harbour), Sean Connery (Flammen am Horizont), Jean Reno in French Kiss, Tom Skerritt (Die Mörder warten schon), Stacy Keach (Saison der Sieger), Miguel Ferrer (Codename Nina), Michael Caine (Auf brennendem Eis), Jonathan Hyde (Jumanij), Ian McKellen (The Da Vinci Code). Ab 2002 sprach Höppner auch für Clint Eastwood und Paul Newman.

Simon Jäger (*1972)

Simon Jäger wurde in Berlin geboren. Er trat im Fernsehen auf in Schwarzwaldklinik, Löwenzahn und Ein Herz für Tiere. Seit 1982 synchronisiert er, eine frühe Hauptrolle war Corey Feldman in

STAND BY ME – DAS GEHEIMNIS EINES SOMMERS. Seit 1998 ist er auch als Autor und Dialogregisseur tätig, z. B. bei KÖNIGREICH DER HIMMEL. Er schrieb auch die Bücher zu COLLATERAL und NACHTS IM MUSEUM. Seine wohlklingende Stimme setzt er auch in anderen Sparten ein: im Hörspiel (*Party Zone*, SFB 1994; *Gabriel Burns*, *Dracula*, Titelrolle in der *Jack-Slaughter*-Serie), bei öffentliche Lesungen und auf Hörbüchern (z. B. H. P. Lovecraft: *Der Dämon*, Sebastian Fitzek: *Der Augensammler*, John Katzenbach). Seine Lesung von Casanovas *Erinnerungen* wurde so kommentiert: «Simon Jäger, der für Schauspielermätzchen zu intelligent scheint, gebietet über eine Jungmännerstimme von seltener Eigenart: Unangestrengt schwebt sie zwischen Natur und Kunst. Sie klingt ganz diesseitig und scheint doch zugleich zu drängen, zu fliehen, als genieße der Sprecher den Augenblick in dem Wissen um dessen Vergänglichkeit» (Jens Bisky, *SZ-Literatur* 14.3.2006). Simon Jäger ist auch als Musiker aktiv und tritt zusammen mit ⊃ Tanja Geke in einer Band auf.

In der Synchronisation hatte Jäger als Stammrolle den inzwischen verstorbenen Heath Ledger (MONSTER'S BALL, RITTER AUS LEIDENSCHAFT, BROKEBACK MOUNTAIN) sowie Josh Hartnett (BLACK HAWK DOWN, PEARL HARBOR, BLACK DAHLIA). Nach dem Tod von ⊃ Matthias Hinze kam Matt Damon (DER REGENMACHER, DIE BOURNE-VERSCHWÖRUNG, INVICTUS) hinzu. Jäger spricht außerdem für Shane West (DIE LIGA DER AUSSERGEWÖHNLICHEN GENTLEMEN), Gael García Bernal (DIE VERSUCHUNG DES PATERS AMARO, LA MALA EDUCACIÓN), Timothy Olyphant (THE GIRL NEXT DOOR), Terrence Howard (HUSTLE & FLOW, GET RICH OR DIE TRYIN'), Leonardo DiCaprio (SCHNELLER ALS DER TOD), Christien Anholt (RELIC HUNTER).

Erik Jelde (1895–1982)

Seiner Stimme hört man es kaum an, aber Erik Jelde begann seine Karriere als Opernsänger. Er trat auf (u. a. in Bayreuth) als Hans Sachs, Wotan, Sarrastro, Falstaff und betätigte sich obendrein als Dirigent und Pianist. Seine Theaterstationen waren Plauen, Nürnberg und vor allem München, wo er häufig am Volkstheater, am Gärtnerplatz, an der Kleinen Komödie und am Deutschen Theater zu sehen war. Jeldes Filmrollen waren zahlreich, aber unbedeutend: KÖNIGIN LUISE (1957), IM WEISSEN RÖSSL (1960), VORSICHT, MR. DODD (1964), ein später Höhepunkt war Peter Lilienthals DAVID (1979). Dem TV-Publikum zeigte er sich in den Fernsehspielen LOKALBERICHT (1962), DER ROSENSTOCK (1962, mit ⊃ Alfred Balthoff in der Hauptrolle), DIE HÖHLENKINDER (1963), UNTERM BIRNBAUM (1967), GOLDENE STÄDTE (1969), ALTE KAMERADEN (1969), RUHESTÖRUNG (1980), KUDENOW (1981). Nicht unerwähnt bleiben darf sein «Opa Crackle» in dem Hörspiel-Klassiker *Dickie Dick Dickens* (1957ff.)

Damit sind wir auch schon bei seinen Synchronparts, denn seine Paraderollen waren die «Alten», ob kauzig, gütig, verschlagen oder tölpelhaft: Jeldes begnadetes Gurgeln holte aus jeder Figur die entscheidenden Nuancen heraus. Ein Kabinettstück darf man hervorheben: Michel Simon als schrullig-weiser Schiffer Jules in L'ATALANTE (ZDF 1968). Ganz anders angelegt: der neurotische Fernando Rey in Luis Buñuels Meisterwerk VIRIDIANA. Für Orson Welles sprach Jelde mehrmals (EIN MANN ZU JEDER JAHRESZEIT, STUNDE DER WAHRHEIT), ebenso wie für Lionel Barrymore (HAFEN DES LASTERS, DAVID COPPERFIELD), außerdem: Jean Gabin (DAS URTEIL), Broderick Craw-ford (DER MANN AUS TEXAS), John Huston (DER

Wind und der Löwe), Sterling Hayden (1900), James Robertson Justice (Mayerling), Trevor Howard (Die Schande des Regiments) und Robert Harris in dem Fernsehfilm Liebe in der Dämmerung (ARD 1979).

Hansi Jochmann (*1953)

Von ihren Eltern, dem Schauspieler und Regisseur Horst-Hans Jochmann und der Tanzsoubrette Grete Walters wurde die gebürtige Berlinerin früh als «Kinderstar» vermarktet. Sie trat im Fernsehen bei Peter Frankenfeld und Lou van Burg auf und trällerte neben Louis Armstrong bei Abschluss seiner Deutschland-Tournee. Von ihren frühen Filmen war Staudtes Kirmes (1960) der wichtigste. Sie nahm Schauspielunterricht bei Marlise Ludwig und spielte von 1974 an am Schiller- und Schlossparktheater (z.B. in *Der zerbrochene Krug*, *Heiratskandidaten*, *Checkpoint Charlie*) und am Grips-Theater (*Ab heute heißt du Sara*, 1989). Hinzu kamen Fernsehspiele wie Mit 18 (1971), David und Goliath (1977), Radieschen (1979) und Serien (Der Kommissar, Ein Fall für zwei, Haus am See, Pfarrer Braun). Es folgten weitere Filmauftritte (Meier, 1985, Shining Through, 1992, Der Trip, 1996) und Hörspiel-Hauptrollen (*Das Wittgenstein-Programm*, NDR 1998). Jochmann, die mehrere Jahre mit ⮕ Ulrich Gressieker verheiratet war, lebte in den 1990er Jahren in London und kehrte 2000 wieder in ihre Heimatstadt Berlin zurück, wo sie 2012 auch wieder auf der Bühne stand: *Paradiso* in der Komödie am Ku'damm.

1976 wurde Hansi Jochmann als deutsche Stimme für die damals 14-jährige Jodie Foster in Taxi Driver ausgewählt, weil sie perfekt die geforderte Mischung aus Unschuld und Verruchtheit traf. Diese Liaison – eine der ganz wenigen «Dauerbeziehungen» in der Synchronbranche – hält bezeichnenderweise bis heute: «Es ist eine eigenwillige, eine unverwechselbare Färbung in dieser Stimme, die sublim erotisch wirkt und gleichwohl ständig auf unüberwindliche Distanz zu gehen scheint. Sie paart Neugierde mit Verschlossenheit, heftige Zuwendung mit allgegenwärtiger Furcht vor Enttäuschung – und lässt Vorgeschichte, Verletzungen und Verstörungen anklingen, von denen auch die langen Blicke von Jodie Foster erzählen.» (Franz-Josef Görtz, *FAZ-Magazin* 697, 9.7.1993) Einer der Höhepunkte war sicherlich Das Schweigen der Lämmer, weswegen Hansi Jochmann auch Thomas Harris' Roman als Hörbuch las. Zu ihren weiteren Synchronrollen gehören Goldie Hawn (Sugarland Express), Carrie Fisher (Shampoo), Ornella Muti (Viva Italia), Theresa Russell (Cold Heaven), Christine Bouisson (Die Taxifahrerin), Joan Cusack (Broadcast News), Helen Hunt (Der letzte Komödiant), Pamela Franklin (Patricia und der Löwe) und Charlayne Woodard (Unzerbrechlich).

Friedrich Joloff (1908–1988)

Der gebürtige Berliner besuchte die Schauspielschule des Deutschen Theaters (bei Lothar Müthel) und spielte anschließend kleinere Rollen an den Berliner Bühnen, bis er 1933 von den Nazis Berufsverbot erhielt, weil seine Großmutter nicht «arisch» genug war. Er ging nach Italien, wurde jedoch zur Wehrmacht eingezogen. Bis 1947 in Kriegsgefangenschaft in Kanada und England (wo er jedesmal Theater organisierte), spielte er nach dem Krieg wieder in Berlin, z.B. den Conti in *Emilia Galotti,* Arnold in Hauptmanns *Michael Cramer,* Trigorin in Tschechows *Möwe.* Lebensinhalt war die Schauspielerei für Joloff allerdings nicht. Er arbeitete nur, wenn er Geld brauchte und bummelte stattdessen lieber durch die Welt. Beim Film war er noch am häufigsten beschäftigt. Aufgrund seines markanten Äußeren landete er in der «Bösewicht»- und «Schurken»-Schublade. 1953 debütierte er in dem englischen Film DESPERATE MOMENT mit Dirk Bogarde, es folgten u.a. DIE HALBSTARKEN, die Rolle des «Verführers» in – ausgerechnet! – Veit Harlans faschistoidem Anti-Schwulen-Film ANDERS ALS DU UND ICH (1957) und der US-Spionagefilm GEHEIMAKTE M (1959). Das Schurken-Klischee bediente er auch in den TV-Thrillern (DIE SCHLÜSSEL, BABECK, 11 UHR 20). Seine populärste Fernsehrolle war Oberst Villa in RAUMPATROUILLE (1966).

Joloff, der mehrere Jahre in Rom und in einem Dorf auf der tunesischen Halbinsel Djerba lebte, eignete sich auch in der Synchronisation zumeist die sinisteren Charaktere an: James Mason als Brutus in JULIUS CAESAR, Pirat Brown in LORD JIM oder Vandamm in DER UNSICHTBARE DRITTE, Raymond Massey in ARSEN UND SPITZENHÄUBCHEN, Orson Welles in der ersten dt. Fassung von DER DRITTE MANN, Jack Palance als ATTILA DER HUNNENKÖNIG, Vittorio Gassman in BITTERER REIS (1. Fassung), Richard Basehart (KÖNIGE DER SONNE), Peter Cushing (DAS SCHWERT VON ROBIN HOOD), Robert Ryan (FLUCHT NACH BURMA), Christopher Lee (DIE RACHE DER PHARAONEN), John Barrymore (MENSCHEN IM HOTEL), Vincent Price (DIE ZEHN GEBOTE), James Coburn (DIE GLORREICHEN SIEBEN), Jeff Morrow (METALUNA IV ANTWORTET NICHT) und Joseph Wiseman als DR. NO im ersten James Bond.

Harald Juhnke (1929–2005)

Juhnke, der im Berliner Wedding aufwuchs, nahm Schauspielunterricht bei Marlise Ludwig. Nach ersten Engagements am Hebbeltheater und an der Freien Volksbühne wurde er 1950 von Carl Froehlich für den Film entdeckt und fortan spielte er in allem, was der deutsche Film im unteren Niveaubereich so reichhaltig im Angebot hatte: Schlager-, Kriegs- und sonstige -Schnulzen und -Klamotten wie GITARREN DER LIEBE (1954), HELDENTUM NACH LADENSCHLUSS (1955), DER MUSTERGAT-

TE (1956), GRUSS UND KUSS VOM TEGERNSEE (1957), DIE GRÜNEN TEUFEL VOM MONTE CASSINO (1958), LA PALOMA (1959), OHNE KRIMI GEHT DIE MIMI NIE INS BETT (1962), LUDWIG AUF FREIERSFÜSSEN (1969) etc. Das Fernsehspiel hatte Besseres zu bieten: EIN VERRÜCKTES PAAR (1977), EIN MANN WILL NACH OBEN (1978), DER PAPAGEI (1992), DER TRINKER (1995), VOR SONNENUNTERGANG (1999). Auf dem Bildschirm hatte Juhnke auch als Showmaster Erfolg (MUSIK IST TRUMPF). Aber neben alledem spielte er auch immer weiter Theater, weil er sich nur hier künstlerisch voll entfalten konnte. Zu seinen Glanzrollen gehörten Macheath *(Dreigroschenoper)*, Elwood *(Mein Freund Harvey)*, Möbius *(Ein besserer Herr)*, Der Geizige (1990 im Renaissance-Theater) und zuletzt Der Hauptmann von Köpenick am Maxim-Gorki-Theater.

Leider wurde sein schauspielerisches Können, das weit mehr war als nur Entertainment, immer wieder überschattet von seinen Alkohol-Exzessen, die die Sensations-Journaille weidlich ausschlachtete, ohne Rücksicht darauf, dass auch Alkoholismus eine schwere Krankheit ist, die unbehandelt zum Tod führt.

In seiner Synchrontätigkeit zeigte sich Juhnke jedenfalls von seiner besten Seite. Seine erste Aufgabe war Folke Sundquist in SIE TANZTE NUR EINEN SOMMER. Dann kam 1954 seine künftige Stammrolle: Marlon Brando, dessen deutsche Stimme er war von DIE FAUST IM NACKEN bis SPIEGELBILD IM GOLDNEN AUGE. Juhnke synchronisierte u. v. a. Peter Sellers in DER ROSAROTE PANTHER, Ugo Tognazzi in DAS GROSSE FRESSEN, Charles Bronson in VERA CRUZ, Richard Burton in DIE STUNDE DER KOMÖDIANTEN, Pierre Brasseur in der 2. Fassung (1964) von KINDER DES OLYMP, Daniel Gélin in EDOUARD UND CAROLINE und Edward G. Robinson in TV-Synchronisationen (DER LETZTE GANGSTER, DAS DOPPELLEBEN DES DR. CLITTERHOUSE).

Claus Jurichs (1935–2005)

Der Berliner Claus Jurichs begann zunächst ein Studium der Zahnmedizin, wechselte dann aber zur Max-Reinhardt-Schule. Er spielte Theater in Leipzig (auch Kabarett), Meiningen und schließlich Berlin, wo er an der Tribüne, dem Forum-Theater, der Vagantenbühne, dem Hansa-Theater und dem Theater des Westens (1980 in *Applaus*) auftrat. Noch während seiner Ausbildung debütierte er 1954 beim Film in IHRE GROSSE PRÜFUNG, spielte fortan auch bei der DEFA und dem DFF. Jurichs gehörte zu den wenigen Berliner Schauspielern (wie ⮕ Wolfgang Kieling und Gerhard Bienert), die zwar im Westen wohnten, aber auch noch nach dem Mauerbau im Ostteil der Stadt auftraten. Er spielte Hauptrollen in PAPAS NEUE FREUNDIN (DFF 1960), DAS GLAS WASSER (DFF 1962), REISE INS EHEBETT (DEFA 1966). Im Westen stand er vor der Kamera in ERMITTLUNGEN GEgen unbekannt (1974), Das Hochhaus (1980), Hungerjahre (1980), Molle mit Korn (1989), Das Geheimnis der Kormoraninsel (1997). Daneben war Jurichs auch aktiver Motorsportler (1966 Berliner Wagenmeister).

Er synchronisierte James Caan in El Dorado und Rote Linie 7000, Warren Beatty in Fieber im Blut, Alan Arkin in Kein Koks für Sherlock Holmes, Roddy McDowell in Planet der Affen, David Warner in Das Omen, Yaphet Kotto in Thomas Crown ist nicht zu fassen, Henry Silva in Buck Rogers, Bradford Dillman in Jigsaw, Robert Donat in Hitchcocks 39 Stufen (ZDF 1966), Ken Kercheval in Dallas, Jack Lord in Hawaii Fünf-Null (Pro7 1989), Jerry Orbach in Dirty Dancing und Gauner gegen Gauner.

Robin Kahnmeyer (*1975)

Die Ära der Theaterschauspieler, die «nebenbei» synchronisieren, ist seit langem vorbei. Selbst Schauspielunterricht gehört nicht mehr zur ‹conditio sine qua non› für erfolgreiche Arbeit in der inzwischen hochspezialisierten Synchronbranche. Daher ist auch der Weg, den der Berliner Robin Kahnmeyer genommen hat, keine Ausnahme. ➲ Thomas Danneberg, ein Bekannter seiner Familie, nahm den Zehnjährigen mit ins Synchronstudio – und ein neues Talent war entdeckt: Vieles konnte er sofort, der Rest war ‹learning by doing›, und schnell war klar, dass es für Robin Kahnmeyer keinen anderen Beruf geben würde. Außer dem Spaß an der Sache kommt für ihn noch hinzu, dass man in diesem Job an Hollywood-Produktionen mitarbeiten kann, ohne auf der Straße erkannt zu werden.

Nach zahleichen Einsätzen für Kinder und Jugendliche in Filmen und Serien sowie Anime-Rollen (Dragonball Z, Detektiv Conan) wurde er feste Stimme für Justin Timberlake (Alpha Dog, Bad Teacher, In Time). Hervorzuheben sind außerdem Hayden Christensen (Jumper), Joe Anderson (Love Happens), Joseph Gordon Lewitt (Inception), Alexander Skarsgard (Straw Dogs), Brandon Call (Blinde Wut), Walid Afkir in Caché sowie die Serien-Hauptrollen James Roday (Psych) und Kerr Smith (Charmed). Robin Kahnmeyer ist darüberhinaus auch auf Hörspiel-CDs zu hören (z. B. *Alice im Wunderland*, *Northanger Abbey*).

Marianne Kehlau (1925–2002)

Marianne Kehlau spielte Theater in München, Hamburg (1954 in *Ninotschka*), Kassel (in *Nach Damaskus*), Bonn (in *Der Kirschgarten*). Mit Horst Tappert spielte sie die Hauptrolle in dem bedeutenden Fernsehspiel Industrielandschaft mit Einzelhändlern von Egon Monk (ARD 1970). Zu ihren weiteren TV-Auftritten gehören die Schweizer Produktion Konfrontation – Das Attentat von Davos (Rolf Lyssy, 1974), Jenseits von Schweden (1979), Buddenbrooks (1979) sowie die Serien Traumschiff und Freunde fürs Leben. Sie übernahm außerdem zahlreiche Aufgaben in Hörspielen, die zu Klassikern wurden: *Draußen vor der Tür* (BR 1948), *Berta Garlan* (SWF 1956, Regie: Max Ophüls), *Fährten in die Prärie* (NDR 1959) und *Unwiederbringlich* (BR 1983). Auch in kommerziellen Hörspielserien wie *Flash Gordon* oder *Die drei ???* wirkte sie mit.

In der Synchronisation waren verletzliche Frauenfiguren ihre Stärke. Häufig eingesetzt wurde sie für Ingrid Bergman (erste Fassung von Casablanca, Die Herberge zur 6. Glückseligkeit, Indiskret, Lieben Sie Brahms?, Die Kaktusblüte), Danielle Darrieux (Die Wahrheit über unsere Ehe, Madame de, Rot und Schwarz), Deborah Kerr (Bonjour Tristesse, Schloss des Schreckens, Die grosse Liebe meines Lebens), Jennifer Jones (Duell in der Sonne, Alle Herrlichkeit auf Erden, In einem anderen Land) und Jane Wyman (Die wunderbare Macht, Was der Himmel erlaubt). Bedeutende Rollen waren außerdem Grace Kelly (Bei Anruf Mord), Lana Turner (Der grosse Regen), Vivien Leigh (Endstation Sehnsucht), Simone Signoret (Goldhelm), Martine Carol (Das Tagebuch des Mr. Thompson). In der herausragenden Serie Die Sopranos sprach sie für Nancy Marchand.

Marianne Kehlau war mit dem Charakterdarsteller **Ernst von Klipstein** (1908–1993) verheiratet, der ebenfalls zahlreiche Synchron-Hauptrollen hatte, z. B. Gary Cooper in Der Vagabund von Texas, Rex Harrison in Der letzte Sündenfall und Ralph Meeker in Nackte Gewalt.

Joachim Kemmer (1939–2000)

«Ich seh dir in die Augen, Kleines!» – mit diesem Satz aus Casablanca ist Joachim Kemmer zwar nicht so berühmt geworden wie Humphrey Bogart, als dessen «deutsche Stimme» trug er zu seinem Erfolg beim Publikum aber wesentlich bei. Nach einer Ausbildung zum Industriekaufmann besuchte Kemmer, der in Brandenburg/Havel geboren wurde, die Fritz-Kirchhoff-Schauspielschule in Berlin und absolvierte eine Gesangs- und Tanzausbildung. Bühnenengagements hatte er zunächst vorwiegend in Berlin. Sein Durchbruch war 1973 die Titelrolle in *Cyrano de Bergerac* an der Freien Volksbühne, 1994 spielte er die gleiche Rolle im Theater des Westens, wo er auch in *Cabaret* (1978) und *Kiss Me Kate* (1980) auftrat. Im Kleinen Theater am Südwestkorso spielte er den *Glöckner von Notre-Dame* (1974), am Renaissance-Theater sah man ihn 1985 in *Offene Zweierbeziehung* von Dario Fo. Dann verlagerte er seinen Schwerpunkt nach Wien. Einem breiten Publikum bekannt wurde er durch zahlreiche Fernsehserien und -filme: Das Traumschiff (ZDF 1983), bei Axel Corti in Welcome in Vienna (ZDF 1986), Edgar, Hüter der Moral (Titelrolle, ZDF 1990), Blank Meier Jensen (ARD 1992), Matchball (RTL 1994 mit Howard Carpendale), Verliebte Feinde (ZDF 1995), Der Blinde und Die Katze von Kensington (beide nach Edgar

Wallace, RTL 1996), Der Rosenmörder (ZDF 1998), Die Motorrad-Cops (1999). Sein wichtigster Film war Dominik Grafs Thriller Die Katze (1987) mit Götz George. Er spielte ferner mit in der Dracula-Persiflage Gebissen wird nur nachts (1970), Meier (1985), Otto – der neue Film (1987), Spieler (1989) und Die Putzfraueninsel (1996).

Außer für Bogart, für den er in den meisten Synchronisationen seit 1966 sprach, war Kemmer auch zu hören für Elliott Gould (Unternehmen Capricorn), John Cassavetes (Die erste Vorstellung, Teufelskreis Alpha), Marty Feldman (Frankenstein Junior, Dreist und gottesfürchtig), Stacy Keach (Viel Rauch um nichts), Willem Dafoe (Leben und Sterben in L.A.), Al Pacino (Dick Tracy), Fredric March in Der Freibeuter von Lousiana (ARD 1984), Kabir Bedi in der ARD-Kultserie Sandokan und die Titelrolle in Bill Cosbys Familienbande.

Joachim Kerzel (*1941)

Geboren in Hindenburg/Oberschlesien, wuchs Kerzel in Augsburg auf, absolvierte auf Geheiß der Mutter eine Handwerkslehre und ging zur Marine. Danach besuchte er die Hochschule für Musik und Theater in Hannover. Ein erstes Engagement hatte er am Stadttheater Hildesheim, wo er u.a. den *Wilhelm Tell* spielte. 1969 wechselte er zum Berliner Schiller-Theater und spielte in zahlreichen Klassiker-Inszenierungen mit *(Prinz Friedrich von Homburg, Drei Schwestern, Don Carlos, Die Weber)*. 1989–92 war er sein eigener Theaterdirektor am «Intimen Theater», an der Tribüne trat er als Theobald Maske in Sternheims *Die Hose* auf (1996). Kerzel ist außerdem in Fernsehspielen und -serien zu sehen, z.B. Single liebt Single (ZDF 1982), Lukas und Sohn (ZDF 1989), Im Namen des Gesetzes (1996), Hinter Gittern – Der Frauenknast (2002). Im mit dem Hörspielpreis der Kriegsblinden ausgezeichneten Hörspiel *Pitcher* (Walter Filz, WDR 2000) spielt Kerzel selbstironisch einen Synchronsprecher, dem die Stimme ausgegangen ist (gottlob nur Fiktion!). Auf Hörbüchern ist er mit Texten von Stephen King und mit Ken Follets *Die Säulen der Erde* zu hören. Herausragend sind seine CDs mit deutschen Gedichten (*Mond und Sterne*) und Balladen (*Feuerreiter*).

In der Synchronisation gehört Kerzel zu den Besten, weil Unauffälligsten seiner Zunft. Besonders gerne ist er Harvey Keitel zu Diensten (Smoke, From Dusk Till Dawn, Cop Land), regelmäßig zu hören ist er außerdem für Jack Nicholson (Die Hexen von Eastwick, Mars Attacks, Besser geht's nicht) – für About Schmidt erhielt Kerzel den Deutschen Synchronpreis 2003 –, Dustin Hoffman (Wag the Dog, Outbreak), Anthony Hopkins (Der Elefantenmensch, Ich und der Duce, Mein Mann Picasso, Hannibal, Hearts in Atlantis) und Jean Reno (Leon – der Profi, Die purpurnen Flüsse). Ferner: Dennis Hopper (Blue Velvet), Robert Wagner in den Serien Hart aber herzlich und Ihr Auftritt Al Mundy, Bob Hoskins (Mona Lisa), Albert Finney (Erin Brockovich), Martin Sheen (Catch Me If You Can) und – als Alternativbesetzung zu ➲ Christian Brückner – Robert De Niro (Es war einmal in Amerika). Schließlich noch ein cineastischer Höhepunkt: Fredric March in der TV-Synchronisation von Rouben Mamoulians Dr. Jekyll und Mr. Hyde. Joachim Kerzel führt auch Synchron-Regie, z. B. bei der Kultserie Das Geheimnis von Twin Peaks.

Wolfgang Kieling (1924–1985)

Der gebürtige Berliner war schon mit sechs Jahren im Radio und auf dem Theater ein Star, debütierte mit zwölf beim Film (in Veit Harlans Maria die Magd) und war auch damals schon in der Synchronisation beschäftigt (Freddy Bartholomew). In den 1930er Jahren spielte er u. a. in Heimweh, Frauen für Golden Hill und Die Reise nach Tilsit. Ab 1940 nahm er Schauspielunterricht bei Albert Florath und arbeitete als Regieassistent bei der Ufa. Nach der Kriegsgefangenschaft spielte Kieling Theater in Berlin, München und Basel (1954 Titelrolle in Frischs *Don Juan oder Die Liebe zur Geometrie*) und startete eine Filmkarriere bei der DEFA: Damals in Paris (1956), Genesung (Konrad Wolf, 1956), Betrogen bis zum jüngsten Tag (1957). Dann stand er wieder im Westen auf der Bühne, eine seiner wichtigsten Rollen war *Arturo Ui* unter Peter Palitzsch in Stuttgart (1958). Völlig überraschend wurde er 1966 von Hitchcock, der in Kieling einen «sensationell zwielichtigen Typen» sah, in Torn Curtain für den fiesen Stasi-Agenten Gromek engagiert (der in der Bratröhre vergast wird). Was kaum bekannt ist: Kieling spielte in diesem Film eine Doppelrolle – nämlich auch Gromeks älteren Bruder –, die später herausgeschnitten wurde. 1968, während der Studentenbewegung, protestierte Kieling gegen den Vietnam-Krieg, legte sich mit der Springer-Presse an (er gab seine Goldene Kamera zurück), erinnerte sich an die schönen DEFA-Zeiten und siedelte allen Ernstes in die DDR über, wo er in Konrad Wolfs Goya als Godoy eine seiner bedeutendsten Filmrollen hatte. 1970 ist er – politisch ernüchtert – wieder im Westen. Fortan spielte er hauptsächlich im Fernsehen, darunter zwei alles überragende Produktionen: IM RESERVAT (Peter Beauvais, ZDF 1975) – Kieling als Transvestit – und DIE GESCHWISTER OPPERMANN (Egon Monk, ZDF 1983). Aber auch die jungen Filmregisseure wollten auf Kieling nicht verzichten: DER STURZ (Alf Brustellin, 1979), MORGEN IN ALABAMA (Norbert Kückelmann, 1984), ABWÄRTS (Carl Schenkel, 1984).

In der Synchronisation gehört seine Stimme zu den besonderen Kostbarkeiten, gerade weil sie nicht inflationär verwendet, sondern mit Bedacht eingesetzt wurde. Er sprach für Frank Sinatra (DIE ZARTE FALLE, DIE OBEREN ZEHNTAUSEND), Glenn Ford (CIMARRON), Kirk Douglas (VINCENT VAN GOGH), Marcello Mastroianni (DOLCE VITA), Paul Newman (DIE KATZE AUF DEM HEISSEN BLECHDACH), Marlon Brando (DUELL AM MISSOURI), Charlton Heston (DER PLANET DER AFFEN), Alec Guinness (DER SCHWAN, DIE REISE NACH INDIEN), Philippe Noiret (DER UHRMACHER VON ST. PAUL, EIN VERRÜCKTES HUHN) und nicht zu vergessen: Bert in der SESAMSTRASSE. Posthum erschienen Kielings Erinnerungen: *Stationen*, Wien 1986 (ediert von seiner Tochter Susanne Uhlen).

Ilse Kiewiet (*1927)

Ilse Kiewiet, die in Berlin geboren wurde, verlebte eine außergewöhnliche Kindheit. Als sie eineinhalb Jahre alt war, zogen ihre Eltern mit ihr nach Brasilien. Ihr Vater war eine Abenteurernatur und ließ sich mit seiner Familie mitten im Urwald nieder. Zehn Jahre lebte Ilse Kiewiet in einer Hütte weit von der Zivilisation entfernt. Nach ihrer Rückkehr nach Berlin besuchte sie die Schauspielschule des Hebbel-Theaters und spielte Kabarett und Theater in ihrer Heimatstadt. Außer am Hebbel-Theater trat sie auf am Theater im British Centre, an der Freien Volksbühne (*Eines langen Tages Reise in die Nacht*, 1956 mit Grete Mosheim, *Die Nashörner*, 1962), der Komödie, der Tribüne (*Mandragola*, 1957, *Das Spiel von Liebe und Zufall*, 1967) und am Ku'damm (*Jetzt nicht, Liebling*, 1971). Sie hatte auch einige Filmauftritte – SO EIN AFFENTHEATER (1953), DER MANN MEINES LEBENS (1954), GESTEHEN SIE, DR. CORDA (1958) – und stand im Fernsehspiel vor der Kamera: DER FLOH IM OHR (Sydow, 1966), DAS KLAVIER (Umgelter, 1972), UNABHÄNGIG UND NUR DEM GESETZ UNTERWORFEN (Itzenplitz, 1979). Verheiratet ist sie mit dem Fernseh- und Synchronregisseur **Michael Günther** (*1935), ehedem einer der «Kinderstars» der Filmsynchronisation (Bobby Henrey in KLEINES HERZ IN NOT, Bobby Driscoll in DIE SCHATZINSEL).

Ilse Kiewiet synchronisierte Vanessa Redgrave in BLOW UP und ISADORA, Vera Miles in DER MANN, DER LIBERTY VALENCE ERSCHOSS, Jean Simmons in EIN SCHMETTERLING FLOG AUF, EIN PLATZ GANZ OBEN u.a., Dorothy McGuire in TABU DER GERECHTEN, Joanne Woodward in DIE VERLORENE ROSE, Doris Day in SPION IN SPITZENHÖSCHEN, Joan Fontaine in VERDACHT (1965), Jeanne Moreau in DIE BLONDE SÜNDERIN, Yvonne Fourneaux in DER GRAF VON MONTE CHRISTO, Mara Corday in TARANTULA und Dana Wynter in DIE TOTENLISTE.

Helmo Kindermann (1924–2003)

Als Sohn eines Hamburger Handelsschiffkapitäns wurde Kindermann in Münster geboren. Nach der Oberrealschule nahm er privaten Schauspielunterricht. Es folgten Kriegsdienst bei der Marine und Gefangenschaft. Kindermann blieb zunächst in Ägypten hängen und übte dort verschiedene Berufe aus. 1950 zog er nach Italien weiter – und hier stieg er in die Filmarbeit ein mit einer kleinen Rolle in Viscontis SENSO. In Italien spielte er außerdem in MAMBO (1954) sowie in dem in Ägypten und Italien gedrehten LAND DER PHARAONEN von Howard Hawks. 1955 kehrte er nach Deutschland zurück, spielte in München, Bad Hersfeld, Basel und Stuttgart Theater. Nach zwei Märchenfilmen 1957 (DER WOLF UND DIE SIEBEN GEISLEIN, RÜBEZAHL) kehrte er wieder in die internationale Filmproduktion zurück, freilich nur mit der Standardrolle, derer er bald überdrüssig wurde: der «Nazi in Uniform»: WERNHER VON BRAUN (1959 als SS-General Kulp), LA FÊTE ESPAGNOLE (1960), DER TRANSPORT (1961), DER LÄNGSTE TAG (1962), GEHEIMAUFTRAG DUBROVNIK (1963), DER ZUG (1963). Da er trotz (vielleicht ja auch: wegen) seiner internationalen Erfahrung und Weltläufigkeit auch im deutschen Film keine anderen Angebote bekam als diese Klischeerollen, zog er sich in die Synchronateliers zurück, auch weil er von dieser Tätigkeit eine hohe Meinung hatte: «Es ist eine verflixt ehrliche Arbeit. Da hilft kein aufgepuschter Name, kein Renommee, kein Schulterklopfen. Das einzige Kriterium ist das Ohr des Auftraggebers.» (*BZ* 27.6.1970)

Kindermann gehört ohne Zweifel zu den kultiviertesten Synchronstimmen überhaupt. Hart und präzise gemeiselt kamen seine Sätze daher – sie duldeten meist keinen Widerspruch. Charlton Heston wurde sein Favorit (INFERNO UND EKSTASE, SIERRA CHARIBA, ERDBEBEN), populär aber wurde er mit einer relativ fleischlosen Serienrolle: Marshall Thompson als Urwalddoktor DAKTARI. Anspruchsvollere Aufgaben waren Max von Sydow (REISE DER VERDAMMTEN, DER FLUG DES ADLERS, PASSION), Michel Piccoli (DAS MÄDCHEN UND DER KOMMISSAR), Henry Fonda (RITT ZUM OX-BOW), William Holden (ALVAREZ KELLY), Joseph Cotten (DER GLANZ DES HAUSES AMBERSON), Mel Ferrer (EL GRECO), Paul Scofield (EIN MANN ZU JEDER JAHRESZEIT, DER ZUG), Burt Lancaster (DIE LETZTE SCHLACHT), Bourvil (VIER IM ROTEN KREIS), Michael Redgrave (DIE EINSAMKEIT DES LANGSTRECKENLÄUFERS), John Forsythe (KALTBLÜTIG), Karl Malden (DER SCHWARZE KREIS) und Federico Fellini in ROMA.

Klaus Kindler (1930–2001)

Kindler besuchte eine Schauspielschule in seiner Heimatstadt Heidelberg und debütierte 1950 als Georg in *Götz von Berlichingen* am Staatstheater Wiesbaden. Seine weiteren Stationen waren 1951–52 das Schauspielhaus Hamburg, 1952–54 die Städtischen Bühnen Dortmund und seit 1954 das Deutsche Theater Göttingen unter Heinz Hilpert (1954 Orsino in *Was ihr wollt*). Sein Fach war der jugendliche Liebhaber und Charakterliebhaber mit den entsprechenden Klassiker-Rollen (Romeo, Leonce, Mortimer, Marchbanks), er gab aber auch den Andres in *Woyzeck* und Charly in *Robinson soll nicht sterben*. Während ihn in den 1950er Jahren die Theaterarbeit vollständig ausfüllte, zog er sich ab 1960 ganz von der Bühne zurück, nicht zuletzt aus Desillusionierung über den konventionalisierten Theaterbetrieb und die «Verrenkungen» der modernen Regisseure. Der deutsche Film war allerdings auch keine Alternative, denn der befand sich gerade auf dem absoluten Tiefpunkt. So blieb nur die anonyme und relativ uneitle Atmosphäre der Synchronstudios. Auf diese Arbeit konzentrierte Kindler sich nun völlig, abgesehen von vereinzelten Fernsehauftritten (z.B. STAHLNETZ, 1960, DER FRÖHLICHE WEINBERG, 1961, TIM FRAZER, 1963 oder später in der Jugendserie MANNI, DER LIBERO, ZDF 1982, als Vater von Tommi Ohrner).

Kombiniert ist seine Stimme, die eine ähnliche Mischung aus Härte und Weichheit ausstrahlt wie die ⊃ Brückners, v.a. mit Clint Eastwood, den er seit FÜR EINE HANDVOLL DOLLAR regelmäßig synchronisierte. 1985, anlässlich von DER WOLF HETZT DIE MEUTE,

kam es in München zu einer persönlichen Begegnung. James Caan (DER EINZELGÄNGER), Steve McQueen (GESPRENGTE KETTEN, PAPILLON, BULLITT) und George Segal (DAS NARRENSCHIFF, WER HAT ANGST VOR VIRGINIA WOOLF?) gehörten ebenfalls zu seinen Stammrollen. Er sprach außerdem für Al Pacino (DER DUFT DER FRAUEN, CARLITO'S WAY, DONNIE BRASCO), Alain Delon (DER EISKALTE ENGEL), Elliott Gould (DER TOD KENNT KEINE WIEDERKEHR), Jean-Louis Trintignant (GEFÄHRLICHE LIEBSCHAFTEN), Donald Sutherland (EINE GANZ NORMALE FAMILIE), Richard Burton in BLICK ZURÜCK IM ZORN, Franco Nero (DER RING DES DRACHEN, WOLFSBLUT), Franco Citti (ACCATONE, MAMMA ROMA) und Sean Connery im allerersten James Bond DR. NO. In TV-Serien synchronisierte er Brian Kelly (FLIPPER), Doug McClure (DIE LEUTE VON DER SHILO RANCH), Lee Majors als «Heath» in BIG VALLEY, Barry Foster (VAN DER VALK) und Ted Shackelford als «Gary Ewing» in UNTER DER SONNE KALIFORNIENS.

Peter Kirchberger (*1943)

Geboren in Eutin, spielte Kirchberger vorwiegend Theater in Hamburg (Ernst-Deutsch-Theater, Theater im Zimmer, Kammerspiele, Ohnsorg-Theater) und Lübeck. Im Fernsehen trat er u.a. auf in PERCY STUART, DIE NEUEN LEIDEN DES JUNGEN W. (1976) und KEINE ANGST VOR THOMAS B. (1976). Er wirkte außerdem in der Kinderhörspiel-Serie BARBA PAPPA mit und trat als Sänger der Hamburger Band «Rudolf Rock und die Schocker» hervor. Großen Erfolg hatte er außerdem als Elvis-Presley-Imitator, er spielte auch Elvis in dem Rock'n-Roll-Musical *Only you* und konsequenterweise synchronisierte er ihn auch in Filmen, die erst in den achtziger Jahren ihre deutsche Fassung erhielten (Ein himmlischer Schwindel, Stay Away, Joe, Immer Ärger mit den Mädchen). Ferner sprach er Paul Muni in der 1983 entstandenen Fassung von Scarface sowie John Cassavetes (Ehemänner), Richard Chamberlain (Die vier Musketiere), Adriano Celentano (Hände wie Samt), Jacques Denis (Der Uhrmacher von St. Paul, Die Mitte der Welt), Stephen Fry mit der Titelrolle in Oscar Wilde und John Candy (Ein total verrückter Urlaub, Allein mit Onkel Buck). Von seinen Serienrollen sind hervorzuheben: Ernie in der Sesamstrasse (1997–2001), Wallace in Wallace & Gromit, Prentis Hancock in Mondbasis Alpha 1 und Joe Santos in Detektiv Rockford. Hier führte Kirchberger auch Synchronregie, ebenso wie bei Magnum, Columbo, Mannix und zahlreichen weiteren Hamburger Synchronisationen.

Rosemarie Kirstein (1940–1984)

Die gebürtige Berlinerin wurde am Ufa-Nachwuchsstudio Berlin ausgebildet. Theater spielte sie vorwiegend in München. Sie war auch auf der Leinwand zu sehen, z. B. in Der Gauner und der liebe Gott von Axel von Ambesser (1960), aber ihren größten Publikumserfolg hatte sie in der Fernsehserie Familie Hesselbach als brave Tochter von «Babba» Hesselbach. Es folgten noch weitere TV-Auftritte, darunter ⊃ Ottokar Runzes Das ozeanische Fest (ZDF 1964), zwei Folgen aus der Reihe Der Kommissar (ZDF 1971/73), doch der erhoffte Durchbruch als Schauspielerin blieb aus. Da auch die Synchronarbeit für Rosemarie Kirstein keine Kompensation darstellte («Ich möchte Schauspielerin sein, die ab und zu synchronisiert und keine Synchronsprecherin, die ab und zu schauspielert.» *Hör Zu* 16, 1973), kam es letztlich zur Katastrophe. Wegen schwerer Depressionen wurde sie in eine Münchner psychiatrische Klinik eingeliefert. Dort zog sie sich eine Plastiktüte über den Kopf und erstickte. Bleiben aber wird ihre Stimme: Ihre bedeutendste Synchronrolle war Ingrid Bergman in der Neufassung von Casablanca. Außerdem hört man sie für Claudia Cardinale (8 1/2, Die Rache bin ich, Ein pikantes Geschenk), Annie Girardot (Jedem seine Hölle), Faye Dunaway (Flammendes Inferno, Network, Die Augen der Laura Mars), Joanne Woodward (Sommerwünsche – Winterträume), Sophia Loren (Der Mann von La Mancha), Stéphane Audran (Der Fall Serrano), Laura Antonelli (Ein göttliches Geschöpf), Piper Laurie (Carrie), Charlotte Rampling (Stardust Memories) und Marsha Mason in Audrey Rose. In der Serie Raumschiff Enterprise sprach sie für Uhura alias Nichelle Nichols.

Til Kiwe (1915–1995)

Til Kiwe kam in Aachen zur Welt. Außer Schauspiel studierte er auch Ethnologie in Köln und Baltimore/USA. Im Zweiten Weltkrieg war er hochdekorierter Wehrmachts-Offizier, nach 1945 spielte er Theater in München, ab 1972 vorrangig als Regisseur. Aber auch als Ethnologe war er tätig, unternahm völkerkundliche Expeditionen nach Tibesti und Chile, schrieb einschlägige Fachbücher und drehte Dokumentarfilme für die UNESCO. Als Filmschauspieler wirkte er mit in folgenden – auch internationalen – Produktionen: Wer fuhr den grauen Ford? (1950), Die Geierwally (1956), Der Stern von Afrika (1957), Auferstehung (1958), Der Arzt von Stalingrad (1958), Der Schinderhannes (1958), Die Brücke (1959), Eins-Zwei-Drei (1961, als Reporter, der von Hanns Lothar mit «Herr Obersturmführer!» begrüßt wird), Der längste Tag (1961), Gesprengte Ketten (1962), Wie ich den Krieg gewann (1966) und Der Adler ist gelandet (1976). Auch in dem Fernsehspiel Am grünen Strand der Spree (1960) spielte er einen Wehrmachts-Offizier, außerdem wirkte er in der Hamburger Serie Hafenpolizei (1961–66) als Kommissar Peters mit.

Zu seinen Synchron-Rollen gehören Jean Marais (Reif auf jungen Blüten), Errol Flynn (Mit eiserner Faust), David Niven (Das Mädchen mit der Maske), Paul Meurisse (SOS – 11 Uhr nachts), Charles Bickford (Das Lied von Bernadette), Gabriele Ferzetti (Duell in den Bergen), Edmond O'Brien (Der Glöckner von Notre-Dame), Wilfrid Hyde-White (Buck Rogers) und William Eythe (Das Lied von Bernadette).

Klaus Dieter Klebsch (*1949)

Klebsch, gebürtiger Potsdamer, besuchte die Schauspielschule Ernst Busch in (Ost-)Berlin, spielte Theater in Cottbus, Senftenberg, am Hans-Otto-Theater in Potsdam und in Berlin. Bereits 1958 wirkte er in dem Kinderfilm Natürlich die Nelli! mit, später übernahm er Hauptrollen in den DEFA-Filmen Der Doppelgänger (1985), Die Entfernung zwischen dir und mir und ihr (1988) sowie Kai aus der Kiste (1989). Zu seinen DFF-Filmen gehören Rottenknechte (1970), Ich bin nicht Don Quijote (1983), Paulines zweites Leben (1983), Drachensaat (1990). Klebsch war in der DDR nicht nur Schauspieler, sondern auch Leistungssportler, er gehörte sogar zum Olympia-Kader der Ruder-Nationalmannschaft. Nach der Wende spielte er in den Filmen Nichts als die Wahrheit (1999), Ganz und Gar (2003) und Ein Goldfisch unter Haien (2004), im Fernsehen in Schatten der Vergangenheit (1995), als Hannes Bachmann in Gute Zeiten, schlechte Zeiten (2002), Der Hauptgewinn (2005), Anna und die Liebe (2010) und Polizeiruf 110.

In der Synchronisation ist Klebsch allein mit drei Stammrollen gut beschäftigt: Alec Baldwin (Das Mercury-Puzzle, Nicht schuldig), Peter Stormare (Armageddon, Chocolat, Brothers Grimm) und Gabriel Byrne (Der Mann in der eisernen Maske, Spider, Shade, Vanity Fair). Hinzu kommen Tom Berenger (Silver), Chazz Palminteri (Reine Nervensache), Michael Madsen (Handschrift des Todes), John Lithgow (Baby Girl Scott), Joe Mantegna (Searching for Booby Fisher) sowie im Fernsehen Hugh Laurie in der Titelrolle der Serie Dr. House, John Glover als Lionel Luthor in Smallville und William Sadler, der Sheriff in Roswell.

konnte er nicht mehr spielen, als auch noch die Diagnose Krebs gestellt wurde, nahm er sich schließlich das Leben. 1937–1946 war er verheiratet mit Marga Legal (1908–2001), der Tochter von Ernst Legal, die durch diese Ehe vor den NS-Rassegesetzen geschützt war. Ihr Sohn Heinz Klevenow (*1940) ist ebenfalls Schauspieler, er war 1989–2004 Intendant der Neuen Bühne Senftenberg.

Seine Bass-Stimme konnte im «Tiefen-Rekord» mit der von ⊃ Friedrich Schütter wetteifern. Beide gehörten zu den Markenzeichen der Hamburger Synchronisationen. Klevenow sprach für Sidney Greenstreet (Hier irrte Scotland Yard, Die Strasse der Erfolgreichen), Lionel Barrymore (Ist das Leben nicht schön?), Vittorio de Sica (Madame de), Robert Newton (Oliver Twist, Der Wahnsinn des Dr. Clive), Laurence Naismith (Die letzte Nacht der Titanic), Burl Ives (Am schwarzen Fluss) und Andre Morell (So ist das Leben, Stunde X).

Heinz Klevenow (1908–1975)

Der gebürtige Hildesheimer war engagiert am Stadttheater Stettin, am Deutschen Theater Prag und dann für viele Jahre am Thalia-Theater Hamburg (1955 als Miller in *Kabale und Liebe*, 1964 als Kardinal in *Der Stellvertreter*). Auf der Leinwand war er zu sehen in Schicksal aus zweiter Hand (1949), Liebe 47 (1949), Bekenntnisse des Hochstaplers Felix Krull (1957), Made in Germany (1957), Madeleine und der Legionär (1958), Der rote Kreis (1960), im Fernsehen u. a. in Zu viele Köche (1961) und Preussen über alles (1971 als Bismarck). Außerdem bereicherte er zahlreiche Hörspiel-Klassiker mit seiner Stimme: *Ich höre Namen* (1954), *Kopfgeld* (1958), *Das Familienfest* (1966), *Auslandsgespräch* (1967). Nach einem Schlaganfall 1970

Paul Klinger (1907–1971)

Nach dem Abitur in seiner Heimatstadt Essen (wo er zusammen mit Helmut Käutner die Schulbank drückte)

studierte Klinger Theaterwissenschaft bei Arthur Kutscher in München. 1929 hatte er sein erstes Engagement in Koblenz. Es folgten weitere Stationen in der Provinz, bis ihn Heinz Hilpert 1933 ans Deutsche Theater Berlin holte. Gleichzeitig erhielt er einen Jahresvertrag bei UFA, Terra und Tobis und startete eine glanzvolle Filmkarriere: «Klinger ist, mit einschmeichelnd sonorer Stimme, der vertrauenswürdige Freund, Liebhaber und Beschützer zugleich – ein wenig bübisch manchmal, augenzwinkernd jungenhaft, zuweilen auch draufgängerisch.» *(Cinegraph)* Seine großen Filme waren DIE GOLDENE STADT (1942), IMMENSEE (1943), ZIRKUS RENZ (1943). Nach dem Krieg hatte er mit EHE IM SCHATTEN (1947) seinen größten Erfolg. Es folgten u.a. PÜNKTCHEN UND ANTON (1953), STAATSANWÄLTIN CORDA (1953), DAS FLIEGENDE KLASSENZIMMER (1954, als Eremit «Nichtraucher») und die IMMENHOF-Trilogie (1955-57). In den 1960er Jahren, als die Talfahrt des deutschen Films in ungeahnte Tiefen führte, wechselte er zum Fernsehen, ironischerweise zunächst als Bösewicht in dem Durbridge-Mehrteiler TIM FRAZER (1963). Am populärsten war er als KOMMISSAR BRAHM (ZDF 1967). Dem Schauspieler zu Ehren wurde 1974 das Paul-Klinger-Sozialwerk gegründet, das sich für die soziale Existenzsicherung von Künstlern einsetzt, denn Klinger hatte sich auch gewerkschaftlich für seine Berufskollegen engagiert.

Eine stattliche Zahl von Sympathieträgern des internationalen Films wurden mit seiner warmen Stimme in den deutschen Fassungen kongenial bedient: Robert Taylor (IVANHOE, DER SCHATZ DES GEHENKTEN), Cary Grant (LIEBLING, ICH WERDE JÜNGER), William Holden (BOULEVARD DER DÄMMERUNG, DIE BRÜCKE AM KWAI), Jean Gabin (WENN ES NACHT WIRD IN PARIS), Ray Milland (DAS VERLORENE WOCHENENDE), Karl Malden (DIE FAUST IM NACKEN), Bing Crosby (DER WEG NACH ...), Humphrey Bogart (DIE BARFÜSSIGE GRÄFIN, SCHACH DEM TEUFEL), Charlton Heston (EL CID), David Niven (BONJOUR TRISTESSE), George Sanders (LIEBE IST STÄRKER), Dean Martin (VERDAMMT SIND SIE ALLE), Tyrone Power (ZEUGIN DER ANKLAGE), Jean Marais (FANTOMAS) – und Brian Keith in der Vorabendserie LIEBER ONKEL BILL.

Ernst von Klipstein siehe Marianne Kehlau

Till Klokow (1908–1970)

Till Klokow wurde in Koblenz geboren und ist in den USA aufgewachsen (sie ist obendrein eine entfernte Cousine von Katharine Hepburn). Von 1920 an lebte sie in Deutschland. Sie nahm Schauspielunterricht bei Louise Dumont in Düsseldorf, wo sie auch in Ibsens *Stützen der Gesellschaft* auftrat. Anschließend spielte Klokow Theater in Berlin, z.B. 1924 an Theodor Taggers Renaissance-Theater in *Die Libelle* von Hans José Rehfisch. Mit Rehfisch, einem jüdischen Dramatiker und Juristen, der 1938 nach London emigrierte, war Klokow befreundet (sie spielte auch 1927 am Schiller-Theater in Rehfischs *Razzia* unter Karlheinz Martin), 1925 am Lessing-Theater unter Heinz Hilpert in *Die Exzesse* von Arnolt Bronnen und an der Volksbühne in *Die deutschen Kleinstädter* von Kotzebue unter Paul Henckels. Filmrollen hatte sie in SCHNEIDER WIBBEL (1931), DANTON (1931), IM BANNE DES EULENSPIEGELS (1932) und nach dem Krieg in DIE TRAPP-FAMILIE IN AMERIKA (1958).

Ihre Synchronrollen, mit denen sie schon in den 30er Jahren begann, wo sie für Claudette Colbert eingesetzt wurde, sind überschaubar, aber mit ihrer einschmeichelnden, bezaubernden, ja betörenden Stimme gehörte sie zu den besonderen Kostbarkeiten der an grandiosen Stimmen nicht eben armen Nachkriegs-Ära. Fest zugeordnet war sie der britischen Aktrice Margaret Lockwood, damals ein Star, heute vergessen. In besserer Erinnerung ist Till Klokow als Stimme von Rita Hayworth (Die Lady von Shanghai, König der Toreros), unbestreitbarer Höhepunkt ihrer Synchronarbeiten aber war Gloria Swanson, die alternde, in Illusionen schwelgende Diva Norma Desmond in Boulevard der Dämmerung, nicht minder kongenial: Irene Dunne in Geheimnis einer Mutter. Sie sprach auch für Katharine Hepburn in Die unbekannte Geliebte und Barbara Stanwyck in California, Joan Crawford und Loretta Young, Alexis Smith in Ein Mann der Tat und Sonia Dresdel in Auf falscher Spur.

Jürgen Kluckert (*1943)

Jürgen Kluckert studierte an der Staatlichen Schauspielschule Ernst Busch in Ost-Berlin und war anschließend mehrere Jahre am Landestheater Eisenach engagiert, wo er von Franz Moor bis Mackie Messer ein breites Rollen-Repertoire entfalten konnte. Maxim Vallentin holte ihn 1968 nach Berlin an sein Maxim-Gorki-Theater. Dort spielte er u. a. in *La Donna di Garbo*, *Minna von Barnhelm* und *Kasimir und Karoline*. 1980 flüchtete er in den Westen und fand Engagements am Hansa-Theater, an den Berliner Kammerspielen und der Tribüne. Im Fernsehen war seine größte Rolle als zweiter Kommissar neben Heinz Drache in Tatort (1985–88). Außerdem spielte er mit in Drei Damen vom Grill, Praxis Bülowbogen, Liebling Kreuzberg, Für'n Groschen Brause, Eine unheimliche Karriere und fungiert als Erzähler in der *Gabriel-Burns*-Hörspielreihe.

Kluckerts Hauptbeschäftigung aber wurde das Synchronisieren (schon zur DDR-Zeit war seine Stimme in den DEFA-Synchronstudios gefragt). Er ist für mehrere Schauspieler regelmäßig zu hören: Chuck Norris (Cusack, Walker Texas Ranger), Morgan Freeman (Miss Daisy und ihr Chauffeur, Fegefeuer der Eitelkeiten, Outbreak), James Brolin (Hotel, Gas Food Lodging), George W. Bailey (Police Academy) und Carl Weathers (Predator, Hurricane Smith). Hinzu kommen William Hurt (Gorky Park), John Lithgow (2010, Buckaroo Banzai), Nick Nolte (U-Turn), Jerry Lewis (Arizona Dream), Randy Quaid (Fool for Love, Independence Day), Ernie Hudson (Ghostbusters), Samuel L. Jackson (Loaded Weapon, Die Jury) und Sam Elliott (Der goldene Kompass). Nicht unerwähnt bleiben darf, dass Jürgen Kluckert Nachfolger ⊃ Edgar Otts als Benjamin-Blümchen-Stimme ist und auch als Balu in Dschungelbuch 2. Zu seinen Serien-Hauptrollen zählt neben Walker Texas Ranger auch David Birney in Serpico, Ken Howard in Crossing Jordan und Barry Shabaka Henly in Close to Home. Kluckert ist auch als Synchronregisseur tätig, z. B. für die Serie Charmed – Zauberhafte Hexen.

Auch sein Sohn **Tobias Kluckert** gehört mittlerweile zu den aktuellen Top-Sprechern, z. B. für Tyrese Gibson in Vier Brüder, Anthony Anderson in Hustle & Flow, Curtis Jackson (50 Cent) in Get Rich Or Die Tryin', Ryan Gosling (Crazy Stupid Love), Bradley Cooper (Ohne Limit), Dominic West in der Serie The Wire.

Robert Klupp (1891–1975)
In seiner Heimatstadt Hamburg nahm Robert Klupp Schauspielunterricht bei Julius Brandt, spielte am dortigen Volkstheater sowie in Linz und Wien, nach dem Ersten Weltkrieg zunächst in Berlin, 1924–28 in Darmstadt (auch als Regisseur), 1928–33 am Städt. Schauspiel Baden-Baden (zuletzt auch als Intendant). 1933 verließ er Deutschland, weil seine Frau Maja, ebenfalls Schauspielerin, jüdischer Herkunft war. Er ging nach Straßburg und leitete dort das «Deutschsprachige Schauspielensemble» am Stadttheater. Klupp konnte hier zahlreiche exilierte Künstler um sich scharen und mit ihnen Autoren spielen, die in Nazi-Deutschland nicht mehr aufgeführt wurden (Schnitzler, Halbe, Zuckmayer). 1938 trat er bei den Salzburger Festspielen in *Amphitryon* unter Erich Engel auf. 1945 kehrte er nach Deutschland zurück, spielte zunächst wieder in Berlin (Hebbel-Theater und Tribüne), ließ sich dann aber in München nieder. Neben kleinen Fernseh- und Filmrollen (u. a. in Dr. med Hiob Prätorius und Viscontis Ludwig II.) waren die Berliner und Münchner Synchronateliers sein Hauptbetätigungsfeld. Der gediegene Wohlklang, den seine Stimme verbreitete, kam zwar selten den großen Hauptfiguren zugute, aber die Rollen, die er gestaltete, wurden durch sein Organ, das v. a. Selbstsicherheit und Gewitztheit ausstrahlt, aufgewertet. Wohl begann er «groß» mit Claude Rains als Cäsar in Cäsar und Cleopatra (später nochmals in Lawrence von Arabien), übernahm dann aber v. a. Chargen: Jay C. Flippen (Meuterei am Schlangenfluss, Mit stahlharter Faust), John McIntire (Fluch der Verlorenen, Über den Todespass), Wallace Ford (Destry räumt auf), Cecil Kellaway (Der Kardinal, Wiegenlied für eine Leiche), Ralph Richardson (Die Strohpuppe), Wilfrid Hyde-White in My Fair Lady, Joseph Calleia (Im Zeichen des Bösen), Sacha Guitry (Napoleon), Chill Wills (Der Mann vom Alamo), Melvyn Douglas (Der Wildeste unter Tausend), Brian Donleavy (The Big Combo), Charlie Ruggles (In angenehmer Gesellschaft), George Irving als «Peabody» in Leoparden küsst man nicht, Noël Coward in Bunny Lake ist verschwunden und Boris Karloff in Ruhe sanft GmbH.

Ernst Konstantin (1908–1969)
Ernst Konstantin wurde in der Schwarzmeer-Metropole Odessa geboren. Bevor er Schauspieler wurde, betätigte er sich

als Geschäftsmann und Generalvertreter amerikanischer Firmen im Nahen Osten und Istanbul. 1941 ging er nach Berlin und spielte am Lessing-Theater. Während des Zweiten Weltkriegs war er Russisch-Dolmetscher im Oberkommando der Wehrmacht. Diese exponierte Stellung brachte ihm 1945–49 eine Internierung im nun unter russischer Leitung stehenden Lager Sachsenhausen ein (wo auch Heinrich George schmorte). Ab 1949 war er wieder als Schauspieler aktiv, beim RIAS und Theatern in Berlin, Frankfurt, Tübingen, Stuttgart und München. Im Film wurde er häufig als «Russe» eingesetzt: DIE SPUR FÜHRT NACH BERLIN (1952), DIE ROTE LINIE (1954, ein anti-sowjetischer Propagandastreifen), PAROLE HEIMAT (1955), TAIGA (1958) und DOROTHEA ANGERMANN (1958). Im Fernsehen wirkte er in SO WEIT DIE FÜSSE TRAGEN (1959), DIE DAME MIT DEM SPITZENTUCH (1964) und der Serie DER NACHTKURIER MELDET (1965) mit.

Seine Synchronisationen sind nicht sehr zahlreich, seine Hauptrollen jedoch, die er mit seiner dunklen, satten Stimme ausfüllte, entfalten eine ganz eigene Aura, die den anderen Synchron-Giganten meist gänzlich abging: eine pathosfreie Nüchternheit, eine sachliche Kühle und asketische Strenge. Zwei Höhepunkte: John Wayne in RIO BRAVO, eine äußerst gezügelte Interpretation, die weder ⮡ Heinz Engelmann noch ⮡ Arnold Marquis vermissen lässt und Jean Servais in RIFIFI, ein ohnehin wortkarger Introvertierter, dem das Scheitern schon ins Gesicht geschrieben ist. Für John Wayne hatte er vorher schon in STÄHLERNE SCHWINGEN und STAHLGEWITTER gesprochen, bedeutsam ist auch noch Robert Mitchum in NACHT IN DER PRÄRIE und MACAO. Von Ernst Konstantin synchronisiert zu werden hatten außerdem das Vergnügen: Oscar Levant (EIN AMERIKANER IN PARIS), Cornel Wilde (DIE SÖHNE DER DREI MUSKETIERE), Eric Portman (ZWISCHENFALL IM ATLANTIK), Anthony Quayle (DER FALSCHE MANN), Walter Matthau (DER ZWIEBELKOPF), Ugo Tognazzi (HALT MAL DIE BOMBE, LIEBLING), Ed Wynn (DIE LIEBE DER MARJORIE MORNINGSTAR), Dennis O'Keefe (DIE HERRIN VON ATLANTIS), Aldo Fabrizi (GELIEBTE TRAM) und Herbert Lom in DIE GEHEIMNISVOLLE INSEL.

Maria Körber (*1930)

Maria Körber wurde in Berlin als Tochter berühmter Eltern geboren: Ihre Mutter war die Schauspielerin Hilde Körber, ihr Vater der Filmregisseur Veit Harlan. Sie besuchte die Schauspielschule des Hebbel-Theaters unter ⮡ Ernst Schröder und spielte fortan an den verschiedensten Theatern quer durch die Republik, zunächst v.a. die großen Mädchen der Weltliteratur: Eve, Gretchen, Johanna, Solveig, Raina. Seit den 1970er Jahren trat sie überwiegend in Berlin auf, 1971 hatte sie einen großen Erfolg mit dem Lustspiel *Alle reden von Liebe* (Hebbel-Theater unter Wolfgang Spier, über

300 Aufführungen), unter Hans Lietzau spielte sie 1974 am Schiller-Theater in Tschechows *Iwanow* (mit Martin Benrath und Martin Held) und O'Caseys *Juno und der Pfau* (mit Horst Bollmann und ihrem Mann ➲ Joachim Kerzel) sowie in *Die Weber* (1976) und *Lysistrate* (1978). Maria Körber – «eine Schauspielerin, die das Durchschnittliche, Ordentliche verkörpert, und manchmal darf es sanft mit dem Außerordentlichen kollidieren» *(FAZ)* – gründete 1984 ein eigenes Schauspielstudio. Fernsehrollen übernahm sie schon in den 1950er Jahren u.a. in DER RICHTER UND SEIN HENKER (1957), später sah man sie bei Altmeister Fritz Umgelter (ÜBERSTUNDE, 1965, DAS KLAVIER, 1972, WENN ALLE ANDEREN FEHLEN, 1973), in DER HAUPTTREFFER (Thomas Fantl, ZDF 1977) und in Serien wie TRAUMSCHIFF und UNSER CHARLY. Im Kino hatte sie neben ➲ Erik Schumann die Hauptrolle in DURCHBRUCH LOK 234 (Frank Wisbar, 1963), in MORGENS UM SIEBEN IST DIE WELT NOCH IN ORDNUNG (Kurt Hoffmann, 1968) spielte sie die Tante Rose. Sie gestaltete auch zahlreiche Hörspiele, z.B. *Russisches Roulette* (Alfred Andersch, SWF 1961), *Ferien für Onkel Arthur* (Giles Cooper, NDR 1965), *Hausfriedensbruch* (Heinrich Böll, WDR 1969), *Die fremde Stimme* (Marie Luise Kaschnitz, NDR 1971) und die Titelrolle in Walter Jens' Fontane-Bearbeitung *Jenny Treibel* (NDR 1985).

Als Leslie Caron 1951 in dem Musical-Klassiker EIN AMERIKANER IN PARIS ihr Filmdebüt gab, wurde Maria Körber als ihre deutsche Stimme ausgewählt und blieb ihr auch weiterhin treu (LILI, DADDY LANGBEIN, EIN APPARTMENT FÜR DREI, BRENNT PARIS?). Später kam als feste Synchron-Rolle Debbie Reynolds hinzu (IN ANGENEHMER GESELLSCHAFT). Außerdem sprach Maria Körber mehrmals für Susan Strasberg und Julie Andrews (MODERN MILLIE, STAR!). Herausragende Rollen waren ferner Geraldine Chaplin in DOKTOR SCHIWAGO, Sara Miles in RYANS TOCHTER, Audrey Hepburn in DENEN MAN NICHT VERGIBT, Dany Robin in TOPAZ, Lee Remick in DER LANGE, HEISSE SOMMER und Carol Lynley in DIE RÜCKKEHR NACH PEYTON PLACE.

Bianca Krahl (*1973)

Mit Schauspielen und Sprechen war Bianca Krahl von Kindesbeinen an vertraut. Sie trat im Fernsehen auf (z.B. in der Serie FEST IM SATTEL) und nachdem sie sich im Rahmen der Postproduction oft selbst synchronisieren musste, merkte sie, dass ihr das am meisten Spaß machte. Seit den 1980er Jahren wirkte sie auch in Hörspielen mit, darunter als «Joyce Kramer» in der legendären *Gabriel-Burns*-Serie.

In der Synchronisation waren ihre ersten bedeutenden Hauptrollen Linda Manz in OUT OF THE BLUE (1991) und 1994 Melanie Lynskey in dem neuseeländischen Film HEAVENLY CREATURES.

Charlize Theron wurde seit CELIBRITY ihre erste Stammrolle, Penelope Cruz spricht sie abwechselnd mit ➲ Claudia Lössl (z.B. in GOTHIKA). Emily Blunt ist seit DER TEUFEL TRÄGT PRADA eine feste Beziehung. Auch für Angelina Jolie kam sie mehrmals zum Einsatz (z. B. in FOXFIRE). Hinzu kommen Anne Hathaway (BROKEBACK MOUNTAIN), Natalie Portman (MARS ATTACKS), Regina Hall in den SCARY-MOVIE-Filmen, Judy Greer (THE WEDDING PLANNER). Herausragende Serien-Rollen waren Rachel Griffiths als «Brenda» in SIX FEET UNDER und Rachel Bilson als «Summer Roberts» in O.C. CALIFORNIA. Bianca Krahl ist auch als Synchron-Regisseurin tätig, z.B. bei DEATH PROOF und der Serie ONE TREE HILL.

Gottfried Kramer (1925–1994)

Gottfried Kramer, der aus Pommern stammte, arbeitete zunächst als Lehrer, bevor er sich bei Eduard Marks in Hamburg zum Schauspieler ausbilden ließ. Er spielte Charakter- und Komikerrollen am Hamburger Schauspielhaus und hatte Gastauftritte an anderen Theatern und auch bei den Ruhrfestspielen. Bekannt wurde er aber hauptsächlich durch das Fernsehen. Er spielte in den NDR-Serien wie POLIZEIFUNK RUFT, HAFENKRANKENHAUS, HAMBURG TRANSIT ebenso wie in zahlreichen herausragenden gesellschaftskritischen Fernsehspielen: EIN TAG (Egon Monk, ARD 1965), ZUCHTHAUS (Rolf Hädrich, ARD 1967), INDUSTRIELANDSCHAFT MIT EINZELHÄNDLERN (Egon Monk, ARD 1970), GEDENKTAG (Dieter Wedel, ARD 1970), LAND (Otto Jägersberg, ZDF 1972), BAUERN, BONZEN UND BOMBEN (Egon Monk, ARD 1973) und DIE GEWEHRE DER FRAU CARRAR (Egon Monk, ZDF 1975). In TATORT trat er 1974 bei Knut Hinz auf. Filmrollen hatte er in DIE VERROHUNG DES FRANZ BLUM (1974), in ➲ Ottokar Runzes DAS MESSER IM RÜCKEN (1975) und DER MÖRDER (1979).

Kramers Stimme war zwar auch im Hörspiel zu hören (z.B. *Im Moos* von Klaus Modick, NDR 1989), ihren vollen Glanz aber entfaltete sie in den Mündern ausländischer Filmschauspieler, wie z.B. Burt Lancaster (ATLANTIC CITY, DER MITTERNACHTSMANN, DAS OSTERMAN-WEEKEND), Jason Robards (DIE UNBESTECHLICHEN, JULIA), Anthony Quinn (DER DON IST TOT, DER GROSSE GRIECHE) und Marlon Brando (DER PATE, APOCALYPSE NOW). Selbst den bösartigsten Rollen verlieh Kramer noch einen Hauch von Verletzlichkeit. Er sprach für Christopher Lee (PALAST DER WINDE), Lee Van Cleef (DIE KLAPPERSCHLANGE), Basil Rathbone (DER GRAUENVOLLE MR. X), Orson Welles (F FOR FAKE), Humphrey Bogart (DIE WILDEN ZWANZIGER), F. Murray Abraham (AMADEUS), Warren Oates (BADLANDS), Stuart Whitman in der ZDF-Serie DER MARSHALL VON CIMARRON, Lino Ventura in

Mord in Barcelona, Robert Mitchum in Der Aussenseiter, Yves Montand in Jean Florette, Charlton Heston in Der Sohn des Paten, Lorne Greene in Erdbeben, Kirk Douglas in Der letzte Countdown – aber auch Oskar in der Sesamstrasse, König Arthur in Prinz Eisenherz und das Wunderauto K.I.T.T. in Knight Rider.

Klaus W. Krause (1903–1981)

In seiner Geburtsstadt Berlin studierte Krause an der Reicherschen Hochschule für dramatische Kunst, 1933–43 war er am Nationaltheater Mannheim engagiert, nach dem Krieg in Köln und seiner Wahlheimat München. Er spielte in zahlreichen Filmen mit, allerdings nur in Kurzauftritten, bei denen er zwei oder drei Sätze zu sagen hatte, die freilich deshalb aufhorchen lassen, weil einem die Stimme so bekannt vorkommt: Das Geheimnis der roten Katze (1949), Der Kaplan von San Lorenzo (1952), Bildnis einer Unbekannten (1954), Das schöne Abenteuer (1959). Seine Rollenbezeichnungen lauten etwa «Ober», «3. Polizist», «Auskunftsbeamter» oder wie in dem TV-Durbridge Es ist soweit (1960) «Chauffeur». 1969 wirkte er in Thomas Schamonis Regiedebüt Ein grosser graublauer Vogel mit, im Fernsehen hatte er auch größere Rollen, z.B. in der Friedrich-Forster-Verfilmung Der Graue (ZDF 1965) sowie Einzelauftritte in Münchner Fernsehserien (z.B. Der Kommissar, Der Bastian).

Sein eigentliches Kapital aber konnte er – abgesehen vom Hörspiel (z.B. Wolfgang Weyrauch: *Das grüne Zelt*, BR 1957) – am besten im Synchronstudio einsetzen: eine rauzige Stimme, ideal für Charaktere mit Ecken und Kanten, Zwielichtige, Verbitterte oder weiche Kerne mit rauhen Schalen. Er war der wichtigste Sprecher für Jean Gabin (Maigret, Der Clan der Sizilianer), ferner synchronisierte er Lee J. Cobb (Der Mann aus dem Westen, Die Glut der Gewalt), Robert Ryan (Lawman), Edward G. Robinson (Mein Freund, der Diamanten-Joe), John Huston (Die Bibel, Der Kardinal, Casino Royale), Gregory Peck (Moby Dick), Toto (Grosse Vögel, kleine Vögel), Fernandel (Hochwürden Don Camillo), Melvyn Douglas (Bill McKay, der Kandidat), Everett Sloane (Der Mann vom Diners Club), Will Geer (Jeremiah Johnson) Cyril Cusack (Fahrenheit 451) und Orson Welles als Mr. Arkadin. Außerdem sprach er die Hauptrolle (Henrik Malberg) in dem großartigen Filmkunstwerk Das Wort von Carl Theodor Dreyer. Doch etliche seiner Glanznummern waren Nebenrollen: der alte Indianerhäuptling in Little Big Man, der alte Doolittle in My Fair Lady (hier sogar mit Gesang, ebenso wie bei Richard Attenborough in Doctor Doolittle), der Constable Slocum in Leoparden küsst man nicht sowie James Finlayson in mehreren Laurel & Hardy-Filmen.

Helmut Krauss (*1941)

In seiner Heimatstadt Augsburg begann Helmut Krauss mit der Schauspielausbildung und einem Pädagogikstudium. 1963 siedelte er nach Berlin um, wo er seine Schauspielstudien abschloss und an verschiedenen Theatern spielte: Vagantenbühne, Forum-Theater (z.B. 1975 in *Unter Aufsicht* von Genet), Grips-Theater, Tribüne (Revue *Die verbrannten Dichter*, 1978, *Der Kaufmann von Berlin*, 1979), Hansa-Theater. 1981–91 spielte er im Kabarett «Bügelbrett» und trat mehrmals in Dieter Hildebrandts SCHEIBENWISCHER auf, 1992–96 gehörte er zum Kabarett-Duo «Krauss & Regenauer», Nürnberg. In den letzten Jahren spielte Helmut Krauss bei den Bregenzer Festspielen (2003 *West Side Story*, 2007 *Paul Bunyan* von Benjamin Britten) und ging mit dem «Theater des Ostens» auf Tournee (*Der Schimmelreiter, Die heilige Johanna, Der Name der Rose*). Im Fernsehen hatte er prägnante Auftritte u.a. in DIREKTION CITY (1975), LUKAS UND SOHN (1988), DIE BOMBE (1988), KLEMPERER (1999), GOEBBELS UND GEDULDIG (2000), seit 1980 ist er der «Nachbar Pachulke» in der Kinderserie LÖWENZAHN.

Krauss synchronisierte u.a. Marlon Brando (COLUMBUS, FRESHMAN, DON JUAN DE MARCO), John Goodman (THE FLINTSTONES, THE BIG LEBOWSKI – diesen Part bezeichnete Krauss selbst als seine «schwierigste Synchronrolle»), Jon Voight (HEAT), Claude Brasseur (ABSTIEG ZUR HÖLLE), Sidney Poitier (NELSON MANDELA), Yaphet Kotto (ALIEN, BRUBAKER), Danny Aiello (THE PURPLE ROSE OF CAIRO), Jean Reno (IM RAUSCH DER TIEFE), Samuel L. Jackson (PULP FICTION), Paul Winfield (SOUNDER, TERMINATOR), Forest Whitaker (PLATOON) und Christopher Lloyd (BUCKAROO BANZAI).

Ursula Krieg (1900–1984)

Ursula Krieg debütierte 1920 in ihrer Heimatstadt Berlin am Neuen Volkstheater in Hofmannsthals *Elektra*. Ihre weiteren Stationen waren Meiningen, Bonn, Königsberg und Erfurt, aber ihre «große» Theaterzeit hatte sie nach dem Krieg wieder in Berlin. Sie spielte u.a. am Hebbel-Theater unter Fehling in Sartres *Fliegen* (1948) – Friedrich Luft hörte ihre «klebrig lockende Fliegenstimme» – und unter Karlheinz Martin in *Macbeth* (1952), am Schlossparktheater in *Die Lerche* von Anouilh (1953), am Renaissance-Theater (*Finden Sie, dass Constanze sich richtig verhält?*, 1952) und an der Tribüne (*Bunbury*, 1955). Sie wirkte im ersten (und besten) deutschen Nachkriegsfilm mit: DIE MÖRDER SIND UNTER UNS (Staudte, 1946), außerdem in ... UND WIEDER 48 (Wangenheim, 1948), STRASSENBEKANNTSCHAFT (Pewas, 1948), STERN VON AFRIKA (Weidenmann, 1957), FREDDIE UNTER FREMDEN STERNEN (Schleif, 1959) und im Fernsehen u.a. in DIE TRENNUNG (Tom Toelle, ARD 1964).

In der Synchronisation gehört Ursula Krieg zu den großen Stimmpersönlichkeiten der 1950er und 1960er Jahre. Ihre Stimme, die sich meist älter anhört, als sie tatsächlich war, wies ihr die alten Damen zu, selten die bösen, meistens die gutmütigen und schrulligen. Ihre Paraderolle war Margaret Rutherford, die sie – mit einer Ausnahme (➲ Agnes Windeck in 16 Uhr 50 ab Paddington) – in den Miss-Marple-Filmen synchronisierte. Der brillanteste Film, in dem sie zu hören war, ist Die Nacht des Jägers mit Lillian Gish als Verkörperung des «reinen Guten». Für Lillian Gish sprach sie noch mehrmals (Die Stunde der Komödianten, Eine Hochzeit), ebenso wie für Mildred Natwick (Der Hofnarr, Immer Ärger mit Harry) und Flora Robson (Katharina die Grosse, Sieben Frauen), außerdem u. a. Elsa Lanchester (Die Wendeltreppe), Françoise Rosay (Der letzte Akkord), Agnes Moorehead (Was der Himmel erlaubt), Dame May Whitty (Eine Dame verschwindet), Jean Adair (Arsen und Spitzenhäubchen), Mildred Dunnock (Pulverdampf und heisse Lieder), Ilka Chase (Hollywood Story), Isobel Elsom (My Fair Lady), Emma Gramatica in Das Wunder von Mailand und Ave Ninchi in Herzflimmern.

Marina Krogull siehe **Udo Schenk**

Randolf Kronberg (1942–2007) Sein Handwerk erlernte der gebürtige Breslauer bei Herbert Maisch in Frankfurt und im Actors Studio New York, dann spielte er hauptsächlich in Berlin Theater, am Schiller- bzw. Schlossparktheater u.a. unter Niels-Peter Rudolph in *Die Soldaten* von Lenz (1970), unter Hollmann in *Julius Caesar* (1972), an Kurt Hübners Freier Volksbühne in *Romeo und Julia* (Tybalt), *Das Käthchen von Heilbronn*, *Equus*, aber auch Dario Fo und Hochhuth. Im Film wirkte er mit in Der aufrechte Gang (1976) und in ➲ Ottokar Runzes Stern ohne Himmel (1980), im Fernsehen in Die Versöhnung (ZDF 1971) von Jochen Ziem und in den ZDF-Krimiserien Derrick, Siska und Der Alte.

Mit dem Synchronisieren begann er, weil er an einem so großen Haus wie dem Schiller-Theater nicht genug Beschäftigung fand. Zu seinen frühen Aufgaben gehörten John Lennon in Yellow Submarine und Montgomery Clift in der Neusynchronisation des Western-Klassikers Red River, Pernell Roberts («Adam») in Bonanza (als Nachfolger von Horst Stark). Sein erster «fester» Star war Ryan O'Neal (Love Story, Paper Moon), in den 1980er Jahren kam William Hurt hinzu (Gottes vergessene Kinder, Kuss der Spinnenfrau), für den er besonders gerne arbeitete, im Unterschied zu Eddie Murphy, zu dem er sich zwingen musste (Kronberg konnte seine Stimme fabelhaft übersteuern). Dass Streifen wie Beverly Hills Cop in Deutschland überhaupt populär wurden, ist wohl hauptsächlich auf die Synchronisation zurückzuführen.

Hinzu kamen Jean-Louis Trintignant (DAS ATTENTAT), Malcolm McDowell (SCHLACHT IN DEN WOLKEN), Willem Dafoe (MISSISSIPPI BURNING), Martin Sheen (DAS RITUAL), Jeremy Irons (M. BUTTERFLY), Franco Citti (EDIPO RE), John Lithgow (RICOCHET) und zahlreiche Serien: Robert Foxworth in FALCON CREST, Kevin Dobson in UNTER DER SONNE KALIFORNIENS und DeForest Kelly in der Sat.1-Synchronisation von RAUMSCHIFF ENTERPRISE.

Bum Krüger (1906–1971)

«Bum» hieß er natürlich nicht wirklich, sondern Willy. Aber als Kind nannte er sich selbst immer «Willybum» und das blieb haften. Geboren in Berlin als Sohn des Filmschauspielers Paul Wilhelm Krüger (1883–1959, er spielte in TRAUMULUS, DAS VEILCHEN VOM POTSDAMER PLATZ, KADETTEN), begann Bum als Statist und Volontär am Staatlichen Schauspielhaus unter Jessner, 1923–25 war er an den Hamburger Kammerspielen, 1926–35 am Nationaltheater Mannheim, 1935–43 am Schauspielhaus Frankfurt (u.a. als Napoleon in *Madame sans gêne*, als Knieriem in *Lumpazivagabundus* und Sosias in *Amphytrion*) und 1943–45 am Schillertheater. Nach Kriegsende gründete er das Kabarett «Die Schaubude» und gab Gastspiele an der Kleinen Komödie München und dem Renaissance-Theater Berlin. Auf der Leinwand war er oft als patenter Kumpel oder Betriebsnudel zu sehen: DIE KUPFERNE HOCHZEIT (1948), KÄPT'N BAY BAY (1952), DES TEUFELS GENERAL (1955), CHARLEYS TANTE (1956), MOMPTI (1957), DER SCHINDERHANNES (1958), im Fernsehen u.a. in DER BESUCH DER ALTEN DAME (1959) und AM GRÜNEN STRAND DER SPREE (1960).

«Bum Krüger gehörte zu den ewig Unernsten, die ein Eckchen im Erwachsenengepäck für den zweckfreien Spieltrieb der Kindheit freihalten.» (Ilona Schrumpf) Passend hierzu war seine gedrungene Erscheinung und seine leicht angerauhte Stimme, die das Schalkhaft-Verschmitzte schon ahnen ließ. Gleichwohl bestanden seine Synchronrollen nicht ausschließlich aus Komikern: Alan Hale (DIE LIEBSABENTEUER DES DON JUAN, DODGE CITY), Bob Hope (SEIN ENGEL MIT DEN ZWEI PISTOLEN), Thomas Mitchell (DER GLÖCKNER VON NOTRE-DAME, DER SCHWARZE SPIEGEL), Charles Coburn (DER FALL PARADIN), Henry Travers (DIE GLOCKEN VON ST. MARIEN), Spencer Tracy (BOOMTOWN), Charles Laughton (SALOME), Walter Brennan (RED RIVER-Neusynchro), Totò (RÄUBER UND GENDARM), Lee J. Cobb (ANNA UND DER KÖNIG VON SIAM), Maurice Chevalier (FRANZÖSISCHE BETTEN), James Cagney (KEINE ZEIT FÜR HELDENTUM), James Robertson Justice (DAVID UND BATHSEBA, LAND DER PHARAONEN), Akim Tamiroff (ANASTASIA), Louis de Funès (RADIESCHEN VON UNTEN), E.G. Robinson (SCHAKALE DER UNTERWELT) und Mischa Auer (THE FLAME OF NEW ORLEANS).

Franz-Otto Krüger (1917–1988)

Der gebürtige Münchner bekam noch während seiner Schauspielausbildung 1934 ein Engagement an Wilhelm Bendows «Bunter Bühne», einem der wichtigsten Kabaretts in der Hauptstadt. Er spielte am Lessing-Theater und machte 1935 im von Bruno Fritz und Tatjana Sais geführten kurzlebigen «Tatzelwurm» Kabarett, was im «Dritten Reich» nicht ganz ungefährlich war: Krüger wurde verhaftet und landete für mehrere Monate im KZ. 1946 nahm er mit Wilhelm Bendow den Sketch *Auf der Rennbahn* («Ja wo laufen sie denn?») auf Platte auf (zum Klassiker wurde er spätestens 1976 durch Loriot). Krüger wurde zunächst Leiter der Unterhaltungsabteilung des NWDR, spielte Theater in Berlin (Tribüne, Komödie), 1973 trat er am Renaissance-Theater in *Der Lügner und die Nonne* von Curt Goetz auf, 1984 am Hansa-Theater in *Arsen und Spitzenhäubchen*. Eine seiner Lieblingsrollen war der Wehrhahn im *Biberpelz*. Krüger hatte außerdem viele Filmauftritte, z. B. in Königin einer Nacht (1951), Grün ist die Heide (1951), Schlagerparade (1953), Das einfache Mädchen (1957), Der Pauker (1958), Der Gorilla von Soho (1968), im Fernsehen u. a. in Die Koblanks (1979) und Am Südhang (1980).

In der Synchronisation war Krüger auch als Buchautor und Regisseur aktiv (z. B. Der grosse Diktator, Die Reue). Er sprach für Charles Chaplin (Ein König von New York), Ralph Richardson (Besuch zur Nacht), Telly Savalas (40 Millionen suchen einen Mann), Louis Wolheim (Im Westen nichts Neues, ZDF 1984), Keenan Wynn (Drei kleine Worte), Paul Silvers (Buona sera, Mrs. Campbell), Lou Jacobi (Was Sie schom immer über Sex wissen wollten), James Finlayson in mehreren Laurel-und-Hardy-Filmen sowie Red Skelton (Frankie und seine Spiessgesellen).

Gertrud Kückelmann (1929–1979)

Geboren in München, nahm sie Schauspielunterricht bei Friedrich Domin. 1942–49 war sie Balletttänzerin an der Bayerischen Staatsoper und der Staatsoperette am Gärtnerplatz, 1949–69 gehörte sie zum Ensemble der Münchner Kammerspiele. Sie spielte die Hauptrolle in den Stücken *Jeanne oder die Lerche*, *Leonce und Lena* (Kortner, 1963), *Die Möwe*, *Geschichten aus dem Wienerwald* sowie *Kasimir und Karoline*. Als aus heiterem Himmel ihr Vertrag nicht mehr verlängert wurde, nahm sie eine Auszeit, betätigte sich als Krankenpflegerin und spielte danach wieder am Residenztheater. In den 1950er Jahren hatte sie zahlreiche Filmhauptrollen: Ein Herz spielt falsch, Das tanzende Herz, Der Engel mit dem Flammenschwert, Die goldene Pest, Spielbankaffäre (DEFA 1957). Nach der Diagnose Krebs stürzte sie sich aus einem Fenster in der Wohnung ihres Bruders, des Regisseurs Norbert Kückelmann. Joachim Kaiser schrieb in seinem Nachruf: «Wie konnte sie, falls nötig, blitzschnell soubrettenhaft, graziös und anmutig sein! Aber dies nicht in Richtung Gefälligkeit, glockenheller Unproblematik, kätzchenhafter Brillanz, sondern ein wenig verdüstert, Augen und Stimme wirkten eher dunkel.» *(SZ, 19.1.1979)*

Mit dieser dunklen, leicht melancholischen Stimme synchronisierte sie Schauspielerinnen, die sonst eher andere Sprecherinnen (⊃ Renate Danz, ⊃ Marion Degler) hatten: Shirley MacLaine (In 80 Tagen um die Welt, Can-Can, Das Appartement, Infam) und Jean Simmons (Frau im Netz, Elmer Gantry) sowie Jean Seberg (Die heilige Johanna, Lilith), Charlotte Rampling (Die Verdammten), Virginia Mayo (Venus am Strand), Millie Perkins in Das Tagebuch der Anne Frank, Jane Fonda (Nora) und Sandy Dennis (Ein kalter Tag im Park).

Reinhard Kuhnert (*1945)

Reinhard Kuhnert wurde in Berlin-Friedrichshagen geboren und machte zunächst eine Ausbildung zum Industriekaufmann, bevor er an die Theaterhochschule und später an das Literaturinstitut Leipzig ging. Fortan arbeitete er als Schauspieler an mehreren Theatern der DDR (Weimar, Magdeburg, Stendal, Erfurt, Schwerin und Volksbühne Berlin), gelegentlich führte er auch Regie. Kuhnert schrieb selbst mehrere Stücke, die an verschiedenen Theatern gespielt wurden, z. B. *Jäckels Traum* (1981), *Im Trockenen* (1981), *Vollpension* (1982), *Das Verfahren* (1991), *Endlich wieder Wagner* (1998), *Circus Germanicus* (2001). Er schrieb auch für Fernsehen und Hörfunk und trat mit Solo-Abenden auf (ausschließlich mit eigenen Texten und Liedern). Nach der Entlassung aus dem DDR-Schriftstellerverband siedelte er Mitte der 1980er Jahre nach West-Berlin über, wo er seine Theaterarbeit fortsetzte. Bei seinen Solo-Auftritten geht es literarisch-satirisch (in Kästner- und Tucholsky-Tradition) hauptsächlich um die doppel-deutsche Wirklichkeit in Vergangenheit und Gegenwart. Es erschienen auch 2 CDs (*Es war zweimal* und *Traumland Amnesien*) sowie der Textband *Land des Vergessens* (2000). 2003 gründete Kuhnert, der vierzehn Jahre auch im irischen Galway lebte und arbeitete, zusammen mit dem Regisseur Rainer Gerlach das «Theater-Comedia» als Freies Theater für die Region Berlin-Brandenburg: Volkstheater auf hohem Niveau (2004 brachte das Theater Kuhnerts Stück *Vom märkischen Narren Hans Clauert* im Innenhof des Deutschen Historischen Museums zur Uraufführung). Seit 2007 liest Kuhnert auch Hörbücher (z. B. *Jules Verne*).

Zu seinen bevorzugten Synchronpartnern gehören David Straithairn (Twisted, Das Bourne Ultimatum), Peter Coyote (Kika, Bitter Moon, LA Law and Order), Bruce Davison (X-Men, Knightrider), André Dussollier (Tanguy, Vorsicht Sehnsucht), Victor Garber (Alias – Die Agentin), Martin Sheen (The West Wing), Robert Vaughn (Hustle), außerdem William H. Macy (Fargo, Wag the Dog) und Pierce Brosnan in Mrs. Doubtfire.

Joachim Kunzendorf (*1944)

Kunzendorf, in Königsberg geboren, studierte neben Schauspiel und Regie auch Theaterwissenschaft, Kunst- und Musikgeschichte. Er arbeitete zunächst als Synchronsprecher, wechselte aber schon früh über zum Dialogschreiben und zur Synchronregie. Hier ist er einer der Meistbeschäftigten seiner Zunft. Unter seiner Regie entstanden die deutschen Fassungen von Filmen wie American Graffiti, Harold und Maude, Der weisse Hai, Taxi Driver, Spaceballs, Drei Brüder, Sweet November, Das fünfte Element, Die schwarze Witwe, Waterland, Oliver Twist, Ein Chef zum Verlieben, Hannibal Rising, Volver und Der letzte König von Schottland und

Lars von Triers MELANCHOLIA. Kunzendorf, der sich überdies auch als Bildhauer betätigt (er studierte diese Kunst u.a. in Afrika und Italien und hatte schon mehrere Ausstellungen in Berlin und Brandenburg mit Skulpturen und Fotografien), war Inhaber eigener Synchronfirmen («Magma», «K2») und leitet den Lehrgang Mikrofon- und Synchronsprechen am Institut für Schauspiel-, Film- und Fernsehberufe (er unterrichtet dort zusammen mit Katharina Koschny), eine der wenigen Stätten, die sich speziell um den Synchron-Nachwuchs kümmern. Zu seinen Sprechrollen zählen David Bowie (DER MANN, DER VOM HIMMEL FIEL, SCHÖNER GIGOLO – ARMER GIGOLO), Jeff Goldblum (WETTLAUF ZUM RUHM, REINGELEGT, DIE FLIEGE), Chris Sarandon (HUNDSTAGE), Jean-Paul Tribout (MIT ROSE UND REVOLVER) und Bob Balaban in UNHEIMLICHE BEGEGNUNG DER DRITTEN ART.

Renate Küster (*1936)
Die gebürtige Danzigerin studierte von 1956–59 an der Max-Reinhardt-Schule Berlin und nahm Ballettunterricht bei Tatjana Gsovsky. Sie debütierte bereits 1954 mit RITTMEISTER WRONSKI im Film, spielte in der deutsch-niederländ. Koproduktion ACHT MÄDELS IM BOOT (1957), in NACHTSCHWESTER INGEBORG (1958) und 1956/57 in verschiedenen DEFA-Filmen (TREFFPUNKT AIMEE, BETROGEN BIS ZUM JÜNGSTEN TAG) sowie in VATER, MUTTER UND NEUN KINDER (1958) als Heinz Erhardts Tochter Regine. Danach spielte sie in Berlin Theater, zunächst bei den «Wühlmäusen» und am «Theater im Reichskabarett», das ihr damaliger Ehemann Volker Ludwig leitete, sowie an der Vagantenbühne und im Grips-Theater. Sie spielte am Düsseldorfer «Kommödchen» und bei der Münchner «Lach- und Schießgesellschaft» (mit Dieter Hildebrandt ist sie seit 1992 verheiratet). Außerdem hatte Renate Küster zahlreiche Hauptrollen im deutschen Fernsehspiel: SECHS WOCHEN IM LEBEN DER BRÜDER G. (ARD 1974 als Mutter von ⊃ Hans-Georg Panczak), STUMME ZEUGEN (ARD 1975, beide unter Peter Beauvais), NACHKOMMENSCHAFTEN von Gabriele Wohmann (ARD 1977), DER HAUPTTREFFER (Thomas Fantl, ZDF 1977), EIN MORD

am Lietzensee (ZDF 1978 und auch in der Hörspiel-Version), Flächenbrand (ARD 1984); in der ZDF-Serie Die Schöffin übernahm sie 1984 die Titelrolle, ferner war sie 1993 im Tatort zu sehen.

In der Synchronisation waren weiche, warme, erotische, verführerische Stimmlagen ihre bevorzugten Rollen. Vorwiegend eingesetzt wurde sie für Faye Dunaway (Bonnie und Clyde), Jane Fonda (Klute, China-Syndrom), Stéphane Audran (Die untreue Frau, Der diskrete Charme der Bourgeoisie, Blutige Hochzeit), Raquel Welch – von der Renate Küster allerdings wenig begeistert war: «Sie ist die nichtssagendste Schauspielerin, die es für mich gibt» (*BZ* 11.6.1970) –, Julie Christie (Hitze und Staub), Jean Seberg (Airport), Jacqueline Bisset (Bullitt), Charlotte Rampling (Zardoz), Anna Karina (Der Fremde), Miriam Hopkins (Ärger im Paradies) und Julie Andrews (Little Miss Marker).

Sigrid Lagemann (1924–1992)

Sigrid Lagemann kam in Bismark/Altmark zur Welt. Sie ließ sich im Studio Werner Kepich Berlin ausbilden, debütierte 1944 am Schiller-Theater (kurz bevor alle Theater geschlossen wurden) und hatte nach dem Krieg Engagements in Weißenfels (als Julia), in Berlin am Theater am Schiffbauerdamm, den Kammerspielen, am Kabarett der Komiker, an der Tribüne, Komödie und am Renaissance-Theater (1955 Vivie in *Frau Warrens Gewerbe* mit Käthe Dorsch). In den 1950er Jahren spielte sie in einigen Filmen mit: Bürgermeister Anna, Stips, Desperate Moment, Der Mustergatte, Ist Mama nicht fabelhaft? Sie gehörte dem Fernseh-Kabarett Die Rückblende (1960) an und war in Hans im Glück (Wolfgang Petersen, 1976) zu sehen.

Sie sprach für Martha Hyer (Mein Mann Gottfried, Hausboot), Anita Ekberg (Alles um Anita, Krieg und Frieden), Barbara Rush (Gefahr aus dem Weltall), Barbara Bel Geddes (Vertigo, 1. Fassung), Mona Freeman (Engelsgesicht), Glenda Jackson (Das dreifache Echo), Judith Anderson in der Serie California Clan, Donna Reed (Der Tolpatsch), Arlene Dahl (Gewehre für Bengali), Françoise Arnoul (Der Weg ins Verderben), Mara Corday (Adlerschwinge), Elga Andersen (Bonjour Tristesse) und Danielle Darrieux (Vögel sterben in Peru).

Inge Landgut (1922–1986)

Von Henny Porten wurde sie beim Sandkastenspiel in Berlin «entdeckt», als Dreijährige stand sie in dem Stummfilm Violantha zum ersten Mal vor der Kamera und avancierte nun zu einer «deutschen Shirley Temple». Sie war Pony Hütchen in Emil und die Detektive (1928), die Tochter in Mutterliebe (1929). In einem der besten Filme aller Zeiten, Fritz Langs «M» (1930), spielte sie ein Opfer von Peter Lorre («Du hast aber einen schönen Ball!»), in Hanneles Himmelfahrt (1934) die Titelrolle. Sie besuchte die Schauspielschule des Deutschen Theaters, stand in Eisenach und Karlsruhe auf der Bühne und nach dem Krieg wieder vor der Kamera in Unser täglich Brot (DEFA 1949), Dreizehn unter einem Hut (1950), Ist Mama nicht fabelhaft? (1958). Nach der Heirat mit dem RIAS-Unterhaltungschef Werner Oehlschläger zog sich Inge Landgut allmählich von Film und Bühne zurück und tauchte erst wieder in den 1970ern in Theater und Fernsehen auf: *Pension Schöller* (Hansa-Theater 1976), Tadellöser & Wolff (ZDF 1975), Ein Kapitel für sich (ZDF 1979). Unterdessen hatte sie sich im Synchrongeschäft etabliert. Sie sprach regelmäßig für Dorothy Malone (IN DEN WIND GESCHRIEBEN, DUELL IN DEN WOLKEN), Shelley Winters (ZU ALLEM ENTSCHLOSSEN, DER VERFÜHRER LÄSST SCHÖN GRÜSSEN, EIN HAAR IN DER SUPPE) und Esther Williams (STURM ÜBER EDEN), Sophia Loren in DAS GOLD VON NEAPEL, aber richtig bekannt wurde ihre Stimme in Fernsehserien: die Mutter in LASSIE, Wilma in FAMILIE FEUERSTEIN, Miss Ellie in DALLAS und zuletzt Jessie Brewer in GENERAL HOSPITAL.

Hellmut Lange (1923–2011)

Schon als Kind hatte der gebürtige Berliner Auftritte im Rundfunk (u. a. mit ⮕ Wolfgang Kieling). Er besuchte die Schauspielschule Hannover, doch der Krieg kam dazwischen. Lange befehligte ein Minensuchboot, von Verletzungen behielt er Narben im Gesicht zurück, die nicht schlecht zu seinen späteren Rollen passten. In den fünfziger Jahren war er Sprecher und Regisseur bei Radio Bremen, in den Sechzigern begann seine große Fernsehzeit mit vielen Hauptrollen, z. B. in der STAHLNETZ-Reihe, in WALDHAUSSTR. 20 (1960), JOHNNY BELINDA (1961), DAS HALSTUCH (1962), FREIHEIT IM DEZEMBER (1966), DIE LEDERSTRUMPFERZÄHLUNGEN (1969), SALTO MORTALE (1969), JOHN KLINGS ABENTEUER (1969), DIE PUEBLO-AFFÄRE (1972), EUROGANG (1975), MANDARA (1983), HAFENDETEKTIV (1991). Er war Moderator von KENNEN SIE KINO, trat in den Filmen VIER SCHLÜSSEL (1965) und PATTON (1970) auf, im Syberberg-Film HITLER, EIN FILM AUS DEUTSCHLAND (1977, als Hitlers Leibdiener Krause) und im Hörspiel-Mehrteiler *Fahrenheit 451* (WDR 1970) war er Guy Montag. Fritz Göttler konzedierte in seinem Nachruf eine «stählerne, leicht nasale Stimme, die auf Distanz hielt, ihn vor falscher Sentimentalität bewahrte» und eine «einzelgängerische Noblesse» (*SZ*, 21.1.2011).

Damit korrespondieren die interessanten, gut ausgewählten Hauptrollen, die Lange in der Synchronisation hatte, vorwiegend im Abenteuer-Genre. Er war Roy Scheider (HINTER DEM RAMPENLICHT, DAS FLIEGENDE AUGE, 2010), Donald Sutherland (DER TAG DER HEUSCHRECKE, DIE BÄRENINSEL IN DER HÖLLE DER ARKTIS), Charlton Heston (DIE SCHLACHT UM MIDWAY), Paul Newman (MR. & MRS. BRIDGE), Gary Cooper in HIER IST JOHN DOE (ZDF 1969), Richard Conte (KENNWORT 777, ARD 1969), James Coburn (AUF DER FÄHRTE DES ADLERS), Richard Harris (EIN MANN IN DER WILDNIS) und Bernard Noël (DAS IRRLICHT).

Norbert Langer (*1941)

Nach der Schauspielausbildung in Hamburg spielte Langer Theater in Berlin: Forum-Theater (*Man spielt nicht mit der Liebe*, 1963), Berliner Kammerspiele, Theater des Westens (*Die Zirkusprinzessin*, 1967), Tribüne (*Opfer der Pflicht*, 1972), Renaissance-Theater (*Italienische Hochzeit*, 1981), Kleines Theater (*Venus destructiva*, 1977, *Die Geheimnisse von Paris*, 1983). Er spielte in dem Film Liebe Mutter, mir geht es gut (1972) von Christian Ziewer mit und ließ seine Stimme mittlerweile auch auf Hörbüchern vernehmen (Gary Disher: *Der Drachenmann*).

Norbert Langers Synchronschaffen hatte seinen Höhepunkt in den 1970er und 1980er Jahren. Hier war er regelmäßig für mehrere Schauspieler zu hören, war zeitweilig Feststimme von Jean-Louis Trintignant (Das wilde Schaf, Die Sonntagsfrau, Die Tartarenwüste), sprach häufig für Burt Reynolds (Dan Oakland, Strassen der Nacht) und Alain Delon (Der Antiquitätenjäger, Airport 80). Seine wichtigsten Serienrollen waren Tom Selleck in Magnum (für ihn sprach er auch in In & Out) und Michael Landon in Bonanza. Außerdem synchronisierte er David Carradine (Macho Callahan, Der Tod kennt keine Wiederkehr), Robert Duvall (Der Pate), Rutger Hauer (Das Osterman-Weekend), Jeff Goldblum (Die Körperfresser kommen), Tony Musante in Toma und John Finch in Macbeth. In ARD-Synchronisationen der 1980er Jahre sprach er mehrmals für den jungen Clark Gable. In den letzten Jahren führte Langer auch Synchron-Regie, z. B. bei Der schmale Grat und Akte X.

Tilly Lauenstein (1916–2002)

Geboren in Bad Homburg, nahm sie privaten Schauspielunterricht in Berlin. Über zahlreiche Theaterstationen in der Provinz entwickelte sie sich von der Naiven über die jugendliche Liebhaberin, Sentimentale und Heldin zum Charakterfach. Seit 1947 spielte sie an den Berliner Bühnen, zunächst 1947 am Deutschen Theater die Marie in *Woyzeck* (mit ↻ Wilhelm Borchert in der Titelrolle): «Sie spielt die Marie mit einer störrischen, herrischen, harten Sinnlichkeit, die doch auch von unten herkommt, doch auch sozial gebunden bleibt in Trotz und Zerknirschung. Tilly Lauenstein kann sich ebenso auf ihre Natur, auf ihre Ursprünglichkeit verlassen wie auf die Echtheit ihrer Mittel. Eine Schauspielerin von großem und großflächigem, aber auch von sparsamem, spröde verdecktem und versunkenem Ausdruck.» (Paul Rilla) 1949 spielte sie am Renaissance-Theater in Sartres *Schmutzigen Händen* (mit ↻ Ernst Schröder), dann gehörte sie elf Jahre zum Ensemble von Schiller- und Schlossparktheater. Spätere Rollen waren u. v. a. die Julia in *Romulus der Große* (1967 Freie Volksbühne mit Dieter Borsche), die Titelrolle in *Frau Warrens Gewerbe* und die Mutter in *Hamlet* bei den Hersfelder Festspielen (1969 mit Michael Degen). Im Film spielte sie zunächst bei Rabenalt in Chemie und Liebe (1947), Anonyme Briefe (1949) und Das Mädchen Christine (1949). Populärer wurde sie durch etliche Fernsehserien: Alle meine Tiere (1960/61 an der Seite von Gustav Knuth), Der Forellenhof (1965), Rivalen der Rennbahn (ZDF 1989), Unsere Hanen Arm), Deborah Kerr (Anders als die Anderen), Dorothy McGuire (Lockende Versuchung), Marlene Dietrich (Zeugin der Anklage), Katharine Hepburn (Am Goldenen See), Anna Magnani (Mamma Roma), Maureen O'Hara (Verschwörung auf Fort Clark), Ava Gardner (Die Nacht des Leguan), Lana Turner (Glut unter der Asche, Solange es Menschen gibt), Joan Fontaine (Zärtlich ist die Nacht) und Ingrid Thulin (Licht im Winter).

genbecks (ZDF 1991 als Martha Hagenbeck) sowie Vera und Babs (ARD 1992). Hervorzuheben sind zwei bedeutende Fernsehspiele: Nach Ladenschluss von Dieter Meichsner (ARD 1964) und Eine unheimliche Karriere (Eberhard Itzenplitz, ZDF 1979). Im Kinofilm war sie wieder in Cosimas Lexikon (1991) zu sehen.

Der Vielseitigkeit von Tilly Lauensteins Bühnen-, Film- und Fernsehtätigkeit – von der Femme fatale bis zum mütterlichen Kumpel – entsprechen auch ihre Synchronrollen: Vom Trutscherl bis zur Lady ist alles vertreten. Zu ihren frühen Klassikern gehört Olivia de Havilland in Vom Winde verweht. Ihre bevorzugten Partnerinnen waren andere: Simone Signoret (Pesthauch des Dschungels, Armee im Schatten), Ingrid Bergman (Johanna von Orleans, Intermezzo, Der Besuch), Barbara Stanwyck (Vierzig Gewehre), Shelley Winters (Die Nacht des Jägers), Joan Fontaine (Ivanhoe), Susan Hayward (Der Garten des Bösen, Lasst mich leben), June Allyson (Die Intriganten), außerdem: Lauren Bacall (Die Verlorenen), Eleanor Parker (Der Mann mit dem golde-

Stanislav Ledinek (1920–1969)

Stanislav Ledinek stammte aus Slowenien und spielte seit 1947 in Deutschland. Er begann am Lippischen Landestheater Detmold. In den fünfziger Jahren gehörte er zum Ensemble von Schiller- und Schlossparktheater in Berlin und trat u. a. in *Ein Sommernachtstraum* (Barlog, 1953), *Wie es euch gefällt* (Barlog, 1953) und *Wallenstein* (Lietzau, 1957) auf. Bekannt wurde er durch zahllose Nebenrollen in Film und Fernsehen, wenn er mit seiner gedrungenen Gestalt und gepressten Stimme entweder den Fiesling oder den guten Kumpel verkörperte: Ännchen von Tharau (1954), Ihre grosse Prüfung (1954), Ein Mädchen aus Flandern (1955), Die Halbstarken (1956), Scampolo (1957), Tausend Sterne leuchten (1959), Der grüne Bogenschütze (1960), Zwei Girls vom roten Stern (1965). Im Fernsehen spielte er in Schluck und Jau (Beauvais, 1962), unter Peter Zadek in Die Mondvögel von Marcel Aymé (ZDF 1963), Der Fall Sacco und Vanzetti von Reginald Rose (ARD 1963), Der Protest (Itzenplitz, ARD 1964), Drei Tage bis Mitternacht (ARD 1966), Robin Hood, der edle Ritter (Käutner, ZDF 1966) und in Die Klasse (Staudte nach Hermann Ungar, ARD 1968). Seine letzte Bühnenrolle gestaltete er in Hamburg: den Big Daddy in *Die Katze auf dem heißen Blechdach*, bevor er bei Dreharbeiten in der Türkei starb.

Mit seiner eigentümlichen Stimme, die auch im Hörspiel gefragt war (z. B. *Das Schwein, das zurückkam* von Wolfdietrich Schnurre, SFB 1960), wurde er in der Synchronisation vor allem dann besetzt, wenn «fremder Akzent» gefordert war (z. B. Mexikaner im Western). Der Charakter zahlloser Nebenfiguren wurde mit Ledineks Organ, dem eine seltsame Mischung aus Gemütlichkeit und Brutalität zu eigen ist, präzisiert und zugespitzt. Hauptrollen in Filmklassikern hatte er nur zwei: Pedro Armendáriz in Spuren im Sand und Anthony Quinn in Alexis Sorbas (Anthony Quinn auch in dem Western Verwegene Gegner). Er sprach mehrmals für Akim Tamiroff (Topkapi, Lord Jim) sowie für Lee Marvin in Stadt in Angst und Eric Pohlman in Mogambo und Kairo – Null Uhr, Leon Askin (Das Geheimnis der Inkas), Neville Brand (Tempel der Versuchung), George Tobias (Seidenstrümpfe) und Murvin Vye (Flucht nach Burma).

Manfred Lehmann (*1945)

In seiner Geburtsstadt Berlin nahm Manfred Lehmann Schauspielunterricht und spielte anschließend am Forum-Theater – wo er mit Peter Handkes *Publikumsbeschimpfung* 1967/68 seinen ersten Erfolg hatte –, an der Schaubühne, am Schiller- und Schlossparktheater (*Die neuen Leiden des jungen W.*, 1973). Im Fernsehen debütierte er 1972 in Tatort neben Kommissar Klaus Höhne (1982 trat er wieder in Tatort auf, diesmal bei Helmut Fischer), es folgten zahlreiche Fernsehspiele und -serien, u. a. Der Verfolger (ZDF 1974), der Mehrteiler Karschunke & Sohn (Imo Moszkowicz, ARD 1978), Die gütigen Augen des Herrn L (ZDF 1979), Auf Schusters Rappen (ZDF 1981), Schwarzenberg (ZDF 1989) und Happy Birthday (ARD 1997). Er spielte in mehreren Dieter-Hallervorden-Filmen mit (Ach du lieber Harry, Alles im Eimer, Didi der Doppelgänger), in Auf Biegen und Brechen (1975), Lena Rais (1980), Eine Frau für gewisse Stunden (1984), in den Söldner-Filmen Geheimcode Wildgänse und Kommando Leopard (1984/85),

CASABLANCA-EXPRESS (1989) mit Glenn Ford und Donald Pleasence und in den TV-Krimis DER TOURIST (1996), DER KUSS DES KILLERS (1998) sowie in GERMANIKUS (2004). Auf Hörbüchern ist als *Jerry Cotton* zu hören.

Die Charaktere, die Manfred Lehmann synchronisiert, sind meistens ausgesprochen «hardboiled», dazu gehören insbesondere Bruce Willis (STIRB LANGSAM, FEGEFEUER DER EITELKEITEN, PULP FICTION etc.), Gérard Depardieu (WAHL DER WAFFEN, DANTON, GREEN CARD), Kurt Russell (DIE KLAPPERSCHLANGE, DEATH PROOF), Willem Dafoe (GEBOREN AM 4. JULI), Christopher Lambert (GREYSTOKE), Rutger Hauer (BLINDE WUT), Mickey Rourke (IM JAHR DES DRACHEN) und Val Kilmer (TRUE ROMANCE).

Manfreds Töchter synchronisieren ebenfalls: **Claudia Lehmann** z.B. Julia Roberts in MAGNOLIEN AUS STAHL und Milla Jovovich in DAS FÜNFTE ELEMENT, **Dascha Lehmann** u.a. Shannon Elizabeth in AMERICAN PIE, Keira Knightley in ABBITTE, Emma Caulfield in BUFFY – IM BANN DER DÄMONEN, Alyssa Milano in CHARMED und Caterina Scorsone in MISSING – VERZWEIFELT GESUCHT.

Harald Leipnitz (1926–2000)

Nach einem abgebrochenen Chemie-Studium und Schauspielunterricht bei Hans Caninenberg debütierte Leipnitz in seiner Heimatstadt Wuppertal und blieb dort auch 12 Jahre lang engagiert. Dann wechselte er nach München (Residenztheater, Kleine Komödie). Seine Domäne wurde das gehobene Boulevard: «Die windigen Galane, die spöttisch Selbstzufriedenen, die Herzensbrecher ohne Skrupel waren bei ihm am besten aufgehoben.» *(FAZ)* Zu seinen erfolgreichsten Stücken, mit denen er auch auf Tournee ging, gehören *Eine Frau ohne Bedeutung* (mit Sonja Ziemann), *Ein idealer Gatte* (mit ➔ Judy Winter), *Ein seltsames Paar* (mit Günter Ungeheuer bzw. Günter Pfitzmann), *Die Eule und das Kätzchen* (mit Ingrid Steeger) und *Die Erschaffung der Welt* v. Arthur Miller (mit Karin Hübner und ➔ Michael Cramer). Schon für seine erste Filmrolle in DIE ENDLOSE NACHT (1962) erhielt Leipnitz den Bundesfilmpreis. Es folgten etliche Karl-May- und Edgar-Wallace-Verfilmungen und allerlei frivole Streifen wie FRAU WIRTIN HAT AUCH EINEN GRAFEN (1968) und BENGELCHEN LIEBT KREUZ UND QUER (1968). Zu seinen Fernseh-Hauptrollen zählen der Durbridge-Dreiteiler DIE SCHLÜSSEL (1965), die Serien DIE VERHANDLUNG IST ERÖFFNET (mit Marianne Koch), DER TÜFTLER (mit ➔ Georg Thomalla), KIR ROYAL (1986), EIN SCHLOSS AM WÖRTHERSEE (1990, auch Regie) und IMMER ÄRGER MIT ARNO (1996).

Harald Leipnitz, der übrigens auch Inhaber eines Cafés und einer Kunstgalerie in München war, hatte in der Synchronisation keinen «exklusiven» Partner, am ehesten noch war er mit Omar Sharif in dessen Fernsehfilmen verbunden (PETER DER GROSSE, ANASTASIA). Aber auch in Kinofilmen gab es für

Leipnitz schöne Synchronrollen: Alain Delon in Nur die Sonne war Zeuge, Max von Sydow in Das siebente Siegel, Ray Milland in Das verlorene Wochenende, Donald Sutherland in Wenn die Gondeln Trauer tragen, Cary Grant in His Girl Friday (ARD 1978), Charles Aznavour in Die Fantome des Hutmachers, Marcello Mastroianni in Die Puppe des Gangsters, Richard Crenna in Un flic, Albert Finney in Tom Jones, Gene Wilder in Frühling für Hitler, Jacques Brel in Die Entführer lassen grüssen, Ugo Tognazzi in Der Meister und Margarita und Jack Palance in Batman.

Regina Lemnitz (*1946)

An der Max-Reinhardt-Schule ihrer Heimatstadt Berlin studierte Regina Lemnitz 1966/67 Schauspiel und Gesang und begann schon damals mit dem Synchronisieren. Sie spielte Theater in München (Kammerspiele unter Ernst Wendt, Lach- und Schießgesellschaft), dann wieder in Berlin, u.a. die Pauline Piperparcka in *Die Ratten* (1977 Freie Volksbühne unter Noelte), die Agathe in *Elektra* (1978 Renaissance-Theater ebenfalls unter Noelte), die Warja im *Kirschgarten* (1979 Schiller-Theater unter Lietzau), die Fanny Wilton in *John Gabriel Borkman* (1982 Schiller-Theater unter Tom Toelle). 1988 ging sie mit dem Ein-Personen-Stück *Shirley Valentine* von Willy Russell auf Tournee (sie synchronisierte auch Pauline Collins in der Verfilmung des Stücks). In den 1990er Jahren spielte sie im Theater des Westens, am Theater an der Wien und der Tribüne (1998 in *Die Kassette*), am Renaissancetheater in *Reise in den Winter* von Yasmina Reza (2002), *8 Frauen* (2005) sowie im Musical *Cabaret* in der «Bar jeder Vernunft» (2006) und im Udo-Jürgens-Musical *Ich war noch niemals in New York* (2009/10 in Hamburg). Einem breiten Publikum wurde sie durch ihre Mitwirkung in den TV-Serien Schicht in Weiss (ARD 1980), Eine Klasse für sich (ZDF 1984), Marienhof und Unser Charly (ZDF 1995) bekannt. Im Film trat sie in Die Mitläufer (1984), Rosa Luxemburg (1985) und Rosenkavalier (⊃ Leon Boden, 1997) auf. Von den Hörspielen, in denen sie mitwirkte, wurde Kein Brief gestern, keiner heute von Matthias Baxmann (MDR 2003) über den Briefwechsel zwischen Franz Kafka und Felice Bauer als «Hörspiel des Jahres» ausgezeichnet. Ihre Lesung von Stephen Kings *Love* ist als Hörbuch erschienen, ebenso: Gerbrand Bakker: *Der Umweg*.

In der Synchronisation ist sie v.a. die deutsche Stimme von Whoopi Goldberg. Von Stephen Spielberg ist sie 1986 für Die Farbe Lila nach einem Probesprechen ausgewählt worden. Von Traudel Haas übernahm sie Diane Keaton (Die Libelle, Manhattan Murder Mystery), außerdem: Kathy Bates (Misery, Body Switch, Dolores, Titanic), Glenn Close (Der grosse Frust), Lindsay Crouse (Ein Platz im Herzen), Marisa Berenson (Spiel um Zeit), Tuesday Weld (Falling Down) und Roseanne Barr in der Serie Roseanne.

Margot Leonard (*1927)

Die Fabrikantentochter aus Chemnitz (sie ist die Schwester der Schauspielerin Bruni Löbel) bekam mit 19 ihre erste Filmrolle in Man spielt nicht mit der Liebe. Abgesehen von Ungarische Rhapsodie (1953) und Der 20. Juli (1955) wurde Margot Leonard, die auch in Aachen und an der Berliner Tribüne Theater spielte, durch Fernsehspiele bekannt: Amouren (ARD 1964), Olivia (ARD 1965), Im Namen der Freiheit (Oswald Döpke, ZDF 1972), Die letzten Ferien (Rainer Erler, ZDF 1975), Erziehung durch Dienstmädchen (ZDF 1975). In der ARD-Serie Magere Zeiten (1978) spielte sie die Hanna Hergenrath, im Tatort trat sie bei Gustl Bayrhammer auf, 1987 in dem ARD-Mehrteiler Albert Schweitzer und 1989 in der Vorabendserie Moselbrück. Nicht zu vergessen sind ihre zahlreichen Hörspiel-Hauptrollen (sie war auch mit einem der bedeutendsten Hörspiel-Regisseure verheiratet: Raoul Wolfgang Schnell, 1914–2003), z.B. Die Reise nach Politot von Jan Rys (WDR 1969), Die Auswanderer von Ernst Jandl (WDR 1970), Und was kommt danach? von James Saunders (SFB 1971), Fremde Fenster von Wilhelm Genazino (HR 1983), womit wir beim «Eigentlichen» wären: ihrer Stimme. Sie enthält genau die Mischung von Sex-Appeal, Naivität und Sensibilität, die Marilyn Monroe ausstrahlt, folglich wurden «MM» und «ML» unzertrennlich. Weitere «Dauerbeziehungen» stellten sich zu Brigitte Bardot (Und immer lockt das Weib, Privatleben, Viva Maria) und Janet Leigh (Im Zeichen des Bösen, Psycho) ein. Ihre neben der Monroe populärste Synchronrolle aber war Diana Rigg als Emma Peel in der Kult-Serie Mit Schirm, Charme und Melone. Einen weiteren Höhepunkt markiert ihre Synchronisation von Katharine Hepburn in Leoparden küsst man nicht. Ferner: Judy Garland (Das zauberhafte Land), Nathalie Wood (Denn sie wissen nicht was sie tun), Lee Remick (Anatomie eines Mordes), Kim Novak (Der Mann mit dem goldenen Arm), Tippi Hedren (Marnie), Julie Andrews (Der zerrissene Vorhang), Vera Miles (Der schwarze Falke), Debbie Reynolds (Du sollst mein Glücksstern sein) und Mylène Demongeot (Fantomas).

[Literaturhinweis: Nils Daniel Peiler: «Ich blicke auf Perlen». Margot Leonard-Schnell, Grande-Dame der deutschen Filmsynchronisation, in: *Film-Dienst* 20, 2012, S. 14–15]

Werner Lieven (1909–1968)

Werner Lieven wurde in Dresden geboren und studierte zunächst Theologie. Von 1933–39 war er als evangelischer Pfarrer tätig, nahm aber zusätzlich bei Erich Ponto Schauspielunterricht am Dresdener Konservatorium. Im Krieg wurde er zur Wehrmacht eingezogen. Nach 1945 spielte er am Staatstheater Dresden, 1947 an Boleslaw Barlogs

Schlossparktheater (*Der Widerspenstigen Zähmung*), 1948–50 am Bayerischen Staatsschauspiel in München, wo man ihn v. a. als vitalen Komödianten einsetzte. Er gab den Narr in *König Lear*, Pandolfo in *Diener zweier Herren* und Graf Kattwald in *Weh dem der lügt*. Seitdem war er überwiegend auf Gastspielen tätig, z. B. an der Freien Volksbühne und dem Theater der Jugend, übrigens auch als Operettensänger. Werner Lieven (der nicht mit dem Filmschauspieler Albert Lieven zu verwechseln ist) hatte auch zahlreiche Filmrollen u. a. in Cuba Cubana (1952), Arlette erobert Paris (1953), Parole Heimat (1955), Frauenarzt Dr. Bertram (1957) und – gewissermaßen als autobiographische Reminiszenz – als Pfarrer in Kennwort Reiher (1963). Im Fernsehen war er u. a. in dem Mehrteiler Am grünen Strand der Spree (1960) zu sehen sowie bei Einzelauftritten in Fernsehserien (z. B. Landarzt Dr. Brock).

In der Synchronisation war Werner Lieven zunächst die deutsche Stimme von Gino Cervi, dem Peppone in den Don Camillo-Filmen, seine bedeutendste Hauptrolle aber war James Cagney in Eins, zwei, drei («Sitzen machen!»). Lievens Spezialität waren schwergewichtige Autoritäten. Er sprach für Orson Welles in Moby Dick und Der lange, heisse Sommer, Peter Ustinov in Die Verdammten der Meere, Lino Ventura in Wenn es Nacht wird in Paris, Folco Lulli in Lohn der Angst, Rod Steiger als Al Capone, Sig Ruman in Stalag 17 und Sein oder Nichtsein («Schuuulz!!!»), Alec Guinness in Der Untergang des Römischen Reiches, Oscar Homolca in Der unheimliche Mr. Sardonicus, Peter Lorre in Fünf Wochen im Ballon, Paul Frankeur in Ein Affe im Winter und zum Schluss noch ein Pfarrer: Aldo Fabrizi als Don Pietro in Rom, offene Stadt.

Erwin Linder (1903–1968)

Linder wurde in Weinheim geboren, machte eine Lehre als Bankkaufmann und ließ sich bei Fritz Alberti in Mannheim zum Schauspieler ausbilden. Er spielte in Darmstadt, Bonn, Freiburg, Frankfurt, Breslau und fand schließlich in Hamburg an Schauspielhaus und Thalia-Theater sein Domizil. Auf der Leinwand konnte man ihn sehen in Vergiss die Liebe nicht (1953), Die Ehe des Dr. med Danwitz (1956), Die Zürcher Verlobung (1957), Der Schinderhannes (1958), im Fernsehen in Das Lächeln der Gioconda (1953), Jeder lebt allein (1957), Der Rest ist Schweigen (1959), Das Halstuch (1962), Rebellion (1962), Wie in schlechten Romanen (1964), Kolportage (1968). Linder war verheiratet mit ➲ Marianne Wischmann.

Das Personal der Hamburger Synchronisationen bildete eine eigene kleine «community», innerhalb derer Erwin Linder eine wichtige Rolle spielte. Es waren vorwiegend britische Filme, gediegene Ware, gute Schauspieler zumeist, heute freilich kaum noch im Bewusstsein vorhanden. Er wurde mehrmals Michael Wilding zugeteilt (SKLAVIN DES HERZENS, DIE ROTE LOLA), Nigel Patrick (KONFLIKT DES HERZENS, DER UNBEKANNTE FEIND), David Farrar (FRAU IM NETZ, TÄTER UNBEKANNT), hatte auch Gelegenheit zu Humphrey Bogart (DIE MASKE RUNTER) und Stewart Granger (SODOM UND GOMORRHA) und sprach für Conrad Veidt (STURM ÜBER ASIEN), Maurice Denham (SEIN GRÖSSTER BLUFF), Ralph Truman (DAS SCHWARZE ZELT), Terry-Thomas (DIE NACKTE WAHRHEIT), Bernard Lee (DIE BRÜCKE DER VERGELTUNG).

Katharina Lopinski (*1945)

Sie kam in Hildesheim zur Welt, absolvierte die Otto-Falckenberg-Schule in München, spielte Theater in Frankfurt und unter Peter Palitzsch am Staatstheater Stuttgart, anschließend war sie freischaffend tätig. Zu den Stücken, in denen sie mitwirkte, gehören *Italienische Nacht*, *Helden*, *Hello Dolly* und *Die Dreigroschenoper*. Im Fernsehen trat sie in HIER KOCHT DER CHEF (1974), DER HAUPTTREFFER (1977) und DIE MAGERMILCHBANDE (ARD 1979) auf, im Film in JAIDER – DER EINSAME JÄGER (1971), OHNE NACHSICHT (1972). Sie war verheiratet mit dem bedeutenden Fernsehspiel-Regisseur Thomas Fantl (1928–2001).

Am häufigsten synchronisierte sie Julianne Moore (BOOGIE NIGHTS, DEM HIMMEL SO FERN, MAGNOLIA, THE HOURS), des Weiteren Jamie Lee Curtis (DIE GLÜCKSRITTER), Lisa Blount (EIN OFFIZIER UND GENTLEMAN), Nancy Allen (ROBOCOP), Lindsay Wagner (RICOCHET), Kathy Baker (GEFÜHLE, DIE MAN SIEHT), Bonnie Hunt (JUMANJI), Kathy Najimy (SISTER ACT), Maryam D'Abo (DER HAUCH DES TODES), «Lois» in FAMILY GUY, Barbara Anderson in der Serie DER CHEF (RTL 1989), Erin Gray in BUCK ROGERS und Jamie Rose in FALCON CREST. In Neusynchronisationen älterer Filme sprach sie für Olivia de Havilland, Loretta Young und Marsha Hunt.

Claudia Lössl (*1969)

Claudia Lössl nahm in ihrer Heimatstadt München Schauspielunterricht bei Gisela Hoeter (in den 1950er Jahren übrigens deutsche Stimme von Michèle Morgan), spielte in München auch Theater und trat in mehreren TV-Serien auf wie DERRICK, SOKO 5113, DER ALTE, EIN FALL FÜR ZWEI, GROSSSTADTREVIER, DR. STEFAN FRANK und UNSER CHARLY und FINANZAMT MITTE. Außerdem wirkte sie in den Fernsehfilmen DIE CO-PILOTEN (2006) und DIE LAWINE (2007) mit.

Beim Synchronspiel ist Penélope Cruz ihre Favoritin, für sie sprach sie in ALLES ÜBER MEINE MUTTER und VOLVER. Hinzu kamen bislang Drew Barrymore (EINE HOCHZEIT ZUM VERLIEBEN, SCREAM), Naomi Watts (THE INTERNATIONAL, MÜTTER UND TÖCHTER), Reese Witherspoon (SWEET HOME ALABAMA), Renée Zellweger (CHICAGO), Cécile de France (CHANSON D'AMOUR), Denise Richards (WILD THINGS), Ricki Lake (MRS. WINTERBOURNE), Alicia Silverstone (EVE UND DER LETZTE GENTLEMAN), Lisa Kudrow (ROMY UND MICHELLE), Christian Applegate in der Serie EINE SCHRECKLICH NETTE FAMILIE und Julie Bowen in BOSTON LEGAL und Lena Headey in GAME OF THRONES.

K. E. Ludwig (1924–1995)

Geboren in Erlangen, begann Kurt Eugen Ludwig heimlich als Jugendlicher eine Schauspielausbildung, die er nach dem Zweiten Weltkrieg bei Theater-Intendant Otto Kustermann fortsetzte. Später spielte «K.E.» Kabarett, wobei er die Texte zum Teil selbst verfasste. Beim Bayerischen Rundfunk arbeitete er als Regieassistent und freier Sprecher. Auf der Leinwand war er in Nebenrollen zu sehen, wenngleich nur in unbedeutenden Filmen: in Junges Herz voll Liebe (1953), Jonny rettet Nebrador (1953, mit Hans Albers), Insel der Amazonen (1960) und außerdem in dem TV-Mehrteiler Die Höhlenkinder (1963). Neben weiteren Fernsehrollen (z. B. in der Kultserie Isar 12) und der Mitarbeit an den Münchner Kammerspielen konzentrierte er sich mehr und mehr auf die Synchronisation. Die prominentesten seiner zahllosen Synchronrollen sind Robert Fuller in Am Fuss der blauen Berge, «Seewolf» Raimund Harmstorf und «Scotty» James Doohan in Raumschiff Enterprise und den Star Trek-Filmen. Ludwig übernahm auch Klein- und Kleinstrollen, sprach manchmal mehrere Rollen in einem Film und wurde so – wie sein Kollege ⊃ Norbert Gastell, mit dem er leicht zu verwechseln ist – zu einem akustischen Markenzeichen der Münchner Synchronisationen. Zu seinen weiteren größeren Rollen zählen Ben Johnson in 700 Meilen westwärts und Breakheart Pass, Jack Warden in Begrabt die Wölfe in der Schlucht, Denholm Elliott in Sie nannten ihn King, Rod Taylor in Giganten, Al Lettieri in McQ schlägt zu, Paul Fix in Red River, Michel Piccoli in Der Teufel mit der weissen Weste (hier auch Dialogautor), Harry Guardino in Mit Blut geschrieben. Häufig war Ludwig auch als Synchronautor- und regisseur tätig (z. B. bei Bonanza und Raumschiff Enterprise). Kurz bevor er einem Krebsleiden erlag, hatte er noch Besuch von James Doohan, dem er jahrelang seine Stimme geliehen hatte.

K. E. Ludwigs Tochter **Alexandra Ludwig** (*1965) arbeitet ebenfalls als Schauspielerin und Synchronsprecherin. Sie ist die deutsche Stimme von Jennifer Jason Leigh.

(Mitarbeit: Daniel Wamsler)

Wolfgang Lukschy (1905–1983)
Nach dem Besuch der Oberrealschule in seiner Heimatstadt Berlin ging Lukschy in die Lehre als Chemigraph (Druckplattenhersteller), ließ sich dann aber bei Paul Bildt zum Schauspieler ausbilden. Nachdem er 1928 an der Berliner Volksbühne debütiert hatte, absolvierte er die übliche Schauspieler-Wanderschaft über kleine, größere und große Bühnen. Ab 1939 war er wieder in Berlin am Schiller-Theater. Eine seiner Paraderollen nach dem Krieg war Prof. Higgins in *My Fair Lady*. Parallel zu seiner Bühnenlaufbahn durchlief Lukschy eine stattliche Filmkarriere. Seine erste große Rolle hatte er 1942 bei Harald Braun in Zwischen Himmel und Erde. Es folgten Ich werde dich auf Händen tragen (1943) und Die Frau meiner Träume (1944) als widerborstiger Partner von Marika Rökk. Nach dem Krieg spielte er in Das Mädchen Christine (1948), Emil und die Detektive (1954), Fuhrmann Henschel (1956), Tierarzt Dr. Vlimmen (1956), Die Zürcher Verlobung (1957), den er selbst als seinen liebsten Film bezeich-

nete, Die toten Augen von London (1961), Bekenntnisse eines möblierten Herrn (1969) und Die Vertreibung aus dem Paradies (1977). Lukschy wirkte auch in internationalen Co-Produktionen mit, darunter der Italo-Western Für eine Handvoll Dollar (1964), und stand sogar mit einem seiner Synchron-Heroes, nämlich James Mason gemeinsam vor der Kamera (Inside Out, 1975).

Außer für Mason sprach er hauptsächlich für Gregory Peck (Duell in der Sonne, Schnee am Kilimandscharo), Gary Cooper (Zwölf Uhr mittags, Vera Cruz), Humphrey Bogart (African Queen, Sabrina, Schmutziger Lorbeer), Stewart Granger (Im Schatten der Krone, Beau Brummell, Knotenpunkt Bhowani), John Wayne (Spuren im Sand, Rio Grande, El Dorado), Lee Marvin (Vier Vögel am Galgen), Robert Ryan (Stählerne Schwingen), Walter Matthau (Ein seltsames Paar, Die Kaktusblüte), José Ferrer (Hexenkessel), Robert Taylor (Verwegene Gegner), Joseph Cotten (Niagara), Jeff Chandler (Unter falscher Flagge), Sterling Hayden (Der Tod kennt keine Wiederkehr), Randolph Scott (Um Kopf und Kragen), Robert Mitchum (Fluss ohne Wiederkehr), Errol Flynn (Kim, Die Wurzeln des Himmels) und Fred McMurray (Das Appartement).

Wolfgang Lukschys Sohn **Stefan Lukschy** (*1948) arbeitet als Regisseur und Drehbuchautor für Film und Fernsehen.

Marianne Lutz (*1939)

Marianne Lutz hatte schon als Kind Bühnen- und Filmrollen (Und über uns der Himmel, 1947, Skandal in der Botschaft, 1950, Die goldene Pest, 1954). Am Berliner Hebbel-Theater spielte sie 1950 in *Mein Herz ist im Hochland* von William Saroyan (Regie: ➲ Walter Suessenguth), sie trat am Opernhaus Frankfurt als Solotänzerin auf und spielte in Berlin am Schiller-Theater 1963 in dem Doppel *Nacht mit Gästen* von Peter Weiss und *Spiel* von Beckett.

1953 synchronisierte sie zum ersten Mal die blutjunge Natalie Wood in Nur für dich. Daraus wurde eine lang andauernde Beziehung mit Filmen wie Fieber im Blut, ...und ledige Mädchen, Dieses Mädchen ist für alle, Liebe in Fesseln, Meteor. Als feste Rollen kamen Sandra Dee hinzu (Ein Fremder in meinen Armen, Solange es Menschen gibt, Die Sommerinsel, Das Schlafzimmer ist nebenan) und Ann-Margret (Bye-Bye Birdie, Drei Mädchen in Madrid, Paris ist voller Liebe, San Fernando). Im Umfeld dieser eher belanglosen Filme steht 1962 wie ein erratischer Block ihre Interpretation von Sue Lyon, der Titelrolle in Stanley Kubricks Lolita (Sue Lyon auch in Die Nacht des Leguan). Aus einer schier endlosen Liste von Synchronrollen – Marianne Lutz ist bis heute kontinuierlich beschäftigt – sind hervorzuheben: Ulla Jacobsson (Das Lächeln einer Sommernacht), Nancy Kwan (Die Welt der Suzie Wong), Romy Schneider (Der Kardinal), Tuesday Weld (Rückkehr nach Peaton Place), Debra Paget (Der gebrochene Pfeil, 1966), Genevieve Bujold (Erdbeben, Coma), Geraldine Chaplin (Eine Hochzeit, Zeit der Unschuld), Jacqueline Bisset (Das war Roy Bean), Susan Strasberg (Achterbahn), Ellen Burstyn (Providence), Shelley Duvall (Roxanne), Lee Remick (Schrecken der Medusa), Susan Sarandon (Pretty Baby), Heather Sears (Das Rätsel der unheimlichen Maske) und Dana Ivey (Ein Chef zum Verlieben).

Al Pacino gehört beim Synchronisieren zu seinen Favoriten (DER PATE, SERPICO, HUNDSTAGE, BOBBY DEERFIELD) ebenso wie Rowan Atkinson (JOHNNY ENGLISH, MR. BEAN). Weitere Rollen waren Malcolm McDowell (CALIGULA), Willem Dafoe (DIE LETZTE VERSUCHUNG CHRISTI), Chevy Chase (EIN HIMMELHUND VON EINEM SCHNÜFFLER), Gary Oldman (HANNIBAL), Harvey Keitel (BUGSY), Alan Rickman (EINE SACHLICHE ROMANZE, STIRB LANGSAM), Geoffrey Rush (SHAKESPEARE IN LOVE), Robbie Coltrane (EIN PAPST ZUM KÜSSEN), Dennis Lawson (LOCAL HERO), Pierce Brosnan in IN 80 TAGEN UM DIE WELT, Philip Michael Thomas in MIAMI VICE, Miguel Ferrer in CROSSING JORDAN und David Caruso in CSI: MIAMI.

Lutz Mackensy (*1944)

Lutz Mackensy kam in Hameln zur Welt, absolvierte die Max-Reinhardt-Schule in Berlin und war 1965–69 am Schiller-Theater engagiert, wo er u.a. in *Maria Stuart*, *Dantons Tod* und *Macbeth* mitwirkte. 1969–75 gehörte er zum Ensemble des Hamburger Schauspielhauses (u.a. Mandelstam in *Die Hose*, Spitta in *Die Ratten*), danach gab er Gastspiele an verschiedenen Bühnen, aber weiterhin mit Schwerpunkt Hamburg (Kammerspiele, Ernst-Deutsch-Theater). 2001 war er wieder in Berlin: als Transvestit in *Sanssouci* von Peter Stripp an der Tribüne. Lutz Mackensy war und ist auch häufig im Fernsehen zu sehen: PREIS DER FREIHEIT (1966), DIE BALLADE VOM COWBOY (1969), DAS WUNDER (1971), AGENT AUS DER RETORTE (1972), ROSAURA KAM UM ZEHN (1976), EIN TISCH ZU VIERT (1977), ANDROJÄGER (1981), VOM WEBSTUHL ZUR WELTMACHT (1983, als Jakob Fugger), STUBBE – VON FALL ZU FALL (1995ff.), DIE SPESENRITTER (1999). Zu erwähnen ist auch noch sein Erzähler in den *Fünf-Freunde*-Hörspielen.

Fred Maire (*1932)

Nach «Lehr- und Wanderjahren» als Schauspieler und Regisseur hatte Fred Maire feste Engagements in Köln, Basel, Bremen, Berlin und München. Er spielte bei Peter Zadek, Oscar Fritz Schuh, Hans Lietzau (z.B. *Was ihr wollt*, 1968 am Münchner Residenztheater), hinzu kamen Fernsehauftritte (ES BLEIBT UNTER UNS, ARD 1967, LEBECK, ARD 1968, EIN ABSCHIEDSBRIEF, ZDF 1968, WIE EIN BLITZ, ARD 1970) und Hörspielrollen (*Das große Identifikationsspiel* von Alfred Behrens, BR 1974, Hörspielpreis der Kriegsblinden, *Kaltblütig*, BR 2002, *Schundroman*, SWR 2003). In den 1970er Jahren unternahm er einen «Ausstieg» nach Indonesien und arbeitete mit einem balinesisch-javanischen Theater. Wieder in München übernahm er 1979/80 ein Privattheater, scheiterte aber trotz großen Publikumserfolgs finanziell. Danach beschränkte er sich auf die Synchronarbeit, auch als Autor und Regisseur. 2000 lockten ihn aber wieder die Bretter (*Die Bernauerin* von Carl Orff im Kloster Andechs und auf der Expo).

Axel Malzacher (*1962)

Der Sohn von ⊃ Gig Malzacher wirkte schon während der Schulzeit in SWF-Hörspielen mit, studierte am Salzburger Mozarteum, spielte dort in *Kabale und Liebe*, *Krankheit der Jugend* und in *Der Kaiser und der Architekt* von Assyrien sowie in St. Gallen als «Schweizerkas» in *Mutter Courage* und in Freiburg im Wallgraben-Theater als Mitch in *Der Hausmeister*. Auf dem Bildschirm war er in der ZDF-Serie HOTEL PARADIES zu sehen (er spielte die Hauptrolle des Sohns, der im Rollstuhl sitzt).

Der prominenteste Kollege, den er synchronisierte, war wohl Klaus Kinski, u.a. bei Werner Herzog (COBRA VERDE). Hinzu kamen Hunderte von anderen Schauspielern wie z.B. Jean-Pierre Cassel (ARMEE IM SCHATTEN, DIE VERRÜCKTEN REICHEN), François Truffaut (EINE AMERIKANISCHE NACHT), Giancarlo Giannini (EIFERSUCHT AUF ITALIENISCH), Michel Serrault (MÖRDERISCHER ENGEL), Jean-Louis Barrault (DIE FLUCHT NACH VARENNES), Jean-Louis Trintignant (AUF LIEBE UND TOD), Joe Pesci (DEAR MR. WONDERFUL), Ben Gazzara (HUSBANDS), Harvey Keitel (SISTER ACT, RESERVOIR DOGS), Ian Bannen (LANG LEBE NED DEVINE), Michael Landon in der Serie UNSERE KLEINE FARM, Luciano de Crescenzo in ALSO SPRACH BELLAVISTA und Charles Aznavour in DAS GEHEIMNIS DES DIRIGENTEN. In Neu- bzw. Erstsynchronisationen älterer Filme sprach er für Groucho Marx, Edward G. Robinson (KID GALAHAD), John Carradine (FRÜCHTE DES ZORNS), Spencer Tracy (DER GROSSE EDISON) und Gene Kelly (DER PIRAT).

Freds Tochter **Laura Maire** (*1979) steht in TV-Serien vor der Kamera und synchronisiert u. a Kirsten Dunst (INTERVIEW MIT EINEM VAMPIR, BETTY UND IHRE SCHWESTERN).

Er synchronisierte u.a. Timothy Hutton (FRENCH KISS), Brad Pitt (INTERVIEW MIT EINEM VAMPIR), Mads Mikkelsen (DIE KÖNIGIN UND DER LEIBARZT) und Remy in RATATOUILLE. Mittlerweile ist er einer der gefragtesten Dialogautoren und Synchron-Regisseure. So war er verantwortlich für die deutschen Fassungen von DIE WUTPROBE, CLUELESS, DIE NANNY, SCRUBS, WILL & GRACE, THE DA VINCI CODE und ABBITTE. Für SYRIANA erhielt er 2007 den Deutschen Synchronpreis. Seine Arbeit hat Malzacher einmal mit einem schönen Vergleich beschrieben: «Sprechen ist wie ein Heißluftgerät: Das wärmt dich nur in dem Moment. Wenn du es ausmachst, ist es sofort kalt im Zimmer.» (*SZ*, 13.4.2007)

Gig Malzacher (1931–1980)

Gig Malzacher (nicht zu verwechseln mit dem Schauspieler Gunther Malzacher) wurde in Berlin geboren und arbeitete seit 1954 als Schauspieler und Regisseur an den Münchner Kammerspielen und in Tübingen unter Piscator. Von 1969 an war er Regisseur und Produzent in der Abteilung Fernsehspiel des Südwestfunks. Seine wichtigste TV-Rolle war der Reporter Wieland in der Serie DER NACHTKURIER MELDET.

Seine Synchronisationen waren nicht sehr zahlreich, haben aber fast so etwas wie Kultstatus. Höhepunkt war Larry Hagman als zerstreuter Cpt. Nelson in BEZAUBERNDE JEANNIE («Jeannie wo steckst du? Komm raus da!», «Wa-wa-was machen *Sie* denn hier, Dr. Bellows?») In RIO BRAVO, Howard Hawks' Meisterwestern, der auch durch die Synchronbesetzung besticht, war Malzacher Ricky Nelson. Außerdem sprach er für Gérard Blain (SCHREI, WENN DU KANNST), Jean-Claude Brialy (CHRISTINE), Walter Santesso (DAS SÜSSE LEBEN), Anders Ek (DER RITUS), Michael Callan (DIE GEHEIMNISVOLLE INSEL) und André Jocelyn (SCHRITTE OHNE SPUR).

Rolf Mamero (1914–1988)

Der gebürtige Lübecker absolvierte seine Schauspielausbildung in Augsburg und spielte anschließend Theater in Stettin, Gotha, Würzburg, Oldenburg, Kassel und schließlich in Hamburg. Zu seinem Bühnen- Repertoire gehörten Ferdinand, Prinz von Homburg, Don Carlos, Clavigo, Tasso. Mamero war zudem Rundfunksprecher beim NWDR bzw. NDR, auch bei der Wochenschau.

Im TV war er in GRAN CANARIA (ARD 1972) zu sehen.

Mamero gehörte zum kleinen, aber markanten Kreis der Hamburger Synchronsprecher. Er übernahm Stanley Baker (GEFÄHRLICHES ERBE, KINDER DER STRASSE, STRASSE DES TODES), Michael Rennie (SO IST DAS LEBEN), Massimo Girotti (RENDEZVOUS IN ROM), Darren McGavin (TRAUM MEINES LEBENS), Sam Wannamaker (DIE SPUR FÜHRT INS NICHTS), Alexander Knox (ALLEN GEWALTEN ZUM TROTZ), Richard Denning (DER SCHRECKEN VOM AMAZONAS), Douglas Wilmer (EL CID), Alan Badel (LOCKENDER LORBEER), Albert Lieven (HOTEL SAHARA, SEKUNDEN DER VERZWEIFLUNG), Jean Maurel (DIE RÜCKKEHR NACH MARSEILLE).

Andreas Mannkopff (*1939)

Nach der Ausbildung an der Schauspielschule Fritz Kirchhoff spielte Andreas Mannkopff in Düsseldorf und Heidelberg Kabarett, dann in seiner Heimatstadt Berlin am Forum-Theater, Theater am Ku'damm, an der Freien Volksbühne (*Viel Lärm um nichts*, 1969), an der Tribüne, dem Hebbel-Theater, am Theater des Westens (*Othello 72*), dem Renaissance-Theater und zuletzt im Schlossparktheater 2005 in *Drei von der Tankstelle*, zuletzt wirkte er bei den Faust-Festspielen in Kronach mit. Mannkopff ist vor allem Kabarettist, trat mit Ein-Mann-Shows auf und moderierte Radiosendungen. Filmrollen hatte er in DAS AMULETT DES TODES (1974) und TOD ODER FREIHEIT (Wolf Gremm, 1977), TV-Auftritte in DER PARASIT (1963), DIREKTION CITY (1976), DIREKTMANDAT (1979), JACK HOLBORN (1982), SEGELN MACHT FREI (1986), EIN CHINESE SUCHT SEINEN MÖRDER (1986), HALS ÜBER KOPF (1987), ZWEI ALLEIN (1998), DIE WESTENTASCHENVENUS (2001) und AUCH ERBEN WILL GELERNT SEIN (2003).

Er synchronisierte John Hurt (12 UHR NACHTS – MIDNIGHT EXPRESS), John Candy (EIN TICKET FÜR ZWEI), Roddy McDowell (FLUCHT/EROBERUNG VOM PLANET DER AFFEN), John Cazale (HUNDSTAGE), Bruce Dern (WASSERLOCH NR. 3), Randy Quaid (TAGE DES DONNERS), Art Garfunkel (CATCH 22), Dean Stockwell (THE PLAYER), David Birney (BRIDGET & BERNIE), Robert Walden (LOU GRANT), Charles Haid (DELVECCHIO), George in DIE JETSONS, Speedy Gonzales in SCHWEINCHEN DICK und Italy in CHARLIE – ALLE HUNDE KOMMEN IN DEN HIMMEL.

Alf Marholm (1918–2006)

Alf Marholm kam in Oberhausen zur Welt, spielte Theater in Bochum, Oberhausen, Düsseldorf und Hamburg, war Rundfunkmoderator beim WDR und trat in einigen Filmen auf: POSTLAGERND TURTELTAUBE (1952), WEG OHNE UMKEHR (1953), DIE GOLDENE PEST (1954), DAS TOTENSCHIFF (1959), DIE BANDE DES SCHRECKENS (1960), vor allem aber in Fernsehspielen wie DAS HALSTUCH (1962), ES BLEIBT UNTER UNS (1967), DIE DUBROW-KRISE (1969), DIE FRAU IN WEISS (1971), FRIEDRICH VON DER TRENCK (1973), DIE POWENZBANDE (1974), EUROGANG (1975), ONKEL BRÄSIG (1978), NATHAN DER WEISE (1979) sowie in DER ALTE, DERRICK und SCHWARZWALDKLINIK. Außerdem hatte er zahlreiche Hörspielrollen, von klassisch (*Das heilige Experiment*, 1949) bis experimentell (*Der Chinese am Fenster*, 1971).

Im Synchronatelier sprach Marholm, der auch viel in Remagen arbeitete, für Bertrand Blier (Marie-October, Der Favorit der Zarin), José Luis López Vázquez (Peppermint Frappé, Cousine Angelica), Sacha Pitoëff (Letztes Jahr in Marienbad), Sydney Greenstreet (Die Maske des Dimitrios), Jean Desailly (Der Teufel mit der weissen Weste), Adolfo Celi (Sandokan), Robert Morley (Möderschiff) und Henry Daniell (Der Leichendieb).

Evelyn Maron (1949–2007)

Evelyn Maron spielte nach ihrer Ausbildung in Hannover Theater in ihrer Heimatstadt Berlin, u. a. an der Komödie, im Hebbel-Theater (1976 in einer Friedrich-Holländer-Revue) und an der Tribüne (*Weihnachten an der Front*, 1982), außerdem in München (Kleine Freiheit) und Frankfurt. Im Fernsehen trat sie in Didi – Der Untermieter (1985) und Laus im Pelz (1987) auf; im Hörspiel war sie in *Der kleine Lord* zu hören.

Da ihre Stimme «Erotik pur» ausstrahlt, war sie in der Synchronisation auf entsprechende Rollen abonniert, z. B. als Feststimme von Kim Basinger (9 1/2 Wochen, Batman, Cool World), Andie McDowell (Vier Hochzeiten und ein Todesfall, Green Card, Short Cuts) und Theresa Russell (Insignificance, Die schwarze Witwe). Hinzu kamen Brooke Adams (Die Körperfresser kommen), Ornella Muti (Der gezähmte Widerspenstige, Flash Gordon), Geneviève Bujold (Die Unzertrennlichen, Evil Blood), Farrah Fawcett (Drei Engel für Charlie), Laura Dern (Blue Velvet), Rene Russo (Outbreak), Laura Linney (Die Truman-Show, Das Leben des David Gale), Kelly McGillis (Der einzige Zeuge), Karen Allen (Cruising), Lorraine Bracco (Goodfellas), Barbara Hershey (Die letzte Versuchung Christi), Marcia Gay Harden (Mystic River), Greta Scacchi (The Player), Linda Hamilton in Die Schöne und das Biest und Ali McGraw in Der Feuersturm.

Arnold Marquis (1921–1990)

Wenn dem Zuschauer beim Stichwort «Synchronsprecher» spontan eine Stimme einfällt, dann ist es die von Marquis. Ein Reibeisen-Organ, das die Figur, für die sie eingesetzt wird, vollständig in Besitz nimmt und dem automatisch die akustische Hoheit über die Dialoge zufällt. Sein Synchron-Ruhm reichte bis nach Hollywood, er kannte John Wayne, Richard Widmark und Kirk Douglas persönlich, und John Wayne schloss einen Exklusivvertrag mit ihm ab. Begonnen hat der gebürtige Dortmunder seine Karriere am Bochumer Schauspielhaus unter Saladin Schmitt. Boleslaw Barlog engagierte ihn an seine Berliner Bühnen. Helmut Brandis von der Phönix-Film lockte ihn 1946 ins Synchron-Atelier (für Stewart Granger in Die Madonna der sieben Monde). Von nun an bis zu seinem Tod war er mehr vom Synchron-Dunkel als von Bühnenscheinwerfern umgeben, und seine Stimme dröhnte von allen Leinwänden. Freilich war Marquis auch im frühen DEFA-Film zu sehen: Und wieder 48 von Gustav von Wangenheim (1948) und Quartett zu fünft (1949) von Gerhard Lamprecht. Ferner enthält seine Filmografie den Märchenfilm Brüderchen und Schwesterchen (1953), den Aufklärungsfilm Eva (1968), Der Stoff, aus dem die Träume sind (1972) sowie die Fallada-Verfilmung Jeder stirbt für sich allein (1975). Es folgten ⊃ Ottokar Runzes Der Mörder (1979), der Polizeipräsident in Wolf Gremms Kamikaze 1989 (1982) und Das Wagnis des Arnold Janssen (1982). Sein letzter Film war Otto, der Ausserfriesische (1989). Marquis hatte auch zahlreiche Fernseh- u. Hörspielrollen. In der ARD-Serie Tanzschule Kaiser (1984) spielte er den Seniorchef Kecki Kaiser. Aber er kehrte auch wieder auf die Bühne zurück und spielte v. a. in ⊃ Klaus Sonnenscheins Berliner Tribüne, u. a. die Titelrolle in Walter Mehrings Der Kaufmann von Berlin (1979).

In seiner Synchronarbeit war er Feststimme von nicht weniger als acht Filmstars: John Wayne, Richard Widmark, Kirk Douglas, Robert Mitchum, Lino Ventura, George C. Scott, Yves Montand und Trevor Howard. Die John-Wayne-Rollen teilte er zunächst noch mit ⊃ Heinz Engelmann, ⊃ Wolfgang Lukschy und mehreren anderen, ab 1970 sprach er exklusiv für ihn (Nach dem Tod des «Duke» veröffentlichte Marquis eine Trauersingle mit Sprechgesang). Hinzu kamen u. v. a. Humphrey Bogart (Tote schlafen fest, Die Spur des Falken), Bud Spencer (alternativ zu ⊃ Wolfgang Hess und ⊃ Martin Hirthe), Jack Palance (Alboin, Che!), Charles Bronson (Ein Mann sieht rot), Richard Boone (Am Abend des folgenden Tages), Bourvil (Marquis von seiner eigentlichen, der komödiantischen Seite!), Sterling Hayden (Unternehmen Pelikan) und Lee Marvin (Die Hölle sind wir), in TV-Serien Jack Klugman (Männerwirtschaft, Quincy), Darren McGavin (Der Einzelgänger), James Arness (Rauchende Colts) und Brian Keith (Hardcastle & McCormick).

Christin Marquitan (*1967)

In Pinneberg geboren und von hugenottischen Ahnen abstammend, zeichnete sich Christins Multitalent schon früh ab: Mit 14 trat sie im Fernsehen auf und sang Schlager (Wir machen Popmusik hieß die Sendung). Zwei Jahre später begann sie als Frühbegabte ihre Schauspielausbildung an der Hochschule für Musik und Darstellende Kunst in Hamburg. Sie lernte auch Tanz und Gesang und nahm Privatstunden bei Elisabeth Bergner («Der Unterricht war bei dieser schon betagten Diva sehr chaotisch, aber ich lernte essenzielle Tugenden, die es heute in der Zeit der Soaps kaum mehr in der Schauspielerei gibt: Innigkeit und Demut», zit. n. *Siegessäule* 9, 1999, S. 90). Mit 18 bekam sie ihr erstes Engagement am Staatstheater Lübeck und studierte dann nochmals vier Jahre klassischen Gesang bei Brigitte Domgraf-Fassbaender in München. Ein Angebot des Burgtheaters lockte sie nach Wien, wo sie vier Jahre blieb. Sie spielte u. a. mit ⊃ Heinz Reincke in *Der Hauptmann von Köpenick*. Nach mehreren Engagements in Stuttgart, Saarbrücken, Linz und Hamburg (u. a. als Büchners «Lena» und «Marie», als «Nastja» in *Nachtasyl* und «Gretchen» in *Urfaust*) ging sie 1995 für die Titelrolle in *Die Dame vom Maxim* ans Berliner Renaissancetheater. Der Schwerpunkt verlagerte sich mehr und mehr aufs Singen. Sie trat mit eigenem Chansonprogramm auf sowie in Revuen in der «Bar jeder Vernunft» (*Kellnerinnen*, 1998), bis ihr Programm selbstbewusst nur noch «Christin Marquitan singt» hieß. Auf dem Bildschirm war sie in verschiedenen Serien zu sehen, z. B. WOLFFS REVIER, GZSZ, DER ALTE, TATORT, zu hören auch in vielen Hörspielen (z. B. Stephen Kings *Friedhof des Grauens*, WDR 1999).

Mit ihrer ersten Synchronrolle löste sie 1990 ⊃ Madeleine Stolze in der Kultserie ALF ab (Andrea Elson als Lynn). Von ihren weiteren Serienrollen sind hervorzuheben Elizabeth McGovern in DOWNTON ABBEY, Amy Price-Francis mit der Titelrolle in KING, Gloria Reuben in MISSING – VERZWEIFELT GESUCHT, Joely Richardson in NIP/TUCK, Susan Thompson in NOCH EINMAL MIT GEFÜHL und Amanda Tapping in STARGATE. Außerdem sprach sie für Kristin Scott-Thomas (LACHSFISCHEN IM JEMEN), Salma Hayek (AFTER THE SUNSET), Famke Janssen (X-MEN, HIDE AND SEEK), Juliette Binoche (IN MY COUNTRY, COSMOPOLIS), Tony Collette (IN DEN SCHUHEN MEINER SCHWESTER), Monica Bellucci (BROTHERS GRIMM), Marg Helgenberger (REINE CHEFSACHE) und Maria Bello (WORLD TRADE CENTER).

Christian Marschall (1925–1999)

Christian Marschall wurde in Dresden geboren und zwar exakt am gleichen Tag wie ⊃ Erik Schumann, mit dem zusammen er auch die Schauspielschule besuchte. Marschall begann als Schauspieler am Stadttheater Mährisch-Ostrau, anschließend spielte er Theater in Landshut und München. Außerdem war er Moderator beim Bayerischen Rundfunk (*In den Wind gesprochen* hieß eine seiner Sendungen) und wirkte in Hörspielen mit (z. B. *Der Mord in der Rue Morgue*, 1965, *Das unheimliche Dorf*, 1993).

Marschall gehörte zu den bewährten Kräften der Münchner Synchronisationen. Obwohl seine Stimme alles andere als Angst und Schrecken verbreitete, wurde sie doch gerne im gruseligen Genre eingesetzt – sie transportierte das Grauen untergründig. Er sprach für Peter Cushing (Dracula braucht frisches Blut), Boris Karloff (Der Leichendieb), Lee Van Cleef (Der Gehetzte der Sierra Madre), John Richardson (Die Stunde, wenn Dracula kommt), Nigel Green (Comtesse des Grauens), Lee Marvin (Heisses Eisen), Leslie Banks (Graf Zaroff), Oliver Reed (Die Letzten von Fort Kandahar), Peter Graves (Fort Yuma), Daniel Ceccaldi (Tisch und Bett), Edmund Gwenn (Die Rache des Toten), Jean Poiret (Geld oder Leben), Salvo Randone (Hände über der Stadt), Jean-Claude Pascal (Hinter verschlossenen Türen) und die «Titelrolle» in der ZDF-Serie Die Vogelscheuche.

Gerd Martienzen (1918–1988)

Martienzen ist im belgischen Ostende geboren, seine Mutter war Belgierin und er sprach in den ersten Lebensjahren nur französisch, deutsch lernte er erst, als er mit drei Jahren nach Berlin, in die Heimat seines Vaters, kam. Er besuchte die Schauspielschule des Staatstheaters, spielte in Aachen, Mannheim, Heidelberg und nach dem Krieg überwiegend in Berlin, z.B. den Oswald in Ibsens Gespenster 1953 am Hebbel-Theater, den Dr. Capesius in Die Ermittlung von Peter Weiss an der Freien Volksbühne (Piscator, 1965) und den Praed in Frau Warrens Gewerbe am Hansa-Theater (1980). Im Film wurde er seiner Sprachkenntnisse wegen gern als Franzose besetzt, so in Es kommt ein Tag (1950, mit Dieter Borsche und Maria Schell), Meine Nichte Susanne (1950) und Der Fuchs von Paris (1957). Im Fernsehspiel trat er z.B. als Jeremias in Das Schloss (1962) auf, in Zeit der Schuldlosen (1962), Stalingrad (1963), Die Barrikade (1970) und in Mulligans Rückkehr (Käutner, ZDF 1978). Auch im Rundfunk war er vielbeschäftigt («Ich liebe das Mikrophon, weil es so unerbittlich ist.»), u.a. in der Uraufführung von Günter Eichs berühmtem Hörspiel *Träume* (NWDR 1951), das damals spektakuläres Aufsehen erregte (in einer Zeit, in der Hörspiele noch «Straßenfeger» waren). Ein anderer Klassiker war die Kriminalhörspielserie *Pekari Nr. 7* (SFB 1957). Zu erwähnen sind ferner: *Die Versuchung* (Benno Meyer-Wehlack, NDR 1957, Hörspielpreis der Kriegsblinden), *Ballwechsel* (Hermann Kasack, NDR 1959), *Ferien für Onkel Arthur* (Giles Cooper, NDR 1965).

Freilich gilt auch für Martienzen, wie für viele andere seiner Kollegen, die als Schauspieler kaum noch bekannt sind: Das Bleibende sind allein die Synchron-Rollen. Dafür sorgte bei ihm ein reißerisches Volldampf-Organ, das permanente Hochgeschwindigkeit suggeriert, geeignet für Hektiker, Polterer, Meckerer,

Aufschneider, kleine Ganoven, aber auch Komiker, deren Witz sich über galoppierende Wortkaskaden mitteilt. So ergaben sich Martienzens «Stammrollen» Louis de Funès, Frank Sinatra und Sammy Davis jr. Wichtige Rollen waren außerdem Serge Reggiani (DIE ABENTEURER), Charles Denner (DIE ENTFÜHRER LASSEN GRÜSSEN), George C. Scott (HAIE DER GROSSSTADT), Dirk Bogarde (DER DIENER), Groucho Marx (DIE MARX-BROTHERS IM KRIEG, DIE MARX-BROTHERS IM KAUFHAUS), Klaus Kinski (LEICHEN PFLASTERN SEINEN WEG, AGUIRRE, DER ZORN GOTTES), Christopher Lee in DRACULA-Filmen und die Zeichentrick-Figur Mr. Magoo. 1981 beendete ein Schlaganfall Gerd Martienzens Karriere.

Seine Tochter **Marion Martienzen** (*1953) spielt Theater in Mannheim und Hamburg (auch Musiktheater) und synchronisiert u. a. Sandrine Bonnaire (DIE FRAU DES LEUCHTTURMWÄRTERS, KANN DAS LIEBE SEIN). Als Hörbuch ist ihre Lesung von Jane Austens *Stolz und Vorurteil* erschienen.

Wolf Martini (1911–1959)

Geboren in Kiel, wo er auch debütierte, spielte Martini Theater in der Provinz, in Berlin, Stuttgart und Wien, nach der Rückkehr aus der Kriegsgefangenschaft am Schauspielhaus Hamburg und in Berlin (Ku'damm). Martini hatte 1949–51 unbedeutende Rollen in unbedeutenden Filmen des unbedeutenden Regisseurs Akos von Ratony, z. B. ENGEL IM ABENDKLEID. Auch später wurden die Rollen nicht größer und die Filme nur unwesentlich besser (STUDENTIN HELENE WILLFÜHR, DER EISERNE GUSTAV, NASSER ASPHALT). Bleibt wieder nur das unermessliche Potenzial der Stimme! Martinis dumpf-polterndes Organ, das eine Mischung aus Kasernenhof und Kohlenkeller evoziert, legte ihn zwar auf einen bestimmten Typus fest – den Rohling, der keine Gefühle zeigt bzw. diese per Schnauze kaschiert –, brachte ihn aber in Kontakt mit großer Filmkunst.

Martini war in den 1950er Jahren die Stimme von Anthony Quinn, also auch «Zampano» in Fellinis LA STRADA. Ferner sprach er für Lee J. Cobb in DIE ZWÖLF GESCHWORENEN (mit dem großen emotionalen Zusammenbruch am Schluss), Ward Bond (JOHNNY GUITAR, DER SCHWARZE FALKE), Sterling Hayden (DIE RECHNUNG GING NICHT AUF), Jean Gabin (MIT DEN WAFFEN EINER FRAU), Ted de Corsia (ZWEI RECHNEN AB), Gary Cooper (DIE TEUFELSBRIGADE), Ernest Borgnine (DIE WIKINGER), Pedro Armendariz (TEUFELSPASSAGE), Raymond Burr (DUELL IM SATTEL), Karl Malden (DER GALGENBAUM), Dan Duryea (STURM-ANGST).

Peter Matic (*1937)

Peter Matic debütierte in seiner Heimatstadt Wien, spielte anschließend in München und dann wieder in Wien am Theater an der Josefstadt, in Basel und von 1972–93 gehörte er zum Ensemble des Berliner Schillertheaters, wo er in *Alpenkönig und Menschenfeind* (1972) spielte und einen legendären Publikumserfolg mit *Sonny Boys* hatte (1973 in eigener Inszenierung mit Bernhard Minetti und Martin Held). Ferner spielte er in *Bürger Schippel* (1980), *Der Revisor* (1981), *Amadeus* (1981), *Das große Welttheater* (1988). 1994 nach Schließung des Schiller-Theaters ging er wieder zurück nach Wien ans Burgtheater. Auf dem Bildschirm spielte er in Das Männerquartett (1978) und Wahnfried (1988). Als Hörbuch erschien seine Lesung von Prousts *Auf der Suche nach der verlorenen Zeit*. 2001 wurde ihm als «hervorragender Sprecher unter den Schauspielern» der Albin-Skoda-Ring verliehen.

Das ist die geeignete Überleitung zu seiner Synchronarbeit für Ben Kingsley. Von Regisseur Attenborough wurde er für Gandhi persönlich ausgewählt: «Das war wirklich eine schöne Aufgabe, schon deswegen weil diese Figur von seiner Jugend bis hinein ins Alter gezeigt wird.» (*BZ* 14.4.1983) Für Kingsley sprach Matic auch weiterhin, z.B. in Schindlers Liste, ferner sind zu erwähnen: Ian Holm (Greystoke, Brazil), Scott Glenn (Das Schweigen der Lämmer), Jeffrey Jones (Amadeus), Joel Grey (Remo – unbewaffnet und gefährlich), Nigel Hawthorne (Demolition Man) und Steven Hill in Reich und berühmt.

Ulrich Matthes (*1959)

Ulrich Matthes gehört im inzwischen hochprofessionalisierten Synchronwesen zu einer selten gewordenen Spezies: der große Theater-Charakterdarsteller, der gelegentlich auch Synchronrollen übernimmt (das war in der Ära von ⊃ O. E. Hasse, ⊃ Ernst Schröder oder Martin Held die Regel). Matthes, in Berlin geboren, wollte zunächst Lehrer werden und studierte Deutsch und Englisch, wechselte dann zum Schauspielunterricht bei Else Bongers. Er begann seine Bühnenlaufbahn – ebenfalls nach «klassischem», längst nicht mehr üblichem Muster – in der Provinz, in Krefeld, kam dann nach Düsseldorf und mit dem dortigen Intendanten Günter Beelitz nach München ans Bayerische Staatsschauspiel und an die Kammerspiele. 1992 ging er zur Berliner Schaubühne unter Andrea Breth. Hier und am Deutschen Theater unter Jürgen Gosch spielte er seine herausragenden Rollen. Preisgekrönt wurde sein George in *Wer hat Angst vor Virginia Woolf?* (2005 Gertrud-Eysoldt-Ring und Schauspieler des Jahres). Für die Titelrolle in *Onkel Wanja* wurde er (zusammen mit Jens Harzer) ebenfalls zum Schauspieler des Jahres gewählt. Gerhard Stadelmaier schrieb über Matthes: «Es sind die dunklen, von Lebensgier, Lebenswissen und manchmal auch Sterbenswollust funkel-vibrierenden Augen im scharfen, schmalen Gesicht dieses durch und durch beherrschten Expressions- und Nervenspielers, die allen seine Rollen (…) etwas Durchdringendes, Bezwingendes, Abenteuerliches geben: als reiße er Schleier entzwei, als laure hinter dem, was die anderen für Oberfläche halten, eine Gefahr, die niemand so spürt und sieht und fühlt wie er» (*FAZ*, 1.12.2008). Neben seiner Filmarbeit – Winterschläfer (1997), Feuerreiter (1998), Der Untergang (2004, als Goebbels), Der neunte Tag (2004), Novemberkind (2008), Das Meer am Morgen (2011, als Ernst Jünger) – ist Ulrich Matthes vor allem ein begnadeter Hörbuch-Leser, u.a. Kleist, Tschechow, Kafka, Nabokov (Dt. Hörbuchpreis für *Pnin*), Queneau, Frisch, nicht zuletzt, weil er «wie kein anderer einen leicht fragenden, über die Tatsachen der Welt verwunderten Ton produzieren kann» (Wolfgang Schneider, *FAZ*, 10.7.2010).

Matthes begann mit dem Synchronisieren schon als Jugendlicher (Jason in Die Waltons) und kam über Pascal Greggory in Pauline am Strand und Charlie Sheen in Platoon zu seiner theateraffinen Stammrolle: Kenneth Branagh in dessen Shakespeare-Adaptionen. Außerdem sind zu nennen: Sean Penn (Carlitos Way), Ralph Fiennes (Quiz Show), Tom Hulce (Fearless), Matthew Modine (Equinox) und Malcolm McDowell (Das Geheimnis des Dirigenten).
[Literaturhinweis: Michael Eberth: Matthes, Berlin 2009].

Andreas von der Meden (*1943)

Andreas von der Meden begann seine Schauspielkarriere im zarten Alter von fünf Jahren, als er am Hamburger Thalia-Theater debütierte und in dem Film Der Bagnosträfling (Gustav Fröhlich, 1949) mitspielte. Es folgten zahlreiche Hörspielrollen im NWDR: *Die gekaufte Prüfung* (Günter Eich, 1951), *Vater braucht eine Frau* (Herbert Reinecker / Christian Bock, 1951), *Früher Schnee am Fluss* (Heinz Huber, 1952), *Die Grasharfe* (Truman Capote, 1953) und v.a. die Kinderfunk-Klassiker *Meisterdetektiv Kalle Blomquist* (1954) – damals ein Straßenfeger mit Millionenpublikum – und *Die Schatzinsel* (als Jim Hawkins). Andreas war das, was man einen «Kinderstar» nennt – gleichwohl: alles war freiwillig und machte ihm Riesenspaß, erst recht das Synchronisieren. Er begann 1952 mit Jon Whiteley in Ein Kind war Zeuge, für den er noch öfters sprach (Besiegter Hass). Weitere bedeutende Hauptrollen waren Mandy Miller in Mandy und Jonathan Ashmore in Voller Wunder ist das Leben. In der Nachkriegszeit waren übrigens eine ganze Reihe ausgezeichneter «Kinderstars» in der Synchronisation tätig. Hierzu zählen u.a. Andreas' älterer Bruder Tonio (John Howard Davies in Oliver Twist), Michael Günther (Bobby Henrey in Kleines Herz in Not und Bobby Driscoll in Das unheimliche Fenster), Axel Jahn (Billy Mauch in Der Prinz und der Bettelknabe), Roland Kaiser (Tommy Rettig in Fluss ohne Wiederkehr).

Andreas von der Meden spielte weiter Theater in Luzern und am Schauspielhaus Zürich und danach freischaffend in Hamburg. Während sich seine Schauspieltätigkeit immer mehr ins Synchronstudio verlagerte (Sprechen, Buch, Regie), schuf er sich ein zweites professionelles Standbein als Jazz-Musiker: Er spielt Banjo und Gitarre in «Addi Münsters Old Merry Tale Band». Von Anfang an war er die Stimme von Kermit in der SESAMSTRASSE und war mit dem Frosch auch Nachfolger ⊃ Horst Gentzens in der MUPPET SHOW. Es folgten u.a. Harvey Keitel (HEXENKESSEL), Richard Pryor (BREWSTER'S MILLION), Richard Masur (DAS TÖDLICHE DREIECK), Jerzy Radziwilowicz (DER MANN AUS EISEN), David Hasselhoff in KNIGHT RIDER und BAYWATCH (hier auch Regie). Seine liebste Aufgabe aber war Tommy Berggren in der Titelrolle des Mehrteilers AUGUST STRINDBERG, EIN LEBEN ZWISCHEN GENIE UND WAHN (1985).

Cornelia Meinhardt (*1951)

In Berlin, wo sie auch geboren wurde, studierte Cornelia Meinhardt zunächst Theaterwissenschaft und Germanistik, besuchte dann die Max-Reinhardt-Schauspielschule und hatte erste Engagements am Schiller- u. Schlossparktheater, dem Grips-Theater und den «Wühlmäusen». Dem Kabarett blieb sie auch weiterhin treu, von 1977–84 gehörte sie zu den «Stachelschweinen». In den 1990er Jahren trat sie vorwiegend am Hansa-Theater in zahlreichen Volksstücken auf (z.B. *Krach im Hinterhaus*, 1995). Im Fernsehspiel hatte sie Hauptrollen u.a. in DIE GRÄFIN VOM CHAMISSOPLATZ (Titelrolle, ZDF 1980), LINDHOOPS FRAU von Eberhard Itzenplitz und GESUCHT: URLAUBSBEKANNTSCHAFT MÄNNLICH von Wolfgang Mühlbauer (beide ZDF 1985). Sie spielte außerdem mit in der Kino-Coproduktion DER PFINGSTAUSFLUG (Michael Günther, 1978) mit Elisabeth Bergner und Martin Held und in MEISTER TIMPE (ZDF 1980) mit H.-Chr. Blech und ⊃ Alfred Balthoff sowie in den Serien DREI DAMEN VOM GRILL, PRAXIS BÜLOWBOGEN, GZSZ, HINTER GITTERN und ROSA ROTH. 2006/07 gehörte sie zum Ensemble der «Faustfestspiele» Kronach, wo sie in *Die Hochzeit des Figaro, Turandot, Diener zweier Herren* und *Ödipus* mitspielte.

In der Synchronisation arbeitet sie seit 1972, vorwiegend für Isabelle Adjani (DER MIETER, DAS AUGE), Sally Field (NICHT OHNE MEINE TOCHTER, FORREST GUMP, MRS. DOUBTFIRE und in der Serie BROTHERS & SISTERS), Angela Molina (DIESES OBSKURE OBJEKT DER BEGIERDE), Holly Hunter (FAMILIENFEST UND ANDERE SCHWIERIGKEITEN, CRASH, GEFÜHLE, DIE MAN SIEHT), Helen Slater (DAS GEHEIMNIS MEINES ERFOLGS), Geneviève Bujold (OBSESSION), Karen Allen, Kirstie Alley, Jane Seymour, Susan George (WER GEWALT SÄT), Jenny Agutter (FLUCHT INS 23. JAHRHUNDERT), Diane Lane (COTTON CLUB) und Melody Anderson (FLASH GORDON). In den letzten Jahren war sie auch viel als Dialogautorin und Regisseurin aktiv, z.B. bei OPEN YOUR EYES, ODETTE TOULEMONDE, KLANG DES HERZENS und den Serien THE DISTRICT und WILDFIRE. Cornelia ist nicht zu verwechseln mit **Ute Meinhardt** (es besteht keine Verwandtschaft!), deutsche

Stimme von Vanessa Redgrave (Julia), Susan Sarandon (Extrablatt) und Julie Andrews (Victor/Victoria).

Tobias Meister (*1957)

Als Sohn des Schauspielers Harald Meister in Köln geboren, sammelte er schon mit fünf Jahren Bühnenerfahrungen. Später spielte er Theater in Berlin, z. B. 1984 in *Clavigo* am Schlossparktheater und 1985 in *Das Fenster zum Flur* an der Tribüne. In den 1980er Jahren trat er auch in mehreren Filmen auf: Drei Schwedinnen auf der Reeperbahn (1980), Heisse Kartoffeln (1980), Ein Kaktus ist kein Luftballon (1980), Nessie (1985), im Fernsehen in Direktmandat (1979), Hungerjahre (1980), Bühne frei für Kolowitz (1980), Ein Heim für Tiere und Unser Charly. Er nahm auch Hörspiele (*Neununddreißigneunzig*, 2002, *Drizzt. Die Sage vom Dunkelelf*) und Hörbücher (James Patterson: *Die Rache des Kreuzfahrers*) auf.

Tobias Meister ist nicht nur einer der gefragtesten Synchronsprecher, sondern gehört auch zu den Top-Spezialisten, wenn es um Dialogbuch und Synchron-Regie geht. Unter seine Verantwortung fielen z. B. Galaxy Quest, Im Auftrag des Teufels, Independence Day, X-Men, I, Robot und The Dark Knight. Als Sprecher ist er feste deutsche Stimme für nicht weniger als sechs Stars: Brad Pitt (Sieben, Fight Club, Ocean's Eleven, Inglourious Basterds), Kiefer Sutherland (Stand By Me, Twin Peaks, Die Jury, Nicht auflegen!, 24), Tim Robbins (Top Gun, Short Cuts, High Fidelity, Krieg der Welten), Sean Penn (U-Turn, Der schmale Grat, Mystic River, 21 Gramm), Gary Sinise (Forrest Gump, The Green Mile) und Forest Whitaker (von Die Farbe des Geldes bis Der letzte König von Schottland). Hinzu kommen u. v. a. noch Robert Downey jr. (Unter Null, Natural Born Killers), Jack Black (Mars Attacks, King Kong), Chris Penn (Reservoir Dogs, Rush Hour, Starsky & Hutch), Ralph Fiennes (Strange Days, Das Ende einer Affaire), Stephen Baldwin (Die üblichen Verdächtigen), Russell Crowe (L. A. Confidential), Brendan Fraser (Steinzeit Junior) und Peter MacNicol in Ally McBeal und Numb3rs.

Torsten Michaelis (*1961)

Torsten Michaelis besuchte die Schauspielschule Ernst Busch und spielte Theater in (Ost-)Berlin. Er war am Deutschen Theater Berlin und am Hans Otto Theater Potsdam engagiert und 1986 im «Ei» im Friedrichstadtpalast in der Komödie *Sonny Boys*. Filmrollen hatte er in Kai aus der Kiste (1988), Engel mit einem Flügel (1991), In aller Freundschaft (1998), Katze im Sack (2004), NVA (2005) und Mein Führer (2007), TV-Rollen in Serien wie Inspektor Rolle, Polizeiruf 110 und Tatort (er spielt den Vorgesetzten von Maria Furtwängler) sowie in Rebell im Frack (2010, als Wilhelm von Humboldt). Auf Hörbüchern ist er u. a. mit Texten von

H. P. Lovecraft zu hören, mit H. G. Wells' *Die Insel des Dr. Moreau* und Bernard Cornwells *Sharpe*-Reihe.

In der Synchronisation ist er feste Stimme von Wesley Snipes (Demolition Man, Blade, Hard Luck), hat aber auch schon mehrfach für Benicio Del Toro gesprochen (Fear and Loathing in Las Vegas, Traffic, 21 Gramm), des Weiteren für Kyle MacLachlan (The Flintstones, Show Girls), Sean Bean (Der Herr der Ringe, Troja, The Hitcher, Game of Thrones), Chris Tucker (Das fünfte Element, Bad Boys), John Leguizano (Collateral Damage), Bill Paxton (True Lies), Martin Lawrence (Big Mamas Haus), Dario Grandinetti (Sprich mit ihr), Kevin Scorbo (Andromeda) und in Serien Cameron Daddo (F/X), Julian McMahon (Nip/Tuck) und Mark Valley (Boston Legal, Human Target).

Klaus Miedel (1915–2000)

Der gebürtige Berliner besuchte die Theaterschule in Köln, spielte in Trier, Krefeld und 1937/1938 in Frankfurt, wo er den Fiesco und den Romeo gab. Der Krieg unterbrach seine Theaterlaufbahn. Vier Jahre spielte er danach unter Fritz Wisten am Schiffbauerdamm, seit 1951 gehörte er zum Ensemble von Schiller- und Schlossparktheater. Er spielte den Rosencranz in Kortners *Hamlet* (1957), den Schippel in Sternheims *Tabula rasa* (1961) – «ein Aas mit Gemüt, wunderbar» (Walther Karsch) –, Voltaire in *Marat/de Sade* von Peter Weiss (1964) und die Titelrolle in *Lumpazivagabundus* (1965), aber auch avantgardistisches Theater (*Der Narr und die Nonne* von Witkiewicz, 1982). Im Renaissance-Theater trat er in *Onkel Wanja* auf (Heribert Sasse, 1984). Neben dem Theater und Synchronschaffen gehörte die Rundfunkarbeit zu seinen Schwerpunkten. Er gestaltete zahllose Hörspielrollen (z.B. *Haus der Erinnerung* von Erich Kästner, RIAS 1959, *Friedhof der Direktoren*, SFB 1967, *Das Verhör des Spinoza*, RIAS 1985). Im Nachkriegsfilm spielte Miedel zunächst bei der DEFA: Die blauen Schwerter (1949), Semmelweis (1950), dann in Die Spur führt nach Berlin (1952), Canaris (1954), Vor Gott und den Menschen (1955). Seine größte Filmrolle war die des Mr. Graham in Hokuspokus (1966) mit Heinz Rühmann und Lilo Pulver. Auch im Fernsehspiel war er zu sehen, z.B. in Die Wölfe (Falk Harnck, ZDF 1963), Kimper &

Co (Rainer Wolffhardt, ZDF 1968) und Hatschi! (Eugen York, ZDF 1977).

In der Synchronisation konnte Miedel vielseitig eingesetzt werden. Seine Stimme hat einen Trend zum Verschmitzt-Ironischen, sie passt besonders zu Dialogen, in denen trockener Witz gefragt ist. So war er die Idealbesetzung für Dean Martin (das Gespann Dean Martin/Jerry Lewis ist in der deutschen Fassung Klaus Miedel / ➲ Horst Gentzen). Als deutsche Stimme diente Miedel außerdem Yul Brynner (Die zehn Gebote, Anastasia, Salomon und die Königin von Saba), Ernie Kovacs (Unser Mann in Havanna), Michel Bouquet (Borsalino), Daniel Gelin (Der Mann, der zuviel wusste), Sam Wanamaker (Holocaust), Donald Pleasence, Martin Balsam (Little Big Man), Herbert Lom (Ein Schuss im Dunkeln), Peter Sellers (Die Millionärin), Louis de Funès (Balduin, der Geldschrankknacker), Donald Sinden (Mogambo) und Eli Wallach (Sieben Diebe).

Ulrike Möckel (*1956)

Ulrike Möckel wurde in Ludwigsburg geboren und ging zur Schauspielausbildung nach Hannover, wo sie den Schwerpunkt nicht auf die traditionelle Bühnenarbeit legte, sondern auf «freies Spiel», die direkte Aktion mit dem Zuschauer. Sie spielte anschließend auch nicht an den großen Häusern, ihre Liebe gilt eher den kleinen Off-Theatern. Hier trat sie auch in Musicals auf. Im Film war sie in der Milieu-Studie Schakalakadu (1984) und in dem Krimi The Rescue / Das Rattennest (1988) zu sehen. Außerdem führt sie Regie bei den freien Schauspieltruppen «Comedia Mundi» und «Theater Maskara» in Niederbayern (z. B. bei Die 270. Nacht, 2000; Prinzessin auf dem Baum, 2012). Ihre Stimme stellt sie auch Hörbüchern für Kinder zur Verfügung (Peterchens Mondfahrt, Dale Peck: Drifthaus).

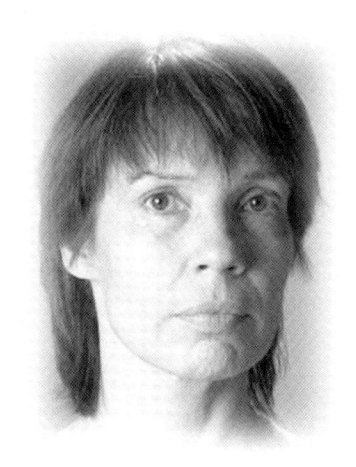

Nach einem Casting für den Film Die Reise ins Ich (1987) wurde sie als deutsche Stimme für Meg Ryan ausgewählt, für die sie bis auf wenige Ausnahmen bis heute tätig ist (ein Höhepunkt in jeder Hinsicht war der simulierte Orgasmus in Harry und Sally). Zu Ulrike Möckels weiteren Rollen gehören Joan Cusack (Die Braut, die sich nicht traut, High Fidelity), Rene Russo (Freejack), Tilda Swinton (The Beach), Jaclyn Smith (Drei Engel für Charlie), Melanie Griffith (Der Tod kommt zweimal), Marcia Gay Harden (Rendezvous mit Joe Black, Mona Lisas Lächeln), Connie Nielsen (Gladiator), Lisa Bonet (Angel Heart), Geena Davis (Beetlejuice), Andie McDowell (Und täglich grüsst das Murmeltier), Marie-France Pisier (Bouleavard der Mörder), Joan Chen (Der letzte Kaiser), Annabella Sciorra (Romeo is Bleeding), Rosalind Chao (Solange du da bist) und Pam Dawber (Mork vom Ork).

Lutz Moik (1930–2002)

Geboren in Berlin und aufgewachsen in Potsdam, hatte Moik schon als Schüler erste Filmrollen (Meine Herren Söh-

In den 1950er Jahren synchronisierte Lutz Moik mehrmals Mickey Rooney (Die Todeskurve, Die Brücken von Toko-Ri), John Saxon (z. B. in Helmut Käutners Hollywood-Film The Restless Years), außerdem David Hemmings in Blow Up, Richard Jaeckel (Cowboy), Doug McClure (Die erbarmungslosen Zwei), George Peppard (Als Jim Dolan kam) und Earl Holliman in Die vier Söhne der Katie Elder.

ne, 1942). Ein Studium an der Kunstakademie mit den Fachrichtungen Bühnenbildner und Buchillustrator gab er zugunsten der Filmerei wieder auf. Der Nachkriegsfilm in Ost und West bot ihm zahlreiche Hauptrollen, oft als junger Naturbursche: Eins, zwei, drei, corona (1948), Bürgermeister Anna (1950 – hier lernte Moik seine spätere erste Frau Edith Hancke kennen), Hanna Amon (1951), Der fröhliche Weinberg (1952). Seine populärste Rolle spielte er als Köhler Peter Munk in der Hauff-Verfilmung Das kalte Herz (1950, der erste DEFA-Farbfilm). Später trat Moik häufiger am Theater auf, u. a. in Bern, Dortmund und Wien. Am Berliner Renaissance-Theater spielte er 1966 unter der Regie von ➲ Erik Ode in dem Erfolgsstück Keine Leiche ohne Lily mit Grethe Weiser und ➲ G. G. Hoffmann und am Hansa-Theater 1987 in Der Biberpelz. Erwähnenswert sind auch zwei Fernsehserien: Till, der Junge von nebenan (ZDF 1967, als Vater), und zweimal war Moik Frankfurter Tatort-Kommissar (1981/83). Dann führte eine beginnende Multiple-Sklerose-Erkrankung zu einer Einschränkung seiner schauspielerischen Tätigkeit. Er wandte sich wieder mehr seinen künstlerischen Anfängen zu und malte.

Axel Monjé (1910–1962)

Monjé stammt aus (dem heutigen) Bremerhaven. Er nahm Schauspiel- u. Gesangsunterricht und hatte etliche größere Rollen in längst vergessenen Filmen: Kornblumenblau (1939), Für die Katz (1940). Nach dem Krieg spielte er am Berliner Schlossparktheater, wo er seinen größten Erfolg als Partner von ➲ Walter Bluhm und Hildegard Knef hatte: Drei Mann auf einem Pferd (1946), das 291 Aufführungen erlebte. Er gab den Conti in Emilia Galotti am Deutschen Theater (1949) und den Käptn Bay-Bay am Theater am Nollendorfplatz (1951). Auch seine Filmkarriere konnte er fortsetzen, zunächst bei der DEFA: in Wolfgang Schleifs Und wenn's nur einer wär (1949), Gustav von Wangenheims Der Auftrag Höglers (1949) und als Rennfahrer in Rivalen am Steuer (1957). Im BRD-Film waren es nur noch Kleinrollen: Der Zarewitsch (1954), Rittmeister Wronski (1954), Canaris (1954), Ein Mann vergisst die Liebe (1955) und Der 20. Juli (1959). Axel Monjé starb an einem Herzinfarkt auf offener Bühne im Berliner Theater des Westens, wo er den Pickering in My Fair Lady spielte.

Seine berühmteste Synchronrolle war der «Ashley» in VOM WINDE VERWEHT (Leslie Howard). Außerdem eignete sich seine schöne, ruhige, unaufdringliche Stimme für Rock Hudson (DIE WUNDERBARE MACHT, DAS GOLDENE SCHWERT), Errol Flynn (GEGEN ALLE FLAGGEN, DER FREIBEUTER), Robert Taylor (DIE KAMELIENDAME), Henry Fonda (TROMMELN AM MOHAWK), Burt Lancaster (DER REBELL), Sterling Hayden (ASPHALT-DSCHUNGEL), Franchot Tone (MEUTEREI AUF DER BOUNTY), Howard Keel (VERWEGENE GEGNER), Gregory Peck (SEIN GRÖSSTER BLUFF), Stewart Granger (SCARAMOUCHE), Randolph Scott (WESTERN UNION), Cary Grant in der ersten Synchronfassung von SUSPICION und sogar John Wayne (DAS HAUS DER SIEBEN SÜNDEN). Seine Stammrollen waren Leute aus der zweiten Garnitur: William Elliott, Jock Mahoney, Donald Sinden und Mario Lanza.

Philipp Moog (*1961)

Philipp Moog wurde in München geboren und absolvierte seine Schauspielausbildung in New York am Neighbourhood Playhouse und bei Joanne Woodward. Er spielte in mehreren Filmen, auch in internationalen Produktionen mit: THE LITTLE DRUMMER GIRL (George Roy Hill, 1984), HERBSTMILCH (1988), MR. BLUESMAN (1992), U-571 (Jonathan Mostow, 2000). Im Mittelpunkt seiner Arbeit steht allerdings das deutsche und österreichische Fernsehen: WIE GUT, DASS ES MAMA GIBT (1990), SCHULDLOS SCHULDIG (1992), DUETT (1993), DIE MÄNNER VOM K3 (1994), COMING IN (1997), S.O.S. BARRACUDA (1997), MENSCHENJAGD (1999), DER NEBELMÖRDER (2000), SPERLING (2000–2007), NACH SO VIELEN JAHREN (2003), MEINE LETZTE REISE (2006, Adolf-Grimme-Preis), SCHNELL ERMITTELT (ORF seit 2009) DER ALTE, DERRICK und SISKA. Moog schreibt auch TV-Drehbücher (SK BABIES), wirkt in Hörspielen mit (*Das Gesicht des Fremden*, 1996, *Die Entdeckung des Himmels*, 1999) und verfasste zusammen mit Frank Röth das Theaterstück *Die Nadel der Kleopatra* (2010 am Berliner Schlossparktheater uraufgeführt). Außerdem ist Philipp Moog Autor eines Romans: *Lebenslänglich* (2008, auch als Hörbuch).

In der Synchronisation ist er zwei Stars fest zugeordnet: Ewan McGregor (KLEINE MORDE UNTER FREUNDEN, TRAINSPOTTING, MOULIN ROUGE) und Orlando Bloom (HERR DER RINGE, TROJA, ELIZABETHTOWN, NACHTS IM MUSEUM) und war bislang zu hören für Owen Wilson (THE ROYAL TENENBAUMS, DIE TIEFSEETAUCHER), Christian Slater (DER NAME DER ROSE, VERY BAD THINGS), Jamie Bamber (BATTLESTAR GALACTICA), Mathieu Amalric (CHANSON D'AMOUR), Brendan Fraser (MRS. WINTERBOURNE), Guy Pearce (L.A. CONFIDENTIAL, MEMENTO), Paul Bettany (RITTER AUS LEIDENSCHAFT), Adrian Zmed (T.J. HOOKER) und Grant Shaw (MELROSE PLACE).

David Nathan (*1971)

David Nathan kam in (Ost-)Berlin zur Welt. Sein Vater ➲ Michael Pan nahm ihn schon als Kind zu Synchronarbeiten

Mark Wahlberg (Jim Carroll, Corrupter, The Yards), Leonardo DiCaprio (Gilpert Grape, Total Eclipse), Mark Ruffalo (Collateral, Solange du da bist), Matt Dillon (In & Out), Jude Law (Gattaca), Kevin Bacon (24 Stunden Angst), Sam Rockwell (Galaxy Quest), Wes Bentley (Ghost Rider) und James Marsters (Buffy) und Peter Facinelli in Fastlane und David Conrad in Ghost Whisperer.

Horst Naumann (*1924)

In seiner Heimatstadt Dresden nahm Naumann Schauspielunterricht, danach tingelte er durch die Provinz und landete schließlich beim Film. Zwischen 1953 und 1957 spielte er mehrere Hauptrollen bei der DEFA: Carola Lamberti (1954), Leuchtfeuer (1954), Besondere Kennzeichen: keine (1956), Alter Kahn und junge Liebe (1957). 1958 ging Naumann in den Westen, im Film hatte er jedoch nur noch Nebenrollen: Kriegsgericht (1959), Am Tag, als der Regen kam (1959), Der Transport (1961), Der Arzt von St. Pauli (1968), Auf der Reeperbahn nachts um halb eins (1969). Er spielte Boulevardtheater in München und auf Tourneen, größte Popularität erzielte er aber

mit. David machte eine Lehre als Maler und kam mit seiner Familie (die einen Ausreiseantrag gestellt hatte) im Mai 1989 in den Westen. Hier spezialisierte er sich aufs Synchronisieren (mittlerweile auch als Buchautor und Regisseur, z.B. bei Hustle & Flow, Das perfekte Verbrechen und Fast Lane). Daneben liest er auf Hörbüchern, v.a. im Grusel- und Horror-Genre (z.B. Stephen King: The Green Mile, aber auch Carole Wilkinson: Hüterin des Drachens, H. P. Lovecraft: Jäger der Finsternis) und wirkt in Hörspielen mit (z.B. Troll, WDR 2006). Eine besondere Veranstaltung sind seine «prima-vista»-Lesungen zusammen mit ➲ Simon Jäger, bei denen das Publikum die Texte mitbringt.

Als Synchron-Schauspieler gehört David Nathan zu den herausragenden Stimmen der Gegenwart. Diesen Status hat er vor allem als feste Stimme für Johnny Depp erreicht (z.B. Don Juan de Marco, Donnie Brasco, Irgendwo in Mexiko, Dark Shadows). Zu seinen Stammrollen gehört auch Christian Bale (American Psycho, The Machinist, The Dark Knight). Bislang war er außerdem zu hören für Joaquin Phoenix (To Die For, Quills),

erst als Schiffsarzt auf dem ZDF-Traumschiff (1986–2010) und als Dr. Römer in der Schwarzwaldklinik. 2005 veröffentlichte Naumann seine Memoiren: *Zwischen Leuchtfeuer und Traumschiff.*

Seine zwei bedeutendsten Synchronrollen waren sehr gegensätzlich, reflektieren dadurch aber sein schauspielerisches Spektrum: Ugo Tognazzi in Ein Käfig voller Narren und Lino Ventura in dem Resistance-Drama Armee im Schatten. Naumann synchronisierte außerdem Jean-Pierre Aumont (Die amerikanische Nacht), Gian-Maria Volonté (Für ein paar Dollar mehr), Giuliano Gemma (Tödliche Geier, Der Stärkste unter der Sonne), Ben Johnson (Getaway), Bruno Cremer (Der Maulwurf), Lex Barker (Die Schlangengrube und das Pendel), Leslie Nielsen (Stadt in Flammen), Pierre Mondy (Ein pikantes Geschenk) und Jean Dasté in L'Atalante (ZDF 1968).

Hartmut Neugebauer (*1941)

Hartmut Neugebauer wurde in Zirke bei Posen geboren. Nach privatem Schauspielunterricht übernahm er Rollen in Film und Fernsehen, z. B. in Geheimcode Wildgänse, Inspektor Clouseau und Derrick, im Hörspiel in *Graf Duckula*, auf Hörbüchern von Ephraim Kishon. Er trat auch als Drehbuchautor und Synchronregisseur hervor (z. B. Moonraker, Die Braut, die sich nicht traut, Boston Legal).

Von ➲ Horst Niendorf übernahm Neugebauer die Synchronisation von Gene Hackman (Mississippi Burning, Absolute Power, Staatsfeind Nr. 1, The Royal Tenenbaums), auch für John Goodman wird er häufig besetzt (Mr. Traffic, Good Vibrations, Roseanne). Weitere Synchronrollen waren Robbie Coltrane in den Harry-Potter-Filmen, Danny Aiello (City Hall, Roseanna), Joe Pesci (Wie ein wilder Stier), Dom DeLuise (Nobody is Perfect), Rip Torn (Marie Antoinette), Aldo Maccione (Die Entführer lassen grüssen), Jim Broadbent (Gangs of New York), Richard Jenkins (It Could Happen To You), Raymond Burr in der Serie Der Chef (1989ff.), William Shatner in Boston Legal und Emma in Graf Duckula.

Veronika Neugebauer (1968-2009)

Veronika, Tochter von ➲ Hartmut Neugebauer, kam schon als Kind zu ihrer ersten bedeutenden Sprechrolle: sie übernahm die «Gaby» in der legendären Hörspiel-Serie *TKKG*. Später studierte sie klassischen Gesang und Schauspiel in New York (American Musical and Dramatic Academy), Paris und London. Mitte der 1990er Jahre kehrte sie nach Deutschland zurück, schrieb und inszenierte mehrere Theaterstücke (z. B. *John McGuire oder der letzte Gast*, 1996), spielte in TV-Serien mit (z. B. Die Sitte, RTL 2003) und trat in Kinofilmen auf (z. B. Comedian Harmonists, 1998). Außerdem war sie mehrere Jahre Sprecherin von *MTV news*. Zusammen mit der Pianistin Cornelia Ferstl bestritt sie das Jazz- und Chansonprogramm «Songs for Sale».

In der Synchronisation waren ihre herausragenden Parts Neve Campbell (SCREAM, CLOSING THE RING), Heather Donahue (BLAIR WITCH PROJECT), Valeria Bruni Tedeschi (5 x 2, DIE ZEIT, DIE BLEIBT), Winona Ryder (MR. DEEDS), Kerry Fox (INTIMACY), Marisa Tomei (WAS FRAUEN WOLLEN). Für Eileen Walsh in DIE UNBARMHERZIGEN SCHWESTERN erhielt Veronika Neugebauer den Synchronpreis 2003. Besonders beliebt war sie als Stimme von Trickfiguren (z.B. in SAILOR MOON).

Franz Nicklisch (1906–1975)

Nicklisch, der in Hesserode im Harz geboren wurde, ließ sich an der Schauspielschule des Deutschen Theaters Berlin ausbilden. Er debütierte mit der Titelrolle in *Gyges und sein Ring* 1928 in Halle und war von 1930–33 am Deutschen Theater bei Max Reinhardt engagiert. (u.a. 1930 Demetrius im *Sommernachtstraum*). 1933–45 spielte er am Staatstheater (u.a. als Hellriegel in *Und Pippa tanzt*, als Karl in *Maria Magdalena*, Ruprecht im *Zerbrochenen Krug* und Valentin im *Faust*). Nach dem Krieg trat Nicklisch am Hebbel-Theater auf und gehörte schließlich zum Ensemble von Schiller- und Schlossparktheater (hier spielte er u.v.a. Lennie in *Von Mäusen und Menschen*, den *Dorfrichter Adam* und Werle in *Die Wildente*). Sein Filmdebüt hatte er in DER KONGRESS TANZT (1930), später kamen hinzu MORGENROT (1933), DER GROSSE KÖNIG (1942), ENDSTATION LIEBE (1957), RHEINSBERG (1967).

Seine beste Synchronhauptrolle ist leider inzwischen durch eine neue Fassung ersetzt: John Wayne in STAGECOACH (lief zuerst 1950 als HÖLLENFAHRT NACH SANTA FE). Eine virtuose Chargenrolle war später Andy Devine in DER MANN, DER LIBERTY VALANCE ERSCHOSS. Außerdem: Charles Bronson (DIE GLORREICHEN SIEBEN), Broderick Crawford (DAS HAUS DER SIEBEN SÜNDEN), Robert Middleton (AN EINEM TAG WIE JEDER ANDERE, DER SCHATZ DER GEHENKTEN), Lee Marvin (DIE CAINE WAR IHR SCHICKSAL), George Matthews (UNTER FALSCHER FLAGGE), Neville Brand (DER GEFANGENE VON ALCATRAZ), Percy Herbert (DIE BRÜCKE AM KWAI), Harold Russell (DIE BESTEN JAHRE UNSERES LEBENS), Millard Mitchell (WINCHESTER 73).

Hans Nielsen (1911–1965)

Nach einer Kaufmannslehre nahm der Hamburger Nielsen Schauspielunterricht bei Albrecht Schoenhals, begann seine Theaterlaufbahn an Erich Ziegels Kammerspielen und hatte sein erstes festes Engagement in Leipzig. Stemmle holte ihn 1937 zum Film, wo er fortan seinen schauspielerischen Schwerpunkt fand: DAPHNE UND DER DIPLOMAT (1937), HEIMAT (1938), FASCHING (1939), TRENCK, DER PANDUR (1940), DIE NACHT IN VENEDIG (1942), LEICHTES BLUT (1943), TITANIC (1943), DER ENGEL MIT DEM SAITENSPIEL (1944), MUsik in Salzburg (1944), Das kleine Hofkonzert (1945). Ein eigentlicher Filmstar wurde Nielsen jedoch nicht. Dies lag wohl daran, dass er auf den Typ des würdigen Grandseigneurs festgelegt war, auf den «Darsteller nüchterner Geschäftsleute und brummiger, doch beherzter Geistlicher» (Cinegraph). Meist wirkte er in seinen Rollen älter, als er tatsächlich war. «Männlich, elegant und bestimmt, war Hans Nielsen ein Herr, der auch dann, wenn er einen harten Kriminalkommissar spielte, aussah, als ob er Platon im Urtext läse und heimlich gotische Madonnen sammelte.» (Friedrich August Wagner) Nielsen, der 1950 mit dem Komponisten Lothar Brühne eine eigene Produktionsfirma gründete («Condor»), spielte in vielen wichtigen Nachkriegsfilmen mit (In jenen Tagen, 1947), hatte seinen Höhepunkt als Pfarrer im Gewissenskonflikt in Nachtwache (1949 – dieser Film brachte nicht ihm, sondern seinem Partner Dieter Borsche den Durchbruch), seinen Tiefpunkt in dem Veit-Harlan-Machwerk Anders als du und ich (1957) und spielte den Hardenberg in Königin Luise (1957), den Verteidiger in Kriegsgericht (1959) und in Staudtes Herrenpartie (1964) den arrivierten Spießer, der mit seinen Kriegsverbrechen konfrontiert wird. Hinzu kamen – bis zu seinem frühen Leukämie-Tod – mehrere Edgar-Wallace-Filme. Am Bayerischen Staatsschauspiel gab er 1961 den König in *Hamlet*. Seine wichtigste Theaterrolle war der Kardinal in Rolf Hochhuths *Stellvertreter* unter Piscator (Freie Volksbühne Berlin1963).

Nielsen als Synchronschauspieler ist in allen Rollen ein klanglicher Hochgenuss. Mit seiner vollen und modulationsfreudigen Stimme erreichte er einen einsamen Gipfelpunkt mit Victor Sjöström, dem alten Professor in Wilde Erdbeeren, wo er mit getragenem Duktus einen Altersunterschied von 30 Jahren überspielte. Seine Stimme setzte er ferner ein für Tyrone Power (Zorro), Errol Flynn (Robin Hood), Cornel Wilde (Amber), James Stewart (Anatomie eines Mordes), Orson Welles (Citizen Kane), Melvyn Douglas (Ninotschka), Ray Milland (Bei Anruf Mord), Robert Taylor (Quo vadis), Fred Astaire (Daddy Langbein), Rex Harrison (Cleopatra), Cary Grant (Hexenkessel) und Trevor Howard in der Erstsynchronisation von Der dritte Mann.

Horst Niendorf (1926–1999)

Niendorf, der in der Nähe von Wittenberg geboren wurde, ging zur Deutschen Schauspielschule Berlin und debütierte 1948 als Leander in *Des Meeres und der Liebe Wellen* am Stadttheater Bad Godesberg. Von 1950 an avancierte er zum Berliner Volksschauspieler, vor allem am Kurfürstendamm und an der Tribüne, er spielte aber auch an Piscators Freier Volksbühne (als Verteidiger in *Die Ermittlung*, 1965). 1981 übernahm er von Paul Esser die Leitung des Hansa-Theaters, wo er bis 1994 als Regisseur und Schauspieler agierte (*Der Kaiser von Neukölln*, 1984), bevor er sich mit seiner

Lebensgefährtin Hannelore Kiesbauer an die Costa Blanca zurückzog. Er spielte in drei Filmen die Hauptrolle – POSTLAGERND TURTELTAUBE (1952), DIE LETZTEN DREI DER ALBATROS (1965), NESSIE, DAS VERRÜCKTESTE MONSTER DER WELT (1985) – und in mehreren Hörspielen, z. B. *Die Brücke von Berczaba* (HR 1952), *Nachtstreife* (RIAS 1953, Hörspielpreis der Kriegsblinden), *Die Nacht in San Vincente* (RIAS 1957, mit Joana Maria Gorvin), *Menschen im Hotel* (RIAS 1988). Häufiger war er in Fernsehspielen und -serien zu sehen: AM GRÜNEN STRAND DER SPREE (ARD 1960), ZEITSPERRE (ARD 1965), MADAME LEGROS (ARD 1968), DER SENATOR (ZDF 1968), ENDE EINES LEICHTGEWICHTS (ARD 1969), FUSSBALLTRAINER WULFF (ARD 1972, Titelrolle), DER HEILIGENSCHEIN (ARD 1977), AUS FAMILIÄREN GRÜNDEN (ZDF 1986) und MIT HERZ UND SCHNAUZE (ZDF 1995).

Der letzte Titel ist auch als Leitmotiv für seine Synchrontätigkeit geeignet. Niendorf war vielseitig verwendbar für Hollywoods Kämpfernaturen, seine Stimme signalisierte meist mehr Herz als Schnauze (bei ➲ Arnold Marquis war es umgekehrt). Burt Lancaster hatte oft seine Stimme (DIE TÄTOWIERTE ROSE, DER REGENMACHER) ebenso wie Gene Hackman (FRENCH CONNECTION), John Gavin (SOLANGE ES MENSCHEN GIBT) und Richard Egan (SENSATION AM SONNABEND). Außerdem tönte er aus den Münden von Rock Hudson (SEMINOLA), Charlton Heston (IM ZEICHEN DES BÖSEN), James Garner (WAS DIESE FRAU SO ALLES TREIBT), Rod Taylor (SPION IN SPITZENHÖSCHEN), Robert Mitchum (ENGELSGESICHT), Peter Finch (SUNDAY, BLOODY SUNDAY), Kirk Douglas (FREMDE, WENN WIR UNS BEGEGNEN), Rod Steiger (SIEBEN DIEBE), James Stewart (NACKTE GEWALT), Ernest Borgnine (DIE KANINCHENFALLE), Glenn Ford (DER MANN OHNE FURCHT), Lex Barker als TARZAN, Anthony Quayle (ÖSTLICH VON SUDAN), Aldo Ray (TAG OHNE ENDE), Lloyd Bridges (DIE TOLLKÜHNEN), Van Johnson (DIE CAINE WAR IHR SCHICKSAL), Arthur Kennedy (ENGEL DER GEJAGTEN), Jack Warden (DIE ZWÖLF GESCHWORENEN), Steve Reeves (AENEAS) und Harry Guardino (HAUSBOOT).

Timmo Niesner (*1971)

Schon als Kind hatte der gebürtige Berliner Hauptrollen im Fernsehen (z. B. als Sohn Markus in ICH HEIRATE EINE FAMILIE und in EINE KLASSE FÜR SICH) und im Film (KÜKEN FÜR KAIRO, 1985). Später studierte er Theater- und Filmwissenschaft und war in der Serie GUTE ZEITEN, SCHLECHTE ZEITEN als Thommy Walter zu sehen (1992–94). Er arbeitete als Regieassistent von ➲ Leon Boden bei ROSENKAVALIER (1997) und ist auf Hörbüchern zu hören (Matthew Skelton: *Endymion Spring,* Wolfgang Hohlbein: *Kevin von Lochsley,* Andi Rogenhagen: *Heldensommer*). Zu seinen jugendlichen Synchronarbeiten gehören drei bedeutende Hauptrollen: Henry Thomas als Elliott in E.T., Noah Hathaway als Atréju in Die unendliche Geschichte und Sean Astin als Mikey in Die Goonies. Timmo Niesner sprach außerdem für River Phoenix in Explorers und Stand By Me. Später kamen hinzu Elijah Wood als Frodo in Der Herr der Ringe, Peter Sarsgaard (Garden State, Jarhead), Jonathan Rhys-Meyers (Match Point), Sam Riley (Brighton Rock), James Marsden (Straw Dogs), Zachary Quinto (Star Trek), Wentworth Smith (Der menschliche Makel), Topher Grace (Reine Chefsache), Javier Camara (Sprich mit ihr) und Superman Tom Welling (Smallville). Bei den Serien Lost und Fringe war Niesner auch für Buch und Regie verantwortlich.

Ronald Nitschke (*1950)

Der Sohn des Schauspielers Hans Nitschke hatte schon früh Theater-Engagements in Berlin. Er spielte an der Tribüne (*Laura*, 1968), am Renaissance-Theater und am Hansa-Theater (*Rosenemil*, 1979). Dann wechselte er vom Theater zum Film, wo er auch in vielen internationalen Produktionen mitwirkte: Gotcha (1985), The Innocent (John Schlesinger, 1992), Shining Through (1992), Tropix (2002). Auch im Fernsehspiel begann Nitschke schon als Jugendlicher: Die Bräute meiner Söhne (1966), Kinderehen (1970), Nullpunkt (1973), Mövengeschrei (1977), Radieschen (1979), Lenin in Zürich (1984), Praxis Bülowbogen (1984–90), Haus am See (1992), Alarmcode 112 (1995), Einsteins Erbschaft (1996), Baby Jennifer (1997), Berlin – eine Stadt sucht den Mörder (2003). 2010 spielte er die Hauptrolle in dem preisgekrönten Kurzfilm Not Worth a Bullet mit ➲ Dietmar Wunder und ➲ Charles Rettinghaus. Nitschke lebte 12 Jahre lang in Costa Rica, ist aber mittlerweile in seine Heimatstadt Berlin zurückgekehrt.

Zu seinen wichtigsten Synchronrollen gehören: Tommy Lee Jones (Der Klient, Men in Black, Natural Born Killers, The Missing, Space Cowboys), Bill Paxton (Apollo 13), Bruce Willis (Das Model und der Schnüffler, Der Tod steht ihr gut), Matt Dillon (Rumble Fish, Die Outsider), Nicholas Cage (2 Mio $ Trink-

GELD), Samuel L. Jackson (JURASSIC PARK), Jean-Hugues Anglade (SUBWAY), Huub Stapel (EINE FAMILIE ZUM KNUTSCHEN), Elias Koteas (CRASH) und David Patrick in DIE GALGENVÖGEL (hier und in CRASH auch Synchron-Regie).

Eleonore Noelle (1924–2004)

Eleonore Noelle, die in Lüdenscheid geboren wurde, besuchte die Schauspielschule des Deutschen Theaters Berlin und debütierte in Schneidemühl als Gretchen. Otto Falckenberg holte sie 1944 nach München, doch wurden in diesem Jahr alle Theater in Deutschland geschlossen. Sie spielte nach dem Krieg in Frankfurt/Main und v.a. an den Münchner Kammerspielen (u.a. Sheila in *Ein Inspektor kommt*, 1947, *Des Teufels General* mit Paul Dahlke in der Titelrolle, 1948). Im Fernsehen war sie u.a. zu sehen in NACHTASYL (Paul Verhoeven, 1959), zusammen mit ihrem Mann Wolfgang Büttner in SENIORENSCHWEIZ (Otto Jägersberg, ARD 1976) und in einer Folge der Serie DER ALTE («Der Alte schlägt zweimal zu», ZDF 1977), im Hörspiel in *Paul Temple und der Conrad-Fall* (BR 1959) und *Eine Liebesgeschichte oder sowas* (Raymond Federman, BR 1991). Außerdem gab sie selbst Schauspiel- und Sprechunterricht.

Ihre Hauptrollen gestaltete Eleonore Noelle allerdings im Hintergrund: im Dunkel der Synchronateliers. Hier gehört sie zu den bedeutendsten und profiliertesten weiblichen Synchronstimmen. Mit ihrer außergewöhnlich differenzierten Sprachgestaltung eignete sie sich die unterschiedlichsten Charaktere an, kongenial war sie v.a. für problematische, grüblerische, introvertierte und unverstandene Frauenfiguren. Ihr nuanciertes Einfühlen in das Spiel der Originaldarstellerin prägte die deutschen Fassungen von zahlreichen Filmklassikern. Sie synchronisierte Ingrid Bergman (EUROPA 51, ICH KÄMPFE UM DICH, ANASTASIA), Grace Kelly (EIN MÄDCHEN VOM LANDE, ÜBER DEN DÄCHERN VON NIZZA), Lana Turner (STADT DER ILLUSIONEN, IM NETZ DER LEIDENSCHAFTEN), Ingrid Thulin (SCHREIEN UND FLÜSTERN, DAS SCHWEIGEN), Jeanne Moreau in FAHRSTUHL ZUM SCHAFOTT, Marlene Dietrich in DAS URTEIL VON NÜRNBERG, Anne Baxter in ALLES ÜBER EVA, Alida Valli in SEHNSUCHT, Vera Miles in DER FALSCHE MANN, Jean Peters (VIVA ZAPATA, DREI MÜNZEN IM BRUNNEN), Anouk Aimée in DAS SÜSSE LEBEN, Rita Hayworth (SALOME), Silvano Mangano (DIE FAHRTEN DES ODYSSEUS), Deborah Kerr (VOR HAUSFREUNDEN WIRD GEWARNT), Ann Todd (DER FALL PARADIN), Anne Bancroft (LICHT IM DUNKEL), Eleanor Parker (DAS TAL DER KÖNIGE), Claudette Colbert (ALS DU ABSCHIED NAHMST), Joan Fontaine (FLUG NACH TANGER), Susan Hayward (SCHNEE AM KILIMANDSCHARO) und Eva Dahlbeck (LEKTION IN LIEBE).

Engelbert von Nordhausen (*1948)

Geboren in Schmölln/Thüringen, debütierte von Nordhausen in Iserlohn als Prinz Friedrich von Homburg, danach spielte er in Saarbrücken, bevor ihn Helmut Käutner an die Freie Volksbühne Berlin engagierte. Er spielte 1977 unter Noelte in *Die Ratten*, 1982 mit Maria Schell in *Elisabeth von England* und trat außerdem am Kleinen Theater (*Lucrezia Borgia*, 1981) und am Renaissance-Theater auf: 1981 in *In der Sache J.R. Oppenheimer* mit Ernst Jacobi, 1983 unter Sasse in *Arturo Ui und Kasimir und Karoline* (Gegenüber dem Renaissance-Theater macht er auch eine Kneipe auf, die «Theaterklause»). Zu sehen war er in dem Film KEIN REIHENHAUS FÜR ROBIN HOOD (1980), zu hören in der Titelrolle der Kriminalhörspiel-Serie *Shaft* und auf Hörbüchern *(Spanische Märchen)*.

In der Synchronisation ist von Nordhausen auch als Autor und Regisseur tätig (TOTAL ECLIPSE, COP-LAND, IN & OUT, HEAT, PERRY MASON, BILL COSBYS FAMILIENBANDE). Zu seinen bevorzugten Sprechrollen gehört Samuel L. Jackson (UNBREAKABLE, SPURWECHSEL, STIRB LANGSAM: JETZT ERST RECHT), populär wurde er mit der Titelrolle in BILL COSBYS FAMILIENBANDE und synchronisierte außerdem Gene Hackman (FREIWURF, POWER – WEG ZUR MACHT, SCHNELLER ALS DER TOD), Jon Voight (DER REGENMACHER, ANACONDA), Raymond Burr (PERRY MASON), James Caan (ERASER), Frank Langella (MASTERS OF THE UNIVERSE), Michele Placido (REICH UND GNADENLOS), Ray Winstone (SEXY BEAST), George Dzundza (BASIC INSTINCT), Charles S. Dutton (GOTHIKA), John Rhys-Davis (QUATERMAIN), Richard Masur (DAS MÖRDERISCHE PARADIES), Sebastian Cabot in LIEBER ONKEL BILL (RTL 1987) und Yaphet Kotto in DER HERRSCHER DES CENTRAL PARK.

Joachim Nottke (1928-1998)

Joachim Nottke begann als Theaterschauspieler in Berlin: im Theaterclub im British Centre, an der Tribüne, der Vagantenbühne (1958 in *Antigone* von Jean Anouilh) und am Forum-Theater (z.B. 1963 in *Zeit der Schuldlosen* von Siegfried Lenz). Dann kam das Fernsehen mit der Hauptrolle in der Familienserie PETER IST DER BOSS (1973) sowie LOKALTERMIN (1973). Nottke schrieb auch Drehbücher für Fernsehspiele (EIN VOGEL AUF DEM LEIM, ROSI) und Serien wie TATORT, KOMMISSARIAT 9, DIREKTION CITY. Sein eigentliches Kapital aber war seine wunderschöne Erzählerstimme, mit der er vor allem die Kinderherzen in den Hörspielen *Benjamin Blümchen* und *Bibi Blocksberg* höher schlagen ließ.

Bei Nottkes Synchronrollen ging es dagegen oft härter zu, seine Stimme gehörte zu den Favoriten für Schwarze (das entsprechende Münchner Pendant war ➲ Herbert Weicker): Rosco Lee Browne (JUMPIN' JACK FLASH, STAATSANWÄLTE KÜSST MAN NICHT), Jim Brown (DAS DRECKIGE DUTZEND) und Brock Peters (SOYLENT GREEN). Zu erwähnen sind ferner Raymond Burr in der Neusynchro von DAS FENSTER ZUM HOF, Cedrick Hardwicke in COCKTAIL FÜR EINE LEICHE, Jason Robards in PHILADELPHIA, Arthur Kennedy in DIE

PHANTASTISCHE REISE, Slim Pickens in PAT GARRET UND BILLY THE KID, Denholm Elliott in SAINT JACK, Claude Pieplu in DER SÜSSE WAHN, Michel Lonsdale in DIE ROMANTISCHE ENGLÄNDERIN, Jean-Pierre Aumont in EINE KATZE JAGT DIE MAUS, Brad Dexter in COLONEL VON RYANS EXPRESS und Henri Martereau in INDOCHINE. Zahllos sind Nottkes Auftritte als Ensemble-Sprecher, gleichsam die Erkennungsmelodie einer Berliner Synchronisation dieser Ära.

Katja Nottke (*1959)
Katja Nottke wurde in Berlin als Tochter von ➲ Joachim Nottke und der Schauspielerin und Kinderbuchautorin Maria Axt (1925–1987) geboren. Sie wollte eigentlich Architektin werden, trat dann aber doch in die Fußstapfen des Vaters und nahm Unterricht bei Marlise Ludwig. Sie spielte an verschiedenen Berliner Theatern (v.a. Tribüne) und trat als Diseuse auf. Ihren Durchbruch erlebte sie mit der Titelrolle in der Revue *Edith Piaf – Ich bereue nichts* (1992), gefolgt von Zarah Leander, beides übrigens in ihrem eigenen Kreuzberger «Kama-Theater». 1995 spielte sie am Theater des Westens die Titelrolle in *Hello Dolly*,

2000 im Hansa-Theater *Traumfrau verzweifelt gesucht*. 2002 inszenierte sie dort das musikalische Lustspiel WAS MACHT EINE FRAU MIT ZWEI MÄNNERN? 2004 eröffnete sie eine neue eigene Kleinkunstbühne: «Nottkes Das Kieztheater».
Im Synchronstudio ist sie die deutsche Stimme von Melanie Griffith (STORMY MONDAY, FEGEFEUER DER EITELKEITEN), und Michelle Pfeiffer (DIE HEXEN VON EASTWICK, GEFÄHRLICHE LIEBSCHAFTEN, DIE FABELHAFTEN BAKER BOYS) und spricht außerdem für Rosanna Arquette (DIE ZEIT NACH MITTERNACHT), Mary Elizabeth Mastrantonio (DIE FARBE DES GELDES), Demi Moore (EINE FRAGE DER EHRE, NICHT SCHULDIG), Brooke Shields (BRENDA STARR), Maruschka Detmers (VORNAME CARMEN), Isabelle Adjani (HEIRATE MICH NICHT, CHERIE), Diane Lane (KNIGHT MOVES), Madeleine Stowe (DER LETZTE MOHIKANER), Sharon Stone in SLIVER und Loretta Devine in der Serie BOSTON PUBLIC.

Michael Nowka (*1952)
Während seiner Schulzeit am Berliner Herder-Gymnasium war Michael Nowka schon ein begehrter Film- und Fernsehdarsteller. Er spielte u.a. mit in DAS FAHRRAD, TILL, DER JUNGE VON NEBENAN, HAFENPOLIZEI, ALLE MACHEN MUSIK, ALLES DREHT SICH UM MICHAEL, STEINER – DAS EISERNE KREUZ. Später ließ er sich zum Dipl.-Kaufmann ausbilden, promovierte und gründete eine eigene Produktionsfirma.
Seine Synchronarbeit konzentriert sich inzwischen ganz auf Buch und Regie (JURASSIC PARK, FLINTSTONES, THE ROCK, TIN MEN, DEMOLITION MAN, BAD COMPANY, VANILLA SKY, PSYCH). Zuvor sprach er mehrmals für Sean Penn (COLORS, IM VORHOF DER HÖLLE, DER FALKE UND DER SCHNEEMANN, AUF KURZE DISTANZ), Rick Moranis (GHOSTBUS-

ters, Flinstones, Liebling, ich habe die Kinder geschrumpft) und Michael Palin (Der Sinn des Lebens, Ein Fisch namens Wanda), ferner: Al Pacino (Panik im Needle-Park), Rob Lowe (Wayne's World), Barry Miller (Nur Samstag nacht), Ron Howard (Vier Vögel am Galgen), Michael Dudikoff (American Fighter), Bruce Davison (Die Galgenvögel).

Erik Ode (1910–1983)

Erik Ode, als Sohn der Schauspieler Fritz Odemar und Erika Nymgau in Berlin geboren, stand schon mit zwölf in dem Stummfilm I.N.R.I. vor der Kamera. Später steht er auf Bühnen in Berlin (Kabarett der Komiker) und München (Residenztheater), tritt auch als Operetten-Buffo und Stepptänzer auf und wirkt vor allem beim Film mit: F.P.1 antwortet nicht (1932), Charleys Tante (1936), Der Favorit der Kaiserin (1936), Das Leben kann so schön sein (1938), Wir tanzen um die Welt (1939), Ein kleine Sommermelodie (1944). Nach dem Krieg leitet er die Kabarett-Abteilung des RIAS, inszeniert an den Berliner Theatern, führt Regie bei der MGM-Synchronabteilung in Tempelhof und dreht etwa zwei Dutzend Unterhaltungsfilme, z.B. Herrliche Zeiten (1950), Schlagerparade (1953), Heldentum nach Ladenschluss (1955), Lügen haben hübsche Beine (1956), Der Mustergatte (1956), Liebe, Jazz und Übermut (1957), ... und abends in die Scala (1958). Populär wird er jedoch erst als Der Kommissar (1969–1976). Danach versucht er ein Comeback als Theaterschauspieler, in Lübeck ist er 1977 Loman in *Tod eines Handlungsreisenden*, als Hauptmann von Köpenick geht er auf Tournee.

Während seiner Tätigkeit für die MGM-Synchronabteilung führte er nicht nur Regie, sondern war auch die deutsche Stimme von Fred Astaire (Drei kleine Worte, Vorhang auf, Seidenstrümpfe) und Gene Kelly (Ein Amerikaner in Paris, Du sollst mein Glücksstern sein, Brigadoon). Zu seinen weiteren Sprechrollen gehören Cary Grant (Der unsichtbare Dritte), Bob Hope (Junggeselle im Paradies), Frank Sinatra (Heut gehn wir bummeln, Eine Nummer zu gross), Bing Crosby (Die oberen Zehntausend), James Mason (Im Schatten der Krone), Robert Walker (Verschwörung im Nachtexpress / Der Fremde im Zug), François Perier (Schatten der Vergangenheit) und Alberto Sordi (Vater wider Willen).

Marcus Off (*1958)

Marcus Off kam in Überlingen zur Welt und wuchs in Lindau und im Schwarzwald auf. Seine Schauspielausbildung erhielt er in München und New York. Er spielte Theater zunächst in München, wo er von 1986 bis 1994 Ensemblemitglied des Theaters «Viel Lärm um nichts» war. Anschließend wechselte er ans Schauspielhaus Dortmund. Hier trat er u.a. auf als Mortimer in *Arsen und Spitzenhäubchen* (2000), Murk in *Trommeln in der Nacht* (2000), Newton in *Die Physiker* (2002), Krogstad in *Nora oder Ein Puppenheim* (2002), mit der Titelrolle in *Ritter Blaubart* (2003) und als Untersuchungsoffizier Steve Arnold in *Der Fall Furtwängler – Taking Sides* (2004). Im Fernsehen war seine wichtigste Rolle die des Phil Seegers in der Lindenstrasse (1985ff.). In dem Kinofilm Lamento von René Sydow (2006) übernahm er die Hauptrolle.

Seine wichtigste Synchronrolle war bislang Johnny Depp in den ersten drei Teilen der Fluch der Karibik-Reihe. Hinzu kamen Steve Coogan (In 80 Tagen um die Welt, Das Alibi), Jason Lee (Staatsfeind Nr. 1, Almost Famous), Ralph Fiennes (Der ewige Gärtner), Val Kilmer (The Missing), Josh Brolin (Milk), Justin Theroux (Drei Engel für Charlie), Benjamin Bratt (Pinero), Dan Futterman (Will & Grace, Für alle Fälle Amy), Brian Mitchell (Trapper John M.D.), Simon Baker (The Guardian), Mark Gatiss (The League of Gentlemen), Joe Flanigan (Stargate Atlantis) und Simon Baker in The Mentalist.

Edgar Ott (1929–1994)

In Berlin, wo Edgar Ott auch geboren wurde, besuchte er die Schauspielschule des Hebbel-Theaters, begann dort (und an der Tribüne) auch mit dem Theaterspielen, gehörte dann aber über drei Jahrzehnte zum hervorragenden Chargenensemble von Schiller- und Schlossparktheater. Er spielte u.v.a. in *Troilus und Cressida* (Sellner, 1954), *Fuhrmann Henschel* (Barlog, 1958), *Amphitryon* (Henn, 1961) – hier entzückte er Walther Karsch: «Edgar Ott ist eine Köstlichkeit für sich» – *Woyzeck* (Barlog, 1964), *Weh dem der lügt* (Barlog 1965) und *Minna von Barnhelm* (Barlog, 1970). Daneben bereicherte er die Hörspiele der Berliner Sender mit seiner Stimme (z.B. *Die Übungspatrone* von Otto Heinrich Kuehner, RIAS 1954), trat in Fernsehspielen auf (Sein Schutzengel, ZDF 1971, Auf Befehl erschossen, ZDF 1972) und spielte in Wolfgang Staudtes Vorabendserie Kommissariat 9 (ARD 1974) die Hauptrolle des Kommissars Dingelein. Verheiratet war er mit der Schauspielerin Liane Croon (1927–2000).

Edgar Ott gehört zu den populärsten deutschen Synchronschauspielern, weil seine Stimme nun wirklich jedes Kind kennt. Diese Popularität beruht in erster Linie auf der Tonkassettenserie *Benjamin Blümchen* mit Ott als gutmütigem Elefanten, aber er sprach auch Hauptrollen in zahlreichen Zeichentrick-Klassikern, allen voran Balou, der Bär im DSCHUNGELBUCH (und dem Song «Versuch's mal mit Gemütlichkeit»), weiter das Krümelmonster in der SESAMSTRASSE, O'Malley in ARISTOCATS, Obelix in mehreren ASTERIX-Filmen, Prof. Rattenzahn in BASIL – DER GROSSE MÄUSEDETEKTIV, den Tiger in FEIVEL, DER MAUSWANDERER. Die groß gewordenen Kinder kombinieren seine Stimme hauptsächlich mit «Kojak» Telly Savalas in EINSATZ IN MANHATTAN («Entzückend, Baby!»). Er synchronisierte außerdem Lino Ventura (DAS VERHÖR, DER RAMMBOCK, DER MAULWURF), Philippe Noiret (DREI BRÜDER), Robert Mitchum in RYANS TOCHTER, Charles Durning (HUNDSTAGE), Robert Shaw (DER WILDE HAUFEN VON NAVARONE), Gene Hackman (HAWAII), Herbert Edelman (EIN SELTSAMES PAAR), Woody Strode (SHALAKO), Philip

Stone in UHRWERK ORANGE und – noch eine alte Kultserie – Bill Cosby in TENNISSCHLÄGER UND KANONEN.

Hans Paetsch (1909–2002)

Hans Paetsch stammt aus dem Elsass. Er studierte Literatur- und Theaterwissenschaft in Freiburg, Berlin und Marburg. 1931 debütierte er in Gießen und hatte anschließend Engagements in Heidelberg, Lübeck, Saarbrücken und von 1939–44 am Deutschen Theater Prag (u.a. als Tellheim und Alpenkönig). Nach dem Krieg spielte er in Braunschweig und Frankfurt, von 1947–75 gehörte er ununterbrochen als Schauspieler und Regisseur dem Thalia Theater Hamburg an. Seine Rollen waren u.v.a. Lord Windermere, Prof. Higgins, Kurt in *Totentanz*, Papst in *Der Stellvertreter* und Pastor Manders in *Gespenster*. Als Filmschauspieler war er aktiv in HAUPTSACHE GLÜCKLICH (1941), MADE IN GERMANY (1957), HUNDE WOLLT IHR EWIG LEBEN (1958), BUDDENBROOKS (1959) oder DURCHBRUCH LOK 234 (1963). Fernsehauftritte hatte er in STALINGRAD (1963), GNEISENAU (1970), DAS VERHÖR DES ERNST NIEKISCH (1977), DER GLÜCKS-

RITTER (1983) und als Landrat in der SCHWARZWALDKLINIK. Am populärsten wurde Paetsch jedoch mit seiner Stimme. Er gestaltete Hauptrollen in zahlreichen NWDR- und NDR-Hörspielen wie *Die gekaufte Prüfung* (Günter Eich, 1950), *Das Jahr Lazertis* (Eich, 1954), *Die Festung* (Claus Hubalek, 1956), *Nächtliches Gespräch mit einem verachteten Menschen* (Dürrenmatt, 1957), *Die Spurlosen* (Böll, 1957), *Aktion ohne Fahnen* (Andersch, 1958), *Der Gesandte* (Siegfried Lenz, 1964). Es waren aber vor allem seine zahllosen Märchenschallplatten, die ihn zum «Märchenonkel der Nation» machten: «Wenn Gott einen Pressesprecher hätte, würde er klingen wie Hans Paetsch.» *(SZ, 26.6.1995)*

Da Paetsch in Hamburg synchronisierte, waren es vorwiegend britische Schauspieler, denen er seine Stimme zur Verfügung stellte: Naunton Wayne (DER WAHNSINN DES DR. CLIVE, ENDSTATION HAREM), Eric Portman (DER MEISTERDIEB VON PARIS, LOCKENDE TIEFE), Joseph Cotten (TEUFLISCHES SPIEL), Laurence Naismith (DIE STUNDE X, DÄMON WEIB), Geoffrey Keen (DOKTOR AHOI!, DER SPANISCHE GÄRTNER), Michael Redgrave (SIE WAREN 13), Ronald Squire (SEIN GRÖSSTER BLUFF), Michael Hordern (STURM ÜBER DEM NIL) und Lionel Barrymore in DAS ZEICHEN DES VAMPIRS (ZDF 1982).

Ilse Pagé (*1939)

Ilse Pagé besuchte in ihrer Heimatstadt Berlin die Max-Reinhardt-Schule und war von 1959–66 Ensemblemitglied von Schiller- und Schlossparktheater. Sie spielte u.a. in Fritz Kortners Don-Juan-Inszenierung (1960) und in *Der Hauptmann von Köpenick* (Barlog, 1964). Anschließend war sie freischaffend tätig, u.a. am Renaissance-Theater (1974 in *Harold und Maude* mit Grete Mosheim) sowie in München und Zürich. Ihr Filmdebüt hatte sie 1958 bei der DEFA in BERLIN – ECKE SCHÖNHAUSER, danach kamen DAS HAUS IN MONTEVIDEO (1963), mehrere EDGAR-WALLACE-Filme (als Sekretärin von «Sir John» ⊃ Siegfried Schürenberg), 48 STUNDEN BIS ACAPULCO (1967), DIE BLECHTROMMEL (1979), ENGEL AUS EISEN (1981, Bundesfilmpreis); Fernsehen: KIRSCHEN FÜR ROM (1971), FEDERLESEN (1972), MAGERE ZEITEN (1978), KYRITZ-PYRITZ (1979), KOMPLIZINNEN (1987).

Ilse Pagé synchronisierte Jill St. John (DER LADENHÜTER, ...DENN KEINER IST OHNE SCHULD), Gene Tierny in LAURA (Fassung von 1975), Karen Black (DER GROSSE GATSBY, DER TAG DER HEUSCHRECKE), Pamela Tiffin (EIN TOLLKÜHNER DRAUFGÄNGER, DREI MÄDCHEN IN MADRID), Liza Minelli (ABENTEURER AUF DER LUCKY LADY), Rosanna Schiaffino (DIE HERAUSFORDERUNG), Valerine Perrine (GRENZPATROUILLE), Marie Versini (WINNETOU), Ann-Margret (TOLLE NÄCHTE IN LAS VEGAS).

Wolfgang Pampel (*1945)

Der aus Leipzig stammende Pampel besuchte die Leipziger Hochschule für Dramatische Kunst und spielte am

Städt. Theater Leipzig. Nach schlechten Erfahrungen in der DDR (er wurde u.a. strafweise zur NVA zwangseingezogen) nutzte er 1974 ein Leipziger Gastspiel in Wiesbaden und blieb im Westen. Er spielte bedeutende Rollen am Düsseldorfer Schauspielhaus (Kregler in *Trommeln in der Nacht*, Macheath in der *Dreigroschenoper*), am Berliner Schillertheater (Tesman in *Hedda Gabler*, Caliban in *Der Sturm*) und ging schließlich nach Österreich, spielte am Wiener Burgtheater, in Salzburg und Klagenfurt. Häufig trat er in Musicals auf *(Elisabeth, Phantom der Oper, Evita)*, spielte in *Der Bauer als Millionär*, *Professor Bernhardi* und *Topdogs*. In Österreich wirkt er auch in Film und Fernsehen mit: Geliebte Gegner mit der Fortsetzung Die Ehre der Strizzis (1999/2000), SOKO Wien (2009) und Mein bester Feind (2011).

Die Stimme von Pampel, der schon in der DDR bei DEFA-Synchronisationen mitgewirkt hatte, ist vor allem durch eine Rolle bekannt geworden: Larry Hagman, «J.R.» in Dallas, dessen selbstgefälliges Meckern auf den deutschen Bildschirmen über Jahre hinweg Wolfgang Pampel ertönen ließ. Schon vorher etablierte sich Pampel von Krieg der Sterne an als feste Stimme von Harrison Ford, sprach häufig für Gérard Depardieu (Der süsse Wahn, Die Frau nebenan) sowie für David Carradine (U-Boot in Not), John Belushi (Ich glaub mich tritt ein Pferd), Donald Sutherland (Die Körperfresser kommen), Michael Caine (Der Honorarkonsul), Anthony Hopkins (Jahreszeiten einer Ehe), Richard Chamberlain in der Serie Shogun, John Lithgow (Blow out), Robin Williams (Popeye), Harry Dean Stanton (Nieten unter sich). Pampel arbeitet auch als Synchronregisseur und ist auf Hörbüchern von Dan Brown zu hören *(Sakrileg, Illuminati, Das verlorene Symbol)*.

Michael Pan (*1952)

Michael Pan wurde in Madrid geboren als Sohn des Kabarettisten Peter Pan (= Alfred Nathan, 1909–76), der vor den Nazis nach Frankreich (Lager Gurs) und Spanien geflohen war und dort mit einer anderen Identität als Chansonnier auftrat (Alfred Nathan verfasste darüber die Autobiografie *Lachen trotz Tod und Teufel: Gesänge hinter Stacheldraht. Kriegsnotizen eines Kabarettisten 1939-45*, Leipzig 1962). Michael Pan kehrte 1957 mit seiner Familie nach Deutschland zurück – in den östlichen Teil. Er besuchte die Staatliche Schauspielschule Berlin, spielte 1974–89 am Deutschen Theater (gehörte dort auch zum Pantomimen-Ensemble) u.a. in *Dreyfus* (1981), am Maxim-Gorki-Theater (*Die Aula*, 1985), an der Deutschen Staatsoper als «Gregor Samsa». Im Fernsehen war er zu sehen in Ein Zimmer mit Ausblick (DFF 1978), der ZDF/DFF-Co-Produktion Freunde in Preussen (1981 als Moses Mendelssohn) und in Der Lude (DFF 1984) sowie in aktuellen Serien wie Tatort, Der Kriminalist, SOKO Leipzig. Auf Hörbüchern ist er mit Lesungen zu hören (Balzac: *Tolldreiste Geschichten*). Michael Pan ist Vater von ⊃ David Nathan, der deutschen Stimme von Johnny Depp.

Seine eigene Synchronarbeit begann schon in der DDR, z.B sprach er 1974 die Hauptrolle (Boris Tokarew) in 100 Tage nach der Kindheit. Später kamen hinzu William H. Macy, Brent Spiner (Star Trek, Nemesis), Griffin Dunne (40 Tage und 40 Nächte), Anthony Heald (Boston Public), David Wenham (Van Helsing), Bob Balaban (Gosford Park), Jimmy Smits (Old Gringo), Christian Clavier (Asterix und Obelix – Mission Kleopatra), Xander Berkeley (Die fabelhaften Baker Boys), Martin Short (Mars Attacks), David Hyde Pierce (Frasier), Ferdinand in Ein Schweinchen namens Babe und Boris in Balto.

Hans-Georg Panczak (*1952)

Panczak wurde in Düsseldorf geboren und wuchs in Berlin auf. Er stand schon mit neun Jahren auf der Bühne und vor der Kamera (in dem Fernsehspiel Aus Gründen der Sicherheit spielte er den Sohn von Siegfried Lowitz). Auch als Teenager war Panczak vollbeschäftigt mit Theater und Fernsehen. Er trat am Forum-, Schlosspark- und Hebbel-Theater und an der Schaubühne auf und nahm Unterricht bei Marlise Ludwig. In Lübeck spielte er die Titelrolle in Plenzdorfs *Die neuen Leiden des jungen W.* (1974) und Beckmann in Borcherts *Draußen vor der Tür* (1979). Auch im Fernsehen gestaltete er zahlreiche Hauptrollen, darunter die beiden Meisterwerke Sechs Wochen im Leben der Brüder G. von Peter Beauvais (ARD 1974) und Musik auf dem Lande von Oliver Storz (ZDF 1980). Mehrmals trat er in Derrick und Der Alte auf sowie in Der Architekt der Sonnenstadt (ZDF 1979), Sonntag (ZDF 1984) und in der Serie Operation Phoenix – Jäger zwischen den Welten (RTL 1999), im Kinofilm u.a. in Mobbing – Die lieben Kollegen (1995), im Hörspiel in *Vermisst in Havanna* (WDR 2006).

Auch beim Synchronisieren begann er schon mit Kinderrollen (z.B. in Wer die Nachtigall stört) und Jugendlichen (z. B. in HERZFLIMMERN). Seine beiden wichtigsten Hauptrollen waren Richard Thomas als «John Boy» in der ZDF-Serie DIE WALTONS und Mark Hamill als Luke Skywalker in KRIEG DER STERNE. Außerdem: Richard Dreyfuss in AMERICAN GRAFFITI, David Keith (EIN OFFIZIER UND GENTLEMAN), Sting (DIE BRAUT), Jan-Michael Vincent (UM KOPF UND KRAGEN), Richard Thomas (SADOR – HERRSCHER DES WELTRAUMS), Sam Jones (FLASH GORDON), Dwight Schultz in der Serie DAS A-TEAM und Ray Liotta (GEFÄHRLICHE FREUNDIN).

Sein Sohn **Janni Panczak** ist die deutsche Stimme von Kyle in SOUTH PARK.

Bruno W. Pantel (1921–1995)

Pantel, der in Berlin als Sohn eines Zauber- und Varietékünstlers geboren wurde, versuchte sich zunächst in anderen Berufen (Fahrlehrer, Laborant), bevor er mit dem Theaterspielen in der Provinz begann. In Berlin trat er am Hebbel- und Hansa-Theater auf sowie im RIAS (RIAS-Kaffeetafel mit Hans Rosenthal), in München am Bayerischen Staatsschauspiel, in Köln machte er Kabarett. Im Film übernahm er zahlreiche Chargenrollen, z. B. in AUFERSTEHUNG (1958), DIE 1000 AUGEN DES DR. MABUSE (1960), SHERLOCK HOLMES UND DAS HALSBAND DES TODES (1962), ZIMMER 13 (1962), BEVOR DER WINTER KOMMT (1969) und DAS BROT DES BÄCKERS (1976). Im Fernsehen war seine bekannteste Rolle «Texas-Bill» in der Serie SALTO MORTALE (1969), zu sehen war er auch in JAUCHE UND LEVKOJEN (1978). Nach einer Beinamputation (1973) war Pantel schwer gehandicapt, ließ sich jedoch nicht unterkriegen und spielte weiter in Münchner Fernsehserien mit (DERRICK, EIN SCHLOSS AM WÖRTHERSEE).

In seinen Synchronarbeiten war Pantel vor allem mit Oliver Hardy verbunden, für den er 1960 in RACHE IST SÜSS sprach und dann in der ZDF-Vorabendserie DICK UND DOOF (1970ff.). Eine bekannte Serienrolle war auch Sebastian Cabot als Mr. French in LIEBER ONKEL BILL. Pantel sprach ferner für Lou Costello (ABBOTT UND COSTELLO ALS GANGSTERSCHRECK), Peter Falk (EINE TOTAL, TOTAL VERRÜCKTE WELT), GORDON JACKSON (RAUBZUG DER WIKINGER), Ferdy Wayne (DER PIRAT) und Jack Weston (GELD SPIELT KEINE ROLLE). Zu seinen Spezialitäten gehörten auch mehrere Trickfiguren: Fozzy-Bär in der MUPPET-SHOW, Puck in der BIENE MAJA und Ulme in WICKIE UND DIE STARKEN MÄNNER.

Peter Pasetti (1916–1996)

Der Spross einer Münchner Künstlerfamilie (sein Vater war Bühnenbildner, seine Mutter Malerin) studierte nicht nur Schauspiel, sondern auch Musik (Klavier u. Cello). Er spielte Theater vorwiegend in München, von 1947–79 war er ununterbrochen an den Kammerspielen. Zu seinem Repertoire gehörten Baumeister Sollness, Jupiter in *Amphytrion*, Orgon in *Tartuffe* und Cornelius Melody in *Fast ein Poet*. Vor der

Filmkamera stand er seit 1940, er spielte u. a. in Venus vor Gericht (1941), Der Herr vom andern Stern (1948), Du bist nicht allein (1949), Johnny rettet Nebrador (1953), Clivia (1956), Zeit der Schuldlosen (1964), Und Jimmy ging zum Regenbogen (1970) und Das chinesische Wunder (1976). Pasettis Schwerpunkt in den 1960er und 1970er Jahren war das Fernsehen, wo er in über 160 Produktionen mitwirkte, z. B. Der Panamaskandal (ZDF 1967), Palace Hotel (Tom Toelle, ARD 1969) und Bedenkzeit (Ludwig Cremer, ZDF 1971); als Gaststar trat er häufig in Der Kommissar, Derrick und Der Alte auf. Charmesprühend, kultivierte Eleganz ausstrahlend, war er der geborene Bonvivant.

«Im Gesicht hatte er immer etwas von Don Quixote, so als irrlichterten in ihm ständig Lust und Eifer, Melancholie und Wahnwitz, strenge Disziplin und genialische Schlamperei. In seiner Stimme schwang immer auch ein wunderlich knarzender, brüchiger Ton mit, der ihr so etwas Besonderes, fast englisch Snobistisches gab.» *(SZ, 24.5.1996)* – womit wir beim «Thema» wären, denn einen edel-heroischen Zug hatten auch seine Synchronrollen. Er sprach für Gary Cooper (Wem die Stunde schlägt), Orson Welles (Die Lady von Shanghai, Die schwarze Rose), Charles Boyer (Das Haus der Lady Alquist), Cary Grant (Indiskret), Joseph Cotten (Citizen Kane), Jean Marais (Fracasse), Anthony Quinn (Viva Zapata), Victor Mature (Samson und Delilah), Humphrey Bogart (Wir sind keine Engel), Gabriele Ferzetti (Die mit der Liebe spielen) und sogar John Wayne (Die Freibeuterin, Piraten im Karibischen Meer).

John Pauls-Harding (1922–1987)

Der gebürtige Berliner nahm Tanz- und Schauspielunterricht und trat 1938–43 als Kabarettist auf: im «Kabarett der Komiker» (Berlin), dem «Eulenspiegel» (Danzig) und in der «Bonbonnière» (München). Nach dem Krieg spielte er Theater in München (Staatsschauspiel, Kammerspiele, Kleine Freiheit). Filmrollen hatte er in Annelie (1941), Ich werde dich auf Händen tragen (1943), Eine kleine Sommermelodie (1944), Das Fräulein und der Vagabund (1949), Cuba Cubana (1952).

Im Synchrongewerbe war er nicht nur als Sprecher, sondern auch als Regisseur tätig. Zu seinen wichtigsten Regiearbeiten gehören Bonanza, Wiegenlied für eine Leiche, Der Hauch des Todes, Network, Sodbrennen, Der Stadtneurotiker, Tootsie und Radio Days. In den vierziger und fünfziger Jahren war er einer der deutschen Stimmen von Jean Marais (Reise ohne Hoffnung, Doppeladler, Rendezvous in Paris, Der Arzt und das Mädchen), hinzu kamen Frank Sinatra (Verdammt in alle Ewigkeit), Terry-Thomas (Unser Mann in Rio, Auch die Kleinen wollen nach oben), Carl Moehner (Rififi), Kenneth More (Scotts letzte

Fahrt), John Derek (Der Mann, der herrschen wollte), Peter van Eyck (Die letzte Etappe), William Henry (Die Abenteuer Mark Twains), Jack Webb (Boulevard der Dämmerung).

Arno Paulsen (1900–1969)

Der gebürtige Stettiner (sein eigentlicher Name ist Gustav Zubke) strebte zunächst eine Sängerkarriere an und erzielte als Operettentenor in Hamburg, Leipzig und Hannover erste Erfolge. Dann entschloss er sich, zum Komiker umzusatteln, doch der Krieg unterbrach seine Bühnenlaufbahn. Stattdessen feierte er im ersten deutschen Nachkriegsfilm ein fulminantes Debüt: In Staudtes Die Mörder sind unter uns gestaltete er mit wenigen, klaren Zügen die Rolle des janusköpfigen Fabrikanten, der von seiner Kriegsverbrecher-Vergangenheit eingeholt wird. Paulsen setzte seine Filmarbeit fort mit Affaire Blum (1948), Die Brücke (1949), Die Dritte von rechts (1950), Ihre grosse Prüfung (1954), Der 20. Juli (1955), Liane, das Mädchen aus dem Urwald (1956), Das Mädchen Rosemarie (1958) und Am Tag als der Regen kam (1959). Daneben spielte er auch wieder Theater in Berlin (Theater am Schiffbauerdamm, Schiller- u. Schlossparktheater).

Arno Paulsens Beitrag zur Synchronkultur ist mit einem Satz beschrieben: Er war die deutsche Stimme von Oliver Hardy. Auch wenn er sich diese Rolle mit anderen teilen musste – er war der einzige kongeniale Stimm-Spieler und selbst eine physiognomische Ähnlichkeit lässt sich nicht abstreiten. Zudem war er noch tätig für Walter Slezak (Sindbad, der Seefahrer, Die Seeteufel von Cartagena, 10000 Schlafzimmer), Louis Segnier (Schatten der Vergangenheit), Thomas Gomez (Der Eroberer), Edgar Buchanan (Cimarron) und Basil Sidney (Herr der drei Welten).

Uwe Paulsen (*1944)

Als Sohn des UFA-Stars Harald Paulsen (1895–1954, Hauptrolle in Heiratsschwindler von Herbert Selpin, 1937) in Berlin geboren, spielte er Theater in seiner Heimatstadt: am Schiller-Theater 1972 in *Tartuffe*, 1973 in *Ein Volksfeind*, an der Tribüne 1973 in *Macbett* von Ionesco und in mehreren Kindermusicals, am Hebbel-Theater sowie 1980 in *Kiss Me*

Kate am Theater des Westens. 1990 wirkte er im 49. Programm der «Stachelschweine» mit (*Es kracht im Schicksal*), 1998 in *Der Kaiser von Neukölln*, am Hansa-Theater 1994 in *Drei Männer im Schnee*.

Synchronrollen spielte er schon als Kind, zu seinen späteren Interpretationen gehören Graham Chapman (Das Leben des Brian), Dirk Benedict (Kampfstern Galactica), Michael Crawford (Hello, Dolly!), Rob Lowe (Die Outsider), Desi Arnaz jr. (Begrabt die Wölfe in der Schlucht, Eine Hochzeit), Gary Grimes (Vier Vögel am Galgen), Peter Kastner (Big Boy, jetzt wirst du ein Mann), Craig Wasson (Der Tod kommt zweimal), Bill Murray (Der kleine Horrorladen), Dennis Christopher (Vier irre Typen), Peter Firth (Jagd auf «Roter Oktober»), Ruben Blades (Fatal Beauty), Lou Castel (Die Augen, der Mund), Peter Strauss (Kampfstern Galactica), Kris Kristofferson in der Neufassung von Pat Garret jagt Billy the Kid (1987) und in Serien Michael Warren (Polizeirevier Hill Street), Martin Shaw (Die Profis) und James Read (Remington Steele).

Werner Peters (1918–1971)

Im sächsischen Werlitzsch geboren, nahm Peters Schauspielunterricht bei Lina Carstens und spielte Theater in Gera, an den Münchner Kammerspielen, am Deutschen Theater und der Volksbühne in Ostberlin, bei Stroux in Düsseldorf und am Schiller-Theater (1956 St. Just in *Dantons Tod* unter Piscator). Dann zog er sich mehr und mehr vom Theater zugunsten der Filmarbeit zurück. Er filmte von 1947–1955 bei der DEFA und triumphierte 1951 mit der Darstellung des deutschen Spießers Diederich Heßling in Staudtes Der Untertan, jener Rolle, mit der Peters fortan identifiziert wurde. Zu seinen anderen DEFA-Filmen zählen Rotation (1948), Der Kahn der fröhlichen Leute (1950), Ein Polterabend (1955) und Star mit fremden Federn (1955). Während er hier – wie auch auf der Bühne – noch ein breites Rollenspektrum entfalten konnte, wurde er in der BRD zumeist auf den Bösewicht, feigen Kriecher und Intriganten reduziert. Eine seiner brillantesten Chargenrollen, der Nazi, der selbst zum schuldlosen Opfer wird in Nachts, wenn der Teufel kam (1957) brachte ihm den Bundesfilmpreis ein. Er spielte außerdem in Das Herz von St. Pauli (1957), Das Mädchen Rosemarie (1958), Der Greifer (1958), Geheimakte Schwarze Kapelle (1959 als Heinrich Himmler), Rosen für den Staatsanwalt (1959), Die 1000 Augen des Dr. Mabuse (1960), in den 1960ern in mehreren Edgar-Wallace-Verfilmungen und auch in internationalen Produktionen wie Verrat auf Befehl (1960), 36 Stunden (1964 mit James Garner), Geheimauftrag K (1967).

Der Synchronisation ist Peters nicht nur durch seine Stimme verbunden: 1959 gründete er mit der «Rondo-Film» eine eigene, vier Jahrzehnte bestehende Synchronfirma. Hier entstand u.a. die deutsche Fassung der Kultserie Mit

Schirm, Charme und Melone, Peters schrieb auch die Dialoge. Seine bedeutendsten Synchronrollen waren der von Sessue Hayakawa gespielte japanische Oberst in Die Brücke am Kwai, Ernest Borgnine in Mädchen ohne Mitgift und Orson Welles in der Neufassung von Der dritte Mann. Sonst waren es meist Chargen, die oft mit Peters' eigenem Rollenklischee korrespondierten: Jack Carson (Duell in den Wolken), Lee J. Cobb (Die Brüder Karamasow), Dan Duryea (Gefährliche Begegnung), Theodore Bikel (Stolz und Leidenschaft, Flucht in Ketten), Donald Pleasence (Die schwarze 13), Wayne Morris (Wege zum Ruhm), E. G. Marshall (Der Zwang zum Bösen), Rod Steiger (In brutalen Händen), Patrick Magee (Die Spur führt ins Nichts), Lionel Jeffries (Noch Zimmer frei) und Norman Fell, Dustin Hoffmans grässlicher Zimmerwirt in Die Reifeprüfung.

Heinz Petruo (1918–2001)

Exzellente Arbeit im Synchronatelier setzt zwar Schauspiel- und Sprechschulung voraus, aber nicht notwendigerweise eine eigene brillante Bühnenkarriere. Auch Heinz Petruo ließ sich zum Schauspieler ausbilden – er trat z. B. an der Berliner Tribüne und hie und da auch im Film auf (Uns gefällt die Welt, 1956, Der Zinker, 1963, Der Hund von Blackwood Castle, 1967) –, doch hauptberuflich war er jahrzehntelang Nachrichtensprecher bei RIAS Berlin («Eine freie Stimme der freien Welt») und als solcher das Aushängeschild des Senders. Ursprünglich wollte Heinz Petruo, geboren in Berlin-Lichtenberg, Rennfahrer werden, dann Opernsänger, schließlich nahm er bei ➲ Walter Bluhm Schauspiel- und Sprechunterricht, spielte Theater in Kiel und Heilbronn. Über Hörspiel- und Schulfunkrollen kam er zum Radio, und 1953 begann seine Karriere im RIAS-Nachrichtenstudio. Nun erhielt er auch laufend Angebote fürs Synchronisieren, und mit seiner volltönenden Stimme und einer ausgereiften Sprechkultur etablierte er sich in der allerersten Reihe der deutschen Synchronisatoren. Zwischentöne waren seine Sache nicht, seine Charaktere hatten zumeist klare Konturen, eher zum Negativen, zum Kalten, Düsteren oder gar Diabolischen tendierend.

Seine – zumindest bei den Star-Wars-Fans – populärste Synchronrolle war Lord Darth Vader in Krieg der Sterne, verkörpert von David Prowse (mit Prowse traf er 1994 auf der «Cinefantastic»-Messe in Babelsberg zusammen). Zu seinen wichtigsten Aufgaben gehören ferner Lee Van Cleef (Für ein paar Dollar mehr, Sabata), Jason Robards (Al Capone in Chicago-Massaker, Die fünf Geächteten), Ben Gazzara ebenfalls als Capone, Yul Brynner (Adios Sabata), Charlton Heston (Endstation Hölle, Soylent Green), Robert Shaw (General Custer in Ein Tag zum Kämpfen), Anthony Quayle (Lawrence von Arabien), Gian Maria Volonté (Vier im roten Kreis, Sacco und Vanzetti), Max von Sydow (Das Quiller-Memorandum),

Cameron Mitchell (HIGH CHAPARALL), Francisco Rabal (DIE TATARENWÜSTE) und – abweichend vom Bösewicht-Klischee – Lino Ventura (DIE OHRFEIGE, EIN GLÜCKLICHES JAHR), Fernando Rey in Buñuels letztem Film DIESES OBSKURE OBJEKT DER BEGIERDE (Petruos differenzierteste Synchron-Rolle) und Paul Scofield in QUIZ SHOW.

Sein Sohn **Thomas Petruo** (*1956) spricht u. a. für Gary Oldman (JFK), Kevin Bacon (APOLLO 13), Willem Dafoe (WILD AT HEART), Nicholas Cage (COTTON CLUB), Samuel L. Jackson (JACKIE BROWN), Steve Buscemi (FARGO) und Woody Harrelson (NATURAL BORN KILLERS).

Dessen Tochter **Vanessa Petruo** (*1979) war Sängerin der Girl-Group «No Angels». Sie ist Schauspielerin, seit 2004 auch Solosängerin.

Eva Pflug (1929–2008)

Die gebürtige Leipzigerin spielte zunächst Theater in Dessau und Plauen (u. a. Gretchen). Nach ihrem Auftritt in dem DEFA-Film RAT DER GÖTTER (1950) wechselte sie in den Westen, an die Berliner Theater und ans Schauspielhaus Hamburg. In Hamburg begann sie bei der Rank-Film auch mit dem Synchronisieren. Im Film spielte sie u. a. in DER FROSCH MIT DER MASKE (1959), doch ihren nachhaltigsten Publikumserfolg hatte sie 1966 im Fernsehen mit der Kultserie RAUMPATROUILLE ORION als Tamara Jagellowsk vom «Galaktischen Sicherheitsdienst» und frostige Gegenspielerin von ➲ Dietmar Schönherr. Gute Film- und Fernsehangebote blieben danach allerdings aus (Ausnahme: die Titelrolle in LISA – AUS DEM LEBEN EINER UNENTBEHRLICHEN von Oliver Storz, ZDF 1974), so dass sich Eva Pflug wieder aufs Theater konzentrierte, vorwiegend in ihrer Wahlheimat München, auf Tourneen und bei Festspielen. Sie spielte Boulevardkomödien mit Paul Hubschmid, aber auch die Titania im *Sommernachtstraum*, Marthe Rull im *Zerbrochenen Krug* und – preisgekrönt – die Mutter Courage (1986 in Bad Hersfeld). Ein Bildschirm-Comeback feierte sie mit der RTL-Serie EIN ENGEL FÜR FELIX (1992) und ZWEI HALBE SIND NOCH LANGE KEIN GANZES (ARD 1993), zuletzt UND TSCHÜSS, IHR LIEBEN (2002) und ROSE UNTER DORNEN (2006). Im Hörspiel war sie in der *Forsythe Saga* (BR 2002) zu hören.

Mit ihrer dunklen Synchronstimme, prädestiniert für starke, durchsetzungsfähige Frauen, eignete sie sich die Hauptrollen zahlreicher Filmklassiker an: Eva-Marie Saint in DER UNSICHTBARE DRITTE, Julie Christie in DR. SCHIWAGO, Anne Bancroft in DIE REIFEPRÜFUNG, Glenda Jackson (SUNDAY, BLOODY SUNDAY und TSCHAIKOWSKY), außerdem u. a. Gunnel Lindblom (DAS SCHWEIGEN), Ursula Andress (CASINO ROYALE), Alida Valli (DIE STRATEGIE DER SPINNE), Janet Leigh (DREI AUF DER COUCH), Janice Rule (ALVArez Kelly), Marilu Tolo (Unser Mann in Rio), Silvana Mangano (Hexen von heute), Suzanne Pleshette (Nevada Smith), Lauren Bacall (Die Liebe hat zwei Gesichter), Bernadette Lafont (Die Unbefriedigten) und Susan Flannery, die Stephanie in der RTL-Serie Reich und schön.

Franziska Pigulla (*1964)

Franziska Pigulla wurde in Neuss geboren als Tochter des Schauspielers und Regisseurs Rainer Pigulla. Sie nahm Schauspielunterricht (u.a. in London), begann ein Anglistik- und Germanistik-Studium an der FU Berlin und arbeitete dann hauptsächlich als Sprecherin für verschiedene Radio- und Fernsehsender: RIAS und SFB, als Moderatorin bei der BBC, bei n-tv (1996/97), als Off-Stimme bei MDR und Sat.1. Daneben spielte sie aber auch Theater (z.B. 1986 in *Das weite Land* am Schiller-Theater) und hatte einen Auftritt in Claude Chabrols Dr. M (1989). Ihre Stimme ist in Hörspielen zu hören (*Geisterjäger John Sinclair*, *Die Blutlinie*) und auf Hörbüchern (Stefanie Zweig, David Baldacci, Anaïs Nin).

Nachdem Franziska Pigulla als deutsche Stimme von Gillian Anderson in der Kultserie Akte X (1994) ausgewählt worden war, blieb sie dieser Darstellerin auch in anderen Rollen treu (z.B. in Der letzte König von Schottland). Sie sprach außerdem für Demi Moore (Enthüllung, Ein unmoralisches Angebot), Rachel Ward (Tote tragen keine Karos), Sharon Stone (Begegnungen), Lena Olin (Romeo is bleeding), Sela Ward (Auf der Flucht), Famke Janssen (Land of Illusion), Sean Young (Ace Ventura, Dr. Jekyll and Mr. Hyde), Saffron Burrows (Deep Blue Sea), Mercedes Ruehl (Last Action Hero) und Tea Leoni (Deep Impact) sowie Lara Flynn Boyle in Men in Black II, mit der Pigulla anlässlich der Deutschlandpremiere auch persönlich zusammentraf.

Tommi Piper (*1941)

Tommi (Thomas) Piper wurde in Berlin als Sohn des Schauspielers Heinz Piper (1903–1972) geboren. Er machte zunächst eine Ausbildung als Grafiker, bevor er in Hamburg seinen ersten Theaterauftritt hatte. Dann spielte er in Hannover, Münster, Lübeck und Hamburg, zeitweise war er auch Mitglied der Rockband «Amon Düül». Höhepunkt seiner Theaterarbeit war 1978 in Paris der Auftritt als Mackie Messer in der *Dreigroschenoper*. 2005 trat er in der Kleinen Revue München mit einem Hans-Albers-Programm auf. Auf der Leinwand war er in Die Faust in der Tasche (1978) und Is was Kanzler (1984) zu sehen, im Fernsehen in Das Glück läuft hinterher (1963), Derrick (1976–82), Gefährliches Spiel (1983) und Matt in 13 Zügen (1984). Er wirkt in Hörspielen mit, z.B. *Ein Fall für Herrn Schmidt* (1958), *Martin Luther & Thomas Müntzer oder die Einführung der Buchhaltung* (1983, als Karlstadt), *Boy Wonder* (1999) und nimmt Hörbücher auf (*Die kleine Meerjungfrau*, *Das Dschungelbuch*).

Es waren vor allem zwei Serien-Rollen, die Tommi Piper als Synchronstimme populär machten: einmal Michael Landon als «Little Joe» in BONANZA und zum anderen die Titelrolle in ALF. Piper nahm auch eine LP auf: *Tommi Piper singt Alf – Alles Paradiso!* (1989). Diese Synchronrolle war allerdings so dominant, dass sie für die weitere Karriere eher hinderlich war. Piper war mehrmals Jeff Bridges zu Diensten (DIE LETZTE VORSTELLUNG, FAT CITY, MR. UNIVERSUM, IM HERZEN DES WILDEN WESTENS), des Weiteren Nick Nolte (NUR 48 STUNDEN), Rutger Hauer (TÜRKISCHE FRÜCHTE), Harvey Fierstein (MRS. DOUBTFIRE), Brad Davis (12 UHR NACHTS – MIDNIGHT EXPRESS), John Beck (ROLLERBALL), David Warner (STEINER – DAS EISERNE KREUZ), Xavier Marc (IM DRECK VERRECKT) sowie James Cagney in neuen Synchronfassungen von OKLAHOMA KID (1968) und EIN SOMMERNACHTSTRAUM (1981).

Agi Prandhoff (*1921)

Agi Prandhoff kam in Troppau als Tochter eines Opernsängers zur Welt. Sie trat zunächst als Filmschauspielerin hervor: SIEBENMAL IN DER WOCHE (1957), RIVALEN DER MANEGE (1958), PATRICIA – 1000 STERNE LEUCHTEN (1959) und später in ÖDIPUSSI (1987). Theater spielte sie vor allem in Berlin, am Hansa-Theater (1974 in *Der Trauschein* von Kishon), am Renaissance-Theater (1980 in *Die Panne* von Dürrenmatt), am Ku'damm (1980 in *Ein besserer Herr* mit ➲ Harald Juhnke) und am Theater des Westens (1983 und 1994 als Miss Higgins in *My Fair Lady*). Das Fernsehen engagierte sie u. a. für VERFLIXTE LEIDENSCHAFT (1992) und GÖTTERDÄMMERUNG – MORGEN STIRBT BERLIN (1998). Ihre Stimme war auch im Hörspiel zu hören (z. B. *Lauter Engel um Monsieur Jacques* von Johannes Hendrich, RIAS 1955), vor allem aber in den Synchronisationen der fünfziger und sechziger Jahre.

Hier war sie feste Stimme von Elsa Martinelli (z. B. in HATARI und ES BEGANN IN ROM) und sprach ferner für Susan Hayward (ENDSTATION PARIS, DAS TAL DER PUPPEN), Celeste Holm (DIE OBEREN ZEHNTAUSEND, DIE ZARTE FALLE), Grace Kelly (MOGAMBO), Cyd

Charisse (BRIGADOON), Ava Gardner (DIE KLEINE HÜTTE), Polly Bergen (EIN KÖDER FÜR DIE BESTIE, EINE ZUVIEL IM BETT), Julie Harris (DIE KRAFT UND DIE HERRLICHKEIT), Vera Miles (DIE UNERSCHROCKENEN), Barbara Shelley (BLUT FÜR DRACULA), Shelley Winters (DER INDIANER), Eleanor Parker (DENN KEINER IST OHNE SCHULD), Irene Papas (AUFTRAG MORD) und Olivia de Havilland in ROOTS. Eine schöne Altersrolle war 2002 Helene Duc, die Großmutter in TANGUY – DER NESTHOCKER.

Wolfgang Preiss (1910–2002)

Der Nürnberger Wolfgang Preiss studierte Germanistik und Theaterwissenschaft in München. Nach Schauspielunterricht am Bayerischen Staatsschauspiel (1930–32) spielte er in Heidelberg, 1933–37 in Königsberg, 1937–38 in Bonn, 1938–41 in Bremen und ab 1941 an der Berliner Volksbühne. Seine Rollen in dieser Zeit waren z.B. Mercutio in *Romeo und Julia*, Demetrius im *Sommernachtstraum*, Marquis Posa und Ruprecht im *Zerbrochenen Krug*. Nach dem Krieg war er in Stuttgart engagiert sowie 1951–53 in Baden-Baden, wo er sich auch niederließ. 1941 debütierte er beim Film in DIE GROSSE LIEBE, doch seine große Zeit als Filmschauspieler kam erst in den fünfziger und sechziger Jahren. Freilich war er schnell festgelegt auf Offiziersrollen oder sinistre Bösewichte, auch im internationalen Film: CANARIS (1954), DER 20. JULI (1955, als Stauffenberg, Bundesfilmpreis), HAIE UND KLEINE FISCHE (1957), HUNDE, WOLLT IHR EWIG LEBEN? (1958), NACHT FIEL ÜBER GOTENHAFEN (1960), DIE 1000 AUGEN DES DR. MABUSE (1960), DER LÄNGSTE TAG (1961), DER ZUG (1963), DER KARDINAL (1963), COLONEL VON RYAN'S EXPRESS (1964), BRENNT PARIS? (1967), STEINER – DAS EISERNE KREUZ (1976), DIE ZWEI GESICHTER EINER FRAU (1981), VERGESST MOZART (1984) und DR. M (1990). Auch im Fernsehen hatte er einige gute Rollen: EIN MANN NAMENS HARRY BRENT (1968), SCHATZSUCHER UNSERER TAGE (1968), WALLENSTEIN (1978), EIN FALL FÜR ZWEI (1983) und vor allem als ALBERT SCHWEITZER in dem gleichnamigen Film (1985).

Große Hauptrollen synchronisierte Preiss nur wenige, aber auch seine kleineren Auftritte hatten eine ungeheure Präsenz. Die Synchronrolle in seinem bedeutendsten Film korrespondierte sinnigerweise mit seinen eigenen Offiziersfiguren: Conrad Veidt als Major Strasser in CASABLANCA (2. Fassung 1975). Schon früher sprach er für Claude Rains (DER PRINZ UND DER BETTLERKNABE, MIT EISERNER FAUST), Richard Widmark (SEEMANNSLOS), Richard Conte (SCHREI DER GROSSSTADT), Anthony Quinn (BUFFALO BILL), Christopher Lee (PORT AFRICA), Lex Barker (KLAR SCHIFF ZUM GEFECHT), Michael Rennie (TREFFPUNKT HONGKONG), und gegen den Sadisten Hume Cronyn in ZELLE R 17 war selbst Dr. Mabuse ein harmloser Wicht.

Marianne Prenzel (*1926)

Im schlesischen Langenbielau geboren, besuchte Marianne Prenzel die Schauspielschule des Deutschen Theaters Berlin. Sie begann ihre Bühnenlaufbahn am Hebbel-Theater und war 1950–55 am Schiller- und Schlossparktheater engagiert, 1955–62 am Deutschen Theater Göttingen unter Heinz Hilpert (u. a. in *Romeo und Julia, Madame Aurélie*). Danach spielte sie am Bayerischen Staatsschauspiel München (1981 in *Moral* von Ludwig Thoma) und wieder in Berlin am Hansa-Theater (1987 in *Der Biberpelz*, Barlog) und an der Komödie (1993 in *Trauben und Rosinen*, Wolfgang Spier). Sie trat außerdem in etlichen Filmen auf, z. B. BERLINER BALLADE (1948), DIE BLAUEN SCHWERTER (1949), MÄDCHEN HINTER GITTERN (1949), EVA IM FRACK (1950), NICK KNATTERTONS ABENTEUER (1958), DER LETZTE FUSSGÄNGER (1960), im Fernsehen u. a. in DIREKTMANDAT (1979).

In den fünfziger Jahren war Marianne Prenzel feste Stimme für Piper Laurie (DER SOHN VON ALI BABA, DIE WELT GEHÖRT IHM, DAS GOLDENE SCHWERT). Zu ihren anderen Partnerinnen gehören Jean Simmons (DAS GEWAND), Joanne Dru (DER TEUFELSHAUPTMANN), Corinne Calvet (ÜBER DEN TODESSPASS), Ulla Jacobsson (SIE TANZTE NUR EINEN SOMMER), Susan Strasberg (PICKNICK), Pier Angeli (PORT AFRICA), Mitzi Gaynor (WIR SIND GAR NICHT VERHEIRATET, DER FUCHS GEHT IN DIE FALLE), Joan Greenwood (LIEBLING DER FRAUEN), Barbara Rush (DIE WUNDERBARE MACHT), Veronica Lake in MEINE FRAU, DIE HEXE (ZDF 1964) und Elsa Lanchester in FRANKENSTEINS BRAUT (ARD 1970).

Joachim Pukaß (*1946)

Der gebürtige Berliner spielte Theater in der Provinz, in Hannover, Hamburg, bei den Ruhrfestspielen und in seiner Heimatstadt am Schiller- und Hansa-Theater (*Ubu, der König*, 1963, *Pension Schöller*, 1989), Renaissance-Theater, Komödie, Vagantenbühne (*Der Widerspenstigen Zähmung*, 1974, *Die Glasmenagerie*, 1977), im Film trat er in MAKE LOVE NOT WAR (1967) auf, im Fernsehen in der Serie DIREKTION CITY. Er ist außerdem in Hörspielen zu hören (PROFESSOR VAN DUSEN, BIBI BLOCKSBERG, JAN TENNER) und auf Hörbüchern (Klaus Kordon: *Die Flaschenpost*). Verheiratet ist er mit ⊃ Gisela Fritsch, ihre Tochter **Melanie Pukaß** (*1966) ist deutsche Stimme von Helena Bonham Carter (THE KING'S SPEECH), Halle Berry (GOTHIKA, VERFÜHRUNG EINER FREMDEN), Lauren Graham (DIE GILMORE GIRLS) und Emily Procter in CSI: MIAMI.

Joachim Pukaß synchronisierte David McCallum als Ilya Kuryakin in den SOLO FÜR O.N.K.E.L.-Filmen, Richard Pryor (TRANS-AMERIKA-EXPRESS), Robert Vaughn (RENEGADE), Jonathan Banks (BEVERLY HILLS COP), Terence Hill (UNTER GEIERN), James Woods

(Gegen jede Chance), Sam Waterston (Unternehmen Capricorn), William Forsythe (The Rock), James Earl Jones (Der scharlachrote Pirat), Michael Murphy (Ein Jahr in der Hölle) und John Saxon (Flammen am Horizont).

Carl Raddatz (1912–2004)

In seiner Geburtsstadt Mannheim ging Raddatz bei Willy Birgel, dem Star am dortigen Nationaltheater in die Lehre. Über Aachen und Darmstadt kam er ans Schauspielhaus Bremen. Sein Meister Birgel ebnete ihm den Weg zum Film, wo er 1937 in Urlaub auf Ehrenwort debütierte. Seine Heldenrollen in Filmen wie Wunschkonzert (1940), Befreite Hände (1941), Heimkehr (1941), Stukas (1941), Immensee (1943) und Opfergang (1944) machten ihn zu einem der großen Publikumslieblinge im «Dritten Reich». Völlig abseits dieser Nazi-Propaganda drehte er 1945 seinen schönsten Film mit Helmut Käutner: Unter den Brücken, Raddatz als Flussschiffer Hendrik in einem Meisterwerk des poetischen Realismus. Er filmte zwar auch nach 1945 weiter – In jenen Tagen (1947), Rosen im Herbst (1955), Made in Germany (1957), Das Mädchen Rosemarie (1958), Jons und Erdme (1959) – verlagerte seinen künstlerischen Schwerpunkt aber nun aufs Theater. Nach mehreren Jahren bei Heinz Hilpert in Göttingen (1951–55) holte ihn Boleslaw Barlog ans Berliner Schiller-Theater. Hier hatte Raddatz seine Paraderollen in Zuckmayer-Stücken (Harras, Hauptmann von Köpenick), aber er spielte auch Pozzo in Becketts legendärer Inszenierung von *Warten auf Godot* (1975 am Schiller-Theater) sowie John in *Die Ratten*, Meister Anton und Onkel Wanja. Seine schönste Altersrolle hatte er mit Cornelius Melody in *Fast ein Poet* (1983). Mit dem modernen Regie-Theater konnte Raddatz nichts anfangen – und umgekehrt: 1986 kündigte ihm Heribert Sasse unversehens den Vertrag. Den Götz von Berlichingen hatte Raddatz in diesem Hause zwar nicht gespielt, das passende Zitat hatte er dennoch parat: sprach's und zog sich in den Schmollwinkel zurück.

«Sein illusionsloser deutscher Männertonfall, immer auf Kontrast zum gekünstelten Habitus anderer Filmstars seiner Zeit, blieb in allen Auftritten gleich: eigensinnig, reizbar, gemütlich und autoritär.» (Heinzlmeier/Schulz) Diese Charakteristik seiner Filmfiguren wirft auch ein Licht auf Raddatz' Synchronparts, denn die genannten Adjektive passen recht gut auf seine bevorzugten Darsteller Robert Taylor (Die unbekannte Geliebte, Der letzte Bandit, Karawane der Frauen, Der Ritter der Tafelrunde) und Burt Lancaster (Dein Schicksal in meiner Hand, Der Gefangene von Alcatraz, Der Leopard). Seine schönsten Synchronrollen hatte Raddatz in zwei Western-Klassikern: Henry Fonda in Faustrecht der Prärie und Humphrey Bogart in Der Schatz der Sierra Madre. Außerdem ließ er sich engagieren für Kirk Douglas (Stadt der Illusionen), Robert Ryan (König der Könige), Randolph Scott (Sacramento), Broderick Crawford (Mann gegen Mann) und Gunnar Björnstrand (Wie in einem Spiegel). Das Synchronisieren war für Raddatz nur eine Marginalie, trotzdem respektierte er diese Arbeit: «Ich habe Bogart, Lancaster, Kirk Douglas und Robert Taylor gesprochen – das war für mich alten Hasen Schule, Unterricht. Von den amerikanischen Kollegen habe ich vor allem die Einfachheit gelernt. Ihre Synchronisation war für mich Zwang zur sprachlichen Präzision. Exakt sprechen – wer macht das heute noch in Deutschland?» (Die Welt, 3.5.1980).

Osman Ragheb (*1926)

Osman Ragheb wurde in Nablus/Palästina geboren und wuchs in Alexandria auf, wo er das renommierte Victoria College besuchte (sein Mitschüler war Youssef Chahine, bei dessen ersten Kurzfilm Ragheb mitmachte). In London ließ er sich nicht nur zum Schauspieler, sondern auch zum Dipl.-Chemiker ausbilden. Er arbeitete in London, Salzburg und München als Schauspieler und Regisseur und hatte zahlreiche Auftritte im deutschen und internationalen Film: Der schwarze Panther von Ratana (1962), Das Zeichen der Musketiere (1962), Cabaret (1972), The Odessa File (1974), 21 Hours at Munich (1976), Brass Target (1978), Docteur M (1990), Schindlers Liste (1994); im Fernsehen in den Serien Mit Karl May im Orient (1963), Der Nachtkurier meldet (1965), Kriminalmuseum (1967) und zuletzt in Sterne leuchten auch am Tag (2004) und Der Gewaltfrieden (2010, als Clemenceau). Er nimmt Hörbücher auf (Lermontow: *Ein Held unserer Zeit*), auch auf Englisch (Zadie Smith: *I'm the Only One*), arbeitet als «Dialogue-Coach» für deutsche und internationale Schauspieler und führt Synchron-Regie (Holocaust, Das Geisterhaus, Wiedersehen in Howard's End, Schindlers Liste, Zug des Lebens). Seine Sprechrollen umfassen Charles Aznavour (Der Zauberberg), Pierre Clémenti (Marrakesch), Tony Shalhoub (Ausnahmezustand), Jon Voight (U-Turn), Joseph Momo (Der Buschpilot), Paddy Ward (Lang lebe Ned Divine) und Marc Fayolle (Swimming Pool).

Raghebs Frau, die Französin **Marie-Paule Ragheb** synchronisierte Stéphane Audran in Babettes Fest und Claudine Auger in Salz auf unserer Haut, ihr Sohn **Ziad Ragheb** Matthieu Kassowitz in Jakob der Lügner.

Horst Raspe (1925–2004)

Raspe debütierte 1947 an den Münchner Kammerspielen. Neben seiner Theaterarbeit wirkte er im Fernsehspiel mit – Nächtliches Gespräch mit einem verachteten Zeitgenossen (1961), Wer einmal aus dem Blechnapf frisst (1962), Montserrat (1962) – und im Film: Der Vormund und sein Dichter (Percy Adlon, 1978), Milo Barus, der stärkste Mann der Welt (1983). In Literatursendungen des Bayerischen Rundfunks trat er als Vorleser auf und führte Regie, gestaltete Rollen im Hörspiel (z. B. in der Serie *Die Applausmaschine*, 1995) und nahm Hörbücher auf (Radek Knapp: *Franio*, Rafik Schami: *Das Schaf im Wolfspelz*).

Horst Raspes Synchronstimme wurde schon mit einer alten Kultserie populär: John Smith als Slim in Am Fuss der blauen Berge (1959ff.). Später kamen hinzu: Dennis Weaver (Ein Sheriff in New York), Bruce Dern (Coming Home, Driver, Bloody Mama), John Cazale (Die durch die Hölle gehen), Michel Serrault (Vier Tage in der Hölle), Anthony Franciosa (City Hall), Harrison Ford (Getting Straight), Roddy McDowell (Funny Lady) und last but not least: Otto Simanek als «Pan Tau».

Sein Sohn **Johannes Raspe** (*1977) ist Feststimme von Robert Pattinson (Twilight, Bel Ami, Cosmopolis), außerdem: Jake Gyllenhaal in Donnie Darko, James McAvoy (Abbitte, Die Lincoln-Verschwörung) und Skeet Ulrich in den Serien Law and Order Los Angeles und Jericho.

Barbara Ratthey (1940–2009)

Barbara Ratthey besuchte in Berlin die Max-Reinhardt-Schule und spielte am Forum-Theater, der Vaganten-Bühne (1965 in *Blick zurück im Zorn*, 1972 in *Die Stühle*), an den Berliner Kammerspielen (1981 in *Das Tagebuch der Anne Frank*, 1987 in *Kabale in Liebe*) und bei den Berliner Komödianten (1988 in *Im Himmel ist die Hölle los*). Hervorzuheben sind auch ihre Hörspielrollen wie *Timbuktu* (Paul Auster, 2001) oder *Das Rhinozerossystem* (WDR 2005), 2007 übernahm sie die Titelrolle in der Hörspiel-Serie *Lady Clara Bedfort*.

Ihre Synchronarbeiten haben einen klaren Mittelpunkt in Estelle Getty als Sophia in der Serie Golden Girls. Hinzu gesellen sich Eileen Brennan (Eine Leiche zum Dessert, Strassen der Nacht), Lee Grant (Shampoo, Verschollen im Bermuda-Dreieck), Katy Jurado (Unter dem Vulkan), Anne Bancroft (Jesus von Nazareth), Cloris Leachman (Höhenkoller), Carol Burnett (Extrablatt), Rachel Roberts

(Eine ganz krumme Tour), Diana Ross (Mahagoni), Rosetta Lenoire (Alle unter einem Dach) und Eusebia in Fix und Foxi.

Kurz vor ihrem Tod erhielt sie den Deutschen Preis für Synchron für ihr Gesamtwerk.

Hartmut Reck (1932–2001)
Brecht holte den gebürtigen Berliner, der an der Staatl. Schauspielschule und dem DEFA-Nachwuchsstudio ausgebildet wurde ans Berliner Ensemble. Bekannt wurde Reck v. a. durch zahlreiche DEFA-Filme, in denen er den jungen Helden spielte, z. B. in dem antiwestlichen Propagandafilm Zwischenfall in Benderath (1957), dem Krimi Tatort Berlin (1958), der Komödie Musterknaben (1959) und dem Ost-West-Schmugglerdrama Ware für Katalonien (1959). 1959 wechselte Reck in den Westen, wo ihm Franz-Peter Wirth gleich die Titelrolle in Raskolnikow (ARD 1959) gab. Fortan machte er sich mit Rollen in bedeutenden Fernsehspielen von Egon Monk einen Namen: Anfrage (1962), als Andrea Sarti in Leben des Galilei (1962 mit ➲ Ernst Schröder in der Titelrolle), Mauern (1963), Schlachtvieh (1963), Ein Tag (1965), Bauern, Bonzen und Bomben (1973). Seine populärste Fernsehrolle aber kam erst 1988 als Kommissar Schöller in der Serie Die Männer vom K 3. Auch auf der Leinwand war er – nach seinem Auftritt in der internationalen Produktion Der längste Tag (1962) – wieder zu sehen, z. B. in dem Edgar-Wallace-Film Der unheimliche Mönch (1965). Schließlich rückte die Theaterarbeit in den Mittelpunkt. Reck hatte Engagements in Hamburg (Thalia-Theater), München (Kammerspiele, Kleine Komödie) und Berlin (Freie Volksbühne: Macduff in Hübners *Macbeth*-Inszenierung 1973 am Renaissance-Theater: *Die heilige Johanna*, 1992), 1979 bei den Kreuzgang-Festspielen Feuchtwangen in *Don Juan oder die Liebe zur Geometrie*. Hartmut Reck starb in Nienburg/Weser, wo er mit dem Kriminalstück *Laura* auf Tournee war.

Ende der 1960er Jahre nahm er die Synchronarbeit auf, wo er zwar nie eine Stammrolle, aber mit seiner männlich-festen Stimme etliche populäre Fernsehaufgaben hatte: Hierzu gehören Peter Graves in Kobra, übernehmen Sie, Efrem Zimbalist jr. in FBI, Richard Chamberlain in Die Dornenvögel und Philippe Leroy in Sandokan. Im Kinofilm sprach er für Michael Caine (Der Mann, der König sein wollte, Die Hand), Robert Duvall (Die Killer-Elite, Network, Falling Down), Donald Sutherland (1900, Die Nadel), Anthony Hopkins (Audrey Rose, Mission: Impossible II), Serge Reggiani (Die kleinen Bosse), Terence Hill (Die rechte und die linke Hand des Teufels), John Hurt (1984), Jean Sorel (Die Schweizer Affäre), Bruno Cremer (Das Fleisch der Orchidee), in TV-Neusynchronisationen Gary Cooper (Peter Ibbetson, Mr. Deeds geht in die Stadt), Toshiro Mifune (Yojimbo) und Fredric March (Serenade zu dritt), nicht zu vergessen: Aragorn in der Zeichentrickfassung von Herr der Ringe.

Anton Reimer (1904–1970)
Anton Reimer wurde in Prag geboren, studierte an der Deutschen Universität Rechtswissenschaft und promovierte zum Dr. jur. Zusätzlich nahm er aber Schauspielunterricht und debütierte als Sekretär in Hofmannsthals *Der Schwierige* am Deutschen Theater seiner Heimatstadt. Er spielte dann in Breslau, kehrte jedoch 1933–38 ans Deutsche Theater Prag zurück (Bleichenwang in *Was ihr wollt*, Leon in *Weh dem der lügt*).

1940 holte ihn Willem Jan Holsboer, der damalige Leiter des Volkstheaters nach München, wo er v. a. Nestroy- und Raimund-Rollen spielte. 1954 wechselte er zum Ensemble der Münchner Kammerspiele. Zu seinem Repertoire gehörten der Kammerdiener in *Kabale und Liebe*, Zwirn in *Lumpazivagabundus*, Tobias in *Was ihr wollt* (1957 unter Kortner) ebenso wie Ionesco-Stücke, der Pater in *Andorra* oder Märchenvorstellungen für Kinder. In Fritz Kortners Inszenierung von *John Gabriel Borkman* am Wiener Burgtheater (1964 mit Ewald Balser und Alma Seidler) spielte er den Foldal: «Dass Wilhelm Foldal nur dazu ausersehen ist, von anderen gestoßen und verbraucht zu werden, zeigte Anton Reimer, ohne je zu falscher Rührung greifen zu müssen.» *(*Henning Rischbieter*)* Auf dem Bildschirm war er u. a. in dem Klassiker So weit die Füsse tragen (1959) zu sehen, in Anruf für Mr. Clark (ZDF 1965) und zuletzt in Hanna Lessing (Itzenplitz, ZDF 1970).

Seine «kultivierte Stimme, die dunkel und energisch klang wie eine Prager Viola» (*Deutsches Bühnen-Jahrbuch* 1972) war nicht nur häufig im Bayerischen Rundfunk zu hören, sie wurde auch zu einem Markenzeichen der Münchner Synchronisationen. Abgesehen von Louis de Funès (Die Damen lassen bitten, Fantomas gegen Interpol) waren es fast immer Nebenrollen – von ernst bis kauzig: Roland Young in Die Frau mit den zwei Gesichtern, Robert Manuel in Rififi, Alexander Knox in Die Strohpuppe, Barry Fitzgerald, der betrunkene Gogerty in Leoparden küsst man nicht, Paul Fix in Der gelbe Strom, Donald Crisp in Die Abenteuer Mark Twains, Paul Muni in A Song to Remember, Sidney James in Verliebt in eine Königin, Victor Buono in Leise flehen die Pistolen, Guy Decomble in Schrei, wenn du kannst und Kommissar Maigret sieht rot sowie Fernand Ledoux in Christine.

Heinz Reincke (1925–2011)

Auf Geheiß der Eltern musste Reincke, der in Kiel geboren wurde, zunächst eine Lehre bei der Industrie- und Handelskammer absolvieren, bevor er über Statisten- und Souffleurrollen sich ein erstes Engagement erarbeitete. Als Schauspieler entfalten konnte er sich erst am Staatstheater Stuttgart (1950–55), z. B. als Spiegelberg und Merkur, «K» in *Das Schloss* und Kapitän Queeg. 1955–65 war er am Deutschen Schauspielhaus Hamburg (Möbius in *Die Physiker*) und von 1967–85 gehörte er zum Ensemble des Wiener Burgtheaters, bis er mit der Titelrolle in *Der Hauptmann von Köpenick* in den offiziellen Ruhestand trat. Verglichen mit seinen Theaterrollen wie Jago, Macbeth und Mephisto waren Reinckes Filme allenfalls Fußnoten zu seinem Künstlerleben: Kanonenserenade (1958), Der Pfarrer von St. Pauli (1970), Das fliegende Klassenzimmer (1973), Der Lord von Barmbeck (1974) bis hin zu «Heintje»-Peinlichkeiten. Von anderem Kaliber waren seine z.T. brillanten Gastauftritte in Fernsehserien wie DER KOMMISSAR, TATORT und DERRICK, mit denen er die jeweilige Crew glatt an die Wand spielte – funkelnder Höhepunkt: sein Junkie in dem ORF-TATORT «Die Samtfalle» (1971).

Reinckes Synchron-Œuvre ist schmal, aber markant. Er begann mit Marlon Brando in DESIREE, steigerte sich mit Henry Fonda in DIE LANGE NACHT und kulminierte mit Alec Guinness in LADYKILLERS. Hinzu kamen noch James Coburn als DEREK FLINT, Kirk Douglas in DER FAVORIT, Ray Walston in ENGEL AUF HEISSEM PFLASTER und Patrick McGoohan in DUELL AM STEUER. Sowie last but not least sein hinreißender Drache Fuchur in DIE UNENDLICHE GESCHICHTE.

Thomas Reiner (*1926)

Der gebürtige Stuttgarter debütierte in Esslingen, spielte dann in Flensburg, Stuttgart (Komödie im Marquardt), Bremen, Heidelberg, Kassel, Bochum und vor allem in München (Kleine Freiheit, Kleine Komödie), an der Lore-Bronner-Bühne war er auch Regisseur. Zu seinen Filmen gehören ROT IST DIE LIEBE (1956), DIE LANDÄRZTIN (1958), BLUTIGE SEIDE (1963), EIN UNHEIMLICH STARKER ABGANG (1973), im Fernsehen spielte er mit in RAUMPATROUILLE (1966), KÖNIGLICH BAYERISCHES AMTSGERICHT (1970), FÜNF TAGE HAT DIE WOCHE (1976) und MUSIK AUF DEM LANDE (Oliver Storz, 1981).

Thomas Reiners geschmeidig-nasales Organ war in der Synchronisation virtuos einsetzbar: vom Horror-Helden bis zum Komödien-Tollpatsch. Er sprach mehrmals für Vincent Price (REISE IN DIE NACHT, DIE NACHT DER SCHREIE), war in den sechziger und siebziger Jahren aber vor allem durch zwei Serienrollen präsent: Hayden Rourke als «Dr. Bellows» in BEZAUBERNDE JEANNIE und Hedley Mettingly, die Karikatur eines britischen Aristokraten in DAKTARI. Hervorzuheben sind außerdem Robert Coote (THEATER DES GRAUENS), Peter Boyle (WÄHREND DU SCHLIEFST), George Sanders (BLACK RIVER), Jean Rochefort (DIE TOLLEN ABENTEUER DES MONSIEUR L), Terry-Thomas (TOLLDREISTE KERLE IN RASSELNDEN RAKETEN), Jean Bouise (DER FALL SERRANO), Dan O'Herlihy (ROBOCOP), Ian Hunter in EIN SOMMERNACHTSTRAUM (ARD 1981), Matt Briggs in RITT ZUM OX-BOW (1964), Clint Walker (SAM WHISKEY), James Donald (GESPRENGTE KETTEN) und Prof Farnsworth in FUTURAMA.

Anke Reitzenstein (*1961)

Nach dem Abitur zog Anke Reitzenstein, die in Göttingen geboren und aufgewachsen ist, 1982 nach Berlin. Sie arbeitete zunächst im Pressebüro des Theaters des Westens, besuchte eine Kosmetikschule und absolvierte 1984–87 eine freie Schauspielausbildung. Um ihre Schauspielstudien zu finanzieren, jobbte sie in einem Restaurant als Kellnerin. Dort war auch Synchronschauspieler und -regisseur ➲ Ronald Nitschke Stammgast, den sie einfach mal ansprach und prompt zum Vorsprechen eingeladen wurde. So einfach wie gedacht, war es dann aber doch nicht: Sie musste mit ihrer Mikrofonangst kämpfen, besuchte Stimm- und Atemtherapeuten, weil sie es unbedingt «können wollte» – und von einem Tag auf den anderen «musste» sie es dann können: Nach dem plötzlichen Tod Carolin van Bergens war sie die einzige weit und breit, die eine ähnlich kratzig-rauchige Stimme hatte und übernahm nun deren Synchronrollen. Natürlich eroberte sich Anke Reitzenstein noch andere Tätigkeitsfelder. Sie hatte verschiedene Theaterengagements, Fernseh- und Filmrollen (z. B. in Robert van Ackerens Venusfalle) und übernahm Organisation und Management von Reitseminaren (sie ist passionierte Dressurreiterin). Eine originelle Idee führte 2002 zur Gründung des Mitmach-Theaters «die auftakter», das die Barriere zwischen Bühne und Publikum aufhebt. Kombiniert mit Abendessen sollen die Gäste in Kriminalstücken Mitspiellust entwickeln und die Veranstaltung zu einem «interaktiven Krimidinner» machen.

In der Synchronisation spricht Anke Reitzenstein regelmäßig für Whitney Houston (Bodyguard, Rendezvous mit einem Engel), Anne Heche (Psycho), Linda Fiorentino (Men in Black) sowie Kristin Scott-Thomas (Der Pferdeflüsterer), Carrie-Anne Moss (Memento), Sharon Stone (Die Muse), Jeanne Tripplehorn (Basic Instinct), Catherine Keener (Echt blond), Selma Hayek (Dogma), Robin Wright-Penn (Message in a Bottle), Francesca Neri (Collateral Damage) sowie Rosario Flores in Sprich mit ihr. Von ihren Serienrollen sind herauszuheben: Jill Hennessy in der Titelrolle von Crossing Jordan, Melissa McCarthy als «Sookie St. James» in den Gilmore Girls, Sarah Chalke in 24 und Chandra Wilson in Grey's Anatomy.

Charles Rettinghaus (*1962)

Von 1981 bis 1986 nahm Charles Rettinghaus, der in Remagen – damals eines der Synchron-Zentren! – geboren wurde, Schauspielunterricht bei Margot Höpfner in Hamburg. Schon 1984, also noch während seiner Ausbildung, erhielt er einen Jahresvertrag an den Städt. Bühnen Lübeck. Bis zum Abschluss seiner Studien blieb er in Hamburg, spielte an der «Kleinen Komödie» u. a. in dem Stück *Der Lord und das Kätzchen*. Mit einem Dreijahresvertrag bei den «Berliner Komödianten» in der Tasche, wechselte er 1986 den Wohnort. Nach einem Bühnenauftritt wurde er von Synchronregisseur Wilfried Freitag angesprochen, ob er nicht Lust hätte, zu synchronisieren. Seine erste Aufgabe waren zwei Sätze in Crocodile Dundee. Seitdem verlagerte sich sein schauspielerischer Schwerpunkt. Er arbeitet für Rundfunk, Fernsehen und Synchronstudios, moderiert Veranstaltungen wie Modenschauen, Star-Trek-Conventions und die Kinder-Aids-Hilfe und ist in Werbespots zu hören. Als Sänger ist bereits seine dritte Single mit dem Titel «Ich krieg Dich», ein Anti-Drogen-Lied, auf dem Markt. Mit TV-Rollen war er zu sehen in DAS AUGE (1985), WARTESAAL ZUM KLEINEN GLÜCK (1986), EIN HEIM FÜR TIERE (1988), TAUSCHE FIRMA GEGEN HAUSHALT (2003) und UNTER UNS (2006) sowie in dem Film ON AIR (2009).

Charles Rettinghaus ist feste Synchronstimme für Robert Downey jr. (WONDER BOYS, SHORT CUTS, GOTHIKA, ZODIAC, SHERLOCK HOLMES), Jean-Claude Van Damme (TIME COP, UNIVERSAL SOLDIER), Jamie Foxx (ALI, JARHEAD, MIAMI VICE, OPERATION KINGDOM), Matt Dillon (VERRÜCKT NACH MARY, TO DIE FOR), Jimi Smitts (MEINE FAMILIE) und Le Var Burton in der Serie STAR TREK – DAS NÄCHSTE JAHRHUNDERT; außerdem: Benicio Del Toro in FEARLESS und SNATCH, Campbell Scott in DER HIMMEL ÜBER DER WÜSTE, John Cusack (WILLKOMMEN IN WELVILLE), Dermot Mulroney (DIE HOCHZEIT MEINES BESTEN FREUNDES, ABOUT SCHMIDT), Maxwell Caufield (ECHT BLOND), Mekhi Phifer (8 MILE), Justin Theroux (MULHOLLAND DRIVE), Jerry O'Connell (TOMCATS), und die Serienhelden Victor Williams (KING OF QUEENS) und Peter Krause (SIX FEET UNDER). *[Mitarbeit: Daniel Wamsler]*

Elisabeth Ried (1913–2001)
Elisabeth Ried, die in Freiburg geboren wurde, stammt aus einer Gelehrtenfamilie. Ihr Vater war Altphilologe, die Mutter Literaturhistorikerin. Sie selbst jedoch zog es gleich nach dem Abitur ins Reich der Bühne. Auch die erste Film-Hauptrolle ließ nicht lange auf sich warten: 1937 neben Grethe Weiser in MEINE FREUNDIN BARBARA. Die Leinwand-Karriere war damit allerdings auch schon wieder beendet. Statt Film spielte Elisabeth Ried Theater, trat in Bremen, Königsberg und Nürnberg auf, nach Kriegsende in Berlin. Unter Fritz Wisten spielte sie 1946 am Schiffbauerdamm in *Viel Lärm um nichts*, 1947 im Theater am Ku'damm in *Ein Sommernachtstraum*, unter ➲ Ernst Schröder 1948 im Rheingau-Theater die Königin in *Don Carlos*. Es folgte 1949 bei Boleslaw Barlog die Olivia in *Was ihr wollt* (neben ➲ Walter Bluhm als Bleichenwang). Friedrich Luft beckmesserte zwar: «Elisabeth Rieds Olivia sprach durchgehend in so poliertem Wohlklang, dass sie über den Inhalt in bald unerfreulich werdendem Belcanto hinwegredete», konzedierte damit aber nur, dass es ihre schöne Stimme war, die hier der Rolle im Weg stand. Eine Kollegin nahm sie zum Probesprechen für Synchronaufnahmen mit: «Da standen 20 Damen in einer Reihe. Die Hildegard Knef war die vorletzte, ich die letzte. Ich hatte von nichts eine Ahnung, aber erhielt dennoch sofort die Hauptrolle.» (zit. n. *BZ* 20.6.1970) Es war Ann Todd in DER SIEBTE SCHLEIER. Nun verschwand Elisabeth Ried allmählich im Dunkel der Synchronstudios und kehrte nur noch sporadisch auf die Bühne zurück, z.B. 1963 im Hansa-Theater in *Der Weg ins Licht* (übrigens zusammen mit der 10-jährigen ➲ Hansi Jochmann). Hervorzuheben ist auf jeden Fall noch das Zwei-Personen-Stück *Mein blaues Klavier* mit Elisabeth Ried als Else Lasker-Schüler im Dialog mit Gottfried Benn (Vagantenbühne 1980). Im Fernsehen hatte sie nur wenige Auftritte, etwa in MANDALA (ZDF 1972, Regie: Rainer Wolffhardt).

Ihre erste Favoritin in der Synchronisation war Alida Valli: «Sie ist so echt, mit viel Herz und doch ohne Sentimentalität, sie ist sachlich und hat doch viel Wärme. Allerdings ist es nicht leicht, für sie zu sprechen. Bei Alida Valli sitzt jeder Ton so richtig, dass es viel Konzentration und Disziplin erfordert, um ihr gerecht zu werden und nichts zu verderben.» (zit. n. *Filmwoche* 6, 1951) Sie sprach für die Valli in einem der besten Nachkriegsfilme überhaupt: DER DRITTE MANN (diese Erstsynchronisation ist erst unlängst restauriert worden), außerdem in ZU NEUEM LEBEN und HEISSE KÜSTE. Elisabeth Ried war auch verbunden mit Maureen O'Hara (DIE FLAMME VON ARABIEN, GEGEN ALLE FLAGGEN, FEUERKOPF VON WYOMING), vor allem aber stellte sie ihr energisches «Belcanto» Barbara Stanwyck zur Verfügung (DIE FALSCHSPIELERIN, FRAU OHNE GEWISSEN, DU LEBST NOCH 105 MINUTEN, SPIELFIEBER), mit der sie ab 1969 in der ZDF-Westernserie BIG VALLEY eine späte Popularität erlebte. Weitere wichtige Synchronrollen waren Katy Jurado in ZWÖLF UHR MITTAGS, Gina Lollobrigida in DIE FREUDLOSE STRASSE, Michèle Morgan in der DEFA-Fassung von DIE HOCHMÜTIGEN, Mary Astor in DIE SPUR DES FALKEN, Jane Russell (DIE SCHÖNSTE VON MONTANA) und Yvonne De Carlo (DIE ZEHN GEBOTE).

Lutz Riedel (*1947)

Lutz Riedel studierte Germanistik, Publizistik und Theaterwissenschaft an der FU Berlin, nahm Schauspielunterricht und spielte an den Städtischen Bühnen Lübeck sowie in Berlin an der Tribüne (u. a. in Kindermusicals und in *Die Mausefalle*, 1975), an der Freien Volksbühne (*Scherz, Satire, Ironie...*, 1978), am Ku'damm (*Plaza Suite*, 1985 mit ⊃ Harald Juhnke). Er wirkt außerdem in Hörspiel-Serien mit *(Jan Tenner)* und nimmt Hörbücher auf (Dalai Lama: *Das Buch der Menschlichkeit*, Charles Dickens: *Eine Weihnachtsgeschichte*). Zudem war er 2002 in dem Film DEUTSCHLANDS GRAUSAMSTE MUTTER von Marianne Zückler zu sehen. In den letzten Jahren verlagerten er und seine Frau ⊃ Marianne Groß den Arbeitsschwerpunkt auf Dialogbücher und Synchronregie. Von Lutz Riedel stammen z. B. die deutschen Fassungen der Filme MISSION IMPOSSIBLE, GATTACA, BLACK RAIN, EIN UNMORALISCHES ANGEBOT, DAS LEBEN DES DAVID GALE, GOSFORD PARK und FLUCH DER KARIBIK.

In der Synchronisation fing er als «Ensemblesprecher» an und arbeitete sich langsam nach oben. Zu seinen Hauptrollen gehören Timothy Dalton als Feststimme (z. B. «James Bond»), Richard Gere (AUF DER SUCHE NACH MR. GOODBAR, IN DER GLUT DES SÜDENS, COTTON CLUB), Alec Baldwin (EINE FRAU KANN NICHT VERGESSEN), Michele Placido (ALLEIN GEGEN DIE MAFIA), Sam Neill (JAGD AUF ROTER OKTOBER, SCHREI IN DER DUNKELHEIT), Gabriel Byrne (DIE ÜBLICHEN VERDÄCHTIGEN), Ron Silver (TIME COP) und Richard Hatch in KAMPFSTERN GALACTICA.

Christian Rode (*1936)

Geboren in Hamburg als Sohn eines Kunstmalers, verpflichtete sich Christian Rode als Statist ans Deutsche Schauspielhaus, wo er vom Hausherrn Gustaf

Gründgens entdeckt und engagiert wurde (1957 spielte er den Erzengel Michael in seiner berühmten *Faust*-Inszenierung). Nach einer Sprechausbildung bei Alice Solscher führten ihn weitere Engagements als «jugendlicher Held» u. a. zu Sellner nach Darmstadt (Jupiter in *Amphytrion*) und 1960–62 zu Günter Lüders nach Stuttgart (u. a. Karl Moor in *Die Räuber*). Barlog holte ihn 1964 ans Berliner Schillertheater (Pylades in *Iphigenie*). 1968–70 reiste er mit einer Tournee für das Goethe-Institut als «Tellheim» und «Amphytrion» um die Welt. In einer weiteren Tournee-Produktion spielte er 1978 den Faust. Im Film trat er in mehreren internationalen Produktionen auf: BRENNT PARIS? (1965), UNBEZÄHMBARE ANGÉLIQUE (1967), DIE AKTE ODESSA (1974), MOSES (1975 mit Burt Lancaster). Im Fernsehen spielte er Martin Luther in Rudolf Jugerts DER REFORMATOR (ZDF 1968), als Kommissar in der Reihe KRIMINALMUSEUM (1968) und in DER HAUPTTREFFER (1977) sowie FABRIK DER OFFIZIERE (1988). Seit einigen Jahren ist Rode auch Dozent an der Sprecherschule «International Voice».

In der Synchronisation war sein wichtigster Film zweifellos CASABLANCA, wo er in der ARD-Fassung für Paul Henreid alias Victor Laszlo sprach. Häufig zu hören ist er außerdem für Michael Caine (EIN DRECKIGER HAUFEN, LUFTSCHLACHT UM ENGLAND), Christopher Plummer (SPION ZWISCHEN ZWEI FRONTEN, DER AUGENZEUGE), Richard Crenna (WARTE BIS ES DUNKEL IST), Anthony Perkins (SPRENGKOMMANDO ATLANTIK), Cliff Robertson (DIE DREI TAGE DES CONDOR), Rip Torn (DER MANN, DER VOM HIMMEL FIEL), James Fox (REISE NACH INDIEN), Robert Culp (TENNISSCHLÄGER UND KANONEN), Mel Ferrer (BRANNIGAN), Louis Jordan (DER GRAF VON MONTE CHRISTO), Ricardo Montalban (SWEET CHARITY, DIE NACKTE KANONE) sowie Vincent Price in DER RABE. Er spricht mittlerweile auch Bert in der SESAMSTRASSE (mit ➲ Michael Habeck als Ernie). Seine jüngste Hauptrolle ist Craig T. Nelson in der Serie THE DISTRICT. Christian Rode erstellte außerdem die deutsche Fassung von APOCALYPSE NOW.

Oliver Rohrbeck (*1965)

Erste Synchronerfahrungen hatte der gebürtige Berliner schon als Siebenjähriger. Unter fachmännischer Anleitung von ➲ Harald Juhnke («Pass up! Den Satz, den ick dir jetzt jesacht hab, den sachste, wenn ick dir tippe») durfte er in PINOCCHIO mitsprechen. Auch vor der Kamera hatte Oliver Rohrbeck zahlreiche Kinder- und Jugendrollen, in DIE VERREGNETEN FERIEN (1976), DAS HOCHHAUS (1980) und in der ZDF-Internatsserie EINE KLASSE FÜR SICH (1984, mit ➲ Eva Katharina Schultz). 1979 war das entscheidende Jahr in seinem jungen Schauspielerleben: Er übernahm die Rolle des «Justus Jonas» in der Hörspielserie *Die drei ???*, ein Dauerbrenner mit Kultstatus, der ihn seit fast drei Jahrzehnten beschäftigt. Mit seinen «Fragezeichen»-Kollegen ➲ Andreas Fröhlich und Jens Wawrczeck ging er sogar auf Tournee. Mit 17 hängte er die Schule an den Nagel und nahm Schauspielunterricht bei Erika Dannhoff. Dann trat er an mehreren Berliner Bühnen auf. Schon mit 12 hatte er am Schiller-Theater unter Ignaz Kirchner den «Ariel» in *Der Sturm* gespielt, später folgten Engagements an der Vagantenbühne (*Master Harold und die Boys*, 1985, *Mensch Meier*, 1988, *Die Zofen*, 1991) und der Tribüne (*Willkommen ihr Helden*, 1985, *Schöne Bescherungen*, 1989). Im Film NESSIE, DAS VERRÜCKTESTE MONSTER DER WELT (1985) spielte er neben ➲ Horst Niendorf und ➲ Gerd Duwner.

Aber trotz allem fühlte er sich «hinter den Kulissen» wohler, nämlich in den Hörspiel- und Synchronstudios. Kinder- und Teenager-Rollen synchronisierte er u. a. in DIE BRÜDER LÖWENHERZ («Krümel» Lars Söderdahl), EINE FRAU UNTER EINFLUSS (Matthew Cassel), AM GOLDENEN SEE (Dog McKeon), E.T. (Robert MacNaughton), DIE OUTSIDER (C. Thomas Howell), FOOTLOSE (Christopher Penn) und DIE ROTE FLUT (Brad Savage). In LAUF UM DEIN LEBEN, CHARLIE BROWN sprach er die Titelrolle. Später wurde er feste Stimme von Ben Stiller (THE ROYAL TENENBAUMS, VERRÜCKT NACH MARY, MEINE BRAUT, IHR VATER UND ICH). Hinzu kamen Mike Myers (WAYNE'S WORLD), Samuel L. Jackson (TRUE ROMANCE), Michael Rapaport (THE 6TH DAY, HITCH – DER DATEDOKTOR). Seine wichtigste Serien-Hauptrolle war Greg German als «Richard Fish» in ALLY MCBEAL. In den letzten Jahren verlagerte Oliver Rohrbeck seinen Schwerpunkt mehr und mehr auf die Text- und Regiearbeit. So zeichnete er für die deutschen Fassungen von THE GREEN MILE, THE MIGHTY, NOTTING HILL, 8 MILE und DER TEUFEL TRÄGT PRADA verantwortlich. 2003 gründete er das Label «Lauscherlounge», zunächst zur Veranstaltung von Live-Hörspielen, seit 2005 produziert er mit seiner Firma CDs (Hörspiele und Lesungen).

Paul-Edwin Roth (1918–1985)
Entgegen den sonst üblichen Künstler-Biographien wollte Roth, der aus einer Hamburger Ärztefamilie stammt, gar nicht Schauspieler werden, sondern besuchte auf Wunsch der Mutter die Schauspielschule und fand erst dann Gefallen an dem Beruf. Sein Debüt fand 1939 in Heilbronn statt, und nach dem Krieg spielte er am Berliner Hebbel-Theater Beckmann in *Draußen vor der Tür* (Noelte, 1948), Moritz Stiefel in *Frühlings Erwachen* (➲ Suessenguth, 1948) und die Titelrolle in *Don Carlos* (Kortner, 1950), eine Inszenierung, die auf heftige Ablehnung stieß: «Ein unglückseliger Abend, immer wieder unterbrochen von halben oder vollen Protestkundgebungen gegen die sonderbar verzerrende Auffüh-

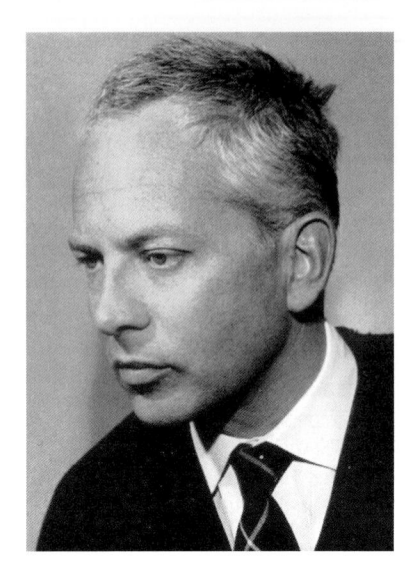

rung. Oft kam der ganze hochgetürmte Stil ins Wanken, wenn das Gelächter im Zuschauerraum nicht still werden wollte.« (Friedrich Luft) Später konzentrierte sich Roth auf die Fernseharbeit. Er war u.a. zu sehen in Nachruf auf Jürgen Trahnke (Dieter Meichsner, 1962), Jahre danach (Peter Beauvais, 1963), Die Gentlemen bitten zur Kasse (ARD 1966), als Dr. Watson in Sherlock Holmes (ARD 1967 mit Erich Schellow), Eine Rechnung, die nicht aufgeht (Thomas Fantl, ZDF 1969) und Die australische Blindheit (Heinz Schirk, ZDF 1976). An der Seite von Günter Pfitzmann spielte er in der Serie Gestatten, mein Name ist Cox. Seine bedeutendste Filmrolle hatte er in seinem ersten Streifen: Und über uns der Himmel (1947), als Sohn von Hans Albers, den er wieder auf den Pfad der Tugend zurückführt. Weitere Auftritte folgten in Gestehen Sie, Dr. Corda (1958), Fabrik der Offiziere (1960), Das Wunder des Malachias (1961), Vier Schlüssel (1965), Und Jimmy ging zum Regenbogen (1970). Nicht zu vergessen sind seine zahlreichen Hörspiele (z.B. *Die seltsamste Liebesgeschichte der Welt* von Peter Hirche, SWF 1956), denn seine Stimme markiert ganz bestimmte Figuren: Grübelnde, Zweifelnde und Verzweifelte, Versponnene, Suchende, bei denen es auf kleine Nuancen ankommt. Diese Charakteristik spiegeln auch seine bedeutendsten Synchronrollen: einmal die Titelfigur (Claude Laydu) in Robert Bressons Meisterwerk Tagebuch eines Landpfarrers, dann François Leterrier in – nochmals Bresson – Ein zum Tode Verurteilter ist entflohen und schließlich Rod Steiger als verhärteter und menschenverachtender Pfandleiher. Regelmäßig sprach er für Montgomery Clift (Ich beichte, Misfits) und Michel Bouquet bei Claude Chabrol, ferner Alan Bates in Alexis Sorbas, Arthur Kennedy (Meuterei am Schlangenfluss), Yves Montand (Machen wir's in Liebe), Henry Fonda (Gehetzt), Jules Dassin (Sonntags nie), Tony Curtis (Dein Schicksal in meiner Hand), Jeffrey Hunter als Jesus in König der Könige und Fernando Fernán-Gómez in Der Geist des Bienenstocks.

Franz Rudnick (1931–2005)
In seiner Heimatstadt Berlin nahm Rudnick Unterricht an der Schauspielschule des Deutschen Theaters (bei ➲ Agnes Windeck). Nach dem Debüt in Halberstadt kam er über die Stationen Schwerin, Dresden, Magdeburg 1972 ans Deutsche Schauspielhaus Hamburg und 1977 zu den Münchner Kammerspielen. Er blieb in München und ging von dort aus auch auf Tourneen. Zu seinen herausragenden Bühnenrollen gehörten *Don Carlos*, der Derwisch in *Nathan der Weise* und Mortimer in *Maria Stuart*. Rudnick trat in mehreren Fernsehspielen mit politischer und sozialkritischer Thematik auf: Preis der Freiheit

Liane Rudolph (*1952)

Liane Rudolph wurde in Bad Reichenhall geboren. Sie studierte Gesang bei Willy Domgraf-Fassbaender in Nürnberg und absolvierte ihre Schauspielausbildung in Berlin bei Hanny Herter. In London nahm sie Tanzunterricht und arbeitete bei der BBC. 1972–74 war sie am Berliner Schiller-Theater engagiert (u.a. in *Moral* von Ludwig Thoma). Sie spielte in Frankfurt, Hamburg, Düsseldorf, Gelsenkirchen und Klagenfurt – v.a. in ihrem Spezialgebiet Musical (Hauptrollen in *Anatevka*, *Kiss Me Kate*, *Feuerwerk*) – und auch weiter in Berlin, z.B. am Hebbel-Theater in *Die tolle Komtess* (1976), am Hansa-Theater (*Der Schlafwagenkontrolleur*, 1979), am Kleinen Theater (*Die Geheimnisse von Paris*, 1983). Von 1986–88 gehörte sie auch zu den «Stachelschweinen». Im Fernsehen spielte sie mit Johanna Liebeneiner in EIN JOB WIE JEDER ANDERE (ZDF 1977), in DIE KLASSEFRAU (Rainer Wolffhardt, ZDF 1982) und hatte Einzelauftritte in verschiedenen Serien (BESCHLOSSEN UND VERKÜNDET, DIREKTION CITY,

(ARD 1966), PRÜFUNG EINES LEHRERS (ZDF 1968), GEDENKTAG (ARD 1970), REINHARD HEYDRICH – MANAGER DES TERRORS (ZDF 1977, als Himmler), TOD EINES SCHÜLERS (ZDF 1981), BEKENNTNISSE DES HOCHSTAPLERS FELIX KRULL (ZDF 1982, als Stabsarzt), DIE WANNSEEKONFERENZ (ARD 1984). Hinzu kamen Serien wie KOMMISSAR, TATORT, DIESE DROMBUSCHS, SOKO 5113, BÜRO BÜRO und DIE SCHWARZWALDKLINIK (als Dr. Walter).

Rudnicks Synchron-Oeuvre bestand überwiegend aus Nebenrollen, hatte jedoch einen markanten, unvergesslichen Höhepunkt mit dem «Drill-Sergeant» Hartman in FULL METAL JACKET (Lee Ermey). Hier war er so perfekt, dass Stanley Kubrick beim Anhören den Eindruck hatte, «sein Original habe plötzlich deutsch sprechen gelernt» (zit. n. Florian Hopf, *Stuttgarter Zeitung*, 8.10.1987). Hervorzuheben sind außerdem James Cromwell (SPACE COWBOYS), Christopher Plummer in DER MANN, DER KÖNIG SEIN WOLLTE, der Nachrichtensprecher in der MUPPET SHOW sowie Tim O'Connor in BUCK ROGERS.

Drei Damen vom Grill). Liane Rudolph trat auch bei zahlreichen Veranstaltungen sowie in Hörfunk und Fernsehen als Moderatorin auf (im SFB: *Telejournal* und die zweisprachige SFB/BBC-Sendung *London Greets Berlin*).

In der Synchronisation bevorzugt sie komische oder dramatische Rollen mit Tiefgang. Ihre ersten größeren Aufgaben waren Marie-France Pisier (Cousin, Cousine, Liebe auf der Flucht) und Sally Field in Norma Rae. Es folgten u.a. Lea Thompson in Zurück in die Zukunft I–III, Sandra Bernhard (The King of Comedy), Madeleine Stowe (Fatale Begierde, Twelve Monkeys), Julianne Moore (The Big Lebowski), Tracey Ullman (Schmalspurganoven), Rita Wilson (Die Braut, die sich nicht traut), Juliane White (Sexy Beast) und Harriet Walter in Sinn und Sinnlichkeit. In der Seriensynchronisation sind ihre Favoritinnen Kathleen Quinlan in Frauenpower und Christine Baranski in Cybill; außerdem: Nana Visitor in Star Trek – Deep Space Nine.

Ottokar Runze (*1925)

Runze besuchte die renommierte Schauspielschule des Deutschen Theaters in seiner Heimatstadt Berlin. Dort spielte er bis 1950, von 1951 bis 1956 war er Direktor des damals hochangesehenen «Theaters im British Centre» (er spielte dort u.a. Franz Moor in Schillers *Räuber*, mit Martin Benrath als Karl, Regie: Kurt Meisel). Danach gab er Gastspiele am Renaissance- u. Schiller-Theater sowie an der Tribüne. Beim Film begann er als Regieassistent Josef von Bakys und spielte selbst mit in Familie Benthin (DEFA 1950), Fünf unter Verdacht (1950), König Drosselbart (1954), Marili (1959). 1964/65 war er Direktor des Europastudios Salzburg, 1971 gründete er eine eigene Filmproduktionsfirma und drehte fortan eine Reihe von bemerkenswerten Filmen, mit denen er nie auf den kommerziellen Erfolg spekulierte, sondern sich immer wieder mit Fragen nach Schuld, Justiz und Gerechtigkeit auseinandersetzte: Viola und Sebastian (1971), Der Lord von Barmbeck (1973), Im Namen des Volkes (1974, Silberner Bär der Berlinale), Das Messer im Rücken (1975), Verlorenes Leben (1976), Die Standarte (1977), Der Mörder (1979), Stern ohne Himmel (1981), Feine Gesellschaft – beschränkte Haftung (1982), Das Ende vom Anfang (1983), Der veruntreute Himmel (1990), Die Hallo-Sisters (1990), Der Vulkan (1999). Er arbeitete außerdem als Synchronautor und -regisseur für eine Reihe von ausgewählten Spitzenfilmen: Wer Gewalt sät, Der Pate, Sie möchten Giganten sein, Chinatown, Der Mieter, Es war einmal in Amerika, Der letzte Kaiser und Die unendliche Geschichte. In den letzten Jahren war er hauptsächlich als Regisseur an verschiedenen Theatern tätig, z.B. Hamburger Kammerspiele (2005 mit *Mozart und Konstanze*, 2009 mit dem eigenen Stück *Der andere Mann*)

und Schlossparktheater Berlin (*Arsen und Spitzenhäubchen*, 2011 mit ➲ Brigitte Grothum und ➲ Dagmar Biener).

Von seinen Sprechrollen ist an erster Stelle Cary Grant in ARSEN UND SPITZENHÄUBCHEN zu nennen (2. Fassung von 1962). Mehrmals sprach er für Tony Randall (BETTGEFLÜSTER, EIN PYJAMA FÜR ZWEI) und Gig Young (BABYS AUF BESTELLUNG, REPORTER DER LIEBE), John Forsythe in IMMER ÄRGER MIT HARRY (1. Fassung), Anthony Perkins (LOCKENDE VERSUCHUNG), Jean-Louis Trintignant (MEINE NACHT BEI MAUD), Colin Clive (FRANKENSTEIN), Christopher Plummer (DER UNTERGANG DES RÖMISCHEN REICHES), John Cassavetes (VOM TEUFEL GERITTEN) und George Hamilton (DIE SECHS VERDÄCHTIGEN).

Horst Sachtleben (*1930)

Der gebürtige Berliner studierte Theaterwissenschaft, nahm Schauspielunterricht und war 1957–61 am Schauspielhaus Zürich engagiert (u. a. Titelrolle in *Faust II*), von 1961 an gehörte er zum Ensemble des Bayerischen Staatsschauspiels München. Hier trat er u. v. a. auf als Cléante in *Tartuffe*, Brown in der *Dreigroschenoper*, Burleigh in *Maria Stuart*, Dr. Ebenwald in *Prof. Bernhardi* und mit der Titelrolle in *Molière*. Sachtleben inszenierte auch selbst in München, Berlin und Bonn, ging 2003 auf Tournee mit Thomas Bernhards *Der Theatermacher* (Regie führte Sachtlebens Frau Pia Hänggi) und 2005 mit *Ein Inspektor kommt*. 2010 spielte er bei den Hersfelder Festspielen den Attinghausen in *Wilhelm Tell*. Er wirkte in zahlreichen Fernsehspielen mit: NACHRUF AUF JÜRGEN TRAHNKE (1962), VERÄNDERUNG IN MILDEN (1974), SIERRA MADRE (1980), MARTIN LUTHER (1980), HANNA VON ACHT BIS ACHT (1983), PFARRERIN LEHNAU (1990), GEFANGENE DER LIEBE (1998), DER ROSENMÖRDER (1998), JENSEITS DER LIEBE (2001) und UM HIMMELS WILLEN (2002). Außerdem bereicherte er Krimiserien wie DER KOMMISSAR, TATORT und DERRICK mit Gastauftritten.

Sachtlebens Domäne als Synchron-Interpret ist die nasal akzentuierte Komik. Er sprach für Wallace Shawn (MEIN ESSEN MIT ANDRÉ, SIMON, DER AUSSERIRDISCHE), Brad Dourif (EINER FLOG ÜBER DAS KUCKUCKSNEST, DIE AUGEN DER LAURA MARS), Renato Scarpa (ALSO SPRACH BELLAVISTA), Jack Weston (DIE KAKTUSBLÜTE), Sydney Pollack in TOOTSIE, Peter Fonda (LILITH), Michael Crawford (WIE ICH DEN KRIEG GEWANN), Peter Falk in DAS GROSSE DINGS BEI BRINKS und in neueren Synchronisationen der COLUMBO-Serie, ferner Jim Broadbent als Dennis Thatcher in DIE EISERNE LADY. Sachtlebens erster Serien-Erfolg war Bill Daily in BEZAUBERNDE JEANNIE.

Kerstin Sanders-Dornseif (*1943)

In Schwerin wurde sie als Tochter des Schauspielers J. P. Dornseif (1907–1972, er spielte Dr. Benthin in dem DEFA-Film FAMILIE BENTHIN) geboren. Sie trat im (Ost-)Berliner Kabarett «Die Distel» auf sowie in mehreren Produktionen des DFF, z. B. in *Rückkoppelung* (1977) und der Serie MÄRKISCHE CHRONIK (1983). 1984 ging sie in den Westen, spielte Theater am Ku'damm (1985 in *Plaza Suite*), am Intimen Theater (1990/91) und wirkte in Musicals wie *My Fair Lady* und *Cabaret* mit. Ihren Hauptarbeitsplatz aber fand Kerstin Sanders-Dornseif in den Synchronstudios.

In den 1980er und 1990er Jahren stieg sie zu einer der meistbeschäftigten Synchron-Interpretinnen auf, vor allem als feste deutsche Stimme dieser drei Damen: Susan Sarandon (THELMA & LOUISE, DEAD MAN WALKING, SEITE AN SEITE, ELIZABETHTOWN), Dianne Wiest (BULLETS OVER BROADWAY, DER PFERDEFLÜSTERER) und Barbara Hershey (DUMM UND DÜMMER). Faye Dunaway gehört zu ihrem Repertoire (ARIZONA DREAM, DIE THOMAS CROWN AFFÄRE, JOHANNA VON ORLEANS) ebenso wie Glenn Close (GEFÜHLE, DIE MAN SIEHT, 101 DALMATINER, DAMAGES). Bis jetzt kamen außerdem hinzu: Catherine Deneuve (INDOCHINE), Cathy Moriarty (VERRÜCKT IN ALABAMA, CASPER), Sinéad Cusack (V WIE VENDETTA), Jennifer Warren (FATAL BEAUTY), Lily Tomlin (SHORT CUTS), Kate Capshaw (BLACK RAIN), Margaret Whitton (DAS GEHEIMNIS MEINES ERFOLGS) und Leslie Charlson in der Serie GENERAL HOSPITAL.

Günther Sauer (1918–1991)

Günther Sauer wurde in Breslau geboren, nahm Schauspielunterricht und studierte Germanistik, Kunstgeschichte und Philosophie. Er war Dramaturg in Freiberg, Intendant an der Volksbühne Dresden, Schauspieldirektor am Staatstheater Dresden und inszenierte in Essen und Freiburg/Br. Einer seiner Schwerpunkte wurde die Hörspiel-Regie. Zu seinen Inszenierungen zählen Werke wie *Der Große Zybilek* (Rainer Puchert, 1966), *Gott heißt Simon Cumascach* (Paul Wühr, 1966), *Aschenglut* (Beckett, 1966), *Fahrenheit 451* (1970), *Tapetenwechsel* (Alfred Andersch, 1976) und *Die Brücke am Lipper Ley* (Erich Loest, 1987). Er führte auch Fernsehspiel- und Synchron-Regie (z. B. bei der Serie ROSEANNE). Seine Tochter ist die Radio- und Fernseh-Moderatorin Sabine Sauer (*1955).

Er war mehrmals deutsche Stimme von Lino Ventura (FREMDER, WOHIN GEHST DU?, DIE 100 TAGE VON PALERMO, IM DRECK VERRECKT) und von Jean Richard in der MAIGRET-Serie. Sauer sprach ferner für Jean Gabin (HAFEN IM NEBEL, ZDF 1970), Richard Attenborough (DIE SCHANDE DES REGIMENTS), Robert Loggia (EIN OFFIZIER UND GENTLEMAN), Ugo Tognazzi (DER SCHWEINESTALL), Maurice Pialat (DAS BIEST MUSS STERBEN), Bernard Blier (VIER TAGE IN DER HÖLLE) und Arthur Kennedy (NAKIA, DER INDIANERSHERIFF).

Frank Schaff (*1965)

Der Berliner Frank Schaff war schon als Zehnjähriger im Hörspiel aktiv: Als der SFB Kinder für seine Produktionen suchte, hatte er sich einfach beworben. Später nahm er Schauspielunterricht bei Erika Dannhoff und studierte einige Semester Fremdsprachen an der FU. Dem Hörspielgenre blieb er weiterhin treu und erfreute das einschlägige Fan-Publikum mit Rollen in mehreren Serien-Klassikern: Er spielte Otto in *Benjamin Blümchen*, Bryce in *Max Headroom* und Boris in *Bibi Blocksberg*.

Vom Hörspiel ist der Weg zur Synchronarbeit nicht weit, ein Bekannter nahm ihn einfach mal mit ins Studio und von nun an wurde das Eindeutschen von Filmen zu seinem Arbeitsschwerpunkt. Mittlerweile ist er vor allem als Buchautor und Regisseur tätig. Unter seiner Verantwortung entstanden die deutschen Fassungen so bedeuten-

Gyllenhaal (THE DARK KNIGHT) und Marion Cotillard (INCEPTION).

Udo Schenk (*1953)

Udo Schenk, der in Wittenberge geboren wurde, studierte an der Theaterhochschule Leipzig. 1975 erhielt er ein Engagement am Maxim-Gorki-Theater Berlin und gehörte fortan zehn Jahre lang zum Ensemble. Er spielte u. v. a. die Titelrolle in *Amphytrion* und Demetrius im *Sommernachtstraum*. Außerdem war er in zahlreichen DFF-Produktionen zu sehen: SCHAU HEIMWÄRTS, ENGEL (1977), ARNO PRINZ WOLKENSTEIN (1979 – diese Titelrolle gehörte auch zu seinen Bühnenerfolgen), DACH ÜBERM KOPF (1980) und DIE SCHÖNE KURTISANE (1984). 1985 nutzte er ein Gastspiel des Maxim-Gorki-Theaters, um im Westen zu bleiben. Hier widmete er sich v. a. der Film-, Fernseh- und Synchronarbeit. Er spielte Hauptrollen in TAXI NACH KAIRO (1987), CRAZY BOYS (1988), DER GESCHICHTENERZÄHLER (1991), im Fernsehen in LORD HANSI (1991), NATHALIE – ENDSTATION BABYSTRICH (1994), PILOTINNEN (1995), NADJA – HEIMKEHR IN DIE FREMDE (1996), SCHWARZES BLUT (1999), JAHRESTAGE (2000), der Filme wie DIE ÜBLICHEN VERDÄCHTIGEN, FIGHT CLUB, DER STURM, HARRY POTTER, SCHATTEN DER WAHRHEIT, DER SOLDAT JAMES RYAN, DIE JURY, EYES WIDE SHUT (nur Dialog), SPHERE, IN DEN SCHUHEN MEINER SCHWESTER, MINORITY REPORT, TRAFFIC, WEIL ES DICH GIBT, IRGENDWANN IN MEXIKO, GARDEN STATE und CASINO ROYALE.

Seine Stimme stellte er u. a. folgenden Schauspielern zur Verfügung: Joseph Fiennes (SHAKESPEARE IN LOVE, ENEMY AT THE GATES), Ethan Hawke (SCHNEE, DER AUF ZEDERN FÄLLT, BEVORE SUNRISE, BEFORE SUNSET), Matthew Broderick (DER TAG DES FALKEN, IN SACHEN LIEBE), außerdem Eric Stoltz (IST SIE NICHT WUNDERBAR?, ROB ROY), River Phoenix (DIE FLUCHT INS UNGEWISSE, SNEAKERS), Keanu Reeves (BODYCHECK), Tom Cruise (JERRY MAGUIRE), James Spader (TODFREUNDE – BAD INFLUENCE), C. Thomas Howell (DIE ROTE FLUT) und Ralph Macchio (DIE OUTSIDER).

Schaff ist verheiratet mit **Natascha Geisler** (*1975). Sie synchronisierte u. a Jennifer Lopez (THE CELL), Natalie Portman (UNTERWEGS NACH COLD MOUNTAIN), Charlize Theron (GOTTES WERK UND TEUFELS BEITRAG), Maggie

Liebe.Macht.Blind (2001), Geheime Geschichten (2004) und In aller Freundschaft (ab 2007 als Dr. Kaminski). Hinzu kommen viele Hörspiele, z. B. *Die Säulen der Erde* (WDR 1999), *Forsythe Saga* (BR 2002) *Krupp oder die Erfindung des bürgerlichen Zeitalters* (WDR 2002), *Marlovs Rückkehr* (David Zane Mairowitz, WDR 2007) und die Serie *Geisterjäger John Sinclair*. Auf Hörbüchern liest Schenk Ken Follett.

Zu den wichtigsten Schauspielern, die Udo Schenk synchronsiert – es sind vorwiegend Bösewichter –, zählen Ray Liotta (Goodfellas, Cop Land, Fatale Begierde), Ralph Fiennes (Der englische Patient, Spider), Gary Oldman (Das fünfte Element, Air Force One, The Dark Knight), Kevin Bacon (Eine Frage der Ehre, Mystic River), Daniel Day-Lewis (Zeit der Unschuld), Keanu Reeves (Bram Stoker's Dracula), Stanley Tucci (Terminal), Ted Levine in Das Schweigen der Lämmer, Kevin Spacey in Die üblichen Verdächtigen, Willem Dafoe (Light Sleeper), Steve Buscemi (Reservoir Dogs), Tim Roth (Planet der Affen), Michael Emerson in den Serien Lost und Person of Interest und Lew Ayres als Dr. Kildare.

Udo Schenk ist mit **Marina Krogull** (*1961) verheiratet, die schon bei der DEFA Filmhauptrollen hatte: Looping (1974) und Der Prinz hinter den sieben Meeren (1982). Sie trat am Maxim-Gorki-Theater und der Vagantenbühne auf und synchronisiert u. a. Amanda Plummer (König der Fischer, Pulp Fiction), Holly Hunter (Das Piano, Die Firma) und Cynthia Nixon in Sex and the City.

Peter Schiff (*1923)

Als Sohn des Theaterdirektors Dr. Hermann Schiff und der Schauspielerin Louise Schulz-Waida wurde Peter Schiff in Neuruppin geboren. Er nahm Schauspielunterricht in Berlin bei Marlise Ludwig und spielte dann vorwiegend an den Berliner Bühnen: an der Freien Volksbühne *(Emilia Galotti, Die Ermittlung, Romulus der Große)*, der Tribüne *(Unsere kleine Stadt)*, am Ku'damm *(Die Hebamme, Mein Freund Harvey)* und am Hansa-Theater *(Der Raub der Sabinerinnen)*. Im Fernsehen hatte Peter Schiff Rollen in Ermittlungen gegen Unbekannt (1974), Liebe mit 50 (1976), Der Haupttreffer (1977), Ein Mann will nach oben (1978), Wo die Liebe hinfällt (1979), Meister Timpe (1980), Ich heirate eine Familie (1983), Für alle Fälle Stefanie (1995) und Der kleine Mönch (2002). Er trat in mehreren Tatort-Folgen auf, wo ihm meist die Täter-Rolle zufiel. Von seinen Hörspielen ist der Krimi *Die Schandmaske* (WDR 1997) hervorzuheben (auch hier war er der Täter!). Im Film spielte er z. B. neben ⊃ Klaus Schwarzkopf (der übrigens auch aus Neuruppin stammt) in Einer von uns beiden (1973). Mit seinem warmen, sanften Timbre nahm Schiff auch viele Märchenschallplatten auf.

Mit zumindest einer Synchronrolle hat er gewissermaßen Filmgeschichte geschrieben, obwohl er hier nicht einen Schauspieler, sondern einen Computer deutsch sprechen ließ: «HAL» in Stanley Kubricks Meisterwerk 2001 – Odyssee im Weltraum: «Die Dialogregie wollte einen sympathischen Klang, doch ohne menschliche Wärme. Man entzog meiner Stimme jeglichen Hall, was ihr etwas Monotones verlieh.» (*Die Welt* 5.9.1998) Schiffs andere Lieblingsrolle war der Vater (Allan Edwall) in Fanny und Alexander. Mehrmals war er zudem Louis de Funès zu Diensten (Louis und seine ausserirdischen Kohlköpfe, ...und seine verrückten Politessen, Der Querkopf, Karambolage), ferner Michel Serrault (Der Heiligenschein), Robert Duvall (Lawman), Donald Pleasence (Die Klapperschlange), Harry Carey jr. (Der schwarze Falke), Van Johnson (Damals in Paris), Michel Galabru (Ferien für eine Woche), Milton Selzer (Grosse Lüge Lylah Clare) und Chin-Ho in dem alten Serien-Klassiker Hawaii Fünf-Null.

Peer Schmidt (1926–2010)

Geboren wurde Peer Schmidt in Erfurt als Sohn eines Grafikers und Kunstmalers, die Schauspielschule besuchte er in Berlin. Nach dem Krieg spielte er zunächst am Deutschen Theater, dann von 1947–55 an Gründgens' Düsseldorfer Schauspielhaus (Leon in *Weh dem, der lügt* und Beckmann in Hans Schallas Inszenierung von *Draußen vor der Tür*, 1948), danach war er freier Schauspieler u. a. in München, Zürich und Frankfurt mit Gastspielen in Berlin (zuletzt 2000/01 in *Was zählt, ist die Familie* am Ku'damm), bei den Salzburger Festspielen und auf Tourneen (Loman in *Tod eines Handlungsreisenden*, 1987, Regie: ➲ Horst Sachtleben). Daneben startete er eine Karriere als Filmdarsteller. Seine bekanntesten Filme sind Bekenntnisse des Hochstaplers Felix Krull (1957) als Marquis de Venosta und Der Stern von Afrika (1957) als Answald Sommer. Am mediokren Niveau der meisten Streifen konnte auch Schmidt nichts ändern, doch waren seine Rollen oft pointierte und brillant gespielte Chargen: Arlette erobert Paris (1953), Alibi (1955), Kitty und die grosse Welt (1956) und Die Nacht vor der Premiere (1959). Auch in der internationalen Co-Produktion Die Monte-Carlo-Rallye (1968) spielte er mit. Im Fernsehen wurde er vor allem mit zwei Serien bekannt: Der kleine Doktor (ZDF 1973) und Café Wernicke (ARD 1980). Von der nasalen Geschmeidigkeit seiner Stimme profitierte in erster Linie der frühe Jean-Paul Belmondo, von Ausser Atem über Der Teufel mit der weissen Weste und Borsalino bis Angst über der Stadt. Außerdem verdeutschte er Gérard Philipe (Die Kartause von Parma), Marcello Mastroianni (Privatleben), Eliott Gould (M.A.S.H.), Rod Taylor (Die Zeitmaschine, Die mit den Wölfen heulen), Marlon Brando (ENDSTATION SEHNSUCHT), Daniel Gélin (GESTÄNDNIS EINER NACHT), Ben Gazzara (ANATOMIE EINES MORDES), Jean-Claude Brialy (DIE ABENTEUER DES KARDINAL BRAUN) und Allen Baron in dem Meisterwerk EXPLOSION DES SCHWEIGENS.

Dennis Schmidt-Foß (*1970)
Dennis Schmidt-Foß, der mit Dascha Lehmann (Tochter von ⊃ Manfred Lehmann) verheiratet ist, spielte 1979 in dem Film DIE KINDER AUS NR. 67 mit, später im Fernsehen in HERZ ODER KNETE (2001) und AM ENDE DER WAHRHEIT (2002). Außerdem ist er Nachfolger von ⊃ Lutz Riedel als Hörspiel-Held *Jan Tenner*.

Dennis profilierte sich hauptsächlich durch Serien-Synchronisationen, z.B. Ben Browder in FARSCAPE, Reece Shearsmith als DR. FLYNN, Joshua Jackson in DAWSON'S CREEK und Michael C. Hall als David in SIX FEET UNDER sowie als DEXTER. An Filmrollen kamen u.a. hinzu Freddie Prince jr. (EINE WIE KEINE, ICH WEISS, WAS DU LETZTEN SOMMER GETAN HAST, SCOOBY DOO) und Casey Affleck in GONE BABY GONE und AMERICAN PIE 2 sowie Ryan Reynolds in VIELLEICHT, VIELLEICHT AUCH NICHT; außerdem ersetzte er ⊃ Randolf Kronberg als Esel in SHREK, DER DRITTE.

Gerrit Schmidt-Foß (*1975)
Der Berliner Gerrit Schmidt-Foß kam schon früh durch seinen älteren Bruder ⊃ Dennis zum Synchron, hatte aber auch eine interessante Rolle im Film: als Loriots Sohn in PAPPA ANTE PORTAS (1991). Im Fernsehen spielte er in UNSER LEHRER DOKTOR SPECHT und RAVIOLI (ZDF 1984), DIE NORDLICHTER (ZDF 1987) und bereicherte mit seiner Stimme auch die Hörspiele *Bibi Blocksberg*, *Voyager*, *All die schönen Pferde* (1997), *Die kapieren nicht* (Boris Vian, WDR 1998) und *Berlin Airlift* (Felix Huby, WDR 1998).

Gerrits Synchron-Präsenz ist zunächst mit einem Satz definiert: Er ist die deutsche Stimme von Leonardo DiCaprio (ROMEO UND JULIA, TITANIC, THE BEACH, DEPARTED), hat aber mit Giovanni Ribisi noch eine zweite Stammrolle (DER SOLDAT JAMES RYAN, DER FLUG DES PHÖNIX). Mehrmals synchronisierte er auch James van der Beek (DAWSON'S CREEK, SCARY MOVIE, TEXAS RANGERS) sowie Steve Zahn (AUF

DIE STÜRMISCHE ART), Shawn Ashmore (X-MEN), Joaquin Phoenix (EINE WAHNSINNSFAMILIE), Daniel Studi (SPIRIT – DER WILDE MUSTANG), Nicolas Brandon (BUFFY), Anthony Clark (YES, DEAR) und Jason Behr (ROSWELL).

Gerrits und Dennis' Bruder **Florian Schmidt-Foß** (*1974) synchronisierte u. a. Kerr Smith in DAWSON'S CREEK, Masi Oka in SCRUBS und sprach in der zweiten Generation der *Fünf-Freunde*-Hörspiele den Julian.

Edith Schneider (1919–2012)

Die gebürtige Bochumerin – die übrigens schon mit drei Jahren auf der Bühne stand – besuchte die Folkwangschule in Essen, 1939 spielte sie am Düsseldorfer Schauspielhaus und folgte dann mit ihren weiteren Theaterstationen ihrem Mann Peter Mosbacher: Deutsches Theater Berlin, Thalia Theater Hamburg, ab 1950 Schiller- und Schlossparktheater Berlin. Hier spielte sie Hauptrollen in *Troilus und Cressida*, *Tartüff*, *Das Konzert* und *Candida*. 1977, nach Mosbachers Tod, ging sie ans Bayerische Staatsschauspiel München. Sie hatte auch im Nachkriegsfilm einige tragende Rollen: ARCHE NORA (1948), FINALE (1949) und ES GEHT NICHT OHNE GISELA (1951). Der interessanteste Film, in dem sie aufgetreten ist, war allerdings DAS QUILLER-MEMORANDUM (1966) mit George Segal.

Ihre energisch-freche Stimme ist für das deutsche Kino- und Fernsehpublikum seit den 1950er Jahren untrennbar mit Doris Day verbunden (DER MANN, DER ZUVIEL WUSSTE, BETTGEFLÜSTER, EIN HAUCH VON NERZ, CAPRICE). Prädestiniert war Edith Schneiders Organ für selbstbewusst auftrumpfende und unkonventionelle Frauen: Ava Gardner (SCHNEE AM KILIMANDSCHARO, MOGAMBO, DIE BARFÜSSIGE GRÄFIN), Katharine Hepburn (AFRICAN QUEEN), Deborah Kerr (QUO VADIS), Ginger Rogers (LIEBLING, ICH WERDE JÜNGER), Joan Crawford (HERBSTSTÜRME), Rosalind Russell (PICKNICK), Vera Miles (PSYCHO), Tippi Hedren (DIE VÖGEL), Jean Peters (NIAGARA), Ingrid Thulin (DIE STUNDE DES WOLFS), Claire Bloom (DIE BRÜDER KARAMASOW, SCHACHNOVELLE), Joan Bennett (WIR SIND KEINE ENGEL), Gianna Maria Canale (AUFSTAND DER GLADIATOREN), Carole Lombard in SEIN ODER NICHTSEIN, Jane Wyman in der ARD-Serie FALCON CREST, Barbara Bel Geddes als «Miss Ellie» in DALLAS (ab 1986) und Estelle Parsons, die Mutter in der Serie ROSEANNE.

Siegmar Schneider (1916-1995)

Nach der Schauspielschule in seiner Heimatstadt Berlin (sein Mentor war Walter Franck) spielte Schneider in Stuttgart (1939–42) und am Wiener Burgtheater (1942–45) große Rollen als «jugendlicher Held»: Clavigo, Prinz von Homburg, Wetter vom Strahl, Achill in *Penthesilea* und – 1948 an der Freien Volksbühne Berlin unter Giorgio Strehler – Don Juan. Nachdem er zunächst auf eigene Faust das Göttinger Theater wiedereröffnet hatte, spielte er 1947 am Deutschen Theater unter Gründgens die Titelrolle in dessen aufsehenerregender Inszenierung von Jewgenij Schwarz' *Der Schatten*, sowie den Pylades in *Iphigenie auf Tauris* (1947, mit Lola Müthel und Horst Caspar). Dann gehörte er 20 Jahre lang zum Ensemble des Schillertheaters (auch mit Regie-Arbeiten). 1978 gab er den «Torquato Tasso» am Renaissance-Theater. Auch die Filme, in denen er mitspielte, sind erwähnenswert, weil sie zu den besseren Produktionen gehören: STRASSENBEKANNTSCHAFT (1947), UNSER TÄGLICH BROT (1948), MORITURI (1948), MARTINA (1948), STRESEMANN (1957 als Chamberlain), DIE EHE DES HERRN MISSISSIPPI (1961). Schneider trat auch in Fernsehspielen auf (z. B. EINE GROSSE FAMILIE, Peter Beauvais, ARD 1970) und war 1965/66 sogar Chefdramaturg der Abteilung Fernsehspiel des SWF. Einen seiner Theaterauftritte (1948 in der *Glasmenagerie*) kommentierte Friedrich Luft mit dem Satz: «So erfreulich zu hören: auch wenn er laut sein musste, gelang es ihm mit halber Stimme.» Das ist die ideale Überleitung zu seiner Synchronstimme, die den ihr zugewiesenen Figuren zumeist souveräne Gelassenheit verlieh.

In die Synchrongeschichte ging Siegmar Schneider als deutsche Stimme von James Stewart ein, für den er seit 1950 regelmäßig, wenn auch nicht ausschließlich tätig war (VERTIGO, DER MANN VOM GROSSEN FLUSS, DAS FENSTER ZUM HOF, HAWKINS). Seine virtuoseste Rolle aber war zweifellos der «achtfache» Alec Guinness in ADEL VERPFLICHTET. Herauszuheben sind ferner Henry Fonda (KRIEG UND FRIEDEN), Laurence Olivier (MORD MIT KLEINEN FEHLERN), Jack Hawkins (BEN HUR), Dan Duryea (GEWAGTES ALIBI), Martin Balsam (EIN KÖDER FÜR DIE BESTIE) und Peter Sellers als durchgeknallter Wissenschaftler in DR. SELTSAM («Mein Führer, ich kann wieder geh'n!»).

Friedrich Schoenfelder (1916–2011)

Der Sohn eines Architekten aus Sorau besuchte die Schauspielschule des Berliner Staatstheaters und hatte dort auch sein erstes Engagement. Nach dem Krieg spielte er in Stuttgart, Göttingen und Frankfurt, ab 1958 vorwiegend in Berlin.

Seine Domäne wurde das Boulevardtheater, mehrmals spielte er Pickering und Higgins in *My Fair Lady*. Mit 80 stand er im Hansa-Theater als *Münchhausen* auf der Bühne und spielte am Ku'damm in *Mein Freund Harvey* sowie 2006 am Renaissance-Theater in Michael Fraynes *Verdammt lange her* und 2008 in *November*. Seine blendende, stattliche Erscheinung prädestinierte ihn für Gentleman- und Bonvivant-Rollen. Aber er spielte auch an der Freien Volksbühne unter Piscator den Oberst Beck in *Aufstand der Offiziere* (1966) und im Jahr darauf den Odoaker in *Romulus der Große*. Im deutschen Film war er zu sehen in Tragödie einer Leidenschaft (1949 mit Joana Maria Gorvin), Königskinder (1949, als Prinz von Thessalien), Fünf unter Verdacht (1950), Der eiserne Gustav (1958), Menschen im Hotel (1959), Mein Mann, das Wirtschaftswunder (1960) und Pension Clausewitz (1967). Das Charmant-Distinguierte seiner Erscheinung strahlt auch seine Stimme aus und ließ Schoenfelder auch im Rundfunk populär werden, z. B. mit den Gute-Nacht-Geschichten im SFB. Außerdem moderierte er eine eigene Jazz-Sendung.

Seine bevorzugten Synchron-Helden wie David Niven (Ehegeheimnisse, Liebenswerte Gegner, Eine Leiche zum Dessert) und Rex Harrison (My Fair Lady, Inferno und Ekstase) spiegeln den Charme seiner eigenen Persönlichkeit wider. Brillant war Schoenfelder für James Mason in Lolita, wo er das ganze Spektrum von Besessen-, Verschlagen-, Gereizt- und Verlegenheit in den stimmlichen Ausdruck zu legen hatte. Weiter sprach er für Alec Guinness (Das Quiller-Memorandum, Die Stunde der Komödianten, Kafka), John Gielgud (Tod in Hollywood, Der Elefantenmensch), William Powell (Dünner Mann), Peter Sellers (Dr. Seltsam), Fredric March (Meine Frau, die Hexe), E. G. Marshall (Die 12 Geschworenen), Peter Cushing (Insel des Schreckens) und Vincent Price (Die Bestie, Ruhe sanft GmbH). Dann und wann führte er auch Synchronregie, z. B. bei French Connection und Vier schräge Vögel. 1996 veröffentlichte Friedrich Schoenfelder, der 2006 den Deutschen Synchronpreis für sein Gesamtwerk erhielt, seine Erinnerungen: *Ich war doch immer ich*.

Bettina Schön (*1926)

Bettina Schöns Theaterleben spielte sich überwiegend in Berlin ab, doch war sie von 1951–59 auch an der Deutschen Bühne Buenos Aires engagiert. In Berlin spielte sie u. a. die Eboli in *Don Carlos* (1948 in ➲ Ernst Schröders Rheingau-Theater), in *Charleys Tante* (1950 am Renaissance-Theater), *Das Fenster zum Flur* (1960 am Hebbel-Theater mit Inge Meysel und ➲ G. G. Hoffmann) und *Alle meine Söhne* (1963 an der Tribüne mit ➲ Alice Treff). Filmrollen hatte sie in Das Rätsel der grünen Spinne (1960) und Das letzte Kapitel (1961), im Fernsehen spielte sie in MEINE FRAU SUSANNE (1963) und TATORT (1977).

Bettina Schön gehört zu den großen Konstanten der Filmsynchronisation, eine hochprofessionelle Interpretin, die jedoch nie einer bestimmten Darstellerin fest zugeordnet war. Hervorzuheben unter ihren zahllosen Rollen sind Anne Bancroft (AM WENDEPUNKT, NACHT MUTTER, DIE GÖTTLICHE), Jean Simmons (DAS TAL DER PUPPEN, FACKELN IM STURM), Elizabeth Taylor (MORD IM SPIEGEL, IVANHOE), Françoise Fabian (MEINE NACHT BEI MAUD, PRIVATVORSTELLUNG), Gena Rowlands (EIN CHARMANTES EKEL, EINE FRAU BESIEGT DIE ANGST), Maggie Smith (ZIMMER MIT AUSSICHT, HARRY POTTER, GOSFORD PARK), Geraldine Page (BETROGEN), Gene Tierney (WEISSER OLEANDER), Lana Turner (TEMPEL DER VERSUCHUNG), Jean Seberg (DIE MAUS, DIE BRÜLLTE), Hope Lange (BLUE VELVET), Rosemarie Harris (HOLOCAUST), Julie Andrews (MARY POPPINS), Ingrid Thulin (CASSANDRA CROSSING), Joanne Woodward (PHILADELPHIA) und Katharine Hepburn (EMPFINDLICHES GLEICHGEWICHT).

Sie war mit dem Schauspieler **Helmut Wildt** (1922–2007) verheiratet, Ensemblemitglied von Schiller- und Schlossparktheater (mehrfach Mephisto und 1980 unter Lietzau Dorfrichter Adam). Er synchronisierte u.a. George C. Scott in DIE HINDENBURG, Charles Denner in DER MANN, DER DIE FRAUEN LIEBTE und Robert Shaw in DER CLOU.

Horst Schön (*1925)

Der gebürtige Berliner spielte Theater in Güstrow, Wismar und Potsdam sowie an der Berliner Volksbühne (u.a. 1967 in *Die lustigen Weiber von Windsor*). Er spielte in zahlreichen DEFA-Filmen mit: POLONIA-EXPRESS (1957), GESCHWADER FLEDERMAUS (1958), DIE PREMIERE FÄLLT AUS (1959), SEILERGASSE 8 (1960), DER FRÜHLING BRAUCHT ZEIT (1960), MEINE STUNDE NULL (1970) und APACHEN (1973). 1975 ging Schön in die BRD, wo er hauptsächlich für das Fernsehen arbeitete, etwa als Kommissar neben Heinz Drache im TATORT (1985–88).

Mit dem Synchronisieren begann Schön schon in der DDR (z.B. Marlon Brando in THE CHASE). Im Westen wurde er die deutsche Stimme von Leslie Nielsen (z.B. in DIE NACKTE KANONE, DRACULA, MR. MAGOO) und sprach häufig für Christopher Plummer (ALLES GLÜCK DIESER ERDE, WOLF, DEIN PARTNER IST DER TOD), Richard Burton (DIE WILDGÄNSE KOMMEN, DER SCHRECKEN DER MEDUSA) Rod Steiger (AMITYVILLE HORROR, VERRÜCKT IN ALABAMA) sowie Spencer Tracy in neuen Fassungen älterer Filme (PAT UND MIKE, TESTPILOT). Hinzu kamen Sean Connery (FLAMMEN AM HORIZONT), Philippe Noiret (DIE BESTECHLICHEN), Vittorio Gassman (DIE TARTARENWÜSTE), Peter O'Toole (TROJA), Ian Holm (KAFKA), Wendell Corey in DAS FENSTER ZUM HOF (ARD 1988), Rock Hudson (MORD IM SPIEGEL), Cliff Robertson (OBSESSION), Mason Adams in der Serie LOU GRANT sowie von 1986 an Bert in der SESAMSTRASSE.

Dietmar Schönherr (*1926)

Als Sohn eines Generals wurde er in Innsbruck geboren. Er nahm Schauspielunterricht in Berlin und Innsbruck, debütierte beim Film in JUNGE ADLER (1944) und spielte nach dem Krieg in WINTERMELODIE (1947), BONJOUR KATHRIN (1956), FRIEDERIKE VON BARRING (1957), NACHT FIEL ÜBER GOTENHAFEN (1959), SCHACHNOVELLE (1960), in den sechziger Jahren auch bei internationalen Produktionen: DER LÄNGSTE TAG, WEISSE FRACHT FÜR HONG-

In den 1950er Jahren war er die deutsche Stimme von James Dean in DENN SIE WISSEN NICHT, WAS SIE TUN, JENSEITS VON EDEN und GIGANTEN. Mehrmals sprach er auch für Gérard Philipe (ROT UND SCHWARZ, DIE GROSSEN MANÖVER) sowie Alain Delon (CHRISTINE), Steve McQueen (THOMAS CROWN IST NICHT ZU FASSEN), John Gavin (PSYCHO), Michel Auclair (AUF DEN STRASSEN VON PARIS), Audie Murphy (DENEN MAN NICHT VERGIBT, STRICH DURCH DIE RECHNUNG), Franco Interlenghi (VITELLONI), Dewey Martin (LAND DER PHARAONEN), Nigel Patrick (DIE HERREN EINBRECHER GEBEN SICH DIE EHRE) und Grant Williams (DIE UNGLAUBLICHE GESCHICHTE DES MR. C).

KONG, SANDERS UND DAS SCHIFF DES TODES. Selbst Regie führte er bei dem Antikriegsfilm KAIN (1972). Im Fernsehen trat er auf in SCHAU HEIMWÄRTS, ENGEL (1961) und in seiner populärsten Rolle als Commander McLane in RAUMPATROUILLE (1966). Großen Erfolg hatte er als Talkshow-Pionier des deutschen Fernsehens mit WÜNSCH DIR WAS (1970–72) und JE SPÄTER DER ABEND (1972–74), gefolgt von 4+4=WIR (1977). Danach übernahm er wieder Rollen im Fernsehfilm: DER TOD DES WEISSEN PFERDES (1988), REPORTER (1989), EINE FAST PERFEKTE SCHEIDUNG (1998), DER ROSENKRIEG (2002), MEIN VATER UND ICH (2005) und die Titelrolle in SIGMUND FREUD (ZDF 2006). Doch wichtiger als alle Schauspielerei wurde für ihn sein Engagement bei Entwicklungshilfeprojekten in Nicaragua. In den 1990er Jahren gründete er die Hilfsorganisation «Pan y Arte» und baute mit Ernesto Cardenal eine Villa zum Kulturzentrum aus («Casa de los tres mundos» in Granada). Schönherr schreibt auch Romane: *Die blutroten Tomaten der Rosalia Morales* (2000) und – autobiografisch – *Sternloser Himmel* (2006).

Manfred Schott (1936–1982)

Mit Manfred Schott ist eine jener Hauptpersonen der Synchrongeschichte vorzustellen, deren Stimmen zwar einen prägenden Eindruck hinterließen, über die selbst aber fast nichts bekannt ist. Das einzige gut dokumentierte Ereignis ist Schotts Tod, als er unweit des Unterföhringer Synchronstudios mit einem Lastwagen kollidierte. Er spielte

Theater in Lübeck und hatte in seiner Münchner Zeit kleine Auftritte in Fernsehserien – z. b. im KOMMISSAR – und war in einigen Hörspielen zu hören: *Die Mondnacht* (Stanislav Lem, BR 1976), *Souterrain* (Zwei-Personen-Stück mit ⊃ Christian Brückner, SWF 1976), *Instant Cargo* (BR 1980), *Zurück in die Tiefe* (SDR 1981) und *Gespräche in Wiener Neustadt* (BR 1981). Sonst jedoch war er von 1967 an damit beschäftigt, seine eigentliches Kapital, eine dunkle, volle Stimme, ausländischen Schauspielern in den Mund zu legen und ihnen damit für das deutsche Publikum ein akustisches Markenzeichen aufzudrücken, eine zusätzliche Facette, die diese Schauspieler im Original eben nicht hatten.

Davon profitierte zunächst Dustin Hoffman, angefangen von der REIFEPRÜFUNG über DER MARATHON MANN und DIE UNBESTECHLICHEN bis zu KRAMER GEGEN KRAMER. Mit EASY RIDER folgte Jack Nicholson, den er sich allerdings mit ⊃ Hansjörg Felmy teilen musste. Schott sprach ihn u.a. in EINER FLOG ÜBER DAS KUCKUCKSNEST, DUELL AM MISSOURI, GRENZPATROUILLE und WENN DER POSTMANN ZWEIMAL KLINGELT. In den Genuss seiner Stimme kamen weiterhin George Segal (DIE EULE UND DAS KÄTZCHEN, CALIFORNIA SPLIT), Bradford Dillman (SO WIE WIR WAREN, DIE BRÜCKE VON REMAGEN, PIRANHAS), Michael Caine (FLUCHTPUNKT MARSEILLE), Burt Reynolds (DER TIGER HETZT DIE MEUTE), Terence Hill (VERFLUCHT, VERDAMMT UND HALLELUJAH) und Martin Landau in der Serie MONDBASIS ALPHA. Schotts wichtigste Serien-Synchronrolle war jedoch DeForest Kelley in RAUMSCHIFF ENTERPRISE.

Hugo Schrader (1902–1993)

Hugo Schrader, der aus Frankfurt stammte, spielte zunächst Theater in München. Vom Volkstheater wechselte er zu den Kammerspielen, «wo man seine drollige, tänzerische Routine zu schätzen wusste» (Wolfgang Petzet), z. B. in *Der Florentiner Hut* (1931). Er führte auch Regie und ging 1933 nach Berlin, wo er vor allem am Hebbel-Theater und der Tribüne wirkte. Zu seinen Stücken zählen *Die Heirat* (1964), *Amphitryon* (1969), *Wölfe und Schafe* (1969) und am Renaissance-Theater 1980 *Einsame Menschen*. Filmrollen hatte er in KÖNIGSWALZER (1935), FRAU NACH MASS (1940), BIS DASS DAS GELD EUCH SCHEIDET (1960), JEDER STIRBT FÜR SICH ALLEIN (1975), im Fernsehen u.a. in DAS AUSGEFÜLLTE LEBEN DES ALEXANDER DUBRONSKI (1967) und DREI DAMEN VOM GRILL.

Zu hören war er u.a. für Peter Lorre (DER GRAUENVOLLE MR. X, RUHE SANFT GMBH), Louis de Funès (DAS GESETZ DER STRASSE), Burgess Meredith (DIE ROSE VON TOKIO), John Mills (DAS ENDE EINER AFFÄRE), Jack Gilford (TOLL TRIEBEN ES DIE ALTEN RÖMER), Eduard Franz (EIN GEWISSES LÄCHELN), Frank Oz (DAS IMPERIUM SCHLÄGT ZURÜCK), Ned Glass (BRIDGET & BERNIE) und Troubadix in ASTERIX, DER GALLIER. Besondere Erwähnung verdient Dustin Hoffman als 121-Jähriger in LITTLE BIG MAN. Hugo Schrader führte gelegentlich auch Synchron-Regie (z.B. bei ASCHE UND DIAMANT)

Ernst Schröder (1915–1994)

In Wanne-Eickel geboren, wählte sich Schröder Saladin Schmitt in Bochum zum Lehrmeister. Paul Wegener holte ihn nach Berlin, wo er 1938–44 am Schiller-Theater unter Heinrich George spielte. 1948/49 leitete er kurzzeitig das Rheingau-Theater, danach arbeitete er freischaffend als Schauspieler und Regisseur (zeitweilig auch als Synchronregisseur), 1961–75 war er wiederum Ensemblemitglied von Schiller- und

Schlossparktheater, dann zog er sich als Maler in die Toskana zurück. Zu seinen vielen herausragenden Rollen gehören Wladimir in *Warten auf Godot* (Münchner Kammerspiele, 1954), *Richard III.* (Schauspielhaus Zürich, 1958), Lehrer in der Uraufführung von *Andorra* (ebenda, 1961), *Macbeth* (Ruhrfestspiele, 1960), Marquis de Sade in *Marat/Sade* von Peter Weiss (Schiller-Theater, 1964; «Ernst Schröder machte aus dem Marquis de Sade ein unvergesslich leises Abbild von Gebrochenheit und Wut, Ausgebranntheit und Unbezähmbarkeit, zarter Lust an fließendem Blut und ausgefranster Noblesse», meinte Joachim Kaiser), Mephisto in *Faust II* (ebenda, 1966), Hamm in *Endspiel* (ebenda, 1967), Wallenstein (Bayerisches Staatsschauspiel, 1972). Filmschauspieler war er in OHM KRÜGER (1941), DER RUF (1949), DIE GROSSE VERSUCHUNG (1952), STRESEMANN (1956, Titelrolle), DER EISERNE GUSTAV (1958), im Fernsehen in DER BIBERPELZ (1962, als Wehrhahn), DER AUFSTIEG – EIN MANN GEHT VERLOREN (1980) und in den Serien LORENTZ UND SÖHNE, DERRICK und DER ALTE. Hervorzuheben ist noch sein Erzähler im Hörspiel-Marathon *Der Herr der Ringe* (1992). 1978 erschien seine Autobiographie *Das Leben verspielt*.

Ernst Schröder gehört zu jener Generation, in der auch die großen Charakterdarsteller wie ➲ O.E Hasse oder Martin Held sich nicht nur nicht zu schade zur Synchronarbeit waren, sondern diesem Zweig der Schauspielerei auch noch Glanzlichter aufzusetzen wussten. Schröders markanteste Rollen waren Spencer Tracy (STADT IN ANGST, ENDLOS IST DIE PRÄRIE, SAN FRANCISCO) und James Cagney (MEIN WILLE IST GESETZ, TYRANNISCHE LIEBE), ferner Rex Harrison (DER TALISMAN), Herbert Lom (KRIEG UND FRIEDEN), Peter Ustinov (BEAU BRUMMEL), Charles Boyer (DIE VERLORENEN), George Sanders (DER BESESSENE VON TAHITI), Carlos Thompson (TAL DER KÖNIGE), Wilfrid Hyde-White (SEIN GRÖSSTER BLUFF), William Conrad (DU LEBST NOCH 105 MINUTEN) und Fredric March (DIE INTRIGANTEN).

Jochen Schröder (*1927)

Nach Schauspiel- und Gesangsausbildung spielte Jochen Schröder Theater in Berlin. Am Renaissance-Theater trat er auf in *Hermann und Dorothea* (1961), an der Freien Volksbühne in *Romeo und Julia* (1975), am Schiller-Theater in *Die Weber* (1976), am Hansa-Theater in *Der Maulkorb* (1988), außerdem gehörte er zum Kabarett der «Stachelschweine». Auf dem Bildschirm zeigte er sich in BEDENKZEIT (1971), DAS TRAUMHAUS (1980), TATORT (1981), SINGLE LIEBT SINGLE (1982) und DIE WICHERTS VON NEBENAN (1986).

Einem bestimmten Schauspieler war er beim Synchronisieren nicht zugeordnet, prägend war er jedoch für Dick Van Dyke in der Serie DIAGNOSE MORD und für Ralph Waite, dem Vater der WALTONS. Schröder sprach ebenso für George Kennedy (Die Letzten vom Red River, Tick...tick...tick), Gregory Peck (Die Seewölfe kommen), Richard Harris (Rendezvous mit dem Tod), Yul Brynner (Westworld), Robert Loggia (Independence Day, Lost Highway), Chuck Connors (Jahr 2022...), Pat Hingle (Norma Rae), Gabriele Ferzetti (Kaiserliche Venus), James Cromwell (I, Robot; L.A. Confidential, Der Anschlag, Six Feet Under)), Christopher Plummer (Dolores), Steve Forrest (Spione wie wir), Lee J. Cobb (Die Leute von der Shilo-Ranch) und er war Simon in Captain Future.

Heike Schroetter (*1956)

Heike Schroetter kam in Ribnitz-Damgarten zur Welt und besuchte die Staatliche Schauspielschule Rostock, wo sie auch Gesangs- und Tanzunterricht nahm. 1975–81 war sie an den Städtischen Bühnen Erfurt engagiert. 1981 wurde sie wegen versuchter «Republikflucht» inhaftiert, aber 1982 in den Westen freigekauft. Sie spielte am Renaissance-Theater Berlin und am Grenzlandtheater Aachen, vor allem aber verkörperte sie zahlreiche Rollen in Fernsehfilmen und -serien: Treffpunkt Leipzig (1984), Goldjunge (1987), Airport (1989), Deutschfieber (1991), Haus am See (1991), Wolffs Revier (1992), Hallo, Onkel Doc! (1994), Alphateam (1996, als Chefärztin Dr. Gassner), Wege zum Glück (2007, als Marianne Becker). 2007 veröffentlichte Heike Schroetter das autobiographische Buch *Sehnsucht nach Paris* über ihre Erlebnisse in der DDR-Haft.

Sie synchronisierte Kate Jackson in der Serie Drei Engel für Charlie (Sat.1 1989) sowie Laura San Giacomo (Pretty Woman), Kay Lenz (Die Staatsanwältin und der Cop), Kate Capshaw (Space Camp), Annette Bening (Grüsse aus Hollywood), Sharon Stone (Total Recall), Tilda Swinton (Vanilla Sky), Kirstie Alley (Eine fast anständige Frau), Brigitte Nielsen (Body Instinct), Laurie Metcalf (JFK), Nora Dunn (Three Kings), Linda Fiorentino (Die Zeit nach Mitternacht), Charlotte Lewis (Auf der Suche nach dem goldenen Kind), Helen Hunt (Waterdance), Glenda Farrell in Das Gehimnis des Wachs-

FIGURENKABINETTS (ARD 1987) und Barbara Hale in der PERRY MASON-Serie (Pro7 1990).

Hinzu kommen zahlreiche Arbeiten für Buch und Regie.

Hannelore Schroth (1922–1987)

Als Tochter der Schauspieler Heinrich Schroth und Käthe Haack wurde sie in Berlin geboren. Sie wuchs in der Schweiz auf und spielte nach der Schauspielausbildung Theater in Berlin, Bremen, Hamburg, München und am Theater in der Josefstadt Wien. Sie verkörperte u.a. Jenny in der *Dreigroschenoper*, die Titelrolle in *Der Besuch der alten Dame*, Blanche in *Endstation Sehnsucht* und Kate in *Kiss Me Kate*. Als Kind trat sie in dem Film DANN SCHON LIEBER LEBERTRAN (1930) auf, das kesscharmante junge Mädchen gab sie in KITTY UND DIE WELTKONFERENZ (1939) und in ihrem schönsten Film UNTER DEN BRÜCKEN (1945). Hervorzuheben sind außerdem SOPHIENLUND (1943), VOR SONNENUNTERGANG (1956), ALLE LIEBEN PETER (1959), LIEBLING DER GÖTTER (1960), POLIZEIREVIER DAVIDSWACHE (1964), BOMBER UND PAGANINI (1976), ZWISCHENGLEIS (1978) und WANN, WENN NICHT JETZT (1987).

Zu ihren Synchronrollen zählen u.a. Jeanne Moreau (DIE NACHT, TAGEBUCH EINER KAMMERZOFE), Elizabeth Taylor (WER HAT ANGST VOR VIRGINIA WOOLF?), Shirley MacLaine (DAS MÄDCHEN IRMA LA DOUCE), Paulette Goddard (DER GROSSE DIKTATOR), Betty Grable (WIE ANGELT MAN SICH EINEN MILLIONÄR?), Susan Hayward (FRAU MIT VERGANGENHEIT), Jane Wyman (ICH WILL, DASS DU MICH LIEBST), Simone Simon in BESTIE MENSCH (1. Fassung), Jean Simmons (EINE KUGEL WARTET), Gina Lollobrigida (DIE LETZTE ETAPPE), Juliette Greco (DIE WURZELN DES HIMMELS) und Dorothy Dandridge (CARMEN JONES).

Rolf Schult (*1927)

Der gebürtige Berliner besuchte die Schauspielschule in Hannover, wo er auch sein erstes Engagement erhielt. 1955–61 gehörte er zum Ensemble des Bochumer Schauspielhauses unter Hans Schalla (er spielte dort Karl Moor, Jago und Beckmann in *Draußen vor der Tür*), 1961–63 Schauspielhaus Köln und seit 1963 Schiller- und Schlossparktheater Berlin. In Barlogs legendärer Inszenierung von *Wer hat Angst vor Virginia Woolf?* spielte er den Nick, unter Kortner den Leonhard in *Maria Magdalena*, unter Lietzau den Wehrhahn im *Biberpelz*, unter Toelle den Foldal in *John Gabriel Borkman*, in *Wallenstein* gab er den Terzky (mit Boy Gobert in der Titelrolle). 1986 kündigte Schult seinen Vertrag mit dem Schillertheater und ging wieder nach Bochum zum dortigen neuen Intendanten Frank-Patrick Steckel. In Inszenierungen von Andrea Breth trat er als Bleichenwang in *Was ihr wollt* und Pastor Manders in *Gespenster* (1989) auf. Schult ist auch in Fernsehspielen zu sehen (z.B. DER MONAT DER FAL-

LENDEN BLÄTTER, 1969, FRAU JENNY TREIBEL, 1982 mit Maria Schell, WER ZU SPÄT KOMMT – DAS POLITBÜRO ERLEBT DIE DEUTSCHE REVOLUTION, 1990) und in vielen Hörspielen zu hören (z.B. *Das Verhör des Spinoza*, RIAS 1985, *Mr. Arkadin*, BR 1996, *Dr. Jeckyll und Mr. Hyde*, WDR 1997). Hier und in der Synchronisation eröffnet seine Stimme oft interessante Zwischentöne, von einschmeichelnd bis zynisch-ironisch.

Seit 1969 ist Schult regelmäßig für Robert Redford zu hören (DER CLOU, DIE UNBESTECHLICHEN, DER PFERDEFLÜSTERER) und seit 1976 für Anthony Hopkins (mit DAS SCHWEIGEN DER LÄMMER als Höhepunkt), den er mittlerweile jedoch an ➲ Joachim Kerzel abgegeben hat; außerdem: Clint Eastwood (EIN FRESSEN FÜR DIE GEIER, DIRTY HARRY), Patrick O'Neal (BRIEF AN DEN KREML), Gene Hackman (LEISE WEHT DER WIND DES TODES), Donald Sutherland (KLUTE, ENTHÜLLUNG, JFK), Barry Newman in der Serie PETROCELLI, Roy Scheider (FRENCH CONNECTION), Alan Arkin (CATCH 22), Marlon Brando (AM ABEND DES FOLGENDEN TAGES), Oliver Reed (LIEBENDE FRAUEN), Max von Sydow (HANNAH UND IHRE SCHWESTERN), Barry Foster (der Frauenmörder in FRENZY) und Jack Lord in der legendären Serie HAWAII FÜNF-NULL.

Für sein «herausragendes Gesamtschaffen» wurde Schult 2007 beim «Deutschen Preis für Synchron» mit dem Ehrenpreis ausgezeichnet. Sein Sohn **Christian Schult** ist – mit einer verblüffend ähnlichen Stimme – ebenfalls als Sprecher tätig, v.a. für Fernseh-Dokumentationen.

Eva Katharina Schultz (1922–2007)

Eva Katharina Schultz begann nach der Ausbildung in Mannheim mit ihrer Bühnenlaufbahn in Gießen, spielte dann in Heidelberg und Bremen und von 1950–56 am Schauspielhaus Bochum. Von 1957 an gehörte sie über 30 Jahre lang zum Ensemble von Schiller- und Schlossparktheater in ihrer Heimatstadt Berlin, wo sie sich als eine der führenden Schauspielerinnen etablierte. Ein wesentliches Charakteristikum ihrer Schauspielkunst war der Verzicht auf jegliche Theatralität zugunsten von trockener, unpathetischer Nüchternheit, Strenge und Kühle. Walther Karsch sah schon 1957 als Minna von Barnhelm (Barlog) «eine anmutige junge Dame von heute – mit nicht viel Herzenstönen, aber mit einer intellektuellen Sauberkeit, mit einer übernatürlichen Nüchternheit, die beim ersten Wort für sich einnimmt». Die Ruth in Pinters *Heimkehr* (Schweikart, 1966) versah sie mit «strenger, sehr untergründig vibrierender Kühle» (Hans Schwab-Felisch), zu ihrer Elisabeth in *Maria Stuart* stellte die Kritik 1967 fest: «So trocken, so wortkarg, so nüchtern haben wir Schiller noch nie gehört.» (Dieter Hildebrandt) Ihrer Lady Macbeth (Liviu Ciulei, 1968) wurden «kühle Gestik», «trockener Ton» und «feste Noblesse» (Dieter Hildebrandt) attestiert, über ihre Gräfin Orsina in *Emilia Galotti* (Ernst Schröder, 1969) hieß es: «Sie triumphierte, und zwar vor allem dadurch, dass sie die meisterhaft disponierte Exaltation abbrechen ließ in eine Art von aschener Tonlosigkeit, in wie betäubte, äußerst schmerzhaft wirkende Pausen.» (Henning Rischbieter) Für Winnie in Becketts Inszenierung von *Glückliche Tage* (1971) war sie demgemäß ebenso die Idealbesetzung wie für die Gunhild in *John Gabriel Borkman* (Tom Toelle, 1982 mit Martin Held in der Titelrolle).

Das Synchronatelier war für Eva Katharina Schultz nur ein Nebenschauplatz, aber was über ihre Bühnenrollen gesagt wurde, trifft ebenso auf ihre Synchronarbeit zu: Kühle, Strenge, Distanz, Beherrschtheit – kongeniale Voraussetzungen für Jeanne Moreau (MODERATO CANTABILE, JULES UND JIM, MONSIEUR KLEIN). Sie sprach zudem für Deborah Kerr (DIE NACHT DES LEGUAN), Martha Hyer (VERDAMMT SIND SIE ALLE), Angie Dickinson (DER TOD EINES KILLERS, DRESSED TO KILL), Joanne Woodward (DER MANN IN DER SCHLANGENHAUT), Anne Bancroft (STIMME AM TELEFON), Anne Baxter (CIMARRON), Ava Gardner (DIE NACKTE MAJA), Julie Harris (SPIEGELBILD IM GOLDNEN AUGE), Capucine (LAND DER TAUSEND ABENTEUER), Inger Stevens (HÄNGT IHN HÖHER), Dorothy Malone (WARLOCK) und Viveca Lindfors (KÖNIG DER KÖNIGE).

Erik Schumann (1925-2007)

Schumann, der in Grechwitz (Kreis Grimma) geboren wurde, war nicht nur der Sohn eines Musikpädagogen, sondern hatte auch eine musikalische Berühmtheit in seiner Ahnengalerie: Der Bruder seines Urgroßvaters war der Komponist Robert Schumann. Selbstverständlich wollte auch Erik Musiker werden und besuchte das Dresdener Konservatorium, nahm aber nebenher Schauspielunterricht und wechselte zur Bühne. Er spielte am Staatstheater Dresden, in Berlin am Schlosspark- und Renaissancetheater (*Die Caine war ihr Schicksal*), in Frankfurt, Stuttgart und München. Aber seit KONSUL STROTTHOFF (1954 mit Willy Birgel) rückte die Arbeit vor der Kamera in den Mittelpunkt. Zu seinen wichtigsten Filmen zählen HIMMEL OHNE STERNE (1955), NATÜRLICH DIE AUTOFAHRER (1959), DER SPION MIT DEN ZWEI GESICHTERN (1959 mit Jack Hawkins), NACHT FIEL ÜBER GOTENHAFEN (1960), UNRUHIGE NACHT (1961), VERRAT AUF BEFEHL (1961 mit William Holden), DURCHBRUCH LOK 234 (1963) und DIE ZEIT DER SCHULDLOSEN (1964). «Seine Liebhaber besaßen oft einen Unterton von Schmerz und Vergeblichkeit.» (Heinzlmeier/Schulz) Fassbinder, der eine Vorliebe für Schauspieler der 1950er Jahre hatte, setzte ihn in LILI MARLEEN (1981) und DIE SEHNSUCHT DER VERONIKA VOSS (1982) ein. Neben zahlreichen Fernsehspielen ist auch seine Mitwir-

Siegfried Schürenberg (1900-1993)

Schürenberg wurde als Sohn des Schauspielers Emil Wittig und einer Opernsängerin in Detmold, wo sein Vater gerade gastierte, geboren. Er nahm Schauspielunterricht in Berlin und tingelte nach seinem Debüt in Stolp (Sudermanns Ehre) durch die Theaterprovinz. Dabei trat er nicht nur als jugendlicher Held und Liebhaber auf, sondern auch als Komiker und Operettenbuffo. Von den Theaterprovinzen gelangte er schließlich in die -metropolen: Hamburg (1927/28: hier spielte er mit Gustaf Gründgens, Paul Kemp und Victor de Kowa in der Uraufführung von Ernst Tollers Hoppla, wir leben), Zürich (1929) und Berlin (Deutsches Theater und Schillertheater1931–34). Ab Mitte der 1930er Jahre zog sich Schürenberg von der Bühne zurück und widmete sich ganz der Film- und Synchronarbeit. Er spielte Abenteurer und Helden (DER HERR DER WELT), Lebemänner (VERGISS MICH NICHT), zwielichtige Typen (ZU NEUEN UFERN) und Ganoven (DER MANN, DER SHERLOCK HOLMES WAR).

Im Synchronatelier war er schon in den 1930er Jahren für Clark Gable tätig. Nach dem Krieg, in dem er als Sanitäter eingesetzt wurde, kehrte er ans Schauspielhaus Zürich zurück, wo er von 1946–51 seine bedeutendsten Theaterjahre hatte: Er spielte den Gessler in Wilhelm Tell, den Tambourmajor in Woyzeck, Brack in Hedda Gabler, Odoaker in Romulus, der Große und Herzog Alba in Don Carlos. Danach war er wieder in seiner eigentlichen Heimat Berlin, wo er vor allem seine Filmkarriere fortsetzte: eine Chargenrolle nach der anderen, die er jedoch alle – auch in den schlechten Filmen – mit einsamer Perfektion erfüllte. Hervorzuheben sind ALIBI (1955), DER 20. JULI (1955), MEIN VATER, DER SCHAUSPIELER (1956), STRESEMANN (1957), GE-

kung in einer der berühmtesten Hörspielproduktionen zu erwähnen: Max Ophüls' Novelle nach Goethe (1954 mit Oskar Werner und Käthe Gold).

In der Synchronisation war er mit seiner ruhigen, nüchternen Stimme vielseitig einsetzbar, ohne dass sich eine feste Beziehung zu einem Schauspieler ergeben hätte. Er sprach mehrmals für Jean-Louis Trintignant und Vittorio Gassman, seine wichtigsten Synchron-Rollen hatte er im komödiantischen Genre: Tony Curtis in MANCHE MÖGENS HEISS und Cary Grant in LEOPARDEN KÜSST MAN NICHT. Außerdem Montgomery Clift (WILDER STROM), Laurence Olivier (WUTHERING HEIGHTS), Alan Bates (AUF DEN SCHWINGEN DES TODES), Roy Scheider (52 PICK-UP), Peter Sellers (DER ROSAROTE PANTHER WIRD GEJAGT), Jack Nicholson (DIE EHRE DER PRIZZIS), Donald Sutherland (DER MÖRDER MIT DEM ROSENKRANZ), James Caan (EINE FARM IN MONTANA), Marcello Mastroianni (DIE ZWEI LEBEN DES MATTIA PASCAL), Jean-Pierre Marielle (DER SAUSTALL) und Pernell Roberts in der Serie TRAPPER JOHN, M.D.

Jagt bis zum Morgen (DEFA 1957), Die Reise (1958 mit Deborah Kerr und Yul Brynner), Der Rest ist Schweigen (1959), Die Brücke (1959), Und das am Montagmorgen (1959) sowie Das letzte Kapitel (1961). Richtig populär wurde er aber erst in den Edgar-Wallace-Filmen der 1960er Jahre als Scotland-Yard-Chef «Sir John», der alles zu wissen glaubt, aber von nichts eine Ahnung hat. 1973 drehte er seinen letzten Film (Als Mutter streikte), aber im Synchron-Atelier stand er bis 1979. Dann zog er sich endgültig in sein Frohnauer Häuschen zurück und widmete sich seinem Hobby, der Ornithologie.

Mit seiner außergewöhnlich soigniert-kultivierten Stimme war Schürenberg gewissermaßen der Fürst der deutschen Synchronschauspieler, auch wenn er selbst über seine Synchronarbeit ein eher nüchternes Urteil fällte: «Es macht zwar keinen Spaß in jeden Armleuchter reinzusprechen, aber es bringt Geld.» Schon vor dem Krieg mit Clark Gable verbunden, bestand MGM 1953 bei Vom Winde verweht ausdrücklich auf seiner Stimme. Bei einem Besuch anlässlich der Deutschlandpremiere lernte Schürenberg Clark Gable persönlich kennen. Zu seinen weiteren Stammrollen zählen nicht weniger als sieben Schauspieler: George Sanders, Louis Calhern (wunderbar zurückhaltend in Asphalt Dschungel), Walter Pidgeon, Fred Clark, Joel McCrea, Clifton Webb und Edward Andrews. Zusätzliche herausragende Synchronparts waren u. v. a. Laurence Olivier (Spartacus), Lionel Barrymore (Mata Hari), Broderick Crawford (Die Schwindler), Vincent Price (Die Fliege), Kirk Douglas (Die Fahrten des Odysseus), Fredric March (Anna Karenina), Adolphe Menjou (Wege zum Ruhm), Charles Boyer (Stavisky), Ralph Richardson (Sein oder Nichtsein) und mehrmals Cäsar in Asterix-Filmen.

[Literaturhinweis: Andreas Neumann: *Sir John jagt den Hexer. Siegfried Schürenberg und die Edgar-Wallace-Filme*, Berlin 2005]

Friedel Schuster (1903–1983)

Die aus Remscheid stammende Friedel Schuster war zunächst nicht nur Schauspielerin, sondern Opern- und Operettensängerin. Sie und ihr Mann Ivan Petrovich waren *das* Operetten-Liebespaar im Berlin der 1930er Jahre. Anlässlich der *Schönen Helena* (1931, Max Reinhardt) bemerkte Alfred Polgar über sie: «Musikalisch bis in die Fußspitzen, was bei ihr, von der Taille an gerechnet, ein bezaubernd langer Weg ist.» In der Hauptstadt spielte sie am Deutschen Theater, dem Kabarett der Komiker, an der Komischen Oper, im Admiralspalast, Renaissance- und Metropoltheater. Nach dem Krieg konzentrierte sie sich aufs Schauspielfach und gab vor allem die «Salondame» in Düsseldorf (1960 bei Stroux in *Wir sind noch einmal davongekommen*), am Thalia-Theater Hamburg und in Berlin am Renaissance-Theater z. B. in *Die Lästerschule*

(1961 mit ➲ Edith Schneider), *Der Snob* (1964 mit Käthe Haack und Boy Gobert), *Duett im Zwielicht* (1966 mit Adolf Wohlbrück), am Schlossparktheater in *Das Glas Wasser* (1951 als Lady Churchill mit ➲ O. E. Hasse) und *Wecken Sie Madame nicht auf* (1972). Von ihren Filmen sind zu erwähnen: Viktoria und ihr Husar (1931), Ich und die Kaiserin (1933), Träume von der Südsee (1957), Der Mann mit dem Glasauge (1968).

Mütter und Damen waren auch ihre bevorzugten Synchronrollen. Sie sprach für Myrna Loy (Nur meiner Frau zuliebe, Im Dutzend billiger), Dorothy Lamour (Der Weg nach Sansibar, Die grösste Schau der Welt), Jessie Royce Landis (Über den Dächern von Nizza, Der unsichtbare Dritte, Mein Mann Gottfried), Arlene Francis (Was diese Frau so alles treibt), Agnes Moorehead (Der Ladenhüter), Paulette Goddard (Die Gleichgültigen), Angela Lansbury (Blaues Hawaii, Botschafter der Angst) und Joan Shawlee (Manche mögens heiss).

Friedrich Schütter (1921–1995)

Auch wenn seine Bass-Stimme, die aus tiefsten Tiefen emporzusteigen scheint, zu den prominentesten und auffälligsten der Synchrongeschichte gehört – das Synchronstudio spielte in Friedrich Schütters Leben nur eine Nebenrolle. Das Herz des gebürtigen Düsseldorfers schlug fürs Theater. Da seine Eltern 1922 auswanderten, wuchs Schütter in Brasilien auf. Er ging in São Paulo zur Schule und arbeitete im väterlichen Hotelbetrieb. Schauspielunterricht aber nahm er bei Helmuth Gmelin in Hamburg, das ihm zur Wahlheimat wurde. Nach ersten Auftritten am Theater im Zimmer und den Kammerspielen, baute er sich 1951 eine eigene Bühne auf: das Junge Theater, das 1973 in Ernst-Deutsch-Theater umbenannt wurde (Schütter hatte den Emigranten Ernst Deutsch einst überredet, an seiner Bühne zu spielen). Schütter trat in seinem Theater in vielen Hauptrollen auf: als Nathan, Dorfrichter Adam, Fuhrmann Henschel, Götz von Berlichingen (auch in Jagsthausen), Richter von Zalamea, Michael Kramer oder Molières Orgon. Das Geld, das er mit seinen Fernseh- und Synchronrollen verdiente, steckte er in sein Theater. Nach seinem Tod übernahm seine Frau Isabella Vérdes-Schütter die Leitung, der Vorplatz des Theaters in Hamburg-Uhlenhorst heißt seit 2002 Friedrich-Schütter-Platz. Sein bekanntester Fernsehauftritt war die Titelrolle in der ZDF-Serie Hier kocht der Chef (1974). Er wirkte mit in Wie ein Hirschberger Dänisch lernte (ARD 1968), Das Millionenspiel (Tom Toelle, ARD 1970), Sein Schutzengel (ZDF 1971), Das kleine Hofkonzert (ZDF 1976), Aller guten Dinge sind drei (ZDF 1980), Das Erbe der Guldenburgs (ZDF 1987) und zuletzt die Hauptrolle in Molls Reisen (1994). Außerdem spielte er in dem Jerry-Cotton-Film DER TOD IM ROTEN JAGUAR (1968) sowie in DER ARZT VON ST. PAULI (1968) mit.

Schütters Synchron-Präsenz reduziert sich letztlich auf eine einzige Rolle, mit der er aber berühmt wurde: Lorne Greene als Ben Cartwright in BONANZA, den er akustisch mit einer gottvatergleichen Aura ausstattete. Lorne Greene soll gesagt haben, es wäre ihm lieber, Schütter würde auch die Originale in Englisch sprechen. Für Greene sprach er auch in KAMPFSTERN GALACTICA und ROOTS. Von seinen anderen Synchronarbeiten sind hervorzuheben: Omar Sharif in PALAST DER WINDE, Orson Welles in EIN TAG FÜR DIE LIEBE, Julien Bertheau in DER UHRMACHER VON ST. PAUL, Gilbert Roland in DER MOHN IST AUCH EINE BLUME, Robert Beatty in AUSGESTOSSEN (ODD MAN OUT), John Colicos in WENN DER POSTMANN ZWEIMAL KLINGELT und Brian Keith in KRAKATOA.

Stephan Schwartz (*1951)

Als Sohn eines Aufnahmeleiters beim Film stand der gebürtige Berliner schon als Kind in Heimatfilmen vor der Kamera: HEIDESCHULMEISTER UWE KARSTEN (1955), DER PFARRER VON KIRCHFELD (1955), WENN DIE ALPENROSEN BLÜHN (1955), DER GLOCKENGIESSER VON TIROL (1956), aber auch in DER WÜRGER VON SCHLOSS BLACKMORE (1963). Als er 1969 sein Studium an der Max-Reinhardt-Schauspielschule begann, hatte er schon in über 30 Filmen mitgewirkt. In zahlreichen Fernsehspielen übernahm er Hauptrollen: EIN BUCH MIT KAPITELN (John Olden, ARD 1962), ÜBERSTUNDEN (Fritz Umgelter, ARD 1965), DER WEILBURGER KADETTENMORD (Itzenplitz, ZDF 1977), als Harry Graf Kessler in JUGEND, LIEBE UND DIE WACHT AM RHEIN (Oswald Döpke, ZDF 1978), als Walter Kempowski in EIN KAPITEL FÜR SICH (Eberhard Fechner, ZDF 1979), in DIE JAHRE VERGEHEN (Peter Keglevic, ZDF 1980), GELD ODER LEBEN (Peter Patzak, ARD 1981) und BESUCH AUS BANGKOK (ARD 2001). Für JAGGER UND SPAGHETTI (ZDF 1985) schrieb er auch das Drehbuch, ebenso wie für die Vorabendserie ST. PAULI LANDUNGSBRÜCKEN (ARD 1982–84). Mit der Hamsun-Verfilmung VICTORIA von Bo Widerberg (1979) kehrte er auch wieder ins Kino zurück, zuletzt mit Götz George in EINE FRAGE DER WAHRHEIT (1999). Zum Publikumsliebling wurde Stephan Schwartz als Kinderarzt Daniel Holbein in der ZDF-Serie FREUNDE FÜRS LEBEN (1995). 2005 erklärte er seinen Abschied von der Fernsehkamera (dafür macht nun seine Tochter Fiona Coors Karriere) und widmet sich seitdem anderen Projekten wie Hörbüchern (Eric Malpass) und der Entwicklung von Kinder-DVDs.

Er synchronisierte John Moulder-Brown in Bernhard Sinkels Thomas-Mann-Verfilmung BEKENNTNISSE DES HOCHSTAPLERS FELIX KRULL (1982) und etablierte sich ab 1984 als deutsche Stimme von Tom Cruise (DIE FARBE DES GELDES, RAIN MAN, INTERVIEW

MIT EINEM VAMPIR), trennte sich aber 1996 von ihm, weil er mit den Scientology-Aktivitäten des Hollywood-Stars nicht einverstanden war. Er sprach außerdem für Nicholas Cage, Bill Pullman (WÄHREND DU SCHLIEFST), Rupert Everett (DER TROST VON FREMDEN), Daniel Auteuil (MANONS RACHE), John Lone in DER LETZTE KAISER, Andy Garcia (SCHATTEN DER VERGANGENHEIT, OCEAN'S ELEVEN, SMOKIN' ACES), Kenneth Branagh in VERLORENE LIEBESMÜH, Jean-Hugues Anglade (NIKITA), Joseph Fiennes in LUTHER, Robson Green als Tony Hill in der Serie HAUTNAH – DIE METHODE HILL und – die mit Abstand herausragende Rolle der letzten Jahre – Adrien Brody in DER PIANIST.

Klaus Schwarzkopf (1922–1991) Schwarzkopf wurde in der Fontane-Stadt Neuruppin geboren. Er debütierte 1947 an Barlogs Schlossparktheater mit der jugendlichen Hauptrolle in O'Neills *Ah, Wilderness!* und landete über die Stationen Wiesbaden und Hannover in München, das ihm zur Wahlheimat wurde. U. a. spielte er die Titelrollen in *Bürger Schippel*, *Tartuffe*, *Der Hauptmann von Köpenick* und *Tod eines Handlungsreisenden*. Seit 1987 gehörte er zum festen Ensemble der Münchner Kammerspiele. Zu Film und Fernsehen gelangte er erst relativ spät. Auf der Leinwand war er zu sehen in DR. MED. HIOB PRÄTORIUS (1965), DIE ARTISTEN IN DER ZIRKUSKUPPEL: RATLOS (1968), DREI MÄNNER IM SCHNEE (1973), EINER VON UNS BEIDEN (1973), ALLE MENSCHEN WERDEN BRÜDER (1973, Filmband in Gold), und DIE GRÜNSTEIN-VARIANTE (1985). Auf dem Bildschirm war seine populärste Rolle die des Kieler TATORT-Kommissar Finke, den Schwarzkopf mit seiner Technik des «Unterspielens» zu einem der besten der ganzen Reihe machte. Daneben spielte er in zahllosen Fernsehspielen mit, z. B. ICH WAR SCHLEMIHL (Dietrich Haugk, ARD 1966), EIN FALL FÜR HERRN SCHMIDT (Harnack, ZDF 1971), EINTAUSEND MILLIARDEN (Meichsner/Wedel, ARD 1974), GRENZFÄLLE (Imo Moszkowicz, ZDF 1980), BEKENNTNISSE DES HOCHSTAPLERS FELIX KRULL (Bernhard Sinkel, ZDF 1982) und DER KANDIDAT (Thomas Engel, ARD 1986). Schwarzkopf «hatte auch in der Stimme eine Courtoisie, die in ihrer beinahe altmodischen Hinwendung sofort einnahm» (*Deutsches Bühnen-Jahrbuch* 1992).

Damit sind wir beim Synchronisieren, wo er mit einer Rolle ebenfalls populär wurde: Peter Falk als zerknitterter Inspektor COLUMBO. Weniger bekannt ist, dass Schwarzkopf schon seit 1948 im Synchronstudio stand. Zu seinen frühen Arbeiten gehören z. B. Robert Donat in DAS PRIVATLEBEN HEINRICHS VII. und John Justin in DER DIEB VON BAGDAD. Außerdem sprach er für Harry Carey jr. In dem Western-Klassiker DER TEUFELSHAUPTMANN, Burt Lancaster (CRISS-CROSS), Ramon Novarro (MATA HARI), Lloyd Bridges (ZWÖLF

Uhr mittags), Don Taylor (Vater der Braut), Van Johnson (Brigadoon), Robert Mitchum (Hügel des Schreckens), Michael Dunn (Das Narrenschiff), Peter Lorre (Die Spur des Falken), Peter Sellers (Junger Mann aus gutem Haus) und Bernard Blier (Der Körper meines Feindes).

Sandra Schwittau (*1969)

Sandra Schwittau wurde in München geboren. Ihre Ausbildung erhielt sie am Lee Strasberg Theatre and Film Institute und bei Sonja Prechtl in München. Engagiert war sie am Jungen Theater Göttingen (2001 in *Tristesse Royale*). Ihre Stimme ist nicht nur beim Synchronisieren zu hören, sondern auch auf Hörbüchern (z. B. *Das Jagdgewehr* von Yasushi Inoue).

Sandra Schwittau ist die deutsche Stimme von Hilary Swank (z. B. in Boys Don't Cry, Insomnia, Black Dahlia), doch größte Popularität erzielte sie mit einer Rolle, für die sie ihre Stimme arg verstellen musste: Bart in den Simpsons. Sie sprach auch für Eva Mendes (Der Date Doktor, Ghost Rider, Bad Lieutenant), Helena Bonham Carter (Fight Club), Milla Jovovich (Johanna von Orleans), Renee Zellweger (Unterwegs nach Cold Mountain), Björk in Dancer in the Dark, Karry Washington (Mr. und Mrs. Smith), Ricky Lake (Hairspray) und Claudia Black in der Serie Farscape.

Manfred Seipold (1941–1989)

Der Berliner studierte an der Staatl. Musikhochschule Köln und debütierte in Aachen. Anschließend trat er bei Gastspielen und Tourneen auf. Schwerpunkt seiner Schauspielarbeit aber wurde das Fernsehen. Er spielte neben ⊃ Paul Klinger in Kommissar Brahm (1967), die Titelrolle in Lieber Erwin (1970) von Thomas Fantl sowie weitere Hauptrollen in Der Pedell (1971), Zahnschmerzen (1975), Omaruru (1976), Gegendarstellung (1980), Wettlauf nach Bombay (1981), Der Mann von Suez (1983) und Morenga (1985). Im Kinofilm war er zu sehen in Alle Menschen werden Brüder (1973) und Das Brot des Bäckers (1976). 1987 drehte er den Video-Spielfilm Manila Tatoo mit Werner Pochath.

Mit Seipolds Stimme sprach in den deutschen Fassungen mehrmals Tom Berenger (Mörderischer Vorsprung, Verraten) sowie Burt Reynolds (Mein Name ist Gator, Zwei ausgebuffte Profis), Chuck Norris (Der Bulldozer, Der Gigant) und Clu Gulagher (Die Leute von der Shiloh-Ranch, Die letzte Vorstellung). Hinzu kamen noch Bruce Willis (Sunset), Bill Murray (Tootsie) und Raul Julia in Die Organisation.

Torsten Sense (*1961)

Schon als Kind war Torsten Sense an einem Ereignis beteiligt, das Theatergeschichte schrieb: er spielte nämlich 1975 in Becketts berühmter Inszenierung von *Warten auf Godot* am Berliner Schiller-Theater mit (neben Horst Bollmann und ⊃ Carl Raddatz). Es folgten weitere Auftritte in *Die Familie Schroffenstein* (Tribüne 1982, auch Bühnenmusik), *Ein Käfig voller Narren* (Ku'damm 1983, ebenfalls Komposition), in Peter Handkes *Kaspar* spielte er die Titelrolle (Vagantenbühne 1990). Für die Vagantenbühne komponierte er weitere Bühnenmusiken (z.B. *Der goldene Topf*, 1986, *Hiroshima mon amour*, 1997). Sense war auch im Fernsehen tätig, etwa in DIE VERREGNETEN FERIEN (1976), DIE DREI KLUMBERGER (1977), RAVIOLI (1983), arbeitet seit 1982 aber hauptsächlich als freischaffender Komponist. 1985 gewann er mit seinem Musiktheaterstück *Anima* den Wettbewerb des deutsch-französischen Jugendwerks. 1996 gründete er mit Michael Duwe die Firma «db 29» zur Produktion von Film- und Fernsehmusiken. Er komponierte für die Filme BOOMTOWN (1993) und DREI CHINESEN MIT DEM KONTRABASS (1999) sowie für mehrere POLIZEIRUF 110-Folgen. 1997–2002 spielte er zusammen mit ⊃ Benjamin Völz bei «bend».

Mit deutscher Stimme versehen wurden von ihm Kyle MacLachlan (DAS GEHEIMNIS VON TWIN PEAKS), Val Kilmer (HEAT, POLLOCK), Steve Buscemi (THE BIG LEBOWSKI), Keanu Reeves (GEFÄHRLICHE LIEBSCHAFTEN), Kevin Bacon (FOOTLOSE), Heath Ledger (ZEHN DINGE, DIE ICH AN DIR HASSE), Tim Roth (RESERVOIR DOGS), John Cusack (SHANGHAI), Rob Lowe (DAS HOTEL NEW HAMPSHIRE), Timothy Hutton (EINE GANZ NORMALE FAMILIE), Jan-Michael Vincent (FEUERSTURM), Cris Campion (PIRATEN), Andrew McCarthy (PRETTY IN PINK) und Al Corley in DENVER CLAN. Zu seinen Jugendrollen gehört auch Schröder in *Lauf um dein Leben, Charlie Brown*. Torsten Sense führte auch Synchron-Regie bei SPIEL AUF ZEIT und HIGH FIDELITY.

Klaus Sonnenschein (*1935)

Da sein Vater der Meinung war, er solle erst etwas «Handfestes» lernen, ging Klaus Sonnenschein in seiner Heimatstadt Berlin zur Schultheiss-Brauerei und machte eine Lehre als Bierbrauer. Dann aber besuchte er die Max-Reinhardt-Schule und lernte die Schauspielerei u.a. bei Hilde Körber und Lucie Höflich. Er spielte am Forum-Theater, Berliner und Hebbel-Theater, an der Schaubühne am Halleschen Ufer und wechselte 1970 zu der Stätte, die fortan seine künstlerische Heimat werden sollte: die «Tribüne». Als 1972 der Berliner Senat die Subventionen strich und das Theater schließen wollte, übernahm Sonnenschein mit seinen Mit-Gesellschaftern Hugo Affolter und Horst A. Hass (ab 1978: Rainer Behrend) die Direktion und rettete das Haus mit einem neuen Konzept, das vor allem musikalische Akzente setzte. Mit Musicals, Volksstücken und literarischen Revuen, interpretiert von einem ausgesprochen typenreichen Ensemble (darunter ⊃ Arnold Marquis, ⊃ Dagmar Biener, ⊃ Joseline Gassen und ⊃ Ingeborg Wellmann), kam die «Tribüne» wieder auf Erfolgskurs. Sonnenschein inszenierte und spielte – oft zusammen mit seiner Frau Edith Hancke – die Hauptrollen, z.B. *Die göttliche Jette*, *Berlin Alexanderplatz* (als Biberkopf), *Das Fenster zum Flur*, *Der zerbrochene Krug* (als Dorfrichter Adam), *Mutter Gräbert macht Theater*. Er trat aber auch weiter an anderen Berliner Bühnen auf, im Theater am Kurfürstendamm (1994 in *Arsen und Spitzenhäubchen*) oder im Hansa-Theater (1998 in *Hochzeit bei Zickenschulze*) und auch in Hamburg im «Winterhuder Fährhaus».

Für Film und Fernsehen blieb da wenig Zeit – er war zu sehen in Liebe Mutter, mir geht es gut (1972) sowie in Direktion City, Café Wernicke, Preussenkorso 17, Tatort und Wissen Sie es besser? –, zumal wegen seiner mächtigen Stimme das Synchronatelier zu Sonnenscheins zweiter «Bühne» wurde, wo er vor allem «schwere Helden» übernahm. Seine erste populäre Serien-Hauptrolle war John Amons als Kunta Kinte in Roots, gefolgt von Judd Hirsch als Delvecchio, in den letzten Jahren ist er vor allem feste Stimme von Morgan Freeman (Sieben, Deep Impact, Der Anschlag). Nach ⮕ Gerd Duwners Tod übernahm er Danny DeVito (Mars Attacks, Big Fish), außerdem sprach er für Stacy Keach (Fat City), Sean Connery (Verlockende Falle, Forrester – Gefunden!), Gene Hackman (Die Firma, Die Kammer), Bob Hoskins (Falsches Spiel mit Roger Rabbit, Hook), Danny Aiello (Mondsüchtig, Ein charmantes Ekel), Warren Oates (Die weisse Dämmerung) und Christopher Lee in Star Wars II/III.

Nana Spier (*1971)

Nana wurde in Berlin als Tochter von ⮕ Almut Eggert geboren. Sie ist Adoptivtochter der Berliner Boulevardtheater-Legende Wolfgang Spier. Engagiert war sie zunächst am Schiller- und Schlossparktheater (1992 unter Niels-Peter Rudolph in Ayckborns *Der Held des Tages*). Sie moderierte auch das TV-Jugendmagazin Telewischen und hatte weitere Fernsehrollen in Mutter mit 16, Spiel des Lebens, Der Landarzt, Dr. Sommerfeld – Neues vom Bülowbogen und Für alle Fälle Stefanie. Zu hören ist sie obendrein in einigen Hörspielserien (*Faith*, *The Van Helsing Chronicles*) und auf Hörbüchern (z.B. Claudia Gray: *Evernight*). In der Synchronbranche ist sie nicht nur stimmspielerisch tätig, sie schreibt auch Dialoge (Noch einmal Ferien) und führt Regie (Gilmore Girls).

Nana Spier arbeitet vor allem für drei Stars: Drew Barrymore (Bad Girls, Alle sagen I Love You, Drei Engel für Charlie, 50 erste Dates), Sarah Michelle Gellar (Buffy, Eiskalte Engel, Angel) und Claire Danes (Romeo und Julia, It's All About Love, Igby). Sie spricht außerdem für Thandie Newton (Das Streben nach Glück, Norbit, Mission Impossible II), Liv Tyler (Armageddon, Gefühl und Verführung), Charlotte Gainsbourgh (21 Gramm), Elizabeth Berkley (Echt blond), Christina Applegate (Flight Girls), Julie Delpy (Before Sunset) und Salma Hayek (Der Glöckner von

Notre Dame) sowie Kiele Sanchez in der Serie The Glades.

Ihre Halbschwester **Bettina Spier** (1960–2008) synchronisierte u.a. Sophie Marceau, Isabella Rossellini und Juliette Binoche.

Herbert Stass (1919–1999)

Geboren in Oebisfelde, wuchs Stass in Berlin auf, wo er die Reichersche Schauspielschule besuchte. Nach dem Krieg spielte er am Hebbel-Theater, anschließend gehörte er 15 Jahre lang zum Ensemble des Schiller-Theaters. Vereinzelt im Film zu sehen (Der Tod im roten Jaguar, 1969), verlegte Stass in den 1960er Jahren seinen Schwerpunkt auf das Fernsehen, wo er über 180 Rollen übernahm, u.a die Titelrollen in Der Aussenseiter (Peter Beauvais, ARD 1960), Kandidat Cormoran (Wolfgang Liebeneiner, ARD 1965), Rasputin (R.A. Stemmle, ARD 1967), Interview mit Herbert K. (ZDF 1970, wofür Stass mit dem Adolf-Grimme-Preis ausgezeichnet wurde), Der Alte (Rainer Wolffhardt, ARD 1974). Er wirkte ferner mit in Wie eine Träne im Ozean (Fritz Umgelter, ARD 1970), Eiger (Dieter Wedel, ARD 1974), Beate S. (ZDF 1979), Musik auf dem Lande (Oliver Storz, ZDF 1980), Martin Luther (Wolffhardt, ZDF 1983), als Friedrich II. in Die schöne Wilhelmine (ZDF 1984), als Seni in Wallenstein (ARD 1987) sowie den TV-Serien Wolffs Revier (Sat.1 1992), Der Havelkaiser (ARD 1994) und Praxis Bülowbogen.

Seine Stimme – die auch in zahlreichen Hörspielen zu hören war (z.B. *Timbuktu* von Fred von Hoerschelmann, RIAS 1955, *Romeo und Julia in Berlin* von Gerd Oelschlegel, RIAS 1958) – eignete sich besonders für komplexe Charaktere, denn in ihr schwingt etwas Grüblerisches, Zweifelndes, Unsicheres mit. Aber auch pikareske Komik gehörte zum Repertoire. Seine erste und dauerhafteste Synchron-Beziehung hatte er mit Tony Curtis, hinzu kamen Dirk Bogarde (Modesty Blaise, Providence) und Frank Sinatra (Botschafter der Angst). Ferner sind hervorzuheben: Marcello Mastroianni (Die Nacht), Yves Montand (Mord im Fahrpreis inbegriffen), Steve McQueen (Die glorreichen Sieben), Serge Reggiani (Der Teufel mit der weissen Weste), Charles Aznavour (Schiessen Sie auf den Pianisten), Farley Granger (Der Fremde im Zug), Alan Arkin (Inspektor Clouseau), John Cassavetes (Ein Mann besiegt die Angst) und Arthur Hill als Owen Marshall. Das Beste aber zum Schluss – sehr gegensätzliche Rollen, die eben dadurch das künstlerische Spektrum seines Stimmausdrucks markieren: Harry Belafonte in dem Meisterwerk Wenig Chancen für morgen, Dustin Hoffman, der «Razzo Rizzo» in Asphalt Cowboy, Toshiro Mifune in Die sieben Samurai und Fritz Weaver, der «Dr. Weiß» in Holocaust.

Madeleine Stolze (*1963)

Sie kam in Berlin als Tochter der Schauspielerin Christiane Schwarz-Stolze zur Welt. Ausbilden ließ sie sich bei Edith Hildebrand. Auf der Bühne stand sie schon im jugendlichen Alter: in Der Favorit (Komödie 1979), Der wahre Jakob (Hansa-Theater 1981, Regie: ➲ Horst Niendorf) und Ein besserer Herr (Ku'damm 1982, mit ➲ Harald Juhnke). 1983 spielte sie «Rosenrot» in dem Märchenfilm Schneeweisschen und Rosenrot. Sie ist auch in Hörspielen zu hören (z. B. Der letzte Detektiv, 1984) und auf Kinder-Hörspiel-Kassetten bzw. -CDs (Alice im Wunderland, Heidi).

Schon als 13-Jährige wurde sie für Shirley Temple in ZDF-Synchronisationen älterer Filme ausgewählt. Einige Jahre später wurde ihre Stimme mit der Serie Dallas prominent: Sie sprach «Lucy» Charlene Tilton. Hinzu kamen Helen Hunt (Dr. T and the Women, Im Banne des Jade-Skorpions, Verrückt nach dir), Catherine Zeta-Jones (Die Maske des Zorro, Blue Juice), Jennifer Jason Leigh (Hitcher), Tanya Roberts (James Bond – Im Angesicht des Todes), Irene Cara (Fame), Courteney Cox (Scream), Mariel Hemingway (Lipstick), Madonna (Who's that Girl?), Lara Flynn Boyle (Speaking of Sex), Jenny Agutter (Walkabout), Valerie Kapriski (Atemlos), Adrian Alonso (Die Legende des Zorro), Shelley Long in Cheers und Julianna Margulies in Die Nebel von Avalon.

Madeleine Stolzes Sohn **Domenic Redl** synchronisiert ebenfalls, z. B. die Titelrolle in Findet Nemo.

Oliver Stritzel (*1957)

In seiner Heimatstadt Berlin spielte Oliver Stritzel an der Freien Volksbühne (1981 in Tartuffe), sowie am Schauspiel Bonn. Er wirkte auch in einigen Filmen mit, z. B. Das Boot (1981), Der Mann auf der Mauer (1982), Zielscheiben (1984), Der Hammermörder (1989) und Der Untergang (2004), doch sein Schwerpunkt liegt mittlerweile beim Fernsehen: Busenfreunde (Comedy-Serie, 1991), Wolffs Revier (1992), Polizeiruf 110 (Adolf-Grimme-Preis 1996), Angeschlagen (1996), Ende einer Leidenschaft (1997), Schande (1999), Im Fadenkreuz (2000), Die Manns (2001), Ein starkes Team (2005) und Suchkind 312 (2007).

Am häufigsten synchronisiert er Philip Seymour Hoffman (Roter Drachen, Punch-Drunk-Love, Der talentierte Mr. Ripley, Unterwegs nach Cold Mountain), seine weiteren Rollen umfassen Sean Penn (Dead Man Walking), Samuel L. Jackson (Sphere), Russell Crowe (Insider), Josh Brolin (Ich sehe den Mann deiner Träume), Lou Reed (Blue in the Face), Tom Waits (Short Cuts), Don Cheadle (Boogie Nights), Dennis Haysbert (Jarhead), Daniel Craig (Tomb Raider), Bruce Greenwood (Das süsse Jenseits), Hugo Weaving (V wie Vendetta) und Clancy Brown in der Serie Lost.

Ulrike Stürzbecher (*1965)

Die Berlinerin Ulrike Stürzbecher war schon als Kind von den Synchronstimmen in Kino und Fernsehen fasziniert. ➲ Inge Landgut, die mit ihrer Familie bekannt war, nahm sie ins Synchronstudio mit, und Ulrike erhielt noch während ihrer Schulzeit selbst kleine Sprechrollen. Damals spielte sie auch schon in einigen Fernsehproduktionen mit (z. B. Eine Klasse für sich, ZDF 1984). Nach dem Abitur begann sie ein privates Schauspielstudium bei Erika Dannhoff und studierte Gesang, Tanz und Schauspiel an der Hochschule der Künste (sie gründete auch eine eigene closed-harmony-Gesangsgruppe: «Die

Heck-Mecks»). Sie spielte am Hebbel-Theater, am Altstadttheater Spandau (u.a. Effie Briest in *Ungehaltene Reden ungehaltener Frauen* und die Titelrolle in *Madame de Sade*), in einer Kinderrevue im Friedrichstadtpalast und 1994 in *Teures Glück*, einem Dreipersonenstück mit Inge Meysel in der Komödie am Ku'damm. Im Fernsehen hatte sie u.a. eine Hauptrolle in Die Wilsheimer (ARD 1987 mit ➲ Hansjörg Felmy). Sie spielte außerdem in der ZDF-Serie Lorentz und Söhne (1988 mit ➲ Ernst Schröder), in Pfarrerin Lenau, Ein Fall für zwei und Das Auge Gottes mit sowie in dem Film Becoming Colette (1991). Ihre Stimme ist auch im Hörspiel zu hören (z.B. *Die kapieren nichts* nach Boris Vian, WDR 1998), aber hauptsächlich durch ihre Synchronarbeiten bekannt.

Ulrike Stürzbecher spricht regelmäßig für Kate Winslet (Titanic, Sinn und Sinnlichkeit, Enigma, Das Leben des David Gale), Patricia Arquette (True Romance, Lost Highway) und Jennifer Aniston (Liebe in jeder Beziehung, Bruce Allmächtig, Friends), außerdem: Anne Heche (Wag the Dog, Ally McBeal, Men in Trees), Julie Delpy (American Werewolf in Paris, Er), Katherine Heigh in Roswell, Renée Zellweger in Jerry Maguire, Frances O'Connor in A.I., Lara Flynn Boyle in Einsam, Zweisam, Dreisam und Ellen Pompeo in der Titelrolle der Serie Grey's Anatomy.

Walter Suessenguth (1900–1964)

Der aus dem thüringischen Schleiz stammende Suessenguth studierte am Dresdener Konservatorium, tingelte anschließend durch die Provinz, spielte in Hamburg und (1938–44) am Berliner Schiller-Theater unter Heinrich George, nach dem Krieg u.a. am Hebbel-Theater (auch als Regisseur), aber auch an der (Ost-)Berliner Volksbühne unter Fritz Wisten. Suessenguth verkörperte große Heldencharaktere (Alba, Nathan, Agamemnon), unter Fehling spielte er 1948 den Ägist in Sartres *Fliegen* (Paul Rilla: «Verwüstete Maske aus Schwammigkeit, Brutalität, Angst, Gram. Töne, die aus diesem Schwamm kommen»), unter Barlog 1951 den Geßler in *Wilhelm Tell*, unter Noelte 1951 den Falstaff, in einer eigenen Inszenierung 1956 den Hassenreuther in *Die Ratten*. Er spielte in 25 Filmen, zumeist kleinere Rollen, z.B. Der Schimmelreiter (1934), Kautschuk (1938), Das Herz der Königin (1940), Ohm Krüger (1941), Rembrandt (1942), Die Entlassung (1942), Die Stadt ist voller Geheimnisse (Fritz Kortner, 1954) und Betrogen bis zum jüngsten Tag (DEFA 1957). Zu seinem schauspielerischen Kapital gehörte wesentlich seine Stimme, «die aus jedem Wort den Herzschlag des Augenblicks herausholte» (*Deutsches Bühnen-Jahrbuch* 1965), ein männlich-volles, leicht angerautes Organ, das Abgeklärtheit, Lebenserfahrung und listige Überlegenheit ausstrahlt.

Er synchronisierte Orson Welles (Im Zeichen des Bösen), Spencer Tracy (Wer den Wind sät, Das Urteil von Nürnberg), Charles Vanel (Lohn der Angst), Victor Mature («Doc Holliday» in Faustrecht der Prärie), Ralph Richardson (Der Verdammte der Inseln), Lionel Barrymore (Die Kameliendame), Maurice Chevalier (Can-Can) und Victor McLaglen (Rio Grande, Der Sieger), Edward G. Robinson (Der Preis).

Joachim Tennstedt (*1950)

Der gebürtige Berliner nahm schon als Kind Ballettunterricht und wirkte 1966–71 an den Berliner Kammerspielen (u. a. *Huckleberry Finn*). Mit 15 spielte er in der ARD-Serie Tommi Tulpe, ferner trat er als junger Mann in zahlreichen Fernsehspielen und -serien auf, z. B. Das Fahrrad (ARD 1965), Der grosse Tag der Berta Laube (Dieter Meichsner, ARD 1969 mit Angelika Hurwicz), Kinderehen (Johannes Hendrich, ARD 1970), Unsere heile Welt (ZDF 1972), Die Geschichte einer dicken Frau (ARD 1973), Der Verfolger (Falk Harnack, ZDF 1974), Der Pfingstausflug (ZDF 1978), Die Judenbuche (ARD 1982, als Johannes Niemand), Auf Schusters Rappen (ZDF 1981 mit ➲ Manfred Lehmann), Einfach Lamprecht (ARD 1982), Die Klassefrau (ZDF 1987) sowie Lukas & Sohn (ZDF 1989). Filmrollen hatte er u. a. in Wenn die Ufos unseren Salat klauen (1980), Ein Chinese sucht seinen Mörder (1986) und Der doppelte Nötzli (1990). Er spielte am Hansa- und Renaissance-Theater (u. a. 1981 mit Heribert Sasse in Feydeaus *Wie man Hasen jagt*, 1982 die Rolle Woody Allens in *Spiel's noch einmal Sam*), doch verlagerte er seinen Schwerpunkt mehr und mehr auf die Synchronarbeit.

Gemessen an der Zahl seiner Rollen, avancierte er zu den absoluten Top-Sprechern. Mit seiner eher unauffälligen Stimme ist er für die unterschiedlichsten Charaktere einsetzbar. Er begann mit William Atherton (Auf der Suche nach Mr. Goodbar), es folgten Keith Carradine (Diebe wie wir), Mel Gibson (Gallipoli, Menschen am Fluss), Mickey Rourke (Body Heat, Angel Heart, Auf den Schwingen des Todes), Jeff Bridges (Die fabelhaften Baker Boys, Simpatico, The Door in the Floor), Patrick Swayze (Die Outsider, Gefährliche Brandung), Daniel Day-Lewis (Die unerträgliche Leichtigkeit des Seins), Kurt Russell (Big Trouble in Little China), John Malkovich (Gefährliche Liebschaften, Der Himmel über der Wüste), Billy Crystal (Harry und Sally, Harry ausser sich), Tom Hanks (Schlappe Bullen beissen nicht), Michael Keaton (Batman), Willem Dafoe (Platoon), Timothy Hutton (Der Falke und der Schneemann), Christopher Lambert (Knight Moves), Jeff Goldblum (Der grosse Frust), John Hurt (Der Elefantenmensch), Christopher Walken (Dead

Zone), Billy Bob Thornton (Monster's Ball), Tom Hulce (Eine Wahnsinnsfamilie), James Belushi (Wag the Dog), Keanu Reeves (Viel Lärm um nichts), Chevy Chase (Jagd auf einen Unsichtbaren), Bryan Cranston in der Serie Breaking Bad und zum Schluss noch ein spezieller Höhepunkt: Dustin Hoffman in Rain Man. Joachim Tennstedt führt auch Synchron-Regie, z. B. bei Spider Man und Vicky Cristina Barcelona.

Georg Thomalla (1915–1999)

Im oberschlesischen Kattowitz geboren, hatte Thomalla keine sehr freudvolle Jugend: Er war früh Vollwaise und sein Onkel schickte ihn in eine ungeliebte Kochlehre nach Oppeln. Schauspielunterricht konnte er sich nicht leisten, so ging er zur «Schmiere» und tingelte durch die Provinz. Am Gelsenkirchener Stadttheater wurde man auf ihn aufmerksam und er landete an den Berliner Boulevardtheatern und beim Film. In Wir machen Musik (1942) und Peter Voss, der Millionendieb (1945) konnte er Kostproben seines komödiantischen Talents zeigen, der Durchbruch kam aber erst nach dem Krieg. Willy Schaeffers holte ihn ans «Kabarett der Komiker», doch zum Star wurde er durch den Film: Fanfaren der Liebe (1951) – ein Vorläufer von Some Like It Hot –, Bezauberndes Fräulein (1953 unter eigener Regie), Viktoria und ihr Husar (1954), Fräulein vom Amt (1954), Viktor und Viktoria (1957), Tanta Wanda aus Uganda (1957), die «Lümmel»-Filme der 1960er. Auf dem Theater hatte er seine größten Erfolge in Komödien von Curt Flathow (*Der Mann, der sich nicht traut, Das Geld liegt auf der Bank*). Freilich beherrschte er auch ernste Rollen (z. B. in Käutners Himmel ohne Sterne, 1955).

Sein ganzes Talent konnte er im deutschen Filmklamauk ohnehin nicht entfalten. Davon geben die amerikanischen Vorbilder, für die er im Synchronstudio tätig war, eine Ahnung: Bob Hope (Bleichgesicht Junior, Ich heirate meine Frau), Danny Kaye (Der Hofnarr, Die Lachbombe, Jakobowsky und der Oberst), Red Skelton (Drei kleine Worte), Peter Sellers (Lolita, Die Maus, die brüllte, Inspektor Clouseau) und schließlich seit 1957 Jack Lemmon, nicht nur in Manche mögen's heiss, Das Appartment, Irma La Douce, sondern auch in seinen ernsten Filmen wie China-Syndrom und Missing (1996, bei den Berliner Filmfestspielen, begegneten sich Thomalla und Lemmon zum ersten Mal).

Jürgen Thormann (*1928)

Jürgen Thormann, der aus Rostock stammt, nahm privaten Schauspielunterricht in Bonn und kam über die Theater in Dessau, Bremen, Bochum 1962 nach Berlin an Barlogs Schiller-Theater, wo er 30 Jahre unter Kortner, Schweikart, Lietzau klassische und moderne

Rollen verkörperte. Er spielte u.a. den Wurm in *Kabale und Liebe*, Cäsar in *Antonius und Cleopatra*, Trinculon in *Der Sturm*, den Graf Charme in *Operette* von Gombrowicz und Nathan der Weise in Stuttgart. Mit eigenen Inszenierungen trat er v.a. an der Tribüne hervor, z.B. Brechts *Kleinbürgerhochzeit*, Alan Ayckborns *Tischmanieren*, Tennessee Williams' *Glasmenagerie* sowie Sternheims *Die Hose* und *Die Kassette*. In Stuttgart inszenierte er *Ein besserer Herr* von Walter Hasenclever. In den letzten Jahren spielte er vor allem Boulevard-Komödien, so z.B. *Eine Bank in der Sonne* (2006 in Düsseldorf). Thormann hat zwar auch TV-Auftritte, z.B. EINGRIFFE (Thomas Fantl, ZDF 1980 mit ➲ Judy Winter), JAKOB UND ADELE (ZDF 1982), JOSEPH SÜSS OPPENHEIMER (Rainer Wolffhardt, ZDF 1983), JEDE MENGE SCHMIDT (ZDF 1989), ROSENKAVALIER (➲ Leon Boden, 1997), doch gehören neben dem Theater die akustischen Medien zu seiner Domäne: Hörspiele – z.B. *Das Wüstenkrokodil* (WDR 1987) mit Thormann in der Titelrolle, *Tagebuch eines sentimentalen Killers* (WDR 2002), *Der Goldene Kompass* (NDR 2004 als Erzähler) – Lesungen und Synchron, wo Thormann mit seinem kraftvoll-dominanten Sprechorgan seit mehr als drei Jahrzehnten eine enorme Variationsbreite entfaltet: komisch, ironisch, zynisch, gemein, tuntig, psychopathisch – wie es gerade verlangt wird.

Spezielle Verbindungen ging er ein mit Michael Caine (ASHANTI, DRESSED TO KILL, THE DARK KNIGHT), Max von Sydow (DIE DREI TAGE DES CONDORS, DIE MACHT UND IHR PREIS), Gene Wilder (FRANKENSTEIN JUNIOR) und Jean Rochefort (EDOUARD DER HERZENSBRECHER). Daneben ist er zu hören für Peter Sellers (WILLKOMMEN MR. CHANCE), Robert Duvall (M.A.S.H.), Dirk Bogarde (DER NACHTPORTIER), Peter O'Toole (DER LETZTE KAISER), Keir Dullea (BUNNY LAKE IST VERSCHWUNDEN), Laurence Harvey (KAMPF UM ROM), Paul Scofield (HEXENJAGD), John Hurt (ROB ROY) und Jeremy Irons (DIE AFFAIRE DER SUNNY VON B.). Zu seinen populärsten Synchronrollen gehören zwei ZDF-Serienklassiker: Peter Wyngarde als Jason King in DEPARTMENT S und Edward Bishop als Commander Straker in UFO. Beim «Deutschen Preis für Synchron» wurde Thormann 2007 für sein Gesamtschaffen geehrt.

Fritz Tillmann (1910–1986)

Geboren in Frankfurt a. M., entschloss sich Tillmann erst für einen kaufmännischen Beruf, bevor er die Immermann-Schauspielschule in Düsseldorf besuchte. Er spielte in Hagen, Elbing, Frankfurt und Breslau Theater, nach dem Krieg zunächst bei Gründgens in Düsseldorf, dann holte ihn Barlog nach Berlin. Er trat als Charakterdarsteller am Hebbel-Theater auf – u.a. als St. Just in *Dantons Tod* (Stroux, 1951) –, spielte am Schlossparktheater Raimunds Alpenkönig (Schuh, 1952), am Schiller-Theater Merkur in

Amphytrion (1953) und Wurm in *Kabale und Liebe* (Lietzau, 1955). Er wirkte unter Kortner in *Andorra* (1962) und gab unter Hübner den Capulet in *Romeo und Julia* (Freie Volksbühne, 1975). Seine Filmkarriere startete Tillmann bei der DEFA: DER AUFTRAG HÖGLERS (1950), DER RAT DER GÖTTER (1950), im Westen folgten DER 20. JULI (1955), EIN MÄDCHEN AUS FLANDERN (1955), HERRSCHER OHNE KRONE (1957), DR. CRIPPEN LEBT (1957), DER SCHINDERHANNES (1958), GESTEHEN SIE DR. CORDA (1958), MEIN MANN, DAS WIRTSCHAFTSWUNDER (1960), ES MUSS NICHT IMMER KAVIAR SEIN (1961), HOKUSPOKUS (1966), DIE HEIDEN VON KUMMEROW (DDR/BRD-Co-Prod. 1968) und EINER VON UNS BEIDEN (1973). Es waren meist die kantig-knorrigen Typen, die er verkörperte, unterstützt von einer kräftigen, gutturalen Stimme.

Entsprechend angelegt waren auch seine Synchronrollen. Zu seinem Repertoire gehörten Karl Malden (DER BESESSENE, NEVADA SMITH, PATTON), Peter Ustinov (SPARTACUS, DER ENDLOSE HORIZONT), Orson Welles (DES TEUFELS LOHN), Henry Fonda (FORT APACHE), Ernest Borgnine (JOHNNY GUITAR), Aldo Ray (WIR SIND KEINE ENGEL), John Gielgud (PROVIDENCE). Regelmäßig zu hören war er außerdem für bedeutende Chargen: Van Heflin (SHANE, AIRPORT), Dan Duryea (AUFRUHR IN LARAMIE, DER FLUG DES PHOENIX) und Lyle Bettger (ADLERSCHWINGE, SHERIFF JOHNNY RENO). Zu erwähnen sind ferner Jackie Gleason (HAIE DER GROSSSTADT), Donald Pleasence (WILL PENNY), Jack Kruschen (EIN KÖDER FÜR DIE BESTIE) und Jean Marais (DIE EISERNE MASKE).

Ursula Traun (*1918)

Ursula Traun spielte in der Fernsehserie KOMMISSAR FREYTAG (1963) die Ehefrau von Konrad Georg und war danach zu sehen in DIE DUBROW-KRISE (1969), HERZBLATT ODER WIE SAG ICH'S MEINER TOCHTER (1969), TONI UND VERONIKA (1971), PRIVATDETEKTIV FRANK KROSS (1972) sowie in der KOMMISSAR-Folge «Fährt der Zug nach Italien?» (1975). Sie wirkte mit in Kurt Hoffmanns FANFAREN DER LIEBE (1951) und erhielt 55 Jahre später (!) auf dem Kurzfilm-Festival Borges en Curt den Preis als beste Darstellerin in ROSALIE UND BRUNO (2006). Theater spielte sie auch, zuletzt 1993 in *Yerma* am Münchner Prinzregententheater. Zu hören ist sie in der Kinderhörspielserie *Caillou* (in der auch ➲ Claudia Lössl mitwirkt).

Seit vier Jahrzehnten gehört Ursula Traun zu den vielbeschäftigten Synchron-Schauspielerinnen. Sie sprach 1951 Danielle Darrieux in LIEBENSWERTE FRAUEN? und über 30 Jahre später in dem Fernsehfilm RUSSISCHES DREIECK, Ingrid Thulin in DER KRIEG IST VORBEI und DIE VERDAMMTEN, Lauren Bacall (IN DEN WIND GESCHRIEBEN), Simone Signoret in DIE SCHENKE ZUM VOLLMOND und Joan Bennett in STRASSE DER VERSUCHUNG, Angie Dickinson in RIO BRAVO und Shelley Winters in BLOODY MAMA, Jane Russell in SEIN ENGEL MIT DEN ZWEI PISTOLEN und Isa Miranda in TRAUM MEINES LEBENS. Hinzu kamen Vivien Leigh (LOCKENDE TIEFE), Edwige Feuillère (DER FRAUENFEIND), Julie London (DAS TAL DER LEIDENSCHAFTEN), Jocelyn Brando (HEISSES EISEN), Madeleine Robinson (LOHN DER SÜNDE), Margarita Lozana (DIE MESSE IST AUS) und aus den letzten Jahren Annette Crosbie in KALENDER GIRLS.

Alice Treff (1906–2003)

Als Tochter eines Musikers wurde Alice Treff in Berlin geboren. Sie besuchte dort die Max-Reinhardt-Schule und spielte anschließend Theater in Darmstadt, Wiesbaden, Hamburg und Berlin, nach dem Krieg in München (1955 als Mutter in *Sechs Personen suchen einen Autor*, Kammerspiele) und Berlin, hier vor allem an der Freien Volksbühne (1950 in *Amphytrion 38*, 1968 in *Empfindliches Gleichgewicht*, 1970 in *Guerillas* von Hochhuth), am Renaissancetheater (1953 in *Candida* mit Heidemarie Ha-theyer, 1990 in *Pygmalion*), an der Komödie (1954 in *Bei Anruf Mord* mit Viktor de Kowa), 1983 am Theater des Westens in *My Fair Lady*. Ihre Spezialität waren «Salondamen» und «Schlangen», Hysterikerinnen, kalt-zynisch Intrigierende, jedenfalls meist komplex angelegte Frauenfiguren. Daneben spielte sie in über 150 Filmen mit, darunter DER GRÜNE DOMINO (1935), DAS MÄDCHEN IRENE (1935), DER UNENDLICHE WEG (1943), IN JENEN TAGEN (1947), STRASSENBEKANNTSCHAFT (1948), CANARIS (1954), ANASTASIA (1956), DIE BEKENNTNISSE DES HOCHSTAPLERS FELIX KRULL (1957), ZEIT ZU LEBEN UND ZEIT ZU STERBEN (1958), VERDAMMT ZUR SÜNDE (1964), DIE FEUERZANGENBOWLE (1970) und RHEINGOLD (1978). Nicht zu vergessen sind ihre Episoden-Hauptrollen in Serien wie DER KOMMISSAR und DERRICK.

Im Synchronatelier wurde sie oft für Thelma Ritter besetzt, z.B. in BETTGEFLÜSTER und MISFITS, später sprach sie für Ruth Gordon (HAROLD UND MAUDE, ROSEMARIES BABY). Weitere herausragende Rollen waren Joan Bennett (VATER DER BRAUT), Jessica Tandy (DIE

Vögel), Bette Davis (Wohin die Liebe führt), Mildred Natwick (Barfuss im Park), Ann Sothern (Gardenia), Mildred Dunnock (Glut unter der Asche), Margaret Leighton (Fluch des Südens), Valentina Cortese (Der Besuch), Flora Robson (55 Tage in Peking), Lotte Lenya in James Bond – Liebesgrüsse aus Moskau.

Heidi Treutler (*1941)

Heidi Treutler, die in Berlin geboren wurde, stammt aus einer großen Schauspieler-Dynastie. Ihr Ururgroßvater war der Schriftsteller und Schauspieler Moritz Reichenbach (1804–1870), ihr Urgroßvater Anton Reichenbach (1830–1873) Schauspieler am Thalia-Theater Hamburg, ihr Großvater Ludwig Treutler (1852–1915) Theaterdirektor in Stralsund. Ihre Eltern sind die Schauspielerin Toni Treutler und der Sänger Heinz Holve. Sie wuchs also im Theater-Milieu auf und stand schon als Kind auf der Bühne, z. B. am Bayerischen Staatsschauspiel 1947 in *Medea* und 1958 in *Charleys Tante*. Sie spielte weiter Theater in München, etwa am Residenztheater und an der Kleinen Komödie, trat auch in einigen Fernsehfilmen und -serien auf (Der Spleen des George Riley, 1963, Flachsmann als Erzieher, 1968, Die missbrauchten Liebesbriefe, 1969, Der Herr Kottnik, 1974), aber der eigentliche Durchbruch auf der Bühne oder vor der Kamera blieb aus. So legte sie den Schwerpunkt auf ihr Stimm-Potenzial, nicht nur im Synchronatelier, sondern auch als Sprecherin beim Bayerischen Rundfunk. Verheiratet war sie mit dem Kabarettisten und Fernsehkritiker («Telemann») Martin Morlock (1918–1983).

Auch beim Synchronisieren sprach Heidi Treutler in den 1940er und 1950er Jahren schon Kinderrollen, ihre erste große Aufgabe hatte sie 1965 mit Jane Fonda in Cat Ballou. Dann startete 1967 im ZDF eine originelle amerikanische Serie mit einem blonden Flaschengeist, der bei einem NASA-Astronauten Verwirrung stiftet. Mit dieser viel Sex-Appeal enthaltenden Rolle, Barbara Eden in Bezaubernde Jeannie, wurde Heidi Treutlers Stimme populär. Jedesmal wenn Jeannie für ihre Hexereien die Arme verschränkt und mit dem Kopf nickt, ließ sie einen – im Original nicht vorhandenen – Laut ertönen, ein je nach Stimmung freches, böses oder zärtliches «Mmmh»: eine akustische Petitesse, die die Figur aber mit einer entscheidenden Nuance ausstattete. Weitere bedeutende Synchron-Hauptrollen für Heidi Treutler waren Candice Bergen (700 Meilen westwärts, Der Wind und der Löwe), Dominique Sanda in 1900, Claudia Cardinale in Der Mann aus Marseille, Ellen Burstyn in Leben und Lieben in L. A., Karen Black in Five Easy Pieces, Stella Stevens in Zärtlich schnappt die Falle zu, Anjelica Huston in Der steinerne Garten, Madeline Kahn in Is was, Doc?, Jill Clayburgh (Rich in Love) und Jill Ireland (Zwischen zwölf und drei), Diana Rigg in Theater des Grauens sowie die junge Barbara Stanwyck in Gambling Lady.

Gisela Trowe (1922–2010)

Nach der Schauspielausbildung in Berlin und Bochum (bei Saladin Schmitt) debütierte die gebürtige Dortmunderin 1943 in Gera als Franziska in *Minna von Barnhelm*. 1946 wechselte sie nach Berlin, 1949/50 war sie auch Mitglied von Willy Schaeffers «Kabarett der Komiker». Weitere Theaterstationen waren Wien, München und Hamburg. U. a. spielte sie die Titelrolle in Anouilhs *Antigone*, die Madeleine in Cocteaus *Die schrecklichen Eltern*, die Raina in Shaws *Helden* und die Titelrolle in Lengyels *Ninotschka*. In *Die Zofen* von Genet begeisterte sie 1958 Friedrich Luft: «Gisela Trowe ist die eine Zofe, von heißer Kühle, bedrohlich, schleichend, dauernd im Ansprung, gefährlich, gefährdet, erotisch geladen und zum Unheil wie prädestiniert. Eine großartige Leistung.» Unter Peter Zadek spielte sie 1967 in Bremen die Lady Macbeth (neben Bruno Ganz). Daneben etablierte sie sich schon früh als exzellente Filmschauspielerin in z. T. hervorragend profilierten Rollen, allen voran als Christina in Affaire Blum (1948). Es folgten u. a. Strassenbekanntschaft von Peter Pewas (1948) und Der Verlorene (1951). Danach wurden die Filme schwächer: Unter tausend Laternen (1952), Keine Angst vor grossen Tieren (1953), Damals in Paris (DEFA 1956, mit ➲ Wolfgang Kieling), Auf Wiedersehen Franziska (1957), Wo Du hin gehst (DEFA 1957) und Das hab ich in Paris gelernt (1960). Erst im «Neuen Deutschen Film» erhielt sie wieder ihrem künstlerischen Niveau angemessene Rollen, v. a. von Werner Schroeter: Argila, Eika Katappa (1969). Zuletzt war sie auf der Leinwand in der Ingrid-Noll-Verfilmung Kalt ist der Abendhauch (2000) und in der Edgar-Wallace-Parodie Der Wixxer (2004) zu sehen. Zu ihren jüngeren TV-Serien gehören Im schönsten Bilsengrunde (ARD 1980 mit Hans Söhnker), Der Millionenerbe (ZDF 1990), Unser Lehrer Dr. Specht (ZDF 1992), Ein Bayer auf Rügen (Sat.1 1993) und Blankenese (ARD 1994). In Fernsehfilmen trat «Coco» – wie sie von ihren Freunden genannt wurde – auf in Egon Monks Die Bertinis (ZDF 1988) und zuletzt in Dann kamst du (2004), Finanzbeamte küsst man nicht (2004) und Herzlichen Glückwunsch (2005). Auch im Hörspiel ist die Trowe stark engagiert, z. B. *Der Tiger Jussuf* von Günter Eich, NWDR 1952, *Die seltsamste Liebesgeschichte der Welt* von Peter Hirche (SWF 1956), *Norwegian Wood* von Gabriele Wohmann (SWF 1967), *Der Schatten und sein Schatten* von Hubert Wiedfeld (NDR 1991), *Die Exzentrische* von Matthias Zschokke (SR 1998), *Lisabetha* von Susanne Krahe (RB 2000) sowie *Oskar und die Dame in Rosa* von Eric-Emmanuel Schmitt (NDR 2003).

In der Synchronisation hatte sie ähnliche Rollen wie ➲ Marion Degler oder ➲ Edith Schneider: starke, trotzig-freche Frauen, z. B. Gina Lollobrigida (Der Glöckner von Notre-Dame), Jane Russell (Blondinen bevorzugt), Shelley Winters (Winchester 73, Lolita), June Allyson (Ein Fremder in meinen Armen), Simone Signoret (Die Teuflischen) – «Die Signoret spreche ich leidenschaftlich gern. Wir haben uns in Berlin kennengelernt und waren baff über unsere Stimmgleichheit» –, Anna Magnani (Rom, offene Stadt), Maureen O'Hara (Mr. Hobbs macht Ferien), Yvonne De Carlo (Teufelspassage), Anne Baxter (Die zehn Gebote), Silvana Mangano (Das Gold von Neapel), Melina Mercouri (Topkapi), Judy Holliday (Alle Sehnsucht dieser Welt) und Ava Gardner (Erdbeben).

Helga Trümper (*1936)

Helga Trümper spielte Theater an den Münchner Kammerspielen und am Stadttheater Augsburg. Im Film war sie in Die tollen Tanten schlagen zu (1971) zu sehen, auf dem Bildschirm schon früh in dem Fernsehspiel Daphnis und Chloe (1957). In der Serie Ein Haus für uns trat sie in der von Wim Wenders gedrehten Folge «Aus der Familie der Panzerechsen» (1974/77) auf. Außerdem wirkte sie in einigen Hörspielen des Bayerischen Rundfunks mit: *Abfahrtsrennen* (1978), *Ein Mädchen oder Weibchen* (Joy Markert, 1979).

In der Synchronisation ist ihre Stimme vor allem mit Catherine Deneuve verbunden (z.B. in Die schönen Wilden, Ein Hauch von Zärtlichkeit, Das Geheimnis der falschen Braut, Der Chef). Häufig sprach sie auch für Jacqueline Bisset (Der grosse Grieche, Die Tiefe, Class). Hinzu kamen Julie Christie (Wenn die Gondeln Trauer tragen, Shampoo), Stéphane Audran (Die verrückten Reichen), Gena Rowlands (Eine Frau unter Einfluss), Bernadette Lafont (Masken), Faye Dunaway (Reise der Verdammten), Michèle Morgan in Hafen im Nebel (ZDF 1970), Claire Bloom in neueren Fassungen von Alexander der Grosse und Rampenlicht, Angie Dickinson (Ein Mann wird gejagt), Jane Fonda (Das Rollover-Komplott), Raquel Welch (Die drei Musketiere) und Anne Schedeen als «Kate» in Alf.

Martin Umbach (*1956)

Umbach wurde in München geboren und besuchte die Schauspielschule Stuttgart. Er nahm außerdem Unterricht in New York und bei einem Workshop in Los Angeles. Theaterengagements hatte er am Tübinger Zimmertheater (als Mackie Messer) und in München (als Clavigo). Daneben schreibt er auch selbst Theaterstücke, z.B. *Was du willst* (2001) oder *Just Live* (2004). Filmrollen übernahm er in Flammenzeichen (1984), War Zone (1987), Das Spinnennetz (1989), Die unendliche Geschichte II (1990), Das Geisterhaus (1993) und Roula (1995). Auf dem Bildschirm war er bislang zu sehen in Mörderischer Sommer, Kinder der Nacht, Für alle Fälle Stefanie, Im Kreis der Angst, Kommissar Rex, Inspektor Rolle, Antikörper (2005) und mehrmals in Tatort. Zu seinen Hörspielen gehören *Nach meinem Tode zu öffnen* (1989), *Indisches Nachtstück* (Tabucchi, 1997), *Zeit aus den Fugen* (Philip K. Dick, 2001) und *Der Blaue Engel* (BR 2008, als «Prof. Unrat»). 2012 sendete der BR *Die Entstehung des Hörspiels ‹Umbach muss weg›* von Thomas Steinaecker über und mit Umbach. Gespickt mit (Selbst-)Ironie fließen hier Realität und Fiktion ineinander. Umbach ist auch als Buchautor tätig. Zusammen mit Michael Seyfried schrieb er die 13-teilige «astrologische» Krimi-Romanserie *Spiel der Sterne*.

Umbach ist neben ⇨ Klaus-Dieter Klebsch feste Stimme für Gabriel Byrne (z.B. in Betty und ihre Schwestern, Staatsfeind Nr. 1, End of Days). Alternativ zu ⇨ Detlef Bierstedt spricht er auch für George Clooney (Ocean's Eleven, Confessions of a Dangerous Mind, Solaris). Geoffrey Rush ist mit seiner Stimme zu hören (Haunted Hill, Shine, Fluch der Karibik) und auch Kenneth Branagh (Wild West, Harry Potter). Ferner: Gérard Depardieu (Chanson d'amour), Russell Crowe (Ein gutes Jahr, Robin Hood), Kyle MacLachlan (Der Wüstenplanet), Andy Garcia (The Untouchables), Daniel Auteuil (Der achte Tag), Javier Bardem (Das Meer in mir), Jeff Goldblum (Die Tiefseetaucher), Peter Gallagher (Mr. Deeds), Stephen Rea (Interview mit einem Vampir), Jason Isaacs (Peter Pan) und Walter Koenig in Raumschiff Enterprise.

Claudia Urbschat-Mingues (*1970)

In Hilden geboren und aufgewachsen, scheiterten Claudias erste Versuche einer Gesangs- bzw. Schauspielausbildung – paradoxerweise an einer Insuffizienz der Stimmbänder. Sie studierte stattdessen an der Sporthochschule Köln. Nach einer einjährigen logopädischen Therapie klappte es aber doch noch: Sie absolvierte von 1993–97 ein Schauspielstudium an der Hochschule für Musik und Theater in Hannover und war am dortigen Staatstheater und der Staatsoper engagiert (z.B. im *Sommernachtstraum*). Es folgte ein Engagement an der Neuen Bühne Senftenberg (u.a. als Ophelia in *Hamlet*), sowie mehrere Auftritte in Fernsehserien (Verbotene Liebe, Die Wache, Ina & Leo, Das Arbeitstier) und Hörspielen (z.B. *Der JFK-Komplex*, WDR 2003, *Das 12. Land* von Friedemann Schulz, WDR 2006). 2010 hatte sie wieder ein Opern-Engagement: *Besagt: Hagazussa* von Patrik Bishay.

Infolge der permanenten Auseinandersetzung mit ihrer «besonderen» Stimme bewarb sich Claudia Urbschat-Mingues auch bei Synchronstudios und hatte innerhalb kurzer Zeit so viele Angebote, dass sie seit 1999 fast ausschließlich synchronisiert und mittlerweile zu einer der Top-Sprecherinnen avanciert ist. An dieser Tätigkeit reizt sie vor allem, die Gefühle der Schauspieler auf der Leinwand rein stimmlich ausdrücken zu können – und zwar unter den zeitlichen und technischen Zwängen, die bei der Synchronarbeit herrschen.

Dabei mag sie besonders starke Frauenfiguren, die auch vor Gefühlen nicht zurückschrecken und ihre Schwächen zeigen. Hierzu passen die Darstellerinnen, für die sie regelmäßig im Einsatz ist: Angelina Jolie (die Lisa in DURCHGEKNALLT ist Claudias Lieblingsrolle), Jada Pinkett-Smith (z. B. BAMBOOZLED, MATRIX RELOADED, COLLATERAL) und Jennifer Conelly (z. B. POLLOCK, WAKING THE DEAD, DARK WATER). Hinzu kamen bislang u. v. a. Lisa Argento (MARIE ANTOINETTE), Mia Sorvino (THE REPLACEMENT KILLERS, TOO TIRED TO DIE), Maria Bello (COYOTE UGLY, DAS GEHEIME FENSTER), Catherine Zeta-Jones (HIGH FIDELITY), Rachel Weisz (DER EWIGE GÄRTNER), Natasha Richardson (MANHATTAN LOVE STORY), Olivia Williams (DER SECHSTE SINN), Vera Farmiga (UP IN THE AIR) und Robin Tunney (END OF DAYS, PRISON BREAK).

Eric Vaessen (1922–2009)

Der gebürtige Aachener spielte Theater in Berlin u. a. an der Freien Volksbühne, am Hansa-Theater (1974 in *Charleys Tante*), am Hebbel- und Renaissance-Theater (1981 in *Hokuspokus* mit ↷ Heinz Drache unter der Regie von ↷ Erik Ode) und im Theater des Westens (1987 in *Schlemihl*, 1997 als Pickering in *My Fair Lady*). Im Film war er in DER GORILLA VON SOHO (1968) zu sehen, im Fernsehen z. B. in DAS ZERBROCHENE HAUS (Michael Günther, 1985) und DR. SOMMERFELD (1999).

Eric Vaessen, der auch in Hörspielen mitwirkte (z. Bsp. in *Rotation*, SR 1982), wurde vor allem dann ins Synchronstudio gebeten, wenn eine «gepflegte Stimme» gebraucht wurde. Populär wurde er mit mehreren Serien-Hauptrollen: Andy Griffith als MATLOCK, Ed Flanders als CHEFARZT DR. WESTPHALL, Jack Warden als «Harry Fox» (Warden auch in KNIGHT AND DAY) und Milburn Stone in RAUCHENDE COLTS (Sat.1 1989). Darüber hinaus sprach er für Joseph Cotten (JAHR 2022...), David Niven (DER ROSAROTE PANTHER WIRD GEJAGT), Denholm Elliott (INDIANA JONES UND DER LETZTE KREUZZUG), Herbert Edelman (EXTRABLATT), Kenneth More (LUFTSCHLACHT UM ENGLAND), Christopher Lee (VERSCHOLLEN IM BERMUDA-DREIECK), Art Carney (LAST ACTION HERO) und Robert Loggia (S.O.B.).

Sein Sohn **Manuel Vaessen** (*1957) synchronisiert ebenfalls, z. B. Patrick Swayze in dem Mehrteiler FACKELN IM STURM (1987).

Eva Vaitl (1921–1988)

Die Münchnerin Eva Vaitl debütierte 1940 in Oldenburg, spielte 1941–44 in Breslau und gehörte nach dem Krieg zu den herausragenden Darstellerinnen des Bayerischen Staatsschauspiels München. Zu ihren bedeutendsten Rollen zählten die Recha in *Nathan der Weise* (1946, im gleichen Stück spielte sie 1965 die Daja), Indras Tochter in Strindbergs *Ein Traumspiel* (1947), Elmire in *Tartuffe* (1955), Wassilissa in *Nachtasyl* (1957), Béline in *Der eingebildete Kranke* (1963),

Lina Beermann in Ludwig Thomas *Moral* (1968) und die Mutter in *Magdalena* (1978) vom gleichen Autor. Sie war eine Volksschauspielerin, aber «keine, bei der man sich prustend und schenkelklopfend im Theatergestühl wand, sondern eine charmant-distanzierte Darstellerin, die ihr Handwerk beherrschte» (*Deutsches Bühnen-Jahrbuch* 1989). Auch ihre Filme gehören zu den besseren Produktionen: ROSEN IM HERBST (1955), DER ENGEL, DER SEINE HARFE VERSETZTE (1959) und natürlich DIE BRÜCKE (1959), wo sie die Mutter von ⮕ Frank Glaubrecht spielte. In der KOMMISSAR-Folge «Der Tod eines Landstreichers» (1974) trat sie neben Paul Dahlke auf. Zu sehen war sie ferner in der Thomas-Mann-Verfilmung UNORDNUNG UND FRÜHES LEID (1976).

Aus der Synchronarbeit zog sie sich Anfang der 1960er Jahre wieder zurück, doch hatte sie hier außergewöhnlich markante Rollen. Sie gehörte zu den herausragenden weiblichen Synchronstimmen der unmittelbaren Nachkriegszeit. Eva Vaitl arbeitete zunächst für Ingrid Bergman (GASLIGHT, DIE GLOCKEN VON ST. MARIEN, WEM DIE STUNDE SCHLÄGT), dann für Katharine Hepburn (PHILADELPHIA STORY, SONG OF LOVE), Maureen O'Hara in HOW GREEN WAS MY VALLEY, Greta Garbo in DIE FRAU MIT DEN ZWEI GESICHTERN, Ava Gardner (THE KILLERS), Gene Tierney (AUF MESSERS SCHNEIDE), June Allyson (DIE DREI MUSKETIERE) und Ann Sheridan (IM TAUMEL DER WELTSTADT). Sie sprach ferner die Doppelrolle der Olivia de Havilland in DER SCHWARZE SPIEGEL, Margaret Sullavan in RENDEZVOUS NACH LADENSCHLUSS, Jeanette Nolan in THE BIG HEAT und Jane Wyman in DIE WILDNIS RUFT.

Gerd Vespermann (1926–2000)

Gerd Vespermann kam als Sohn der Schauspieler Kurt Vespermann und Lia Eibenschütz in Berlin zur Welt (auch seine Großeltern waren Schauspieler und Sänger). Auf der Musikhochschule Weimar ließ er sich zum Pianisten ausbilden und spielte dann ohne eigentlichen Schauspielunterricht (die Gene genügten) Theater in Berlin, München, Stuttgart, Hamburg, Düsseldorf. Seine Domäne war die Boulevardkomödie, meist war er der Mittelpunkt von «lauter süßen Mädels, die in keuscher Frivolität mit ihm zu turteln verstanden und mit denen er dann so etwas wie behagliche Anzüglichkeit spielte» (*FAZ*, 16.7.2001). Großen Erfolg hatte er als Hauptdarsteller und Regisseur mit dem Stück *Jetzt nicht, Liebling*. Zuletzt spielte er Pickering in *My Fair Lady* am Deutschen Theater München. Bekannt wurde Vespermann auch als TV-Moderator (WAS WÄREN WIR OHNE UNS?, MUSIK GEHT UM DIE WELT, NACHTCLUB, ZWISCHEN BACH UND BEAT) und Filmdarsteller: KONSUL STROTTHOFF (1954), DES TEUFELS GENERAL (1954), DREI MÄDELS VOM RHEIN (1955), MAIGRET UND SEIN GRÖSSTER FALL (1966), MORGENS UM SIEBEN IST DIE WELT NOCH IN ORDNUNG (1968) und CABARET (1972). Beim Fernsehspiel wirkte er mit in EIN

Mann will nach oben (1978), Die Nervensäge (1985), Rotlicht (1992) und Unter einer Decke (1993).

Sichtet man seine Synchronrollen nach der Qualität der Filme, müssen zwei Titel an erster Stelle genannt werden: 2001 – Odyssee im Weltraum (Keir Dullea) und Ringo – 2. Fassung des John-Ford-Westerns Stagecoach (John Carradine). Am populärsten aber wurde seine Synchronstimme für einen Hasen: Bugs Bunnys wilde verwegene Jagd. Vespermann sprach ferner für John Derek (Die zehn Gebote, Sturm über Persien), Audie Murphy (Schüsse in Neu Mexiko), Robert Morse (Als das Licht ausging), William Reynolds (Was der Himmel erlaubt, Der Flug zur Hölle), Anthony Steel (Sturm über dem Nil), Jeremy Brett (Krieg und Frieden) und David Kelly (Lang lebe Ned Devine).

Tom Vogt (*1957)

Tom (Thomas) Vogt studierte Film- und Foto-Design an der Folkwangschule Essen und arbeitete anschließend als Theaterfotograf in Essen und Bochum. 1981 begann er eine Schauspielausbildung an der Hochschule der Künste Berlin, 1985–87 war er am Schauspielhaus Zürich und 1987–89 am Stadttheater Freiburg engagiert. Im Fernsehen trat er in verschiedenen Serien auf, z.B. Liebling Kreuzberg, Peter Strohm, SchwarzRotGold und Tatort. Seine Stimme stellt er nicht nur ausländischen Filmschauspielern zur Verfügung, sondern auch als Sprecher für Radio-Features, Fernseh-Reportagen und Werbung. Die Aufnahmen produziert er z.T. im eigenen Studio.

Beim Synchronisieren ist er vor allem Clive Owen (Inside Man, Children of Men, Sin City, Elizabeth) und Laurence Fishburne zu Diensten (Matrix, Mystic River, Mission Impossible III) sowie Rupert Everett (Die Hochzeit meines besten Freundes, Ein perfekter Ehemann, Ein Sommernachtstraum) und Aaron Eckhart (Erin Brockovich, Paycheck, Black Dahlia, Rezept zum Verlieben). Häufig zu hören ist er auch für Colin Firth (Bridget Jones, Wahre Lügen, Eine zauberhafte Nanny, A Single Man). Außerdem: Russell Crowe (A Beautiful Mind), Elias Koteas (Gattaca), Rupert Graves (V wie Vendetta), Toby Stephens (James Bond – Stirb an einem anderen Tag) und Chow Yun Fat (Anna und der König). Fernsehzuschauer kennen ihn vor allem als die deutsche Stimme von Chris Noth, «Mr. Big» in Sex in the City, Nathanael Parker in Inspector Lynley und Robert Duncan McNeill in Star Trek – Raumschiff Voyager (bis 1998).

Bernd Vollbrecht (*1953)

Bernd Vollbrecht kam in Bad Lauterberg/Harz zur Welt und besuchte die Schauspielschule in Hannover. Dann ging er nach Berlin und war von 1977 an Ensemblemitglied des Grips-Theaters, wo er u.a. in den Erfolgsstücken *Eine linke Geschichte* und *Linie 1* mitwirkte. Seit 1982 arbeitet er freischaffend, spielte in Hamburg, an Berliner Off-Theatern (z. B. am «Theater zum Westlichen Stadthirschen») und Kabarett bei den Stachelschweinen. Zu seinen gegenwärtigen Aufgaben gehört auch die Hauptrolle in der Hörspiel-Serie *Gabriel Burns*.

Nach einigen Auftritten in Fernsehserien kam er 1989 zum Synchron. Es war die Zeit, als durch die aufkommenden Privatsender mit ihren amerikanischen Serien ein Aufschwung in der Branche herrschte. Vollbrecht begann mit Charlie Sheen (DIE INDIANER VON CLEVELAND), Michael Moriarty (EIN SOMMER OHNE JUNGS) und Brad Pitt (TRUE ROMANCE). Als Antonio Banderas seine Hollywood-Karriere startete, wurde er dessen feste deutsche Stimme (PHILADELPHIA, DIE MASKE DES ZORRO, FRIDA). Mehrmals sprach er auch für Viggo Mortensen (EIN PERFEKTER MORD, PSYCHO). Hinzu kamen bislang Daniel Auteuil (EIN MANN SIEHT ROSA), Jacques Gamblin (DIE FARBE DER LÜGE) und Alex Jennings als Prinz Charles in THE QUEEN. Im Fernsehen spricht er u.a. für John C. McGinley in SCRUBS und John Schneider (Jonathan Kent) in SMALLVILLE.

Benjamin Völz (*1960)

Benjamin Völz stand in seiner Heimatstadt Berlin schon als Kind auf der Bühne (z. B. in *Jim Knopf* im Theater des Westens zusammen mit seinem Vater ↪ Wolfgang Völz) und synchronisierte Schröder in den PEANUTS. Später hatte er Hauptrollen im Film (DER TOD IN DER WASCHSTRASSE, 1981) und Fernsehen (z. B. bei Eberhard Itzenplitz in IM MORGENWIND, ZDF 1982), in der ARD-Serie LEVIN UND GUTMAN mit Shmuel Rodensky, 1984/85 und in DIE MITLÄUFER von Erwin Leiser, ZDF 1988).

An einer eigenen Schauspielkarriere hatte er jedoch kein großes Interesse, begann stattdessen Mitte der 1980er Jahre unter dem Künstlernamen «Ben Gash» mit der Malerei: neo-expressionistische Bilder in der Tradition von Kirchner und Beckmann. Zum nächsten künstlerischen Standbein wurde die Musik: u.a. mit seinem Freund ↪ Torsten Sense gründete er die Gruppe «bend».

In die Synchronisation stieg er zunächst als Cutter und Disponent ein, sprach dann für Matthew Modine (von BIRDY bis zu AN JEDEM VERDAMMTEN SONNTAG), Charlie Sheen in WALL STREET, BEING JOHN MALKOVICH und zuletzt in Two and a Half Men, Keanu Reeves (Little Buddha, Matrix), Jean Hugues Anglade (Betty Blue, Die Bartholomäusnacht), Rupert Everett (Shakespeare in Love), Daniel Day-Lewis (Mein wunderbarer Waschsalon), Tim Roth (Vincent und Theo, Million Dollar Hotel), James Spader (Sex, Lügen und Video, Wolf, Stargate, Boston Legal), Matthew McConaughey (Magic Mike), Eric Bana (Hulk), Robert Sean Leonard (Der Club der toten Dichter), John Turturro (Barton Fink) und Stuart Townsend (Die Liga der ausserordentlichen Gentlemen). Richtig populär wurde er mit seiner Synchronstimme für David Duchovny als Mulder in der Kultserie Akte X.

Benjamin, der sich auch als Synchronautor und -regisseur betätigt (z.B. Starship Troopers), ist der Bruder von **Rebecca Völz**, deutsche Stimme von Pamela Sue Martin in Denver Clan und Deborah Kara Unger in The Game. [Literaturhinweis: Ralph Keim: *Benjamin und Wolfgang Völz. Eine Biographie*, Stuttgart 2010]

Wolfgang Völz (*1930)

In Danzig wurde Wolfgang Völz geboren und dort stand er schon mit fünf Jahren auf der Bühne. Als der Weg 1946 zwangsläufig Richtung Westen führte, kam er zunächst nach Hameln, wo er seine Bäckerlehre abschloss, dann nach Hannover. Dort traf er beim Brötchenausfahren Gustav Fröhlich, der ihn für den Film Wege im Zwielicht engagierte. Und am Landestheater Hannover debütierte Völz 1950 in *Don Carlos*. In Berlin spielte er Theater am Ku'damm und Kabarett bei den «Stachelschweinen». Es folgten weitere Filmrollen u. a. in Der Mann im Strom (1958), Banktresor 713 (1957), Abschied von den Wolken (1959), Mein Mann, das Wirtschaftswunder (1960), Der Grüne Bogenschütze (1961), Das Feuerschiff (1962). Dann kam die große Zeit des Fernsehens, und Völz wurde ein Gigant dieses Mediums, «ein Urgestein, ein Programmosaurus Rex der bundesdeutschen Mattscheibe» (Andreas Kilb, *FAZ*, 16.8.2000). Am Anfang standen Stahlnetz und Das Kriminalmuseum, erster Höhepunkt war der Bordingenieur Mario de Monti in Raumpatrouille Orion (1966), zweiter 1967 Lukas Ammanns Butler Johann in Graf Yoster gibt sich die Ehre. Es folgten u.v.a. die Serien Magere Zeiten (1978), Die Koblanks (1979), Unternehmen Köpenick (1986, mit ⊃ Hansjörg Felmy) und Blankenese (1994, mit ⊃ Gisela Trowe). Daneben spielte er weiter Theater und trat in Filmen auf, z.B. in Der Wixxer (2004).

In Film und Fernsehen war Wolfgang Völz meist supporting actor, die Hauptrollen kamen bei der Synchronarbeit. Mit Mel Brooks zusammen ging er mit Höhenkoller auf Promotiontour, Peter Ustinov sprach er in der Hercule-Poiret-Reihe und nach ⊃ Martin Hirthes Tod übernahm Völz Walter Matthau (Buddy Buddy, Aufgelegt), der natürlich zu seinem Favoriten wurde. Hinzu kamen Philippe Noiret in

Die Tatarenwüste, Jack Warden in Bullets Over Broadway, Ben Johnson in Cherry 2000, Dana Elcar in MacGyver, Ernest Borgnine in Airwolf, «Majestix» in Asterix erobert Rom. Am populärsten jedoch und für jedes Kind sofort identifizierbar wurde der Brummbass von Wolfgang Völz als «Käpt'n Blaubär», zunächst in Die Sendung mit der Maus (1991), dann im Käpt'n Blaubär Club (1993).
[Literaturhinweis: Ralph Keim: *Benjamin und Wolfgang Völz. Eine Biographie*, Stuttgart 2010]

Konrad Wagner (1902–1974)

Konrad Wagner, der ebenso wie sein Bruder ⊃ Paul in Köln geboren wurde, erhielt seine Ausbildung bei Saladin Schmitt in Bochum, spielte von 1935–41 am Schauspielhaus Hamburg und seit 1941 in Berlin, vorwiegend an Hebbel-, Schiller- (u.a. 1953 in Rudolf Noeltes Inszenierung von Camus' *Belagerungszustand*) und Renaissancetheater. In der Eröffnungsvorstellung von Jürgen Fehlings kurzlebigem Theater spielte er 1945 den Faust (mit ⊃ O.E. Hasse als Mephisto und Joana Maria Gorvin als Gretchen). Er trat in vielen Filmen auf (Der 20. Juli, Ein Mädchen aus Flandern, Der eiserne Gustav).

Am produktivsten war er als Fernsehspielregisseur (Das heilige Experiment, 1956, Die respektvolle Dirne, 1957, Aus Gründen der Sicherheit, 1961) und natürlich in der Synchronisation, wo er für die deutschen Fassungen von über hundert Filmen verantwortlich zeichnete (u.a. Carmen Jones, Das verflixte 7. Jahr, Der Fremde, Borsalino). Seine Stimme mit einer sehr charakteristischen Schattierung – zumeist eher gutmütig als hart, eher schwankend als entschlossen, eher verletzlich als abgebrüht – bediente u.a. Fredric March als fundamentalistischen Prediger in Wer den Wind sät (»Wenn Gott will, dass ein Schwamm denkt, dann denkt ein Schwamm!«), Keenan Wynn (Dr. Seltsam, Point Blank), Bernard Lee («M» in den James-Bond-Filmen), Edward G. Robinson in Soylent Green, Walter Huston in Der Schatz der Sierra Madre, Ernest Borgnine in Das dreckige Dutzend, Ray Milland in Love Story, Sidney Blackmore in Rosemaries Baby, Jack Gilford in Catch 22.

Paul Wagner (1899–1970)

Konrads Bruder Paul Wagner hatte seinen Schwerpunkt am Theater und im Film. Er spielte 1926–29 in Wiesbaden, 1930–38 an der Volksbühne Berlin (u.a. Karl Moor, Peer Gynt, Prinz von Homburg), 1938–45 am Bayerischen Staatsschauspiel (Faust, Jupiter) und ab 1947 am Schiller- und Schlossparktheater Berlin (u.a. Herzog Alba in Sellners *Don Carlos*-Inszenierung, 1955). Im Film hatte er bedeutende Rollen in Der Hauptmann von Köpenick (1931), Der Herrscher (1937, als Sohn von Emil Jannings), Die Halbstarken (1956 als tyrannischer Vater von Horst Buchholz) und Stresemann (1957).

Seine Synchronrollen waren (ähnlich wie seine Filmfiguren) oft Autoritätspersonen oder konservative Patriarchen, die die alte Ordnung verteidigen. Am engsten verbunden war er mit Dean Jagger (Vierzig Gewehre, Elmer Gantry) und Torin Thatcher (Der eiserne Ritter von Falworth). Ferner Leo G. Carroll in den Solo für O.N.K.E.L.-Filmen, Ralph Richardson (Dr. Schiwago), Takashi Shimura (Die sieben Samurai, Rashomon), John McGiver (Ein Goldfisch an der Leine), Burl Ives (Die Katze auf dem heissen Blechdach), Otto Preminger in Stalag 17, Spencer Tracy (Der Berg der Versuchung), Fredric March (Sieben Tage im Mai, An einem Tag wie jeder andere), John

McIntire (Psycho), Cedric Hardwicke (Die zehn Gebote), Paul Fix (Die vier Söhne der Katie Elder), Jay C. Flippen (Die Unerschrockenen) und John Gielgud in Julius Caesar.

Kurt Waitzmann (1905–1985)

Bei Bitterfeld geboren, besuchte Waitzmann die Theaterschule Dessau. Am dortigen Stadttheater debütierte er auch, von 1934 an spielte er an fast allen Berliner Bühnen: Theater am Schiffbauerdamm (1946 in *Viel Lärm um nichts*, 1948 in *Ein Inspektor kommt*), am Renaissance-Theater (1953 in *Candida*, 1966 in *Der Meteor*, 1965 in *Quintett*), am Theater des Westens 1973 in *My Fair Lady* und 1979 in *Wie einst im Mai*). Seit 1937 stand er auch laufend vor der Filmkamera: Unternehmen Michael (1937), Urlaub auf Ehrenwort (1937), Heiratsschwindler (1937), Mann für Mann (1939), Krach im Vorderhaus (1941), Die Zeit mit dir (1948), Tragödie einer Leidenschaft (1949), Mordprozess Dr. Jordan (1949), Der Kampf der Tertia (1952), Made in Germany (1957), Rivalen der Manege (1958), Durchs wilde Kurdistan (1965) sowie mehrere Edgar-Wallace-Filme. In der Kriminalhörspiel-Serie *Es geschah in Berlin* (RIAS 1955) übernahm er die Hauptrolle. Er war verheiratet mit der Schauspielerin Waltraud Runze, Schwester von ⮕ Ottokar Runze.

Mit seiner gepflegten, gediegenen, zivilisierten Synchronstimme stattete Waitzmann zahllose Nebenrollen aus: Whit Bisell (Auf der Kugel stand kein Name, Warlock, Botschafter der Angst), Tom Helmore (Malaya, Die Zeitmaschine), Murray Hamilton (Haie der Grossstadt), Lew Ayres (Kampfstern Galactica), Eddie Albert (Airport 80), Andre Morell (Ben Hur), Vaughn Taylor (Die Katze auf dem heissen Blechdach), Cyril Cusack (Die schwarze Füchsin) und Harry Morgan (Cimarron). Zwei Altersrollen sind hervorzuheben: Charles Vanel in Drei Brüder und James Mason in The Verdict.

Eduard Wandrey (1899–1974)

Geboren in Berlin (genauer: Friedrichshagen), nahm Eduard Wandrey Schauspielunterricht bei Ferdinand Gregori. 1919 kam er an die Volksbühne unter Friedrich Kayßler, der er bis 1945 treu blieb. Nach Rückkehr aus der russischen Kriegsgefangenschaft spielte er an Karl-Heinz Martins Hebbeltheater, von 1951 bis zu seinem Tod am Schiller- und Schlossparktheater. In zahlreichen Inszenierungen von Stroux, Barlog, Sellner, Piscator bis zu Dieter Dorn war er «Interpret mal mürrischer und mal skurriler, mal heiterer und mal verschrobener Gestalten» (*Deutsches Bühnen-Jahrbuch* 1975). Hauptrollen waren es nie, sondern meist scharf profilierte Chargen (z.B. «Just» in *Minna von Barnhelm*, 1957). Das gleiche gilt für seine Filmrollen: Am seidenen Faden (1938), Jungens (1941), Die Entlassung (1942),

Herbert Weicker (1921–1997)

Schon als junger Schauspieler war Herbert Weicker, der aus Hessen stammte, Direktor seiner eigenen Bühne: Er gründete 1949 in München das «Atelier-Theater» und machte das Publikum v. a. mit Jean Cocteau bekannt. Er spielte in mehreren Nachkriegsfilmen mit, wenn auch nur in kleinen Rollen: Das verlorene Gesicht (1948), Strassenserenade (1953), Geliebte Feindin (1955) und Bekenntnisse des Hochstaplers Felix Krull (1957). In der Schweizer James-Bond-Parodie Bonditis (1967) spielte er den Bösewicht. 1955-61 war er als Regisseur am Südostbayerischen Städtetheater Landshut tätig, danach spielte er an mehreren kleinen Theatern in München: Volkstheater (dort traten auch viele seiner Münchner Synchronkollegen wie ⮕ Norbert Gastell, ⮕ Leo Bardischewski und ⮕ Erik Jelde auf), Kleine Komödie und in den 1980er Jahren v. a. an der Lore-Bronner-Bühne. Auch im Fernsehspiel wirkte er mit: Und Pippa tanzt (Umgelter, 1961), Montserrat (1962), Der Tod des Sokrates (ARD 1967), eine Hauptrolle hatte er auch neben Gün-

Strassenbekanntschaft (1948), Die Halbstarken (1956 als der «alte Garazzo») und Die Frühreifen (1957). Im Fernsehspiel hatte er auch größere Aufgaben, z. B. Der Patriot (H.-Chr. Stenzel, ZDF 1963), Der zehnte Mann (Ludwig Cremer, ZDF 1968).

Freilich brauchte Wandrey nur den Mund aufzumachen, um das Publikum aus dem Sitz zu reißen: eine knarrige Stimme, die es poltern und krachen ließ, und wenn Wandrey richtig loslegte, schien es, als würden Fässer umhergerollt. Das richtige Organ für knorrige Raubeine, für rustikale Typen aus Schrot und Korn, aber mit dem Herz auf dem rechten Fleck wie z.B. Victor McLaglen (Der Teufelshauptmann), Charles Laughton (Zeugin der Anklage), Ward Bond (Spuren im Sand), Charles Vanel (Die Millionen eines Gehetzten – eine seiner differenziertesten Synchronrollen), Burl Ives (Jenseits von Eden), Danny Green (Ladykillers), Edgar Buchanan (Der Mann aus Arizona) und Ed Begley (Wenig Chancen für morgen). Sein populärster Part aber kam erst 1965 mit der Zeichentrickfigur Fred Feuerstein: »Yabbadabbadouuh!!!«

ter Strack in Fritz Umgelters REVOLUTION IN FRANKFURT (ZDF 1978). Im Bayerischen Rundfunk gestaltete er mit seiner markanten Stimme zahlreiche Hörspielrollen (z. B. *Abu Kir und Abu Sir*, 1988, *Rund um das Schwarze Meer*, 1991).

Mit dieser Bass-Stimme ließ er einen der populärsten TV-Serienhelden sprechen: Leonard Nimoy als Mr. Spock in RAUMSCHIFF ENTERPRISE. Er war die deutsche Stimme von Sidney Poitier (LILIEN AUF DEM FELDE, IN DER HITZE DER NACHT), wie er überhaupt schon fast klischeehaft oft für Schwarze eingesetzt wurde (Moses Gunn, Brock Peters, Roscoe Lee Browne, Yaphet Kotto). Seiner Festlegung auf finstere Gestalten (Christopher Lee) entging er durch mehrere Komödien-Rollen: Herbert Lom als Kommissar Dreyfus in den INSPEKTOR-CLOUSEAU-Filmen, Michel Galabru in EIN KÄFIG VOLLER NARREN, James Coburn in DUFFY, DER FUCHS VON TANGER, Adolfo Celi in GIB DEM AFFEN ZUCKER.

Bettina Weiß (*1966)

Bettina Weiß wurde in Berlin geboren. Nach dem Abitur absolvierte sie ein Model/Personality-Training, nahm anschließend Schauspielunterricht bei Else Bongers und zusätzlich Kurse in Atem- und Stimmbildung. Eine eigene Karriere bei Bühne und Film hatte sie jedoch nicht im Sinn, ihre künstlerischen Interessen richteten sich zudem auf Malerei und Fotografie. Von Anfang an machte die Arbeit im Synchronstudio den Schwerpunkt ihrer Tätigkeit als Schauspielerin aus, nicht zuletzt, weil sie die Anonymität beim Synchronisieren durchaus schätzt. Sie ist mittlerweile eine der meistbeschäftigten Synchronschauspielerinnen. Von 1989 bis heute war ihre Stimme in über 300 Kinofilmen zu hören, darunter allein fast 20 Filme mit Sandra Bullock (von DEMOLITION MAN über SPEED und DIE JURY bis zu MISS UNDERCOVER). Neben Sandra Bullock ist Bettina Weiß mit ihrer Stimme drei weiteren Hollywood-Stars fest verbunden: Cate Blanchett (DER TALENTIERTE MR. RIPLEY, SCHIFFSMELDUNGEN, THE MISSING), Catherine McCormack (BRAVEHEART, SPY GAME) und Juliette Lewis (NATURAL BORN KILLERS, FROM DUSK TILL DAWN). Zu den von ihr bevorzugten Schauspielerinnen gehören auch Milla Jovovich (DAS MILLION DOLLAR HOTEL), Rachel Weisz (DIE MUMIE, ABOUT A BOY, VIELLEICHT, VIELLEICHT AUCH NICHT) und Helen Hunt (TWISTER), außerdem u. v. a. Annabeth Gish (TRUE WOMEN, AKTE X), Nadia Farès (DIE PURPURNEN FLÜSSE), Nancy Travis (ROSE RED), Kimberly Williams (VATER DER BRAUT), Mary-Louise Parker (DER KLIENT), Sherry Stringfield in der Serie EMERGENCY ROOM, Kelly Preston (WAS MÄDCHEN WOLLEN), Heather Locklear (UPTOWN GIRLS), Kathryn Morris in der Serie COLD CASE und Teri Hatcher in DESPERATE HOUSEWIFES.

Alexander Welbat (1927–1977)

Geboren in Berlin, gehörte Alexander Welbat nach seiner Ausbildung an der Fritz-Kirchhoff-Schauspielschule zu den Mitbegründern der «Stachelschweine» und des «Reichskabaretts». Er war als Schauspieler und Regisseur am Theater im British Centre tätig, spielte in Paul Essers Eröffnungsinszenierung am Hansa-Theater (*Europa und der Stier*, 1963), am Forum-Theater und an der Schaubühne (*Der Gesang vom lusitanischen Popanz*, 1967). 1965 drehte er einen Film über Deutschlands erste Beat-Band: HURRA, DIE RATTLES KOMMEN. Er spielte und inszenierte in Stuttgart, Frankfurt und schließlich Hamburg, wo er bis zu seinem frühen Tod am Schauspielhaus zu sehen war u. a. als Clitande in *Ein Menschenfeind* (Rudolf Noelte, 1975 mit Will Quadflieg in der Titelrolle) oder als Doktor in Gorkis *Barbaren*. Auf dem Bildschirm war er nicht nur in Fernsehspielen und -serien zu sehen (HALLO NACHBARN, EIN TISCH ZU VIERT, ZUM KLEINEN FISCH, EIN MANN WILL NACH OBEN), sondern auch als Entertainer in Unterhaltungsshows (DIE KUNST DER KLAMOTTE).

Seine angeraute, aber einnehmend warme Stimme lieh er in der Synchronisation zumeist den Gutmütigen, Außenseitern, Underdogs, Zukurzgekommenen, Käuzen und kleinen Halunken. Eine seiner prägendsten Rollen war John Alexander («Roosevelt») in ARSEN UND SPITZENHÄUBCHEN (John Alexander auch in DAS LEBEN DER MRS. SKEFFINGTON). Mehrmals sprach er für Ernest Borgnine (DER FLUG DES PHOENIX, DER PRINZ UND DER BETTLER) und Victor Buono, dem Welbat an Leibesfülle glich (WAS GESCHAH WIRKLICH MIT BABY JANE?, VIER FÜR TEXAS). Hinzu kamen Anthony Quinn (DAS GEHEIMNIS VON SANTA VITTORIA), Bud Spencer (DIE FÜNF GEFÜRCHTETEN), Peter Ustinov (TOPKAPI, DIE STUNDE DER KOMÖDIANTEN), Broderick Crawford (EIN MANN WIE KID RODELO), Oliver Reed (WIE EIN SCHREI IM WIND), Philippe Noiret (EINE WOLKE ZWISCHEN DEN ZÄHNEN), Larry Tucker (EXPLOSION DES SCHWEIGENS), Vincent Gardenia (HAIE DER GROSSSTADT), Robert Morley (GELIEBTER SCHUFT), Brock Peters (WER DIE NACHTIGALL STÖRT) und Telly Savalas (EIN KÖDER FÜR DIE BESTIE). Welbat führte auch wiederholt Synchron-Regie, z.B. bei FLUCH DES SÜDENS, DIE WURZELN DES HIMMELS, KEINE ANGST VOR SCHARFEN SACHEN, WARLOCK und der Serie FAMILIE FEUERSTEIN.

Alexander Welbat war mit der Schauspielerin Sigrid Hackenberg (1936–1980) verheiratet. Ihr Sohn **Douglas Welbat** (*1957) ist ebenfalls (Synchron-)Schauspieler. Er spricht z.B. für Rolf Lyssgard alias KOMMISSAR WALLANDER in den Henning-Mankell-Verfilmungen und als Nachfolger seines Vaters Krümelmonster in der SESAMSTRASSE, ferner James Gandolfini in WILLKOMMEN BEI DEN RILEYS.

Ingeborg Wellmann (*1924)

Ingeborg Wellmann stammt aus Breslau. Sie spielte Theater in Hannover und Berlin, vor allem auch Kabarett im «Trichter» und bei den «Stachelschweinen». Sie trat u. a. auf in *Krach im Hinterhaus* (1954, Hebbel-Theater), *Lysistrata* (1959, Schlosspark-Theater), *Amphitryon* (1960, Berliner Theater), *Walter Mehrings Lumpenbrevier* (Tribüne, 1977), *Der Kaufmann von Berlin* (ebd., 1979 mit ➲ Arnold Marquis in der Titelrolle) und *Frankensteins Erben* (1963, Hansa-Theater). Im Film war sie zu sehen in Knall und Fall als Detektive (1953), Meine 99 Bräute (1958), Heldinnen (1960), im Fernsehen in Familienglück (1975), Die Platzanweiserin (1984), Wie gut, dass es Maria gibt und im Tatort. Ingeborg Wellmann war mit ➲ Heinz Giese verheiratet.

Mit ihrer jugendlich-kessen Stimme konnte sie mühelos Darstellerinnen synchronisieren, die wesentlich jünger waren, z. B. Pamela Tiffin in Eins, Zwei, Drei oder Jane Fonda (Ein Mann wird gejagt, Wie Raubkatzen). Sie sprach für Jayne Mansfield (Sirene in blond), Claire Trevor in Ringo (2. Fassung), Thelma Ritter in Das Fenster zum Hof (ARD 1988), Elizabeth Wilson (Die Reifeprüfung), Sharon Tate (Tanz der Vampire), Emmanuelle Riva (Verleumdung), Martha Hyer (Die Unersättlichen), Juliet Prowse (Can-Can), Felicia Farr (Küss mich Dummkopf), Claude Gensac (Hasch mich, ich bin der Mörder), Piper Laurie (Gottes vergessene Kinder) und Polly Holliday (Gremlins). Eine ihrer prägenden Rollen aber war Barnie Geröllheimers Frau Betty in Famile Feuerstein.

Elmar Wepper (*1944)

Geboren in Augsburg, kam Elmar Wepper durch seinen älteren Bruder Fritz schon als Kind zu ersten Theater- (*Robinson soll nicht sterben,* Kleine Freiheit München), Hörspiel- (*Die Stunde des Huflattichs,* BR 1958) und Synchronrollen (Fury). Er begann ein Studium der Theaterwissenschaft, weil er Regisseur werden wollte, «begnügte» sich dann aber mit dem Schauspieler-Beruf. 1974 löste er seinen Bruder als Assistenten in der ZDF-Serie Der Kommissar ab und legte damit den Grundstein zu einer steilen Fernsehkarriere. Er spielte Hauptrollen in Ein unheimlich starker Abgang (1973), Polizeiinspektion I (1976, m. Walter Sedlmayr), Beinah Trinidad (Oliver Storz, 1984), Zwei Münchner in Hamburg (1989, mit Uschi Glas), Zwei Brüder (1994, mit Fritz Wepper), Bittere Unschuld (1999), Ein Dorf sucht einen Mörder (2002), Der Traum vom Süden (2004), Im Zweifel für die Liebe (2004), Die Sturmflut (2006) und Das unsichtbare Mädchen (2012). Zu erwähnen ist auch seine Kochsendung mit Alfons Schuhbeck. Auch in einigen Kinofilmen ist er zu sehen, Lammbock (2000), zuletzt mit der preisgekrönten Hauptrolle in Doris Dörries Kirschblüten (2007) und in Dreiviertelmond (2011).

In der Synchronisation ist er seit Jahren die deutsche Stimme von Mel Gibson (Braveheart, Lethal Weapon, Signs), mittlerweile der einzige, für den er noch aktiv ist. Früher sprach er oft für Ryan O'Neal (Is was Doc?, Nickelodeon, Driver, Was, du willst nicht?) und Jon Voight (Beim Sterben ist jeder der erste, Coming Home) sowie Timothy Bottoms (Johnny zieht in den Krieg), Chevy Chase (Eine ganz krumme Tour), Dudley More (Zehn – Die Traumfrau), Walter Koenig (Raumschiff Enterprise, Star Trek), Bo Hopkins (Der Tiger hetzt die Meute), Richard Burton in Alexander der Grosse (1974), Michel Boujenah (Drei Männer und ein Baby), Jean-Claude Bouillon (Alexander zwo), John Heard (Kevin – allein zu Haus), Beau Bridges (Heisses Pflaster Chicago) und Dirk Benedict in der Serie Das A-Team.

Walter Werner (1883-1956)

Der Görlitzer Walter Werner war von 1919 bis 1944 am Berliner Staatstheater engagiert. Hier spielte er u. a. unter Fehling 1937 in Billingers *Gigant* und 1939 in *König Richard II.*, unter Stroux 1941 in Schillers *Turandot*, 1945 am Hebbel-Theater in *Leuchtfeuer*, 1946–51 am Deutschen Theater (z. B. unter Gründgens in *Der Schatten*) und ab 1952 am Schillertheater, wo er u. a. 1952 in Barlogs Inszenierung von Gerhart Hauptmanns *Weber* mitwirkte. Daneben war er vielbeschäftigter Chargendarsteller beim Film: Schlussakkord (1936), Traumulus (1936), Der Mann, der Sherlock Holmes war (1937), Kreutzersonate (1937), Der Herrscher (1937), Gewitterflug zu Claudia (1940), Bismarck (1940), Der Engel mit dem Saitenspiel (1944), Ehe im Schatten (1947), 1-2-3 Corona (1948), Semmelweis – Retter der Mütter (1950) und Alibi (1955).

Abgesehen von Harry Baur in Marcel L'Herbiers Rasputin und Walter Brennan in Faustrecht der Prärie, vermittelte Walter Werners Synchronstimme nicht selten gütige Weisheit von Herren im vorgerückten Alter, auffallend häufig im Western (Richter, Ärzte, Häuptlinge). Er sprach für Thomas Mitchell in Vom Winde verweht, Lon Chaney in Zwölf Uhr mittags, Dean Jagger (Das Gewand), Henry O'Neill (Der letzte Bandit, Der rote Engel), Charles Coburn (Liebling, ich werde jünger, Blondinen bevorzugt), Louis Calhern (Gabilan, mein bester Freund), John McIntire (Gefährliches Blut, Die Letzten von Fort Gamble), George Hayes (Rache für Alamo), Morris Ankrum (Taza, der Sohn des Cochise), Jay C. Flippen (Winchester 73), Frank Morgan (Ein toller Bursche), Guy Kibbee (Bis zum letzten Mann) und James Barton (Herrin der toten Stadt).

Hans Wiegner (*1919)

Hans Wiegner spielte nach dem Krieg an mehreren Berliner Bühnen: am Hebbel-Theater 1946 in *Wir sind noch einmal davongekommen* (mit ⮕ O. E. Hasse und Roma Bahn) und 1947 in *Eurydike* (mit Bettina Moissi), an der Volksbühne, dem Theater am Schiffbauerdamm (1948 in *Sturm im Wasserglas*) und der Tribüne (1955 in *Johanna und ihre Richter*). Er trat auch in Fernsehspielen auf (1961 in Elisabeth von England) und wirkte in Hörspielen des RIAS mit: *Die kühne Operation* (1950), *Wasser für Canitoga* (1951), *Jasons letzte Nacht* (Kaschnitz, 1952), *Ocker* (1961). Zu erwähnen ist außerdem die Kabarett-Sendung Die Rückblende.

Dann verlagerte er seinen Schwerpunkt aber mehr und mehr auf die Synchronisation, wo er ähnlich wie ⮕ Wolf Martini oder ⮕ Hans Emons bevorzugt für Bösewichter, Unholde oder harte Sheriffs besetzte wurde. Wiegners Sätze kamen oft akustischen Karateschlägen gleich. Er sprach für Lee Marvin (DER MANN, DER LIBERTY VALANCE ERSCHOSS, DIE HAFENKNEIPE VON TAHITI), George Kennedy (CHARADE, DER FLUG DES PHOENIX, DAS TEUFELSWEIB VON TEXAS), Bruce Cabot (SHERIFF WIDER WILLEN, DAS GESETZ DER GESETZLOSEN), Forrest Tucker (CHISUM), Macdonald Carey (FEUER ÜBER AFRIKA), Denver Pyle (BONNIE UND CLYDE), Keenan Wynn (SPIEL MIR DAS LIED VOM TOD), Joel McCrea (AUF VERLORENEM POSTEN), Leif Erickson (DIE FAUST IM NACKEN), Howard Da Silva (NEVADA SMITH), Stanley Fields (ZWEI RITTEN NACH TEXAS), Ernie Kovacs (MIT MIR NICHT, MEINE HERREN) und – abweichend vom Klischee – Bud Abbott in ABOTT UND COSTELLO ALS GANGSTERSCHRECK.

Claus Wilcke (*1939)

Der gebürtige Bremer hatte seinen ersten Bühnenerfolg als Ernst Penzoldts «Squirrel» an den Münchner Kammerspielen. Es folgten Engagements in Lübeck, München, Frankfurt, Berlin (1974 in *Irma la Douce* im Theater des Westens) und Hamburg (1979 am Ernst-Deutsch-Theater in Rolf Hochhuths *Juristen*). In den letzten Jahren führten ihn Tourneen quer durch die Republik (u. a. mit *Faust, Der eingebildete Kranke, Cocktail für eine Leiche, Gaslicht*). Seinen Durchbruch als Filmschauspieler erlebte er mit MEINE 99 BRÄUTE (1958). Es folgten u. a. AM TAG, ALS DER REGEN KAM (1959), FREDDY UND DER MILLIONÄR (1961), aber zum Star wurde Claus Wilcke erst 1968 mit der Titelrolle in der ZDF-Vorabendserie PERCY STUART. Weitere Bildschirmrollen folgten mit JOHN KLINGS ABENTEUER (1970), EIN FALL FÜR STEIN (1976), I.O.B. – SPEZIALAUFTRAG (1980), MÜTTER UND TÖCHTER (1985), TÖDLICHE VERSÖHNUNG (1988), HALALI FÜR EINEN JAGDFREUND (1991), SCHIRI IM ABSEITS (2006) und VERBOTENE LIEBE (2011).

Claus Wilckes wichtigste Synchronrolle war wohl Omar Sharif in LAWRENCE VON ARABIEN (auch in IM REICH DES KUBLAI KHAN). Er sprach außerdem für Warren Beatty (DER RÖMISCHE FRÜHLING DER MRS. STONE, VERSPRICH IHR ALLES), Elvis Presley (BLAUES HAWAII, ACAPULCO), Sal Mineo (EXODUS, EIN FREMDER AUF DER FLUCHT), Michael Landon in der Serie UNSERE KLEINE FARM, Jean-Claude Brialy (DER RICHTER UND DER MÖRDER), Oliver Reed (MÖRDER GMBH), George Hamilton (LIEBE AUF DEN ERSTEN BISS), Russ Tamblyn (BIS DAS BLUT GEFRIERT), Tab Hunter (IN ANGENEHMER GESELLSCHAFT) und Ron Perlman in der Serie DIE SCHÖNE UND DAS BIEST.

Seine Tochter **Alexandra** Wilcke (*1968) synchronisiert u. a. Kate Winslet und Charlize Theron, Mira Sorvino in LULU ON THE BRIDGE sowie Eva Green in JAMES BOND – CASINO ROYALE und war die deutsche Stimme von Pocahontas. Sein Sohn ist ➲ Nicolas Böll.

Helmut Wildt siehe **Bettina Schön**

Patrick Winczewski (*1960)
Der gebürtige Berliner entdeckte schon in der Schulzeit seine Liebe zum Theater. Er spielte im Schultheater und in einem Theaterkreis und war von Anfang an nicht nur am Schauspielen, sondern auch am Regieführen interessiert. Noch während seiner Ausbildung bei Erika Dannhoff begann er als Regieassistent an der Berliner Tribüne, spielte an den Berliner Kammerspielen (*Die unendliche Geschichte*, 1983), am Renaissance-Theater (*Die Caine war ihr Schicksal*, 1985, Regie: ⮕ Jürgen Thormann), Schiller-Theater (*Der Diener zweier Herren*, 1985) sowie in Aachen, Hamburg und Münster. Mit Martin Lüthge ging er auf Tournee (1993 in *Die Nibelungen* als Siegfried), 2006 spielte er an der «Neuen Schaubühne» München. In dem Film SHINING THROUGH (1992) spielte er neben Michael Douglas, im Fernsehen hatte er Hauptrollen u. a. in ALTROSA (Itzenplitz, DRS/ORF 1986) und ROSAMUNDE PILCHER: SCHNEESTURM IM FRÜHLING (ZDF 1995), außerdem in den Serien PRAXIS BÜLOWBOGEN, DIESE DROMBUSCHS, ELBFLORENZ, HOTEL PARADIES, DER ALTE und DER LANDARZT. 1997 begann er mit seiner ersten Fernsehregie: 20 Folgen der Vorabend-Soap VERBOTENE LIEBE. Er inszenierte anschließend auch mehrere Folgen der LINDENSTRASSE, von SOKO LEIPZIG (inzwischen über 30 Folgen), SOKO 5113 und von EIN FALL FÜR NADIA (2007).

Neben seiner Schauspiel- und Regiearbeit gehört das Synchronisieren zu Winczewskis Arbeitsschwerpunkten. Auch hier ist er nicht nur als Sprecher, sondern auch als Regisseur aktiv. Er ist die deutsche Stimme von Hugh Grant – für den er seit dessen Fernsehauftritt in CHAMPAGNER-DYNASTIE spricht – und Tom Cruise, den er mit EYES WIDE SHUT von ⮕ Stephan Schwartz übernahm. Weitere bedeutende Stars, die mit Wiczewskis Stimme sprechen, sind Val Kilmer (TOP GUN), Woody Harrelson (EIN UNMORALISCHES ANGEBOT), John Cusack (GRIFTERS), Kevin Bacon (J.F.K.), Timothy Hutton (DER GUTE HIRTE) und James Caviezel (ANGEL EYES) sowie Tim Roth in der Vox-Serie LIE TO ME.

Agnes Windeck (1888–1975)
In ihrer Heimatstadt Hamburg spielte sie zunächst am Deutschen Schauspielhaus (u. a. als Nora und Gretchen), dann zog sie sich jedoch für 20 Jahre ins Privatleben zurück. 1938 gab sie ihr Comeback am Deutschen Theater Berlin, wo sie vor allem als Schauspiellehrerin tätig war. Zu ihren Schülern gehörten u. a. Hans-Joachim Kulenkampff, ⮕ Klaus Schwarzkopf und ⮕ Martin Hirthe. Nach 1945 hatte sie Engagements am Theater am Schiffbauerdamm, am Schiller- und Hebbeltheater, spielte Boulevard (1967 am Ku'damm in *Zwei ahnungslose Engel* mit Käthe Haack) und

im Theater des Westens die Mutter Higgins in *My Fair Lady*. Sie war Mitglied des RIAS-Kabaretts «Die Insulaner» und stand oft vor der Filmkamera: Die barmherzige Lüge (1939), U-Boote westwärts (1941), Die grosse Liebe (1942), Damals (1943), Strassenbekanntschaft (1948), Und wieder 48 (1948), Rat der Götter (1953), Die Trapp-Familie (1956), Banktresor 713 (1957), Der Greifer (1958), Zeit zu leben und Zeit zu sterben (1958), Morgens um sieben ist die Welt noch in Ordnung (1968) und Die Herren mit der weissen Weste (1969). Agnes Windecks populärste Rolle im Fernsehen war die Oma in Die Unverbesserlichen (1965ff.), mit der Inge Meysel ihre liebe Not hatte («Käääthe!!»).

Ihre Stimme «hatte etwas hamburgisch Nölendes, etwas Klein-Erna-Witziges-und-Vorwitziges; und sie war für die Schauspielerin Agnes Windeck so konstitutiv, dass sie damit über ausländische Kolleginnen, denen es im Synchronstudio diese Stimme zu leihen galt, zwangsläufig dominierte» (Günter Grack, *Der Tagesspiegel*). Ihre Domäne war die schrullig-spleenige Alte. Mehrmals gab sie Margaret Rutherford die deutsche Stimme (16 Uhr 50 ab Paddington, Hotel International, Auch die Kleinen wollen nach oben), Edith Evans in Flüsternde Wände – ihre anspruchvollste Synchronrolle – und Tom Jones, Dame May Whitty (Mrs. Miniver), Una O'Connor (Zeugin der Anklage), Evelyn Varden (Die Nacht des Jägers), Spring Byington (Meisterschaft im Seitensprung), Jessie Ralph (Die Kameliendame), Billie Burke (Das zauberhafte Land, Vater der Braut), Norma Vaden (Blondinen bevorzugt).

Judy Winter (*1944)

Als Beate Richard wurde Judy Winter in Friedland/Oberschlesien geboren (ihr Künstlername bezieht sich auf Judy Garland und Shelley Winters). Sie absolvierte eine Ballett- und Schauspielausbildung in Stuttgart und hatte ihre ersten Erfolge bei Peter Zadek in Bremen, vor allem als Wendla in *Frühlings Erwachen* (1965, mit Vladim Glowna als Melchior). Sie trat dann auf in München, Hamburg und am Berliner Renaissance-Theater in *Gaslicht* (1986) und *Eines langen Tages Reise in die Nacht* (1990, mit ⊃ Harald Juhnke). Hier hatte sie 1998 einen Sensationserfolg als die Dietrich in *Marlene* (von dem britischen Autor Pam Gems): «Beim Schlussapplaus ist nicht mehr auszumachen, wer hier eigentlich gefeiert wird: die tote Marlene, in einem Akt der Wiedergutmachung, oder die sehr lebendige Judy Winter?» (Barbara Burckhardt, *Theater heute* 8, 1998). Es wurde ein Welterfolg – die Gastspielreisen führten bis nach Japan. Judy Winter ist auch oft im Film zu sehen: Perrak (1970), Und Jimmy ging zum Regenbogen (1970), Liebe ist nur ein Wort (1972), Der Lord von Barmbek (1974), Ärztinnen (1982), Rosenkavalier (1997), Neues vom Wixxer (2007), im Fernsehen in: Frau von Bebenburg (1975), Tatort: «Reifezeugnis» (1977), Dr. Margarete Johnson (1982), Ausgestossen (1986), Ein ungleiches Paar (1988), Schmetterlingsgefühle (1997), Auch Erben will gelernt sein (2002), Sommernachtstod (2003), Brücke zum Herzen (2005), Das Echo der Schuld (2009), Eine Nacht im Grandhotel (2010).

Für ihre Synchronisation von Liv Ullmann (z.B. Szenen einer Ehe, Herbstsonate) wurde Judy Winter nicht nur mit der «Goldenen Kamera» ausgezeichnet, die schwedische Schauspielerin bedankte sich sogar persönlich bei ihr. Sie sprach außerdem für Jane Fonda (Julia, Am goldenen See), Vanessa Redgrave (Deep Impact, Durchgeknallt), Faye Dunaway (Chinatown), Shirley MacLaine (In den Schuhen meiner Schwester), Audrey Hepburn (Robin und Marian), Louise Fletcher (Einer flog über das Kuckucksnest), Kathleen Turner (Heissblütig – Kaltblütig), Jill Clayburgh (Eine entheiratete Frau), Julie Walters (Billy Elliot), Betty Middler (Zwei mal zwei), Blythe Danner (Meine Braut, ihr Vater und ich) und Betty Buckley (Frantic).

Marianne Wischmann (1921–2009)

Die gebürtige Düsseldorferin nahm Schauspielunterricht in Mannheim, war zunächst in Flensburg engagiert, dann in Hamburg, am Deutschen Schauspielhaus, dem Zimmertheater und den Kammerspielen, wo sie als Helena in den *Troerinnen* auftrat. An den Münchner Kammerspielen spielte sie 1957 bei Fritz Kortner die Olivia in *Was ihr wollt*. Im Film war sie zu sehen in Die Dritte von rechts (1950), Heimat, deine Sterne (1951), Es geschehen noch Wunder (1951), Im weissen Rössl (1952), San Salvatore (1955), Bengelchen liebt kreuz und quer (1968) und im Fernsehen u.a. in der Serie Erbin sein dagegen sehr (1985). In mehreren Hörspielen wirkte sie mit, z.B. *Tartüff* (BR 1958), *Helen und Edward und Henry* (Rhys Adrian, BR 1966) sowie *Unterm Mistelzweig* (SDR 1987). Sie war verheiratet mit Franz Marischka, Oliver Hassencamp und ↪ Erwin Linder.

Marianne Wischmann synchronisierte Ingrid Thulin in Wilde Erdbeeren, Olivia de Havilland in Wiegenlied für eine Leiche, Ingrid Bergman in Berüchtigt, Anita Ekberg in Das süsse Leben, Gina Lollobrigida in Die Strohpuppe sowie Ellen Burstyn (Die letzte Vorstellung, Alice lebt hier nicht mehr), Frances Sternhagen (Outland), Irene Papas (Iphigenie), Eve Arden (Das Dunkel am Ende der Treppe), Carol Browne (Theater des Grauens). Besondere Kabinettstückchen waren ihre Miss Piggy in der Muppet-Show und die Ameisenbärin Elise in Der rosarote Panther.

Christian Wolff (*1938)

Christian Wolff ließ sich in seiner Heimatstadt Berlin an der Max-Reinhardt-Schule bei Hilde Körber ausbilden. Er debütierte am Hebbel-Theater, danach spielte er in München an der Kleinen Komödie und am Deutschen Theater. Früh begann seine Filmkarriere mit Hauptrollen: ANDERS ALS DU UND ICH (1957), IMMER WENN DER TAG BEGINNT (1957), DIE FRÜHREIFEN (1957), SCHINDERHANNES (1958), ES WAR DIE ERSTE LIEBE (1958), AM TAG ALS DER REGEN KAM (1959), DIE FASTNACHTSBEICHTE (1960), VIA MALA (1961), RHEINSBERG (1967) und SEITENSTECHEN (1985). Im Fernsehen spielte er in LEBECK (1968), EINE UNGELIEBTE FRAU (1974), die Titelrolle in DIE UNTERNEHMUNGEN DES HERRN HANS (1976) und hatte seinen größten Publikumserfolg als Oberförster in FORSTHAUS FALKENAU (1989ff.). Weiterhin war er zu sehen in STIMME DES HERZENS (2000), ENTSCHEIDUNG AUF MAURITIUS (2002), GEHEIMNIS DER KARIBIK (2004).

Er war einer der Synchronstimmen für Alain Delon (LAUTLOS WIE DIE NACHT, DER LEOPARD, ZWEI TOLLE KERLE IN TEXAS) und sprach für Pierre Brice in WINNETOU UND OLD SHATTERHAND, außerdem für Tom Courtenay (DIE EINSAMKEIT DES LANGSTRECKENLÄUFERS), Robert Redford (DIESES MÄDCHEN IST FÜR ALLE), Jeremy Irons (DIE GELIEBTE DES FRANZÖSISCHEN LEUTNANTS), Rick Lenz (DIE KAKTUSBLÜTE), James Keach (LONG RIDERS), Richard Benjamin (CATCH 22), Ron Ely (TARZAN) und Mandy Patinkin (MAXIE).

Uschi Wolff (*1943)

Uschi Wolff, die in Berlin geboren wurde, war das, was man einen «Kinderstar» nennt. Sie spielte als Kind neun Jahre an den Münchner Kammerspielen (1951–60), trat im Kinderfunk auf und stand vor der Filmkamera: ROSEN FÜR BETTINA (1956), DIE TRAPP-FAMILIE (1956) und DREIZEHN KLEINE ESEL UND DER SONNENHOF (1958). Sie nahm Ballett- und Schauspielunterricht, ging 1961/62 mit *Piroschka* auf Tournee, spielte anschließend am Münchner Volkstheater (u.a. in *Pygmalion*), am «Theater 44» (*Rosa Luxemburg meets M.M.*, 1973/74) und am «Theater über dem Landtag» (u.a. in *Fräulein Julie*). Mit TV-Rollen war sie zu sehen in TATORT (1986), MIT LEIB UND SEELE (1990) und GEFÜHL IST ALLES (ORF 2004).

In der Synchronisation hatte Uschi Wolff zwar keine feste «Partnerin», aber viele anspruchsvolle Hauptrollen: Debra Winger (EIN OFFIZIER UND GENTLEMAN, ZEIT DER ZÄRTLICHKEIT), Nathalie Baye (DIE AMERIKANISCHE NACHT), Sondra Locke (DAS HERZ IST EIN EINSAMER JÄGER), Jobeth Williams (HUNDE DES KRIEGES), Laura Antonelli (DER FILOU), Mimsy Farmer (ENDSTATION SCHAFOTT), Melinda Dillon (HERR DER GEZEITEN), Dianne Wiest (EDWARD MIT DEN SCHERENHÄNDEN), Geraldine Chaplin (REISE IN DIE ZÄRTLICHKEIT), Ginger Rogers (DER MAJOR UND DAS MÄDCHEN), Mary Beth Hurt (INNENLEBEN), Frances McDormand (MISSISSIPPI BURNING), Nancy Loomis (HALLOWEEN) und Nathalie West in der Serie ROSEANNE.

Dietmar Wunder (*1965)

Als Sohn eines Optikers machte Dietmar Wunder zuerst eine Ausbildung in dieser Branche und nahm dann Schauspielunterricht bei ⮞ Maria Körber. Schon bei seinen ersten Theaterauftritten fiel seine Ausnahmestimme auf, und ⮞ Wolfgang Ziffer vermittelte ihm eine erste Synchronrolle bei der Serie HAPPY DAYS. Er spielte selbst in Fernsehserien mit, z.B. DER DICKE, DER ERMITTLER, ALPHATEAM, BELLA BLOCK, übernahm Hörspiel-Rollen (z.B. *Troll*, WDR 2006), doch die Synchronarbeit stand schnell im Mittelpunkt, mittlerweile auch als Dialogautor und Regisseur, z.B bei TWISTED, CSI: NY, THIRD WATCH, DIE CHRONIKEN VON NARNIA, DEPARTED, DAS SPIEL DER MACHT und AVATAR. Wunder ist auch auf Hörbüchern zu hören (Stephen King: *Shining*, Stieg Larsson: *Verblendung*, Jeffrey Deaver: *Carte Blanche*). 2010 spielte er zusammen mit ⮞ Ronald Nitschke und ⮞ Charles Rettinghaus in dem mit mehreren Preisen ausgezeichneten Kurzfilm NOT WORTH A BULLET von Marco Riedl.

Wunders grandioser Bass, der eher weich als hart klingt, aber mit kratzigen Untertönen, erinnert ein bisschen an die alte Glanzzeit der Synchrongeschichte, an die Ära von ⮞ Wolfgang Lukschy, ⮞ Curt Ackermann oder ⮞ Michael Chevalier. Mit solchen Stimmen werden von den Synchron-Verantwortlichen gerne Schwarze besetzt, daher Wunders Stammrollen wie Cuba Gooding jr. (OUTBREAK, JERRY MAGUIRE, PEARL HARBOR, NORBIT, AMERICAN GANGSTER), Don Cheadle (PASSWORT: SWORDFISH, OCEAN'S ELEVEN, HOTEL RUANDA) oder der schwule Cop (Mathew St. Patrick) in der Serie SIX FEET UNDER, aber auch Adam Sandler (PUNCH-DRUNK LOVE, MR. DEEDS, DIE WUTPROBE) – alle diese Darsteller können sich bei Wunder für die vokale Aufwertung bedanken. Für ihn selbst kam es einem «Ritterschlag» gleich, als er für den neuen James Bond Daniel Craig für CASINO ROYALE ausgewählt wurde. Zu Wunders frühen Lieblingsrollen gehörte Rob Morrow in der Serie AUSGERECHNET ALASKA und aktuell in NUMB3RS. Bislang war er außerdem zu hören für Edward Norton (AMERICAN HISTO-

RY X), Jack Black (HIGH FIDELITY), Peter Sarsgaard (BOYS DON'T CRY), Alec Newman (DUNE – DER WÜSTENPLANET), Jamie Foxx (AN JEDEM VERDAMMTEN SONNTAG), Sam Rockwell (GESTÄNDNISSE), LL Cool J (DEEP BLUE SEA), Courtney B. Vance in CRIMINAL INTENT, Carmine Giovinazzo in CSI: NY und Omar Epps in DR. HOUSE.

Harry Wüstenhagen (1928–1999)

Schon 1945 debütierte Harry Wüstenhagen als Malcolm in *Macbeth* am Hebbeltheater seiner Heimatstadt Berlin. Nach dem Schauspielunterricht bei Marlise Ludwig folgten Engagements u.a. am Schlossparktheater und im Theaterclub im British Centre. Zu seiner Domäne aber wurde das Boulevardtheater, wo er meist Dandytypen verkörperte. Mit Alexander Kerst und Horst Buchholz trat er 1984 am Renaissance-Theater in *Die zwölf Geschworenen* auf. Er spielte aber auch Brecht *(Der aufhaltsame Aufstieg des Arturo Ui)*. Im Film hatte er zunächst Hauptrollen in Märchenfilmen (DER GESTIEFELTE KATER, 1955). Bekannt wurde er dem Publikum aber v.a. durch die Edgar-Wallace-Filme der 1960er (DIE TOTEN AUGEN VON LONDON, DER SCHWARZE ABT), doch auch in anspruchsvollen Fernsehspielen wirkte er mit (z.B. ROTMORD von Peter Zadek, 1969). 1993 brach Wüstenhagen seine Zelte in Deutschland ab und zog sich nach Florida zurück.

Auch in der Synchronisation, wo er seit 1947 tätig war, bevorzugte Wüstenhagen das komödiantische Genre. Seine «Stammrollen» waren zwei französische Schauspieler: Pierre Richard (DER GROSSE BLONDE MIT DEM SCHWARZEN SCHUH) und Jean-Pierre Cassel (ICH WAR EINE MÄNNLICHE SEXBOMBE, DER DISKRETE CHARME DER BOURGEOISIE). Er sprach außerdem für Gene Wilder (WAS SIE SCHON IMMER ÜBER SEX WISSEN WOLLTEN, ZWEI WAHNSINNIG STARKE TYPEN, DIE FRAU IN ROT), Alec Guinness in DER MANN IM WEISSEN ANZUG sowie Tony Randall (SCHICK MIR KEINE BLUMEN), James Garner (LATIGO), Peter Sellers in DER GEFANGENE VON ZENDA, Donald Sutherland (DER ADLER IST GELANDET), Jean-Louis Trintignant (EIN MANN UND EINE FRAU), Red Buttons (FÜNF WOCHEN IM BALLON), Donald O'Connor (DAS SCHLAFZIMMER IST NEBENAN), Marty Feldman (HAFERBREI MACHT SEXY), Michael Palin (DAS LEBEN DES BRIAN), Dick van Dyke (BYE BYE BIRDIE) und Christopher Lee in SHERLOCK HOLMES UND DAS HALSBAND DES TODES.

Hans Dieter Zeidler (1926–1998)

Zeidler besuchte in seiner Heimatstadt Bremen die Schauspielschule, 1948-51 spielte er am Deutschen Schauspielhaus Hamburg (u.a. als Peer Gynt), dann in Bremen und Göttingen und 1953–57 an Schiller- und Schlossparktheater Berlin (Karl Moor), ab 1957 an verschiedenen Bühnen, z.B. in Frankfurt als Galilei, Woyzeck, Mephisto, in Darmstadt als Brechts Baal und Barlachs «blauer Boll». 1967 kehrte er nach Berlin zurück, spielte Danton (Büchner) und Caliban in *Der Sturm* (Kortner, 1968), an der Freien Volksbühne als Dorfrichter Adam (1971), Theobald Maske (1972) und Othello (1973). Ab 1975 gehörte er zum Ensemble des Schauspielhauses Zürich, wo er u.a. Falstaff, Hamsun in Dorsts *Eiszeit* und Ekdal in der *Wildente* (1996) verkörperte. Seine bemerkenswertesten Fernsehrollen hatte er mit der Titelfigur von Leopold Ahlsens DER ARME MANN LUTHER (1965) und als SCHINDERHANNES (1968). Zeidler war ein «zugleich wuchtiger und enorm zarter Menschendarsteller, dem das Abgründige bis zur Dämonie nahelag» (Peter Iden, *FR*, 27.10.1998).

Vom Scheinwerferlicht der großen Bühnen stieg Zeidler gelegentlich ins dunkle Synchronstudio hinab. Seine schönste Aufgabe war Burt Lancaster in LOCAL HERO, aber auch in den Jahrzehnten zuvor hatte er etliche Hauptrollen: Yul Brynner (DIE BRÜDER KARAMASOW), Montgomery Clift (DAS LAND DES REGENBAUMS), Rod Steiger (DIE UNSCHULDIGEN MIT DEN SCHMUTZIGEN HÄNDEN), Sidney Poitier (DIE SAAT DER GEWALT, EIN MANN BESIEGT DIE ANGST), Harry Belafonte (CARMEN JONES, HEISSE ERDE), Ernest Borgnine (EIN ZUG FÜR ZWEI HALUNKEN, FUTURE COP), Peter Ustinov (FLUCHT INS 23. JAHRHUNDERT, JESUS VON NAZARETH), Rossano Brazzi (FRANZÖSISCHE BETTEN).

Santiago Ziesmer (*1953)

Geboren in Madrid, zog Santiago Ziesmer 1964 mit seiner Familie nach Berlin. Den Jungen entdeckte Regisseur Herbert Ballmann für das Fernsehen. Hier spielte er u.a in den Serien TOMMY TULPE und TILL, DER JUNGE VON NEBENAN. Schauspielunterricht nahm er im Studio Hanny Herter, seine Studien schloss er 1975 ab. 1976 spielte er in dem mit dem Bundesfilmpreis ausgezeichneten Kinofilm MOZART – AUFZEICHNUNGEN EINER JUGEND von Klaus Kirschner. Zu seinen weiteren Rollen gehören u.a. SONNTAGSKINDER von Michael Verhoeven, DREI DAMEN VON GRILL, PRAXIS BÜLOWBOGEN, RIVALEN DER RENNBAHN, STOCKER & STEIN, IMMENHOF, ZWEI ALTE HASEN und HINTER GITTERN – DER FRAUENKNAST (als Prof. Wünsche). Lange war das Berliner Hansa-Theater sein beruflicher Schwerpunkt, wo er u.a. in *Huckleberry Finn* und *Der kleine Muck* auftrat. Außerdem spielte er an den Berliner Kammerspielen *(Meisterdetektiv Kalle Blomquist, Autobus S)*, der Tribüne und am Kama-Theater, ging auf Tourneen und hatte Gastverträge in Bochum, Stuttgart, Aachen, Bamberg, bei den Luisenburg-Festspielen Wunsiedel und in Salzburg. 2001 spielte er in dem Musical *Männer* von Franz Wittenbrinck am Ku'damm und 2011 in *Arsen und Spitzenhäubchen* (als Einstein) im Schlosspark-Theater.

Unverwechselbar ist seine Stimme, die er regelmäßig für Funk, TV, Werbung (einer seiner Werbespots wurde sogar preisgekrönt) und Synchron

Wolfgang Ziffer (*1941)

Nach Universitätsstudien in Köln und Berlin nahm Wolfgang Ziffer privaten Schauspielunterricht und war engagiert in seiner Heimatstadt Wuppertal, in Dortmund, Wiesbaden, in Berlin am Schiller-Theater (1972 in *Tartuffe*), Grips-Theater und Theater des Westens (1979 in *Wie einst im Mai*, 1982 in *Anatevka*, 1984 in *Guys and Dolls*). Auf dem Bildschirm war er zu sehen in EIN AUGUSTTAG (1965), DER HERR DER SCHÖPFUNG (1976), DIE GRÄFIN VOM CHAMISSOPLATZ (1980) und EIN ZUG NACH MANHATTAN (1981, mit Heinz Rühmann), 2002 in ROSA ROTH.

Wolfgang Ziffer gehört zu den großen Stimmbegabungen, die sich besonders gerne Trickfiguren oder skurrilen Charakteren anverwandeln. Er einsetzt. Rollen wie «Steve Urkel» Jaleel White in ALLE UNTER EINEM DACH, Ferkel in Disneys WINNIE POH, Stimpy in REN & STIMPY und Sponge-Bob Schwammkopf scheinen ihm auf den Leib bzw. auf die Stimmbänder geschrieben. Weitere Serien-Rollen waren Miles Silverburg in der Sitcom MURPHY BROWN und Trick in DUCK TALES. Ziesmers bekannteste Filmsynchronisationen sind Matthew Broderick (u.a. in FERRIS MACHT BLAU), Steve Buscemi (ARMAGEDDON, BARTON FINK, CON AIR), Rick Moranis (DER KLEINE HORRORLADEN), Joe Regalbuto (VERMISST), Scott Baio (HAPPY DAYS), Eric Stoltz (DIE MASKE), Antonio San Juan, der Transvestit in Almodóvars ALLES ÜBER MEINE MUTTER, Rob Schneider (KNOCK OFF), Michael Jeter, Anthony M. Hall (L.I.S.A.), Roddy McDowall (PLANET DER AFFEN, Serie) und der Pfefferkuchenmann in SHREK und SHREK 2.

[Mitarbeit: Daniel Wamsler]

war Roger Rabitt, Nummer 5 in NUMMER 5 LEBT, C-3PO in STAR WARS und Pipkin in WATERSHIP DOWN. «Fonzie» Henry Winkler in HAPPY DAYS sprach mit seiner Stimme ebenso wie James Woods (LIEBE UND ANDERE VERBRECHEN, DER AUGENZEUGE), Bob Balaban (DER HÖLLENTRIP, IST DAS NICHT MEIN LEBEN), Richard Dawson (EIN KÄFIG VOLLER NARREN), Ron Rifkin (LAUTLOS IM WELTRAUM), Roddy McDowell (DIE KATZE AUS DEM WELTRAUM), Joe Pantoliano (BAD BOYS), Kevin Spacey (DER SÜNDENFALL), James Saito (BLUT UND ORCHIDEEN), Paul Giamatti (PLANET DER AFFEN) und Michael Tucker (L.A. LAW). Ziffer führte auch Synchronregie bei THE MENTALIST.

Er war mit **Edeltraut Elsner** verheiratet (Liza Minelli in POOKIE, Eileen Brennan in DER CLOU). Ihre Tochter **Julia Ziffer** (*1975) synchronisierte z.B. Scarlett Johansson in DER PFERDEFLÜSTERER.

Wer ist die Stimme von...?
Weltstars und ihre deutschen Sprecher

A

Isabelle Adjani	Cornelia Meinhardt, Anita Lochner
Ben Affleck	Peter Flechtner, Johannes Baasner, Nicolas Böll
Jessica Alba	Shandra Schadt
Woody Allen	Wolfgang Draeger
June Allyson	Gisela Trowe
Gillian Anderson	Franziska Pigulla
Julie Andrews	Viktoria Brams, Maria Körber
Jean-Hugues Anglade	Benjamin Völz
Jennifer Aniston	Ulrike Stürzbecher
Christina Applegate	Claudia Lössl, Bianca Krahl
Fanny Ardant	Gisela Fritsch, Viktoria Brams
Patricia Arquette	Ulrike Stürzbecher
Gemma Arterton	Katharina Koschny
Fred Astaire	Erik Ode
Rowan Atkinson	Lutz Mackensy
Stéphane Audran	Renate Küster, Helga Trümper
Daniel Auteuil	Gudo Hoegel
Dan Aykroyd	Thomas Danneberg

B

Lauren Bacall	Tilly Lauenstein, Eleonore Noelle, Gisela Trowe
Kevin Bacon	Udo Schenk, Oliver Stritzel
Bob Balaban	Lutz Mackensy, Michael Pan
Alec Baldwin	Klaus-Dieter Klebsch, Hans-Jürgen Dittberner
Christian Bale	David Nathan
Martin Balsam	Martin Hirthe, Klaus Miedel
Anne Bancroft	Eva Pflug, Bettina Schön
Antonio Banderas	Bernd Vollbrecht, Torsten Münchow
Brigitte Bardot	Margot Leonard
Lex Barker	G. G. Hoffmann
Drew Barrymore	Nana Spier, Claudia Lössl
Kim Basinger	Evelyn Maron
Kathy Bates	Regina Lemnitz
Anne Baxter	Gisela Trowe
Nathalie Baye	Heidi Schaffrath
Sean Bean	Torsten Michaelis
Emmanuelle Béart	Susanne von Medvey
Warren Beatty	Christian Brückner
Kate Beckinsale	Marie Bierstedt, Maud Ackermann
Jamie Bell	Nicolas Artajo
Jean-Paul Belmondo	Peer Schmidt, Klaus Kindler, Rainer Brandt
James Belushi	Ulrich Gressieker, Thomas Danneberg, Joachim Tennstedt
Annette Bening	Traudel Haas
Tom Berenger	Manfred Seipold, Uwe Friedrichsen
Candice Bergen	Almut Eggert, Heidi Treutler
Helmut Berger	Jürgen Clausen
Ingrid Bergman	Tilly Lauenstein, Eva Vaitl, Eleonore Noelle, Marianne Kehlau
Halle Berry	Melanie Pukaß
Juliette Binoche	Carin C. Tietze, Maud Ackermann
Jane Birkin	Dagmar Biener, Constanze Engelbrecht, Traudel Haas
Jacqueline Bisset	Helga Trümper, Renate Küster

Wer ist die Stimme von...?

Cate Blanchett	Bettina Weiß, Arianne Borbach
Bernard Blier	Alf Marholm, August Riehl
Orlando Bloom	Philipp Moog, Matthias Deutelmoser
Emily Blunt	Bianca Krahl
Dirk Bogarde	Herbert Stass, Holger Hagen, G. G. Hoffmann
Humphrey Bogart	Joachim Kemmer, Arnold Marquis, Wolfgang Lukschy, O. E. Hasse
Ward Bond	Wolf Martini
Helena Bonham Carter	Melanie Pukaß
Sandrine Bonnaire	Maud Ackermann, Marion Martienzen
Ernest Borgnine	Alexander Welbat, Horst Niendorf, Arnold Marquis
Michel Bouquet	Paul-Edwin Roth
Charles Boyer	Peter Pasetti, Curt Ackermann
Kenneth Branagh	Ulrich Matthes, Martin Umbach
Marlon Brando	Harald Juhnke, Claus Biederstaedt
Beau Bridges	Norbert Gescher
Jeff Bridges	Tommi Piper, Joachim Tennstedt, Frank Glaubrecht, Randolf Kronberg
Matthew Broderick	Uwe Büschken, Santiago Ziesmer
Josh Brolin	Klaus Dieter Klebsch, Tom Vogt
Charles Bronson	Michael Chevalier
Mel Brooks	Wolfgang Völz
Pierce Brosnan	Frank Glaubrecht
Yul Brynner	Klaus Miedel, Heinz Giese, Heinz Petruo
Geneviève Bujold	Marianne Lutz, Cornelia Meinhardt, Evelyn Maron
Sandra Bullock	Bettina Weiß
Raymond Burr	Martin Hirthe, Wolf Martini
Richard Burton	Holger Hagen, G. G. Hoffmann, Wilhelm Borchert
Steve Buscemi	Santiago Ziesmer, Udo Schenk
Gabriel Byrne	Martin Umbach, Klaus-Dieter Klebsch

C

James Caan	Klaus Kindler, Michael Chevalier
Nicholas Cage	Martin Kessler, Ronald Nitschke
James Cagney	Wolfgang Draeger, Hans Hessling, Ernst Schröder
Michael Caine	Jürgen Thormann, Christian Rode, Eckart Dux
Claudia Cardinale	Beate Hasenau, Rosemarie Kirstein, Dagmar Altrichter
Jim Carrey	Stefan Fredrich
Jean-Pierre Cassel	Harry Wüstenhagen, Lothar Blumhagen
Kim Cattrall	Katarina Tomaschewsky
Jackie Chan	Stefan Gossler, Christian Tramitz, Joachim Tennstedt
Jeff Chandler	Curt Ackermann
Geraldine Chaplin	Elisabeth Schwarz, Marianne Lutz
Don Cheadle	Dietmar Wunder
Julie Christie	Renate Küster, Helga Trümper
Lee van Cleef	Heinz Petruo
Montgomery Clift	Paul-Edwin Roth
George Clooney	Detlef Bierstedt, Martin Umbach
Glenn Close	Kerstin Sanders-Dornseif
James Coburn	Arnold Marquis, Herbert Weicker
Joan Collins	Marion Degler
Sean Connery	G. G. Hoffmann
Eddie Constantine	Arno Assmann, Heinz Engelmann
Gary Cooper	Wolfgang Lukschy, Paul Klinger, Peter Pasetti, Heinz Engelmann

Kevin Costner	Frank Glaubrecht
Joseph Cotten	Arnold Marquis, Wolfgang Lukschy
Daniel Craig	Dietmar Wunder
Joan Crawford	Eva Eras, Edith Schneider, Tilly Lauenstein
Bing Crosby	Paul Klinger
Russell Crowe	Thomas Fritsch
Billy Crudup	Peter Flechtner
Tom Cruise	Stephan Schwartz, Patrick Winczewski
Penelope Cruz	Claudia Lössl, Bianca Krahl
Billy Crystal	Joachim Tennstedt
Tony Curtis	Herbert Stass, Rainer Brandt
Joan Cusack	Philine Peters-Arnolds, Ulrike Möckel
John Cusack	Andreas Fröhlich
Peter Cushing	Erich Schellow, Friedrich Schoenfelder

D

Willem Dafoe	Randolf Kronberg, Reiner Schöne
Timothy Dalton	Lutz Riedel
Matt Damon	Matthias Hinze, Simon Jäger
Claire Danes	Nana Spier
Jeff Daniels	Wolfgang Condrus
Danielle Darrieux	Marianne Kehlau, Dagmar Altrichter
Bette Davis	Eva Eras, Tilly Lauenstein
Doris Day	Edith Schneider
James Dean	Dietmar Schönherr
Sandra Dee	Marianne Lutz
Louis De Funès	Gerd Martienzen, Peter Schiff
Alain Delon	Christian Brückner, Norbert Langer, Klaus Kindler, Christian Wolff
Benicio Del Toro	Torsten Michaelis, Ronald Nitschke, Charles Rettinghaus
Judi Dench	Gisela Fritsch
Catherine Deneuve	Helga Trümper, Uta Hallant, Evelyn Gressmann, Rita Engelmann
Robert De Niro	Christian Brückner
Gérard Depardieu	Wolfgang Pampel, Manfred Lehmann
Johnny Depp	David Nathan, Michael Deffert
Vittorio De Sica	Curt Ackermann
Danny De Vito	Gerd Duwner, Klaus Sonnenschein
Cameron Diaz	Katrin Fröhlich
Leonardo DiCaprio	Gerrit Schmidt-Foß
Vin Diesel	Martin Kessler, Charles Rettinghaus
Marlene Dietrich	Gisela Breiderhoff, Ingeborg Grunewald
Matt Dillon	Christian Tramitz, Charles Rettinghaus
Kirk Douglas	Arnold Marquis, René Deltgen
Michael Douglas	Volker Brandt
Robert Downey jr.	Charles Rettinghaus
Richard Dreyfuss	Norbert Gescher
Faye Dunaway	Renate Küster, Rosemarie Kirstein, Kerstin Sanders-Dornseif
Irene Dunne	Carola Höhn
Kirsten Dunst	Marie Bierstedt, Laura Maire
Dan Duryea	Fritz Tillmann
Robert Duvall	Hartmut Reck, Friedrich G. Beckhaus

E

Clint Eastwood	Klaus Kindler
Aaron Eckhart	Tom Vogt
Hector Elizondo	Friedrich Georg Beckhaus
Rupert Everett	Benjamin Völz, Tom Vogt

F

Peter Falk	Klaus Schwarzkopf, Uwe Friedrichsen
Mia Farrow	Traudel Haas, Dagmar Heller
Fernandel	Alfred Balthoff
Edwige Feuillère	Ingeborg Grunewald
Sally Field	Cornelia Meinhardt
Ralph Fiennes	Udo Schenk
Albert Finney	Claus Biederstaedt, Joachim Kerzel
Colin Firth	Tom Vogt, Uwe Büschken
Laurence Fishburne	Tom Vogt
Errol Flynn	Hans Nielsen, Axel Monjé, Manfred Thümmler, Sigmar Solbach
Bridget Fonda	Petra Barthel, Susanna Bonaséwicz
Henry Fonda	Wilhelm Borchert
Jane Fonda	Renate Küster
Peter Fonda	Christian Brückner
Joan Fontaine	Viktoria v. Ballasko, Eleonore Noelle, Tilly Lauenstein
Glenn Ford	Curt Ackermann, Wolfgang Kieling
Harrison Ford	Wolfgang Pampel
Jodie Foster	Hansi Jochmann
Michael J. Fox	Sven Hasper
Jamie Foxx	Charles Rettinghaus
Morgan Freeman	Klaus Sonnenschein, Jürgen Kluckert

G

Jean Gabin	Klaus W. Krause, Paul Klinger
Clark Gable	Siegfried Schürenberg, Norbert Langer
Charlotte Gainsbourg	Irina Wanka
James Gandolfini	Roland Hemmo
Greta Garbo	Ingeborg Grunewald
Andy Garcia	Stephan Schwartz
Gael García Bernal	Nico Mamone, Julien Haggege, Simon Jäger
Ava Gardner	Edith Schneider
James Garner	Claus Biederstaedt, Holger Hagen, Horst Niendorf
Vittorio Gassman	Claus Biederstaedt, Erik Schumann
John Gavin	Horst Niendorf
Ben Gazzara	Heinz Petruo
Sarah Michelle Gellar	Nana Spier
Richard Gere	Hubertus Bengsch, Frank Glaubrecht, Lutz Riedel
Mel Gibson	Joachim Tennstedt, Elmar Wepper
John Gielgud	Friedrich Schoenfelder
Annie Girardot	Renate Pichler, Rosemarie Kirstein, Rosemarie Fendel
Brendan Gleeson	Roland Hemmo
Whoopi Goldberg	Regina Lemnitz
Jeff Goldblum	Arne Elsholtz, Norbert Gescher, Joachim Kunzendorf
Cuba Gooding jr.	Dietmar Wunder
John Goodman	Hartmut Neugebauer, Helmut Krauss

Elliott Gould	Christian Brückner, Joachim Kemmer
Heather Graham	Katrin Fröhlich
Stewart Granger	Curt Ackermann, Wolfgang Lukschy, Axel Monjé
Cary Grant	Curt Ackermann, Paul Klinger
Hugh Grant	Patrick Winczewski, Uwe Büschken
Lorne Greene	Friedrich Schütter
Melanie Griffith	Katja Nottke
Alec Guinness	Wilhelm Borchert, Friedrich Schoenfelder
Jake Gyllenhal	Marius Götze-Clarén
Maggie Gyllenhal	Tanja Geke

H

Gene Hackman	Horst Niendorf, Hartmut Neugebauer
Tom Hanks	Arne Elsholtz
Daryl Hannah	Simone Brahmann, Susanna Bonaséwicz
Oliver Hardy	Arno Paulsen, Michael Habeck, Bruno W. Pantel
Woody Harrelson	Thomas Nero Wolff
Ed Harris	Wolfgang Condrus
Richard Harris	Michael Chevalier, Reinhard Glemnitz
Rex Harrison	Friedrich Schoenfelder
Josh Hartnett	Simon Jäger
Anne Hathaway	Marie Bierstedt
Rutger Hauer	Thomas Danneberg
Ethan Hawke	Andreas Fröhlich, Frank Schaff
Jack Hawkins	Heinz Engelmann, Curt Ackermann, Arnold Marquis
Goldie Hawn	Gudrun Vaupel
Sterling Hayden	Heinz Engelmann, Arnold Marquis
Susan Hayward	Tilly Lauenstein, Agi Prandhoff
Rita Hayworth	Gisela Trowe, Till Klokow, Tilly Lauenstein
Anne Heche	Ulrike Stürzbecher, Martina Treger
Van Heflin	Curt Ackermann, Fritz Tillmann
David Hemmings	Christian Brückner
Audrey Hepburn	Marion Degler, Uta Hallant
Katharine Hepburn	Ingeborg Grunewald, Eva Vaitl, Tilly Lauenstein
Barbara Hershey	Kerstin Sanders-Dornseif
Charlton Heston	Helmo Kindermann, Wilhelm Borchert, Horst Niendorf
Terence Hill	Thomas Danneberg
Judd Hirsch	Klaus Sonnenschein
Dustin Hoffman	Manfred Schott, Joachim Kerzel
Philip Seymour Hoffman	Oliver Stritzel
William Holden	Heinz Engelmann, Paul Klinger
Bob Hope	Georg Thomalla
Dennis Hopper	Christian Brückner, Joachim Kerzel
Anthony Hopkins	Rolf Schult, Joachim Kerzel
Bob Hoskins	Klaus Sonnenschein, Mogens von Gadow
Trevor Howard	Arnold Marquis
Rock Hudson	G. G. Hoffmann, Axel Monjé
Tom Hulce	Detlev Eckstein, Joachim Tennstedt
Helen Hunt	Jutta Speidel, Madeleine Stolze
Holly Hunter	Cornelia Meinhardt, Dagmar Biener, Marina Krogull
Isabelle Huppert	Susanna Bonaséwicz
John Hurt	Jürgen Thormann, Jürgen Kluckert, Joachim Tennstedt

William Hurt	Randolf Kronberg
Anjelica Huston	Dagmar Biener, Marianne Groß

I
Jeremy Irons	Frank Glaubrecht, Thomas Fritsch

J
Glenda Jackson	Eva Pflug
Samuel L. Jackson	Engelbert von Nordhausen, Thomas Petruo, Helmut Krauss
Scarlett Johansson	Luise Helm, Berenice Weichert
Angelina Jolie	Claudia Urbschat-Mingues, Solveig Duda, Marion v. Stengel
Jennifer Jones	Marianne Kehlau
Tommy Lee Jones	Ronald Nitschke
Erland Josephson	Lothar Blumhagen, Friedrich W. Bauschulte
Ashley Judd	Anke Reitzenstein, Maud Ackermann

K
Danny Kaye	Georg Thomalla
Diane Keaton	Traudel Haas, Regina Lemnitz
Michael Keaton	Joachim Tennstedt
Harvey Keitel	Joachim Kerzel, Christian Brückner
Gene Kelly	Erik Ode
Grace Kelly	Eleonore Noelle
Arthur Kennedy	Curt Ackermann, Horst Niendorf, Wilhelm Borchert
George Kennedy	Arnold Marquis, Heinz Giese, Hans Wiegner
Deborah Kerr	Marianne Kehlau, Eva Katharina Schultz, Tilly Lauenstein
Nicole Kidman	Petra Barthel
Val Kilmer	Torsten Sense, David Nathan
Ben Kingsley	Peter Matic
Kevin Kline	Arne Elsholtz
Keira Knightley	Dascha Lehmann, Giuliana Wendt
Kris Kristofferson	Hartmut Becker
Mila Kunis	Anja Stadtlober
Ashton Kutcher	Marcel Collé

L
Allan Ladd	Wilhelm Borchert, G. G. Hoffmann, Heinz Engelmann
Christopher Lambert	Thomas Danneberg, Ulrich Gressieker
Burt Lancaster	Horst Niendorf, Holger Hagen, Curt Ackermann, Carl Raddatz
Angela Lansbury	Dagmar Altrichter, Gudrun Genest
Charles Laughton	Eduard Wandrey, O. E. Hasse
Stan Laurel	Walter Bluhm
Piper Laurie	Marianne Prenzel
Jude Law	Florian Halm
Heath Ledger	Simon Jäger
Christopher Lee	Herbert Weicker, G. G. Hoffmann, Christian Marschall
Janet Leigh	Margot Leonard
Jennifer Jason Leigh	Alexandra Ludwig
Vivien Leigh	Elfie Beyer, Ruth Hellberg
Jack Lemmon	Georg Thomalla
Jerry Lewis	Horst Gentzen
Ray Liotta	Udo Schenk

Christopher Lloyd	Lutz Mackensy, Hermann Ebeling
Robert Loggia	Jochen Schröder, Horst Schön
Lindsay Lohan	Anke Kortemeier
Gina Lollobrigida	Gisela Trowe, Marion Degler
Jennifer Lopez	Natascha Geisler, Ghadah Al-Akel
Sophia Loren	Marion Degler
Peter Lorre	Alfred Balthoff, Horst Gentzen
Myrna Loy	Friedel Schuster, Monika Barth, Rosemarie Fendel

M

Frances McDormand	Traudel Haas, Heidrun Bartholomäus
Andie McDowell	Evelyn Maron
Ewan MacGregor	Philipp Moog
Shirley MacLaine	Renate Danz, Gertrud Kückelmann
Fred MacMurray	Heinz Engelmann, Heinz Drache
Steve McQueen	Klaus Kindler
Madonna	Sabina Trooger
Anna Magnani	Eva Eras
Tobey Maguire	Marius Götze-Clarén
Karl Malden	Friedrich Wilhelm Bauschulte, Fritz Tillmann, Martin Hirthe
John Malkovich	Joachim Tennstedt
Dorothy Malone	Inge Landgut
Silvana Mangano	Gisela Trowe, Rosemarie Fendel
Jean Marais	John Pauls-Harding, Holger Hagen
Sophie Marceau	Judith Brandt, Irina Wanka
Fredric March	Siegfried Schürenberg, Konrad Wagner
Dean Martin	Klaus Miedel, Holger Hagen
Steve Martin	Norbert Gescher, Eckart Dux
Elsa Martinelli	Agi Prandhoff
Lee Marvin	Arnold Marquis, Wolfgang Lukschy, Hans Wiegner
Giulietta Masina	Ruth Nimbach, Tilly Lauenstein
James Mason	Wolfgang Lukschy, Wilhelm Borchert, Friedrich Joloff, Friedrich Schoenfelder
Marcello Mastroianni	Holger Hagen, Wolfgang Kieling, Peer Schmidt, Wolfgang Hess
Walter Matthau	Martin Hirthe, Wolfgang Völz
Victor Mature	Curt Ackermann
Eva Mendes	Sandra Schwittau
Melina Mercouri	Gisela Trowe
Bette Midler	Joseline Gassen
Ray Milland	Paul Klinger
Liza Minelli	Hannelore Elsner, Eva Kinsky
Miou-Miou	Dagmar Biener, Anita Lochner
Helen Mirren	Karin Buchholz, Sonja Deutsch
Robert Mitchum	Arnold Marquis, Curt Ackermann, Horst Niendorf
Matthew Modine	Benjamin Völz
Angela Molina	Cornelia Meinhardt
Marilyn Monroe	Margot Leonard
Yves Montand	Arnold Marquis
Demi Moore	Katja Nottke, Franziska Pigulla
Julianne Moore	Petra Barthel, Katharina Lopinski
Roger Moore	Niels Clausnitzer
Rick Moranis	Michael Nowka

Wer ist die Stimme von…?

Jeanne Moreau	Eva Katharina Schultz, Rosemarie Fendel, Hannelore Schroth
Michèle Morgan	Gisela Hoeter
Robert Morley	Erich Fiedler
Viggo Mortensen	Jacques Breuer
Carrie-Anne Moss	Martina Treger
Audie Murphy	Eckart Dux
Eddie Murphy	Randolf Kronberg
Bill Murray	Arne Elsholtz
Ornella Muti	Evelyn Maron
Mike Myers	Oliver Rohrbeck

N

George Nader	Heinz Giese, Heinz Engelmann, G. G. Hoffmann
Liam Neeson	Bernd Rumpf, Helmut Gauß
Sam Neill	Wolfgang Condrus
Franco Nero	Klaus Kindler, Thomas Danneberg
Thandie Newton	Nana Spier
Paul Newman	G. G. Hoffmann
Jack Nicholson	Hansjörg Felmy, Manfred Schott, Joachim Kerzel
Leslie Nielsen	Horst Schön
Leonard Nimoy	Herbert Weicker
David Niven	Friedrich Schoenfelder, Curt Ackermann
Philippe Noiret	Lambert Hamel, Edgar Ott
Nick Nolte	Thomas Danneberg, Tommi Piper
Chuck Norris	Manfred Seipold, Jürgen Kluckert
Edward Norton	Andreas Fröhlich
Kim Novak	Marion Degler, Margot Leonard

O

Warren Oates	Michael Chevalier
Bulle Ogier	Ursula Herwig
Maureen O'Hara	Elisabeth Ried, Tilly Lauenstein, Ilse Werner
Gary Oldman	Thomas Petruo, Udo Schenk
Laurence Olivier	Wilhelm Borchert, Siegmar Schneider
Ryan O'Neal	Elmar Wepper, Randolf Kronberg
Peter O'Toole	Sebastian Fischer, Jürgen Thormann
Miranda Otto	Alexandra Wilcke
Clive Owen	Tom Vogt

P

Al Pacino	Frank Glaubrecht, Klaus Kindler, Lutz Mackensy
Jack Palance	Arnold Marquis
Gwyneth Paltrow	Katrin Fröhlich
Robert Pattinson	Johannes Raspe
Gregory Peck	Wolfgang Lukschy, Heinz Engelmann, Martin Hirthe
Sean Penn	Tobias Meister, Michael Nowka
George Peppard	Michael Cramer, G. G. Hoffmann, Eckart Dux
Anthony Perkins	Eckart Dux
Joe Pesci	Mogens von Gadow
Michelle Pfeiffer	Katja Nottke
Gérard Philipe	Dietmar Schönherr, Peer Schmidt, Dietrich Haugk
Joaquin Phoenix	Nicolas Böll

Michel Piccoli	G.G. Hoffmann
Walter Pidgeon	Siegfried Schürenberg
Brad Pitt	Tobias Meister
Donald Pleasence	Wolfgang Spier, Friedrich Wilhelm Bauschulte, Wolfgang Büttner
Christopher Plummer	Horst Schön, Christian Rode, Lothar Blumhagen
Sidney Poitier	Herbert Weicker, Michael Chevalier
Natalie Portman	Manja Doering
Tyrone Power	Hans Nielsen, Curt Ackermann
Elvis Presley	Rainer Brandt
Vincent Price	O.E. Hasse, Friedrich Schoenfelder, Arnold Marquis
Bill Pullman	Detlef Bierstedt

Q

Dennis Quaid	Thomas Danneberg
Anthony Quinn	Wolf Martini, Gerhard Geisler, Gottfried Kramer

R

Charlotte Rampling	Krista Posch, Karin Kernke, Viola Sauer, Ursula Heyer
Robert Redford	Rolf Schult
Vanessa Redgrave	Ute Meinhardt, Barbara Adolph
Christopher Reeve	Hans-Jürgen Dittberner
Keanu Reeves	Benjamin Völz
Jean Reno	Joachim Kerzel
Burt Reynolds	Christian Brückner, Norbert Langer, Michael Chevalier
Debbie Reynolds	Maria Körber
Giovanni Ribisi	Gerrit Schmidt-Foß
Christina Ricci	Sonja Scherff
Pierre Richard	Harry Wüstenhagen
Thelma Ritter	Alice Treff
Jason Robards	Heinz Petruo, Gottfried Kramer
Tim Robbins	Tobias Meister
Julia Roberts	Daniela Hoffmann
Edward G. Robinson	Alfred Balthoff
Ginger Rogers	Edith Schneider
Mickey Rooney	Lutz Moik, Gerd Duwner
Isabella Rossellini	Susanna Bonaséwicz
Mickey Rourke	Joachim Tennstedt, Christian Brückner
Geoffrey Rush	Martin Umbach, Lutz Mackensy
Jane Russell	Gisela Trowe
Kurt Russell	Manfred Lehmann
Margaret Rutherford	Ursula Krieg, Agnes Windeck
Meg Ryan	Ulrike Möckel
Robert Ryan	Wolf Ackva, Wolfgang Lukschy, Arnold Marquis
Winona Ryder	Kellina Klein, Nana Spier

S

Zoe Saldana	Tanja Geke
George Sanders	Siegfried Schürenberg, Curt Ackermann
Adam Sandler	Dietmar Wunder
Susan Sarandon	Kerstin Sanders-Dornseif, Gisela Fritsch
Peter Sarsgaard	Timmo Niesner
Telly Savalas	Edgar Ott, Martin Hirthe

Roy Scheider	Hellmut Lange, Horst Schön, Rolf Schult
Arnold Schwarzenegger	Thomas Danneberg
George C. Scott	Arnold Marquis
Randolph Scott	Heinz Engelmann, Wolfgang Lukschy, Wolfgang Eichberger
Kristin Scott-Thomas	Traudel Haas
Jean Seberg	Renate Küster, Gertrud Kückelmann
Kyra Sedgwick	Arianne Borbach, Martina Treger
George Segal	Klaus Kindler, Manfred Schott
Tom Selleck	Norbert Langer
Peter Sellers	Georg Thomalla
Michel Serrault	Peter Fitz
Omar Sharif	Michael Chevalier
Charlie Sheen	Benjamin Völz
Simone Signoret	Tilly Lauenstein
Jean Simmons	Marion Degler, Gertrud Kückelmann, Ingrid Andrée
Frank Sinatra	Gerd Martienzen, Heinz Drache, Wolfgang Kieling, Erik Ode
Gary Sinise	Tobias Meister
Christian Slater	Sven Hasper, Philipp Moog
Will Smith	Jan Odle
Wesley Snipes	Torsten Michaelis
Sissy Spacek	Susanna Bonaséwicz
Kevin Spacey	Till Hagen
Bud Spencer	Wolfgang Hess, Arnold Marquis, Martin Hirthe
Brent Spiner	Michael Pan
Sylvester Stallone	Thomas Danneberg, Jürgen Prochnow
Barbara Stanwyck	Elisabeth Ried, Tilly Lauenstein
Rod Steiger	Martin Hirthe
James Stewart	Siegmar Schneider
Kristen Stewart	Annina Braunmiller
Ben Stiller	Oliver Rohrbeck
Sharon Stone	Martina Treger, Simone Brahmann
Peter Stormare	Klaus-Dieter Klebsch
Madeleine Stowe	Liane Rudolph
Meryl Streep	Hallgard Bruckhaus, Dagmar Dempe
Barbra Streisand	Sabine Eggerth, Dagmar Heller
Erich von Stroheim	Walter Holten
Donald Sutherland	Hellmut Lange, Hartmut Reck, Christian Brückner
Kiefer Sutherland	Tobias Meister
Hilary Swank	Sandra Schwittau
Patrick Swayze	Wolfgang Müller, Ulrich Gressieker
Max v. Sydow	Jürgen Thormann, Helmo Kindermann

T

Akim Tamiroff	Alfred Balthoff, Stanislav Ledinek
Elizabeth Taylor	Rosemarie Fendel, Marion Degler
Robert Taylor	Carl Raddatz, Paul Klinger, Wolfgang Lukschy
Rod Taylor	Horst Niendorf, Claus Biederstaedt
Charlize Theron	Bianca Krahl, Katrin Fröhlich, Natascha Geisler
Emma Thompson	Monica Bielenstein
Billy Bob Thornton	Joachim Tennstedt
Uma Thurman	Petra Barthel
Justin Timberlake	Robin Kahnmeyer

Spencer Tracy	O. E. Hasse, Walter Suessenguth, Ernst Schröder
John Travolta	Thomas Danneberg
Jean-Louis Trintignant	Norbert Langer, Erik Schumann
Jeanne Tripplehorn	Sabine Jaeger
Kathleen Turner	Traudel Haas
Lana Turner	Eleonore Noelle, Marianne Kehlau, Tilly Lauenstein
John Turturro	Stefan Fredrich

U

Liv Ullmann	Judy Winter
Peter Ustinov	Horst Niendorf, Fritz Tillmann, Alfred Balthoff

V

Alida Valli	Elisabeth Ried, Dagmar Altrichter
Jean-Claude Van Damme	Charles Rettinghaus
Charles Vanel	Hans Hinrich, Walter Suessenguth
Lino Ventura	Arnold Marquis, Edgar Ott
Monica Vitti	Marion Degler, Beate Hasenau

W

Mark Wahlberg	Oliver Mink, David Nathan
Christopher Walken	Frank Glaubrecht, Bodo Wolf
Denzel Washington	Leon Boden
Naomi Watts	Irina v. Bentheim, Claudia Lössl
John Wayne	Arnold Marquis, Heinz Engelmann, Wolfgang Lukschy
Raquel Welch	Renate Küster, Almut Eggert
Orson Welles	Walter Suessenguth, Peter Pasetti, Martin Hirthe
Forest Whitaker	Tobias Meister
Richard Widmark	Arnold Marquis, Wilhelm Borchert
Dianne Wiest	Kerstin Sanders-Dornseif
Gene Wilder	Harry Wüstenhagen, Jürgen Thormann
Robin Williams	Peer Augustinski
Bruce Willis	Manfred Lehmann
Owen Wilson	Philipp Moog
Debra Winger	Joseline Gassen, Uschi Wolff
Kate Winslet	Ulrike Stürzbecher
Shelley Winters	Gisela Trowe, Inge Landgut, Tilly Lauenstein
Reese Witherspoon	Manja Doering
Elijah Wood	Timmo Niesner
Nathalie Wood	Marianne Lutz
Joanne Woodward	Marion Degler, Eva Katharina Schultz, Rosemarie Kirstein
Sam Worthington	Alexander Doering
Jane Wyman	Marianne Kehlau, Tilly Lauenstein

Z

Renée Zellweger	Ranja Bonalana, Sandra Schwittau
Catherine Zeta-Jones	Arianne Borbach, Madeleine Stolze, Claudia Urbschat-Mingues

Filme und Serien A–Z

Hinweise zur Benutzung

- Die Filme und Serien sind alphabetisch nach dem deutschen Verleih- bzw. TV-Titel angeordnet.
- Die Unterzeile nennt Originaltitel, Regisseur (ausgenommen: TV-Serien) und Produktionsjahr.
- Das Jahr der deutschen Fassung (DF) bezieht sich in der Regel auf die deutsche Uraufführung der hier dokumentierten Synchronfassung und ist nicht unbedingt mit dem Jahr der Synchronproduktion identisch.
- Sofern ermittelbar folgen Synchronfirma (ein Firmenverzeichnis befindet sich im Anschluss), Dialogautor (D) und Synchronregisseur (R).
- Der Haupteintrag nennt in dieser Reihenfolge: Synchronsprecher, Darsteller, Rollenname.
- Die Rollenbezeichnung in der deutschen Fassung ist mit der in der Originalfassung nicht immer identisch.
- Hauptrollenbesetzungen, die nicht ermittelt werden konnten, sind mit «NN» bezeichnet.
- Zu beachten ist, dass von einem Film bzw. einer Serie neben der hier dokumentierten Fassung noch andere Synchronisationen existieren können. Bei Filmen gilt dies besonders bei Neusynchronisationen für TV und DVD, bei Serien für verschiedene Staffeln in unterschiedlichen Sendern.
- Dieser Anhang enthält nur eine Auswahl der wichtigsten ‹Klassiker›. Ein wesentlich umfangreicheres Film- und Serien-Verzeichnis befindet sich als PDF-Datei unter www.schueren-verlag.de /synchronsprecher.html. Das Passwort lautet: Fremde Zugen. Durch Benutzen der Suchfunktion (Strg+F) kann leicht jeder Name oder Titel aufgefunden werden.

A

DAS A-TEAM (TV-Serie)
THE A-TEAM (1983–1987), DF: Bavaria (i. A. d. ARD) 1987, D/R: G. G. Hoffmann
Eckart Dux – George Peppard (Hannibal), Manfred Erdmann – Mr. T (B. A. Barracus), Elmar Wepper – Dirk Benedict (Templeton Peck), Hans-Georg Panczak – Dwight Schultz (Howling Mad), Sabina Trooger – Melinda Culea (Amy Amanda Allen), Norbert Gastell – William Lucking (Col. Lynch)
▶ Weitere Staffeln liefen 1989/90 bei RTL (DF: Hermes, D: Andreas Böge, R: Hermann Ebeling) mit neuer Synchronbesetzung: Hermann Ebeling (Peppard), Karl Schulz (Mr. T), Mathias Einert (Benedict), Florian Krüger-Shantin (Schultz), Anita Lochner (Culea), Thomas Kastner (Lucking).

ABBITTE
ATONEMENT (Joe Wright, 2007), DF: FFS 2007, D/R: Axel Malzacher
Dascha Lehmann – Keira Knightley (Cecilia), Johannes Raspe – James McAvoy (Robbie Maren Rainer – Romola Garai (Briony, 18), Stella Sommerfeld – Saoirse Garai (Briony, 13), Inge Solbrig – Brenda Blethyn (Grace Turner), Doris Gallart – Vanessa Redgrave (Briony, alt), Marcia v. Rebay – Juno Temple (Lola), Christian Weygand – Benedict Cumberbatch (Paul Marshall)

DIE ABENTEUER DER DREI MUSKETIERE
LES TROIS MOUSQUETAIRES (André Hunebelle, 1953), DF: BSG 1954, D: F. A. Koeniger, R: Rolf v. Sydow
Sebastian Fischer – Georges Marchal (d'Artagnan), Walter Bluhm – Bourvil (Planchet), Marion Degler – Danielle Godet (Constance), Friedrich Joloff – Renaud Mary (Richelieu), Martin Held – Jean-Marc Tennberg (Rochefort), Curt Ackermann – Louis Abessier (Louis XIII), Wolf Martini – Gino Cervi (Porthos), Heinz Engelmann – Jean Martinelli (Athos), Tilly Lauenstein – Yvonne Sanson (Milady), Hans Hessling – Georges Chamarat (Bonacieux), Klaus Miedel – Jacques François (Aramis), Alfred Balthoff – Jean Parédès (Graf de Wardes), Erzähler: Hans Nielsen

ABENTEUER IN ATLANTIS
THE AMAZING CAPTAIN NEMO (Alex March, 1978), DF: 1978
Friedrich W. Bauschulte – José Ferrer (Kapitän Nemo), Leo Bardischewski – Burgess Meredith (Cunningham), Kerstin de Ahna – Lynda Day George (Kate), Lothar Blumhagen – Mel Ferrer (Cook), Horst Buchholz – Horst Buchholz (Tibor), Frank Glaubrecht – Tom Hallick (Franklin), Lutz Riedel – Burr Debenning (Porter), Joachim Kerzel – Warren Stevens (Miller), Joachim Tennstedt – Yale Summers (Sirak)

DIE ABENTEUER MARK TWAINS
THE ADVENTURES OF MARK TWAIN (Irving Rapper, 1944), DF: 1949, D: Bertha Gunderloh, R: Josef Wolf
Adolf Gondrell – Fredric March (Mark Twain), Angela Salloker – Alexis Smith (Olivia Langdon), Anton Reimer – Donald Crisp (J. B. Pond), Bum Krüger – Alan Hale (Steve Gillis), Ulrich Folkmar – John Carradine (Bret Harte), John Pauls-Harding – William Henry (Charles), Otto Wernicke – Walter Hampden (Bixby)
▶ In einer Neufassung der ARD (MARK TWAINS ABENTEUER, 1998) sprachen Joachim Kerzel, Eva Kryll, Hans Nitschke, Jürgen Kluckert, Thomas Petruo, Johannes Baasner u. Friedrich Schoenfelder (in obiger Rollen-Reihenfolge).

DIE ABENTEURER
LES AVENTURIERS (Robert Enrico, 1966), DF: BSG 1966, D: Eberhard Cronshagen, R: Klaus v. Wahl
Arnold Marquis – Lino Ventura (Roland), Joachim Ansorge – Alain Delon (Manu), Brigitte Grothum – Joanna Shimkus (Laetitia), Gerd Martienzen – Serge Reggiani (Pilot)

ABENTEUER AUF DER LUCKY LADY
LUCKY LADY (Stanley Donen, 1975), DF: BSG 1976, D: Michael Richter, R: Joachim Kunzendorf
Norbert Langer – Burt Reynolds (Walker), Ilse Pagé – Liza Minelli (Claire), Claus Biederstaedt – Gene Hackman (Kibby), Jürgen Thor-

mann – Geoffrey Lewis (Cpt. Mosley), Heinz Petruo – John Hillerman (McTeague), Joachim Tennstedt – Robby Benson (Billy), Wolfgang Lukschy – Michael Hordern (Rockwell), Hans W. Hamacher – Val Avery (Dolph), Franz Otto Krüger – Louis Guss (Bernie)

ABER, HERR DOKTOR...
DOCTOR IN THE HOUSE (Ralph Thomas, 1954), DF: Rank 1954, D: Erwin Bootz, R: Edgar Flatau
Helmut Peine – Dirk Bogarde (Herbert), Ruth Hellberg – Muriel Pavlow (Jenny), Dietrich Haugk – Kenneth Moore (Grimsthal), Axel Monjé – Donald Sinden (Benskin), Wolfgang Rottsieper – Donald Houston (Evans)
▶ In DOKTOR AHOI! sprachen Sebastian Fischer für Dirk Bogarde und Ruth Siegmeier für Brigitte Bardot, in HILFE, DER DOKTOR KOMMT! G.G. Hoffmann für Dirk Bogarde und Karen Hüttmann für Muriel Pavlow.

ABGERECHNET WIRD ZUM SCHLUSS
THE BALLAD OF CABLE HOGUE (Sam Peckinpah, 1969), DF: Ultra 1969, D: Eberhard Cronshagen, R: Josef Wolf
Claus Biederstaedt – Jason Robards (Cable Hogue), Marion Degler – Stella Stevens (Hildy), Harry Wüstenhagen – David Warner (Joshua), Hans Hessling – Strother Martin (Bowen), Wolfgang Amerbacher – Slim Pickens (Ben), Gerd Martienzen – L. Q. Jones (Taggart), Hans Dieter Zeidler – Peter Whitney (Cushing)

ABOUT A BOY
ABOUT A BOY (Chris u. Paul Weitz, 2002), DF: BSG 2002, D: Michael Nowka, R: Tobias Meister
Patrick Winczewski – Hugh Grant (Will), Traudel Haas – Toni Collette (Fiona), Bettina Weiß – Rachel Weisz (Rachel), Filipe Pirl – Nicholas Hoult (Marcus), Ina Gerlach – Sharon Small (Christine), Uschi Hugo – Nat Tena (Ellie), Tobias Meister – Nicholas Hutchinson (John), Daniela Hoffmann – Victoria Smurfit (Suzie), Judith Brandt – Isabel Brook (Angie)

ABRECHNUNG IN SAN FRANCISCO
GLI ESECUTORI (Maurizio Lucidi, 1975), DF: Aventin 1976, D/R: Horst Sommer
Erik Schumann – Roger Moore (Ulysses), Harald Juhnke – Stacy Keach (Charly), Wolf Ackva – Ivo Garrani (Francesco), Benno Hoffmann – Fausto Tozzi (Nicoletta), Carl Lange – Ennio Balbo (Continenza), Konrad Helfer – Ettore Manni (Bischof)

ABSCHIED IN DER DÄMMERUNG
UKIGUSA (Yasujiro Ozu, 1959), DF: BSG 1962, R: Hans F. Wilhelm
Walter Suessenguth – Ganjiro Nakamura (Komajuro), Gisela Reissmann – Machiko Kyo (Sumiko), Tilly Lauenstein – Haruko Sugimura (Oyoshi), Ulrich Lommel – Hiroshi Kawaguchi (Kiyoshi), Liane Croon – Ayako Wakao (Kayo), Siegmar Schneider – Koji Mitsui (Kichi)
Die Synchronisation ist in ihrer Zurückhaltung verblüffend gut gelungen, so dass die gelegentlich natürliche auch hier fremdartige Spielweise der Japaner uns weniger irritiert als das ansonsten der Fall ist.» (Georg Ramseger, Die Welt, 11.2.1963)

ABSOLUTE POWER
ABSOLUTE POWER (Clint Eastwood, 1996), DF: PPA 1997, D/R: Pierre Peters-Arnolds
Klaus Kindler – Clint Eastwood (Luther Whitney), Katrin Fröhlich – Laura Linney (Kate), Hartmut Neugebauer – Gene Hackman (Präsid. Richmond), Randolf Kronberg – Ed Harris (Seth Frank), Achim Höppner – Scott Glenn (Bill Burton)

ACAPULCO
FUN IN ACAPULCO (Richard Thorpe, 1963), DF: Elite 1963, D: Konrad Wagner, R: Heinz Giese
Claus Wilcke – Elvis Presley (Mike), Hans-Georg Panczak – Larry Domasin (Raoul), Renate Küster – Ursula Andress (Maggie), Bettina Schön – Elsa Cardenas (Dolores), Gerd Martienzen – Alejandro Rey (Moreno), Anita Kupsch – Teri Hope (Janie)

ACCATONE – WER NIE SEIN BROT MIT TRÄNEN ASS
ACCATONE (Pier Paolo Pasolini, 1961), DF: neue filmform Heiner Braun 1963, D: Eberhard Storeck, R: Ingeborg Grunewald
Klaus Kindler – Franco Citti (Accatone), Rosemarie Fendel – Silvana Corsini (Maddalena), Ingeborg Grunewald – Paolo Guidi (Ascenza), Klaus Havenstein – Mario Cipriani (Balilla), Hans Clarin – Roberto Scarpelli (Cartagine)
«Jede deutsche Synchronisation muss da scheitern, zumal Pasolini oft mit unverkennbar streng theologisch gemeinten Sprachformen spielt, die in ihrer Kürze nicht treffend übersetzbar sind.» (Lexikon des Fantasy-Films)

ACCIDENT – ZWISCHENFALL IN OXFORD
ACCIDENT (Joseph Losey, 1966), DF: 1969
Paul-Edwin Roth – Dirk Bogarde (Stephen), Renate Danz – Jacqueline Sassard (Anna), Arnold Marquis – Stanley Baker (Charley), Christian Brückner – Michael York (William), Ilse Kiewiet – Vivien Merchant (Rosalind), Dagmar Altrichter – Delphine Seyrig (Francesca)

ACH LIEBLING – NICHT HIER!
WIVES AND LOVERS (John Rich, 1963), DF: BSG 1963, D/R: Franz Otto Krüger
Jürgen Goslar – Van Johnson (Bill), Edith Schneider – Janet Leigh (Bertie), Ilse Kiewiet – Martha Hyer (Lucinda Ford), Anneliese Römer – Shelley Winters (Fran Cabrell), Rainer Brandt – Ray Walston (Wylie), Franz-Otto Krüger – Jeremy Slate (Aldrich), Michele Heine – Claire Wilcox (Julie)

ACHILLES
L'IRA DI ACHILLE (Marino Girolami, 1962), DF: 1963
Heinz Engelmann – Gordon Mitchell (Achilles), Klaus Kindler – Jacques Bergerac (Hector), Heidi Treutler – Gloria Milland (Briseis), Holger Hagen – Mario Petri (Agamemnon), Niels Clausnitzer – Roberto Risso (Paris)

8 FRAUEN
HUIT FEMMES (François Ozon, 2002), DF: 2002, D/R: Elisabeth v. Molo
Senta Berger – Catherine Deneuve (Gaby), Katja Riemann – Isabelle Huppert (Augustine), Nina Hoss – Emanuelle Béart (Louise), Hannelore Elsner – Fanny Ardant (Pierrette), Ruth Maria Kubitschek – Danielle Darrieux (Mamy), Nicolette Krebitz – Virginie Ledoyen (Suzon), Cosma Shiva Hagen – Ludivine Sagnier (Catherine), Jasmin Tabatabai – Firmine Richard (Mme Chanel)
«Der akustische Zusatz von Hannelore Elsner, Senta Berger, Nina Hoss ist genau eine Messerspitze zu viel Raffinement, bringt die Komposition aus dem Gleichgewicht. Und er macht schmerzlich bewusst, dass ein solcher Film hier nicht möglich wäre. Wer nicht einmal echte Stars hat, der kann ihnen kein Denkmal setzen.» (Manuel Brug, Die Welt 11.7.2002)

ACHTEINHALB
OTTO E MEZZO (Federico Fellini, 1962), DF: 1963
Holger Hagen – Marcello Mastroianni (Guido), Rosemarie Kirstein

– Claudia Cardinale (Claudia), Rosemarie Fendel – Anouk Aimée (Luisa), August Riehl – Jean Rougeul (Fabrizio Carini), Robert Klupp – Mario Conocchia (Conocchia)

ACHTERBAHN
ROLLERCOASTER (James Goldstone, 1976), DF: BSG 1977, D: Lutz Arenz, R: Dietmar Behnke
Manfred Schott – George Segal (Harry), Arnold Marquis – Richard Widmark (Hoyt), Friedrich Schoenfelder – Henry Fonda (Davenport), Marianne Lutz – Susan Strasberg (Fran), Michael Chevalier – Harry Guardino (Lt. Keefer), Ingolf Gorges – Timothy Bottoms (Terrorist)

18 STUNDEN BIS ZUR EWIGKEIT
JUGGERNAUT (Richard Lester, 1974), DF: 1975
Klaus Kindler – Richard Harris (Fallon), Michael Chevalier – Omar Sharif (Cpt. Brunel), Rainer Basedow – David Hemmings (Braddock), Niels Clausnitzer – Anthony Hopkins (McCleod), Manfred Schott – Ian Holm (Nicholas Porter), Helga Trümper – Shirley Knight (Barbara Banister), Klaus Havenstein – Roy Kinnear (Curtain), Manfred Seipold – Mark Burns (Hollingworth), Manfred Andrae – John Stride (Hughes)

ADAPTION
ADAPTATION (Spike Jonze, 2002), DF: FFS 2003, D/R: Andreas Pollak
Ronald Nitschke – Nicolas Cage (Charlie/Donald), Dagmar Dempe – Meryl Streep (Susan), Jan Spitzer – Chris Cooper (John Laroche), Marietta Meade – Tilda Swinton (Valerie), Madeleine Stolze – Cara Seymour (Amelia), Anke Kortemeier – Maggie Gyllenhaal (Coroline), Achim Höppner – Brian Cox (Robert McKee)

ADEL VERPFLICHTET
KIND HEARTS AND CORONETS (Robert Hamer, 1949), DF: BSG 1964, D/R: Werner Schwier
Siegmar Schneider – Alec Guinness (8 x d'Ascoyne), Lothar Blumhagen – Dennis Price (Louis Mazzini), Eva Katharina Schultz – Valerie Hobson (Edith), Uta Hallant – Joan Greenwood (Sibella), Michael Chevalier – John Penrose (Lionel), Gisela Reissmann – Audrey Fildes (Louis' Mutter), Werner Schwier – Miles Malleson (Henker), Kurt Waitzmann – Clive Morton (Gefängnisdirektor), Siegfried Schürenberg – Cecil Ramage (Kronanwalt)

DER ADLER IST GELANDET
THE EAGLE HAS LANDED (John Sturges, 1976), DF: 1977
Klaus Kindler – Michael Caine (Steiner), Harry Wüstenhagen – Donald Sutherland (Devlin), Edgar Ott – Robert Duvall (Radl), Klaus Miedel – Donald Pleasence (Himmler), Marianne Lutz – Jenny Agutter (Molly), Martin Hirthe – Anthony Quayle (Canaris), Randolf Kronberg – Treat Williams (Cpt. Clark), Michael Chevalier – Larry Hagman (Col. Pitts), Jürgen Thormann – John Standing (Pater Verecker)

ADIEU, BULLE
ADIEU POULET (Pierre Granier-Deferre, 1975), DF: 1975
Arnold Marquis – Lino Ventura (Verjeat), Thomas Danneberg – Patrick Dewaere (Lefevre), Michael Chevalier – Victor Lanoux (Lardatte), Hans W. Hamacher – Jean Guiomar (Ledoux), Jürgen Thormann – Claude Rich (Delmesse), Christa Rossenbach – Françoise Brion (Marthe)

DIE AFFÄRE DER SUNNY VON B.
REVERSAL OF FORTUNE (Barbet Schroeder, 1990), DF: 1991
Jürgen Thormann – Jeremy Irons (Claus v. Bülow), Hallgard Bruckhaus – Glenn Close (Sunny), Volker Brandt – Ron Silver (Alan), Anke Reitzenstein – Annabella Sciorra (Carol), Senta Moira – Uta Hagen (Maria), Charles Rettinghaus – Fisher Stevens (David), Matthias Klages – Jack Gilpin (Peter), Beate Tober – Felicity Huffman (Minnie), Viola Sauer – Christine Baranski (Andrea Reynolds)

DIE AFFÄRE DOMINICI
L'AFFAIRE DOMINICI (Claude Bernard-Aubert, 1973), DF: Rondo (i. A. d. ZDF) 1974
Klaus W. Krause – Jean Gabin (Gaston), Michael Chevalier – Victor Lanoux (Gustave), Edgar Ott – Gérard Darrieu (Clovis), Horst Gentzen – Gérard Depardieu (Zézé), Ursula Heyer – Geneviève Fontanel (Yvette), Heinz Petruo – Paul Crauchet (Kommissar), Siegfried Schürenberg – Daniel Ivernel (Richter), Siegmar Schneider – Michel Bertay (Untersuchungsrichter)

EIN AFFE IM WINTER
UN SINGE EN HIVER (Henri Verneuil, 1962), DF: Ultra 1962, D/R: Peter Elsholtz
Klaus W. Krause – Jean Gabin (Albert), Klaus Kindler – Jean-Paul Belmondo (Gabriel), Maria Landrock – Suzanne Flon (Suzanne), Werner Lieven – Paul Frankeur (Esnault), Eva Pflug – Hella Petri (Georgine)

AFRICAN QUEEN
THE AFRICAN QUEEN (John Huston, 1951), DF: Ultra 1958, D: Harald Petersson, R: Alfred Vohrer
Wolfgang Lukschy – Humphrey Bogart (Allnutt), Edith Schneider – Katharine Hepburn (Rose Sayer), Erich Fiedler – Robert Morley (Samuel), Curt Ackermann – Peter Bull (Kommandant)
«*Der Film wird uns jetzt reichlich verspätet vorgesetzt. Angeblich soll er starke deutschfeindliche Tendenzen enthalten haben. Nun, in seiner jetzigen Fassung ist davon nichts mehr zu spüren. Wieweit das auf Schnitte oder die deutsche Bearbeitung zurückzuführen ist, vermag man in Unkenntnis der Originalfassung nicht zu beurteilen.*» (Filmwoche 44, 1958)

AGENTEN DER NACHT
ALL THROUGH THE NIGHT (Vincent Sherman, 1941), DF: Beta (i. A. d. ZDF) 1989, D/R: Wolfgang Schick
Joachim Kemmer – Humphrey Bogart (Gloves Donahue), Jürgen Thormann – Conrad Veidt (Hall Ebbing), Viktoria Brams – Kaaren Verne (Leda Hamilton), Horst Sachtleben – William Demarest (Sunshine), Michael Rüth – Frank McHugh (Barney), Hans Zander – Peter Lorre (Pepi), Erika Wackernagel – Jane Darwell (Ma Donahue), Roswitha Kraemer – Judith Anderson (Madame), Michael Habeck – Jackie Gleason (Starchie), Rainer Basedow – Wallace Ford (Spats Hunter), Gernot Duda – Edward Brophy (Joe Denning), Frank Engelhardt – Martin Kosleck (Steindorff), Dieter Brammer – Ludwig Stossel (Miller)

AGENTEN STERBEN EINSAM
WHERE EAGLES DARE (Brian G. Hutton, 1968), DF: 1969
Holger Hagen – Richard Burton (John Smith), Herbert Stass – Clint Eastwood (Schaffer), Hans W. Hamacher – Patrick Wymark (Col. Turner), Lothar Blumhagen – Derren Nesbitt (v. Hapen), Erich Fiedler – Ferdy Mayne (Gen. Rosemeyer)

AIR FORCE ONE
AIR FORCE ONE (Wolfgang Petersen, 1997), DF: BSG 1997, D/R: Joachim Kunzendorf
Wolfgang Pampel – Harrison Ford (Präsid. Marshall), Dagmar Dempe – Glenn Close (Kathryn Bennett), Udo Schenk – Gary Oldman

(Korshunov), Eva Kryll – Wendy Crewson (Grace Marshall), Catrin Dams – Liesel Matthews (Alice Marshall), Till Hagen – Paul Guilfoyle (Shepherd), Klaus-Dieter Klebsch – Xander Berkeley (Gibbs), Frank Otto Schenk – William H. Macy (Mj. Caldwell), Reinhard Scheunemann – Dean Stockwell (Dean)

Airport
Airport (George Seaton, 1969), DF: BSG 1970, D/R: Konrad Wagner
Horst Niendorf – Burt Lancaster (Bakersfield), Klaus Miedel – Dean Martin (Demerest), Renate Küster – Jean Seberg (Tanya Livingston), Traudel Haas – Jacqueline Bisset (Gwen), Carl Raddatz – George Kennedy (Patroni), Ruth Hellberg – Helen Hayes (Ada Quonsett), Fritz Tillmann – Van Heflin (Guerrero), Gisela Reissmann – Maureen Stapleton (Inez Guerrero)

Airwolf (TV-Serie)
Airwolf (1984–1986), DF: Interopa (i. A. v. Sat.1) 1986
Wolfgang Condrus – Jan-Michael Vincent (Stringfellow Hawke), Wolfgang Völz – Ernest Borgnine (Dominic Santini), Joachim Kerzel – Alex Cord (Michael C. Briggs), Monica Bielenstein – Deborah Pratt (Marella), Katja Nottke – Jean Bruce Scott (Caitlin O'Shannessy)
▶ In Airwolf II sprach Andreas Hosang für Barry Van Dyke als St. John Hawke.

Die Akte
The Pelican Brief (Alan J. Pakula, 1993), DF: Magma 1994, D/R: Joachim Kunzendorf
Daniela Hoffmann – Julia Roberts (Darby Shaw), Leon Boden – Denzel Washington (Gray Grantham), Frank Glaubrecht – Sam Shepard (Callahan), Benjamin Völz – Tony Goldwyn (Coal), Lothar Blumhagen – Robert Culp (Präsident), Hermann Ebeling – James Sikking (Voyles), Joachim Kerzel – John Lithgow (Keen), Udo Schenk – Stanley Tucci (Khamel), Patrick Winczewski – Jake Weber (Curtis Morgan), Charles Rettinghaus – Peter Carlin (Edward Linney), Gerd Holtenau – Stanley Anderson (Sneller)

Akte X (TV-Serie)
The X-Files (1993–2002), DF: Cinephon (i. A. v. Pro7) 1994, R: Peter Baumgartner
Benjamin Völz – David Duchovny (Fox Mulder), Franziska Pigul-la – Gillian Anderson (Dana Scully), Norbert Gescher – Mich Pileggi (Walter Skinner), Thomas Kästner – William B. Davis (der Raucher), Michael Iwannek – Nicholas Lea (Krycek), Helmut Krauss – Jerry Hardin (Deep Throat), Udo Schenk – John Fitzgerald (Bruce Harwood), Lothar Mann – Tom Braidwood (Melvin Frohike), Frank Schröder – Dean Haglund (Ringo), Renate Danz – Sheila Larken (Margaret Scully), Jürgen Thormann – John Neville (Mann m. gepfl. Händen), Bernd Rumpf – Peter Donat (William Mulder), Peter Reinhardt – Robert Patrick (Dosett), Bettina Weiß – Annabeth Gish (Monica Reyes)

Aladdin
Aladdin (John Musker, Ron Clements, 1991), DF: BSG 1993, D/R: Lutz Riedel
Michael Deffert (Gesang: Peter Fessler) – (Aladdin), Peer Augustinski – (Dschinni), Maud Ackermann (Gesang: Sabine Hettlich) – (Jasmin), Joachim Kemmer – (Dschafar), Wolfgang Ziffer – (Jago), Jürgen Kluckert – (Händler), Gerry Wolff – (Sultan)

Alamo
The Alamo (John Wayne, 1959), DF: 1961
Heinz Engelmann – John Wayne (Col. Crockett), G.G. Hoffmann – Laurence Harvey (Col. Travis), Arnold Marquis – Richard Widmark (Col. Bowie), Eva Katharina Schultz – Linda Cristal (Flaca), Alfred Balthoff – Hank Worden (Parson), Walter Suessenguth – Chill Wills (Beekeeper), Heinz Petruo – Ken Curtis (Cpt. Dickinson), Konrad Wagner – Joseph Calleia (Juan Seguin)

Alarm im Weltall
Forbidden Planet (Fred McLeod Wilcox, 1956), DF: MGM 1957
Wolfgang Kieling – Leslie Nielsen (Cpt. Adams), Siegfried Schürenberg – Walter Pidgeon (Morbius), NN – Anne Francis (Altaira), Herbert Stass – Warren Stevens (Dr. Ostrow), Harald Juhnke – Jack Kelly (Lt. Farman), Ottokar Runze – Richard Anderson (Quinn), Hans Hessling – (Roboter), Wolfgang Gruner – Earl Holliman (Cookie), Kurt Waitzmann – George Wallace (Bootsmann)

Alexander der Grosse
Alexander the Great (Robert Rossen, 1956), DF: 1973
Elmar Wepper – Richard Burton (Alexander), Erik Jelde – Fredric March (Philipp), Helga Trümper – Claire Bloom (Barsine), Thomas Braut – Harry Andrews (Darius), Manfred Andrae – Stanley Baker (Attalus), Manfred Schott – Peter Cushing (Memnon), Niels Clausnitzer – Michael Hordern (Demosthenes), Marianne Wischmann – Danielle Darrieux (Olympia), Wolfgang Büttner – Barry Jones (Aristoteles)

Alexis Sorbas
Zorba, the Greek (Michael Cacoyannis, 1964), DF: Ultra 1965
Stanislav Ledinek – Anthony Quinn (Sorbas), Paul-Edwin Roth – Alan Bates (Basil), Wolfgang Lukschy – Georges Foundas (Mavrandoni)
«*Unsäglich die deutsche Synchronisation (Ultra, Berlin)! Sorbas wird ein Deutsch in den Mund gelegt, das wie Englisch klingen soll, das ein Grieche spricht, der längere Zeit in Amerika war (‹Warum ich nicht soll... ›). Heraus kommt das übliche Dummendeutsch, das man in deutschen Studios für die einzige legitime Übertragung hält – und wie es auch nur dort existiert.*» (Klaus Lemke, Film 5, 1965)

Alf (TV-Serie)
Alf (1986–1990), DF: Beta (i. A. d. ZDF) 1988, D/R: Siegfried Rabe
Tommi Piper – (Alf), Niels Clausnitzer – Max Wright (Willie), Helga Trümper – Anne Schedeen (Kate), Madeleine Stolze/Christin Marquitan (ab 1990) – Andrea Elson (Lynn), Dirk Meyer – Benji Gregory (Brian), Marianne Wischmann – Liz Sheridan (Raquel Ochmonek), Norbert Gastell – John La Motta (Trevor Ochmonek), Manou Lubowski – Josh Blake (Jake), Christian Tramitz – J. M. Bullock (Neal)

Ali Baba und die 40 Räuber
Ali Baba and the Forty Thieves (Arthur Lubin, 1943), DF: Ultra 1950, D: Bertha Gunderloh, R: Alfred Vohrer
Eva Vaitl – Maria Montez (Amara), Richard Münch – Jon Hall (Ali Baba), Curt Ackermann – Turhan Bey (Jamiel), Bum Krüger – Kurt Katch (Hulagu Khan), Otto Wernicke – Andy Devine (Abdullah), Walter Holten – Fortunio Bonanova (Baba), Ursula Traun – Ramsay Ames (Nalu), Axel Jahn – Scotty Beckett (Ali als Kind)

Alias – Die Agentin (TV-Serie)
Alias (2001), DF: Cinephon (i. A. v. Pro7) 2003, D: Kathrin Kabbathas, R: Frank Glaubrecht
Carola Ewert – Jennifer Garner

(Sydney Bristow), Kaspar Eichel – Ron Rifkin (Arvin Sloane), Tobias Kluckert – Michael Vartan (Michael Vaughn), Matthias Hinze – Bradley Cooper (Will), Jörg Hengstler – Carl Lumbly (Marcus Dixon), Olaf Reichmann – Kevin Weisman (Marshall Flinkman), Reinhard Kuhnert – Victor Garber (Jack Bristow), Katrin Zimmer – Mervin Dungey (Francie)

ALIEN – DAS UNHEIMLICHE WESEN AUS EINER FREMDEN WELT
ALIEN **(Ridley Scott, 1979), DF: 1979**
Hallgard Bruckhaus – Sigourney Weaver (Ripley), Sigmar Solbach – Tom Skerritt (Dallas), Alexandra Lange – Veronica Cartwright (Lambert), Friedrich G. Beckhaus – Harry Dean Stanton (Brett), Frank Glaubrecht – John Hurt (Kane), Mogens v. Gadow – Ian Holm (Ash), Helmut Krauss – Yaphet Kotto (Parker)
▶ Hallgard Bruckhaus sprach für Sigourney Weaver auch in der Fortsetzung ALIENS – DIE RÜCKKEHR (1986), ferner Antje Primel – Carrie Henn (Rebecca Jordan), Christian Brückner – Michael Biehn (Hicks) und Volker Brandt – Paul Reiser (Burke)

ALL DIE SCHÖNEN PFERDE
ALL THE PRETTY HORSES **(Billy Bob Thornton, 2000), DF: R. C. Production 2001, D/R: Jürgen Neu**
Matthias Hinze – Matt Damon (John Grady Cole), Florian Halm – Henry Thomas (Lacey Rawlins), Nicolas Artajo – Lucas Black (Jimmy Blevins), Carola Ewert – Penélope Cruz (Alejandra), Bernd Rumpf – Ruben Blades (Rocha), Bernd Schramm – Robert Patrick (Cole), Frank Glaubrecht – Sam Shepard (J. C. Franklin), Sebastian Jacob – Julia Oscar Mechoso (Kapitän), Gisela Fritsch – Miriam Colon (Doña Alfonsa)

ALLE SAGEN: I LOVE YOU
EVERYONE SAYS: I LOVE YOU **(Woody Allen, 1996), DF: FFS 1997, D/R: Jürgen Neu**
Daniela Hoffmann – Julia Roberts (Von), Nana Spier – Drew Barrymore (Skylar), Gudrun Vaupel – Goldie Hawn (Steffie), Manja Döring – Natalie Portman (Laura), Wolfgang Draeger – Woody Allen (Joe), Andreas Fröhlich – Edward Norton (Holden), Mathias Einert – Tim Roth (Charles Ferry), Bodo Wolf – Alan Alda (Bob), Kim Hasper – Lukas Haas (Scott), Catrin Dams – Gaby Hoffman (Lane)

ALLE SEHNSUCHT DIESER WELT
FULL OF LIFE **(Richard Quine, 1956), DF: Aura 1957, D: Erika Streithorst, R: Conrad v. Molo**
Gisela Trowe – Judy Holliday (Emily), Paul-Edwin Roth – Richard Conte (Nick), Klaus W. Krause – Salvatore Baccaloni (Papa), Roma Bahn – Esther Minciotti (Mama), Siegmar Schneider – Joe De Santis (Pater Gandolfo)

ALLEIN GEGEN DAS GESETZ
IL VERO E IL FALSO **(Eriprando Visconti, 1971), DF: 1975**
G.G. Hoffmann – Terence Hill (Manin), Holger Hagen – Martin Balsam (Turrisi), Helga Trümper – Paola Pitagora (Luisa), Klaus Kindler – Adalberto Maria Merli (Claudio)

ALLEIN GEGEN DIE MAFIA (TV-Serie)
LA PIOVRA **(1984–2001), DF: ZDF 1984**
Lutz Riedel – Michele Placido (Corrado Cattani), Evelyn Maron – Barbara de Rossi (Titti), Traudel Haas – Nicole Jamet (Else), Natascha Rybakowski – Cariddi Nardulli (Paola), Peter Aust – Flavio Bucci (Don Manfredi), Helmut Krauss – Renato Mori (Altero)
▶ Lutz Riedel sprach für Michele Placido auch in den nächsten Staffeln (ZDF 1987), ferner Anita Lochner für Giuliana de Sio (Giulia). Die Fortsetzung mit Vittorio Mezzogiorno (ZDF 1991) synchronisierte Frank-Otto Schenk, ferner Regina Lemnitz: Patricia Millardet (Silvia Conti).

ALLES TANZT NACH MEINER PFEIFE
L'HOMME ORCHESTRE **(Serge Korber, 1969), DF: ds 1970, D: Rainer Brandt, R: Karlheinz Brunnemann**
Gerd Martienzen – Louis de Funès (Balduin), Renate Danz – Noëlle Adam (Françoise), Thomas Danneberg – Olivier de Funès (Philippe), Rainer Brandt – Franco Fabrizi (Franco)

ALLES ÜBER EVA
ALL ABOUT EVE **(Joseph H. Mankiewicz, 1950), DF: Ultra 1952, D: Erich Kästner**
Eva Eras – Bette Davis (Margo Channing), Eleonore Noelle – Anne Baxter (Eve), O. E. Hasse – George Sanders (Addison de Witt), Carola Höhn – Celeste Holm (Karen), Peter Pasetti – Gary Merrill (Bill), Curt Ackermann – Hugh Marlowe (Lloyd)
«*Dass die deutsche Bearbeitung mehr ist als eine gute Synchronisation, dafür bürgt der Name Erich Kästner. Unter den Sprechern sind besonders hervorzuheben Eva Eras und O. E. Hasse. Die Dialogpointen sitzen, dass es ein wahrer Genuss ist, man kommt gar nicht darauf, zu beachten, ob nun jedes Wort wirklich synchron ist.*» (Edith Hamann, Filmblätter 15, 1952)
«*Erich Kästner übertrug den umfassenden Dialog ins Deutsche, ohne ihn zu ‹verdeutschen›. Selten kann man dieses Lob einer Synchronisation so vorbehaltlos spenden.*» (Rudolf Krause, Der neue Film 18, 1952)

ALLES ÜBER MEINE MUTTER
TODO SOBRE MI MADRE **(Pedro Almodóvar, 1999), DF: FFS 1999, D/R: Mina Kindl**
Dagmar Heller – Cecilia Roth (Manuela), Philipp Brammer – Eloy Azorin (Estéban), Krista Posch – Marisa Paredes (Huma Rojo), Claudia Lössl – Penélope Cruz (Rosa), Elisabeth Günther – Candela Pena (Nina), Santiago Ziesmer – Antonio San Juan (Agrado), Doris Gallart – Rosa Maria Sarda (Mutter), Walter v. Hauff – Toni Canto (Lola)

ALLES UM ANITA
HOLLYWOOD OR BUST **(Frank Tashlin, 1956), DF: BSG 1957 D: F. A. Koeniger, R: Klaus v. Wahl**
Klaus Miedel – Dean Martin (Steve Willey), Horst Gentzen – Jerry Lewis (Malcolm Smith), Sigrid Lagemann – Anita Ekberg (dto.), Renate Danz – Pat Crowley (Terry Roberts), Benno Hoffmann – Maxie Rosenbloom (Bookie Benny)

ALLY MCBEAL (TV-Serie)
ALLY MCBEAL **(1997–2002), DF: Interopa (i. A. v. Vox) 1998, R: Marion Schöneck**
Daniela Hoffmann – Calista Flockhart (Ally McBeal), Claudia Kleiber – Courtney Thorne-Smith (Georgia), Oliver Rohrbeck – Greg Germann (Richard), Andrea Solter – Lisa Nicole Carson (Renée), Nicolas Böll – Gil Bellows (Billy), Ina Gerlach – Jane Krakowski (Elaine), Tobias Meister – Peter MacNicol (John Cage), Almut Eggert – Dyan Cannon (Jennifer Cone), Nana Spier – Lucy Liu (Ling Woo), Arianne Borbach – Portia de Rossi (Nelle Porter), Thomas Petruo – Jesse L. Martin (Dr. Greg Butters)

ALMOST FAMOUS – FAST BERÜHMT
ALMOST FAMOUS **(Cameron Crowe, 2000), DF: PPA-Film 2001, D/R: Axel Malzacher**

Alexander Brem – Billy Crudup (Russell), Traudel Haas – Frances McDormand (Elaine), Anna Carlsson – Kate Hudson (Penny Lane), Marcus Off – Jason Lee (Jeff), Manuel Straube – Patrick Fugit (William), Shandra Schadt – Anna Paquin (Polexia), Andrea Imme – Fairuza Balk (Sapphire), Florian Halm – Noah Taylor (Dick), Leon Boden – Philip Seymour Hoffman (Lester Bangs), Philipp Brammer – Mark Kozelek (Larry)

Als das Licht ausging
Where Were You When the Lights Went Out? (Hy Averback, 1967), DF: MGM 1968
Edith Schneider – Doris Day (Margaret), Claus Biederstaedt – Patrick O'Neal (Peter), Gerd Vespermann – Robert Morse (Waldo), Klaus Miedel – Terry-Thomas (Walichek)

Alvarez Kelly
Alvarez Kelly (Edward Dmytryk, 1965), DF: Ultra 1965
Helmo Kindermann – William Holden (Alvarez Kelly), Wolf Ackva – Richard Widmark (Rossiter), Eva Pflug – Janice Rule (Liz Pickering), Herbert Weicker – Patrick O'Neal (Stedman), Marianne Wischmann – Victoria Shaw (Charity Warwick), Benno Hoffmann – Roger C. Carmel (Ferguson), Wolfgang Hess – Donald Barry (Farrow), Norbert Gastell – Duke Hobbie (John Beaurider), Werner Lieven – Howard Caine (McIntyre), Wolf Rathjen – G. B. Atwater (Gen. Kautz)

Am fernen Horizont
The Far Horizons (Rudolph Maté, 1955), DF: BSG 1956, R: Peter Elsholtz
Curt Ackermann – Fred MacMurray (Lewis), G. G. Hoffmann – Charlton Heston (Clark), Gesa Ferck – Donna Reed (Sacajawea), Gisela Hoeter – Barbara Hale (Julia Hancock), Wolf Martini – William Demarest (Sgt. Gass), Werner Lieven – Alan Reed (Charboneau), Robert Klupp – Herbert Heyes (Präs. Jefferson), Paul Wagner – Lester Matthews (Hancock), Agnes Windeck – Helen Wallace (Mrs. Hancock)

Am goldenen See
On Golden Pond (Mark Rydell, 1981), DF: 1982
Tilly Lauenstein – Katharine Hepburn (Ethel), Ernst Fritz Fürbringer – Henry Fonda (Norman), Judy Winter – Jane Fonda (Chelsea), Oliver Rohrbeck – Doug McKeon (Billy), Joachim Kerzel – Dabney Coleman (Bill), Friedrich Georg Beckhaus – William Lanteau (Charlie)

Am schwarzen Fluss
The Spiral Road (Robert Mulligan, 1961), DF: BSG 1962, R: Curt Ackermann, D: F. A. Koeniger
G. G. Hoffmann – Rock Hudson (Anton Drager), Heinz Klevenow – Burl Ives (Brits Jansen), Renate Küster – Gena Rowlands (Els), Gisela Reissmann – Neva Patterson (Louise), Konrad Wagner – Geoffrey Keen (Willem Wattereus), Holger Kepich – Philip Abbott (Frolick), Heinz Giese – Larry Gates (Dr. Kramer), Heinz Petruo – Karl Swenson (Insp. Bevers), Gerd Prager – Edgar Stehli (Sultan)

Amadeus
Amadeus (Milos Forman, 1984), DF: 1984
Detlev Eckstein – Tom Hulce (Mozart), Gottfried Kramer – F. Murray Abraham (Salieri), Marion Hartmann – Elizabeth Berridge (Constanze), Peter Matic – Jeffrey Jones (Joseph II.)
▶ In der Director's-Cut-Version (2002) sprach Achim Höppner für F. Murray Abraham.

Amarcord
Amarcord (Federico Fellini, 1973), DF: Cine Adaption 1974
Gerhard Acktun – Bruno Zanin (Titta), Rosemarie Kirstein – Magali Noël (Gradisca), Edith Schultze-Westrum – Pupella Maggio (Mutter), Klaus W. Krause – Giuseppe Ianigro (Großvater), Alexander Allerson – Nando Orfei (Pataca)

American Beauty
American Beauty (Sam Mendes, 1999), DF: BSG 1999, D/R: Lutz Riedel
Till Hagen – Kevin Spacey (Lester), Traudel Haas – Annette Bening (Carolyn), Manja Doering – Thora Birch (Jane), Matthias Hinze – Wes Bentley (Ricky), Julia Ziffer – Mena Suvary (Angela), Martin Kessler – Peter Gallagher (Buddy Kane), Beate Pfeiffer – Allison Janney (Barbara), Lutz Riedel – Scott Bakula (Jim Olmeyer), Jan Spitzer – Chris Cooper (Col. Fitts)

American Gangster
American Gangster (Ridley Scott, 2007), DF: Interopa 2007, D: Alexander Löwe, R: Oliver Rohrbeck
Leon Boden – Denzel Washington (Frank Lucas), Martin Umbach – Russell Crowe (Richie Roberts), Klaus-Dieter Klebsch – Josh Brolin (Det. Trupo), Oliver Rohrbeck – Chiwetel Ejiofor (Huey Lucas), Andrea Aust – Carla Gugino (Laurie), Andreas Hosang – John Hawkes (Freddie Spearman), Jan Spitzer – Ted Levine (Lou Toback), Lutz Schnell – John Ortiz (Javier Rivera), Dietmar Wunder – Cuba Gooding jr. (Nicky Barnes)

American Graffiti
American Graffiti (George Lucas, 1972), DF: BSG 1974, D: Ursula Herwig, R: Joachim Kunzendorf
Hans-Georg Panczak – Richard Dreyfuss (Curt), Michael Würden – Ron Howard (Steve), Joachim Tennstedt – Charles M. Smith (Terry), Marion Marlon – Cindy Williams (Laurie), Hansi Jochmann – Candy Clark (Debbie), Monika Pawlowski – Mackenzie Phillips (Carol), Hans-Jürgen Dittberner – Harrison Ford (Falfa), Manfred Lehmann – Bo Hopkins (Joe), Günter Pfitzmann – Wolfman Jack (dto.)
«Warum dieser sonderbare Mann [Wolfman Jack] einen derartigen Ruf genießt, wird in der deutschen Fassung, in der ihm Günter Pfitzmann die Stimme leiht, nicht deutlich. Der Mann hat ein Plärr-Organ, wie es kein zweites gibt.» (Arnd F. Schirmer, Tagesspiegel, 8.9.1974)

American History X
American History X (Tony Kaye, 1998), DF: Interopa 1999, D: Theodor Dopheide, R: Leon Boden
Dietmar Wunder – Edward Norton (Derek), Marius Götze-Clarén – Edward Furlong (Dany), Traudel Haas – Beverley D'Angelo (Doris) Bianca Krahl – Fairuza Balk (Stacy), Leon Boden – Avery Brooks (Bob), Joachim Kerzel – Stacy Keach (Cameron Alexander), Diana Borgwardt – Jennifer Lien (Davina), Hans Werner Bussinger – Elliott Gould (Murray)

American Pie
American Pie (Paul Weitz, 1999), DF: R.C. Production 2000, D: Martina Marx, R: Dietmar Wunder
Kim Hasper – Jason Biggs (Jim), Dascha Lehmann – Shannon Elizabeth (Nadia), Manja Doering – Alyson Hannigan (Michelle), Ursula Hugo – Tara Reid (Vicky), Marius Götze-Clarén – Chris Klein (Oz), Björn Schalla – Seann William Scott (Stifler), Frank Otto Schenk – Eugene Levy (Jims Vater), Bianca Krahl

– Natasha Lyonne (Jessica), Alexander Doering – Thomas Ian Nicholas (Kevin Myers), Rita Engelmann – Jennifer Coolidge (Stiflers Mutter) ▶ Gleiche Hauptrollen-Besetzung auch in AMERICAN PIE 2 (2001).

AMERICAN PSYCHO
AMERICAN PSYCHO (Mary Harron, 2000), DF: Studio Babelsberg 2000
David Nathan – Christian Bale (Patrick Bateman), Wolfgang Condrus – Willem Dafoe (Donald Kimball), Sven Hasper – Jared Leto (Paul Allen), Dascha Lehmann – Reese Witherspoon (Evelyn Williams), Bianca Krahl – Samantha Mathis (Courtney Rawlinson), Maud Ackermann – Chloë Sevigny (Jean), Charles Rettinghaus – Justin Theroux (Timothy Bryce), Marius Götze-Clarén – Matt Ross (Luis Carruthers)

AMERICA'S SWEETHEARTS
AMERICA'S SWEETHEARTS (Joe Roth, 2001), DF: Hermes 2001, D: Martina Marx, R: Tobias Meister
Daniela Hoffmann – Julia Roberts (Kiki), Joachim Tennstedt – Billy Crystal (Lee), Arianne Borbach – Catherina Zeta-Jones (Gwen Harrison), Andreas Fröhlich – John Cusack (Eddie Thomas), Tobias Meister – Hank Azaria (Hector), Michael Pan – Stanley Tucci (Kingman), Frank Glaubrecht – Christopher Walken (Hal), Christian Brückner – Alan Arkin (Chief Heiler)

EIN AMERIKANER IN PARIS
AN AMERICAN IN PARIS (Vincente Minnelli, 1951), DF: MGM 1952, D: Erik Ode
Erik Ode – Gene Kelly (Jerry Mulligan), Maria Körber – Leslie Caron (Lise Bourvier), Ernst Konstantin – Oscar Levant (Adam Cook), Dietrich Frauboes – Georges Guetary (Henri Baurel), Edith Schneider – Nina Foch (Milo Roberts)

DIE AMERIKANISCHE NACHT
LA NUIT AMÉRICAINE (François Truffaut, 1972), DF: 1973
Fred Maire – François Truffaut (Ferrand), Angelika Bender – Jacqueline Bisset (Julie Baker), Horst Naumann – Jean-Pierre Aumont (Alexandre), Jürgen Clausen – Jean-Pierre Léaud (Alphonse), Rosemarie Fendel – Valentina Cortese (Séverine), Marianne Groß – Dani (Liliane), Uschi Wolff – Nathalie Baye (Joëlle), Fred Klaus – Jean-François Stevenin (Jean-François), Hannes Grom-

ball – Bernard Menez (Bernard), Erich Kleiber – Jean Champion (Bertrand), Rosemarie Kirstein – Alexandra Stewart (Stacey)

AMITYVILLE HORROR
THE AMITYVILLE HORROR (Stuart Rosenberg, 1978), DF: 1979
Norbert Langer – James Brolin (George Lutz), Eva Maria Miner – Margot Kidder (Kathleen), Horst Schön – Rod Steiger (Delaney), Rolf Schult – Don Stroud (Bolen), Horst Niendorf – Murray Hamilton (Ryan), Wolfgang Völz – John Larch (Nuncio), Edgar Ott – Val Avery (Sgt. Gionfriddo)

AN EINEM HEISSEN SOMMERMORGEN
PAR UN BEAU MATIN D'ÉTÉ (Jacques Deray, 1964), DF: BSG 1965, D/R: Konrad Wagner
Rainer Brandt – Jean-Paul Belmondo (Francis), Marion Hartmann – Geraldine Chaplin (Zelda), Eduard Wandrey – Akim Tamiroff (Kramer), Marianne Lutz – Sophie Daumier (Monique)

AN EINEM TAG WIE JEDER ANDERE
THE DESPERATE HOURS (William Wyler, 1955), DF: BSG 1956, D: F. A. Koeniger, R: Klaus v. Wahl
Wolfgang Lukschy – Humphrey Bogart (Glenn), Paul Wagner – Fredric March (Dan), Tilly Lauenstein – Martha Scott (Eleanor), Paul Klinger – Arthur Kennedy (Jesse Bard), Margot Leonard – Mary Murphy (Cindy), Eckart Dux – Dewey Martin (Hal), Horst Niendorf – Gig Young (Chuck Wright), Franz Nicklisch – Robert Middleton (Kobish)

ANASTASIA
ANASTASIA (Anatole Litvak, 1956), DF: Ultra 1957
Eleonore Noelle – Ingrid Bergman (Anastasia), Klaus Miedel – Yul Brynner (Bounine), Bum Krüger – Akim Tamiroff (Chernov), Gerd Martienzen – Sacha Pitoëff (Petrovin), Ivan Desny – Ivan Desny (Prinz Paul)

ANATOMIE EINES MORDES
ANATOMY OF A MURDER (Otto Preminger, 1959), DF: Ultra 1959
Hans Nielsen – James Stewart (Paul Biegler), Margot Leonard – Lee Remick (Laura), Peer Schmidt – Ben Gazzara (Frederick), Walter Suessenguth – Arthur O'Connell (McCarthy), Tilly Lauenstein – Eve Arden (Maida), Renate Danz – Kathryn Grant (Mary Pilant), Alfred

Balthoff – Joseph N. Welch (Richter Weaver), Axel Monjé – Brooks West (Mitch Lodwick), Werner Peters – George C. Scott (Claude Dancer), Peter Mosbacher – Murray Hamilton (Paquette), Siegmar Schneider – Orson Bean (Dr. Smith)

ANDERS ALS DIE ANDEREN
TEA AND SYMPATHY (Vincente Minnelli, 1956), DF: MGM 1957
Tilly Lauenstein – Deborah Kerr (Laura Reynolds), Paul Klinger – Leif Erickson (Bill Reynolds), Gunnar Möller – John Kerr (Tom), Gisela Trowe – Norma Crane (Elly Martin)

DER ANDERSON-CLAN
THE ANDERSON TAPES (Sidney Lumet, 1970), DF: 1971
G.G. Hoffmann – Sean Connery (Anderson), Claus Biederstaedt – Martin Balsam (Haskins), Rosemarie Kirstein – Dyan Cannon (Ingrid), Klaus Höhne – Alan King (Angelo), Tommi Piper – Christopher Walken (The Kid), Wolfgang Hess – Dick Williams (Spencer)

ANDROMEDA (TV-Serie)
ANDROMEDA (2000–2005), DF: RTL 2001, D/R: Harald Wolff
Torsten Michaelis – Kevin Scorbo (Dylan Hunt), Arianne Borbach – Lisa Ryder (Beka Valentine), Jörg Hengstler – Keith Hamilton Cobb (Tyr Anasazi), Julia Ziffer – Laura Bertram (Trance Gemini), Dennis Schmidt-Foß – Gordon M. Woolvett (Seamus Harper), Hans Teuscher – Brent Stait (Rev Bem)

ANGEL – JÄGER DER FINSTERNIS (TV-Serie)
ANGEL (1999–2004), DF: Cinephon (i. A. v. Pro7) 2001, D: Martina Marx, R: Thomas Wolff
Boris Tessmann – David Boreanaz (Angel), Schaukje Könning – Charisma Carpenter (Cordelia), Oliver Feld – Alexis Denisof (Wesley Windham Pryce), Florian Halm – Glen Quinn (Doyle), Viktor Neumann – Christian Kane (Lindsey McDonald), Uschi Hugo – Julie Benz (Darla), Judith Brandt – Elisabeth Rohm (Kate Lockley), Lutz Riedel – Sam Anderson (Holland Manners)

ANGEL EYES
ANGEL EYES (Luis Mandoki, 2001), DF: R.C. Productions 2001, D/R: Marianne Groß
Ghada Al-Akel – Jennifer Lopez (Sharon Pogue), Patrick Winczewski – James Caviezel (Catch Lam-

bert), Dietmar Wunder – Terence Howard (Robby), Monica Bielenstein – Sonia Braga (Josephine), Oliver Feld – Jeremy Sisto (Larrie), Horst Schön – Victor Argo (Carl), Evelyn Gressmann – Shirley Knight (Eleanora Davis), Silvia Mißbach – Monet Mazur (Kathy), Tobias Meister – Jeremy Ratchford (Ray), Norbert Gescher – Ron Payne (Pfarrer)

Angel Heart
Angel Heart (Alan Parker, 1986), DF: BSG 1987, D/R: Ottokar Runze
Joachim Tennstedt – Mickey Rourke (Harry Angel), Joachim Kerzel – Robert De Niro (Louis Cyphre), Ulrike Möckel – Lisa Bonet (Epiphany Proudfoot), Peter Fitz – Michael Higgins (Dr. Fowler), Viola Sauer – Charlotte Rampling (Margaret Krusemark)

Angst und Schrecken in Las Vegas ➲ Fear and Loathing in Las Vegas

Anklage Mord
L'amour en question (André Cayatte, 1978), DF: ZDF 1981
Renate Pichler – Annie Girardot (Suzanne Corbier), Almut Eggert – Bibi Andersson (Catherine Dumais), Heinz Petruo – Michel Galabru (Staatsanwalt), Christian Rode – John Steiner (Tom Hastings), Horst Schön – Michel Auclair (Philippe Dumais), Edgar Ott – Georges Geret (Lachot), Lothar Blumhagen – Dominique Paturel (Rhune)
▶ In der ARD lief 1991 eine eigene Synchronfassung mit Viktoria Brams, Heidi Treutler, Fred Maire, Sigmar Solbach und Klaus Kindler (in obiger Rollen-Reihenfolge).

Anna Karenina
Anna Karenina (Clarence Brown, 1935), DF: MGM 1953
Ingeborg Grunewald – Greta Garbo (Anna Karenina), Siegfried Schürenberg – Fredric March (Vronsky), Alfred Balthoff – Basil Rathbone (Karenin), Siegmar Schneider – Reginald Denny (Nick Yashvin), Tilly Lauenstein – Phoebe Foster (Dolly), Klaus Schwarzkopf – Gyles Isham (Levin)
▶ In der ersten Synchronfassung von 1936 wurde Greta Garbo von Aida Stukering synchronisiert.

Der Anschlag
The Sum of All Fears (Phil Alden Robinson, 2002), DF: Bavaria 2002, D: Michael Nowka, R: Lutz Riedel

Peter Flechtner – Ben Affleck (Jack Ryan), Klaus Sonnenschein – Morgan Freeman (William Cabot), Jochen Schröder – James Cromwell (Präs. Fowler), Marco Kröger – Liev Schreiber (John Clark), Joachim Kerzel – Alan Bates (Richard Dressler), Otto Mellies – Philip Baker Hall (Becker), Reinhard Kuhnert – Ron Rifkin (Owens), Roland Hemmo – Bruce McGill (Revell), Hans-Jürgen Wolf – Cirian Hinds (Präs. Nemerov), Anke Reitzenstein – Bridget Moynahan (Dr. Muller)

Antz!
Antz! (Eric Darnell, 1998), DF: Interopa 1998, D/R: Lutz Riedel
Wolfgang Draeger (OF: Woody Allen) – (Z), Martina Treger (OF: Sharon Stone) – (Prinzessin Bala), Norbert Gescher (OF: Dan Aykroyd) – (Chip), Inken Sommer (OF: Anne Bancroft) – (Königin), Evelyn Gressmann (OF: Jane Curtin) – (Muffy), Klaus Sonnenschein (OF: Gene Hackman) – (Gen. Mandible), Carola Ewert (OF: Jennifer Lopez) – (Azteca), Jürgen Kluckert – (Barbatus), Thomas Danneberg – (Weaver), Lutz Riedel – (Cutter)

Apache
Apache (Robert Aldrich, 1954), DF: 1954
Curt Ackermann – Burt Lancaster (Massai), Eleonore Noelle – Jean Peters (Nalinle), Eduard Wandrey – John McIntire (Al Sieber), Siegfried Schürenberg – John Dehner (Weddle), Alfred Balthoff – Paul Guilfoyle (Santos), Walter Suessenguth – Morris Ankrum (Dawson)

Apocalypse Now
Apocalypse Now (Francis Ford Coppola, 1979), DF: Interopa 1979, D: Horst Balzer, R: Christian Rode
Christian Brückner – Martin Sheen (Willard), Gottfried Kramer – Marlon Brando (Kurtz), Heinz Drache – Robert Duvall (Kilgore), Fred Maire – Frederic Forrest (Chef), Wolfgang Hess – Albert Hall (Chief), Michael Chevalier – Dennis Hopper (Fotograf), Frank Glaubrecht – Harrison Ford (Colonel), Horst Schön – G. D. Spradlin (General)
▶ In der Version Apocalypse Now Redux (Studio Babelsberg 2001, R: Andreas Fröhlich) behielt Christian Brückner seinen Part. Für Marlon Brando sprach Thomas Fritsch, für Robert Duvall Reiner Schöne, für Frederic Forrest Tobias Meister, für Albert Hall Oliver Stritzel, für Dennis Hopper Joachim Kerzel und für Harrison Ford Bernd Vollbrecht.

Apollo 13
Apollo 13 (Ron Howard, 1995), DF: 1995
Arne Elsholtz – Tom Hanks (Jim), Thomas Petruo – Kevin Bacon (Jack), Ronald Nitschke – Bill Paxton (Fred), Tobias Meister – Gary Sinise (Ken), Wolfgang Condrus – Ed Harris (Gene Kranz), Traudel Haas – Kathleen Quinlan (Marilyn)

Das Appartement
The Apartment (Billy Wilder, 1960), DF: Ultra 1960, D: Erika Streithorst, R: Josef Wolf
Georg Thomalla – Jack Lemmon (C.C. Baxter), Gertrud Kückelmann – Shirley MacLaine (Fran Kubelik), Wolfgang Lukschy – Fred MacMurray (Sheldrake), Hans Hessling – Ray Walston (Dobisch), Siegfried Schürenberg – David Lewis (Kirkeby), Alfred Balthoff – Jack Kruschen (Dr. Dreyfuss)

Arabeske
Arabesque (Stanley Donen, 1966), DF: BSG 1966, D: F.A. Koeniger, R: Klaus v. Wahl
Martin Hirthe – Gregory Peck (David Pollock), Marion Degler – Sophia Loren (Yasmin Azir), Friedrich W. Bauschulte – Alan Badel (Nejim Beshraavi), Hans Hessling – Carl Duering (Hassan Jena), Jan Hendriks – Kieron Moore (Yussef), Jürgen Thormann – John Merivale (Sloane), Dietrich Frauboes – Ernest Clark (Beauchamp)

Ardennen 1944
Attack! (Robert Aldrich, 1956), DF: 1957
Wolfgang Lukschy – Jack Palance (Costa), Klaus Miedel – Eddie Albert (Cooney), Paul Klinger – Lee Marvin (Bartlett), Wolf Martini – Robert Strauss (Bernstein), Herbert Stass – Richard Jaeckel (Snowden), Heinz Giese – Buddy Ebsen (Tolliver), G.G. Hoffmann – William Smithers (Woodruff), Paul-Edwin Roth – John Shepodd (Jackson), Wolfgang Gruner – James Goodwin (Ricks), Clemens Hasse – Steven Geray (Otto)
«Costa ist ein ›ehrliches Frontschwein‹, ein ›Kosak‹, ein ›Preuße‹ (warum eigentlich hat uns die deutsche Synchronisation diese Bezeichnungen, die seine Untergebenen ihm geben, verschwiegen?).» (Filmkritik 6, 1957)

Ärger im Paradies
Trouble in Paradise (Ernst Lubitsch, 1932), DF: ARD 1969
Renate Küster – Miriam Hopkins (Lily), Margot Leonard – Kay Francis (Mariette), Lothar Blumhagen – Herbert Marshall (Gaston), Klaus Miedel – E. E. Horton (François Filiba), Hermann Wagner – Charlie Ruggles (Major), Konrad Wagner – C. Aubrey Smith (Giron), Herbert Knippenberg – Robert Greig (Jacques)

Ariane – Liebe am Nachmittag
Love in the Afternoon (Billy Wilder, 1956), DF: Ultra 1957, R: Josef Wolf
Paul Klinger – Gary Cooper (Frank Flannagan), Marion Degler – Audrey Hepburn (Ariane), Ernst Fritz Fürbringer – Maurice Chevalier (Chavasse), Bum Krüger – John McGiver (Herr X), Hans Clarin – Van Doude (Michel)

Arielle – Die Meerjungfrau
The Little Mermaid (John Musker, Ron Clements, 1989), DF: BSG 1990, D/R: Klaus-Peter Bauer
Dorette Hugo (Gesang: Ute Lemper) – (Arielle), Frank Schaff – (Eric), Joachim Kemmer – (Sebastian), Beate Hasenau – (Ursula), Lutz Riedel – (Abschaum & Meerschaum), Jürgen Kluckert – (Scuttle), Tobias Thoma – (Fabius), Victor v. Halem – (Louis), Edgar Ott – (König Triton)
▶ Anlässlich einer digitalen Überarbeitung der Musik wurde der Film 1998 neu synchronisiert (FFS, D/R: Frank Lenart). Mit Naomi v. Doreen/Anna Carlsson, Jan Josef Liefers, Ron Williams, Beate Hasenau, Oliver Stritzel, Hartmut Neugebauer, Dennis Reusse, Walter v. Hauff, Jochen Striebeck (in obiger Rollen-Reihenfolge).

Aristocats
The Aristocats (Wolfgang Reitherman, 1970), DF: Simoton 1971, D/R: Heinrich Riethmüller
Edgar Ott – (O'Malley), Brigitte Grothum – (Duchesse), Harry Wüstenhagen – (Roquefort, der Mäuserich), Klaus Havenstein – (Swingy), Steffen Müller – (Berlioz), Angelika Pawlowski – (Marie), Ralf Richardt – (Toulouse), Gisela Reissmann – (Madame), Klaus W. Krause – (Edgar, der Butler), Eduard Wandrey – (Napoelon), Walter Gross – (Lafayette)
«Die deutsche Synchronisation vergällt einem den Film vollends. Was da ein paar aufgekratzte Kabarettisten und einige lispelnde Kinderstimmen treiben, es ist schon ein entsetzlicher Schabernack.» (SZ, 21.12.1971)

Arizona Dream
Arizona Dream (Emir Kustorica, 1992), DF: BSG 1993, D/R: Jürgen Neu
Michael Deffert – Johnny Depp (Axel), Jürgen Kluckert – Jerry Lewis (Leo), Kerstin Sanders-Dornseif – Faye Dunaway (Elaine), Matthias Hinze – Vincent Gallo (Paul), Martina Treger – Lili Taylor (Grace)

Armageddon
Armageddon (Michael Bay, 1998), DF: 1998, D/R: Thomas Danneberg
Manfred Lehmann – Bruce Willis (Harry Stamper), Nana Spier – Liv Tyler (Grace), Till Hagen – Billy Bob Thornton (Dan Truman), Peter Flechtner – Ben Affleck (A. J. Frost), Santiago Ziesmer – Steve Buscemi (Rockhound), Klaus Dieter Klebsch – Peter Stormare (Lev Andropov)

Armee im Schatten
L'armée des ombres (Jean-Pierre Melville, 1969), DF: ZDF 1980
Horst Naumann – Lino Ventura (Philippe Gerbier), Herbert Weicker – Paul Meurisse (Luc Jardie), Tilly Lauenstein – Simone Signoret (Mathilde), Fred Maire – Jean-Pierre Cassel (Jean-François), Erich Hallhuber – Claude Mann («Le Masque«), Horst Sachtleben – Paul Crauchet (Félix), Wolfgang Hess – Christian Barbier (le Bison)

Arsen und Spitzenhäubchen
Arsenic and Old Lace (Frank Capra, 1941), DF: BSG 1962, D: F.A. Koeniger, R: Klaus v. Wahl
Ottokar Runze – Cary Grant (Mortimer), Renate Küster – Priscilla Lane (Elaine), Ursula Krieg – Jean Adair (Tante Martha), Elfe Schneider – Josephine Hull (Tante Abby), Friedrich Joloff – Raymond Massey (Jonathan), Helmut Ahner – Peter Lorre (Dr. Einstein), Alexander Welbat – John Alexander (Teddy Roosevelt), Hans Hessling – James Gleason (Lt. Rooney)
▶ In einer früheren Fassung (1957) sprachen Peter Pasetti (Cary Grant), Ingrid Pan (Priscilla Lane) und Klaus W. Krause (Raymond Massey).
«In seinem Genre steht dieser Film auf einsamer Höhe. Dass er jetzt eine dem Original adäquate, meisterliche Synchronisation erfahren hat, darf dankbar am Rande notiert werden.» (Ev., Filmdienst 2, 1963)

Arzt und Dämon
Dr. Jekyll and Mr. Hyde (Victor Fleming, 1940), DF: MPEA 1949, D: Kurt Hinz, R: Alfred Vohrer
René Deltgen – Spencer Tracy (Dr. Jekyll/Hyde), Eva Vaitl – Ingrid Bergman (Ivy Peterson), Marianne Stanior – Lana Turner (Beatrix Emery), Walter Holten – Donald Crisp (Charles Emery)

Asche und Diamant
Popiol i diament (Andrzej Wajda, 1958), DF: BSG 1961, D. F.A. Koeniger, R: Hugo Schrader
Rainer Brandt – Zbigniew Cybulski (Maciek), Renate Küster – Ewa Krzyzewski (Christine), Lothar Blumhagen – Adam Pawlikowski (Andrzej), Paul Wagner – Waclaw Zastrzezynski (Szczuka)
▶ In der DEFA-Fassung von 1964 (D: Wito Eichel, R: Johannes Knittel) sprachen Kurt Kachlicki (Maciek) und Jutta Hoffmann (Christine).

Asphalt-Blüten
Scarecrow (Jerry Schatzberg, 1972), DF: 1973
Horst Niendorf – Gene Hackman (Max), Jürgen Clausen – Al Pacino (Lion), Heidi Treutler – Anne Wedgeworth (Frenchie), Karin Kernke – Eileen Brennan (Darlene), Rosemarie Kirstein – Penelope Allen (Annie)

Asphalt-Cowboy
Midnight Cowboy (John Schlesinger, 1968), DF: 1969
Herbert Stass – Dustin Hoffman (Ratso), Uwe Friedrichsen – Jon Voight (Joe Buck), Friedel Schuster – Sylvia Miles (Cass), Klaus Miedel – John McGiver (O'Daniel), Beate Hasenau – Brenda Vaccaro (Shirley), Hugo Schrader – Barnard Hughes (Towny), Tina Eilers – Ruth White (Sally Buck), Almut Eggert – Jennifer Salt (Annie)

Asphalt Dschungel
The Asphalt Jungle (John Huston, 1950), DF: MGM 1950
Axel Monjé – Sterling Hayden (Dix Handley), Siegfried Schürenberg – Louis Calhern (Emmerich), Gisela Trowe – Jean Hagen (Dolly), Alfred Balthoff – Sam Jaffe (Doc Riedenschneider), Walter Suessenguth – John McIntire (Hardy), Georg Thomalla – Marc Lawrence (Cobby), Wolfgang Lukschy – Anthony Caruso (Louis Ciavelli), Herbert Weissbach – James Whitmore (Gus), Hans Emons – Barry Kelley (Ditrich)

Assault – Anschlag bei Nacht
Assault on Precinct 13 (John Carpenter, 1976), DF: 1979
Gerhard Garbers – Austin Stoker

(Bishop), Hans Sievers – Darwin Joston (Wilson), Traudel Haas – Laurie Zimmer (Leigh), Wolfgang Pampel – Charles Cyphers (Starker), Wolfgang Condrus – Tony Burton (Wells)

Asterix bei den Briten
Astérix chez les Bretons (Pino van Lamsveerde, 1986), DF: 1987, D: Manfred Lehmann, R:Sigi Krämer
Manfred Lichtenfeld – (Asterix), Wolfgang Hess – (Obelix), Leo Bardischewski – (Miraculix), Chris Howland – (Teefax), Michael Habeck – (Majestix), Christian Marschall – (Cäsar)
«Der einzige Lichtblick ist Chris Howland als deutsche Synchronstimme des biederen Briten Jolitorax (der allerdings auf deutsch Teefax heißt; wie komisch).» (Harry Rowohlt, Die Zeit 15, 1987).

Asterix der Gallier
Astérix le Gallois (Ray Goosens, 1967), DF: 1971
Hans Hessling – (Asterix), Edgar Ott – (Obelix), Hugo Schrader – (Trubadix), Klaus W. Krause – (Miraculix), Martin Hirthe – (Gaius Bonus), Dieter Kursawe – (Caligula Minus), Jochen Schröder – (Cäsar)
▶ In der Neufassung von 1984 sprachen Frank Zander (Asterix), Günter Pfitzmann (Obelix) und Arne Elsholtz (Trubadix).

Asterix erobert Rom
Les douze travaux d'Astérix (René Goscinny, Albert Uderzo, 1975), DF: Cine-Adaption 1976, D: Michael Brennicke, R: John Pauls-Harding
Hans Hessling – (Asterix), Edgar Ott – (Obelix), Siegfried Schürenberg – (Cäsar), Arnold Marquis – (Miraculix), Wolfgang Völz – (Majestix), Erich Fiedler – (Mannekenpix), Toni Herbert – (Bombastix), Dieter Kursawe – (Gaius Pupus), Friedrich Schoenfelder – (Präfekt), Gerd Holtenau – (Centurio)

Asterix in Amerika (Gerhard Hahn, 1994)
Peer Augustinski – (Asterix), Ottfried Fischer – (Obelix), Jochen Busse – (Trubadix), Ralf Wolter – (Centurio), Thomas Reiner – (Cäsar), Erzähler: Harald Juhnke
«Akustisch befindet sich Asterix noch auf dem alten Stand: Die Römer haben Pizzabäcker-Akzent, Synchronstimmen wie Peer Augustinski oder Ralf Wolter sind eingeführt für aufgekratzte Albernheit, Erzähler Harald Juhnke (‹Die Gallja›) verströmt Lokal-Kolorit.» (Ralph Geisenhanslüke, Tagesspiegel, 29.7.1994).

Asterix – Operation Hinkelstein
Astérix et le coup de Menhir (Philippe Grimond, 1988), DF: 1989
Jürgen von der Lippe – (Asterix), Günter Strack – (Obelix), Leo Bardischewski – (Miraculix), Wolfgang Völz – (Majestix), Christian Marschall – (Lügfix), Hartmut Neugebauer – (Centurio), Karl Schulz – (Optio), Ingeborg Wellmann – (Guntemière), Helmut Heyne – (Methusalix)

Asterix – Sieg über Cäsar
Astérix à la surprise de César (Paul Brizzi/Gaetan Brizzi, 1985), DF: 1986
Frank Zander – (Asterix), Wolfgang Hess – (Obelix), Christian Rode – (Cäsar), Sascha Hehn – (Tragicomix), Tina Hoeltel – (Falbala)

Asterix und Kleopatra
Astérix et Cléopâtre (René Goscinny/Albert Uderzo, 1968), DF: Simoton 1970, D/R: Heinrich Riethmüller
Hans Hessling – (Asterix), Edgar Ott – (Obelix), Martin Hirthe – (Pyradonis), Klaus W. Krause – (Miraculix), Siegfried Schürenberg – (Cäsar), Ursula Herwig – (Kleopatra), Walter Bluhm – (Numerobis), Otto Czarski – (Majestix), Heinz Giese – (Centurio), Erich Fiedler – (Vorkoster)

Asterix und Obelix: Im Auftrag Ihrer Majestät
Astérix et Obélix au service de sa Majesté (Laurent Tirard, 2012), DF: Christa Kistner 2012, D/R: Michael Nowka
Michael Lott – Edouard Baer (Asterix), Manfred Lehmann – Gérard Depardieu (Obelix), David Turba – Vincent Lacoste (Grautvornix), Katharina Lopinski – Catherine Deneuve (Königin), Frank-Otto Schenk – Fabrice Luchini (Caesar)
«Wenn man dann noch verwindet, dass man in der deutschen Synchro mit übertrieben englischer Aussprache gepeinigt wird, macht das über weite Strecken Spaß.» (Karl Hafner, Tagesspiegel, 18.10.2012)

Asterix und Obelix – Mission: Kleopatra
Astérix & Obélix – Mission Cléopatre (Alain Chabot, 2001), DF: 2002, D/R: Andreas Pollak
Michael Pan – Christian Clavier (Asterix), Manfred Lehmann – Gérard Depardieu (Obelix), Bernhard Völger – Jarnel Debouze (Numerobis), Arianne Borbach – Monica Bellucci (Kleopatra), Bernd Rumpf – Gerald Darmon (Pyradonis), Hans-Jürgen Dittberner – Alain Chabat (Cäsar), Werner Ehrlicher – Claude Rich (Miraculix), Michael Bauer – Edouard Baer (Sekretaris)

Atemlos
Breathless (Jim McBride, 1982), DF: 1983
Frank Glaubrecht – Richard Gere (Jesse), Madeleine Stolze – Valérie Kaprisky (Monica), Berno v. Cramm – William Tepper (Prof. Silverstein)

Atlantic City, USA
Atlantic City (Louis Malle, 1979), DF: 1980
Gottfried Kramer – Burt Lancaster (Lou), Gisela Fritsch – Susan Sarandon (Sally), Tina Eilers – Kate Reid (Grace), Mogens v. Gadow – Robert Joy (Dave)

Das Attentat
L'Attentat (Yves Boisset, 1972), DF: ZDF 1973
Randolf Kronberg – Jean-Louis Trintignant (Darien), Friedrich W. Bauschulte – Michel Piccoli (Kassar), Heinz Petruo – Gian Maria Volonté (Sadiel), Ursula Herwig – Jean Seberg (Edith), Thomas Danneberg – Roy Scheider (Howard), Edgar Ott – Philippe Noiret (Garcin)

Auch die Engel essen Bohnen
Anche gli angeli mangiano fagioli (E. B. Clucher, 1972), DF: ds 1972
Rainer Brandt – Giuliano Gemma (Sonny), Wolfgang Hess – Bud Spencer (Charlie), Fritz Tillmann – Robert Middleton (Angelo), Arnold Marquis – Bill Vanders (McIntosh)

Auch ein Sheriff braucht mal Hilfe
Support Your Local Sheriff (Burt Kennedy, 1968), DF: 1969
Holger Hagen – James Garner (Jason McCullough), Sabine Eggerth – Joan Hackett (Prudy Perkins), Robert Klupp – Walter Brennan (Pa Danby), Konrad Wagner – Harry Morgan (Olly Perkins), Martin Hirthe – Jack Elam (Jake), Uwe Friedrichsen – Bruce Dern (Joe Danby), Erich Fiedler – Henry Jones (Henry Jackson)

Auf dem Highway ist die Hölle los
The Cannonball Run (Hal Needham, 1980), DF: Rainer Brandt 1981
Christian Brückner – Burt Reynolds (J.J. McClure), Lothar Blumhagen

– Roger Moore (Seymour), Edgar Ott – Dom DeLuise (Victor), Klaus Miedel – Dean Martin (Jamie Blake), Jochen Schröder – Sammy Davis jr. (Fenderbaum)

AUF DER FLUCHT (TV-Serie)
THE FUGITIVE (1963–1967), DF: Studio Hamburg (i. A. d. ARD) 1965
Sebastian Fischer – David Janssen (Dr. Richard Kimble), Hans Paetsch – Barry Morse (Phil Gerard)
▶ In DR. KIMBLE – AUF DER FLUCHT (Sat.1 1988) sprachen Helmut Gauß und Axel Lutter.

AUF DER JAGD NACH DEM GRÜNEN DIAMANTEN
ROMANCING THE STONE (Robert Zemeckis, 1984), DF: 1984
Volker Brandt – Michael Douglas (Jack Colton), Traudel Haas – Kathleen Turner (Joan Wilder), Gerd Duwner – Danny De Vito (Ralph), Bettina Schön – Holland Taylor (Gloria), Jürgen Thormann – Zack Norman (Ira)
▶ Gleiche Synchronbesetzung auch in der Fortsetzung AUF DER JAGD NACH DEM JUWEL VOM NIL (1986).

AUF DER SUCHE NACH MR. GOODBAR
LOOKING FOR MR. GOODBAR (Richard Brooks, 1976), DF: BSG 1978, D/R: Joachim Kunzendorf
Traudel Haas – Diane Keaton (Theresa), Gisela Fritsch – Tuesday Weld (Katherine), Joachim Tennstedt – William Atherton (James), Heinz Petruo – Richard Kiley (Dunn), Lutz Riedel – Richard Gere (Tony Lopanto), Joachim Kerzel – Alan Feinstein (Prof. Engle), Norbert Langer – Tom Berenger (Gary Cooper White), Lola Luigi – Priscilla Pointer (Mrs. Dunn), Cornelia Meinhardt – Laurie Prange (Brigid), Norbert Gescher – Joel Fabiani (Barney)

AUF DIE HARTE TOUR
THE HARD WAY (John Badham, 1990), DF: 1991
Arne Elsholtz – James Woods (John Moss), Sven Hasper – Michael J. Fox (Nick Lang), Daniela Hoffmann – Annabella Sciorra (Susan), Thomas Danneberg – Stephen Lang (Party Crasher), Klaus Sonnenschein – Delroy Lindo (Cpt. Brix), Detlef Bierstedt – Luis Guzman (Pooley), Oliver Rohrbeck – LL Cool J (Billy), Hans Teuscher – John Capodice (Grainy), Jürgen Kluckert – Conrad Roberts (Witherspoon), Ulrike Möckel – Mary Mara (China)

AUF LEISEN SOHLEN KOMMT DER TOD
FUZZ (Richard A. Colla, 1971), DF: Ultra 1973, D: Eberhard Cronshagen, R: Josef Wolf
Michael Chevalier – Burt Reynolds (Steve Carella), Arnold Marquis – Jack Weston (Meyer Meyer), Thomas Stroux – Tom Skerritt (Bert King), Beate Hasenau – Raquel Welch (Eileen McHenry), Heinz Petruo – Yul Brynner (der Taube), Harald Juhnke – Don Gordon (LaBresca), Jochen Schröder – Peter Bonerz (Buck), Christian Brückner – Cal Belini (Ahmad), Gisela Uhlen – Martine Bartlett (Sadie)

AUF LIEBE UND TOD
VIVEMENT DIMANCHE (François Truffaut, 1983), DF: 1983
Gisela Fritsch – Fanny Ardant (Barbara), Fred Maire – Jean-Louis Trintignant (Julien), Randolf Kronberg – Philippe Laudenbach (Clement), Wolfgang Hess – Georges Koulouris (Lablache)

AUFGELEGT
HANGING UP (Diane Keaton, 2000), DF: Hermes 2000, D/R: Andreas Pollak
Ulrike Möckel – Meg Ryan (Eve), Monica Bielenstein – Diane Keaton (Georgia), Judith Brandt – Lisa Kudrow (Maddy), Wolfgang Völz – Walter Matthau (Lou), Jörg Hengstler – Adam Arkin (Jesse), Bettina Schön – Cloris Leachman (Pat), Claudia Urbschat-Mingues – Tracee Ellis Ross (Kim), Regina Lemnitz – Maree Cheatham (Angie)

DAS AUGE
MORTELLE RANDONÉE (Claude Miller, 1982), DF: 1984
Peter Fitz – Michel Serrault («das Auge»), Cornelia Meinhardt – Isabelle Adjani (Catherine), Frank Glaubrecht – Guy Marchand (blasser Mann), Renate Küster – Stéphane Audran (die Frau in Grau), Hallgard Bruckhaus – Geneviève Page (Mme Schmidt-Boulanger), Manfred Lehmann – Sami Frey (Ralph), Dagmar Altrichter – Macha Méril (Madeleine), Lothar Blumhagen – Jean-Claude Brialy (Voragine)

AUGENBLICK DER WAHRHEIT
IL MOMENTO DELLA VERITÀ (Francesco Rosi, 1965), DF: 1965
Wolfgang Draeger – Miguel Mateo Miguelin (Mateo), Wolfgang Büttner – José Gómez Sevillano (Don José), Klaus W. Krause – Pedro Basauri Pedrucho (Pedrucho)

▶ In der DEFA-Fassung von 1967 sprachen Kurt Kachlicki, Ivan Malré und Alfred Bohl (in obiger Rollen-Reihenfolge).

AUS DEM REICH DER TOTEN
➲ VERTIGO – AUS DEM REICH DER TOTEN

DIE AUSGEBUFFTEN
LES VALSEUSES (Bertrand Blier, 1973), DF: 1974
Christian Brückner – Gérard Depardieu (Jean-Claude), Arne Elsholtz – Patrick Dewaere (Pierrot), Dagmar Biener – Miou-Miou (Marie-Ange), Eva Katharina Schultz – Jeanne Moreau (Jeanne), Renate Küster – Isabella Huppert (Jacqueline), Almut Eggert – Brigitte Fossey (die junge Mutter)

EIN AUSGEKOCHTES SCHLITZOHR
SMOKEY AND THE BANDIT (Hal Needham, 1976), DF: 1978 BSG, D/R: Arne Elsholtz
Christian Brückner – Burt Reynolds (Bandit), Joseline Gassen – Sally Field (Carrie), Wolfgang Lukschy – Jackie Gleason (Sheriff), Joachim Kemmer – Jerry Reed (Cledus), Joachim Pukaß – Mike Henry (junior)

AUSGELÖSCHT
EXTREME PREJUDICE (Walter Hill, 1987), DF: 1987, D/R: Ronald Nitschke
Thomas Danneberg – Nick Nolte (Jack Benteen), Joachim Kerzel – Powers Boothe (Cash Bailey), Hans Werner Bussinger – Michael Ironside (Mj. Hackett), Manfred Lehmann – Clancy Brown (McRose), Horst Schön – Rip Torn (Hank Pearson), Ronald Nitschke – Larry B. Scott (Biddle)

AUSGERECHNET ALASKA (TV-Serie)
NORTHERN EXPOSURE (1990–1995), DF: Hermes (i. A. v. RTL) 1992
Dietmar Wunder – Rob Morrow (Joel Fleischman), Daniela Hoffmann – Janine Turner (Maggie O'Connell), Ulrich Voss – Barry Corbin (Maurice Minnifield), Michael Tanneberger / Thomas Nero Wolff – John Corbett (Chris Stevens), Matthias Hinze / Timmo Niesner – Darren E. Burrows (Ed Chigliak), F.G. Beckhaus / Rüdiger Evers / Norbert Gescher – John Cullum (Holling Vincoeur), Arianne Borbach – Cynthia Geary (Shelly Tambo), Blanche Kommerell – Elaine Miles (Marilyn Whirlwind), Christine Gerlach – Peg Phillips (Ruth Ann Miller), Bernd Vollbrecht – Paul Provenza (Philip

Capra), Irina v. Bentheim – Teri Polo (Michelle Capra)

Ausgestossen
Odd Man Out (Carol Reed, 1946), DF: Alster Studio (i. A. d. ZDF) 1965
Eckart Dux – James Mason (Johnny), Klaus Höhne – Robert Newton (Lukey), Renate Danz – Kathleen Ryan (Kathleen), Klaus W. Krause – F. J. McCormick (Shell), Friedrich Schütter – Robert Beatty (Dennis)
▶ In der ersten Synchronfassung (Linzer 1948, D/R: C.W. Burg) sprachen Wolfgang Lukschy für James Mason und Gudrun Genest für Kathleen Ryan.

Der Auslandskorrespondent
Foreign Correspondent (Alfred Hitchcock, 1940), DF: ZDF 1986
Sigmar Solbach – Joel McCrea (Johnny Jones/Haverstock), Heidi Treutler – Laraine Day (Carol), Thomas Reiner – Herbert Marshall (Fisher), Fred Maire – Eduardo Ciannelli (Krug)

Ausnahmezustand
The Siege (Edward Zwick, 1998), DF: Interopa 1999, D: Johanna Schneider, R: Sven Hasper
Leon Boden – Denzel Washington (Anthony Hubbard), Traudel Haas – Annette Bening (Sharon Bridger), Manfred Lehmann – Bruce Willis (Gen. Devereaux), Tony Shalhoub – Tony Shalhoub (Frank Haddad), Tayfun Bademsoy – Sami Bouajila (Samir Nazhde), Roland Hemmo – David Proval (Danny Sussman), Martin Kessler – Lance Reddick (Floyd Rose), Johannes Baasner – Mark Valley (Mike Johanssen)

Der Aussenseiter
Le marginal (Jacques Deray, 1983), DF: Rainer Brandt 1983
Rainer Brandt – Jean-Paul Belmondo (Phil Jourdan), Lothar Blumhagen – Henry Silva (Meccaci), Frank Glaubrecht – Pierre Vernier (Rojinsky)

Austin Powers
Austin Powers (Jay Roach, 1997), DF: FFS 1997, D/R: Peter Stein
Philipp Brammer / Gudo Hoegel – Mike Myers (Austin Powers / Dr. Evil), Katerina Jacob – Elizabeth Hurley (Vanessa Kensington), Thomas Danneberg – Michael York (Basil Exposition), Dagmar Heller – Mimi Rogers (Mrs. Kensington), Joachim Kerzel – Robert Wagner (Number Two)

Avanti, Avanti!
Avanti! (Billy Wilder, 1972), DF: 1973
Georg Thomalla – Jack Lemmon (Wendell Armbruster), Dagmar Heller – Juliet Mills (Pamela Piggott), Harry Wüstenhagen – Clive Revill (Carlo Carlucci), Siegfried Schürenberg – Edward Andrews (J.J. Blodgett), Martin Hirthe – Franco Angrisano (Arnold Trotta), Joachim Kemmer – Franco Acampora (Armando)

Avatar – Aufbruch nach Pandora
Avatar (James Cameron, 2009), DF: Interopa 2009, D: Klaus Bickert, R: Dietmar Wunder
Alexander Doering – Sam Worthington (Jake Sully), Tanja Geke – Zoë Saldana (Neytiri), Karin Buchholz – Sigourney Weaver (Grace Augustine), Klaus Dieter Klebsch – Stephen Lang (Col. Quaritch), Anke Reitzenstein – Michelle Rodriguez (Trudy), Michael Deffert – Giovanni Ribisi (Selfridge), Rainer Fritzsche – Joel David Moore (Norm), Almut Zydra – CCH Pounder (Mo'at)

Aviator
The Aviator (Martin Scorsese, 2004), DF: FFS 2005, D/R: Clemens Frohmann
Gerrit Schmidt-Foß – Leonardo DiCaprio (Howard Hughes), Elisabeth Günther – Cate Blanchett (Katharine Hepburn), Detlef Bierstedt – John C. Reilly (Noah Dietrich), Klaus-Dieter Klebsch – Alec Baldwin (Juan Trippe), Marie Bierstedt – Kate Beckinsale (Ava Gardner), Florian Halm – Jude Law (Errol Flynn), Viktor Neumann – Matt Ross (Glenn Odekirk), Mogens v. Gadow – Ian Holm (Prof. Fitz), Bodo Wolf – Alan Alda (Brewster)

B

Babel
Babel (Alejandro González Iñárritu, 2006), DF: BSG 2006, D/R: Erik Paulsen
Tobias Meister – Brad Pitt (Richard), Bettina Weiß – Cate Blanchett (Susan), Sebastian Jacob – Gael García Bernal (Santiago),

Monica Bielenstein – Adriana Barraza (Amelia), Viktoria Kilian – Elle Fanning (Debbie), Felix Saalfrank – Nathan Gamble (Mike), Hans Hohlbein – Robert Esquivel (Luis), Maximilian Artajo – Said Tarchani (Ahmed), Erich Räuker – Koji Yakusho (Yasujiro), Ann Vielhaben – Rinko Kikuchi (Chieko)

Baby Doll
Baby Doll (Elia Kazan, 1956), DF: ZDF 1984
Friedrich W. Bauschulte – Karl Malden (Archie Lee), Monika Barth – Carrol Baker (Baby Doll), Tommi Piper – Eli Wallach (Silva Vacarro), Margit Weinert – Mildred Dunnock (Tante Rose)
▶ In der ersten deutschen Fassung von 1957 wurde Karl Malden von Klaus W. Krause synchronisiert.

Babylon 5 (TV-Serie)
Babylon 5 (1993–1998), DF: Telesynchron (i. A. v. Pro7) 1995
Bernd Vollbrecht – Michael O'Hare (Sinclair), Peter Reinhardt – Jerry Doyle (Michael Garibaldi), Joseline Gassen – Mira Furlan (Delenn), Lothar Blumhagen – Andreas Katsulas (G'Kar), Bert Franzke – Peter Jurasik (Londo Mollari), Detlef Bierstedt – Richard Biggs (Dr. Franklin), Evelyn Maron – Andrea Thompson (Talia Winters)

Bad Company
Bad Company (Joel Schumacher, 2002), DF: BSG 2002, D/R: Michael Nowka
Joachim Kerzel – Anthony Hopkins (Oakes), Oliver Rohrbeck – Chris Rock (Jake Hayes/Kevin Pope), Roland Hemmo – Matthew Marsh (Dragan Adjanic), Johannes Baasner – Gabriel Macht (Seale), Anna Carlsson – Kerry Washington (Julie), Andrea Solter – Garcelle Beauvais (Nicole), Klaus-Dieter Klebsch – Peter Stormare (Adrik Vas), Anke Reitzenstein – Brooke Smith (Swanson), Charles Rettinghaus – Daniel Sunjata (Carew)

Balduin, der Ferienschreck
Les grandes vacances (Jean Girault, 1967), DF: Berliner Union 1968, D/R: Karlheinz Brunnemann
Gerd Martienzen – Louis de Funès (Bosquier), Gisela Trowe – Claude Gensac (seine Frau), Thomas Danneberg – Olivier de Funès (Philippe), Ferdy Mayne – Ferdy Mayne (Marc Farell), Arne Elsholtz – Maurice Risch (Michonnett)

BALDUIN, DER HEIRATSMUFFEL
LE GENDARME SE MARIE (Jean Girault, 1968), DF: ds 1970
Gerd Martienzen – Louis de Funès (Cruchot), Martin Hirthe – Michel Galabru (Gerber), Klaus Miedel – Jean Lefebvre (Fougasse), Ursula Herwig – Geneviève Grad (Nicole), Tilly Lauenstein – Claude Gensac (Josepha), Lothar Blumhagen – Michel Modo (Merlot), Michael Chevalier – Mario David (Fredo), Jochen Schröder – Guy Grosso (Tricart)

BALDUIN, DER SCHRECKEN VON ST. TROPEZ
LE GENDARME EN BALADE (Jean Girault, 1970), DF: ds 1971
Gerd Martienzen – Louis de Funès (Cruchot), Martin Hirthe – Michel Galabru (Gerber), Lothar Blumhagen – Christian Marin (Merlot), Tilly Lauenstein – Claude Gensac (Josepha), Jochen Schröder – Guy Grosso (Tricart)

BALDUIN, DER SONNTAGSFAHRER
SUR UN ARBRE PERCHÉ (Serge Kober, 1970), DF: ds 1971, D: Ursula Buschow, R: Karlheinz Brunnemann
Gerd Martienzen – Louis de Funès (Balduin), Renate Danz – Geraldine Chaplin (Mme Müller), Christian Wolff – Olivier de Funès (Tramper)
▶ In BALDUIN, DER GELDSCHRANKKNACKER sprach Klaus Miedel für Louis de Funès.

BALZAC UND DIE KLEINE CHINESISCHE SCHNEIDERIN
BALZAC ET LA PETITE TAILLEUSE CHINOISE (Dai Sijie, 2002), DF: Logo 2003, R: Eric Paulsen
Marie Bierstedt – Zhou Xun (kleine Schneiderin), Ozan Ünal – Chen Kun (Lou Ming), Sebastian Schulz – Liu Ye (Ma Jianling), Hans Hohlbein – Wang Shuangbao (Dorfvorsteher), Klaus Jepsen – Chung Zhijun (alter Schneider), Björn Schalla – Wang Hongwei (Vier-Auge)

BANANAS
BANANAS (Woody Allen, 1971), DF: 1974
Wolfgang Draeger – Woody Allen (Fielding Mellish), Joseline Gassen – Louise Lasser (Nancy), Fritz Tillmann – Carlos Montalban (Gen. Vargas), Joachim Kemmer – Jacob Morales (Esposito), Hans W. Bussinger – Miguel Angel Suárez (Luis), Manfred Grote – David Ortiz (Sánchez), Martin Hirthe – René Enríquez (Díaz), Gerd Holtenau – Jack Axelrod (Aroyo)

BANDOLERO
BANDOLERO (Andrew V. McLaglen, 1967), DF: BSG 1968, D/R: Dietmar Behnke
Klaus Miedel – Dean Martin (Dee), Siegmar Schneider – James Stewart (Mace), Arnold Marquis – George Kennedy (Sheriff Johnson), Renate Küster – Raquel Welch (Maria), Robert Klupp – Denver Pyle (Muncie Carter)

BARABBAS
BARABBAS (Richard Fleischer, 1961), DF: Ultra 1962, D: Eberhard Cronshagen, R: Josef Wolf
Gerhard Geisler – Anthony Quinn (Barabbas), Eva Pflug – Silvana Mangano (Rachel), Klaus Miedel – Arthur Kennedy (Pontius Pilatus), Beate Hasenau – Katy Jurado (Sara), Wolfgang Lukschy – Harry Andrews (Petrus), G. G. Hoffmann – Vittorio Gassman (Sahak), Arnold Marquis – Jack Palance (Towald), Horst Niendorf – Ernest Borgnine (Lucius), Lola Luigi – Valentina Cortese (Julia), Friedrich Schoenfelder – Norman Wooland (Rufio), Friedrich Joloff – Michael Gwynn (Lazarus)

BARBARELLA
BARBARELLA (Roger Vadim, 1967), DF: BSG 1968, D/R: Rolf Karrer-Kharberg
Ursula Herwig – Jane Fonda (Barbarella), Joachim Ansorge – John Phillip Law (Pygar), Beate Hasenau – Anita Pallenberg (Schwarze Königin), Paul-Edwin Roth – Milo O'Shea (Durand-Durand), Christian Brückner – David Hemmings (Dildano), Hugo Schrader – Marcel Marceau (Prof. Ping), Horst Niendorf – Ugo Tognazzi (Mark Hand), Curt Ackermann – Claude Dauphin (Präsident)

BÄRENBRÜDER
BROTHER BEAR (Aaron Baise, Robert Walker, 2003), DF: BSG 2004, R: Michael Nowka
Daniel Brühl (OF: Joaquin Phoenix) – (Kenai), Johannes Bachmann – (Koda), Moritz Bleibtreu – (Danaih), Barbara Adolph – (Tanana), Gedeon Burkhard – (Sitka), Ben Hecker – (Tug), Thomas Danneberg – (Björn), Stefan Gossler – (Benny)

BARFUSS IM PARK
BAREFOOT IN THE PARK (Gene Saks, 1966), DF: BSG 1967, D: F.A. Koeniger, R: Klaus v. Wahl
Michael Chevalier – Robert Redford (Paul), Karin Remsing – Jane Fonda (Corie), Curt Ackermann – Charles Boyer (Victor Velasco), Alice Treff – Mildred Natwick (Ethel Banks), Joachim Cadenbach – Herb Edelman (Telefonarbeiter)

DIE BARFÜSSIGE GRÄFIN
THE BAREFOOT CONTESSA (Joseph Mankiewicz, 1954), DF: Ultra 1955, D: Hans Fritz Beckmann, R: Josef Wolf, künstler. Beratung: Axel v. Ambesser
Edith Schneider – Ava Gardner (Maria), Paul Klinger – Humphrey Bogart (Harry Dawes), Wolfgang Lukschy – Edmond O'Brien (Oscar Muldoon), Tilly Lauenstein – Valentina Cortesa (Eleanora), Curt Ackermann – Rossano Brazzi (Vincenzo), Heinz Drache – Warren Stevens (Kirk Edwards), Klaus Miedel – Marius Goring (Bravano)

BARRY LYNDON
BARRY LYNDON (Stanley Kubrick, 1975), DF: 1976, D: Michael Mackenroth, R: Wolfgang Staudte
Jörg Pleva – Ryan O'Neal (Barry Lyndon), Katrin Schaake – Marisa Berenson (Lady Lyndon), Hardy Krüger – Hardy Krüger (Cpt. Potzdorf), F.W. Bauschulte – Patrick Magee (Chevalier de Balibari), Gottfried Kramer – Godfrey Quigley (Cpt. Grogan), Tilly Lauenstein – Marie Kean (Mrs. Barry), Hans Clarin – Murray Melvin (Rev. Hunt), Hans Paetsch – André Morell (Lord Wendover), Erzähler: Siegmar Schneider

BARTON FINK
BARTON FINK (Joel u. Ethan Coen, 1991), DF: 1991
Benjamin Völz – John Turturro (Barton Fink), Rainer Basedow – John Goodman (Charlie Meadows), Gertie Honeck – Judy Davis (Audrey Taylor), Klaus Sonnenschein – Michael Lerner (Jack Lipnick), Eric Vaessen – John Mahoney (Mayhew), Helmut Müller-Lankow – Jon Polito (Lou Breeze), Santiago Ziesmer – Steve Buscemi (Chef), Friedrich W. Bauschulte – David Warrilow (Stanford), Reinhard Kuhnert – Richard Portnow (Mastrionotti)

BASIC INSTINCT
BASIC INSTINCT (Paul Verhoeven, 1991), DF: Hermes 1992, R: Andreas Pollak
Volker Brandt – Michael Douglas (Nick Curran), Simone Brahmann – Sharon Stone (Catherine Tramell), Anke Reitzenstein – Jeanne Tripp-

lehorn (Dr. Gardner), Engelbert v. Nordhausen – George Dzundza (Gus), Joachim Kerzel – Denis Arndt (Lt. Walker), Daniela Hoffmann – Leilani Sarelle (Roxy), Kurt Goldstein – Bruce A. Young (Andrews), Gerd Holtenau – Chelcie Ross (Cpt. Talcott)

BASIL, DER GROSSE MÄUSEDETEKTIV
THE GREAT MOUSE DETECTIVE (John Musker u. a., 1986), DF: 1986, D: Hans Bernd Ebinger, R: Friedrich Schoenfelder
Edgar Ott – (Prof. Rattenzahn), Harry Wüstenhagen – (Basil), Friedrich Schoenfelder – (Dr. Wasdenn), Antje Primel – (Olivia), Helmut Krauss – (Sherlock Holmes)

BATMAN
BATMAN (Tim Burton, 1988), DF: Interopa 1989, D/R: Thomas Danneberg
Joachim Tennstedt – Michael Keaton (Batman), Joachim Kerzel – Jack Nicholson (Joker), Evelyn Maron – Kim Basinger (Vicky Vale), Harald Leipnitz – Jack Palance (Grissom), Rebecca Völz – Jerry Hall (Alicia), Thomas Wolff – Billy Dee Williams (Harvey Dent)

BATTLESTAR GALACTICA (TV-Serie)
BATTLESTAR GALACTICA (2004–2008), DF: Dubbing Brothers Germany 2005 (i. A. v. RTL), D/R: Michael Brennicke
Thomas Fritsch – Edward Olmos (William Adama), Kornelia Boje – Mary McDonnell (Laura Roslin), Philipp Moog – Jamie Bamber (Lee Adama), Katrin Fröhlich – Katee Sackhoff (Kara Thrace), Elisabeth Günther – Tricia Helfer (Number Six), Shandra Schadt – Grace Park (Sharon Valerii), Erich Ludwig – Michael Hogan (Tigh)

BAYWATCH – DIE RETTUNGSSCHWIMMER VON MALIBU (TV-Serie)
BAYWATCH (1989–2001), DF: Studio Hamburg (i. A. d. ARD, ab 2. Staffel: Sat.1) 1990, D/R: Andreas W. Schmidt, Andreas v. d. Meden)
Andreas v. d. Meden – David Hasselhoff (Mitch), Wolfgang Jürgen – Parker Stevenson (Craig), Isabella Grothe – Shawn Weatherly (Jill), Brigitte Böttrich – Wendie Malick (Gayle), Alexander Pelz – Peter Phelps (Trevor Cole), Klaus Nietz – Monte Markham (Cpt. Thorpe), Traudel Sperber – Erika Eleniak (Shauni), Lutz Mackensy – John Allen Nelson (John D. Cort), Peter Aust – Richard Jackel (Al)

A BEAUTIFUL MIND
A BEAUTIFUL MIND (Ron Howard, 2001), DF: BSG 2001, D: Lutz Riedel, R: Marianne Groß
Tom Vogt – Russell Crowe (John Nash), Wolfgang Condrus – Ed Harris (Parcher), Andrea Solter – Jennifer Connelly (Alicia), Lothar Blumhagen – Christopher Plummer (Dr. Rosen), Nicolas Böll – Paul Bettany (Charles), David Nathan – Adam Goldberg (Sol), Bernd Vollbrecht – Josh Lucas (Hansen)

BEAVIS UND BUTT-HEAD MACHEN'S IN AMERIKA
BEAVIS & BUTT-HEAD DO AMERICA (Mike Judge, 1997), DF: 1997
Julien Haggege – (Beavis), Tommy Morgenstern – (Butt-Head), Norbert Gescher – (Agent Fleming), Tilly Lauenstein – (Martha), Eberhard Prüter – (Tom), Hans Holbein – (Borg), Jan Spitzer – (Muddy), Sabine Jaeger – (Dallas)
▶ Haggege und Morgenstern sprachen auch in der TV-Serie (RTL 1995).

BEE MOVIE –
DAS HONIGKOMPLOTT
BEE MOVIE (Steve Hickner, Simon J. Smith, 2007), DF: BSG 2007, D/R: Oliver Rohrbeck
Bastian Pastewka (OF: Jerry Seinfeld) – (Barry B. Benson), Mirjam Weichselbraun (OF: Renée Zellweger) – (Vanessa), Gerrit Schmidt-Foß (OF: Matthew Broderick) – (Adam), Klaus Sonnenschein (OF: John Goodman) – (Layton T. Montgomery), Tilo Schmitz (OF: Patrick Warburton) – (Ken), Jan-David Rönfeldt (OF: Chris Rock) – (Mousebloud), Frank-Otto Schenk (OF: Barry Levinson) – (Martin), Regina Lemnitz (OF: Kathy Bates) – (Janet), Hans Teuscher (OF: Rip Torn) – (Lou Lo Duca)
«Bastian Pastewka müht sich als Seinfelds deutsche Stimme redlich, aber was soll man machen, wenn Barry im Original auf die fassungslose Frage einer Frau, wie er sprechen gelernt habe, einfach antwortet: ‹Like everyone, starting with mommy, daddy, honey› und der deutschen Dialogregie nichts anderes einfällt als die wörtliche Übersetzung: Mama, Papa, Honig? Darüber möchte man weinen statt lachen.»
(Andreas Platthaus, FAZ, 13.12.2007)

BEFORE SUNSET
BEFORE SUNSET (Richard Linklater, 2003), DF: R.C. Production 2004, D. Alexander Loewe, R: Dorette Hugo
Frank Schaff – Ethan Hawke (Jes-

se), Nana Spier – Julie Delpy (Céline, Christian Rode – Vernon Dobtcheff (Buchhändler)
▶ Frank Schaff und Nana Spier waren für Hawke und Delpy schon in BEFORE SUNRISE (1995) tätig.

BEGEGNUNG
BRIEF ENCOUNTER (David Lean, 1945), DF: ZDF 1964
Marianne Kehlau – Celia Johnson (Laura Jesson), Sebastian Fischer – Trevor Howard (Alec Harvey)

BEGEGNUNG AM VORMITTAG
BREEZY (Clint Eastwod, 1973), DF: ARD 1978
Holger Hagen – William Holden (Frank Harmon), Traudel Haas – Kay Lenz (Breezy), Harald Leipnitz – Robert C. Carmel (Bob Henderson)

DAS BEGRÄBNIS
THE FUNERAL (Abel Ferrara, 1995), DF: Bavaria 1996, R: Uwe Gaube
Randolf Kronberg – Christopher Walken (Ray Tempio), Holger Schwiers – Christopher Penn (Cesarino), Dagmar Dempe – Isabella Rossellini (Clara), Marina Köhler – Annabella Sciorra (Jean), Florian Halm – Vincent Gallo (Johnny), Kathrin Simon – Gretchen Mol (Helen), Oliver Stritzel – Benicio Del Toro (Gaspare)

BEGRABT DIE WÖLFE IN DER SCHLUCHT
BILLY TWO HATS (Ted Kotcheff, 1973), DF: 1974
Wolf Ackva – Gregory Peck (Deans), Jürgen Clausen – Desi Arnaz jr. (Billy), Kurt E. Ludwig – Jack Warden (Gifford), Constanze Engelbrecht – Sian Barbara Allen (Esther), Günter Strack – David Huddleston (Copeland), Hans Michael Rehberg – John Pearce (Spencer)

BEI ANRUF MORD
DIAL M FOR MURDER (Alfred Hitchcock, 1954), DF: Dt. Mondial 1955
Hans Nielsen – Ray Milland (Tony), Marianne Kehlau – Grace Kelly (Margot), Paul-Edwin Roth – Robert Cummings (Mark), Curt Ackermann – John Williams (Insp. Hubbard), Friedrich Joloff – Anthony Dawson (Swan)

BEIM STERBEN IST JEDER DER ERSTE
DELIVERANCE (John Boorman, 1971), DF: 1972
Elmar Wepper – Jon Voight (Ed), G.G. Hoffmann – Burt Reynolds (Lewis), Rainer Basedow – Ned Beatty (Bobby), Manfred Seipold –

Ronny Cox (Drew), Gernot Duda – James Dickey (Sheriff Bullard)

BEING JOHN MALKOVICH
BEING JOHN MALKOVICH (Spike Jonze, 1999), DF: BSG 2000, D: Nadine Geist, R: Benjamin Völz
Andreas Fröhlich – John Cusack (Craig Schwartz), Katrin Fröhlich – Cameron Diaz (Lotte), Anke Reitzenstein – Catherine Keener (Maxine), Jochen Schröder – Orson Bean (Dr. Lester), Joachim Tennstedt – John Malkovich (dto.), Benjamin Völz – Charlie Sheen (dto.)

BELLE DE JOUR – SCHÖNE DES TAGES
BELLE DE JOUR (Luis Buñuel, 1967), DF: BSG 1967, D: F. A. Koeniger, R: Hans D. Bove
Evelyn Gressmann – Catherine Deneuve (Sévérine), NN – Jean Sorel (Pierre), G. G. Hoffmann – Michel Piccoli (Henri Husson), Gisela Peltzer – Geneviève Page (Mme Anais), Arnold Marquis – Francisco Rabal (Hippolyte), Christian Brückner – Pierre Clémenti (Marcel), Curt Ackermann – Georges Marchal (Herzog), Fritz Tillmann – Francis Blanche (Adolphe)

BEN HUR
BEN HUR (William Wyler, 1959), DF: MGM 1960
Wilhelm Borchert – Charlton Heston (Ben Hur), Siegmar Schneider – Jack Hawkins (Quintus Arrius), Jürgen Goslar – Stephen Boyd (Messala), Heidemarie Theobald – Haya Harareet (Esther), Leonard Steckel – Hugh Griffith (Sheik Ilderim), Ruth Hellberg – Martha Scott (Miriam), Martin Berliner – Sam Jaffe (Simonides), Alfred Balthoff – Finlay Currie (Balthasar), Waltraut Runze – Cathy O'Donnell (Tirzah)

BERLIN EXPRESS
BERLIN EXPRESS (Jacques Tourneur, 1948), DF: RKO 1954, D/R: Eberhard Cronshagen
Wilhelm Borchert – Robert Ryan (Robert Lindley), Marion Degler – Merle Oberon (Lucienne), Alfred Balthoff – Paul Lukas (Dr. Bernhardt), Klaus Miedel – Charles Korvin (Perrot), Hans Nielsen – Robert Coote (Sterling), Herbert Stass – Roman Toporov (Lt. Maxim), Wolfgang Preiß – Tom Keene (Major)

BERNARD UND BIANCA – DIE MÄUSEPOLIZEI
RESCUERS (Wolfgang Reitherman, 1977), DF: Simoton 1977, D/R: Heinrich Riethmüller

Gerd Duwner – (Bernard), Gisela Fritsch – (Bianca), Beate Hasenau – (Mme Medusa), Peter Schiff – (Snoops), Inge Wolffberg – (Ellie Mae), Klaus Miedel – (Luke), Harald Juhnke – (Orville), Arnold Marquis – (Rufus), Andrea Pawlowski – (Penny), Gerd Holtenau – (Präsident), Helmut Heyne – (Klemms)

BERÜCHTIGT
NOTORIOUS (Alfred Hitchcock, 1946), DF: ZDF 1969
Marianne Wischmann – Ingrid Bergman (Alicia), Niels Clausnitzer – Cary Grant (Devlin), Ernst Kuhr – Claude Rains (Alexander Sebastian), Wolf Ackva – Louis Calhern (Paul Prescott), Erik Jelde – Leo G. Carrol (Barbosa)
▶ In der Synchronfassung von 1951 (WEISSES GIFT), die aus den Nazikollaborateuren internationale Drogenschmuggler machte, sprachen Tilly Lauenstein (Ingrid Bergman), Wolfgang Lukschy (Cary Grant), Alfred Balthoff (Claude Rains, der hier «Aldro Sebastini» hieß) und Siegfried Schürenberg (Louis Calhern). Diese Fassung, die – abgesehen von den einschlägigen Dialogstellen – wesentlich besser ist als die neue, ist keineswegs in der Versenkung verschwunden, sie lief z. B. am 11.2.2002 kommentarlos auf arte.

DER BESESSENE
ONE-EYED JACK (Marlon Brando, 1959), DF: BSG 1961, D. F. A. Koeniger, R: Klaus v. Wahl
Harald Juhnke – Marlon Brando (Rio), Fritz Tillmann – Karl Malden (Longworth), Tilly Lauenstein – Katy Jurado (Maria), Hans W. Hamacher – Slim Pickens (Lon), Klaus Miedel – Ben Johnson (Bob), Hans-Walter Clasen – Sam Gilman (Harvey), Sabine Eggerth – Pina Pellicer (Louisa), Alexander Welbat – Larry Duran (Modesto)

BESSER GEHT'S NICHT
AS GOOD AS IT GETS (James L. Brooks, 1997), DF: 1998
Joachim Kerzel – Jack Nicholson (Melvin Udall), Jutta Speidel – Helen Hunt (Carol Connelly), Frank Röth – Greg Kinnear (Simon Bishop), Dietmar Wunder – Cuba Gooding jr. (Frank Sachs), Astrid Boner – Shirley Knight (Beverly)

DIE BESTECHLICHEN
LES RIPOUX (Claude Zidi, 1984), DF: 1985
Horst Schön – Philippe Noiret

(René), Ulrich Matthes – Thierry Lhermitte (François), Joachim Nottke – Julien Guiomar (Kommissar)
▶ In der Fortsetzung GAUNER GEGEN GAUNER (1990) sprachen Horst Niendorf für Philippe Noiret und Arne Elsholtz für Thierry Lhermitte.

DIE BESTEN JAHRE UNSERES LEBENS
THE BEST YEARS OF OUR LIFE (William Wyler, 1946), DF: Film-Studio Tempelhof 1948, D/R: Willy Zeyn
Edith Edwards – Myrna Loy (Milly Stephenson), O. E. Hasse – Fredric March (Al), Curt Ackermann – Dana Andrews (Fred Derry), Gudrun Genest – Teresa Wright (Peggy), Antje Weisgerber – Virginia Mayo (Marie Derry), Ethel Reschke – Cathy O'Donnell (Wilma), Hermann Helsing – Hoagy Carmichael (Butch Engle), Franz Nicklisch – Harold Russell (Homer Parrish), Margarethe Schön – Gladys George (Hortense Derry), Walter Werner – Roman Bohnen (Pat Derry)

BESTIE MENSCH
LA BÊTE HUMAINE (Jean Renoir, 1938), DF: ZDF 1971
Hansjörg Felmy – Jean Gabin (Jacques Lantier), Rosemarie Kirstein – Simone Simon (Séverine), Niels Clausnitzer – Fernand Ledoux (Roubaud)
▶ In der ersten Synchronfassung (Risle-Film 1949) sprachen Paul Klinger für Jean Gabin und Hannelore Schroth für Simone Simon.

BETTGEFLÜSTER
PILLOW TALK (Michael Gordon, 1959), DF: BSG 1959, D. F. A. Koeniger, R: Klaus v. Wahl
G. G. Hoffmann – Rock Hudson (Brad Allen), Edith Schneider – Doris Day (Jan Morrow), Ottokar Runze – Tony Randall (Jonathan Forbes), Alice Treff – Thelma Ritter (Alma), Agnes Windeck – Lee Patrick (Mrs. Walters), Ernst Jacobi – Nick Adams (Tony), Erich Fiedler – Marcel Dalio (Pierot)

BETTY BLUE – 37,2 GRAD AM MORGEN
37,2 degrée le matin (Jean-Jacques Beineix, 1985), DF: 1986
Simone Brahmann – Béatrice Dalle (Betty), Benjamin Völz – Jean-Hugues Anglade (Zorg), Rebecca Völz – Consuelo de Haviland (Lisa), Volker Brandt – Gérard Darmon (Eddy), Rita Engelmann – Clémentine Célarié (Annie)

BETTY UND IHRE SCHWESTERN
LITTLE WOMEN (Gillian Armstrong, 1994), DF: FFS 1995, D/R: Elisabeth v. Molo
Kellina Klein – Winona Ryder (Jo), Katrin Fröhlich – Trini Alvarado (Meg), Christine Stichler – Samantha Mathis (Amy), Sascha Icks – Claire Danes (Beth), Gisela Fritsch – Susan Sarandon (Frau March), Martin Umbach – Gabriel Byrne (Friedrich Baer)

BEVERLY HILLS COP – ICH LÖS' DEN FALL AUF JEDEN FALL
BEVERLY HILLS COP (Martin Brest, 1984), DF: 1985
Randolf Kronberg – Eddie Murphy (Axel Foley), Susanna Bonaséwicz – Lisa Eilbacher (Jenny), Norbert Langer – Steven Berkoff (Victor Maitland), Uwe Paulsen – Judge Reinhold (Rosewood), Edgar Ott – John Ashton (Sgt. Taggert), Joachim Pukaß – Jonathan Banks (Zack)
▶ In Beverly Hills Cop II (1987) sprach wieder Randolf Kronberg für Eddie Murphy, für Judge Reinhold jedoch Tobias Meister, außerdem Kerstin Sanders-Dornseif für Brigitte Nielsen.
«Eine unterhaltsame Komödie, deren subversiven Witz selbst die deutsche Synchronisation nicht zu zerstören vermochte.» (FAZ, 4.4.1985)

BEVERLY HILLS 90 210 (TV-Serie)
BEVERLY HILLS 90 210 (1990–2000), DF: RTL 1992
Philipp Brammer – Jason Priestley (Brandon), Kellina Klein – Shannen Doherty (Brenda), Sebastian A. Fischer / Oliver Mink – Luke Perry (Dylan), Marion Hartmann – Carol Potter (Cindy), Manou Lubowski – Ian Zierling (Steve), Dominik Auer / Dirk Meyer – Brian A. Green (David)

BEZAUBERNDE JEANNIE (TV-Serie)
I DREAM OF JEANNIE (1965–1970), DF: ZDF 1967
Heidi Treutler – Barbara Eden (Jeannie), Gig Malzacher – Larry Hagman (Tony Nelson), Thomas Reiner – Hayden Rourke (Dr. Bellows), Horst Sachtleben – Bill Daily (Roger Healy), Harry Kalenberg – Vinton Hayworth (Gen. Schaeffer)
In späteren Folgen sprachen Berno v. Cramm für Larry Hagman und Tonio v. d. Meden für Bill Daily.

DIE BIBEL
LA BIBBIA (John Huston, 1965), DF: BSG 1966, D/R: Hermann Gressieker
Klaus W. Krause – John Huston (Noah), Martin Hirthe – George C. Scott (Abraham), Eva Katharina Schultz – Ava Gardner (Sara), Lothar Blumhagen – Peter O'Toole (die Engel), Wilhelm Borchert – (Stimme Gottes), Harry Wüstenhagen – Stephen Boyd (Nimrod), Stefan Wigger – Richard Harris (Kain)

IL BIDONE ⮕ DER SCHWINDLER

DIE BIENE MAJA (TV-Serie)
DF: ZDF 1975–1976, D/R: Eberhard Storeck
Scarlet Lubowski – (Maja), Eberhard Storeck – (Willie), Manfred Lichtenfeld – (Flip), Tilly Breidenbach – (Thekla), Lorley Katz – (Kassandra), Horst Sommer – (Ameisenoberst)
«Als Stimme der faulen Drohne Willi war ein kleiner Junge gecastet worden, der im Studio allerdings unter Heulkrämpfen litt. ‹Da saßen wir ganz schön in der Patsche›, erinnerte sich ZDF-Dialogregisseur Eberhard Storeck in einem Interview. ‹Ich habe dann gesagt, dass ich improvisiere. Nach zehn Minuten rief die Redakteurin: Wir brauchen gar keinen neuen zu suchen – Sie sind es.›» (SZ, 8.9.2012)

DAS BIEST MUSS STERBEN
QUE LA BETE MEURE (Claude Chabrol, 1969), DF: ARD 1970, D/R: Lothar Michael Schmitt
Erik Schumann – Michel Duchaussoy (Charles), Eva Kinsky – Caroline Cellier (Hélène), Thomas Braut – Jean Yanne (Paul Decourt), Günther Sauer – Maurice Pialat (Komm. Constant), Thomas Reiner – Guy Marly (Jacques Ferrand), Sascha Hehn – Marc Di Napoli (Philippe)

THE BIG LEBOWSKI
THE BIG LEBOWSKI (Joel Coen, 1997), DF: Interopa 1998, D: Sven Hasper, R: Torsten Michaelis
Joachim Tennstedt – Jeff Bridges (The Dude), Helmut Krauss – John Goodman (Walter), Liane Rudolph – Julianne Moore (Maude), Torsten Sense – Steve Buscemi (Doony), Stefan Fredrich – John Turturro (Jesus Quintana), Dorette Hugo – Tara Reid (Bunny), Christian Rode – Ben Gazzara (Jadri Treehorn), Hans Teuscher – David Huddleston (The Big Lebowski)

BIG VALLEY (TV-Serie)
THE BIG VALLEY (1965–1969), DF: ZDF 1969, D: Horst Sommer, R: Wolfgang Schick
Elisabeth Ried – Barbara Stanwyck (Victoria Barkley), Holger Hagen – Richard Long (Jarrod), Michael Cramer – Peter Breck (Nick), Klaus Kindler – Lee Majors (Heath), Heidi Treutler – Linda Evans (Audra)

BILL COSBYS FAMILIENBANDE (TV-Serie)
THE COSBY SHOW (1984–1992), DF: ZDF 1987
Joachim Kemmer – Bill Cosby (Cliff Huxtable), Marianne Groß – Phylicia Rashad (Clair), Sabine Jaeger – Sabrina le Beauf (Sondra), Christina Plate – Lisa Bonet (Denise), Oliver Rohrbeck – Malcolm-Jamal Warner (Theodore)
▶ Auf Pro7 (1989ff.) behielten Marianne Groß und Oliver Rohrbeck ihre Rollen. Für Bill Cosby sprach Engelbert v. Nordhausen, für Lisa Bonet Janina Richter. Ferner: Caroline Ruprecht: Tempestt Bledsoe (Vanessa), Giuliana Wendt: Keshia Knight Pulliam (Rudy), Eric Vaessen: Earl Hyman (Russell), Dieter Landuris/Johannes Baasner: Geoffrey Owens (Elvin Tibideaux), Hannelore Minkus: Clarice Taylor (Anna).

BILL MCKAY – DER KANDIDAT
THE CANDIDATE (Michael Ritchie, 1972), DF: 1973
Christian Brückner – Robert Redford (Bill McKay), Klaus W. Krause – Melvyn Douglas (John J. Kay), Horst Sachtleben – Peter Boyle (Lucas), Wolf Ackva – Don Porter (Jarman), Gernot Duda – Allen Garfield (Howard Klein), Dagmar Heller – Karen Carlson (Nancy), Rainer Basedow – Michael Lerner (Paul Corliss)

BILLY ELLIOT – I WILL DANCE
BILLY ELLIOT (Stephen Daldry, 2000), DF: Interopa 2000, D: Lutz Riedel, R: Marianne Groß
Nicolas Artajo – Jamie Bell (Billy), Judy Winter – Julie Walters (Mrs. Wilkinson), Björn Schalla – Jamie Draven (Tony), Jan Spitzer – Gary Lewis (Dad), Ingeborg Wellmann – Jean Heywood (Großmutter), Nick Forsberg – Stuart Wells (Michael), Engelbert v. Nordhausen – Mike Elliot (Boxtrainer), Katrina Meyer – Nicola Blackwell (Debbie), Helmut Gauß – Colin MacLachlan (Wilkinson)

BIRDY
BIRDY (Alan Parker, 1985), DF: 1985
Benjamin Völz – Matthew Modine (Birdy), Ulrich Gressieker – Nicolas Cage (Al Columbato), Helmut Krauss – Sandy Baron (Columbato),

Katja Nottke – Karen Young (Hannah Rourke)

BIS ZUM LETZTEN MANN
FORT APACHE (John Ford, 1948), DF: Simoton 1953, D/R: Richard Busch
Fritz Tillmann – Henry Fonda (Owen Thursday), Heinz Engelmann – John Wayne (Kirby York), Heike Balzer – Shirley Temple (Philadelphia), Wolf Martini – Ward Bond (Sgt. O'Rourke), Eckart Dux – John Agar (Lt. O'Rourke), Eduard Wandrey – Victor McLaglen (Festus Mulcahy), Robert Klupp – George O'Brien (Collingwood), Walter Werner – Guy Kibbee (Dr. Wilkens)

BITTE NICHT STÖREN
DO NOT DISTURB (Ralph Levy, 1965), DF: BSG 1965, D: F.A. Koeniger, R: Klaus v. Wahl
Edith Schneider – Doris Day (Janet), Peer Schmidt – Rod Taylor (Mike), Michael Chevalier – Sergio Fantoni (Paul Bellari)

BITTERER REIS
RISO AMARO (Giuseppe de Santis, 1949), DF: ARD 1984
Rita Engelmann – Silvana Mangano (Silvana), Christian Brückner – Vittorio Gassman (Walter), Inken Sommer – Doris Dowling (Francesca), Thomas Danneberg – Raf Vallone (Marco)
▶ In der ersten Synchronisation (IFU 1950, R: Georg Rothkegel) sprachen Gisela Trowe (Silvana Mangano), Friedrich Joloff (Vittorio Gassman), Elisabeth Ried (Doris Dowling) und Max Eckard (Raf Vallone).

BLACK DAHLIA
THE BLACK DAHLIA (Brian De Palma, 2006), DF: R. C. Production 2006, D: Klaus Bickert, R: Simon Jäger, Marcel Collé
Simon Jäger – Josh Hartnett (Bucky), Tom Vogt – Aaron Eckhart (Lee), Sandra Schwittau – Hilary Swank (Madeleine), Luise Helm – Scarlett Johannson (Kay), Dascha Lehmann – Mia Kirshner (Elisabeth), Marion Hartmann – Fiona Shaw (Ramona), Hartmut Neugebauer – Mike Starr (Russ), Jürgen Kluckert – Troy Evans (Chief Green), Ilona Otto – Rachel Miner (Martha)

BLACK HAWK DOWN
BLACK HAWK DOWN (Ridley Scott, 2001), DF: Hermes 2002, D: Michael Nowka, R: Tobias Meister
Simon Jäger – Josh Hartnett (Matt Eversmann), Benjamin Völz – Eric Bana (Hoot), Douglas Welbat – Tom Sizemore (Danny McKnight), Philipp Moog – Ewan McGregor (Grimes), Joachim Kerzel – Sam Shepard (Gen. Garrison), Charles Rettinghaus – William Fichtner (Sanderson), Ingo Albrecht – Jason Isaacs (Cpt. Steele), Oliver Rohrbeck – Ewen Bremner (Shawn Nelson), Marcel Collé – Tom Hardy (Twombly), Björn Schalla – Charlie Hofheimer (Smith), Julien Haggege – Tom Guiry (Yurek), Thomas Nero Wolff – Ron Eldard (Mike Durant)

BLACK RAIN
BLACK RAIN (Ridley Scott, 1989), DF: BSG 1989, D/R: Lutz Riedel
Volker Brandt – Michael Douglas (Nick Conklin), Stephan Schwartz – Andy Garcia (Charlie Vincent), Kerstin Sanders-Dornseif – Kate Capshaw (Joyce Kingsley), Kurt Goldstein – John Spencer (Cpt. Oliver)

BLADE
BLADE (Stephen Norrington, 1998), DF: FFS 1998, D/R: Horst Geisler
Torsten Michaelis – Wesley Snipes (Blade), Alexander Brem – Stephen Dorff (Deacon Frost), Hartmut Becker – Kris Kristofferson (Whistler), Susanne v. Medvey – N'Bushe Wright (Karen), Kai Taschner – Donal Logue (Quinn), Erich Ludwig – Udo Kier (Dragonetti)

BLADE RUNNER
BLADE RUNNER (Ridley Scott, 1982), DF: 1982
Wolfgang Pampel – Harrison Ford (Deckard), Thomas Danneberg – Rutger Hauer (Batty), Jutta Speidel – Sean Young (Rachael), Christian Brückner – Edward J. Olmos (Gaff), Gerd Duwner – M. Emmet Walsh (Bryant), Joseline Gassen – Daryl Hannah (Pris), Joachim Tennstedt – William Sanderson (Sebastian), Michael Chevalier – Brion James (Leon), Jürgen Thormann – Joe Turkel (Tyrell), Alexandra Lange – Joanna Cassidy (Zhora)
▶ In der Director's-Cut-Version von 1993 sprachen neben Pampel und Danneberg Bettina Weiß für Sean Young, Arianne Borbach für Daryl Hannah und Stefan Krause für William Sanderson.

BLAUBARTS ACHTE FRAU
BLUEBEARD'S EIGHTH WIFE (Ernst Lubitsch, 1938), DF: ARD 1972
Renate Küster – Claudette Colbert (Nicole), Hartmut Reck – Gary Cooper (Mike Brandon), Erich Fiedler – Edward Everett Horton (Marquis de Loiselle), Harry Wüstenhagen – David Niven (Albert), Ursula Krieg – Elizabeth Patterson (Tante Edwige)

BLICK ZURÜCK IM ZORN
LOOK BACK IN ANGER (Tony Richardson, 1959), DF: Riva 1960
Klaus Kindler – Richard Burton (Jimmy Porter), Rosemarie Fendel – Claire Bloom (Helena), Marion Degler – Mary Ure (Alison), Horst Gentzen – Gary Raymond (Cliff Lewis)

BLONDINEN BEVORZUGT
GENTLEMEN PREFER BLONDES (Howard Hawks, 1953), DF: Elite 1954
Margot Leonard – Marilyn Monroe (Lorelei Lee), Gisela Trowe – Jane Russell (Dorothy), Axel Monjé – Elliott Reid (Malone), Curt Ackermann – Tommy Noonan (Gus Esmond), Paul Wagner – Taylor Holmes (Gus Esmond sr.), Agnes Windeck – Norma Varden (Lady Beekman)

BLOW UP
BLOW-UP (Michelangelo Antonioni, 1966), DF: 1967
Lutz Moik – David Hemmings (Thomas), Ilse Kiewiet – Vanessa Redgrave (Jane), Marianne Prenzel – Sarah Miles (Patricia), Joachim Kerzel – Peter Bowles (Ron)

BLUE IN THE FACE
BLUE IN THE FACE (Wayne Wang, 1994), DF: FFS 1996
Joachim Kerzel – Harvey Keitel (Auggie), Oliver Stritzel – Lou Reed (Lou), Frank Lenart – Michael J. Fox (Pete), Anita Höfer – Roseanne Barr (Dot), Arancha Blanco – Mel Gorham (Violet), Walter v. Hauff – Jim Jarmusch (Bob), Ilona Grandke – Lily Tomlin (Junkie), Kai Taschner – Jared Harris (Jimmy), Frank Muth – Giancarlo Esposito (Tommy), Jan Odle – Malik Yoba (Rapper), Frank Röth – Stephen Gevedon (Dennis), Jochen Striebeck – Victor Argo (Vinnie)

BLUE VELVET
BLUE VELVET (David Lynch, 1985), DF: Interopa 1987, D/R: Mina Kindl
Pierre Peters-Arnolds – Kyle MacLachlan (Jeffrey), Susanna Bonaséwicz – Isabella Rossellini (Dorothy), Joachim Kerzel – Dennis Hopper (Frank Booth), Evelyn Maron – Laura Dern (Sandy), Bettina Schön – Hope Lange (Mrs. Williams), Hans W. Bussinger – George Dickerson (Det. Williams), Tilly Lauen-

Blues Brothers

The Blues Brothers (John Landis, 1979), DF: BSG 1980, D/R: Arne Elsholtz
Rainer Basedow – John Belushi (Joliet Jake), Thomas Danneberg – Dan Aykroyd (Elwood), Christian Brückner – James Brown (Rev. James), Toni Herbert – Cab Calloway (Curtis), Heinz Petruo – Ray Charles (Ray), Marianne Groß – Carrie Fisher (Attentäterin), Evelyn Gressmann – Aretha Franklin (Imbissbesitzerin)

Blutige Spur

Tell Them Willie Boy Is Here (Abraham Polonsky, 1969), DF: BSG 1969, D. Arne Elsholtz, R: Dietmar Behnke
Rolf Schult – Robert Redford (Cooper), Christian Brückner – Robert Blake (Willie Boy), Traudel Haas – Katharine Ross (Lola), Curt Ackermann – Barry Sullivan (Calvert), Brigitte Grothum – Susan Clark (Dr. Elizabeth Arnold), Jochen Schröder – John Vernon (Hacker), Wolfgang Amerbacher – Charles McGraw (Frank Wilson)

Bonanza (TV-Serie)

Bonanza (1959–1973), DF: Alster/Arena (i. A. v. ARD 1962 bzw. ZDF 1967), R: John Pauls-Harding, Erich Ebert, Ingeborg Grunewald u. a
Friedrich Schütter – Lorne Greene (Ben Cartwright), Horst Breitenfeld – Dan Blocker (Hoss), Tommi Piper – Michael Landon (Little Joe), Horst Stark – Pernell Roberts (Adam), Gerd Duwner – Victor Sen Young (Hop Sing)
▶ In späteren Folgen wurden auch andere Sprecher eingesetzt, z .B. Michael Chevalier und Martin Hirthe für Hoss, Norbert Langer für Little Joe und Randolf Kronberg für Adam.

Bones – Die Knochenjägerin (TV-Serie)

Bones (2005–), DF: Interopa (i. A. v. RTL) 2006, D/R: Sven Hasper
Ranja Bonalana – Emily Deschanel (Temperance Brennan), Boris Tessmann – David Boreanaz (Seeley Booth), Victoria Sturm – Michaela Conlin (Angela Montenegro), David Turba – Eric Millegan (Zach Addy), Sven Hasper – T. J. Thyne (Jack Hodgins), Anke Reitzenstein – Tamara Taylor (Camille Saroyan),

Engelbert v. Nordhausen – Jonathan Adams (Daniel Goodman)

Bonjour Tristesse

Bonjour Tristesse (Otto Preminger, 1957), DF: Ultra 1958, D/R: Josef Wolf
Marianne Kehlau – Deborah Kerr (Anne), Paul Klinger – David Niven (Raymond), Julia Costa – Jean Seberg (Cecile), Margot Leonard – Mylène Demongeot (Elsa), Eckart Dux – Geoffrey Horne (Philippe), Wolfgang Kieling – Walter Chiari (Pablo), Tilly Lauenstein – Jean Kent (Mrs. Lombard), Sigrid Lagemann – Elga Andersen (Denise)

Bonnie und Clyde

Bonnie and Clyde (Arthur Penn, 1967), DF: BSG 1967, D: F.A. Koeniger, R: Hans D. Bove
Christian Brückner – Warren Beatty (Clyde), Renate Küster – Faye Dunaway (Bonnie), Harald Juhnke – Gene Hackman (Buck), Arne Elsholtz – Michael J. Pollard (C.W. Moss), Hans Wiegner – Denver Pyle (Frank Hamer), Renate Danz – Evans Evans (Velma Davis), Helmut Ahner – Gene Wilder (Eugene Grizzard)

Boogie Nights

Boogie Nights (Paul Thomas Anderson, 1997), DF: Neue Tonfilm 1998
Oliver Mink – Mark Wahlberg (Eddie Adams / Dirk Diggler), Katharina Lopinski – Julianne Moore (Amber Waves), Norbert Langer – Burt Reynolds (Jack Horner), Oliver Stritzel – Don Cheadle (Buck Swope), Ulrich Frank – William H. Macy (Little Bill), Solveig Duda – Heather Graham (Rollergirl)

Das Böse unter der Sonne

The Evil Under the Sun (Guy Hamilton, 1981), DF: 1982
Peter Ustinov – Peter Ustinov (Hercule Poirot), Wolfgang Völz – Colin Blakeley (Horace Blatt), Wilhelm Borchert – James Mason (Odell Gardener), Gisela Trowe – Sylvia Miles (Myriam Gardener), Eva Katharina Schultz – Maggie Smith (Miss Castle), Regina Lemnitz – Diana Rigg (Arlena Marshall), Horst Gentzen – Roddy McDowell (Rex Brewster), Manfred Lehmann – Nicholas Clay (Patrick Redfern)

Der Boss

Comptes à rebours (Robert Pigaut, 1970), DF: Interopa 1971, D/R: Thomas Keck
Wolfgang Kieling – Serge Reggia-

ni (François Nolan), Eva Katharina Schultz – Jeanne Moreau (Madeleine), Tilly Lauenstein – Simone Signoret (Léa), (stumme Rolle) – Charles Vanel (Juliani), Klaus Miedel – Michel Bouquet (Valberg), Lothar Blumhagen – Jean Desailly (Dr. Saint-Rose), Edgar Ott – Marcel Bozuffi (Zampalone), Hans Wiegner – André Pousse (Gilbert), Norbert Langer – Amidou (Macyas), Rolf Schult – Serge Sauvion (Jebel)

Boston Legal (TV-Serie)

Boston Legal (2004–2009), DF: Neue Tonfilm (i. A. v. Vox) 2006, D/R: Hartmut Neugebauer
Benjamin Völz – James Spader (Alan Shore), Hartmut Neugebauer – William Shatner (Denny Crane), Torsten Michaelis – Mark Valley (Brad Chase), Tanja Geke – Rhona Mitra (Tara Wilson), Claudia Lössl – Julie Bowen (Denise Bauer), Maud Ackermann – Monica Potter (Lori Colson), Horst Sachtleben – René Auberjonois (Paul Lewiston), Regine Albrecht – Candice Bergen (Shirley Schmidt), Solveig Duda – Lake Bell (Sally Heep)

Boston Public (TV-Serie)

Boston Public (2000–2004), DF: BSG (i. A. v. Vox) 2005, D: Nadine Geist, R: Heike Kospach
Detlef Bierstedt – Chi McBride (Steven Harper), Michael Pan – Anthony Heald (Scott Guber), Katja Nottke – Loretta Devine (Marla Hendricks), Nicolas Böll – Nicky Katt (Harry Senate), Vera Teltz – Sharon Leal (Marylin Sudor), Ulrich Voss – Fyvush Finkel (Harvey Lipschultz), Tanja Geke – Rashida Jones (Louisa), Peter Flechtner – Thomas McCarthy (Kevin Riley), Stefan Krause – Joey Slotwick (Milton Buttle)

Botschafter der Angst

The Manchurian Candidate (John Frankenheimer, 1962), DF: Ultra 1963
Herbert Stass – Frank Sinatra (Bennett Marco), Horst Frank – Laurence Harvey (Raymond Shaw), Eva Katharina Schultz – Janet Leigh (Rosie), Friedel Schuster – Angela Lansbury (Raymonds Mutter), Lothar Blumhagen – Henry Silva (Chunjim), Curt Ackermann – James Gregory (Sen. Iselin), Uta Hallant – Leslie Parrish (Jocie Jordon), Fritz Tillmann – John McGiver (Sen. Jordon), Klaus Miedel – Khigh Dhiegh (Yen Lo), Alexander Welbat – James Edwards (Melvin), Heinz Petruo – Douglas Henderson

(Milt), Wilhem Borchert – Albert Paulsen (Zilkow), Siegfried Schürenberg – Lloyd Corrigan (Gaines)

BOULEVARD DER DÄMMERUNG
SUNSET BOULEVARD (Billy Wilder, 1950), DF: Ultra 1951
Till Klokow – Gloria Swanson (Norma Desmond), Paul Klinger – William Holden (Joe Gillis), Walter Holten – Erich v. Stroheim (Max), Elfie Beyer – Nancy Olson (Betty Schaefer), Anton Reimer – Fred Clark (Sheldrake), John Pauls-Harding – Jack Webb (Artie Green)

DIE BOURNE-IDENTITÄT
THE BOURNE-IDENTITY (Doug Liman, 2002), DF: BSG 2002, D/R: Lutz Riedel
Matthias Hinze – Matt Damon (Jason Bourne), Franke Potente – Franka Potente (Marie St. Jacques), Jan Spitzer – Chris Cooper (Conklin), Thomas Nero Wolff – Clive Owen (Professor), Roland Hemmo – Brian Cox (Ward Abbott), Oliver Feld – Gabriel Mann (Zorn)
▶ In der Fortsetzung DIE BOURNE-VERSCHWÖRUNG (2004) sprach Simon Jäger für Matt Damon, desgleichen in DAS BOURNE-ULTIMATUM (2007), hier außerdem Ranja Bonalana für Julia Stiles.
▶ DAS BOURNE VERMÄCHTNIS (2012) wurde besetzt mit Gerrit Schmidt-Foß (Jeremy Renner), Bettina Weiß (Rachel Weisz) und Andreas Fröhlich (Edward Norton).

DIE BOUNTY
THE BOUNTY (Roger Donaldson, 1984), DF: 1985
Michael Chevalier – Anthony Hopkins (Cpt. Bligh), Frank Glaubrecht – Mel Gibson (Fletcher Christian), Manfred Lehmann – Daniel Day-Lewis (Fryer), Wilhelm Borchert – Laurence Olivier (Admiral Hood)

BOYS DON'T CRY
BOYS DON'T CRY (Kimberly Peirce, 1999), DF: K2 Production Ltd. 2000, D/R: Joachim Kunzendorf
Sandra Schwittau – Hilary Swank (Brandon Teena), Bettina Weiss – Chloë Sevigny (Lana), Dietmar Wunder – Peter Sarsgaard (John), Björn Schalla – Brendan Sexton (Tom), Katja Primel – Alicia Goranson (Candace), Matthias Hinze – Matt McGrath (Lonny)

BOYZ'N THE HOOD – JUNGS IM VIERTEL
BOYZ'N THE HOOD (John Singleton, 1991), DF: 1992

Matthias Hinze – Cuba Gooding jr. (Tre Styles), Andreas Fröhlich – Ice Cube (Dough Boy), Timm Brückner – Morris Chestnut (Ricky), Heike Schroetter – Tyra Ferrell (Mrs. Baker)

DIE BRAUT, DIE SICH NICHT TRAUT
RUNAWAY BRIDE (Garry Marshall, 1999), DF: FFS 1999, D/R: Hartmut Neugebauer
Daniela Hoffmann – Julia Roberts (Maggie), Hubertus Bengsch – Richard Gere (Ike), Ulrike Möckel – Joan Cusack (Peggy Flemming), Liane Rudolph – Rita Wilson (Ellie), Reinhard Brock – Hector Elizondo (Fisher), Hartmut Neugebauer – Paul Dooley (Walter), Uwe Büschken – Christopher Meloni (Coach Bob), Stefan Fredrich – Reg Rogers (George Bug Guy), Thomas Nero Wolff – Yul Vazquez (Dead Head Gill), Renate Danz – Jane Morris (Mrs. Pressman), Hans Hohlbein – Donal Logue (Priester Brian), Silvie Mißbach – Lisa Roberts (Elaine), Tilly Lauenstein – Jean Schertler (Grandma), Madeleine Stolze – Laurie Metcalf (Mrs. Trout)

BRAVEHEART
BRAVEHEART (Mel Gibson, 1994), DF: Interopa 1995
Elmar Wepper – Mel Gibson (William), Judith Brandt – Sophie Marceau (Isabel), Christian Rode – Patrick McGoohan (Edward I.), Bettina Weiß – Catherine McCormack (Murron), Frank Ciazynski – Brendan Gleeson (Hamish), Helmut Krauss – James Cosmo (Campell), Michael Pan – David O'Hara (Stephen), Wolfgang Condrus – Angus McFaden (Robert), Michael Telloke – John Kavanagh (Craig)

BRAZIL
BRAZIL (Terry Gilliam, 1984), DF: 1985
Thomas Danneberg – Jonathan Pryce (Sam Lowry), Joachim Kerzel – Robert De Niro (Harry Tuttle), Susanna Bonaséwicz – Kim Greist (Jill), Gudrun Genest – Katherine Helmond (Mutter), Herbert Stass – Ian Holm (Kurtzmann), Wichart v. Roell – Bob Hoskins (Spoor)

BREAKING BAD (TV-SERIE)
BREAKING BAD (2007), DF: BSG (i. A. v. AXN) 2009, D/R: Erik Paulsen
Joachim Tennstedt – Bryan Cranston (Walter), Marcel Collé – Aaron Paul (Jesse Pinkman), Susanna v. Medwey – Anna Gunn (Skyler),

Nico Mamone – RJ Mitte (Walter jr.), Lutz Schnell – Dean Norris (Hack Schrader), Gundi Eberhard – Betsy Brandt (Marie), Frank-Otto Schenk – Giancarlo Esposito (Gus)

BREAKING THE WAVES
BREAKING THE WAVES (Lars von Trier, 1996), DF: Interopa 1996, D: Theodor Dopheide, Leon Boden
Heidrun Bartholomäus – Emily Watson (Bess), Detlef Bierstedt – Stellan Skarsgard (Jan), Susanna Bonaséwicz – Katrin Cartlidge (Dodo), Thomas Petruo – Jean-Marc Barr (Terry)

BRENNPUNKT BROOKLYN
↪ FRENCH CONNECTION

BRIDGET JONES – SCHOKOLADE ZUM FRÜHSTÜCK
BRIDGET JONES' DIARY (Sharon Maguire, 2001), DF: Interopa 2001, D: Marius Götze-Clarén, R: Susanna Bonaséwicz
Ranja Bonalana – Renée Zellweger (Bridget Jones), Patrick Winczewski – Hugh Grant (Daniel Cleaver), Tom Vogt – Colin Firth (Mark Darcy), Reinhard Kuhnert – Jim Broadbent (Bridgets Vater), Regine Albrecht – Gemma Jones (Bridgets Mutter), Anke Reitzenstein – Sally Phillips (Sharon Shazzer), Dorette Hugo – Shirley Henderson (Jude), David Nathan – James Callis (Tom), Rita Engelmann – Celia Imrie (Mrs. Alconbury), Peter Groeger – James Faulkner (Onkel Geoffrey)

BROADWAY DANNY ROSE
BROADWAY DANNY ROSE (Woody Allen, 1984), DF: 1984
Wolfgang Draeger – Woody Allen (Danny Rose), Dagmar Heller – Mia Farrow (Tina Vitale), Wolfgang Hess – Nick Apollo Forte (Lou Canova), Horst Sachtleben – Sandy Baron (dto.)

BROKEBACK MOUNTAIN
BROKEBACK MOUNTAIN (Ang Lee, 2005), DF: R. C. Production 2006, D: Marius Götze-Clarén, R: Norman Matt
Simon Jäger – Heath Ledger (Ennis), Marius Götze-Clarén – Jake Gyllenhaal (Jack), Bianca Krahl – Anne Hathaway (Lureen), Anna Griesebach – Michelle Williams (Alma), Frank-Otto Schenk – Randy Quaid (Joe), Gundi Eberhard – Anna Faris (La Shawn), Roland Hemmo – Graham Beckel (LD), Liane Rudolph – Mary Liboiron (Fayette)

BRONCO BILLY
BRONCO BILLY (Clint Eastwood, 1980), DF: 1980
Klaus Kindler – Clint Eastwood (Bronco Billy), Constanze Engelbrecht – Sondra Locke (Antoinette Lily), Hartmut Neugebauer – Geoffrey Lewis (John Arlington), Gernot Duda – Scatman Crothers (Doc Lynch), Norbert Gastell – Bill McKinney (Lefty LeBow), Heiner Lauterbach – Samuel Bottoms (Leonard James), Michael Brennicke – Dan Vadis (Big Eagle), Holger Hagen – William Prince (Edgar), Wolf Ackva – Walter Barnes (Sheriff Dix)

BROT UND TULPEN
PANE E TULIPANI (Silvio Soldini, 2000), DF: FFS 2000, D/R: Susanna Bonaséwicz
Katharina Koschny – Licia Maglietta (Rosalba), Bruno Ganz – Bruno Ganz (Fernando), Gerald Schaale – Giuseppe Batiston (Costantino), Anke Reitzenstein – Marina Massironi (Grazia), Horst Lampe – Felice Andreasi (Fermo), Klaus-Dieter Klebsch – Antonio Catania (Mimmo), Julien Haggege – Tiziano Cucchiarelli (Nic), Christel Merian – Silvana Bosi (Costantinos Mutter)

BRUCE ALLMÄCHTIG
BRUCE ALMIGHTY (Tom Shadyac, 2002), DF: BSG 2003, D/R: Sven Hasper
Stefan Fredrich – Jim Carrey (Bruce Nolan), Ulrike Stürzbecher – Jennifer Aniston (Grace Connelly), Reinhard Brock – Morgan Freeman (Gott), Andrea Aust – Lisa Ann Walter (Debbie), Otto Mellies – Philip Baker Hall (Jack Keller), Claudia Urbschat-Mingues – Catherine Bell (Susan)

BRUCE LEE – DER MANN MIT DER TODESKRALLE
ENTER THE DRAGON (Robert Clouse, 1973), DF: 1973
Arne Elsholtz – Bruce Lee (Lee), Lothar Blumhagen – John Saxon (Roper), Jürgen Thormann – Shi Kien (Han)
▶ In BRUCE LEE – DIE TODESKRALLE SCHLÄGT WIEDER ZU (1975) synchronisierte Thomas Danneberg den Titelhelden.

DIE BRÜCKE AM KWAI
THE BRIDGE AT THE RIVER KWAI (David Lean, 1957), DF: Ultra 1958, D: Friedrich Luft, R: Alfred Vohrer
Paul Klinger – William Holden (Shears), Wilhelm Borchert – Alec Guinness (Nicholson), Wolfgang Lukschy – Jack Hawkins (Warden), Werner Peters – Sessue Hayakawa (Saito), G.G. Hoffmann – James Donald (Clipton), Eckart Dux – Geoffrey Horne (Joyce), Siegfried Schürenberg – Andre Morell (Green), Friedrich Joloff – Peter Williams (Reeves), Horst Niendorf – John Boxer (Hughes), Franz Nicklisch – Percy Herbert (Grogan), Tilly Lauenstein – Ann Sears (Schwester)

DIE BRÜCKE VON ARNHEIM
A BRIDGE TOO FAR (Richard Attenborough, 1977), DF: 1977
Wolf Ackva – Dirk Bogarde (Browning), G.G. Hoffmann – Sean Connery (Urquhart), Hardy Krüger – Hardy Krüger (Ludwig), K.E. Ludwig – Elliott Gould (Stout), Klaus Kindler – James Caan (Sgt. Dohun), Hartmut Reck – Michael Caine (Vandeleur), Horst Niendorf – Gene Hackman (Sosabowski), Niels Clausnitzer – Anthony Hopkins (Frost), Christian Brückner – Robert Redford (Mj. Cook), Eckart Dux – Ryan O'Neal (Gen. Gavin)

DIE BRÜCKEN AM FLUSS
THE BRIDGES OF MADISON COUNTY (Clint Eastwood, 1995), DF: FFS 1995
Klaus Kindler – Clint Eastwood (Robert Kincaid), Dagmar Dempe – Meryl Streep (Francesca), Gudrun Vaupel – Annie Carley (Carolyn), Pierre Peters-Arnolds – Victor Slezak (Michael)

DIE BRÜDER KARAMASOW
THE BROTHERS KARAMAZOV (Richard Brooks, 1957), DF: MGM 1958
Hans Dieter Zeidler – Yul Brynner (Dimitri), Maria Schell – Maria Schell (Gruschenka), Edith Schneider – Claire Bloom (Katja), Werner Peters – Lee J. Cobb (Fjodor), Wolfgang Lukschy – Richard Basehart (Iwan), Horst Niendorf – Albert Salmi (Smerdjakow), Herbert Stass – William Shatner (Aljoscha)

BUCK ROGERS (TV-Serie)
BUCK ROGERS IN THE 25TH CENTURY (1979–1981), DF: Sat.1 1985
Leon Rainer – Gil Gerard (Buck Rogers), Katharina Lopinski – Erin Gray (Wilma Deering), Christian Marschall – Tim O'Connor (Dr. Huer), Manuela Renard – Pamela Hensley (Prinzessin Ardela), Christian Tramitz – (Dr. Theopolis), Randolf Kronberg – Thom Christopher (Hawk)
▶ Auf RTL sprachen 1989 u.a Tina Hoeltel für Erin Gray, Franz Rudnick für Tim O'Connor, Ulrich Frank als Stimme von Dr. Theopolis und Oliver Stritzel für Thom Christopher.

BUDDY BUDDY
BUDDY BUDDY (Billy Wilder, 1981), DF: 1982
Wolfgang Völz – Walter Matthau (Trabucco), Georg Thomalla – Jack Lemmon (Victor Clooney), Rita Engelmann – Paula Prentiss (Celia), Friedrich G. Beckhaus – Klaus Kinski (Zuckerbrot), Heinz Theo Branding – Dana Elcar (Cpt. Hubris), Ulrich Matthes – Miles Chapin (Eddie)

BUFFALO BILL UND DIE INDIANER
BUFFALO BILL AND THE INDIANS (Robert Altman, 1976), DF: 1976
G.G. Hoffmann – Paul Newman (Buffalo Bill), Arnold Marquis – Burt Lancaster (Ned Buntline), Lutz Mackensy – Joel Grey (Nate Sulsbury), Joachim Cadenbach – Kevin McCarthy (Burke), Frank Glaubrecht – Harvey Keitel (Ed Goodman), Evamaria Miner – Geraldine Chaplin (Sure Shot), Jürgen Thormann – John Considine (Frank Butler), Joachim Nottke – Will Sampson (Halsey), Friedrich Schoenfelder – Pat McCormick (Präs. Cleveland), Heinz Petruo – Allan Nichols (Prentiss Ingram)

BUFFY – IM BANN DER DÄMONEN (TV-Serie)
BUFFY, THE VAMPIRE SLAYER (1997–2003), DF: Cinephon (i. A. v. Pro7) 1998, D/R: Thomas Wolff
Nana Spier – Sarah Michelle Gellar (Buffy), Gerrit Schmidt-Foß – Nicholas Brendon (Xander Harris), Marie Bierstedt – Alyson Hannigan (Willow), Thomas Nero Wolff – Anthony Stewart Head (Giles), David Nathan – James Marsters (Spike), Santiago Ziesmer – Seth Green (Oz), Schaukje Könning – Charisma Carpenter (Cordelia Chase), Carola Ewert – Eliza Dushku (Faith), Dascha Lehmann – Emma Caulfield (Anya), Peter Flechtner – Marc Blucas (Riley Finn), Andrea Aust – Kristine Sutherland (Joyce), Uschi Hugo – Julie Benz (Daria), Anke Reitzenstein – Lindsay Crouse (Prof. Walsh)
«Aus dem Cockney-Punk-Rock-Shakespeare-Sprachgemisch, das Spike, der Vampir, in Gestalt des begnadeten James Marsters redet, wurde bei uns eine Art Tote-Hosen-Deutsch für Arme; die einnehmende

Langatmigkeit und der gewundene Ernst des britischen Bibliothekars und Okkultismusforschers Rupert Giles verwandelten sich hier ins steife Idiom eines sozialdemokratischen Lehrers; und Buffy Summers selbst, die Heldin, deren kluge Selbstironie einen leuchtenden Hintergrund für die Höhenflüge in echtes Pathos und heroische Selbstentblößung abgab, redete auf deutsch so, als wäre sie eine Mittvierzigerin, die nach den Vorstellungen eines Drehbuchautors jenseits der Fünfzig eine Mittzwanzigerin zu spielen versucht.» (Dietmar Dath, FAZ, 27.8.2003)

BUGSY
BUGSY (Barry Levinson, 1991), DF: 1992
Christian Brückner – Warren Beatty (Bugsy), Joseline Gassen – Annette Bening (Virginia), Lutz Mackensy – Harvey Keitel (Mickey), Peter Matic – Ben Kingsley (Meyer), Hubertus Bengsch – Joe Mantegna (George), Kurt Goldstein – Elliott Gould (Harry Greenberg), Hartmut Reck – Bill Graham (Charlie Luciano), Monica Bielenstein – Wendy Phillips (Esta Siegel), Harry Wüstenhagen – Richard Sarafian (Jack Dragna), Frank Glaubrecht – Lewis Van Bergen (Joey Adonis)

DER BULLE
LE PACHA (Georges Lautner, 1967), DF: BSG 1968, D/R: Thomas Keck
Klaus W. Krause – Jean Gabin (Komm. Joss), Arnold Marquis – André Pousse (Quinquin), Michael Chevalier – Jean Gaven (Marc), Gerd Martienzen – Félix Marten (Ernest), Konrad Wagner – Louis Segnier (Polizeidirektor)

BULLETS OVER BROADWAY
BULLETS OVER BROADWAY (Woody Allen, 1994), DF: Interopa 1994 D/R: Jürgen Neu
Andreas Fröhlich – John Cusack (David Shayne), Hans-Jürgen Wolf – Chazz Palminteri (Cheech), Wolfgang Völz – Jack Warden (Julian Marx), Kerstin Sanders-Dornseif – Dianne Wiest (Helen Sinclair), Heidrun Bartholomäus – Jennifer Tilly (Olive), Joachim Kerzel – Jim Broadbent (Warner Purcell), Helmut Krauss – Joe Vitarelli (Nick Valenti), Heidrun Bartholomäus – Jennifer Tilly (Olive), Hans-Werner Bussinger – Rob Reiner (Sheldon Flender), Irina v. Bentheim – Mary Louise Parker (Ellen)

BULLITT
BULLITT (Peter Yates, 1968), DF: Ultra 1969
Klaus Kindler – Steve McQueen (Bullitt), Niels Clausnitzer – Robert Vaughn (Chalmers), Renate Küster – Jacqueline Bisset (Cathy), Rolf Schult – Don Gordon (Delgetti), Hans Dieter Zeidler – Simon Oakland (Bennet), Michael Chevalier – George Stanford Brown (Dr. Willard), Eric Vaessen – Justin Tarr (Eddy)

DAS BÜRO (TV-Serie)
THE OFFICE (2005), DF: RTL 2008, R: Hans-Jürgen Wolf
Stefan Gossler – Steve Carell (Michael Scott), Gerrit Schmidt-Foß – Rainn Wilson (Dwight K. Schrute), Jaron Löwenberg – John Krasinski (Jim Halpert), Antje v. d. Ahe – Jenna Fischer (Pam), Kim Hasper – B. J. Novak (Ryan Howard)

BUS STOP
BUS STOP (Joshua Logan, 1956), DF: ZDF 1988, D/R: Lothar Michael Schmitt
Monika Barth – Marilyn Monroe (Cherie), Michael Ande – Don Murray (Bo Decker), Jochen Striebeck – Arthur O'Connell (Virgil Blessing), Rosemarie Fendel – Betty Field (Grace), Inez Günther – Hope Lange (Elma), Willi Röbke – Robert Bray (Karl), Eva-Maria Lahl – Eileen Heckart (Vera)

BUTCH & SUNDANCE –
DIE FRÜHEN JAHRE
BUTCH & SUNDANCE: THE EARLY YEARS (Richard Lester, 1978), DF: 1979
Michael Nowka – William Katt (Sundance Kid), Hans-Georg Panczak – Tom Berenger (Butch Cassidy), Claus Jurichs – John Schuck (Harvey Logan), Hans-Werner Bussinger – Michael C. Gwynne (Mike), Arne Elsholtz – Peter Weller (Joe LeFors), Klaus Sonnenschein – Brian Dennehy (O. C. Hanks), Ulli Kinalzik – Chris Lloyd (Bill Carver), Cornelia Meinhardt – Jill Eikenberry (Mary), Hermann Wagner – Joel Fluellen (Jack), Margot Rothweiler – Regina Baff (Ruby)

C

CABARET
CABARET (Bob Fosse, 1971), DF: BSG 1972, D: F.A. Koeniger, R: Dietmar Behnke
Hannelore Elsner – Liza Minnelli (Sally Bowles), Thomas Danneberg – Michael York (Brian Roberts), Katrin Schaake – Marisa Berenson (Natalia Landauer)
«Wer die gekürzte deutsche Fassung sieht, kann gerade noch erahnen, welches Ziel Fosse verfolgt. Oft bleiben Reaktionen unklar, weil ihre unerlässlichen (schockierenden) Auslöser fehlen, von den Hauptfiguren getroffene Entscheidungen wirken absurd, weil man nicht erfährt, wodurch sie beeinflusst wurden, und breit angelegten Dialogszenen geht jeder Bezug ab. CABARET will politisches Entertainment sein. Die Kürzungen ziehen der makabren Revue aber offensichtlich den politischen Boden unter den Füßen weg.» (E.S., SZ, 16.10.1972)

DIE CAINE WAR IHR SCHICKSAL
THE CAINE MUTINY (Edward Dmytryk, 1954), DF: Ultra 1954, R: Theodor Mühlen
O.E. Hasse – Humphrey Bogart (Cpt. Queeg), Wilhelm Borchert – José Ferrer (Lt. Greenwald), Horst Niendorf – Van Johnson (Lt. Steve Maryk), Curt Ackermann – Fred MacMurray (Lt. Tom Keefer), Wolfgang Preiss – Arthur Franz (Lt. Payntner), Marion Degler – May Wynn (dto.), Walter Suessenguth – Tom Tully (Cpt. DeVries), Franz Nicklisch – Lee Marvin (Meatball)
▶ O.E. Hasse sprach die Rolle des Cpt. Queeg ein Jahr später auch in einer Hörspielversion (SWF/RIAS 1955, R: Gert Westphal).

CALAHAN ⊃ DIRTY HARRY II

CAPOTE
CAPOTE (Bennett Miller, 2005), DF: Hermes 2006, D/R: Elisabeth v. Molo
Stefan Krause – Philip Seymour Hoffman (Capote), Arianne Borbach – Catherine Keener (Harper Lee), Jan Spitzer – Chris Cooper (Alwin Dewey), Gedeon Burkhard – Clifton Collins jr. (Perry Smith), Tom Vogt – Bruce Greenwood (Jack Dunphy), Monica Bielenstein – Amy Ryan (Marie Dewey), Lutz

Captain Future (TV-Serie) 323

Mackensy – Bob Balaban (William Shawn), Marco Kroeger – Mark Pellegrino (Richard Hickock)
▶ Stefan Krause erhielt für seine Arbeit den «Deutschen Synchronpreis» 2007.

Captain Future (TV-Serie)
Captain Future (1978–1979), DF: ZDF 1980
Hans-Jürgen Dittberner – (Cpt. Future), Jochen Schröder – (Simon) , Friedrich Georg Beckhaus – (Grag), Wolfgang Völz – (Otto), Anita Kupsch – (Joan Landor), Sven Plate / Philipp Brammer – (Ken Scott), Erzähler – Helmut Krauss

Carlito's Way
Carlito's Way (Brian de Palma, 1993), DF: Magma 1994, D/R: Joachim Kunzendorf
Klaus Kindler – Al Pacino (Carlito), Ulrich Matthes – Sean Penn (David), Andrea Solter – Penelope Ann Miller (Gail), Sabine Falkenberg – Ingrid Rogers (Steffie), Michael Walke – Luis Guzman (Pachanga), Till Hagen – James Rebhorn (Norwalk)

Carrie – Des Satans Jüngste Tochter
Carrie (Brian de Palma, 1976), DF: 1977
Sabine Plessner – Sissy Spacek (Carrie), Rosemarie Kirstein – Piper Laurie (Margaret), Uschi Wolff – Amy Irving (Sue), Michael Ande – William Katt (Tommy Ross), Ivar Combrinck – John Travolta (Billy Nolan), Constanze Engelbrecht – Nancy Allen (Chris), Viktoria Brams – Betty Buckley (Miss Collins), Donald Arthur – Sydney Lassick (Fromm)

Casablanca
Casablanca (Michael Curtiz, 1942), DF: ARD 1975, D/R: Wolfgang Schick
Joachim Kemmer – Humphrey Bogart (Rick), Rosemarie Kirstein – Ingrid Bergman (Ilsa Lund), Christian Rode – Paul Henreid (Victor Laszlo), Claus Biederstaedt – Claude Rains (Renault), Wolfgang Preiss – Conrad Veidt (Strasser), Horst Gentzen – Peter Lorre (Ugarte), Gerhard Geisler – Sydney Greenstreet (Ferrari), Heidi Treutler – Madeleine LeBeau (Yvonne), Horst Raspe – John Qualen (Berger), Wolfgang Hess – Dooley Wilson (Sam), Gerd Vespermann – Curt Bois (Taschendieb)
▶ In der «ideologisch bearbeiteten« Synchronfassung von 1952 (Dt.

Mondial) sprachen Paul Klinger für Humphrey Bogart und Marianne Kehlau für Ingrid Bergman.
«Sorgfältig gearbeitet, fehlt der Neuvertonung doch die Patina der vierziger Jahre, die räumliche Tiefe und das historische Timbre, das zu der grandiosen Schwarzweiß-Photographie gehört, wo das Glitzern in den tränenverhangenen Augen von Ingrid Bergman mit den Glanzlichtern des pointierten Dialogs konkurriert.» (Barbara Schweizerhof, Freitag 31, 2002)

Casino
Casino (Martin Scorsese, 1995), DF: 1996
Christian Brückner – Robert De Niro (Sam Rothstein), Mogens v. Gadow – Joe Pesci (Nicky Santoro), Martina Treger – Sharon Stone (Ginger McKenna), Manfred Lehmann – James Woods (Lester Diamond), Wolfgang Völz – Don Rickles (Billy Sherbert), Michael Chevalier – L.Q. Jones (Pat Webb), Rolf Schult – Frank Vincent (Frank Marino)

Casino Royale
Casino Royale (John Huston, Ken Hughes, Val Guest, Robert Parrish, Joseph McGrath, 1966), DF: Ultra 1967
Manfred Schott – Peter Sellers (Evelyn Tremble), Eva Pflug – Ursula Andress (Vesper Lynd), Friedrich Schoenfelder – David Niven (James Bond), Hans-Christian Blech – Orson Welles (Le Chiffre), Heidi Treutler – Joanna Pettet (Mata Bond), Horst Sachtleben – Woody Allen (Jimmy Bond / Dr. Noah), Rosemarie Kirstein – Daliah Lavi (Detainer 007), Paul Klinger – William Holden (Ransome), Klaus W. Krause – John Huston (McTarry/M), Klaus Kindler – Jean-Paul Belmondo (Legionär), Reinhard Glemnitz – Peter O'Toole (Corbett)

Casino Royale
Casino Royale (Martin Campbell, 2006), DF: Interopa 2006, D/R: Frank Schaff
Dietmar Wunder – Daniel Craig (James Bond), Alexandra Wilcke – Eva Green (Vesper Lynd), Axel Malzacher – Mads Mikkelsen (Le Chiffre), Olaf Reichmann – Jeffrey Wright (Felix Leiter), Gisela Fritsch – Judi Dench (M), Marc Papanastasiou – Simon Abkarian (Dimitros), Andreina de Martin – Caterina Murino (Solange), Bernd Rumpf – Giancarlo Giannini (René Mathis), Marina Lüdemann – Ivana Milicevic (Valenka), Matthias Hinze – Tobias Menzies (Villiers), Wolfgang Condrus – Jesper Christensen (White)

Catch Me If You Can
Catch Me If You Can (Steven Spielberg, 2002), DF: BSG 2003, D: Alexander Loewe, R: Frank Schaff)
Gerrit Schmidt-Foß – Leonardo DiCaprio (Frank), Arne Elsholtz – Tom Hanks (Carl Hanratty), Bodo Wolf – Christopher Walken (Frank Abgnale sen.), Joachim Kerzel – Martin Sheen (Roger Strong), Beate Heckel – Nathalie Baye (Paula), Giuliana Wendt – Amy Adams (Brenda Strong), Jürgen Kluckert – James Brolin (Jack Barnes)

Catch 22
Catch 22 (Mike Nichols, 1970), DF: BSG 1971, D: F.A. Koeniger, R: Dietmar Behnke
Rolf Schult – Alan Arkin (Yossarian), Martin Hirthe – Martin Balsam (Col. Cathcart), Christian Wolff – Richard Benjamin (Mj. Danby), Eckart Dux – Anthony Perkins (Tappman), Konrad Wagner – Jack Gilford (Doc Daneeka), Christian Brückner – Jon Voight (Milo), Hans Dieter Zeidler – Orson Welles (Gen. Dreedle), Andreas Mannkopff – Art Garfunkel (Cpt. Nately), Joachim Kemmer – Bob Balaban (Cpt. Orr), Beate Hasenau – Olimpia Carlisi (Luciana), Ursula Herwig – Paula Prentiss (Schwester Duckett), Jürgen Thormann – Bob Newhart (Mj. Major)

Catweazle
Catweazle (TV-Serie)
Catweazle (1970–1971), DF: ZDF 1974, D: Eberhard Cronshagen
Hans Hessling – Geoffrey Bayldon (Catweazle), Steffen Müller – Robin Davies (Harold), Helmo Kindermann – Charles Tingwell (Bennet)

Chanson d'Amour
Quand j'étais chanteur (Xavier Giannoli, 2006), DF: Mina Kindl 2006, D/R: Mina Kindl
Martin Umbach – Gérard Depardieu (Alin Moreau), Claudia Lössl – Cécile de France (Marion), Phillip Moog – Mathieu Amalric (Bruno), Carin C. Tietze – Christine Citti (Michele), Jacques Breuer – Patrick Pineau (Daniel), Walter v. Hauff – Alain Chanone (Philippe Mariani), Tobias Lelle – Grégory Valais (Fabrice)

Chaos City
Chaos City (TV-Serie)
Spin City (1996–2002), DF: Pro7 1997
Sven Hasper – Michael J. Fox (Michael Flaherty), Benjamin Völz – Charlie Sheen (Charlie Crawford),

Katrin Fröhlich – Heather Locklear (Caitlin Moore), Christian Rode – Barry Bostwick (Randall Winston), Torsten Michaelis – Michael Boatman (Carter S. Heywood), Peter Flechtner – Alan Ruck (Stuart Bondek), Michael Pan – Richard Kind (Lassiter), Bianca Krahl – Carla Gugino (Ashley), Simon Jäger – Alexander Gaberman (James Hobert)

CHARADE
CHARADE (Stanley Donen, 1963), DF: BSG 1963, D: F. A. Koeniger, R: Klaus v. Wahl
Curt Ackermann – Cary Grant (Peter Joshua), Uta Hallant – Audrey Hepburn (Regina Lambert), Martin Hirthe – Walter Matthau (Mr. Bartholomew), Arnold Marquis – James Coburn (Tex), Hans Wiegner – George Kennedy (Herman Scobie), Hans Hessling – Med Glass (Leopold Gideon), Klaus Miedel – Jacques Marin (Insp. Grandpierre), Paul Wagner – Paul Bonifas (Felix), Ruth Scheerbarth – Dominique Minot (Sylvie Gaudet), Ilja Richter – Thomas Chelimsky (Jean-Louis)

CHARLIE BROWN UND SEINE FREUNDE
A BOY NAMED CHARLIE BROWN (Bill Melendez, 1969), DF: 1970
Carsten Dobe – (Charlie Brown), Madeleine Stolze – (Lucy), Steffen Müller – (Linus), Abelardo Decamilli – (Schröder), Janina Richter – (Patty), Claudia Marnitz – (Violet), Katharina Otto – (Sally), Bill Melendez – (Snoopy), Susanne Lissa – (Frieda), Dirk Fritsche – (Pig Pen)

EIN CHARMANTES EKEL
ONCE AROUND (Lasse Hallström, 1990), DF: BSG 1991, D/R: Andreas Pollak
Norbert Gescher – Richard Dreyfuss (Sam Sharpe), Dagmar Biener – Holly Hunter (Renata Bella), Klaus Sonnenschein – Danny Aiello (Joe), Claudia Lehmann – Laura San Giacomo (Jan), Bettina Schön – Gena Rowlands (Marilyn), Ute Brankatsch – Roxanne Hart (Gail Bella), Till Hagen – Danton Stone (Tony Bella), Bernd Vollbrecht – Tim Guinee (Peter Hedges)

CHARMED – ZAUBERHAFTE HEXEN (TV-Serie)
CHARMED (1998–2006), DF: Teleysnchron (i. A. v. Pro7) 2000, D: Roland Frey, R: Jürgen Kluckert
Dascha Lehmann – Alyssa Milano (Phoebe), Ranja Bonalana – Shannen Doherty (Prue Halliwell), Mela-nie Hinze – Holly Marie Combs (Piper), Charles Rettinghaus – Dorian Gregory (Morris), Tobias Kluckert – Brian Krause (Leo Wyatt), Torsten Michaelis – Julian McManon (Cole Turner), Thomas Nero Wolff – Ted King (Andy Trudeau), Carola Ewert – Rose McGowan (Paige), Simon Jäger – Greg Vaughan (Dan Gordon), Daniela Hoffmann – Finola Hughes (Patricia), Bettina Schön – Jennifer Rhodes (Penelope), Helmut Gauß – James Read (Victor)

CHATOS LAND
CHATO'S LAND (Michael Winner, 1971), DF: 1974
Michael Chevalier – Charles Bronson (Chato), Siegfried Schürenberg – Jack Palance (Quincey Whitmore), Wolfgang Völz – Richard Basehart (Nye Buell), Martin Hirthe – Simon Oakland (Jubal Hooker), Franz Nicklisch – James Whitmore (Joshua), Gerd Holtenau – Ralph Waite (Elias), Claus Jurichs – Richard Jordan (Earl), Lothar Blumhagen – Paul Young (Brady), Edgar Ott – Roddy McMillan (Gavin Malechie)

DER CHEF
UN FLIC (Jean-Pierre Melville, 1972), DF: 1973
Christian Brückner – Alain Delon (Edouard Coleman), Helga Trümper – Catherine Deneuve (Cathy), Harald Leipnitz – Richard Crenna (Simon), Leo Bardischewski – Ricardo Cucciolla (Paul Weber)

DER CHEF (TV-Serie)
IRONSIDE (1967–1975), DF: ARD 1969
Martin Hirthe – Raymond Burr (Ironside), Ursula Herwig – Barbara Anderson (Eve Whitfield), Thomas Danneberg – Don Galloway (Ed Brown), Christian Brückner – Don Mitchell (Mark Sanger)
▶ Neu synchronisierte Folgen liefen 1989–93 auf RTL mit Hartmut Neugebauer für Raymond Burr und Katharina Lopinski für Barbara Anderson.

EIN CHEF ZUM VERLIEBEN
TWO WEEKS NOTICE (Marc Lawrence, 2002), DF: FFS 2003, D/R: Joachim Kunzendorf
Bettina Weiß – Sandra Bullock (Lucy Kelson), Patrick Winczewski – Hugh Grant (George Wade), Dorette Hugo – Alicia Witt (June Carter), Marianne Lutz – Dana Ivey (Ruth Kelson), Kaspar Eichel – Robert Klein (Larry), Gundi Eberhard – Heather Burns (Meryl), Helmut Gauß – David Haig (Howard Wade)

CHEYENNE
CHEYENNE AUTUMN (John Ford, 1963), DF: 1965
Arnold Marquis – Richard Widmark (Cpt. Archer), Margot Leonard – Carrol Baker (Deborah Wright), Martin Hirthe – Karl Malden (Cpt. Wessels), Siegmar Schneider – James Stewart (Wyatt Earp), Alfred Balthoff – Edward G. Robinson (Carl Schurz), Tilly Lauenstein – Dolores Del Rio (Spanierin), Heinz Giese – Arthur Kennedy (Doc Holliday), Klaus W. Krause – John Carradine (Mj. Blair), Alexander Welbat – Ricardo Montalban (Kleiner Wolf), Herbert Stass – Gilbert Roland (Stumpfes Messer), Stanislav Ledinek – Mike Mazurki (Wichowsky), Curt Ackermann – George O'Brien (Mj. Braden)

CHICAGO
ANGELS WITH DIRTY FACES (Michael Curtiz, 1938), DF: BSG 1965, D/R: Klaus v. Wahl
Wolfgang Draeger – James Cagney (Rocky Sullivan), Michael Chevalier – Pat O'Brien (Jerry Connelly), Gerd Martienzen – Humphrey Bogart (James Frazier), Bettina Schön – Ann Sheridan (Laury), Martin Hirthe – George Bancroft (MacKeefer), Wolfgang Condrus – Billy Halop (Soapy), Uwe Paulsen – Bobby Jordan (Swing), Michael Wuschig – Leo Gorcey (Bim), Peter-Uwe Witt – Bernard Punsley (Hunky), Roland Kaiser – Gabriel Dell (Patsy), Andreas Mannkopff – Huntz Hall (Crab), Hans Wiegner – Edward Pawley (Edwards)

CHICAGO
CHICAGO (Rob Marshall, 2002), DF: FFS 2003, D: Peter Stein, R: Frank Lenart
Arianne Borbach – Catherine Zeta-Jones (Velma Kelly), Claudia Lössl – Renee Zellweger (Roxie Hart), Hubertus Bengsch – Richard Gere (Billy Flynn), Bettina Redlich – Queen Latifah (Mama Morton), Jacques Breuer – John C. Reilly (Amos), Marina Köhler – Christine Baranski (Mary Sunshine), Katrin Fröhlich – Lucy Liu (Kitty)

CHILDREN OF MEN
CHILDREN OF MEN (Alfonso Cuarón, 2006), DF: BSG 2007, D: Tobias Meister, R: Clemens Frohmann
Tom Vogt – Clive Owen (Theodo-

re Faron), Petra Barthel – Julianne Moore (Julian), Jürgen Thormann – Michael Caine (Jasper), Tobias Kluckert – Chiwetel Ejofor (Luke), Alethea Mushila – Claire-Hope Ashitey (Kee)

Das China-Syndrom
The China Syndrome (James Bridges, 1978), DF: 1980
Renate Küster – Jane Fonda (Kimberly Wells), Georg Thomalla – Jack Lemmon (Jack Godell), Volker Brandt – Michael Douglas (Richard Adams), Wolf Ackva – Scott Brady (de Young), Manfred Schott – James Hampton (Bill Gibson), Gerd Duwner – Wilford Brimley (Ted Spindler)

Chinatown
Chinatown (Roman Polanski, 1974), DF: BSG 1974, D/R: Ottokar Runze
Hansjörg Felmy – Jack Nicholson (Gittes), Judy Winter – Faye Dunaway (Evelyn Mulwray), Arnold Marquis – John Huston (Noah Cross), Rolf Schult – John Hillerman (Yelburtun), Michael Chevalier – Burt Young (Curly), Wilhelm Borchert – Darrell Zwerling (Hollis), Gerd Martienzen – Dick Bakalyan (Loach), Peter Schiff – Joi Martell (Walsh), Wolfgang Draeger – Roman Polanski (Mann m. Messer)
«Schon bei der seltsam sanft-ordinären Stimme von Jack Nicholson beginnt die Schwäche der deutschen Synchron-Fassung: Sie ist sorgfältig gemacht, vergröbert jedoch die Stimmen- und Wort-Nuancen des – oft auf bruchstückhafte Verständlichkeit aufgebauten – Originals. Polanskis ironisches Spiel mit irreführenden Geräuschen bleibt erhalten – das genüssliche Zischeln beim Betrachten pornographischer Fotos etwa, das sich dann als Winseln eines verzweifelten Mannes erweist; das klägliche Hundejaulen im Garten einer Villa, das sich als Quietschen eines Scheuerlappens auf glänzendem Autolack entpuppt. Doch diese Irritationen, im Original eingebettet in einen raffinierten Fluss von Nebengeräuschen, werden in der deutschen Fassung vereinzelte Gags – und verpuffen.» (Peter Steinhart, Rheinische Post)

Chocolat
Chocolat (Lasse Hellström, 2000), DF: BSG 2001, D/R: Hilke Flickenschildt
Maud Ackermann – Juliette Binoche (Vianne), David Nathan – Johnny Depp (Roux), Joseline Gassen – Lena Olin (Josephine Muscat), Gisela Fritsch – Judi Dench (Armande Voizin), Bernd Rumpf – Alfred Molina (Comte de Reynaud), Klaus-Dieter Klebsch – Peter Stormare (Serge Muscat), Martina Treger – Carrie-Anne Moss (Caroline Clairmont), Anne Helm – Victoire Thivisol (Anouk)

Christus kam nur bis Eboli
Cristo si è fermato a Eboli (Francesco Rosi, 1978), DF: 1980
Holger Hagen – Gian Maria Volonté (Carlo Levi), Wilhelm Borchert – Alain Cuny (Baron Rotunno), Ute Meinhardt – Lea Massari (Luisa), Sigrid Lagemann – Irene Papas (Giulia), Wolfgang Spier – François Simon (Don Trajella)

Die Chroniken von Narnia
The Cronicles of Narnia: The Lion, The Witch & the Wardrobe (Andrew Adamson, 2005), DF: FFS 2005, D/R: Dietmar Wunder
Marie-Christin König – Georgie Henley (Lucy), Johannes Wolko – William Moseley (Peter), Marieke Offinger – Anna Popplewell (Susan), Tobias J. v. Freyend – Skandar Keynes (Edmund), Jens-Holger Kretschmer – James McAvoy (Tumnus), Horst Sachtleben – Jim Broadbent (Prof. Kirke), Carin C. Tietze – Tilda Swinton (weiße Hexe), Martin Umbach – Rupert Everett (Fuchs), Reinhard Brock – Ray Winstone (Biber), Dagmar Heller – Dawn French (Frau Biber), Michael Brennicke – Michael Madsen (Maugrim), Dietmar Wunder – Patrick Kake (Oreius), Angelika Bender – Elizabeth Hawthorne (Mrs. Macready), Claudia Lössl – Judy McIntosh (Mrs. Pevensie), Ekkehardt Belle – Kiran Shah (Ginarrbrik)

Cimarron
Cimarron (Anthony Mann, 1960), DF: MGM 1961
Wolfgang Kieling – Glenn Ford (Yancey Cravat), Maria Schell – Maria Schell (Sabra), Eva Katharina Schultz – Anne Baxter (Dixie Lee), Konrad Wagner – Arthur O'Connell (Tom Wyatt), Herbert Stass – Russ Tamblyn (Cherokee Kid), Tilly Lauenstein – Mercedes McCambridge (Sarah Wyatt), G.G. Hoffmann – Vic Morrow (Wes), Eduard Wandrey – Robert Keith (Sam Pegler), Günter Pfitzmann – Charles McGraw (Bob Yountis), Kurt Waitzmann – Harry Morgan (Jesse Rickey), Siegfried Schürenberg – David Opatoshu (Sol), Arno Paulsen – Edgar Buchanan (Neal Hefner)

Cincinatti Kid
The Cincinatti Kid (Norman Jewison, 1965), DF: 1966
Michael Chevalier – Steve McQueen (Cincinatti Kid), Alfred Balthoff – Edward G. Robinson (Lancey), Rolf Schult – Karl Malden (Shooter), G.G. Hoffmann – Rip Torn (Slade), Gerd Duwner – Jack Weston (Pig), Peter Schiff – Jeff Corey (Hoban)

Citizen Kane
Citizen Kane (Orson Welles, 1941), DF: 1962, R: Manfred R. Köhler
Hans Nielsen – Orson Welles (Kane), Peter Pasetti – Joseph Cotten (Leland), Klaus W. Krause – George Coulouris (Thatcher), Elisabeth Ried – Ruth Warrick (Emily), Ernst Konstantin – Ray Collins (Gettys), Thomas Reiner – Paul Stewart (Raymond), Erik Jelde – Harry Sullivan (Vater), Wochenschau-Sprecher: Hanns Müller-Trenck

City Hall
City Hall (Harold Becker, 1995), DF: PPA 1996, D/R: Pierre Peters-Arnolds
Frank Glaubrecht – Al Pacino (John Pappas), Pierre Peters-Arnolds – John Cusack (Kevin Calhoun), Susanna Bonaséwicz – Bridget Fonda (Marybeth Cogan), Hartmut Neugebauer – Danny Aiello (Frank Anselmo), Michael Rüth – David Paymer (Abe Goodman), G.G. Hoffmann – Martin Landau (Richter Stern), Horst Raspe – Anthony Franciosa (Paul Zapatti), Kathrin Simon – Lauren Velez (Elaine), Hans Rainer Müller – Richard Schiff (Larry Schwartz), Ilona Grandke – Lindsay Duncan (Sidney)

Der Clan der Sizilianer
Le clan des Siciliens (Henri Verneuil, 1969), DF: BSG 1970, D: F.A. Koeniger, R: Dietmar Behnke
Klaus W. Krause – Jean Gabin (Vittorio Manalese), Joachim Ansorge – Alain Delon (Roger Sartet), G.G. Hoffmann – Lino Ventura (Le Goff), Ursula Herwig – Irina Demick (Jeanne), Wilhelm Borchert – Amedeo Nazzari (Tony), Heinz Petruo – Sidney Chaplin (Jack), Christian Brückner – Yves Lefebvre (Aldo)

Cleopatra
Cleopatra (Joseph Mankiewicz, 1962), DF: Ultra 1963
Rosemarie Fendel – Elizabeth Taylor (Cleopatra), Wilhelm Borchert – Richard Burton (Mark Anton),

Hans Nielsen – Rex Harrison (Julius Caesar), Sebastian Fischer – Roddy McDowall (Octavian), Helmo Kindermann – Andrew Kier (Agrippa), Martin Hirthe – Cesare Danova (Apollodorius), Robert Klupp – Hume Cronyn (Sosigenes), Michael Chevalier – Kenneth Haig (Brutus), Manfred Andrae – Martin Landau (Rufius)

CLOSE TO HOME (TV-Serie)
CLOSE TO HOME (2005–2007), DF: Interopa (i. A. v. Vox) 2007, D/R: Alexandra v. Grote
Dascha Lehmann – Jennifer Finnigan (Annabeth Chase), Andrea Aust – Kimberly Elise (Maureen Scofield), Jürgen Kluckert – Barry Shabaka Henly (Drummer), Johannes Baasner – David Starzyk (Thom), Erich Räuker – John Carroll Lynch (Steve Sharpe), Viktoria Neumann – Christian Kane (Jack Chase), Robin Kahnmeyer – Conor Dubin (Danny Robel)

THE CLOSER (TV-Serie)
THE CLOSER (2005–), DF: Neue Tonfilm (i. A. v. Vox) 2006
Ghadah Al-Akel – Kyra Sedgwick (Brenda Leigh Johnson), Frank Engelhardt – J.K. Simmons (Will Pope), Holger Schwiers – Corey Reynolds (Sgt. Gabriel), Bodo Wolf – Anthony John Denison (Andy Flynn), Crock Krumbiegel – Jon Tenney (Fritz Howard), Engelbert v. Nordhausen – G.W. Bailey (Provenza), Helmut Gauß – Michael Paul Chan (Mike Tao)

DER CLOU
THE STING (George Roy Hill, 1973), DF: 1974
G.G. Hoffmann – Paul Newman (Gondorff/Shaw), Rolf Schult – Robert Redford (Hooker/Kelly), Helmut Wildt – Robert Shaw (Doyle Lonnegan), Heinz Theo Branding – Charles Durning (Lt. Snyder), Friedrich W. Bauschulte – Ray Walston (J. J. Singleton), Edeltraut Elsner – Eileen Brennan (Billie), Heinz Petruo – Harold Gould (Kid Twist), Joachim Kerzel – John Heffernan (Eddie Niles), Edgar Ott – Dana Elcar (Polk), Friedrich G. Beckhaus – Jack Kehoe (Erie Kid)
»Wären nicht die falschen Konjunktive, die Lutz Arenz verantwortet, so wäre zu sagen, dass auch die deutsche Fassung ihre Oscars unbedingt wert ist.« (R.H., Hannoversche Presse, 11.4.1974)

COCKTAIL FÜR EINE LEICHE
ROPE (Alfred Hitchcock, 1948), DF: ARD 1987
Siegmar Schneider – James Stewart (Rupert Cadell), Helmut Gauß – John Dall (Brandon Shaw), Hans-Jürgen Dittberner – Farley Granger (Philip), Joachim Nottke – Cedric Hardwicke (Kentley), Gudrun Genest – Edith Evanson (Mrs. Wilson), Tilly Lauenstein – Constance Collier (Mrs. Atwater)

COLD BLOODED
COLD BLOODED (Wallace Wolodarsky, 1994), DF: Magma 1995, D/R: Uwe Karpa
Philipp Brammer – Jason Priestley (Cosmo), Dascha Lehmann – Kimberly Williams (Jasmine), Bernd Schramm – Peter Riegert (Steve), Wolfgang Dehler – Robert Loggia (Gordon), Uwe Karpa – Jay Kogen (John), Peter Flechtner – Josh Charles (Randy), Dirk Müller – David Anthony Higgins (Lance), Cathrin Vaessen – Janeane Garofalo (Honey), Sven Hasper – Michael J. Fox (Tim)

COLD CASE – KEIN OPFER IST JE VERGESSEN (TV-Serie)
COLD CASE (2003–), DF: Cinephon (i. A. v. Kabel 1) 2004, D/R: Bernd Rumpf
Bettina Weiß – Kathryn Morris (Lilly Rush), Jan Spitzer – John Finn (Tom Stillman), Lutz Schnell – Jeremy Ratchford (Nick Vera), Axel Lutter – Thom Barry (Will Jeffries), Viktor Neumann – Justin Chambers (Chris Lassing), Norman Matt – Danny Pino (Scotty Velens)

COLLATERAL
COLLATERAL (Michael Mann, 2004), DF: BSG 2004, D/R: Simon Jäger
Patrick Winczewski – Tom Cruise (Vincent), Claudia Urbschat-Mingues – Jada Pinkett Smith (Annie), Charles Rettinghaus – Jamie Foxx (Max), David Nathan – Mark Ruffalo (Fanning), Thomas Nero Wolff – Peter Berg (Richard Weidner), Roland Hemmo – Bruce McGill (Pedrosa)

COLLATERAL DAMAGE – ZEIT DER VERGELTUNG
COLLATERAL DAMAGE (Andrew Davis, 2001), DF: BSG 2002, D/R: Michael Nowka
Thomas Danneberg – Arnold Schwarzenegger (Gordy Brewer), Anke Reitzenstein – Francesca Neri (Selena Perrini), Ingo Albrecht – Elias Koteas (Brandt), Stefan Gossler – Cliff Curtis (Claudio), Torsten Michaelis – John Leguizamo (Felix Ramirez), Klaus Sonnenschein – Miguel Sandoval (Phipps), Stefan Fredrich – John Turturro (Sean Armstrong), Tom Vogt – Jsu Garcia (Roman), Heike Schroetter – Lindsay Frost (Anne)

EIN COLT FÜR ALLE FÄLLE (TV-Serie)
THE FALL GUY (1981–1986), DF: ZDF 1983
Hans-Werner Bussinger – Lee Majors (Colt Seavers), Thomas Danneberg – Douglas Barr (Howie), Susanna Bonaséwicz – Heather Thomas (Jody), Barbara Adolph – Jo Ann Pflug (Big Jack)

COMA
COMA (Michael Crichton, 1977), DF: BSG 1978, D: Gerda v. Ruexleben, R: Joachim Kunzendorf
Marianne Lutz – Geneviève Bujold (Susan), Volker Brandt – Michael Douglas (Mark), Edeltraut Elsner – Elizabeth Ashley (Mrs. Emerson), Arnold Marquis – Richard Widmark (Harris), Christian Rode – Rip Torn (Dr. George), Inken Sommer – Lois Chiles (Nancy Greenly), Joachim Kemmer – Harry Rhodes (Dr. Morelind), Joachim Kunzendorf – Gray Barton (Computertechniker)

COMING HOME – SIE KEHREN HEIM
COMING HOME (Hal Ashby, 1977), DF: 1978
Viktoria Brams – Jane Fonda (Sally), Elmar Wepper – Jon Voight (Luke Martin), Horst Raspe – Bruce Dern (Bob Hyde), Eberhard Mondry – Robert Ginty (Dink), Ivar Combrinck – Robert Carradine (Bill), Eva Kinsky – Penelope Milford (Viola)

CON AIR
CON AIR (Simon West, 1996), DF: BSG 1997, D/R: Thomas Danneberg
Martin Kessler – Nicholas Cage (Cameron Poe), Andreas Fröhlich – John Cusack (Vince Larkin), Joachim Tennstedt – John Malkovich (Cyrus the Virus), Santiago Ziesmer – Steve Buscemi (Garland Green), Maud Ackermann – Monica Potter (Tricia Poe), Tilo Schmitz – Ving Rhames (Diamond Dog), Bernd Schramm – M. C. Gainey (Swamp Thing), Christian Rode – Danny Trejo (Johnny 23), Roland Hemmo – Colm Meany (Malloy), Oliver Stritzel – Nick Chinlund (Billy Bedlam), Thomas Petruo – Mykelti Williamson (Baby-O O'Dell)

CONAN – DER BARBAR
CONAN THE BARBARIAN (John Milius, 1981), DF: Rainer Brandt 1982
Thomas Danneberg – Arnold Schwarzenegger (Conan), Edgar Ott – James Earl Jones (Thulsa Doom), Rita Engelmann – Sandahl Bergman (Valeria), Friedrich W. Bauschulte – Max v. Sydow (König Ostric)

CONTACT
CONTACT (Robert Zemeckis, 1997), DF: Interopa 1997, D/R: Frank Schaff
Hansi Jochmann – Jodie Foster (Ellie Arroway), Benjamin Völz – Matthew McConaughey (Palmer Joss), Frank Glaubrecht – James Woods (Michael Kitz), Martina Treger – Angela Bassett (Rachel Constantine), Bernd Schramm – David Morse (Ted), Marie-Luise Schramm – Jena Malone (Young Ellie), Michael Nowka – Geoffrey Blake (Fisher), Bernd Vollbrecht – William Fichtner (Kent), Torsten Münchow – Sami Chester (Vernon), Bodo Wolf – Tom Skerritt (Dr. Drumlin), Jürgen Thormann – John Hurt (Hadden), Nicolas Böll – Rob Lowe (Richard Rank)

CONVOY
CONVOY (Sam Peckinpah, 1978), DF: 1978
Hartmut Becker – Kris Kristofferson (Rubber Duck), Viktoria Brams – Ali McGraw (Melissa), Michael Gahr – Burt Young (Pig Pen), Wolf Ackva – Ernest Borgnine (Lyle Wallace), Ivar Combrinck – Franklyn Aiaye (Spider Mike), Klaus Kindler – Seymour Cassel (Gouverneur Haskins)

COOGANS GROSSER BLUFF
COOGAN'S BLUFF (Don Siegel, 1967), DF: BSG 1968, D/R: Rolf Karrer-Kharberg
Michael Cramer – Clint Eastwood (Coogan), Arnold Marquis – Lee J. Cobb (Sheriff McElroy), Ursula Herwig – Susan Clark (Julie), Traudel Haas – Tisha Sterling (Linny), Arne Elsholtz – Don Stroud (Ringerman), Tina Eilers – Betty Field (Mrs. Ringerman), Curt Ackermann – Tom Tully (Sheriff McCrea)

COP LAND
COP LAND (James Mangold, 1997), DF: 1998
Thomas Danneberg – Sylvester Stallone (Freddy Heflin), Joachim Kerzel – Harvey Keitel (Ray Donlan), Udo Schenk – Ray Liotta (Gary Figgis), Christian Brückner – Robert De Niro (Moe Tilden), Gisela Fritsch – Cathy Moriarty (Rose)

COTTON CLUB
THE COTTON CLUB (Francis Ford Coppola, 1984), DF: 1985
Lutz Riedel – Richard Gere (Dixie Dwayer), Arne Elsholtz – Gregory Hines (Sandman Williams), Cornelia Meinhardt – Diane Lane (Vera Cicero), Evelyn Maron – Lonette McKee (Lila Rose Oliver), Joachim Kerzel – Bob Hoskins (Owney Madden), Joachim Kemmer – James Remar (Dutch Schultz), Thomas Petruo – Nicholas Cage (Vincent Dwyer), Gottfried Kramer – Fred Gwynne (Frenchy Demange), Friedrich G. Beckhaus – Allen Garfield (Abbadabba Berman)

COUCHGEFLÜSTER
PRIME (Ben Younger, 2005), DF: BSG 2005, D/R: Andreas Pollak
Petra Barthel – Uma Thurman (Rafi Gardet), Dagmar Dempe – Meryl Streep (Lisa Metzger), Norman Matt – Bryan Greenberg (David Bloomberg), Dominik Auer – Jon Abrahams (Morris), Markus Pfeiffer – Zack Orth (Randall), Gundi Eberhard – Annie Parisse (Katherine), Barbara Adolph – Madhur Jaffrey (Rita)

CRASH
CRASH (David Cronenberg, 1996), DF: Hermes 1996, D/R: Ronald Nitschke
Benjamin Völz – James Spader (James Ballard), Cornelia Meinhardt – Holly Hunter (Helen Remington), Ronald Nitschke – Elias Koteas (Vaughan), Martina Treger – Deborah Unger (Catherine), Daniela Strietzel – Rosanna Arquette (Gabrielle), Engelbert v. Nordhausen – Peter MacNeill (Colin), Andrea Großmann – Charyl Swarts (Vera)

CRIMINAL INTENT (TV-Serie)
CRIMINAL INTENT (2001–), DF: Bavaria (i. A. v. Vox) 2004
Christian Weygand – Vincent D'Onofrio (Robert Goren), Alexandra Mink – Kathryn Erbe (Alexandra Eames), Leon Rainer – Jamey Sheridan (Cpt. James Deakins), Dietmar Wunder – Courtney B. Vance (Ron Carver), Claudia Lössl – Samantha Buck (Lynn Bishop)

CRIMINAL MINDS (TV-Serie)
CRIMINAL MINDS (2005–), DF: Sat.1 2006
Erich Räuker – Mandy Patinkin (Jason Gideon), Thomas Nero Wolff – Thomas Gibson (Aaron Hotch), Sabine Arnold – Lola Glaudini (Elle Greenway), Michael Deffert – Shemar Moore (Derek Morgan), Nico Mamone – Matthew Gray Gubler (Dr. Reid), Tanja Geke – A. J. Cook (Jennifer Jaraeu)

CROCODILE DUNDEE – EIN KROKODIL ZUM KÜSSEN
CROCODILE DUNDEE (Peter Faiman, 1986), DF: 1987, D/R: Lutz Riedel
Frank Glaubrecht – Paul Hogan (Mike Dundee), Joseline Gassen – Linda Kozlowski (Sue Charlton), Lutz Riedel – Mark Blum (Richard Mason), Peter Schiff – John Meillon (Walter Reilly)

CROSSING JORDAN (TV-Serie)
CROSSING JORDAN (2001–2007), DF: BSG (i. A. v. Vox) 2003, D/R: Heike Kospach
Anke Reitzenstein – Jill Hennessy (Jordan), Lutz Mackensy – Miguel Ferrer (Garret Macy), Jürgen Kluckert – Ken Howard (Max), Oliver Feld – Steve Valentine (Nigel Townsend), Marius Götze-Clarén – Ravi Kapoor (Mahesh ‹Bug›), Katrin Zimmermann – Kathy Hahn (Lily Lebowski), Uwe Büschken – Jerry O'Connell (Woody Hoyt), Dascha Lehmann – Jennifer Finnigan (Devan Maguire)

CRUISING
CRUISING (William Friedkin, 1980), DF: 1980
Arne Elsholtz – Al Pacino (Steve Burns), Heinz Theo Branding – Paul Sorvino (Cpt. Edelson), Evelyn Maron – Karen Allen (Nancy), Frank Glaubrecht – Richard Cox (Stuart Richards), Uwe Paulsen – Don Scardino (Ted Bailey), Ingolf Gorges – Joe Spinell (Di Simone), Joachim Kunzendorf – Jay Acovone (Skip Lee)

CSI – DEN TÄTERN AUF DER SPUR (TV-Serie)
CSI: CRIME SCENE INVESTIGATION (2000), DF: Vox 2001
Hubertus Bengsch – William Petersen (Gil Grissom), Monica Bielenstein – Marg Helgenberger (Catherine), David Nathan – George Eads (Nick Stokes), Katharina Tomaschewsky – Jorja Fox (Sara Sidle), Charles Rettinghaus – Gary Dourdan (Warrick Brown), Bodo Wolf – Paul Guilfoyle (Jim Brass), Marius Götze-Clarén – Eric Szmanda (Greg Sanders), Gerhard Paul – Robert David Hall (Dr. Robbins)

CSI: Miami (TV-Serie)
CSI: Miami (2002–), DF: FFS (i. A. v. Vox) 2004, R: Torsten Michaelis
Lutz Mackensy – David Caruso (Horatio Caine), Melanie Pukaß – Emily Procter (Calleigh Duquesne), Florian Halm – Adam Rodriguez (Eric Delko), Simon Jäger – Rory Cochrane (Tim Speedle), Viola Sauer – Khandi Alexander (Alexx Woods)

CSI: NY (TV-Serie)
CSI: NY (2004–), DF: Interopa, D: Markus Engelhardt, R: Dietmar Wunder
Tobias Meister – Gary Sinise (Mac Taylor), Gabrile Libbach – Melanie Kanakaredes (Stella Bonasera), Dietmar Wunder – Carmine Giovinazzo (Danny Messer), Tanja Geke – Vanessa Ferlito (Aiden Burn), Julien Haggege – Hill Harper (Dr. Sheldon Hawkes), Benjamin Völz – Eddie Cahill (Det. Don Flack)

D

D. O. A. – Bei Ankunft Mord
D. O. A. – Dead On Arrival (Rocky Morton, Annabel Jankel, 1988), DF: 1989
Thomas Danneberg – Dennis Quaid (Dexter Cornell), Ulrike Möckel – Meg Ryan (Sydney Fuller), Viola Sauer – Charlotte Rampling (Mrs. Fitzwarning), Hubertus Bengsch – Daniel Stern (Hal Petersham)

The Da Vinci Code – Sakrileg
The Da Vinci Code (Ron Howard, 2006), DF: Interopa 2006, D/R: Axel Malzacher
Arne Elsholtz – Tom Hanks (Langdon), Sophie Costa – Audrey Tautou (Sophie Neveau), Achim Höppner – Ian McKellen (Leigh Teabing), Bernd Rumpf – Alfred Molina (Bischof Aringarosa), Jürgen Prochnow – Jürgen Prochnow (André Vernet), Axel Malzacher – Paul Bettany (Silas), Georges Claisse – Jean Reno (Bezu Fache)

Daktari (TV-Serie)
Daktari (1966–69), DF: ZDF 1969
Helmo Kindermann – Marshall Thompson (Dr. Tracy), Ursula Herwig – Cheryl Miller (Paula), Thomas Reiner – Hedley Mettingley (Hedley), Fred Klaus – Hari Rhodes (Mike)
▶ Neu synchronisierte Folgen liefen 1994 auf RTL mit Klaus Kindler für Marshall Thompson und Michaela Amler für Cheryl Miller.

Dallas (TV-Serie)
Dallas (1978–1991), DF: Interopa (i.A. d. ARD) 1981
Inge Landgut – Barbara Bel Geddes (Miss Ellie), Joachim Cadenbach – Jim Davis (Jock), Wolfgang Pampel – Larry Hagman (J.R.), Rita Engelmann – Linda Grey (Sue Ellen), Hans-Jürgen Dittberner – Patrick Duffy (Bobby), Beate Menner – Victoria Principal (Pamela), Madeleine Stolze – Charlene Tilton (Lucy), Heinz Theo Branding – David Wayne / Keenan Wynn (Digger), Jürgen Kluckert – Steve Kanaly (Ray Krebbs), Claus Jurichs – Ken Kercheval (Clifford Barnes), Manfred Lehmann – David Ayckroyd / Ted Shackleford (Gary), Marianne Lutz – Susan Howard (Donna Krebbs), Heinz Giese – Howard Keel (Clayton Farlow), Uta Hallant – Priscilla Presley (Jenna)
▶ Nach dem Tod von Inge Landgut (1986) übernahm Edith Schneider den Part der Miss Ellie.

Eine Dame verschwindet
The Lady Vanishes (Alfred Hitchcock, 1938), DF: ZDF 1971, D: Werner Uschkurat, R: Lothar Michael Schmitt
Renate Pichler – Margaret Lockwood (Iris Henderson), **Klaus Kindler** – Michael Redgrave (Gilbert), Ernst Kuhr – Paul Lukas (Dr. Hartz), Ursula Krieg – Dame May Whitty (Miss Froy), Thomas Reiner – Basil Radford (Charters), Fred Maire – Naunton Wayne (Caldicott), Paul Bürks – Cecil Parker (Eric Todhunter)

Die Dämonischen
Invasion of the Body Snatchers (Don Siegel, 1956), DF: 1957
Paul-Edwin Roth – Kevin McCarthy (Dr. Bennel), Margot Leonard – Dana Wynter (Mary / OF: Becky), Curt Ackermann – Larry Gates (Dr. Kauffmann), Gerd Martienzen – King Donovan (Jack), Tilly Lauenstein – Virginia Christie (Wilma Lentz), Wolf Martini – Kenneth Patterson (Driscoll)
So kommt zum unglaubwürdigen Rahmen eine erzwungene Schicksalsträchtigkeit im Handlungsablauf, adäquat kommentiert von der aufdringlichen Musik. Und die deutsche Synchronisation ist dazu passend hausbackener 50er Jahre-Stil.» (Brigitte Desalm, Kölner Stadt-Anzeiger, 10.6.1989)

Darf ich bitten?
Shall We Dance? (Peter Chelsom, 2004), DF: FFS 2004, D: Clemens Frohmann, R: Benedikt Rabanus
Hubertus Bengsch – Richard Gere (John Clark), Natascha Geisler – Jennifer Lopez (Paulina), Kerstin Sanders-Dornseif – Susan Sarandon (Beverly Clark), Eva Maria Bayerwaltes – Lisa Ann Walter (Bobbie), Thomas Rauscher – Richard Jenkins (Devine)

Dark Angel (TV-Serie)
Dark Angel (2000–2002), DF: Bavaria (i.A. v. Vox) 2002
Shandra Schadt – Jessica Alba (Max), Stefan Günther – Michael Weatherly (Logan Cale), Joachim Tennstedt – John Savage (Donald Lydecker), Andrea Imme – Valarie Rae Miller (Cynthia), Christian Bey – Richard Gunn (Sketchy), Ole Pfennig – J.C. MacKenzie (Normal), Dominik Auer – Alimi Ballard (Herbal Thought)

The Dark Knight
The Dark Knight (Christopher Nolan, 2008), DF: R.C. Production 2008, D: Klaus Bickert, R: Tobias Meister
David Nathan – Christopher Bale (Bruce Wayne), Simon Jäger – Heath Ledger (Joker), Udo Schenk – Gary Oldman (Gordon), Jürgen Thormann – Michael Caine (Pennyworth), Tom Vogt – Aaron Eckhart (Harvey Dent), Natascha Geisler – Maggie Gyllenhaal (Rachel), Klaus Sonnenschein – Morgan Freeman (Lucius Fox)

The Dark Knight Rises
The Dark Knight Rises (Christopher Nolan, 2012), DF: R.C. Production 2012, D: Klaus Bickert, R: Tobias Meister
David Nathan – Christian Bale (Bruce Wayne), Udo Schenk – Gary Oldman (Gordon), Marie Bierstedt – Anne Hathaway (Selina Kyle), Tobias Kluckert – Tom Hardy (Bane), Maud Ackermann – Marion Cotillard (Miranda Tate), Jürgen Thormann – Michael Caine (Pennyworth), Robin Kahnmeyer – Joseph Gordon-Levitt (John Blake)

DARK SHADOWS

DARK SHADOWS (Tim Burton, 2012), DF: 2012, D: Alexander Löwe, R: Axel Malzacher
David Nathan – Johnny Depp (Barnaby Collins), Andrea Aust – Michelle Pfeiffer (Elizabeth), Melanie Pukaß – Helena Bonham Carter (Dr. Julia Hoffman), Giuliana Wendt – Eva Green (Angelica), Axel Malzacher – Jonny Lee Miller (Roger), Luise Helm – Bella Heathcote (Victoria)

DAWSON'S CREEK (TV-Serie)
DAWSON'S CREEK (1998–2003), DF: Telesynchron 1999
Gerrit Schmidt-Foß – James Van Der Beek (Dawson), Dascha Lehmann – Katie Holmes (Joey), Dennis Schmidt-Foß – Joshua Jackson (Pacey), Schaukje Könning – Michelle Williams (Jen), Florian Schmidt-Foß – Kerr Smith (Jack McPhee), Marie Bierstedt – Meredith Monroe (Andie), Heidi Weigelt – Mary Margaret Humes (Gail Leery)

THE DAY AFTER
THE DAY AFTER (Nicholas Meyer, 1983), DF: 1983
Heinz Petruo – Jason Robards (Dr. Oakes), Hans-Jürgen Dittberner – Steven Guttenberg (Stephen Klein), Norbert Langer – John Lithgow (Joe Huxley), Katja Nottke – Lori Lethin (Denise Dahlberg)

THE DAY AFTER TOMORROW
THE DAY AFTER TOMORROW (Roland Emmerich, 2004), DF: 2004, D: Alexander Löwe, R: Sven Hasper
Thomas Danneberg – Dennis Quaid (Jack Hall), Marius Götze-Clarén – Jake Gyllenhaal (Sam Hall), Cornelia Meinhardt – Sela Ward (Dr. Lucy Hall), Friedrich Georg Beckhaus – Ian Holm (Terry Rapson), Sonja Scherff – Emmy Rossum (Laura Chapman), Dennis Schmidt-Foß – Dash Mihok (Jason Evans), Kim Hasper – Austin Nicols (J.D.), Peter Flechtner – Adrian Lester (Simon), Ernst Meincke – Kenneth Welsh (Vizepräs. Becker), Charles Rettinghaus – Glen Plummer (Luther)

DEAD MAN WALKING
DEAD MAN WALKING (Tim Robbins, 1995), DF: 1996
Kerstin Sanders-Dornseif – Susan Sarandon (Helen), Oliver Stritzel – Sean Penn (Matthew Poncelet), Jochen Schröder – Robert Prosky (Hilton Barber), Reinhard Kuhnert – Raymond J. Barry (Earl Delacroix), Judy Winter – Roberta Maxwell (Lucille), Ulrich Voss – R. Lee Ermey (Clyde Percy), Sonja Deutsch – Celia Weston (Mary Beth Percy)

DEAD ZONE
THE DEAD ZONE (David Cronenberg, 1983), DF: 1984
Joachim Tennstedt – Christopher Walken (Johnny Smith), Traudel Haas – Brooke Adams (Sarah Bracknell), Klaus Miedel – Herbert Lom (Dr. Welzak), Rolf Schult – Martin Sheen (Greg Stillson), Jürgen Kluckert – Tom Skerritt (Bannerman), Horst Schön – Anthony Zerbe (Roger Stuart), Friedrich W. Bauschulte – Sean Sullivan (Herb Smith)

DEATH PROOF – TODSICHER
QUENTIN TARANTINO'S DEATH PROOF (Quentin Tarantino, 2007), DF: Hermes 2007, D: Klaus Bickert, R: Bianca Krahl
Manfred Lehmann – Kurt Russell (Mike), Claudia Urbschat-Mingues – Rosario Dawson (Abernathy), Sandra Schwittau – Zoe Bell (Zoe), Anke Reitzenstein – Tracie Thoms (Kim), Claudia Lössl – Sydney Tamiia Poitier (Jungle Julia), Natascha Geissler – Vanessa Ferlito (Butterfly), Melanie Hinze – Rose McGowan (Pam)

DEM HIMMEL SO FERN
FAR FROM HEAVEN (Todd Haynes, 2002), DF: 2003, D/R: Marianne Groß
Katharina Lopinski – Julianne Moore (Cathy), Thomas Danneberg – Dennis Quaid (Frank), Jörg Hengstler – Dennis Haysbert (Raymond), Gertie Honeck – Patricia Clarkson (Eleonor Fine), Lothar Blumhagen – James Rebhorn (Dr. Bowman), Liane Rudolph – Celia Weston (Mona Lauder), Marianne Groß – C. C. Loveheart (Marlene), Detlef Bierstedt – Michael Gaston (Stan Fine)

DENEN MAN NICHT VERGIBT
THE UNFORGIVEN (John Huston, 1960), DF: 1960
Arnold Marquis – Burt Lancaster (Ben Zachary), Maria Körber – Audrey Hepburn (Rachel), Dietmar Schönherr – Audie Murphy (Cash), Klaus W. Krause – Charles Bickford (Zeb Rawlins), Herbert Stass – John Saxon (Johnny Portugal), Walter Suessenguth – Joseph Wiseman (Abe Kelsey), G.G. Hoffmann – Carlos Rivas (Lost Bird), Paul Edwin Roth – Doug McClure (Andy)

... DENN SIE WISSEN NICHT, WAS SIE TUN
REBEL WITHOUT A CAUSE (Nicholas Ray, 1955), DF: Dt. Mondial 1956
Dietmar Schönherr – James Dean (Jim Stark), Margot Leonard – Natalie Wood (Judy), Siegmar Schneider – William Hopper (Judys Vater), Horst Buchholz – Sal Mineo (Plato), Wolfgang Gruner – Corey Allen (Buzz), Wolfgang Eichberger – Jim Backus (Jims Vater), Siegmar Schneider – William Hopper (Judys Vater), Eckart Dux – Dennis Hopper (Goon)

DER DENVER-CLAN (TV-Serie)
DYNASTY (1981–89), DF: ZDF 1983
Hans-Werner Bussinger – John Forsythe (Blake Carrington), Gisela Fritsch – Linda Evans (Krystle), Ursula Heyer – Joan Collins (Alexis), Rebecca Völz/Daniela Strietzel (ab 1985) – Pamela Sue Martin (Fallon), Torsten Sense – Al Corley (Steven), Uwe Paulsen – Bo Hopkins (Matthew Blaisdel), Janina Richter – Heather Locklear (Sammy Jo)

DEPARTED: UNTER FEINDEN
THE DEPARTED (Martin Scorsese, 2006), DF: R. C. Production 2007, D: Klaus Bickert, R: Dietmar Wunder
Gerrit Schmidt-Foß – Leonardo DiCaprio (Billy), Matthias Hinze – Matt Damon (Colin), Joachim Kerzel – Jack Nicholson (Frank), Oliver Mink – Mark Wahlberg (Dignam), Christian Brückner – Martin Sheen (Oliver), Roland Hemmo – Ray Winstone (French), Klaus-Dieter Klebsch – Alec Baldwin (Ellerby), Christin Marquitan – Vera Farmiga (Madolyn), Jan Odle – Anthony Anderson (Brown), Nicolas Böll – Kevin Corrigan (Sean)

«*Die deutsche Synchronisation hat ihre liebe Not, dem fortgesetzten englischen ‹fucking› immer neue Variationen von ‹verschissen› und ‹verfickt› abzuringen. Es klingt freilich im englischen Original schon reichlich übertrieben und bleibt fern von aller sprachlichen Alltagsrealität.*»
(Ekkehard Knörer, perlentaucher.de, 22.12.2006)

DEPARTMENT S (TV-Serie)
DEPARTMENT S (1969–1970), DF: ds (i. A. d. ZDF) 1970
Jürgen Thormann – Peter Wyngarde (Jason King), Karlheinz Brunnemann – Joel Fabiani (Stewart Sullivan), Ursula Herwig – Rosemary Nichols (Annabelle Hurst)

Filme und Serien A–Z

Des Königs Admiral
Captain Horatio Hornblower (Raoul Walsh, 1950), DF: IFU 1951, D: Hans W. Victor, R: Alfred Kirschner
Max Eckard – Gregory Peck (Cpt. Hornblower), Carola Höhn – Virginia Mayo (Lady Barbara), Richard Münch – Robert Beatty (Lt. Bush), Peer Schmidt – Terence Morgan (Lt. Gerard), Wolf Martini – Moultrie Kelsall (Lt. Crystal), Anton Reimer – Denis O'Dea (Admiral Leighton)

Désirée
Désirée (Henry Koster, 1954), DF: 1955
Heinz Reincke – Marlon Brando (Bonaparte), Marion Degler – Jean Simmons (Désirée), Tilly Lauenstein – Merle Oberon (Joséphine), Heinz Engelmann – Michael Rennie (Bernadotte), Eckart Dux – Cameron Mitchell (Joseph)

Desperate Housewives (TV-Serie)
Desperate Housewives (2004–), DF: Cinephon (i. A. v. Pro7) 2005, D: Katrin Kabbathas, R: Frank Glaubrecht
Bettina Weiß – Teri Hatcher (Susan Mayer), Victoria Sturm – Felicity Huffman (Lynette Scavo), Judith Brandt – Marcia Cross (Bree Van De Kamp), Anna Carlsson – Eva Longoria (Gabrielle Solis), Peggy Sander – Nicolette Sheridan (Edie Britt), Joseline Gassen – Alfre Woodard (Betty Applewithe), Hans Hohlbein – Steven Culp (Rex Van De Kamp), Marco Kröger – Ricardo Chavira (Carlos Solis), Jill Böttcher – Andrea Bowen (Julie Mayer), Peter Flechtner – Doug Savant (Tom Scavo), Marek Erhardt – James Denton (Mike Delfino)

Detektiv Rockford – Anruf genügt (TV-Serie)
The Rockford Files (1974–1980), DF: Studio Hamburg (i. A. d. ARD) 1976
Claus Biederstaedt – James Garner (Jim Rockford), Manfred Steffen – Noah Beery jr. (Joe), Volker Lechtenbrink – Tom Atkins (Lt. Deel), Peter Kirchberger – Joe Santos (Det. Becker)

Dexter (TV-Serie)
Dexter (2006), DF: Media Factory (i. A. v. Premiere) 2008, D/R: div.
Dennis Schmidt-Foß – Michael C. Hall (Dexter Morgan), Ursula Hugo – Julie Benz (Rita Bennett), Ilona Otto – Jennifer Carpenter (Debra), Sebastian Jacob – David Zayas (Angel Batista), Iris Artajo – Lauren Vélez (Lt. Maria LaGuerta), Jan Spitzer – James Remar (Harry Morgan), David Nathan – Desmond Harrington (Joey Quinn)

Diagnose: Mord (TV-Serie)
Diagnosis: Murder (1993–2001), DF: Arena (i.A. v. Pro7) 1995, D/R: Thomas Danneberg, Ulrich Johannson
Jochen Schröder – Dick Van Dyke (Dr. Mark Sloan), Jan Spitzer – Barry Van Dyke (Steve Sloan), Daniela Thuar – Victoria Rowell (Amanda), Uwe Büschken – Scott Baio (Dr. Jack Stewart), Lilo Grahn – Delores Hall (Delores), Michael Narloch – Michael Tucci (Norman Briggs), Sven Plate – Charlie Schlatter (Dr. Jesse Travis)

Der Dialog
The Conversation (Francis Ford Coppola, 1973), DF: BSG 1974, D: F.A. Koeniger, R: Dietmar Behnke
Horst Niendorf – Gene Hackman (Harry Caul), Wolfgang Draeger – John Cazale (Stan), Heinz Theo Branding – Allen Garfield (Bernie Moran), Ulrich Gressieker – Frederic Forrest (Mark), Barbara Hampel – Cindy Williams (Ann)

Diamantenfieber
Diamonds Are Forever (Guy Hamilton, 1971), DF: 1971
G.G. Hoffmann – Sean Connery (James Bond), Martin Hirthe – Charles Gray (Blofeld), Renate Küster – Jill St. John (Tiffany), Norbert Langer – Jimmy Dean (Whyte), Klaus Miedel – Joseph Furst (Metz), Jürgen Thormann – Bruce Glover (Wint), Horst Gentzen – Putter Smith (Kidd), Joachim Nottke – Norman Burton (Felix Leiter), Konrad Wagner – Bernard Lee (M), Wilhelm Borchert – Desmond Llewellyn (Q), Inge Landgut – Lois Maxwell (Miss Moneypenny), Friedrich Schoenfelder – Laurence Naismith (Sir Donald)

Dick Tracy
Dick Tracy (Warren Beatty, 1990), DF: FFS 1990
Christian Brückner – Warren Beatty (Dick Tracy), Jutta Speidel – Glenne Headley (Tess Treuherz), Andre Schmidtsdorf – Charlie Korsmo (Kid), Sabina Trooger – Madonna (Heiserchen Mahoney), Joachim Kemmer – Al Pacino (Big Boy Caprice), Arne Elsholtz – Dustin Hoffman (Murmler), Arne Elsholtz – Mandy Patinkin (88 Tasten), Fred Maire – William Forsythe (Flach-birne), Gernot Duda – Paul Sorvino (Weichlippe), Michael Mendl – Seymour Cassel (Sam Catchem)

Die durch die Hölle gehen
The Deer Hunter (Michael Cimino, 1978), DF: 1979, D: Niels Clausnitzer
Christian Brückner – Robert De Niro (Michael), Horst Raspe – John Cazale (Stan), Ivar Combrinck – John Savage (Steven), Heiner Lauterbach – Christopher Walken (Nick), Dagmar Heller – Meryl Streep (Linda), Michael Gahr – George Dzundza (John), Gernot Duda – Chuck Aspegren (Axel), Alice Franz – Shirley Stoler (Stevens Mutter), Marion Hartmann – Rutanya Alda (Angela), Holger Hagen – Pierre Segui (Julien)
«Ich sah die hervorragend synchronisierte deutsche Fassung (die allerdings um ein paar Minuten gekürzt scheint).» (Hans C. Blumenberg, Die Zeit 12, 1979)

Die mit der Liebe spielen
L'avventura (Michelangelo Antonioni, 1959), DF: 1972
Jürgen Thormann – Gabriele Ferzetti (Sandro), Rosemarie Kirstein – Monica Vitti (Claudia), Helga Trümper – Lea Massari (Anna), Christian Marschall – James Addams (Colorado), Wolf Ackva – Renzo Ricci (Annas Vater), Thomas Braut – Lelio Luttazzi (Raimondo), Marion Hartmann – Dorothy De Poliolo (Gloria)
▶ In der ersten Fassung (1961) sprachen Peter Pasetti (Gabriele Ferzetti) und Marion Degler (Monica Vitti).

Der Dieb von Bagdad
The Thief of Baghdad (Michael Powell, 1940), DF: Dt. London 1949
Wilhelm Borchert – Conrad Veidt (Jaffar), Michael Günther – Sabu (Abu), Bettina Schön – June Duprez (Prinzessin), Klaus Schwarzkopf – John Justin (Ahmad), Walter Werner – Morton Selten (König), Martin Rosen – Mikes Malleson (Sultan), Maria Landrock – Mary Morris (Halima), Erich Poremski – Bruce Winston (Händler), Gerd Prager – Hay Petrie (Astrologe), Manfred Meurer – Roy Emmerton (Kerkermeister)

Der Diener
The Servant (Joseph Losey, 1963), DF: BSG 1964, D/R: Hans F. Wilhelm
Gerd Martienzen – Dirk Bogarde (Hugo Barrett), Dieter Ranspach –

James Fox (Tony), Petra Fahrnländer – Sarah Miles (Vera)

Die Dinge des Lebens
Les choses de la vie **(Claude Sautet, 1970), DF: BSG 1970, D: F.A. Koeniger, R: Dietmar Behnke**
G.G. Hoffmann – Michel Piccoli (Pierre), Romy Schneider – Romy Schneider (Hélène), Ursula Herwig – Lea Massari (Catherine), Uwe Paulsen – Gérard Lartigau (Bertrand)

Dirty Harry
Dirty Harry **(Don Siegel, 1971), DF: BSG 1972, D: Lutz Arenz, R: Dietmar Behnke**
Rolf Schult – Clint Eastwood (Harry), Horst Niendorf – Harry Guardino (Lt. Bressler), Andreas Mannkopff – Reni Santoni (Chico), Christian Rode – John Vernon (Bürgermeister), Wolfgang Draeger – Andy Robinson (Killer), Arnold Marquis – John Larch (Polizeichef)

Dirty Harry II – Calahan
Magnum Force **(Ted Post, 1973), DF: 1974**
Klaus Kindler – Clint Eastwood (Harry Calahan), Arnold Marquis – Hal Holbrook (Lt. Briggs), Leon Rainer – David Soul (Davis), Horst Sachtleben – Felton Perry (Early Smith), Niels Clausnitzer – Mitchell Ryan (McCoy), Heidi Treutler – Christine White (Carol McCoy), Alexander Allerson – Tony Giorgio (Frank Palancio), Manfred Andrae – Jack Kosslyn (Walter)

Dirty Harry III – Der Unerbittliche
The Enforcer **(James Fargo, 1976), DF: 1977**
Klaus Kindler – Clint Eastwood (Harry Calahan), Hartmut Reck – Harry Guardino (Lt. Bressler), Manfred Schott – Bradford Dillman (Cpt. McKay), Gernot Duda – John Mitchum (DiGiorgio), Heidi Fischer – Tyne Daly (Kate Moore), Manfred Seipold – DeVeren Bookwalter (Bobby), Wolf Ackva – John Crawford (Bürgermeister), Marianne Groß – Samantha Doane (Wanda), Herbert Weicker – Albert Popwell (Big Ed Mustapha)

Der diskrete Charme der Bourgeoisie
Le charme discret de la bourgeoisie **(Luis Buñuel, 1972), DF: BSG 1973, D: F.A. Koeniger, R: Dietmar Behnke**
Claus Biederstaedt – Fernando Rey (Botschafter), Edith Schneider – Delphine Seyrig (Simone Thévenot), Renate Küster – Stéphane Audran (Alice Sénéchal), Harry Wüstenhagen – Jean-Pierre Cassel (Henri Sénéchal), Hans Dieter Zeidler – Paul Frankeur (François), Martin Hirthe – Claude Piéplu (Colonel), Dagmar Biener – Bulle Ogier (Florence), Friedrich Schoenfelder – Julien Bertheau (Bischof), Klaus Miedel – François Maistre (Komm. Deplus), Wilhelm Borchert – Michel Piccoli (Innenminister), Renate Danz – Milena Vukotic (Inès)

The District – Einsatz in Washington (TV-Serie)
The District **(2000–2004), DF: Cine Entertainment, Hermes (i. A. v.) Vox 2001**
Christian Rode – Craig T. Nelson (Jack Mannion), Ulrike Johannson – Lynne Thigpen (Ella Farmer), Klaus-Dieter Klebsch – Roger Aaron Brown (Joe Noland), Martin Lohmann – Sean Patrick Thomas (Temple Page), Marion v. Stengel – Elizabeth Marvel (Nancy Parras), Clemens Gerhard – Justin Theroux (Nick Pierce), Wolfgang Wagner – David O'Hara (McGregor), Helmut Krauss – John Amons (Ethan Baker), Marina Krogull – Jayne Brook (Mary Ann Mitchell)

Django
Django **(Sergio Corbuci, 1966), DF: Berliner Union 1966**
G.G. Hoffmann – Franco Nero (Django), Beate Hasenau – Loredana Nusciak (Maria), Martin Hirthe – José Bodalo (Hugo Rodriguez), Heinz Petruo – Eduardo Fajardo (Jackson), Eduard Wandrey – Angel Alvarez (Nataniele)

Dogma
Dogma **(Kevin Smith, 1999), DF: FFS 2000, D/R: Susanna Bonaséwicz**
Johannes Baasner – Ben Affleck (Bartleby), Matthias Hinze – Matt Damon (Loki), Martina Treger – Linda Fiorentino (Bethany), Anke Reitzenstein – Salma Hayek (Serendipity), Udo Schenk – Jason Lee (Azrael), Simon Jäger – Jason Mewes (Jay), Michael Telloke – Alan Rickman (Metatron)

Dr. Flynn – Überleben ist Glückssache (TV-Serie)
Dr. Flynn **(2002), DF: Elektrofilm (i. A. v. Pro7) 2005, D/R: Marius Götze-Clarén**
Dennis Schmidt-Foß – Reece Shearsmith (Dr. Flynn), Peter Flechtner – Alexander Armstrong (Dr. Noble), Melanie Hinze – Georgia Mackenzie (Judy), Martina Treger – Llewella Gideon (Hope), Tom Deininger – Richard Griffiths (Ron), Hans Hohlbein – Martin Trenaman (Mann im Rollstuhl), Stefan Krause – Tom Watt (Sidney), Michael Telloke – Tim Brooke-Taylor (Kaplan)

Dr. House (TV-Serie)
House M.D. **(2004–), DF: Cine Entertainment (i. A. v. RTL) 2006, D/R: Dieter Gerlach**
Klaus-Dieter Klebsch – Hugh Laurie (Dr. House), Sabine Arnhold – Lisa Edelstein (Dr. Cuddy), Robert Missler – Robert Sean Leonard (Dr. Wilson), Dietmar Wunder – Omar Epps (Dr. Foreman), Tanja Dohse – Jeniffer Morrison (Dr. Cameron), Sascha Rothermund – Jesse Spencer (Dr. Chase)

Dr. Jekyll und Mr. Hyde
Dr. Jekyll and Mr. Hyde **(Rouben Mamoulian, 1931), DF: ARD 1990**
Joachim Kerzel – Fredric March (Dr. Jekyll/Hyde), Katharina Gräfe – Miriam Hopkins (Ivy Pierson), Harry Wüstenhagen – Edgar Norton (Poole), Susanna Bonaséwicz – Rose Hobart (Muriel Carew), Reinhard Kuhnert – Holmes Herbert (Dr. Lanyon), Friedrich Schoenfelder – Haliwell Hobbes (Carew)

Dr. Kimble – Auf der Flucht ⇨ Auf der Flucht

Doktor Schiwago
Doctor Zhivago **(David Lean, 1965), DF: MGM 1966**
Michael Chevalier – Omar Sharif (Jurij Schiwago), Eva Pflug – Julie Christie (Lara), Maria Körber – Geraldine Chaplin (Tonja), Martin Hirthe – Rod Steiger (Komarowsky), Wilhelm Borchert – Alec Guinness (Jewgraf), Joachim Ansorge – Tom Courtenay (Pascha), Paul Wagner – Ralph Richardson (Alexander), Hans Hessling – Geoffrey Keen (Prof. Kurt)

Dr. Seltsam oder wie ich lernte, die Bombe zu lieben
Dr. Strangelove or How I Learned to Stop Worrying and Love the Bomb **(Stanley Kubrick, 1963), DF: BSG 1964, D: F.A. Koeniger, R: Klaus v. Wahl**
Friedrich Schoenfelder – Peter Sellers (Mandrake), Siegmar Schneider – Peter Sellers (Dr. Seltsam), Harry Meyen – Peter Sellers (Präsi-

dent), Arnold Marquis – George C. Scott (Gen. Turgidson), Heinz Engelmann – Sterling Hayden (Gen. Ripper), Konrad Wagner – Keenan Wynn (Col. Guano), Martin Hirthe – Peter Bull (Botschafter), Werner Schwier – Slim Pickens (Mj. King Kong) «So ganz verstehen wir nicht, wie das so komisch sein soll. Wahrscheinlich verhindert unser Lachen die Synchronisation. Denn das ironische Element steckt wohl im sprachlichen Gegensatz des Amerikanischen und des Englischen. Wie ein englischer Oberst mit seiner kühlen Vernünftigkeit dem texanischen Draufgänger kontert: Das ist offenbar wirklich spaßig.» (Kurier, 25.9.1964).

DR. T AND THE WOMEN
DR. T AND THE WOMEN (Robert Altman, 2000), DF: Splendid 2001, R: Michael Nowka
Hubertus Bengsch – Richard Gere (Sullivan Travis), Madeleine Stolze – Helen Hunt (Bree Davis), Evelyn Maron – Farrah Fawcett (Kate Travis), Sabine Jäger – Laura Dern (Peggy), Solveig Duda – Kate Hudson (Dee Dee), Bianca Krahl – Tara Reid (Connie), Freya Trampert – Liv Tyler (Marilyn), Anita Lochner – Shelley Long (Carolyn)

LA DOLCE VITA
➲ DAS SÜSSE LEBEN

DOLORES
DOLORES Claiborne (Taylor Hackford, 1995), DF: Hermes 1995, D: Bernd Rumpf, R: Leon Boden
Regina Lemnitz – Kathy Bates (Dolores), Alexandra Ludwig – Jennifer Jason Leigh (Selena), Renate Danz – Judy Parfitt (Vera Donovan), Jochen Schröder – Christopher Plummer (John Mackey), Frank Glaubrecht – David Strathairn (Joe), Charles Rettinghaus – Eric Bogosian (Peter), Tobias Meister – John C. Reilly (Stamshaw)

DON CAMILLO UND PEPPONE
LE PETIT MONDE DE DON CAMILLO (Julien Duvivier, 1952), DF: IFU 1952, D/R: Georg Rothkegel
Alfred Balthoff – Fernandel (Don Camillo), Werner Lieven – Gino Cervi (Peppone), Hans Teschendorf – Charles Vissières (Bischof) – Ernst Kuhr – (Christus-Stimme)
▶ Gleiche Synchronbesetzung auch in DON CAMILLOS RÜCKKEHR (IFU 1953, D/R: Georg Rothkegel).

DER DON IST TOT
THE DON IS DEAD (Richard Fleischer, 1973), DF: BSG 1974, D: Lutz Arenz, R: Dietmar Behnke
Gottfried Kramer – Anthony Quinn (Don Angelo), Ulrich Gressieker – Frederic Forrest (Tony Fargo), Edgar Ott – Al Lettieri (Vince Fargo), Traudel Haas – Angel Tompkins (Ruby Dunne), Heinz Petruo – Charles Cioffi (Luigi Orlando), Ursula Heyer – Ina Balin (Nella), Christian Brückner – Richard Forster (Frank), Jürgen Thormann – J. Duke Rosso (Don Bernardo), Friedrich G. Beckhaus – Joe Santos (Joe Lucci), Heinz Giese – Abe Vigoda (Don Tolusso)

DON JUAN DE MARCO
DON JUAN DE MARCO AND THE CENTERFOLD (Jeremy Leven, 1994), DF: Interopa 1995, D: Theodor Dopheide, R: Monica Bielenstein
David Nathan – Johnny Depp (Don Juan de Marco), Helmut Krauss – Marlon Brando (Jack Mickler), Rita Engelmann – Faye Dunaway (Marilyn), Monica Bielenstein – Rachel Ticotin (Doña Inez), Jochen Schröder – Bob Dishy (Paul), Sabine Jäger – Talisa Soto (Julia), Michael Pan – Stephen Singer (Bill), Dagmar Altrichter – Teresa Hughes (Mrs. de Marco)

DONNIE BRASCO
DONNIE BRASCO (Mike Newell, 1996), DF: 1997
Klaus Kindler – Al Pacino (Lefty Ruggiero), David Nathan – Johnny Depp (Joe Pistone/Donnie Brasco), Holger Schwiers – Michael Madsen (Sonny Black), Wolfgang Müller – Bruno Kirby (Nicky), Gudo Hoegel – James Russo (Paulie)

DONNIE DARKO
DONNIE DARKO (Richard Kelly, 2001), DF: PPA 2002, D: Sabine Leyerer, R: Frank Schaff
Johannes Raspe – Jake Gyllenhaal (Donnie Darko), Angela Wiederhut – Jena Malone (Gretchen Ross), Thomas Rauscher – Holmes Osborne (Eddie), Dagmar Dempe – Mary McDonnell (Rose), Jacqueline Belle – Daveigh Chase (Samantha), Melanie Jung – Maggie Gyllenhaal (Elizabeth), Frank Schaff – James Duval (Frank), Claudia Lössl – Drew Barrymore (Karen), Wolfgang Müller – Patrick Swayze (Jim Cunningham), Dagmar Heller – Katharine Ross (Dr. Thurman), Walter v. Hauff – Arthur Taxier (Dr. Fisher), Janni Panczak – Gary Lundy (Sean)

THE DOOR IN THE FLOOR
THE DOOR IN THE FLOOR (Tod Williams, 2004), DF: Studio Babelsberg 2004
Joachim Tennstedt – Jeff Bridges (Ted Cole), Evelyn Maron – Kim Basinger (Marion Cole), Friedel Morgenstern – Elle Fanning (Ruth), Nicolas Artajo – Jon Foster (Eddie), Giuliana Wendt – Bijou Phillips (Alice), Rita Engelmann – Mimi Rogers (Evelyn Vaughn)

THE DOORS
THE DOORS (Oliver Stone, 1990), DF: 1991
Torsten Sense – Val Kilmer (Jim Morrison), Andreas Fröhlich – Frank Whaley (Robby Krieger), Dorette Hugo – Meg Ryan (Pamela), Patrick Winczewski – Kyle MacLachlan (Ray Manzarek), Thomas Ahrens – Michael Madsen (Tom Baker), Rolf Zacher – Billy Idol (dto.), Michael Deffert – Josh Evans (dto.), Dagmar Heller – Mimi Rogers (dto.), Christoph Eichhorn – Crispin Glover (dto.)

DAS DORF DER VERDAMMTEN
THE VILLAGE OF THE DAMNED (Wolf Rilla, 1960), DF: MGM 1961
Siegfried Schürenberg – George Sanders (Gordon Zellaby), Ilse Kiewiet – Barbara Shelley (Anthea Zellaby), Alfred Balthoff – Laurence Naismith (Dr. Willers), Ottokar Runze – Michael Gwynn (Alan), Curt Ackermann – Richard Vernon (Hargraves), Kurt Waitzmann – John Phillips (Gen. Leighton)

DIE DORNENVÖGEL (TV-Mehrteiler)
THE THORN BIRDS (Daryl Duke, 1983), DF: ARD 1985
Hartmut Reck – Richard Chamberlain (Ralph de Bricassart), Viktoria Brams – Rachel Ward (Meggie), Tilly Lauenstein – Barbara Stanwyck (Mary Carson-Cleary)
Ingrid Andree – Jean Simmons (Fiona), Wolfgang Hess – Richard Kiley (Paddy), Eleonore Noelle – Allyn Ann McLerie (Mrs. Smith), Heidi Treutler – Antoinett Bower (Sarah)

DOWNTON ABBEY (TV-Serie)
DOWNTON ABBEY (2010), DF: Interopa (i. A. v. Sky) 2011, D/R: Hilke Flickenschildt
Erich Räuker – Hugh Bonneville (Robert Crawley), Christin Marquitan – Elizabeth McGovern (Cora), Anne Helm – Michelle Dockery (Mary), Anita Hopt – Laura Carmichael (Edith), Rubina Kuraoka –

Jessica Brown Findlay (Sybil), Tim Knauer – Dan Stevens (Matthew), Michael Iwannek – Brendan Coyle (John Bates), Jürgen Kluckert – Jim Carter (Carson, der Butler), Karin Buchholz – Phyllis Logan (Mrs. Hughes), Joseline Gassen – Lesley Nicol (Mrs. Patmore)

Dracula

Dracula (Tod Browning, 1930), DF: ARD 1970
Rolf Boysen – Bela Lugosi (Dracula), Karin Lieneweg – Helen Chandler (Mina Seward), Konrad Wagner – Edward Van Sloan (Van Helsing), Claus Jurichs – David Manners (John Harker), Lutz Mackensy – Dwight Frye (Renfield), Klaus W. Krause – Herbert Bunston (Dr. Seward), Renate Pichler – Frances Dade (Lucy), Manfred Steffen – Charles Gerrard (Martin)

Dracula

Dracula (Terence Fisher, 1958), DF: BSG 1958, D: Gerda v. Ruexleben, R: Klaus v. Wahl
Erich Schellow – Peter Cushing (Van Helsing), Friedrich Schoenfelder – Michael Gough (Holmwood), Tilly Lauenstein – Melissa Stribling (Mina), Wolfgang Eichberger – Christopher Lee (Dracula), Marion Degler – Carol Marsh (Lucy), Friedrich Joloff – John van Eyssen (Jonathan Harker)

Dragonheart

Dragonheart (Rob Cohen, 1996), DF: 1996
Thomas Danneberg – Dennis Quaid (Bowen), Norbert Gescher – Pete Postlethwaite (Gilbert), Stefan Krause – David Thewlis (Einon), Daniela Hoffmann – Dina Meyer (Kara), Mario Adorf (OF: Sean Connery) – Draco), Rita Engelmann – Julie Christie (Aistinn), Tobias Meister – Jason Isaacs (Felton), Wolfgang Kühne – Brian Thompson (Brok), Dennis Schmidt-Foß – Lee Oakes (jg. Einon), Stefan Fredrich – Wolf Christian (Hewe), Jan Spitzer – Peter Hric (König Freyne)

Das dreckige Dutzend

The Dirty Dozen (Robert Aldrich, 1966), DF: MGM 1967
Martin Hirthe – Lee Marvin (Mj. Reisman), Konrad Wagner – Ernest Borgnine (Gen. Worden), Arnold Marquis – Charles Bronson (Wladislaw), Joachim Nottke – Jim Brown (Jefferson), Michael Chevalier – John Cassavetes (Viktor Franko), Herbert Stass – Richard Jaeckel (Sgt. Bowren), Heinz Giese – George Kennedy (Mj. Armbruster), Peter Schiff – Ralph Meeker (Cpt. Kinder), Gerd Duwner – Telly Savalas (Archer Maggott), Christian Brückner – Donald Sutherland (Pinkley), Rolf Schult – Robert Webber (Gen. Denton), Max Eckard – Robert Ryan (Col. Dasher-Breed)

Drei Engel für Charlie

Charlie's Angels (1976–1981), DF: ZDF 1979
Joseline Gassen – Kate Jackson (Sabrina Duncan), Almut Eggert – Farrah Fawcett (Jill Munroe), Andrea Brix – Jaclyn Smith (Kelly Garrett), Katrin Schaake – Cheryl Ladd (Kris), Gerd Duwner – David Doyle (John Bosley)
▶ Auf Sat.1 sprachen 1989: Heike Schroetter (Kate Jackson), Evelyn Maron (Farrah Fawcett), Ulrike Möckel (Jaclyn Smith), Maud Ackermann (Cheryl Ladd).

Drei Engel für Charlie

Charlie's Angels (McG, 2000), DF: R.C. Production 2000, D/R: Arne Elsholtz
Katrin Fröhlich – Cameron Diaz (Natalie), Nana Spier – Drew Barrymore (Dylan), Claudia Lehmann – Lucy Liu (Alex), Arne Elsholtz – Bill Murray (Bosley), Dietmar Wunder – Sam Rockwell (Eric Knox), Katharina Koschny – Kelly Lynch (Vivian Wood), Reiner Schöne – Tim Curry (Roger Corwin), Detlef Bierstedt – Crispin Glover (dünner Mann), Charles Rettinghaus – Matt Le Blanc (Jason Gibbons)

Drei Männer und ein Baby

Trois hommes et un couffin (Coline Serreau, 1985), DF: 1986
Sigmar Solbach – André Dussolier (Jacques), Elmar Wepper – Michel Boujenah (Michel), Reinhard Glemnitz – Roland Giraud (Pierre), Sabina Trooger – Philippine Leroy-Beaulieu (Sylvia), Heidi Treutler – Dominique Lavanant (Mme Rapons)

Die drei Musketiere

The Three Musketeers (George Sidney, 1948), DF: MGM 1950
O.E. Hasse – Gene Kelly (d'Artagnan), Ilse Steppat – Lana Turner (Lady de Winter), Eva Vaitl – June Allyson (Constance), Walter Suessenguth – Van Heflin (Athos), Arthur Schröder – Gig Young (Porthos)

Die drei Musketiere

The Three Musketeers (Richard Lester, 1973), DF: 1973
Eckart Dux – Michael York (d'Artagnan), Gernot Duda – Oliver Reed (Athos), Klaus Kindler – Richard Chamberlain (Aramis), Kurt E. Ludwig – Frank Finlay (Porthos), Helga Trümper – Raquel Welch (Constance), Herbert Weicker – Christopher Lee (Rochefort), Paul Bürks – Jean-Pierre Cassel (Ludwig XIII.), Rosemarie Kirstein – Faye Dunaway (Lady de Winter), Holger Hagen – Charlton Heston (Richelieu)

Die drei Tage des Condors

The Three Days of the Condor (Sydney Pollack, 1974), DF: BSG 1975, D: Lutz Arenz, R: Dietmar Behnke
Rolf Schult – Robert Redford (Joe Turner), Renate Küster – Faye Dunaway (Kathy Hale), Christian Rode – Cliff Robertson (Higgins)
Jürgen Thormann – Max v. Sydow (Joubert), Siegfried Schürenberg – John Houseman (Wabash), Friedrich W. Bauschulte – Michael Kane (Wicks), Friedrich Schoenfelder – Addison Powell (Atwood), Klaus Jepsen – Walter McGinn (Sam Barber), Eva Maria Miner – Tina Chen (Janice), Dieter Gerlach – Michael Miller (Fowler)

Dressed to Kill

Dressed to Kill (Brian De Palma, 1980), DF: Interopa 1981
Jürgen Thormann – Michael Caine (Dr. Elliott), Eva Katharina Schultz – Angie Dickinson (Kate Miller), Dagmar Biener – Nancy Allen (Liz Blake), Ulrich Matthes – Keith Gordon (Peter), Klaus Sonnenschein – Dennis Franz (Marino), Joachim Nottke – David Margulies (Dr. Levy)

Der dritte Mann

The Third Man (Carol Reed, 1949), DF: BSG 1963, D: Gerda v. Ruexleben, R: Curt Ackermann
Horst Niendorf – Joseph Cotten (Holly Martins), Dagmar Altrichter – Alida Valli (Anna Schmidt), Heinz Drache – Trevor Howard (Mj. Calloway), Werner Peters – Orson Welles (Harry Lime), Erich Musil – Ernst Deutsch (Kurtz), Wilhelm Borchert – Erich Ponto (Dr. Winkel), Curt Ackermann – Siegfried Breuer (Popesco), Erich Fiedler – Wilfrid Hyde-White (Crabbin), Benno Hoffmann – Bernard Lee (Sergeant)
▶ Die erste Synchronisation (Mars 1949, D/R: Georg Rothkegel) ist restauriert und 2008 wieder-

aufgeführt worden. Es sprachen Wolfgang Lukschy (Joseph Cotten), Elisabeth Ried (Alida Valli), Hans Nielsen (Trevor Howard) und Friedrich Joloff (Orson Welles). Die Tonspur dieser Synchronfassung wurde auch für eine Hörspielbearbeitung verwendet (Radio Bremen 1950).

DRUNTER UND DRÜBER
IT'S A WONDERFUL WORLD **(W. S. van Dyke, 1939), DF: ARD 1988**
Sigmar Solbach – James Stewart (Guy Johnson), Renate Küster – Claudette Colbert (Edwina Corday), Jochen Striebeck – Guy Kibbee (Streeter), Achim Höppner – Nat Pendelton (Koretz), Heidi Treutler – Frances Drake (Vivian Tarbel), Manfred Erdmann – Edgar Kennedy (Lt. Miller), Mogens v. Gadow – Ernest Truex (Willie), Klaus Guth – Sidney Blackmer (Al Mallon), Gisela Hoeter – Cecil Cunningham (Mme Chambers), Kurt Zips – Andy Clyde (Gimpy)

DAS DSCHUNGELBUCH
THE JUNGLE BOOK **(Wolfgang Reitherman, 1967), DF: Simoton1968, D/R: Heinrich Riethmüller**
Stefan Sczodrok – (Mowgli), Edgar Ott – (Balu), Joachim Cadenbach – (Baghira), Martin Hirthe – (Col. Hathi), Klaus Havenstein – (King Loui), Siegfried Schürenberg – (Shir Khan), Erich Kestin – (Kaa), Ursula Krieg – (Winifred)
«*Die deutsche Synchronisation ist von einer Klasse, von der man heutzutage meist nur noch träumen kann.*» *(bo, Volksblatt, 3.12.1987).*
«*Dass der Film auch in Deutschland geradezu Kultstatus erlangte (...), verdankt er wohl ebenfalls nicht zuletzt der hervorragenden Synchronisation: der hervorragenden Sprechern (...) und dann auch den mit viel Witz übertragenen Dialogen, die jede Anbiedrung an einen Jugendjargon vermeiden.*» *(Andreas Conrad, Tagesspiegel, 13.12.2000)*

DAS DSCHUNGELBUCH 2
THE JUNGLE BOOK 2 **(Steven Trenbirth, 2002), DF: FFS 2003, D: Kai Taschner, R: Frank Lenart**
Max Felder – (Mowgli), Jürgen Kluckert – (Balu), Hans-Michael Rehberg – (Shir Khan), Adak Azdasht – (Shanti) Domenic Redl – (Ranjan), Arne Elsholtz – (Baghira), Kai Taschner – (Lucky), Engelbert v. Nordhausen – (Col. Hathi) Tilo Schmitz – (Ranjans Vater).

DU LEBST NOCH 105 MINUTEN
SORRY WRONG NUMBER **(Anatole Litvak, 1948), DF: Elite 1951**
Elisabeth Ried – Barbara Stanwyck (Leona Stevenson), Carl Raddatz – Burt Lancaster (Henry Stevenson), Alfred Balthoff – Harold Vermilyea (Waldo Evans), Wolfgang Lukschy – Wendell Corey (Dr. Alexander), Walter Suessenguth – Ed Begley (James Cotterell), Ernst Schröder – William Conrad (Morano)

DU SOLLST MEIN GLÜCKSSTERN SEIN
SINGIN' IN THE RAIN **(Stanley Donen, Gene Kelly, 1952), DF: MGM 1953, D/R: Erik Ode**
Erik Ode – Gene Kelly (Don Lockwood), Wolfgang Kieling – Donald O'Connor (Cosmo Brown), Marianne Prenzel – Debbie Reynolds (Kathy Selden), Gertrud Spalke – Jean Hagen (Lina Lamont), Hans Nielsen – Millard Mitchell (Simpson), Ernst Konstantin – Douglas Fowley (Roscoe Dexter), Ursula Krieg – Madge Blake (Dora Bailey), Franz-Otto Krüger – King Donovan (Rod)
«*Die deutschen Liedtexte gehören zu den schlimmsten Untaten in der Synchrongeschichte. Zwar wussten Erik Ode (Gene Kelly), Wolfgang Kieling (Donald O'Connor) und Marianne Prenzel (Debbie Reynolds) die Dialoge relativ stilecht ins Deutsche zu übertragen, doch ihr Gesang war textlich wie stimmlich, gelinde gesagt, unpassend. Zum Glück beließ man im deutschen Fernsehen die Songs im Original.*» *(Jörg Gerle, Film-Dienst 20, 2012)*

DUELL
DUEL **(Steven Spielberg, 1971), DF: BSG 1973, D: Ruth Leschin, R: Dietmar Behnke**
Horst Stark – Dennis Weaver (David Mann), Bettina Schön – Jacqueline Scott (Mrs. Mann), Manfred Grote – Eddie Firestone (Café-Besitzer), Edgar Ott – Lou Frizzell (Busfahrer), Inge Landgut – Shirley O'Hara (Kellnerin), Toni Herbert – Tim Herbert (Tankwart), Franz Nicklisch – Charles Seel (alter Mann)

DUELL AM MISSOURI
THE MISSOURI BREAKS **(Arthur Penn, 1975), DF: 1976**
Wolfgang Kieling – Marlon Brando (Lee Clayton), Manfred Schott – Jack Nicholson (Tom Logan), Dagmar Heller – Kathleen Lloyd (Jane Braxton), Wolf Ackva – John McLiam (Braxton), Manfred Seipold – Frede-

ric Forrest (Cary), Leo Bardischewski – Harry Dean Stanton (Calvin)

DUELL IN DER SONNE
DUEL IN THE SUN **(King Vidor, 1946), DF: Hans-Grimm-Film 1952, D: Erika Streithorst, R: Hans Grimm**
Wolfgang Lukschy – Gregory Peck (Lewt), Marianne Kehlau – Jennifer Jones (Pearl), Heinz Engelmann – Joseph Cotten (Jesse), Rudolf Reif – Lionel Barrymore (Senator McCanles), Erna Grossmann – Lillian Gish (Laura Belle) Annemarie Wernicke – Butterfly McQueen (Vashti), Klaus W. Krause – Charles Bickford (Sam), Bum Krüger – Walter Huston (Prediger), Erik Jelde – Harry Carey (Lem)
▶ Annemarie Wernicke, Ensemblemitglied des Bayerischen Staatsschauspiels, sprach für Butterfly McQueen auch ein Jahr später in ⮕ VOM WINDE VERWEHT.

DIE DUELLISTEN
THE DUELLISTS **(Ridley Scott, 1976), DF: 1978**
Joachim Kerzel – Harvey Keitel (Féraud), Wolfgang Condrus – Keith Carradine (D'Hubert), Cornelia Meinhardt – Cristina Raines (Adele), Arnold Goerke – Edward Fox (Oberst Reynard), Michael Chevalier – Albert Finney (Fouché), Lohar Blumhagen – Robert Stephens (Gen. Trellard), Manfred Lehmann – Tom Conti (Jacquin)

DER DUFT DER FRAUEN
SCENT OF A WOMAN **(Martin Brest, 1992), DF: BSG 1993, D: Alexander Loewe, R: Clemens Frohmann**
Klaus Kindler – Al Pacino (Frank Slade), Frank Schroeder – Chris O'Donnell (Charlie Simms), Klaus Jepsen – James Rebhorn (Task), Maja Dürr – Gabrielle Anwar (Donna), Stefan Fredrich – Philip Seymour Hoffman (George Willis jr.), Hans Nitschke – Richard Venture (W. R. Slade), Martin Kessler – Bradley Whitford (Randy)

DUMM UND DÜMMER
DUMB AND DUMBER **(Peter Farrelly, 1994), DF: Interopa 1995, D/R: Theodor Dopheide**
Stefan Fredrich – Jim Carrey (Lloyd Christmas), Peer Augustinski – Jeff Daniels (Harry Dunne), Irina v. Bentheim – Lauren Holly (Mary Swanson), Natascha Rybakowski – Karen Duffy (J. P. Shay), Regina Lemnitz – Teri Garr (Helen), Manfred Wagner – Mike Starr (Mental),

Wolfgang Condrus – Charles Rocket (Nick), Diana Borgwardt – Victoria Rowell (Beth Jordan)

Der dünne Mann
The Thin Man (W. S. van Dyke, 1934), DF: ZDF 1969
Friedrich Schoenfelder – William Powell (Nick), Rosemarie Fendel – Myrna Loy (Nora), Manfred Schott – Porter Hall (MacCauley), Eleonore Noelle – Minna Gombell (Mimi), Gig Malzacher – William Henry (Gilbert)
▶ Schoenfelder und Fendel synchronisierten auch die beiden Fortsetzungen Nach dem dünnen Mann und Noch ein dünner Mann (beide ZDF 1969).

E

E.T. – Der Ausserirdische
E.T. – The Extraterrestrial (Steven Spielberg, 1982), DF: BSG 1982, D/R: Arne Elsholtz
Timmo Niesner – Henry Thomas (Elliott), Monica Bielenstein – Dee Wallace (Mary), Caroline Ruprecht – Drew Barrymore (Gertie), Joachim Kemmer – Peter Coyote (Keys), Oliver Rohrbeck – Robert MacNaughton (Michael), Paula Lepa (OF: Pat Walsh) – (E.T.)
«Groß blickt die Kamera in staunende Kinderaugen, und kluge Kindermünder sprechen gerührt den Kommentar: ‹Das gibt's doch nicht›, sagen sie (in der deutschen Fassung auf die geübt niedliche Synchronsprecher-Weise) und bedeuten so dem Kinozuschauer, dass er jetzt gefälligst auch zu staunen habe, eben ‹wie ein Kind›.» (Benjamin Henrichs, Die Zeit 50, 1982).

Easy Rider
Easy Rider (Dennis Hopper, 1969), DF: 1969
Thomas Braut – Dennis Hopper (Billy), Reiner Schöne – Peter Fonda (Wyatt), Manfred Schott – Jack Nicholson (George Hanson), Eva Pflug – Karen Black (Karen), Klaus Kindler – Luke Askew (Fremder)

Echt blond
The Real Blonde (Tom DiCillo, 1997), DF: Hermes 1998
Benjamin Völz – Matthew Modine (Joe), Anke Reitzenstein – Catherine Keener (Mary), Andrea Aust – Daryl Hannah (Kelly), Charles Rettinghaus – Maxwell Caulfield (Bob), Nana Spier – Elizabeth Berkley (Tina), Kerstin Sanders-Dornseif – Marlo Thomas (Blair), Julia Biedermann – Bridgette Wilson (Sahara), Lutz Mackensy – Christopher Lloyd (Ernst), Traudel Haas – Kathleen Turner (Dee Dee Taylor)

Edward mit den Scherenhänden
Edward Scissorhands (Tim Burton, 1990), DF: 1991
Florian Halm – Johnny Depp (Edward), Alexandra Ludwig – Winona Ryder (Kim), Uschi Wolff – Dianne Wiest (Peg), Herbert Weicker – Vincent Price (Erfinder), Fred Maire – Alan Arkin (Bill), Oliver Stritzel – Anthony M. Hall (Jim)

Ehekrieg
Adam's Rib (George Cukor, 1949), DF: MGM 1952
O. E. Hasse – Spencer Tracy (Adam Bonner), Ingeborg Grunewald – Katharine Hepburn (Amanda), Erich Fiedler – David Wayne (Kip), Gisela Trowe – Jean Hagen (Beryl Caighn), Carl Raddatz – Tom Ewell (Attinger)

Einer flog über das Kuckucksnest
One Flew Over the Cuckoo's Nest (Milos Forman, 1975), DF: 1976
Manfred Schott – Jack Nicholson (McMurphy), Judy Winter – Louise Fletcher (Ratched), Paul Bürks – William Redfield (Harding), Horst Sachtleben – Brad Dourif (Billy), Herbert Weicker – Scatman Crothers (Turkle), Hartmut Neugebauer – Christopher Lloyd (Taber)

Eine einfache Geschichte
Une histoire simple (Claude Sautet, 1977), DF: 1979
Romy Schneider – Romy Schneider (Marie), Joachim Kemmer – Claude Brasseur (Serge), Horst Niendorf – Bruno Cremer (Georges), Bettina Schön – Arlette Bonnart (Gabrielle), Ursula Heyer – Francine Bergé (Francine), Marianne Groß – Eva Darlan (Anna)

Eins, Zwei, Drei
One, Two, Three (Billy Wilder, 1961), DF: Aura 1961
Werner Lieven – James Cagney (MacNamara), Horst Buchholz – Horst Buchholz (Piffl), Ingeborg Wellmann – Pamela Tiffin (Scarlett), Mady Rahl – Arlene Francis (Phyllis), Liselotte Pulver – Liselotte Pulver (Ingeborg), Erik Jelde – Howard St. John (Hazeltine), Hanns Lothar – Hanns Lothar (Schlemmer), Leonard Steckel – Leon Askin (Peripetchikoff), Ralf Wolter – Ralf Wolter (Borodenko)
«Es war sicherlich sehr schwierig, dieses Dialog-Furioso, mit Anzüglichkeiten an der USA-Politik angereichert, einzudeutschen. Mit der Übersetzung und den deutschen Sprechern kann man einverstanden sein, nicht aber mit der deutschen Tontechnik, die viele Sätze unverständlich lässt.» (Georg Herzberg, Film-Echo 1/2, 1962)
«Otto ist weiter Mitglied der Kommunistischen Partei (die es seit 1946 nicht mehr gibt), er spricht von der ‹Ostzone› (statt von der DDR) und von Russland (statt von der Sowjetunion) und ‹sieht aus, als ob er eine Million Rubel gewonnen hätte›. Rubel! Übrigens scheint auch der Synchronautor die letzten 15 Jahre verträumt zu haben, sonst wären diese Fehler wenigstens in der deutschen Fassung getilgt.» (Reinold E. Thiel, Filmkritik 1, 1962)

Einsatz in Manhattan (TV-Serie)
Kojak (1973–1978), DF: Interopa (i. A. d. ARD) 1974, D/R: Thomas Keck
Edgar Ott – Telly Savalas (Kojak), Heinz Giese – Dan Frazer (Frank McNeil), Hans Werner Bussinger – Kevin Dobson (Bobby Crocker), Manfred Grote – Demosthenes (Stavros)
«‹Allzu dicke Sachen, reine Apologetik von Law and Order› lässt die ARD-Filmredaktion bei der Synchronisation tilgen. Bei der Eindeutschung geht jedoch wohl unvermeidlich auch die trockene Lakonik des US-Originals verloren.» (Der Spiegel 41, 1974)

21 Gramm
21 Grams (Alejandro González Iñárritu, 2003), DF: ds 2004, D: Frank Schröder, R: Marianne Groß
Tobias Meister – Sean Penn (Paul), Torsten Michaelis – Benicio Del Toro (Jack), Irina v. Bentheim – Naomi Watts (Cristina), Nana Spier – Charlotte Gainsbourg (Mary), Evelyn Maron – Melissa Leo (Marianne), Debora Weigert – Clea DuVall (Claudia), Bernd Schramm – Dany Huston (Michael)

Der einzige Zeuge
Witness (Peter Weir, 1985), DF: 1985
Wolfgang Pampel – Harrison Ford (John Book), Evelyn Maron – Kel-

ly McGillis (Rachel), Friedrich W. Bauschulte – Josef Sommer (Deputy Schaeffer), Detlef Bierstedt – Alexander Godunow (Daniel), Herbert Stass – Jan Rubes (Eli)

EIS AM STIEL
ESKIMO LIMON **(Boaz Davidson, 1977), DF: 1978**
Michael Nowka – Jesse Katzur (Benny), Joachim Tennstedt – Zachi Noy (Johnny), Mathias Einert – Jonathan Segal (Momo), Susanna Bonaséwicz – Anat Atzman (Nilli), Heide Simon – Dvora Kedar (Sonja)
▶ In den weiteren Folgen der EIS-AM-STIL-Serie änderte sich die Synchronbesetzung mehrfach. Im 2. Teil z. B. übernahm Ulrich Matthes Benny und Nowka Momo, vom 4. Teil an sprach Oliver Rohrbeck für Benny.

EISKALTE ENGEL
CRUEL INTENTIONS **(Roger Kumble, 1999), DF: BSG 1999, D: Alexander Löwe, R: Dorette Hugo**
Nana Spier – Sarah Michelle Gellar (Kathryn Merteuil), Kim Hasper – Ryan Phillippe (Sebastian Valmont), Marie Bierstedt – Reese Witherspoon (Annette Hargrove), Carola Ewert – Selma Blair (Cecile Caldwell), Barbara Adolph – Louise Fletcher (Helen Rosemond), Andreas Fröhlich – Joshua Jackson (Blaine Tuttle), Simon Jäger – Eric Mabius (Greg McConnell), Oliver Feld – Ronald Clifford (Sean Patrick Thomas), Manja Doering – Tara Reid (Marci Greenbaum), Tilly Lauenstein – Herta Ware (Mrs. Sugerman)

DER EISKALTE ENGEL
LE SAMOURAI **(Jean-Pierre Melville, 1967), DF: Aura 1968**
Klaus Kindler – Alain Delon (Jeff Costello), NN – Nathalie Delon (Jeanne), Holger Hagen – François Périer (Kommissar), Horst Naumann – Jacques Leroy (Killer), Paul Bürks – Michel Boisrond (Wiener), Norbert Gastell – Jean-Pierre Posier (Olivier Rey), Renate Grosser – Cathy Rosier (Valérie), Erich Ebert – Georges Casati (Damolini)

DER EISSTURM
THE ICE STORM **(Ang Lee, 1997), DF: FFS 1997, D: Beate Klöckner, R: Mina Kindl**
Angelika Bender – Joan Allen (Elena Hood), Arne Elsholtz – Kevin Kline (Ben Hood), Angela Wiederhut – Christina Ricci (Wendy), Florian Bauer – Tobey Maguire (Paul),

Dagmar Dempe – Sigourney Weaver (Janey Carver), Butz Combrinck – Elijah Wood (Mikey), Tristano Casanova – Adam Han-Byrd (Sandy)

EKEL
REPULSION **(Roman Polanski, 1964), DF: BSG 1965, D/R: Klaus v. Wahl**
Gisela Fritsch – Catherine Deneuve (Carol), Rolf Schult – Ian Hendry (Michael), Thomas Danneberg – John Fraser (Colin), Martin Hirthe – Patrick Wymark (Hauswirt), Renate Küster – Yvonne Furneaux (Hélène), Rainer Brandt – James Villiers (John), Wolfgang Draeger – Hugh Futcher (Reggie), Alice Treff – Valerie Taylor (Mme Denise)

DER ELEFANTENMENSCH
THE ELEPHANT MAN **(David Lynch, 1980), DF: BSG 1981, D/R: Heinz Freitag**
Joachim Kerzel – Anthony Hopkins (Dr. Treves), Joachim Tennstedt – John Hurt (John Merrick), Friedrich Schoenfelder – John Gielgud (Carr Gomm), Bettina Schön – Anne Bancroft (Mrs. Kendal), Friedrich W. Bauschulte – Freddie Jones (Bytes), Gudrun Genest – Wendy Hiller (Mothershead), Gisela Fritsch – Hannah Gordon (Anne Treves)

DER ELEKTRISCHE REITER
THE ELECTRIC HORSEMAN **(Sydney Pollack, 1978), DF: BSG 1980, R: Arne Elsholtz**
Rolf Schult – Robert Redford (Sonny Steele), Renate Küster – Jane Fonda (Hallie Martin), Jürgen Thormann – John Saxon (Hunt Sears), Friedrich W. Bauschulte – Willie Nelson (Wendell), Joachim Kerzel – Nicholas Coster (Fitzgerald), Edgar Ott – Wilford Brimley (Farmer)

ELIZABETHTOWN
ELIZABETHTOWN **(Cameron Crowe, 2005), DF: Interopa 2005, D/R: Marianne Groß**
Philipp Moog – Orlando Bloom (Drew Baylor), Marie Bierstedt – Kirsten Dunst (Claire Colburn), Kerstin Sanders-Dornseif – Susan Sarandon (Hollie), Tanja Geke – Judy Greer (Heather), Gundi Eberhard – Jessica Biel (Ellen), Klaus-Dieter Klebsch – Alec Baldwin (Phil), Marcus Off – Jed Rees (Chuck), Almut Zydra – Emily Rutherford (Cindy), Roland Hemmo – Bruce McGill (Bill Banyon), Regine Albrecht – Paula Deen (Tante Dora)

ELMER GANTRY
ELMER GANTRY **(Richard Brooks, 1960), DF: 1961**
Wolfgang Lukschy – Burt Lancaster (Elmer Gantry), Gertrud Kückelmann – Jean Simmons (Sharon Falconer), Wilhelm Borchert – Arthur Kennedy (Jim Lefferts), Paul Wagner – Dean Jagger (Morgan), Eva Katharina Schultz – Patti Page (Rachel), Siegfried Schürenberg – Edward Andrews (Babbitt)

EMERGENCY ROOM (TV-Serie)
EMERGENCY ROOM **(1994–2009), DF: Pro7 1995, R: Hans Werner Bussinger**
Hans Hohlbein – Anthony Edwards (Dr. Mark Greene), Detlef Bierstedt – George Clooney (Dr. Douglas Ross), Bettina Weiß – Sherry Stringfield (Dr. Susan Lewis), Oliver Feld – Noah Wyle (Dr. John Carter), Anke Reitzenstein / Cathrin Vaessen – Julianna Margulies (Carol Hathaway), Stefan Fredrich / Jörg Hengstler – Eriq La Salle (Dr. Peter Benton)
«Beim Vergleich zwischen der Originalserie und ihrer deutschen Synchronfassung fällt unmittelbar auf, dass das Original durchaus komische Elemente hat, an vielen Stellen fast lustig ist, die Synchronfassung hingegen den Schwerpunkt eher auf das Dramatische setzt und nicht annähernd so witzig konzipiert wurde.» (Veronika Seifferth: Die deutsche Synchronisation amerikanischer Fernsehserien, Trier 2009, S. 86)

EMMA
EMMA **(Douglas McGrath, 1996), DF: 1997**
Katrin Fröhlich – Gwyneth Paltrow (Emma), Frank Röth – Jeremy Northam (Knightley), Judith Brandt – Toni Collette (Harriet), Angelika Bender – Greta Scacchi (Anne Weston)

END OF DAYS
END OF DAYS **(Peter Hyams, 1999), DF: BSG 1999, D/R: Michael Nowka**
Thomas Danneberg – Arnold Schwarzenegger (Jericho Cane), Martin Umbach – Gabriel Byrne (der Mann), Claudia Urbschat-Mingues – Robin Tunney (Christine), Stefan Fredrich – Kevin Pollak (Chicago), Lutz Riedel – Udo Kier (Dr. Abel), Alexandra Wilcke – Renee Olstead (Amy), Klaus Sonnenschein – Rod Steiger (Pater Kovak)

DAS ENDE EINER AFFÄRE
THE END OF THE AFFAIR **(Neil Jordan, 1999), DF: Studio Babelsberg 2000**
Judith Brandt – Julianne Moore (Sa-

rah Miles), Bernd Rumpf – Stephen Rea (Henry Miles), Tobias Meister – Ralph Fiennes (Maurice Bendrix), Gerald Schaale – Ian Hart (Parkis), Wanja Gerick – Samuel Bold (Lance), Udo Schenk – Jason Isaacs (Smythe), Klaus Jepsen – James Bolam (Savage), Karin David – Deborah Findlay (Susan)

«*Dieses düstere Kammerspiel distanziert sich von der Zeit, in der es selber entstanden ist. Diese Distanz wird noch größer durch eine Synchronisation, die alle Hintergrundgeräusche extrem dämpft, die Sprache der Protagonisten also vor das Geschehen setzt und sie in diese Sprache quasi einschließt und die zudem ein zeitgenössisch steifes Englisch in ein ganz und gar künstliches Deutsch verwandelt.*» *(Rupert Koppold, Stuttgarter Zeitung, 24.2.2000)*

Endlos ist die Prärie
The Sea of Grass **(Elia Kazan, 1947), DF: MGM 1955**
Ernst Schröder – Spencer Tracy (Col. Brewton), Ingeborg Grunewald – Katharine Hepburn (Lutie), Carl Raddatz – Melvyn Douglas (Brice Chamberlain), Hans Hessling – Edgar Buchanan (Jeff), Alfred Balthoff – Harry Carey (Dr. Reid), Horst Niendorf – Robert Walker (Brock, DF: Paul), Margot Leonard – Phyllis Thaxter (Sarah Beth, DF: Annabelle), Hans Wiegner – Robert Armstrong (McCurtin), Walter Bluhm – James Bell (Sam), Harald Juhnke – Glenn Strange (Bill)

Endstation Schafott
Deux hommes dans la ville **(José Giovanni, 1973), DF: 1974**
Klaus W. Krause – Jean Gabin (Germain), Christian Brückner – Alain Delon (Gino), Uschi Wolff – Mimsy Farmer (Lucie), Hans Korte – Michel Bouquet (Insp. Goitreau), Günter Ungeheuer – Victor Lanoux (Marcel), Erik Jelde – Guido Alberti (Druckereibesitzer), Jürgen Clausen – Bernard Giraudeau (Frédéric), Günther Sauer – Jacques Monod (Staatsanwalt)

Endstation Sehnsucht
A Streetcar Named Desire **(Elia Kazan, 1951), DF: Dt. Mondial 1951, R: Alfred Kirschner**
Marianne Kehlau – Vivien Leigh (Blanche), Peer Schmidt – Marlon Brando (Stanley), Carola Höhn – Kim Hunter (Stella), Max Eckard – Karl Malden (Mitch), Wim Schroers – Rudy Bond (Steve Hubbell), Heinz Schimmelpfennig – Nick Dennis (Pablo Gonzales), Edith Robbers – Peg Hillias (Eunice Hubbell)

Engelsgesicht
Angel Face **(Otto Preminger, 1952), DF: Simoton 1953, D: Cissy Lembach, R: Rolf v. Goth**
Horst Niendorf – Robert Mitchum (Frank), Marion Degler – Jean Simmons (Diane), Sigrid Lagemann – Mona Freeman (Mary), Hans Albert Martens – Herbert Marshall (Tremayne), Els Condrus – Barbara O'Neill (Mrs. Tremayne), Siegfried Schürenberg – Leon Ames (Fred Barrett), Wolfgang Preiss – Kenneth Tobey (Bill Crompton), Hans Wiegner – Jim Backus (Staatsanwalt)

Der englische Patient
The English Patient **(Anthony Minghella, 1996), DF: FFS 1997**
Udo Schenk – Ralph Fiennes (Almasy), Carin C. Tietze – Juliet Binoche (Hana), Gudo Hoegel – Willem Dafoe (Caravaggio), Traudel Haas – Kristin Scott Thomas (Katharine Clifton)

Enigma
Enigma **(Michael Apted, 2001), DF: Hermes 2002, D/R: Hilke Flickenschildt**
Ulrich Matthes – Dougray Scott (Jericho), Ulrike Stürzbecher – Kate Winslet (Hester), Anke Reitzenstein – Saffron Burrows (Claire), Stefan Staudinger – Jeremy Northam (Wigram), Peter Flechtner – Nokolaj Coster-Waldau (Puck), Dietmar Wunder – Tom Hollander (Logie), Ulrich Voß – Donald Sumpter (Leveret), Benjamin Völz – Matthew MacFayden (Cave), Rainer Doering – Richard Leaf (Baxter), Sebastian Jacob – Ian Felce (Proudfoot), Santiago Ziesmer – Bohdan Poraj (Pinker), Rainer Fritzsche – Paul Rattray (Kingcome), Matthias Klages – Richard Katz (De Brooke), Michael Bauer – Tom Fisher (Upjohn), Roland Hemmo – Robert Pugh (Skynner)

Die Entdeckung des Himmels
The Discovery of Heaven **(Jeroen Krabbé, 2001), DF: MME 2002, D/R: Erik Paulsen**
Hubertus Bengsch – Stephen Fry (Onno Quist), Udo Schenk – Greg Wise (Max Delius), Deborah Weigert – Flora Montgomery (Ada Brons), Wanja Gerick – Neil Newborn (Quinten), Judith Brandt – Emma Fielding (Helga), Liane Rudolph – Diana Quick (Sophia), Dirk Müller – Sean Harris (Bart Bork), Lutz Riedel – Jeroen Krabbé (Erzengel Gabriel)

Die Entführer lassen grüssen
L'aventure c'est l'aventure **(Claude Lelouch, 1971), DF: 1972**
Martin Hirthe – Lino Ventura (Lino), Harald Leipnitz – Jacques Brel (Jacques), Gerd Martienzen – Charles Denner (Simon), Hans Walter Clasen – Charles Gérard (Charlot), Hartmut Neugebauer – Aldo Maccione (Aldo), Heidi Treutler – Nicole Courcel (Nicole), Herbert Weicker – Juan Luis Buñuel (Ernesto), Niels Clausnitzer – Gérard Sire (Staatsanwalt), Günther Sauer – Yves Robert (Verteidiger)

Enthüllung
Disclosure **(Barry Levinson, 1994), DF: 1994**
Volker Brandt – Michael Douglas (Tom Sanders), Franziska Pigulla – Demi Moore (Meredith Johnson), Rolf Schult – Donald Sutherland (Bob Garvin), Ulrike Möckel – Caroline Goodall (Susan Hendler), Kerstin Sanders-Dornseif – Roma Maffia (Catherine Alvarez), Helmut Gauß – Dennis Miller (Mark Lewyn), Liane Rudolph – Suzie Plakson (Mary Anne Hunter)

Erbarmungslos
The Unforgiven **(Clint Eastwood, 1992), DF: FFS 1992**
Klaus Kindler – Clint Eastwood (Bill Munny), Hartmut Neugebauer – Gene Hackman (Little Bill), Manfred Erdmann – Morgan Freeman (Ned Logan), G.G. Hoffmann – Richard Harris (English Bob), Michael Ande – Saul Rubinek (Beauchamp), Dagmar Dempe – Frances Fisher (Strawberry Alice)

Erdbeben
Earthquake **(Mark Robson, 1974), DF: BSG 1975, D: Lutz Arenz, R: Joachim Kunzendorf**
Helmo Kindermann – Charlton Heston (Stuart Graff), Gisela Trowe – Ava Gardner (Remy Graff), G.G. Hoffmann – George Kennedy (Lew Slade), Gottfried Kramer – Lorne Greene (Sam Royce), Marianne Lutz – Geneviève Bujold (Denise), Joseline Gassen – Victoria Principal (Rosa), Norbert Langer – Richard Roundtree (Miles), Siegfried Schürenberg – Barry Sullivan (Dr. Stockle)

Erin Brockovich
Erin Brockovich **(Steven Soderbergh, 2000), DF: R. C. Production 2000, D: Martina Marx, R: Andreas Pollak**
Daniela Hoffmann – Julia Roberts (Erin Brockovich), Joachim Kerzel

– Albert Finney (Ed Masry), Tom Vogt – Aaron Eckhart (George), Susanne Schwab – Marg Helgenberger (Donna Jensen), Andrea Solter – Cherry Jones (Pamela Duncan), Lutz Riedel – Peter Coyote (Kurt Potter), Kevin Winkel – Scotty Leavenworth (Matthew), Adela Pollak – Gemmenne de la Peña (Katie)

DER ERSTE GROSSEN EISENBAHNRAUB
THE GREAT TRAIN ROBBERY (Michael Crichton, 1978), DF: 1979
G.G. Hoffmann – Sean Connery (Edward Pierce), Charles Brauer – Donald Sutherland (Agar), Helga Trümper – Lesley-Anne Down (Miriam), Hans Korte – Malcolm Terris (Henry Fowler)

ES GESCHAH IN EINER NACHT
IT HAPPENED ONE NIGHT (Frank Capra, 1934), DF: ARD 1979
Norbert Langer – Clark Gable (Peter Warne), Renate Küster – Claudette Colbert (Ellie Andrews), Alf Marholm – Walter Connolly (Alexander), Manfred Schott – Roscoe Karns (Oscar Shapeley)
▶ Die Ur-Synchronfassung stammt von 1935 (D: Alfred Haase, R: Konrad Rohnstein). Damals sprachen Siegfried Schürenberg (Clark Gable), Till Klokow (Claudette Colbert), Alfred Haase (Walter Connolly), Bruno Fritz (Roscoe Karns), Herbert Gernot (Jameson Thomas) und Hans Eggerth (Charles C. Wilson).

ES WAR EINMAL
LA BELLE ET LA BÊTE (Jean Cocteau, 1946), DF: Rex-Film 1947, D/R: Hans Eggerth
Walter Richter – Jean Marais (Der Prinz / die Bestie), Viktoria v. Ballasko – Josette Day (die Schöne)

ES WAR EINMAL IN AMERIKA
ONCE UPON A TIME IN AMERICA (Sergio Leone, 1984), DF: 1986, D/R: Ottokar Runze
Joachim Kerzel – Robert De Niro (Noodles), Horst Buchholz – James Woods (Max), Anita Lochner – Elizabeth MacGovern (Deborah), Traudel Haas – Tuesday Weld (Carol), Ulrich Gressieker – Treat Williams (Jimmy O'Donnell), Rolf Schult – Joe Pescie (Frankie), Horst Schön – Danny Aiello (Polizeichef), Joachim Tennstedt – Bill Forsythe (Cockeye)
▶ In einer Neusynchronisation für die DVD-Edition (2003) ersetzt Christian Brückner Joachim Kerzel.

EVERWOOD (TV-Serie)
EVERWOOD (2002–2006), DF: Rainer Brandt (i.A.v. Vox) 2005, D: Sabine Strobel, Frank Turba, Stefan Ludwig, Christoph Seeger, R: Sabine Strobel, Frank Turba
David Turba – Gregory Smith (Ephram Brown), Stefan Gossler – TreatWilliams (Dr. Andrew Brown), Magdalena Turba – Emily VanCamp (Amy Abbott), Reinhard Kuhnert – Tom Amandes (Harold Abbott Jr.), Wanja Gerick – Chris Pratt (Bright Abbott), Evelyn Meyka – Debra Mooney (Edna Abbott-Harper), Horst Lampe – John Beasley (Irv Harper), Chantal Preißler / Saskia Niendorf – Vivien Cardone (Delia Brown), Judith Brandt – Stephanie Niznik (Nina Feeney), Evelyn Maron / Traudel Haas – Merrilyn Gann (Rose Abbott), Julia Meynen – Sarah Lancaster (Madison Kellner), Bettina Weiß – Marcia Cross (Dr. Linda Abbott), Dennis Schmidt-Foß – Scott Wolf (Dr. Jake Hartman)

EXISTENZ
EXISTENZ (David Cronenberg, 1999), DF: FFS 1999, D/R: Horst Geisler
Alexandra Ludwig – Jennifer Jason Leigh (Allegra Geller), Florian Halm – Jude Law (Ted Pikul), Randolf Kronberg – Willem Dafoe (Gas), Michael Rüth – Ian Holm (Kiri Vinokur), Gudo Hoegel – Don McKellar (Nourish), Ole Pfennig – Callum Keith Rennie (Hugo Carlaw), Stefanie Beba – Sarah Polley (Merle), Frank Röth – Christopher Eccleston (Levi)

DER EXORZIST
THE EXORCIST (William Friedkin, 1973), DF: Bavaria 1974, D: Herbert Asmodi, Hans-Bernd Ebinger, R: Bernhard Wicki
Agnes Fink – Ellen Burstyn (Mrs. MacNeil), Simone Brahmann / Hanne Wieder – Linda Blair (Regan), Dieter Borsche – Max v. Sydow (Merrin), Michael Degen – Jason Miller (Karras), Arnold Marquis – Lee J. Cobb (Lt. Kinderman), Wolfgang Büttner – Wallace Rooney (Bischof)
▶ Neue Synchronisation (FFS 2000, D/R: Hartmut Neugebauer) mit Krista Posch (Ellen Burstyn), Jana Kilka (Linda Blair), Hartmut Neugebauer (Lee J. Cobb), Udo Wachtveitl (Jason Miller), Hartmut Reck (Max v. Sydow).
▶ In der amerikanischen Originalfassung hatte der Dämon die Stimme von Mercedes McCambridge. [Literaturhinweis: «Wegen die-

ser leisen Töne. Martin Morlock über die Synchronisation des Horrorfilms The Exorcist», in: *Der Spiegel* 24, 1974, S. 132–137]

EXOTICA
EXOTICA (Atom Egoyan, 1994), DF: 1994
Hartmut Becker – Bruce Greenwood (Francis), Alexandra Ludwig – Mia Kirshner (Christina), Frank Lenart – Don McKellar (Thomas), Gundula Liebisch – Arsinée Khanjian (Zoe), Oliver Stritzel – Elias Koteas (Eric)

EXTRABLATT
THE FRONT PAGE (Billy Wilder, 1974), DF: BSG 1975, D: Lutz Arenz, R: Dietmar Behnke
Georg Thomalla – Jack Lemmon (Hildy), Martin Hirthe – Walter Matthau (Walter), Klaus Havenstein – Vincent Gardenia (Sheriff), Ute Meinhardt – Susan Sarandon (Peggy), Eric Vaessen – Herbert Edelman (Schwartz), Barbara Ratthey – Carol Burnett (Mollie Malloy), Leo Bardischewski – David Wayne (Bensinger), Christian Rode – Austin Pendleton (Earl Williams), Michael Chevalier – Charles Durning (Murphy)

EYES WIDE SHUT
EYES WIDE SHUT (Stanley Kubrick, 1999), DF: FFS 1999, D: Frank Schaff, R: Edgar Reitz
Patrick Winczewski – Tom Cruise (William), Irina Wanka – Nicole Kidman (Alice), Thomas Fritsch – Sydney Pollack (Victor Ziegler), Lilian Brock – Madison Eginton (Helena), Philipp Brammer – Todd Field (Nick Nightingale), Madeleine Stolze – Marie Richardson (Marion)

F

F.I.S.T. – EIN MANN GEHT SEINEN WEG
F.I.S.T. (Norman Jewison, 1977), DF: 1978
Jürgen Prochnow – Sylvester Stallone (Johnny Kovac), Martin Hirthe – Rod Steiger (Madison), Wolfgang Kieling – Peter Boyle (Max Graham), Joseline Gassen – Melinda Dillon (Anna Zerinkas), Sigmar

Solbach – David Hoffman (Abe Belkin), Jochen Schröder – Tony Lo Bianco (Babe Milano), Gerd Duwner – Kevin Conway (Vince Doyle)

Die fabelhafte Welt der Amélie
Le fabuleux destin d'Amélie Poulain (Jean-Pierre Jeunet, 2001), DF: Neue Tonfilm 2001, D/R: Beate Klöckner
Katharina Mai – Audrey Tautou (Amélie), Philipp Brammer – Mathieu Kassovitz (Nino), Leon Rainer – Rufus (Raphael), Inge Solbrig – Yolande Moreau (Hausmeisterin), Michael Schwarzmaier – Artus de Penguern (Hipolito), Michael Habeck – Urbain Cancelier (Collignon), Dirk Galuba – Domenique Pinon (Joseph), Florian Halm – Jamel Debbouze (Lucien), Ivar Combrinck – Maurice Bénichou (Bretodeau), Petra Einhoff – Claude Perron (Eva), Michele Sterr – Isabelle Nanty (Georgette), Erzähler: Peter Fricke (OF: André Dussolier)

Die fabelhaften Baker Boys
The Fabulous Baker Boys (Steve Kloves, 1989), DF: 1990, R: Clemens Frohmann
Joachim Tennstedt – Jeff Bridges (Jack), Katja Nottke – Michelle Pfeiffer (Susie), Norbert Gescher – Beau Bridges (Frank), Michael Pan – Xander Berkeley (Lloyd)

Fackeln im Sturm (TV-Mehrteiler)
North and South (Richard T. Heffron, 1986), DF: ZDF 1987, R: Heinz Petruo
Manuel Vaessen – Patrick Swayze (Orry Main), Thomas Petruo – James Read (George Hazard), Monica Bielenstein – Lesley-Anne Down (Madeline), Christian Rode – David Carradine (Justin La Motte), Bianca Krahl – Terri Gardner (Alice Peel), Uta Hallant – Kirstie Alley (Virgilia Hazard), Klaus Kindler – Robert Mitchum (Col. Flynn), Bettina Schön – Jean Simmons (Clarissa), Torsten Sense – Lewis Smith (Charles), Dorette Hugo – Terri Garber (Ashton), Renate Danz – Olivia Cole (Maum Sally), Sigrid Lagemann – Inga Swenson (Maud), Rosemarie Fendel – Elizabeth Taylor (Mme Conti), Detlef Bierstedt – Philip Casnoff (Elkanah Bent)

Fahr zur Hölle, Liebling
Farewell My Lovely (Dick Richards, 1975), DF: 1976
Alexander Kerst – Robert Mitchum (Philipp Marlowe), Karin Kernke – Charlotte Rampling (Velma Grayle),
Holger Hagen – John Ireland (Lt. Nulty), Gisela Trowe – Sylvia Miles (Jessie Florian), Reinhard Glemnitz – Anthony Zerbe (Laird Burnette), Fred Maire – Harry Dean Stanton (Rolfe)

Fahrenheit 451
Fahrenheit 451 (François Truffaut, 1966), DF: BSG 1966, D: M. Z. Thomas, R: Klaus v. Wahl
Oskar Werner – Oskar Werner (Montag), Margot Leonard – Julie Christie (Linda/Clarisse), Klaus W. Krause – Cyril Cusack (Captain), Friedrich W. Bauschulte – Anton Diffring (Fabian)
«*Die deutsche Fassung hat vorzüglich den unterkühlten, ironischen Ton der Persiflage getroffen.*» (Bert Markus, Film-Echo 9, 1967)

Fahrraddiebe
Ladri di biciclette (Vittorio de Sica, 1948), DF: RKO 1951, D: Ingeborg Grunewald, R: Conrad v. Molo
Carl Raddatz – Lamberto Maggiorani (Antonio Ricci), NN – Enzo Staiola (Bruno), Herbert Stass – Vittorio Antonucci (Dieb), Arno Paulsen – Gino Saltame-Renda (Bajocco)

Fahrstuhl zum Schafott
Ascenseur pour l'échafaud (Louis Malle, 1957), DF: IFU 1958, D: Helmut Harun, R: Hermann Siemek
Reinhard Glemnitz – .Maurice Ronet (Julien Tarvernier), Eleonore Noelle – Jeanne Moreau (Florence Carala), Alwin Joachim Meyer – Lino Ventura (Insp. Chérier), Dirk Dautzenberg – Gérard Darrieu (Maurice), Toni Herbert – Ivan Petrovich (Horst Bencker), Alf Marholm – Hubert Deschamps (Staatsanwalt), Siegfried Wischnewski – Jean Wall (Carala)

Der Fall Paradin
The Paradine Case (Alfred Hitchcock, 1947), DF: Hans-Grimm-Film 1952
Paul Klinger – Gregory Peck (Anthony Keane), Eleonore Noelle – Ann Todd (Gay), Agnes Fink – Alida Valli (Mrs. Paradine), Paul Dahlke – Charles Laughton (Lord Hortfiled), Bum Krüger – Charles Coburn (Flaqueur), Ernst Kuhr – Louis Jourdan (André Latour), Hanna Ralph – Ethel Barrymore (Lady Horfield), Hans Hinrich – Leo G. Carroll (Staatsanwalt)
▶ Paul Dahlke, ein eher seltener Gast im Synchronstudio, synchronisierte Charles Laughton auch in Unter schwarzer Flagge.

Der falsche Mann
The Wrong Man (Alfred Hitchcock, 1956), DF: Dt. Mondial 1957
Heinz Engelmann – Henry Fonda (Balestrero), Eleonore Noelle – Vera Miles (Rose), Ernst Konstantin – Anthony Quayle (O'Connor), Klaus W. Krause – Harold J. Stone (Lt. Bowers), Klaus Havenstein – Nehemiah Persoff (Gene Conforti)

Die Falschspielerin
The Lady Eve (Preston Sturges, 1941), DF: ARD 1979
Katrin Schaake – Barbara Stanwyck (Jean), Joachim Ansorge – Henry Fonda (Charles), Curt Ackermann – Charles Coburn (Harry Harrington), Günther Sauer – Eugene Palette (Pike), Wolfgang Hess – William Demarest (Murgatroyd), Horst Sachtleben – Eric Blore (Sir Alfred), Horst Naumann – Melville Cooper (Gerald)
▶ In der alten Synchronfassung (MPEA 1949, D/R: Bruno Hartwich) sprachen Elisabeth Ried für Barbara Stanwyck, O. E. Hasse für Henry Fonda und Walter Suessenguth für Charles Coburn.

Fame – Der Weg zum Ruhm
Fame (Alan Parker, 1979), DF: BSG 1980, D/R: Jürgen Neu
Hubert Suschka – Eddie Barth (Angelo), Madeleine Stolze – Irene Cara (Coco), Benjamin Völz – Lee Curreri (Bruno), Claudia Marnitz – Laura Dean (Lisa), Susanna Bonaséwicz – Antonia Franceschi (Hilary), Stefan Krause – Barry Miller (Ralph)

Familie Feuerstein (TV-Serie)
The Flintstones (1959–1966), DF: Telesynchron (i. a. d. ARD) 1965, R: Alexander Welbat
Eduard Wandrey – (Fred Feuerstein), Inge Landgut – (Wilma), Gerd Duwner – (Barnie Geröllheimer), Ingeborg Wellmann – (Betty)
▶ Für Fred Feuerstein sprach in späteren Folgen (Arena, D/R: Thomas Keck) auch Heinz-Theo Branding, für Wilma auch Christel Merian, für Barnie Michael Habeck. Im Original sprach Alan Reed für Fred, ab 1977 Henry Corden.

Familiengrab
Family Plot (Alfred Hitchcock, 1975), DF: BSG1976, D: Lutz Arenz, R: Dietmar Behnke
Gisela Fritsch – Karen Black (Fran), Christian Brückner – Bruce Dern (Lumley), Norbert Langer – William Devane (Adamson), Almut Eggert – Barbara Harris (Blanche),

Claus Jurichs – Ed Lauter (Maloney), Lola Luigi – Katherine Helmond (Mrs. Maloney)

FAMILY GUY (TV-Serie)
FAMILY GUY (1999–2002), DF: Taurus (i. A. v. Pro7) 2002, D/R: Ivar Combrinck
Jan Odle (OF: Seth MacFarlaine) – (Peter Griffin), Katharina Lopinski – (Lois Griffin), Butz Combrinck – (Chris), Christine Stichler – (Meg), Manuel Straube – (Stewie), Frank Engelhardt/Achim Höppner – (Brian), Ivar Combrinck – (Glen Quagmire, Tom Tucker), Thomas Albus – (Joe Swanson)

FANFAN, DER HUSAR
FANFAN LA TULIPE (Christian-Jacque, 1951), DF: Como 1952, D: Hans Grimm, R: Edith Schultze-Westrum, Wolf Ackva
Dietrich Haugk – Gérard Philipe (Fanfan), Maria Landrock – Gina Lollobrigida (Adeline), Werner Lieven – Noël Roquefort (Fier-à-Bras), Wolfgang Eichberger – Marcel Herrand (Louis XV), Heini Göbel – Olivier Hussenot (Tranche-Montagne), Otto Brüggemann – Jean-Marc Tennberg (Lebel), Charles Regnier – Jean Paredes (Cpt. La Houlette), Erik Jelde – Nerio Bernardi (La Franchise), Fritz Odemar – Henri Rollan (Marshall de La France), Eva-Maria Meinecke – Geneviève Page (Pompadour), Erzähler: O. E. Hasse

FANNY UND ALEXANDER
FANNY OCH ALEXANDER (Ingmar Bergman, 1982), DF: 1983
Uschi Hugo – Pernilla Allwin (Fanny), Marco Brunnert – Bertil Guve (Alexander), Almut Eggert – Ewa Fröling (Emilie Ekdahl), Peter Fitz – Jan Malmsjö (Bischof Vergerus), Peter Schiff – Allan Edwall (Oscar), Friedrich W. Bauschulte – Erland Josephson (Isak), Heinz Theo Branding – Börje Ahlstedt (Carl), Wolfgang Hess – Jarl Kulle (Gustav-Adolf), Ingeborg Wellmann – Christina Schollin (Lydia), Tilly Lauenstein – Gunn Wallgren (Maj), Christine Gerlach – Marianne Aminoff (Frau Vergerus), Dagmar Altrichter – Kerstin Tidelius (Henrietta), Hallgard Bruckhaus – Harriet Andersson (Justina)

DIE FANTOME DES HUTMACHERS
LES FANTÔMES DU CHAPELIER (Claude Chabrol, 1982), DF: 1982
Peter Fitz – Michel Serrault (Labbé), Harald Leipnitz – Charles Aznavour (Kachoudas), Renate Danz – Monique Chaumette (Mme Labbé), Friedrich W. Bauschulte – Victor Garrivier (Dr. Chaudreau)

DIE FARBE DER LÜGE
AU COEUR DU MENSONGE (Claude Chabrol, 1999), DF: BSG 1999, D/R: Heike Kospach
Maud Ackermann – Sandrine Bonnaire (Viviane), Bernd Vollbrecht – Jacques Gamblin (René), Alisa Palmer – Valeria Bruni-Tedeschi (Frédérique Lesage), Till Hagen – Antoine de Caunes (Desmot), Klaus Sonnenschein – Bernard Verley (Insp. Loudon), Marianne Lutz – Bulle Ogier (Yvelyne Bordier)

DIE FARBE DES GELDES
THE COLOR OF MONEY (Martin Scorsese, 1986), DF: BSG 1987, D/R: Lutz Riedel
G.G. Hoffmann – Paul Newman (Eddie), Stephan Schwartz – Tom Cruise (Vincent), Katja Nottke – Mary Elizabeth Mastrantonio (Carmen), Karin Buchholz – Helen Shaver (Janelle), Uli Kinalzik – John Turturro (Julian)

DIE FARBE LILA
THE COLOR PURPLE (Steven Spielberg, 1986), DF: 1986
Regina Lemnitz – Whoopi Goldberg (Celie), Uwe Friedrichsen – Danny Glover (Albert Johnson), Karin Buchholz – Margaret Avery (Shug Avery), Dagmar Biener – Oprah Winfrey (Sofia), Nicolas Böll – Willard Pugh (Harpo), Gottfried Kramer – Adolph Caesar (Old Mr. Johnson), Gisela Fritsch – Dana Ivey (Miss Millie), Michael Chevalier – Leonard Jackson (Pa), Engelbert v. Nordhausen – Bennet Guillory (Grady), Peter Schiff – John Patton jr. (Prediger)

FARGO
FARGO (Joel Coen, 1995), DF: Hermes 1996, D/R: Tobias Meister
Traudel Haas – Frances McDormand (Marge Gunderson), Reinhard Kuhnert – William H. Macy (Jerry Lundegaard), Thomas Petruo – Steve Buscemi (Carl), Tilo Schmitz – Peter Stormare (Gaear), Katharina Graefe – Kristin Rudrüd (Jean), Klaus Sonnenschein – Harve Presnell (Wade), Roland Hemmo – John Carroll Lynch (Norm Gunderson), Wanja Gerick – Tony Denman (Scotty), Hans-Werner Bussinger – Larry Brandenburg (Stan Grossman)

FARSCAPE (TV-Serie)
FARSCAPE (1999–2003), DF: Sat.1 2000, D: Hans-Jürgen Dittberner
Dennis Schmidt-Foß – Ben Browder (John Crichton), Sandra Schwittau – Claudia Black (Aeryn Sun), Arianne Borbach – Virginia Grey (Pa'u Zotoh Zhaan), Jan Spitzer – Anthony Simcoe (Ka D'Argo), Antje von der Ahe – Gigi Edgley (Chiana), Detlef Gieß – Lani John Tupu (Pilot), Ulrich Voß – Jonathan Hardy (Dominar Rygel XVI), Klaus Jepsen – Wayne Pygram (Scorpius)

DIE FAUST IM NACKEN
ON THE WATERFRONT (Elia Kazan, 1954), DF: Ultra 1954, R: Alfred Vohrer
Harald Juhnke – Marlon Brando (Terry Malloy), O.E. Hasse – Lee J. Cobb (Johnny Friendly), Marion Degler – Eva Marie Saint (Edie Doyle), Paul Klinger – Karl Malden (Pater Barry), Curt Ackermann – Rod Steiger (Charley Malloy), Alfred Balthoff – Pat Henning (Kayo Dugan), Hans Wiegner – Leif Erickson (Glover), Eduard Wandrey – John F. Hamilton (Pop Doyle), Klaus Miedel – Martin Balsam (Gilette)

FAUSTRECHT DER PRÄRIE
MY DARLING CLEMENTINE (John Ford, 1946), DF: MPEA 1949, D/R: Bruno Hartwik
Carl Raddatz – Henry Fonda (Wyatt Earp), Walter Suessenguth – Victor Mature (Doc Holliday), Gisela Breiderhoff – Linda Darnell (Chihuahua), Tilly Lauenstein – Cathy Downs (Clementine), Walter Werner – Walter Brennan (Clanton)

DER FBI-AGENT
G-MEN (William Keighley, 1935), DF: ZDF 1977
Wolfgang Draeger – James Cagney (Brick Davis), Marianne Lutz – Margaret Lindsay (Kay McCord), Arnold Marquis – Barton MacLane (Brad Collins), Almut Eggert – Ann Dvorak (Jean Morgan), Michael Chevalier – Robert Armstrong (Jeff), Arne Elsholtz – Edward Pawley (Leggett)

FEAR AND LOATHING IN LAS VEGAS
FEAR AND LOATHING IN LAS VEGAS (Terry Gilliam, 1998), DF: Studio Babelsberg 1998, D/R: Sven Hasper
David Nathan – Johnny Depp (Raoul Duke), Torsten Michaelis – Benicio Del Toro (Dr. Gonzo), Marcel Collé – Tobey Maguire (Tramper),

Peter Flechtner – Craig Bierko (Lacerda), Kerstin Sanders-Dornseif – Katherine Helmond (Empfangsdame), Bettina Weiß – Cameron Diaz (TV-Reporterin)

Fearless – Jenseits der Angst
Fearless (Peter Weir, 1993), DF: Hermes 1994
Kurt Goldstein – Jeff Bridges (Max Klein), Susanna Bonaséwicz – Isabella Rossellini (Laura), Elisabeth Günther – Rosie Perez (Carla Rodrigo), Ulrich Matthes – Tom Hulce (Brillstein), Mathias Einert – John Turturro (Bill Perlman), Charles Rettinghaus – Benicio Del Toro (Manny), Anita Lochner – Deirdre O'Connell (Nan Gordon), Bernd Schramm – John de Lancie (Jeff Gordon)

Fellinis Roma
Roma (Federico Fellini, 1971), DF: Ultra 1972, D/R: Werner Schwier
Helmo Kindermann – Federico Fellini (dto.), Peter Chatel – Peter Gonzales (der junge Fellini), Tilly Lauenstein – Pia De Doses (Principessa), Tilly Lauenstein – Anna Magnani (dto.)

Fellinis Satyricon
Satyricon (Federico Fellini, 1969), DF: Ultra 1970, D/R: Michael Günther
Jürgen Thormann – Martin Potter (Encolpius), Beate Hasenau – Magali Noël (Fortunata), Peer Schmidt – Hiram Keller (Ascyltus), Siegfried Schürenberg – Salvo Randone (Eumolpus), Hans Dieter Zeidler – Tanya Lopert (Caesar), Martin Hirthe – Alain Cuny (Licas), Friedrich W. Bauschulte – Fanfulla (Vernacius)
«Die deutsche Synchronisation, dieses so fatale, übliche Gemisch aus allzu glatten, gefühligen Stimmen, macht es unmöglich, zu beurteilen, ob die verbliebenen Dialogstellen den besonderen sprachlichen Reiz der literarischen Vorlage von Petronius wiedergeben.» (Günther Kriewitz, SZ, 3.3.1970)

Das Fenster zum Hof
Rear Window (Alfred Hitchcock, 1954), DF: ARD 1988
Siegmar Schneider – James Stewart (L. B. Jeffries), Monica Bielenstein – Grace Kelly (Lisa Carol), Horst Schön – Wendell Corey (Tom Doyle), Ingeborg Wellmann – Thelma Ritter (Stella), Joachim Nottke – Raymond Burr (Lars Thorwald)
▶ In der Fassung von 1955 (BSG, D: F.A. Koeniger, R: Peter Elsholtz) sprachen außer Siegmar

Schneider Eleonore Noelle (Grace Kelly), Paul Klinger (Wendell Corey) und Ursula Krieg (Thelma Ritter).

Feuerball
Thunderball (Terence Young, 1965), DF: Ultra 1965
G.G. Hoffmann – Sean Connery (James Bond), Rosemarie Kirstein – Claudine Auger (Domino), Martin Hirthe – Adolfo Celi (Emilio Largo), Margot Leonard – Luciana Paluzzi (Fiona), Michael Chevalier – Rik van Nutter (Felix), Uta Hallant – Martine Beswick (Paula), Marianne Mosa – Molly Peters (Patricia Fearing), Rainer Brandt – Guy Doleman (Graf Lippe), Lola Luigi – Lois Maxwell (Miss Moneypenny), Konrad Wagner – Bernard Lee (M), Harald Wolff – Desmond Llewelyn (Q)

Fight Club
Fight Club (David Fincher, 1999), DF: Interopa 1999, D/R: Frank Schaff
Tobias Meister – Brad Pitt (Tyler Durden), Andreas Fröhlich – Edward Norton (Jack), Sandra Schwittau – Helena Bonham Carter (Marla Singer), Stefan Fredrich – Meat Loaf (Bob Paulsen), Cornelia Meinhardt – Rachel Singer (Chloe)

Findet Nemo
Finding Nemo (Andrew Stanton, Lee Unkirch, 2003), DF: FFS 2003, D: Peter Stein, R: Frank Lenart
Domenic Redl – (Nemo), Christian Tramitz – (Marlin), Anke Engelke – (Dorie), Erkan u. Stefan (Hammer u. Hart), Udo Wachtveitl – (Crush), Thomas Fritsch – (Niels), Thomas Albus – (Bruce), Jean Pütz – (Rochen), Martin Umbach – (Khan), Kai Taschner – (Blubbel), Claudia Lössl – (Cora)
«Vor allem ist hier die deutsche Synchronisation zu beglückwünschen. Das Comedy-Duo Erkan und Stefan leiht Hammer und Hart die Stimmen, und es gelingt ihm mühelos, seine ‹Döner-macht-schöner›-Rhetorik kurzerhand unter die Wasseroberfläche zu verlegen.» (Frank Olbert, Kölner Stadt-Anzeiger, 20.11.2003)

Die Firma
The Firm (Sydney Pollack, 1993), DF: BSG 1993, D/R: Jürgen Neu
Stephan Schwartz – Tom Cruise (Mitch McDeere), Sabine Jaeger – Jeanne Tripplehorn (Abby), Klaus Sonnenschein – Gene Hackman (Avery Tolar), Friedrich Schoenfelder – Hal Holbrook (Lambert), Ul-

rich Matthes – Terry Kinney (Lamar Quin), Marina Krogull – Holly Hunter (Tammy Hamphil), Joachim Nottke – Wilford Brimley (Devasher), Wolfgang Condrus – Ed Harris (Wayne Tarrance), Hans-Jürgen Wolf – Gary Busey (Eddie Lomax)

Ein Fisch namens Wanda
A Fish Called Wanda (Charles Chrichton, 1987), DF: BSG 1989
Uta Hallant – Jamie Lee Curtis (Wanda), Thomas Danneberg – John Cleese (Archie Leach), Arne Elsholtz – Kevin Kline (Otto), Michael Nowka – Michael Palin (Ken), Gisela Fritsch – Maria Aitken (Wendy), Peer Augustinski – Tom Georgeson (George)
«In Ein Fisch namens Wanda tritt gegen den trockenen angelsächsischen Witz die temporeiche, überdrehte Spielart made in USA an. Die Kraftprobe resultiert in einem Feuerwerk zu Tränen reizender Situationskomik und ausgelassenen Sprachwitzes (ein Lob der treffenden deutschen Synchronisation).» (P.S., Film-Dienst 3, 1989)

Flammendes Inferno
The Towering Inferno (John Guillermin, 1974), DF: 1975
Klaus Kindler – Steve McQueen (Michael), G.G. Hoffmann – Paul Newman (Doug Roberts), Holger Hagen – William Holden (Jim Duncan), Rosemarie Kirstein – Faye Dunaway (Susan Franklin), Leo Bardischewski – Fred Astaire (Harlee Claiborne), Dagmar Heller – Susan Blakely (Patty Simmons), Rüdiger Bahr – Richard Chamberlain (Roger Simmons), Hartmut Becker – O.J. Simpson (Jernigan), Niels Clausnitzer – Robert Vaughn (Parker), Manfred Schott – Robert Wagner (Dan Bigelow)

Flatliners – Heute ist ein schöner Tag zum Sterben
Flatliners (Joel Schumacher, 1990), DF: 1990
Tobias Meister – Kiefer Sutherland (Nelson Wright), Daniela Hoffmann – Julia Roberts (Rachel), Nicolas Böll – Kevin Bacon (David), Torsten Sense – William Baldwin (Joe)

Fletch – Der Troublemaker
Fletch (Michael Ritchie, 1984), DF: BSG 1985, D/R: Marianne Groß
Lutz Riedel – Chevy Chase (Fletch), Wolfgang Kühne – Joe Don Baker (Chief Karlin), Heike Schroetter – Dana Wheeler-Nicholson (Gail), Norbert Gescher – Richard Liber-

tini (Walker), Hubertus Bengsch – Tim Matheson (Alan)
«Der listige Witz, der sonst von den pointierten Dialogen bei MacDonald [Autor der Romanvorlage, T.B.] ausstrahlt, ist (jedenfalls in der deutschen Fassung) zur bloßen Blödelei verkommen.» (Norbert Grob, Die Zeit 4, 1986)
«Die Clownerien Chases sind wie miserable Fernsehsketches inszeniert, und auch das Timing stimmt nie. Und als sei das noch nicht genug, hat sich die deutsche Synchronfirma ganz besondere Mühe gegeben, Namen wie John McPimmel und Dr. Rosenpenis zu erfinden.» (Georg Lacher-Remy, epd-Film 2, 1986)

DIE FLIEGE
THE FLY (Kurt Neumann, 1958), DF: ARD 1976
Norbert Langer – Al Hedison (André), Almut Eggert – Patricia Owens (Helene), Friedrich Schoenfelder – Vincent Price (François), Heinz-Theo Branding – Herbert Marshall (Insp. Charras), Elisabeth Ried – Kathleen Freeman (Emma), Andrej Brandt – Charles Herbert (Philippe) ▶ In der Fassung von 1958 sprachen (in obiger Rollen-Reihenfolge) Wolfgang Kieling, Sigrid Lagemann, Siegfried Schürenberg, Walter Suessenguth, Eva Bubat und Helo Gutschwager.

DIE FLIEGE
THE FLY (David Cronenberg, 1985), DF: 1987, D/R: Andreas Pollak
Joachim Kunzendorf – Jeff Goldblum (Seth Brundle), Sabine Thiesler – Geena Davis (Veronica), Wolfgang Kühne – John Getz (Stathis Borans)

FLIGHT PLAN – OHNE JEDE SPUR
FLIGHTPLAN (Robert Schwentke, 2005), DF: FFS 2005, D/R: Clemens Frohmann
Hansi Jochmann – Jodie Foster (Kyle Pratt), Timmo Niesner – Peter Sarsgaard (Gene Carson), Torsten Michaelis – Sean Bean (Cpt. Rich), Mathilde v. Benda – Marlene Lawston (Julia Pratt), Julia Ziffer – Erika Christensen (Fiona), Cathlen Gawlich – Kate Beahan (Stephanie), Tayfun Bademsoy – Michael Irby (Obaid), Peter Reinhardt – Brent Sexton (Elias)

FLINTSTONES – DIE FAMILIE FEUERSTEIN
THE FLINTSTONES (Brian Levant, 1993), DF: BSG 1994, D/R: Michael Nowka
Helmut Krauss – John Goodman (Fred), Christel Merian – Elizabeth Perkins (Wilma), Michael Nowka – Rick Moranis (Barney), Dagmar Biener – Rose O'Dovinell (Betty), Torsten Michaelis – Kyle MacLachlan (Cliff Vandercave), Melanie Pukaß – Halle Berry (Rosetta Stone), Dagmar Altrichter – Elizabeth Taylor (Pearl Slaghoople), Eberhard Prüter – Dann Florek (Slate), Norbert Gescher – Harvey Korman (Dictabird)

FLIPPER (TV-Serie)
FLIPPER (1964–67), DF: ARD 1966
Klaus Kindler – Brian Kelly (Porter Ricks), Heino Tettenborn – Luke Halpin (Sandy), Jan Koester – Tommy Norden (Bud)

FLUCH DER KARIBIK
PIRATES OF THE CARIBBEAN (Gore Verbinski, 2003), DF: BSG 2003, D/R: Lutz Riedel
Marcus Off – Johnny Depp (Jack Sparrow), Martin Umbach – Geoffrey Rush (Barbarossa), Matthias Deutelmoser – Orlando Bloom (Will Turner), Giuliana Wendt – Keira Knightley (Elizabeth Swann), Thomas Nero Wolff – Jack Davenport (Norrington), Lutz Riedel – Jonathan Pryce (Swann), Stefan Krause – Mackenzie Crook (Rogetti), Gerald Schaale – Giles New (Murtogg), Stefan Fredrich – Angus Barnett (Mulroy) ▶ Marcus Off sprach auch in FLUCH DER KARIBIK II und III, in Teil IV war es wieder Johnny Depps Stammsprecher David Nathan, da Off eine Gagen-Nachforderung stellte, die von Disney abgelehnt wurde (vgl. sueddeutsche.de, 9.8.2011).
«Depp alias Sparrow hat zum historischen Piratentum ein reines Zitierverhältnis, er entnimmt ihm ein paar Accesoires, mixt sie mit hermaphroditischen Posen und Hip-Hop-Gestik und legt einen Nuschelgesang darüber, dessen Feinheiten (die in der deutschen Synchronisation sämtlich verlorengehen) nur Kieferchirurgen entschlüsseln dürften.» (Andreas Kilb, FAZ, 3.9.2003)

FLUCHT IN KETTEN
THE DEFIANT ONES (Stanley Kramer, 1958), DF: Ultra 1958, D: Theodor Mühlen, R: Alfred Vohrer
G.G. Hoffmann – Tony Curtis (Jackson), Herbert Weicker – Sidney Poitier (Cullen), Werner Peters – Theodore Bikel (Sheriff Muller), Wolf Martini – Charles McGraw (Cpt. Gibbons), Tilly Lauenstein – Cara Williams (die Frau), Arnold Marquis: Claude Akins (Mac), Walter Suessenguth – Lon Chaney (Sam), Gerd Martienzen – King Donovan (Solly)

FLUCHT INS 23. JAHRHUNDERT
LOGAN'S RUN (Michael Anderson, 1976), DF: BSG 1977, D: Michael Richter, R: Dietmar Behnke
Thomas Danneberg..Michael York (Logan), Cornelia Meinhardt – Jenny Agutter (Jessica), Christian Brückner – Richard Jordan (Francis), Hans Dieter Zeidler – Peter Ustinov (alter Mann), Lothar Blumhagen – Roscoe Lee Browne (Robot Box), Karin Buchholz – Farrah Fawcett (Holly)

DIE FLUCHT VON ALCATRAZ
ESCAPE FROM ALCATRAZ (Don Siegel, 1979), DF: 1979
Klaus Kindler – Clint Eastwood (Frank Morris), Joachim Cadenbach – Patrick McGoohan (Dir. Warden), Martin Brandt – Roberts Blossom (Doc), Hans W. Bussinger – Jack Thibeau (Clarence Anglin), Joachim Kerzel – Fred Ward (John Anglin), Helmut Krauss – Paul Benjamin (English), Norbert Gescher – Larry Hankin (Charley Butts), Andreas Mannkopff – Bruce M. Fisher (Wolf), Hans W. Hamacher – Frank Ronzio (Litmus)

DER FLUG DES PHOENIX
THE FLIGHT OF THE PHOENIX (Robert Aldrich, 1965), DF: BSG 1966, D: F.A. Koeniger, R: Klaus v. Wahl
Siegmar Schneider – James Stewart (Frank Towns), Michael Chevalier – Richard Attenborough (Moran), Heinz Engelmann – Peter Finch (Cpt. Harris), Hardy Krüger – Hardy Krüger (Dorfmann), Alexander Welbat – Ernest Borgnine (Trucker Cobb), Peer Schmidt – Ian Bannen (Crow), Helmut Ahner – Ronald Fraser (Sgt. Watson), G.G. Hoffmann – Christian Marquand (Dr. Renaud), F.W. Bauschulte – Dan Duryea (Standish), Hans Wiegner – George Kennedy (Bellamy)

FLUSS OHNE WIEDERKEHR
RIVER OF NO RETURN (Otto Preminger, 1954), DF: Elite 1954
Wolfgang Lukschy – Robert Mitchum (Matt Calder), Margot Leonard – Marilyn Monroe (Kay Weston), Roland Kaiser – Tommy Rettig (Mark), Harald Juhnke – Rory Calhoun (Harry Weston), Eduard Wandrey – Murvyn Vye (Dave Colby), Robert Klupp – Douglas Spen-

Footloose

Footloose (Herbert Ross, 1983), DF: 1984
Torsten Sense – Kevin Bacon (Ren), Maud Ackermann – Lori Singer (Ariel), Peter Aust – John Lithgow (Reverend Moore), Barbara Adolph – Dianne Wiest (Vi), Oliver Rohrbeck – Christopher Penn (Willard)

Forrest Gump

Forrest Gump (Robert Zemeckis, 1993), DF: BSG 1994
Arne Elsholtz – Tom Hanks (Forrest Gump), Irina v. Bentheim – Robin Wright (Jenny Curran), Tobias Meister – Gary Sinise (Lt. Taylor), Cornelia Meinhardt – Sally Field (Mrs. Gump), Thomas Petruo – Mykelti Williamson (Bubba Blue), Cathrin Vaessen – Tiffany Salerno (Carla), Philine Peters-Arnolds – Marla Sucharetzka (Leonore), Martin Kessler – Geoffrey Blake (Wesley), Gerald Schaale – Richard D'Alessandro (Abbie), Roman Plümicke – Michael Humphreys (Forrest als Junge), Karl Schulz – Afemo Omilami (Drill Sergeant), Anke Reitzenstein – Hilary Chaplain (Hilary)
«Tom Hanks, der sich (natürlich nicht in der Synchronfassung!) manchmal sehr mühen muss, nicht aus dem Singsang des ‹southern accent› zu fallen, könnte nicht überzeugender sein.» *(Peter Körte, Frankfurter Rundschau, 13.10.1994)*
«Gemächlich in der Sprache wie im Gestus des ganzen Körpers, wenn er nicht in Laufschritt verfällt, und die längste Zeit emotionslos, schickt sich Tom Hanks, von Arne Elsholtz akkurat synchronisiert, in den Lebenslauf aus Zufall und Notwendigkeit.» *(Hans-Dieter Seidel, FAZ, 13.10.1994)*

Eine Frage der Ehre

A Few Good Men (Rob Reiner, 1992), DF: 1992
Stephan Schwartz – Tom Cruise (Lt. Kaffee), Joachim Kerzel – Jack Nicholson (Col. Jessup), Katja Nottke – Demi Moore (Joanne Galloway), Tobias Meister – Kiefer Sutherland (Lt. Kendrick)

Frankenstein

Frankenstein (James Whale, 1931), DF: BSG 1957, D/R: Volker Becker
Ottokar Runze – Colin Clive (Dr. Frankenstein), Kriemhild Falke – Mae Clarke (Elizabeth), Friedrich Joloff – John Boles (Victor Moritz), Benno Hoffmann – Boris Karloff (Monster), Alfred Haase – Edward Van Sloan (Dr. Waldman), Walter Bluhm – Dwight Frye (Fritz), Robert Klupp – Frederick Kerr (Baron Frankenstein)

Frankenstein Junior

Young Frankenstein (Mel Brooks, 1974), DF: BSG 1975, D: Klaus Havenstein, R: Dietmar Behnke
Jürgen Thormann – Gene Wilder (Frankenstein), Ursula Herwig – Madeline Kahn (Elisabeth), Christine Gerlach – Cloris Leachman (Fr. Blücher), Hallgard Bruckhaus – Teri Garr (Inga), Edgar Ott – Peter Boyle (Monster), Joachim Kemmer – Marty Feldman (Igor), Klaus Havenstein – Gene Hackman (Eremit)
«Übrigens sind auch die von Klaus Havenstein geschriebenen deutschen Dialoge durchweg witzig, eine für deutsche Synchronisationen seltene Qualität.» *(Klaus Eder, Dt. Allgem. Sonntagsblatt, 14.9.1975)*
«Klaus Havenstein konnte es natürlich nicht lassen, zeit- und landesübliche Sprachgags einzubauen, die uns zu Spottpreisen gehandelt werden, ohne spöttisch zu sein. Filmfreunde sehen darin zu Recht eine Verfälschung des Originals.» *(Hanns Fischer, Frankfurter Rundschau, 10.9.1975)*
«Da hätte man sich mehr Mühe geben müssen, auch und zumal mit der Auswahl der deutschen Sprecher, die brav, bieder und steril parlieren, während die Tonlage des Originals vor bizarrem Nonsens nur so sprudelt.» *(Hans C. Blumenberg, Kölner Stadt-Anzeiger, 6.9.1975)*

Frantic

Frantic (Roman Polanski, 1988), DF: 1988
Wolfgang Pampel – Harrison Ford (Richard), Judy Winter – Betty Buckley (Sondra), Lothar Blumhagen – John Mahoney (Williams), Inken Sommer – Alexandra Stewart (Edie)

Frasier

Frasier (1993–2004), DF: Rainer Brandt (i. A. v. Kabel) 1995, D/R: Stefan Ludwig
Frank-Otto Schenk – Kelsey Grammer (Frasier Crane), Michael Pan – David Hyde Pierce (Niles), Otto Czarski/Werner Ehrlicher – John Mahoney (Martin), Dorette Hugo – Jane Leeves (Daphne Moon), Evelyn Maron – Peri Gilpin (Roz Doyle), Uwe Karpa – Dan Buttler (Bulldog), Klaus Jepsen – Edward Hibbert (Gil Chesterton), Santiago Ziesmer – Patrick Kerr (Noel Shempsky), Helmut Gauß – Tom McGowan (Kenny Daly), Judy Winter – Bebe Neuwirth (Lilith)

Die Frau nebenan

La Femme d'à côté (François Truffaut, 1981), DF: 1982
Wolfgang Pampel – Gérard Depardieu (Bernard), Gisela Fritsch – Fanny Ardant (Mathilde), Norbert Gescher – Henri Garcin (Philippe), Cornelia Meinhardt – Michèle Baumgartner (Arlette)

Die Frau ohne Gewissen

Double Indemnity (Billy Wilder, 1944), DF: Elite 1950, D/R: Ernst Schröder
Wilhelm Borchert – Fred MacMurray (Walter Neff), Elisabeth Ried – Barbara Stanwyck (Phyllis), Alfred Balthoff – Edward G. Robinson (Barton Keyes), Gina Presgott – Jean Heather (Lola Dietrichson)

Der Frauenmörder von Boston

The Boston Strangler (Richard Fleischer, 1968), DF: BSG 1968, D: F.A. Koeniger, R: Heinz Giese
Herbert Stass – Tony Curtis (Albert DeSalvo), Wilhelm Borchert – Henry Fonda (Bottomly), Arnold Marquis – George Kennedy (Phil DiNatale), Siegfried Dornbusch – Mike Kellin (Soshnick), Lothar Blumhagen – Hurd Hatfield (Terence Huntley), Rolf Schult – Murray Hamilton (Frank McAfee), Günther Cordes – Jeff Corey (John Asgeirson), Brigitte Grothum – Sally Kellerman (Dianne Cluny)

Fräulein Smillas Gespür für Schnee

Fröken Smillas fornemmelse for sne (Bille August, 1996), DF: Mina Kindl 1997, D/R: Mina Kindl
Susanne v. Medvey – Julia Ormond (Smilla), Rolf Zacher – Gabriel Byrne (Mechaniker), G.G. Hoffmann – Richard Harris (Tork), Doris Gallart – Vanessa Redgrave (Elsa Lübing), Wolfgang Hess – Robert Loggia (Moritz), Randolf Kronberg – Jim Broadbent (Dr. Lagermann), Joachim Höppner – Bob Peck (Raun), Reinhard Glemnitz – Tom Wilkinson (Prof. Loyen)

Fremde Bettgesellen

Strange Bedfellows (Melvin Frank, 1964), DF: BSG 1965, D: F. A. Koeniger, R: Klaus v. Wahl
G.G. Hoffmann – Rock Hudson (Carter Harrison), Gisela Trowe –

Gina Lollobrigida (Toni), Horst Niendorf – Gig Young (Richard Bramwell), Lothar Blumhagen – Edward Judd (Harry Jones), Siegfried Schürenberg – Howard St. John (Stevens), Dietrich Frauboes – Terry Thomas (Leichenbestatter)

DER FREMDE IM ZUG
⊃ VERSCHWÖRUNG IM NORDEXPRESS

FREMDE, WENN WIR UNS BEGEGNEN
STRANGERS WHEN WE MEET (Richard Quine, 1960), DF: 1960
Horst Niendorf – Kirk Douglas (Larry Coe), Marion Degler – Kim Novak (Maggie), Eva Katharina Schultz – Barbara Rush (Eve), Arnold Marquis – Walter Matthau (Felix), Klaus Miedel – Ernie Kovacs (Roger Altar), Axel Monjé – John Bryant (Ken), Alice Treff – Virginia Bruce (Maggies Mutter), Curt Ackermann – Kent Smith (Baxter)

EIN FREMDER OHNE NAMEN
HIGH PLAINS DRIFTER (Clint Eastwood, 1972), DF: BSG 1973, D: Lutz Arenz, R: Michael Miller
Michael Cramer – Clint Eastwood (der Fremde), Bettina Schön – Verna Bloom (Sarah Belding), Almut Eggert – Marianna Hill (Callie Travers), Günther Kieslich – Mitchell Ryan (Dave Drake), Hans Walter Clasen – Stefan Gierasch (Jason Hobart), Hans W. Hamacher – Walter Barnes (Sheriff), Norbert Langer – Ted Hartley (Lewis Belding), Gerd Duwner – Billy Curtis (Mordecai), Wolfgang Draeger – Geoffrey Lewis (Stacey Bridges), Hans Nitschke – Scott Walker (Bill Borders), Christian Brückner – Anthony James (Cole), Dietrich Frauboes – Paul Brinegar (Lutie)

FRENCH CONNECTION
THE FRENCH CONNECTION (William Friedkin, 1971), DF: BSG 1972, D: Lutz Arenz, R: Friedrich Schoenfelder
Horst Niendorf – Gene Hackman (Doyle), Rolf Schult – Roy Scheider (Buddy Russo), Friedrich Schoenfelder – Fernando Rey (Charnier), Wolf Roth – Tony Lo Bianco (Sal Boca), Christian Rode – Frederic De Pasquale (Devereaux), Barbara Peters – Ann Rebbot (Marie)
▶ In FRENCH CONNECTION II (John Frankenheimer, 1974, DF: BSG 1976) sprachen ebenfalls Horst Niendorf und Friedrich Schoenfelder, außerdem Michael Chevalier: Bernard Fresson (Barthelmy) und Eric Vaessen: Charles Millot (Miletto).

▶ In der DEFA-Fassung (BRENNPUNKT BROOKLYN) von 1973 (D: Werner Klünder, R: Johannes Knittel) sprachen Horst Kempe (Gene Hackman), Klaus Piontek (Roy Scheider), Gerd Biewer (Fernando Rey) und Ernst Meincke (Tony Lo Bianco).

FRENZY
FRENZY (Alfred Hitchcock, 1971), DF: BSG 1972, D: F.A. Koeniger, R: Michael Miller
Christian Brückner – Jon Finch (Richard Blaney), Rolf Schult – Barry Foster (Robert Rusk), Renate Danz – Barbara Leigh-Hunt (Brenda), Brigitte Grothum – Anna Massey (Babs Milligan), Lothar Blumhagen – Alec McCowen (Insp. Oxford), Gudrun Genest – Vivien Merchant (Mrs. Oxford), Ursula Herwig – Billie Whitelaw (Hetty Porter), Harry Wüstenhagen – Clive Swift (Johnny Porter), Jochen Schröder – Bernard Cribbins (Felix Forsythe)

EIN FRESSEN FÜR DIE GEIER
TWO MULES FOR SISTER SARA (Don Siegel, 1969), DF: BSG 1970, D: Gerhard Vorkamp, R: Dietmar Behnke
Rolf Schult – Clint Eastwood (Hogan), Renate Danz – Shirley MacLaine (Sara), Heinz Petruo – Manolo Fabregas (Beltran)

FREUD
FREUD (John Huston, 1961), DF: BSG 1963, D: F.A. Koeniger, R: Klaus v. Wahl
Paul-Edwin Roth – Montgomery Clift (Freud), Renate Küster – Susannah York (Cecily Koertner), Carl-Heinz Schroth – Larry Parks (Dr. Breuer), Ursula Heyer – Susan Kohner (Martha), Paul Wagner – Fernand Ledoux (Charcot), Agi Prandhoff – Eileen Herlie (Ida Koertner), Joachim Pukaß – David MacCallum (Carl v. Schlosser), Gisela Reissmann – Rosalie Crutchley (Frau Freud), Herbert Grünbaum – David Kossof (Jacob), Siegfried Schürenberg – Eric Portman (Dr. Meynert), Peter Elsholtz – Leonard Sachs (Bouhardier)

FRIDA
FRIDA (Julie Taymor, 2002), DF: Lingua 2003, D: Sabine Frohmann, R: Gert Rabanus
Carin C. Tietze – Salma Hayek (Frida Kahlo), Armin Rohde – Alfred Molina (Diego Rivera), Juri Gotowtschikow – Geoffrey Rush (Trotzki), Anke Reitzenstein – Ashley Judd

(Tina Modrotti), Bernd Vollbrecht – Antonio Banderas (Siqueiros), Andreas Fröhlich – Edward Norton (Rockefeller)

FRINGE – GRENZFÄLLE DES FBI
(TV-Serie)
FRINGE (2008), DF: Arena (i. A. v. Pro7) 2009, D/R: Timmo Niesner
Anne Helm – Anna Torv (Olivia Dunham), Dennis Schmidt-Foß – Joshua Jackson (Peter Bishop), H.-W. Bussinger / Bert Franzke – John Noble (Dr. Walter Bishop), Leon Boden – Lance Reddick (Philipp Broyles), Corinna Dorenkamp – Jasika Nicole (Astrid Franswortth), Rita Engelmann – Blair Brown (Nina Sharp), Torsten Michaelis – Mark Valley (John Scott)

FROM HELL
FROM HELL (Allen u. Albert Hughes, 2001), DF: K2 Production 2002, D/R: Joachim Kunzendorf
David Nathan – Johnny Depp (Fred Abberline), Katrin Fröhlich – Heather Graham (Mary Kelly), Klaus Jepsen – Ian Holm (William Gull), Torsten Michaelis – Jason Flemyng (Netley), Jürgen Kluckert – Robbie Coltrane (Peter Godley), Katharina Koschny – Lesley Sharp (Kate Eddowes), Lothar Blumhagen – Ian Richardson (Charles Warren), Ulrike Möckel – Katrin Cartlidge (Dark Annie), Lutz Riedel – Terence Harvey (Ben Kidney)

FRÜHSTÜCK BEI TIFFANY
BREAKFAST AT TIFFANY'S (Blake Edwards, 1960), DF: BSG 1962, D: F.A. Koeniger, R: Curt Ackermann
Marion Degler – Audrey Hepburn (Holly Golightly), Michael Cramer – George Peppard (Paul), Gisela Reissmann – Patricia Neal (2-E), Hans W. Hamacher – Buddy Ebsen (Doc Golightly), Gerd Duwner – Mickey Rooney (Yunioshi), Curt Ackermann – Martin Balsam (O.J. Berman), Friedrich Schoenfelder – José Luis de Villalonga (da Silva), Eduard Wandrey – Alan Reed (Sally Tomato)

FULL METAL JACKET
FULL METAL JACKET (Stanley Kubrick, 1987), DF: 1987, D: Maria Harlan, R: Florian Hopf
Michael Roll – Matthew Modine (Joker), Pierre Peters-Arnolds – Adam Baldwin (Animal Mother), Pascal Breuer – Vincent D'Onofrio (Pyle), Franz Rudnick – Lee Ermey (Sgt. Hartman), August Zirner – Ar-

liss Howard (Cowboy), Erich Hallhuber – John Terry (Lt. Lockhart)

Das fünfte Element
The Fifth Element (Luc Besson, 1997), DF: Studio Babelsberg 1997, D/R: Joachim Kunzendorf
Manfred Lehmann – Bruce Willis (Korben Dallas), Udo Schenk – Gary Oldman (Zorg), Klaus Jepsen – Ian Holm (Cornelius), Claudia Lehmann – Milla Jovovich (Leeloo), Torsten Michaelis – Chris Tucker (Ruby Rhod), Sebastian Jacob – Luke Perry (Billy)

25 Stunden
25th Hour (Spike Lee, 2002), DF: BSG 2003, D/R: Joachim Kunzendorf
Andreas Fröhlich – Edward Norton (Monty Brogan), Tobias Meister – Philip Seymour Hoffman (Jacob Elinsky), Michael Iwannek – Barry Pepper (Slaughtery), Claudia Urbschat-Mingues – Rosario Dawson (Naturelle Riviera), Sonja Scherff – Anna Paquin (Mary D'Annunzio), Otto Mellies – Brian Cox (James Brogan), Douglas Welbat – Tony Siragusa (Kosty Novotny), Alexander Sawadowskij – Misha Kuznetsov (Senka Valghobek)

50 erste Dates
Fifty First Dates (Peter Segal, 2004), DF: PPA 2004, D: Pierre Peters-Arnolds, R: Axel Malzacher
Dietmar Wunder – Adam Sandler (Henry Roth), Nana Spier – Drew Barrymore (Lucy Whitmore), Kai Taschner – Rob Schneider (Ula), Jens-Holger Kretschmer – Sean Astin (Doug), Sibylle Nicolai – Lusia Strus (Alexa), Thomas Danneberg – Dan Aykroyd (Dr. Keats), Eva-Maria Bayerwaltes – Anny Hill (Sue), Hartmut Neugebauer – Blake Clark (Marlin)

Für alle Fälle Amy (TV-Serie)
Judging Amy (1999–2005), DF: Neue Tonfilm (i. A. v. Vox) 2003, D: Stephan Hoffmann, R: Stephan Rabow
Elisabeth Günther – Amy Brenneman (Amy), Viktoria Brams – Tyne Daly (Maxine), Sabrina Tafelmeier – Karle Warren (Lauren), Stephan Hoffmann – Marcus Giamatti (Peter), Ute Brankatsch – Jessica Tuck (Gillian), Oliver Mink – Kevin Rahm (Kyle McCarthy), Crock Krumbiegel – Richard T. Jones (Bruce), Inez Günther – Jillian Armenante (Donna Kozlowski)

Für alle Fälle Fitz (TV-Serie)
Cracker (1993–2006), DF: FSM (i. A. d. ZDF) 1996, D: K. E. Ludwig, R: Osman Ragheb
Wolfgang Hess – Robbie Coltrane (Fitz), Karin Anselm – Barbara Flynn (Judith), Frank Röth – Christopher Eccleston (David Bilborough), Alexandra Ludwig – Geraldine Somerville (Jane Penhalgon), Gudo Hoegel – Lorcan Cranitch (Jimmy Beck), Jochen Striebeck – Ricky Tomlinson (Charles Wise), Alexander Brem – Kieran O'Brien (Mark), Katharina Dütsch – Tess Thomson (Katie)

Für ein paar Dollar mehr
Per qualche dollaro in più (Sergio Leone, 1965), DF: Aventin 1966, D/R: Joachim Brinkmann
Klaus Kindler – Clint Eastwood (Monco), Heinz Engelmann – Lee van Cleef (Mortimer), Horst Naumann – Gian Maria Volonté (Indio), Werner Uschkurat – Klaus Kinski (Wild)

Für eine Handvoll Dollar
Per un pugno di dollari (Sergio Leone, 1964), DF: 1965
Klaus Kindler – Clint Eastwood (Joe), Rainer Brandt – Gian Maria Volonté (Ramon), Marianne Koch – Marianne Koch (Marisol), Wolfgang Lukschy – Wolfgang Lukschy (John Baxter), Klaus W. Krause – Antonio Prieto (Benito), Sieghardt Rupp – Sieghardt Rupp (Esteban), Hans Hinrich – José Pepe Calvo (Silvanito)

Fury
Fury (Fritz Lang, 1936), DF: ZDF 1986
Elmar Wepper – Spencer Tracy (Joe Wilson), Monika Barth – Sylvia Sidney (Katherine Grant), Norbert Langer – Walter Abel (Staatsanwalt), Willi Röbke – Bruce Cabot (Kirby Dawson), Klaus Kindler – Edward Ellis (Sheriff), Horst Sachtleben – Walter Brennan (Bugs Meyers), Pierre Franckh – George Walcott (Tom), Gudo Hoegel – Frank Albertson (Charlie)

Futurama (TV-Serie)
Futurama (1999–2002, 2007–), DF: Taurus (i. A. v. Pro7) 2000, D/R: Ivar Combrinck
Dirk Meyer – (Fry), Hans-Rainer Müller – (Bender), Marion Sawatzki – (Leela), Thomas Reiner – (Prof. Farnsworth), Manfred Erdmann – (Dr. Zoidberg), Shandra Schadt – (Amy), Michael Rüth – (Hermes), Ivar Combrinck – (Zapp Brannigan), Ulrich Frank / Kai Taschner – (Kif Kroker)

Futureworld – Das Land von übermorgen
Futureworld (Richard T. Heffron, 1976), DF: 1977
Christian Brückner – Peter Fonda (Chuck Browning), Uta Hallant – Blythe Danner (Tracy Ballard), Heinz Petruo – Arthur Hill (Duffy), Christian Rode – John Ryan (Dr. Schneider), Michael Chevalier – Stuart Margolin (Harry), Harry Wüstenhagen – Jim Antonio (Ron)

G

Game of Thrones (TV-Serie)
Game of Thrones (2011), DF: FFS (i. A. v. TNT Seric) 2011, D/R: Jan Odle
Torsten Michaelis – Sean Bean (Ned Stark), Claudia Lössl – Lena Headley (Cersei), Claus-Peter Damitz – Peter Dinklage (Tyrion), Elisabeth Günther – Michelle Fairley (Catelyn), Manou Lubowski – Nikolaij Coster-Waldau (Jaime), Gabrielle Pietermann – Emilia Clarke (Daenerys), Ekkehardt Belle – Mark Addy (Robert Baratheon), Tobias v. Freyend – Jack Gleeson (Joffrey), Stefan Günther – Richard Madden (Rob)

Gandhi
Gandhi (Richard Attenborough, 1982), DF: 1983
Peter Matic – Ben Kingsley (Gandhi), Jürgen Thormann – Edward Fox (Gen. Dyer), Reinhard Glemnitz – Roshan Seth (Pandit Nehru), Friedrich Schoenfelder – John Gielgud (Lord Irwin), Arnold Marquis – Trevor Howard (Broomfield), Christian Brückner – Martin Sheen (Walker), Friedrich W. Bauschulte – Athol Fugard (Smuts), Jürgen Kluckert – Richard Griffiths (Collins)

Gangs of New York
Gangs of New York (Martin Scorsese, 2002), DF: Splendid Köln 2003, D: Hartmut Neugebauer, R: Frank Schaff
Gerrit Schmidt-Foß – Leonardo DiCaprio (Amsterdam Vallon), Frank Glaubrecht – Daniel Day-Lewis (Bill the Butcher), Katrin Fröhlich – Cameron Diaz (Jenny), Bernd Rumpf

– Liam Neeson (Priester Vallon), Hartmut Neugebauer – Jim Broadbent (Boss Tweed), Detlef Bierstedt – John C. Reilly (Happy Jack), Norman Matt – Henry Thomas (Johnny Sirocco), Roland Hemmo – Brendan Gleeson (Monk McGinn)

GANGSTER IN KEY LARGO
➲ HAFEN DES LASTERS

DIE GANZE WAHRHEIT
THE KEEPER OF THE FLAME (George Cukor, 1942), DF: ARD 1987
Horst Schön – Spencer Tracy (O'Malley), Katrin Schaake – Katharine Hepburn (Christine Forrest), Hans Sievers – Richard Whorf (Clive Kerndon), Gisela Trowe – Margaret Wycherly (Mrs. Forrest), Harald Halgardt – Frank Craven (Dr. Fielding), Henry König – Horace McNally (Freddie Ridges)

GARDEN STATE
GARDEN STATE (Zach Braff, 2003), DF: FFS 2005, D: Alexander Löwe, R: Frank Schaff
Marcel Collé – Zach Braff (Andrew Largeman), Manja Doering – Natalie Portman (Sam), Timmo Niesner – Peter Sarsgaard (Mark), Klaus Jepsen – Ian Holm (Gideon), Wilhelm Bartholomäus – Ann Dowd (Olivia), Uwe Büschken – Denis O'Hare (Albert), Dennis Schmidt-Foß – Alex Burn (Dave)

GARDENIA – EINE FRAU WILL VERGESSEN
THE BLUE GARDENIA (Fritz Lang, 1953), DF: Dt. Mondial 1953
Tilly Lauenstein – Anne Baxter (Norah), Paul Edwin Roth – Richard Conte (Casey Mayo), Alice Treff – Ann Sothern (Crystal), Wilhelm Borchert – Raymond Burr (Harry Prebble), Klaus Schwarzkopf – Richard Erdman (Al), Eduard Wandrey – George Reves (Haynes)

DER GARTEN DER LÜSTE
EL JARDÍN DE LAS DELICIAS (Carlos Saura, 1970), DF: ARD 1972
Alf Marholm – José Luis López Vázquez (Antonio), Tilly Lauenstein – Luchy Soto (Luchy), Robert Klupp – Francisco Pierrá (Don Pedro)

GATTACA
GATTACA (Andrew Niccol, 1997), DF: Hermes 1998, D/R: Lutz Riedel
Andreas Fröhlich – Ethan Hawke (Vincent), Petra Barthel – Uma Thurman (Irene), Christian Brückner – Alan Arkin (Det. Hugo), David Nathan – Jude Law (Jerome/Eugene), Torsten Michaelis – Loren Dean (Anton), Wolfgang Völz – Ernest Borgnine (Caesar), Peter Schiff – Gore Vidal (Dir. Josef), Norbert Gescher – Xander Berkley (Lamar), Lutz Riedel – Elias Koteas (Antonio), Susanna Bonaséwicz – Jayne Brook (Maria), Timmo Niesner – Chad Christ (Vincent als Teen), Martin Kessler – Blair Underwood (Gentechniker)

GEBOREN AM 4. JULI
BORN ON THE FOURTH OF JULY (Oliver Stone, 1989), DF: BSG 1990
Stephan Schwartz – Tom Cruise (Ron Kovic), Gisela Fritsch – Caroline Kava (Mrs. Kovic), Hans-Werner Bussinger – Raymond J. Barry (Mr. Kovic), Manfred Lehmann – Willem Dafoe (Charlie)

DER GEBROCHENE PFEIL
BROKEN ARROW (Delmer Daves, 1950), DF: 1966, D/R: Conrad v. Molo
Eckart Dux – James Stewart (Tom Jeffords), Herbert Stass – Jeff Chandler (Cochise), Marianne Lutz – Debra Paget (Sonseeahry), Siegfried Schürenberg – Basil Ruysdael (Gen. Howard), Rainer Brandt – Jay Silverheels (Goklia), Gerd Martienzen – Will Geer (Ben Slade), Christel Merian – Joyce MacKenzie (Terry), Gerd Duwner – Arthur Hunnicutt (Duffield), Kurt Waitzmann – Raymond Bramley (Bernall)
▶ In der ersten Synchronisation (Ultra 1951, R: Josef Wolf) sprachen Ernst Fritz Fürbringer (James Stewart), Curt Ackermann (Jeff Chandler), Erika Georgi (Debra Paget), Walter Holten (Basil Ruysdael) und Wolfgang Preiss (Jay Silverheels).

GEFAHR AUS DEM WELTALL
IT CAME FROM OUTER SPACE (Jack Arnold, 1953), DF: BSG 1953, D/R: Bruno Hartwich
Curt Ackermann – Richard Carlson (John Putnam), Sigrid Lagemann – Barbara Rush (Ellen Fields), G.G. Hoffmann – Charles Drake (Sheriff Warren), Sebastian Fischer – Russell Johnson (George), Ruth Piepho – Kathleen Hughes (Jane), Martin Held – George Eldredge (Dr. Snell), Heinz Engelmann – Alan Dexter (Loring)
«Die Dialogregie von Bruno Hartwich hätte ohne Schaden für den Film das ‹pazifistische Gefasel› des Originals streichen können.» (Filmwoche 1, 1954)

GEFÄHRLICHE LIEBSCHAFTEN
DANGEROUS LIAISONS (Stephen Frears, 1989), DF: 1989
Hallgard Bruckhaus – Glenn Close (Marquise de Merteuil), Joachim Tennstedt – John Malkovich (Valmont), Katja Nottke – Michelle Pfeiffer (Mme de Tourvel), Dagmar Altrichter – Swoosie Kurtz (Mme Volanges), Torsten Sense – Keanu Reeves (Danceny), Petra Barthel – Uma Thurman (Cécile), Tilly Lauenstein – Mildred Natwick (Mme de Rosemonde)
▶ In der Erstverfilmung (Roger Vadim, 1959) sprach Marion Degler für Jeanne Moreau als Marquise de Merteuil.

DER GEFANGENE VON ALCATRAZ
BIRDMAN OF ALCATRAZ (John Frankenheimer, 1961), DF: Ultra 1962, D/R: Theodor Mühlen
Carl Raddatz – Burt Lancaster (Stroud), Hans Hessling – Karl Malden (Shoemaker), Tilly Lauenstein – Betty Field (Stella Johnson), Franz Nicklisch – Neville Brand (Ransom), Arnold Marquis – Edmond O'Brien (Tom Gaddis), Alexander Welbat – Telly Savalas (Feto Gomez), Heinz Petruo – Hugh Marlowe (Comstock)

GEHEIMAGENT
THE SECRET AGENT (Alfred Hitchcock, 1936), DF: ZDF 1985
Christian Rode – John Gielgud (Richard Ashenden), Horst Gentzen – Peter Lorre (General), Rita Engelmann – Madeleine Carroll (Elsa Carrington), Frank Glaubrecht – Robert Young (Robert Marvin), Klaus Miedel – Percy Marmont (Caypor), Elisabeth Ried – Florence Kahn (Mrs. Caypor), Rebecca Völz – Lilli Palmer (Lilli), Friedrich W. Bauschulte – Charles Charson (R)

DAS GEHEIME FENSTER
SECRET WINDOW (David Koepp, 2004), DF: FFS 2004, D: Klaus Bickert, R: Joachim Tennstedt
David Nathan – Johnny Depp (Mort Rainey), Stefan Friedrich – John Turturro (John Scooter), Claudia Urbschat-Mingues – Maria Bello (Amy), Joachim Tennstedt – Timothy Hutton (Ted), Engelbert v. Nordhausen – Charles S. Dutton (Ken Karsch)

DAS GEHEIMNIS DER FALSCHEN BRAUT
LA SIRÈNE DU MISSISSIPPI (François Truffaut, 1969), DF: 1969
Peer Schmidt – Jean-Paul Belmondo

(Louis Mahé), Helga Trümper – Catherine Deneuve (Julie/Marion), Gerd Martienzen – Michel Bouquet (Comolli), Eva Katharina Schultz – Nelly Borgeaud (Berthe)

Geheimnis des Herzens
The Secret Heart **(Robert Z. Leonard, 1946), DF: ARD 1990**
Renate Küster – Claudette Colbert (Lee), Joachim Kerzel – Walter Pidgeon (Chris Matthews), Bettina Spier – June Allyson (Penny Addams), Franz-Josef Steffens – Lionel Barrymore (Dr. Rossiger), Pierre Peters-Arnolds – Robert Sterling (Chade W. Addams), Katharina Lopinski – Patricia Medina (Kay Burns), Alice Franz – Elizabeth Patterson (Mrs. Stover), Uwe Paulsen – Marshall Thompson (Brandon Reynolds)

Das Geheimnis des Wachsfigurenkabinetts
Mystery of the Wax Museum **(Michael Curtiz, 1933), DF: ARD 1987**
Joachim Kerzel – Lionel Atwill (Ivan Igor), Heike Schroetter – Glenda Farrell (Florence), Ulrike Möckel – Fay Wray (Charlotte), Jochen Striebeck – Frank McHugh (Jim)

Das Geheimnis von Twin Peaks
(TV-Serie)
Twin Peaks **(1990–1991), DF: Interopa (i. A. v. RTL) 1991, R: Joachim Kerzel**
Torsten Sense – Kyle MacLachlan (Dale Cooper), Leon Boden – Michael Ontkean (Sheriff Truman), Claudia Lehmann – Joan Chen (Josie), Alexandra Lange – Piper Laurie (Catherine Martell), Detlev Witte – Jack Nance (Pete Martell), Ortwin Speer – Ray Wise (Leland Palmer), Traudel Haas – Grace Zabriskie (Sarah), Michael Deffert – Dana Ashbrook (Bobby Briggs), Bernd Rumpf – Everett McGill (Big Ed Hurley), Constanze Harpen – Wendy Robie (Nadine), Dietmar Wunder – James Marshall (James Hurley), Lothar Hinze – Richard Beymer (Benjamin Horne), Diana Borgwardt – Lara Flynn Boyle (Donna Hayward), Dorette Hugo – Mädchen Amick (Shelly Johnson), Oliver Feld – Eric Da Re (Leo), Stefan Fredrich – Chris Mulkey (Hank Jennings), Gabriele Lorenz – Peggy Lipton (Norma), Till Hagen – David Patrick Kelly (Jerry Horne), Daniela Reidies – Kimmy Robertson (Lucy Moran), Christian Olsen – Michael Horse (Hawk), Klaus-Peter Grap – Harry Goaz (Andy Brennan), Friedrich Georg Beckhaus – Russ Tamblyn (Dr. Jacoby), Eberhard Prüter – Miguel Ferrer (Albert Rosenfield), Charles Rettinghaus – David Duchovny (Dennis Bryson), Ingolf Gorges – David Lynch (Gordon Cole), Joachim Nottke – Warren Frost (Dr. Hayward), Renate Danz – Mary Jo Deschanel (Eileen), Wolfgang Völz – Don Davis (Mj. Briggs)

Geliebte Aphrodite
Mighty Aphrodite **(Woody Allen, 1995), DF: 1996**
Wolfgang Draeger – Woody Allen (Lenny Weinrib), Melanie Pukaß – Helena Bonham Carter (Amanda), Gunter Schoß – F. Murray Abraham (Chorleiter), Daniela Reidies – Mira Sorvino (Linda), Oliver Rohrbeck – Michael Rapaport (Kevin), Almut Eggert – Claire Bloom (Amandas Mutter), Bettina Schön – Olympia Dukakis (Iocaste), Wolfgang Völz – Jack Warden (Teiresias), Bernd Rumpf – Peter Weller (Jerry Bender), Detlef Bierstedt – Steven Randazzo (Bud), Cornelia Meinhardt – J. Smith Cameron (Buds Frau)
«Wie diese Linda, der es nicht in den Kopf will, dass Lenny nur zum Reden gekommen ist, doch, dessen heimliche Wünsche kitzelt, wie sie arglos Obszönitäten daherplappert und spießige Träume zum leuchten bringt, das hat der Schauspielerin Mira Sorvino mit gutem Recht einen Oscar eingetragen – eine Auszeichnung, von der die deutsche Synchronisation leider insofern wieder Abstriche macht, als sie Lindas Mickey-Mouse-Stimme jenes Forcieren ins Piepsige aufnötigt, das Mira Sorvino bei aller Stimmfärbung eben souverän zu vermeiden weiß. (…) Das Skandieren klassischen Versmaßes, im Original etwas konsequenter als in der im übrigen sorgfältig erarbeiteten deutschen Synchronfassung, bricht sich im Small-talk intellektueller Wechselreden (…).»
(Hans-Dieter Seidel, FAZ, 15.8.1996)

Die Geliebte des französischen Leutnants
The French Lieutenant's Woman **(Karel Reisz, 1981), DF: 1982**
Hallgard Bruckhaus – Meryl Streep (Sarah/Anna), Christian Wolff – Jeremy Irons (Charles/Mike), Heinz Engelmann – Peter Vaughan (Freeman), Wolf Ackva – Leo McKern (Dr. Grogan), Michael Brennicke – Michael Elwyn (Montague), Norbert Gastell – David Warner (Sgt. Murphy)

Geraubte Küsse
Baisers volés **(François Truffaut, 1968), DF: 1969**
Michael Günther – Jean-Pierre Léaud (Antoine Donel), Beate Hasenau – Delphine Seyrig (Fabienne), Horst Niendorf – Daniel Ceccaldi (Darbon), Edgar Ott – Michel Lonsdale (Tabard), Heinz Petruo – André Falcon (Blady), Almut Eggert – Claude Jade (Christine), Franz Otto Krüger – Harry Max (Henri), Inge Landgut – Claire Duhamel (Mme Darbon)

Geschichte einer Nonne
The Nun's Story **(Fred Zinnemann, 1959), DF: Dt. Mondial 1959**
Marion Degler – Audrey Hepburn (Schwester Luke), Wolf Ackva – Peter Finch (Dr. Fortunati), Eleonore Noelle – Mildred Dunnock (Margharita), Klaus W. Krause – Dean Jagger (Dr. Van der Mal)

Das Gespenst der Freiheit
Le fantôme de la liberté **(Luis Buñuel, 1974), DF: BSG 1975, D: F.A. Koeniger, R: Dietmar Behnke**
Siegfried Schürenberg – Julien Bertheau (1. Präfekt), Lothar Blumhagen – Jean-Claude Brialy (Foucauld), RenateDanz – Milena Vukotic (Krankenschwester), Martin Hirthe – Claude Piéplu (Kommissar), Klaus Miedel – François Maistre (Professor), Gottfried Kramer – Adolfo Celi (Arzt), Claus Biederstaedt – Michel Piccoli (2. Präfekt), Peter Schiff – Paul Le Person (Pater Gabriel)

Gesprengte Ketten
The Great Escape **(John Sturges, 1962), DF: Ultra 1963**
Klaus Kindler – Steve McQueen (Hilts), Holger Hagen – James Garner (Hendley), Paul Klinger – Richard Attenborough (Bartlett), Thomas Reiner – James Donald (Ramsey), Gernot Duda – Charles Bronson (Velinsky), Wolfgang Büttner – Donald Pleasence (Blythe), Helmo Kindermann – James Coburn (Sedgwick), Gerhard Lippert – David McCallum (Ashley-Pitt), Hannes Messemer – Hannes Messemer (v. Luger), Manfred Andrae – Gordon Jackson (MacDonald), Horst Raspe – John Leyton (Dickes)
«Die nachhaltige Wirkung beruht nicht zuletzt darauf, dass Amerikaner von Amerikanern, Deutsche von Deutschen, Engländer von Engländern gespielt werden, wobei sich dann allerdings die Synchronisation, wenn

auch nicht schlecht gelungen, doppelt als künstlerische Barbarei erweist.» (Mg., Filmdienst 37, 1963)

GETAWAY
THE GETAWAY (Sam Peckinpah, 1972), DF: Dt. Mondial 1973, R: John Pauls-Harding
Hansjörg Felmy – Steve McQueen (Doc McCoy), Cordula Trantow – Ali McGraw (Carol), Horst Naumann – Ben Johnson (Jack Benyon), Wolfgang Hess – Al Lettieri (Rudy Butler), Harry Kalenberg – Slim Pickens (Cowboy), Manfred Andrae – Jack Dodson (Harold Clinton)

GEWALT UND LEIDENSCHAFT
GRUPPO DI FAMIGLIA IN UN INTERNO (Luchino Visconti, 1974), DF: Arnold & Richter 1975, R: Conrad v. Molo
Holger Hagen – Burt Lancaster (Professor), Rosemarie Fendel – Silvana Mangano (Bianca), Jürgen Clausen – Helmut Berger (Konrad Hübel), Helga Anders – Claudia Marsani (Lietta)

DIE GEWALTIGEN
THE WAR WAGON (Burt Kennedy, 1966), DF: BSG 1967, D: Klaus v. Wahl, R: Hans Dieter Bove
Hans W. Hamacher – John Wayne (Taw Jackson), Arnold Marquis – Kirk Douglas (Lomax), Arne Elsholtz – Robert Walker (Billy), Martin Hirthe – Howard Keel (Levi Walking Bear), Konrad Wagner – Keenan Wynn (Fletcher), Hans Wiegner – Bruce Cabot (Pierce), Gerd Duwner – Gene Evans (Hoag), Christian Brückner – Bruce Dern (Hammond), Dietrich Frauboes – Terry Wilson (Sheriff Strike)

DAS GEWAND
THE ROBE (Henry Koster, 1953), DF: Ultra 1953, R: Josef Wolf
Sebastian Fischer – Richard Burton (Marcellus), Marianne Prenzel – Jean Simmons (Diana), Curt Ackermann – Victor Mature (Demetrius), Wilhelm Borchert – Michael Rennie (Petrus), Martin Held – Jay Robinson (Caligula), Walter Werner – Dean Jagger (Justus), Eduard Wandrey – Torin Thatcher (Gallio), Wolf Martini – Jeff Morrow (Paulus)

GHOST – NACHRICHT VON SAM
GHOST (Jerry Zucker, 1990), DF: 1990
Ulrich Gressieker – Patrick Swayze (Sam), Maud Ackermann – Demi Moore (Molly), Marianne Groß – Whoopi Goldberg (Oda Mae Brown), Torsten Sense – Tony

Goldwyn (Carl Brunner), Tom Deininger – Rick Aviles (Willie Lopez), Thomas Petruo – Vincent Schiavelli (U-Bahn-Geist)

GHOST WHISPERER (TV-Serie)
GHOST WHISPERER (2005), DF: Kabel 1 2006, D: Eva Schaff, R: Ralph Beckmann
Melanie Hinze – Jennifer Cove Hewitt (Melinda Gordon), David Nathan – David Conrad (Jim Clancy), Arianne Borbach – Aisha Taylor (Anders Marino), Liane Rudolph – Christie Baranski (Faith)

GHOSTBUSTERS – DIE GEISTERJÄGER
GHOSTBUSTERS (Ivan Reitman, 1984), DF: 1985
Arne Elsholtz – Bill Murray (Dr. Peter Venkman), Thomas Danneberg – Dan Aykroyd (Dr. Stantz), Traudel Haas – Sigourney Weaver (Dana Barrett), Hubertus Bengsch – Harold Ramis (Dr. Spengler), Michael Nowka – Rick Moranis (Louis Tully), Philine Peters-Arnolds – Annie Potts (Janine), Norbert Gescher – William Atherton (Walter Peck), Jürgen Kluckert – Ernie Hudson (Winston Zeddmore), Hermann Ebeling – David Margulies (Bürgermeister)
▶ In GHOSTBUSTERS II sprach Hallgard Bruckhaus für Sigourney Weaver.

DER GHOSTWRITER
THE GHOST WRITER (Roman Polanski, 2010), DF: R. C. Production 2010, R: Christoph Cierpka
Philipp Moog – Ewan McGregor («The Ghost»), Frank Glaubrecht – Pierce Brosnan (Adam Lang), Katarina Tomaschewsky – Kim Catrall (Amelia Bly), Katrin Decker – Olivia Williams (Ruth Lang), Joachim Tennstedt – James Belushi (John Maddox), Frank Röth – Timothy Hutton (Sidney Kroll), Hasso Zorn – Eli Wallach (alter Mann)

THE GIFT – DIE DUNKLE GABE
THE GIFT (Sami Raimi, 2000), DF: FFS 2001, D/R: Beate Klöckner
Petra Einhoff – Cate Blanchett (Annie Wilson), Philipp Brammer – Giovanni Ribisi (Buddy Cole), Ole Pfennig – Keanu Reeves (Donnie Barksdale), Natascha Geisler – Katie Holmes (Jessica King), Frank Röth – Greg Kinnear (Wayne Collins), Sandra Schwittau – Hilary Swank (Valerie Barksdale), Erich Ludwig – Michael Jeter (Gerald Weems), Elisabeth Günther – Kim Dickens (Linda), Thomas Rauscher – Gary

Cole (David Duncan), Dirk Galuba – J. K. Simmons (Sheriff Johnson), Reinhard Glemnitz – Chelcie Ross (Kenneth King)

GIGANTEN
GIANT (George Stevens, 1955), DF: 1956
Eleonore Noelle – Elizabeth Taylor (Leslie), Heinz Engelmann – Rock Hudson (Bick Benedict), Dietmar Schönherr – James Dean (Jett Rink), Klaus W. Krause – Chill Wills (Onkel Bawley), Edith Schultze-Westrum – Mercedes McCambridge (Luz), Niels Clausnitzer – Dennis Hopper (Jordan), Klaus Havenstein – Earl Holliman (Bob), John Pauls-Harding – Robert Nichols (Pinky), Ernst Konstantin – Charles Watts (Whiteside), Ernst Fritz Fürbringer – Paul Fix (Dr. Lynnton), Ingeborg Grunewald – Judith Evans (Mrs. Lynnton)

GILDA
GILDA (Charles Vidor, 1946), DF: ARD 1983
Viktoria Brams – Rita Hayworth (Gilda), Rüdiger Bahr – Glenn Ford (Johnny Farrell), Reinhard Glemnitz – George Macready (Ballin Mundsen), Holger Hagen – Joseph Calleia (Obregon)
▶ In der ersten Synchronisation von 1949 (Ultra, D: Isolde Lange-Frohloff, R: Alfred Vohrer) sprach Till Klokow für Rita Hayworth.

DIE GILMORE GIRLS (TV-Serie)
GILMORE GIRLS (2000–2007), DF: Interopa (i. A. v. Vox) 2004, D. Martina Marx, R: Oliver Rohrbeck
Melanie Pukaß – Lauren Graham (Lorelai), Ilona Otto – Alexis Bledel (Rory), Anke Reitzenstein – Melissa McCarthy (Sookie St. James), Jill Böttcher – Keiko Agena (Lane Kim), Thomas Nero Wolff – Scott Patterson (Luke Danes), Stefan Krause – Yanic Truesdale (Michael Gerard), Wanja Gerick – Jared Padalecki (Dean Forester), Sonja Scherff – Liza Weil (Paris Geller), Julien Haggege – Milo Ventimiglia (Jess Mariano), Johannes Baasner – Chris Eigeman (Jason Stiles), Regine Albrecht – Kelly Bishop (Emily), Jürgen Thormann – Edward Herrmann (Richard)

THE GLADES (TV-Serie)
THE GLADES (2010), DF: Scalamedia (i. A. v. RTL) 2012, D: Carina Krause, R: Björn Schalla
Tommy Morgenstern – Matt Passmore (Jim Longworth), Nana Spier –

Kiele Sanchez (Callie Cargill), Erich Räuker – Carlos Gómez (Dr. Sánchez), Oscar Räuker – Uriah Shelton (Jeff), Jan Makino – Jordan Wall (Daniel Green), Anke Reitzenstein – Michelle Hurd (Colleen Manus)

Gladiator
Gladiator (Ridley Scott, 2000), DF: BSG 2000, D: Michael Nowka, R: Tobias Meister
Thomas Fritsch – Russel Crowe (Maximus), Nicolas Böll – Joaquin Phoenix (Commodus), Ulrike Möckel – Connie Nielsen (Lucilla), Michael Chevalier – Oliver Reed (Proximo), Werner Ehrlicher – Richard Harris (Marcus Aurelius), Bodo Wolf – Derek Jacobi (Gracchus), Hans Werner Bussinger – Tomas Arana (Quintus), Lothar Blumhagen – John Shrapnel (Gaius), Reiner Schöne – Ralph Moeller (Hagen)

Die Glenn Miller Story
The Glenn Miller Story (Anthony Mann, 1954), DF: BSG 1954, D: F.A. Koeniger, R: Rolf v. Sydow
Siegmar Schneider – James Stewart (Glenn Miller), Gisela Trowe – June Allyson (Helen), G.G. Hoffmann – Charles Drake (Don Haynes), Alfred Balthoff – George Tobias (Si Schribman), Paul-Edwin Roth – Henry Morgan (Chummy)
▶ 1985 wurde eine neue Synchronisation hergestellt. Diesmal sprach Sonja Deutsch für June Allyson.

Der Glöckner von Notre-Dame
The Hunchback of Notre-Dame (William Dieterle, 1939), DF: MPEA 1948, D/R: Franz Baldewein
Carola Höhn – Maureen O'Hara (Esmeralda), Bum Krüger – Charles Laughton (Quasimodo), Bum Krüger – Thomas Mitchell (Clopin), Ernst Schlott – Cedric Hardwicke (Frollo), Til Kiwe – Edmond O'Brien (Gringoire), Hans Pössenbacher – Harry Davenport (Louis XI)

Der Glöckner von Notre-Dame
Notre-Dame de Paris (Jean Delannoy, 1956), DF: Ufa 1957
Gisela Trowe – Gina Lollobrigida (Esmeralda), Wolf Martini – Anthony Quinn (Quasimodo), Siegmar Schneider – Jean Danet (Phoebus), Wilhelm Borchert – Alain Cuny (Frollo), Paul-Edwin Roth – Robert Hirsch (Gringoire), Gerd Martienzen – Philippe Clay (Clopin), Siegfried Schürenberg – Jean Tissier (Louis XI)

▶ In der DEFA-Fassung von 1971 (D: Edi Weeber-Fried, R: Dagmar Nawroth) sprachen Annekathrin Bürger (Gina Lollobrigida), Siegfried Voss (Anthony Quinn), Dieter Wien (Jean Danet), Eberhard Mellies (Alain Cuny), Holger Mahlich (Robert Hirsch).

Die glorreichen Sieben
The Magnificent Seven (John Sturges, 1960), DF: 1961
Heinz Giese – Yul Brynner (Chris), Herbert Stass – Steve McQueen (Vin), Franz Nicklisch – Charles Bronson (Bernardo), Arnold Marquis – Eli Wallach (Calvera), Horst Buchholz – Horst Buchholz (Chico), Rainer Brandt – Robert Vaughn (Lee), Friedrich Joloff – James Coburn (Britt), Horst Niendorf – Brad Dexter (Harry Luck)
▶ Heinz Giese sprach auch in Die Rückkehr der glorreichen Sieben.

Der Glückspilz
The Fortune Cookie (Billy Wilder, 1965), DF: Ultra 1966
Georg Thomalla – Jack Lemmon (Harry), Siegfried Schürenberg – Walter Matthau (Willie), Herbert Stass – Ron Rich (Boom Boom Jackson), Heinz Giese – Les Tremayne (Thompson), Heinz Petruo – Noam Pitlik (Max)

Godzilla
Godzilla (Roland Emmerich, 1998), DF: 1998
Uwe Büschken – Matthew Broderick (Niko), Jeff Bay – Jean Reno (Philippe Roche), Alexandra Ludwig – Maria Pitillo (Audrey Timmonds), Matthias Knie – Hank Azaria (Animal), Ivar Combrinck – Kevin Dunn (Col. Hicks), Michele Sterr – Arabella Field (Lucy Palotti), Hartmut Neugebauer – Michael Lerner (Bürgermeister), Philipp Moog – Doug Savant (Sgt. O'Neal)

Golden Girls (TV-Serie)
The Golden Girls (1985–1992), DF: ARD 1990
Ursula Vogel / Beate Hasenau – Bea Arthur (Dorothy), Verena Wiet – Betty White (Rose), Ursula Sieg – Rue McClanahan (Blanche), Barbara Ratthey – Estelle Getty (Sophia)

Goldenes Gift
Out of the Past (Jacques Tourneur, 1947), DF: 1954
Horst Niendorf – Robert Mitchum (Jeff Bailey), Tilly Lauenstein – Jane

Greer (Kathie Moffet), Ralph Lothar – Kirk Douglas (Whit Sterling), Herbert Stass – Steve Brodie (Fisher), Heinz Giese – Richard Webb (Jim), Peter Petersz – Paul Valentine (Joe)

Goldeneye
Goldeneye (Martin Campbell, 1995), DF: BSG 1995, D/R: Thomas Danneberg
Frank Glaubrecht – Pierce Brosnan (James Bond), Norbert Langer – Sean Bean (Alec Trevelyan), Bettina Weiß – Izabella Scorupco (Natalya), Klaus Sonnenschein – Joe Don Baker (Jack Wade), Jürgen Kluckert – Robbie Coltrane (Zukovsky), Martina Treger – Famke Janssen (Xenia Onatopp), Gisela Fritsch – Judi Dench (M), Joachim Kerzel – Tcheky Karyo (Mishkin), Santiago Ziesmer – Alan Cumming (Boris Grishenko), Manfred Schmidt – Desmond Llewelyn (Q)

Goldfinger
Goldfinger (Guy Hamilton, 1964), DF: Ultra 1965
G.G. Hoffmann – Sean Connery (James Bond), Gert Fröbe – Gert Fröbe (Goldfinger), Margot Leonard – Honor Blackman (Pussy Galore), Ute Marin – Shirley Eaton (Jill Masterson), Uta Hallant – Tania Mallett (Tilly), Konrad Wagner – Bernard Lee (M), Wilhelm Borchert – Martin Benson (Solo), Friedrich Schoenfelder – Cec Linder (Felix Leiter), Harald Wolff – Desmond Llewelyn (Q)

Gone Baby Gone
Gone Baby Gone (Ben Affleck, 2007), DF: FFS 2007, D/R: Marianne Groß
Dennis Schmidt-Foß – Casey Affleck (Patrick Kenzie), Gundi Eberhard – Michelle Monaglan (Angie Gennaro), Wolfgang Condrus – Ed Harris (Remy Bressant), Klaus Sonnenschein – Morgan Freeman (Jack Doyle), Helmut Gauß – John Ashton (Nick Pook), Vera Teltz – Amy Ryan (Helene McCready), Kerstin Sanders-Dornseif – Amy Madigan (Bea McCready), Erich Räuker – Titus Welliver (Lionel McCready)

Good Night, and Good Luck
Good Night, and Good Luck (George Clooney, 2005), DF: Interopa 2006, D/R: Lutz Riedel
Frank Glaubrecht – David Strathairn (Murrow), Charles Rettinghaus – Robert Downey jr. (Joe

Wershba), Heidrun Bartholomäus – Patricia Clarkson (Shirley), Lutz Riedel – Ray Wise (Don Hollenbeck), Gunter Schoß – Frank Langella (William Paley), Wolfgang Condrus – Jeff Daniels (Sig Mickelson), Detlef Bierstedt – George Clooney (Fred Friendly), Peter Flechtner – Tate Donovan (Jesse Zousmer), Markus Pfeiffer – Tom McCarthy (Palmer Williams), Viktor Neumann – Matt Ross (Eddie Scott)

GOOD WILL HUNTING
GOOD WILL HUNTING (Gus Van Sant, 1997), DF: Hermes 1998
Peer Augustinski – Robin Williams (Sean McGuire), Matthias Hinze – Matt Damon (Will Hunting), Nicolas Böll – Ben Affleck (Chuckie), Martina Treger – Minnie Driver (Skylar), Randolf Kronberg – Stellan Skarsgard (Prof. Lambeau)

GOODFELLAS – DREI JAHRZEHNTE IN DER MAFIA
GOODFELLAS (Martin Scorsese, 1989), DF: 1990
Udo Schenk – Ray Liotta (Henry Hill), Christian Brückner – Robert De Niro (Jimmy Conway), Mogens v. Gadow – Joe Pesci (Tommy De Vito), Evelyn Maron – Lorraine Bracco (Karen Hill), Wolfgang Dehler – Paul Sorvino (Paul Cicero), Uwe Paulsen – Frank Sivero (Frankie Carbone), Tilly Lauenstein – Catherine Scorsese (Tommys Mutter)

DIE GOONIES
THE GOONIES (Richard Donner, 1985), DF: 1985
Timmo Niesner – Sean Astin (Mikey), Markus Hoffmann – Josh Brolin (Brand), Tarek Helmy – Jeff Cohen (Chunk), Katrin Fröhlich – Martha Plimpton (Stef), Florian Bathke – Jonathan Ke Quan (Data), Hans-Jürgen Dittberner – Joe Pantoliano (Francis), Manfred Lehmann – Robert Davi (Jake), Engelbert v. Nordhausen – John Matuszak (Sloth), Natascha Rybakowski – Kerri Green (Andy)

GORILLAS IM NEBEL
GORILLAS IN THE MIST (Michael Apted, 1988), DF: 1989
Hallgard Bruckhaus – Sigourney Weaver (Dan), Frank Glaubrecht – Bryan Brown (Bob), Dagmar Altrichter – Julie Harris (Roz Carr), Alexandra Wilcke – Maggie O'Neill (Kim), Wolfgang Völz – Iain Cuthbertson (Dr. Leakey)

GOSFORD PARK
GOSFORD PARK (Robert Altman, 2001), DF: Cinephon 2002, D/R: Lutz Riedel
Bettina Schön – Maggie Smith (Constance), Otto Mellies – Michael Gambon (William McCordle), Traudel Haas – Kristin Scott-Thomas (Sylvia), Bernd Vollbrecht – Jeremy Notham (Ivor Novello), Simon Jäger – Ryan Philippe (Henry Denton), Karin Buchholz – Helen Mirren (Mrs. Wilson), Kerstin Sanders-Dornseif – Eileen Atkins (Mrs. Croft)
«So oder so sollte man sich GOSFORD PARK im untertitelten Original ansehen, um zu hören, wie die Sprache dieser Welt eine Form verleiht, wie mit wenigen Sätzen die Figuren aus dem Dunkel herausgeschält werden. Womöglich muss man schon ein Amerikaner sein, um den Engländern mit solchem Vergnügen beim Reden zuzuhören.» (Michael Althen, FAZ, 12.6.2002)

GOTHIKA
GOTHIKA (Mathieu Kassovitz, 2003), DF: Hermes 2004, D: Klaus Bickert, R: Joachim Tennstedt
Melanie Pukaß – Halle Berry (Miranda Grey), Charles Rettinghaus – Robert Downey jr. (Pete Graham), Bianca Krahl – Penelope Cruz (Chloe Sava), Engelbert v. Nordhausen – Charles S. Dutton (Doug), Roland Hemmo – John Carroll Lynch (Sheriff Ryan), Hans Werner Bussinger – Bernard Hill (Phil Parsons), Hubertus Bengsch – Dorian Harewood (Teddy Howard)

GOTTES WERK UND TEUFELS BEITRAG
THE CIDER HOUSE RULES (Lasse Hallström, 1999), DF: FFS 2000, D/R: Beate Klöckner
Florian Bauer – Tobey Maguire (Homer Wells), Jürgen Thormann – Michael Caine (Dr. Larch), Natascha Geisler – Charlize Theron (Candy Kendall), Sandra Schwittau – Erykah Badu (Rose Rose), Bert Franzke – Delroy Lindo (Rose), Philipp Brammer – Paul Rudd (Wally Worthington), Karin Anselm – Jane Alexander (Edna), Torsten Münchow – Heavy D. (Peaches), Jutta Speidel – Kathy Baker (Angela)

GRAN TORINO
GRAN TORINO (Clint Eastwood, 2008), DF: 2009, R: Axel Malzacher
Jochen Striebeck – Clint Eastwood (Walter Kowalski), Malika Bayerwaltes – Ahney Her (Sue Lor), Patrick Roche – Bee Vang (Thao Lor), Manuel Straube – Christopher Carley (Peter

Janovich), Crock Krumbiegel – Brian Haley (Mitch), Sonja Reichelt – Geraldine Hughes (Karen), Gabrielle Pietermann – Dreana Walker (Ashley)

GREASE ⊃ SCHMIERE

GREEN CARD – SCHEIN-EHE MIT HINDERNISSEN
GREEN CARD (Peter Weir, 1990), DF: FFS 1991
Manfred Lehmann – Gérard Depardieu (George), Evelyn Maron – Andie MacDowell (Brontë), Tina Hoeltel – Bebe Neuwirth (Lauren), Ilona Grandke – Mary Louise Wilson (Mrs. Sheehan)

THE GREEN MILE
THE GREEN MILE (Frank Darabont, 1999), DF: 2000, D: Alexander Löwe, R: Oliver Rohrbeck
Arne Elsholtz – Tom Hanks (Paul Edgecomb), Helmut Gauß – David Morse (Brutal Howell), Cornelia Meinhardt – Bonnie Hunt (Jan), Jürgen Kluckert – Michael Clarke Duncan (John Coffey), Lothar Blumhagen – James Cromwell (Moores), Joachim Tennstedt – Michael Jeter (Eduard Delacroix), Dietmar Wunder – Doug Hutchison (Percy Wetmore), Tobias Meister – Gary Sinise (Burt Hammersmith)

DER GREIFER
L'ALPAGUEUR (Philippe Labro, 1975), DF: Rainer Brandt 1976
Rainer Brandt – Jean-Paul Belmondo (Greifer), Lothar Blumhagen – Bruno Cremer (Falke), Hans-Georg Panczak – Patrick Fierry (Costa-Valdes), Jürgen Thormann – Jean Négroni (Spitzer), Christian Rode – Jean-Pierre Jorris (Salicetti), Friedrich G. Beckhaus – Victor Garrivier (Doumecq)
«... er [der Greifer, T.B.] redet unsägliche Kalauertexte, die ihm vermutlich die deutschen Synchronfabrikanten auf den Leib gedichtet haben ('Wer raucht, ist schlecht und schubst auch alte Frauen vom Nachttopf'.» (A.F.S., Tagesspiegel, 3.4.1976)

GREMLINS – KLEINE MONSTER
GREMLINS (Joe Dante, 1983), DF: 1984
Nicolas Böll – Zach Galligan (Billy), Ingeborg Wellmann – Polly Hollyday (Mme Deagle), Heinz Theo Branding – Hoyt Axton (Rand Peltzer), Hubertus Bengsch – Judge Reinhold (Gerald), Frank Glaubrecht – Jonathan Banks (Deputy Brent), Helmut Heyne – Keye Luke (Antiquitätenhändler)

Grey's Anatomy (TV-Serie)
Grey's Anatomy (2005–), DF: Interopa (i. A. v. Pro7) 2006, D: Änne Tröster, R: Marion Schöneck
Ulrike Stürzbecher – Ellen Pompeo (Meredith Grey), Christin Marquitan – Sandra Oh (Cristina Yang), Antje v. d. Ahe – Katherine Heigl (Izzie Stevens), Dennis Schmidt-Foß – Justin Chambers (Alex Karev), Nico Mamone – T.R. Knight (George O'Malley), Anke Reitzenstein – Chandra Wilson (Miranda Bailey), Roland Hemmo – James Pickens jr. (Richard Webber), Johannes Baasner – Isaiah Washington (Preston Burke), Boris Tessmann – Patrick Dempsey (Derek Shepherd), Katja Nottke – Kate Walsh (Addison Shepherd)

Greystoke – Die Legende von Tarzan, Herr der Affen
Greystoke, the Legend of Tarzan: Lord of the Apes (Hugh Hudson, 1984), DF: 1984
Manfred Lehmann – Christopher Lambert (John), Wilhelm Borchert – Ralph Richardson (Lord v. Greystoke), Peter Matic – Ian Holm (Cpt. D'Arnot), Christian Rode – James Fox (Lord Esker), Traudel Haas – Andie MacDowell (Jane Porter), Wolfgang Condrus – Paul Geoffrey (Jack), Jürgen Thormann – John Wells (Evelyn Blount), Hermann Ebeling – Nigel Davenport (Jack Downing)

Der grosse Blonde mit dem schwarzen Schuh
Le grand blond avec une chaussure noire (Yves Robert, 1972), DF: 1973
Harry Wüstenhagen – Pierre Richard (François), Friedrich W. Bauschulte – Bertrand Blier (Milan), Rolf Schult – Jean Rochefort (Toulouse), Eva Maria Miner – Mireille Darc (Christine), Gerd Martienzen – Jean Carmet (Maurice), Renate Danz – Colette Castel (Paulette)
▶ In Der grosse Blonde kehrt zurück (1975) behielten Wüstenhagen, Schult und Danz ihre Rollen, Bauschulte sprach jedoch für Jean Carmet und Renate Küster für Mireille Darc.

Der grosse Bluff
Destry Rides Again (George Marshall, 1939), DF: 1947
Gisela Breiderhoff – Marlene Dietrich (Frenchy), O.E. Hasse – James Stewart (Tom Destry), Curt Ackermann – Brian Donlevy (Kent), Erich Fiedler – Mischa Auer (Boris Callahan)
▶ In einer neuen Fassung des ZDF (1989) sprachen Karin Eickelbaum für Marlene Dietrich, Sigmar Solbach für James Stewart und Heinz Theo Branding für Charles Winninger (Wash). O.E. Hasse synchronisierte James Stewart auch in Mädchen im Rampenlicht.

Der grosse Diktator
The Great Dictator (Charles Chaplin, 1940), DF: Ultra 1958, R: Franz-Otto Krüger
Hans Hessling – Charles Chaplin (Friseur/Hynkel), Hannelore Schroth – Paulette Goddard (Hannah), Siegfried Schürenberg – Reginald Gardiner (Schultz), Friedrich Schoenfelder – Henry Daniell (Garbitsch), Werner Lieven – Billy Gilbert (Herring), Werner Peters – Jack Oakie (Napaloni)
«Es blieb der ausgezeichneten Synchronisation (Franz-Otto Krüger) vorbehalten, Chaplins Kauderwelsch aus seinen ›Führerreden‹ original zu übernehmen und in hervorragenden Einklang mit seiner deutschen Stimme (Hans Hessling) zu bringen.» (Filmwoche 36, 1958)

Das grosse Fressen
La grande bouffe (Marco Ferreri, 1973), DF: Rainer Brandt 1973
Rainer Brandt – Marcello Mastroianni (Marcello), Harald Juhnke – Ugo Tognazzi (Ugo), Helmo Kindermann – Michel Piccoli (Michel), Rolf Schult – Philippe Noiret (Philippe), Eva Maria Miner – Andrea Ferreol (Andrea), Tina Eilers – Michèle Alexandre (Tante Nicole), Beate Hasenau – Florence Giorgetti (Anne)

Der grosse Gatsby
The Great Gatsby (Jack Clayton, 1973), DF: BSG 1974, D/R: Ottokar Runze
Rolf Schult – Robert Redford (Jay Gatsby), Traudel Haas – Mia Farrow (Daisy), Joachim Kemmer – Bruce Dern (Tom), Ilse Pagé – Karen Black (Myrtle Wilson), Hellmut Lange – Scott Wilson (Wilson), Ivar Combrinck – Sam Waterston (Nick Carraway), Judy Winter – Lois Chiles (Jordan Baker)

Das grosse Krabbeln
A Bug's Life (John Lasseter, 1998), DF: 1999
Kai Wiesinger – (Flik), Rufus Beck – (Hopper), Elisabeth Volkmann – (Königin), Ottfried Fischer – (Rau-

pe Gustl), Madeleine Stolze – (Prinzessin Ata), Caroline Schwarzmaier – (Prinzessin Dott)
«Die deutsche Synchronisation hat hier einmal schier Unglaubliches geleistet.» (Andreas Platthaus, FAZ, 11.2.1999)

Der grosse Leichtsinn – The Big Easy
The Big Easy (Jim McBride, 1986), DF: 1988
Helmut Zierl – Dennis Quaid (Remy McSwain), Monica Bielenstein – Ellen Barkin (Anne Osborne), Gerd Duwner – Ned Beatty (Jack Kellom), Reinhard Glemnitz – John Goodman (DeSoto), Marion Hartmann – Lisa Jane Persky (McCabe), Gudo Hoegel – Ebbe Roe Smith (Dodge), Michael Roll – Thomas O'Brien (Bobby)

Der grosse McGinty
The Great McGinty (Preston Sturges, 1940), DF: ARD 1968
G.G. Hoffmann – Brian Donlevy (Dan McGinty), Gudrun Vaupel – Muriel Angelus (Catherine), Alf Marholm – Akim Tamiroff (Gangster), Wolfgang Hess – William Demarest (Politiker), Michael Cramer – Louis Jean Heydt (Thompson)

Die grösste Geschichte aller Zeiten
The Greatest Story Ever Told (George Stevens, 1963), DF: 1965
Wilhelm Borchert – Max v. Sydow (Jesus), Eva Katharina Schultz – Dorothy McGuire (Maria), Helmo Kindermann – Charlton Heston (Johannes), Carl Raddatz – José Ferrer (Herodes Antipas), Robert Klupp – Claude Rains (Herodes), Heinz Drache – Martin Landau (Kaiphas), Martin Hirthe – Telly Savalas (Pontius Pilatus), Jochen Schröder – Robert Loggia (Joseph), Curt Ackermann – Van Heflin (Bar Amand), Paul Wagner – Joseph Schildkraut (Nicodemus), Arnold Marquis – John Wayne (Zenturio), Herbert Stass – David McCallum (Judas), Hans Hessling – Donald Pleasence (Satan), Inge Landgut – Shelley Winters (die Namenlose)

The Guardian (TV-Serie)
The Guardian (2001–2004), DF: Scalamedia (i. A. v. Sat.1) 2004
Marcus Off – Simon Baker (Nick Fallin), Ekkehardt Belle – Alan Rosenberg (Alvin Masterson), Kathrin Simon – Erica Leerhsen (Amanda Bowles)

DER GUTE HIRTE
THE GOOD SHEPHERD (Robert De Niro, 2006), DF: FFS 2007, D/R: Axel Malzacher
Matthias Hinze – Matt Damon (Edward Wilson), Claudia Urbschat-Mingues – Angelina Jolie (Clover), Christian Brückner – Robert De Niro (Bill Sullivan), Klaus Dieter Klebsch – Alec Baldwin (Sam), Peter Flechtner – Billy Crudup (Arch Cummings), Lambert Hamel – Michael Gambon (Dr. Fredericks), Randolf Kronberg – William Hurt (Philip Allen), Angela Wiederhut – Tammy Blanchard (Laura), Michael Brennicke – Keir Dullea (Sen. Russell), Patrick Winczewski – Timothy Hutton (Thomas), Mogens v. Gadow – Joe Pesci (Joseph Palmi)

H

HABEN UND NICHTHABEN
TO HAVE AND HAVE NOT (Howard Hawks, 1944), DF: ZDF 1988
Joachim Kemmer – Humphrey Bogart (Harry Morgan), Joseline Gassen – Lauren Bacall (Slim), Friedrich Georg Beckhaus – Walter Brennan (Eddie), Sabine Thiesler – Dolores Moran (Hélène), Rolf Schult – Dan Seymour (Cpt. Renard), Jürgen Kluckert – Marcel Dalio (Gerard), Norbert Langer – Walter Molnar (Paul de Bursac)

HAFEN DES LASTERS
KEY LARGO (John Huston, 1948), DF: ARD 1970
Arnold Marquis – Humphrey Bogart (Frank McCloud), Karin Kernke – Lauren Bacall (Nora), Günter Strack – Edward G. Robinson (Johnny Rocco), Erik Jelde – Lionel Barrymore (James Temple), Margot Leonard – Claire Trevor (Gaye Dawn), Herbert Bötticher – Harry Lewis (Toots), Heinz Engelmann – Monte Blue (Sheriff Wade), K.E. Ludwig – Thomas Gomez (Curley), Harry Kalenberg – William Haade (Ralph)

HAFEN IM NEBEL
QUAI DES BRUMES (Marcel Carné, 1938), DF: ZDF 1970
Günther Sauer – Jean Gabin (Jean), Helga Trümper – Michèle Morgan (Nelly), Fritz Tillmann – Michel Simon (Zabel), Reinhard Glemnitz – Pierre Brasseur (Lucien), Klaus W. Krause – Edouard Delmont (Panama)

HAIE DER GROSSSTADT
THE HUSTLER (Robert Rossen, 1961), DF: Elite 1961
G.G. Hoffmann – Paul Newman (Eddie Felson), Fritz Tillmann – Jackie Gleason (Minnesota Fats), Gerd Martienzen – George C. Scott (Bert Gordon), Eva Katharina Schultz – Piper Laurie (Sarah), Eduard Wandrey – Myron McCormick (Charlie Burns), Kurt Waitzmann – Murray Hamilton (Findlay)

HAIR
HAIR (Milos Forman, 1977), DF: 1979, D/R: Ivar Combrinck
Ivar Combrinck – John Savage (Claude), Jürgen Clausen – Treat Williams (Berger), Dagmar Heller – Beverly D'Angelo (Sheila), Uschi Wolff – Annie Golden (Jeannie), Michael Brennicke – Dorsey Wright (Hud), Pierre Franckh – Don Dacus (Woof), Sigrid Pawlas – Cheryl Barnes (Huds Braut), Manfred Schott – Richard Bright (Fenton), John Pauls-Harding – Nicholas Ray (General)

HALLOWEEN – DIE NACHT DES GRAUENS
HALLOWEEN (John Carpenter, 1978), DF: 1979
Holger Hagen – Donald Pleasence (Loomis), Constanze Engelbrecht – Jamie Lee Curtis (Laurie), Uschi Wolff – Nancy Loomis (Annie), Dagmar Heller – P.J. Soles (Lynda), Gernot Duda – Charles Cyphers (Brackett)

HAMLET
HAMLET (Laurence Olivier, 1948), DF: Eagle-Lion 1949, D/R: C.W. Burg
Peter Lühr – Laurence Olivier (Hamlet), Antje Weisgerber – Jean Simmons (Ophelia), Eva Vaitl – Eileen Herlie (Gertrude), Rudolf Reif – Basil Sidney (König), Wolfgang Eichberger – Norman Wooland (Horatio), Heinz Burkart – Felix Aylmer (Polonius), Benno Sterzenbach – Terence Morgan (Laertes), Will-Jo Bach – John Laurie (Francisco), Tadzio Kondziella – Esmond Knight (Bernardo)

HÄNDE ÜBER DER STADT
LE MANI SULLA CITTÀ (Francesco Rosi, 1963), DF: 1965, D: Eberhard Storeck, R: Lothar Michael Schmitt

Arnold Marquis – Rod Steiger (Nottola), Christian Marschall – Salvo Randone (De Angelis), Günther Sauer – Carlo Fermariello (De Vita), Helmo Kindermann – Angelo D›Alessandro (Balsamo), Manfred Schott – Terenzio Cordova (Marcello)

HÄNGT IHN HÖHER
HANG 'EM HIGH (Ted Post, 1967), DF: Ultra 1968
G.G. Hoffmann – Clint Eastwood (Jed Cooper), Eva Katharina Schultz – Inger Stevens (Rachel), Martin Hirthe – Pat Hingle (Richter Fenton), Konrad Wagner – Ed Begley (Cpt. Wilson), Tina Eilers – Ruth White (Bordellwirtin), Heinz Petruo – Bruce Dern (Miller)

HANNAH MONTANA (TV-Serie)
HANNAH MONTANA (2006), DF: FFS (i. A. v. Disney Channel) 2006, R: Solveig Duda
Shandra Schadt – Miley Cyrus (Hannah Montana), Marieke Offinger – Emily Osment (Lilly Truscott), Johannes Wolko – Mitchel Musso (Oliver Oscar Oken), Clemens Ostermann/Manuel Straube – Jason Earles (Jackson Rod Stewart), Thomas von Freyend – Moises Arias (Rico), Sandra Schwittau – Frances Callier (Roxy)

HANNAH UND IHRE SCHWESTERN
HANNAH AND HER SISTERS (Woody Allen, 1985), DF: 1986
Wolfgang Draeger – Woody Allen (Mickey), Dagmar Heller – Mia Farrow (Hannah), Ulrike Möckel – Carrie Fisher (April), Jürgen Thormann – Michael Caine (Elliot), Cornelia Meinhardt – Barbara Hershey (Lee), Joachim Tennstedt – Daniel Stern (Dusty)

HANNIBAL
HANNIBAL (Ridley Scott, 2001), DF: FFS 2001, D: Michael Nowka, R: Tobias Meister
Joachim Kerzel – Anthony Hopkins (Hannibal Lecter), Petra Barthel – Julianne Moore (Clarice Starling), Lutz Mackensy – Gary Oldman (Mason Verger), Hans-Jürgen Wolf – Ray Liotta (Paul Krendler), Tilo Schmitz – Frankie Faison (Barney), Jan Spitzer – Giancarlo Giannini (Rinaldo Pazzi), Anke Reitzenstein – Francesca Neri (Allegra Pazzi), Wolfgang Ziffer – Robert Rietti (Sogliato), Reinhard Kuhnert – Francis Guinan (Noonan), Torsten Michaelis – Enrico Lo Verso (Gnocco)

Happiness

Happiness (Todd Solondz, 1998), DF: FFS 1999, D/R: Peter Stein
Irina Wanka – Jane Adams (Joy Jordan), Katerina Jacob – Lara Flynn Boyle (Helen), Walter v. Hauff – Dylan Baker (Bill), Marina Köhler – Cynthia Stevenson (Trish), Kai Taschner – Philip Seymour Hoffman (Allen), Norbert Gastell – Ben Gazzara (Lenny), Doris Gallart – Louise Lasser (Mona), Arthur Galiandin – Jared Harris (Vlad), Jan Odle – Jon Lovitz (Andy), Roman Wolko – Rufus Read (Billy), Tim Schwarzmaier – Justin Elvin (Timmy), Bettina Redlich – Camryn Manheim (Kristina), Dennis Reuße – Evan Silverberg (Johnny), Eva Pflug – Elizabeth Ashley (Diane)

Harold und Maude

Harold and Maude (Hal Ashby, 1971), DF: BSG 1974, D/R: Joachim Kunzendorf
Alice Treff – Ruth Gordon (Maude), Mathias Einert – Bud Cort (Harold), Eva Katharina Schultz – Vivian Pickles (Mutter), Friedrich W. Bauschulte – Charles Tyner (Onkel Victor), Klaus Miedel – Eric Christmas (Priester), Lothar Blumhagen – G. Wood (Psychiater), Evelyn Gressmann – Ellen Geer (Sunshine)

Harry Potter und der Stein der Weisen

Harry Potter and the Philosopher's Stone (Chris Columbus, 2001), DF: FFS 2001, D/R: Frank Schaff
Tim Schwarzmeier – Daniel Radcliffe (Harry Potter), Max Felder – Rupert Grint (Ron Weasley), Garielle Pietermann – Emma Watson (Hermine Granger), Bettina Schön – Maggie Smith (Prof. Minerva McGonagall), Hartmut Neugebauer – Robbie Coltrane (Rubeus Hagrid), Klaus Höhne – Richard Harris (Prof. Albus Dumbledore), Frank Schaff – Ian Hart (Prof. Qirrell), Thomas Fritsch – John Hurt (Ollivander), Erich Hallhuber – Alan Rickman (Prof. Severus Snape), Mogens v. Gadow – Warwick Davis (Prof. Flitwick), Marion Hartmann – Fiona Shaw (Tante Petunia), Harald Dietl – Richard Griffiths (Onkel Vernon), Berno v. Cramm – John Cleese (der fast kopflose Nick), Katharina Lopinski – Julie Walters (Molly Weasley), Kerstin Sanders-Dornseif – Zoe Wannamaker (Mme Hooch), Fred Maire – David Bradley (Hausmeister Filch)
▶ Vom 3. Teil an (Harry Potter und der Gefangene von Azkaban) sprach Nico Sablik für Daniel Radcliffe.

Harry und Sally

When Harry Met Sally (Rob Reiner, 1989), DF: ds 1989
Ulrike Möckel – Meg Ryan (Sally), Joachim Tennstedt – Billy Crystal (Harry), Kerstin Sanders-Dornseif – Carrie Fisher (Marie), Hans-Jürgen Wolf – Bruno Kirby (Jess)

Hatari!

Hatari! (Howard Hawks, 1961), DF: BSG 1962, D: F.A. Koeniger, R: Dietmar Behnke
Arnold Marquis – John Wayne (Sean), Agi Prandhoff – Elsa Martinelli (Dallas), Hardy Krüger – Hardy Krüger (Kurt), Jörg Cossardt – Gérard Blain (Chips), Herbert Stass – Red Buttons (Pockets), Claudia Brodzinska – Michèle Girardon (Brandy), Fritz Tillmann – Bruce Cabot (Indianer), Lothar Blumhagen – Valentin de Vargas (Luis)

Der Hauch des Todes

The Living Daylights (John Glen, 1986), DF: 1987, D: Pierre Peters-Arnolds, R: John Pauls-Harding
Lutz Riedel – Timothy Dalton (James Bond), Katharina Lopinski – Maryam D'Abo (Kara Milovy), Horst Naumann – Joe Don Baker (Brad Whitaker), Wolfgang Hess – John Rhys-Davies (Pushkin), Ekkehardt Belle – Art Malik (Kamran Shah), Manfred Seipold – Thomas Wheatley (Saunders), Michael Brennicke – John Terry (Felix Leiter), Manfred Schmidt – Desmond Llewelyn (Q), Wolf Ackva – Robert Brown (M)

Das Haus der Lady Alquist

Gaslight (George Cukor, 1944), DF: 1947, D/R: Kurt Hoffmann
Peter Pasetti – Charles Boyer (Gregory), Eva Vaitl – Ingrid Bergman (Paula), Ernst Schlott – Joseph Cotten (Brian Cameron), Margarete Haagen – Dame May Whitty (Miss Thwaites)

Hausboot

Houseboat (Melville Shavelson, 1958), DF: BSG 1959, D: F.A. Koeniger, R: Klaus v. Wahl
Curt Ackermann – Cary Grant (Tom Winston), Marion Degler – Sophia Loren (Cinzia), Horst Niendorf – Harry Guardino (Angelo Donatello), Helo Gutschwager – Charles Herbert (Robert), Gabriele Palm – Mimi Gibson (Elizabeth), Jochen H. Krause – Paul Petersen (David), Sigrid Lagemann – Martha Hyer (Carolyn Gibson), Siegfried Schürenberg – Eduardo Cianelli (Zaccardi)

Hawkins (TV-Serie)

Hawkins (1973/74), DF: ARD 1988
Siegmar Schneider – James Stewart (Hawkins), Horst Naumann – Strother Martin (R. J.)

Heartbreak Ridge

Heartbreak Ridge (Clint Eastwood, 1986), DF: 1987, D/R: Andreas Pollak
Klaus Kindler – Clint Eastwood (Thomas Highway), Marianne Groß – Marsha Mason (Aggie), Detlef Bierstedt – Everett McGill (Mj. Powers), Helmut Krauss – Moses Gunn (Webster), Hermann Ebeling – Arlen Dean Snyder (Sgt. Choozoo), Tobias Meister – Mario Van Peebles (Stitch Jones), Wolfgang Kühne – Bo Svenson (Roy Jennings)

Heartbreakers

Heartbreakers (David Mirkin, 2000), DF: Neue Tonfilm 2001, D/R: Matthias v. Stegmann
Dagmar Dempe – Sigourney Weaver (Max), Stephanie Keller – Jennifer Love-Hewitt (Page), Hartmut Neugebauer – Gene Hackman (William B. Tensy), Christian Tramitz – Ray Liotta (Dean Cumanno), Philipp Brammer – Jason Lee (Jack Withrowe)

Heat

Heat (Michael Mann, 1995), DF: Interopa 1996, D: Theodor Dopheide, R: Engelbert v. Nordhausen
Frank Glaubrecht – Al Pacino (Vincent Hanna), Christian Brückner – Robert De Niro (Neil McCauley), Torsten Sense – Val Kilmer (Chris Shiherlis), Hans-Jürgen Wolf – Tom Sizemore (Michael Cheritto), Helmut Krauss – Jon Voight (Nate), Irina v. Bentheim – Amy Brennenman (Eady), Joseline Gassen – Diane Venora (Justin Hanna), Maud Ackermann – Ashley Judd (Charlene), Charles Rettinghaus – Mikelti Williamson (Sgt. Drucker), Klaus Dieter Klebsch – Wes Studi (Det. Casals)

Heaven's Gate

Heaven's Gate (Michael Cimino, 1980), DF: Studio Hamburg 1985
Volker Lechtenbrink – Kris Kristofferson (Averal), Helmut Zierl – Christopher Walken (Champion), Eckart Dux – John Hurt (Billy Irvi-

ne), Volker Kraeft – Sam Waterston (Frank Canton), Holger Mahlich – Brad Dourif (Eggleston), Monika Barth – Isabelle Huppert (Ella), Harald Halgarth – Joseph Cotten (Reverend Sutton), Rainer Schmitt – Jeff Bridges (John H. Bridges), Gottfried Kramer – Geoffrey Lewis (Trapper) «*Was nun in Panavision-Technicolor (...) in unsere Kinos kommt (...), ist eine akzeptable deutsche Synchronfassung der 205-Minuten-Fassung, die Cimino autorisiert hat. Die Synchronisation hat alle auch im Original nicht-untertitelten fremdsprachigen Passagen unangetastet gelassen und den verwischten Sprachton des Amerikanischen auf deutsch reproduziert. Zuschauer, die alles ‹genau› hören, verstehen, wissen wollen, müssen sich auf akustische Dunkelzonen gefasst machen.*» (Wolfram Schütte, Frankfurter Rundschau, 2.3.1985)

HEIDI (TV-Serie)
DF: ZDF 1977
Kristin Fiedler – (Heidi), Thomas Ohrner (Peter), Erik Jelde – (Großvater)

HEINRICH V.
HENRY V (Kenneth Branagh, 1990), DF: BSG 1990, D/R: Klaus v. Wahl
Ulrich Matthes – Kenneth Branagh (Heinrich V.), Rolf Schult – Derek Jacobi (Erzähler), Else Nabu – Emma Thompson (Katherine), Eckart Dux – Ian Holm (Fluellen), Holger Hagen – Paul Scofield (frz. König), Klaus Miedel – Charles Kay (Erzbischof), Heinz Theo Branding – Robbie Coltrane (Falstaff)

HEISSBLÜTIG – KALTBLÜTIG
BODY HEAT (Lawrence Kasdan, 1981), DF: BSG 1982, D: Hans Bernd Ebinger, R: Dietmar Behnke
Randolf Kronberg – William Hurt (Ned Racine), Judy Winter – Kathleen Turner (Matty), Friedrich G. Beckhaus – Richard Crenna (Edmund Walker), Volker Brandt – Ted Danson (Peter), Helmut Krauss – J. A. Preston (Oscar Grace), Jürgen Kluckert – Michael Ryan (Miles Hardin)

HEISSES EISEN
THE BIG HEAT (Fritz Lang, 1953), DF: Aura 1954, D: Harald Petersson/Gisela Breidershoff, R: Conrad v. Molo
Curt Ackermann – Glenn Ford (David Bannion), Eleonore Noelle – Gloria Grahame (Debby Marsh), Ursula Traun – Jocelyn Brandon (Katie), Walter Richter – Alexander Scourby (Lagana), Christian Mar-

schall – Lee Marvin (Vince Stone), Eva Vaitl – Jeanette Nolan (Bertha Duncan), Wolfgang Eichberger – Peter Whitney (Tierney), Wolf Ackva – Willis Buchey (Lt. Wilkes), Klaus W. Krause – Robert Burton (Gus Burke), Peter Timm Schaufuss – Adam Williamson (Larry), Herbert Weicker – Cris Alcaide (George Rose), Ernst Fritz Fürbringer – Howard Wendell (Komm. Higgins)

HENRY V ⮕ HEINRICH V.

DIE HERBERGE ZUR 6. GLÜCKSELIGKEIT
THE INN OF THE SIXTH HAPPINESS (Mark Robson, 1958), DF: 1958
Marianne Kehlau – Ingrid Bergman (Gladys), Curd Jürgens – Curd Jürgens (Lin Nan), Friedrich Joloff – Robert Donat (Mandarin), Ursula Krieg – Athene Seyler (Sarah Lawson), Eduard Wandrey – Ronald Squire (Sir Francis)

HERBSTSONATE
HÖSTSONATEN (Ingmar Bergman, 1978), DF: BSG 1978, D: Hans Bernd Ebinger, R: Dietmar Behnke
Dagmar Altrichter – Ingrid Bergman (Charlotte), Judy Winter – Liv Ullman (Eva), Dagmar Biener – Lena Nyman (Helena), Herbert Stass – Halvar Bjork (Viktor)

HEROES (TV-Serie)
HEROES (2006–), DF: Interopa (i. A. v. RTL) 2007, D: Markus Engelhardt, R: Nadine Geist
Tanya Kahana – Hayden Panettiere (Claire), Uwe Büschken – Jack Coleman (Noah Bennet), Tobias Müller – Masi Oka (Hiro Nakamura), Viktor Neumann – Sendhi Ramamurthy (Molinder Suresh), Marco Kröger – Greg Grunberg (Matt Parkman), Melanie Pukaß – Ali Larter (Niki Sanders), Melanie Hinze – Tawny Cypress (Simone Deveaux), Tobias Kluckert – Santiago Cabrera (Isaac Mendez), Gerrit Schmidt-Foß – James Kyson Lee (Ando Masahashi), Thomas Nero Wolff – Adrian Pasdar (Nathan Petrelli), Timmo Niesner – Milo Ventimiglia (Peter Petrelli), Karin Buchholz – Cristine Rose (Angela Petrelli)

DER HERR DER RINGE:
DIE GEFÄHRTEN
LORD OF THE RINGS: THE FELLOWSHIP OF THE RING (Peter Jackson, 2000), DF: 2001, D/R: Andreas Fröhlich
Achim Höppner – Ian McKellen (Gandalf), Jacques Breuer – Viggo

Mortensen (Aragorn), Timmo Niesner – Elijah Wood (Frodo), Patrick Bach – Sean Astin (Sam), Alexander Doering – Dominic Maonaghan (Merry), Stefan Krause – Billy Boyd (Pippin), Torsten Michaelis – Sean Bean (Boromir), Wolfgang Hess – John Rhys-Davis (Gimli), Philipp Moog – Orlando Bloom (Legolas), Otto Mellies – Christopher Lee (Saruman), Wolfgang Condrus – Hugo Weaving (Elrond), Dörte Lyssewsky – Cate Blanchett (Galadriel), Wolfgang Völz – David Weatherley (Wirt Butterblume), Michael Brennicke – (Ring)

EIN HERZ UND EINE KRONE
ROMAN HOLIDAY (William Wyler, 1953), DF: BSG 1953, D: Erika v. Streithorst, R: Rolf v. Sydow
Wolfgang Lukschy – Gregory Peck (Joe Bradley), Marion Degler – Audrey Hepburn (Prinzessin Anne), Horst Niendorf – Eddie Albert (Irving Radovich), Paul Klinger – Hartley Power (Hennessy)
«*Wenn Hollywood uns mit solchen Filmen überfällt, dann wollen wir gern uneingeschränkt Ja sagen. Angetan von so großem Reiz gab sich die Berliner Synchron besondere Mühe und weis eine Eindeutschung auf, die gleichermaßen das Prädikat vortrefflich verdient.*» (Filmwoche 2, 1954)
«*Fast unbemerkt geht der deutsche Dialog ins Ohr. Er fügt sich dem Original (vor allem in den humoristischen Passagen) sehr glücklich und sehr gelungen ein.*» (Hans-G. Berthold, Filmblätter 1, 1954)

HERZFLIMMERN
LE SOUFFLE AU CŒUR (Louis Malle, 1971), DF: ds 1972
Rosemarie Fendel – Lea Massari (Clara), Hans-Georg Panczak – Benoît Ferreux (Laurent), Rolf Schult – Daniel Gélin (Vater), Uwe Paulsen – Marc Winocourt (Marc), Thomas Danneberg – Fabien Ferreux (Thomas), Jürgen Thormann – Michel Lonsdale (Pater Henri), Ursula Krieg – Ave Ninchi (Augusta), Martin Hirthe – Henri Poirier (Léonce), Gisela Reissmann – Micheline Bona (Claudine), Arne Elsholtz – François Werner (Hubert), Traudel Haas – Gila v. Weitershausen (Freda)

DIE HEXEN VON EASTWICK
THE WITCHES OF EASTWICK (George Miller, 1986), DF: 1987, D/R: Heinz Freitag
Joachim Kerzel – Jack Nicholson (Daryl), Joseline Gassen – Cher

(Alexandra Medford), Monica Bielenstein – Susan Sarandon (Jane Spofford), Katja Nottke – Michelle Pfeiffer (Sukie Ridgemont), Almut Eggert – Veronica Cartwright (Felicia Alden), Friedrich Georg Beckhaus – Richard Jenkins (Clyde)

HEXENJAGD
THE CRUCIBLE (Nicholas Hytner, 1996), DF: Interopa 1997, D/R: Marianne Groß
Joachim Tennstedt – Daniel Day-Lewis (John Proctor), Kellina Klein – Winona Ryder (Abby Williams), Jürgen Thormann – Paul Scofield (Richter Danforth), Anita Lochner – Joan Allen (Elizabeth), Christian Brückner – Bruce Davison (Rev. Parris), Wolfgang Condrus – Rob Campbell (Rev. Hale), Lothar Blumhagen – Jeffrey Jones (Thomas Putnam), Hans Teuscher – Peter Vaughan (Giles Corey), Nana Spier – Karron Graves (Mary Warren), Ursula Heyer – Frances Conroy (Ann Putnam), Tilly Lauenstein – Elizabeth Lawrence (Rebecca Nurse)

HEXENKESSEL
MEAN STREETS (Martin Scorsese, 1973), DF: 1976
Rolf Zacher – Robert De Niro (Johnny Boy), Andreas v. d. Meden – Harvey Keitel (Charlie), Heidi Schaffrath – Amy Robinson (Teresa), Horst Stark – Richard Romanus (Michael), Gottfried Kramer – Cesare Danova (Giovanni), Volker Lechtenbrink – George Memmoli (Joey Catucci)

HI HI HILFE!
HELP! (Richard Lester, 1965), DF: Ultra 1968
Rainer Brandt – John Lennon, Wolfgang Gruner – Paul McCartney, Horst Gentzen – Ringo Starr, Wolfgang Draeger – George Harrison

HIGH FIDELITY
HIGH FIDELITY (Stephen Frears, 1999), DF: BSG 2000, D: Alexander Löwe, R: Torsten Sense
Andreas Fröhlich – John Cusack (Rob), Katrin Fröhlich – Iben Hjejle (Laura), Simon Jäger – Todd Louiso (Dick), Dietmar Wunder – Jack Black (Barry), Irina v. Bentheim – Lisa Bonet (Marie de Salle), Claudia Urbschat-Mingues – Catherine Zeta-Jones (Charlie), Ulrike Möckel – Joan Cusack (Liz), Tobias Meister – Tim Robbins (Ian), Marcel Collé – Chris Rehmann (Vince), Julien Haggege – Ben Carr (Justin)

HIGHLANDER – ES KANN NUR EINEN GEBEN
HIGHLANDER (Russell Mulcahy, 1985), DF: 1986, D/R: Andreas Pollak
Ulrich Gressieker – Christopher Lambert (McLeod), Rita Engelmann – Roxanne Heart (Brenda), Thomas Danneberg – Clancy Brown (Kurgan), G.G. Hoffmann – Sean Connery (Ramirez), Maud Ackermann – Beatie Edney (Heather), Heinz Theo Branding – Alan North (Lt. Frank Moran), Barbara Adolph – Sheila Gish (Rachel Ellenstein)

HIMMEL ÜBER DER WÜSTE
THE SHELTERING SKY (Bernardo Bertolucci, 1990), DF: 1990
Joseline Gassen – Debra Winger (Kit), Joachim Tennstedt – John Malkovich (Port), Charles Rettinghaus – Campbell Scott (Tunner), Tilly Lauenstein – Jill Bennett (Mrs. Lyle), Thomas Petruo – Timothy Spall (Eric Lyle), Christian Toberentz – Eric Vu An (Belgassim), Erzähler – Ottokar Runze

DIE HOCHZEIT MEINES BESTEN FREUNDES
MY BEST FRIEND'S WEDDING (P.J. Hogan, 1997), DF: FFS 1997
Daniela Hoffmann – Julia Roberts (Julianne Potter), Charles Rettinghaus – Dermot Mulroney (Michael), Katrin Fröhlich – Cameron Diaz (Kimmy Wallace), Tom Vogt – Rupert Everett (George Downes), Norbert Gastell – Philip Bosco (Walter Wallace)

DER HOFNARR
THE COURT JESTER (Norman Panama/ Melvin Frank, 1955), DF: BSG 1956, D: F. A. Koeniger, R: Klaus v. Wahl
Georg Thomalla – Danny Kaye (Hubert Hawkins), Margot Leonard – Glynis Johns (Maid Jean), Erich Fiedler – Basil Rathbone (Lord Ravenhurst), Ursula Krieg – Mildred Natwick (Griselda), Gudrun Genest – Angela Lansbury (Gwendolyn), Alfred Haase – Cecil Parker (Roderick)
«Der schwierigen, aber dennoch vorzüglich gelungenen deutschen Synchronisation muss lobend gedacht werden, weil sie keinen Brosamen der brillant-pointierten Dialoge unter den Tisch fallen ließ.» (Filmwoche 38,1956).

HÖLLENFAHRT NACH SANTA FE ➔ RINGO

HOLLOW MAN
HOLLOW MAN (Paul Verhoeven, 2000), DF: PPA-Film 2000, D/R: Andreas Pollack
Katrin Fröhlich – Elisabeth Shue (Linda McKay), Udo Schenk – Kevin Bacon (Sebastian Caine), Philipp Moog – Josh Brolin (Matthew), Elisabeth Günther – Kim Dickens (Sarah Kennedy), Pierre Peters-Arnolds – Greg Grunberg (Carter Abbey), Tobias Lelle – Joey Slotnick (Frank Chase)

HOOK
HOOK (Steven Spielberg, 1991), DF: Interopa 1992, D/R: Theodor Dopheide
Joachim Kerzel – Dustin Hoffman (Cpt. Hook), Peer Augustinski – Robin Williams (Peter), Daniela Hoffmann – Julia Roberts (Glöckchen), Klaus Sonnenschein – Bob Hoskins (Smee), Tilly Lauenstein – Maggie Smith (Wendy), Cornelia Meinhardt – Caroline Goodall (Moira)

HOTEL INTERNATIONAL
THE V.I.P.s (Anthony Asquith, 1963), DF: MGM 1963
Dinah Hinz – Elizabeth Taylor (Frances Andros), Wilhelm Borchert – Richard Burton (Paul Andros), Walter Suessenguth – Orson Welles (Max Buda), Horst Niendorf – Rod Taylor (Les Mangam), Agnes Windeck – Margaret Rutherford (Herzogin), Paul-Edwin Roth – Louis Jourdan (Marc)

HOTEL TRANSSILVANIEN
HOTEL TRANSSYLVANIA (Genndy Tartakovsky, 2012), DF: FFS 2012, D/R: Elisabeth von Molo
Rick Kavanian – (Graf Dracula, OF: Adam Sandler), Josefine Preuß – (Mavis), Elyas M'Barek – (Jonathan), Hans-E. Eckhardt – (Frank), Kerstin Sanders-Dornseif – (Eunice), Tobias Lelle – (Wayne), Tobias Kluckert – (Griffin)
«BULLYPARADE-Comedian Rick Kavanian verhilft dem Grafen nicht nur zu einem passenden osteuropäischen Akzent, sondern schwankt auch wunderbar zwischen leicht-diabolisch, aberwitzig und besorgt.» (Patrick T. Neumann, stern.de, 24.10.2012)

HULK
THE HULK (Ang Lee, 2002), DF: BSG 2003, D/R: Tobias Meister
Benjamin Völz – Eric Bana (Bruce Banner), Andrea Solter – Jennifer Connelly (Betty Ross), Thomas Danneberg – Nick Nolte (David),

Reiner Schöne – Sam Elliott (Gen. Ross), Bernd Vollbrecht – Josh Lucas (Glenn Talbot), Ulrike Stürzbecher – Cara Buono (Edith)

HUMAN TARGET (TV-Serie)
HUMAN TARGET **(2009), DF: Arena (i. A. v. Pro7) 2010, D/R: Oliver Schwiegershausen**
Torsten Michaelis – Mark Valley (Christopher Chance), Tilo Schmitz – Chi McBride (Laverne Winston), Robert Missler – Jackie Earle Haley (Guerrero), Katrin Fröhlich – Indira Varma (Ilsa Pucci), Tanya Kahana – Janet Montgomery (Ames)

101 DALMATINER
101 DALMATIANS **(Stephen Herek, 1996), DF: 1997**
Kerstin Sanders-Dornseif – Glenn Close (Cruella De Vil), Wolfgang Condrus – Jeff Daniels (Roger), Carin C. Tietze – Joely Richardson (Anita), Ursula Traun – Joan Plowright (Nanny), Gudo Hoegel – Hugh Laurie (Jasper), Kai Taschner – Tim McInnery (Alonzo), Claus Brockmeyer – Mark Williams (Horace), Fritz v. Hardenberg – Hugh Fraser (Frederick)

DIE 120 TAGE VON SODOM
SALÒ O LE 120 GIORNATE DI SODOMA **(Pier Paolo Pasolini, 1975), DF: 1976**
Martin Hirthe – Paolo Bonacelli (Herzog), Herbert Weicker – Giorgio Cataldi (Bischof), Gisela Reissmann – Caterina Boratto (Castelli), Marianne Wischmann – Elsa De Giorgi (Maggi)

HUNDSTAGE
DOG DAY AFTERNOON **(Sidney Lumet, 1975), DF: BSG 1976, D: Lutz Arenz, R: Dietmar Behnke**
Lutz Mackensy – Al Pacino (Sonny), Andreas Mannkopff – John Cazale (Sal), Edgar Ott – Charles Durning (Moretti), Joachim Kunzendorf – Chris Sarandon (Leon), Siegfried Schürenberg – Sully Boyar (Mulvaney), Bettina Schön – Penny Allen (Sylvia), Heinz Petruo – James Broderick (Sheldon), Cornelia Meinhardt – Carol Kane (Jenny), Dagmar Biener – Sandra Kazan (Deborah)

HURRICANE
THE HURRICANE **(Norman Jewison, 1999), DF: Lingua 2000, D: Clemens und Sabine Frohmann, R: Benedikt Rabanus**
Leon Boden – Denzel Washington (Rubin Carter), Dominik Auer – Vicellous Reon Shannon (Lesra), Susanne v. Medvey – Deborah Kara Unger (Lisa), Martin Umbach – John Hannah (Terry), Franz Rudnick – Dan Hedaya (Della Pesca), Claudia Urbschat-Mingues – Debbi Morgan (Mae Thelma), Randolf Kronberg – Clancy Brown (Lt. Williams), Ilona Grandke – Beatrice Winde (Louise Cockersham), Jochen Striebeck – Badja Djola (Mobutu)

1

I, ROBOT
I, ROBOT **(Alex Proyas, 2004), DF: Interopa 2004, D/R: Tobias Meister**
Jan Odle – Will Smith (Del Spooner), Alexandra Wilcke – Bridget Moynahan (Susan Calvin), Frank Glaubrecht – Bruce Greenwood (Lawrence Robertson), Jochen Schröder – James Cromwell (Dr. Lanning), Roland Hemmo – Chi McBride (Lt. Bergin), Florian Halm – Alex Tudyk (Sonny), Michael Telloke – Jerry Wasserman (Baldez), Hannelore Fabry – Adrian Ricard (Granny), Christin Marquitan – Fiona Hogan (V.I.K.I.), Joachim Tennstedt – David Haysom (Roboter)

ICH ERSCHOSS JESSE JAMES
I SHOT JESSE JAMES **(Samuel Fuller, 1949), DF: Mars 1952, D/R: Georg Rothkegel**
Walter Suessenguth – Preston Foster (John), Margot Leonard – Barbara Britton (Lydia), Erich Schellow – John Ireland (Bob Ford), Hans Wiegner – Reed Hadley (Jesse James), Alfred Balthoff – J. Edward Bromberg (Kane), Walter Werner – Victor Kilian (Soapy), Karin Evans – Barbara Woodell (Mrs. James), Klaus Schwarzkopf – Tom Noonan (Charly Ford), Walter Altenkirch – Eddie Dunn (Barmixer), Karl John – Robin Short (Sänger)

ICH KÄMPFE UM DICH
SPELLBOUND **(Alfred Hitchcock, 1945), DF: Rohnstein 1952**
Eleonore Noelle – Ingrid Bergman (Dr. Peterson), Wolfgang Lukschy – Gregory Peck (Ballantine), Bum Krüger – Michael Chekhov (Alex), Hans Hinrich – Leo G. Carroll (Dr. Murchison), Ernst Fritz Fürbringer – John Emery (Dr. Fleurot)

ICH SEHE DEN MANN DEINER TRÄUME
YOU WILL MEET A TALL DARK STRANGER **(Woody Allen, 2010), DF: FFS 2010, D: Alexander Löwe**
Irina von Bentheim – Naomi Watts (Sally), Oliver Stritzel – Josh Brolin (Roy), Joachim Kerzel – Anthony Hopkins (Alfie), Bernd Vollbrecht – Antonio Banderas (Greg), Marianne Groß – Gemma Jones (Helena), Vera Teltz – Lucy Punch (Charmaine), Anna Grisebach – Freida Pinto (Dia), Sonja Deutsch – Pauline Collins (Cristal)

ICH WEISS, WAS DU LETZTEN SOMMER GETAN HAST
I KNOW WHAT YOU DID LAST SUMMER **(Jim Gillespie, 1997), DF: R.C. Productions 1998, D: Nadine Geist, R: Frank Schaff**
Dascha Lehmann – Jennifer Love Hewitt (Julie), Alexandra Wilcke – Sarah Michelle Gellar (Helen), Julien Haggege – Ryan Philippe (Barry), Dennis Schmidt-Foß – Freddie Prinze jr. (Ray), Kellina Klein – Bridgette Wilson (Elsa), Bianca Krahl – Anne Heche (Melissa), Michael Telloke – Muse Watson (Ben Willis)
▶ In ICH WEISS NOCH IMMER, WAS DU LETZTEN SOMMER GETAN HAST (Studio Babelsberg 1998) sprachen außer Dascha Lehmann, Dennis Schmidt-Foß und Michael Telloke. Claudia Urbschat-Mingues – Brandy Norwood (Karla), Simon Jäger – Mekhi Phifer (Tyrell) und Matthias Hinze: – Matthew Settle (Will Benson).

IDENTITÄT
IDENTITY **(James Mangold, 2003), DF: FFS 2003, D: Joachim Tennstedt, R: Dorothee Muschter**
Andreas Fröhlich – John Cusack (Ed), Udo Schenk – Ray Liotta (Rhodes), Andrea Solter – Amanda Peet (Paris), Stefan Krause – John Hawkes (Larry), Bernd Rumpf – Alfred Molina (Dr. Malick), Tanja Geke – Clea DuVall (Ginny), Erich Räuker – John C. McGinley (George York), Thomas Petruo – Jake Busey (Robert Maine)

IF ...
IF ... **(Lindsay Anderson, 1968), DF: BSG 1969, D: Gerhard Vorkamp, R: Dietmar Behnke**
Christian Brückner – Malcolm McDowell (Mick Travers), Rita Engelmann – Christine Noonan (das Mädchen), Thomas Danneberg – Robert Swann (Rowntree), Uwe Paulsen – David Wood (John-

ny), Arne Elsholtz – Hugh Thomas (Denson), Lothar Blumhagen – Peter Jeffrey (Direktor), Curt Ackermann – Anthony Nicholls (Gen. Denson), Wolfgang Condrus – Guy Ross (Stephans), Randolf Kronberg – Michael Cadman (Fortinbras), Ilja Richter – Brian Pettifer (Biles)

Ihr Auftritt, Al Mundy (TV-Serie)
It Takes a Thief (1968–1970), DF: ZDF 1969
Rainer Brandt – Robert Wagner (Al Mundy), Friedrich W. Bauschulte – Malachi Throne (Noah Blain)
▶ Auf RTL 1989 sprachen Joachim Kerzel und Klaus Jepsen.

Illuminati
Angels of Demons (Ron Howard, 2009), DF: Interopa 2009, D/R: Axel Malzacher
Arne Elsholtz – Tom Hanks (Robert Langdon), Philipp Moog – Ewan McGregor (Carlo Ventresca), Roland Hemmo – Stellan Skarsgard (Richter), Melanie Pukaß – Ayelet Zurer (Aittoria Vetra), Armin Müller-Stahl – Armin Müller-Stahl (Straus), Rainer Doering – Nikolaj Lie Kaas (Gray)

Im Angesicht des Todes
A View to Kill (John Glen, 1984), DF: 1985
Niels Clausnitzer – Roger Moore (James Bond), Madeleine Stolze – Tanya Roberts (Stacey), Sabina Trooger – Grace Jones (May Day), Heiner Lauterbach – Christopher Walken (Max Zorin), Dagmar Heller – Fiona Fullerton (Pola Ivanova), Michael Cramer – Patrick Bauchau (Scarpine), G.G. Hoffmann – Patrick McNee (Tibbett), Helga Trümper – Lois Maxwell (Miss Moneypenny), Manfred Schmidt – Desmond Llewelyn (Q), Wolf Ackva – Robert Brown (M)

Im Auftrag des Drachen
The Eiger Sanction (Clint Eastwood, 1974), DF: BSG 1975, D: Michael Richter, R: Joachim Kunzendorf
Michael Cramer – Clint Eastwood (Hemlock), Horst Niendorf – George Kennedy (Bowman), Hans Werner Bussinger – Jack Cassidy (Mellough), Inken Sommer – Vonetta McGee (Jemima Brown), Gottfried Kramer – Thayer David (Drachen)

Im Auftrag des Teufels
The Devil's Advocate (Taylor Hackford, 1997), DF: Interopa 1998, D/R: Thomas Meister

Benjamin Völz – Keanu Reeves (Kevin Lomax), Frank Glaubrecht – Al Pacino (John Milton), Alexandra Wilcke – Charlize Theron (Mary Ann), Klaus Sonnenschein – Jeffrey Jones (Eddie Barzoon), Marianne Groß – Judith Ivey (Mrs. Lomax), Katharina Koschny – Connie Nielsen (Christabella), Jürgen Kluckert – Craig T. Nelson (Alexander Cullen), Anke Reitzenstein – Tamara Tunie (Jackie Heath)

Im Geheimdienst Ihrer Majestät
On Her Majesty's Secret Service (Peter Hunt, 1969), DF: 1969
G.G. Hoffmann – George Lazenby (James Bond), Margot Leonard – Diana Rigg (Tracy Draco), Martin Hirthe – Telly Savalas (Blofeld), Klaus Miedel – Gabriele Ferzetti (Marc Ange Draco), Ilse Steppat – Ilse Steppat (Irma Bunt), Heinz Petruo – George Baker (Bray), Inge Landgut – Lois Maxwell (Miss Moneypenny), Konrad Wagner – Bernard Lee (M), Horst Keitel – Desmond Llewelyn (Q)

Im Körper des Feindes
Face/Off (John Woo, 1996), DF: Lingua 1997, D: Sabine und Clemens Frohmann, R: Benedikt Rabanus
Thomas Danneberg – John Travolta (Sean Archer), Martin Kessler – Nicholas Cage (Castor Troy), Pascal Breuer – Alessandro Nivola (Pollux), Dagmar Dempe – Joan Allen (Eve), Anke Reitzenstein – Gina Gershon (Sasha Hessler), Shandra Schadt – Dominique Swain (Jamie), Hubertus Bengsch – Nick Cassavetes (Dietrich), Horst Niendorf – Harve Presnell (Victor Lazarro), Randolf Kronberg – Colm Feore (Dr. Walsh)

Im Netz der Leidenschaften
The Postman Always Rings Twice (Tay Garnett, 1946), DF: MGM 1954
Eleonore Noelle – Lana Turner (Cora), Hans Quest – John Garfield (Frank), Alfred Balthoff – Cecil Kellaway (Nick), Kurt Meisel – Hume Cronyn (Arthur Keats), Siegfried Schürenberg – Leon Ames (Kyle Sackett)

Im Rausch der Tiefe – The Big Blue
Le grand bleu (Luc Besson, 1987), DF: 1988
Rebecca Völz – Rosanna Arquette (Johanna), Charles Rettinghaus – Jean-Marc Barr (Jacques), Helmut Krauss – Jean Reno (Enzo Molinari)

Im Schatten des Zweifels
Shadow of a Doubt (Alfred Hitchcock, 1943), DF: Interopa (i. A. d. ARD) 1969
G.G. Hoffmann – Joseph Cotten (Onkel Charlie), Dagmar Biener – Teresa Wright (Charlie), Paul Wagner – Henry Travers (Joseph Newton), Rainer Brandt – Macdonald Carey (Jack Graham), Edith Schollwer – Patricia Collinge (Emma Newton), Reinhold Brandes – Hume Cronyn (Herbie), Gerd Duwner – Wallace Ford (Fred Saunders)

Im Westen nichts Neues
All Quiet on the Western Front (Lewis Milestone, 1930), DF: ZDF 1984
Stephan Schwartz – Lew Ayres (Paul Bäumer), Franz Otto Krüger – Louis Wolheim (Kaczinsky), Hermann Ebeling – John Wray (Himmelstoß), Herbert Stass – George Summerville (Tjaden), Benjamin Völz – William Bakewell (Albert), Hans Hessling – Arnold Lucy (Lehrer Kontorek)
▶ Diese Fassung enthält auch Teile der Nachkriegssynchronisation von 1952 mit Sebastian Fischer, Erich Dunskus, Clemens Hasse, Carl-Heinz Carell, Paul-Edwin Roth, Paul Bildt (in obiger Rollen-Reihenfolge). Der Film ist bereits 1930 zum ersten Mal synchronisiert worden und war einer der ersten in Deutschland synchronisierten amerikanischen Filme überhaupt. Für Lew Ayres sprach damals Fritz Ley (1901–1980), nach dem Krieg u.a. für James Mason, Ray Milland und Alan Ladd tätig.

Im Zeichen des Bösen
Touch of Evil (Orson Welles, 1957), DF: BSG 1958, D/R: Bodo Francke
Horst Niendorf – Charlton Heston (Vargas), Margot Leonard – Janet Leigh (Susan), Walter Suessenguth – Orson Welles (Hank Quinlan), Robert Klupp – Joseph Calleia (Pete Menzies), Alfred Balthoff – Akim Tamiroff (Grandi), Alfred Haase – Ray Collins (Adair), Gerd Martienzen – Victor Millan (Manolo Sanchez), Wolfgang Draeger – Lalo Rios (Risto), Harry Wüstenhagen – Dennis Weaver (Nachtportier)

Im Zeichen des Zorro
The Mark of Zorro (Rouben Mamoulian, 1940), DF: MPEA 1949, D: Kurt Hinz, R: Josef Wolf
Hans Nielsen – Tyrone Power (Don Diego Vega), Erika Georgi – Lin-

da Darnell (Lolita Quintero), Ilse Werner – Gale Sondergaard (Inez), Ernst Fritz Fürbringer – Basil Rathbone (Esteban Pasquale), Rudolf Reif – Eugene Pallette (Pater Felipe), Otto Wernicke – J. Edward Bromberg (Don Luis Quintero), Walter Holten – Montagu Love (Alejandro Vega), Edith Schultze-Westrum – Janet Beecher (Isabella Vega), Ernst v. Klipstein – Robert Lowery (Rodrigo)

IMMER ÄRGER MIT HARRY
THE TROUBLE WITH HARRY (Alfred Hitchcock, 1955), DF: BSG 1956, D: F. A. Koeniger, R: Klaus v. Wahl
Alfred Haase – Edmund Gwenn (Cpt. Wiles), Ottokar Runze – John Forsythe (Sam Marlowe), Renate Danz – Shirley MacLaine (Jennifer), Ursula Krieg – Mildred Natwick (Miss Gravely), Elfe Schneider – Mildred Dunnock (Mrs. Wiggs), Andreas Mattishent – Jerry Mathers (Arnie)
▶ In einer weiteren Synchronisation (1983) sprachen Klaus Miedel (Edmund Gwenn), Hans-Jürgen Dittberner (John Forsythe), Susanna Bonaséwicz (Shirley MacLaine) und Christine Gerlach (Mildred Natwick).

DAS IMPERIUM SCHLÄGT ZURÜCK
THE EMPIRE STRIKES BACK (Irvin Kershner, 1979), DF: 1980
Hans-Georg Panczak – Mark Hamill (Luke Skywalker), Wolfgang Pampel – Harrison Ford (Han Solo), Susanna Bonaséwicz – Carrie Fisher (Leia Organa), Frank Glaubrecht – Billy Dee Williams (Lando Calrissian), Hugo Schrader – Frank Oz (Yoda), Heinz Petruo – David Prowse (Darth Vader), Wilhelm Borchert – Alec Guinness (Obi-Wan Kenobi)

IN DEN SCHUHEN MEINER SCHWESTER
IN HER SHOES (Curtis Hanson, 2005), DF: Interopa 2005, D/R: Frank Schaff
Katrin Fröhlich – Cameron Diaz (Maggie), Christin Marquitan – Toni Collette (Rose), Judy Winter – Shirley MacLaine (Ella), Frank Schaff – Mark Feuerstein (Simon), Jürgen Kluckert – Ken Howard (Michael), Liane Rudolph – Candice Azzara (Sydelle), Luise Lunow – Francine Been (Mrs. Lefkowitz), Otto Mellies – Norman Lloyd (Sofield), Gerd Holtenau – Jerry Adler (Lewis), Almut Zydra – Brook Smith (Amy), Peter Reinhardt – Richard Burgi (Jim Danvers)

IN & OUT
IN & OUT (Frank Oz, 1997), DF: 1998
Arne Elsholtz – Kevin Kline (Howard Brackett), Philine Peters-Arnolds – Joan Cusack (Emily), Norbert Langer – Tom Selleck (Peter Malloy), David Nathan – Matt Dillon (Cameron Drake), Wolfgang Völz – Wilford Brimley (Frank Brackett), Jürgen Thormann – Bob Newhart (Tom Halliwell)

IN DEN WIND GESCHRIEBEN
WRITTEN ON THE WIND (Douglas Sirk, 1956), DF: BSG 1957, D: F. A. Koeniger, R: Volker Becker
G. G. Hoffmann – Rock Hudson (Mitch), Ursula Traun – Lauren Bacall (Lucy), Hans Dieter Zeidler – Robert Stack (Kyle), Inge Landgut – Dorothy Malone (Marylee), Hans Hessling – Robert Keith (Jasper Hadley), Herbert Stass – Grant Williams (Biff Miley), Arnold Marquis – Bob Wilke (Dan Willis), Klaus Miedel – Edward Platt (Dr. Cochrane), Alfred Haase – Harry Shannon (Hoak Wayne), Hans W. Hamacher – John Larch (Roy Carter)

IN DER HITZE DER NACHT
IN THE HEAT OF THE NIGHT (Norman Jewison, 1966), DF: Ultra 1968
Herbert Weicker – Sidney Poitier (Virgil Tibbs), Martin Hirthe – Rod Steiger (Bill Gillespie), Heinz Palm – Warren Oates (Sam Wood), Ursula Heyer – Lee Grant (Leslie Colbert), Jürgen Thormann – James Patterson (Purdy), Herbert Stass – Scott Wilson (Harvey Oberst), Thomas Eckelmann – Matt Clark (Packy Harrison), Arne Elsholtz – Anthony James (Ralph), Gerd Duwner – Peter Whitney (Courtney), Horst Keitel – Tim Scott (Martin)
«Ein Lob auch der Synchronisation, die auf -ismen und Slang verzichtete.» (Dan, Evangel. Filmbeobachter 11, 1968)

IN THE CUT
IN THE CUT (Jane Campion, 2003), DF: Hermes 2004, D: Hilke Flickenschildt, R: Theodor Dopheide
Ulrike Möckel – Meg Ryan (Frannie Avery), Michael Lott – Mark Ruffalo (Malloy), Alexandra Ludwig – Jennifer Jason Leigh (Pauline), Gerald Paradies – Nick Damici (Rodriguez), Tobias Kluckert – Sharrieff Pugh (Cornelius Webb), Stefan Gossler – Kevin Bacon (James Graham)

IN EINEM LAND VOR UNSERER ZEIT
THE LAND BEFORE TIME BEGAN (Don Bluth, 1988), DF: 1989
Wilhelm Borchert – (Erzähler), Kim Hasper – (Littlefoot), Arnold Marquis – (Rooter), Andrea Imme – (Cera), Almut Eggert – (Littlefoots Mutter), Karl Schulz – (Daddy Topps)

IN THE LINE OF FIRE –
DIE ZWEITE CHANCE
IN THE LINE OF FIRE (Wolfgang Petersen, 1993), DF: Neue Tonfilm 1993, D/R: Pierre Peters-Arnolds
Klaus Kindler – Clint Eastwood (Frank Horrigan), Joachim Tennstedt – John Malkovich (Mitch Leary), Dagmar Heller – René Russo (Lilly Raines), Pierre Peters-Arnolds – Dylan McDermott (Al D'Andrea), Christian Tramitz – Gary Cole (Bill Watts), Hartmut Neugebauer – Fred D. Thompson (Harry Sargent), Klaus Höhne – John Mahoney (Sam Campagna), Reinhard Glemnitz – Jim Curley (Präsident)

IN TÖDLICHER MISSION
FOR YOUR EYES ONLY (John Glen, 1980), DF: Cine-Adaption 1981
Niels Clausnitzer – Roger Moore (James Bond), Angelika Bender – Carole Bouquet (Melina), Wolfgang Hess – Topol (Columbo), Simone Brahmann – Lynn-Holly Johnson (Bibi), Horst Naumann – Julian Glover (Kristatos)

IN TREATMENT – DER THERAPEUT (TV-Serie)
In Treatment (2008), DF: BSG (i. A. v. Premiere) 2008, D/R: Jürgen Neu
Eberhard Haar – Gabriel Byrne (Paul Weston), Kerstin Sanders-Dornseif – Dianne Wiest (Gina), Tanja Geke – Melissa George (Laura), Charles Rettinghaus – Blair Underwood (Alex), Adak Azdasht – Mia Wasikowska (Sophie), Silvia Missbach – Embeth Davidtz (Amy), Markus Pfeiffer – Jush Charles (Jake), Klaus Sonnenschein – Glynn Turman (Alex Prince sr.), Sabine Arnhold – Michelle Forbes (Kate)

INCEPTION
INCEPTION (Christopher Nolan, 2010), DF: FFS 2010, D/R: Tobias Meister
Gerrit Schmidt-Foß – Leonardo DiCaprio (Cobb), Tōru Tanabe – Ken Watanabe (Saito), Robin Kahnmeyer – Joseph Gordon-Levitt (Arthur), Natascha Geisler – Marion Cotillard (Mal), Anne Helm – Ellen Page (Ariadne), Tobias Kluckert – Tom Hardy (Ea-

Independence Day
Independence Day (Roland Emmerich, 1995), DF: Interopa 1996, D/R: Tobias Meister
Leon Boden – Will Smith (Cpt. Hiller), Detlef Bierstedt – Bill Pullman (Präs. Whitmore), Arne Elsholtz – Jeff Goldblum (David Levinson), Beate Meurer – Mary McDonnell (Marilyn), Klaus Sonnenschein – Judd Hirsch (Julius Levinson), Liane Rudolph – Margaret Colin (Constance Spano), Jürgen Kluckert – Randy Quaid (Russell Casse), Jochen Schröder – Robert Loggia (Gen. Grey), Lothar Blumhagen – James Rebhorn (Albert Nimziki), Thomas Piper – Harvey Fierstein (Marty Gilbert)

Indiana Jones und der Tempel des Todes
Indiana Jones and the Temple of Doom (Steven Spielberg, 1984), DF: BSG 1984, R: Arne Elsholtz
Wolfgang Pampel – Harrison Ford (Indiana Jones), Uta Hallant – Kate Capshaw (Willie Scott), Markus Mensing – Ke Huy Quan (Short Round), Edgar Ott – Amrish Puri (Mola Ram), Jürgen Thormann – Roshan Seth (Chattar Lal), Friedrich W. Bauschulte – Philip Stone (Cpt. Blumburtt), Rolf Schult – Roy Chiao (Che), Thomas Petruo – Ric Young (Kao Kan)
▶ In Indiana Jones und der letzte Kreuzzug (DF: 1989) sprach wiederum Wolfgang Pampel für Harrison Ford, ferner G.G. Hoffmann: Sean Connery (Prof. Jones), Eric Vaessen: Denholm Elliott (Markus Brody), Katja Nottke: Alison Doody (Elsa Schneider).

Indiskret
Indiscreet (Stanley Donen, 1958), DF: Dt. Mondial 1958
Peter Pasetti – Cary Grant (Philip Adams), Marianne Kehlau – Ingrid Bergman (Anna), Klaus W. Krause – Cecil Parker (Alfred), Ingeborg Grunewald – Phyllis Calvert (Margaret), Anton Reimer – David Kossof (Carl), Wolfgang Büttner – Oliver Johnston (Finleigh)

Inglourious Basterds
Inglourious Basterds (Quentin Tarantino, 2009), DF: BSG 2009, D: Alexander Löwe, R: Norman Matt
Tobias Meister – Brad Pitt (Aldo Raine), Emily Behr – Mélanie Laurent (Shosanna Dreyfus), Christoph Waltz – Christoph Waltz (Hans Landa), Tobias Kluckert – Eli Roth (Donny Donowitz), Norman Matt – Michael Fassbender (Archie Hickox), Daniel Brühl – Daniel Brühl (Frederick Zoller)

Infam
The Children's Hour (William Wyler, 1961), DF: 1962
Marion Degler – Audrey Hepburn (Karen Wright), Gertrud Kückelmann – Shirley MacLaine (Martha Dobie), Niels Clausnitzer – James Garner (Dr. Joe Cardin), Tina Eilers – Miriam Hopkins (Lily Mortar)
«Nicht vorauszusehen war, dass die deutsche Synchronisation eine ebenbürtige Leistung bieten würde. Deshalb soll ihr ein Extralob gespendet werden.» (Lbv, Evangel. Filmbeobachter 43, 1962)

Innenleben
Interiors (Woody Allen, 1978), DF: 1978
Dagmar Heller – Kristin Griffith (Flynn), Uschi Wolff – Mary Beth Hurt (Joey), Elmar Wepper – Richard Jordan (Frederick), Heidi Fischer – Diane Keaton (Renata), Wolf Ackva – E.G. Marshall (Arthur), Marianne Kehlau – Geraldine Page (Eve), Marianne Wischmann – Maureen Stapleton (Pearl)

Inside Man
Inside Man (Spike Lee, 2006), DF: Interopa 2006, D: Klaus Bickert, R: Sven Hasper
Leon Boden – Denzel Washington (Frazier), Tom Vogt – Clive Owen (Dalton), Hansi Jochmann – Jodie Foster (White), Rainer Schöne – Willem Dafoe (Darius), Lothar Blumhagen – Christopher Plummer (Case), Thomas Nero Wolff – Chiwetel Ejiofor (Mitchell), Tobias Kluckert – Jason Manuel Olazabal (Hernandez), Ghadah Al-Akel – Kim Director (Stevie)

Insomnia – Schlaflos
Insomnia (Christopher Nolan, 2002), DF: FFS 2002, D/R: Marianne Groß
Frank Glaubrecht – Al Pacino (Will Dormer), Peer Augustinski – Robin Williams (Walter Finch), Sandra Schwittau – Hilary Swank (Ellie Burr), Thomas Nero Wolff – Martin Donovan (Hap Eckart), Bettina Weiß – Maura Tierney (Rachel Clement), Hans Werner Bussinger – Paul Dooley (Nyback), Simon Jäger – Nicky Katt (Fred Duggar), Tilo Schmitz – Lorne Cardinal (Rich)

Inspector Barnaby (TV-Serie)
Midsomer Murders (1997–), DF: Arena (i. A. d. ZDF) 2005, D/R: Theodor Dopheide
Norbert Langer – John Nettles (Tom Barnaby), Norman Matt – Daniel Casey (Gavin Troy), Karlo Hackenberger – John Hopkins (Scott), Norman Matt – Jason Hughes (Ben Jones), Alexandra Lange – Jane Wymark (Joyce), Lothar Hinze – Barry Jackson (Dr. Bullard)
«Sein deutscher Synchronsprecher Norbert Langer trifft die sanfte Ironie und das Understatement des Originals in Perfektion.» (Katrin Hillgruber, Tagesspiegel, 6.3.2011)
«SZ: Wie klingt die deutsche Synchronstimme in ihren Ohren? Nettles: Das ist der Mensch, der auch Magnum spricht, nicht wahr? Ein bisschen harsch.» (SZ, 24.12.2010)

Inspektor Clouseau – der «beste» Mann bei Interpol
The Pink Panther Strikes Again (Blake Edwards, 1976), DF: 1977
Georg Thomalla – Peter Sellers (Insp. Clouseau), Herbert Weicker – Herbert Lom (Insp. Dreyfus), Paul Lasner – Colin Blakely (Alex Drummond), Hartmut Reck – Leonard Rossiter (Quinlan), Heidi Fischer – Lesley-Anne Down (Olga), Tonio v. d. Meden – Burt Kwouk (Koto), Eberhard Mondry – André Maranne (François), Leo Bardischewski – Richard Vernon (Dr. Fassbender)
▶ In Inspektor Clouseau – der irre Flic mit dem heissen Blick (1978) behielten Thomalla, Weicker, v. d. Meden und Mondry ihre Parts, hinzu kamen Holger Hagen: Robert Webber (Douvier), Heidi Treutler: Dyan Cannon (Simone), Leo Bardischewski: Paul Stewart (Callini), Alexander Allerson: Robert Loggia (Marchione).

Interview mit einem Vampir
Interview With The Vampire (Neil Jordan, 1994), DF: FFS 1994
Stephan Schwartz – Tom Cruise (Lestat), Axel Malzacher – Brad Pitt (Louis), Torsten Münchow – Antonio Banderas (Armand), Pascal Breuer – Christian Slater (Malloy), Martin Umbach – Stephen Rea (Santiago), Laura Maire – Kirsten Dunst (Claudia), Irina Wanka – Thandie Newton (Yvette), Michael Brennicke – John McConnell

(Glücksspieler), Karin Kernke – Lyla Hay Owen (Witwe St. Clair)

INTIMACY
INTIMACY (Patrice Chéreau, 2000), DF: FFS 2001, D/R: Beate Klöckner
Jacques Breuer – Mark Rylance (Jay), Veronika Neugebauer – Kerry Fox (Claire), Holger Schwiers – Timothy Spall (Andy), Pierre Peters-Arnolds – Alastair Galbraith (Victor), Jean-Yves de Groote – Philippe Calvario (Ian)

INVASION DER KÖRPERFRESSER
➲ DIE DÄMONISCHEN

IPCRESS – STRENG GEHEIM
THE IPCRESS FILE (Sidney J. Furie, 1964), DF: Rank 1965, D: Ursula Buschow, R: Edgar Flatau
Peer Schmidt – Michael Caine (Palmer), Arnold Marquis – Guy Doleman (Ross), Gerd Martienzen – Nigel Green (Dalby), Herbert Stass – Gordon Jackson (Carswell), Jürgen Thormann – Aubrey Richards (Dr. Radcliffe), Klaus Miedel – Frank Gatliff (Bluejay)

DAS IRRLICHT
LE FEU FOLLET (Louis Malle, 1963), DF: 1966, D/R: Lothar Michael Schmitt
Wolfgang Schwarz – Maurice Ronet (Alain), Rosemarie Fendel – Lena Skerla (Lydia), Hellmut Lange – Bernard Noël (Dubourg), Christian Wolff – Bernard Tiphaine (Milou), Paul Bürks – René Dupuy (Charlie), Klaus W. Krause – Jean-Paul Moulinot (Doktor), Herbert Weicker – Hubert Deschamps (d'Averseau), Thomas Reiner – Tony Taffin (Brancion)

IS' WAS, DOC?
WHAT'S UP, DOC? (Peter Bogdanovic, 1972), DF: 1972, D: Marcel Valmy
Sabine Eggerth – Barbra Streisand (Judy Maxwell), Elmar Wepper – Ryan O'Neal (Howard Bannister), Heidi Treutler – Madeline Kahn (Eunice Burns), Manfred Andrae – Kenneth Mars (Hugh Simon), Bruno W. Pantel – Sorrell Booke (Harry), Ludwig Schütze – Michael Murphy (Smith), Klaus W. Krause – Liam Dunn (Richter)

IST DAS LEBEN NICHT SCHÖN?
IT'S A WONDERFUL LIFE (Frank Capra, 1947), DF: ARD 1962
Günther Dockerill – James Stewart (George Bailey), Marion Degler – Donna Reed (Mary Hatch), Heinz Klevenow – Lionel Barrymore (Potter), Martin Hirthe – Thomas Mit-

chell (Onkel Billy), Manfred Steffen – Henry Travers (Clarence), Eva Maria Bauer – Gloria Grahame (Violet Bick), Charles Brauer – Frank Faylen (Ernie)

IWAN DER SCHRECKLICHE
IWAN GROSNIJ (Sergej Eisenstein, 1943/45), DF: BSG 1960/66, D/R: Heinz Giese
Herbert Stass/Walter Suessenguth – Nikolaj Tscherkassow (Iwan), Eva Katharina Schultz – Ludmila Zelikovskaja (Anastasia), Wilhelm Borchert – Andrej Abrikossow (Philipp), Klaus Miedel – Michail Naswanow (Kurbski)
▶ In der DEFA-Synchronsiation sprach Hilmar Thate die Titelrolle.

J

J. A. G. – IM AUFTRAG DER EHRE
(TV-Serie)
J.A.G. (1995–2005), DF: Arena (i. A. v. Sat.1) 1996, D/R: Max Willutzki
Peter Flechtner – David James Elliot (Harm Rabb), Peggy Sander – Catherine Bell (Sarah McKenzie), Michael Iwannek – Patrick Labyorteaux (Bud Roberts), Lothar Hinze – John M. Jackson (Admiral Chegwidden), Karin Grüger – Karri Turner (Harriet Sims Roberts), Walter Alich – Steven Culp (Clayton Webb), Jörg Hengstler – Trevor Goddard (Mic Brumby), Gertie Honeck – Andrea Thompson (Allison Krennick), Thomas Nero Wolff – Randy Vasquez (Gunny Galindez), Arianne Borbach – Cindy Ambuehl (Renee Peterson)

JABBERWOCKY
JABBERWOCKY (Terry Gilliam, 1977), DF: 1977
Wolfgang Condrus – Michael Palin (Dennis), Friedrich W. Bauschulte – Max Wall (König Bruno), Klaus Miedel – Warren Mitchell (Fischfinger), Liane Rudolph – Deborah Fallender (Prinzessin), Uwe Paulsen – Neil Innes (2. Herold)

JACKIE BROWN
JACKIE BROWN (Quentin Tarantino, 1997), DF: Hermes 1998, R: Andreas Pollak
Astrid Bless – Pam Grier (Jackie Brown), Thomas Petruo – Samuel L.

Jackson (Ordell Robbie), Christian Brückner – Robert De Niro (Louis Gara), Gunther Schoß – Robert Foster (Max Cherry), Petra Barthel – Bridget Fonda (Melanie), Joachim Tennstedt – Michael Keaton (Ray Nicolette), Erich Raeuker – Michael Bowen (Mark Dargus), Torsten Michaelis – Chris Tucker (Beaumont Livingston), Andrea Großmann – Lisa Gay Hamilton (Sheronda)
«Der Unterhaltungswert des stilisiert obszönen street-talks, der, weit etwa von Cockney-Poesie entfernt, für Männer nur ‹nigger› oder ‹black ass› kennt und für Frauen ‹motherfucking bitch›, dürfte in der deutschen Synchronisation noch rascher erschöpfen als im Original.» (Uwe Schmitt, FAZ, 19.2.1998)

JAGD AUF «ROTER OKTOBER»
THE HUNT FOR «RED OCTOBER» (John McTiernan, 1989), DF: BSG 1990, D/R: Lutz Riedel
G.G. Hoffmann – Sean Connery (Cpt. Ramius), Hans-Jürgen Dittberner – Alec Baldwin (Jack Ryan), Jürgen Thormann – Scott Glenn (Cpt. Mancuso), Edgar Ott – James Earl Jones (Admiral Greer), Joachim Cadenbach – Joss Ackland (Lysenko), Lutz Riedel – Sam Neill (Borodin), Raimund Krone – Tim Curry (Dr. Petrow), Uwe Paulsen – Peter Firth (Ivan Putin), Volker Brandt – Richard Jordan (Jeffrey Pelt), Joachim Kerzel – Jeffrey Jones (Skip Tyler), Joachim Tennstedt – Courtney B. Vance (Ronald Jones), Eberhard Prüter – Anthony Peck (Phil Thompson)

JÄGER DES VERLORENEN SCHATZES
RAIDERS OF THE LOST ARK (Steven Spielberg, 1981), DF: 1981
Wolfgang Pampel – Harrison Ford (Indiana Jones), Tina Hoeltel – Karen Allen (Marion Ravenwood), Hermann Ebeling – Paul Freeman (Belloq), Michael Chevalier – John Rhys-Davies (Sallah), Mogens v. Gadow – Denholm Elliott (Brody)

JAMES BOND 007
➲ alle James-Bond-Filme unter dem jeweiligen Titel

JENSEITS VON AFRIKA
OUT OF AFRICA (Sydney Pollack, 1985), DF: BSG 1986
Hallgard Bruckhaus – Meryl Streep (Karen Blixen), Rolf Schult – Robert Redford (Denys Finch Hatton), Klaus Maria Brandauer – Klaus M. Brandauer (Bror), Norbert Gescher

– Michael Kitchen (Berkeley), Josieah Magatti – Malick Bowens (Farah), Newton Ternu – Joseph Thiaka (Kamante), Friedrich W. Bauschulte – Michael Gough (Delamere)

Jenseits von Eden
East of Eden (Elia Kazan, 1955), DF: Dt. Mondial 1955
Dietmar Schönherr – James Dean (Cal), Margot Leonard – Julie Harris (Abra), Curt Ackermann – Raymond Massey (Adam), Harry Wüstenhagen – Richard Davalos (Aron), Eduard Wandrey – Burl Ives (Sheriff Cooper), Bum Krüger – Albert Dekker (Will Hamilton), Tina Eilers – Jo Van Fleet (Kate), Hans Hessling – Harold Gordon (Albrecht)

Jeremiah Johnson
Jeremiah Johnson (Sydney Pollack, 1971), DF: 1972
Christian Brückner – Robert Redford (Jeremiah), Klaus W. Krause – Will Geer (Bear Claw), Herbert Weicker – Stefan Gierasch (Del Gue)

Jericho – Der Anschlag (TV-Serie)
Jericho (2006), DF: Scalamedia (i. A. v. Pro7)2007, D/R: Wilfried Freitag
Johannes Raspe – Skeet Ulrich (Jake Green), Christoph Jablonka – Gerald MacRaney (Johnston), Martin Halm – Kenneth Mitchell (Eric), Dagmar Dempe – Pamela Reed (Gail), Claus Brockmayer – Michael Gaston (Gray Anderson), Claudia Lössl – Ashley Scott (Emily)

Jerry Maguire – Spiel des Lebens
Jerry Maguire (Cameron Crowe, 1996), DF: R.C. Production 1997, D/R: Frank Schaff
Frank Schaff – Tom Cruise (Jerry Maguire), Dietmar Wunder – Cuba Gooding jr. (Rod Tidwell), Ulrike Stürzbecher – Renée Zellweger (Dorothy), Bettina Weiß – Kelly Preston (Avery Bishop), Peter Flechtner – Jay Mohr (Bob Sugar), Heike Schroetter – Bonnie Hunt (Laurel Boyd), Maud Ackermann – Regina King (Marcee Tidwell)

Jesse James, Mann ohne Gesetz
Jesse James (Henry King, 1939), DF: ARD 1972
Randolf Kronberg – Tyrone Power (Jesse James), Jürgen Thormann – Henry Fonda (Frank), Marianne Lutz – Nancy Kelly (Zee), G.G. Hoffmann – Randolph Scott (Will Wright), Friedrich W. Bauschulte – Henry Hull (Mj. Cobb), Horst Keitel – John Carradine (Bob)
▶ Thormann und Bauschulte sprachen auch in Rache für Jesse James (Fritz Lang, 1940, DF: ARD 1972), außerdem Uwe Paulsen für Jackie Cooper als Clem.

Jesus von Nazareth
Gesu di Nazareth (Franco Zeffirelli, 1976), DF: ZDF 1978
Lutz Mackensy – Robert Powell (Jesus), Susanna Bonasěwicz – Olivia Hussey (Maria), Barbara Ratthey – Ann Bancroft (Maria Magdalena), Friedrich Schoenfelder – James Mason (Joseph v. Arimathea), Gottfried Kramer – Anthony Quinn (Kaiphas), Martin Hirthe – Rod Steiger (Pontius Pilatus), Thomas Danneberg – Michael York (Johannes), Hans-Werner Bussinger – Yorgo Voyagis (Joseph), Wilhelm Borchert – Laurence Olivier (Nicodemus), Hans Dieter Zeidler – Peter Ustinov (Herodes), Ulrich Gressieker – Ian McShane (Judas), Horst Niendorf – Ernest Borgnine (Zenturio), Peter Altmann – Lorenzo Monet (Jesus als Kind), Horst Schön – Christopher Plummer (Herodes Antipas), Klaus Sonnenschein – James Farentino (Simon Petrus), Michael Chevalier – Stacy Keach (Barrabas)

JFK
JFK (Oliver Stone, 1991), DF: ds 1992
Frank Glaubrecht – Kevin Costner (Jim Garrison), Traudel Haas – Sissy Spacek (Liz), Mogens G. Dow – Joe Pesci (David Ferrie), Jürgen Thormann – Tommy Lee Jones (Clay Shaw), Thomas Petruo – Gary Oldman (Lee Harvey Oswald), Manfred Lehmann – Jay O. Sanders (Lou Ivon), Jürgen Kluckert – Michael Rooker (Bill Broussard), Heike Schroetter – Laurie Metcalf (Susie Cox), Georg Thomalla – Jack Lemmon (Jack Martin), Wolfgang Völz – Walter Matthau (Sen. Long)

Johanna von Orleans
Joan of Arc (Victor Fleming, 1948), DF: RKO 1950, R: Reinhard W. Noack
Tilly Lauenstein – Ingrid Bergman (Johanna), Erich Fiedler – José Ferrer (König), Eduard Wandrey – Ward Bond (La Hire), Erich Dunskus – Francis L. Sullivan (Bischof Cauchon), Alfred Balthoff – J. Carrol Naish (Graf v. Luxemburg), Herbert Wilk – Shepperd Strudwick (Pater Massieu), Paul Wagner – John Emery (Herzog v. Alençon), Hans Hessling – Gene Lockhart (Georges la Tremouille), Margarethe Schön – Selena Royle (Mutter)

Jules und Jim
Jules et Jim (François Truffaut, 1961), DF: BSG 1962, D: Heinz Giese, R: Klaus v. Wahl
Eva Katharina Schultz – Jeanne Moreau (Cathérine), Michael Chevalier – Oskar Werner (Jules), Lothar Blumhagen – Henri Serre (Jim), Marion Degler – Vanna Urbino (Gilberte), Herbert Stass – Boris Bassiak (Albert), Erzähler: Wilhelm Borchert
«Der Film ist im Grunde nicht synchronisierbar. Witz und Menschlichkeit des Originals beruhen darauf, dass der Deutsche ein deutsches Französisch spricht, dass an den Höhepunkten der Melancholie werthe-rische Verse deutsch gesprochen werden, die Cathérine ins Französische übersetzt, nicht ohne einige ‹Mon dieu, mon dieu› hineinzuflicken.» (Karl Korn, FAZ, 5.3.1962)
«Unverzeihlich bleibt hingegen, dass man in der deutschen Fassung Oskar Werner von einem anderen sprechen ließ, angeblich wegen seines Dialekts. Wenn sein Französisch Truffaut genügte, müsste uns schließlich auch sein Deutsch genügen.» (Hans-Dieter Roos, SZ, 12.7.1962).

Julius Caesar
Julius Caesar (Joseph L. Mankiewicz, 1953), DF: MGM 1953
Horst Niendorf – Marlon Brando (Marc Anton), Friedrich Joloff – James Mason (Brutus), Siegfried Schürenberg – Louis Calhern (Caesar), Paul Wagner – John Gielgud (Cassius), Wolf Martini – Alan Napier (Cicero), Franz Nicklisch – Edmond O'Brien (Casca)
«Die deutsche Synchronisation, die sich des Textes von Schlegel/Tieck bedient, darf als vorbildlich bezeichnet werden. Die Diktion ist zuchtvoll, vital, stilsicher.» (Dr. Helmut Müller, Der neue Film 92, 1953)
«Gielgud, mit Olivier wohl Englands bester Shakespearespieler, wird freilich von der Synchronisation (welche die Schlegel-Tiecksche Übersetzung des Schauspiels – doch anders ging's wohl nicht – ohne viel Rücksicht auf die Lippenstellung gleichsam aus Nase, Mund und Ohren tönen lässt) besonders schlimm betroffen. Denn drüben war's vor allem seine Stimme, die man bewundert hatte. Es ist

arg: synchronisierter Shakespeare. Ein Sprechfilm ohne seine Sprecher.» (Gunter Groll, SZ, 23.4.1954)

JUNG UND UNSCHULDIG
YOUNG AND INNOCENT (Alfred Hitchcock, 1937), DF: ZDF 1978
Philine Peters-Arnolds – Nova Pilbeam (Erica Burgoyne), Norbert Langer – Derrick de Marney (Robert Tisdall), Eric Vaessen – Percy Marmont (Oberst Burgoyne), Arnold Marquis – Edward Rigby (Old Will), Inge Landgut – Mary Clare (Tante Margaret), Lothar Blumhagen – Basil Radford (Onkel Basil), Claus Jurichs – John Longden (Insp. Kent), Edgar Ott – George Curzon (Guy), Almut Eggert – Pamela Carme (Christine Clay), Gerd Duwner – George Merritt (Sgt. Miller)

DER JUNGE MR. LINCOLN
YOUNG MR. LINCOLN (John Ford, 1939), DF: ARD 1972
Jürgen Thormann – Henry Fonda (Lincoln), Inge Landgut – Alice Brady (Abigail Bray), Evelyn Gressmann – Marjorie Weaver (Mary Todd), Dagmar Biener – Arleen Whelan (Hannah Clay)

JUNIOR BONNER
JUNIOR BONNER (Sam Peckinpah, 1971), DF: BSG 1972, D. Lutz Arenz, R: Dietmar Behnke
Michael Chevalier – Steve McQueen (Junior Bonner), Arnold Marquis – Robert Preston (Ace), Tilly Lauenstein – Ida Lupino (Elvira), Heinz Petruo – Ben Johnson (Buck Roan), Joachim Kemmer – Joe Don Baker (Curly), Dinah Berger – Mary Murphy (Ruth), Wolfgang Draeger – Bill McKinney (Red Terwiliger)

JURASSIC PARK
JURASSIC PARK (Steven Spielberg, 1993), DF: BSG 1993, D/R: Michael Nowka
Wolfgang Condrus – Sam Neill (Grant), Sabine Jaeger – Laura Dern (Ellie), Arne Elsholtz – Jeff Goldblum (Malcolm), Friedrich W. Bauschulte – Richard Attenborough (Hammond), Timm Neu – Joseph Mazzello (Tim), Andrea Imme – Ariana Richards (Lex), Klaus-Dieter Klebsch – Bob Peck (Muldoon), Wilfried Herbst – Martin Ferrero (Gennaro), Ronald Nitschke – Samuel L. Jackson (Arnold)

JURASSIC PARK II
➲ VERGESSENE WELT

JURASSIC PARK III
JURASSIC PARK 3 (Joe Johnston, 2001), DF: BSG 2001, D/R: Michael Nowka
Wolfgang Condrus – Sam Neill (Alan Grant), Florian Krüger-Shantin – William H. Macy (Paul Kirby), Anke Reitzenstein – Téa Leoni (Amanda), Uwe Büschken – Alessandro Nivola (Billy Brennan), Till Völger – Trevor Morgan (Eric Kirby), Roland Hemmo – Michael Jeter (Udesky), Bernd Schramm – John Diehl (Cooper), Tilo Schmitz – Bruce A. Young (Nash), Sabine Jaeger – Laura Dern (Ellie Sattler), Helmut Gauß – Mark Harelik (Ben Hildebrand), Jörg Hengstler – Julio Oscar Mechoso (Enrique Cardoso)

DIE JURY
A TIME TO KILL (Joel Schumacher, 1996), DF: Interopa 1996, D/R: Frank Schaff
Bettina Weiß – Sandra Bullock (Ellen Roark), Jürgen Kluckert – Samuel L. Jackson (Carl Lee Hailey), Benjamin Völz – Matthew McConaughey (Jake), Till Hagen – Kevin Spacey (Rufus Buckley), Helmut Krauss – Charles S. Dutton (Sheriff), Maud Ackermann – Ashley Judd (Carla), Jochen Schröder – Patrick McGoohan (Richter Omar), Jochen Striebeck – Donald Sutherland (Wilbanks), Kerstin Sanders-Dornseif – Brenda Fricker (Ethel Twitty), Stefan Fredrich – Oliver Platt (Harry Rex Vonner), Tobias Meister – Kiefer Sutherland (Freddie Lee Cobb), Regina Lemnitz – Tonea Stewart (Gwen Hailey)

JUSTIFIED (TV-Serie)
JUSTIFIED (2009), DF: Scalamedia (i. A. v. Kabel 1) 2012, D/R: Hubertus v. Lerchenfeld
Stefan Günther – Timothy Olyphant (Raylan Givens), Reinhard Brock – Nick Searcy (Art Mullen), Stephanie Kellner – Joelle Carter (Ava), Hubertus v. Lerchenfeld – Jacob Pitts (Tim Gutterson)

K

K-PAX – ALLES IST MÖGLICH
K-PAX (Iain Softley, 2001), DF: FFS 2002, D/R: Axel Malzacher
Till Hagen – Kevin Spacey (Prot), Thomas Fritsch – Jeff Bridges (Dr. Powell), Carin C. Tietze – Mary McCormack (Rachel), Dagmar Dempe – Alfre Woodard (Claudia Villars), Florian Halm – Saul Williams (Ernie)

DAS KABINETT DES DR. PARNASSUS
THE IMAGINARIUM OF DOCTOR PARNASSUS (Terry Gilliam, 2009), DF: BSG 2010
Simon Jäger – Heath Ledger (Tony), David Nathan – Johnny Depp (Tony 1), Florian Halm – Jude Law (Tony 2), Markus Pfeiffer – Colin Farrell (Tony 3), Lothar Blumhagen – Christopher Plummer (Dr. Parnassus), Konrad Bösherz – Andrew Garfield (Anton), Santiago Ziesmer – Verne Troyer (Percy), Anne Helm – Lily Cole (Valentina), Oliver Stritzel – Tom Waits (Mr. Nick)

EIN KÄFIG VOLLER NARREN
LA CAGE AUX FOLLES (Edouard Molinaro, 1978), DF: Cine Adaption 1979
Paul Bürks – Michel Serrault (Albin/Zaza), Horst Naumann – Ugo Tognazzi (Renato), Herbert Weicker – Michel Galabru (Charrier), Eva Pflug – Claire Maurier (Simone), Holger Ungerer – Remi Laurent (Laurent), Constanze Engelbrecht – Luisa Maneri (Andrea), Viktoria Brams – Carmen Scarpitta (Louise Charrier), Alice Franz – Liana Del Balzo (Mme Charrier)

KAGEMUSHA – DER SCHATTEN DES KRIEGERS
KAGEMUSHA (Akira Kurosawa, 1980), DF: BSG 1980, R: Arne Elsholtz
Michael Chevalier – Tatsuya Nakadai (Schatten), Gottfried Kramer – Tatsuya Nakadai (Takeda), Horst Frank – Tsutomu Yamazaki (Nobukado)

DIE KAKTUSBLÜTE
CACTUS FLOWER (Gene Saks, 1969), DF: 1969, D: Marcel Valmy
Marianne Kehlau – Ingrid Bergman (Stephanie), Wolfgang Lukschy – Walter Matthau (Julian), Gudrun Vaupel – Goldie Hawn (Toni Simmons), Christian Wolff – Rick Lenz (Igor), Horst Sachtleben – Jack Weston (Harvey Greenfield)

KALENDER GIRLS
CALENDER GIRLS (Nigel Cole, 2003), DF: Lingua 2003, D: Sabine und Clemens Frohmann, R: Benedict Rabanus
Angelika Bender – Julie Walters (Annie), Viktoria Brams – Helen Mirren (Chris), Marion Hartmann – Penélope Wilton (Ruth), Ursula Traun – Annette Crosbie (Jessie), Heidi Treutler – Celia Imrié (Celia), Eva Maria

Bayerwaltes – Linda Bassett (Cora)
«Den dunkel eingefärbten Dialekt Yorkshires sprechen die Schauspielerinnen so unverfälscht, dass das deutsche Ohr seine liebe Not damit hat – ein dem Zuhörer zum Vorteil gereichender Vorzug des Originals, den die deutsche Synchronisation notwendig nivellieren muss.» (Hans-Dieter Seidel, FAZ, 8.1.2004)

KALTBLÜTIG
IN COLD BLOOD (Richard Brooks, 1967), DF: 1968
Imo Heite – Robert Blake (Perry Smith), Michael Hinz – Scott Wilson (Dick Hickock), Helmo Kindermann – John Forsythe (Alvin Dewey), Paul Klinger – Paul Stewart (Reporter), Werner Lieven – Jeff Corey (Hickocks Vater), Klaus Höhne – John McLiam (Clutter), Hellmut Lange – Gerald S. O'Laughlin (Harold Nye), Erik Jelde – John Gallaudet (Roy Church)

DIE KAMELIENDAME
CAMILLE (George Cukor, 1936), DF: MGM 1951
Ingeborg Grunewald – Greta Garbo (Marguerite), Axel Monjé – Robert Taylor (Armand), Walter Suessenguth – Lionel Barrymore (Duval), Erich Fiedler – Rex O'Malley (Gaston), Agnes Windeck – Jessie Ralph (Nanine), Ursula Krieg – Hope Crews (Prudence), Friedrich Joloff – Henry Daniell (de Varville)
▶ Erich Fiedler sprach für Rex O'Malley bereits in der Synchronfassung von 1936. Ferner wirkten damals mit: Cläre Rüegg (Greta Garbo), Arthur Schröder (Robert Taylor), Erich Ponto (Lionel Barrymore), Margarete Kupfer (Jessie Ralph), Inge van der Straten (Hope Crews) und Herbert Hübner (Henry Daniell).
«Es spricht für die Qualität der deutschen Synchronisation, dass man die Originalstimme der Garbo nicht entbehrt, und dass sie so unaufdringlich wie möglich gehalten ist.» (Heinz Reinhard, Filmwoche 22, 1952)
«Dass man allerdings Gretas eigenvibrierende Altstimme wegzusynchronisieren das Herz hatte, das erschreckt gar sehr als bedenkliches Zeichen äußerst lädierten Respekts.» (Ch.St., Neue Zeitung, 25.5.1952)

KAMPF DER WELTEN
WAR OF THE WORLDS (Byron Haskin, 1953), DF: 1954
Horst Niendorf – Gene Barry (Dr. Forrester), Margot Leonard – Ann Robinson (Sylvia), Friedrich Joloff – Les Tremayne (Gen. Mann), Alfred Balthoff – Lewis Martin (Pastor Collins), Siegfried Schürenberg – Vernon Rich (Col. Heffner), Eckart Dux – Paul Frees (Reporter), Erzähler: Paul Wagner

DIE KAMPFMASCHINE
THE LONGEST YARD (Robert Aldrich, 1973), DF: BSG 1975, D/R: John Pauls-Harding
G.G. Hoffmann – Burt Reynolds (Paul Crewe), Wilhelm Borchert – Eddie Albert (Hazen), Jürgen Thormann – Ed Lauter (Cpt. Knauer), Hans-Werner Bussinger – Jim Hampton (Hausmeister), Martin Hirthe – Michael Conrad (Nate Scarboro), Ute Meinhardt – Anita Ford (Melissa), Gernot Duda – Harry Caesar (Granville)

KAMPFSTERN GALACTICA
BATTLESTAR GALACTICA (Richard A. Colla, 1978), DF: 1978
Lutz Riedel – Richard Hatch (Cpt. Apollo), Friedrich Schütter – Lorne Greene (Adama), Kurt Waitzmann – Lew Ayres (Adar), Uwe Paulsen – Dirk Benedict (Lt. Starbuck), Wolfgang Lukschy – Ray Milland (Uri), Claudia Marnitz – Jane Seymour (Serina), Herbert Weissbach – Wilfrid Hyde-White (Anton), Horst Schön – John Colicos (Graf Baltar), Alexandra Lange – Laurette Spang (Cassiopeia), Hans-Werner Bussinger – Terry Carter (Col. Tighe), Ronald Nitschke – Herb Jefferson (Lt. Boomer), Gertie Honeck – Maren Jensen (Athena)

DER KANDIDAT
THE BEST MAN (Franklin Schaffner, 1963), DF: Ultra 1964
Wilhelm Borchert – Henry Fonda (William Russell), G.G. Hoffmann – Cliff Robertson (Joe Cantwell), Alfred Balthoff – Lee Tracy (Art Hockstader), Tilly Lauenstein – Margaret Leighton (Alice), Margot Leonard – Edie Adams (Mabel), Heinz Drache – Shelley Berman (Sheldon Bascomb), Heinz Petruo – Gene Raymond (Dan Cantwell)

KAP DER ANGST
CAPE FEAR (Martin Scorsese, 1991), DF: 1992
Christian Brückner – Robert De Niro (Cady), Thomas Danneberg – Nick Nolte (Sam Bowden), Karin Buchholz – Jessica Lange (Leigh), Dascha Lehmann – Juliette Lewis (Danielle), Joachim Kerzel – Joe Don Baker (Claude Kersek)

KARATE KID
THE KARATE KID (John G. Avildsen, 1983), DF: 1984
Marco Brunnert – Ralph Macchio (Daniel), Herbert Stass – Noriyuki Morita (Miyagi), Angela Pohl – Elizabeth Shue (Ali), Manfred Lehmann – Martin Kove (Kreese)

DER KARDINAL
THE CARDINAL (Otto Preminger, 1963), DF: Ultra 1964, D: Karin Vielmetter, R: Josef Wolf
Harald Leipnitz – Tom Tryon (Stephen), Romy Schneider – Romy Schneider (Annemarie), Klaus W. Krause – John Huston (Glennon), Uta Hallant – Carol Lynley (Mona), Walter Bluhm – Burgess Meredith (Pater Halley), Gertrud Kückelmann – Jill Haworth (Lalage), Wilhelm Borchert – Raf Vallone (Quarenghi), Michael Chevalier – John Saxon (Benny), Josef Meinrad – Josef Meinrad (Innitzer), Alexander Welbat – Ossie Davis (Gillis), Robert Klupp – Cecil Kellaway (Monglan), Benno Hoffmann – Arthur Hunnicut (Sheriff Dubrow)
«Romy Schneider überzeugt als Märtyrerin (ihr und Meinrads Wiener Dialekt kontrastiert hier angenehm mit dem keimfreien Bühnendeutsch der Synchronroutiniers).» (Urs Jenny, Film 6, 1964)

KARLSSON VOM DACH
KARLSSON PÅ TAKET (Vibeke Idsoe, 2002), DF: 2003
Jürgen Vogel – (Karlsson), Robert Müller-Stahl – (Lillebror) Stefan Gossler – (Vater), Petra Barthel – (Mutter), Nils Zachler – (Bruder), Tom Deininger – (Rulle), Joachim Tennstedt – (Fille), Andrea Brix – (Frl. Bock), Gerhard Paul – (Julius)

DIE KATZE
LE CHAT (Pierre Granier-Deferre, 1970), DF: BSG 1972, D: Ruth Leschin, R: Konrad Wagner
Klaus W. Krause – Jean Gabin (Julien), Tilly Lauenstein – Simone Signoret (Clémence), Gisela Reissmann – Annie Cordy (Nelly)

DIE KATZE AUF DEM HEISSEN BLECHDACH
CAT ON A HOT TIN ROOF (Richard Brooks, 1958), DF: MGM 1959
Marion Degler – Elizabeth Taylor (Maggie), Wolfgang Kieling – Paul Newman (Brick), Paul Wagner – Burl Ives (Big Daddy), Wolfgang Lukschy – Jack Carson (Cooper), Siegfried Schürenberg – Larry Ga-

tes (Dr. Baugh), Kurt Waitzmann – Vaughn Taylor (Pfr. Davis)
«*Man hatte zuviel Respekt vor des Dichters Worten. Das gilt besonders für die Synchronisation. Die englische Sprache sagt in wenigen Worten, wozu die deutsche Sprache eine Reihe von Worten mehr braucht. Das angestrengte Bemühen der deutschen Synchronisation, sich tempomäßig ranzuhalten, um dem eher sparsamen mimischen Gesten auf der Leinwand mitzukommen, war besonders in der Einleitung ohrenfällig. Elizabeth Taylor (…) wirkte anfangs, vor der intensiven Stimme ihres Sprechschattens Marion Degler, starr.*» (W.K., *Kurier*, 20.2.1959)
«*Jack Carson (als Cooper) ist ausgezeichnet, wenn auch oft Passagen seiner Ausbrüche in der Gleichheit der deutschen Stimmbesetzungen untergehen: seine Tonlage ist die gleiche wie Big Daddys.*» (*Ellen Geier, Abendpost*, 21.2.1959)

KEIN KOKS FÜR SHERLOCK HOLMES
THE SEVEN-PER-CENT SOLUTION **(Herbert Ross, 1976), DF: 1977**
Norbert Langer – Robert Duvall (Dr. Watson), Claus Jurichs – Alan Arkin (Sigmund Freud), Harry Wüstenhagen – Nicol Williamson (Sherlock Holmes), Wilhelm Borchert – Laurence Olivier (Prof. Moriarty), Ute Meinharth – Vanessa Redgrave (Lola Devereaux), Wolfgang Ziffer – Joel Grey (Löwenstein), Almut Eggert – Samantha Eggar (Mary Watson)

KENNWORT 777
CALL NORTHSIDE 777 **(Henry Hathaway, 1948), DF: ARD 1969**
Eckart Dux – James Stewart (McNeal), Hellmut Lange – Richard Conte (Frank Wiecek), Lis Verhoeven – Helen Walker (Laura McNeal), Günther Sauer – Lee J. Cobb (Brian Kelly), Erna Großmann – Kasia Orzazewski (Tillie Wiecek), Off-Kommentar: Hanns Müller-Trenck
▶ In der ersten Synchronisation (MPEA 1949, D/R: Josef Wolf) sprachen Hans Nielsen für James Stewart und Curt Ackermann für Richard Conte.

KEVIN – ALLEIN ZU HAUS
HOME ALONE **(Chris Columbus, 1990), DF: 1991**
Gabor Gomberg – Macaulay Culkin (Kevin), Mogens v. Gadow – Joe Pesci (Harry), Michael Schwarzmaier – Daniel Stern (Marv), Elmar Wepper – John Heard (Peter), Tina Hoeltel – Catherine O'Hara (Kate)

KILL BILL VOLUME 1
KILL BILL VOLUME 1 **(Quentin Tarantino, 2002), DF: 2003, D/R: Andreas Pollak**
Petra Barthel – Uma Thurman (die Braut), Claudia Lehmann – Lucy Liu (O-Ren Ishii), Frank Glaubrecht – David Carradine (Bill), Andrea Aust – Daryl Hannah (Elle Driver), Anke Reitzenstein – Vivica A. Fox (Vernita Green), Thomas Danneberg – Michael Madsen (Budd)

DIE KILLER ⮕ RÄCHER DER UNTERWELT

DIE KILLER-ELITE
THE KILLER ELITE **(Sam Peckinpah, 1975), DF: 1976**
Klaus Kindler – James Caan (Mike Locken), Hartmut Reck – Robert Duvall (George Hansen), Paul Bürks – Arthur Hill (Cap Collis), Horst Naumann – Gig Young (Laurence Weyburn), Hartmut Neugebauer – Burt Young (Mac), Elmar Wepper – Bo Hopkins (Jerome Miller), Bruno W. Pantel – Mako (Yuen Chung)

THE KILLING
⮕ DIE RECHNUNG GING NICHT AUF

KINDER DES OLYMP
LES ENFANTS DU PARADIS **(Marcel Carné, 1943), DF: Beta-Film 1964, D/R: Manfred R. Köhler**
Peter Arens – Jean-Louis Barrault (Baptiste), Renate Grosser – Arletty (Garance), Harald Juhnke – Pierre Brasseur (Frédérick Lemaître), Walter Holten – Pierre Renoir (Jéricho), Alf Marholm – Louis Salou (Herzog v. Montray), Eleonore Noelle – Maria Casarès (Nathalie), Wolfgang Büttner – Gaston Modot (Blinder)
▶ Die erste Synchronisation besorgte 1947 die Film-Union Teningen (D: Ela Elborg, R: Eugen Berger). Es sprachen Walter Plüss (Barrault), Tina Eilers (Arletty), Curt Ackermann (Pierre Brasseur) und Werner Schnicke (Pierre Renoir).

KINDERGARTEN COP
KINDERGARTEN COP **(Ivan Reitman, 1990), DF: 1991**
Thomas Danneberg – Arnold Schwarzenegger (John Kimble), Marina Krogull – Penelope Ann Miller (Joyce), Uta Hallant – Pamela Reed (Phoebe), Senta Moira – Linda Hunt (Miss Schlowski), Detlef Bierstedt – Richard Tyson (Crisp), Barbara Adolph – Carroll Baker (Eleanor), Timm Neu – Joseph Cousins (Dominic), Joachim Pukaß – Richard Portnow (Cpt. Salazar)

KING KONG
KING KONG **(Peter Jackson, 2005), DF: Interopa 2005, D/R: Andreas Fröhlich**
Claudia Lössl – Naomi Watts (Ann Darrow), Tobias Meister – Jack Black (Carl Denham), Jaron Löwenberg – Adrien Brody (Jack Driscoll), Thomas Kretschmann – Thomas Kretschmann (Cpt. Englehorn), Nicolas Artajo – Jamie Bell (Jimmy), Erich Räuker – Kyle Chandler (Bruce Baxter), Leon Boden – Evan Parker (Hayes), Julien Haggege – Colin Hawks (Preston)

KING KONG UND DIE WEISSE FRAU
KING-KONG **(Merian C. Cooper/Ernest B. Schoedsack, 1933), DF: 1952**
Herbert Stass – Bruce Cabot (John Driscoll), NN – Fay Wray (Ann), Wolf Martini – Robert Armstrong (Carl Denham), Alfred Haase – Frank Reicher (Cpt. Englehorn), Erich Fiedler – Sam Hardy (Weston) Hans Emons – Noble Johnson (Häuptling), Horst Niendorf – James Flavin (Briggs), Walter Bluhm – Victor Wong (Charley)

THE KING OF COMEDY
THE KING OF COMEDY **(Martin Scorsese, 1982), DF: BSG 1983**
Christian Brückner – Robert De Niro (Robert Pupkin), Peer Augustinski – Jerry Lewis (Jerry Langford), Liane Rudolph – Sandra Bernhard (Masha), Evelyn Maron – Diahnne Abbott (Rita), Alexandra Lange – Shelley Hack (Cathy), Jürgen Thormann – Tony Randall (dto.)

KING OF QUEENS (TV-Serie)
KING OF QUEENS **(1998–2007), DF: Hamburger Synchron (i. A. v. RTL) 2001, D: Sygun Liewald, R: Peter Mingues, Florian Kühne**
Thomas Karallus – Kevin James (Doug), Christine Pappert – Leah Remini (Carrie), Eckart Dux – Jerry Stiller (Arthur), Tanja Schuhmann – Lisa Rieffel (Sara), Charles Rettinghaus – Victor Williams (Deacon Palmer), Jens Wawrzceck – Patton Oswalt (Spence), Markus Seidenberg – Larry Romano (Richie), Robert Missler – Gary Valentine (Danny), Marion Elskis – Nicole Sullivan (Holly), Eva Kryll – Merrin Dungey (Kelly Palmer)

Die Klapperschlange
Escape from New York (John Carpenter, 1981), DF: Interopa 1981, D/R: Joachim Kunzendorf
Manfred Lehmann – Kurt Russell (Snake Plissken), Gottfried Kramer – Lee Van Cleef (Bob Hauk), Gerd Duwner – Ernest Borgnine (Cabby), Peter Schiff – Donald Pleasence (Präsident), Michael Chevalier – Isaak Hayes (Duke), Friedrich Georg Beckhaus – Harry Dean Stanton (Brain), Evelyn Gressmann – Adrienne Barbeau (Maggie)

Der kleine Cäsar
Little Caesar (Mervyn LeRoy, 1930), DF: ZDF 1970
Günter Strack – Edward G. Robinson (Rico), Manfred Schott – Douglas Fairbanks (Joe Massara), Klaus Kindler – William Collier jr. (Tony), Wolf Ackva – Ralph Ince (Pete Montana), Wolfgang Draeger – George E. Stone (Otero), Manfred Andrae – Thomas Jackson (Flaherty), Erik Jelde – Stanley Fields (Sam Vettori), Thomas Reiner – Armand Kaliz (De Voss)

Der kleine Horrorladen
Little Shop of Horrors (Frank Oz, 1986), DF: 1987, D: Marianne Groß, R: Lutz Riedel
Santiago Ziesmer – Rick Moranis (Seymour Krelborn), Katja Nottke – Ellen Greene (Audrey), Klaus Sonnenschein – (Audrey II), Gerd Duwner – Vincent Gardenia (Mushnik), Norbert Gescher – Steve Martin (Orin Scrivello), Uwe Paulsen – Bill Murray (Arthur Denton)

Die kleinen Füchse
The Little Foxes (William Wyler, 1941), DF: ZDF 1974
Tilly Lauenstein – Bette Davis (Regina), Edgar Ott – Herbert Marshall (Horace), Randolf Kronberg – Richard Carlson (David Hewitt), Horst Gentzen – Dan Duryea (Leo), Friedrich W. Bauschulte – Charles Dingle (Ben), Heinz Petruo – Carl Benton Reid (Oscar), Ursula Krieg – Jessie Grayson (Addie), Peter Schiff – John Marriott (Cal)

Kleines Herz in Not
The Fallen Idol (Carol Reed, 1948), DF: Mars-Film 1949, D/R: Georg Rothkegel
Werner Hinz – Ralph Richardson (Baines), Michael Günther – Bobby Henrey (Felipe), Erna Sellmer – Sonja Dresdel (Mrs. Baines), Charlotte Radspieler – Michèle Morgan (Julie), Franz Arzdorf – Karel Stepanek (Sekretär), Otto Matthies – Denis O'Dea (Insp. Crowe)
«Die Synchronisation ist, namentlich bei Bobby Henrey, gelungen und vermeidet weitgehend den gebräuchlichen Deklamationston.» (Illustrierte Filmwoche 1, 1950)

Klute
Klute (Alan J. Pakula, 1970), DF: BSG 1971, D: F.A. Koeniger, R: Hans D. Bove
Renate Küster – Jane Fonda (Bree Daniels), Rolf Schult – Donald Sutherland (John Klute), Lothar Blumhagen – Charles Cioffi (Cable), Jürgen Thormann – Roy Scheider (Frank Ligourin), Tina Eilers – Vivian Nathan (Psychiaterin), Joachim Nottke – Nathan George (Lt. Trask), Konrad Wagner – Morris Strassberg (Goldfarb), Friedrich Georg Beckhaus – Barry Snider (Berger)

Knight Rider (TV-Serie)
Knight Rider (1982–1986), DF: RTL 1984
Andreas v. d. Meden – David Hasselhoff (Michael Knight), Hans Sievers – Edward Mulhare (Devon Miles), Gottfried Kramer – (K.I.T.T.), Antje Roosch – Patricia McPherson (Bonnie Barstow), Monika Peitsch/ Micaela Kreissler – Rebecca Holden (April Curtis), Michael Harck – Peter Parros (RC 3)

Kobra, übernehmen Sie (TV-Serie)
Mission: Impossible (1966–1973), DF: Pro7 1991
Rüdiger Joswig – Peter Graves (Jim Phelps), Tom Deininger – Gregg Morris (Barney), Lothar Hinze – Martin Landau (Rollin Hand), Ana Fonell – Barbara Bain (Cinnamon), Hans-Werner Bussinger – Leonard Nimoy (Paris)
▶ In den alten ARD-Synchronisationen (1967) sprachen Joachim Cadenbach / Hartmut Reck (Peter Graves), Manfred Schott / Christian Brückner (Gregg Morris), Erik Schumann (Martin Landau), Rosemarie Kirstein / Rosemarie Fendel (Barbara Bain), Norbert Gastell / Fred Klaus (Peter Lupus) Klaus Kindler (Leonard Nimoy).

Ein Köder für die Bestie
Cape Fear (J. Lee Thompson, 1961), DF: BSG 1962, D: F.A. Koeniger, R: Klaus v. Wahl
Wolfgang Lukschy – Gregory Peck (Sam Bowden) Arnold Marquis – Robert Mitchum (Cady), Agi Prandhoff – Polly Bergen (Peggy), Angela Pirsch – Lori Martin (Nancy), Siegmar Schneider – Martin Balsam (Mark Dutton), Fritz Tillmann – Jack Kruschen (Dave Grafton), Alexander Welbat – Telly Savalas (Charles Sievers), Brigitte Grothum – Barrie Chase (Diane Taylor), Kurt Waitzmann – Edward Platt (Richter), Knut Hartwig – John McKnee (Marconi), Joachim Nottke – Page Slattery (Kersek)
«Während Mitchums hervorragendes zwielichtiges, neurotisches und transparentes Spiel im Original wirklich die Furcht und den Schauder vor einer menschlich und geistig nicht zurechnungsfähigen Bestie auf den Zuschauer übertrug, legt ihm die deutsche Dialogregie Sätze und Worte in den Mund (anstatt des zynisch-gefletschten ‹Captain›, wenn er mit Bowden spricht, das affig-saloppe Wort ‹Meister›), die einen falschen Zungenschlag und damit Lacher erzeugen, die diese dramaturgische Schlüsselfigur entschärfen.» (Bert Markus, Film-Echo 67, 1962)

Die Konferenz der Tiere (Curt Linda, 1969)
Georg Thomalla – (Löwe), Charles Regnier – (General), Bruni Löbel – (Maus), Anton Reimer – (Eisbär), Ernst Fritz Fürbringer – (Elefant), Erik Jelde – (Saurier), Kurt Zips – (Maulwurf), Paul Bürks – (Kamel), Thomas Reiner – (Esel), Horst Raspe – (Fuchs), Rosemarie Fendel – (Eule)

König der Fischer
The Fisher King (Terry Gilliam, 1991), DF: Interopa 1991
Peer Augustinski – Robin Williams (Parry), Frank Glaubrecht – Jeff Bridges (Jack), Marina Krogull – Amanda Plummer (Lydia), Rita Engelmann – Mercedes Ruehl (Anne), Santiago Ziesmer – Michael Jeter (alternder Sänger), Udo Schenk – David Pierce (Lou Rosen), Till Hagen – Warren Olney (TV-Anchorman)

König der Könige
King of Kings (Nicholas Ray, 1960), DF: MGM 1961
Paul-Edwin Roth – Jeffrey Hunter (Jesus), Siegmar Schneider – Hurd Hatfield (Pontius Pilatus), Wilhelm Borchert – Ron Randell (Lucius), Carl Raddatz – Robert Ryan (Johannes d. Täufer), Lothar Blumhagen – Rip Torn (Judas), Paul Esser – Frank

Thring (Herodes Antipas), Eva Katharina Schultz – Viveca Lindfors (Claudia), Uta Hallant – Carmen Sevilla (Maria Magdalena), Walter Suessenguth – Guy Rolfe (Kaiphas), Knut Hartwig – Maurice Marsac (Nikodemus), Paul Wagner – Grégoire Aslan (Herodes), Erzähler – Hans Dieter Zeidler

DER KÖNIG DER LÖWEN
THE LION KING (Roger Allers/Rob Minkoff, 1993), DF: 1994
Frank-Lorenz Engel (Gesang: Cush Jung) – (Simba), Julius Jellinek (Gesang: Manuel Straube) – (junger Simba), Wolfgang Kühne – (Mufasa), Thomas Fritsch – (Scar), Alexandra Wilcke – (Nala), Hella v. Sinnen – (Shenzi)
«*Politisch korrekt ist DER KÖNIG DER LÖWEN nicht. Er knüpft eng an die Ängste und die Erlebniswelt von Schulkindern an und lässt (im Original, das mit seinen Dialekten weit komischer und differenzierter als die Synchronisation geraten ist) drei gleichermaßen fiese wie doofe Hyänen wie Mitglieder einer schwarzen Straßenbande sprechen.*» *(Thomas Klingenmaier, Stuttgarter Zeitung, 17.11.1994)*

EIN KÖNIG IN NEW YORK
A KING IN NEW YORK (Charles Chaplin, 1957), DF: 1976
Franz-Otto Krüger – Charles Chaplin (Shadow), Almut Eggert – Dawn Addams (Ann Kay), Siegfried Schürenberg – Oliver Johnston (Jaume)

KÖNIGIN CHRISTINE
QUEEN CHRISTINA (Rouben Mamoulian, 1933), DF: MGM 1951
Ingeborg Grunewald – Greta Garbo (Christine), Wilhelm Borchert – John Gilbert (Don Antonio), Wolfgang Lukschy – Jan Keith (Graf Magnus), Walter Suessenguth – Lewis Stone (Oxenstierna), Margot Leonard – Elizabeth Young (Ebba Sparre)
▶ Der Film ist schon 1934 synchronisiert worden (D: Helmut Brandis, Helena v. Fortenbach, R: Richard Scheinpflug). Damals sprachen Sonik Rainer für Greta Garbo und Siegfried Schürenberg für John Gilbert.

KÖNIGIN FÜR TAUSEND TAGE
ANNE OF THE THOUSAND DAYS (Charles Jarrott, 1969), DF: BSG 1970, D: M. Z. Thomas, R: Dietmar Behnke
Holger Hagen – Richard Burton (Heinrich VIII.), Susanne Tremper – Geneviève Bujold (Anna Boleyn), Gisela Reissmann – Irene Papas (Katharina), Konrad Wagner – Anthony Quayle (Wolsey), Lothar Blumhagen – John Colicos (Cromwell), Wolfgang Amerbacher – Michael Hordern (Thomas), Friedrich Schoenfelder – Peter Jeffrey (Norfolk)

KÖNIGREICH DER HIMMEL
KINGDOM OF HEAVEN (Ridley Scott, 2005), DF: Interopa 2005, D/R: Simon Jäger
Philipp Moog – Orlando Bloom (Balian), Bernd Rumpf – Liam Neeson (Godfrey), Tanja Geke – Eva Green (Sybilla), Thomas Fritsch – Jeremy Irons (Tiberias), Erich Räuker – Morton Csokas (Guy de Lusignan), Bodo Wolf – David Thewlis (Johanniter), Axel Lutter – Ghassan Massoud (Saladin), Jaron Löwenberg – Edward Norton (König Baldwin), Roland Hemmo – Brendan Gleeson (Reynald)

EIN KÖNIGREICH FÜR EIN LAMA
THE EMPEROR'S NEW GROOVE (Roger Allers, Mark Dindel, 2000), DF: 2001, R: Frank Lenart
Elke Sommer – (Yzma), Michael Herbig – (König Kuzco), Reinhard Brock – (Pacha), Marie Thérèse v. Buttlar – (Chaca), Tim Schwarzmaier – (Tipo), Thomas Amper – (Kronk)

KRAMER GEGEN KRAMER
KRAMER VS. KRAMER (Robert Benton, 1979), DF: 1980
Manfred Schott – Dustin Hoffman (Ted), Hallgard Bruckhaus – Meryl Streep (Joanna), Sven Plate – Justin Henry (Billy), Heinz Petruo – George Coe (Jim O'Connor), Joachim Cadenbach – Howard Duff (John Shaunessy), Gertie Honeck – Jane Alexander (Margaret Phelps), Liane Rudolph – JoBeth Williams (Bernard)

KRIEG DER STERNE
STAR WARS (George Lucas, 1977), DF: BSG 1978, D/R: Rolf Karrer-Kharberg
Hans-Georg Panczak – Mark Hamill (Luke Skywalker), Wolfgang Pampel – Harrison Ford (Han Solo), Susanna Bonaséwicz – Carrie Fisher (Leia Organa), Friedrich Schoenfelder – Peter Cushing (Moff Tarkin), Wilhelm Borchert – Alec Guinness (Ben Kenobi), Joachim Tennstedt – Anthony Daniels (C3PO), Heinz Petruo – David Prowse (Darth Vader), Inge Wolffberg – Shelag Fraser (Beru Lars)

KRIEG DER WELTEN
WAR OF THE WORLDS (Steven Spielberg, 2005), DF: BSG 2005, D: Alexander Löwe, R: Frank Schaff
Patrick Winczewski – Tom Cruise (Ray), Laura Elssel – Dakota Fanning (Rachel), Alexandra Wilcke – Miranda Otto (Mary Ann), Tobias Meister – Tim Robbins (Ogilvy), Konrad Bösherz – Justin Chatwin (Robbie), Iris Artajo – Lisa Ann Walter (Sheryl), Oliver Siebeck – David Alan Basche (Tim), Jan-David Rönfeldt – Yul Vazquez (Julio) Lutz Schnell – Lenny Venito (Manny)

KRIEG UND FRIEDEN
WAR AND PEACE (King Vidor, 1956), DF: BSG 1957, D: Erika Streithorst, R: C. W. Burg
Marion Degler – Audrey Hepburn (Natasha), Siegmar Schneider – Henry Fonda (Pierre), Erich Schellow – Mel Ferrer (Andrej), Sigrid Lagemann – Anita Ekberg (Helene), Herbert Stass – Vittorio Gassman (Anatol), Ernst Schröder – Herbert Lom (Napoleon), Gerd Vespermann – Jeremy Brett (Nicholas)

KRIEG UND FRIEDEN
WOJNA I MIR (Sergej Bondartschuk, 1965-67), DF: DEFA 1967-68, D: Wito Eichel, R: Helmut Brandis
Günter Grabbert – Sergej Bondartschuk (Pierre), Winfried Wagner – Wjatscheslaw Tichonow (Andrej), Sigrid Göhler – Ludmilla Saweljewa (Natasha), Siegfried Weiss – W. Stanizyn (Ilja)

KRULL
KRULL (Peter Yates, 1983), DF: 1983
Heiner Lauterbach – Ken Marshall (Colwyn), Bettina Spier – Lysette Anthony (Lyssa), Joachim Nottke – Freddie Jones (Ynyr), Manfred Lehmann – Liam Neeson (Kegan), Arne Elsholtz – David Battley (Ergo)

KUCK MAL, WER DA SPRICHT
LOOK WHO'S TALKING (Amy Heckerling, 1989), DF: FFS 1990
Joseline Gassen – Kirstie Alley (Molly), Thomas Gottschalk – (Baby-Stimme), Thomas Danneberg – John Travolta (Jimmy), Klaus Kindler – George Segal (Albert), Edith Schneider – Olympia Dukakis (Rosie), Heinz Engelmann – Abe Vigoda (Großvater), Dagmar Heller – Twink Caplan (Rona)

L

L. A. Confidential
L. A. Confidential (Curtis Hanson, 1996), DF: Interopa 1997
Till Hagen – Kevin Spacey (Jack Vincennes), Tobias Meister – Russell Crowe (Bud White), Philipp Moog – Guy Pearce (Ed Exley), Evelyn Maron – Kim Basinger (Lynn Bracken), Klaus Jepsen – Danny De Vito (Sid Hudgeson), Franz Rudnick – James Cromwell (Cpt. Smith)

L. A. Law (TV-Serie)
L. A. Law (1986–94), DF: RTL 1988
Hans-Jürgen Dittberner – Harry Hamlin (Michael Kuzak), Rita Engelmann – Susan Dey (Grace Van Owen), Uwe Paulsen – Corbin Bernsen (Arnie), Klaus Jepsen/Wolfgang Ziffer – Michael Tucker (Stuart Markowitz), Joseline Gassen – Jill Eikenberry (Ann Kelsey), Klaus Miedel – Richard Dysart (McKenzie), Dieter Ranspach – Alan Rachins (Brackman), Charles Rettinghaus – Jimmy Smits (Victor Sifuentes)

Lach und wein mit mir
Riding High (Frank Capra, 1950), DF: BSG 1951
Paul Klinger – Bing Crosby (Dan Brooks), Gesa Ferck – Coleen Gray (Alice), Walter Suessenguth – Charles Bickford (Higgins), Carola Höhn – Frances Gifford (Margaret), Franz Nicklisch – Ward Bond (Lee), Otto Stoeckel – James Gleason (Renn-Sekretär)

Die Lachbombe
Knock on Wood (Norman Panama/Melvin Frank, 1953), DF: BSG 1954, D: F. A. Koeniger, R: Bruno Hartwich
Georg Thomalla – Danny Kaye (Jerry), Eleonore Noelle – Mai Zetterling (Dr. Nordström), Siegfried Schürenberg – Torin Thatcher (Langston), Alfred Balthoff – David Burns (Marty Brown), Kurt Vespermann – Steven Geray (Dr. Krüger)
«Die Synchronisation der Lachbombe, für die man sich ruhig einen anderen Titel hätte ausdenken können, geriet ausgezeichnet. Bewundernswert und durchaus kongenial die Leistung von Georg Thomalla, der Danny seine Stimme und virtuose Sprechtechnik lieh.» (Der neue Film 90, 1954)

Das Lächeln einer Sommernacht
Sommarnattens leende (Ingmar Bergman, 1955), DF: BSG 1965, D: Karin Vielmetter, R: Jürgen v. Alten
Marianne Lutz – Ulla Jacobsson (Anne), Edith Schneider – Eva Dahlbeck (Desirée), Holger Hagen – Gunnar Björnstrand (Egerman), Heidrun Kussin – Harriet Andersson (Petra), Sabine Eggerth – Margit Carlqvist (Charlotte), Lothar Blumhagen – Jarl Kulle (Graf Malcolm), Martin Hirthe – Åke Fridell (Frid), Thomas Danneberg – Björn Bjelvenstam (Henrik)

Der Ladenhüter
Who's Minding the Store? (Frank Tashlin, 1963), DF: BSG 1964, D: F. A. Koeniger, R: Klaus v. Wahl
Horst Gentzen – Jerry Lewis (Raymond Phiffier), Ilse Pagé – Jill St. John (Barbara Tuttle), Friedel Schuster – Agnes Moorehead (Phoebe), Paul Wagner – John McGiver (Tuttle), Heinz Petruo – Ray Walston (Quimby), Christiane Maybach – Francesca Bellini (Shirley)

Die Lady von Shanghai
The Lady from Shanghai (Orson Welles, 1946), DF: Ultra 1950, D: Isolde Lange-Frohloff, R: Alfred Vohrer
Till Klokow – Rita Hayworth (Elsa Bannister), Peter Pasetti – Orson Welles (Michael O'Hara), Richard Münch – Everett Sloane (Arthur Bannister), Bum Krüger – Glenn Anders (George Grisby), Wolfgang Eichberger – Ted de Corsia (Sidney Broome), Otto Wernicke – Erskine Sanford (Richter), Anton Reimer – Gus Schilling (Goldie), Harald Wolff – Carl Frank (Staatsanwalt)

Ladykillers
The Ladykillers (Alexander Mackendrick, 1955), DF: Rank 1957, D: Erwin Bootz, R: Edgar Flatau
Heinz Reincke – Alec Guinness (Prof. Marcus), Annemarie Schradiek – Katie Johnson (Mrs. Wilberforce), C. W. Burg – Cecil Parker (Mj. Courtney), Benno Gellenbeck – Herbert Lom (Louis), Gert Niemitz – Peter Sellers (Harry), Eduard Wandrey – Danny Green (One-Round), Heinz Klingenberg – Jack Warner (Inspektor), Carl Voscherau – Philip Stainton (Sergeant), Maria Martinsen – Helen Burls (Appolonia)

Lang lebe Ned Devine
Waking Ned (Kirk Jones, 1998), DF: 1999
Fred Maire – Ian Bannen (Jackie O'Shea), Gerd Vespermann – David Kelly (Michael O'Sullivan), Inge Solbrig – Fionnula Flanagan (Annie), Elisabeth Günther – Susan Lynch (Maggie), Stefan Kampwirth – James Nesbitt (Pig Finn), Ruth Küllenberg – Maura O'Malley (Mrs. Kennedy), Karim El Kammouchi – Robert Hickey (Maurice), Osman Ragheb – Paddy Ward (Brendy), Walter v. Hauff – James Ryland (Dennis Fitzgerald)

Der lange, heisse Sommer
The Long Hot Summer (Martin Ritt, 1958), DF: Elite 1958
G. G. Hoffmann – Paul Newman (Ben), Marion Degler – Joanne Woodward (Clara), Werner Lieven – Orson Welles (Varner), Herbert Stass – Anthony Franciosa (Jody), Maria Körber – Lee Remick (Eula), Tilly Lauenstein – Angela Lansbury (Minnie)

Lassie (TV-Serie)
Lassie (1958–1974), Ranger Lassie (1964), Lassie, the Voyager (1969), The New Lassie (1989), DF: RTL 1990, Pro7 1991
Sebastian Schulz – Jon Provost (Timmy), Renate Danz – June Lockhart (Ruth Martin), Helmut Gauß – Hugh Reilly (Paul Martin), Hans Nitschke – George Chandler (Onkel Petrie), Brigitte Herbst – Dee Wallace (Dee McCulloch), Engelbert v. Nordhausen – Christopher Stone (Chris McCulloch), Marc Hinrichsen – Will Nipper (Will), Florian Krüger-Shantin – Jon Provost (Onkel Steve), Sonja Scherff – Wendie Cox (Megan)
▶ In den Synchronisationen der 60er Jahre sprachen u. a Eva Mattes für «Timmy», Petra Unkel für June Lockhart, Eberhard Mondry für Hugh Reilly und Werner Heyking für George Chandler.

Lasst mich leben
I Want to Live (Robert Wise, 1958), DF: Ultra 1959, D: Erika Streithorst, H. Szelinski, R: Alfred Vohrer
Tilly Lauenstein – Susan Hayward (Barbara Graham), Arnold Marquis – Simon Oakland (Ed Montgomery), Horst Niendorf – Wesley Lau (Henry Graham), Gisela Trowe – Virginia Vincent (Peg), Curt Ackermann – Theodore Bikel (Carl Palmberg), G. G. Hoffmann – Peter Breck

(Ben Miranda), Alfred Balthoff – Gage Clark (Tibrow), Axel Monjé – Joe De Santis (Matthews), Friedrich Schoenfelder – Bartlett Robinson (Staatsanwalt), Wilhelm Borchert – John Marley (Pater)

Latigo
Support Your Local Gunfighter (Burt Kennedy, 1971), DF: Ultra 1971, D/R: Josef Wolf
Harry Wüstenhagen – James Garner (Latigo Smith), Heidi Treutler – Suzanne Pleshette (Patience), Martin Hirthe – Jack Elam (Jug May), Ingrid van Bergen – Joan Blondell (Jenny), Konrad Wagner – Henry Morgan (Taylor Barton), Beate Hasenau – Mary Windsor (Goldie), Hugo Schrader – Henry Jones (Ed), Herbert Weicker – John Dehner (Col. Ames), Klaus Miedel – Chuck Connors (Swifty Morgan), Hans Dieter Zeidler – Dub Taylor (Doc Schultz)

Laura
Laura (Otto Preminger, 1944), DF: 1975
Ilse Pagé – Gene Tierney (Laura), Joachim Ansorge – Dana Andrews, (Mark McPherson), Helmo Kindermann – Clifton Webb (Waldo Lydecker), Manfred Schott – Vincent Price (Shelby Carpenter), Eva Pflug – Judith Anderson (Anne Treadwell)
▶ In der ersten Synchronisation (1948, R: Hans Grimm) sprachen Ilse Werner (Gene Tierney), Hans-Christian Blech (Dana Andrews) und Rudolf Vogel (Clifton Webb).

Lautlos wie die Nacht
Mélodie en sous-sol (Henri Verneuil, 1962), DF: MGM 1963
Klaus W. Krause – Jean Gabin (Charles), Christian Wolff – Alain Delon (Francis), G.G. Hoffmann – Maurice Biraud (Louis), Heinz Petruo – José Luis de Villalonga (Grimp)

Lawrence von Arabien
Lawrence of Arabia (David Lean, 1962), DF: Ultra 1963
Sebastian Fischer – Peter O'Toole (Lawrence), Wilhelm Borchert – Alec Guinness (Feisal), Gerhard Geisler – Anthony Quinn (Abu Tayi), Claus Wilcke – Omar Sharif (Sherif Ali Ibn El Karish), Curt Ackermann – Jack Hawkins (Col. Allenby), Carl Raddatz – José Ferrer (türk. Bey), Heinz Petruo – Anthony Quayle (Col. Brighton),

Robert Klupp – Claude Rains (Dryden), Heinz Giese – Arthur Kennedy (Bentley), Konrad Wagner – Donald Wolfit (Gen. Murrey)

Leaving Las Vegas
Leaving Las Vegas (Mike Figgis, 1995), DF: Magma 1996, D/R: Joachim Kunzendorf
Michael Christian – Nicholas Cage (Ben Sanderson), Arianne Borbach – Elisabeth Sue (Sera), Martin Kessler – Julian Sands (Yuri), Jörg Hengstler – Richard Lewis (Peter)

Lebe lieber ungewöhnlich
A Life Less Ordinary (Danny Boyle, 1998), DF: Lingua 1998, D: Clemens Frohmann, R: Benedikt Rabanus
Philipp Moog – Ewan McGregor (Robert), Katrin Fröhlich – Cameron Diaz (Celine Naville), Berno v. Cramm – Ian Holm (Naville), Sybille Nicolai – Holly Hunter (O'Reilly), Tilo Schmitz – Delroy Lindo (Jackson)

Das Leben des Brian ⮕ Monty Python's Das Leben des Brian

Das Leben des David Gale
The Life of David Gale (Alan Parker, 2003), DF: Interopa 2003, D/R: Lutz Riedel
Till Hagen – Kevin Spacey (David Gale), Ulrike Stürzbecher – Kate Winslet (Bitsey Bloom), Evelyn Maron – Laura Linney (Constance Harraway), Oliver Feld – Gabriel Mann (Zack Stemmons), Gerald Schaale – Matta Craven (Dusty), Norbert Gescher – Jim Beaver (Duke Grover), Lutz Riedel – Leon Rippy (Braxton Belyeu), Katja Nottke – Cleo King (Barbara Kreuster), Silvia Mißbach – Constance Jones (A. J. Roberts), Hans-W. Bussinger – Lee Ritchey (Joe Mullarkey)

Das Leben ist schön
La vita è bella (Roberto Benigni, 1998), DF: Hermes 1998, D: Jörg Hartung, R: Wilfried Herbst
Joachim Tennstedt – Roberto Benigni (Guido), Susanna Bonaséwicz – Nicoletta Braschi (Dora), Till Völger – Giorgio Cantarini (Giosuè), Hermann Ebeling – Giustino Durano (Onkel), Michael Pan – Sergio Bustric (Ferruccio), Astrid Bless – Marisa Paredès (Doras Mutter), Horst Buchholz – Horst Buchholz (Dr. Lessing), Ursula Heyer – Lydia Alfonsi (Giuccilatri), Kerstin Sanders-Dornseif – Giuliana Lojodice (Direktorin), Klaus-Dieter Klebsch

– Amerigo Fontani (Rodolfo), Torsten Michaelis – Pietro De Silva (Bartolomeo), Heidrun Bartholomäus – Raffaella Lebboroni (Elena)

Leben und Sterben in L.A.
To Live and Die in L. A. (William Friedkin, 1985), DF: 1986
Ulrich Gressieker – William L. Petersen (Chance), Joachim Kemmer – Willem Dafoe (Eric Masters), Joachim Tennstedt – John Pankow (John Vukovich), Susanna Bonaséwicz – Debra Feuer (Bianca Torres)

Leben und Sterben lassen
To Live and Let Die (Guy Hamilton, 1972), DF: Cine-Adaption 1973
Niels Clausnitzer – Roger Moore (James Bond), Dagmar Heller – Jane Seymour (Solitaire), Herbert Weicker – Yaphet Kotto (Kananga), Heidi Treutler – Gloria Hendry (Rosie), Benno Hoffmann – Clifton James (Sheriff Pepper), Gernot Duda – Julius W. Harris (Tee Hee), Reinhard Glemnitz – David Hedison (Leiter), Helga Trümper – Lois Maxwell (Miss Moneypenny), Curt Ackermann – Bernard Lee (M), Hartmut Becker – Tommy Lane (Adam)

Legende
Legend (Ridley Scott, 1985), DF: 1985
Nicolas Böll – Tom Cruise (Jack) Bettina Spier – Mia Sara (Lili), Jürgen Kluckert – Tim Curry (Herr d. Finsternis), Renate Danz – Alice Playten (Blix), Wolfgang Spier – Billy Barty (Screwball)

Die Legende des Zorro
The Legend of Zorro (Martin Campbell, 2005), DF: PPA 2005, D/R: Pierre Peters-Arnolds
Bernd Vollbrecht – Antonio Banderas (Zorro), Madeleine Stolze – Catherine Zeta-Jones (Elena), Jacques Breuer – Rufus Sewell (Armand), Domenic Redl – Adrian Alonso (Joaquin), Gudo Hoegel – Julio Oscar Mechoso (Fray Felipe), Ekkehardt Belle – Nick Chinlund (McGivens), Ulrich Frank – Shuler Hensley (Pike), Fred Maire – Tony Amendola (Quintero), Alisa Palmer – Giovanna Zacarias (Blanca)

Eine Leiche zum Dessert
Murder By Death (Robert Moore, 1975), DF: Rainer Brandt 1976
Friedrich Schoenfelder – David Niven (Dick Charleston), Harald Juhnke – Peter Falk (Sam Dia-

mond), Friedrich W. Bauschulte – Alec Guinness (Butler), Jürgen Thormann – Peter Sellers (Sidney Wang), Klaus Miedel – James Coco (Milo Perrier), Barbara Ratthey – Eileen Brennan (Tess Skeffington), Inge Wolffberg – Elsa Lanchester (Jessica Marbles), Friedrich G. Beckhaus – Truman Capote (Twain), Rainer Brandt – James Cromwell (Marcel), Thomas Danneberg – Richard Narita (Willie)

Lenny
Lenny (Bob Fosse, 1974), DF: 1975
Manfred Schott – Dustin Hoffman (Lenny Bruce), Gudrun Vaupel – Valerie Perrine (Honey), Klaus Kindler – Stanley Beck (Artie), Tilly Lauenstein – Jane Miner (Sally Marr), Benno Hoffmann – Gary Morton (Sherman Hart), Alice Franz – Rashel Novikoff (Tante Mema)

Léon – Der Profi
Léon (Luc Besson, 1994), DF: Hermes 1995
Joachim Kerzel – Jean Réno (Léon), Andrea Imme – Nathalie Portman (Mathilda), Thomas Petruo – Gary Oldman (Stansfield), Friedrich G. Beckhaus – Danny Aiello (Tony), Tilo Schmitz – Peter Appel (Malky), Frank Otto Schenk – Michael Badalucco (Vater)

Der Leopard
Il gattopardo (Luchino Visconti, 1962), DF: Elite 1963
Carl Raddatz – Burt Lancaster (Fabrizio), Christian Wolff – Alain Delon (Tancredi), Dagmar Altrichter – Claudia Cardinale (Angelica), Hans Hessling – Paolo Stoppa (Don Calogero), Tilly Lauenstein – Rina Morelli (Maria Stella), G.G. Hoffmann – Serge Reggiani (Ciccio Tomeo), Arnold Marquis – Romolo Valli (Pater Pirrone), E.F. Fürbringer – Leslie French (Chevally)
▶ In der vollständigen Fassung (ZDF 1993) sprach in den rekonstruierten Szenen Klaus Dittmann für Burt Lancaster.

Leoparden küsst man nicht
Bringing Up Baby (Howard Hawks, 1938), DF: CS-Film 1966, D: Hans-Bernd Ebinger, R: Ingeborg Grunewald
Erik Schumann – Cary Grant (David Huxley), Margot Leonard – Katharine Hepburn (Susan Vance), Paul Bürks – Charlie Ruggles (Mj. Applegate), NN – May Robson (Tante Elizabeth), Klaus W. Krause – Walter Catlett (Constable Slocum), Anton Reimer – Barry Fitzgerald (Gogerty), Robert Klupp – George Irving (Peabody)

Lethal Weapon – Zwei stahlharte Profis
Lethal Weapon (Richard Donner, 1986), DF: 1987
Elmar Wepper – Mel Gibson (Martin Riggs), Uwe Friedrichsen – Danny Glover (Roger Murtaugh), Randolf Kronberg – Gary Busey (Joshua), Reinhard Glemnitz – Mitchell Ryan (Gen. McAllister), Horst Naumann – Tom Atkins (Michael Hunsaker), Marion Hartmann – Darlene Love (Trish Murtaugh)

Der letzte Kaiser
The Last Emperor (Bernardo Bertolucci, 1987), DF: 1987, D/R: Ottokar Runze
Stephan Schwartz – John Lone (Pu Yi), Ulrike Möckel: Joan Chen (Wan Jung), Jürgen Thormann – Peter O'Toole (Reginald Johnston)

Der letzte König von Schottland
The Last King of Scotland (Kevin MacDonald, 2006), DF: Elektrofilm Postproduction 2007, D/R: Joachim Kunzendorf
Tobias Meister – Forest Whitaker (Idi Amin), Marcus Pfeiffer – James McAvoy (Nicholas Garrigan), Vera Teltz – Kerry Washington (Kay Amin), Franziska Pigulla – Gillian Anderson (Sarah Merrit), Lutz Schnell – Simon McBurney (Nigel Stone), Michael Iwannek – David Oyalowo (Dr. Junju)

Die letzte Metro
Le dernier métro (François Truffaut, 1980), DF: 1981
Renate Küster – Catherine Deneuve (Marion), Gerd Böckmann – Gérard Depardieu (Bernard Granger), Holger Hagen – Jean Poiret (Jean-Loup Cottins), Emely Reuter – Andréa Ferréol (Arlette), Heinz Bennent – Heinz Bennent (Lucas Steiner), Wolfgang Hess – Jean-Louis Richard (Daxiat)

Der letzte Mohikaner
The Last of the Mohicans (Michael Mann, 1992), DF: Rondo 1992, D/R: Arne Elsholtz
Leon Boden – Daniel Day-Lewis (Adlerauge), Katja Nottke – Madeleine Stowe (Cora Munro), Jürgen Kluckert – Russell Means (Chingachcook), Torsten Sense – Eric Schweig (Uncas), Katja Strobel – Jodhi May (Alice), Arne Elsholtz – Steven Waddington (Heyward), Gilles Gavois – Wes Studi (Magua), Frank Glaubrecht – Patrice Chéreau (Gen. Montcalm)

Die letzte Nacht des Boris Gruschenko
Love and Death (Woody Allen, 1974), DF: 1975
Wolfgang Draeger – Woody Allen (Boris), Gudrun Vaupel – Diane Keaton (Sonja), Heidi Fischer – Olga Georges-Picot (Gräfin), Thomas Reiner – Harold Gould (Anton Lebedkow), Leo Bardischewski – Zvee Scoler (Boris' Vater), Werner Uschkurat – James Tolkan (Napoleon), Hartmut Neugebauer – Henry Czarniak (Ivan), Matthias Brüggemann – Feodor Atkine (Michail), Eberhard Mondry – Lloyd Batista (Don Francisco), Herbert Weicker – Howard Vernon (Gen. Leveque)
«Zunächst einmal tritt die deutsche Fassung von Woody Allens neuem Film den Beweis an, wieviel bei einer deutschen Synchronisation auch im Fall einer sorgfältigen Übersetzung des Originals verloren gehen muss: die funkelnde Brillanz von Woody Allens Dialogen, der immer irgendwie lässige absurde Witz wirkt jetzt angestrengt, zündet oft nicht mehr. Gleichzeitig ist daraus zu lernen, wie präzis Allen die spezifischen Merkmale der amerikanischen Sprache mit jüdisch akzentuiertem Intellekt einzusetzen versteht. Der Betrachter der deutschen Fassung ist in ungleich stärkerem Maße auf den Inhalt der Dialoge als auf die Art, wie diese formuliert werden, angewiesen, und so wirkt die Geschichte (...) wesentlich harmloser jetzt als im Original.» (Hans Günter Pflaum, Filmdienst 19, 1975)

Der letzte Scharfschütze
⇨ Der Shootist

Der letzte Tango in Paris
L'ultimo tango a Parigi (Bernardo Bertolucci, 1972), DF: Ultra 1973, D: Gerhard Vorkamp, R: Josef Wolf
Claus Biederstaedt – Marlon Brando (Paul), Heidi Fischer – Maria Schneider (Jeanne), Randolf Kronberg – Jean-Pierre Léaud (Tom), Klaus Miedel – Massimo Girotti (Marcel), Berta Drews – Maria Michi (Rosas Mutter), Dagmar Biener – Catherine Allegret (Catherine)

DIE LETZTE VERSUCHUNG CHRISTI
THE LAST TEMPTATION OF CHRIST (Martin Scorsese, 1988), DF: 1988
Lutz Mackensy – Willem Dafoe (Jesus), Christian Brückner – Harvey Keitel (Judas), Evelyn Maron – Barbara Hershey (Maria Magdalena), Joachim Kerzel – Harry Dean Stanton (Paulus), Frank Glaubrecht – David Bowie (Pontius Pilatus)

DIE LETZTE VORSTELLUNG
THE LAST PICTURE SHOW (Peter Bogdanovic, 1971), DF: 1973, D: Beate v. Molo, R: Conrad v. Molo
Jürgen Clausen – Timothy Bottoms (Sonny), Tommi Piper – Jeff Bridges (Duane Jackson), Elisabeth v. Molo – Cybill Shepherd (Jacy), Heinz Engelmann – Ben Johnson (Sam the Lion), Marianne Wischmann – Ellen Burstyn (Lois Farrow), Manfred Seipold – Clu Gulager (Abilene)

DIE LETZTEN BEISSEN DIE HUNDE
THUNDERBOLT AND LIGHTFOOT (Michael Cimino, 1973), DF: 1974
Klaus Kindler – Clint Eastwood (Thunderbolt), Jürgen Clausen – Jeff Bridges (Lightfoot), Horst Sachtleben – Geoffrey Lewis (Goody), Benno Hoffmann – George Kennedy (Red Leary), Gudrun Vaupel – Catherine Bach (Melody)

LETZTES JAHR IN MARIENBAD
L'ANNÉE DERNIÈRE À MARIENBAD (Alain Resnais, 1960), DF: 1961, D/R: Manfred R. Köhler
Ernst Kuhr – Giorgio Albertazzi (X), Renate Grosser – Delphine Seyrig (A), Alf Marholm – Sacha Pitoëff (M)

DIE LEUTE VON DER SHILO-RANCH (TV-Serie)
THE VIRGINIAN (1962-70), DF: ZDF 1970, D/R: Erich Ebert u.a
Heinz Engelmann – Lee J. Cobb (Henry Garth), Thomas Braut – James Drury (Virginian), Klaus Kindler – Doug McClure (Trampas), Manfred Seipold – Clu Gulager (Sheriff Ryker), Marion Hartmann – Roberta Shore (Betsy), Jürgen Clausen – Gary Clarke (Steve), Rainer Hoffmann – Randy Boone (Randy)
▶ Für Lee J. Cobb sprach in späteren Folgen auch Jochen Schröder.

LICHT IM WINTER
NATTVARDSGÄSTERNA (Ingmar Bergman, 1961), DF: Elite 1963
Dieter Borsche – Gunnar Björnstrand (Tomas), Tilly Lauenstein – Ingrid Thulin (Märta), Arnold Marquis – Max v. Sydow (Jonas Persson), Renate Danz – Gunnel Lindblom (Karin), Eckart Dux – Allan Edwall (Algot Frövik), Martin Hirthe – Olof Thunberg (Frederik Blom)

LIEBE AUF DER FLUCHT
L'AMOUR EN FUITE (François Truffaut, 1979), DF: ARD 1980
Wolfgang Draeger – Jean-Pierre Léaud (Antoine), Liane Rudolph – Marie-France Pisier (Colette), Cordula Trantow – Claude Jade (Christine), Klaus Höhne – Julien Bertheau (Lucien), Monika Barth – Dorothée (Sabine)

LIEBE BRAUCHT KEINE FERIEN
THE HOLIDAY (Nancy Meyers, 2006), DF: Interopa 2006, D/R: Sven Hasper
Katrin Fröhlich – Cameron Diaz (Amanda), Ulrike Stürzbecher – Kate Winslet (Iris), Florian Halm – Jude Law (Graham), Tobias Meister – Jack Black (Miles), Tanja Geke – Shannyn Sossamon (Maggie), Johannes Baasner – Edward Burns (Ethan), Hasso Zorn – Eli Wallach (Arthur Abbott), Thomas Nero Wolff – Rufus Sewell (Jasper), Shirin Westenfelder – Miffy Englefield (Sophie), Soraya Richter – Emma Pritchard (Olivia), Martina Treger – Sarah Parish (Hannah)

LIEBE IM HANDUMDREHEN
HANDS ACROSS THE TABLE (Mitchell Leisen, 1935), DF: ARD 1981
Rosemarie Kirstein – Carole Lombard (Regi Allen), Randolf Kronberg – Fred MacMurray (Theodore Drew), Jürgen Thormann – Ralph Bellamy (Allen Macklyn), Lis Verhoeven – Astrid Allwyn (Vivian Snowden), Eva Pflug – Ruth Donnelly (Laura)

LIEBE IST STÄRKER
VIAGGIO IN ITALIA (Roberto Rossellini, 1953), DF: 1954
Eleonore Noelle – Ingrid Bergman (Katherine), Paul Klinger – George Sanders (Alexander), Alice Treff – Natalia Ray (Natalia Burton)

LIEBE 1962
L'ECLISSE (Michelango Antonioni, 1961), DF: Ultra 1962, D: Beate v. Molo, D: Conrad v. Molo
Reinhard Glemnitz – Alain Delon (Piero), Marion Degler – Monica Vitti (Vittoria), Holger Hagen – Francisco Rabal (Riccardo), Ingeborg Grunewald – Lilla Brignone (Vittorias Mutter), Robert Klupp – Louis Seigner (Ercoli)

▶ Die DEFA synchronisierte 1971 (SONNENFINSTERNIS, D: Werner Klünder, R: Johannes Knittel) mit Dieter Bellmann (Alain Delon), Jutta Hoffmann (Monica Vitti), Justus Fritzsche (Francisco Rabal), Brigitte Kreuzer (Lilla Brignone).

LIEBEN SIE BRAHMS?
GOODBYE AGAIN (Anatole Litvak, 1960), DF: Ultra 1961, D: Beate v. Molo, R: Josef Wolf
Marianne Kallmann – Ingrid Bergman (Paula), Ivan Desny – Yves Montand (Roger), Reinhard Glemnitz – Anthony Perkins (Philip), Margot Leonard – Jean Clark (Masie)

DIE LIEBESABENTEUER DES DON JUAN
THE ADVENTURES OF DON JUAN (Vincent Sherman, 1948), DF: Ultra 1950, D: Erika Streithorst, R: Josef Wolf
Hans Nielsen – Errol Flynn (Don Juan), Eva Vaitl – Viveca Lindfors (Königin Margaret), Ernst Fritz Fürbringer – Robert Douglas (de Lorca), Bum Krüger – Alan Hale (Leporello), Walter Holten – Robert Warwick (de Polan), Wolfgang Preiss – Douglas Kennedy (Rodrigo)

LIEBESGRÜSSE AUS MOSKAU
FROM RUSSIA WITH LOVE (Terence Young, 1963), DF: Ultra 1964
G.G. Hoffmann – Sean Connery (James Bond), Marianne Mosa – Daniela Bianchi (Tatiana Romanowa), Klaus Miedel – Pedro Armendáriz (Kerim Bey), Alice Treff – Lotte Lenya (Rosa Klebb), Horst Niendorf – Robert Shaw (Red Grant), Siegfried Schürenberg – Bernard Lee (M), Gerhard Geisler – Francis de Wolff (Vavra), Wolfgang Draeger – George Pastell (Zugschaffner), Heinz Petruo – Desmond Llewelyn (Q)

LIEBLING, ICH HABE DIE KINDER GESCHRUMPFT
HONEY, I SHRUNK THE KIDS (Joe Johnston, 1989), DF: 1989
Michael Nowka – Rick Moranis (Wayne Szalinski), Jürgen Heinrich – Matt Frewer (Big Russ Thompson), Cornelia Meinhardt – Marcia Strassman (Diane), Marianne Lutz – Kristine Sutherland (Mae Thompson), Oliver Rohrbeck – Thomas Brown (Little Russ), Natascha Rybakowski – Amy O'Neill (Amy)
▶ Nach diesem Film entstand die TV-Serie DISNEYS LIEBLING, ICH HABE DIE KINDER GESCHRUMPFT

(Super RTL 1998) mit Michael Pan: Peter Scolari (Wayne), Arianne Borbach: Barbara Ann Woods (Diane), Sonja Scherff: Hillary Tuck (Amy).

LILIEN AUF DEM FELDE
THE LILIES OF THE FIELD (Ralph Nelson, 1962), DF: 1963
Herbert Weicker – Sidney Poitier (Homer Smith), Tilly Lauenstein – Lilia Skala (Oberin Maria), Alexander Welbat – Stanley Adams (Juan), Herbert Stass – Dan Frazer (Pater Murphy)

LITTLE BIG MAN
LITTLE BIG MAN (Arthur Penn, 1969), DF: Ultra 1971, D/R: Josef Wolf
Manfred Schott – Dustin Hoffman (Jack Crabb), Hugo Schrader – Dustin Hoffman (Jack Crabb, 121-jährig), Renate Küster – Faye Dunaway (Mrs. Pendrake), Klaus Miedel – Martin Balsam (Merriweather), Martin Hirthe – Richard Mulligan (Gen. Custer), Klaus W. Krause – Chief Dan George (Old Lodge Skins), Arnold Marquis – Jeff Corey (Wild Bill Hickok), Susanne Hsiao – Amy Eccles (Sunshine), Beate Hasenau – Carole Androsky (Caroline), Horst Gentzen – Robert Little Star (Little Horse), Thomas Danneberg – Cal Bellini (junger Bär)
«Auch Penn will (…) Kritik an aktuellen amerikanischen Verhaltensweisen üben. Der deutsche Verleih allerdings fiel ihm dabei in die Arme: von den zweieinhalb Stunden der Originallänge schnitt er in der deutschen Synchronfassung über zwanzig Minuten.» (Hans Peter Kochenrath, Die Zeit 35, 1971)

LITTLE BUDDHA
LITTLE BUDDHA (Bernardo Bertolucci, 1993), DF: 1994
Benjamin Völz – Keanu Reeves (Prinz Siddharta), Kurt Goldstein – Chris Isaak (Dean Konrad), Petra Barthel – Bridget Fonda (Lisa), Julius Jellinek – Alex Wiesendanger (Jesse), Manfred Lichtenfeld – Ying Ruocheng (Lama Norbu), Imo Heite – Sogyal Rinpoche (Kenpo Tenzin)

LIZENZ ZUM TÖTEN
LICENCE TO KILL (John Glen, 1989), DF: 1989
Lutz Riedel – Timothy Dalton (James Bond), Tina Hoeltel – Carey Lowell (Pam Bouvier), Uwe Friedrichsen – Robert Davi (Franz Sanchez), Madeleine Stolze – Tali-

sa Soto (Lupe Lamora), Horst Naumann – Anthony Zerbe (Milton Krest), Manfred Schmidt – Desmond Llewelyn (Q), Wolf Ackva – Robert Brown (M)

LOADED WEAPON 1
NATIONAL LAMPOON'S LOADED WEAPON 1 (Gene Quintano, 1992), DF: 1993
Michael Deffert – Emilio Estevez (Jack Colt), Jürgen Kluckert – Samuel L. Jackson (Wes Luger), Arne Elsholtz – Jon Lovitz (Becker), Manfred Lehmann – Tim Curry (Jigsaw), Regina Lemnitz – Whoopi Goldberg (Billie York), Klaus Sonnenschein – Frank McRae (Cpt. Doyle)

LOCAL HERO
LOCAL HERO (Bill Forsyth, 1983), DF: 1983
Hans Dieter Zeidler – Burt Lancaster (Happer), Christian Brückner – Peter Riegert (MacIntyre), Hans-Jürgen Dittberner – Peter Capaldi (Oldsen), Lutz Mackensy – Denis Lawson (Urquhart), Hans Hessling – Fulton MacKay (Ben), Jürgen Thormann – Norman Chancer (Moritz)

LOCKENDER LORBEER
THIS SPORTING LIFE (Lindsay Anderson, 1962), DF: Rank 1963, D: Ursula Buschow, R: Edgar Flatau
Horst Niendorf – Richard Harris (Frank), Marianne Kehlau – Rachel Roberts (Mrs. Hammond), Rolf Mamero – Alan Badel (Weaver), Curt Ackermann – Arthur Lowe (Slomer)

LOHN DER ANGST
LE SALAIRE DE LA PEUR (Henri-Georges Clouzot, 1952), DF: IFU 1953, D/R: Georg Rothkegel
Howard Vernon – Yves Montand (Mario), Walter Suessenguth – Charles Vanel (Jo), Peter van Eyck – Peter van Eyck (Bimba), Werner Lieven – Folco Lulli (Luigi), Lola Luigi – Vera Clouzot (Linda), Wolf Martini – William Tubbs (O'Brien), Hans-Walter Clasen – Dario Moreno (Hernandez), Kurt Meister – Jo Dest (Smerloff)
«Fortgeblieben indes war in Deutschland über lange Zeit nahezu alles, was das hiesige Bild der Vereinigten Staaten beschädigen konnte. Dass Statthalter amerikanischer Investoren mit brachialer Gewalt und dem Dollar als Lockmittel Menschenleben wie mobiles Sachmittel einsetzen. passte im Zuge der fünfziger Jahre genausowenig in die Politik einer zweiten Reeducation, wie auch damalige Synchron-

fassungen amerikanischer Spielfilme jede Anspielung auf die Nachwehen des deutschen Faschismus eskamotierten (…). Ausdrücklich wurde damals dem hiesigen Verleih die Anfertigung einer entschärften Fassung von Clouzots Film aufgedrängt.» (Hendrik Feindt, FAZ, 19.9.2003).

LOLITA
LOLITA (Stanley Kubrick, 1961), DF: BSG 1962, D/R: Hans F. Wilhelm
Friedrich Schoenfelder – James Mason (Humbert Humbert), Marianne Lutz – Sue Lyon (Lolita), Gisela Trowe – Shelley Winters (Charlotte Haze), Georg Thomalla – Peter Sellers (Quilty), Ilse Kiewiet – Marianne Stone (Vivian Darkbloom), Lothar Blumhagen – Jerry Stovin (Farlow), Jochen Schroeder – Bill Greene (Swine)

LOST (TV-Serie)
LOST (2004), DF: Arena (i. A. v. ATV plus) 2005, D/R: Timmo Niesner
Peter Flechtner – Matthew Fox (Dr. Jack Shephard), Ranja Bonalana – Evangeline Lilly (Kate Austen), Johannes Baasner – Jush Holloway (Sawyer Ford), Lothar Hinze/Ernst Meincke – Terry O'Quinn (John Locke), Tayfun Bademsoy – Naveen Andrews (Sayid Jarrah), Gerrit Schmidt-Foß – Jorge Garcia (Hurley Reyes), Ilona Otto – Emilie de Ravin (Claire Littleton), Charles Rettinghaus – Harold Perrineau (Michael Dawson)

LOST HIGHWAY
LOST HIGHWAY (David Lynch, 1996), DF: BSG 1997, D: Michael Nowka, R: Clemens Frohmann
Detlef Bierstedt – Bill Pullman (Fred Madison), Ulrike Stürzbecher – Patricia Arquette (Renee/Alice), Simon Jäger – Balthazar Getty (Pete Dayton), Klaus Jepsen – Robert Blake (Mystery Man), Jochen Schröder – Robert Loggia (Eddie/Dick Laurent), Thomas Petruo – Michael Massee (Andy)
Klaus-Dieter Klebsch – Gary Busey (William Dayton), Thomas Wolff – Richard Pryor (Arnie)

LOST IN TRANSLATION
LOST IN TRANSLATION (Sofia Coppola, 2003), DF: PPA 2003, D/R: Pierre Peters-Arnolds
Arne Elsholtz – Bill Murray (Bob Harris), Maren Rainer – Scarlett Johansson (Charlotte), Philipp Brammer – Giovanni Ribisi (John), Kathrin Gaube – Anna Faris (Kelly)

Lou Grant (TV-Serie)
Lou Grant (1977–82), DF: ZDF 1979
Heinz Theo Branding – Edward Asner (Lou Grant), Horst Schön – Mason Adams (Charles Hume), Andreas Mannkopff – Robert Walden (Joe Rossi), Tilly Lauenstein – Nancy Marchand (Margaret Pynchon), Karin Buchholz – Linda Kelsey (Billy Newman), Claus Jurichs – Jack Bannon (Art Donovan), Manfred Lehmann/Ulrich Gressieker – Daryl Anderson (Bestie)

Love Story
Love Story (Arthur Hiller, 1969), DF: BSG 1971, D: Gerhard Vorkamp, R: Dietmar Behnke
Karin Buchholz – Ali McGraw (Jenny), Randolf Kronberg – Ryan O'Neal (Oliver), Konrad Wagner – Ray Milland (Barrett), Edgar Ott – John Marley (Phil Cavilleri), Rolf Schult – Tommy Lee Jones (Hank)

Lustige Sünder
Libeled Lady (Jack Conway, 1936), DF: ARD 1988
Ortwin Speer – William Powell (Bill Chandler), Monika Barth – Myrna Loy (Connie Allenbury), Daniela Lohmeyer – Jean Harlow (Gladys Benton), Horst Schön – Spencer Tracy (Haggerty), Alf Marholm – Walter Connolly (Allenbury)

M

M.A.S.H.
M.A.S.H. (Robert Altman, 1969), DF: BSG 1970, D: F.A. Koeniger, R: Dietmar Behnke
Uwe Friedrichsen – Donald Sutherland (Hawkeye), Peer Schmidt – Elliott Gould (Trapper John), Christian Brückner – Tom Skerritt (Duke), Margot Leonard – Sally Kellerman (Houlihan), Jürgen Thormann – Robert Duvall (Mj. Burns), Christian Rode – John Shuck (Painles Pole), Rolf Schult – Roger Bowen (Col. Blake), Horst Keitel – René Auberjonois (Dago Red), Andreas Mannkopff – Gary Burghoff (Lt. Radar), Randolf Kronberg – David Arkin (Vollmer)

M.A.S.H. (TV-Serie)
M.A.S.H. (1972–1983), DF: Rainer Brandt (i. A. v. Pro7) 1990
Thomas Wolff – Alan Alda (Hawkeye), Gerald Paradies – Wayne Rogers (Trapper John), Axel Luther – Larry Linville (Frank Burns), Vera Müller – Loretta Swift (Hot Lips), Andrej Brandt – Gary Burghoff (Radar)

Macbeth
Macbeth (Roman Polanski, 1971), DF: BSG 1972, D/R: Ottokar Runze
Norbert Langer – Jon Finch (Macbeth), Uta Hallant – Francesca Annis (Lady Macbeth), Thomas Stroux – Martin Shaw (Banquo), Christian Rode – Nicholas Selby (Duncan), Joachim Kerzel – John Stride (Ross), Michael Chevalier – Terrence Bayler (Macduff), Wilhelm Borchert – Andrew Laurence (Lennox)

Mach's noch einmal, Sam
Play It Again, Sam (Woody Allen, 1971), DF: BSG 1973, D: F.A. Koeniger, R: Dietmar Behnke
Wolfgang Draeger – Woody Allen (Allan Felix), Traudel Haas – Diane Keaton (Linda Christie), Thomas Danneberg – Tony Roberts (Dick), Katrin Schaake – Susan Anspach (Nancy), Marianne Lutz – Jennifer Salt (Sharon), Margot Rothweiler – Joy Bang (Julie), Heidrun Kussin – Viva (Jennifer), Joachim Kemmer – Jerry Lacy (Humphrey Bogart)

Die Macht und ihr Preis
Cadaveri eccelenti (Francesco Rosi, 1975), DF: BSG 1976, D/R: Lothar Michael Schmitt
Arnold Marquis – Lino Ventura (Insp. Rogas), Wilhelm Borchert – Fernando Rey (Minister), Jürgen Thormann – Max v. Sydow (Riches), Wolfgang Lukschy – Charles Vanel (Varga), Klaus Miedel – Paolo Bonacelli (Dr. Maxia)

Mad Men (TV-Serie)
Mad Men (2007), DF: Cinephon (i. A. v. FOX Channel) 2009, D/R: Harald Wolff
Sascha Rotermund – Jon Hamm (Don Draper), Corinna Dorenkamp – Elisabeth Moss (Peggy Olson), Nicolas Artajo – Vincent Kartheiser (Pete Campbell), Kaya Marie Möller – January Jones (Betty), Debora Weigert – Christina Hendricks (Joan Holloway), Bernd Vollbrecht – John Slattery (Roger Sterling)

Madagascar
Madagascar (Eric Darnell, Tom McGrath, 2005), DF: BSG 2005, D/R: Michael Nowka
Jan Josef Liefers (OF: Ben Stiller) – (Alex), Rick Kavanian (OF: Chris Rock) – (Marty), Bastian Pastewka – (Melman), Claudia Urbschat-Mingues – (Gloria), Stefan Gossler – (Julien), Roland Hemmo – (Maurice), Gerald Schaale – (Mort), Lothar Blumhagen – (Mason)

Das Mädchen Irma La Douce
Irma La Douce (Billy Wilder, 1962), DF: Ultra 1963, D: Peter Elsholtz, R: Josef Wolf
Georg Thomalla – Jack Lemmon (Nestor Patou), Hannelore Schroth – Shirley MacLaine (Irma La Douce), Klaus W. Krause – Lou Jacobi (Moustache), Arnold Marquis – Herschel Bernardi (Inspektor)
«Und Jack Lemmon darf noch einmal alle seine unwerfend komischen Grimassen schneiden. Wie hineinreißend muss er in der Originalfassung als britisch maskierter Lord X klingen; hier ist die deutsche Synchronisation leider ein bisschen zu grob verfahren.» (Hans-Dieter Roos, SZ, 13.9.1963)
«Leider arbeitet der Film im weiteren Verlauf mit etwas groben Pointen – es liegt teilweise bestimmt an der Synchronisation – und zu ausgewalzten Gags, die an sich witzige Veräppelung Albions gerät nicht amerikanisch salopp.» (B.J., FAZ)

Das Mädchen und der Kommissar
Max et les ferrailleurs (Claude Sautet, 1970), DF: 1971
Helmo Kindermann – Michel Piccoli (Max), Romy Schneider – Romy Schneider (Lily), Michael Chevalier – Bernard Fresson (Abel), Rolf Schult – François Perier (Rozinsky), Arnold Marquis – Georges Wilson (Kommissar)

Ein Mädchen vom Lande
The Country Girl (George Seaton, 1954), DF: BSG 1955, D: F.A. Koeniger, R: Rolf v. Sydow
Paul Klinger – Bing Crosby (Frank), Eleonore Noelle – Grace Kelly (Georgie), Heinz Engelmann – William Holden (Bernie Dodd), Alfred Balthoff – Anthony Ross (Cook)

Magnolia
Magnolia (Paul Thomas Anderson, 1999), DF: FFS 2000, D: Theodor Dopheide, R: Frank Schaff
Patrick Winczewski – Tom Cruise (Frank Mackey), Katharina Lopinski – Julianne Moore (Linda Partridge), Oliver Stritzel – Philip Seymour Hoffman (Phil Parma), Hasso Zorn – Philip Baker Hall (Jimmy Gator), Inken Sommer – Melin-

da Dillon (Rose Gator), Till Völger – Jeremy Blackman (Stanley Spector), Detlev Witte – Jason Robards (Earl Partridge), Katja Nottke – April Grace (Gwenovier)

Magnum (TV-Serie)
Magnum (1980–1988), DF: Studio Hamburg (i. A. d. ARD) 1984, R: Peter Kirchberger
Norbert Langer – Tom Selleck (Magnum), Wolfram Schaerf – John Hillerman (Higgins), Joachim Richert – Larry Manetti (Rick), Rolf Jülich – Roger E. Mosley (T.C.).
▶ Auf RTL (DF: Hermes) liefen 1996 alle Folgen in neuer Synchronfassung, diesmal mit Lothar Blumhagen für John Hillerman, Jürgen Kluckert für Roger E. Mosley und Michael Nowka für Larry Manetti.

Man lebt nur zweimal
You Only Live Twice (Lewis Gilbert, 1966), DF: Ultra 1967
G.G. Hoffmann – Sean Connery (James Bond), Maria Körber – Mie Hama (Kissy Suzuki), Ute Marin – Karin Dor (Helga Brandt), Wolfgang Büttner – Donald Pleasence (Blofeld), Edgar Ott – Tetsuro Tamba (Tiger Tanaka), Siegfried Schürenberg – Bernard Lee (M), Kurt Conradi – Desmond Llewelyn (Q), Lola Luigi – Lois Maxwell (Miss Moneypenny)

Man nannte ihn Hombre
Hombre (Martin Ritt, 1966), DF: BSG 1967, D/R: Konrad Wagner
G.G. Hoffmann – Paul Newman (Hombre), Paul Wagner – Fredric March (Dr. Favor), Benno Hoffmann – Richard Boone (Grimes), Agi Prandhoff – Diane Cilento (Jessie Bendow), Edgar Ott – Cameron Mitchell (Sheriff Braden), Bettina Schön – Barbara Rush (Audra Favor), Martin Hirthe – Martin Balsam (Mendez), Wolfgang Condrus – Peter Lazer (Billy Lee), Traudel Haas – Margaret Blye (Doris)

Manche mögen's heiss
Some Like It Hot (Billy Wilder, 1959), DF: Ultra 1959
Margot Leonard – Marilyn Monroe (Sugar Kane), Erik Schumann – Tony Curtis (Joe), Georg Thomalla – Jack Lemmon (Jerry), Arnold Marquis – George Raft (Spats Colombo), Alfred Balthoff – Joe E. Brown (Osgood Fielding), Siegfried Schürenberg – Pat O'Brien (Mulligan), Werner Lieven – Nehemiah Persoff (Little Bonaparte), Friedel Schuster – Joan Shawlee (Sweet Sue), Hugo Schrader – Billy Gray (Sig Poliakoff), Gerd Martienzen – George E. Stone (Zahnstocher-Charlie), Franz-Otto Krüger – Dave Barry (Beinstock)
«*Der deutschen Fassung ging kaum etwas von der entwaffnenden Trockenheit der Dialoge verloren.*» (Ben, Kurier, 30.9.1959)

Der Manchurian Kandidat
The Manchurian Candidate (Jonathan Demme, 2004), DF: 2004, D: Alexander Löwe, R: Joachim Kerzel
Leon Boden – Denzel Washington (Ben Marco), Dagmar Dempe – Meryl Streep (Eleanor Shaw), Marco Kröger – Liev Schreiber (Raymond Shaw), Bernd Schramm – Jeffrey Wright (Al Melvin), Hans Werner Bussinger – Jon Voight (Jordan), Anke Reitzenstein – Kimberley Elise (Rosie), Oliver Rohrbeck – Simon McBurrey (Dr. Atticus)

Mandingo
Mandingo (Richard Fleischer, 1974), DF: Interopa 1975
Wilhelm Borchert – James Mason (Maxwell), Marianne Lutz – Susan George (Blanche), Randolf Kronberg – Perry King (Hammond)

Manhattan
Manhattan (Woody Allen, 1978), DF: 1979
Wolfgang Draeger – Woody Allen (Isaac Davis), Heidi Fischer – Diane Keaton (Mary Wilke), Monika Barth – Mariel Hemingway (Tracy), Hartmut Becker – Michael Murphy (Yale), Dagmar Heller – Meryl Streep (Jill), Viktoria Brams – Anne Byrne (Emily), Marion Hartmann – Karen Ludwig (Connie), Horst Sachtleben – Michael O›Donoghue (Dennis)
«*Ein (übrigens grandios synchronisiertes) Sperrfeuer von Wortwitzen.*» (Heino Griem, Mittelbayerische Zeitung, 31.8.1979)
«*Dabei ist besonders Wolfgang Draeger (…) zu erwähnen: er schafft es, die oft sehr hohe Sprechgeschwindigkeit Allens beizubehalten und dabei seine Stimme noch der ausdrucksstarken Mimik und Gestik des Schauspielers so anzupassen, dass die Dialoge natürlich und nicht aufgeklebt wirken.*» (Gerhard Pisek: Die große Illusion, Trier 1994, S. 257)

Der Mann aus dem Westen
Man of the West (Anthony Mann, 1958), DF: 1959
Heinz Engelmann – Gary Cooper (Link Jones), Tilly Lauenstein – Julie London (Billie Ellis), Klaus W. Krause – Lee J. Cobb (Dock Tobin), Friedrich Schoenfelder – Arthur O'Connell (Beasley), G.G. Hoffmann – Jack Lord (Coaley), Arnold Marquis – John Dehner (Claude)

Der Mann aus Laramie
The Man from Laramie (Anthony Mann, 1955), DF: Ultra 1955
Siegmar Schneider – James Stewart (Will Lockhart), Curt Ackermann – Arthur Kennedy (Vic Hansbro), Eduard Wandrey – Donald Crisp (Alec Waggoman), Margot Leonard – Cathy O'Donnell (Barbara), Horst Niendorf – Alex Nicol (Dave), Eva Eras – Aline MacMahon (Kate), Werner Lieven – Wallace Ford (O'Leary), Friedrich Joloff – Jack Elam (Chris Bold), Peter Elsholtz – John War Eagle (Frank Darrah), Hans Wiegner – James Millican (Tom Quigby)

Der Mann aus San Fernando
Every Which Way But Loose (James Fargo, 1978), DF: 1979
Klaus Kindler – Clint Eastwood (Philo Beddoe), Constanze Engelbrecht – Sondra Locke (Lynn), Hartmut Neugebauer – Geoffrey Lewis (Orville), Dagmar Heller – Beverly D›Angelo (Echo), Walter Reichelt – Walter Barnes (Tank Murdack), Horst Naumann – Gregory Walcott (Putnam)

Der Mann, der die Frauen liebte
L'homme qui aimait les femmes (François Truffaut, 1977), DF: BSG 1977, D/R: Joachim Kunzendorf
Helmut Wildt – Charles Denner (Bertrand), Hallgard Bruckhaus – Brigitte Fossey (Geneviève), Renate Küster – Leslie Caron (Véra), Vera Müller – Nathalie Baye (Martine), Inken Sommer – Geneviève Fontanel (Hélène), Uta Hallant – Nelly Bourgeaud (Delphine), Alexandra Lange – Sabine Glaser (Bernadette), Liane Rudolph – Nella Barbier (Liliane)
«*Insgesamt ein erfrischender Truffaut-Film, leider nicht immer gut synchronisiert (alle Anreden ‹Sie!›).*» (NoWa, Berliner Rundschau, 26.1.1978)

Der Mann, der herrschen wollte
All the King's Men (Robert Rossen, 1950), DF: Ultra 1951, R: Alfred Vohrer
O.E. Hasse – Broderick Crawford (Willie Stark), Eleonore Noelle – Joanne Dru (Anne Stanton), Curt Ackermann – John Ireland (Jack

Burden), John Pauls-Harding – John Derek (Tom), Eva Vaitl – Mercedes McCambridge (Sadie Burle), Paul Klinger – Shepperd Strudwick (Adam), Eva Eras – Anne Seymour (Lucy), Walter Holten – Raymond Greenleaf (Richter Stanton), Wilfried Seyferth – Ralph Dumke (Tiny Duffy), Anne Kersten – Katherine Warren (Mrs. Burden)

DER MANN, DER LIBERTY VALANCE ERSCHOSS
THE MAN WHO SHOT LIBERTY VALANCE (John Ford, 1961), DF: BSG 1962, D: Bodo Francke, R: Klaus v. Wahl
Siegmar Schneider – James Stewart (Ransom Stoddard), Arnold Marquis – John Wayne (Tom Doniphon), Ilse Kiewiet – Vera Miles (Hallie), Hans Wiegner – Lee Marvin (Liberty Valance), Walter Suessenguth – Edmond O'Brien (Peabody), Franz Nicklisch – Andy Devine (Link Appleyard), Kurt Jaggberg – Ken Murray (Doc Willoughby), Curt Ackermann – John Carradine (Starbuckle), Edith Schneider – Jeanette Nolan (Nora Ericson), Erich Kestin – John Qualen (Peter Ericson), Benno Hoffmann – Willis Bouchey (Jason Tully), Hans Walter Clasen – Woody Strode (Pompey)

DER MANN, DER VOM HIMMEL FIEL
THE MAN WHO FELL TO EARTH (Nicolas Roeg, 1975), DF: BSG 1976, D: Hans Bernd Ebinger, R: Dietmar Behnke
Joachim Kunzendorf – David Bowie (Newton), Christian Rode – Rip Torn (Nathan Bryce), Katrin Schaake – Candy Clark (Mary-Lou), Friedrich Siemers – Buck Henry (Oliver Farnsworth), Michael Chevalier – Bernie Casey (Peters), Klaus Benninger – Jackson D. Kane (Prof. Canutti), Klaus Sonnenschein – Tony Mascia (Arthur), Gisela Fritsch – Linda Hutton (Elaine)

DER MANN, DER ZUVIEL WUSSTE
THE MAN WHO KNEW TOO MUCH (Alfred Hitchcock, 1956), DF: BSG 1956, D: F. A. Koeniger, R: Klaus v. Wahl
Siegmar Schneider – James Stewart (Dr. McKenna), Edith Schneider – Doris Day (Jo), Siegfried Schürenberg – Bernard Miles (Drayton), Ursula Grabley – Brenda de Banzie (Mrs. Drayton), Klaus Miedel – Daniel Gélin (Louis Bernard), Curt Ackermann – Ralph Truman (Insp. Buchanan)

EIN MANN FÜR GEWISSE STUNDEN
AMERICAN GIGOLO (Paul Schrader, 1979), DF: BSG 1980, D: Marianne Groß, R: Joachim Kunzendorf
Frank Glaubrecht – Richard Gere (Julian), Andrea Brix – Lauren Hutton (Michelle), Joachim Kerzel – Hector Elizondo (Sunday), Gudrun Genest – K. Callan (Lisa Williams), Ursula Heyer – Nina v. Pallandt (Anne), Christian Brückner – Bill Duke (Leon James)

DER MANN IM WEISSEN ANZUG
THE MAN IN THE WHITE SUIT (Alexander Mackendrick, 1952), DF: Studio Hamburg (i. A. d. ZDF) 1965, D/R: Hans Harloff
Harry Wüstenhagen – Alec Guinness (Sidney Stratton), Renate Heilmeyer – Joan Grenwood (Daphne Birnley), Curt Ackermann – Cecil Parker (Alan Birnley), Günther Dockerill – Michael Gough (Michael Corland), Werner Bruhns – Henry Mollison (Hoskins), Rolf Mamero – Russell Waters (Davidson)

DER MANN IN DER SCHLANGENHAUT
THE FUGITIVE KID (Sidney Lumet, 1960), DF: 1960
G.G. Hoffmann – Marlon Brando (Val Xavier), Eva Eras – Anna Magnani (Lady Torrance), Eva Katharina Schultz – Joanne Woodward (Carol), Klaus W. Krause – Victor Jory (Jabe Torrance), Arnold Marquis – R. G. Armstrong (Sheriff), Alice Treff – Maureen Stapleton (Mrs. Talbot)

DER MANN MIT DEM GOLDENEN ARM
THE MAN WITH THE GOLDEN ARM (Otto Preminger, 1955), DF: Ultra 1956, D: Harald G. Petersson, R: Alfred Vohrer
Gerd Martienzen – Frank Sinatra (Frankie), Margot Leonard – Kim Novak (Molly), Tilly Lauenstein – Eleanor Parker (Zosch), Wolfgang Gruner – Arnold Stang (Sparrow), Curt Ackermann – Darren McGavin (Louie), Wolf Martini – Robert Strauss (Schwiefka), Franz Nicklisch – George Matthews (Williams), G.G. Hoffmann – John Conte (Drunky), Clemens Hasse – George E. Stone (Markette)

DER MANN MIT DEM GOLDENEN COLT
THE MAN WITH THE GOLDEN GUN (Guy Hamilton, 1974), DF: Cine-Adaption 1974, D: Niels Clausnitzer
Niels Clausnitzer – Roger Moore (James Bond), Herbert Weicker – Christopher Lee (Scaramanga), Dagmar Heller – Britt Ekland (Mary Goodnight), Helga Trümper – Maud Adams (Andrea), Wolf Ackva – Bernard Lee (M), Kurt Zips – Herve Villechaize (Schnick-Schnack), Benno Hoffmann – Clifton James (Sheriff Pepper), Paul Bürks – Richard Loo (Hai Fat), Franz Rudnick – Marne Maitland (Lazar), Bruno W. Pantel – James Cossins (Colthorpe)

DER MANN MIT DER TODESKRALLE
⇨ BRUCE LEE – DER MANN MIT DER TODESKRALLE

DER MANN OHNE NERVEN
BREAKOUT (Tom Gries, 1974), DF: 1975
Arnold Marquis – Charles Bronson (Nick Colton), Rolf Schult – Robert Duvall (Jay Wagner), Almut Eggert – Jill Ireland (Ann), Arne Elsholtz – Randy Quaid (Hawk Hawkins), Beate Hasenau – Shere North (Myrna), Siegfried Schürenberg – Emilio Fernandez (J. V.), Claus Jurichs – Paul Mantee (Telegrafist), Wolfgang Condrus – Alan Vint (Harve)
«Hier allerdings erschien selbst dem deutschen Verleih die Story allzu dünn, so dass man die bekannter Berliner Sprücheklopfer zum Synchronisieren bat. Nun kommt's wenigstens von der Tonspur ganz dick.» (W.L., SZ, 16.4.1975)

DER MANN VOM GROSSEN FLUSS
SHENANDOAH (Andrew V. McLaglen, 1964), DF: BSG 1965, D/R: Thomas Keck
Siegmar Schneider – James Stewart (Charlie), Marianne Lutz – Rosemary Forsythe (Jennie), Thomas Danneberg – Doug McClure (Sam), Thomas Eckelmann – Glenn Corbett (Jacob), Michael Chevalier – James Best (Carter), Andreas Mannkopff – Charles Robinson (Nathan), Wolfgang Condrus – James McMullan (John), Friedrich Schoenfelder – George Kennedy (Col. Fairchild), Hans Hessling – Paul Fix (Dr. Witherspoon)

EIN MANN WIRD GEJAGT
THE CHASE (Arthur Penn, 1965), DF: 1966
Harald Juhnke – Marlon Brando (Calder), Ingeborg Wellmann – Jane Fonda (Anna Reeves), Joachim Ansorge – Robert Redford (Bubber) DF: Charlie), Robert Klupp – E. G. Marshall (Val Rogers), Helga Trümper – Angie Dickinson (Ruby Cal-

der), Eva Pflug – Janice Rule (Emely Stewart), Michael Cramer – Richard Bradford (Danon Fuller), Lothar Blumhagen – Robert Duvall (Edwin Stewart), Reinhard Glemnitz – James Fox (Jake Rogers), Arnold Marquis – Bruce Cabot (Sol)
▶ Die DEFA synchronisierte 1970 (D: Harald Thiemann, R: Wolfgang Thal) mit Horst Schön (Marlon Brando), Jutta Hoffmann (Jane Fonda), Kurt Kachlicki (Robert Redford), Gerd Biewer (E.G. Marshall), Friederike Aust (Angie Dickinson), Gisela Büttner (Janice Rule).

Ein Mann zu jeder Jahreszeit
A Man for All Seasons (Fred Zinnemann, 1966), DF: Aura 1967
Helmo Kindermann – Paul Scofield (Thomas Morus), Eva Fiebig – Wendy Hiller (Alice), Reinhard Glemnitz – Robert Shaw (Henry VIII), Erik Jelde – Orson Welles (Wolsey)
«Es ist eine Freude, den ironischen und gewandten Wortgefechten zuzuhören (die übrigens – und das verdient doch wohl eine besondere Erwähnung – auch in der deutschen Synchronisation sich gut ausnehmen).» (Volker Baer, Tagesspiegel, 1.9.1967)

Der Marathon-Mann
Marathon Man (John Schlesinger, 1976), DF: BSG 1977, D: Lutz Arenz, R: Dietmar Behnke
Manfred Schott – Dustin Hoffman (Babe Levy), Wilhelm Borchert – Laurence Olivier (Szell), Horst Schön – Roy Scheider (Doc Levy), Marthe Keller – Marthe Keller (Elsa), Norbert Langer – William Devane (Janeway), Friedrich W. Bauschulte – Fritz Weaver (Prof. Biesenthal), Toni Herbert – Lou Gilbert (Rosenbaum)
▶ In der französischen Fassung wurde Dustin Hoffman von Georges Poujouly synchronisiert, dem Jungen aus Verbotene Spiele.

Marie Antoinette
Marie Antoinette (Sofia Coppola, 2006), DF: R. C. Production 2006, D/R: Joachim Kunzendorf
Marie Bierstedt – Kirsten Dunst (Marie Antoinette), Kim Hasper – Jason Schwartzman (Louis XVI), Hartmut Neugebauer – Rip Torn (Louis XV), Liane Rudolph – Judy Davis (Comtesse de Noailles), Claudia Urbschat-Mingues – Asia Argento (Mme Dubarry), Regine Albrecht – Marianne Faithful (Maria Theresia), Christin Marquitan – Molly Shannon (Victoire), Marcus Off – Steve Coogan (Mercy)

Marnie
Marnie (Alfred Hitchcock, 1964), DF: BSG 1964, D: F.A. Koeniger, R: Klaus v. Wahl
Margot Leonard – Tippi Hedren (Marnie), Heinz Drache – Sean Connery (Mark), Renate Danz – Diane Baker (Lil), Kurt Mühlhardt – Martin Gabel (Strutt), Leni Marenbach – Louise Latham (Bernice Edgar), Heinz Welzel – Bob Sweeney (Cousin Bob), Konrad Wagner – Alan Napier (Rutland)

Marokko
Morocco (Josef v. Sternberg, 1930), DF: Lingua (i. A. d. ARD) 1981, D/R: Gert Rabanus
Karin Eickelbaum – Marlene Dietrich (Jolly), Gerhard Garbers – Gary Cooper (Tom Brown), Charles Brauer – Adolphe Menjou (Le Bessière), Franz Rudnick – Ullrich Haupt (Caesar), Thomas Piper – Francis McDonald (Tatoche), Lambert Hamel – Paul Porcasi (Lo Tinto)

Mars Attacks!
Mars Attacks! (Tim Burton, 1996), DF: 1997
Joachim Kerzel – Jack Nicholson (Präsident Dale/Art Land), Uta Hallant – Glenn Close (Marsha Dale), Traudel Haas – Annette Bening (Barbara), Frank Glaubrecht – Pierce Brosnan (Prof. Kessler), Klaus Sonnenschein – Danny De Vito (Rude Gambler), Sven Hasper – Michael J. Fox (Jason Stone)

Der Marshal
True Grit (Henry Hathaway, 1968), DF: BSG 1969, D/R: Dietmar Behnke
Arnold Marquis – John Wayne (Cogburn), Dagmar Biener – Kim Darby (Mattie), Thomas Danneberg – Glen Campbell (La Boeuf), Klaus Sonnenschein – Jeremy Slate (Emmett Quincy), Heinz Petruo – Robert Duvall (Ned Pepper), Fred Maire – Dennis Hopper (Moon), Siegfried Dornbusch – Alfred Ryder (Goudy) Konrad Wagner – Strother Martin (Col. Stonehill)

Marty
Marty (Delbert Mann, 1955), DF: Ultra 1955
Walter Richter – Ernest Borgnine (Marty), NN – Betsy Blair (Clara), Eva Eras – Esther Minciotti (Mrs. Pilletti), Walter Bluhm – Joe Mantell (Angie)
«Ein Lob der Ultra-Synchronisation, die in Wortwahl und Tonfall dem Original meisterhaft angeglichen ist.» (Rudolf Neutzler, Filmwoche 37, 1955)

Die Marx Brothers im Zirkus
At the Circus (Edward Buzzell, 1939), DF: FSM (i. A. d. ZDF) 1990, D/R: Marika v. Radvanyi
Fred Maire – Groucho Marx (Loophole), Gudo Hoegel – Chico Marx (Antonio), Sigmar Solbach – Kenny Baker (Wilson), Katharina Lopinski – Florence Rice (Julie), Gisela Hoeter – Margaret Dumont (Mrs. Dukesbury), Maddalena Kerrh – Eve Arden (Peerless Pauline)

Die Marx Brothers in der Oper
⮕ Skandal in der Oper

Maschinenpistolen
White Heat (Raoul Walsh, 1949), DF: BSG (i. A. d. ZDF) 1977, D: F.A. Koeniger, R: Klaus v. Wahl
Wolfgang Draeger – James Cagney (Cody), Horst Niendorf – Edmond O'Brien (Hank Fallon), Brigitte Grothum – Virginia Mayo (Verna), Ursula Krieg – Margaret Wycherly (Ma), Rainer Brandt – Steve Cochran (Big Ed), Heinz Petruo – John Archer (Evans)

Die Maske des Zorro
The Mask of Zorro (Martin Campbell, 1998), DF: PPA 1998, D/R: Pierre Peters-Arnolds
Bernd Vollbrecht – Antonio Banderas (Zorro), Madeleine Stolze – Catherine Zeta-Jones (Elena), Rolf Schult – Anthony Hopkins (Don Diego), Hartmut Reck – Stuart Wilson (Don Rafael),Christian Tramitz – Matt Letscher (Cpt. Harrison Love), Hans Rainer Müller – Maury Chaykin (Warden), Klaus Guth – Tony Amendola (Don Luiz), Fred Maire – Pedro Armendariz (Don Pedro)

Masters of the Universe
Masters of the Universe (Gary Goddard, 1986), DF: 1987
Manfred Lehmann – Dolph Lundgren (He-Man), Engelbert v. Nordhausen – Frank Langella (Skelektor), Viola Sauer – Meg Foster (Evil-Lynn), Hans W. Bussinger – Billy Barty (Gwildor), Karin Buchholz – Chelsea Field (Teela), Charles Rettinghaus – Duncan McNeill (Kevin), Bettina Spier – Courteney Cox

(Julie Winston), Friedrich G. Beckhaus – James Tolkan (Lubic)

MATA HARI
MATA HARI (George Fitzmaurice, 1931), DF: MGM 1952
Ingeborg Grunewald – Greta Garbo (Mata Hari), Klaus Schwarzkopf – Ramon Novarro (Rosanoff), Siegfried Schürenberg – Lionel Barrymore (Shubin), Walter Suessenguth – Lewis Stone (Andriani), Alfred Balthoff – Henry Gordon (Dubois), Tilly Lauenstein – Karen Morley (Carlotta)

MATCH POINT
MATCH POINT (Woody Allen, 2005), DF: FFS 2005, D/R: Jürgen Neu
Timmo Niesner – Jonathan Rhys-Meyers (Chris), Nicolas Böll – Matthew Goode (Tom), Luise Helm – Scarlett Johansson (Nola), Roland Hemmo – Brian Cox (Alec), Jörg Hengstler – Alexander Armstrong (Townsend), Regine Albrecht – Penelope Wilton (Eleanor), Bianca Krahl – Emily Mortimer (Chloe), Claudia Urbschat-Mingues – Miranda Raison (Heather)
«Am Anfang des Films eine Großaufnahme: Tennis-Coach Chris liest (...) ›Schuld und Sühne‹, während um ihn herum die feine Gesellschaft blasiertschnoddrig ein wenig Zynismus goutiert. In der wunderbar geglückten deutschen Synchronisation (Jürgen Neu) kommt dies eins zu eins rüber.» (Dietrich Kuhlbrodt, taz, 29.12.2005)

MATRIX
THE MATRIX (Larry u. Andy Wachowski, 1999), DF: R. C. Production 1999, D: Alexander Loewe, R: Clemens Frohmann
Benjamin Völz – Keanu Reeves (Neo), Thomas Vogt – Laurence Fishburne (Morpheus), Martina Treger – Carrie-Anne Moss (Trinity), Hans-Jürgen Wolf – Hugo Weaving (Smith),Hannelore Fabry – Gloria Foster (Oracle), Ilja Richter – Joe Pantoliano (Cypher)
▶ Gleiche Hauptrollen-Besetzung in MATRIX RELOADED (R.C. Production 2003, D/R: Tobias Meister) sowie in MATRIX REVOLUTIONS.

MAURICE
MAURICE (James Ivory, 1987), DF: 1987
Benjamin Völz – James Wilby (Maurice), Nicolas Böll – Hugh Grant (Clive), Stefan Krause – Rupert Graves (Alec), F. W. Bauschulte – Denholm Elliott (Dr. Barry),

Helmut Gauß – Simon Callow (Ducie), Barbara Adolph – Billie Whitelaw (Mrs. Hall), Peter Matic – Ben Kingsley (Lasker-Jones), Bettina Schön – Judy Parfitt (Mrs. Durham)

DIE MAUS, DIE BRÜLLTE
THE MOUSE THAT ROARED (Jack Arnold, 1959), DF: Via 1959, D/R: Conrad v. Molo
Georg Thomalla – Peter Sellers (Bascombe/Großherzogin/Premier), Bettina Schön – Jean Seberg (Helen), Alfred Balthoff – David Kossof (Dr. Kokinz), Herbert Baneth – Timothy Bateson (Roger), Franz Otto Krüger – Monty Dandis (Cobbley), Paul Wagner – Harold Krasket (Pedro)

MAVERICK
MAVERICK (Richard Donner, 1993), DF: FFS 1994
Joachim Tennstedt – Mel Gibson (Bret Maverick), Hansi Jochmann – Jodie Foster (Annabelle), Holger Hagen – James Garner (Marshal, Reinhard Brock – Graham Greene (Joseph)

MCCABE & MRS. MILLER
MCCABE & MRS. MILLER (Robert Altman, 1971), DF: BSG 1971, D: Gerda v. Ruexleben, R: Hans D. Bove
Renate Küster – Julie Christie (Constance Miller), Christian Brückner – Warren Beatty (John McCabe), Wolfgang Draeger – René Auberjonois (Sheehan), Ulrich Gressieker – Keith Carradine (Cowboy), Edgar Ott – Hugh Millais (Dog Butler), Almut Eggert – Shelley Duval (Ida Coyle), Jürgen Thormann – Michael Murphy (Sears), Joachim Nottke – Corey Fischer (Elliot), Rolf Schult – William Devane (Anwalt)

DAS MEER IN MIR
MAR ADENTRO (Alejandro Amenábar, 2004), DF: BSG 2005, D/R: Mina Kindl
Martin Umbach – Javier Bardem (Ramón), Arianne Borbach – Belén Rueda (Julia), Katrin Zimmermann – Lola Dueñas (Rosa), Katharina Koschny – Mabel Rivera (Manuela), Tanja Geke – Clara Segura (Gené)

MEIN FREUND HARVEY
HARVEY (Henry Koster, 1950), DF: 1951
Viktor de Kowa – James Stewart (Elwood P. Dowd), Lene Obermeyer – Josephine Hull (Louise Simmons), Bettina Schön – Peggy Dow (Miss Kelly), Axel Monjé – Charles Drake (Dr. Sanderson), Alfred Balthoff – Cecil Kellaway (Dr. Chumley), Edith

Schneider – Victoria Horne (Myrtle Mae), Georg Thomalla – Jesse White (Wilson), Hans Hessling – William Lynn (Richter), Clemens Hasse – Wallace Ford (Lofgren), Margarete Schön – Nana Bryant (Mrs. Chumley)
▶ Die Rolle des Elwood gehörte auch zu Viktor de Kowas Bühnenerfolgen.
«Bemerkenswert ungequälte Synchronisation.» (Der Spiegel 51, 1951)

MEIN GROSSER FREUND SHANE
SHANE (George Stevens, 1953), DF: BSG 1953, D: F. A. Koeniger, R: Volker Becker
Wilhelm Borchert – Alan Ladd (Shane), Marianne Kehlau – Jean Arthur (Marion Starrett), Fritz Tillmann – Van Heflin (Joe Starrett), Michael Gebühr – Brandon de Wilde (Joey), Friedrich Joloff – Ben Johnson (Chris), Walter Suessenguth – Emile Meyer (Ryker), Herbert Stass – Elisha Cook jr. (Torrey), Alfred Balthoff – Douglas Spencer (Shipsteadt)

MEIN NAME IST NOBODY
IL MIO NOME E NESSUNO (Tonino Valerii, 1973), DF: Rainer Brandt 1973
Thomas Danneberg – Terence Hill (Nobody), Wilhelm Borchert – Henry Fonda (Jack Beauregard), Klaus Miedel – Jean Martin (Sullivan), Arnold Marquis – Piero Lulli (Sheriff)

MEIN VATER, MEIN HERR
⊃ PADRE PADRONE

MEINE BRAUT, IHR VATER UND ICH
MEET THE PARENTS (Jay Roach, 2000), DF: BSG 2000, D/R: Lutz Riedel
Christian Brückner – Robert De Niro (Jack Byrnes), Oliver Rohrbeck – Ben Stiller (Greg Focker), Katrin Fröhlich – Teri Polo (Pam), Judy Winter – Blythe Danner (Diana), Diana Borgwardt – Nicole DeHuff (Debbie), Marcel Collé – Jon Abrahams (Denny), Uwe Büschken – Tom McCarthy (Bob Banks), Rita Engelmann – Phyllis George (Linda Banks), Lothar Blumhagen – James Rebhorn (Larry Banks)

MELANCHOLIA
MELANCHOLIA (Lars von Trier, 2011), DF: Christa Kistner, D/R: Joachim Kunzendorf
Natascha Geisler – Kirsten Dunst (Justine), Irina Wanka – Charlotte Gainsbourg (Claire), Tobias Meister – Kiefer Sutherland (John), Krista

Posch – Charlotte Rampling (Gaby), Jürgen Thormann – John Hurt (Dexter), Sascha Rothermund – Alexander Skarsgard (Michael), Detlef Bierstedt – Stellan Skarsgard (Jack), Tobias Nath – Brady Corbet (Tim)

Melrose Place (TV-Serie)
Melrose Place (1992–1999), DF: RTL 1993
Claudia Kleiber – Courtney Thorne-Smith (Alison), Florian Halm – Andrew Shue (Billy), Philipp Moog – Grant Shaw (Jake), Frank Lenart – Doug Savant (Matt), Martin Halm – Thomas Calabro (Michael), Alexandra Ludwig – Josie Bissett (Jane)
▶ In den ersten 13 Folgen sprach Michaela Mazac für Courtney Thorne-Smith.

Memento
Memento (Christopher Nolan, 2000), DF: FFS 2001, D/R: Beate Klöckner
Philipp Moog – Guy Pearce (Leonard Shelby), Anke Reitzenstein – Carrie-Anne Moss (Natalie), Ulrich Frank – Joe Pantoliano (Teddy), Ekkehardt Belle – Mark Boone Junior (Burt), Ivar Combrinck – Stephen Tobolowsky (Sammy Jankis), Inge Solbrig – Harriet Sansom Harris (Mrs. Jankis), Silvia Seidel – Jorja Fox (Leonards Frau), Ole Pfennig – Callum Keith Rennie (Dodd), Oliver Mink – Larry Holden (Jimmy Grantz)

Men in Black
Men in Black (Barry Sonnenfeld, 1997), DF: PPA Film 1997, D/R: Pierre Peters-Arnolds
Ronald Nitschke – Tommy Lee Jones (K), Jan Odle – Will Smith (J), Anke Reitzenstein – Linda Fiorentino (Laurel Weaver/L), Pierre Peters-Arnolds – Vincent D›Onofrio (Edgar), Lambert Hamel – Rip Torn (Zed), Kai Taschner – Tony Shalhoub (Jack Jeebs), Alwin Joachim Meyer – Mike Nussbaum (Rosenberg)
▶ In Men in Black II sprach neben Nitschke, Odle und Taschner Franziska Pigulla für Lara Flynn Boyle.

Menschen im Hotel
Grandhotel (Edmund Goulding, 1932), DF: MGM 1954
Ingeborg Grunewald – Greta Garbo (Grusinskaya), Friedrich Joloff – John Barrymore (v. Gaigern), Walter Suessenguth – Wallace Beery (Preysing), Alfred Balthoff – Lionel Barrymore (Kringelein), Eduard Wandrey – Jean Hersholt (Senf), Carl-Heinz Schroth – Lewis Stone (Dr. Otternschlag), Siegfried Schürenberg – Robert McWade (Meierheim)

Der menschliche Makel
The Human Stain (Robert Benton, 2003), DF: R. C. Production 2003, D: Nadine Geist, R: Marianne Groß
Joachim Kerzel – Anthony Hopkins (Coleman Silk), Petra Barthel – Nicole Kidman (Faunia Farley), Wolfgang Condrus – Ed Harris (Lester Farley), Tobias Meister – Gary Sinise (Nathan Zuckerman), Timmo Niesner – Wentworth Miller (Coleman, jung)

The Mentalist (TV-Serie)
The Mentalist (2008), DF: Cinephon 2009 (i. A. v. Sat.1), D: Andreas W. Schmidt, R: Wolfgang Ziffer
Marcus Off – Simon Baker (Patrick Jane), Vera Teltz – Robin Tunney (Teresa Lisbon), Tobias Nath – Owain Yeoman (Wayne Rogsby), Alexander Doering – Tim Kang (Kimball Cho), Kristina v. Weltzien – Amanda Righetti (Grace Van Pelt)

The Messenger
The Messenger (Oren Moverman, 2009), DF: Christa Kistner 2010, D: Clemens Frohmann, R: Norman Matt
Marcel Collé – Ben Foster (Will Montgomery), Thomas Nero Wolff – Woody Harrelson (Tony Stone), Vera Teltz – Samantha Morton (Olivia Pitterson), Anne Helm – Jena Malone (Kelly), Udo Schenk – Steve Buscemi (Dale Martin), Oliver Stritzel – Eamonn Walker (Stuart Dorsett), Rene Deltgen – Mino Doro (Sulpicio), Klaus W. Krause – Marcello Giorda (Kaiser Claudius), Ernst von Klipstein – Giancarlo Sbragia (Aulus Celsus)

Das Messer im Wasser
Noz w wodzie (Roman Polanski, 1961), DF: DEFA 1965, D: Harald Thiemann, R: Wolfgang Thal
Fred Düren – Leon Niemczyk (Andrzej), Gisela Büttner – Jolanta Umecka (Christina), Günter Schmidt – Zygmunt Malanowicz (Student)
▶ In der BRD-Synchronisation (Manfred R. Köhler, 1963) sprachen Alf Marholm für Niemczyk und Thomas Braut für Malanowicz.

Metaluna IV antwortet nicht
This Island Earth (Joseph Newman, 1955), DF: BSG 1957, D: F. A. Koeniger, R: Klaus v. Wahl
Friedrich Joloff – Jeff Morrow (Exeter), Ilse Kiewiet – Faith Domergue (Dr. Ruth Adams), G. G. Hoffmann – Rex Reason (Jack), Gerd Martienzen – Lance Fuller (Brack), Heinz Giese – Russell Johnson (Steve Carlson), Paul-Edwin Roth – Robert Nichols (Joe Wilson), Paul Wagner – Douglas Spencer (Monitor)

Meuterei am Schlangenfluss
Bend of the River (Anthony Mann, 1951), DF: BSG 1952, D/R: Albert Baumeister
Siegmar Schneider – James Stewart (McLyntock), Paul-Edwin Roth – Arthur Kennedy (Cole), Bettina Schön – Julia Adams (Laura Baile), Robert Klupp – Jay C. Flippen (Baile), Sebastian Fischer – Rock Hudson (Trey Wilson), Clemens Hasse – Stepin Fetchin (Adam), Margot Leonard – Lori Nelson (Marjie), Fritz Tillmann – Henry Morgan (Shorty), Hans Hessling – Chubby Johnson (Cpt. Mello), Siegfried Schürenberg – Howard Petrie (Hendricks), Manfred Meurer – Jack Lambert (Red), Martin Held – Frank Ferguson (Don Grundy)

Meuterei auf der Bounty
Mutiny on the Bounty (Frank Lloyd, 1935), DF: MGM 1951
O. E. Hasse – Charles Laughton (Cpt. Bligh), Siegfried Schürenberg – Clark Gable (Fletcher Christian), Axel Monjé – Franchot Tone (Byam), Clemens Hasse – Herbert Mundin (Smith), Eckart Dux – Eddie Quillan (Ellison), Werner Lieven – Dudley Digges (Bacchus), Carl Raddatz – Donald Crisp (Burkitt), Otto Stoeckel – Henry Stephenson (Banks), Walter Werner – De Witt Jennings (Fryer), Alfred Balthoff – William Bambridge (Hitibiti), Hans Emons – Stanley Field (Mussman), Manfred Meurer – Wallis Clark (Morrison), Gunnar Möller – Vernon Downing (Hayward), Georg Thomalla – Ian Wolfe (Maggs), Carl-Heinz Carrell – Ivan Simpson (Morgan)

Meuterei auf der Bounty
Mutiny on the Bounty (Lewis Milestone, 1961), DF: MGM 1962
G. G. Hoffmann – Marlon Brando (Fletcher Christian), Arnold Marquis – Trevor Howard (Cpt. Bligh), Horst Niendorf – Richard Harris (Mills), Walter Bluhm – Richard Haydn (Brown), Franz Nicklisch – Hugh Griffith (Smith), Eckart Dux – Tim Seely (Ned Young), Lothar Blumhagen – Percy Herbert (Quintal), Jörg Cossardt – Gordon Jackson (Birkett), Konrad Wagner – Noel Purcell (McCoy), Klaus Miedel

– Duncan Lamont (John Williams), Martin Hirthe – Chips Rafferty (Michael Byrne), Friedrich Schoenfelder – Eddie Byrne (Fryer)

MIAMI VICE (TV-Serie)
MIAMI VICE (1984–89), DF: ARD 1986
Reent Reins – Don Johnson (Sonny Crockett), Lutz Mackensy – Philip M. Thomas (Ricardo Tubbs), Monika Barth – Saundra Santiago (Gina Calabrese), Peter Aust – Edward J. Olmos (Martin Castillo), Angela Stresemann – Olivia Brown (Trudy Joplin), Horst Stark – Gregory Sierra (Rodriguez), Henry König – Michael Talbott (Stan Switek), Edgar Hoppe – John Diehl (Larry Zito)

DER MIETER
LE LOCATAIRE (Roman Polanski, 1976), DF: BSG 1976, D/R: Ottokar Runze
Marius Müller-Westernhagen – Roman Polanski (Trelkovski), Cornelia Meinhardt – Isabelle Adjani (Stella), Inge Wolffberg – Shelley Winters (Concierge), Siegfried Schürenberg – Melvyn Douglas (Zy), Christine Gerlach – Jo van Fleet (Mme Dioz), Randolf Kronberg – Bernard Fresson (Scope), Eva Lissa – Lila Kedrova (Mme Gaderian), Arnold Marquis – Jacques Monod (Cafébesitzer)

MILK
MILK (Gus Van Sant, 2008), DF: FFS 2009, D/R: Christoph Cierpka
Tobias Meister – Sean Penn (Harvey Milk), Dirk Stollberg – Emile Hirsch (Cleve Jones), Marcus Off – Josh Brolin (Dan White), Tobias Müller – Diego Luna (Lack Lira), Markus Pfeiffer – James Franco (Jack Smith), Manja Doering – Allison Pill (Anne Kronenberg), Oliver Feld – Joseph Cross (Dick)

MILLION DOLLAR BABY
MILLION DOLLAR BABY (Clint Eastwood, 2004), DF: FFS 2005, D/R: Hartmut Neugebauer
Achim Höppner – Clint Eastwood (Frankie Dunn), Sandra Schwittau – Hilary Swank (Maggie), Klaus Sonnenschein – Morgan Freeman (Scrap-Iron Dupris), Stefan Günther – Jay Baruchel (Danger Barch), Dietmar Wunder – Mike Colter (Big Willie Little), Kathrin Simon – Lucia Rijker (Billie The Blue Bear)

MINISTERIUM DER ANGST
MINISTRY OF FEAR (Fritz Lang, 1944), DF: ARD 1973
Christian Rode – Ray Milland (Stephen Neale), Cornelia Meinhardt – Marjorie Reynolds (Carla Hilfe), Joachim Pukaß – Carl Esmond (Willi Hilfe), Uta Hallant – Hillary Brooke (Mrs. Bellane), Jürgen Thormann – Dan Duryea (Cost/Travers), Eric Vaessen – Alan Napier (Dr. Forrester)

MINORITY REPORT
MINORITY REPORT (Steven Spielberg, 2002), DF: Interopa 2002, D/R: Frank Schaff
Patrick Winczewski – Tom Cruise (John Anderton), Florian Halm – Colin Farrell (Danny Witwer), Ghadah Al-Akel – Samantha Morton (Agatha), Jürgen Thormann – Max v. Sydow (Dr. Burgess), Thomas Fritsch – Peter Stormare (Dr. Eddie), Tobias Meister – Steve Harris (Jad), Marina Krogull – Kathryn Morris (Lara Clarke), Marie Bierstedt – Jessica Capshaw (Evanna), Peter Flechtner – Neal McDonough (Fletcher), Jörg Hengstler – Patrick Kilpatrick (Jeff Knott)

MISFITS – NICHT GESELLSCHAFTSFÄHIG
THE MISFITS (John Huston, 1960), DF: Ultra 1961
Siegfried Schürenberg – Clark Gable (Gay Langland), Margot Leonard – Marilyn Monroe (Roslyn Taber), Paul-Edwin Roth – Montgomery Clift (Perce Howland), Alice Treff – Thelma Ritter (Isabelle Steers), Heinz Drache – Eli Wallach (Guido)

MISS DAISY UND IHR CHAUFFEUR
DRIVING MISS DAISY (Bruce Beresford, 1989), DF: 1990
Tilly Lauenstein – Jessica Tandy (Daisy), Jürgen Kluckert – Morgan Freeman (Hoke Colburn), Thomas Danneberg – Dan Aykroyd (Boolie Werthan)

MISS UNDERCOVER
MISS CONGENIALITY (Donald Petrie, 2000), DF: R. C. Production 2001, D: Nadine Geist, R: marianne Groß
Bettina Weiß – Sandra Bullock (Gracie), Jürgen Thormann – Michael Caine (Victor Melling), Rita Engelmann – Candice Bergen (Kathy Morningside), Otto Mellies – William Shatner (Stan Fields), Michael Roll – Benjamin Bratt (Eric Matthews), Gudo Hoegel – Ernie Hudson (McDonald)

MISSING ➔ VERMISST

MISSION: IMPOSSIBLE
MISSION: IMPOSSIBLE (Brian De Palma, 1996), DF: BSG 1996, D/R: Lutz Riedel
Stephan Schwartz – Tom Cruise (Ethan Hunt), Christian Brückner – Jon Voight (Jim Phelps), Susanne v. Medvey – Emmanuelle Béart (Claire), Hubertus Bengsch – Henry Czerny (Kittridge), Joachim Kerzel – Jean Reno (Krieger), Tilo Schmitz – Ving Rhames (Luther), Gisela Fritsch – Vanessa Redgrave (Max)
▶ In MISSION: IMPOSSIBLE II (2000) sprach Patrick Winczewski für Tom Cruise, außerdem: Hartmut Reck (Anthony Hopkins) u. Nana Spier (Thandie Newton), in MISSION: IMPOSSIBLE III (2006) sprach neben Winczewski Tanja Geke für Keri Russell.

MISSISSIPPI BURNING –
DIE WURZEL DES HASSES
MISSISSIPPI BURNING (Alan Parker, 1988), DF: 1989
Hartmut Neugebauer – Gene Hackman (Anderson), Randolf Kronberg – Willem Dafoe (Ward), Uschi Wolff – Frances McDormand (Mrs. Pell), Ekkehardt Belle – Brad Dourif (Deputy Pell), Fred Maire – R. Lee Ermey (Tilman), Alwin Joachim Meyer – Gailard Sartain (Sheriff Stuckey), Leon Rainer – Stephen Tobolowsky (Townley), Gudo Hoegel – Michel Rooker (Frank Bailey)

MISSOURI
WILD ROVERS (Blake Edwards, 1971), DF: 1971
Arnold Maquis – William Holden (Ross Bodine), Thomas Danneberg – Ryan O'Neal (Frank Post), Martin Hirthe – Karl Malden (Walter Buckman), Lothar Blumhagen – James Olson (Joe Billings), Christian Brückner – Tom Skerritt (John), Klaus Sonnenschein – Joe Don Baker (Paul), Gerd Martienzen – Victor French (Sheriff), Ilse Kiewiet – Lynn Carlin (Sada)

MR. DEEDS
MR. DEEDS (Steven Brill, 2002), DF: FFS 2002, D/R: Hartmut Neugebauer
Dietmar Wunder – Adam Sandler (Longfellow), Veronika Neugebauer – Winona Ryder (Babe Bennett), Martin Umbach – Peter Gallagher (Chuck Cedar), Hans-Georg Panczak – Jared Harris (Mac McGrath), Claus Brockmeyer – Allen Covert (Marty), Michael Brennicke – Eric Avari (Cecil Anderson), Enrique Ugarte – John Turturro (Emilio Lopez), Anita Höfer – Conchata Ferrell (Jan)

MR. DEEDS GEHT IN DIE STADT
MR. DEEDS GOES TO TOWN (Frank Capra, 1936), DF: ARD 1981

Hartmut Reck – Gary Cooper (Longfellow Deeds), Rosemarie Kirstein – Jean Arthur (Babe Bennett), Michael Cramer – George Bancroft (MacWade), Wolfgang Hess – Lionel Stander (Cornelius Cobb), Thomas Reiner – Douglas Dumbrille (John Cedar), Michael Rueth – Raymond Walburn (Walter), Leo Bardischewski – H. B. Warner (Richter Walker)

Mr. Hobbs macht Ferien
Mr. Hobbs Takes a Vacation (Henry Koster, 1961), DF: Elite 1962
Siegmar Schneider – James Stewart (Hobbs), Gisela Trowe – Maureen O'Hara (Peggy), Fritz Tillmann – John McGiver (Turner), Renate Danz – Natalie Trundy (Susan)

Mr. Moto und der Schmugglerring
Think Fast, Mr. Moto (Norman Foster, 1937), DF: ZDF 1988, D/R: Wolfgang Schick
Horst Gentzen – Peter Lorre (Mr. Moto), Sigmar Solbach – Thomas Beck (Hitchings), Doris Gallart – Virginia Field (Gloria), Wolfgang Hess – Sig Ruman (Marloff), Horst Raspe – Murray Kinnell (Wilkie), Fred Maire – John Rogers (Carson)

Mr. Smith geht nach Washington
Mr Smith Goes To Washington (Frank Capra, 1939), DF: ZDF 1978
Eckart Dux – James Stewart (Jefferson Smith), Maddalena Kerrh – Jean Arthur (Saunders), Hans Korte – Claude Rains (Paine), Günther Sauer – Edward Arnold (Jim Taylor), Walter Reichelt – Guy Kibbee (Hopper), Wolfgang Hess – Thomas Mitchell (Diz Moore), Michael Habeck – Eugene Pallette (Chick McGann), Leo Bardischewski – H. B. Warner (Fuller), Arnold Marquis – Harry Carey (Senatspräsident)

Mr. und Mrs. Smith
Mr. and Mrs. Smith (Alfred Hitchcock, 1941), DF: Interopa (i. A. d. ARD) 1970, D/R: Klaus v. Wahl
Marion Degler – Carol Lombard (Ann), Claus Biederstaedt – Robert Montgomery (David), Ottokar Runze – Gene Raymond (Jeff Custer), Wolfgang Völz – Jack Carson (Chuck Benson), Kurt Mühlhardt – Philip Merivale (Jeffs Vater), Tina Eilers – Lucile Watson (Jeffs Mutter)

Mrs. Doubtfire – das stachelige Kindermädchen
Mrs. Doubtfire (Chris Columbus, 1993), DF: 1993

Peer Augustinski – Robin Williams (Daniel Hillard), Cornelia Meinhardt – Sally Field (Miranda), Reinhard Kuhnert – Pierce Brosnan (Stu), Tommi Piper – Harvey Fierstein (Frank), Marie Schramm – Mara Wilson (Natalie)

Mrs. Miniver
Mrs. Miniver (William Wyler, 1942), DF: MGM 1960
Tilly Lauenstein – Greer Garson (Mrs. Miniver), Siegfried Schürenberg – Walter Pidgeon (Clem), Marion Degler – Teresa Wright (Carol Beldon), Agnes Windeck – Dame May Whitty (Lady Beldon), Hans Hessling – Henry Travers (Ballard), Wilhelm Borchert – Henry Wilcoxon (Vicar), Eckart Dux – Richard Ney (Vin)

Mit Schirm, Charme und Melone (TV-Serie)
The Avengers (1961–1969), DF: Rondo (i. A. d. ZDF) 1966
G. G. Hoffmann – Patrick Macnee (John Steed), Margot Leonard – Diana Rigg (Emma Peel), Martin Hirthe – Patrick Newell (Mother), Renate Küster – Linda Thorson (Tara)
▶ In der Neusynchronisation (1996) sprachen außer G. G. Hoffmann Joseline Gassen für Diana Rigg und Madeleine Stolze für Linda Thorson.
▶ In der Nachfolge-Serie The New Avengers (1976) lautete die Besetzung: G. G. Hoffmann: Patrick Macnee, Andrea Brix: Joanna Lumley, Elmar Wepper: Gareth Hunt.
▶ 2010 liefen in deutscher Erstauffühung die ersten Staffeln (1961/62) der Serie auf arte mit Holger Mahlich für Patrick Macnee und Sabine Arnhold für Honor Blackman (Hamburger Synchron, R: Florian Kühne).
▶ In der Kinoverfilmung (1998) sprachen Peter Flechtner für Ralph Fiennes (John Steed), Arianne Borbach für Uma Thurman (Emma Peel) und Gerhard Paul für Sean Connery (de Wynter).

Mitternachtsspitzen
Midnight Lace (David Miller, 1960), DF: BSG 1960, D: Bodo Francke, R: Klaus v. Wahl
Edith Schneider – Doris Day (Kit), Erich Schellow – Rex Harrison (Tony), Horst Niendorf – John Gavin (Brian Younger), Ruth Hellberg – Myrna Loy (Tante Bea), Eckart Dux – Roddy McDowall (Malcolm),

Alfred Balthoff – Herbert Marshall (Manning), Siegfried Schürenberg – John Williams (Inspektor), Renate Küster – Natasha Parry (Peggy Thompson), Annaliese Würtz – Hermione Baddeley (Dora Hammer), Heinz Welzel – Richard Ney (Daniel Graham), Friedrich Joloff – Anthony Dawson (Ash), Curt Ackermann – Rhys Williams (Victor Elliot)

Moby Dick
Moby Dick (John Huston, 1956), DF: Dt. Mondial 1956
Klaus W. Krause – Gregory Peck (Ahab), G. G. Hoffmann – Richard Basehart (Ismael), Wolfgang Lukschy – Leo Genn (Starbuck), Werner Lieven – Orson Welles (Pater Mapple), Wolfgang Büttner – Friedrich Ledebur (Queequeg)

Das Model und der Schnüffler (TV-Serie)
Moonlighting (1985–1989), DF: Interopa (i. A. v. RTL) 1990
Monica Bielenstein – Cybill Shepherd (Maddie), Ronald Nitschke – Bruce Willis (David), Philine Peters-Arnolds – Allyce Beasley (Mrs. Dipesto), Santiago Ziesmer – Curtis Armstrong (Bert Viola), Dagmar Altrichter – Eva Marie Saint (Virginia), Jochen Schröder/Rüdiger Evers – Robert Webber (Alex Hayes), Klaus Sonnenschein – Paul Sorvino (Addison sr.)

Mogambo
Mogambo (John Ford, 1953), DF: MGM 1954
Siegfried Schürenberg – Clark Gable (Marswell), Edith Schneider – Ava Gardner (Eloise Kelly), Agi Prandhoff – Grace Kelly (Linda Nordley), Klaus Miedel – Donald Sinden (Donald Nordley), Walter Suessenguth – Philip Stainton (Pryce), Stanislav Ledinek – Eric Pohlmann (Boltchak), Clemens Hasse – Laurence Naismith (Skipper), Hans Caninenberg – Denis O'Dea (Pater Josef)

Monk (TV-Serie)
Monk (2002–), DF: Hermes (i. A. v. RTL) 2004, D/R: Andreas Pollak
Bodo Wolf – Tony Shalhoub (Monk), Heide Domanowski – Bitty Schram (Sharona Fleming), Helmut Gauß – Ted Levine (Cpt. Stottlemeyer), Klaus-Peter Grap – Jason Gray-Stanford (Lt. Randy Disher), Bianca Krahl – Traylor Howard (Natalie Teeger)

MONSIEUR IBRAHIM UND DIE BLUMEN DES KORAN
MONSIEUR IBRAHIM ET LES FLEURS DU CORAN (François Dupeyron, 2003), DF: Studio Babelsberg 2004, D/R: Heinz Freitag
Uli Krohm – Omar Sharif (Ibrahim), Ricardo Richter – Pierre Boulanger (Momo), Stephan Schwartz – Gilbert Melki (s. Vater), Charlotte Mertens – Lola Naymark (Myriam), Sylvia Missbach – Isabelle Adjani (Star)

MONSIEUR VERDOUX
MONSIEUR VERDOUX (Charles Chaplin, 1947), DF: BSG 1952, D: Axel v. Ambesser, R: Franz-Otto Krüger
Axel v. Ambesser – Charles Chaplin (Verdoux), Eva Eras – Martha Raye (Annabella), Erna Sellmer – Isobel Elsom (Marie)

DIE MONSTER AG
MONSTERS INC. (Peter Docter, David Silverman, 2001), DF: FFS 2001, D/R: Frank Lenart
Reinhard Brock – (James P. Sullivan), Ilja Richter – (Mike Glotzkowski), Kim u. Maya McMahon – (Buh), Martin Semmelrogge – (Randall Boggs), Sissi Perlinger – (Celia), Barbara Ratthey – (Rosa),Walter v. Hauff – (Yeti), Ulrich Frank – (Fungus)

MONSTER'S BALL
MONSTER'S BALL (Marc Forster, 2001), DF: BSG 2002, D/R: Susanna Bonaséwicz
Joachim Tennstedt – Billy Bob Thornton (Hank), Melanie Pukaß – Halle Berry (Letitia), Simon Jäger – Heath Ledger (Sonny), F.G. Beckhaus – Peter Boyle (Buck), Oliver Feld – Sean Combs (Lawrence), Andrea Solter – Amber Rules (Vera), Janek Bonaséwicz – Coronji Calhoun (Tyrell)
«Die Dialoge bestehen vor allem im ersten Teil vornehmlich aus rassistischen Flüchen. Das lässt sich aus dem amerikanischen Englisch, in dem jeder dieser Ausdrücke einen ganzen Bedeutungshof mit sich herumschleppt, kaum übersetzen. Entsprechend hilflos wirkt die deutsche Synchronisation, in der eine der übelsten Beleidigungen, die der Entwicklung gegen Ende noch einmal eine neue Richtung gibt, unverständlich bleibt.» (Verena Lueken, FAZ, 5.9.2002)

MONTY PYTHON'S DAS LEBEN DES BRIAN
MONTY PYTHON'S LIFE OF BRIAN (Terry Jones, 1979), DF: BSG 1980, D/R: Arne Elsholtz
Uwe Paulsen – Graham Chapman (Brian), Ulrich Gressieker – Terry Jones (Brians Mutter),Thomas Danneberg – John Cleese (Reg/Zenturio), Harry Wüstenhagen – Michael Palin (Francis/Pontius Pilatus), Arne Elsholtz – Eric Idle (Stan, gen. Lorretta/Cheeky), Marianne Lutz – Sue Jones-Davies (Judith), Helmut Krauss – Terry Gilliam (Revolutionär), Hugo Schrader – John Young (Matthias)
▶ «Schwanzus Longus« hieß im Original übrigens «Biggus Dickus».
«Sollte die Monty Pythons wirklich blasphemische Gelüste geplagt haben, so hat sich Jahwe durch die deutsche Synchronisation bitter gerächt. Wo immer sich im englischen Original auch nur ein Anflug von Wortspiel gezeigt haben mag, wurde er von den Eindeutschern gnadenlos mit hektischem Gebabbele ausradiert.» (Wolfgang Limmer, Der Spiegel 33, 1980)
«Vielleicht hätte man den Film nur untertiteln, nicht synchronisieren sollen (obwohl man sich bei der Synchronisation viel Mühe gegeben hat).» (Gunar Hochheiden, FR, 16.8.1980)

MOONRAKER – STRENG GEHEIM
MOONRAKER (Lewis Gilbert, 1978), DF: 1979
Niels Clausnitzer – Roger Moore (James Bond), Viktoria Brams – Lois Chiles (Holly Goodhead), Heinz Petruo – Michel Lonsdale (Hugo Drax), Wolf Ackva – Bernard Lee (M), Harry Kalenberg – Geoffrey Keen (Frederick Grey), Uschi Wolff – Emily Bolton (Manuela)

MORD IM ORIENTEXPRESS
MURDER ON THE ORIENT EXPRESS (Sidney Lumet, 1974), DF: BSG 1975, D: Hans Bernd Ebinger, R: G.G. Hoffmann
Claus Biederstaedt – Albert Finney (Hercule Poirot), Martin Hirthe – Martin Balsam (Bianchi), Gisela Trowe – Lauren Bacall (Mrs. Hubbard), Joachim Kerzel – Anthony Perkins (McQueen), G.G. Hoffmann – Sean Connery (Col. Arbuthnot), Arnold Marquis – Richard Widmark (Ratchett), Friedrich Schoenfelder – John Gielgud (Beddoes), Ute Meinhardt – Vanessa Redgrave (Mary Debenham), Dagmar Altrichter – Ingrid Bergman (Greta Ohlsson), Ursula Krieg – Wendy Hiller (Prinzessin Dragomiroff)

MORD IST IHR HOBBY (TV-Serie)
MURDER, SHE WROTE (1984–1996), DF: ARD 1988
Dagmar Altrichter – Angela Lansbury (Jessica Fletcher), Gerd Duwner – Tom Bosley (Sheriff Tupper), Joachim Nottke – William Windom (Dr. Hazlitt)

MÖRDER AHOI!
MURDER AHOY (George Pollock, 1964), DF: MGM 1965
Ursula Krieg – Margaret Rutherford (Miss Marple), Erich Fiedler – Lionel Jeffries (Käptn de Courcy) G.G. Hoffmann – Charles Tingwell (Insp. Craddock), Walter Bluhm – Stringer Davis (Stringer), Heinz Giese – William Mervyn (Comm. Connington), Ulrich Lommel – Bernard Adams (Dusty Miller), Joachim Pukaß – Nicholas Parsons (Dr. Crumb), Knut Hartwig – Henry Oscar (Lord Rudkin)

EIN MÖRDERISCHER SOMMER
L'ÉTÉ MEURTRIER (Jean Becker, 1983), DF: 1984
Anita Lochner – Isabelle Adjani (Éliane), Lutz Mackensy – Alain Souchon (Pin-Pon), Eva Katharina Schultz – Suzanne Flon (Cognata), Tilly Lauenstein – Jenny Clève (Pin-Pons Mutter), Hans-Jürgen Dittberner – François Cluzet (Mickey), Michael Chevalier – Michel Galabru (Gabriel), Horst Schön – Roger Carel (Henri IV), Dagmar Altrichter – Maria Machado (Élianes Mutter), Alexandra Lange – Évelyne Didi (Calamité), F.W. Bauschulte – Jean Gaven (Deballech)

DER MORGEN STIRBT NIE
TOMORROW NEVER DIES (Roger Spottiswoode, 1997), DF: 1997, R: Thomas Danneberg
Frank Glaubrecht – Pierce Brosnan (James Bond), Lutz Mackensy – Jonathan Pryce (Elliot Carver), Ariane Borbach – Michelle Yeoh (Wai Lin), Marion Hilgers – Teri Hatcher (Paris Carver), Gisela Fritsch – Judi Dench (M), Manfred Schmidt – Desmond Llewelyn (Q), Anita Lochner – Samantha Bond (Miss Moneypenny), Eberhard Prüter – Vincent Schiavelli (Dr. Kaufman), Wolfgang Völz – George Palmer (Admiral Roebuck)

MORK VOM ORK (TV-Serie)
MORK & MINDY (1978–1982), DF: ZDF 1979
Peter Ehret – Robin Williams (Mork), Tina Hoeltel – Pam Dawber (Mindy), Erik Schumann – Conrad Janis (Frederick)

Moulin Rouge

▶ Pro7 synchronisierte 1991 mit Andreas Lachnit (Mork), Ulrike Möckel (Mindy) und Gerd Duwner (Frederick).

Moulin Rouge

Moulin Rouge (John Huston, 1952), DF: 1953, D: G. A. v. Ihering, R: Edgar Flatau
Heinz Engelmann – José Ferrer (Toulouse-Lautrec), Eva Vaitl – Colette Marchand (Marie Charlet), Helga Haines-Ash – Suzanne Flon (Myriamme), Käthe Pontow – Zsa Zsa Gabor (Jane Avril), Charlotte Jores – Katherine Kath (La Goulue), Richard Münch – José Ferrer (Graf), Annemarie Schradiek – Claude Nollier (Gräfin), Eva Böttcher – Muriel Smith (Aicha), Konrad Mayerhoff – Georges Lanners (Patou), Tilla Hohmann – Mary Clare (Mme Loubert)

Moulin Rouge

Moulin Rouge (Baz Luhrman, 2001), DF: BSG 2001, D/R: Joachim Kunzendorf
Philipp Moog – Ewan McGregor (Christian), Petra Barthel – Nicole Kidman (Satine), Michael Bauer – John Leguizamo (Toulouse-Lautrec), Bert Franzke – Jim Broadbent (Zidler), Thomas Nero Wolff – Richard Roxburgh (Duke of Worcester)

Mulan

Mulan (Barry Cook / Tony Bancroft, 1998), DF: 1998
Cosma Shiva Hagen (Gesang: Caroline Vasicek) – (Mulan), Hannes Jaenicke (Gesang: Stefan Erz) – (Li Shang), Otto Waalkes – (Manshu), Thomas Piper – (Yao), Wilfried Herbst (Gesang: Uwe Adams) – (Ling)

Mulholland Drive

Mulholland Drive (David Lynch, 2001), DF: Interopa 2001, D/R: Lutz Riedel
Irina v. Bentheim – Naomi Watts (Betty/Diane), Martina Treger – Laura E. Harring (Rita/Camilla), Charles Rettinghaus – Justin Theroux (Adam Kesher), Carola Ewert – Katharine Towne (Cynthia Jenzen), Christel Merian – Ann Miller (Coco Lenoix)

Die Mumie

The Mummy (Stephen Sommers, 1998), DF: BSG 1999, D/R: Michael Nowka
Torsten Münchow – Brendan Fraser (Rick O'Connell), Bettina Weiß – Rachel Weisz (Evelyn), Stefan Staudinger – John Hannah (Jonathan), Santiago Ziesmer – Kevin O'Connor (Beni), Tilo Schmitz – Oded Fehr (Ardeth Bay), Lothar Blumhagen – Erick Avari (Kurator), Andreas Mannkopff – Omid Djalili (Warden), Frank Glaubrecht – Lock Noah (Adewale)

Die Mumie kehrt zurück

The Mummy Returns (Stephen Sommers, 2001), DF: BSG 2001, D/R: Michael Nowka
Torsten Münchow – Brendan Fraser (Rick O'Connell), Bettina Weiß – Rachel Weisz (Evelyn), Stefan Staudinger – John Hannah (Jonathan), Wilhelm Raffael Garth – Freddie Boath (Alex), Tilo Schmitz – Arnold Vosloo (Imhotep), Frank Glaubrecht – Oded Fehr (Ardeth Bay), Detlef Bierstedt – Lock Noah (Adewale), Claudia Urbschat-Mingues – Patricia Velasquez (Meela), Oliver Rohrbeck – Shaun Parkes (Izzy), Gerhard Paul – Alun Armstrong (Kurator)

München

Munich (Steven Spielberg, 2005), DF: Interopa 2005, D: Alexander Löwe, R: Frank Schaff
Benjamin Völz – Eric Bana (Avner), Lutz Mackensy – Geoffrey Rush (Ephraim), Oliver Siebeck – Daniel Craig (Steve), François Rossier – Mathieu Kassovitz (Robert), Erich Räuker – Ciarán Hinds (Carl), Hans Zischler – Hans Zischler (Hans), Tanja Geke – Ayelet Zurer (Dephna), Georges Caisse – Michel Lonsdale (Papa), Marianne Lutz – Gila Almagor (Avners Mutter), Regine Albrecht – Lynn Cohen (Golda Meir)

Die Muppets-Show (TV-Serie)

The Muppet Show (Jim Henson, 1976–1981), DF: ZDF 1977, DR: Eberhard Storeck
Horst Gentzen – (Kermit), Marianne Wischmann – (Miss Piggy), Bruno W. Pantel – (Fuzzy-Bär), Walter Reichelt – (Waldorf), Manfred Lichtenfeld – (Statler), Michael Rüth – (Rolf), Sky Dumont – (Baskerville), Tina Hoeltel – (Scooter), Werner Abrolat – (Gonzo), Ingo Baerow – (Cpt. Link), Wolf Ackva – (Sam, der Adler)

▶ Kermit wurde nach Gentzens Tod (1985) von Andreas von der Meden gesprochen.

Die Müssiggänger ➔ Vitelloni

My Fair Lady

My Fair Lady (George Cukor, 1963), DF: Ultra 1964, R: Friedbert Cierpka
Uta Hallant (Gesang: Monika Dahlberg) – Audrey Hepburn (Eliza Doolittle), Friedhelm Schoenfelder – Rex Harrison (Higgins), Klaus W. Krause – Stanley Holloway (Doolittle), Robert Klupp – Wilfrid Hyde-White (Pickering), Roma Bahn – Gladys Cooper (Mrs. Higgins), Joachim Ansorge – Jeremy Brett (Freddie)

«[...] Womit schon gesagt ist, dass die Musik keineswegs so großartig erscheint, wie sie vielfach gepriesen wurde. Es mag allerdings sein, dass dieser Eindruck vornehmlich durch jene Barbarei künstlerischer Amputation hervorgerufen wird, die die Synchronisation betreibt. Zwar wurde dazu die auf der Bühne erprobte deutsche Fassung genommen, die aber den Jargon so stark stilisiert und nicht konsequent durchhält, die außerdem den originalen Schwung der Melodien bricht.» (e.h., Film-Dienst 51, 1964)
«Damit geht uns nicht nur der offenbar weit bessere Originalton verloren, sondern die Synchronisierung hat auch erhebliche Schwierigkeiten, den beim Musikfilm besonders beachteten Mundbewegungen zu folgen. Die Franzosen und die Schweizer sehen die Originalfassung. Sind wir zu dumm dazu?» (Ulrich v. Thüna, Film 2, 1965)

Mystic River

Mystic River (Clint Eastwood, 2003), DF: FFS 2003, D/R: Marianne Groß
Tobias Meister – Sean Penn (Jimmy), Stefan Fredrich – Tim Robbins (Dave), Udo Schenk – Kevin Bacon (Sean), Tom Vogt – Laurence Fishbourne (Whitey Powers), Evelyn Maron – Marcia Gay Harden (Celeste), Peggy Sander – Laura Linney (Annabeth), Lutz Schnell – Kevin Chapman (Val Savage), Björn Schalla – Thomas Guiry (Brendan Harris)

N

Die Nacht

La notte (Michelangelo Antonioni, 1960), DF: Ultra 1961, D/R: Hermann Gressieker
Herbert Stass – Marcello Mastroianni (Giovanni), Hannelore Schroth

– Jeanne Moreau (Lidia), Bernhard Wicki – Bernhard Wicki (Tommaso), Wilhelm Borchert: Vincenzo Corbella (Gerardini)
«*Vor allem die deutsche Sprecherin für Jeanne Moreau (Hannelore Schroth) wird der Intelligenz ihrer Figur nicht gerecht. Und – paradoxerweise – Wicki hätte man nicht selbst sprechen lassen sollen. Er ist zu weich, beinahe larmoyant, was er um keinen Preis sein dürfte. Außerdem sollten sich unsere Synchronisierer ruhig einmal die Mühe machen, auch das Durcheinandersprechen mehrerer Leute (in den Party-Szenen) exakt wiederzugeben. Es hat sich die Unsitte eingebürgert, in solchen Fällen nur allgemeines ‹Rhabarber› zu unterlegen. Man denkt, es kommt ja nicht so genau darauf an. Bei Antonioni aber kommt es darauf an. Schon eine Kleinigkeit, die nicht stimmt, stört die überaus diffizile und gefährdete Balance dieses Werkes.*» *(Filmkritik 11, 1961)*

Die Nacht des Jägers
The Night of the Hunter **(Charles Laughton, 1955), DF: Ultra 1956**
Curt Ackermann – Robert Mitchum (Powell), Tilly Lauenstein – Shelley Winters (Willa Harper), Ursula Krieg – Lillian Gish (Rachel), NN – Billy Chapin (John), NN – Sally Jane Bruce (Pearl), G.G. Hoffmann – Peter Graves (Ben Harper), Agnes Windeck – Evelyn Varden (Icey Spoon), Hans Hessling – Don Beddoe (Walt Spoon), Carl-Heinz Carell – James Gleason (Onkel Beardie)

Die Nacht des Leguan
The Night of the Iguana **(John Huston, 1963), DF: MGM 1964**
G.G. Hoffmann – Richard Burton (Rev. Shannon), Tilly Lauenstein – Ava Gardner (Maxine Faulk), Eva Katharina Schultz – Deborah Kerr (Hannah Jelkes), Alice Treff – Grayson Hall (Judith Fellowes), Marianne Lutz – Sue Lyon (Charlotte Goodall), Joachim Pukaß – James Ward (Hank Prosner)

Die Nacht hat tausend Augen
The Night Has a Thousand Eyes **(John Farrow 1948), DF: MPEA 1949, D: Christine Lembach, Ernst Schröder, R: Ernst Schröder**
Alfred Balthoff – Edward G. Robinson (Triton), Ruth Piepho – Gail Russell (Jean Courtland), Siegmar Schneider – John Lund (Eliott), Arnold Marquis – William Demarest (Lt. Shawn)

Eine Nacht in Casablanca
A Night in Casablanca **(Archie L. Mayo, 1946), DF: 1977**
Herbert Stass – Groucho Marx (Hühnerpuster / OF: Kornblow), Gerd Duwner – Chico Marx (Corbaccio), Franz-Otto Krüger – Sig Ruman (Graf Pfeffermann), Beate Hasenau – Lisette Verea (Sabine Wringer/OF: Beatrice Reiner), Norbert Langer – Charles Drake (Pierre), Cornelia Meinhardt – Lois Collier (Annette)
«*Max Zihlmann und Thomas Keck jedenfalls unternehmen den waghalsigen Versuch einer Synchronisation mit Anstand und gebührender Vorsicht, wobei einiges vielleicht unter den Tisch gefallen sein mag, doch der Witz ist zweifelsohne noch vorhanden (auch wenn er sich im Original anders anhören mag als in der synchronisierten Version).*» *(Volker Baer, Tagesspiegel, 9.9.1977)*

Die Nacht vor der Hochzeit
The Philadelphia Story **(George Cukor, 1940), DF: MGM 1950**
Eva Vaitl – Katharine Hepburn (Tracy Lord), Curt Ackermann – Cary Grant (Dexter Haven), Hans Nielsen – James Stewart (Macauley Connor), Eva Eras – Mary Nash (Margaret Lord), Wolfgang Eichberger – John Howard (Kittredge), Anton Reimer – Roland Young (Onkel Willie)

Nackte Gewalt
The Naked Spur **(Anthony Mann, 1952), DF: MGM 1954**
Horst Niendorf – James Stewart (Howard Kemp), Klaus Miedel – Robert Ryan (Ben Vandergroat), NN – Janet Leigh (Lina Patch), Ernst v. Klipstein – Ralph Meeker (Roy Anderson), Walter Suessenguth – Millard Mitchell (Jesse Tate)

Die nackte Kanone
The Naked Gun: From the Files of Police Squad **(David Zucker, 1988), DF: 1989**
Horst Schön – Leslie Nielsen (Frank Drebin), Uta Hallant – Pricilla Presley (Jane Spencer), Christian Rode – Ricardo Montalban (Vincent Ludwig), Horst Niendorf – George Kennedy (Cpt. Hocken), Arne Elsholtz – O.J. Simpson (Nordberg), Bettina Schön – Nancy Marchand (Mayor)

Die nackte Maja
The Naked Maja **(Henry Koster, 1958), DF: MGM 1959**
Horst Niendorf – Anthony Franciosa (Goya), Eva Katharina Schultz – Ava Gardner (Herzogin), Paul Klinger – Amadeo Nazzari (Godoy), Dagmar Altrichter – Lea Padovani (Maria)

Der Name der Rose
Il nome della rosa **(Jean-Jacques Annaud, 1986), DF: 1986**
G.G. Hoffmann – Sean Connery (Baskerville), Philipp Moog – Christian Slater (Adson v. Melk), Gottfried Kramer – F. Murray Abraham (Bernardo Gui), Klaus Höhne – Michel Lonsdale (Abbé), Alwin J. Meyer – William Hickey (Ubertino de Casale)

Das Narrenschiff
Ship of Fools **(Stanley Kramer, 1964), DF: Aura 1965**
Tilly Lauenstein – Vivien Leigh (Mary Treadwell), Margot Trooger – Simone Signoret (La Condesa), Oskar Werner – Oskar Werner (Dr. Schumann), Carl Raddatz – José Ferrer (Rieber), Heidi Treutler – Elizabeth Ashley (Jenny), Klaus Schwarzkopf – Michael Dunn (Glocken), Heinz Rühmann – Heinz Rühmann (Löwenthal), Helmo Kindermann – Alf Kjellin (Freytag)
«*Die Synchronisation ist vorzüglich.*» *(Klaus Eder, Film 11, 1965)*

Nash Bridges *(TV-Serie)*
Nash Bridges **(1996–2001), DF: Studio Hamburg (i. A. v. RTL 2) 1996**
Reent Reins – Don Johnson (Nash Bridges), Uli Krohm – Cheech Marin (Joe Dominguez), Eberhard Haar – Jeff Perry (Harvey Leek), Marco Kröger – Jaime Gomez (Evan Cortez), Eva Michaelis – Jodi Lyn O'Keefe (Cassidy)

Nathalie
Nathalie... **(Anne Fontaine, 2003), DF: FFS 2004, D: Heike Kospach, R: Marina Koehler**
Viktoria Brams – Fanny Ardant (Catherine), Susanne v. Medvey – Emmanuelle Béart (Nathalie), Manfred Lehmann – Gérard Depardieu (Bernard), Doris Gallart – Judith Magre (Catherines Mutter), Achim Geisler – Vladimir Yordanoff (François), Johannes Raspe – Rodolphe Pauly (Sohn)

Natural Born Killers
Natural Born Killers **(Oliver Stone, 1994), DF: 1994**
Thomas Petruo – Woody Harrelson (Mickey), Bettina Weiß – Juliette Lewis (Mallory), Tobias Meister – Robert Downey jr. (Wayne Gale), Ronald Nitschke – Tommy Lee Jones

Navy CIS

Navy CIS (TV-Serie)
Navy CIS (2003–), DF: Arena (i. A. v. Sat.1) 2005, D: Martina Marx, R: Theodor Dopheide
Wolfgang Condrus – Mark Harmon (Leroy Jethro Gibbs), Ghadah Al-Akel – Sasha Alexander (Kate Todd), Norman Matt – Michael Weatherly (Tony Di Nozzo), Antje v. d. Ahe – Pauley Perrette (Abby Sciuto), Timm Neu – Sean Murray (Timothy McGee), Eberhard Prüter – David McCallum (Ducky Mallard), Otto Mellies – Alan Dale (Tom Morrow), Klaus-Dieter Klebsch – Joe Spano (T. C. Fornell)

Network
Network (Sidney Lumet, 1976), DF: 1977, R: John Pauls-Harding
Wolf Ackva – William Holden (Max), Rosemarie Kirstein – Faye Dunaway (Diana), Holger Hagen – Peter Finch (Howard Beale), Hartmut Reck – Robert Duvall (Frank Hackett), Gerd Duwner – Ned Beatty (Jensen), Eberhard Mondry – Bill Burrows (TV-Direktor), Leo Bardischewski – William Prince (Ruddy), Marianne Wischmann – Beatrice Straight (Louise)

Das Netz
The Net (Irwin Winkler, 1995), DF: ds 1995, D/R: Elisabeth v. Molo
Michaela Geuer – Sandra Bullock (Angela Bennett), Thomas Rauscher – Jeremy Northam (Jack Devlin), Michael Ande – Dennis Miller (Dr. Champion), Gudrun Vaupel – Diane Baker (Mrs. Bennett), Thomas Rau – Ken Howard (Bergstrom), Silke Nikowski – Wendy Gazelle (Ruth Marx), Matthias Klie – Ray McKinnon (Dale), Horst Sachtleben – Daniel Schorr (WNN Anchor), Dirk Galuba – Robert Gosett (Ben Phillips)

1900
Novecento (Bernardo Bertolucci, 1976), DF: 1976
Eckart Dux – Robert De Niro (Alfredo), Wolfgang Lukschy – Burt Lancaster (Großvater), Klaus Kindler – Gérard Depardieu (Olmo), Matthias Nicolai – Paolo Pavesi (Alfredo als Kind), Erik Jelde – Sterling Hayden (Leo), Heidi Treutler – Dominique Sanda (Ada), Heidi Fischer – Stefania Sandrelli (Anita), Hartmut Reck – Donald Sutherland (Attila), Holger Hagen – Romolo Valli (Giovanni)

Nevada Smith
Nevada Smith (Henry Hathaway, 1965), DF: BSG 1966, D/R: Dietmar Behnke
Thomas Eckelmann – Steve McQueen (Nevada Smith), Fritz Tillmann – Karl Malden (Tom Fitch), Arnold Marquis – Brian Keith (Jonas Cord), Holger Hagen – Raf Vallone (Pater Zaccardi), Eva Pflug – Suzanne Pleshette (Pilar), Horst Niendorf – Arthur Kennedy (Bill Bowdre), Michael Chevalier – Martin Landau (Jesse Coe), Anita Kupsch – Janet Margolin (Neesa), Hans Walter Clasen – Pat Hingle (Big Foot), Hans Wiegner – Howard da Silva (Wächter), Hans W. Hamacher – Gene Evans (Sam Sand)

New York, New York
New York, New York (Martin Scorsese, 1977), DF: 1977
Christian Brückner – Robert De Niro (Jimmy Doyle), Eva Kinsky – Liza Minnelli (Francine Evans), Wolfgang Lukschy – Lionel Stander (Tony Harwell), Horst Sachtleben – Barry Primus (Paul), Heidi Treutler – Mary Kay Place (Bernice), Wolf Ackva – Georgie Auld (Frankie), Helmut Allerson – Georges Memmoli (Nicky), Werner Schwier – Murray Muston (Horace Morris), Norbert Gastell – Dick Miller (Palm-Club-Besitzer), Leo Bardischewski – Leonard Gaines (Artie Kinks)

Niagara
Niagara (Henry Hathaway, 1952), DF: Ultra 1953
Margot Leonard – Marilyn Monroe (Rose Loomis), Wolfgang Lukschy – Joseph Cotten (George Loomis), Edith Schneider – Jean Peters (Polly Cutler), Harald Juhnke – Casey Adams (Ray Cutler), Erich Fiedler – Don Wison (Kettering), Alice Treff – Lurene Tuttle (Mrs. Kettering), Siegfried Schürenberg – Dennis O'Dea (Inspector)

Nicht auflegen!
Phone Booth (Joel Schumacher, 2002), DF: Interopa 2003, D/R: Michael Nowka
Florian Halm – Colin Farrell (Stu Shepard), Tobias Meister – Kiefer Sutherland (Anrufer), Roland Hemmo – Forest Whitaker (Cpt. Ramey), Bettina Weiß – Radha Mitchell (Kelly), Marie Bierstedt – Katie Holmes (Pamela McFadden), Ingo Albrecht – Richard T. Jones (Sgt. Cole), Wanja Gerick – Keith Nobbs (Adam), Heike Schroetter – Paula Jai Parker (Felicia), Hansi Jochmann – Maile Flanagan (Lana)
«*Der unverkennbare Bronx-Akzent, den er [Colin Farrell] sich für die Rolle zulegte, geht im Hochdeutschen verloren; was bleibt ist eine sprachliche Vulgarität, die synchronisiert noch um einiges schmerzhafter klingt als im Original.*» (*Verena Lueken, FAZ, 7.8.2003*)

Nicht gesellschaftsfähig
⊃ Misfits – Nicht gesellschaftsfähig

Nikita
Nikita (Luc Besson, 1990), DF: 1990
Evelyn Maron – Anne Parillaud (Nikita), Stephan Schwartz – Jean-Hugues Anglade (Marco), Jürgen Heinrich – Tchéky Karyo (Bob), Dagmar Altrichter – Jeanne Moreau (Amande), Ulrich Gressieker – Jean Reno (Victor), Joachim Tennstedt – Marc Durat (Rico)

Nikita (TV-Serie)
Nikita (1997–2001), DF: Neue Tonfilm (i. A. v. RTL2) 1999
Katrin Fröhlich – Peta Wilson (Nikita), Axel Malzacher – Roy Dupuis (Michael Samuelle), Klaus Kindler – Don Francks (Walter)

Ninotschka
Ninotchka (Ernst Lubitsch, 1939), DF: Willy-Zeyn-Film 1948, R: Erich Kobler
Ingeborg Grunewald – Greta Garbo (Ninotschka), Hans Nielsen – Melvyn Douglas (Léon d'Algout), Bruno Hübner – Felix Bressart (Buljanoff)

Nip/Tuck – Schönheit hat ihren Preis (TV-Serie)
Nip/Tuck (2003–), DF: Interopa (i. A. v. Pro7) 2004, D: Kim Hasper, R: Stefan Fredrich
Uwe Büschken – Dylan Walsh (Sean), Torsten Michaelis – Julian McMahon (Christian), Christin Marquitan – Joely Richardson (Julia), David Turba – John Hensley (Matt), Astrid Bless – Liz Cruz (Roma Maffia)
«*Tell me what you don't like about yourself› lautet ihr Standardsatz bei neuen Patienten, dessen Kernaussage in der deutschen Synchronisation mit ‹Sagen Sie mir, was Sie an Ihrem Aussehen stört› ihrer Doppeldeutigkeit beraubt ist.*» (*Regula Freuler, NZZ, 12.2.2006*)

No Country for Old Men
No Country for Old Men (Etan u. Joel Coen, 2007, DF: Interopa 2008, D: Klaus Bickert, R: Frank Schaff
Ronald Nitschke – Tommy Lee Jones (Ed Tom Bell), Thomas Petruo – Javier Bardem (Anton Chigurh), Klaus Dieter Klebsch – Josh Brolin (Llewelyn Moss), Thomas Nero Wolff – Woody Harrelson (Carson Wells), Maria Koschny – Kelly MacDonald (Carla Jean Moss), Olaf Reichmann – Garret Dillahunt (Wendell), Astrid Bless – Tess Harper (Loretta Bell), Horst Lampe – Barry Corbin (Ellis)

Nobody's Fool
Nobody's Fool (Robert Benton, 1994), DF: 1995, D/R: Theodor Dopheide
G.G. Hoffmann – Paul Newman (Sully), Manfred Lehmann – Bruce Willis (Carl), Katja Nottke – Melanie Griffith (Toby), Gerhard Mohr – Dylan Walsh (Peter), Tilly Lauenstein – Jessica Tandy (Miss Beryl), Tobias Meister – Pruitt Taylor Vince (Rub), Joachim Nottke – Gene Saks (Wirf), Regina Lemnitz – Margo Martindale (Birdy)

Norbit
Norbit (Brian Robbins, 2007), DF: BSG 2007, D/R: Sven Hasper
Randolf Kronberg – Eddie Murphy (Norbit), Nana Spier – Thandie Newton (Kate), Dietmar Wunder – Cuba Gooding jr. (Deion), Tobias Kluckert – Terry Crews (Big Jack), Charles Rettinghaus – Eddie Griffin (Pope Sweet Jesus), Thomas Petruo – Clifton Powell (Earl), Tilo Schmitz – Mighty Rasta (Blue), Michael Iwannek – Katt Williams (Lord Have Mercy), Peter Gröger – Floyd Levine (Abe)

Notting Hill
Notting Hill (Roger Michell, 1999), DF: BSG 1999, D/R: Oliver Rohrbeck
Daniela Hoffmann – Julia Roberts (Anna Scott), Patrick Winczewski – Hugh Grant (William Thacker), Tobias Meister – Hugh Bonneville (Bernie), Thomas Nero Wolff – Rhys Ifans (Spike)

007 jagt Dr. No
Dr. No (Terence Young, 1962), DF: 1963
Klaus Kindler – Sean Connery (James Bond), Rainer Brandt – Jack Lord (Felix Leiter), Friedrich Joloff – Joseph Wiseman (Dr. No), Uta Hallant – Ursula Andress (Honey), Brigitte Grothum – Zena Marshall (Miss Taro), Eva Katharina Schultz – Eunice Gayson (Sylvia), Gerd Duwner – John Kitzmiller (Quarrell), Siegfried Schürenberg – Bernard Lee (M), Gerd Martienzen – Anthony Dawson (Dent)
▶ Ursula Andress wurde im Original von der aus Berlin stammenden Britin Nikki van der Zyl synchronisiert, die auch das Lied ‹Under the mango tree› sang und insgesamt acht Bond-Girls die englische Stimme gab. (Interview mit Nikki van der Zyl, SZ, 27.10.2012)

Numb3rs – Die Logik des Verbrechens (TV-Serie)
Numb3rs (2005–), DF: Arena (i. A. v. Pro7 2005), D: Eva Schaaf, R: Timmo Niesner
Dietmar Wunder – Rob Morrow (Don), Timmo Niesner – David Krumholtz (Charlie), Roland Hemmo – Judd Hirsch (Alan), Tobias Kluckert – Alimi Ballard (David Sinclair), Tobias Meister – Peter MacNicol (Larry Fleinhardt), Andrea Aust – Sabrina Lloyd (Terry Lake)

Nummer 5 lebt
Short Circuit (John Badham, 1985), DF: 1986
Wolfgang Ziffer – (Nummer 5), Katja Nottke – Ally Sheedy (Stephanie), Tayfun Bademsoy – Fisher Stevens (Ben), Helmut Krauss – G. W. Bailey (Gen. Schroeder)

Nur 48 Stunden
48 Hours (Walter Hill, 1982), DF: 1983
Tommi Piper – Nick Nolte (Jack Cates), Randolf Kronberg – Eddie Murphy (Reggie Hammond), Uschi Wolff – Annette O'Toole (Elaine), Herbert Weicker – Frank McRae (Haden)
▶ In der Fortsetzung Und wieder 48 Stunden (1990) sprach Thomas Danneberg für Nick Nolte.

Nur die Sonne war Zeuge
Plein Soleil (René Clement, 1959), DF: Dt. Mondial 1960
Harald Leipnitz – Alain Delon (Tom Ripley), Niels Clausnitzer – Maurice Ronet (Philippe), Margot Leonard – Marie Laforêt (Marge), Klaus Havenstein – Bill Kearns (Freddy), Klaus Schwarzkopf – Erno Crisa (Insp. Riccordi), Eva Eras – Elvire Popesco (Mme Popova

Nur Samstag nacht
Saturday Night Fever (John Badham, 1977), DF: BSG 1978, D/R: Arne Elsholtz
Thomas Danneberg – John Travolta (Tony Manero), Michael Nowka – Barry Miller (Bobby C.), Manfred Lehmann – Joseph Call (Joey), Thomas Piper – Paul Pape (Double J.), Joseline Gassen – Donna Pescow (Annette), Hans-Jürgen Dittberner – Bruce Ornstein (Gus)

O

O.C. California (TV-Serie)
The O.C. (2003–2007), DF: Cinephon (i. A. v. Pro7) 2004, D/R: Erik Paulsen (2. Staffel: Björn Schalla)
Peter Reinhardt – Peter Gallagher (Sandy Cohen), Andrea Loewig – Kelly Rowan (Kirsten), Tommi Morgenstern – Benjamin McKenzie (Ryan Atwood), Maria Koschny – Mischa Barton (Marissa Cooper), Benedikt Gutjan – Adam Brody (Seth Cohen), Björn Schalla – Chris Carmack (Luke Ward), Bianca Krahl – Rachel Bilson (Summer Roberts), Peter Flechtner – Tate Donovan (Jimmy Cooper)
«Wie so oft verliert das Original durch die Synchronisation erheblich, gerade im Fall des Sonderlings Seth, der, als moderner Holden Caufield gezeichnet, nun nicht mehr so hektisch spricht wie die moderne Teenieausgabe von Woody Allen und dessen ‹Teenage Angst› deswegen nur mehr gebremst durchscheinen.» (Heike Hupertz, FAZ, 19.1.2005)

O Brother, Where Art Thou?
O Brother, Where Art Thou? (Joel u. Ethan Coen, 2000), DF: Interopa 2000, D/R: Sven Hasper
Detlef Bierstedt – George Clooney (McGill), Stefan Fredrich – John Turturro (Pete), Joachim Tennstedt – Tim Blake Nelson (Delmar), Klaus Sonnenschein – John Goodman (Big Dan Teague)
«Ein Film mit einer besonderen Art von Humor, der zum Teil, wie der wunderbare Südstaatendialekt von Tim Blake Nelson als Delmar, durch die Synchronisation verlorengeht, im großen und ganzen aber auch den deutschen Zuschauer erreicht.» (Andreas Kilb, FAZ, 18.10.2000)

Die oberen Zehntausend
High Society (Charles Walters, 1956), DF: MGM 1957
Erik Ode – Bing Crosby (Dexter),

Aglaja Schmidt – Grace Kelly (Tracy), Wolfgang Kieling – Frank Sinatra (Mike), Agi Prandhoff – Celeste Holm (Liz Imbrie), Klaus Schwarzkopf – John Lund (George), Siegfried Schürenberg – Louis Calhern (Onkel Willie), Curt Ackermann – Sidney Blackmer (Seth Lord)

OBSESSION ➩ SCHWARZER ENGEL

OCEAN'S ELEVEN
OCEAN'S ELEVEN (Steven Soderbergh, 2001), DF: Interopa 2002, D/R: Frank Schaff
Martin Umbach – George Clooney (Danny Ocean), Matthias Hinze – Matt Damon (Linus), Stephan Schwartz – Andy Garcia (Terry Benedict), Tobias Meister – Brad Pitt (Rusty Ryan), Daniela Hoffmann – Julia Roberts (Tess), Björn Schalla – Casey Affleck (Virgil Malloy)

OCTOPUSSY
OCTOPUSSY (John Glen, 1983), DF: 1983
Niels Clausnitzer – Roger Moore (James Bond), Viktoria Brams – Maud Adams (Octopussy), Erik Schumann – Louis Jourdan (Kamal), Dagmar Heller – Kristina Wayborn (Magda), Wolf Ackva – Robert Brown (M), Sigmar Solbach – Vijay Amritraj (Vijay)

DER ÖFFENTLICHE FEIND
PUBLIC ENEMY (William A. Wellman, 1931), DF: ARD 1979
Wolfgang Draeger – James Cagney (Tom Powers), Wolfgang Müller – Edward Woods (Matt Doyle), Emely Reuer – Jean Harlow (Gwen Allen), Sigmar Solbach – Donald Cook (Mike Powers), Alice Franz – Beryl Mercer (Ma Powers), Wolfgang Hess – Robert Emmett O'Connor (Paddy)

EIN OFFIZIER UND GENTLEMAN
AN OFFICER AND A GENTLEMAN (Taylor Hackford, 1982), DF: 1983, D/R: Jürgen Clausen
Frank Glaubrecht – Richard Gere (Zack Mayo), Uschi Wolff – Debra Winger (Paula), Hans-Georg Panczak – David Keith (Sid Worley), Günther Sauer – Robert Loggia (Byron Mayo), Katharina Lopinski – Lisa Blount (Lynette), Anne Springmann – Lisa Eilbacher (Casey Seeger), Randolf Kronberg – Louis Gosset jr. (Sgt. Foley), Gerhard Acktun – Tony Plana (Emiliano della Serra), Tommi Piper – Harold Sylvester (Perryman), Roland Astor – David Caruso (Topper Daniels)

OLD SHATTERHAND
(Hugo Fregonese, 1963), DF: 1964
G.G. Hoffmann – Lex Barker (Old Shatterhand), Christian Wolff – Pierre Brice (Winnetou), Ruth Maria Kubitschek – Daliah Lavi (Paloma), Rainer Brandt – Guy Madison (Cpt. Bradley), Ralf Wolter – Ralf Wolter (Sam Hawkins), Dietmar Schönherr – Gustavo Rojo (Bush), Hans Nielsen – Charles Fawcett (Gen. Taylor)

OLD SUREHAND
(Alfred Vohrer, 1965)
Heinz Engelmann – Stewart Granger (Old Surehand), Thomas Eckelmann – Pierre Brice (Winnetou), Marianne Lutz – Letitia Roman (Judith), Wolfgang Lukschy – Wolfgang Lukschy (Edwards), Rainer Brandt – Larry Pennell (General), Joachim Ansorge – Mario Girotti (Toby), Hugo Schrader – Paddy Fox (Old Wabble)
▶ In DER ÖLPRINZ aus dem gleichen Jahr sprach Helmo Kindermann für Stewart Granger.

DAS OMEN
THE OMEN (Richard Donner, 1975), DF: BSG 1976, D: Lutz Arenz, R: Dietmar Behnke
Martin Hirthe – Gregory Peck (Robert Thorn), Almut Eggert – Lee Remick (Katherine), Claus Jurichs – David Warner (Jennings), Christine Gerlach – Billie Whitelaw (Mrs. Baylock), René Puchalski – Harvey Stephens (Damien), Eric Vaessen – Patrick Troughton (Pater Brennan)
▶ In der Fortsetzung DAMIEN – DAS OMEN II (1978) sprachen Horst Niendorf: William Holden (Richard Thorn), Renate Küster: Lee Grant (Ann Thorn), Peter Altmann: Jonathan Scott-Taylor (Damien), Joachim Kemmer: Robert Foxworth (Paul Buher), Randolf Kronberg: Nicholas Pryor (Charles Warren).

OPEN RANGE – WEITES LAND
OPEN RANGE (Kevin Costner, 2003), DF: FFS 2004, D: Klaus Bickert, R: Joachim Tennstedt
F.G. Beckhaus – Robert Duvall (Boss Spearman), Frank Glaubrecht – Kevin Costner (Charley Waite), Traudel Haas – Annette Bening (Sue Barlow), Otto Mellies – Michael Gambon (Denton Baxter), Rainer Gerlach – Michael Jeter (Percy), Nico Mamone – Diego Luna (Button)

OPEN YOUR EYES
ABRE LOS OJOS (Alejandro Almenábar, 1997), DF: FFS 2000, D/R: Cornelia Meinhardt

Viktor Neumann – Eduardo Noriaga (Cesar), Reinhardt Kuhnert – Chete Lera (Antonio), Antje v.d. Ahe – Penélope Cruz (Sofia), Gerrit Schmidt-Foß – Fele Martinez (Pelayo), Wolfgang Condrus – Gerad Barray (Duvernois), Christin Marquitan – Najwa Nimri (Nuria), Oliver Feld – Jorge de Juan (Angestellter), Hans Teuscher – Miguel Palenzuela (Kommissar)

THE OTHERS
THE OTHERS (Alejandro Almenábar, 2001), DF: Hermes 2002, R: Theodor Dopheide
Petra Barthel – Nicole Kidman (Grace), Bettina Schön – Fionnula Flanagan (Bertha Mills), Charlotte Mertens – Alakina Mann (Anne), Bernd Vollbrecht – Christopher Eccleston (Charles), Lukas Mertens – James Bentley (Nicholas), Gerhard Paul – Eric Sykes (Edmund Tuttle), Hannelore Minkus – Renée Asherson (alte Frau)

OUT OF SIGHT
OUT OF SIGHT (Steven Soderbergh, 1998), DF: Interopa 1998, D/R: Alexandra v. Grote
Detlef Bierstedt – George Clooney (Jack Foley), Sabine Jäger – Jennifer Lopez (Karen Sisco), Tilo Schmitz – .Ving Rhames (Buddy Bragg), Torsten Michaelis – Don Cheadle (Snoopy Miller), Gerd Holtenau – Dennis Farina (Marshall Sisco), Eberhard Prüter – Albert Brooks (Richard Ripley), Stefan Krause – Steve Zahn (Glenn Michaels), Charles Rettinghaus – Isaiah Washington (Kenny)

OUT OF THE PAST
➩ GOLDENES GIFT

OUTBREAK – LAUTLOSE KILLER
OUTBREAK (Wolfgang Petersen, 1994), DF: 1995
Joachim Kerzel – Dustin Hoffman (Col. Daniels), Evelyn Maron – Rene Russo (Dr. Robby Keough), Jürgen Kluckert – Morgan Freeman (Gen. Ford), Gerhard Mohr – Kevin Spacey (Mj. Casey Schuler), Dietmar Wunder – Cuba Gooding jr. (Mj. Salt), Andreas Fröhlich – Patrick Dempsey (Jimbo Scott), Rolf Schult – Donald Sutherland (Gen. McClintock), Peter Schiff – Zakes Mokae (Dr. Iwabi)

OUTLAND – PLANET DER VERDAMMTEN
OUTLAND (Peter Hyams, 1980), DF: 1981
G.G. Hoffmann – Sean Connery (O'Neil), Edgar Ott – Peter Boyle

(Sheppard), Marianne Wischmann – Frances Sternhagen (Lazarus), Joachim Kerzel – James B. Sikking (Montone), Traudel Haas – Kika Markham (Carol), Arne Elsholtz – Steven Berkoff (Sagan), Frank Schaff – Nicholas Barnes (Paul O'Neal)

P

PADRE PADRONE – MEIN VATER, MEIN HERR
PADRE PADRONE (Paolo u. Vittorio Taviani, 1977), DF: Interopa 1978, D: Jutta Rentrop, R: Klaus v. Wahl
Holger Kepich – Omero Antonutti (Gavinos Vater), Alexander Radszun – Saverio Marioni (Gavino), Patrick Elias – Fabrizio Forte (Gavino als Kind)
«Die deutsche Fernsehsynchronisation, die auf der Leinwand gespielt wird, ist schlicht katastrophal – abgesehen davon, dass jede Synchronisation den Sarden ihre Sprache wegnimmt, was gerade bei diesem Film unentschuldbar ist, verwischt diese hier auch noch die Unterschiede zwischen dem sardischen Dialekt, den Ledda spricht und der ein Zeichen seiner sozialen Unterprivilegiertheit ist, und der italienischen Sprache, die er lernen muss und deren Gebrauch zum Zeichen seiner Bewusstheit wird, bis zur Unkenntlichkeit.» (Klaus Eder, Deutsche Volkszeitung, 25.1.1979)

PALE RIDER – DER NAMENLOSE REITER
PALE RIDER (Clint Eastwood, 1985), DF: 1985
Klaus Kindler – Clint Eastwood (Prediger), Michael Brennicke – Michael Moriarty (Hull Barrett), Maddalena Kerrh – Carrie Snodgress (Sarah Wheeler), Martin Umbach – Chris Penn (Josh LaHood), Holger Hagen – Richard Dysart (Coy LaHood), Madeleine Stolze – Sydney Penny (Megan), Fred Maire – Doug McGrath (Spider Conway)

PANIC ROOM
PANIC ROOM (David Fincher, 2001), DF: Hermes 2002, D/R: Andreas Pollak
Hansi Jochmann – Jodie Foster (Meg), Anja Stadtlober – Kristen Stewart (Sarah), Tobias Meister – Forest Whitaker (Burnham), Marco Kröger – Dwight Yoakam (Raoul),

Simon Jäger – Jared Leto (Junior), Michael Christian – Patrick Bauchau (Stephen), Katharina Koschny – Ann Magnuson (Lydia Lynch)

DER PANTHER WIRD GEHETZT
CLASSES TOUS RISQUES (Claude Sautet, 1959), DF: IFU 1960, D: Eberhard Cronshagen, R: Horst H. Roth
Alwin-Joachim Meyer – Lino Ventura (Abel), Lis Verhoeven – Sandra Milo (Liliane), Alfons Höckmann – Jean-Paul Belmondo (Stark), Maja Scholz – Simone France (Thérèse), Wolfgang Feige – Stan Krol (Raymond Naldi), Erich Fiedler – Claude Cerval (Farguier), Friedrich Joloff – Marcel Dalio (Gibelin)

PAPILLON
PAPILLON (Franklin J. Schaffner, 1973), DF: 1973
Klaus Kindler – Steve McQueen (Papillon), Manfred Schott – Dustin Hoffman (Louis Dega), Thomas Braut – Don Gordon (Julot), Herbert Weicker – Anthony Zerbe (Toussaint), K. E. Ludwig – Woodrow Parfrey (Clusiot)

DER PARTYSCHRECK
THE PARTY (Peter Sellers, 1967), DF: 1969
Wolfgang Gruner – Peter Sellers (Bakshi), Renate Küster – Claudine Longet (Michele), Alice Treff – Fay McKenzie (Alice Clutterbuck), Michael Chevalier – Denny Miller (Wyoming Bill Kelso), Martin Hirthe – Gavin MacLeod (Divot), Hans Wiegner – J. Edward McKinley (Clutterbuck)
«Auf deutsch hat man die Synchronisation etwas aufgepeppt, was die Sache zwar verfälscht, aber zur Abwechslung den Film mitunter wirklich bereichert.» (Michael Althen, FAZ, 15.7.2001)

PAT GARRETT JAGT BILLY THE KID
PAT GARRETT AND BILLY THE KID (Sam Peckinpah, 1972), DF: 1973
Arnold Marquis – James Coburn (Pat Garrett), Michael Chevalier – Kris Kristofferson (Billy the Kid), Friedrich Schoenfelder – Jason Robards (Wallace), Joachim Nottke – Slim Pickens (Sheriff Baker), Peter Schiff – John Beck (Poe)
Daneben existiert eine weitere Synchronfassung von 1987 mit Eckart Dux (Pat) und Uwe Paulsen (Billy).

PAT UND MIKE
PAT AND MIKE (George Cukor, 1951), DF: ARD 1983
Katrin Schaake – Katharina Hep-

burn (Pat),Horst Schön – Spencer Tracy (Mike), Peter Heinrich – Aldo Ray (Davie Hucks), Holger Mahlich – William Ching (Collier Weld), Lothar Grützner – Jim Backus (Charles Barry), Wolfgang Draeger – Sammy White (Barney Grau), Wolfgang Völz – George Mathews (Spec Cauley), Volker Bogdan – Charles Bronson (Hank Tasling), Harald Halgarth – Loring Smith (Beminger), Verena Wiet – Phyllis Royal (Mrs. Beminger)

DER PATE 1 UND 2
THE GODFATHER (Francis Ford Coppola, 1972/74), DF: BSG 1972/75, D/R: Ottokar Runze
Gottfried Kramer – Marlon Brando (Don Corleone), Lutz Mackensy – Al Pacino (Michael), Thomas Stroux – James Caan (Sonny), Norbert Langer – Robert Duvall (Tom Hagen), Traudel Haas – Diane Keaton (Kay Adams), Christian Brückner – Robert De Niro (Vito), Richard Haller – Richard Castellano (Clemenza), Arnold Marquis – Sterling Hayden (McCluskey), Edgar Ott – John Marley (Jack Woltz), Christian Rode – Richard Conte (Barzini), Katrin Schaake – Talia Shire (Connie Rizzi), Jürgen Thormann – John Cazale (Fredo), G. G. Hoffmann – Al Lettieri (Sollozo), Wolfgang Büttner – Lee Strasberg (Hyman Roth), Hellmut Lange – G. D. Spradlin (Senator Geary), Wolfgang Lukschy – Michael V. Gazzo (Frankie Pentangeli), Helmut Heyne – Richard Bright (Al Neri)
▶ Die Fernsehfassung (ZDF 1979) lief mit teilweise veränderter Stimmenbesetzung. Für Al Pacino sprach Frank Glaubrecht, für James Caan Manfred Lehmann, für Talia Shire Liane Rudolph, für Richard Castellano Mogens v. Gadow, für Sterling Hayden Heinz Petruo, für Al Lettieri Gerlach Fiedler, für Lee Strasberg Siegfried Schürenberg.

DER PATRIOT
THE PATRIOT (Roland Emmerich, 2000), DF: R.C. Production 2000, D/R: Tobias Meister
Elmar Wepper – Mel Gibson (Benjamin Martin), Simon Jäger – Heath Ledger (Gabriel Martin), Bettina Weiß – Joely Richardson (Charlotte Selton), Hubertus Bengsch – Jason Isaacs (William Tavington), Joachim Tennstedt – Chris Cooper (Harry Burwell), Klaus Jepsen – René Auberjonois (Rev. Oliver), Manja Doering – Lisa Brenner (Anne Howard),

Pearl Harbor
Pearl Harbor (Michael Bay, 2001), DF: BSG 2001, D: Alexander Löwe, R: Clemens Frohmann
Peter Flechtner – Ben Affleck (Cpt. Rafe McCawley), Simon Jäger – Josh Hartnett (Cpt. Danny Walker), Marie Bierstedt – Kate Beckinsale (Evelyn), Tobias Müller – William Lee Scott (Billy Thompson), Björn Schalla – Greg Zola (Anthony Fusco), Oliver Rohrbeck – Ewen Bremner (Red Winkle), Klaus Dieter Klebsch – Alec Baldwin (Doolittle), Julia Ziffer – James King (Betty), Bianca Krahl – Catherine Kellner (Barbara), Dascha Lehmann – Jennifer Garner (Sandra), Achim Höppner – Jon Voight (Roosevelt), Dietmar Wunder – Cuba Gooding jr. (Miller), Michael Iwannek – Michael Shannon (Gooz Wood), Frank Glaubrecht – Colm Feore (Kimmel), Thomas Danneberg – Dan Aykroyd (Thurman)

Peggy Sue hat geheiratet
Peggy Sue Got Married (Francis Ford Coppola, 1986), DF: 1986
Traudel Haas – Kathleen Turner (Peggy Sue), Arne Elsholtz – Nicolas Cage (Charlie Bodell), Michael Nowka – Barry Miller (Richard Norvik)

Perfect World
A Perfect World (Clint Eastwood, 1993), DF: 1993
Klaus Kindler – Clint Eastwood (Red Garnett), Frank Glaubrecht – Kevin Costner (Butch Haynes), Sabine Jaeger – Laura Dern (Sally Gerber), Imo Heite – Leo Burmester (Tom Adler), Jan Spitzer – Keith Szarabajka (Terry Pugh), Lutz Riedel – Bradley Whitford (Bobby Lee), Marianne Groß – Jennifer Griffin (Gladys Perry)

Das perfekte Verbrechen
Fracture (Gregory Hoblit, 2007), DF: FFS 2007, D: Klaus Bickert, R: David Nathan
Joachim Kerzel – Anthony Hopkins (Ted Crawford), David Nathan – Ryan Gosling (Willy Beachum), Reinhard Kuhnert – David Strathairn (Joe Lobruto), Ranja Bonalana – Rosamund Pike (Nikki Gardner), Arianne Borbach – Embeth Davidtz (Jennifer Crawford), Bernd Vollbrecht – Billy Burke (Rob Nunally), Charles Rettinghaus – Cliff Curtis (Flores), Karin Buchholz – Fiona Shaw (Richterin Robinson), Lutz Riedel – Bob Gunton (Richter Gardner)

Perry Mason (TV-Serie)
Perry Mason (1957–1966), DF: Pro7 1990
Heinz Giese/Engelbert v. Nordhausen – Raymond Burr (Perry Mason), Dagmar Altrichter/Heike Schroetter – Barbara Hale (Della Street), Martin Kessler – William Hopper (Paul Drake), Manfred Rahn – William Talman (Hamilton Burger), Hans W. Hamacher – Ray Collins (Lt. Tagg)

Person of Interest (TV-Serie)
Person of Interest (2011), DF: Hermes (i. A. v. RTL) 2012, R: Joachim Tennstedt
Nicolas Böll – Jim Caviezel (John Reese), Udo Schenk – Michael Emerson (Harold Finch), Vera Teltz – Taraji P. Henson (Joss Carter), Lutz Schnell – Kevin Chapman (Lionel Fusco)

Petrocelli (TV-Serie)
Petrocelli (1974–76), DF: ZDF 1976
Rolf Schult – Barry Newman (Petrocelli), Christa Rossenbach/Rita Engelmann – Susan Howard (Maggie), Michael Chevalier / Karl Schulz (Pro7 1987) – Albert Salmi (Pete)

Der Pfandleiher
The Pawnbroker (Sidney Lumet, 1964), DF: Aura 1967, R: Conrad v. Molo
Paul-Edwin Roth – Rod Steiger (Sol Nazerman), Thomas Braut – Jaime Sanchez (Ortiz), Herbert Weicker – Brock Peters (Rodriguez), Rosemarie Kirstein – Thelma Oliver (Ortiz' Freundin), Margaret Jahnen – Geraldine Fitzgerald (Marilyn Birchfield)

«Nach Ansicht von Kennern der Originalfassung hält die deutsche Synchronisation, die der Nora-Filmverleih besorgen ließ, jeden Vergleich mit dem Original aus. Nur der deutsche Stimme von Rod Steiger wirkt vielleicht etwas zu jung, um die Position von Müdigkeit und Abkapselung des Pfandleihers hundertprozentig wiederzugeben. An dieser Tatsache ändert auch nichts, dass der deutsche Sprecher P.E. Roth etwa ebenso alt sein soll wie Rod Steiger.» *(E.K./A.W., Ev. Filmbeobachter 46, 1967)*

Der Pferdeflüsterer
The Horse Whisperer (Robert Redford, 1998), DF: 1998
Rolf Schult – Robert Redford (Tom Booker), Anke Reitzenstein – Kristin Scott Thomas (Annie), Wolfgang Condrus – Sam Neill (Robert), Julia Ziffer – Scarlett Johansson (Grace), Kerstin Sanders-Dornseif – Dianne Wiest (Dianne), Michael Christian – Chris Cooper (Frank), Katharina Koschny – Cherry Jones (Liz Hammond)

«Gesprochen wird wenig – beredt sind vor allem die Blicke, die ausgetauscht und auch vermieden werden: Der Augenkontakt zwischen Mann und Frau, Mutter und Tochter, Mensch und Pferd bestimmt die Kameraführung. Das macht die deutsche Synchronisation allerdings auch nicht besser. Einzig die Märchenerzählerstimme Redfords scheint zu ‹stimmen›. Wenn aber Annie im Krankenhaus mit wütendem Aktionismus ihren Schock und ihre Hilflosigkeit überspielen will und den Arzt sarkastisch fragt, welches Bein er ihrer Tochter denn abgenommen hat, wirkt ihr Ansinnen im Deutschen geradezu plausibel.» *(Felicitas v. Lovenberg, FAZ, 24.9.1998)*

Die phantastische Reise
Fantastic Voyage (Richard Fleischer, 1965), DF: BSG 1966, D: Heinz Giese, R: Jürgen v. Alten
Rainer Brandt – Stephen Boyd (Grant) Renate Küster – Raquel Welch (Cora), Wolfgang Spier – Donald Pleasence (Dr. Michaels), Joachim Nottke – Arthur Kennedy (Dr. Duval), Michael Chevalier – William Redfield (Cpt. Owens), Friedrich Schoenfelder – Arthur O'Connell (Col. Reid)

Philadelphia
Philadelphia (Jonathan Demme, 1992), DF: Rondo 1994, D/R: Marianne Groß
Arne Elsholtz – Tom Hanks (Andrew Becket), Leon Boden – Denzel Washington (Joe Miller), Bernd Vollbrecht – Antonio Banderas (Miguel), Joachim Nottke – Jason Robards (Wheeler), Bettina Schön – Joanne Woodward (Sarah Beckett), Karin Buchholz – Mary Steenburgen (Belinda Conine), Friedrich G. Beckhaus – Ron Vawter (Bob Seidman), Edgar Ott – Robert Ridgley (Walter Kenton), Wolfgang Völz – Charles Napier (Richter Garnett)

Der Pianist
The Pianist (Roman Polanski, 2002), DF: Studio Babelsberg 2002, D/R: Heinz Freitag
Stephan Schwartz – Adrien Brody (Wladyslaw Szpilman), Thomas Kretschmann – Thomas Kretschmann (Hosenfeld), Ulrich Krohm – Frank Finlay (Vater), Regina

Lemnitz – Maureen Lipman (Mutter), Normann Matt – Ed Stoppard (Henryk) Bettina Weiß – Emilia Fox (Dorota), Sabine Arnhold – Julia Rayner (Regina), Marie Bierstedt – Kate Meyer (Halina)

PICKET FENCES – TATORT GARTENZAUN (TV-Serie)
PICKET FENCES (1992–1996), DF: Telesynchron (i. A. v. Sat.1) 1995, D/R: Bernd Eichner
Bodo Wolf – Tom Skerrit (Jimmy Brock), Karin Gröger – Kathy Baker (Jill), Melanie Haggege – Holly Marie Combs (Kimberly), Ozan Ünal – Justin Shenkarow (Matthew), Nicolas Artajo – Adam Wylie (Zachary), Iris Artajo – Lauren Holly (Maxine Stewart), Tom Vogt – Costas Mandylor (Kenny Lacos), Gerd Holtenau – Fyvush Finkel (Douglas Wambaugh), Eva Maria Werth – Zelda Rubinstein (Virginia), Norbert Gescher – Kelly Connell (Dr.Pyke)

PICKNICK AM VALENTINSTAG
PICNIC AT HANGING ROCK (Peter Weir, 1976), DF: ARD 1977
Marianne Kehlau – Rachel Roberts (Mrs. Appleyard), Uta Hallant – Helen Morse (Dianne De Poitiers), Eleonore Noelle – Vivean Gray (Greta McGraw), Constanze Engelbrecht – Anne Lambert (Miranda), Uschi Wolff – Karen Robson (Irma), Irina Wanka – Jane Vallis (Marion), Ekkehardt Belle – Dominic Guard (Michael)

PINOCCHIO (TV-Serie)
PINOCCHIO YORI PICCOLINO NO BOKEN (1976), DF: ZDF 1977
Helga Anders – (Pinocchio), Christa Häußler – (Gina), Uschi Wolff – (Taube), Fred Maire – (Fuchs), Michael Rüth – (Kater), Harald Baerow – (Roco), Willy Friedrichs – (Gepetto), Monika John – (Giulietta)

PIPPI IM TAKA-TUKA-LAND
PIPPI LANGSTRUMP PA DE SJU HAVEN (Olle Hellborn, 1969), DF: 1970
Andrea L'Arronge – Inger Nilsson (Pippi Langstrumpf), Eva Mattes – Pär Sundberg (Tommy), Claudia Quilling – Maria Persson (Annika), Herbert Weicker – Beppe Wolgers (Kap. Langstrumpf), Erik Jelde – Martin Ljung (Messer-Jocka)

PLANET DER AFFEN
PLANET OF THE APES (Franklin J. Schaffner, 1967), DF: Ultra 1968
Wolfgang Kieling – Charlton Heston (George Taylor), Claus Jurichs –

Roddy McDowall (Cornelius), Renate Danz – Kim Hunter (Dr. Zira), Fritz Tillmann – Maurice Evans (Dr. Zaius)
▶ In RÜCKKEHR ZUM PLANET DER AFFEN (1970) sprachen Wilhelm Borchert für Charlton Heston und Heinz Petruo für James Franciscus (Brent), in FLUCHT VOM PLANET DER AFFEN (1971) Andreas Mannkopff für Roddy McDowall, Joachim Kemmer für Bradford Dillman (Dr. Dixon) und Peer Schmidt für Ricardo Montalban (Armando), in EROBERUNG VOM PLANET DER AFFEN (1972) Michael Chevalier für Don Murray (Breck) und Gerd Martienzen für Ricardo Montalban, in DIE SCHLACHT UM DEN PLANET DER AFFEN (1973) Arnold Marquis für Claude Akins (Aldo).

PLANET DER AFFEN
PLANET OF THE APES (Tim Burton, 2001), DF: Interopa 2001, D/R: Tobias Meister
Oliver Mink – Mark Wahlberg (Cpt. Davison), Udo Schenk – Tim Roth (Thade), Melanie Pukaß – Helena Bonham Carter (Ari), Tilo Schmitz – Michael Clarke Duncan (Attar), Wolfgang Ziffer – Paul Giamatti (Limbo), Irina Wanka – Estella Warren (Daena), Thomas Fritsch – Kris Kristofferson (Karubi), Karl Heinz Oppel – Charlton Heston (Thades Vater), Michael Christian – Cary-Hiroyuki Tagawa (Krull)

PLATOON
PLATOON (Oliver Stone, 1986), DF: 1987, D/R: Horst Balzer
Uwe Friedrichsen – Tom Berenger (Sgt. Barnes), Christian Brückner – Willem Dafoe (Sgt. Elias), Ulrich Matthes – Charlie Sheen (Chris), Helmut Krauss – Forest Whitaker (Big Harold), Hans W. Bussinger – John C. McGinley (Sgt. O'Neill)
«In der deutschen Synchronisation wird indessen der ‹gruntspeak›, die grunzende Landessprache mestiziert, deren schnoddrige Flüche und Euphemismen mehr über die Stimmung der Soldaten aussagen als etwa die im Off verlesenen, hilflosen Feldpostbriefe von Chris an seine Großmutter.» (Uwe Schmitt, FAZ, 30.4.1987)

EIN PLATZ AN DER SONNE
A PLACE IN THE SUN (George Stevens, 1951), DF: 1952
Malte Jaeger – Montgomery Clift (George Eastman), Bettina Schön – Elizabeth Taylor (Angela Vickers),

Gisela Trowe – Shelley Winters (Alice Tripp), Ernst Fritz Fürbringer – Sheppard Strudwick (Anthony Vickers), Peter Pasetti – Raymond Burr (Frank Marlowe), John Pauls-Harding – Keefe Brasselle (Earl Eastman), Anton Reimer – Fred Clark (Bellows)

PLÖTZLICH IM LETZTEN SOMMER
SUDDENLY, LAST SUMMER (Joseph L. Mankiewicz, 1959), DF: Aura 1960, D: Beate v. Molo, R: Conrad v. Molo
Johanna v. Koczian – Elizabeth Taylor (Catherine), Niels Clausnitzer – Montgomery Clift (Dr. Cukrowicz), Agnes Fink – Katharine Hepburn (Violet Venable), Klaus W. Krause – Albert Dekker (Dr. Hockstader), Klaus Havenstein – Gary Raymond (George Holly)
«Gäbe es Preise für Synchronisation, hätte die Aura-Film die Vorhand.» (Filmwoche 12, 1960)
«Der Dialog wirkt nicht nur durch seinen Inhalt, sondern (und dies ist ein Lob für die Synchronisateure) durch die Intensität des Sprechens.» (Wk., Ev. Filmbeobachter 12, 1960)

POCAHONTAS
POCAHONTAS (Mike Gabriel/Eric Goldberg, 1994), DF: BSG 1995, D/R: Lutz Riedel
Alexandra Wilcke – (Pocahontas), Sigmar Solbach – (John Smith), Hildegard Knef – (Großmutter Weide), Joachim Kemmer – (Ratcliffe), Stefan Fredrich – (Lon)

POINT BLANK
POINT BLANK (John Boorman, 1967), DF: MGM 1968
Martin Hirthe – Lee Marvin (Walker), Konrad Wagner – Keenan Wynn (Yost), Heinz Petruo – Lloyd Bochner (Frederick Carter), Herbert Stass – Michael Strong (Stegman), Michael Chevalier – John Vernon (Mal Reese), Christian Brückner – James Sikking (Hired Gun)

POLIZEIREVIER HILL STREET (TV-Serie)
HILL STREET BLUES (1981–1987), DF: ZDF 1985
Horst Stark – Daniel J. Travanti (Frank Furillo), Arnold Marquis – Michael Conrad (Phil Esterhaus), Uwe Paulsen – Michael Warren (Bobby Hill), Andreas Mannkopff – Charles Haid (Andy Renko), Almut Eggert – Veronica Hamel (Joyce Davenport), Frank Glaubrecht – Bruce Weitz (Mick Belker), Friedrich G. Beckhaus – René Enriquez (Ray Calletano)

▶ Neu synchronisierte Folgen liefen 1994 im Kabelkanal u.a mit Henry König für Frank, Eckart Dux für Andy und Gabriele Libbach für Joyce.

Poltergeist
Poltergeist (Tobe Hooper, 1982), DF: 1982
Joachim Kerzel – Craig T. Nelson (Steve), Marianne Groß – Jobeth Williams (Diane), Oliver Redsch – Oliver Robbins (Robbie), Ingeborg Wellmann – Beatrice Straight (Dr. Lesh)

Popeye – Der Seemann mit dem harten Schlag
Popeye (Robert Altman, 1980), DF: BSG 1981, D: Hans Bernd Ebinger, R: Dietmar Behnke
Wolfgang Pampel – Robin Williams (Popeye), Liane Rudolph – Shelley Duvall (Olive Oyl), Arnold Marquis – Ray Walston (Vater), Mogens v. Gadow – Paul Dooley (Wimpy), Harald Dietl – Paul Smith (Bluto)
«*Popeye spricht einen wüsten Slang und verwendet häufig falsche Wörter, was komische Wirkungen ergibt, die deutsche Synchronisation aber vor kaum lösbare Aufgaben stellt. Und um noch eins draufzusetzen, haben die unseligen Synchronisationsmenschen – wie dies schon in den fünfziger Jahren schlechte Praxis war – die zahlreichen Songs eingedeutscht.*» (Wolfgang Stieler, Tagesspiegel, 30.12.1981)

Predator
Predator (John McTiernan, 1987), DF: 1987, D/R: Andreas Pollak
Thomas Danneberg – Arnold Schwarzenegger (Dutch Schaefer), Jürgen Kluckert – Carl Weathers (Dillon), Monica Bielenstein – Elpidia Carrillo (Anna)

Presidio
The Presidio (Peter Hyams, 1988), DF: Cineadaption 1988, D: Gerd Eichen, R: Michael Brennicke
G.G. Hoffmann – Sean Connery (Caldwell), Janina Richter – Meg Ryan (Donna), Mathias Einert – Mark Harmon (Jay Austin), Holger Hagen – Jack Warden (Maclure), Michael Hinz – Mark Blum (Arthur Peale), Berno v. Cramm – Dana Gladstone (Col. Lawrence)

Pretty Baby
Pretty Baby (Louis Malle, 1977), DF: BSG 1978, D/R: Joachim Kunzendorf
Dorette Hugo – Brooke Shields (Violet), Gerd Böckmann – Keith Carradine (Bellocq), Marianne Lutz – Susan Sarandon (Hattie), Tina Eilers – Frances Faye (Mme Livingston), Heidrun Kussin – Barbara Steele (Josephine), Hansi Jochmann – Cheryl Markowitz (Gussie), Andreas Mannkopff – Antonio Fargas (Professor), Joachim Kemmer – Gerrit Graham (Highpockets), Inken Sommer – Diana Scarwid (Frieda), Florian Schymzyk – Matthew Anton (Red Top)

Pretty Woman
Pretty Woman (Garry Marshall, 1989), DF: ds 1990
Hubertus Bengsch – Richard Gere (Edward Lewis), Daniela Hoffmann – Julia Roberts (Vivian), Heike Schrötter – Laura San Giacomo (Kit de Luca), Joachim Cadenbach – Ralph Bellamy (James Morse), Helmut Gauß – Jason Alexander (Philip Stuckey), Friedrich G. Beckhaus – Hector Elizondo (Hotelmanager)

Prince of Persia: Der Sand der Zeit
Prince of Persia: The Sands of Time (Mike Newell, 2010), DF: FFS 2010, D: Klaus Bickert, R: Solveig Duda
Marius Götze-Clarén – Jake Gyllenhaal (Dastan), Maria Koschny – Gemma Arterton (Tanina), Peter Matic – Ben Kingsley (Nizam), Tobias Nath – Reece Ritchie (Bis), Alexander Doering – Toby Kebbell (Garsiv), Christian Rode – Ronald Pickup (König Sharaman), Bernd Rumpf – Alfred Molina (Scheich Amar)

Prince of the City
Prince of the City (Sidney Lumet, 1981), DF: 1983
Ulli Kinalzik – Treat Williams (Daniel Ciello), Joachim Kemmer – Jerry Orbach (Gus Levy), Michael Chevalier – Richard Foronjy (Joe Marinaro), Norbert Langer – Don Billet (Bill Mayo), Andreas Mannkopff – Kenny Marino (Dom Bando), Jochen Schröder – Carmine Caridi (Gino Moscone), Karl Schulz – Tony Page (Raf Alvarez), Christian Brückner – Norman Parker (Rick Cappalino), Jürgen Thormann – Paul Roebling (Brooks Paige), Frank Glaubrecht – Steve Inwood (Mario Vincente)

Prison Break (TV-Serie)
Prison Break (2005–), DF: Hermes (i. A. v. RTL) 2007, D/R: Andreas Böge
Gerrit Schmidt-Foß – Wentworth Miller (Michael Scofield), Viktor Neumann – Dominic Purcell (Lincoln Burrows), Claudia Urbschat-Mingues – Robin Tunney (Veronica Donovan), Detlef Bierstedt – Peter Stormare (Abruzzi), Antje v. d. Ahe – Sarah Wayne Callies (Sara), Karlo Hackenberger – Amaury Nolasco (Sucre), Jan Spitzer – Wade Williams (Cpt. Bellick), Oliver Siebeck – Paul Adelstein (Paul Kellerman), Tobias Kluckert – Rockmond Dunbar (C-Note), Nicolas Artajo – Marshall Allman (LJ Burrows)

Das Privatleben des Sherlock Holmes
The Private Life of Sherlock Holmes (Billy Wilder, 1970), DF: ZDF 1976
Christian Rode – Robert Stephens (Sherlock Holmes), Harald Juhnke – Colin Blakely (Dr. Watson), Helmo Kindermann – Christopher Lee (Mycroft)

Der Profi
Le professionnel (Georges Lautner, 1981), DF: Rainer Brandt 1981
Rainer Brandt – Jean-Paul Belmondo (Beaumont), G.G Hoffmann – Robert Hossein (Insp. Rosen), Eric Vaessen – Jean Desailly (Minister), Hans Nitschke – Jean-Louis Richard (Col. Martin), Jochen Schröder – Michel Beaune (Valeras), Liane Rudolph – Cyrielle Clair (Alice Ancelin), Friedrich G. Beckhaus – Bernard-Pierre Donnadieu (Farges), Lutz Riedel – Pierre Vernier (Volfoni)

Die Profis (TV-Serie)
The Professionals (1977–1981), DF: Arena (i. A. d. ZDF) 1980, D/R: Ivar Combrinck
Edgar Ott – Gordon Jackson (George Cowley), Uwe Paulsen – Martin Shaw (Doyle), Ivar Combrinck – Lewis Collins (Bodie)

Prometheus – Dunkle Zeichen
Prometheus (Ridley Scott, 2012), DF: Interopa 2012, R: Björn Schalla
Norman Matt – Michael Fassbender (David), Vera Teltz – Noomi Rapace (Elizabeth), Katrin Fröhlich – Charlize Theron (Meredith Vickers), Björn Schalla – Logan Marshall-Green (Holloway), Marco Kröger – Idris Elba (Janek), Christian Rode – Guy Pearce (Peter Weyland)

Der Prozess
Le procès (Orson Welles, 1962), DF: Aura (bei Aventin) 1963, D: Beate v. Molo, R: Conrad v. Molo
Reinhard Glemnitz – Anthony Per-

kins (Joseph K), Gisela Trowe – Jeanne Moreau (Frl. Bürstner), Romy Schneider – Romy Schneider (Leni), Wolfgang Eichberger – Orson Welles (Advokat), Ingeborg Grunewald – Madeleine Robinson (Frau Grubach), Paul Bürks – William Chappell (Titorelli)

Psych (TV-Serie)
Psych **(2006–), DF: Hermes (i. A. v. RTL) 2007, D/R: Michael Nowka**
Robin Kahnmeyer – James Roday (Shawn Spencer), Tobias Nath – Dulé Hill (Gus), Peter Flechtner – Timothy Omundson (Carlton Lassiter), Dascha Lehmann – Maggie Lawson (Juliet O'Hara), Joachim Siebenschuh – Corbin Bernsen (Henry Spencer)

Psycho
Psycho **(Alfred Hitchcock, 1960), DF: BSG 1960, D/R: Hans F. Wilhelm**
Eckart Dux – Anthony Perkins (Norman Bates), Margot Leonard – Janet Leigh (Marion Crane), Edith Schneider – Vera Miles (Lila Crane), Dietmar Schönherr – John Gavin (Sam Loomis), Gerhard Geisler – Martin Balsam (Arbogast), Paul Wagner – John McIntire (Sheriff Chambers), Ursula Krieg – Lurene Tuttle (Mrs. Chambers), Klaus Miedel – Simon Oakland (Dr. Richmond), Kurt Waitzmann – Frank Albertson (George Lowery)

Public Enemies
Public Enemies **(Michael Mann, 2009), DF: FFS 2009, D: Klaus Bickert, R: Axel Malzacher**
David Nathan – Johnny Depp (John Dillinger), Sascha Rotermund – Christian Bale (Melvin Purvis), Natascha Geisler – Marion Cotillard (Billie), Peter Flechtner – Billy Crudup (Hoover), Florian Halm – Stephen Dorff (Homer Van Meter), Frank Glaubrecht – Stephen Lang (Charles Winstead), Gerrit Schmidt-Foß – Giovanni Ribisi (Alvin Karpis)
«*Depp übernimmt sogar den Sprachduktus der historischen Figur. Die Synchronfassung macht das zunichte. Zudem ignoriert sie die Sorgfalt im Dialog, wenn das FBI umständlich ‹Büro für Ermittlungen› genannt wird, Meilen nicht in Kilometer übersetzt werden. Bislang erhielten Blockbuster noch aufwändigere Synchronfassungen, darauf kann man sich anscheinend nicht mehr verlassen.*» *(Daniel Kothenschulte, fr-online 5.10.2009)*

Pulp Fiction
Pulp Fiction **(Quentin Tarantino, 1993), DF: Hermes 1994**
Thomas Danneberg – John Travolta (Vincent), Manfred Lehmann – Bruce Willis (Butch), Petra Barthel – Uma Thurman (Mia), Helmut Krauss – Samuel L. Jackson (Jules), Christian Brückner – Harvey Keitel (der Wolf), Marina Krogull – Amanda Plummer (Honey Bunny), Tilo Schmitz – Ving Rhames (Marsellus Wallace), Helmut Gauß – Christopher Walken (Koons), Hans-Jürgen Wolf – Eric Stoltz (Lance)

Punch-Drunk Love
Punch-Drunk Love **(Paul Thomas Anderson, 2002), DF: Hermes 2003, D/R: Theodor Dopheide**
Dietmar Wunder – Adam Sandler (Barry Egan), Heidrun Bartholomäus – Emily Watson (Lena), Oliver Stritzel – Philip Seymour Hoffman (Dean Trumbell), Jörg Hengstler – Luis Guzmán (Lance), Almut Zydra – Hazel Mailloux (Rhonda), Sabine Arnhold – Julie Hermelin (Kathleen), Sabine Jäger – Mary Lynn Rajskub (Elizabeth), Andrea Solter – Karen Hermelin (Anna)

The Purple Rose of Cairo
The Purple Rose of Cairo **(Woody Allen, 1984), DF: Interopa 1985**
Dagmar Heller – Mia Farrow (Cecilia), Wolfgang Condrus – Jeff Baxter (Tom/Gil), Helmut Krauss – Danny Aiello (Monk),Lothar Blumhagen – Van Johnson (Larry), Gerd Holtenau – Milo O'Shea (Donelly), Klaus Jepsen – Irving Metzman (Kinodirektor)

Die purpurnen Flüsse
Les rivières pourpres **(Matthieu Kassovitz, 2000), DF: Studio Babelsberg 2001**
Joachim Kerzel – Jean Reno (Pierre Niemans), Thomas Nero Wolf – Vincent Cassel (Max Kerkérian), Bettina Weiß – Nadia Farès (Fanny/Judith), Rita Engelmann – Dominique Sanda (Andrée), Erich Räuker – Karim Belkhadra (Dahmane), Lothar Blumhagen – Jean-Pierre Cassel (Dr. Chernezé), Klaus-Dieter Klebsch – Didier Flamand (Direktor), Stefan Fredrich – François Levantal (Pathologe), Liane Rudolph – Francine Bergé (Direktorin)

Ein Pyjama für zwei
Lover Come Back **(Delbert Man, 1961), DF: BSG 1962, D: F.A. Koeniger, R: Klaus v. Wahl**
G.G. Hoffmann – Rock Hudson (Jerry Webster), Edith Schneider – Doris Day (Carol Templeton), Ottokar Runze – Tony Randall (Peter Ramsey), Wolfgang Lukschy – Jack Kruschen (Dr. Tyler), Klaus W. Krause – Jack Oakie (Miller), Helmut Ahner – Joe Flynn (Hadley)

Q

Ein Quantum Trost
Quantum of Solace **(Marc Forster, 2008), DF: Interopa 2008, D: Klaus Bickert, R: Axel Malzacher**
Dietmar Wunder – Daniel Craig (James Bond), Ute Noack – Olga Kurylenko (Camile), Oliver Rohrbeck – Mathieu Amalric (Dominic Greene), Bernd Rumpf – Giancarlo Giannini (Rene Mathis), Maria Koschny – Gemma Arterton (Strawberry Fields), Wolfgang Condrus – Jesper Christensen (White), Frank Schaff – Roy Kinnear (Bill Tanner), Gisela Fritsch – Judy Dench (M), Olaf Reichmann – Jeffrey Wright (Felix Leiter), Viktor Neumann – Glenn Foster (Henry Mitchell), Abelardo Decamilli – Joaquin Cosio (Gen. Medrano)

The Queen
The Queen **(Stephen Frears, 2007), DF: Studio Babelsberg 2007**
Sonja Deutsch – Helen Mirren (Elizabeth), Bernd Vollbrecht – Alex Jennings (Prinz Charles), Friedrich G. Beckhaus – James Cromwell (Prinz Philip), Nicolas Böll – Michael Sheen (Tony Blair), Katja Nottke – Helen McCrory (Cherie Blair), Christel Merian – Sylvia Syms (Königinmutter), Christian Rode – Roger Allam (Robin Janvrin), Oliver Siebeck – Tim McMullan (Stephen Lamport)

Das Quiller-Memorandum
The Quiller Memorandum **(Michael Anderson, 1966), DF: ds 1967, D: Ursula Buschow, R: Karlheinz Brunnemann**
G.G. Hoffmann – George Segal (Quiller), Friedrich Schoenfelder – Alec Guinness (Pol), Heinz Petruo – Max v. Sydow (Oktober), Senta Berger – Senta Berger (Inge), Curt Ackermann – George Sanders (Gibbs), Edith Schneider – Edith

Schneider (Lehrerin), Gerd Martienzen – Günther Meisner (Hassler)
«Die in den Lichtspielhäusern der Bundesrepublik zu sehende synchronisierte Fassung lässt nicht vermuten, dass dieser Film im Ausland und auch in der deutschen Filmpresse schon eine besondere Aufmerksamkeit auf sich zieht. Doch diese wird verständlich, wenn man weiß, dass in der Originalfassung die Dunkelmänner-Organisation ein Geheimbund von Neonazisten ist. Der Film soll in den Ländern, wo er gezeigt wird, nicht mit Ungeschick den Eindruck erwecken, dass Westdeutschland von Neofaschisten durchseucht sei und nur das Ausland etwas gegen sie unternehme, wobei der Erfolg noch zweifelhaft sei.» (Ev. Filmbeobachter 19, 1967)
[Zum Austausch der Nazi-Handlung durch eine einfache Spionagegeschichte vgl. Martin Schwehla: Quiller zwischen den Stühlen?, in: Ulrich Meurer (Hrsg.): Übersetzung und Film, Bielefeld 2012, S. 63–85.]

QUINCY (TV-Serie)
QUINCY, M.E. (1976–1983), DF: ARD 1981
Arnold Marquis – Jack Klugman (Quincy), Otto Czarski – Garry Walberg (Lt. Monahan), Hans-Jürgen Dittberner – Robert Ito (Sam), Wolfgang Pampel – John S. Ragin (Dr. Astin), Klaus Sonnenschein – Val Bisoglio (Danny Tovo)
▶ In neu synchronisierten Staffeln auf RTL (1992) sprachen u. a Hans-Werner Bussinger u. Gerhard Paul (Jack Klugman), Andreas Thieck (Robert Ito), Rüdiger Evers (John Ragin), Volker Brandt u. Bernd Rumpf (Val Bisoglio).

QUIZ-SHOW
QUIZ-SHOW (Robert Redford, 1994), DF: 1995, R: Joachim Kunzendorf
Stefan Fredrich – John Turturro (Herbie Stempel), Ulrich Matthes – Ralph Fiennes (Charles van Doren), Torsten Michaelis – Rob Morrow (Dick Goodwin), Frank Otto Schenk – David Paymer (Dan Enright), Heinz Petruo – Paul Scofield (Mark), Franz Josef Steffens – Allan Rich (Robert Kintner)

QUO VADIS?
QUO VADIS? (Mervyn LeRoy, 1951), DF: MGM 1954
Hans Nielsen – Robert Taylor (Marcus Vicinius), Edith Schneider – Deborah Kerr (Lygia), Friedrich Joloff – Leo Genn (Petronius), Alfred Balthoff – Peter Ustinov (Nero), Horst Niendorf – Roberto Ottavino (Flavius), Siegfried Schürenberg – Ralph Truman (Tigellinius), Paul Wagner – Abraham Sofaer (Paulus)

R

DER RABE – DUELL DER ZAUBERER
THE RAVEN (Roger Corman, 1963), DF: 1980
Christian Rode – Vincent Price (Dr. Craven), Herbert Stass – Peter Lorre (Dr. Bedlo), Friedrich W. Bauschulte – Boris Karloff (Dr. Scarabus), Joachim Tennstedt – Jack Nicholson (Rexford)

RÄCHER DER UNTERWELT
THE KILLERS (Robert Siodmak, 1947), DF: Ultra 1950, R: Alfred Vohrer
Curt Ackermann – Burt Lancaster (Ole, der Schwede), Paul Klinger – Edmond O'Brien (Reardan), Eva Vaitl – Ava Gardner (Kitty Collins), Werner Lieven – Sam Levene (Lubinsky), Ruth Killer – Virginia Christine (Lilly), Bum Krüger – Jeff Corey (Blinky), Wolfgang Preiss – Jack Lambert (Dum Dum), Wolfgang Eichberger – Albert Dekker (Colfax), Hans Hinrich – William Conrad (1. Killer), Wolf Ackva – Charles McGraw (2. Killer)

RAGTIME
RAGTIME (Milos Forman, 1981), DF: Rainer Brandt 1982
Hans Hessling – James Cagney (Waldo), Christian Brückner – Brad Dourif (jüngerer Bruder), Wilhelm Borchert – Moses Gunn (Booker T. Washington), Alexandra Lange – Elizabeth McGovern (Evelyn), Ernst Jacobi – Howard E. Rollins (Coalhouse), Heinz Theo Branding – Kenneth McMillan (Willie Conklin), Rolf Schult – James Olson (Vater), Susanna Bonaséwicz – Debbie Allen (Sarah)
«Es gibt Sequenzen von optischer Delikatesse, und es gibt darstellerische Leistungen, die einem die Schuhe ausziehen – wobei auch die deutsche Synchronisation Erbärmliches beisteuert.» (Else Bongers, Volksblatt Berlin, 23.1.1982)

RAIN MAN
RAIN MAN (Barry Levinson, 1988), DF: 1989
Joachim Tennstedt – Dustin Hoffman (Raymond), Stephan Schwartz – Tom Cruise (Charlie), Katja Nottke – Valeria Golino (Susanna), Norbert Langer – Jerry Molen (Dr. Bruner), Ingeborg Wellmann – Bonnie Hunt (Sally Dibbs), Detlef Bierstedt – Michael D. Roberts (Vern)

RAMBO
FIRST BLOOD (Ted Kotcheff, 1982), DF: Rainer Brandt 1983
Thomas Danneberg – Sylvester Stallone (Rambo), Friedrich W. Bauschulte – Richard Crenna (Trautman), Heinz Theo Branding – Brian Dennehy (Teasle), Manfred Lehmann – Chris Mulkey (Ward)
▶ Danneberg und Bauschulte sprachen auch in RAMBO II.
«Der virile ‹hard body› Rambo wird in der ‹Original›sprachfassung durch seine kieksenden Höhen und verschiedene Sprachfehler, die auch auf die Traumatisierung des Protagonisten und seine Charakterisierung als männlicher Hysteriker verweisen, deutlich konterkariert. Dannebergs Synchronstimme wirkt maskuliner, sonorer, sympathischer als Stallones Stimme und erleichtert damit dem Zuschauer auch die Identifikation mit der Hauptfigur. Im Gegenzug wirkt der ermittelnde Sheriff im Deutschen rauer und unfreundlicher. Dass Rambo in der deutschen Fassung deutlich ‹heroischer›, ‹vorbildhafter› daherkommt, dafür gibt es viele Belege. So bewundert in der Synchronfassung einer der Polizisten Rambo für seinen Mut und Einfallsreichtum, während er im ‹Original› seine Furcht vor dem psychopathischen Vietnamverlierer ausdrückt.» (Gereon Blaseio: ‹Gendered voices› in der Filmsynchronisation. FIRST BLOOD versus RAMBO, in: Cornelia Epping-Jäger/Erika Linz [Hrsg.]: Medien/Stimmen, Köln 2003, S. 160–175; 170)

RAMPENLICHT
LIMELIGHT (Charles Chaplin, 1952), DF: Ultra 1954
Alfred Balthoff – Charles Chaplin (Calvero), Marion Degler – Claire Bloom (Terry), Walter Werner – Nigel Bruce (Postant), Klaus Miedel – Norman Lloyd (Bodalink)
▶ Die ARD ließ 1975 neu synchronisieren: mit Friedrich W. Bauschulte (Chaplin) und Helga Trümper (Bloom).

Rashomon
Rashomon (Akira Kurosawa, 1950), DF: BSG (i. A. d. ARD) 1963, D/R: Klaus v. Wahl
Jürgen Goslar – Toshiro Mifune (Tajomaru), Maria Körber – Machiko Kyo (Masago), Paul Wagner – Takashi Shimura (Holzfäller), Fritz Tillmann – Kichijiro Ueda (Bürger)

Ratatouille
Ratatouille (Brad Bird, Jan Pinkava, 2007), DF: FFS 2007, D/R: Axel Malzacher
Axel Malzacher – (Rémy), Stefan Günther – (Linguini), Gudo Hoegel – (Skinner), Donald Arthur – (Gusteau), Elisabeth v. Koch (Colette), Jürgen Thormann (OF: Peter O'Toole) – (Ego), Harald Dietl – (Django), Hartmut Neugebauer – (Mustafa), Manuel Straube – (Emile)

Rattennest
Kiss Me Deadly (Robert Aldrich, 1955), DF: 1956
Horst Niendorf – Ralph Meeker (Mike Hammer), Wolf Martini – Albert Dekker (Dr. Soberin), Wolfgang Lukschy – Paul Stewart (Carl Eyello), Elisabeth Ried – Maxine Cooper (Velda), Gisela Trowe – Gaby Rodgers (Gabrielle/Lily), Tilly Lauenstein – Cloris Leachman (Christina), Friedrich Joloff – Wesley Addy (Pat)

Rauchende Colts (TV-Serie)
Gunsmoke (1955–75), DF: ARD 1967
Arnold Marquis / Horst Schön – James Arness (Matt Dillon), Toni Herbert – Milburn Stone (Doc Adams), Ursula Herwig – Amanda Blake (Kitty), Gerd Duwner – Ken Curtis (Festus)
▶ In neu synchronisierten Folgen auf Sat.1 (1989) sprachen Peter Neusser für James Arness, Inken Sommer für Amanda Blake und Eric Vaessen für Milburn Stone.

Raumschiff Enterprise (TV-Serie)
Star Trek (1966–69), DF: Beta (i. A. d. ZDF) 1972, D/R: G. G. Hoffmann, Wolfgang Schick, K. E. Ludwig
G. G. Hoffmann: William Shatner (Cpt. Kirk), Herbert Weicker – Leonard Nimoy (Spock), Manfred Schott – DeForest Kelly (Dr. McCoy), K. E. Ludwig – James Doohan (Scott), Rosemarie Kirstein – Nichelle Nichols (Uhura), Fred Klaus – George Takei (Sulu), Elmar Wepper – Walter Koenig (Chekov)
▶ Nach Manfred Schotts Tod (1982) übernahm Randolf Kronberg den Part des McCoy, für Rosemarie Kirstein sprang Ilona Grandke ein, Elmar Wepper wurde von Martin Umbach abgelöst.

Rebecca
Rebecca (Alfred Hitchcock, 1940), DF: Hans-Grimm-Film 1951, D: Edith Schultze-Westrum, R: Hans Grimm
Paul Klinger – Laurence Olivier (Maxim de Winter), Agnes Fink – Joan Fontaine (Mrs. de Winter), Curt Ackermann – George Sanders (Jack Favell), Johanna Fey – Judith Anderson (Mrs. Danvers), Charlotte Scheier-Herold – Gladys Cooper (Beatrice Lacy), Lina Carstens – Florence Bates (Mrs. van Hopper), E. F. Fürbringer – Reginald Denny (Crawley), Wilfried Seyferth – Nigel Bruce (Giles Lacy)

Die Rechnung ging nicht auf
The Killing (Stanley Kubrick, 1956), DF: Ultra 1956
Wolf Martini – Sterling Hayden (Johnny Clay), Elisabeth Ried – Coleen Gray (Fay), Eckart Dux – Vince Edwards (Val Cannon), Hans Hinrich – Jay C. Flippen (Marvin Unger), Gisela Trowe – Marie Windsor (Sherry Peatty), Konrad Wagner – Ted de Corsia (Randy Kennan), Walter Bluhm – Elisha Cook jr. (George Peatty), Paul Wagner – Joe Sawyer (Mike O'Reilly), G. G. Hoffmann – Timothy Carey (Nikki / DF: Sam), Stanislav Ledinek – Kola Kwariani (Maurice), Erzähler – Curt Ackermann

Die Rechnung ohne den Wirt ⊃
Im Netz der Leidenschaften

Red River
Red River (Howard Hawks, 1948), DF: Beta (i. A. d. ARD) 1968, D: Werner Uschkurat, R: Lothar Michael Schmitt
Arnold Marquis – John Wayne (Dunson), Randolf Kronberg – Montgomery Clift (Matthew), Bum Krüger – Walter Brennan (Groot), Rosemarie Kirstein – Joanne Dru (Tess Millay), Ernst Konstantin – Harry Carey (Millville), Wolfgang Hess – Paul Fix (Teeler), Fred Klaus – Noah Beery (Buster McGee), Norbert Gastell – Ivan Perry (Keneally), K. E. Ludwig – John Ireland (Cherry Valance), Hannes Gromball – Harry Carey jr. (Dan Lattimer), Wolf Rathjen – Hank Worden (Sims Reeves), Harry Kalenberg – Chief Yowlachie (Quo)
▶ In der ersten Synchronisation von 1951 (Ala, D: Ruth Schiemann-König, R: Conrad v. Molo) sprachen Heinz Engelmann für John Wayne, Anton Reimer für Walter Brennan u. Gisela Hoeter für Joanne Dru, in einer weiteren Fassung von 1964 (Ultra) Arnold Marquis, Alfons Teuber, Rosemarie Fendel sowie Gerhard Lippert für Montgomery Clift.

Reds
Reds (Warren Beatty, 1981), DF: 1982
Christian Brückner – Warren Beatty (John Reed), Traudel Haas – Diane Keaton (Louise Bryant), Christine Gerlach – Maureen Stapleton (Emma), Manfred Schott – Jack Nicholson (Eugene O'Neill), Lutz Riedel – Edward Herrmann (Max Eastman), Heinz Theo Branding – Paul Sorvino (Louis Fraina)

Der Regenmacher
John Grisham's Rainmaker (Francis F. Coppola, 1997), DF: 1998
Simon Jäger – Matt Damon (Rudy Baylor), Klaus Sonnenschein – Danny De Vito (Deck Schifflet), Engelbert v. Nordhausen – Jon Voight (Leo F. Drummond), Christian Brückner – Mickey Rourke (Bruiser Stone), Judith Brandt – Claire Danes (Kelly Riker), Helmut Krauss – Dean Stockwell (Richter Hale), Marianne Lutz – Mary Kay Place (Dot Black)

Die Reifeprüfung
The Graduate (Mike Nichols, 1967), DF: 1968
Manfred Schott – Dustin Hoffman (Ben), Eva Pflug – Anne Bancroft (Mrs. Robinson), Dagmar Heller – Katharine Ross (Elaine), Martin Hirthe – Murray Hamilton (Robinson), Ingeborg Wellmann – Elizabeth Wilson (Bens Mutter), Werner Peters – Norman Fell (McCleery)

Reine Nervensache
Analyze This (Harold Ramis, 1999), DF: Interopa 1999, D/R: Frank Schaff
Christian Brückner – Robert De Niro (Paul Vitti), Joachim Tennstedt – Billy Crystal (Ben), Sabine Jaeger – Lisa Kudrow (Laura MacNamara), Klaus-Dieter Klebsch – Chazz Palminteri (Promo Sindone), Klaus Sonnenschein – Joe Viterelli (Jelly), Wolfgang Thal – Bill Macy (Isaac), Stefan Fredrich – Leo Rossi (Carlo Mangano)

Reise in Italien
➲ Liebe ist stärker

Reise ins Ich
Innerspace (Joe Dante, 1987), DF: 1987, D/R: Andreas Pollak
Thomas Danneberg – Dennis Quaid (Lt. Pendleton), Stephan Schwartz – Martin Short (Jack Putter), Ulrike Möckel – Meg Ryan (Lydia Maxwell), Jürgen Thormann – Kevin McCarthy (Victor), Engelbert v. Nordhausen – Harold Sylvester (Pete)

Remington Steele (TV-Serie)
Remington Steele (1982–1987), DF: ds (i. A. d. ARD) 1995
Karin Buchholz – Stephanie Zimbalist (Laura Holt), Frank Glaubrecht – Pierce Brosnan (Remington Steele), Uwe Paulsen – James Read (Murphy Michaels), Monica Bielenstein – Janet DeMay (Bernice Foxe), Inge Wolffberg – Doris Roberts (Mildred Krebs), Anita Kupsch – Janet DeMay (Bernice Fox)

Rendezvous mit Joe Black
Meet Joe Black (Martin Brest, 1998), DF: BSG 1998, D: Alexander Löwe, R: Joachim Kerzel
Tobias Meister – Brad Pitt (Joe Black), Hartmut Reck – Anthony Hopkins (William Parrish), Irina v. Bentheim – Claire Forlani (Susan), Ulrike Möckel – Marcia Gay Harden (Allison), Bernd Vollbrecht – Jake Weber (Drew), Jürgen Kluckert – Jeffrey Tambor (Quince), Hermann Ebeling – David S. Howard (Eddie Sloane)

Rendezvous nach Ladenschluss
The Shop Around the Corner (Ernst Lubitsch, 1939), DF: MPEA 1947, D/R: Kurt Hoffmann
Ernst Fritz Fürbringer – James Stewart (Kralik), Eva Vaitl – Margaret Sullavan (Klara Novak), Otto Wernicke – Frank Morgan (Matuschek), Herbert Kroll – Felix Bressart (Perovitch), Ulrich Folkmar – Joseph Schildkraut (Vadas), Hans Richter – William Tracy (Pepi)

Reporter des Satans
Ace in the Hole (Billy Wilder, 1951), DF: Ultra 1952
René Deltgen – Kirk Douglas (Charles Tatum), Tina Eilers – Jan Sterling (Lorraine Minosa), John Pauls-Harding – Robert Arthur (Herbie Cook), Curt Ackermann – Richard Benedict (Leo), Wolfgang Büttner – Frank Cady (Federber),

Wolfgang Eichberger – Ray Teal (Sheriff), Walter Holten – John Berks (Papa Minosa)

Reservoir Dogs – Wilde Hunde
Reservoir Dogs (Quentin Tarantino, 1991), DF: 1992
Fred Maire – Harvey Keitel (White), Torsten Sense – Tim Roth (Orange), Tobias Meister – Chris Penn (Nice Guy Eddie), Udo Schenk – Steve Buscemi (Pink), Manfred Lehmann – Michael Madsen (Blonde)

Rette deine Haut, Killer
Pour la peau d'un flic (Alain Delon, 1981), DF: 1982
Frank Glaubrecht – Alain Delon (Choucas), Susanna Bonaséwicz – Anne Parillaud (Charlotte), Christian Rode – Michel Auclair (Hayman), Hans Nitschke – Daniel Ceccaldi (Coccioli), Friedrich Georg Beckhaus – Jean-Pierre Darras (Chauffard)

Ricochet – Der Aufprall
Ricochet (Russell Mulcahy, 1991), DF: 1992
Leon Boden – Denzel Washington (Nick Styles), Randolf Kronberg – John Lithgow (Blake), Udo Wachtveitl – Kevin Pollak (Larry), Katharina Lopinski – Lindsay Wagner (Brimleigh), Madeleine Stolze – Victoria Dillard (Alice)

Riff-Piraten
Jamaica-Inn (Alfred Hitchcock, 1939), DF: Alster-Film 1951, D: Karl-Peter Mösser, R: Hans Harloff
Josef Dahmen – Charles Laughton (Sir Humphrey), Ruth Leuwerik – Maureen O'Hara (Mary), Herbert Fleischmann – Robert Newton (Trehearne), Annemarie Schradiek – Marie Ney (Patience)

Rififi
Du Rififi chez les hommes (Jules Dassin, 1954), DF: Bavaria 1955, D: Hans Hellmut Kirst, Cecil v. Tucher, Kurt Hinz, R: Hans Grimm
Ernst Konstantin – Jean Servais (Tony), John Pauls-Harding – Carl Möhner (Jo), Anton Reimer – Robert Manuel (Mario), Ingeborg Grunewald – Marie Subouret (Mado), Herbert Weicker – Marcel Lupovici (Pierre), Alois Maria Giani – Pierre Grasset (Louis)

The Ring
The Ring (Gore Verbinski, 2002), DF: BSG 2003, D/R: Marianne Groß
Irina v. Bentheim – Naomi Watts

(Rachel), Norman Matt – Martin Henderson (Noah), Ricardo Richter – David Dorfman (Aidan), Roland Hemmo – Brian Cox (Richard Morgan), Anne Helm – Daveigh Chase (Samara), Marina Krogull – Lindsay Frost (Ruth Embry), Marie Bierstedt – Amber Tamblyn (Katie), Maria Koschny – Rachel Bella (Rebecca Kotler), Christel Merian – Jane Alexander (Dr. Grasnik), Marianne Groß – Shannon Cochran (Anne Morgan), Anke Reitzenstein – Sandra Thigpen (Lehrerin), Thomas Petruo – Richard Lineback (Wirt)

Ringo
Stagecoach (John Ford, 1939), DF: BSG 1963, D: Gerda v. Ruexleben, R: Dietmar Behnke
G.G. Hoffmann – John Wayne (Ringo), Ingeborg Wellmann – Claire Trevor (Dallas/DF: Alice), Gerd Vespermann – John Carradine (Hatfield), Fritz Tillmann – Thomas Mitchell (Doc Boone), Gerd Duwner – Andy Devine (Buck), Curt Ackermann – George Bancroft (Curly Wilcox), Siegfried Schürenberg – Berton Churchill (Gatewood), Rainer Brandt – Tom Tyler (Plummer), Marianne Lutz – Louise Platt (Lucy Mallory)

▶ In der ersten Synchronisation mit dem Titel Höllenfahrt nach Santa Fé (Mars 1950, R: Hans Wilhelm) sprachen Franz Nicklisch (John Wayne), Ethel Reschke (Claire Trevor) u. Toni Herbert (John Carradine).

«Die Neusynchronisierung hat zwar den Vorteil mit sich gebracht, dass der in der deutschen Erstfassung (Höllenfahrt nach Santa Fé) verbogene, schlichter: gefälschte Schluss wieder dem Original angeglichen wurde. Sonst lässt sie sehr zu wünschen übrig. Die abgejagten Stimmen der deutschen Sprecher kennt der Filmbesucher schon seit Jahren auswendig. Die Übersetzung lässt gelegentlich unmotivierte Sätze aus oder verfälscht. Als der Kutscher Buck beispielsweise zum erstenmal das Neugeborene sieht, platzt er mit ehrlicher Anerkennung heraus: ‹Well, I'll be damned›. (Rückübersetzt nach dem französischen Filmprotokoll.) Die deutsche Fassung macht daraus: ‹Sie hat wirklich ein Baby!› Und während in der alten deutschen Fassung ganz am Schluss der Doktor den nicht unwichtigen Satz sagte: ‹Es ist wenigstens zwei Menschen, die auf die Zivilisation pfeifen› (entsprechend dem Original), wird uns heute dieser Satz völ-

lig unterschlagen.» (Ulrich v. Thüna, Film 4, 1963)

Rio Bravo
Rio Bravo **(Howard Hawks, 1959), DF: Dt. Mondial 1959**
Ernst Konstantin – John Wayne (Chance), Holger Hagen – Dean Martin (Dude), Hans Hessling – Walter Brennan (Stumpy), Gig Malzacher – Ricky Nelson (Colorado), Ursula Traun – Angie Dickinson (Feathers), Klaus W. Krause – Ward Bond (Pat), Wolf Ackva – John Russell (Nathan Burdette), Hans-Jürgen Diedrich – Pedro Gonzales-Gonzales (Carlos)

Rio Grande
Rio Grande **(John Ford, 1950), DF: Elite 1951**
Wolfgang Lukschy – John Wayne (Kirby Yorke), Ingeborg Grunewald – Maureen O'Hara (Mrs. Yorke), Walter Suessenguth – Victor McLaglen (Quincannon), Michael Chevalier – Claude Jarman jr. (Jeff), G.G. Hoffmann – Ben Johnson (Tyree), Herbert Stass – Harry Carey jr. (Boone), Konrad Wagner – Chill Wills (Dr. Wilkins), Alfred Balthoff – J. Carrol Naish (Gen. Sheridan)

Rio Lobo
Rio Lobo **(Howard Hawks, 1970), DF: 1971**
Arnold Marquis – John Wayne (Cord McNally), Michael Chevalier – Jorge Rivero (Pierre Cordona), Almut Eggert – Jennifer O'Neill (Shasta), Martin Hirthe – Jack Elam (Phillips), Edgar Ott – Mike Henry (Sheriff Hendricks), Thomas Danneberg – Christopher Mitchum (Tuscarora), Klaus Miedel – Victor French (Ketcham), Gisela Fritsch – Susana Dosamantes (Maria Carmen), Hans Wiegner – Bill Williams (Sheriff Cronin), Renate Küster – Sherry Lansing (Amelita), Heinz Giese – Jim Davis (Riley), Hans Dieter Zeidler – David Huddleston (Dr. Jones)

Ritter aus Leidenschaft
A Knight's Tale **(Brian Helgeland, 2001), DF: PPA 2001, D: Pierre Peters-Arnolds, R: Axel Malzacher**
Simon Jäger – Heath Ledger (William), Pierre Peters-Arnolds – Rufus Sewell (Graf Adhemar), Katrin Fröhlich – Shannyn Sossamon (Jocelyn), Philipp Moog – Paul Bettany (Chaucer), Jan Odle – Mark Addy (Roland), Veronika Neugebauer – Laura Fraser (Kate), Harald Dietl – Nick Brimble (Sir Ector)

Die Ritter der Kokosnuss
Monty Python and the Holy Grail **(Terry Jones, Terry Gilliam, 1974), DF: BSG 1976, D: Lutz Arenz, R: Dietmar Behnke**
Hans Werner Bussinger – Graham Chapman (Artus), Thomas Danneberg – John Cleese (Lancelot), Wolfgang Draeger – Eric Idle (Robin), Michael Chevalier – Terry Jones (Bedevere), Norbert Gescher – Michael Palin (Galahad)
«Die zugegebenermaßen oft schwierig übertragbaren Scherze und Wortspiele des absonderlichen britischen Humors wurden wieder einmal mit dem Holzhammer eingedeutscht: Da wird die Bundesliga bemüht, und natürlich schreit plötzlich irgendjemand ‹Mein Gott, Walter›.» (Bodo Fründt, Kölner Stadt-Anzeiger, 15.8.1976).
«Zu sehr verlässt sich der Monty-Python-Humor auf (unübersetzbare) Kabarettexte und auf die breitangelegte Persiflage ‹typisch englischer› Spleens. Zwischen wortreichen Durststrecken, die unsere Synchronwitzbolde mühsam mit einheimischen Anspielungen zu füllen suchen, aber funkeln immer wieder Perlen absurden, makabren und verfremdenden Witzes.» (E.S., SZ, 16.8.1976)

Der Ritter der Tafelrunde
Knights of the Round Table **(Richard Thorpe, 1953), DF: MGM 1954**
Carl Raddatz – Robert Taylor (Lancelot), Paul Klinger – Mel Ferrer (König Arthur), Edith Schneider – Ava Gardner (Guinevere), Ernst Schröder – Stanley Baker (Mordred), Margot Leonard – Maureen Swanson (Elaine), Ottokar Runze – Gabriel Woolf (Percival), Siegmar Schneider – Robert Urquhart (Gawain)

Der Ritus
Riten **(Ingmar Bergman, 1968), DF: ZDF 1970, D/R: Lothar Michael Schmitt**
Margot Leonard – Ingrid Thulin (Thea), Holger Hagen – Gunnar Björnstrand (Hans), Gig Malzacher – Anders Ek (Sebastian Fischer), Ernst Kuhr – Erik Hell (Richter)

Robin Hood, König der Vagabunden
The Adventures of Robin Hood **(Michael Curtiz / William Keighley, 1938), DF: MPEA 1950, D: Erika Streithorst, R: Josef Wolf**
Hans Nielsen – Errol Flynn (Robin Hood), Ilse Werner – Olivia de Havilland (Marian), Curt Ackermann – Basil Rathbone (Sir Guy), Bum Krüger – Herbert Mundin (Much), Gertrud Spalke – Una O'Connor (Bess), Harald Wolff – Claude Rains (Prinz John), Otto Wernicke – Alan Hale (Little John), Wolfgang Eichberger – Ian Hunter (Richard Löwenherz), Walter Holten – Montagu Love (Bischof)

Robin Hood
Robin Hood **(Ridley Scott, 2010), DF: FFS 2010, R: Axel Malzacher**
Martin Umbach – Russell Crowe (Robin Hood), Arianne Borbach – Cate Blanchett (Marian), Tom Vogt – Mark Strong (Sir Godfrey), Wolfgang Condrus – William Hurt (William Marshall), Lutz Schnell – Mark Addy (Tuck), Alexander Doering – Oscar Isaac (Prinz John), Klaus Dieter Klebsch – Danny Huston (König Richard), Kornelia Boje – Eileen Atkins (Eleonore), Jürgen Thormann – Max v. Sydow (Walter Loxley)

Robin und Marian
Robin and Marian **(Richard Lester, 1975), DF: 1976**
G.G. Hoffmann – Sean Connery (Robin Hood), Judy Winter – Audrey Hepburn (Marian), Harald Leipnitz – Richard Harris (König Richard), Niels Clausnitzer – Nicol Williamson (John), Manfred Schott – Ian Holm (König John), Reinhard Glemnitz – Robert Shaw (Sheriff v. Nottingham)

Robocop
Robocop **(Paul Verhoeven, 1987), DF: 1988**
Sigmar Solbach – Peter Weller (Robocop), Katharina Lopinski – Nancy Allen (Lewis), Hans-Georg Panczak – Miguel Ferrer (Morton), Horst Naumann – Ronny Cox (Dick Jones), Reinhard Glemnitz – Kurtwood Smith (Clarence), Thomas Reiner – Dan O'Herlihy (der Alte), Herbert Weicker – Robert DoQui (Sgt. Reed)

Robots
Robots **(Chris Wedge, Carlos Soldanha, 2005), DF: FFS 2005, D/R: Frank Schaff**
Michael Herbig – (Fender), Sarah Connor (OF: Halle Berry) – (Cappy), Thomas Fritsch – (Jack Hammer), Shandra Schadt – (Piper), Wolfgang Völz – (Bigwald), Ulrich Frank – (Crank), Katharina Lopinski – (Tante Fanny)

Rocco und seine Brüder
Rocco e i suoi fratelli **(Luchino Visconti, 1960), DF: Ultra 1961, D: Beate v. Molo, R: Conrad v. Molo**
Wolfgang Draeger – Alain Delon

(Rocco), Thomas Braut – Renato Salvatori (Simone), Klaus Kindler – Spiros Focas (Vincenzo), Eva Eras – Katina Paxinou (Rosaria), Ilse Kiewiet – Annie Girardot (Nadia), Klaus Schwarzkopf – Roger Hanin (Morini), Klaus W. Krause – Paolo Stoppa (Cervi)
▶ In der DEFA-Synchronisation (1962, D: Wolfgang Krüger, R: Helmut Brandis) sprachen Jürgen Reimer für Alain Delon, Ulrich Thein für Renato Salvatori und Annemarie Haase für Annie Girardot.

THE ROCK – FELS DER ENTSCHEIDUNG
THE ROCK (Michael Ray, 1995), DF: BSG 1996, D/R: Michael Nowka
Manfred Wagner – Sean Connery (John Mason), Martin Kessler – Nicholas Cage (Stanley Goodspeed), Wolfgang Condrus – Ed Harris (Gen. Hummel), Joachim Pukaß – William Forsythe (Ernest Paxton), Ingo Albrecht – Michael Biehn (Comm. Anderson), Gunnar Helm – David Morse (Mj. Baxter), Joachim Nottke – John Spencer (Womack), Till Hagen – John McGinley (Cpt. Hendrix), Jan Spitzer – Gregory Sporleder (Cpt. Frye), Ulrike Stürzbecher – Vanessa Marcil (Carla)

ROCKY
ROCKY (John G. Avildsen, 1976), DF: 1977, R: Friedbert Cierpka
Jürgen Prochnow – Sylvester Stallone (Rocky), Reha Hinzelmann – Talia Shire (Adrian), Klaus Sonnenschein – Burt Young (Paulie), Michael Chevalier – Carl Weathers (Apollo Creed), Hans Hessling – Burgess Meredith (Mickey)

ROCKY BALBOA
ROCKY BALBOA (Sylvester Stallone, 2006), DF: Interopa 2007, D/R: Andreas Pollak
Thomas Danneberg – Sylvester Stallone (Rocky), Tobias Kluckert – Antonio Tarver (Mason), Andrea Aust – Geraldine Hughes (Mary), Hans Teuscher – Burt Young (Paulie), Julien Haggege – Milo Ventimiglia (Rocky jr.), Jochen Schröder – Tony Burton (Duke), Tobias Müller – James Francis Kelly III (Steps)

ROM, OFFENE STADT
ROMA, CITTÀ APERTA (Roberto Rossellini, 1945), DF: 1961
Gisela Trowe – Anna Magnani (Pina), Werner Lieven – Aldo Fabrizi (Don Pietro), Arnold Marquis – Marcello Pagliero (Giorgio Manfredi), Holger Hagen – Francesco Grandjacquet (Francesco), Klaus Miedel – Harry Feist (Bergmann)

ROMA ⇨ FELLINIS ROMA

ROMEO IS BLEEDING
ROMEO IS BLEEDING (Peter Medak, 1993), DF: 1994
Thomas Petruo – Gary Oldman (Jack Grimaldi), Franziska Pigulla – Lena Olin (Mona), Ulrike Möckel – Annabella Sciorra (Natalie), Joachim Kerzel – Roy Scheider (Don Falcone), Marlin Wick – Michael Wincott (Sal), Alexandra Wilcke – Juliette Lewis (Sheri), Bodo Wolf – David Proval (Scully), Joachim Tennstedt – Will Patton (Martie)

ROMEO UND JULIA ⇨ WILLIAM SHAKESPEARES ROMEO UND JULIA

ROOTS (TV-Serie)
ROOTS (1977), DF: ARD 1978
Michael Ande – LeVar Burton (Kunta Kinte als Kind), Klaus Sonnenschein – John Amons (Kunta Kinte), Friedrich Schütter – Lorne Greene (Reynolds), Alf Marholm – Edward Asner (Cpt. Davies), Karin Kernke – Madge Sinclair (Belle), Hartmut Reck – Ralph Waite (Slater), Viktoria Brams – Lynda Day George (Mrs. Reynolds), Horst Sachtleben – Louis Gosset jr. (Fiddler)

ROOTS – DIE NÄCHSTE GENERATION (TV-Serie)
ROOTS – THE NEXT GENERATION (1979), DF: ARD 1982
Michael Chevalier – George Stanford Brown (Tom), Holger Hagen – Henry Fonda (Col. Warner), Frank Glaubrecht – Stan Shaw (Will Palmer), Agi Prandhoff – Olivia de Havilland (Mrs. Warner), Ulrich Matthes – Richard Thomas (Jim Warner), Manfred Lehmann – Marc Singer (Andy Warner), Joachim Tennstedt – Dorian Harewood (Simon Alexander Haley), Katja Nottke – Irene Cara (Bertha George Palmer)

DER ROSAROTE PANTHER (TV-Serie)
THE PINK PANTHER (1964–1981), DF: ZDF 1973
G.G. Hoffmann – (Paulchen Panther), Tommi Piper – (Charlie), Marianne Wischmann – (Die blaue Elise), Erich Ebert – (Inspektor)

DER ROSAROTE PANTHER
THE PINK PANTHER (Blake Edwards, 1963), DF: Ultra 1963
Harald Juhnke – Peter Sellers (Insp. Clouseau), Curt Ackermann – David Niven (Sir Charles), Dagmar Altrichter – Claudia Cardinale (Dala), Rosemarie Fendel – Capucine (Simone), Michael Chevalier – Robert Wagner (George)

DER ROSAROTE PANTHER KEHRT ZURÜCK
THE RETURN OF THE PINK PANTHER (Blake Edwards, 1974)
Georg Thomalla – Peter Sellers (Insp. Clouseau), Horst Naumann – Christopher Plummer (Sir Charles), Helga Trümper – Catherine Schell (Claudine), Herbert Weicker – Herbert Lom (Dreyfus), Tonio v. d. Meden – Burt Kwouk (Sharki), Michael Cramer – Peter Arne (Col. Sharki), Wolf Ackva – Gregoire Aslan (Polizeichef), Alexander Allerson – Peter Jeffrey (Gen. Wadafi), Benno Hoffmann – David Lodge (Jean Duval)

DER ROSAROTE PANTHER WIRD GEJAGT
TRAIL OF THE PINK PANTHER (Blake Edwards, 1982), DF: 1983
Erik Schumann – Peter Sellers (Insp. Clouseau), Almut Eggert – Joanna Lumley (Marie Jouvet), Claus Biederstaedt – Herbert Lom (Dreyfus), Friedrich W. Bauschulte – Richard Mulligan (Closeau sen.), Eric Vaessen – David Niven (Sir Litton), Dagmar Altrichter – Capucine (Lady Lytton), Horst Schön – Robert Loggia (Bruno)

ROSEANNE (TV-Serie)
ROSEANNE (1988–1997), DF: Plaza (i. A. v. Pro7) 1990, D/R: Pierre Franckh, Hartmut Neugebauer
Regina Lemnitz – Roseanne Barr (Roseanne), Hartmut Neugebauer – John Goodman (Dan), Melanie Jung – Lecy Goranson/Sarah Chalke (Becky), Karoline Guthke – Sara Gilbert (Darlene), Madeleine Stolze – Laurie Metcalf (Jackie), Uschi Wolff – Natalie West (Crystal), Edith Schneider – Estelle Parsons (Beverly Harris), Michael Schwarzmaier – Tom Arnold (Arnie), Udo Wachtveitl – George Clooney (Bokker Brooks), Peter Thom – Ron Perkins (Peter Wilkins)

ROSEMARIES BABY
ROSEMARY'S BABY (Roman Polanski, 1967), DF: BSG 1968, D: M. Z. Thomas, R: Thomas Keck
Traudel Haas – Mia Farrow (Rosemary), Michael Chevalier – John Cassavetes (Guy), Alice Treff – Ruth Gordon (Minnie), Konrad Wagner – Sidney Blackmer (Roman), Wolfgang Lukschy – Ralph Bellamy (Dr.

Sapirstein), Marianne Lutz – Angela Dorian (Terry), Inge Wolffberg – Patsy Kelly (Laura-Louise), Claus Jurichs – Charles Grodin (Dr. Hill)

ROSWELL (TV-Serie)
ROSWELL (1999–2002), DF: Rainer Brandt 2000, D: Horst Müller, R: Monica Bielenstein
Manja Doering – Shiri Appleby (Liz Parker), Gerrit Schmidt-Foß – Jason Behr (Max Evans), Ulrike Stürzbecher – Katherine Heigl (Isabel Evans), Kim Hasper – Brendan Fehr (Michael Guerin), Sonja Scherff – Majandra Delfino (Maria DeLuca), Klaus-Dieter Klebsch – William Sadler (Sheriff Valenti), Tobias Müller – Nick Wechsler (Kyle Valenti), Julien Haggege – Colin Hanks (Alex Whitman), Diana Borgwardt – Emilie de Ravin (Tess Harding), Liane Rudolph – Diane Farr (Amy de Luca)

ROT UND SCHWARZ
LE ROUGE ET LE NOIR (Claude Autant-Lara, 1954), DF: Aura 1954, D/R: Conrad v. Molo
Dietmar Schönherr – Gérard Philipe (Julien), Marianne Kehlau – Danielle Darrieux (Louise de Rênal), Maria Sebaldt – Antonella Lualdi (Mathilde de Mole), Curt Ackermann – Jean Martinelli (de Rênal)
▶ In der DEFA-Synchronisation (1955, D: Alexander v. d. Heyde, R: Albert Venohr) sprachen Lothar Blumhagen (Gérard Philipe), Gisela Reissmann (Danielle Darrieux), Margarete Traudte (Antonella Lualdi), Wolfgang Langhoff (Jean Mercure [de la Mole]).

DIE ROTE LOLA
STAGE FRIGHT (Alfred Hitchcock, 1950), DF: IFU 1950, D: Herbert W. Victor, R: Alfred Kirschner
Käthe Pontow – Jane Wyman (Eve), Ingeborg Grunewald – Marlene Dietrich (Charlotte), Peer Schmidt – Richard Todd (Jonathan), Erwin Linder – Michael Wilding (Insp. Smith), Ludwig Linkmann – Alastair Sim (Gill), Lina Carstens – Sybil Thorndike (Mrs. Gill), Alf Marholm – Hector MacGregor (Freddie)

DIE ROTEN SCHUHE
THE RED SHOES (Michael Powell, 1948), DF: Eagle-Lion 1948, D/R: C. W. Burg
Ernst Fritz Fürbringer – Adolf Wohlbrück (Lermontow), Gisela Hoeter – Moira Shearer (Victoria Page), Otto Arneth – Marius Goring (Julian Craster), Axel Schacht – Leonide Massine (Ljubov), Curt Ackermann – Esmond Knight (Livingstone), Harald Wolff – Robert Helpmann (Boleslawsky), Heinz Burkart – Albert Bassermann (Ratov), Till Klokow – Ludmilla Tcherina (Boronskaja), Ingeborg Benz – Jean Short (Terry), Kai Seefeld – Gordon Littman (Ike), Harald Mannl – Austin Trevor (Prof. Palmer), Eva Eras – Irene Browne (Lady Neston), Rosemarie Fendel – Joy Rawlins (Gladys), Charles Regnier – Michael Bazalguette (Rideaut)

DIE ROYAL TENENBAUMS
THE ROYAL TENENBAUMS (Wes Anderson, 2001), DF: FFS 2002, D/R: Peter Stein
Hartmut Neugebauer – Gene Hackman (Royal), Marianne Groß – Anjelica Huston (Etheline), Oliver Rohrbeck – Ben Stiller (Chas), Katrin Fröhlich – Gwyneth Paltrow (Margot), Frank Röth – Luke Wilson (Richie), Philipp Moog – Owen Wilson (Eli Cash), Reinhard Brock – Danny Glover (Henry Sherman), Arne Elsholtz – Bill Murray (Raleigh St. Clair), Karim El Kammouchi – Grant Rosenmeyer (Ari), Max Felder – Jonah Meyerson (Uzi), Marc Stachel – Stephen Lea Sheppard (Dudley), Erzähler: Martin Umbach

DIE RÜCKKEHR DER JEDI-RITTER
THE RETURN OF THE JEDI (Richard Marquand, 1982), DF: 1983
Hans-Georg Panczak – Mark Hamill (Luke Skywalker), Wolfgang Pampel – Harrison Ford (Han Solo), Susanna Bonaséwicz – Carrie Fisher (Leia), Frank Glaubrecht – Billy Dee Williams (Lando Calrissian), Joachim Tennstedt – Anthony Daniels (C-3PO), Wilhelm Borchert – Alec Guinness (Ben Obi-Wan Kenobi), Helmut Heyne – Ian McDiarmid (Imperator), Heinz Petruo – David Prowse (Darth Vader), Hugo Schrader – Frank Oz (Yoda)

RUSH HOUR
RUSH HOUR (Brett Ratner, 1998), DF: FFS 1999, D/R: Oliver Rohrbeck
Stefan Gossler – Jackie Chan (Insp. Lee), Torsten Michaelis – Chris Tucker (Det. Carter), Frank-Otto Schenk – Tom Wilkinson (Griffin), Martina Treger – Elizabeth Pena (Tania Johnson), Hermann Ebeling – Philip Baker Hall (Cpt. Diel), Lutz Riedel – Mark Rolston (Russ), Wolfgang Condrus – Tzi Ma (Consul Han)
«Doch alles wird zerstört, wenn man Tucker deutsche Sätze in den Mund legt. Der Mann, den Tucker spielt, ist cool, weil er authentisch wirkt. In seiner Eindeutschung wird er blöd und langweilig.» (Gunter Göckenjan, Berliner Zeitung, 26.3.1999)

RUSHMORE
RUSHMORE (Wes Anderson, 2000), DF: FFS 2001, D/R: Peter Stein
Marc Stachel – Jason Schwartzman (Max Fischer), Arne Elsholtz – Bill Murray (Blume), Carin C. Tietze – Olivia Williams (Rosemary Cross), Thomas Rau – Seymour Cassell (Bert), Norbert Gastell – Brian Cox (Dr. Guggenheim), Dominik Hartinger – Mason Gamble (Dirk Calloway), Shandra Schadt – Sara Tanaka (Margaret Yang)

RYANS TOCHTER
RYAN'S DAUGHTER (David Lean, 1970), DF: 1970
Edgar Ott – Robert Mitchum (Charles Shaughnessy), Maria Körber – Sarah Miles (Rosy Ryan), Arnold Marquis – Trevor Howard (Father Collins), Martin Hirthe – Leo McKern (Tom Ryan), Jürgen Thormann – Barry Foster (O'Leary)

S

DIE SAAT DER GEWALT
THE BLACKBOARD JUNGLE (Richard Brooks, 1955), DF: MGM 1955
Heinz Drache – Glenn Ford (Richard Dadier), Margot Leonard – Anne Francis (Anne), Siegfried Schürenberg – Louis Calhern (Murdock), Alfred Balthoff – John Hoyt (Warneke), Eckart Dux – Richard Kiley (Joshua Edwards), Wolfgang Gruner – Vic Morrow (Artie), Hans Dieter Zeidler – Sidney Poitier (Gregory Miller)

SABOTAGE
SABOTAGE (Alfred Hitchcock, 1936), DF: ZDF 1978
Georg Corten – Oscar Homolka (Verloc), Susanna Bonaséwicz – Sylvia Sidney (Mrs. Verloc), Torsten Sense – Desmond Tester (Stevie), Joachim Ansorge – John Loder (Ted Spencer), Edith Hancke – Joyce Barbour (Renee), Friedrich Schoenfelder – Matthew Boulton (Talbot), Klaus Miedel – William Dewhurst (Chatman)

Saboteure

Saboteur (Alfred Hitchcock, 1942), DF: BSG 1958, D/R: Volker Becker
Rainer Brandt – Robert Cummings (Barry), NN – Priscilla Lane (Pat), Siegfried Schürenberg – Otto Kruger (Tobin), Klaus Miedel – Alan Baxter (Freeman), Gerd Prager – Clem Bevans (Neilson), Harry Wüstenhagen – Norman Lloyd (Fry), Margarethe Schön – Alma Kruger (Mrs. Sutton)

Sabrina

Sabrina (Billy Wilder, 1954), DF: BSG 1954, D: Erika Streithorst, R: Rolf v. Sydow
Marion Degler – Audrey Hepburn (Sabrina), Wolfgang Lukschy – Humphrey Bogart (Linus), Heinz Engelmann – William Holden (David), Siegfried Schürenberg – John Williams (Fairchild)

Sacramento

Ride the High Country (Sam Peckinpah, 1961), DF: MGM 1962
Carl Raddatz – Randolph Scott (Gil Westrum), Wilhelm Borchert – Joel McCrea (Steve Judd), Peter Nestler – Ronald Starr (Heck Longtree), Uta Hallant – Mariette Hartley (Elsa Knudsen), Herbert Fleischmann – James Drury (Billy Hammond), Paul Esser – R. G. Armstrong (Knudsen), Alfred Balthoff – Edgar Buchanan (Richter Tolliver), Gerd Duwner – Warren Oates (Henry Hammond), Jochen Brockmann – John Anderson (Elder)

Sag niemals nie

Never Say Never Again (Irvin Kershner, 1983), DF: 1984
G.G. Hoffmann – Sean Connery (James Bond), Klaus Maria Brandauer – K.M. Brandauer (Largo), Wolfgang Kieling – Max v. Sydow (Blofeld), Ursula Heyer – Barbara Carrera (Fatima Blush), Traudel Haas – Kim Basinger (Domino), Jürgen Thormann – Edward Fox (M)

Samson und Delilah

Samson and Delilah (Cecil B. DeMille, 1950), DF: Ultra 1951, D: Bertha Gunderloh, R: Alfred Vohrer
Carola Höhn – Hedy Lamarr (Delilah), Peter Pasetti – Victor Mature (Samson), Curt Ackermann – George Sanders (Saran v. Geza), Tina Eilers – Angela Lansbury (Semadar), Ernst Fritz Fürbringer – Henry Wilcoxon (Ahtur), Gerda Zinn – Olive Deering (Miriam), Gertrud Spalke – Fay Holden (Hazel), Edith Schultze-Westrum – Julia Faye (Hisham), Axel Jahn – Russ Tamblyn (Saul)

San Francisco

San Francisco (W. S. van Dyke, 1936), DF: MGM 1955
Siegfried Schürenberg – Clark Gable (Blackie Norton), Tilly Lauenstein – Jeanette MacDonald (Mary Blake), Ernst Schröder – Spencer Tracy (Tim Mullin), Martin Held – Jack Holt (Jack Burley), Bruno Fritz – Ted Healy (Matt), Walter Werner – Al Shean (Professor), Walter Suessenguth – William Ricciardi (Baldini), Eduard Wandrey – Kenneth Harlan (Chick)

Sandokan (TV-Serie)

Sandokan (1976), DF: ARD 1979
Joachim Kemmer – Kabir Bedi (Sandokan), Hartmut Reck – Philippe Leroy (Yanez), Viktoria Brams – Carole André (Marianna), Alf Marholm – Adolfo Celi (Brooke)

Der Satan und die Lady

Satan Met a Lady (William Dieterle, 1936), DF: ARD 1997
Hildegard Krekel – Bette Davis (Valerie Purvis), Volker Kraeft – Warren William (Ted Shane), Ingeborg Christiansen – Alison Skipworth (Mme Barabas), Henry Kielmann – Arthur Treacher (Travers), Kerstin Draeger – Marie Wilson (Murgatroyd), Monika Barth – Winifred Shaw (Elspeth)

Satyricon ⇨ Fellinis Satyricon

Scarface

Scarface (Howard Hawks, 1932), DF: ARD 1983
Peter Kirchberger – Paul Muni (Tony Camonte), Cornelia Meinhardt – Ann Dvorak (Cesca), Joseline Gassen – Karen Morley (Poppy), Harry Wüstenhagen – Osgood Perkins (Johnny Low), Karl Schulz – Boris Karloff (Gaffney), Ortwin Speer – George Raft (Guido Rinaldo)

Scarface

Scarface (Brian De Palma, 1982), DF: 1984
Frank Glaubrecht – Al Pacino (Tony Montana), Susanna Bonaséwicz – Michelle Pfeiffer (Elvira), Ulrich Gressieker – Steven Bauer (Manny Ray), Cornelia Meinhardt – Mary E. Mastrantonio (Gina), Horst Schön – Robert Loggia (Frank Lopez), Rolf Schult – F. Murray Abraham (Omar), Hans Peter Hallwachs – Paul Shenar (Sosa), Christian Rode – Harris Yulin (Bernstein)

Schach dem Teufel

Beat the Devil (John Huston, 1953), DF: Ultra 1954
Paul Klinger – Humphrey Bogart (Billy), Gisela Trowe – Gina Lollobrigida (Maria), Eleonore Noelle – Jennifer Jones (Gwendolyn), Erich Fiedler – Robert Morley (Petersen), Alfred Balthoff – Peter Lorre (O'Hara), Siegfried Schürenberg – Edward Underdown (Harry), Peter Elsholtz – Ivor Barnard (Mj. Ross), Friedrich Joloff – Marco Tulli (Ravello)

Der Schakal

The Day of the Jackal (Fred Zinnemann, 1972), DF: BSG 1973, D: F. A. Koeniger, R: Dietmar Behnke
Hartmut Reck – Edward Fox (Schakal), Stefan Wigger – Michel Lonsdale (Lebel), Joachim Kemmer – Derek Jacobi (Caron), Dagmar Altrichter – Delphine Seyrig (Colette), Heinz Petruo – Michel Auclair (Rolland), Edgar Ott – Alan Badel (Minister), F. W. Bauschulte – Donald Sinden (Mallinson), Almut Eggert – Olga G. Picor (Denise), Wilhelm Borchert – Maurice Denham (Colbert), Friedrich Schoenfelder – Barrie Ingham (St. Clair), Horst Keitel – Eric Porter (Rudin), Friedrich G. Beckhaus – Timothy West (Berthier), Siegmar Schneider – Terrence Alexander (Lloyd)

Der Scharfschütze

The Gunfighter (Henry King, 1950), DF: Alster-Film 1953, D/R: Hans Harloff
Paul Klinger – Gregory Peck (Jimmy Ringo), Eva Pflug – Helen Westcott (Peggy Walsh), Heinz Klevenow – Milliard Mitchell (Sheriff Strett), Eva Böttcher – Jean Parker (Molly)

Schatten der Wahrheit

What Lies Beneath (Robert Zemeckis, 2000), DF: Interopa 2000, D/R: Frank Schaff
Wolfgang Pampel – Harrison Ford (Norman), Katja Nottke – Michelle Pfeiffer (Claire), Alexandra Lange – Diana Scarwid (Jody), Ulrike Stürzbecher – Miranda Otto (Mary), Thomas Danneberg – James Remar (Warren), Peter Reinhardt – Joe Morton (Dr. Drayton), Marie Bierstedt – Katherine Towne (Caitlin), Gunnar Helm – Elliott Goretsky (Teddy), Reinhard Kuhnert – Ray Baker (Stan)

DER SCHATZ DER SIERRA MADRE
THE TREASURE OF THE SIERRA MADRE (John Huston, 1947), DF: MPEA 1949, D/R: Peter Elsholtz
Carl Raddatz – Humphrey Bogart (Dobbs), Konrad Wagner – Walter Huston (Howard), Wilhelm Borchert – Tim Holt (Curtin), Axel Monjé – Bruce Bennett (Cody), Walter Suessenguth – Barton MacLane (McCormick), Michael Günther – Bobby Blake (mexikan. Junge), Hans Hessling – Alfonso Bedoya (Gold Hat)

DIE SCHATZINSEL
TREASURE ISLAND (Byron Haskin, 1950), DF: RKO 1952, D: Cissy Lembach, R: Reinhard Noack
Michael Günther – Bobby Driscoll (Jim Hawkins), Eduard Wandrey – Robert Newton (John Silver), Hans Hessling – Walter Fitzgerald (Trelawney), Siegfried Schürenberg – Basil Sydney (Cpt. Smollett), Wilhelm Borchert – Ralph Truman (George Merry)
«Disneys Regisseur Byron Haskin erweckt die vertrauten Gestalten aus der alten Seekiste des Piratenkapitäns Flint zu packendem Leben, wobei die wohlgeschulten Bühnenstimmen der deutschen Dialogfassung mit der Sprache der narbenzerfurchten Gesichter nicht immer ganz mitkommen.» (Filmwoche 2, 1952)

SCHIESSEN SIE AUF DEN PIANISTEN
TIREZ SUR LE PIANISTE (François Truffaut, 1960), DF: Simoton 1960
Herbert Stass – Charles Aznavour (Charlie Kohler), NN – Marie Dubois (Léna), Eva Katharina Schultz – Nicole Berger (Térésa), Fritz Tillmann – Daniel Boulanger (Ernest), Axel Monjé – Claude Mansard (Momo), Franz Nicklisch – Serge Davri (Plyne), Friedrich Joloff – Claude Heyman (Lars Schmeel), Gisela Reissmann – Catherine Lutz (Mammy), Heinz Petruo – Jacques Aslanian (Richard), Ernst Jacobi – Richard Kanayan (Fido)
«Die deutsche Synchronisation folgt einer Kette von Feinheiten mit erstaunlichem Geschick.» (Georg Ramseger, Die Welt 26.11.1960)
«Am Ende der uneingeschränkten Lobpreisung dieses neuen Wellenschlages sei nicht verschwiegen, dass die Synchronisation ihr Bestes tat, den intellektuellen Schmelz des Originals nicht zu zerstören.» (D.F., Telegraf, 2.2.1961)

SCHIFFSMELDUNGEN
THE SHIPPING NEWS (Lasse Hallström, 2001), DF: Interopa 2002, D/R: Susanna Bonaséwicz
Till Hagen – Kevin Spacey (Quoyle), Petra Barthel – Julianne Moore (Wavey Prowse), Gisela Fritsch – Judi Dench (Agnis Hamm), Bettina Weiß – Cate Blanchett (Petal Bear), F.G. Beckhaus – Pete Postlethwaite (Tert X Card), Uli Krohm – Scott Glenn (Jack Buggit), Thomas Nero Wolff – Rhys Ifans (Beaufield Nutbeem)

SCHINDLERS LISTE
SCHINDLER'S LIST (Steven Spielberg, 1993), DF: BSG 1994, D/R: Erik Paulsen
Helmut Gauß – Liam Neeson (Schindler), Peter Matic – Ben Kingsley (Itzhak Stern), Peter Faerber – Ralph Fiennes (Amon Göth), Maud Ackermann – Caroline Goodall (Emilie)

DER SCHLÄFER
SLEEPER (Woody Allen, 1973), DF: 1974
Wolfgang Draeger – Woody Allen (Miles Monroe), Uta Hallant – Diane Keaton (Luna Schlosser), Joachim Kerzel – John Beck (Erno Windt), Edith Hancke – Marya Small (Dr. Nero), Heinz Theo Branding – Bartlett Robinson (Dr. Orva)
«Wenn die deutsche Synchronisation bisweilen nachlässig, alberner wirkt als das Original, so ist das in diesem Fall entschuldbar: die amerikanische Fassung steckt voller US-Inside-Jokes, die hier nur von Kennern, aber kaum von einem breiten Publikum verstanden würden, also musste man sprachlich auf Ersatz-Pointen sinnieren.» (Klaus Hebecker, Die Welt, 7.5.1974)

SCHLAFLOS IN SEATTLE
SLEEPLESS IN SEATTLE (Nora Ephron, 1993), DF: FFS 1993
Arne Elsholtz – Tom Hanks (Sam Baldwin), Ulrike Möckel – Meg Ryan (Annie Reed), Butz Combrinck – Ross Malinger (Jonah), Inez Günther – Rosie O'Donell (Becky), Jutta Speidel – Rita Wilson (Suzy), Michael Mendl – Rob Reiner (Jay), Ivar Combrinck – Bill Pullman (Walter), Kerstin de Ahna – Le Clanché du Rand (Barbara)

SCHLAGENDE WETTER
HOW GREEN WAS MY VALLEY (John Ford, 1941), DF: Ultra 1950, D: Bertha Gunderloh, R: Alfred Vohrer
Eva Vaitl – Maureen O'Hara (Angharad), Hans Nielsen – Walter Pidgeon (Gruffydd), Axel Jahn – Roddy McDowell (Huw), Gertrud Spalke – Sara Allgood (Mrs. Morgan), Walter Holten – Donald Crisp (Mr. Morgan)

SCHLOSS DES SCHRECKENS
THE INNOCENTS (Jack Clayton, 1961), DF: Elite 1962, D/R: Horst Balzer
Marianne Kehlau – Deborah Kerr (Miss Giddens), Wolfgang Lukschy – Michael Redgrave (Onkel), Lili Schönborn – Megs Jenkins (Mrs. Grose), Helo Gutschwager – Martin Stephens (Miles), Hansi Jochmann – Pamela Franklin (Flora)

DAS SCHLOSS IM SPINNWEBWALD
KUMONOSU-DJO (Akira Kurosawa, 1957), DF: BSG (i. A. d. ARD) 1965, D/R: Hermann Gressieker
Arnold Marquis – Toshiro Mifune (Taketoki Washizu), Dagmar Altrichter – Isuzu Yamada (Asaji), Paul Wagner – Takasi Shimura (Noriyasu Odaguru), Gerd Duwner – Minora Chiaki (Yoshiaki Miki), Klaus Miedel – Takamaru Sasaki (Tsuzuki)

DER SCHMALE GRAT
THE THIN RED LINE (Terrence Malick, 1998), DF: Interopa 1999, D: Sven Hasper, R: Norbert Langer
Hans-Werner Bussinger – Nick Nolte (Col. Tall), Tobias Meister – Sean Penn (Sgt. Welsh), Claudio Maniscalco – Adrien Brody (Fife), Andreas Fröhlich – John Cusack (Gaff), Detlef Bierstedt – George Clooney (Bosche), Uwe Büschken – Woody Harrelson (Keck), Frank Schaff – Jim Caviezel (Wilt), Leon Boden – Elias Koteas (Staros)

SCHMIERE
GREASE (Randal Kleiser, 1978), DF: 1978
Thomas Danneberg – John Travolta (Danny), Claudia Marnitz – Olivia Newton-John (Sandy), Alexandra Lange – Stockard Channing (Rizzo), Elmar Wepper – Jeff Conaway (Kenickie), Liane Rudolph – Didi Conn (Frenchy), Hansi Jochmann – Jamie Donnelly (Jan), Joachim Kunzendorf – Barry Pearl (Doody), Ronald Nitschke – Michael Tucci (Sonny), Michael Nowka – Kelly Ward (Putzie)

SCHNAPPT SHORTY
GET SHORTY (Barry Sonnenfeld, 1995), DF: R.C. Production 1996, D/R: Jürgen Neu
Thomas Danneberg – John Travolta (Chili), Klaus Sonnenschein

– Gene Hackman (Harry Zimms), Evelyn Maron – Rene Russo (Karen), Klaus Jepsen – Danny DeVito (Martin Weir), Gerd Holtenau – Dennis Farina (Ray Bones), Engelbert v. Nordhausen – Delroy Lindo (Bo Catlett), Joseline Gassen – Bette Middler (Doris Saphron)

Schnee am Kilimandscharo
The Snows of Kilimanjaro (Henry King, 1952), DF: Ultra 1953, R: Alfred Vohrer
Wolfgang Lukschy – Gregory Peck (Harry), Edith Schneider – Ava Gardner (Cynthia), Eleonore Noelle – Susan Hayward (Helen), Hildegard Knef – Hildegard Knef (Gräfin Liz), Hans Hinrich – Leo G. Carroll (Onkel Bill), Walter Suessenguth – Torin Thatcher (Johnson)

Der Schneider von Panama
The Taylor of Panama (John Boorman, 2001), DF: PPA 2001, D/R: Pierre Peters-Arnolds
Peter Fricke – Geoffrey Rush (Harry Pendel), Frank Glaubrecht – Pierce Brosnan (Andy Osnard), Dagmar Heller – Jamie Lee Curtis (Louisa), Roberto Detree – Brendan Gleeson (Mickie Abraxas), Alisa Palmer – Leonor Varela (Marta), Harry Täschner – Harold Pinter (Onkel Benny), Elisabeth Günther – Catherine McCormack (Francesca), Erich Ludwig – David Hayman (Luxmore), Franz Rudnick – John Fortune (Maltby), Klaus Guth – Jonathan Hyde (Cavendish)

Schneller als der Tod
The Quick and the Dead (Sam Raimi, 1994), DF: 1995
Martina Treger – Sharon Stone (Ellen), Engelbert v. Nordhausen – Gene Hackman (Herod), Gudo Hoegel – Russell Crowe (Cort), Simon Jäger – Leonardo DiCaprio (Kid), Tobias Meister – Gary Sinise (Ellens Vater)

Die schnellste Maus von Mexiko (TV-Serie)
Speedy Gonzales (1955ff.), DF: ARD 1979, D/R: Siegfried Rabe
Joachim Tennstedt – (Speedy Gonzales), Toni Herbert – (Kater Sylvester), Dieter Kursawe – (Duffy)

Die Schöne und das Biest
The Beauty and the Beast (Gary Trousdale, Kirk Wise, 1991), DF: 1992
Matthias Freihof – (Biest), Jana Werner – (Belle), Santiago Ziesmer – (Lefout), Alexander Herzog – (Maurice), Joachim Kemmer – (Lumière), Erzähler – Friedrich Schoenfelder

Die Schöne und die Bestie
➪ Es war einmal

Der Schrecken vom Amazonas
The Creature from the Black Lagoon (Jack Arnold, 1954), DF: 1954
Hermann Lenschau – Richard Carlson (David Reed), Gertrud Meyen – Julie Adams (Kay Lawrence), Rolf Mamero – Richard Denning (Mark Williams), Rudolf Fenner – Antonio Moreno (Dr. Maia), Friedrich Schütter – Whit Bissell (Thompson)

Eine schrecklich nette Familie (TV-Serie)
Married – With Children (1987–97), DF: Plaza (i. A. v. RTL) 1992, D/R: Hans-Peter Kaufmann
Rüdiger Bahr – Ed O'Neill (Al), Kathrin Ackermann – Katey Sagal (Peggy), Claudia Lössl – Christina Applegate (Kelly), Dominik Auer – David Faustino (Bud), Angelika Bender – Amanda Bearse (Marcy Rhoades)

Die schreckliche Wahrheit
The Awful Truth (Leo McCarey, 1937), DF: ARD 1981
Almut Eggert – Irene Dunne (Lucy), Norbert Langer – Cary Grant (Jerry), Manfred Lehmann – Ralph Bellamy (Daniel Leeson), Thomas Frey – Alexander D'Arcy (Armand Devalle), Alexandra Lange – Molly Lamont (Barbara Vance), Tilly Lauenstein – Cecil Cunningham (Tante Patsy)

Schrei, wenn du kannst
Les Cousins (Claude Chabrol, 1958), DF: Bavaria 1959, D/R: Alfred Kirschner
Gig Malzacher – Gérard Blain (Charles), Klaus Kindler – Jean-Claude Brialy (Paul), Marion Degler – Juliette Mayniel (Florence), Holger Hagen – Claude Cerval (Claudius), Anton Reimer – Guy Decomble (Buchhändler)

Ein Schuss im Dunkeln
A Shot in ther Dark (Blake Edwards, 1964), DF: 1965
Georg Thomalla – Peter Sellers (Insp. Clouseau), Elke Sommer – Elke Sommer (Maria Gambrelli), Siegfried Schürenberg – George Sanders (Benjamin Ballon), Klaus Miedel – Herbert Lom (Dreyfus), Dagmar Altrichter – Tracy Reed (Dominique), Gerd Duwner – Burt Kwouk (Cato)

Der Schwan
The Swan (Charles Vidor, 1956), DF: MGM 1956
Aglaja Schmid – Grace Kelly (Alexandra), Wolfgang Kieling – Alec Guinness (Albert), Judith Holzmeister – Jessie Royce Landis (Beatrix)

Der schwarze Falke
The Searchers (John Ford, 1956), DF: Dt. Mondial 1956
Heinz Engelmann – John Wayne (Ethan), Herbert Stass – Jeffrey Hunter (Martin), Margot Leonard – Vera Miles (Laurie), Wolf Martini – Ward Bond (Cpt. Clayton), Hans Hessling – John Qualen (Jorgensen), Peter Schiff – Harry Carey jr. (Brad), Gerd Martienzen – Ken Curtis (Charlie McCorry), Walter Bluhm – Hank Worden (Mose Harper), Heinz Giese – Walter Coy (Aaron), Erich Poremski – Antonio Moreno (Emilio Figueroa), Gudrun Genest – Dorothy Jordan (Martha)

Schwarze Narzisse
Black Narcissus (Michael Powell, 1947), DF: Eagle-Lion 1949, D/R: C.W. Burq
Gerda-Maria Terno – Deborah Kerr (Clodagh), Paul Klinger – David Farrar (Dean), Klaus Kinski – Sabu (der junge General), Annemarie Holtz – Flora Robson (Philippa), Lilo Müller – Jean Simmons (Kanchi), Ursula Traun – Kathleen Byron (Ruth), Lia L'Arronge – Jenny Laird (Honey), Grete Volkmar – Judith Furse (Briony), Theo Paul Münch – Esmond Knight (der alte General), Bert Brandt – Eddie Whaley jr. (Joseph Anthony)

Die schwarze Witwe
Black Widow (Bob Rafelson, 1986), DF: 1987, D/R: Joachim Kunzendorf
Joseline Gassen – Debra Winger (Alex), Evelyn Maron – Theresa Russell (Catharine), Christian Brückner – Sami Frey (Paul), Joachim Kerzel – Dennis Hopper (Ben), Lothar Blumhagen – Nicol Williamson (Macauley)

Schwarzer Engel
Obsession (Brian DePalma, 1976), DF: 1977
Horst Schön – Cliff Robertson (Michael), Cornelia Meinhardt – Geneviève Bujold (Elizabeth/Sandra), Joachim Kerzel – John Lithgow (Robert)

Das Schweigen
Tystnaden (Ingmar Bergman, 1963), DF: Beta 1964, R: Manfred R. Köhler
Eleonore Noelle – Ingrid Thulin (Ester), Eva Pflug – Gunnel Lindblom (Anna), Annemarie Wernicke – Jørgen Lindstrøm (Johan)

Das Schweigen der Lämmer
The Silence of the Lambs (Jonathan Demme, 1990), DF: 1991
Hansi Jochmann – Jodie Foster (Clarice Starling), Rolf Schult – Anthony Hopkins (Dr. Lecter), Peter Matic – Scott Glenn (Jack Crawford), Udo Schenk – Ted Levine (Jame Gumb), Jürgen Thormann – Anthony Heald (Dr. Chilton), Evelyn Maron – Brooke Smith (Catherine Martin), Klaus Sonnenschein – Charles Napier (Sgt. Boyle), Eva Katharina Schultz – Diane Baker (Senator Martin), Katja Nottke – Kasi Lemmons (Ardelia Mapp), Manfred Wagner – Roger Corman (Burke), Michael Pan – Paul Lazar (Pilcher), Lutz Mackensy – Dan Butler (Roden), Peter Neusser – Danny Darst (Sgt. Tate)

Schweinchen Dick (TV-Serie)
Porky Pig (1964ff.), DF: ZDF 1972
Walter Gross – (Schweinchen Dick), Dieter Kursawe – (Duffy Duck), Andreas Mannkopff – (Speedy Gonzales), Martin Hirthe – (Leghorn), Angelika Pawlowski – (Tweedy)

Schwer verliebt
Shallow Hal (Bobby u. Peter Farrelly, 2001), DF: Interopa 2002, D/R: Sven Hasper
Katrin Fröhlich – Gwyneth Paltrow (Rosemary), Tobias Meister – Jack Black (Hal), Detlef Bierstedt – Jason Alexander (Mauricio), Klaus Sonnenschein – Joe Viterelli (Steve Shanahan), Michael Nowka – René Kirby (Walt), Ranja Bonalana – Susan Ward (Jill)

Die Schwester der Braut
Holiday (George Cukor, 1937), DF: ARD 1980
Norbert Langer – Cary Grant (Johnny Case), Katrin Schaake – Katharine Hepburn (Linda Seton), Norbert Gescher – Lew Ayres (Ned Seton), F. W. Bauschulte – E. E. Horton (Nick Potter), Marianne Groß – Doris Nolan (Julia), Leo Bardischewski – Henry Kolker (Edward), Charlotte Joeres – Jean Dixon (Susan)

Der Schwindler
Il bidone (Federico Fellini, 1955), DF: Real 1957
Siegfried Schürenberg – Broderick Crawford (Augusto), Paul-Edwin Roth – Richard Basehart (Picasso), Eva-Maria Bauer – Giulietta Masina (Iris), Axel Monjé – Franco Fabrizi (Roberto)
»Wie ehedem La Strada und I Vitelloni, gelangt nun auch Il Bidone nur in einer verschnittenen Fassung vor den deutschen Beschauer. Und auch die Synchronisation, wie könnte es anders sein, trägt das ihre dazu bei, dem Werk kräftig Abbruch zu tun.« (Theodor Kotulla, Filmkritik 10, 1957)

Scream – Schrei
Scream (Wes Craven, 1996), DF: FFS 1997, D/R: Horst Geisler
Frank Röth – David Arquette (Dewey Riley), Veronika Neugebauer – Neve Campbell (Sidney Prescott), Madeleine Stolze – Courteney Cox (Gale Weathers), Florian Halm – Skeet Ulrich (Billy Loomis), Philipp Brammer – Matthew Lillard (Stuart), Claudia Lössl – Drew Barrymore (Casey Becker), Jennifer Böttcher – Rose McGowan (Tatum Riley)

Scrubs – Die Anfänger (TV-Serie)
Scrubs (2001–), DF: Arena (i. A. v. Pro7) 2003, D: Holger Twellmann, R: Axel Malzacher
Kim Hasper – Zach Braff (John Dorian), Ranja Bonalana – Sarah Chalke (Elliot Reid), Sebastian Schulz – Donald Faison (Chris Turk), F.G. Beckhaus – Ken Jenkins (Bob Kelso), Bernd Vollbrecht – John C. McGinley (Perry Cox), Tanja Geke – Judy Reyes (Carla Espinosa), Thomas Nero Wolff – Neil Flynn (Hausmeister), Björn Schalla – Robert Maschio (Todd)

16 Uhr 50 ab Paddington
Murder She Said (George Pollock, 1961), DF: MGM 1962
Agnes Windeck – Margaret Rutherford (Miss Marple), Paul Klinger – Arthur Kennedy (Dr. Quimper), Paul Wagner – James Robertson Justice (Ackenthorpe), Eva Katharina Schultz – Muriel Pavlow (Evelyn), Wolfgang Lukschy – Charles Tingwell (Insp. Craddock), Walter Bluhm – Stringer Davis (Mr. Stringer), Jörg Cossardt – Thorley Walters (Cedric), Friedrich Schoenfelder – Gordon Harris (Bacon), Konrad Wagner – Michael Golden (Hillman)
▶ In allen anderen Miss-Marple-Filmen sprach Ursula Krieg für Margaret Rutherford.

Sein größter Bluff
The Million Pound Note (Ronald Neame, 1954), DF: Rank 1954
Axel Monjé – Gregory Peck (Henry), Renate Ewert – Jane Griffiths (Portia), Hans Paetsch – Ronald Squire (Oliver), Ernst Schröder – Wilfrid Hyde-White (Roderich), Eva Böttcher – Joyce Greenfell (Herzogin), Wilhelm Borchert – Bryan Forbes (Toddy), Eduard Marks – A. E. Matthews (Herzog v. Frognal), Joseph Offenbach – Hugh Wakefield (Hzg. v. Cromarty), Erwin Linder – Maurice Denham (Reid)

Sein Leben in meiner Gewalt
The Offence (Sidney Lumet, 1972), DF: Ultra 1973, D: Sabine Seifert, R: Josef Wolf
G.G. Hoffmann – Sean Connery (Johnson), Arnold Marquis – Trevor Howard (Cartwright), Rolf Schult – Ian Bannen (Baxter), Eva Katharina Schultz – Vivien Merchant (Maureen), Ina Patzlaff – Maxine Gordon (Janie)

Sein letztes Kommando
They Died With Their Boots On (Raoul Walsh, 1941), DF: FFS (i. A. d. ARD) 1998
Sigmar Solbach – Errol Flynn (Custer), Katharina Lopinski – Olivia de Havilland (Elizabeth), Fritz v. Hardenberg – Arthur Kennedy (Ned Sharp), Alwin Joachim Meyer – Charley Grapewin (California Joe), Klaus Abramowsky – Gene Lockhart (Samuel Bacon), Reinhard C. Brock – Anthony Quinn (Crazy Horse), Achim Höppner – Stanley Ridges (Mj. Taipe), Erik Schumannn – John Litel (Gen. Sheridan), Alexander Allerson – Walter Hampden (Bürgermeister), Tommi Piper – Abner Biberman (Louis)

Sein Mädchen für besondere Fälle
His Girl Friday (Howard Hawks, 1940), DF: ARD 1978
Harald Leipnitz – Cary Grant (Walter Burns), Renate Pichler – Rosalind Russell (Hildy Johnson), Hartmut Reck – Ralph Bellamy (Bruce Baldwin), Walter Reichelt – Gene Lockhart (Sheriff Hartwell), Eva Kinsky – Helen Mack (Wallie Malloy), Wolf Ackva – Clarence Kolb (Bürgermeister), Tommi Piper – Abner Biberman (Louis)

Sein oder Nichtsein
To Be or Not To Be (Ernst Lubitsch, 1942), DF: BSG 1960, D. F. A. Koeniger, R: Klaus v. Wahl

Holger Hagen – Jack Benny (Josef Tura), Edith Schneider – Carole Lombard (Maria Tura), Jan Hendriks – Robert Stack (Sobinski), Werner Lieven – Sig Ruman (Ehrhardt), Siegfried Schürenberg – Stanley Ridges (Siletsky), Alfred Balthoff – Felix Bressart (Greenberg), Arnold Marquis – Lionel Atwill (Rawitch), Curt Ackermann – Tom Dugan (Bronski), Hans Hessling – Charles Halton (Dobosh), Benno Hoffmann – Henry Victor (Schulz)

SEINFELD (TV-Serie)
SEINFELD (1989–1998), DF: Rainer Brandt (i. A. v. Kabel) 1995, R: Sabine Strobel
Oliver Feld – Jerry Seinfeld (Jerry Seinfeld), Traudel Haas – Julia Louis-Dreyfus (Elaine Benes), Detlef Bierstedt – Jason Alexander (George Costanza), Klaus-Dieter Klebsch – Michael Richards (Cosmo Kramer), Uwe Paulsen – Wayne Knight (Newman)

DER SELTSAME FALL DES BENJAMIN BUTTON
THE CURIOUS CASE OF BENJAMIN BUTTON (David Fincher, 2008), DF: 2009, R: Marianne Groß
Tobias Meister – Brad Pitt (Benjamin Button), Arianne Borbach – Cate Blanchett (Daisy), Vera Teltz – Taraji P. Henson (Queenie), Christin Marquitan – Julia Ormond (Caroline), Torsten Michaelis – Jason Flemyng (Thomas Button), Erich Räuker – Elias Koteas (Gateau), Traudel Haas – Tilda Swinton (Elizabeth Abbott), Jörg Hengstler – Jared Harris (Cpt. Mike)

EIN SELTSAMES PAAR
THE ODD COUPLE (Gene Sacks, 1967), DF: BSG 1968, D: F.A. Koeniger, R: Curt Ackermann
Georg Thomalla – Jack Lemmon (Felix), Wolfgang Lukschy – Walter Matthau (Oscar), Wolfgang Spier – John Fiedler (Vinnie), Edgar Ott – Herbert Edelman (Murray), Dietrich Frauboes – David Sheiner (Roy), Alexander Welbat – Larry Haines (Speed), Käthe Jaenicke – Carole Shelley (Gwendolyn)
«Schlagfertigkeit ist Trumpf in den Dialogen, die den routinierten Theatermann verraten. Die deutsche Synchronisation hat hier gute Arbeit geleistet.» (A.P., Film-Dienst 36, 1968)

SERIAL MOM
SERIAL MOM (John Waters, 1993), DF: Hermes 1994
Traudel Haas – Kathleen Turner (Beverly), Hans-Jürgen Wolf – Sam Waterston (Eugene), Dorette Hugo – Ricki Lake (Misty), Christel Merian – Mary Jo Catlett (Rosemary)

SERPICO
SERPICO (Sidney Lumet, 1973), DF: BSG 1973, D: Lutz Arenz, R: Michael Miller
Lutz Mackensy – Al Pacino (Frank Serpico), Norbert Langer – Tony Roberts (Bob Blair), Edeltraud Elsner – Barbara Eda-Young (Laurie), Wolfgang Lukschy – John Randolph (Green), Joachim Ansorge – Jack Kehoe (Tom Keogh), Siegmar Schneider – Biff McGuire (McClain), Joseline Gassen – Cornelia Sharpe (Leslie), Heinz Petruo – Allan Rich (Tauber), Wolfgang Draeger – Norman Ornellas (Rubello), Henning Schlüter – Charles White (Delaney), Edgar Ott – Ed Grover (Lombardo), Gerd Martienzen – Gene Gross (Cpt.Tolkin)

SESAMSTRASSE (TV-Serie)
SESAME STREET (Jim Henson, 1969–), DF: ARD 1973
Gerd Duwner – (Ernie), Wolfgang Kieling – (Bert), Edgar Ott – (Krümelmonster), Andreas v. d. Meden – (Kermit), Gottfried Kramer – (Oskar) ▶ Nach Kielings Tod (1985) übernahm Horst Schön den Part von Bert. Spätere Folgen liefen mit Peter Kirchberger bzw. Michael Habeck (Ernie), Rolf Jülich bzw. Christian Rode (Bert), Douglas Welbat (Krümelmonster), Michael Lott (Oskar), Harald Halgardt (Graf Zahl).

SEX AND THE CITY (TV-Serie)
SEX AND THE CITY (1998–2004), DF: Arena (i. A. v. Pro7) 2001, D/R: Theodor Dopheide
Irina v. Bentheim – Sarah Jessica Parker (Carrie Bradshaw), Katarina Tomaschewsky – Kim Cattrall (Samantha Jones), Gundi Eberhard – Kristin Davis (Charlotte York), Marina Krogull – Cynthia Nixon (Miranda Hobbes), Tom Vogt – Chris Noth (Mr. Big), Boris Tessmann – David Eigenberg (Steve Brady)
«Wenn nötig, wurde sogar der Authentizität auf Kosten der Lippensynchronität Vorrang gegeben, – bislang ein No-No im Gewerbe. Lediglich bei absoluten Großaufnahmen machte man schweren Herzens Abstriche. So wurde aus der klassisch zweideutigen Blowjob-Umschreibung ‹Maybe you're on your knees, but you've got him by the balls› ein eher holpriges ‹Du liegst zwar auf den Knien, aber du hast ihm beim Knüppel.› (…) Auf die Frage, ob er jemals verliebt war, antwortet Carries zukünftiger Liebhaber: ‹Abso-fuckin-lutely›. Auf Deutsch wurde ‹Verdammt Scheiße, aber ja› draus.» (Sigrid Neudecker, Die Zeit 36, 2001)

SEX, LÜGEN UND VIDEO
SEX, LIES AND VIDEOTAPE (Steven Soderbergh, 1989), DF: 1989
Benjamin Völz – James Spader (Graham Dalton), Katja Nottke – Andie MacDowell (Ann), Hans-Jürgen Dittberner – Peter Gallagher (John), Rebecca Völz – Laura San Giacomo (Cynthia)

SEXBOMBE
BOMBSHELL (Victor Fleming, 1933), DF: ARD 1988
Daniela Lohmeyer – Jean Harlow (Lola), Hans-Jürgen Dittberner – Lee Tracy (Space), Wolfgang Völz – Frank Morgan (Pops), Udo Schenk – Franchot Tone (Gifford Middleton), Engelbert v. Nordhausen – Pat O'Brien (Brogan), Ulrike Möckel – Una Merkel (Mac), Hans-Jürgen Wolf – Ted Healy (Junior), Regina Lemnitz – Louise Beavers (Loretta), Uwe Paulsen – Leonard Carey (Winters)

SEXY BEAST
SEXY BEAST (Jonathan Glazer, 2000), DF: Hermes 2002, D/R: Theodor Dopheide
Engelbert v. Nordhausen – Ray Winstone (Gal Dove), Peter Matic – Ben Kingsley (Don Logan), Thomas Danneberg – Ian MacShane (Teddy Bass), Rita Engelmann – Amanda Redman (Deedee), Christian Rode – Cavan Kendall (Aitch), Liane Rudolph – Julianne White (Jackie)

SHAKESPEARE IN LOVE
SHAKESPEARE IN LOVE (John Madden, 1999), DF: Interopa 1999, D: Theodor Dopheide, R: Marianne Groß
Frank Schaff – Joseph Fiennes (Shakespeare), Katrin Fröhlich – Gwyneth Paltrow (Viola de Lesseps), Lutz Mackensy – Geoffrey Rush (Philip Henslowe), Stefan Fredrich – Colin Firth (Lord Wessex), Johannes Baasner – Ben Affleck (Ned Alleyn), Gisela Fritsch – Judi Dench (Queen Elizabeth)

SHANGHAI-EXPRESS
SHANGHAI-EXPRESS (Josef v. Sternberg, 1932), DF: 1951
Gisela Trowe – Marlene Dietrich (Shanghai-Lily), Wolfgang Lukschy

– Clive Brook (Donald Harvey), O. E. Hasse – Warner Oland (Chang), Ursula Krieg – Louise Closser Hale (Mrs. Haggerty), Hans Hessling – Gustav v. Seyffertitz (Baum)

SHERLOCK (TV-Serie)
SHERLOCK **(2010–), DF: Taunus (i. A. d. ARD) 2011, D: Michael Schlimgen, R: Susanna Bonaséwicz**
Tommy Morgenstern – Benedict Cumberbatch (Sherlock Holmes), Sebastian Schulz – Martin Freeman (Dr. Watson), Marius Götze-Clarén – Andrew Scott (Moriarty), Frank Röth – Rupert Graves (Lestrade), Thomas Nero Wolff – Mark Gatiss (Mycroft), Sonja Deutsch – Una Stubbs (Mrs. Hudson)

SHERLOCK HOLMES
SHERLOCK HOLMES **(Guy Ritchie, 2009), DF: Interopa 2009, D/R: Tobias Meister**
Charles Rettinghaus – Robert Downey jr. (Sherlock Holmes), Florian Halm – Jude Law (Dr. Watson), Ranja Bonalana – Rachel McAdams (Irene Adler), Tom Vogt – Mark Strong (Lord Blackwood), Stefan Krause – Eddie Marsan (Lestrade), Marianne Groß – Geraldine James (Mrs. Hudson)

THE SHIELD – GESETZ DER GEWALT (TV-Serie)
THE SHIELD **(2002), DF: Arena (i. A. v. Pro7) 2004, R: Martin Kessler**
Michael Iwannek – Michael Chiklis (Vic Mackey), Katrin Zimmermann – Catherine Deut (Danny Sofer), Michael Deffert – Walton Goggins (Shane Vendrell), Tobias Kluckert – Michael Jace (Julien Lowe), Oliver Feld – Jay Karnes (Dutch Wagenbach), Markus Pfeiffer – Jenneth Johnson (Lemansky), Astrid Bless – CCH Pounder (Wyms)

SHINING
THE SHINING **(Stanley Kubrick, 1979), DF: BSG 1980, D/R: Wolfgang Staudte**
Jörg Pleva – Jack Nicholson (Jack), Eva Kinsky – Shelley Duvall (Wendy), Friedrich W. Bauschulte – Joe Turkel (Lloyd), Carlo Beddies – Danny Lloyd (Danny), Edgar Ott – Scatman Crothers (Halloran), Joachim Kerzel – Barry Nelson (Ullman), Wolfgang Spier – Philip Stone (Grady)

SHOGUN (TV-Mehrteiler)
SHOGUN **(Jerry London, 1980), DF: ZDF 1982**
Wolfgang Pampel – Richard Chamberlain (Blackthorne), Kimiko Fuje-Winter – Yoko Shimada (Mariko), Heinz Theo Branding – Leon Lissek (Sebastio), Lothar Blumhagen – Alan Badel (Dell'Aqua), Frank Glaubrecht – Damien Thomas (Alvito), Edgar Ott – John Rhys-Davies (Rodrigues)

DER SHOOTIST
THE SHOOTIST **(Don Siegel, 1976), DF: Rainer Brandt 1977**
Arnold Marquis – John Wayne (J. B. Books), Gisela Trowe – Lauren Bacall (Bond Rogers), Hans-Georg Panczak – Ron Howard (Gillom), Siegfried Schürenberg – James Stewart (Dr. Hostetler), Hans-W. Bussinger – Hugh O'Brian (Pulford), Joachim Cadenbach – Harry Morgan (Marshal Thibido), Franz-Otto Krüger – John Carradine (Beckum), Rainer Brandt – Richard Lentz (Dobkins), Michael Chevalier – Scatman Crothers (Moses)

SHORT CUTS
SHORT CUTS **(Robert Altman, 1993), DF: Rondo 1993**
Evelyn Maron – Andie MacDowell (Ann Finnigan), Georg Thomalla – Jack Lemmon (Paul), Lutz Riedel – Bruce Davison (Howard), Benjamin Völz – Matthew Modine (Dr. Ralph Wyman), Cornelia Meinhardt – Julianne Moore (Marian), Rita Engelmann – Ann Archer (Claire Kane), Joachim Kerzel – Fred Ward (Stuart Kane), Alexandra Ludwig – Jennifer Jason Leigh (Lois Kaiser), Stefan Fredrich – Chris Penn (Jerry Kaiser), Tobias Meister – Tim Robbins (Gene Shepard), Oliver Stritzel – Tom Waits (Earl Piggott), Kerstin Sanders-Dornseif – Lily Tomlin (Doreen), Katja Nottke – Frances McDormand (Betty), Charles Rettinghaus – Robert Downey jr. (Bill Bush), Susanna Bonaséwicz – Madeleine Stowe (Sherri)

SHREK – DER TOLLKÜHNE HELD
SHREK **(Andrew Adamson/Victoria Jenson, 2001), DF: 2001, D: Jürgen Kohlmeier, R: Michael Nowka**
Sascha Hehn (OF: Mike Myers) – (Shrek), Esther Schweins (OF: Cameron Diaz) – (Fiona), Randolf Kronberg (OF: Eddie Murphy) – (Esel), Rufus Beck (OF: John Lithgow) – (Lord Farquard), Detlef Bierstedt – (Captain), Michael Nowka – (Spiegel), Santiago Ziesmer – (Gingerbread Man), Michael Pan – (Robin Hood)

▶ In SHREK 2 (2004) sprachen neben Hehn, Schweins und Kronberg: Marie-Luise Marjan (Königin Lilian), Angela Milster (Fee) und Benno Fürmann (Gestiefelter Kater). In SHREK DER DRITTE (2007) sprach anstelle des verstorbenen Randolf Kronberg Dennis Schmidt-Foß.

«Ehrgeiz zeigt der Film auch mit der Verpflichtung prominenter Schauspieler als Sprecher, von denen das deutsche Publikum freilich nicht viel hat. Sehr prägnant ist immerhin Eddie Murphy als Esel, da in der deutschen Fassung seine Synchronstimme brilliert (‹Nicht sterben, Shrek; und falls du einen langen Tunnel siehst, halt dich fern vom Licht›). Ob Michael Myers in Sascha Hehn ein ebenso würdiges Pendant gefunden hat, mag dahingestellt sein.» (Michael Allmaier, FAZ, 5.7.2001)

SHUTTER ISLAND
SHUTTER ISLAND **(Martin Scorsese, 2009), DF: BSG 2010, D. Klaus Bickert, R: Clemens Frohmann**
Gerrit Schmidt-Foß – Leonardo DiCaprio (Teddy Daniels), Markus Pfeiffer – Mark Ruffalo (Chuck Aule), Peter Matic – Ben Kingsley (Dr. Cawley), Sabine Falkenberg – Emily Mortimer (Rachel), Dascha Lehmann – Michelle Williams (Dolores Chanal), Jürgen Thormann – Max v. Sydow (Dr. Naehring), Torsten Michaelis – Jackie Earle Haley (George Noyce), Erich Räuker – Elias Koteas (Andrew Laeddis)

SIE KÜSSTEN UND SIE SCHLUGEN IHN
LES QUATRE CENTS COUPS **(François Truffaut, 1959), DF: Real 1959, D: Marcel Valmy, R: Alfred Vohrer**
Michael Siedentop – Jean-Pierre Léaud (Antoine), Gisela Trowe – Claire Maurier (Gilberte), Arnold Marquis – Albert Rémy (Julien), Heinz Ladiges – Guy Decomble (Lehrer), Wolfgang Siedentop – Patrick Auffray (René)

▶ In einer DEFA-Version von 1969 (STREICHE UND SCHLÄGE, D: Harald Thiemann, R: Margot Spielvogel) sprachen Bernd Lehmann (Jean-Pierre Léaud), Lissy Tempelhof (Claire Maurier), Dietmar Richter-Reinick (Albert Rémy).

«Wie schon zwei andere französische Kino-Erfolge dieser Saison – LES COUSINS (SCHREI, WENN DU KANNST) und LE CLOCHARD (IM KITTCHEN IST KEIN ZIMMER FREI) – wurde allerdings auch dieser Film in Deutschland nicht nur mit einem

Krawall-Titel bedacht, sondern auch durch eine vergröbernde Synchronisation entstellt.» (Der Spiegel 43, 1959)

Sieben
Seven (David Fincher, 1995), DF: 1995 Tobias Meister – Brad Pitt (David Mills), Klaus Sonnenschein – Morgan Freeman (Somerset), Till Hagen – Kevin Spacey (John Doe), Arianne Borbach – Gwyneth Paltrow (Tracy), Michael Christian – John C. McGinley (California), Roland Hemmo – Richard Roundtree (Talbot)

Die sieben Samurai
Shichinin no Samurai (Akira Kurosawa, 1953), DF: BSG 1962, D: Bodo Francke, R: Curt Ackermann
Herbert Stass – Toshiro Mifune (Kikuchiyo), Paul Wagner – Takashi Shimura (Kambei), Alf Marholm – Seji Myagushi (Kyuzo), Claus Wilcke – Ko Kimura (Katsushiro), Lothar Blumhagen – Yoshiro Tsuchiya (Rikichu)
«Heftiger als je bei einem japanischen Film hat mich diesmal zu Beginn der Vorstellung jenes Phänomen befallen, dass man ‹Synchronisations-Schock› nennen könnte. Wenn diese Figuren aus dem japanischen Mittelalter mit einemmal den Mund auftun und daraus ein gepflegtes Hochdeutsch kommt, dann ist man einen Augenblick nahe daran, verzweifelt das Kino zu verlassen. Der himmelschreiende Kontrast zwischen den zerlumpten japanischen Bauern, der sich vor einen Samurai in den Dreck wirft, mit allen Anzeichen der Erregung, und jenem ‹Danke, besten Dank› aus dem Berliner Synchronatelier, das gleichzeitig ertönt und nach Glencheck, VW und kleinem Hellen schmeckt, ist einfach unerträglich.» (Hans-Dieter Roos, SZ, 27.8.1962)

Das siebente Siegel
Det sjunde inseglet (Ingmar Bergman, 1956), DF: 1962, D/R: Manfred R. Köhler
Harald Leipnitz – Max v. Sydow (Antonius Blok), Hans Baur – Bengt Ekerot (Tod), Harry Wüstenhagen – Nils Poppe (Joff), Rosemarie Fendel – Inga Landgré (Bloks Frau), Erik Jelde – Åke Fridell (Plog, der Schmied)

77 Sunset Strip (TV-Serie)
77 Sunset Strip (1958–1964), DF: ARD 1960ff., R: Ingeborg Grunewald, John Pauls-Harding
Niels Clausnitzer – Efrem Zimbalist jr. (Stuart Bailey), Hans Clarin – Edward Byrnes (Kookie), Klaus Kindler – Roger Smith (Spencer), Eva Pflug – Jacqueline Beer (Suzanne)

Die 27. Etage
Mirage (Edward Dmytryk, 1964), DF: BSG 1965, D: F. A. Koeniger, R: Dietmar Behnke
Martin Hirthe – Gregory Peck (David), Dagmar Altrichter – Diane Baker (Shela), Arnold Marquis – Walter Matthau (Caselle), Jürgen Thormann – Kevin McCarthy (Josephson), Alfred Balthoff – Robert H. Harris (Dr. Broden), Alexander Welbat – Jack Weston (Lester), Curt Ackermann – Leif Erickson (Mj. Crawford), Wilhelm Borchert – Walter Abel (Charles Calvin), Elisabeth Ried – Anne Seymour (Frances Calvin)

Das siebte Kreuz
The Seventh Cross (Fred Zinnemann, 1944), DF: ZDF 1972
Günter Strack – Spencer Tracy (Georg Heisler), Horst Sachtleben – Hume Cronyn (Paul Röder), Hellmut Lange – George Macready (Bruno Sauer), Thomas Reiner – John Wengraf (Overkamp)

Der Sieger
The Quiet Man (John Ford, 1952), DF: Elite 1953
Heinz Engelmann – John Wayne (Sean Thornton), Edith Schneider – Maureen O'Hara (Mary Kate), Alfred Balthoff – Barry Fitzgerald (Og Flynn), Wilhelm Borchert – Ward Bond (Lonergan), Walter Suessenguth – Victor McLaglen (Danaher), Walter Bluhm – Jack McGowran (Feeney), Agnes Windeck – Eileen Crowe (Mrs. Playfair)

Signs – Zeichen
Signs (M. Night Shyamalan, 2001), DF: FFS 2002
Elmar Wepper – Mel Gibson (Graham Hess), Gedeon Burkhard – Joaquin Phoenix (Merrill), Despina Pajanou – Cherry Jones (Caroline Paski), Daniel Haidinger – Rory Culkin (Morgan), Isabella Krause – Abigail Breslin (Bo), Regine Leonhardt – Patricia Kalember (Colleen), Berno v. Cramm – Ted Sutton (SFC Cunnungham)

Silkwood
Silkwood (Mike Nichols, 1982), DF: Hermes 1984
Hallgard Bruckhaus – Meryl Streep (Karen Silkwood), Manfred Lehmann – Kurt Russell (Drew Stephens), Alexandra Lange – Cher (Dolly Pelliker), Jürgen Kluckert – Craig T. Nelson (Winston), Marianne Groß – Diana Scarwid (Angela), Uwe Paulsen – Ron Silver (Paul Stone), Joachim Nottke – Charles Hallahan (Earl Lapin), Horst Schön – Josef Sommer (Max Richter)

Simon Templar (TV-Serie)
The Saint (1963–1968), DF: Bavaria (i. A. d. ARD) 1966, D: M. Z. Thomas, R: Hans Jürgens
Niels Clausnitzer – Roger Moore (Simon Templar), Erik Jelde – Ivor Dean (Insp. Teal)

Simon & Simon (TV-Serie)
Simon & Simon (1981–1988), DF: ARD 1986
Joachim Tennstedt – James Parker (A.J. Simon), Frank Glaubrecht – Gerald McRaney (Rick Simon), Bettina Schön – Mary Carver (Cecilia), Marianne Groß – Jeannie Wilson (Janet Fowler)

Simpatico
Simpatico (Matthew Warchus, 1999), DF: Interopa 2000, D: Markus Engelhardt, R: Sven Hasper
Thomas Danneberg – Nick Nolte (Vinnie Webb), Joachim Tennstedt – Jeff Bridges (Lyle Carter), Martina Treger – Sharon Stone (Rosie), Jochen Schröder – Albert Finney (Simms), Arianne Borbach – Catherine Keener (Cecilia), Simon Jäger – Shawn Hatosy (junger Vinnie), Marius Götze-Clarén – Liam Waite (junger Lyle), Ernst Meincke – Bob Harter (Louis)

Die Simpsons (TV-Serie)
The Simpsons (1989–), DF: Taurus (i. A. d. ZDF) 1990, D/R: Siegfried Rabe / Ivar Combrinck (ab Staffel 4)
Norbert Gastell – (Homer), Elisabeth Volkmann / Anke Engelke – (Marge), Sandra Schwittau – (Bart), Sabine Bohlmann – (Lisa), Walter Reichelt / Horst Raspe – (Opa), Reinhard Brock – (Burns), Hans-Georg Panczak – (Wayton Smithers), Michaela Amler – (Milhouse Van Houten), Hans-Rainer Müller – (Krusty), Ulrich Frank – (Ned Flanders), Manuela Renard – (Maude Flanders), Günter Clemens / Ivar Combrinck / Willi Röbke – (Rev. Lovejoy), Gernot Duda – (Barney Gumble), Bernd Simon – (Moe Szyslak), Peter Musäus – (Carl), Fred Klaus / (Rektor Skinner), Gudrun Vaupel / Inge Solbrig – (Edna Krabappel), Werner Abro-

lat / Peter Thom / Thomas Rauscher – (Hausmeister Willi), Klaus Guth / Berno v. Cramm / Fritz v. Hardenberg – (Dr. Hibbert), Donald Arthur – (Kent Brockman)

A SINGLE MAN
A SINGLE MAN (Tom Ford, 2009), DF: Hermes 2010, R: Clemens Frohmann Tom Vogt – Colin Firth (George), Petra Barthel – Julianne Moore (Charlotte), Norman Matt – Matthew Goode (Jim), Ricardo Richter – Nicholas Hoult (Kenny), Ulrike Stürzbecher – Ginnifer Goodwin (Mrs. Strunk), Marcel Collé – Jon Kortajerena (Carlos)

SINN UND SINNLICHKEIT
SENSE AND SENSIBILITY (Ang Lee, 1995), DF: R. C. Production 1996, R: Elisabeth v. Molo
Monica Bielenstein – Emma Thompson (Elinor), Ulrike Stürzbecher – Kate Winslet (Marianne), Bernd Rumpf – Alan Rickman (Col. Brandon), Uwe Büschken – Hugh Grant (Edward Ferrars), Liane Rudolph – Harriet Walter (Fanny), Patrick Winczewski – Greg Wise (John Willoughby), Nana Spier – Imogen Stubbs (Lucy)

SIRENE IN BLOND
WILL SUCCESS SPOIL ROCK HUNTER? (Frank Tashlin, 1957), DF: Elite 1957, D: F. A. Koeniger, R: Rolf v. Sydow
Ingeborg Wellmann – Jayne Mansfield (Rita Marlowe), Eckart Dux – Tony Randall (Rock Hunter), Sigrid Lagemann – Betsy Drake (Jenny), Dorle Hintze – Joan Blondell (Violet), Alexander Welbat – Henry Jones (Rufus), Siegfried Schürenberg – John Williams (Le Salle)

SIX FEET UNDER (TV-Serie)
SIX FEET UNDER (2001–05), DF: Interopa (i. A. v. Vox) 2003, D/R: Sven Hasper
Charles Rettinghaus – Peter Krause (Nate), Luise Helm – Lauren Ambrose (Claire), Regine Albrecht – Frances Conny (Ruth), Dennis Schmidt-Foß – Michael C. Hall (David), Marius Götz-Clarén – Freddy Rodriguez (Frederico), Dietmar Wunder – Mathew St. Patrick (Keith), Bianca Krahl – Rachel Griffiths (Brenda), Tanja Geke – Lili Taylor (Lisa), Hans-W. Bussinger – Richard Jenkins (Nate sr.), Jochen Schröder – James Cromwell (George), Bodo Wolf – Ed Begley jr. (Hiram)

THE 6TH DAY
THE 6TH DAY (Roger Spottiswoode, 2000), DF: PPA 2000, D/R: Pierre Peters-Arnolds
Thomas Danneberg – Arnold Schwarzenegger (Adam Gibson), Oliver Rohrbeck – Michael Rapaport (Hank Morgan), Michael Schernthaner – Robert Marshall (Michael Rooker), Udo Wachtveitl – Tony Goldwyn (Michael Drucker), Oliver Mink – Rodney Rowland (Wiley), Hartmut Reck – Robert Duvall (Dr. Weir), Elisabeth Günther – Sarah Wynter (Talia Elsworth), Jutta Speidel – Wendy Crewson (Natalie), Oliver Stritzel – Terry Crews (Vincent)

SKANDAL IN DER OPER
A NIGHT AT THE OPERA (Sam Wood, 1935), DF: MGM 1950
Alfred Balthoff – Groucho Marx (Otis B. Driftwood), Georg Thomalla – Chico Marx (Fiorello), Carola Höhn – Kitty Carlisle (Rosa)

SKYFALL
SKYFALL (Sam Mendes, 2012), DF: Interopa 2012, D: Klaus Bickert, R: Axel Malzacher
Dietmar Wunder – Daniel Craig (James Bond), Luise Helm – Bérénice Marlohe (Severine), Juan-Carlos López-Romero – Javier Bardem (Silva), Udo Schenk – Ralph Fiennes (Mallory), Gisela Fritsch – Judi Dench (M), Vera Teltz – Naomie Harris (Moneypenny), Jochen Striebeck – Albert Finney (Kincade), Frank Schaff – Rory Kinnear (Tanner)

SLEEPY HOLLOW
SLEEPY HOLLOW (Tim Burton, 1999), DF: Interopa 2000, D/R: Sven Hasper
David Nathan – Johnny Depp (Ichabod Crane), Katja Primel – Christina Ricci (Katrina), Rita Engelmann – Miranda Richardson (Lady Van Tassel), Otto Mellies – Michael Gambon (Baltus Van Tassel), Matthias Hinze – Casper Van Dien (Brom Van Brunt), Ernst Meincke – Jeffrey Jones (Rev. Steenwyck), Bert Franzke – Richard Griffiths (Philipse)

SLIDERS – DAS TOR IN EINE FREMDE DIMENSION (TV-Serie)
SLIDERS (1995–2000), DF: RTL 1997
Manou Lubowski – Jerry O'Connell (Quinn Mallory), Randolf Kronberg – Cleavant Derricks (Rembrandt Brown), Wolfgang Hess – John Rhys-Davies (Prof. Arturo),

Katrin Fröhlich – Sabrina Lloyd (Wade Wells)

SMALLVILLE (TV-Serie)
SMALLVILLE (2001–), DF: Hermes (i. A. v. RTL) 2003, D/R: Holger Twellmann
Timmo Niesner – Tom Welling (Clark Kent), Marie Bierstedt – Kristin Kreuk (Lana Lang), Björn Schalla – Michael Rosenbaum (Lex Luthor), Anja Stadtlober – Allison Mack (Chloe Sullivan), Marcel Collé – Sam Jones III. (Pete Ross), Marius Götze-Clarén – Eric Johnson (Whitney Fordtman), Isabella Grothe – Annette O'Toole (Martha), Bernd Vollbrecht – John Schneider (Jonathan)

SMOKE
SMOKE (Wayne Wang, 1994), DF: FFS 1995
Joachim Kerzel – Harvey Keitel (Auggie Wren), Thomas Fritsch – William Hurt (Paul Benjamin), Jaron Löwenberg – Harold Perrineau (Rashid Cole), Ekkehardt Belle – Forest Whitaker (Cyrus Cole), Renate Küster – Stockard Channing (Ruby), Alexandra Ludwig – Asley Judd (Felicity)

SNATCH – SCHWEINE UND DIAMANTEN
SNATCH – PIGS AND DIAMONDS (Guy Ritchie, 2000), DF: R.C. Production 2001, D/R: Andreas Pollak
Charles Rettinghaus – Benicio Del Toro (Franky Four Fingers), Klaus Sonnenschein – Dennis Farina (Avi), Thomas Petruo – Vinnie Jones (Bullet Tooth Tony), Tobias Meister – Brad Pitt (Mickey O'Neill), Michael Christian – Rade Serbedzija (Boris), Thomas Nero Wolf – Jason Statham (Turkish), Reiner Schöne – Alan Ford (Brick Top), Peter Flechtner – Lennie James (Sol), Marcel Collé – Ewen Bremner (Mullet), Stefan Fredrich – Robbie Gee (Vincent)
«Dem deutschen Synchronsprecher Tobias Meister gelingt es übrigens recht gut, Pitts grandioses Gestammel nachzuempfinden.» (Hans Schifferle, SZ, 22.3.2001)

SNEAKERS – DIE LAUTLOSEN
SNEAKERS (Phil Alden Robinson, 1991), DF: 1993
Rolf Schult – Robert Redford (Martin Bishop), Thomas Danneberg – Dan Aykroyd (Mutter), Peter Matic – Ben Kingsley (Cosmo), Frank Schaff – River Phoenix (Carl), Herbert Weicker – Sidney Poitier (Crease)

Solange du da bist
Just Like Heaven (Mark Waters, 2005), DF: BSG 2005, D/R: Marius Götze-Clarén
Manja Doering – Reese Witherspoon (Elizabeth Masterson), David Nathan – Mark Ruffalo (David Abbott), Michael Iwannek – Donal Logue (Jack Houriskey), Ulrike Möckel – Rosalind Chao (Fran), Peter Flechtner – Ben Shenkman (Brett Rushton), Alexandra Wilcke – Dina Spybey – William Caploe (Bill), Werner Ehrlicher – Billy Beck (Clarke)

Solange ein Herz schlägt
Mildred Pierce (Michael Curtiz, 1945), DF: ARD 1975
Rosemarie Fendel – Joan Crawford (Mildred Pierce), Thomas Braut – Jack Carson (Wally), Randolf Kronberg – Zachary Scott (Monte Beragon), Niels Clausnitzer – Bruce Bennett (Bert)
▶ In der ersten Synchronfassung (Ultra 1950, R: Max Michel) sprach Eva Eras für Joan Crawford.

Solange es Menschen gibt
Imitation of Life (Douglas Sirk, 1959), DF: BSG 1959, D/R: Volker Becker
Tilly Lauenstein – Lana Turner (Lora), Horst Niendorf – John Gavin (Steve), Marianne Lutz – Sandra Dee (Susie), Ursula Heyer – Susan Kohner (Sarah Jones), Klaus Miedel – Robert Alda (Allen Loomis), Friedrich Schoenfelder – Dan O'Herlihy (Edwards), Elfe Schneider – Juanita Moore (Annie Johnson)

Solaris
Solaris (Andrej Tarkowskij, 1972), DF: 1977
Traudel Haas – Natalja Bondartschuk (Hari), Klaus Kindler – Donatas Banionis (Kris), Peter Fitz – Juri Jarwet (Snaut), Wolfgang Pampel – Anatoli Solonizyn (Sartorius), Christian Rode – Wladislaw Dworshezkij (Burton), Gerhard Schinschke – Nikolai Grinko (Vater), Joachim Cadenbach – Sos Sarkissian (Gibarian)
▶ In der DEFA-Fassung (1974) sprachen Dagmar Dempe (Hari), Justus Fritzsche (Kris), Peter Panhans (Snaut), Friedhelm Eberle (Sartorius), Dieter Bellmann (Burton), Siegfried Voß (Vater).

Solaris
Solaris (Steven Soderbergh, 2002), DF: FFS 2003, D/R: Frank Schaff
Martin Umbach – George Clooney (Kelvin), Claudia Lehmann – Natasha McElhorne (Rheya), Viola Sauer – Viola Davis (Gordon), Frank Schaff – Jeremy Davies (Snow), Ulrich Tukur – Ulrich Tukur (Gibarian), Monica Bielenstein – Donna Kimball (Mrs. Gibarian), Helmut Gauß – Michael Ensign (Freund 1), Claudia Urbschat-Mingues – Elpidia Carillo (Freund 2), Tobias Meister – Kent Faulcon (Patient 1), Andrea Plany – Lauren Cohn (Patient 2)

Der Soldat James Ryan
Saving Private Ryan (Steven Spielberg, 1998), DF: BSG 1998, D: Alexander Loewe, R: Frank Schaff
Arne Elsholtz – Tom Hanks (Cpt. Miller), Johannes Baasner – Edward Burns (Reiben), Jörg Hengstler – Tom Sizemore (Sgt. Horvath), Timmo Niesner – Jeremy Davies (Cpl. Upham), Marco Kröger – Vin Diesel (Caparzo), Dietmar Wunder – Adam Goldberg (Mellish), Michael Iwannek – Barry Pepper (Jackson)

Solo für O.N.K.E.L. (TV-Serie)
The Man from U.N.C.L.E. (1964–68), DF: ZDF 1967
Herbert Stass – Robert Vaughn (Napoleon Solo), Joachim Pukaß – David MacCallum (Ilya Kuryakin), Curt Ackermann – Leo G. Carroll (Waverly)
▶ Für Robert Vaughn sprach auch G. G. Hoffmann, für David MacCallum auch Fred Maire.

Die Sopranos (TV-Serie)
The Sopranos (1999–2007), DF: Studio Hamburg (i. A. d. ZDF) 2000, D/R: Jürgen Neu
Eberhard Haar – James Gandolfini (Tony Soprano), Katja Brügger – Edie Falco (Carmela), Eva Michaelis – Jamie-Lynn Sigler (Meadow), Philipp Krüger – Robert Iler (Anthony jr.), Marianne Kehlau – Nancy Marchand (Livia), Hans Sievers – Dominic Chianese (Onkel Junior), Cornelia Meinhardt – Lorraine Bracco (Dr. Jeniffer Melfi), Konstantin Graudus – Michael Imperioli (Moltisanti), Kerstin Draeger – Drea de Matteo (Adriana La Cerva), Peter Weiss – Tony Sirico (Pauly Walnuts), Gerd Marcel – Steve van Zandt (Silvio Dante)
«Exzellent und einfühlsam synchronisiert.» (Thomas Hauschild, Die Zeit 25, 2000)

South Park (TV-Serie)
South Park (1997–), DF: FFS (i. A. v. RTL) 1999, D/R: Arne Elsholtz
Benedict Weber – (Stan), Janni Panczak – (Kyle), Jörg Reitbacher-Stuttmann – (Eric Cartman), Sabine Bohlmann – (Kenny McCormick), Shandra Schadt – (Wendy Testaburger), Donald Arthur – (Chefkoch), Uschi Wolff – (Mrs. Cartman), Michael Rüth – (Garrison), Thomas Albus – (Barbrady), Dagmar Heller – (Bürgermeisterin), Arne Elsholtz – (Jimbo Kerns), Kai Taschner – (Ned Gerblanski), Randolf Kronberg – (Mackey), Michael Habeck – (Mephisto)

Space Cowboys
Space Cowboys (Clint Eastwood, 2000), DF: FFS 2000, D/R: Hartmut Neugebauer
Klaus Kindler – Clint Eastwood (Frank Corvin), Ronald Nitschke – Tommy Lee Jones (Hawk Hawkins), Hartmut Reck – Donald Sutherland (Jerry O'Neill), Claus Biederstaedt – James Garner (Tank Sullivan), Franz Rudnick – James Cromwell (Bob Gerson), Jutta Speidel – Marcia Gay Harden (Sara Holland), Joachim Höppner – William Devane (Eugene Davis), Philipp Moog – Loren Dean (Ethan Glance)

Spaceballs – Mel Brooks verrückte Raumfahrt
Spaceballs (Mel Brooks, 1987), DF: 1987, D/R: Joachim Kunzendorf
Wolfgang Völz – Mel Brooks (Skroob/Yogurt), Stephan Schwartz – Bill Pullman (Lone Starr), Rebecca Völz – Daphne Zuniga (Vespa), Hans-Werner Bussinger – George Wyner (Col. Sandfurz), Mathias Einert – Michael Winslow (Radartechniker)

Spartacus
Spartacus (Stanley Kubrick, 1960), DF: BSG 1960, D/R: Volker Becker
Arnold Marquis – Kirk Douglas (Spartacus), Marion Degler – Jean Simmons (Varinia), Siegfried Schürenberg – Laurence Olivier (Crassus), Eduard Wandrey – Charles Laughton (Gracchus), Fritz Tillmann – Peter Ustinov (Lentulus), Horst Niendorf – John Gavin (Julius Caesar), Herbert Stass – Tony Curtis (Antonius), Wilhelm Borchert – Charles McGraw (Marcellus), Tilly Lauenstein – Nina Foch (Helena), Dietmar Schönherr – John Dall (Glabrus), Alfred Balthoff – Herbert Lom (Tigranus), Jan Hendriks – John Ireland (Crixus), Bettina Schön – Joanna Barnes (Claudia)

Späte Rache ➪ Verfolgt

Spider-Man

Spider-Man (Sam Raimi, 2002), DF: R. C. Production 2002, D: Jan Odle, R: Joachim Tennstedt

Marius Götz-Clarén – Tobey Maguire (Peter Parker), Marie Bierstedt – Kirsten Dunst (Mary Jane Watson), Reiner Schöne – Willem Dafoe (Norman Osborn), Kim Hasper – James Franco (Harry), F.G. Beckhaus – Cliff Robertson (Onkel Ben), Bettina Schön – Rosemary Harris (Tante May), Joachim Kerzel – J.K. Simmons (Jonah Jameson), Lutz Schnell – Michael Papajohn (Einbrecher), Tilo Schmitz – Randy Savage (Bone Saw McGraw), Tobias Kluckert – Joe Manganiello (Eugene Thompson), Bernhard Völger – Ted Raimi (Hoffmann), Erich Räuker – Bruce Campbell (Ring-Moderator)

Spiegelbild im goldenen Auge

Reflections in a Golden Eye (John Huston, 1966), DF: Ultra 1967

Harald Juhnke – Marlon Brando (Mj. Penderton), Rosemarie Fendel – Elizabeth Taylor (Leonora), Heinz Engelmann – Brian Keith (Morris Langdon), Eva Katharina Schultz – Julie Harris (Alison), Herbert Stass – Robert Forster (Williams), Renate Danz – Fay Sparks (Susie), Horst Keitel – Irvin Dugan (Weincheck), Helmuth Grube – Gordon Mitchell (Reitstall-Sergeant)

Das Spiel der Macht

All the King's Men (Steven Zaillian, 2006), DF: R. C. Production 2006, D: Alexander Löwe, R: Dietmar Wunder

Tobias Meister – Sean Penn (Willie), Florian Halm – Jude Law (Jack), Joachim Kerzel – Anthony Hopkins (Richter Irwin), Ulrike Stürzbecher – Kate Winslet (Anne), Matthias Hinze – Mark Ruffalo (Adam), Kerstin Sanders-Dornseif – Patricia Clarkson (Sadie), Eberhard Haar – James Gandolfini (Tiny Duffy), Dieter Okras – Jackie Earle Haley (Sugar Boy), Heidrun Bartholomäus – Kathy Baker (Mrs. Burden), Bettina Weiß – Talia Balsam (Lucy Stark), Jan Kurbjuweit – Travis T. Champagne (Tom Stark), Karl-Heinz Grewe – Frederic Forrest (Willies Vater)

Spiel mir das Lied vom Tod

C'era una volta il West (Sergio Leone, 1968), DF: BSG 1969, D/R: G.G. Hoffmann

Wilhelm Borchert – Henry Fonda (Frank), Beate Hasenau – Claudia Cardinale (Jill McBain), Michael Chevalier – Charles Bronson (Harmonica), Arnold Marquis – Jason Robards (Cheyenne), Martin Hirthe – Frank Wolff (McBain), Paul-Edwin Roth – Gabriele Ferzetti (Morton), Eduard Wandrey – Lionel Stander (Barmann), Hans Wiegner – Keenan Wynn (Sheriff), G.G. Hoffmann – Jack Elam (Knuckles)

Der Spion, der aus der Kälte kam

The Spy Who Came in From the Cold (Martin Ritt, 1965), DF: BSG 1966, D/R: Klaus v. Wahl

Holger Hagen – Richard Burton (Alec Leamas), Johanna v. Koczian – Claire Bloom (Nan Perry), Oskar Werner – Oskar Werner (Fiedler), Peter van Eyck – Peter van Eyck (Mundt), Klaus Miedel – Sam Wanamaker (Peters), Siegfried Schürenberg – George Voskovec (Anwalt), Wolfgang Büttner – Cyril Cusack (Chef), Wilhelm Borchert – Michael Hordern (Ashe), Lothar Blumhagen – Robert Hardy (Carlton)

Der Spion, der mich liebte

The Spy Who Loved Me (Lewis Gilbert, 1977), DF: 1977

Niels Clausnitzer – Roger Moore (James Bond), Dagmar Heller – Barbara Bach (Anya Amasova), Curd Jürgens – Curd Jürgens (Karl Stromberg), Rosemarie Kirstein – Caroline Munro (Naomi), Herbert Weicker – Walter Gotell (Gen. Gogol), Alois-Maria Giani – Geoffrey Keen (Verteidigungsminister), Wolf Ackva – Bernard Lee (M), Leo Bardischewski – Desmond Llewelyn (Q)

Spion in Spitzenhöschen

The Glass Bottom Boat (Frank Tashlin, 1965), DF: MGM 1966

Ilse Kiewiet – Doris Day (Jennifer Nelson), Horst Niendorf – Rod Taylor (Bruce Templeton), Heinz Engelmann – Arthur Godfrey (Axel Nordstrom), Achim Strietzel – Paul Lynde (Homer Cripps), Paul Wagner – Edward Andrews (Gen. Bleeker), Gerd Duwner – Dom DeLuise (Julius Pritter), Harry Wüstenhagen – Dick Martin (Zack Malloy), Hans Wiegner – Eric Fleming (Hill)

Sprich mit ihr

Habla con ella (Pedro Almodovar, 2002), DF: Studio Babelsberg 2002, D/R: Joachim Kunzendorf

Timmo Niesner – Javier Camara (Benigno), Torsten Michaelis – Dario Grandinetti (Marco), Anke Reitzenstein – Rosario Flores (Lydia), Manja Doering – Leonor Watling (Alicia), Susanna Bonaséwicz – Geraldine Chaplin (Katerina), Monica Bielenstein – Mariola Fuentes (Schwester)

*«Schade vielleicht, dass in der deutschen Synchronisation die Stimme und der Akzent Geraldine Chaplins nur als Imitat zu hören sind. Eine gute Alternative ist die untertitelte Fassung des Films, die mit Übersetzungen von Dialogen brilliert. Zum Beispiel, wenn eine neugierige Concierge ausgerechnet vom Journalisten Marco in Erfahrung bringen will, warum Benigno ihn Knast sitzt: ‹Benigno ist unschuldig›, wehrt Marco ab. ‹Unschuldig schon – aber wegen was?.»
(Ulf Erdmann Ziegler, Frankfurter Rundschau, 7.8.2002)*

Sprung in den Tod

➲ **Maschinenpistolen**

Die Spur des Falken

The Maltese Falcon (John Huston, 1941), DF: ZDF 1969, D/R: Wolfgang Schick

Arnold Marquis – Humphrey Bogart (Sam Spade), Elisabeth Ried – Mary Astor (Brigid O'Shaughnessy), Hans Hinrich – Sidney Greenstreet (Gutman), Klaus Schwarzkopf – Peter Lorre (Cairo), Eleonore Noelle – Lee Patrick (Effie), Eva Pflug – Gladys George (Iva Archer), Heinz Engelmann – Ward Bond (Polhaus), K.E. Ludwig – Elisha Cook jr. (Wilmer Cook)

Die Spur des Fremden

The Stranger (Orson Welles, 1946), DF: ARD 1980

Michael Brennicke – Orson Welles (Kindler/Rankin), Katharina Lopinski – Loretta Young (Mary), Lambert Hamel – Edward G. Robinson (Insp. Wilson), K.E. Ludwig – Konstantin Shayne (Meinike)

Spuren im Sand

Three Godfathers (John Ford, 1948), DF: MGM 1956

Wolfgang Lukschy – John Wayne (Robert Marmaduke), Stanislav Ledinek – Pedro Armendáriz (Pedro), Klaus Herm – Harry Carey jr. (Kid), Eduard Wandrey – Ward Bond (Sweet), Hans Hessling – Charles Halton (Latham), Walter Bluhm – Hank Worden (Curley)

Spurwechsel

Changing Lanes (Roger Michell, 2002), DF: BSG 2002, D: Martina Marx, R: Oliver Rohrbeck

Peter Flechtner – Ben Affleck (Gavin Banek), Engelbert v. Nordhausen

– Samuel L. Jackson (Doyle Gibson), Traudel Haas – Toni Collette (Michelle), Joachim Kerzel – Sydney Pollack (Delano), Randolf Kronberg – William Hurt (Sponsor), Schaukje Schönning – Amanda Peet (Cynthia), Anke Reitzenstein – Kim Staunton (Valerie), Frank Otto Schenk – Richard Jenkins (Walter Arnell), Benjamin Völz – Dylan Baker (Finck), Till Hagen – Matt Malloy (Ron Cabot)

Stadt der Illusionen
The Bad and the Beautiful (Vincente Minnelli, 1952), DF: MGM 1953
Eleonore Noelle – Lana Turner (Georgia Lorrison), Carl Raddatz – Kirk Douglas (Shields), Siegfried Schürenberg – Walter Pidgeon (Harry Pebbel), Hans Nielsen – Dick Powell (James Lee Bartlow), Friedrich Joloff – Barry Sullivan (Fred Amiel), Walter Bluhm – Sammy White (Gus), Marion Degler – Elaine Stewart (Lila)

Stadt in Angst
Bad Day at Black Rock (John Sturges, 1954), DF: MGM 1955
Ernst Schröder – Spencer Tracy (Macreedy), Carl Raddatz – Robert Ryan (Reno Smith), Alfred Balthoff – Walter Brennan (Doc Velie), Stanislav Ledinek – Lee Marvin (Hector David), Hans Hessling – Russell Collins (Hastings)
▶ In der DEFA-Fassung (1986) sprach Walter Niklaus für Spencer Tracy.

Der Stadtneurotiker
Annie Hall (Woody Allen, 1977), DF: 1977, D: Eckhard Henscheid, Sieglinde Rahm, R: John Pauls-Harding
Wolfgang Draeger – Woody Allen (Alvy Singer), Heidi Fischer – Diane Keaton (Annie Hall), Rüdiger Bahr – Tony Roberts (Rob), Eva Kinsky – Carol Kane (Allison), Jürgen Clausen – Paul Simon (Tony Lacey), Leon Rainer – Christopher Walken (Duane), Donald Arthur – Donald Symington (Dad Hall)
«Der Humor ist treffender als in den üblichen US-Komödien, und der Film scheint eines der seltenen Werke zu sein, dem man einmal eine ihm angebrachte Übersetzung und Synchronisation gegönnt hat.» (M.F., Berliner Morgenpost, 3.7.1977)

Stalag 17
Stalag 17 (Billy Wilder, 1953), DF: BSG 1960
Heinz Engelmann – William Holden (Sefton), Arnold Marquis – Robert Strauss (Nilpferd), Wolfgang Draeger – Harvey Lembeck (Harry), Paul Wagner – Otto Preminger (Oberst Scherbach), Rainer Brandt – Peter Graves (Price), Horst Niendorf – Neville Brand (Duke), Heinz Giese – Don Taylor (Lt. Dunbar), Werner Lieven – Sig Ruman (Schultz), Ernst Jacobi – Robert Shawley (Blondie)

Stand by me –
Das Geheimnis eines Sommers
Stand By Me (Rob Reiner, 1986), DF: 1987
Tarek Helmy – Will Wheaton (Gordie), Timmo Niesner – River Phoenix (Chris), Simon Jaeger – Corey Feldman (Teddy), Jens Markgraf – Jerry O'Connell (Vern), Tobias Meister – Kiefer Sutherland (Ace)

Star Trek
Star Trek (J. J. Abrams, 2009), DF: BSG 2009, D: Änne Troester, R: Björn Schalla, Kim Hasper
Nico Sablik – Chris Pine (Cpt. Kirk), Timmo Niesner – Zachary Quinto (Spock), Maud Ackermann – Winona Ryder (Amanda Grayson), Benjamin Völz – Eric Bana (Nero), Simon Jäger – Simon Pegg (Scotty), Tanja Geke – Zoe Saldana (Nyota Uhura), Tobias Kluckert – Karl Urban (McCoy), Oliver Stritzel – Bruce Greenwood (Cpt. Pike), Constantin v. Jascheroff – Anton Yelchin (Chekov)

Star Trek – Der Film
Star Trek – The Motion Picture (Robert Wise, 1979), DF: BSG 1980, D: Jürgen Neu, R: Wolfgang Schick
G.G. Hoffmann – William Shatner (Cpt. Kirk), Herbert Weicker – Leonard Nimoy (Spock), Manfred Schott – DeForest Kelly (Dr. McCoy), K.E. Ludwig – James Doohan (Scotty), Helmut Gauß – George Takei (Sulu), Doris Gallart – Majel Barrett (Dr. Chapel), Elmar Wepper – Walter Koenig (Chekov), Rosemarie Kirstein – Nichelle Nichols (Uhura), Alexandra Lange – Persis Khambatta (Ilia), Frank Glaubrecht – Stephen Collins (Will Decker)

Star Trek II – Der Zorn des Khan
Star Trek II: The Wrath of Khan (Nicholas Meyer, 1982), DF: BSG 1982, D: Jürgen Neu, R: Wolfgang Schick
Klaus Sonnenschein – William Shatner (Kirk), Herbert Weicker – Leonard Nimoy (Spock), Christian Rode – DeForest Kelly (Dr. McCoy), Heinz Petruo – Richard Montalban (Khan), K.E. Ludwig – James Doohan (Scotty), Elmar Wepper – Walter Koenig (Chekov), Almut Eggert – Bibi Besch (Carol Markus), Ulrich Matthes – Merritt Butrick (David), Jürgen Kluckert – Paul Winfield (Terrell), Susanna Bonaséwicz – Kirstie Alley (Saavik), Helmut Gauß – George Takei (Sulu), Joseline Gassen – Nichelle Nichols (Uhura)

Star Trek III –
Auf der Suche nach Mr. Spock
Star Trek III: The Search for Spock (Leonard Nimoy, 1984), DF: BSG 1984, D/R: Martin Großmann
Klaus Sonnenschein – William Shatner (Kirk), Herbert Weicker – Leonard Nimoy (Spock), K.E. Ludwig – James Doohan (Scotty), Frank Glaubrecht – Walter Koenig (Chekov), Helmut Gauß – George Takei (Sulu), Joseline Gassen – Nichelle Nichols (Uhura), Susanna Bonaséwicz – Robin Curtis (Saavik), Hermann Ebeling – Christopher Lloyd (Kruge), F.W. Bauschulte – Mark Lenard (Sarek), Eric Vaessen – James B. Sikking (Styles), Andrea Brix – Chathie Shirriff (Valkris)

Star Trek IV –
Zurück in die Gegenwart
Star Trek IV: The Voyage Home (Leonard Nimoy, 1986), DF: Cine-Adaption 1987, D: Gerd Eichen, R: Wolfgang Schick
G.G. Hoffmann – William Shatner (Kirk), Herbert Weicker – Leonard Nimoy (Spock), Randolf Kronberg – DeForest Kelly (McCoy), K.E. Ludwig – James Doohan (Scotty), Ilona Grandke – Nichelle Nichols (Uhura), Elmar Wepper – Walter Koenig (Chekov), Tommi Piper – George Takei (Sulu), Edith Schneider – Jane Wyatt (Amanda), Viktoria Brams – Catherine Hicks (Gillian)

Star Trek VI –
Das unentdeckte Land
Star Trek VI – The Undiscovered Country (Nicholas Meyer, 1991), DF: Cine-Adaption 1992, D/R: K.E. Ludwig
G.G. Hoffmann – William Shatner (Kirk), Herbert Weicker – Leonard Nimoy (Spock), Randolf Kronberg – DeForest Kelley (McCoy), K.E. Ludwig – James Doohan (Scotty), Ilona Grandke – Nichelle Nichols (Uhura), Katharina Lopinski – Kim Catrall (Valeris), Elmar Wepper – Walter Koenig (Chekov), Fred Klaus – George Takei (Hikaru Sulu), Klaus Guth – Christopher Plummer (Chang)

STAR TREK – DAS NÄCHSTE JAHR-
HUNDERT (TV-Serie)
STAR TREK – THE NEXT GENERATI-
ON (1987–1994), DF: Arena (i. A. d.
ZDF) 1990, Sat.1 1993, D/R: Micha-
el Erdmann, Ulrich Johannson
Rolf Schult / Ernst Meincke – Patrick
Stewart (Cpt. Picard), Detlef Bierstedt
– Jonathan Frakes (Comm. Riker),
Charles Rettinghaus – LeVar Burton
(LaForge), Raimund Krone – Michael
Dorn (Worf), Rita Engelmann/ Ana
Fonell – Gates McFadden (Dr. Crus-
her), Eva Kryll / Ulrike Lau – Marina
Sirtis (Troi), Michael Pan – Brent Spi-
ner (Data), Sven Plate – Wil Whea-
ton (Wesley Crusher), Jörg Doering –
Colm Meaney (Miles O'Brien), Katja
Nottke – Denise Crosby (Tasha Yar),
Hans-Werner Bussinger – John De-
Lancie (Q), Bettina Schön – Diane
Muldaur (Dr. Pulaski)
▶ Daneben existiert eine frühere
Video-Synchronfassung mit Pe-
ter Aust (Picard), Wolfgang Jür-
gen (Riker), Andreas v. d. Meden
(LaForge + D/R), Marcel Ger-
hard (Worf), Gabriele Libbach
(Dr. Crusher).

STAR TREK – DEEP SPACE NINE
(TV-Serie)
STAR TREK: DEEP SPACE NINE (1992–
1999), DF: Arena (i. A. v. Sat.1)
1994, D/R: Boris Tessmann
Jörg Hengstler – Avery Brooks (Benjamin Sisko), Liane Rudolph – Nana
Visitor (Kira Nerys), Bodo Wolf
– René Auberjonois (Odo), Boris
Tessmann – Alexander Siddig (Dr.
Bashir), Maja Dürr – Terry Farrell
(Jadzia Dax), Bianca Krahl – Ni-
cole DeBoer (Ezri Dax), Jörg Doe-
ring / Roland Hemmo – Colm Me-
any (Miles O'Brien), Peter Groeger
– Armin Shimerman (Quark), Tobi-
as Müller / Julien Haggege – Cirroc
Lofton (Jake Sisko), Joseline Gassen – Penny Johnson (Kassidy Ya-
tes), Andreas Thieck – J. G. Hertz-
ler (Gen. Martok), Wilfried Herbst
– Max Grodenchik (Rom), Fabian
Schwab – Aron Eisenberg (Nog)

STAR WARS – EPISODE 1:
DIE DUNKLE BEDROHUNG
STAR WARS: EPISODE 1 – THE PHAN-
TOM MENACE (George Lucas, 1999),
DF: 1999
Bernd Rumpf – Liam Neeson (Qui-
Gon Jinn), Philipp Moog – Ewan
McGregor (Obi-Wan Kenobi),
Manja Doering – Natalie Portman
(Amidala), Constantin v. Jascheroff
– Jake Lloyd (Anakin Skywalker),
Daniela Hoffmann – Pernilla Au-

gust (Shmi), Gerry Wolff – Frank Oz
(Yoda), Friedhelm Ptok – Ian Mc-
Diarmid (Sen. Palpatine), Helmut
Gauß – Samuel L. Jackson (Mace
Windu), Stefan Fredrich – Ahmed
Best (Jar Jar Binks), Tobias Meister
– Ray Park (Darth Maul), Wolfgang
Ziffer – Anthony Daniels (C3PO)

STARDUST MEMORIES
STARDUST MEMORIES (Woody Allen,
1980), DF: 1981
Wolfgang Draeger – Woody Allen
(Sandy Bates), Rosemarie Kirstein
– Charlotte Rampling (Dorrie), Ma-
rion Hartmann – Jessica Harper
(Daisy), Dagmar Heller – Marie-
Christine Barrault (Isobel), Micha-
el Brennicke – Tony Roberts (Tony),
Ulf-Jürgen Wagner – Daniel Stern
(Schauspieler), Marina Köhler –
Amy Wright (Shelley), Inge Solbrig
– Anne DeSalvo (Sandys Schwester)

STARGATE (TV-Serie)
STARGATE (1997), DF: Hermes, BSG (i.
A. v. RTL) 1998, D/R: Andreas Pollak
Erich Räuker – Richard Dean An-
derson (Col. Jack O'Neill), Klaus-
Peter Grap – Michael Shanks (Da-
niel Jackson), Christin Marquitan
– Amanda Tapping (Cpt. Carter),
Tilo Schmitz – Christopher Judge
(Teal'C), Gerhard Paul – Don S. Da-
vis (Gen. Hammond), Arianne Bor-
bach – Teryl Rothery (Janet Frasier)
▶ Gleiche Besetzung auch in STAR-
GATE – KOMMANDO SG-1 (RTL
1999).

STARGATE ATLANTIS (TV-Serie)
STARGATE: ATLANTIS (2004–2008),
DF: Dubbing Brothers Germany (i.
A. v. RTL) 2005, D/R: Michael Br-
ennicke
Marcus Off – Joe Flanigan (John
Sheppard), Elisabeth Günther –
Torri Higginson (Elizabeth Weir),
Natascha Geisler – Rachel Luttrell
(Teyla Emmagan), Philipp Bram-
mer – Rainbow Sun Francks (Ai-
den Ford), Axel Malzacher – David
Hewlett (Rodney McKay), Tobias
Lelle – Paul McGillion (Carson Be-
ckett), Christin Marquitan – Aman-
da Tapping (Samantha Carter),
Reinhard Glemnitz – Mitch Pileggi
(Steven Caldwell)

STARSHIP TROOPERS
STARSHIP TROOPERS (Paul Verhoeven,
1997), DF: BSG 1997, D/R: Benja-
min Völz
Peter Flechtner – Casper van Dien
(Johnny Rico), Cathrin Vaessen –
Dina Meyer (Dizzy Flores), Alexan-

dra Wilcke – Denise Richards (Car-
men Ibanez), Stefan Krause – Jack
Busey (Ace Levy), Oliver Rohrbeck
– Neil Patrick Harris (Carl Jenkins),
Tilo Schmitz – Clancy Brown (Zim),
Torsten Michaelis – Seth Gilliam
(Sugar Watkins), Johannes Baasner
– Patrick Muldoon (Zander Barca-
low), Marianne Lutz – Rue McCla-
nahan (Biologielehrerin), Joachim
Kerzel – Michael Ironside (Raszak)

STARSKY & HUTCH (TV-Serie)
STARSKY & HUTCH (1975–1979), DF:
ds (i. A. d. ZDF) 1978, D/R: Thomas
Danneberg
Frank Glaubrecht – Paul Michael
Glaser (Starsky), Thomas Danne-
berg – David Soul (Hutch), Michael
Chevalier – Bernie Hamilton (Do-
bey), Arne Elsholtz – Antonio Far-
gas (Huggy Bear)

STEINER – DAS EISERNE KREUZ
CROSS OF IRON (Sam Peckinpah,
1976), DF: 1977
Thomas Braut – James Coburn
(Steiner), Maximilian Schell –
Maximilian Schell (Stransky),
Heinz Engelmann – James Mason
(Brandt), Tommi Piper – David
Warner (Kiesel)
▶ In STEINER II (1978) sprachen
Thomas Braut (Richard Burton),
Edgar Ott (Rod Steiger), Arnold
Marquis (Robert Mitchum).

STIRB AN EINEM ANDEREN TAG
DIE ANOTHER DAY (Lee Tamahori,
2002), DF: BSG 2002, D/R: Thomas
Danneberg
Frank Glaubrecht – Pierce Bros-
nan (James Bond), Melanie Pukaß –
Halle Berry (Jinx), Tom Vogt – Toby
Stephens (Gustav Graves), Ranja
Bonalana – Rosamund Pike (Miran-
da Frost), Johannes Baasner – Rick
June (Zao), Gisela Fritsch – Judi
Dench (M), Thomas Danneberg –
John Cleese (Q), Anita Lochner –
Samantha Bond (Miss Moneypen-
ny)

STIRB LANGSAM
DIE HARD (John McTiernan, 1987),
DF: 1988
Manfred Lehmann – Bruce Willis
(John McClane), Lutz Mackensy –
Alan McRae (Hans Gruber), Mo-
nica Bielenstein – Bonnie Bedelia
(Holly), Jürgen Heinrich – Alexan-
der Godunow (Karl), Hans-W. Bus-
singer – Paul Gleason (Robinson),
Frank Glaubrecht – Hart Bochner
(Ellis), Dieter Ranspach – James
Shigeta (Takagi)

Stirb langsam – jetzt erst recht

Stirb langsam – jetzt erst recht
Die Hard – With A Vengeance (John McTiernan, 1994), DF: BSG 1995, D/R: Thomas Danneberg
Thomas Danneberg – Bruce Willis (John McClane), Thomas Fritsch – Jeremy Irons (Simon), Engelbert v. Nordhausen – Samuel L. Jackson (Zeus), Klaus Sonnenschein – Graham Greene (Joe Lambert), Martina Treger – Coleen Camp (Connie), Lothar Blumhagen – Larry Bryggman (Cobb), Norbert Gescher – Anthony Pack (Ricky Walsh), Stefan Messeritz – Nick Wyman (Targo), Tobias Meister – Kevin Chamberlin (Charles Weiss)
▶ In STIRB LANGSAM 2 sprach Manfred Lehmann für Bruce Willis, ebenso in STIRB LANGSAM 4.0 (BSG 2007, R: Thomas Danneberg), hier außerdem: Julien Haggege (Justin Long), Peter Flechtner(Timothy Olyphant) und Vera Teltz (Maggie Q.) besetzt.

Der Stoff, aus dem die Helden sind
The Right Stuff (Philip Kaufman, 1983), DF: 1984
Frank Glaubrecht – Sam Shepard (Chuck Yeager), Claus Jurichs – Scott Glenn (Alan Shepard), Wolfgang Condrus – Ed Harris (John Glenn), Ulrich Gressieker – Dennis Quaid (Gordon Cooper), Jürgen Kluckert – Fred Ward (Gus Grissom), Rita Engelmann – Kim Stanley (Brancho Barnes), Liane Rudolph – Veronica Cartwright (Betty Grissom), Alexandra Lange – Pamela Reed (Trudy Cooper), Volker Brandt – Charles Frank (Scott Carpenter)

La Strada
La Strada (Federico Fellini, 1954), DF: Ufa 1956, D/R: Georg Rothkegel
Ruth Nimbach – Giulietta Masina (Gelsomina), Wolf Martini – Anthony Quinn (Zampano), Hans Putz – Richard Basehart (Matto)

The Straight Story – Eine wahre Geschichte
Straight Story (David Lynch, 1999), DF: BSG 1999, D: Alexander Löwe, R: Clemens Frohmann
Werner Ehrlicher – Richard Farnsworth (Alvin), Susanna Bonaséwicz – Sissy Spacek (Rose), Evelyn Meyka – Jane Galloway-Heitz (Dorothy), Hans Hohlbein – Everett McGill (Tom), Sebastian Jacob – John Farley (Thorvald), Reinhard Kuhnert – James Cada (Danny), Dascha Lehmann – Anastasia Webb (Crystal)

Der Strand
The Beach (Danny Boyle, 1999), DF: Interopa 2000, D/R: Andreas Fröhlich
Gerrit Schmidt-Foß – Leonardo DiCaprio (Richard), Ulrike Möckel – Tilda Swinton (Sal), Beate Häckl – Virginie Ledoyen (Françoise), Matthias Hinze – Guillaume Canet (Etienne), Torsten Michaelis – Robert Carlyle (Daffy), Charles Rettinghaus – Paterson Joseph (Keaty), Ralph Beckmann – Lars Arentz-Hansen (Bugs), Simon Jäger – Peter Youngblood-Hills (Zeph)

Strasse der Versuchung
Scarlet Street (Fritz Lang, 1945), DF: Zeyn-Film 1950, D: Kurt Hinz, R: Erich Kobler
Hans Hinrich – Edward G. Robinson (Cross), Ursula Traun – Joan Bennett (Kitty), Kurt Hinz – Dan Duryea (Prinz), Edith Schultze-Westrum – Rosalind Ivan (Adele)
«Die größte Anerkennung verdient das atmosphärisch trefflich gelungene deutsche Drehbuch.» (Ill. Filmwoche 29, 1950)

Die Strassen von San Francisco (TV-Serie)
The Streets of San Francisco (1972–1977), DF: ZDF 1974
Friedrich W. Bauschulte – Karl Malden (Lt. Mike Stone), Volker Brandt – Michael Douglas (Insp. Steve Heller)

Street Kings
Street Kings (David Ayer, 2008), DF: BSG 2008, D: Klaus Bickert, R: Joachim Tennstedt
Benjamin Völz – Keanu Reeves (Tom Ludlow), Tobias Meister – Forest Whitaker (Jack Wander), Klaus-Dieter Klebsch – Hugh Laurie (James Biggs), Kim Hasper – Chris Evans (Paul Diskant), Stefan Krause – Jacy Mohr (Mike Clady), Tilo Schmitz – Cedric the Entertainer (Scribble), Vera Teltz – Naomie Harms (Linda Washington), Tobias Kluckert – Terry Crews (Terrence Washington), Sarah Riedel – Martha Higareda (Grace)

Stuart Little
Stuart Little (Rob Minkoff, 1999), DF: PPA 2000, D/R: Pierre Peters-Arnolds
Bastian Pastewka (OF: Michael J. Fox) – (Stuart Little), Marietta Meade – Geena Davis (Mrs. Little), Walter v. Hauff – Hugh Laurie (Mr. Little), Raban Bieling – Jonathan Lipnicki (George), Gert Wiedenhofen – Brian Doyle-Murray (Edgar), Michael Gahr – Jeffrey Jones (Onkel Krenshaw), Anita Höffer – Connie Ray (Tante Tina), Margit Weinert – Estelle Getty (Grandma), Ekkehard Belle (OF: Chazz Palminteri) – (Smokey)
▶ In STUART LITTLE 2 (2002) gleiche Hauptrollen-Besetzung. Für Jonathan Lipnicki sprach Moritz Günther, zusätzlich Joachim Kerzel als «Falcon».

Der Sturm
The Perfect Storm (Wolfgang Petersen, 2000), DF: Interopa 2000, D/R: Frank Schaff
Detlef Bierstedt – George Clooney (Billy Tyne), Oliver Mink – Mark Wahlberg (Bobby Shatford), Arianne Borbach – Diane Lane (Christina Cotter), Cornelia Meinhardt – Karen Allen (Melissa Brown), Stefan Fredrich – John C. Reilly (Murphy), Bernd Vollbrecht – William Fichtner (Sully), Rainer Doering – John Hawkes (Bugsy), Jean-François Martial – Allen Payne (Alfred Pierre), Hans-Jürgen Dittberner – Christopher McDonald (Todd Gross), Johannes Baasner – Dash Mihok (Sgt. Mitchell), Boris Tessmann – Josh Hopkins (Cpt. Ennis), Hans-Werner Bussinger – Michael Ironside (Bob Brown), Almut Zydra – Cherry Jones (Edie Bailey)

Sturm über Washington
Advise and Consent (Otto Preminger, 1961), DF: 1962
Wilhelm Borchert – Henry Fonda (Robert Leffingwell), Eduard Wandrey – Charles Laughton (Seab Cooley), Paul Edwin Roth – Don Murray (Brigham Anderson), Friedrich Schoenfelder – Peter Lawford (Lafe Smith), Walter Suessenguth – Walter Pidgeon (Bob Munson), Dagmar Altrichter – Gene Tierney (Dolly Harrison), Hans Nielsen – Franchot Tone (Präsident), Paul Klinger – Lew Ayres (Vizepräsident), Walter Bluhm – Burgess Meredith (Herbert Gelman), Herbert Stass – George Grizzard (Van Ackerman)

Sugarland Express
Sugarland Express (Steven Spielberg, 1974), DF: BSG 1975, D. Lutz Arenz, R: Joachim Kunzendorf
Hansi Jochmann – Goldie Hawn (Lou Jean Poplin), Wolfgang Lukschy – Ben Johnson (Cpt. Tanner), Norbert Gescher – Michael Sacks (Maxwell Slide), Joachim Tennstedt – William Atherton (Clovis)

SULLIVANS REISEN
SULLIVAN'S TRAVELS (Preston Sturges, 1941), DF: ARD 1970
Thomas Danneberg – Joel McCrea (Sullivan), Traudel Haas – Veronica Lake (das Mädchen), Otto Stern – Robert Warwick (Lebrand), Wolfgang Hess – William Demarest (Jones)

SUNDAY, BLOODY SUNDAY
SUNDAY, BLOODY SUNDAY (John Schlesinger, 1970), DF: Ultra 1971, D: Sabine Seifert, R: Klaus v. Wahl
Horst Niendorf – Peter Finch (Dr. Daniel Hirsh), Eva Pflug – Glenda Jackson (Alex Greville), Elmar Wepper – Murray Head (Bob Elkin), Christiane Gerlach – Peggy Ashcroft (Mrs. Greville), Wilhelm Borchert – Maurice Denham (Mr. Greville), Joachim Nottke – Tony Britton (George Harding), Peter Schiff – Frank Windsor (Bill Hodson)

SUPERMAN
SUPERMAN (Richard Donner, 1978), DF: 1979
Hans-Jürgen Dittberner – Christopher Reeve (Clark), Michael Chevalier – Gene Hackman (Lex Luthor), Alexandra Lange – Margot Kidder (Lois Lane), Heinz Petruo – Glenn Ford (Pa Kent), Heinz Theo Branding – Jackie Cooper (Perry White), Ilse Pagé – Valerie Perrine (Eve), Gerd Duwner – Ned Beatty (Otis), Rolf Schult – Marlon Brando (Jor-El), Renate Küster – Susanna York (Lara), Arnold Marquis – Trevor Howard

DAS SÜSSE JENSEITS
THE SWEET HEREAFTER (Atom Egoyan, 1997), DF: Mina Kindl 1998, D/R: Mina Kindl
Mogens v. Gadow – Ian Holm (Mitchell Stephens), Stefanie Beba – Sarah Polley (Nicole Burnell), Oliver Stritzel – Bruce Greenwood (Billy Ansell), Walter v. Hauff – Tom McCamus (Sam), Dagmer Heller – Arsinée Khanjian (Wanda Otto), Elisabeth Endriss – Alberta Watson (Risa Walker), Dagmar Dempe – Gabrielle Rose (Dolores Driscoll), Kai Taschner – Maury Chaykin (Wendell Walker)

DAS SÜSSE LEBEN
LA DOLCE VITA (Federico Fellini, 1959), DF: Dt. Mondial 1960, D: Erika Streithorst/H. J. Szelinski, R: Alfred Vohrer
Wolfgang Kieling – Marcello Mastroianni (Marcello), Eleonore Noelle – Anouk Aimée (Maddalena), Marianne Wischmann – Anita Ekberg (Sylvia), Marion Degler – Yvonne Furneaux (Emma), Eva Pflug – Magali Noël (Fanny), Friedrich Schoenfelder – Alain Cuny (Steiner), Marianne Kehlau – Nadia Gray (Nadia), Gig Malzacher – Walter Santesso (Paparazzo), Peter Pasetti – Lex Barker (Robert), Klaus W. Krause – Annibale Ninchi (Marcellos Vater), Rosemarie Fendel – Renée Longarini (Frau Steiner)

SÜSSER VOGEL JUGEND
SWEET BIRD OF YOUTH (Richard Brooks, 1961), DF: MGM 1962
Gisela Peltzer – Geraldine Page (Alexandra del Lago), Wolfgang Kieling – Paul Newman (Chance Wayne), Carl Raddatz – Ed Begley (Finley), Herbert Stass – Rip Torn (Thomas)

SWIMMING POOL
SWIMMING POOL (François Ozon, 2003), DF: FFS 2003, D/R: Marina Köhler
Krista Posch – Charlotte Rampling (Sarah Morton), Julia Haacke – Ludivine Sagnier (Julie), Randolf Kronberg – Charles Dance (John Bosload), Osman Ragheb – Marc Fayolle (Marcel), Jacques Breuer – Jean-Marie Lamour (Franck), Klaus Höhne – Keith Yeates (Sarahs Vater)

DER SWIMMINGPOOL
LA PISCINE (Jacques Deray, 1968), DF: BSG 1970, D: Rolf Karrer-Kharberg, R: Harry Meyen
Klaus Kindler – Alain Delon (Jean-Paul), Romy Schneider – Romy Schneider (Marianne), Herbert Stass – Maurice Ronet (Harry), Dagmar Biener – Jane Birkin (Pénélope), Friedrich W. Bauschulte – Paul Crauchet (Inspektor)

SYRIANA
SYRIANA (Stephen Gagham, 2005), DF: FFS 2005, R: Axel Malzacher
Martin Umbach – George Clooney (Robert Baer), Matthias Hinze – Matt Damon (Bryan Woodman), Dietmar Wunder – Jeffrey Wright (Bennett Holiday), Christine Stichler – Amanda Peer (Julie), Jan Spitzer – Chris Cooper (Jimmy Pope), Stefan Murr – Max Minghella (Robby), Randolf Kronberg – William Hurt (Stan), Lothar Blumhagen – Christopher Plummer (Dean Whiting), Frank Röth – Tim Blake Nelson (Danny Dalton)

SZENEN EINER EHE
SCENER UR ETT AEKTENSKAP (Ingmar Bergman, 1973), DF: BSG 1975, D/R: Lothar Michael Schmitt
Judy Winter – Liv Ullmann (Marianne), Lothar Blumhagen – Erland Josephson (Johan), Katrin Schaake – Bibi Andersson (Katarina), Stefan Wigger – Jan Malmsjö (Peter), Uta Hallant – Gunnel Lindblom (Eva)

T

DER TAG, AN DEM DIE ERDE STILLSTAND
THE DAY THE EARTH STOOD STILL (Robert Wise, 1951), DF: Ultra 1952
Siegfried Schürenberg – Michael Rennie (Klaatu), Elisabeth Ried – Patricia Neal (Helen Benson), Walter Bluhm – Sam Jaffe (Dr. Barnhardt)

EIN TAG BEIM RENNEN
A DAY AT THE RACES (Sam Wood, 1937), DF: ZDF 1979
Herbert Stass – Groucho Marx (Hugo Hackenbush), Arne Elsholtz – Harpo Marx (Stuffy), Gerd Duwner – Chico Marx (Tony), Gudrun Genest – Margaret Dumont (Mrs. Upjohn), Alexandra Lange – Maureen Sullivan (Judy), Norbert Langer – Allan Jones (Gil), Jürgen Thormann – Leonard Ceeley (Whitmore), Ursula Heyer – Esther Muir (Flo)

TAGEBUCH EINER KAMMERZOFE
LE JOURNAL D'UNE FEMME DE CHAMBRE (Luis Buñuel, 1964), DF: Ultra 1964, D: Marcel Valmy, R: Hermann Gressieker
Hannelore Schroth – Jeanne Moreau (Célestine), Horst Niendorf – Michel Piccoli (Monteil), Hans Dieter Zeidler – Georges Géret (Joseph), Martin Hirthe – Daniel Ivernel (Mauger), Agi Prandhoff – François Lugagane (Frau Monteil), Robert Klupp – Jean Ozenne (Rabour), Gerd Duwner – Bernard Musson (Küster)
Zur Schlussszene mit der rechtsradikalen Demonstration: «*Freudestrahlend ersteht Joseph ein Exemplar der ‹Action Française› und ruft – wenigstens in der Originalfassung – in die Menge: ‹Vive Chiappe!› (Chiappe,*

ein rechtsgerichteter Polizeipräfekt, ging wohl deswegen in die Originalfassung dieses Films ein, weil er [...] Buñules L'AGE D'OR verbieten ließ. In der deutschen Fassung ist von diesem ironisch-privaten Seitenhieb Buñuels allerdings nichts mehr zu hören: ‹Vorwärts auf zur Tat! Schluss mit dem Verrat!› und ‹Frankreich wird nicht rot! Schlagt die Juden tot!› rufen in Deutschland die Demonstranten von der Leinwand herunter – im Original schweigen sie; bis Joseph sein ‹Vive Chiappe› in die Menge brüllt, das etwas sehr frei ins Deutsche übersetzt wird: ‹Knüpft sie auf!›).» (Eckhart Schmidt, Film 10, 1964)

DER TALENTIERTE MR. RIPLEY
THE TALENTED MR. RIPLEY (Anthony Minghella, 1999), DF: FFS 2000, D/R: Beate Klöckner
Matthias Hinze – Matt Damon (Tom Ripley), Katrin Fröhlich – Gwyneth Paltrow (Marge), Florian Halm – Jude Law (Dickie Greenleaf), Bettina Weiß – Cate Blanchett (Meredith Logue), Oliver Stritzel – Philipp Seymour-Hoffmann (Freddie), Tom Vogt – Jack Davenport (Peter Smith-Kingsley), Achim Höppner – James Rebhorn (Herbert Greenleaf)

TANZ DER VAMPIRE
THE FEARLESS VAMPIRE KILLERS (Roman Polanski, 1966), DF: MGM 1967
Alfred Balthoff – Jack MacGowran (Prof. Abronsius), Horst Gentzen – Roman Polanski (Alfred), Erich Fiedler – Ferdy Mayne (Graf. v. Krolock), Michael Chevalier – Iain Quarrier (Herbert), Hans W. Hamacher – Alfie Bass (Wirt), Ingeborg Wellmann – Sharon Tate (Sarah)
«*Das Kreuz ist ein gutes Mittel gegen Vampire. Warum soll es ausgerechnet bei der grotesken Wirtsfigur, die frisch vampirisiert erwacht, nicht wirken? Der Hinweis, dass der Herr Wirt erst kurz zum Vampirismus übergelaufen ist, klingt doch recht fadenscheinig. Im englischen Original setzt der Bann durchs Kreuz aus, weil der Mann mosaischen Glaubens ist. Mit wirklich freundlicher Rücksicht auf unsere empfindlichen (historischen) Stellen, enthält man uns diese zwingend logische Pointe.»* (Alf Brustellin, Film 1, 1968)
«*Wie ernst und fatalistisch diese Farce in Wahrheit ist, merkt man allerdings erst, wenn man sich Polanskis Hollywooddebüt in der englischen Originalfassung ansieht. Wie so oft sind in der deutschen Synchronisation nicht nur die politischen Anspielungen verloren gegangen, man hat auch alle atmosphärischen und emotionalen Nuancen des Drehbuchs zerstört.»* (Susanne Westphal, Frankfurter Rundschau, 29.1.2005)

DIE TAPFEREN SCHOTTEN
➔ WIR SIND VOM SCHOTTISCHEN INFANTERIEREGIMENT

TARANTULA
TARANTULA (Jack Arnold, 1955), DF: BSG 1956, D/R: Volker Becker
G.G. Hoffmann – John Agar (Dr. Hastings), Ilse Kiewiet – Mara Corday (Steve), Alfred Haase – Leo G. Carroll (Prof. Deemer), Robert Klupp – Nestor Paiva (Sheriff Andrews), Friedrich Joloff – Ross Elliott (Joe Burch)

TAXI DRIVER
TAXI DRIVER (Martin Scorsese, 1975), DF: 1976, R: Joachim Kunzendorf
Christian Brückner – Robert De Niro (Travis Bickle), Hansi Jochmann – Jodie Foster (Iris), Gisela Fritsch – Cybill Shepherd (Betsy), Joachim Kemmer – Harvey Keitel (Sport), Heinz Petruo – Leonard Harris (Palantine), Wolfgang Völz – Peter Boyle (Wizard), Norbert Gescher – Albert Brooks (Tom)

TENNISSCHLÄGER UND KANONEN
I SPY (1965–1968), DF: ds (i. A. d. ZDF) 1968, D/R: Rainer Brandt
G.G. Hoffmann – Robert Culp (Kelly Robinson), Edgar Ott – Bill Cosby (Alexander Scott)
▶ In der Fortsetzung mit dem Titel TENNIS LIEBER ALS KANONEN (ds [i. A. d. ARD] 1977, D/R: Michael Richter) sprach Christian Rode für Robert Culp.

TED
TED (Seth MacFarlane, 2012), DF: FFS 2012, D: Axel Malzacher, R: Tobias Neumann
Oliver Mink – Mark Wahlberg (John), Anja Stadtlober – Mila Kunis (Lori), Jan Odle – Ted, OF: Seth MacFarlane), Gerrit Schmidt-Foß – Giovanni Ribisi (Donny), Normann Matt – Joel McHale (Rex), Giuliana Wendt – Laura Vandervoort (Tanya)

TERMINAL
THE TERMINAL (Steven Spielberg, 2004), DF: BSG 2004, D: Alexander Löwe, R: Frank Schaff
Arne Elsholtz – Tom Hanks (Victor Navorski), Arianne Borbach – Catherine Zeta-Jones (Amelia Warren), Udo Schenk – Stanley Tucci (Frank Dixon), Nico Mamone – Diego Luna (Enrique Cruz), Jörg Hengstler – Chi McBride (Mulroy), Uli Krohm – Barry Henley (Ray Thurman), Eberhard Storeck – Kumar Pallana (Gupta Rajan), Tanja Geke – Zoe Saldana (Torres)

TERMINATOR
THE TERMINATOR (James Cameron, 1984), DF: 1985
Thomas Danneberg – Arnold Schwarzenegger (Terminator), Joseline Gassen – Linda Hamilton (Sarah), Ulrich Gressieker – Michael Biehn (Kyle Reese), Helmut Krauss – Paul Winfield (Traxler), Engelbert v. Nordhausen – Lance Henriksen (Vukovich)
▶ In TERMINATOR 2 sprach Joachim Tennstedt für Michael Biehn.

DER TEUFEL MIT DER WEISSEN WESTE
LE DOULOS (Jean-Pierre Melville, 1962), DF: Beta 1963, D: K.E. Ludwig, R: Wolfgang Schick
Peer Schmidt – Jean-Pierre Belmondo (Silien), Herbert Stass – Serge Reggiani (Maurice), Alf Marholm – Jean Desailly (Clain), K.E. Ludwig – Michel Piccoli (Nuthecio), Rolf Castell – Aimé de March (Jean)

DER TEUFEL TRÄGT PRADA
THE DEVIL WEARS PRADA (David Frankel, 2006), DF: Interopa 2006, D: Alexander Loewe, R: Oliver Rohrbeck
Dagmar Dempe – Meryl Streep (Miranda), Marie Bierstedt – Anne Hathaway (Andy), Julien Haggege – Adrian Grenier (Nate), Lutz Mackensy – Stanley Tucci (Nigel), Bianca Krahl – Emily Blunt (Emily), Andreas Fröhlich – Simon Baker (Christian), Peggy Sander – Tracie Thoms (Lily), Dennis Schmidt-Foß – Rich Sommer (Doug), Hans-Jürgen Dittberner – David Marshall Grant (Richard)

DER TEUFELSHAUPTMANN
SHE WORE A YELLOW RIBBON (John Ford, 1949), DF: Simoton 1954, D/R: Richard Busch.
Wilhelm Borchert – John Wayne (Cpt. Brittles), Marianne Prenzel – Joanne Dru (Olivia), Eduard Wandrey – Victor McLaglen (Quincannon), Horst Niendorf – John Agar (Lt. Cohill), Heinz Engelmann – Ben Johnson (Sgt. Tyree), Klaus

Schwarzkopf – Harry Carey jr. (Lt. Pennell), Hans Albert Martens – George O'Brien (Mj. Allshard), Ursula Krieg – Mildred Natwick (Mrs. Allshard), Hans Hessling – Arthur Shields (Dr. O'Laughlin), Walter Werner – Chief Big Tree (Springender Fuchs), Friedrich Joloff – Tom Tyler (Quayne)

TEUFELSKREIS ALPHA
THE FURY (Brian De Palma, 1978), DF: 1979
Hans Künster – Kirk Douglas (Peter Sandza), Joachim Kemmer – John Cassavetes (Childress), Susanna Bonaséwicz – Amy Irving (Gillian Bellaver), Hans-Jürgen Dittberner – Andrew Stevens (Robin), Gisela Fritsch – Fiona Lewis (Susan Charles), Heinz Theo Branding – Charles Durning (McKeever), Beate Hasenau – Carrie Snodgress (Hester), Marianne Groß – Carol Rossen (Ellen Lindstrom), Barbara Adolph – Joyce Easton (Katharine), Joachim Tennstedt – William Finley (Raymond)

DIE TEUFLISCHEN
LES DIABOLIQUES (Henri-Georges Clouzot, 1954), DF: Beta-Film 1964, D: Georg Rothkegel
Rosemarie Fendel – Simone Signoret (Nicole), Renate Danz – Véra Clouzot (Christine), Helmo Kindermann – Paul Meurisse (Michel), Hans Hinrich – Charles Vanel (Fichet), Werner Lieven – Jean Brochard (Plantiveau), Leo Bardischewski – Noël Roquevert (Herboux), Erich Ebert – Michel Serrault (Raymond), Karl Brückel – Pierre Larquey (Drain)
▶ In der ersten Synchronfassung (Via, 1955) sprachen Gisela Trowe (Simone Signoret), Tilly Lauenstein (Véra Clouzot) und Walter Suessenguth (Charles Vanel).

DER TEXANER
THE OUTLAW JOSEY WALES (Clint Eastwood, 1975), DF: 1976
Klaus Kindler – Clint Eastwood (Josey Wales), Wolfgang Büttner – Chief Dan George (Lone Watie), Constanze Engelbrecht – Sondra Locke (Laura Lee), Horst Naumann – John Vernon (Fletcher), Ivar Combrinck – Sam Bottoms (Jamie)

THELMA & LOUISE
THELMA & LOUISE (Ridley Scott, 1991), DF: Hermes 1991
Joseline Gassen – Geena Davis (Thelma), Kerstin Sanders-Dornseif – Susan Sarandon (Louise), Christian Brückner – Harvey Keitel (Hal), Thomas Danneberg – Michael Madsen (Jimmy), Gerd Holtenau – Stephen Tobolowsky (Max)

THIS BOY'S LIFE
THIS BOY'S LIFE (Michael Caton-Jones, 1993), DF: BSG 1993, D/R: Jürgen Neu
Christian Brückner – Robert De Niro (Dwight), Joseline Gassen – Ellen Barkin (Caroline), Gerrit Schmidt-Foß – Leonardo DiCaprio (Toby), Florian Bartke – Jonah Blechman (Arthur), Andrea Imme – Eliza Dushku (Pearl), Jürgen Kluckert – Chris Cooper (Roy), Katja Primel – Carla Gugino (Norma)

DIE THOMAS-CROWN-AFFÄRE
THE THOMAS CROWN AFFAIR (John McTiernan, 1999), DF: BSG 1999, D/R: Michael Nowka
Frank Glaubrecht – Pierce Brosnan (Thomas Crown), Traudel Haas – Rene Russo (Catherine Banning), Oliver Stritzel – Denis Leary (Det. McCann), Jürgen Kluckert – Frankie Faison (Det. Paretti), Kerstin Sanders-Dornseif – Faye Dunaway (Psychologin), Michael Telloke – Ben Gazzara (Andrew Wallace), Gerd Holtenau – Fritz Weaver (John Reynolds), Wolfgang Thal – Charles Keating (Golchan)

THOMAS CROWN IST NICHT ZU FASSEN
THE THOMAS CROWN AFFAIR (Norman Jewison, 1967), DF: Ultra 1968
Dietmar Schönherr – Steve McQueen (Thomas Crown), Renate Küster – Faye Dunaway (Vicky Anderson), Michael Chevalier – Paul Burke (Eddy Malone), Hans Dieter Zeidler – Jack Weston (Erwin), Peter Schiff – Bliff McGuire (Sandy), Claus Jurichs – Yaphet Kotto (Carl)

THOR
THOR (Kenneth Branagh, 2011), DF: BSG 2011, D: Änne Troester, R: Clemens Frohmann
Tommy Morgenstern – Chris Hemsworth (Thor), Manja Doering – Natalie Portman (Jane Foster), Peter Lontzek – Tom Hiddleston (Loki), Detlef Bierstedt – Stellan Skarsgard (Erik Selvig), Joachim Kerzel – Anthony Hopkins (Odin), Tilo Schmitz – Colm Feore (König Laufey), Traudel Haas – Rene Russo (Frigg), Maria Koschny – Kat Dennings (Darcy Lewis), Till Hagen – Clark Greggs (Phil Coulson)

THREE KINGS
THREE KINGS (David O. Russel, 1999), DF: Interopa 2000
Detlef Bierstedt – George Clooney (Archie Gates), Oliver Mink – Mark Wahlberg (Troy Barlow), Tobias Meister – Ice Cube (Chief Elgin), Bernhard Völger – Spike Jonze (Conrad Vig), Tayfun Bademsoy – Cliff Curtis (Amir), Heike Schroetter – Nora Dunn (Adrianna Cruz), Stefan Krause – Jamie Kennedy (Walter), Tom Vogt – Mykelti Williamson (Horn), Torsten Münchow – Holt McCallany (Cpt. van Meter), Maud Ackermann – Judy Greer (Cathy)

TITANIC
TITANIC (James Cameron, 1997), DF: Interopa 1998, D/R: Sven Hasper
Gerrit Schmidt-Foß – Leonardo DiCaprio (Jack), Ulrike Stürzbecher – Kate Winslett (Rose), Torsten Sense – Billy Zane (Cal Hockley), Regina Lemnitz – Kathy Bates (Molly Brown), Tilly Lauenstein – Gloria Stuart (Rose, alt), Thomas Fritsch – Bill Paxton (Brock Lovett), Kerstin Sanders-Dornseif – Frances Fisher (DeWitt Bukater), Gerhard Paul – Bernard Hill (Cpt. Smith), Bernd Rumpf – Jonathan Hyde (Ismay), Lothar Blumhagen – David Warner (Spicer Lovejoy), Helmut Gauß – Victor Garber (Thomas Andrews), F.G. Beckhaus – Bernard Fox (Col. Gracie), Norbert Langer – Eric Braeden (Astor), Michael Nowka – Ewan Stewart (Murdoch)

TO DIE FOR
TO DIE FOR (Gus Van Sant, 1995), DF: Magma 1995, D/R: Joachim Kunzendorf
Petra Barthel – Nicole Kidman (Suzanne), Charles Rettinghaus – Mat Dillon (Larry), David Nathan – Joaquin Phoenix (Jimmy), Björn Schalla – Casey Affleck (Russell), Cathrin Vaessen – Illeana Douglas (Janice), Maxie Deutsch – Alison Folland (Lydia), Bodo Wolf – Kurtwood Smith (Earl Stone), Inken Sommer – Holland Taylor (Carol Stone), Michael Telloke – Dan Hedaya (Joe Maretto), Christel Merian – Maria Tucci (Angela Maretto)

TOD IN VENEDIG
MORTE A VENEZIA (Luchino Visconti, 1970), DF: 1971
Holger Hagen – Dirk Bogarde (Aschenbach), (nicht synchr.) – Björn Andresen (Tadzio), Manfred Schott – Mark Burns (Alfried), Paul Bürks – Romolo Valli (Hotelmanager)

DER TOD KENNT KEINE WIEDERKEHR
THE LONG GOODBYE (Robert Altman, 1972), DF: 1973
Klaus Kindler – Elliott Gould (Philip Marlowe), Wolfgang Lukschy – Sterling Hayden (Roger Wade), Hallgard Bruckhaus – Nina v. Pallandt (Eileen Wade), Jürgen Thormann – Mark Rydell (Marty Augustine), Friedrich W. Bauschulte – Henry Gibson (Dr. Verringer), Joachim Kemmer – Jim Bouton (Terry Lennox), Andreas Mannkopff – Warren Berlinger (Morgan), Marianne Lutz – Jo Ann Brody (Jo Ann Eggenweiler)

DER TOD STEHT IHR GUT
DEATH BECOMES HER (Robert Zemeckis, 1992), DF: BSG 1992, D/R: Theodor Dopheide
Marianne Groß – Meryl Streep (Madeline Ashton), Gudrun Vaupel – Goldie Hawn (Helen Sharp), Ronald Nitschke – Bruce Willis (Ernest Menville), Susanna Bonaséwicz – Isabella Rossellini (Lisle), Till Hagen – Ian Ogilvy (Chagall), Oliver Feld – Adam Storke (Dakota), Cornelia Meinhardt – Nancy Fish (Rose), Marianne Lutz – Alaina Reed Hall (Psychologin), Maud Ackermann – Michelle Johnson (Anne), Ana Fonell – Mary Ellen Trainor (Vivian Adams), Bert Franzke – Sydney Pollack (Dr. Harris)

DER TODESKUSS
KISS OF DEATH (Henry Hathaway, 1947), DF: Ultra 1950, R: Hans Hinrich
Curt Ackermann – Victor Mature (Nick Bianco), Otto Arneth – Richard Widmark (Tommy Udo), Hans Hinrich – Brian Donlevy (D'Angelo), Eleonore Noelle – Coleen Gray (Nettie Cavallo), Walter Holten – Taylor Holmes (Howser)

TOLL TRIEBEN ES DIE ALTEN RÖMER
A FUNNY THING HAPPENED ON THE WAY TO THE FORUM (Richard Lester, 1965), DF: Ultra 1967
Benno Hoffmann – Zero Mostel (Pseudolus), Franz-Otto Krüger – Phil Silvers (Lycus), Klaus W. Krause – Buster Keaton (Erronius), Hugo Schrader – Jack Gilford (Hysterium), Erich Fiedler – Michael Hordern (Senex), Traudel Haas – Annette Andre (Philia), Ralf Schermuly – Michael Crawford (Hero)
«Der Dialog freilich ist deutsch, und bei allem Bemühen, dem Original zu entsprechen, bleibt doch manches Originelle auf der Strecke. Sicher, die eindeutigen Zweideutigkeiten des amerikanischen Textes hätten kaum die Billigung der Selbstkontrolle gefunden; aber die deutschen Bildungsscherze, die sich nun eingeschlichen haben, dürfen den Autoren nicht angelastet werden. Wieder einmal ein Jammer ist die hirnlose Synchronisation der Songs. Man glaubt seinen Ohren nicht trauen zu dürfen, wenn der Musical-Star Zero Mostel mit wahrhaft misstönendem deutschen Bierbass die Show eröffnet.» (ger, Ev. Filmbeobachter 19, 1967)

EIN TOLPATSCH KOMMT SELTEN ALLEIN
LA CHÈVRE (Francis Veber, 1981), DF: ARD 1985
Harry Wüstenhagen – Pierre Richard (François), Wolfgang Pampel – Gérard Depardieu (Campana), Günther Jerschke – Michel Robin (Bens), Sybille Nicolai – Corinne Charbit (Marie), Eckart Dux – André Valardy (Meyer)
«Die fürs Fernsehen entstandene Neusynchronisation setzt unter dem Titel EIN TOLPATSCH KOMMT SELTEN ALLEIN weniger auf Klamauk, wodurch der Film an Reiz und Komik gewinnt.» (Lexikon des internationalen Films)

TOM SAWYERS UND HUCKLEBERRY FINNS ABENTEUER (TV-Mehrteiler)
(Wolfgang Liebeneiner,1968), DF: Aura (i. A. d. ZDF) 1968
Thomas Margulies – Marc di Napoli (Huckleberry Finn), Conny Thomas – Roland Demongeot (Tom Sawyer), NN – Lina Carstens (Tante Polly), Herbert Weicker – Jacques Bilodeau (Indianer-Joe), Anton Reimer – Otto Ambros (Muff Potter), Erik Jelde – Marcel Pérès (Hucks Vater), Horst Naumann – Emil Liptao (Sheriff), Thomas Reiner – Maurice Teynac (Lehrer Dobbin), Wolfgang Lukschy – Marion Verdon (Windy), Erzähler: Ernst Fritz Fürbringer

TOOTSIE
TOOTSIE (Sydney Pollack, 1982), DF: 1983, R: John Pauls-Harding
Michael Brennicke – Dustin Hoffman (Michael/Dorothy), Tina Hoeltel – Jessica Lange (Julie), Manfred Seipold – Bill Murray (Jeff), Horst Sachtleben – Sydney Pollack (George Fields), Max Eckard – George Gaynes (John van Horn)

TOPAZ
TOPAZ (Alfred Hitchcock, 1968), DF: BSG 1969, D: Gerhard Vorkamp, R: Dietmar Behnke
Michael Chevalier – Frederick Stafford (André), Maria Körber – Dany Robin (Nicole), Edgar Ott – John Vernon (Rico Parra), G.G. Hoffmann – Michel Piccoli (Jacques Granville), F.W. Bauschulte – John Forsythe (Michael Nordstrom), Gerd Martienzen – Roscoe Lee Browne (Philippe Dubois), Gerhard Schinschke – Philippe Noiret (Henri Jarre), Klaus Miedel – Per-Axel Arosenius (Kusenow), Claus Jurichs – Michel Subor (François Picard)

TOPKAPI
TOPKAPI (Jules Dassin, 1963), DF: Ultra 1964, R: Josef Wolf
Gisela Trowe – Melina Mercouri (Elizabeth), Alexander Welbat – Peter Ustinov (Arthur Simpson), Maximilian Schell – Maximilian Schell (Walter Harper), Erich Fiedler – Robert Morley (Cedric Page), Stanislav Ledinek – Akim Tamiroff (Geven), Martin Hirthe – Jess Hahn (Fischer)

TORCHWOOD (TV-Serie)
TORCHWOOD (2006), DF: Interopa (i. A. v. RTL) 2009, D/R: Kim Hasper
Peter Flechtner – John Barrowman (Jack Harkness), Britta Steffenhagen – Eve Myles (Gwen Cooper), Olaf Reichmann – Kai Owen (Rhys Williams), Marius Götze-Clarén – Gareth David Lloyd (Ianto Jones), Daniel Fehlow – Bum Gorman (Owen Harper), Natascha Geisler – Naoko Mori (Toshiko Sato), David Turba – Tom Price (Andy Davidson)

TOTAL RECALL – DIE TOTALE ERINNERUNG
TOTAL RECALL (Paul Verhoeven, 1990), DF: Hermes 1990
Thomas Danneberg – Arnold Schwarzenegger (Quaid/Hauser), Traudel Haas – Rachel Ticotin (Melina), Heike Schroetter – Sharon Stone (Lori), Christian Rode – Ronny Cox (Cohaagen), Hans W. Bussinger – Michael Ironside (Richter), Ronald Nitschke – Mel Johnson jr. (Benny)
▶ In TOTAL RECALL (2012) sprachen Florian Halm (Colm Farrell), Stephanie Kellner (Kate Beckinsale) und Gundi Eberhard (Jessica Bell).

TOTE SCHLAFEN FEST
THE BIG SLEEP (Howard Hawks, 1946), DF: 1967, R: Wolfgang Schick
Arnold Marquis – Humphrey Bogart (Philip Marlowe), Christa Berndl – Lauren Bacall (Vivian), Günter Ungeheuer – John Ridgley (Eddie Mars), Margot Leonard –

Martha Vickers (Carmen), Erik Jelde – Charles Waldron (Sternwood), Harald Juhnke – Louis Jean Heydt (Joe Brody), Rosemarie Fendel – Sonia Darrin (Agnes), K. E. Ludwig – Bob Steele (Canino), Kurt Zips – Elisha Cook jr. (Jones)
«Es ist eine jener schlimmen ZDF-Synchronisationen, mit ungenauen Übersetzungen, mit einer gleichförmigen, uniformierten Sprechweise und fast ohne Geräuschkulisse. Steriler geht's nicht. Fern ist die Filmkunst.» (Hans Peter Kochenrath, Die Zeit 11, 1971)

TOY STORY
TOY STORY (John Lasseter, 1995), DF: FFS 1995
Peer Augustinski (OF: Tom Hanks) – (Woody), Walter v. Hauff – (Buzz Lightyear), Hartmut Neugebauer – (Potato Head), Peter Thom – (Shinky), Alexandra Ludwig – (Pozellinchen)

TRAFFIC – MACHT DES KARTELLS
TRAFFIC (Steven Soderbergh, 2000), DF: Splendid Synchron 2001, D/R: Frank Schaff
Volker Brandt – Michael Douglas (Robert Wakefield), Torsten Michaelis – Benicio Del Toro (Javier Rodriguez), Thomas Danneberg – Dennis Quaid (Arnie), Arianne Borbach – Catherine Zeta-Jones (Helena), Oliver Stritzel – Steven Bauer (Carlos)

TRAINSPOTTING – NEUE HELDEN
TRAINSPOTTING (Danny Boyle, 1996), DF: FFS 1996, D/R: Peter Stein
Philipp Moog – Ewan McGregor (Mark Renton), Philipp Brammer – Ewen Bremner (Spud), Manou Lubowski – Jonny Lee Miller (Sick Boy), Oliver Mink – Kevin McKidd (Tommy), Guido Hoegel – Robert Carlyle (Francis Begbie), Solveig Duda – Kelly MacDonald (Diane)

TRIO MIT VIER FÄUSTEN (TV-Serie)
RIPTIDE (1983–1986), DF: Arena (i. A. d. ZDF) 1985, D/R: Jürgen Neu
Thomas Petruo – Cody Allen (Perry King), Ulrich Gressieker – Joe Penny (Nick Ryder) , Wolfgang Ziffer – Murray Bozinsky (Thom Bray), Andreas Mannkopff – Ted Quinlan (Jack Ging)

TRISTANA
TRISTANA (Luis Buñuel, 1970), DF: ARD 1971
Uta Hallant – Catherine Deneuve (Tristana), Wilhelm Borchert – Fernando Rey (Don Lope), Tilly Lauenstein – Lola Gaos (Saturna), Christian Wolff – Franco Nero (Horacio), Klaus Miedel – Antonio Casas (Don Cosme), Konrad Wagner – Vicente Soler (Don Ambrosio)

TROJA
TROJA (Wolfgang Petersen, 2004), DF: FFS 2004, D/R: Andreas Fröhlich
Martin Kessler – Brad Pitt (Achilles), Erich Räuker – Eric Bana (Hector), Philipp Moog – Orlando Bloom (Paris), Diane Krüger – Diane Krüger (Helena), Otto Mellies – Brian Cox (Agamemnon), Torsten Michaelis – Sean Bean (Odysseus), Horst Schön – Peter O'Toole (Priamos), Roland Hemmo – Brendan Gleeson (Menelaos), Gadah Al-Akel – Rose Byrne (Briseis), Bettina Weiß – Saffron Burrows (Andromache)

TRUE GRIT
TRUE GRIT (Ethan u. Joel Coen, 2010), DF: BSG 2011, D: Michael Schlimgen, R: Björn Schalla
Victoria Frenz – Hallee Steinfeld (Mattie Ross), Joachim Tennstedt – Jeff Bridges (Rooster Cogburn), Simon Jäger – Matt Damon (LaBoeuf), Klaus Dieter Klebsch – Josh Brolin (Tom Chaney), Dennis Schmidt-Foß – Barry Pepper (Lucky Ned Pepper), Klaus Sonnenschein – Dakin Matthews (Col. Stonehill)

TRUE LIES
TRUE LIES (James Cameron, 1994), DF: Hermes 1994
Thomas Danneberg – Arnold Schwarzenegger (Harry), Daniela Hoffmann – Jamie Lee Curtis (Helen), Frank-Otto Schenk – Tom Arnold (Gib), Thomas Petruo – Art Malik (Aziz), Torsten Michaelis – Bill Paxton (Simon), Sabine Jaeger – Tia Carrere (Juno), Ranja Bonalana – Eliza Dushku (Dana)

TRUE ROMANCE
TRUE ROMANCE (Tony Scott, 1993), DF: ds 1994, R: Michael Richter
Sven Hasper – Christian Slater (Clarence), Ulrike Stürzbecher – Patricia Arquette (Alabama), Christian Brückner – Dennis Hopper (Clifford Worley), Manfred Lehmann – Val Kilmer (le Mentor), Thomas Petruo – Gary Oldman (Draxl Spivey), Bernd Vollbrecht – Brad Pitt (Floyd), Lutz Riedel – Christopher Walken (Vincenzo Coccotti), Hans-W. Bussinger – Saul Rubinek (Lee Donowitz)

DIE TRUMAN SHOW
THE TRUMAN SHOW (Peter Weir, 1998), DF: BSG 1998, R: Lutz Riedel
Stefan Fredrich – Jim Carrey (Truman), Evelyn Maron – Laura Linney (Meryl), Tobias Meister – Noah Emmerich (Marlon), Wolfgang Condrus – Ed Harris (Christof), Norbert Gescher – Brian Delate (Vater), Uta Hallant – Holland Taylor (Mutter), Diana Borgwardt – Una Damon (Chloe), Martin Kessler – Peter Krause (Lawrence)

TSCHAIKOWSKI – GENIE UND WAHNSINN
THE MUSIC LOVERS (Ken Russell, 1970), DF: 1971
Hansjörg Felmy – Richard Chamberlain (Tschaikowski), Eva Pflug – Glenda Jackson (Nina), Horst Gentzen – Christopher Gable (Chiluwski), Klaus Miedel – Max Adrian (Rubinstein), Tilly Lauenstein – Izabella Telezynska (Frau v. Meck), Jürgen Thormann – Kenneth Colley (Modest)

12 MONKEYS
TWELVE MONKEYS (Terry Gilliam, 1995), DF: Interopa 1996, D/R: Theodor Dopheide
Manfred Lehmann – Bruce Willis (Cole), Tobias Meister – Brad Pitt (Goines), Liane Rudolph – Madeline Stowe (Kathryn), Klaus Piontek – Christopher Plummer (Leland), Michael Iwannek – John Seda (José), Klaus-Dieter Klebsch – David Morse (Peters), Ernst Meincke – H. Michael Walls (Botaniker), Bettina Schön – Carol Florence (Astrophysikerin), Lothar Hinze – Bill Raymond (Mikrobiologe), Klaus Jepsen – Harry O'Toole (Louie), Stefan Krause – Felix A. Pire (Fale), Tilo Schmitz – Rotwill Young (Billings)

TWILIGHT – BISS ZUM MORGENGRAUEN
TWILIGHT (Catherine Hardwicke, 2008), DF: FFS 2008, D/R: Ursula v. Langen
Annina Braunmiller – Kristen Stewart (Bella), Johannes Raspe – Robert Pattinson (Edward Cullen), Elisabeth Günther – Elizabeth Reeser (Esme), Thomas Amper – Billy Burke (Charlie Swan), Laura Maire – Ashley Greene (Alice), Angela Wiederhut – Nikki Reed (Rosalie Hale), Benedikt Gutjan – Jackson Rathbone (Jasper Hale), Stefan Günther – Kellan Lutz (Emmett), Philipp Moog – Peter Facinelli (Dr. Cullen)

TWISTED

TWIN PEAKS
➲ DAS GEHEIMNIS VON TWIN PEAKS

TWISTED
TWISTED (Philip Kaufman, 2004), DF: 2004, D: Markus Engelhardt, R: Dietmar Wunder
Anke Reitzenstein – Ashley Judd (Jessica Shepard), Engelbert v. Nordhausen – Samuel L. Jackson (John Mills), Stephan Schwartz – Andy Garcia (Mike Delmarco), Reinhard Kuhnert – David Strathairn (Dr. Melvin Frank), Martina Treger – Camryn Manheim (Lisa), Dennis Schmidt-Foß – Mark Pellegrino (Jimmy Schmidt), Bernd Vollbrecht – D. W. Moffett (Ray Porter), Charles Rettinghaus – Richard T. Jones (Wilson Jefferson), Lutz Schnell – Leland Orser (Edmund Cutler)

TWISTER
TWISTER (Jan De Bont, 1995), DF: 1996 Stefan Fredrich – Bill Paxton (Bill Harding), Bettina Weiß – Helen Hunt (Jo), Ingo Albrecht – Cary Elwes (Dr. Miller), Diana Borgwardt – Jamie Gertz (Melissa), Peter Flechtner – Alan Ruck (Rabbit)

TWO AND A HALF MEN (TV-Serie)
TWO AND A HALF MEN (2003), DF: Cinephon (i. A. v. Pro7) 2005, D: Andreas W. Schmidt, R: Martina Schmitz
Benjamin Völz – Charlie Sheen (Charlie Harper), Viktor Neumann – Jon Cryer (Alan), Adrian Kilian – Angus T. Jones (Jake), Astrid Bless/Kerstin Sanders-Dornseiff – Holland Taylor (Evelyn), Christin Marquitan – Martin Hunkle (Judith), Marcel Collé – Ashton Kutcher (Walden Schmidt)

U

U-TURN – KEIN WEG ZURÜCK
U-TURN (Oliver Stone, 1997), DF: PPA 1998, D/R: Pierre Peters-Arnolds
Tobias Meister – Sean Penn (Bobby Cooper), Jürgen Kluckert – Nick Nolte (Jake McKenna), Irina Wanka – Jennifer Lopez (Grace), Reinhard Brock – Powers Boothe (Sheriff Potter), Jennifer Böttcher – Claire Danes (Jenny), Alexander Brem – Joaquin Phoenix (Toby), Kai Taschner

– Billy Bob Thornton (Darrell), Osman Ragheb – Jon Voight (Blinder)

ÜBER DEN DÄCHERN VON NIZZA
TO CATCH A THIEF (Alfred Hitchcock, 1955), DF: BSG 1955, D: F. A. Koeniger, R: Volker Becker
Curt Ackermann – Cary Grant (John Robie), Eleonore Noelle – Grace Kelly (Frances Stevens), Friedel Schuster – Jessie Royce Landis (Mrs. Stevens), Siegfried Schürenberg – John Williams (Hughson), Walter Suessenguth – Charles Vanel (Bertani), Margot Leonard – Brigitte Auber (Danielle Foussard), André St. Germain – René Blancard (Lepic)

ÜBER DEN TODESPASS
THE FAR COUNTRY (Anthony Mann, 1954), DF: BSG 1954, D: F. A. Koeniger, R: Albert Baumeister
Siegmar Schneider – James Stewart (Jeff), Gisela Trowe – Ruth Roman (Ronda), Marianne Prenzel – Corinne Calvet (Renée), Carl-Heinz Carell – Walter Brennan (Ben), Robert Klupp – John McIntire (Gannon), Kurt Vespermann – Jay C. Flippen (Rube), Werner Thalmann – Henry Morgan (Ketchum), Hans W. Hamacher – Steve Brodie (Ives), Erich Poremski – Eugene Borden (Doc Vallon), Ursula Krieg – Connie Gilchrist (Emily), Heinz Giese – Robert J. Wilke (Madden), Eduard Wandrey – Chubby Johnson (Dusty)

DIE ÜBLICHEN VERDÄCHTIGEN
THE USUAL SUSPECTS (Bryan Singer, 1994), DF: Interopa 1996, D: Theodor Dopheide, R: Frank Schaff
Tobias Meister – Stephen Baldwin (McManus), Lutz Riedel – Gabriel Byrne (Dean Keaton), Tayfun Bademsoy – Benicio Del Toro (Fenster), Helmut Gauß – Kevin Pollak (Hockney), Udo Schenk – Kevin Spacey (Roger Kint), Klaus Jepsen – Pete Postlethwaite (Kobayashi), Hans-Jürgen Wolf – Chazz Palminteri (David Kujan)

DIE UHR IST ABGELAUFEN
NIGHT PASSAGE (James Neilson, 1957), DF: BSG 1957, D: F. A. Koeniger R: Klaus v. Wahl
Siegmar Schneider – James Stewart (Grant), Eckart Dux – Audie Murphy (Utica Kid), Arnold Marquis – Dan Duryea (Whitey), Agi Prandhoff – Dianne Foster (Charlie), Dorle Hintze – Elaine Stewart (Verna), Dieter Donner – Brandon De Wilde (Joey Adams), Robert Klupp

– Jay C. Flippen (Ben), Clemens Hasse – Paul Fix (Feeney)
«Was am Film auszeichnet, ist weiter die sehr sorgfältige Synchronisation, die genau den richtigen Ton traf, um die Freunde dieses Genres in die rechte Stimmung zu versetzen.» *(Filmwoche 9, 1958)*

UHRWERK ORANGE
A CLOCKWORK ORANGE (Stanley Kubrick, 1971), DF: Cineforum 1972, R: Wolfgang Staudte
Jörg Pleva – Malcolm McDowell (Alex), Klaus Miedel – Patrick Magee (Alexander), Karl Lieffen – Michael Bates (Barnes), Martin Hirthe – Godfrey Quigley (Gefängispfarrer), Horst Tappert – Anthony Sharp (Innenminister), Rolf Schult – Michael Gover (Gefängnisdirektor), Inge Wolffberg – Madge Ryan (Dr. Branom), Edgar Ott – Philip Stone (Pe), Brigitte Mira – Sheila Reymor (Em), Peer Schmidt – Aubrey Morris (Deltoid), Gisela Trowe – Miriam Karlin (Mrs. Weathers), Carl Raddatz – Paul Farrell (Landstreicher), F. G. Beckhaus – Carl Duering (Dr. Brodsky), Joachim Kerzel – Clive Francis (Joe), Eva Katharina Schultz – Adrienne Cori (Mrs. Alexander)
▶ Jörg Pleva war als Synchronsprecher auf Kubrick-Filme spezialisiert. Er sprach auch die Hauptrollen in ➲ BARRY LYNDON und ➲ SHINING.
«Hatte er schon bei DR. SELTSAM vierzehn Sprachwissenschaftler angestellt, die nach der besten Übersetzung des Titels in die Weltsprachen zu suchen hatten (...), so engagierte Kubrick für die deutsche Synchronisation von UHRWERK ORANGE keinen geringeren als Wolfgang Staudte, dessen UNTERTAN er kennt und schätzt. Staudte wiederum bemühte profilierte Schauspieler wie Jörg Pleva, Carl Raddatz und Horst Tappert, und er fand das durch dauernde Anrufe aus London bekundete Interesse Kubricks an der deutschen Fassung ‹geradezu unglaublich›.» *(Wolf Donner, Die Zeit 13, 1972)*

DIE UNBESTECHLICHEN
ALL THE PRESIDENT'S MEN (Alan J. Pakula, 1976), DF: BSG 1976, D: Lutz Arenz, R: Dietmar Behnke
Manfred Schott – Dustin Hoffman (Bernstein), Rolf Schult – Robert Redford (Woodward), Edgar Ott – Jack Warden (Harry Rosenfeld), Martin Hirthe – Martin Balsam (Howard Simons), Lothar Blumhagen – Hal Holbrook (Deep Throat),

Gottfried Kramer – Jason Robards (Ben Bradlee), Hallgard Bruckhaus – Jane Alexander (Buchhalterin), Thomas Danneberg – Meredith Baxter (Debbie Sloan), Heinz Theo Branding – Ned Beatty (Dardis), Wilfried Herbst – Robert Walden (Segretti)

DER UNBEUGSAME
COOL HAND LUKE (Stuart Rosenberg, 1966), DF: Interopa 1967
G.G. Hoffmann – Paul Newman (Luke), Arnold Marquis – George Kennedy (Dragline), Michael Chevalier – Lou Antonio (Koko), Jürgen Thormann – Robert Drivas (Steve), Elfe Schneider – Jo Van Fleet (Arletta), Rolf Schult – J.D. Cannon (Society Red), Werner Lieven – Strother Martin (Captain), Horst Niendorf – Clifton James (Carr)

UND DANN KAM POLLY
ALONG CAME POLLY (John Hamburg, 2004), DF: 2004
Oliver Rohrbeck – Ben Stiller (Reuben Feffer), Ulrike Stürzbecher – Jennifer Aniston (Polly Prince), Oliver Stritzel – Philip Seymour-Hoffman (Sandy Lyle), Biance Krahl – Debra Messing (Lisa Kramer), Klaus Dieter Klebsch – Alec Baldwin (Stan Indursky)

UND DENNOCH LEBEN SIE
LA CIOCIARA (Vittorio de Sica, 1960), DF: MGM 1961
Marion Degler – Sophia Loren (Cesira), Paul-Edwin Roth – Jean-Paul Belmondo (Michele), Carl Raddatz – Raf Vallone (Giovanni), Gerd Vespermann – Renato Salvatori (Florindo)

UND IMMER LOCKT DAS WEIB
ET DIEU CRÉA LA FEMME (Roger Vadim, 1956), DF: Aura 1957, R: Conrad v. Molo
Margot Leonard – Brigitte Bardot (Juliette), Dietrich Haugk – Jean-Louis Trintignant (Michel), Curd Jürgens – Curd Jürgens (Eric Carradine), Horst Niendorf – Christian Marquand (Antoine), Wilfried Schälicke – Georges Poujouly (Christian), Annaliese Würtz – Jane Marken (Mme Morin), Brigitte Grothum – Isabelle Corey (Lucienne), Herbert Stass – Jean Lefèbvre (René), Tilly Lauenstein – Marie Glory (Mme Tardieu)

UNDER FIRE
UNDER FIRE (Roger Spottiswoode, 1982), DF: 1983
Thomas Danneberg – Nick Nolte (Russell Price), Horst Niendorf – Gene Hackman (Alex Grazier), Hallgard Bruckhaus – Joanna Cassidy (Claire), Peter Fitz – Jean-Louis Trintignant (Jazy), Joachim Kerzel – Richard Masur (Hub Kittle), Heinz Theo Branding – René Enriquez (Somoza)

DIE UNENDLICHE GESCHICHTE (Wolfgang Petersen, 1983), DF: Bavaria 1984, D/R: Ottokar Runze
Timmo Niesner – Noah Hathaway (Atréju), Christian Wolff – Barret Oliver (Bastian), Irina Wanka – Tami Stronach (Kindliche Kaiserin), Heinz Reincke – (Fuchur), Volker Kraeft – Gerald McRaney (Bastians Vater), Hans Dieter Zeidler – Thomas Hill (Koreander), Michael Habeck – Deep Roy (Winzling), Thomas Holtzmann – Moses Gunn (Cairon), Hans Ulrich – Sidney Bromley (Engywuck), Gisela Trowe – Patricia Hayes (Urgl)

DIE UNERTRÄGLICHE LEICHTIGKEIT DES SEINS
THE UNBEARABLE LIGHTNESS OF BEING (Philip Kaufman, 1987), DF: Interopa 1988
Joachim Tennstedt – Daniel Day-Lewis (Tomas), Bettina Spier – Juliette Binoche (Teresa), Joseline Gassen – Lena Olin (Sabina), Udo Schenk – Derek de Lint (Franz), Friedrich W. Bauschulte – Erland Josephson (Botschafter), Wolfgang Condrus – Daniel Olbrychski (Minister), Hans Werner Bussinger – Donald Moffat (Chirurg)

DIE UNGLAUBLICHE GESCHICHTE DES MR. C
THE INCREDIBLE SHRINKING MAN (Jack Arnold, 1957), DF: Arena 1957, D/R: Konrad P. Rohnstein
Dietmar Schönherr – Grant Williams (Robert), Eleonore Noelle – Randy Stuart (Louise), Inge Schulz – April Kent (Clarice), Peter Pasetti – Paul Langton (Charlie)

DIE UNGLAUBLICHEN
THE INCREDIBLES (Brad Bird, 2004), DF: FFS 2004, D/R: Frank Lennart
Markus M. Profittlich (OF: Craig T. Nelson) – (Mr. Incredible), Katrin Fröhlich (OF: Holly Hunter) – (Elastigirl), Kai Pflaume (OF: Samuel L. Jackson) – (Frozone), Manuel Straube (OF: Jason Lee) – (Syndrome), Herbert Feuerstein (OF. Wallace Shawn) – (Gilpert Huph), Felicitas Woll – (Violetta), Marco Iannotta – (Flash), Mechthild Großmann – (Edna «E» Mode)

UNHEIMLICHE BEGEGNUNG DER DRITTEN ART
CLOSE ENCOUNTERS OF THE THIRD KIND (Steven Spielberg, 1977), DF: BSG 1978, D: Lutz Arenz, R: Joachim Kunzendorf
Norbert Gescher – Richard Dreyfuss (Roy Neary), Almut Eggert – Melinda Dillon (Jillian Guiler), Joachim Kunzendorf – Bob Balaban (David Laughlin), Alexandra Lange – Teri Garr (Ronnie), R. Kronberg – J. Patrick McNamara (Projektleiter)

EIN (UN)MÖGLICHER HÄRTEFALL
INTOLERABLE CRUELTY (Joel Coen, 2003), DF: Interopa 2003, D/R: Sven Hasper
Detlef Bierstedt – George Clooney (Miles Massey), Arianne Borbach – Catherine Zeta-Jones (Marilyn Rexroth), Frank Glaubrecht – Geoffrey Rush (Donovan Donnelly), Joachim Tennstedt – Billy Bob Thornton (Howard Doyle), Stefan Fredrich – Gus Petch (Cedric)

EIN UNMORALISCHES ANGEBOT
INDECENT PROPOSAL (Adrian Lyne, 1992), DF: BSG 1993, D: Marianne Groß, R: Lutz Riedel
Franziska Pigulla – Demi Moore (Diana Murphy), Patrick Winczewski – Woody Harrelson (David), Rolf Schult – Robert Redford (John Gage), Fritz Decho – Seymour Cassel (Shakelford), Michael Nowka – Oliver Platt (Jeremy)

UNSERE KLEINE FARM (TV-Serie)
LITTLE HOUSE ON THE PRAIRIE (1974–1983), DF: ARD 1976
Fred Maire / Randolf Kronberg – Michael Landon (Charles Ingalls), Gardy Garnass / Kerstin de Ahna – Karen Grassle (Caroline), Christa Häussler – Melissa Gilbert (Laura), Sabine Plessner – Melissa Sue Anderson (Mary)
▶ Auf Sat.1 1989 sprach Claus Wilcke für Michael Landon.

DER UNSICHTBARE DRITTE
NORTH BY NORTHWEST (Alfred Hitchcock, 1959), DF: MGM 1959
Erik Ode – Cary Grant (Roger Thornhill), Eva Pflug – Eva Marie Saint (Eve Kendall), Friedrich Joloff – James Mason (Vandamm), Curt Ackermann – Leo G. Carroll (Professor), Friedel Schuster – Jessie Royce Landis (Clara Thornhill), Kurt Waitzmann – Philip Ober (Lester Townsend), Dietrich Frauboes – Martin Landau (Leonard)

UNTEN AM FLUSS
⮕ WATERSHIP DOWN

Unter Piratenflagge
Captain Blood (Michael Curtiz, 1935), DF: ARD 1975
Manfred Tümmler – Errol Flynn (Cpt. Blood), Barbara Peters – Olivia de Havilland (Arabella), Harry Wüstenhagen – Basil Rathbone (Levasseur), Harald Juhnke – Lionel Atwill (Oberst Bishop), Uwe Paulsen – Ross Alexander (Jeremy Pitt), Paul Esser – Guy Kibbee (Hagthorpe), Siegfried Schürenberg – Henry Stephenson (Lord Willoughby), Erik Jelde – George Hassell (Gouv. Steed), Klaus Sonnenschein – J. Carrol Naish (Cashusac)

Unternehmen Petticoat
Operation Petticoat (Blake Edwards, 1959), DF: BSG 1959, D: F. A. Koeniger, R: Klaus v. Wahl
Curt Ackermann – Cary Grant (Sherman), Herbert Stass – Tony Curtis (Holden), Marion Degler – Joan O'Brian (Dolores), Edith Schneider – Dina Merrill (Barbara), Hans Hessling – Arthur O'Connell (Tostin), Benno Hoffmann – Gene Evans (Molumphrey), Eckart Dux – Dick Sargent (Stovall), Klaus Herm – George Dunn (Prophet)

Unterwegs nach Cold Mountain
Cold Mountain (Anthony Minghella, 2003), DF: FFS 2004, D/R: Beate Klöckner
Silvan Pierre Leirich – Jude Law (Inman), Petra Barthel – Nicole Kidman (Ada), Sandra Schwittau – Renée Zellweger (Ruby), Doris Gallart – Eileen Atkins (Maddy), Reinhard Brock – Brendan Gleeson (Thewes), Oliver Stritzel – Philipp Seymour Hoffman (Rev. Veasey), Natascha Geisler – Natalie Portman (Sara), Norbert Gastell – Donald Sutherland (Rev. Monroe), Philipp Brammer – Giovanni Ribisi (Junior), Holger Schwiers – Ray Winstone (Teague)

The Untouchables – Die Unbestechlichen
The Untouchables (Brian de Palma, 1986), DF: 1987, D/R: Michael Brennicke
Heiner Lauterbach – Kevin Costner (Eliot Ness), Joachim Kerzel – Robert De Niro (Al Capone), G.G. Hoffmann – Sean Connery (Jimmy Malone), Martin Umbach – Andy Garcia (George Stone), Gudo Hoegel – Charles M. Smith (Wallace), Gudrun Vaupel – Patricia Clarkson (Catherine Ness), Hartmut Reck – Richard Bradford (Mike)

Die untreue Frau
La femme infidèle (Claude Chabrol, 1968), DF: BSG (i. A. d. ARD) 1969, D: F. A. Koeniger, R: Hans Dieter Bove
Renate Küster – Stéphane Audran (Hélène), Paul-Edwin Roth – Michel Bouquet (Charles), Christian Rode – Maurice Ronet (Victor Pegala), Rolf Schult – Michel Duchaussoy (Insp. Duval)

Unzerbrechlich
Unbreakable (M. Night Shayamalan, 2000), DF: BSG 2000, D: Alexander Löwe, R: Clemens Frohmann
Manfred Lehmann – Bruce Willis (David Dunn), Engelbert v. Nordhausen – Samuel L. Jackson (Elijah Price), Arianne Borbach – Robin Wright Penn (Audrey), Wilhelm-Rafael Garth – Spencer Treat Clark (Joseph), Hansi Jochmann – Charlayne Woodard (Elijahs Mutter), Torsten Michaelis – Eamonn Walker (Dr. Mathison), Sandra Schwittau – Leslie Stefanson (Kelly)

Das Urteil – Jeder ist käuflich
Runaway Jury (Gary Fleder, 2003), DF: Interopa 2004, D: Alexander Löwe, R: Frank Schaff
Andreas Fröhlich – John Cusack (Nicholas Easter), Hartmut Neugebauer – Gene Hackman (Fitch), Joachim Kerzel – Dustin Hoffman (Wendell Rohr), Bettina Weiß – Rachel Weisz (Marlee), Reinhard Kuhnert – Bruce Davison (Durwood Cable), Jürgen Kluckert – Bruce McGill (Richter Harkin), Uwe Büschken – Jeremy Piven (Lawrence Green), Lutz Schnell – Nick Searcy (Doyle), Torsten Michaelis – Cliff Curtis (Frank Herrera)

Urteil von Nürnberg
Judgement at Nuremberg (Stanley Kramer, 1961), DF: Ultra 1961, Künstler. Bearb.: Erich Maria Remarque, R: Josef Wolf
Walter Suessenguth – Spencer Tracy (Haywood), Wilhelm Borchert – Burt Lancaster (Janning), Arnold Marquis – Richard Widmark (Ted Lawson), Eleonore Noelle – Marlene Dietrich (Frau Berthold), Maximilian Schell – Maximilian Schell (Rolfe), Wolfgang Kieling – Montgomery Clift (Petersen), Klaus Schwarzkopf – William Shatner (Cpt. Byers), Thomas Reiner – Alan Baxter (Gen. Merrin), Erik Jelde – Ray Teal (Curtiss Ives)

V

V wie Vendetta
V for Vendetta (James McTeigue, 2005), DF: R. C. Production 2006, D: Marius Götzes-Clarén, R: Tobias Meister
Manja Doering – Nathalie Portman (Evey), Oliver Stritzel – Hugo Weaving (V), Reinhard Kuhnert – Stephen Rea (Finch), Hubertus Bengsch – Stephen Fry (Deitrich), Kerstin Sanders-Dornseif – Sinéad Cusack (Delia), David Nathan – Ben Miles (Dascomb), Hans-Werner Bussinger – Roger Allam (Prothero), Jürgen Thormann – John Hurt (Sutler)

Vanilla Sky
Vanilla Sky (Cameron Crowe, 2001), DF: BSG 2002, D/R: Michael Nowka
Patrick Winczewski – Tom Cruise (David Aames), Iris Artajo – Penelope Cruz (Sofia Serrano), Katrin Fröhlich – Cameron Diaz (Julie Gianni), Manfred Lehmann – Kurt Russell (Dr. McCabe), Johannes Baasner – Jason Lee (Brian Shelby), Sven Hasper – Noah Taylor (Edmund Ventura), Heike Schroetter – Tilda Swinton (Rebecca Dearborn), Andreas Mannkopff – Timothy Spall (Thomas Tipp)

Vera Cruz
Vera Cruz (Robert Aldrich, 1954), DF: Ultra 1955, D: Marcel Valmy
Curt Ackermann – Burt Lancaster (Joe Erin), Wolfgang Lukschy – Gary Cooper (Benjamin Trane), Tilly Lauenstein – Denise Darcel (Gräfin Duvarre), Harald Juhnke – Charles Bronson (Pittsburgh), Bum Krüger – Ernest Borgnine (Donnegan), Siegmar Schneider – Henry Brandon (Danette), Martin Held – Georges Macready (Kaiser Maximilian), Walter Suesengluth – Morris Ankrum (Gen. Aguilar)

Verbrechen und andere Kleinigkeiten
Crimes and Misdemeanors (Woody Allen, 1989), DF: Interopa 1990
Wolfgang Draeger – Woody Allen (Cliff Stern), Dagmar Heller – Mia Farrow (Halley), Bodo Wolf – Alan Alda (Lester), Friedrich Georg Beckhaus – Martin Landau (Judah), Dagmar Biener – Anjelica Huston

(Dolores), Reinhard Kuhnert – Sam Waterston (Ben), Gerd Holtenau – Jerry Orbach (Jack), Almut Eggert – Claire Bloom (Miriam), Rita Engelmann – Joanna Gleason (Wendy), Marianne Groß – Caroline Aaron (Babs)

VERDACHT
SUSPICION **(Alfred Hitchcock, 1941), DF: BSG 1965, D: Bodo Francke, R: Klaus v. Wahl**
G. G. Hoffmann – Cary Grant (Johnny), Ilse Kiewiet – Joan Fontaine (Lina), Siegfried Schürenberg – Cedric Hardwicke (Gen. McLaidlaw), Bruno W. Pantel – Nigel Bruce (Beaky), Eva Eras – Auriol Lee (Isobel Sedbusk)
▶ In der ersten Synchronisation (Film-Studio Tempelhof 1948) sprachen Axel Monjé für Cary Grant, Viktoria v. Ballasko für Joan Fontaine, Erwin Biegel für Cedric Hardwicke und C. W. Burg für Nigel Bruce.

VERDAMMT IN ALLE EWIGKEIT
FROM HERE TO ETERNITY **(Fred Zinnemann, 1953), DF: Ultra 1954, D: G. A. v. Ihering, R: Alfred Vohrer**
Wolfgang Lukschy – Burt Lancaster (Warden), Dietrich Haugk – Montgomery Clift (Prewitt), NN – Deborah Kerr (Karen), John Pauls-Harding – Frank Sinatra (Maggio), Siegfried Schürenberg – Philip Ober (Holmes), Gert Fröbe – Mickey Shaughnessy (Leva), Wolfgang Eichberger – Ernest Borgnine (Fatso), Bum Krüger – Harry Bellaver (Mazzioli)

DER VERDAMMTE DER INSELN
THE OUTCAST OF THE ISLANDS **(Carol Reed, 1951), DF: Mars 1951, D/R: Georg Rothkegel**
Walter Suessenguth – Ralph Richardson (Lingard), Wilhelm Borchert – Trevor Howard (Willems), Paul Esser – Robert Morley (Almayer), Karin Evans – Wendy Hiller (Mrs. Almayer), Joseph Pelz v. Felinau – George Coulouris (Babalatchi), Wolfgang Kühne – Wilfrid Hyde-White (Vinch), Eduard Wandrey – Frederick Valk (Hudig), Alfred Balthoff – Peter Illing (Alagappan)
«Die Sorgfalt in der in diesem Fall besonders schwierigen Synchronisation ist zu loben.» (Filmblätter 47, 1951)

THE VERDICT – DIE WAHRHEIT UND NICHTS ALS DIE WAHRHEIT
THE VERDICT **(Sidney Lumet, 1982), DF: 1983**
G. G. Hoffmann – Paul Newman (Frank Galvin), Alexandra Lange – Charlotte Rampling (Laura Fischer), Arnold Marquis – Jack Warden (Mickey Morissey), Kurt Waitzmann – James Mason (Ed Concannon), Klaus Miedel – Milo O'Shea (Richter Hoyle), Joachim Nottke – Edward Binns (Bischof), Susanna Bonaséwicz – Roxanne Hart (Sally Doneghy)

DAS VERFLIXTE SIEBENTE JAHR
THE SEVEN YEAR ITCH **(Billy Wilder, 1955), DF: Elite 1955, R: Konrad Wagner**
Margot Leonard – Marilyn Monroe (das Mädchen), Arnold Marquis – Tom Ewell (Richard), Elisabeth Ried – Evelyn Keyes (Helen), Curt Ackermann – Sonny Tufts (Tom McKenzie), Werner Lieven – Robert Strauss (Kruhulik), Walter Richter – Oscar Homolka (Dr. Brubaker), Hannelore Minkus – Marguerite Chapman (Miss Morris), Carl-Heinz Carell – Victor Moore (Installateur)

VERFÜHRUNG EINER FREMDEN
PERFECT STRANGER **(James Foley, 2007), DF: BSG 2007, D/R: Michael Nowka**
Melanie Pukaß – Halle Berry (Rowena Price), Manfred Lehmann – Bruce Willis (Harrison Hill), Nico Mamone – Giovanni Ribisi (Miles Haley), Dietmar Wunder – Jason Antoon (Bill Patel), Almut Zydra – Patti D'Arbanville (Esmeralda), Dascha Lehmann – Nicky Aycox (Grace), Charles Rettinghaus – Gary Dourdan (Cameron), Karin Buchholz – Kathleen Chalfont (Elizabeth), Jan Spitzer – Richard Portnow (Narron)

VERGESSENE WELT – JURASSIC PARK
LOST WORLD **(Steven Spielberg, 1996), DF: 1997**
Arne Elsholtz – Jeff Goldblum (Ian Malcolm), F. W. Bauschulte – Richard Attenborough (Hammond), Daniela Hoffmann – Julianne Moore (Sarah Harding), Roland Hemmo – Peter Postlethwaite (Roland Tembo), Thomas Petruo – Vince Vaughn (Nick), Jan Spitzer – Thomas F. Duffy (Robert Burke)

VERHÄNGNIS
DAMAGE **(Louis Malle, 1992), DF: 1993, D/R: Mina Kindl**
Frank Glaubrecht – Jeremy Irons (Dr. Fleming), Katharina Müller-Elmau – Juliette Binoche (Anna), Krista Posch – Miranda Richardson (Ingrid), Michael Roll – Rupert Graves (Martyn), Elisabeth Endriss – Leslie Caron (Elizabeth Prideaux), Holger Hagen – Ian Bannen (Edward Lloyd)

EINE VERHÄNGNISVOLLE AFFÄRE
FATAL ATTRACTION **(Adrian Lyne, 1987), DF: 1988**
Volker Brandt – Michael Douglas (Dan Gallagher), Hallgard Bruckhaus – Glenn Close (Alex), Karin Buchholz – Anne Archer (Beth), Andrea Imme – Ellen Hamilton Latzen (Ellen), Andreas Mannkopff – Stuart Pankin (Jimmy), Arnold Marquis – Fred Gwynne (Arthur), Hannelore Minkus – Lois Smith (Martha)

VERLOCKENDE FALLE
ENTRAPMENT **(Jon Amiel, 1999), DF: BSG 1999, D: Nadine Geist, R: Frank Schaff**
Klaus Sonnenschein – Sean Connery (MacDougal), Arianne Borbach – Catherine Zeta-Jones (Gin), Tilo Schmitz – Ving Rhames (Thibadeaux), Lutz Riedel – Will Patton (Hector Cruz), Roland Hemmo – Maury Chaykin (Conrad Greene), Jan Spitzer – Kevin McNally (Haas)

DAS VERLORENE WOCHENENDE
THE LOST WEEKEND **(Billy Wilder, 1945), DF: Film-Studio Tempelhof 1948, D/R: C. W. Burg**
Paul Klinger – Ray Milland (Don Birnam), Gudrun Genest – Jane Wyman (Helen), Axel Monjé – Phillip Terry (Wick), Berta Spanier – Doris Dowling (Gloria)
▶ Das ZDF ließ 1964 neu synchronisieren mit Harald Leipnitz für Ray Milland und Niels Clausnitzer für Phillip Terry.

VERMISST
MISSING **(Costa-Gavras, 1981), DF: 1982**
Georg Thomalla – Jack Lemmon (Ed Horman), Susanna Bonaséwicz – Sissy Spacek (Beth), Rebecca Völz – Melanie Mayron (Terry Simon), Joachim Tennstedt – John Shea (Charles), Christian Rode – Charles Cioffi (Cpt. Tower), Santiago Ziesmer – Joe Regalbuto (Frank Teruggi)

VERRÜCKT NACH MARY
THERE'S SOMETHING ABOUT MARY **(Bobby u. Peter Farrelly, 1998), DF: Interopa 1998, D/R: Sven Hasper**
Katrin Fröhlich – Cameron Diaz (Mary), Charles Rettinghaus – Matt Dillon (Healy), Oliver Rohrbeck – Ben Stiller (Ted), Andreas Fröhlich – Chris Elliott (Dom), Sven Hasper – Lee Evans (Tucker), Kerstin Sanders-Dornseif – Lin Shaye (Magda), Stefan Krause – W. Earl Brown (Warren), Norbert Gescher – Jeffrey Tambor (Sully), Traudel

Hass – Markie Post (Marys Mutter), Torsten Michaelis – Keith David (Stiefvater)

Der verrückte Professor
The Nutty Professor (Jerry Lewis, 1962), DF: Elite 1963
Horst Gentzen – Jerry Lewis (Prof. Kelp/Buddy), Christiane Maybach – Stella Stevens (Stella Purdy), Klaus W. Krause – Del Moore (Dr. Worfield), Inge Landgut – Kathleen Freeman (Miss Lemmon), Ursula Krieg – Elvia Allman (Mutter Kelp)

Verschwörung im Nordexpress
Strangers on a Train (Alfred Hitchcock, 1951), DF: 1952
Herbert Stass – Farley Granger (Guy Haines), Erik Ode – Robert Walker (Bruno Antony), NN – Ruth Roman (Anne Morton), Walter Werner – Leo G. Carroll (Sen. Morton), Hans Emons – Howard St. John (Turley)

Die Versuchung des Padre Amaro
El crimen del padre Amaro (Carlos Carrera, 2002), DF: FFS 2003, D/R: Monica Bielenstein
Simon Jäger – Gael García Bernal (Padre Amaro), Helmut Krauss – Sancho Gracia (Padre Benito), Manja Doering – Ana Claudia Talancón (Amelia), Rita Engelmann – Angélica Aragón (Sanjuanera), Barbara Ratthey – Luisa Huertas (Dionisia), Marius Götze-Clarén – Andrés Montiel (Ruben), Peter Reinhardt – Damián Alcázar (Padre Natalio), Roland Hemmo – Ernesto Gómez Cruz (Bischof), Klaus Sonnenschein – Pedro Armendáriz (Bürgermeister)

Vertigo – Aus dem Reich der Toten
Vertigo (Alfred Hitchcock, 1958), DF: BSG 1984, D: Hans Bernd Ebinger
Siegmar Schneider – James Stewart (Scottie), Rita Engelmann – Kim Novak (Madeleine), Hallgard Bruckhaus – Barbara Bel Geddes (Midge), Horst Schön – Tom Helmore (Gavin Elster)
▶ In der ersten Synchronisation von 1959 sprachen neben Siegmar Schneider Gisela Trowe (Kim Novak) und Sigrid Lagemann (Barbara Bel Geddes).
▶ 1997 lief der Film in einer restaurierten und neu synchronisierten Fassung (BSG, R: Lutz Riedel) unter Verwendung des Dialogs von 1984. Mit Sigmar Solbach (James Stewart), Martina Treger (Kim Novak), Susanna Bonaséwicz (Barbara Bel Geddes), Norbert Langer (Tom Helmore).

Victor/Victoria
Victor/Victoria (Blake Edwards, 1982), DF: 1983
Ute Meinhardt – Julie Andrews (Victor/Victoria), Claus Biederstaedt – James Garner (King), Wolfgang Völz – Robert Preston (Toddy), Jürgen Kluckert – Alex Karras (Squash), Angelika Milster – Lesley Ann Warren (Norman), Edgar Ott – John Rhys-Davies (Cassell), Wolfgang Spier – Graham Stark (Kellner), Klaus Miedel – Peter Arne (Labisse)

Vicky Cristina Barcelona
Vicky Cristina Barcelona (Woody Allen, 2008), DF: FFS 2008, D: Klaus Bickert, R: Joachim Tennstedt
Luise Helm – Scarlett Johansson (Cristina), Kathrin Gaube – Rebecca Hall (Vicky), Juan Carlos López – Javier Bardem (Juan Antonio), Constanza Alvarez – Penelope Cruz (Maria Elena), Gertie Honeck – Patricia Clarkson (Judy Nash), Manou Lubowski – Chris Messina (Doug), Dirk Meyer – Zak Orth (Adam), Erzähler: Philipp Moog

Viel Rauch um nichts
Up in Smoke (Lou Adler, 1979), DF: BSG 1979, D/R: Arne Elsholtz
Manfred Lehmann – Cheech Marin (Pedro), Christian Brückner – Tommy Chong (Man), F.W. Bauschulte – Strother Martin (Arnold), Joachim Kemmer – Stacy Keach (Sgt. Stedenko), Inge Landgut – Edie Adams (Tempest), Arne Elsholtz – Christopher Joy (Curtis)

Vier Fäuste für ein Hallelujah
... Continuavano a chiamarlo Trinità (E. B. Clucher, 1971), DF: DF: Aventin 1972, D/R: Horst Sommer
Hartmut Reck – Terence Hill (Joe), Wolfgang Hess – Bud Spencer (der Kleine), Mady Rahl – Jessica Dublin (Mutter), Hans Nitschke – Harry Carey jr. (Vater), Werner Schwier – Enzo Fiermonte (Sheriff), Marion Hartmann – Yanti Somer (Siedlerstochter), Hans-Jürgen Diedrich – Popo de Luca (Pater)
▶ In einer weiteren Synchronisation durch Rainer Brandt (mit entsprechenden «Klamauk»-Dialogen) sprachen in obiger Rollen-Reihenfolge Thomas Danneberg, Arnold Marquis, Tilly Lauenstein, Klaus W. Krause, Heinz Petruo, Marianne Lutz und F. G. Beckhaus.

Vier Hochzeiten und ein Todesfall
Four Weddings and a Funeral (Mike Newell, 1993), DF: 1994, D/R: Lutz Riedel
Patrick Winczewski – Hugh Grant (Charles), Evelyn Maron – Andie McDowell (Carrie), Susanna Bonaséwicz – Kristin Scott Thomas (Fiona), Hans-Werner Bussinger – Simon Callow (Gareth), Stefan Fredrich – James Fleet (Tom), Rebecca Völz – Anna Chancellor (Henrietta)

Vier im roten Kreis
Le cercle rouge (Jean-Pierre Melville, 1970), DF: 1971
Christian Brückner – Alain Delon (Corey), Helmo Kindermann – André Bourvil (Mattei), Arnold Marquis – Yves Montand (Jansen), Heinz Petruo – Gian-Maria Volonté (Vogel), Peer Schmidt – François Périer (Santi), Gerd Martienzen – Paul Crauchet (Hehler)

Die vier Söhne der Katie Elder
The Sons of Katie Elder (Henry Hathaway, 1965), DF: BSG 1966, D: Karin Vielmetter, R: Klaus v. Wahl
Heinz Engelmann – John Wayne (John), Klaus Miedel – Dean Martin (Tom), Margot Leonard – Martha Hyer (Mary Gordon), Ulrich Lommel – Michael Anderson jr. (Bud), Lutz Moik – Earl Holliman (Matt), Martin Hirthe – James Gregory (Morgan Hastings), Paul Wagner – Paul Fix (Sheriff Wilson), Arnold Marquis – George Kennedy (Curley), Konrad Wagner – James Westerfield (Venner), Christian Brückner – Jeremy Slate (Ben), Franz Nicklisch – John Doucette (Hyselman)

24 (TV-Serie)
24 (2001–), DF: Cine Entertainment (i. A. v. RTL) 2003, R: Dieter Gerlach; 2. Staffel: Interopa, R: Joachim Tennstedt
Tobias Meister – Kiefer Sutherland (Jack Bauer), Anke Reitzenstein – Sarah Clarke (Nina), Ben Hecker / Tilo Schmitz – Dennis Haysbert (Palmer), Heidrun Bartholomäus – Sarah Wynter (Kate), Robin Brosch – Carlos Bernard (Tony Almeida), Holger Mahlich – Xander Berkeley (George Mason), Saskia Weckler / Sonja Scherff – Elisha Cuthbert (Kimberly), Marion v. Stengel – Leslie Hope (Teri), Ulrike Johannson – Penny Johnson (Sherry), Jan-David Rönfeld – Vicellous Shannon (Keith)

The Village – Das Dorf
The Village (M. Night Shyamalan, 2004), DF: FFS 2004, D/R: Dorothee Muschter
Manja Doering – Bryce Dallas Howard (Ivy Walker), Nicolas Böll – Joa-

quin Phoenix (Lucius Hunt), Sebastian Schulz – Adrien Brody (Noah Percy), Wolfgang Condrus – William Hurt (Edward Walker), Karin Buchholz – Sigourney Weaver (Alice Hunt), Roland Hemmo – Brendan Gleeson (August Nicholson), Helga Sasse – Cherry Jones (Mrs. Clark), Cornelia Meinhardt – Celia Weston (Vivian Percy), Frank Ciazynski – John Christopher Jones (Robert Percy)

VINCENT VAN GOGH –
EIN LEBEN IN LEIDENSCHAFT
LUST FOR LIFE **(Vincente Minnelli, 1956), DF: MGM 1957**
Wolfgang Kieling – Kirk Douglas (van Gogh), Willy A. Kleinau – Anthony Quinn (Gaugin), Friedrich Joloff – James Donald (Theo), Agi Prandhoff – Pamela Brown (Christine), Hans Hessling – Everett Sloane (Dr. Gachet), Eduard Wandrey – Henry Daniell (Theodorus)

VIRIDIANA
VIRIDIANA **(Luis Buñuel, 1961), DF: 1962, D/R: Manfred R. Köhler**
Margot Trooger – Silvia Pinal (Viridiana), Erik Jelde – Fernando Rey (Don Jaime), Niels Clausnitzer – Francisco Rabal (Jorge)
«*Die Synchronisation wirkt sehr gepflegt und bedachtsam, scheint aber darauf aus, die von Buñuel berührten Tabus akustisch zu wattieren.*» (H. J. Weber, Film-Echo 33/34, 1962)

VITELLONI
I VITELLONI **(Federico Fellini, 1953), DF: Riva 1956, D/R: Hanns Maria Braun**
Reinhard Glemnitz – Franco Fabrizi (Fausto), Dietmar Schönherr – Franco Interlenghi (Moraldo), Rosemarie Fendel – Elenore Ruffo (Sandra), Klaus Havenstein – Alberto Sordi (Alberto), Alois Maria Giani – Leopoldo Trieste (Leopoldo), Klaus W. Krause – Carlo Romano (Michele), Anton Reimer – Enrico Viariso (Sandras Vater), Hans Pössenbacher – Jean Brochard (Faustos Vater)

DIE VÖGEL
THE BIRDS **(Alfred Hitchcock, 1962), DF: BSG 1963, D: F.A. Koeniger, R: Klaus v. Wahl**
Edith Schneider – Tippi Hedren (Melanie), G.G. Hoffmann – Rod Taylor (Mitch), Alice Treff – Jessica Tandy (Mrs. Brenner), Ruth Scheerbarth – Suzanne Pleshette (Annie Hayworth), Marion Hartmann – Veronica Cartwright (Cathy), Lili Schönborn – Ethel Griffies (Mrs. Bundy), Benno Hoffmann – Charles McGraw (Sholes), Annaliese Würtz – Ruth McDevitt (Mrs. MacGruder)

VOLVER
VOLVER **(Pedro Almodóvar, 2006), DF: Studio Babelsberg 2006, D/R: Joachim Kunzendorf**
Claudia Lössl – Penelope Cruz (Raimunda), Rita Engelmann – Carmen Maura (Irene), Tanja Geke – Lola Dueñas (Sole), Katharina Tomaschewsky – Blanca Portillo (Agustina), Anne Helm – Yohana Cobo (Paula), Luise Lunow – Chus Lampreave (Tante Paula)

VOM WINDE VERWEHT
GONE WITH THE WIND **(Victor Fleming, 1939), DF: MGM 1953**
Elfie Beyer – Vivien Leigh (Scarlett O'Hara), Siegfried Schürenberg – Clark Gable (Rhett Butler), Axel Monjé – Leslie Howard (Ashley), Tilly Lauenstein – Olivia de Havilland (Melanie), Erna Sellmer – Hattie McDaniel (Mammy), Walter Werner – Thomas Mitchell (Gerald O'Hara), Wolfgang Lukschy – Carrol Nyre (Frank Kennedy), Annemarie Wernicke – Butterfly McQueen (Prissy)
«*Außerordentlich gelungen fügt sich die Synchronisation unauffällig in den Gesamteindruck. Elfie Beyer und Siegfried Schürenberg verdienen an dieser Stelle besondere Beachtung.*» (Filmwoche 2, 1953)

W

DER WACHSBLUMENSTRAUSS
MURDER AT THE GALLOP **(George Pollock, 1963), DF: MGM 1963**
Ursula Krieg – Margaret Rutherford (Miss Marple), Erich Fiedler – Robert Morley (Enderby), Elfe Schneider – Flora Robson (Mrs. Gilchrist), Harald Juhnke – Charles Tingwell (Insp. Craddock), Walter Bluhm – Stringer Davis (Mr. Stringer), Gerhard Geisler – Duncan Lamont (Hillman), Joachim Pukaß – James Villiers (Michael Shane)

DIE WAFFEN DER FRAUEN
WORKING GIRLS **(Mike Nichols, 1988), DF: BSG 1989, D/R: Lutz Riedel**
Wolfgang Pampel – Harrison Ford (Jack Trainer), Hallgard Bruckhaus – Sigourney Weaver (Katherine Parker), Katja Nottke – Melanie Griffith (Tess McGill), Thomas Petruo – Alec Baldwin (Mick Dugan), Philine Peters-Arnolds – Joan Cusack (Cyn), Edgar Ott – Philip Bosco (Oren Trask), Ulrich Gressieker – Kevin Spacey (Bob Speck)

WAG THE DOG
WAG THE DOG **(Barry Levinson, 1997), DF: Hermes 1998, R: Jürgen Neu**
Joachim Kerzel – Dustin Hoffman (Stanley Motss), Christian Brückner – Robert De Niro (Conrad Brean),Ulrike Stuerzbecher – Anne Heche (Winifred Ames), Gerald Paradies – Denis Leary (Fad King), Joseline Gassen – Andrea Martin (Liz Butsky), Friedrich Georg Beckhaus – Willie Nelson (Johnny Dean), Katja Primel – Kirsten Dunst (Tracy Lime)

WAHL DER WAFFEN
LE CHOIX DES ARMES **(Alain Corneau, 1981), DF: 1981**
Holger Hagen – Yves Montand (Noël), Manfred Lehmann – Gérard Depardieu (Mickey), Evelyn Gressmann – Catherine Deneuve (Nicole), Franz-Otto Krüger – Michel Galabru (Bonnardot), Frank Glaubrecht – Jean-Claude Dauphin (Ricky)

WÄHREND DU SCHLIEFST
WHILE YOU WERE SLEEPING **(Jon Turteltaub, 1994) DF: Neue Tonfilm 1995, D/R: Pierre Peters-Arnolds**
Bettina Weiß – Sandra Bullock (Lucy), Stephan Schwartz – Bill Pullman (Jack), Christian Tramitz – Peter Gallagher (Peter), Thomas Reiner – Peter Boyle (Ox), Michael Cramer – Jack Warden (Saul), Haide Lorenz – Glynis Johns (Elsie), Anita Höfer – Micole Mercurio (Midge), Herbert Weicker – Jason Bernard (Jerry Wallace)

WAHRE LÜGEN
WHERE THE TRUTH LIES **(Atom Egoyan, 2005), DF: Studio Babelsberg 2006, D/R: Heinz Freitag**
Oliver Stritzel – Kevin Bacon (Lanny Morris), Tom Vogt – Colin Firth (Vince Collins), Manja Doering – Alison Lohman (Karen O'Connor), Tanja Geke – Rachel Blanchard (Maureen), Friedrich G. Beckhaus – David Hayman (Reuben), Kaspar Eichel – Maury Chaykin (Sally Sanmarco), Julia Kaufmann – Kristin Adams (Alice), Marie Bierstedt –

Sonja Bennett (Bonnie Trout), Marianne Lutz – Deborah Glover (Mrs. O'Flaherty), Klaus Sonnenschein – Beau Starr (Jack Scaglia)

Die Wahrheit
La Verité (Henri-Georges Clouzot, 1960), DF: 1960
Margot Leonard – Brgitte Bardot (Dominique), Wolfgang Draeger – Sami Frey (Gilbert), Hans Hinrich – Charles Vanel (Verteidiger), Wolfgang Kieling – Paul Meurisse (Nebenkläger), Rosemarie Kirstein – Marie-José Nat (Annie), Robert Klupp – Louis Segnier (Vorsitzender), Wolfgang Eichberger – René Blancard (Staatsanwalt), K. E. Ludwig – Jean-Louis Reynolds (Michel), Thomas Braut – André Oumansky (Ludovic), Alois Maria Giani – Louis Abressier (Musikprofessor), Ernst Konstantin – Christian Lude (Dominiques Vater), Gig Malzacher – Claude Berri (Georges)

Wall Street
Wall Street (Oliver Stone, 1987), DF: BSG 1988, D/R: Jürgen Neu
Benjamin Völz – Charlie Sheen (Bud Fox), Volker Brandt – Michel Douglas (Gordon Gekko), Christian Brückner – Martin Sheen (Carl Fox), Susanna Bonaséwicz – Daryl Hannah (Darien Taylor), Hans-W. Bussinger – Terence Stamp (Larry Wildman)

Die Waltons
The Waltons (TV-Serie)
The Waltons (1972–1981), DF: ZDF 1975
Jochen Schröder – Ralph Waite (John), Bettina Schön – Michael Learned (Olivia), Hans-Georg Panczak – Richard Thomas (John Boy), Ina Martin – Judy Norton Taylor (Mary Ellen), Stefan Krause – David W. Harper (Jim Bob), Katrin Fröhlich – Kami Cotler (Elizabeth), Ulrich Matthes – Jon Walmsley (Jason), Madeleine Stolze – Mary Beth McDonough (Erin), Torsten Sense – Eric Scott (Ben), Heinz Theo Branding – Will Geer (Zeb), Sigrid Lagemann – Ellen Corby (Esther), Gerd Duwner – Joe Conley (Ike Godsey)

Das wandelnde Schloss
Hauro no ugoku shiro (Hayao Miyazaki, 2004), DF: 2005
Sunnyi Melles – (Sophie), Robert Stadtlober – (Hauro), Kevin Iannotta – (Markl), Gerald Schaale – (Calcifer), Barbara Ratthey – (Hexe), Maddalena Kerrh – (Mme Suliman), Claudia Lössl – (Lettie), Marina Köhler – (Hanna), Thomas Rauscher – (König)
«Die deutsche Synchronisation ist sauber, kann aber mit der charakteristischen Subtilität der Ghibli-Sprecherwahl nicht konkurrieren. Insbesondere der Feuerdämon, eine der reichsten komischen Figuren im Miyazaki-Oeuvre, wird auf ‹comic relief› reduziert.» (Christoph Huber, taz, 25.8.2005)

War Games – Kriegsspiele
Wargames (John Badham, 1982), DF: 1983
Martin Halm – Matthew Broderick (David), Hartmut Reck – Dabney Coleman (McKittrick), Simone Brahmann – Ally Sheedy (Jennifer), Horst Raspe – John Wood (Stephen Falken), Herbert Weicker – Barry Corbin (Gen. Beringer), Viktoria Brams – Juanin Clay (Healy)

Warte, bis es dunkel ist
Wait Until Dark (Terence Young, 1967), DF: Ultra 1968
Monika Peitsch – Audrey Hepburn (Susy), Rolf Schult – Alan Arkin (Roat), Christian Rode – Richard Crenna (Mike Talman), Harald Juhnke – Efrem Zimbalist (Sam Hendrix), Hans Dieter Zeidler – Jack Weston (Carlino), Renate Küster – Samantha Jones (Lisa)

Was das Herz begehrt
Something's Gotta Give (Nancy Meyers, 2003), DF: Interopa 2004, D: Alexander Löwe, R: Frank Schaff
Joachim Kerzel – Jack Nicholson (Harry Sanborn), Traudel Haas – Diane Keaton (Erica Berry), Benjamin Völz – Keanu Reeves (Julian Mercer), Heidrun Bartholomäus – Frances McDormand (Zoe), Nana Spier – Amanda Peet (Marin), Detlef Bierstedt – Jon Favreau (Leo), Frank Glaubrecht – Paul Michael Glaser (Dave)

Was der Himmel erlaubt
All That Heaven Allows (Douglas Sirk, 1955), DF: BSG 1956, D: F.A. Koeniger, R: Klaus v. Wahl
Marianne Kehlau – Jane Wyman (Cary Scott), G.G. Hoffmann – Rock Hudson (Ron Kirby), Ursula Krieg – Agnes Moorehead (Sara Warren), Paul Wagner – Conrad Nagel (Harvey), Ruth Piepho – Virginia Grey (Alida Anderson), Gerd Vespermann – William Reynolds (Ned), Marianne Prenzel – Gloria Talbott (Kay), Horst Niendorf – Charles Drake (Mick Anderson)

Was geschah wirklich mit Baby Jane?
Whatever Happened to Baby Jane (Robert Aldrich, 1962), DF: BSG 1963, D/R: Klaus v. Wahl
Ingeborg Grunewald – Bette Davis (Jane Hudson), Anneliese Römer – Joan Crawford (Blanche), Alexander Welbat – Victor Buono (Edwin Flagg), Tina Eilers – Marjorie Bennett (Mrs. Flagg), Inge Wolffberg – Maidie Norman (Elvira)

Was gibt's Neues, Pussy?
What's New Pussycat? (Clive Donner, 1964), DF: Ultra 1965
Sebastian Fischer – Peter O'Toole (Michael James), Georg Thomalla – Peter Sellers (Dr. Fassbender), Sabine Eggerth – Romy Schneider (Carole Werner), Claudia Brodzinska – Paula Prentiss (Liz), Wolfgang Draeger – Woody Allen (Viktor)

Was Sie schon immer über Sex wissen wollten ...
Everything You Always Wanted To Know About Sex * But Where Afraid To Ask (Woody Allen, 1972), DF: Ultra 1973, D: Marcel Valmy, R: Josef Wolf
Harald Juhnke – Woody Allen (Victor/Fabricio/Spermium), Harry Wüstenhagen – Gene Wilder (Dr. Ross), Fritz Tillmann – John Carradine (Dr. Bernardo), Franz-Otto Krüger – Lou Jacobi (Sam), Tilly Lauenstein – Louise Lasser (Gina), Heinz Petruo – Anthony Quayle (König), Dagmar Altrichter – Lynn Redgrave (Königin), Michael Chevalier – Burt Reynolds (Controller), Wolfgang Lukschy – Titos Vandis (Milos), Almut Eggert – Heather McRae (Helen), Herbert Weissbach – Baruch Lumet (Rabbi Baumel)
▶ Dieser Film wurde 1987 nochmals synchronisiert, diesmal mit Wolfgang Draeger für Woody Allen sowie Klaus Kindler (Anthony Quayle), Manfred Seipold (Burt Reynolds), Elmar Wepper (Gene Wilder), Eva Kinsky (Lynn Redgrave).

Was vom Tage übrigblieb
The Remains of the Day (James Ivory, 1993), DF: 1994, D/R: Arne Elsholtz
Rolf Schult – Anthony Hopkins (Stevens), Monica Bielenstein – Emma Thompson (Miss Kenton), Jürgen Thormann – James Fox (Lord Darlington), Jürgen Heinrich – Christopher Reeve (Lewis), Patrick Winczewski – Hugh Grant (Kardinal)

Watership Down
Watership Down (Martin Rosen, 1979), DF: BSG 1980, D/R: Joachim Kunzendorf
Norbert Gescher (OF: John Hurt) – (Hazel), Stefan Krause – (Fiver), Andreas Mannkopff – (Bigwig), Wolfgang Ziffer – (Pipkin), Horst Gentzen – (Cowslip), Gerd Duwner – (Cpt. Holly), Lutz Riedel – (Blackberry), Ulrich Matthes – (Dandelion), Mogens v. Gadow (Silver), Erzähler: Joachim Nottke

Waterworld
Waterworld (Kevin Reynolds, 1995), DF: BSG 1995, D/R: Marianne Groß
Frank Glaubrecht – Kevin Costner (Mariner), Christian Brückner – Dennis Hopper (Deacon), Sabine Jaeger – Jeanne Tripplehorn (Helen), Anna Predleus – Tina Majorino (Enola), Hermann Ebeling – Michael Jeter (Gregor), Manfred Lehmann – Gerard Murphy (Nord)

Wedding Planner
The Wedding Planner (Adam Shankman, 2001), DF: Interopa 2001, D/R: Marianne Groß
Ghadah Al-Akel – Jennifer Lopez (Mary), Benjamin Völz – Mathew McConaughey (Steve), Judith Brandt – Bridgette Wilson (Fran), Tomaso Caccciapuoti – Justin Chambers (Massimo), Bianca Krahl – Judy Greer (Penny), Vittorio Casagrande – Alex Rocco (Salvatore), Joachim Kerzel – Charles Kimbrough (Jack Donolly), Roland Hemmo – Lou Myers (Burt), Susanna Bonaséwicz – Kathy Najimy (Geri)

Wege zum Ruhm
Paths of Glory (Stanley Kubrick, 1957), DF: Ultra 1957, R: Josef Wolf
G.G. Hoffmann – Kirk Douglas (Col. Dax), Horst Niendorf – Ralph Meeker (Cpt. Paris), Siegfried Schürenberg – Adolphe Menjou (Broulard), Erich Fiedler – George Macready (Mireau), Werner Peters – Wayne Morris (Roget), Axel Monjé – Richard Anderson (Saint-Auban), Gerd Martienzen – Joseph Turkel (Arnaud), Arnold Marquis – Timothy Carol (Ferol), Curt Ackermann – Peter Capell (Richter), Paul Wagner – John Stein (Rousseau)

Weil es dich gibt
Serendipity (Peter Chelsom, 2001), DF: Studio Babelsberg 2001, D: Martina Marx, R: Frank Schaff
Andreas Fröhlich – John Cusack (Jonathan Trager), Marie Bierstedt – Kate Beckinsale (Sara Thomas), Ranja Bonalana – Molly Shannon (Eve), Charles Rettinghaus – Jeremy Piven (Dean Kansky), Benjamin Völz – John Corbett (Lars Hammond), Anke Reitzenstein – Bridget Moynahan (Halley Eugene Levy (Bloomingdale)

Der weisse Hai
Jaws (Steven Spielberg, 1974), DF: BSG 1975, D: Lutz Arenz, R: Joachim Kunzendorf
Hansjörg Felmy – Roy Scheider (Brody), Michael Chevalier – Robert Shawn (Quint), Norbert Gescher – Richard Dreyfuss (Hooper), Almut Eggert – Lorraine Gary (Ellen Brody), G.G. Hoffmann – Murray Hamilton (Vaughan)
▶ Felmy und Hoffmann behielten ihre Parts auch in der Fortsetzung Der weisse Hai 2, zusätzlich Ute Meinhardt: Lorraine Gray (Ellen Brody), Stefan Krause: Mark Gruner (Mike), Joachim Kerzel: Jeffrey Kramer (Hendricks), Dagmar Altrichter: Collin Wilcox (Dr. Elkins), Irina v. Bentheim: Ann Dusenberry (Tina).

Weites Land
The Big Country (William Wyler, 1958), DF: Ultra 1959
Heinz Engelmann – Gregory Peck (James McKay), Marion Degler – Jean Simmons (Julie), Margot Leonard – Carrol Baker (Patricia), Horst Niendorf – Charlton Heston (Steve Leech), Eduard Wandrey – Burl Ives (Rufus Hannassey), Paul Wagner – Charles Bickford (Mj. Terrill), Arnold Marquis – Chuck Connors (Buck)

Die Welt ist nicht genug
The World Is Not Enough (Michael Apted, 1999), DF: BSG 1999, D/R: Thomas Danneberg
Frank Glaubrecht – Pierce Brosnan (James Bond), Martin Kessler – Robert Carlyle (Renard), Judith Brandt – Sophie Marceau (Elektra King), Claudia Urbschat-Mingues – Denise Richards (Christmas Jones), Jürgen Kluckert – Robbie Coltrane (Zukovsky), Thomas Danneberg – John Cleese (R), Manfred Schmidt – Desmond Llewelyn (Q), Gisela Fritsch – Judi Dench (M), Anita Lochner – Samantha Bond (Miss Moneypenny)

Wem die Stunde schlägt
For Whom the Bell Tolls (Sam Wood, 1943), DF: Ultra 1951, R: Alfred Vohrer
Peter Pasetti – Gary Cooper (Robert Jordan), Eva Vaitl – Ingrid Bergman (Maria), Eva Eras – Katina Paxinou (Pilar), Bum Krüger – Fortunio Bonanova (Fernando), Anton Reimer – Mikhail Rasumny (Rafael)

Die Wendeltreppe
The Spiral Staircase (Robert Siodmak, 1945), DF: BSG 1964, D: F.A. Koeniger, R: Klaus v. Wahl
Liane Croon – Dorothy McGuire (Helen), Klaus Miedel – George Brent (Prof. Warren), Lu Säuberlich – Ethel Barrymore (Mrs. Warren), Lothar Blumhagen – Kent Smith (Dr. Parry), Eckart Dux – Gordon Oliver (Steve), Bettina Schön – Rhonda Fleming (Blanche), Friedrich W. Bauschulte – James Bell (Constable), Ursula Krieg – Elsa Lanchester (Mrs. Oates), Alexander Welbat – Rhys William (Mr. Oates)
▶ In der ersten Synchronisation (Film-Studio Tempelhof 1948, D/R: Johannes Lüdke) sprachen Charlotte Radspieler für Dorothy McGuire, Magda Wengiel für Ethel Barrymore und Harry Giese für George Brent.

Wenn der Postmann zweimal klingelt
The Postman Alway Rings Twice (Bob Rafelson, 1980), DF: Hermes 1981
Traudel Haas – Jessica Lange (Cora), Manfred Schott – Jack Nicholson (Frank), Friedrich Schütter – John Colicos (Nick), Hans-Werner Bussinger – John P. Ryan (Kennedy)

Wenn die Gondeln Trauer tragen
Don't Look Now (Nicolas Roeg, 1973), DF: 1974
Helga Trümper – Julie Christie (Laura), Harald Leipnitz – Donald Sutherland (John), Alice Franz – Clelia Matania (Wendy), Holger Hagen – Massimo Serato (Bischof), Franz Rudnick – Renato Scarpa (Insp. Longhi)

Wenn die Kraniche ziehen
Letjat schurawli (Michail Kalatasow, 1957), DF: DEFA 1958, D: Wito Eichel, R: Helmut Brandis
Eva-Maria Hagen – Tatjana Samoilowa (Veronika), Horst Schön – Alexej Batalow (Boris), Hans Wehrl – Wassili Merkurjew (Fjodor), Rainer Brandt – Alexej Schworin (Mark), Erika Müller-Fürstenau – S. Charitonowa (Irina), Manfred Borges – K. Nikitin (Wolodja)

Wenn es Nacht wird in Paris
Touchez pas au Grisbi (Jacques Becker, 1954), DF: Bavaria 1954
Paul Klinger – Jean Gabin (Max), Wolf Ackva – René Dary (Riton), Gisela Hoeter – Jeanne Moreau (Josy), Werner Lieven – Lino Ventura (Angelo), Klaus W. Krause – Paul Frankeur (Pierrot)

Wenn Frauen hassen
Johnny Guitar (Nicholas Ray, 1954), DF: Dt. Mondial 1954
Curt Ackermann – Sterling Hayden (Johnny Guitar), Gisela Breiderhoff – Joan Crawford (Vienna), Gudrun Genest – Mercedes McCambridge (Emma), Siegmar Schneider – Scott Brady (Dancin' Kid), Wolf Martini – Ward Bond (McIvers), Fritz Tillmann – Ernest Borgnine (Bart Lonergan), Friedrich Joloff – Royal Dano (Corey), Hans Hessling – Frank Ferguson (Sheriff), Carl-Heinz Carell – John Carradine (Tom), Horst Buchholz – Ben Cooper (Turkey)

Wer den Wind sät
Inherit the Wind (Stanley Kramer, 1959), DF: Ultra 1960, Künstler. Bearbeitg.: Erich Maria Remarque, R: Josef Wolf
Walter Suessenguth – Spencer Tracy (Drummond), Konrad Wagner – Fredric March (Brady), Heinz Drache – Gene Kelly (Hornbeck), Tilly Lauenstein – Florence Eldridge (Mrs. Brady), Alfred Balthoff – Henry Morgan (Richter), Michael Chevalier – Dick York (Cates), Sabine Eggerth – Donna Anderson (Rachel), Werner Peters – Claude Akins (Rev. Brown), Heinz Petruo – Elliott Reid (Davenport), Erich Fiedler – Philip Coolidge (Bürgermeister)

Wer die Nachtigall stört
To Kill a Mockingbird (Robert Mulligan, 1962), DF: BSG 1963, D/R: Hans F. Wilhelm
Martin Hirthe – Gregory Peck (Atticus Finch), Marion Martienzen – Mary Badham (Scout), Rolf Hinze – Phillip Alford (Jem), Hans-Georg Panczak – John Megna (Dill Harris), Alexander Welbat – Brock Peters (Tom), Horst Niendorf – Frank Overton (Sheriff Tate), Christel Merian – Estelle Evans (Calpurnia), Herbert Grünbaum – Paul Fix (Richter Taylor), Anita Kupsch – Collin Wilcox (Mayella), Gerd Martienzen – James Anderson (Bob Ewell), Elfe Schneider – Alice Ghostley (Stephanie Crawford), Erzählerin: Tilly Lauenstein

Wer Gewalt sät
Straw Dogs (Sam Peckinpah, 1971), DF: BSG 1972, D/R: Ottokar Runze
Manfred Schott – Dustin Hoffman (David), Cornelia Meinhardt – Susan George (Amy), Heinz Theo Branding – Peter Vaughan (Tom Hedden), Lothar Blumhagen – T. P. McKenna (Mj. Scott), Thomas Stroux – Del Henney (Charlie Venner), Wolfgang Draeger – Jim Norton (Cawsey), Christian Brückner – Donald Webster (Riddaway), Herbert Stass – Peter Arne (John Niles)

Wer hat Angst vor Virginia Woolf?
Who's Afraid of Virginia Woolf? (Mike Nichols, 1965), DF: Ultra 1966, R: Josef Wolf
Hannelore Schroth – Elizabeth Taylor (Martha), Holger Hagen – Richard Burton (George), Klaus Kindler – George Segal (Nick), Heidi Fischer – Sandy Dennis (Honey)
«Die deutsche Fassung der Ultra-Film geriet aus einem Guss. Die Stimmen stimmen. Das Tempo ist synchron.» (Alexander v. Cube, Film 2, 1967)
«Bemerkenswert ist die ehrgeizige deutsche Fassung, sie ist der auf den deutschen Bühnen gespielten Übersetzung Pinkas Brauns überlegen, die an manchen Stellen Albees Kraftausdrücke unzulässig mildert: Im Film sagt Martha wieder Scheiße und nicht Scheibenkleister, und George bezeichnet das, was Martha und Nick in der Küche treiben, nicht als Hausfrauenschänderspiel.» (Uwe Nettelbeck, Filmkritik 2, 1967)

The West Wing
The West Wing (1999), DF: ds (i. A. v. FOX Channel) 2008, D: Michael Erdmann, R: Matthias Müntefering
Reinhard Kuhnert – Martin Sheen (Jed Bartlett), Karin Buchholz – Allison Janney (C. J. Cregg), Hans-W. Bussinger/Uli Krohm – John Spencer (Leo McGarry), Marco Kroeger – Richard Schiff (Toby Ziegler), Rainer Fritzsche – Dulé Hill (Charlie Young), Hans-J. Dittberner/Michael Pan – Bradley Whitford (Josh Lyman), Daniela Strietzel – Stockard Channing (Abby)

Der Westerner
The Westerner (William Wyler, 1938), DF: 1967
Klaus Kindler – Gary Cooper (Cole Hardin), Klaus W. Krause – Walter Brennan (Roy Bean), Heidi Treutler – Doris Davenport (Jane-Ellen)
▶ In der ersten deutschen Fassung (In die Falle gelockt, Linzer 1951, R: C.W. Burg) sprachen Siegfried Schürenberg (Gary Cooper), Paul Bildt (Walter Brennan) und Gudrun Genest (Doris Davenport).

Wie angelt man sich einen Millionär?
How to Marry a Millionaire (Jean Negulesco, 1953), DF: Elite 1954
Margot Leonard – Marilyn Monroe (Pola), Hannelore Schroth – Betty Grable (Loco), Marion Degler – Lauren Bacall (Schatze Page), Hans Nielsen – William Powell (J. D. Hanley), Eckart Dux – Cameron Mitchell (Tom Brookman), Wolfgang Lukschy – David Wayne (Freddie Denmark)

Wie ein wilder Stier
Raging Bull (Martin Scorsese, 1980), DF: 1981, D/R: Ivar Combrinck
Christian Brückner – Robert De Niro (Jake La Motta), Angelika Bender – Cathy Moriarty (Vickie), Hartmut Neugebauer – Joe Pesci (Joey), Herbert Weicker – Frank Vincent (Salvy), Wolf Ackva – Nicholas Colasanto (Tommy Como), Arnim Andre – Frank Adonis (Patsy), Thomas Rau – Joseph Bono (Guido)

Wie ich den Krieg gewann
How I Won the War (Richard Lester, 1966), DF: Ultra 1967
Horst Sachtleben – Michael Crawford (Lt. Goodbody), Werner Uschkurat – John Lennon (Gripweed), Mogens v. Gadow – Roy Kinnear (Clapper), Gernot Duda – Lee Montague (Sgt. Transom), Leo Bardischewski – Jack McGowran (Juniper), Klaus W. Krause – Michael Hordern (Lt. Grapple)

Wie in einem Spiegel
Sasom i en spegel (Ingmar Bergman, 1960), DF: Elite 1962
Renate Danz – Harriet Andersson (Karin), Carl Raddatz – Gunnar Björnstrand (David), Arnold Marquis – Max v. Sydow (Martin), Ernst Jacobi – Lars Passgard (Fredrik/Minus)

Wie klaut man eine Million?
How to Steel a Million (William Wyler, 1966), DF: BSG 1966, D: F.A. Koeniger, R: Curt Ackermann
Uta Hallant – Audrey Hepburn (Nicole), Claus Biederstaedt – Peter O'Toole (Simon), Dietrich Frauboes – Eli Wallach (David Leland), Sieg-

fried Schürenberg – Hugh O'Griffith (Bonnet), Curt Ackermann – Charles Boyer (De Solnay), Erich Fiedler – Marcel Dalio (Paraviedo)

Wiedersehen in Howards End
Howards End (James Ivory, 1991), DF: 1992, R: Osman Ragheb
Rolf Schult – Anthony Hopkins (Henry Wilcox), Katerina Jacob – Emma Thompson (Margaret), Doris Gallart – Vanessa Redgrave (Ruth), Ole Pfennig – Joseph Bennett (Paul), Ursula Traun – Prunella Scales (Tante Juley), Inge Schulz – Jo Kendall (Annie)

Wiegenlied für eine Leiche
Hush ... Hush, Sweet Charlotte (Robert Aldrich, 1964), DF: Ultra 1965, D: Karin Vielmetter, R: John Pauls-Harding
Eva Eras – Bette Davis (Charlotte), Marianne Wischmann – Olivia de Havilland (Miriam), Heinz Engelmann – Joseph Cotten (Dr. Drew Bayliss), Elfe Schneider – Agnes Moorehead (Velma Cutter), Robert Klupp – Cecil Kellaway (Harry Wills), Erik Jelde – Victor Buono (Big Sam)

Wild at Heart
Wild at Heart (David Lynch, 1990), DF: 1990, R: Clemens Frohmann
Rolf Zacher – Nicolas Cage (Sailor Ripley), Daniela Hoffmann – Laura Dern (Lula), Kerstin Sanders-Dornseif – Diane Ladd (Marietta), Thomas Petruo – Willem Dafoe (Bobby Peru), Susanna Bonaséwicz – Isabella Rossellini (Perdita), Friedrich G. Beckhaus – Harry Dean Stanton (Johnnie Faragut), Kurt Goldstein – J. E. Freeman (Marcello Santos)

The Wild Bunch – Sie kannten kein Gesetz
The Wild Bunch (Sam Peckinpah, 1968), DF: 1969
Holger Hagen – William Holden (Pike Bishop), Arnold Marquis – Ernest Borgnine (Dutch Engstrom), Wolf Ackva – Robert Ryan (Deke Thornton), Michael Chevalier – Warren Oates (Lyle Gorch), Martin Hirthe – Emilio Fernandez (Mapache), Herbert Stass – Jaime Sanchez (Angel), Edgar Ott – Ben Johnson (Tector Gorch), Gerd Martienzen – L.Q. Jones (T.C.)

Wild Things
Wild Things (John McNaughton, 1998), DF: Neue Tonfilm 1998, R: Frank Schaff
Crock Krumbiegel – Kevin Bacon (Ray), Christian Tramitz – Matt Dillon (Sam), Veronika Neugebauer – Neve Campbell (Suzi), Tina Hoeltel – Theresa Russell (Sandra), Claudia Lössl – Denise Richards (Kelly), Hartmut Reck – Robert Wagner (Tom Baxter), Arne Elsholtz – Bill Murray (Ken Bowden)

Der Wilde
The Wild One (Laszlo Benedek, 1953), DF: Ultra 1954
Harald Juhnke – Marlon Brando (Johnny), Margot Leonard – Mary Murphy (Kathie), Walter Suessenguth – Robert Keith (Harry Bleeker), Horst Niendorf – Lee Marvin (Chino), Eduard Wandrey – Jay C. Flippen (Sheriff Singer), Tilly Lauenstein – Peggy Maley (Mildred Britches), Wolfgang Lukschy – Hugh Sanders (Charlie Thomas), Wolfgang Gruner – Robert Osterloh (Ben)
«Ein besonderes Lob verdient die deutsche Synchronisation, die dem kaltschnäuzigen, aufschneiderischen Dialog vollendet gerecht wird.» (Walter Talmon-Gros, Film-Echo 4, 1955)

Wilde Erdbeeren
Smultronstället (Ingmar Bergman, 1957), DF: Beta-Film 1961, D/R: Manfred R. Köhler
Hans Nielsen – Victor Sjöström (Isak Borg), Marianne Wischmann – Ingrid Thulin (Marianne), Malte Jaeger – Gunnar Björnstrand (Evald), Lina Carstens – Jullan Kindahl (Agda), Thomas Braut – Folke Sundquist (Anders), Michael Cramer – Björn Bjelvenstam (Viktor), Til Kiwe – Max v. Sydow (Akerman), Hans Baur – Gunnar Sjoberg (Alman)

Will & Grace (TV-Serie)
Will & Grace (1998–2006), DF: Pro7 2001
Florian Halm – Eric McCormack (Will Truman), Christine Stichler – Debra Messing (Grace Adler), Axel Malzacher – Sean Hayes (Jack McFarland), Inez Günther – Megan Mullally (Karen Walker), Ilona Grandke – Shelley Morrison (Rosario)

William Shakespeares Romeo und Julia
William Shakespeare's Romeo and Juliet (Baz Lurmann, 1996), DF: 1997, D/R: Joachim Kunzendorf
Gerrit Schmidt-Foß – Leonardo DiCaprio (Romeo), Nana Spier – Claire Danes (Julia), Werner Ehrlicher – Brian Dennehy (Ted Montague), Claudio Maniscalco – Harold Perrineau (Mercutio)

Willkommen bei den Sch'tis
Bienvenue chez les Ch'tis (Dany Boon, 2008), DF: BSG 2008, D/R: Beate Klöckner
Michael Lott – Kad Merad (Philippe), Christoph Maria Herbst – Dany Boon (Antoine), Christin Marquitan – Zoé Félix (Julie), Alexandra Wilcke – Anne Marivin (Annabelle), Uta Hallant – Line Renaud (Antoines Mutter), Bernd Vollbrecht – Stephane Freiss (Jean)
«Die Synchronregisseurin Beate Klöckner hat einen deutschen Kunstdialekt erfunden, der vor allem von Christoph Maria Herbst wunderbar natürlich interpretiert wird.» (Matthias Heine, Die Welt, 30.10.2008)
[Interview m. Beate Klöckner: Welt-Online, 29.10.2008. Literaturhinweis: Ursula Reutner: Kulturspezifika in der Synchronisation. Zur Kunstsprache in Willkommen bei den Sch'tis, in: Zeitschrift für französische Sprache und Literatur 121, 2011, S. 13–38.]

Willkommen Mr. Chance
Being There (Hal Ashby, 1979), DF: 1980, D/R: Rainer Brandt
Jürgen Thormann – Peter Sellers (Chance), Renate Danz – Shirley MacLaine (Eve), Helmut Heyne – Melvyn Douglas (Benjamin Rand), Heinz Theo Branding – Jack Warden (Präsident), Wolfgang Völz – Richard Dysart (Dr. Allenby), Michael Chevalier – Richard Basehart (Skrabinov), Christine Gerlach – Ruth Attaway (Louise), Frank Glaubrecht – Dave Clennon (Thomas Franklin), Rita Engelmann – Fran Brill (Sally Hayes), Uwe Paulsen – Oteil Burbridge (Lolo)

Winchester 73
Winchester 73 (Anthony Mann, 1950), DF: BSG 1951, D: F.A. Koeniger, R: Thomas Engel
Siegmar Schneider – James Stewart (Lin MacAdam), Gisela Trowe – Shelley Winters (Lola Manners), Axel Monjé – Charles Drake (Steve Miller), Peter Mosbacher – Dan Duryea (Waco), Werner Hinz – Stephen McNally (Dutch Henry), Alfred Balthoff – John McIntire (Joe Lamont), Franz Nicklisch – Millard Mitchell (High Spade), Robert Klupp – Will Gere (Wyatt Earp), Walter Werner – Jay C. Flippen (Sgt. Wilkes), Peter Petersz – Rock Hudson (Young Bull)

DER WINDHUND UND DIE LADY
THE HUCKSTERS (Jack Conway, 1947), DF: ARD 1991
Norbert Langer – Clark Gable (Victor Norman), Monika Peitsch – Deborah Kerr (Kay Dorrance), Gottfried Kramer – Sidney Greenstreet (Evan Evans), Wolf Rathjen – Adolphe Menjou (Kimberly), Monika Barth – Ava Gardner (Jean Ogilvie), Eckart Dux – Keenan Wynn (Buddy Hare), Alf Marholm – Edward Arnold (Dave Lash), Holger Mahlich – Richard Gaines (Cooke), Gerd Vespermann – Clinton Sundberg (Michael), Peter Kirchperger – Frank Albertson (Max)

WINNETOU
(Harald Reinl, 1963), DF: Rialto 1963
Christian Wolff – Pierre Brice (Winnetou), G.G. Hoffmann – Lex Barker (Old Shatterhand), Rainer Brandt – Mario Adorf (Santer), Arnold Marquis – Walter Barnes (Bill Jones), Ilse Pagé – Marie Versini (Nscho-tschi), Benno Hoffmann – Mavid Popovic (Intschu-tschuna), Ursula Heyer – Dunja Rajiter (Belle)
▶ In WINNETOU II (1964) sprachen Thomas Eckelmann für Pierre Brice (desgleichen in Teil III), Rainer Brandt für Anthony Steele (Forrester) und Claus Jurichs für Terence Hill (Merril).

WIR SIND KEINE ENGEL
WE'RE NO ANGELS (Michael Curtiz, 1955), DF: BSG 1955, D: F.A. Koeniger, R: Volker Becker
Peter Pasetti – Humphrey Bogart (Joseph), Fritz Tillmann – Aldo Ray (Albert), Horst Niendorf – Peter Ustinov (Julius), Edith Schneider – Joan Bennett (Amelie), Erich Fiedler – Basil Rathbone (André Trochard), Eckart Dux – John Baer (Paul), Marianne Prenzel – Gloria Talbot (Isabella)

WIR SIND VOM SCHOTTISCHEN INFANTERIEREGIMENT
BONNIE SCOTLAND (James W. Horne, 1935), DF: MGM 1966
Gerd Duwner – Oliver Hardy (Ollie), Horst Gentzen – Stan Laurel (Stan), Joachim Ansorge – William Jansey (Alan), Paul Wagner – David Torrence (Miggs), Hugo Schrader – James Finlayson (Sgt. Major), Jürgen Thormann – Vernon Steele (Greg)
▶ Neusynchronisation für die ZDF-Reihe LACHEN SIE MIT STAN UND OLLIE (1979) m. Michael Habeck, Walter Bluhm, Ivar Combrinck, Christian Marschall, Leo Bardischewski, Manfred Schott (in obiger Rollen-Reihenfolge).
«Gentzen und Duwner lieferten (...) den überzeugenden Beweis, dass sie kompetente Synchronsprecher waren, obwohl Gentzen, anstatt sich Laurels Diktion einzuverleiben, routinemäßig nach wie vor in Jerry Lewis' Tonfall verfiel, dessen deutsche Stimme er jahrelang gewesen war. Duwner hingegen hatte sich offenbar ganz und gar in Hardy eingelebt. Er hatte sich dessen sprachliche Eigenheiten sorgfältig eingeprägt und konnte sie makellos auf die Leinwand übertragen.» (Norbert Aping: Das Dick-und-Doof-Buch, Marburg ²2007, S. 416)

THE WIRE (TV-Serie)
THE WIRE (2002), DF: ds (i. A. v. FOX Channel) 2008, D/R: Frank Turba
Tobias Kluckert – Dominic West (Jimmy McNulty), Jan-David Rönfeldt – Idris Elba (Stringer Bell), Eberhard Haar – John Doman (William Rawls), Katrin Zimmermann – Sonja Sohn (Kima Greggs), Isabella Grothe – Deirdre Lovejoy (Rhonda Pearlman), David Turba – Larry Gilliard (D'Angelo Barksdale), Matti Klemm – Wood Harris (Avon Barksdale), Marco Kröger – Wendell Pierce (Bunk Moreland), Nicolas König – Lance Reddick (Cedric Daniels)
«Allen gemeinsam ist der Slang von Baltimore. (…) Das stellt auch die deutsche Synchronisation vor Herausforderungen. Zum einen kann der amerikanische Dialekt nicht in einen deutschen umgewandelt werden, die Gefahr, dass die Figuren lächerlich wirken, wäre zu groß. Zum anderen gibt es für manche Begriffe wie ‹byburst› und ‹stashhouse› einfach keine deutschen Entsprechungen. Die Deutsche Synchron in Berlin (…) löste das Problem so: Sie behielt manche englischen Wörter einfach bei und setzte darauf, dass der Zuschauer aus dem Zusammenhang begreift, dass es sich um einen vorgetäuschten Drogendeal handelt und um das Drogenversteck geht.» (Sigrid Eck, sueddeutsche.de, 26.7.2010)

WOLF – DAS TIER IM MANNE
WOLF (Mike Nichols, 1993), DF: FFS 1994
Joachim Kerzel – Jack Nicholson (Will), Katja Nottke – Michelle Pfeiffer (Laura), Benjamin Völz – James Spader (Stewart Swinton), Heidi Treutler – Kate Nelligan (Charlotte), Hartmut Neugebauer – Richard Jenkins (Det. Bridger), Horst Schon – Christopher Plummer (Raymond), Axel Malzacher – David Hyde Pierce (Roy)

DER WOLF HETZT DIE MEUTE
TIGHTROPE (Richard Tuggle, 1984), DF: 1985
Klaus Kindler – Clint Eastwood (Wes Block), Cordula Trantow – Geneviève Bujold (Beryl), Michael Brennicke – Dan Hedaya (Det. Molinari), Ilona Grandke – Randi Brooks (Jamie Coryl)

EINE WOLKE ZWISCHEN DEN ZÄHNEN
UN NUAGE ENTRE LES DENTS (Marco Pico, 1974), DF: ZDF 1977
Alexander Welbat – Philippe Noiret (Malisard), Harry Wüstenhagen – Pierre Richard (Prevot), Jürgen Thormann – Claude Piéplu (Chefredakteur), Frank Glaubrecht – Jacques Denis (Jolivet), Heinz Petruo – Jean Obé (Kommissar), Lothar Blumhagen – Paul Crauchet (Chavignac)

DIE WONDER BOYS
WONDER BOYS (Curtis Hansen, 2000), DF: Hermes 2000, D/R: Theodor Dopheide
Volker Brandt – Michael Douglas (Grady Tripp), Marius Götze-Clarén – Tobey Maguire (James Leer), Heidrun Bartholomäus – Frances McDormand (Sara), Charles Rettinghaus – Robert Downey jr. (Terry Crabtree), Dascha Lehmann – Katie Holmes (Hannah), Klaus Sonnenschein – Rip Torn (Q), Stefan Krause – Richard Knox (Vernon), Marina Krogull – Jane Adams (Oola), Benjamin Völz – Richard Thomas (Walter), Eric Vaessen – Philip Bosco (Hank)

WOODY – DER UNGLÜCKSRABE
TAKE THE MONEY AND RUN (Woody Allen, 1969), DF: BSG 1975, D/R: Wolfgang Draeger
Wolfgang Draeger – Woody Allen (Virgil), Traudel Haas – Janet Margolin (Louise), Klaus Miedel – Marcel Hillaire (Fritz)

WORLD TRADE CENTER
WORLD TRADE CENTER (Oliver Stone, 2006), DF: BSG 2006, D: Alexander Löwe, R: Frank Schaff, Tobias Meister
Martin Kessler – Nicolas Cage (John McLoughlin), Tobias Müller – Michael Peña (Will Jimeno), Christin Marquitan – Maria Bello (Donna),

Tanja Geke – Maggie Gyllenhaal (Alison), Boris Tessmann – Frank Whaley (Chuck Sereika), Kim Hasper – Jay Hernandez (Dominick Pezzulo), Dennis Schmidt-Foß – Stephen Dorff (Scott Strauss), David Nathan – Michael Shannon (Dave Karnes)

Das Wort
Ordet (Carl Theodor Dreyer, 1954), DF: ZDF 1969, D/R: Erich Ebert
Klaus W. Krause – Henrik Malberg (Morten Bergen), Harald Leipnitz – Emil Hass Christensen (Mikkel), Rosemarie Fendel – Brigitte Federspiel (Inger), Michael Ande – Cay Kristiansen (Anders), Werner Lieven – Ejner Federspiel (Peter Skraedder), Thomas Reiner – Ove Rud (Pastor), Bum Krüger – Henry Skær (Doktor)

Die Wüstensöhne
Sons of the Desert (William A. Seiter, 1933), DF: BSG 1966, D/R: Werner Schwier
Arno Paulsen – Oliver Hardy (Ollie), Walter Bluhm – Stan Laurel (Stan), Gerd Martienzen – Charley Chase (Charley), Ingeborg Wellmann – Mae Busch (Lottie), Ruth Scheerbarth – Dorothy Christy (Betty), Hans Wocke – Lucien Littlefield (Dr. Meddick)
▶ Neue Synchronisation für die ZDF-Reihe Lachen Sie mit Stan und Ollie (1975) m. Michael Habeck, Walter Bluhm, Horst Gentzen, Marianne Wischmann, Rosemarie Kirstein, Leo Bardischewski (in obiger Rollen-Reihenfolge).

Die Wutprobe
Anger Management (Peter Segal, 2003), DF: PPA 2003, D/R: Axel Malzacher
Dietmar Wunder – Adam Sandler (Dave Buznik), Joachim Kerzel – Jack Nicholson (Dr. Rydell), Maud Ackermann – Marisa Tomei (Linda), Kai Taschner – Luis Guzman (Lou), Stefan Gossler – Allen Covert (Andrew), Katrin Fröhlich – Heather Graham (Kendra), Tobias Lelle – Woody Harrelson (Galaxia), Stefan Fredrich – John Turturro (Chuck), Detlef Bierstedt – Jonathan Loughran (Nate), Pierre Peters-Arnolds – John C. Reilly (Arnie), Bernd Vollbrecht – Kevin Nealon (Sam), Ranja Bonalana – Krista Allen (Stacy), Dascha Lahmann – January Jones (Gina), Lothar Blumhagen – Ralph Giuliani (dto.)

X

X-Men
X-Men (Brian Singer, 1999), DF: Interopa 2000, D/R: Tobias Meister
Rolf Schult – Patrick Stewart (Prof. Xavier), Jürgen Thormann – Ian McKellen (Magneto), Tom Vogt – Hugh Jackman (Logan/Wolverine), Christin Marquitan – Famke Janssen (Jean), Matthias Hinze – James Marsden (Cyclops), Berenice Weichert – Anna Paquin (Rogue), Anke Reitzenstein – Halle Berry (Storm), Tilo Schmitz – Tyler Mane (Sabretooth)

Y

Yellow Submarine
Yellow Submarine (George Dunning, 1967), DF: 1968, D/R: Werner Schwier
Randolf Kronberg – (John Lennon), Michael Chevalier – (George Harrison), Andreas Mannkopff – (Paul McCartney), Uwe Friedrichsen – (Ringo Starr), Martin Hirthe – (Blue Meanie)
«Werner Schwier hat eine kongeniale deutsche Synchronisation versucht, die diesmal nicht scheitert, weil sie deutsch ist, sondern weil sie die Nonsens-Verkrampftheit zu bewahren sucht.» (Horst Königstein, Film 2, 1969)

Yes, Minister (TV-Serie)
Yes, Minister (1980–1988), DF: Interopa (i. A. d. ARD) 1987, D/R: Heinz Freitag
Jürgen Thormann – Paul Eddington (Jim Hacker), Peter Aust – Nigel Hawthorne (Sir Humphrey Appleby), Friedhelm Ptok – Derek Fowlds (Bernard Woolley), Uta Hallant – Diana Hoddinott (Annie Hacker)
▶ In der Fortsetzung Yes, Prime Minister gleiche Besetzung, zusätzlich Lothar Blumhagen: Peter Cellier (Sir Frank Gordon), Evelyn Gressmann: Deborah Norton (Dorothy Wainwright).
«Solche stark vom Dialog bestimmten und zudem noch stark mit britischen Besonderheiten ausgestatteten Filme können in einem fremden Kontext wie dem bundesdeutschen leicht an Wirksamkeit und Überzeugungskraft verlieren. Doch es gelingt der Übersetzung von Heinz Freitag und den Synchronsprechern (...) diese Distanz ein Stückweit zu reduzieren, ohne den britischen Charakter der Dialoge ganz zu eliminieren. Die Behauptung, die Serie sei nicht synchronisierbar (was verhindert haben soll, dass sie bei uns nicht schon früher zu sehen war), war jedenfalls (...) nicht stichhaltig.» (epd/Kirche u. Rundfunk 7, 1987)

Yojimbo
Yojimbo (Akira Kurosawa, 1960), DF: ZDF 1980
Hartmut Reck – Toshiro Mifune (Sanjuro), Wolfgang Büttner – Eijiro Tono (Gonji), Günter Strack – Seizaburo Kawazu (Seibei), Helga Trümper – Isuzu Yamada (Orin), Frank Engelhardt – Tatsuya Nakadai (Unosuke), Herbert Weicker – Kyo Sazanka (Ushitora), Peter Capell – Takashi Shimura (Tokuemon)

Z

Z
Z (Costa-Gavras, 1968), DF: Aura 1969, R: Conrad v. Molo
Arnold Marquis – Yves Montand (Z), Jürgen Thormann – Jean-Louis Trintignant (Untersuchungsrichter), Uwe Paulsen – Jacques Perrin (Journalist), Gerd Martienzen – François Périer (Staatsanwalt), Alf Marholm – Pierre Dux (General), Martin Hirthe – Julien Guiomar (Oberst), Wolfgang Draeger – Charles Denner (Manuel), Edgar Ott – Jean Bouise (Pirou), Thomas Braut – Renato Salvatori (Yago), Uwe Friedrichsen – Marcel Bozzufi (Vago)

Zähl bis drei und bete
3:10 to Yuma (Delmer Daves, 1957), DF: 1957
Horst Niendorf – Glenn Ford (Ben Wade), Curt Ackermann – Van Heflin (Dan Evans), Tilly Lauenstein – Leora Dana (Alice Evans), Rainer Brandt – Richard Jaeckel (Charlie Prince), Werner Lieven – Robert Emhardt (Butterfield), G.G. Hoffmann – Sheridan Comerate (Bob Moons)

Das zauberhafte Land
The Wizard of Oz (Victor Fleming, 1939), DF: MGM 1951
Margot Leonard – Judy Garland (Dorothy), Herbert Weissbach – Ray Bolger (Hunk, die Vogelscheuche), Walter Bluhm – Jack Haley (Hickory, der Blechmann), Alfred Balthoff – Bert Lahr (Zeke, der ängstliche Löwe), Gertrud Spalke – Margaret Hamilton (Hexe), Georg Thomalla – Frank Morgan (Prof. Marvel)

Zehn – Die Traumfrau
Ten (Blake Edwards, 1976), DF: 1980
Elmar Wepper – Dudley Moore (George), Viktoria Brams – Julie Andrews (Sam), Angelika Bender – Bo Derek (Jennifer), Dagmar Heller – Dee Wallace (Mary Lewis), Holger Hagen – Robert Webber (Hugh), Leo Bardischewski – Max Showalter (Reverend)

Zehn Dinge, die ich an dir hasse
10 Things I Hate About You (Gil Junger, 1999), DF: 1999
Torsten Sense – Heath Ledger (Patrick), Alexandra Wilcke – Julia Stiles (Katharina), Wanja Gerrick – Joseph Gordon-Levitt (Cameron), Julia Ziffer – Larisa Oleynik (Bianca), Simon Jäger – David Krumholtz (Michael), Dennis Schmidt-Foß – Andrew Keegan (Joey), Manja Doering – Susan May Pratt (Mandell), Ursula Hugo – Gabrielle Union (Chastity), Roland Hemmo – Larry Miller (Stratford)

Die zehn Gebote
The Ten Commandments (Cecil B. DeMille, 1957), DF: BSG 1958, D/R: C. W. Burg
Wilhelm Borchert – Charlton Heston (Moses), Klaus Miedel – Yul Brynner (Ramses II), Gisela Trowe – Anne Baxter (Nefretiri), Alfred Balthoff – Edward G. Robinson (Dathan), Elisabeth Ried – Yvonne de Carlo (Sephora), Margot Leonard – Debra Paget (Lilia), Paul Wagner – Cedric Hardwicke (Sethi), Ursula Krieg – Judith Anderson (Memnet), Tilly Lauenstein – Nina Foch (Bithiah), Friedrich Joloff – Vincent Price (Baka)

Das Zeichen des Vampirs
Mark of the Vampire (Tod Browning, 1935), DF: ZDF 1982
Hans Paetsch – Lionel Barrymore (Zelen), Emely Reuer – Elizabeth Allen (Irena), Herbert Weicker – Lionel Atwill (Insp. Neumann), Holger Hagen – Jean Hersholt (Otto v. Zinden), Arnim Andres – Henry Wadsworth (Graf Vincenty), Erich Ebert – Donald Meek (Dr. Doskill)

Zeit der Liebe, Zeit des Abschieds
Dodsworth (William Wyler, 1936), DF: ARD 1982
Joachim Cadenbach – Walter Huston (Sam Dodsworth), Almut Eggert – Ruth Chatterton (s. Frau), Manfred Andrae – Paul Lukas (Iselin), Ursula Heyer – Mary Astor (Edith Cortright), Harry Wüstenhagen – David Niven (Cpt. Lockert), Peter Machac – Gregory Gaye (v. Obersdorf)

Zeit der Unschuld
The Age of Innocence (Martin Scorsese, 1993), DF: 1993
Udo Schenk – Daniel Day-Lewis (Newland Archer), Katja Nottke – Michelle Pfeiffer (Ellen Olenska), Kellina Klein – Winona Ryder (May Welland), Andrea Brix – Miriam Margolyes (Mrs. Mingott), Stefan Fredrich – Richard E. Grant (Larry Lefferts), Marianne Lutz – Geraldine Chaplin (Mrs. Welland), Cornelia Meinhardt – Mary Beth Hurth (Regina), Gerry Wolff – Alec McCowen (Sillerton Jackson)

Zeit des Erwachens
Awakenings (Penny Marshall, 1990), DF: 1991
Christian Brückner – Robert De Niro (Leonard Lowe), Peer Augustinski – Robin Williams (Dr. Sayer), Christine Gerlach – Ruth Nelson (Mrs. Lowe), Joachim Tennstedt – John Heard (Dr. Kaufman), Daniela Hoffmann – Penelope Ann Miller (Paula), Jürgen Thormann – Max v. Sydow (Dr. Ingham)

Die Zeit nach Mitternacht
After Hours (Martin Scorsese, 1985), DF: 1986
Wolfgang Müller – Griffin Dunne (Paul Hackett), Katja Nottke – Rosanna Arquete (Marcy), Heike Schroetter – Linda Fiorentino (Kiki), Barbara Adolph – Verna Bloom (June), Engelbert v. Nordhausen – John Head (Tom), Jürgen Kluckert – Thomas Chong (Pepe), Ronald Nitschke – Cheech Marin (Neil)

Die Zeitmaschine
The Time Machine (George Pal, 1959), DF: MGM 1960
Peer Schmidt – Rod Taylor (George), Sabine Eggerth – Yvette Mimieux (Weena), Alfred Balthoff – Alan Young (Filby), Curt Ackermann – Sebastian Cabot (Dr. Hillyer), Kurt Waitzmann – Tom Helmore (Bridwell), Peter Schiff – Whit Bissell (Walter Kemp)
▶ In der Neuverfilmung The Time Machine (Simon Wells, 2001) sprach Philipp Moog für Guy Pearce.

Der zerrissene Vorhang
Torn Curtain (Alfred Hitchcock, 1966), DF: BSG 1966, D: F.A. Koeniger, R: Dietmar Behnke
Claus Biederstaedt – Paul Newman (Prof. Armstrong), Margot Leonard – Julie Andrews (Sarah Sherman), Günter Strack – Günter Strack (Prof. Manfred), Wolfgang Kieling – Wolfgang Kieling (Gromek), Hansjörg Felmy – Hansjörg Felmy (Heinrich Gerhard), Tina Eilers – Lila Kedrova (Luchinska), Hugo Schrader – David Opatoshu (Jacobi)

Zeugin der Anklage
Witness for the Prosecution (Billy Wilder, 1957), DF: Ultra 1958, D: Erika Streithorst/Horst Szelinski, R: Josef Wolf
Eduard Wandrey – Charles Laughton (Sir Wilfrid), Paul Klinger – Tyrone Power (Vole), Tilly Lauenstein – Marlene Dietrich (Christine), Siegfried Schürenberg – John Williams (Brogan-Moore), Friedrich Joloff – Henry Daniell (Mayhew), Agnes Windeck – Una O'Connor (Janet MacKenzie), Werner Peters – Torin Thatcher (Meyers), Hugo Schrader – Ian Wolfe (Carter)

Das Zimmer meines Sohnes
La stanza del figlio (Nanni Moretti, 2001), DF: Neue Tonfilm 2001, D/R: Beate Klöckner
Ulrich Frank – Nanni Moretti (Giovanni), Katerina Jacob – Laura Morante (Paola), Maren Rainer – Jasmine Trinca (Irene), Stefan Günther – Giuseppe Sanfelice (Andrea), Ivar Combrinck – Silvio Orlando (Oscar), Ulla Wagener – Claudia Della Seta (Raffaella), Philipp Brammer – Stefano Accorsi (Tommaso), Shandra Schadt – Sofia Vigilar (Arianna)

Zimmer mit Aussicht
A Room with a View (James Ivory, 1986), DF: 1986
Melanie Pukaß – Helena Bonham Carter (Lucy), Bettina Schön – Maggie Smith (Charlotte Bartlett), Friedrich W. Bauschulte – Denholm Elliott (Emerson), Thomas Petruo – Julian Sands (George), Hubertus Bengsch – Daniel Day-Lewis (Cicil Vyse), Der Zocker

ZODIAC
THE ZODIAC (David Fincher, 2006), DF: Interopa 2007, D/R: Andreas Pollack
Marius Götze-Clarén – Jake Gyllenhaal (Robert Graysmith), Norman Matt – Mark Ruffalo (Insp. Toschi), Charles Rettinghaus – Robert Downey jr. (Paul Avery), Oliver Siebeck – Anthony Edwards (Insp. Armstrong), Klaus Sonnenschein – Brian Cox (Melvin Bell)

ZOOLANDER
ZOOLANDER (Ben Stiller, 2001), DF: Bavaria 2001, D: Michael Nowka, R: Pierre Peters-Arnolds
Oliver Rohrbeck – Ben Stiller (Derek Zoolander), Thomas Nero Wolff – Owen Wilson (Hansel), Michael Tietz – Will Ferrell (Mugatu), Bianca Krahl – Christine Taylor (Matilda), Heike Schroetter – Milla Jovovich (Katinka), Wolfgang Völz – Jerry Stiller (Maury Ballstein), Kaspar Eichel – Jon Voight (Larry), Benjamin Völz – David Duchovny (Prewitt)

ZUM SCHWEIGEN VERURTEILT
I CONFESS (Alfred Hitchcock, 1952), DF: Dt. Mondial 1953
Paul-Edwin Roth – Montgomery Clift (Pater Logan), Tilly Lauenstein – Anne Baxter (Ruth Grandfort), O.E. Hasse – O.E. Hasse (Otto Keller), Heinz Engelmann – Karl Malden (Insp. Larrue), Siegfried Schürenberg – Brian Aherne (Robertson), Horst Niendorf – Roger Dann (Pierre), Alfred Balthoff – Charles André (Pater Millais)

ZURÜCK IN DIE ZUKUNFT
BACK TO THE FUTURE (Robert Zemeckis, 1984), DF: BSG 1985
Sven Hasper – Michael J. Fox (Marty McFly), Ernst Jacobi – Christopher Lloyd (Dr. Emmett Brown), Liane Rudolph – Lea Thompson (Lorraine Baines), Stephan Schwartz – Crispin Glover (George), Thomas Petruo – Thomas F. Wilson (Biff Tannen), Stefan Krause – Marc McClure (Dave), Bettina Spier – Claudia Wells (Jennifer Parker), Hansi Jochmann – Wendie Jo Sperber (Linda), Claus Jurichs – George DiCenzo (Sam Baines), Robert Dietl – James Tolkan (Strickland)

DIE ZWEI (TV-Serie)
THE PERSUADERS (1970–1971), DF: ds (i. A. d. ZDF) 1972, D: Rainer Brandt, R: Karlheinz Brunnemann
Rainer Brandt – Tony Curtis (Danny Wilde), Lothar Blumhagen – Roger Moore (Lord Brett Sinclair),

Friedrich W. Bauschulte – Laurence Naismith (Richter Fulton)

ZWEI BANDITEN
BUTCH CASSIDY AND THE SUNDANCE KID (George Roy Hill, 1968), DF: BSG 1969, D: F.A. Koeniger, R: Hans Dieter Bove
G.G. Hoffmann – Paul Newman (Butch Cassidy), Rolf Schult – Robert Redford (Sundance Kid), Traudel Haas – Katharine Ross (Etta Place), Wolfgang Amerbacher – Strother Martin (Percy Garris), Konrad Wagner – Jeff Corey (Sheriff Bledsoe), Horst Gentzen – George Furth (Woodcock), Richard Haller – Ted Cassidy (Harvey Logan)

ZWEI FREMDE IM ZUG ➔ VERSCHWÖRUNG IM NORDEXPRESS

ZWEI GLORREICHE HALUNKEN
IL BUONO, IL BRUTTO, IL CATTIVO (Sergio Leone, 1966), DF: 1967
G.G. Hoffmann – Clint Eastwood (Joe), Hans-Christian Blech – Eli Wallach (Tuco), Heinz Petruo – Lee Van Cleef (Setenza), Harald Juhnke – Aldo Giuffré (Nordstaaten-Offizier)

ZWEI MIO. $ TRINKGELD
IT COULD HAPPEN TO YOU (Andrew Bergman, 1994), DF: 1994
Ronald Nitschke – Nicolas Cage (Charlie Lang), Susanna Bonaséwicz – Bridget Fonda (Yvonne Biasi), Katrin Fröhlich – Rosie Perez (Muriel), Michael Brennicke – Wendell Pierce (Bo Williams), Jochen Striebeck – Isaac Hayes (Angel), Hans Wyprächtiger – Seymour Cassel (Jack Gross)

ZWEI STAHLHARTE PROFIS
➔ LETHAL WEAPON – ZWEI STAHLHARTE PROFIS

2001: ODYSSEE IM WELTRAUM
2001: A SPACE ODYSSEY (Stanley Kubrick, 1968), DF: MGM 1968
Gerd Vespermann – Keir Dullea (David), NN – Gary Lockwood (Frank), Peter Schiff – (Computer HAL), Rolf Schult – William Sylvester (Dr. Floyd), Lothar Blumhagen – Leonard Rossiter (Smyslov), Tilly Lauenstein – Margaret Tyzack (Elena), Arnold Marquis – Robert Beatty (Halvorsen), Michael Chevalier – Sean Sullivan (Dr. Michaels), Heinz Petruo – Frank Miller (Bodenkontrolle)

DER ZWEITE ATEM
LE DEUXIÈME SOUFFLE (Jean-Pierre Melville, 1966), DF: 1967
Arnold Marquis – Lino Ventu-

ra (Gu), Jürgen Thormann – Paul Meurisse (Blot), Eva Katharina Schultz – Christine Fabrega (Manouche), Edgar Ott – Pierre Zimmer (Orloff), Heinz Petruo – Michel Constantin (Alban), Gerd Martienzen – Marcel Bozzuffi (Jo), Wolfgang Amerbacher – Paul Frankeur (Fardiano), Jochen Schröder – Pierre Grasset (Pascal)

ZWISCHEN MADRID UND PARIS
THE SUN ALSO RISES (Henry King, 1957), DF: 1957
Curt Ackermann – Tyrone Power (Jake Barnes), Edith Schneider – Ava Gardner (Brett Ashley), G.G Hoffmann – Mel Ferrer (Robert Cohn), Heinz Engelmann – Errol Flynn (Mike Campbell), Arno Assmann – Eddie Albert (Bill Corton), Ethel Reschke – Juliette Gréco (Georgette)

DIE ZWÖLF GESCHWORENEN
TWELVE ANGRY MEN (Sidney Lumet, 1957), DF: 1957, R: Peter Elsholtz
Wilhelm Borchert – Henry Fonda (8), Wolf Martini – Lee J. Cobb (3), Friedrich Schoenfelder – E.G. Marshall (4), Horst Niendorf – Jack Warden (7), Rainer Brandt – Martin Balsam (1), Axel Monjé – Jack Klugman (5), Arnold Marquis – Edward Binns (6), G.G. Hoffmann – Robert Webber (12), Werner Lieven – Ed Begley (10), Walter Suessenguth – Joseph Sweeney (9), Hugo Schrader – John Fiedler (2), Bernhard Wicki – George Voskovec (11)
«Demokratie in amerikanischer, in bester menschlicher Bedeutung – hier spricht sie, ohne Zeigefinger und Pathos, aus einem inhaltlich wie künstlerisch bezwingenden Film, hervorragend synchronisiert obendrein.» (I. U., Kurier 15.8.1957)

ZWÖLF UHR MITTAGS
HIGH NOON (Fred Zinnemann, 1952), DF: BSG 1953, D: F.A. Koeniger, R: C.W. Burg
Wolfgang Lukschy – Gary Cooper (Will Kane), Margot Leonard – Grace Kelly (Amy), Elisabeth Ried – Katy Jurado (Helen Ramirez), Klaus Miedel – Lloyd Bridges (Harvey Pell), Hans Hinrich – Thomas Mitchell (Jonas Henderson), Paul-Edwin Roth – Henry Morgan (Sam Fuller), Robert Klupp – Otto Kruger (Percy Mettrick), Walter Werner – Lon Chaney (Martin Howe), Martin Held – Ian Mac Donald (Frank Miller), Siegmar Schneider – Morgan Farley (Prediger)

Abkürzungsverzeichnis

ARD Arbeitsgemeinschaft der öffentlich-rechtlichen Rundfunkanstalten der Bundesrepublik Deutschland
BR Bayerischer Rundfunk
BSG Berliner Synchron GmbH
D Dialogautor
DEFA Deutsche Film Aktiengesellschaft
DF Deutsche Fassung
DFF Deutscher Fernsehfunk (Fernsehen der DDR)
DLF Deutschlandfunk
DLR Deutschlandradio
ds Deutsche Synchron KG
FAZ Frankfurter Allgemeine Zeitung
FFS Film- und Fernsehsynchron GmbH
FR Frankfurter Rundschau
FSM Fernsehstudio München
HR Hessischer Rundfunk
IFU Internationale Film Union GmbH
MPEA Motion Picture Export Association of America
NDR Norddeutscher Rundfunk
NWDR Nordwestdeutscher Rundfunk
NZZ Neue Zürcher Zeitung
OF Originalfassung
R Regisseur
RIAS Rundfunk im amerikanischen Sektor von Berlin
SDR Süddeutscher Rundfunk
SFB Sender Freies Berlin
SR Saarländischer Rundfunk
SWF Südwestfunk
SWR Südwestrundfunk
SZ Süddeutsche Zeitung
WDR Westdeutscher Rundfunk
ZDF Zweites Deutsches Fernsehen

Verzeichnis der wichtigsten Synchronfirmen (seit 1945)

Ala-Film GmbH, München
Alster-Film GmbH, Hamburg
Arena Synchron GmbH, Berlin
Arnold & Richter KG, München
Aura Film GmbH Conrad von Molo, München
Aventin-Film-Studio GmbH, München
Bavaria Filmkunst GmbH, München-Geiselgasteig
Berliner Synchron GmbH Wenzel Lüdecke, Berlin
cine-adaption GmbH, München
Cine Entertainment Europe GmbH, Hamburg
Cinephon Filmproduktion GmbH, Berlin
DEFA-Synchronabteilung, Berlin-Johannisthal
Deutsche London Film-Verleih GmbH, Synchron-Abteilung, Hamburg
Deutsche Mondial Film GmbH, München u. Berlin
Deutsche Synchron KG Karlheinz Brunnemann, Berlin
Dubbing Brothers GmbH, München
Eagle-Lion Synchron-Atelier, Hamburg
Elite-Film Franz Schröder, Berlin
FCF-Filmsynchronisation Friedbert Cierpka, Berlin
FFS Film- und Fernseh-Synchron GmbH München u. Berlin
FSM Fernsehstudio München, München-Unterföhring
Hamburger Synchron GmbH, Hamburg
Hans-Grimm-Filmgesellschaft mbH, Hamburg u. München
Hermes-Synchron GmbH, Berlin u. Potsdam
IFU Internationale Film Union GmbH, Remagen
Interopa Film GmbH, Berlin
Kaudel-Film, Berlin
Linguafilm Benedikt Rabanus, München
Linzer-Film, Berlin
Magma-Synchron GmbH, Berlin
Mars-Film GmbH, Berlin
Melophon-Film-GmbH, Wiesbaden
Merkur-Film GmbH, München
MGM-Synchronisations-Atelier, Berlin
Mina Kindl Filmsynchronisationen, München
Motion Picture Export Association of America, Synchron-Abteilung, München
Neue Tonfilm München GmbH, München
PPA Film GmbH, München
R. C. Production, Berlin
Rainer Brandt Filmproductions GmbH, Berlin u. Kleinmachnow
Rank-Film Synchron-Produktion, Hamburg
Real-Film GmbH, Hamburg
Rhythmoton Film-Produktion, Hamburg
Risle-Film, München
RIVA-Filmkopierwerk GmbH Ritter & Vaillant, München
RKO-Synchron-Abteilung, Berlin
Rohnstein Film GmbH, Berlin
Rondo-Film GmbH, Berlin
Simoton-Film, Berlin
Splendid Synchron GmbH, Köln
Studio Babelsberg AG Synchronabteilung, Potsdam
Studio Hamburg Synchron-GmbH, Hamburg
Telesynchron Filmgesellschaft mbH, Berlin
Ufa Universum Film AG, Berlin
Ultra-Film-GmbH, München u. Berlin
Willy-Zeyn-Film GmbH, Berlin

Literatur- und Quellenverzeichnis

Literatur zur Synchronisation

Altman, Rick: Moving Lips. Cinema as Ventriloquism, in: ders. (Hrsg.): *Cinema/Sound, French Yale Studies* 60, 1980, S. 67–79

Aping, Norbert: *Das Dick-und Doof-Buch. Die Geschichte von Laurel und Hardy in Deutschland*, Marburg ²2007

Ascheid, Antje: Speaking Tongues. Voice Dubbing in the Cinema as Cultural Ventriloquism, in: *The Velvet Light Trap* 40, 1997, S. 32-41

Ávila, Alejandro: *Historia del doblaje cinematográfico*, Barcelona 1997

Ávila, Alejandro: *El doblaje*, Madrid 1997

Barz, Paul: Die Stimme im Dunkeln. Ein Tag Synchronisation, in: *Westermanns Monatshefte* 108, 1967, H. 12, S. 73–78

Blaseio, Gereon: ‹Gendered voices› in der Filmsynchronisation. FIRST BLOOD versus RAMBO, in: Cornelia Epping-Jäger/Erika Linz (Hrsg.): *Medien/Stimmen*, Köln 2003, S. 160–175

Burgess, Anthony: Dubbing, in: Leonard Michaels / Christopher Ricks (eds.): *The State of Language*, Berkeley 1980, S. 297–303

Davidson, Jeff: Kino international – mit geliehenen Stimmen, in: *Das Beste aus Reader's Digest* 9, 1984, S. 93-101

Distelmeyer, Jan (Hrsg.): *Babylon in FilmEuropa. Mehrsprachen-Versionen der 1930er Jahre*, München 2006

Doering, Sigrun: *Kulturspezifika im Film: Probleme ihrer Translation*, Berlin 2006

Fodor, Istvan: *Film Dubbing*, Hamburg 1976

Garncarz, Joseph: *Filmfassungen. Eine Theorie signifikanter Filmvariation*, Frankfurt u. a 1992

Garncarz, Joseph: Die bedrohte Internationalität des Films. Fremdsprachige Versionen deutscher Tonfilme, in: Sybille M. Sturm / Arthur Wohlgemut (Hrsg.): *Hallo? Berlin? Ici Paris! Deutsch-französische Filmbeziehungen 1919–1939*, München 1996, S. 127–140

Gillon, Ray: Dubbing into a foreign language, in: Gustav Ernst (Hrsg.): *Sprache im Film*, Wien 1994, S. 121–126

Götz, Dieter / Herbst, Thomas: Der frühe Vogel fängt den Wurm. Erste Überlegungen zu einer Theorie der Synchronisation (Englisch-Deutsch), in: *Arbeiten aus Anglistik und Amerikanistik* 12, 1987, S. 13–26

Grau, Wolfgang: Die Nachsynchronisation von Filmen – eine künstlerisch-technische Zusammenarbeit, in: *Kino-Technik* 20, 1966, S. 270–276, 293–296, 317–324

Harig, Ludwig: Gelingt immer und klebt nicht! Vom Segen und Fluch der Synchronisation, in: Herbert Hoven (Hrsg.): *Guten Abend: Hier ist das deutsche Fernsehen*, Darmstadt/Neuwied 1986, S. 101–109

Heller, Heinz-B.: Verstümmelt, verboten, verdrängt. Rezeptionsaspekte des internationalen Films im westdeutschen Kino der 1950er Jahre, in: *Medien der 1950er Jahre (BRD und DDR)*, *AugenBlick* 54/55, Marburg 2012, S. 34-46

Herbst, Thomas: *Linguistische Aspekte der Synchronisation von Fernsehserien*, Tübingen 1994

Herbst, Thomas: Dubbing and the Dubbed Text. Style and Cohesion, in: Anna Trosborg (Hrsg.): *Text Typology and Translation*, Amsterdam/Philadelphia 1997, S. 291–308

Herz, Carsten: Wo Robert Redford nach dem Munde geredet wird, in: *FAZ*, 6.7.1993, S. 9

Hesse-Quack, Otto: *Der Übertragungsprozess bei der Synchronisation von Filmen*, Köln 1969

Hopf, Florian: Asynchrones über Synchronarbeit, in: *Filmreport* 13/14, 1976

Karg, Stefanie: Bild und Wort. Zur Synchronisation spanischer Filme, in: Chr. Strosetzki / A. Stoll (Hrsg.): *Spanische Bilderwelten*, Frankfurt 1993, S. 107–117

Kilborn, Richard: «They don't speak proper English». A new look at the dubbing and subtitling debate, in: *Journal of multilingual and multicultural development* 10, 1989, S. 421–434

Koerber, Martin: Lob des Originals. Ein Plädoyer gegen Filmsynchronisation, in: *Filmgeschichte* 20, 2005, S. 48–52

Krueger, Gertraude: Roh-Übersetzungen sind eher Blind-Übersetzungen – über das Synchronisieren von Filmen, in: *Zeitschrift für Kulturaustausch* 36, 1986, S. 611–613

Krützen, Michaela: «Esperanto für den Tonfilm». Die Produktion von Sprachversionen für den frühen Tonfilm-Markt, in: Michael Schaudig (Hrsg.): *Positionen deutscher Filmgeschichte*, München 1996, S. 119–154

Kurz, Christopher: *Filmsynchronisation aus übersetzungswissenschaftlicher Sicht*, Hamburg 2006

Luyken, Georg-Michael: *Overcoming Language Barriers in Television: Dubbing and subtitling for the European audience*, Manchester 1991

Maier, Wolfgang: *Spielfilmsynchronisation*, Frankfurt u.a 1997

Mengel, Norbert: Something must have gotten lost in dubbing. Dimensionen des Übertragungsprozesses bei der Filmsynchronisation mit Beispielen aus der Fernsehserie «Remington Steele», in: Irmela Schneider (Hrsg.): *Amerikanische Einstellung. Deutsches Fernsehen und US-amerikanische Produktionen*, Heidelberg 1992, S. 209–223

Metz, Markus / Seesslen, Georg: *Hauptsache es passt ins Bild*, in: *FAZ*, 14.2.2004

Meurer, Ulrich (Hrsg.): *Übersetzung und Film. Das Kino als Translationsmedium*, Bielefeld 2012

Mörchen, Roland: Vitus spricht deutsch, in: *Film-Dienst* 26, 2006, S. 38–39

Mounin, Georges: Übersetzung und Film, in: ders.: *Die Übersetzung*, München 1967, S. 141–147

Müller, Corinna. *Vom Stummfilm zum Tonfilm*, München 2003

Müller, Joachim: Die unheimliche Begegnung der synchronisierten Art, in: *Video* 9, 1988, S. 82–84

Müller, Jörg-Dietmar: *Die Übertragung fremdsprachlicher Filmmaterials ins Deutsche*, Diss., Regensburg 1982

Müller-Schwefe, Gerhard: Zur Synchronisation von Spielfilmen, in: *Literatur in Wissenschaft und Unterricht* 16, 1983, S. 131–143

Müry, Andrea: Die Stimmfälscher oder die Dunkelkammern der Synchronsprecher, in: *FAZ-Magazin* 610, 1991, S. 48–73

Nawroth, Dagmar: Der Schauspieler in der Filmsynchronisation, in: Ernst Schumacher (Hrsg.): *Darsteller und Darstellungskunst in Theater, Film, Fernsehen und Hörfunk*, Berlin 1984, S. 225–235

Nornes, Abé Mark: *Cinema Babel. Translating Global Cinema*, Minneapolis 2007

Pahlke, Sabine: *Handbuch Synchronisation*, Leipzig 2009

Pisek, Gerhard: *Die große Illusion. Probleme und Möglichkeiten der Filmsynchronisation*, Trier 1994

Pruys, Guido Marc: *Die Rhetorik der Filmsynchronisation*, Tübingen 1997

Rabanus, Gert: Shakespeare in deutscher Fassung. Zur Synchronisation der Inszenierungen für das Fernsehen, in: *Jahrbuch der Deutschen Shakespeare-Gesellschaft* 1982, S. 63–78

Radmann, Friedrich: *Urheberrechtliche Fragen der Filmsynchronisation*, Berlin 2003

Reinart, Sylvia: Zu Theorie und Praxis von Untertitelung und Synchronisation, in: Rainer Kohlmayer / Wolfgang Pöckl (Hrsg.): *Literarisches und mediales Übersetzen*, Frankfurt u. a. 2004

Schnitt. Das Filmmagazin 29, 2003 (Themenheft Synchronisation)

Schreitmüller, Andreas: *Filmtitel*, Münster 1994

Schubert, Christoph: Die Appellwirkung englischer Filmtitel und ihrer deutschen Neutitel: Techniken interkulturellen Transfers, in: *Arbeiten aus Anglistik u. Amerikanistik* 29, 2004, S. 239–259

Schulz, Werner: Die Synchronisation von Filmdialogen – ein sprechwissenschaftlicher Gegenstand?, in: Wilhelm L. Höffe (Hrsg.): *Ästhetische und rhetorische Kommunikation* (Sprache und Sprechen, Bd. 4), Ratingen 1973, S. 40–48

Seifferth, Veronika: *Die deutsche Synchronisation amerikanischer Fernsehserien*, Trier 2009

Steinkopp, Rolf: *Synchronisieren in Hamburg*, Baden-Baden/Hamburg 1987

Synchronisation, in: *Making of ... (Wie ein Film entsteht). Die Kunst des Filmemachens von A–Z*, Hamburg 1996, S. 431–437

Toepser-Ziegert, Gabriele: *Theorie und Praxis der Synchronisation, dargestellt am Beispiel einer Fernsehserie*, Tübingen 1976

Troester, Anne: Translating Hollywood – The Challenge of Dubbing Films Into German, in: Heike Paul / Katja Kanzler (Hrsg.): *Amerikanische Populärkultur in Deutschland*, Leipzig 2002, S. 181–196

Türschmann, Jörg: Die Frühphase des Tonfilms im internationalen Kontext. Systematische, methodische und konzeptuelle Aspekte einer Untersuchung von Sprachversionen, in: *Märkte, Medien, Vermittler. Zur interkulturellen Vernetzung von Literatur und Film*, Göttingen 2001, S. 263–305

Vöge, Hans: The Translation of Films: Sub-Titling Versus Dubbing, in: *Babel* 23, 1977, S. 120–125

Volber, Michael: Manufaktur oder Fließband. Glück und Leid der boomenden Synchronwirtschaft, in: *Film-Echo* 43, 1989, Nr 56 (Sonderheft Synchronisation), S. 3–7

Wahl, Christoph: *Das Sprechen des Spielfilms*, Trier 2005

Walach, Klaus-Berndt: Die Stimme aus dem Dunkeln, in: *Stern* 45, 31.10.1973, S. 95–100

Wedel, Michael: Vom Synchronismus zur Synchronisation. Carl Robert Blum und die frühe Tonfilm, in: Joachim Polzer (Hrsg.): *Aufstieg und Untergang des Tonfilms*, Potsdam 2001

Wehn, Karin: *Die deutsche(n) Synchronisation(en) von Magnum P. I.*, Halle 1996

Weller, Maximilian: Filmsynchronisation, in: ders.: *Das Sprechlexikon*, Düsseldorf 1957, S. 60–63

Wer synchronisiert?, Sonderteil v. *Film-Echo* 37, 1968, S. 7–18

Whitman-Linsen, Candace: *Through the Dubbing Glass. The Synchronization of American Motion Pictures into German, French and Spanish*, Frankfurt u. a 1992

Winter, Klas: Die ganze Welt spricht deutsch im Film, in: *Film- & Ton-Magazin* 27, 1981, Nr. 2, S. 9–14

Witt, Günter: Das Defa-Synchron-Studio, in: *Bild und Ton* 9, 1956, S. 123–125

Weitere Quellen

Bräutigam, Thomas: *Hörspiel-Lexikon*, Konstanz 2005

CineGraph – Lexikon zum deutschsprachigen Film, München 1984ff.

... dann spielten sie wieder. Das Bayerische Staatsschauspiel 1946–1986, München 1986

Everman, Jovan: *Der Serien-Guide*, Berlin 1999

25 Jahre Theater in Berlin. Theaterpremieren 1945–1970, Berlin 1972

Glenzdorfs Internationales Film-Lexikon I–III, Bad Münder 1960–61

Grote, Gerald: *Der Kommissar. Eine Serie und ihre Folgen*, Berlin 2003

Habel, F. B. / Wachter, Volker: *Das große Lexikon der DDR-Stars*, Berlin 2002

Handbuch des deutschsprachigen Exiltheaters 1933–1945, Bd. 2: Biographisches Lexikon der Theaterkünstler, München 1999

Heinzlmeier, Adolf / Schulz, Berndt: *Lexikon der deutschen Film- und TV-Stars*, Berlin 2000

Kaiser, Joachim: *Kleines Theatertagebuch*, Reinbek 1965

Karsch, Walther: *Wort und Spiel*, Berlin 1962

Keller, Harald: *Kultserien und ihre Stars*, Reinbek 1999

Kürschners Biographisches Theater-Handbuch, Berlin 1956

Langen Müller's *Schauspieler-Lexikon der Gegenwart*, München 1986

Lexikon des internationalen Films, Frankfurt 2002

Luft, Friedrich: *Berliner Theater 1945–1961*, Velber 1961

Luft, Friedrich: *Stimme der Kritik*, Stuttgart 1979

Netenjakob, Egon: *TV-Filmlexikon*, Frankfurt 1994

Petzet, Wolfgang: *Theater. Die Münchner Kammerspiele 1911–1972*, München 1973
Prüssmann, Karsten: *Die Dracula-Filme*, München 1993
Prüssmann, Karsten: *Whoopi Goldberg*, München 1994
Prüssmann, Karsten: *Jeremy Irons*, München 1995
Prüssmann, Karsten: *Meg Ryan*, München 1996
Prüssmann, Karsten: *Brad Pitt*, München 1996
Prüssmann, Karsten: *Pierce Brosnan*, München 1999

Recknagel, Steffi: *Das Renaissance-Theater*, Berlin 2002
Reclams deutsches Filmlexikon, Stuttgart 1984
Rieß, Curt: *Das gab's nur einmal. Der deutsche Film nach 1945*, Wien/München 1977
Rilla, Paul: *Theaterkritiken*, Berlin 1978
Roeber, Georg / Jacoby, Gerhard: *Handbuch filmwirtschaftlicher Medienbereiche*, Pullach 1973

Schneider, Irmela / Thomsen, Christian W. (Hrsg.): *Lexikon der britischen und amerikanischen Spielfilme in den Fernsehprogrammen der Bundesrepublik Deutschland 1954–1985*, Berlin 1989
Schneider, Irmela / Thomsen, Christian W. (Hrsg.): *Lexikon der britischen und amerikanischen Serien, Fernsehfilme und Mehrteiler in den Fernsehprogrammen der Bundesrepublik Deutschland 1953–1985*, Berlin 1991
70 Jahre Tribüne 1918–89, Berlin 1989
Spiel auf Zeit. Theater der Freien Volksbühne 1963–1992, Berlin 1992
Sucher, C. Bernd (Hrsg.): *Theaterlexikon*, München 1995, 1999

Ulrich, Paul S.: *Biographisches Verzeichnis für Theater, Tanz und Musik*, Berlin 1997

Weniger, Kay: *Das große Personenlexikon des Films*, Berlin 2001
10 Jahre Theater in Berlin. Premieren der Spielzeiten 1970/71 bis 1979/80, Berlin 1980

Zeitschriften, Filmprogramme und Jahrbücher

Deutsches Bühnen-Jahrbuch
Film
Filmblätter
Film-Echo
Filmkritik
Filmobibliographischer Jahresbericht 1965–1990, Berlin 1966ff.
Filmwoche
Gong
Hör Zu
Illustrierte Film-Bühne
Jurgan, Hans-Wolfgang: *Filmbibliographisches Jahrbuch der BRD 1970–1972*, Wiesbaden 1971–1975
Just, Lothar (Hrsg.): *Film-Jahrbuch 1987 u. 1988*, München 1987 u. 1988
Der neue Film
Die Neue Filmwoche
Neues Filmprogramm
Projekt Filmprogramm
Theater heute

Internet

www.synchrondatenbank.de
www.synchronkartei.de
www.deutsche-synchronsprecher.de
www.dubdb.de
www.serien-synchron.de
http://215072.homepagemodules.de (Synchron-Forum)